Timothy Garton Ash

Im Namen Europas
Deutschland und
der geteilte Kontinent

Aus dem Englischen
von Yvonne Badal

Fischer Taschenbuch Verlag

Durchgesehene Ausgabe
Veröffentlicht im Fischer Taschenbuch Verlag GmbH,
Frankfurt am Main, August 1995

Die Ausgabe erschien als erste 1993 unter dem Titel
»Im Namen Europas. Deutschland und der geteilte Kontinent«
im Carl Hanser Verlag München Wien.
Die englische Ausgabe erschien ebenfalls 1993 unter dem Titel
»In Europe's Name. Germany and the Devided Continent«
bei Jonathan Cape, London.
© 1993 Timothy Garton Ash
Lizenzausgabe mit freundlicher Genehmigung des
Carl Hanser Verlages München Wien
Für die deutsche Ausgabe:
© 1993 by Carl Hanser Verlag GmbH München Wien
Druck und Bindung: Clausen & Bosse, Leck
Printed in Germany
ISBN 3-596-12567-7

Gedruckt auf chlor- und säurefreiem Papier

Inhalt

Prolog
Europäische Frage

Welche Frage? 9
Jalta 14
Eine einzigartige Teilung 17
Die Genesung Europas? 24

1
Deutsche Antworten

Die geteilte Mitte 28
Europäische Friedensordnung 32
Zwei Fragen oder eine? 35
Das europäische Interesse 44

2
Ostpolitik

Gab es eine? 48
Ein Wort 57
Ursachen und Quellen 67

3
Bonn – Moskau – Berlin

»Unsere wichtigste Aufgabe« 76
Der Weg aus Berlin 91
Das Vertragswerk 104
System und Krise 126
Ein neues Buch 148

4
Deutschland und Deutschland

Grundlagen 189
Gedanken, Worte, Taten 198
Für die Menschen und die Nation 204
Von Deutschland nach Deutschland 210
Ständige Verhandlungen 221
Die Deutsche Mark 225
Anerkennung 241
Liberalisierung durch Stabilisierung 261
Stabilisierung ohne Liberalisierung 275
Befreiung durch Destabilisierung 291
Erfolg und Versagen 301

5
Jenseits der Oder

Geschichte und Grenzen 319
Landsleute 341
Zuckerbrot und Peitsche 359
Verflechtung 379
Stabilität vor Freiheit 410
Aussöhnung 438

6
Eine zweite Ostpolitik

Sozialdemokraten in den achtziger Jahren 457
Schattenpolitik 468
Im nachhinein 483

7
Deutsche Vereinigung

Refolution und Revolution 503
Frieden, Einvernehmen und Realpolitik 508
Das letzte Vertragswerk 518

8
Ergebnisse

Deutsch und europäisch 522
Ostpolitik und Ende 529
Deutsches Modell 544

Epilog
Europäische Antworten

Konsequenzen 553
Europäisches Deutschland, deutsches Europa 563
Warum Europa? Welches Europa? 570
Jenseits der Ostpolitik 577
Möglichkeiten 598

Anhang

Anmerkungen 605
Zeittafel 795
Literatur 828
Dank 839
Karten 843
Namenregister 850

Prolog
Europäische Frage

Welche Frage?

Einst war Europa zweigeteilt. Die beiden Teile wurden West und Ost genannt. Die Teilung selbst nannte man auch »Jalta«. Mit der Berliner Mauer war sie in Beton gegossen.

In den frühen achtziger Jahren wurde diese Jalta-Teilung zum Thema einer heftigen internationalen Debatte. Berechtigung und Beständigkeit der Teilung Europas wurden von Links wie von Rechts in Frage gestellt, vom Präsidenten der Französischen Republik wie vom Präsidenten der Vereinigten Staaten, von oppositionellen Aktivisten in Osteuropa und der Friedensbewegung in Westeuropa, von der Nato und vom Papst.

Natürlich war dieses Thema seit 1945 niemals wirklich von der internationalen Agenda verschwunden, mit Sicherheit nicht in Deutschland und Osteuropa. Doch bestimmte Katalysatoren entfachten die öffentliche Diskussion: die Ausrufung des Kriegsrechts im Dezember 1981 in Polen, um den Einfluß von Solidarność zu brechen, und 1980–83 die Kontroverse um die Stationierung amerikanischer Mittelstreckenraketen in der Bundesrepublik. Ersteres lenkte die Aufmerksamkeit auf die außen- und geopolitischen Bedingungen, die zum Abbruch der polnischen Revolution führen sollten, vor allem aber auf die Position der Sowjetunion in Ostmitteleuropa. Letztere auf die Frage der europäischen Sicherheit, vor allem aber auf die Position der Vereinigten Staaten in Westmitteleuropa. Diese zwei Debatten – über Freiheit und über Frieden – fielen zeitlich zusammen und griffen, je nach Land, Credo und politischer Zugehörigkeit, auf die unterschiedlichste Weise ineinander über.

Es gab nicht wenige, die in der Zeit dieser Debatten öffentlich, oder häufiger noch privat, die Jalta-Teilung verteidigten und damit argumentierten, daß sie Europa Frieden und Stabilität gebracht habe. »Europas Frieden«, so schrieb Günter Gaus 1983, »hängt noch auf unabsehbare Zeit vom System von Jalta ab.« Andere Versionen dieser Ansicht waren aus den oberen Rängen vieler westlicher Hauptstädte zu hören. Rückblickend sagte der britische Außenminister Douglas Hurd im Dezember 1989, daß dies ein System sei, »unter dem wir vierzig Jahre lang recht glücklich gelebt haben«.

Daß es andere Menschen gab, die nicht so glücklich unter diesem System gelebt haben, und daß deren Mangel an Glück sich effektiv auf unser eigenes auswirken konnte, drang jedoch im Laufe des ersten halben Jahrzehnts immer stärker ins Bewußtsein. 1985 wurde die Überwindung oder wenigstens die Reduzierung der europäischen Teilung zur rhetorisch fest bekundeten Zielsetzung fast aller westlichen Regierungen, aber auch der Friedens- und Menschenrechtsaktivisten in Ost- und Westmitteleuropa.

Die Regierungschefs der sieben führenden westlichen Industriestaaten und Japans (G7) verabschiedeten gemeinsam mit dem Präsidenten der Kommission der Europäischen Gemeinschaft am 40. Jahrestag der Beendigung des Zweiten Weltkrieges eine feierliche Deklaration, in der es hieß: »Wir beklagen die Teilung Europas. Mit unserer Verpflichtung gegenüber den Idealen von Frieden, Freiheit und Demokratie zielen wir mit friedlichen Mitteln auf den Abbau der Barrieren, die innerhalb Europas entstanden sind.« Im selben Jahr veröffentlichte die tschechoslowakische Bürgerrechtsbewegung »Charta 77« einen »Prager Appell«, der diese Teilung als Wurzel aller Spannungen in Europa bezeichnete und zu einer schrittweisen, friedlichen Transformation der ihr zugrunde liegenden »politischen Realitäten« aufrief. 1988 erklärte die Schlußresolution einer internationalen Menschenrechtskonferenz in Krakau schlichtweg, daß es »das Ziel aller Europäer ist, die Teilung des Kontinents zu überwinden, um Europa zu vereinen«.

In der zweiten Hälfte der achtziger Jahre verwandelte sich diese Debatte durch das »neue Denken« der sowjetischen Außenpolitik unter Michail Gorbatschow und durch die Völker Osteuropas, die schließlich die Möglichkeiten in die Hand nahmen, die ihnen dieses neue Denken bot. Noch bevor er 1985 Parteichef wurde, hatte Gorbatschow schon seinen Begriff vom »gemeinsamen europäischen Haus« geprägt – ein Begriff, den allerdings bereits Breschnew im November 1981 während seines Besuches in Bonn benutzt hatte. Doch 1985 herrschte noch immer eine sehr deutliche Kluft zwischen Gorbatschows öffentlichen Verlautbarungen und den Vorstellungen westlicher Regierungschefs oder europäischer Bürger, die einer »Entspannung von unten« das Wort redeten, wenn sie jeweils von der »Überwindung der Teilung Europas« sprachen.

Hier begegnen wir einem Problem, das in diesem Buch immer wieder auftreten wird: die Unterschiede zwischen dem, was öffentlich geäußert wurde, was im Privaten gesagt oder auch nur gedacht wurde, und dem, wovon heute behauptet wird, es sei damals gesagt oder gedacht worden. Im Juni 1989 verpflichtete sich Gorbatschow explizit und öffentlich während seines Staatsbesuches in Bonn zur Überwindung der Teilung. In einer gemeinsamen Erklärung mit Bundeskanzler Kohl hieß es: »Die Bundesrepublik Deutschland und die Sowjetunion betrachten es als vorrangige Aufgabe ihrer Politik, an die geschichtlich gewachsenen europäischen Traditionen anzuknüpfen und so zur Überwindung der Teilung Europas beizutragen.« Doch selbst hier stand im russischen Text der vage Begriff *razobschtschonnost*, »Uneinigkeit«, im Gegensatz zum spezifisch deutschen Begriff »Teilung«. Sowjetische Kommentatoren sprachen von einer Überwindung der wirtschaftlichen und »militärisch-politischen« Trennungen des Kontinents. Einer bezeichnete sogar die Berliner Mauer als ein »Relikt des Kalten Krieges«. Zumindest öffentlich faßten sie aber trotzdem die Koexistenz von Staaten mit »unterschiedlichen Gesellschaftssystemen« ins Auge.

Gorbatschow selbst betonte dies ausdrücklich im Juli 1989 in seiner Rede vor dem Europarat in Straßburg: »Ich weiß, daß viele im Westen die Präsenz zweier Gesellschaftssysteme als Hauptschwierigkeit betrachten. Doch die eigentliche Schwierigkeit liegt anderswo – in der weitverbreiteten Überzeugung (manchmal sogar politischen Zielsetzung), daß die Überwindung der Trennung [*raskol*] in Europa gleichbedeutend ist mit der ›Überwindung des Sozialismus‹. Doch dies ist eine Konfrontationspolitik, wenn nicht Schlimmeres. Aus solchen Ansätzen wird keine europäische Einigung resultieren.« Der Verweis auf zwei Gesellschaftssysteme ist signifikant. Gorbatschow sagte nicht, daß es in Europa viele Gesellschaftssysteme gäbe: das schwedische im Gegensatz zum schweizerischen, das dänische im Vergleich zum polnischen, das ungarische zum holländischen. Er sagte, es gäbe nur zwei, ein östliches und ein westliches, ein »sozialistisches« und ein anderes. Implizit sollte also das gemeinsame europäische Haus trotz dieses gravierenden Unterschiedes und um diesen herum gebaut werden.

Ganz anders Präsident Bush. Im Mai 1989 erklärte er während einer Rede in Mainz: »Europa soll ein Ganzes sein und frei.« Dies, so versicherte er, sei »die neue Mission der Nato«. »Im Osten zeigen uns tapfere Männer und Frauen den Weg. Denken Sie an Polen, wo die Solidarität – Solidarność – und die katholische Kirche legalen Status erworben haben. Die Kräfte der Freiheit drängen den sowjetischen Status quo in die Defensive.« Und der erste seiner vier Vorschläge, »Europas tragische Teilung zu heilen«, lautete, »den Helsinki-Prozeß zu stärken und zu erweitern, um freie Wahlen und politischen Pluralismus in Osteuropa zu fördern«. Er bekräftigte diese Botschaft durch demonstrative Reisen nach Polen und Ungarn, in jene beiden osteuropäischen Länder, die den Weg zu Freiheit und Demokratie bereits am weitesten gegangen waren.

Wenn nun die Kluft zwischen der proklamierten Vision des sowjetischen Parteichefs vom »gemeinsamen europäischen Haus« und der Vision des amerikanischen Präsidenten, »Europas Teilung zu heilen«, im Sommer 1989 auch bereits sehr viel geringer war als 1985, ganz zu schweigen von 1981, so war sie doch immer noch spürbar vorhanden. Entscheidend verändert wurde dies dann in der zweiten Hälfte des Jahres 1989 – nicht durch mehr Bewegung »von oben«, Ost oder West, sondern durch eine Bewegung »von unten«, aus der Mitte. Durch Geschehnisse, die insgesamt gesehen vielleicht »Revolution« genannt werden können, nahmen die Völker Osteuropas die Dinge in ihre eigenen Hände. Sie taten dies auf unterschiedliche Weise, mit unterschiedlicher Beteiligung von Elite und Volk und mit unterschiedlichen Ergebnissen. Doch alle lehnten jenes vorangegangene System ab, das sich selbst Sozialismus genannt hatte.

Obwohl diese Veränderungen sicher wesentlich tiefer griffen, als Gorbatschow und seine engsten Verbündeten jemals erwartet oder gehofft hatten, so wurden sie von ihnen doch mit bemerkenswert guten Mienen akzeptiert. Mehr noch als das. Standhaft widerstanden sie allen Sirenengesängen, die »Jalta«-Ordnung müßte mit den Mitteln eines Instruments gewahrt werden, mit dessen Hilfe sie einst hergestellt und 1953, 1956, 1968 und indirekt sogar 1981 wiederhergestellt worden war: die Rote Armee. Dieser Verzicht auf die sogenannte Breschnew-Doktrin war ein langsamer und schmerzhafter Prozeß in der Evolution des »neuen Denkens«. Die neue Doktrin der freien Wahl und des Gewaltverzichts formulierte Gorbatschow in Allgemeinbegriffen während seiner Rede im Dezember 1988 vor den Vereinten Nationen. Doch zu Beginn des Jahres 1989 konnte niemand wirklich sicher sein, daß sie auch tatsächlich auf Osteuropa angewendet werden würde, wenn es zum Härtetest kommen sollte. Im Oktober 1989 gab dann der Sprecher des sowjetischen Außenministeriums, Gennadi Gerassimow, im amerikanischen Fernsehen dem Nachfolger der Breschnew-Doktrin zumindest einen klangvollen Namen: »Jetzt haben wir die Sinatra-Doktrin. Von ihm stammt das Lied ›I had it my way‹ [*sic*]. Also entscheidet jedes Land selbst, welchen Weg es wählen möchte.«

Im Januar 1945, im Vorgriff auf ein britisch-amerikanisches Gipfeltreffen auf Malta zur Vorbereitung der Jalta-Konferenz im Februar des gleichen Jahres, telegraphierte Winston Churchill an Franklin Roosevelt: »*No more let us falter! From Malta to Yalta! Let nobody alter!*« (Wir wollen nicht länger schwanken! Von Malta nach Jalta! Niemand soll noch wanken!) Einer der glücklicheren geschichtlichen Zufälle ließ es im Dezember 1989 wieder Malta sein, wo jener informelle sowjetisch-amerikanische Vorgipfel stattfand, der ein wichtiger Meilenstein auf Europas Weg weg von Jalta war. »Die Nachkriegsteilung des Kontinents«, sagte Gorbatschow in seiner Neujahrsansprache 1990, »verschwindet in der Vergangenheit.« Daß die Sowjetunion die Konsequenzen der Revolutionen in Ostmitteleuropa akzeptierte – das Ende des Kommunismus innerhalb dieser Länder, das tatsächliche Hinscheiden des Warschauer Pakts und die deutsche Einigung –, markierte dann den entscheidenden Durchbruch. Zu Beginn des

Jahres 1991 konnte man nicht mehr von einer Jalta-Teilung Europas sprechen. Viele Trennungslinien in Europa waren geblieben, und mit Sicherheit würden neue auftreten, doch diese einzigartige, zentrale Teilung war überwunden. Den »Eisernen Vorhang« gab es nicht mehr. Die Berliner Mauer sollte bald nur mehr aus Schutt und verrostetem Stacheldraht bestehen.

Wenn man in den frühen achtziger Jahren behauptete, daß die Frage »Wie kann die Jalta-Teilung Europas mit friedlichen Mitteln überwunden werden?« *die* europäische Frage schlechthin sei, so empfanden viele den Gebrauch des bestimmten Artikels Singular als rhetorische Übertreibung. Einige meinten, *die* europäische Frage sei es, wie der relative wirtschaftliche Rückschritt (West-)Europas aufgehalten oder zur Umkehr gebracht werden könnte. Andere glaubten, *die* europäische Frage betreffe die Entwicklung und weitere Integration der (West-)Europäischen Gemeinschaft – auch »die Konstruktion Europas« genannt. Und wiederum andere sagten, *die* europäische Frage drehe sich um die zukünftigen Beziehungen dieser Gemeinschaft mit den Vereinigten Staaten von Amerika, vor allem was die Verteidigungsstrukturen betreffe. Mit anderen Worten darum: Was wird aus der Nato?

Vielleicht wäre es präziser gewesen, von der mitteleuropäischen Frage zu sprechen. Doch im Laufe der neueren europäischen Geschichte war es fast schon zur Gesetzmäßigkeit geworden, daß sich die mitteleuropäische Frage selbst zum Mittelpunkt der europäischen Frage machte. Und genau das geschah erneut in den achtziger Jahren.

Jalta

Zwei Begriffe tauchten als zentrale Punkte dieser Debatte auf, oder besser, wieder auf: »Mitteleuropa« und »Jalta«. Beide sind problematisch. Das Problem von »Mitteleuropa« zieht sich durch das ganze vorliegende Buch. Jalta bedarf hier einer Anmerkung. Daß »Jalta« zur beherrschenden Kurzformel für die Teilung Europas wurde, ist unbestreitbar. Als Präsident Mitterrand seine Empörung über die Ausrufung des Kriegsrechts in Polen zum Ausdruck bringen wollte, sagte er: »Alles, was uns hilft,

Jalta zu verlassen [*sortir de Yalta*], ist gut ...« Weniger häufig wird das Ende dieses Satzes zitiert: »... sofern wir niemals unsere Wünsche mit der heutigen Realität verwechseln.« Als Zbigniew Brzezinski über die Vereinigten Staaten und die europäische Frage schrieb, wählte er den Titel »Die Zukunft von Jalta«. Doch ebenso prominent war der Begriff »Jalta« im oppositionellen Denken Ostmitteleuropas, für gewöhnlich in den Formen »Post-Jalta« oder »Anti-Jalta«.

Man mag sich fragen, weshalb ausgerechnet Jalta, nicht Potsdam, nicht Teheran und eben auch weder »Hitler« noch »Stalin« zum gesamteuropäischen Symbol für die Teilung wurden. Man mag weiter fragen, in welcher Beziehung Jalta – die Konferenz vom 4.–11. Februar 1945 auf der Krim – zu »Jalta« steht. Frühere politisch-militärische Entscheidungen während des Zweiten Weltkrieges – einschließlich der Teheraner Gipfelkonferenz von 1943 – waren wahrscheinlich, sogar für Polen, schicksalsträchtiger als die wirren und mehrdeutigen Ereignisse der Konferenz auf der Krim. Eigentlich ist »Jalta« eine drastisch irreführende Verkürzung der Ergebnisse eines langen historischen Prozesses, dessen Anfänge zumindest bis August 1914 zurückverfolgt werden müssen und der bis zum August 1961, als die Teilung im Beton der Berliner Mauer zementiert wurde, noch nicht ganz abgeschlossen war. Die Geschichte des Kalten Krieges ist ein wesentlicher Bestandteil davon, aber das ist auch der »Dreißigjährige Krieg« von 1914 bis 1945, im Sinne des Historikers Hajo Holborn, der es »den politischen Zusammenbruch Europas« genannt hatte.

In den Debatten der achtziger Jahre tauchte diese Geschichte als Mythos wieder auf. Westeuropäische Sozialdemokraten unterstrichen ihre Argumente für eine Entspannungspolitik mit der Behauptung, der Kalte Krieg habe sich ausschließlich negativ ausgewirkt. Daß der Westen bei »Jalta« versagt habe, behaupteten andererseits vor allem amerikanische neokonservative Kritiker der Entspannung. Auch Historiker vertraten die unterschiedlichsten politischen Richtungen. Ihre politische Klinge bestand für gewöhnlich aus explizit oder implizit gestellten »wenn«-Fragen (»was wäre geschehen, wenn ...?«) oder im Sondieren angeblich »verpaßter Gelegenheiten«.

Ein charakteristischer Trugschluß jener politisierten Wenn-Geschichtsschreibung war die stillschweigende Projektion bestimmter Bedingungen der Gegenwart auf die Vergangenheit. Ein klassisches Beispiel dafür liefert Rolf Steininger. Am Ende seines einflußreichen und gut dokumentierten Buches über Stalins Offerte von 1952, Deutschland im Gegenzug für eine deutsche Neutralität wiederzuvereinigen, zitierte er eine Umfrage aus dem Jahr 1984 in der Bundesrepublik, der zufolge 53 Prozent der Befragten eine Wiedervereinigung in einem blockfreien Deutschland bevorzugten: »Einem Deutschland«, schreibt Steininger, »wie es Stalin 1952 angeboten hatte.« Als sei jenes Westdeutschland, dem Stalin sein Angebot gemacht hatte, dasselbe Westdeutschland wie 1984 gewesen – wohlhabend, stabil, erfahren in Demokratie, eingebettet in zahllose nicht-militärische westliche Bündnisse und Kooperationen. Gerade hier ist es die Aufgabe des Historikers, darauf hinzuweisen, wie sich die Dinge tatsächlich unterscheiden.

Wer die vermeintlichen Alternativen der vierziger und fünfziger Jahre dieses Jahrhunderts genau unter die Lupe nimmt, muß jedoch das Gefühl bekommen, daß es tatsächlich nichts Neues unter der Sonne gibt. Es ist verblüffend, wie viele Argumente der achtziger Jahre bereits in früheren Jahren in der einen oder anderen Form vorweggenommen wurden – häufig sogar wesentlich überzeugender und präziser. Mit einem Seitenhieb auf die Amnesie der Washingtoner Politik schrieb John Lewis Gaddis 1981, daß »Debatten über die Zukunft der Eindämmungspolitik oft nur wenig mehr zu sein scheinen als eine Wiederauflage derer, die vor drei Jahrzehnten zwischen George Kennan und Paul Nitze geführt worden sind«. Mutatis mutandis könnte man das gleiche über die europäischen Debatten zum Thema Blockfreiheit sagen.

Als ein christdemokratischer Abgeordneter, Bernhard Friedmann, 1987 mit dem Vorschlag auftauchte, die deutsche Frage auf die Abrüstungsagenda der Supermächte zu setzen, explodierte Wilhelm Grewe, einer der erfahrensten ehemaligen Botschafter der Bundesrepublik, in einem Brief an die *Frankfurter Allgemeine Zeitung*: »Wie soll man sich erklären, daß ein aktiver, zu einem konkreten Vorstoß entschlossener Politiker Überlegungen, Fragestellungen, Vorschläge zu Papier bringt, ohne zu bemerken, daß alles, aber auch alles, was er sagt, schon unzählige Male gesagt, geschrieben, verkündet, bezweifelt, beantwortet – und vorerst als irreal, utopisch, nichtpraktikabel stillschweigend wieder beiseite gelegt worden ist?«

Natürlich können wir hier nicht alle historischen »wenns« unter die Lupe nehmen. Doch es ist wichtig, sich der Fragen zu erinnern, die das Kürzel »Jalta« aufwirft. Selbst wenn man entdeckte, daß es tatsächlich keine wirklich »verpaßten Gelegenheiten« gegeben hat, daß die Teilung Europas bereits 1945 so unausweichlich war wie nur irgend etwas in der Menschheitsgeschichte, so bliebe dennoch die Tatsache bestehen, daß die Art und Weise, in der diese Teilung zwischen 1945 und 1961 vollzogen, besiegelt und anerkannt worden ist, ebenso unvermeidlich auch die Art und Weise bestimmt hat, mit der diese Teilung in der Folge betrachtet wurde.

Eine einzigartige Teilung

»Die Vereinigten Staaten und ihre Verbündeten haben immer darauf bestanden«, sagte der amerikanische Außenminister George Shultz 1985 vor einer Reise durch Osteuropa, »daß die Teilung Europas künstlich, widernatürlich und widerrechtlich ist.« Eine eher fragwürdige historische Behauptung. Es hat nach 1945 Zeiten gegeben, in denen das »Bestehen« der Vereinigten Staaten auf diesem Punkt sehr viel weniger vernehmlich war; und de Gaulle insistierte mehr als Kritiker denn als Verbündeter der Vereinigten Staaten auf ein Europa »vom Atlantik bis zum Ural«. Reduziert man jedoch die Bedeutung von »immer« auf »seit einigen Jahren« – was einer allgemein üblichen Bedeutung von »immer« in der Politik entspricht –, dann kommt diese Behauptung den Tatsachen schon näher. Unterschiedliche Versionen dieser Formel gehörten 1985 zur gängigen westlichen Rhetorik. Aber was in aller Welt hatten sie zu bedeuten?

Wenn die Teilung Europas »widernatürlich« war, was wäre dann Europas natürliche Gestalt gewesen? Die Einheit? Wenn ja, in welcher Form? Oder sollte das plausibler heißen, daß diese spezielle Teilung nur im Vergleich mit anderen, vorangegangenen oder vermeintlichen Formen der Teilung widernatürlich war? Zum Beispiel im Vergleich mit der »Westfälischen« Teilung, der »Wiener« Teilung, der »Versailler« Teilung, der Teilung in multinationale Reiche oder in souveräne Nationalstaaten? Doch selbst wenn letzteres damit gemeint war, muß man immer noch sagen, daß Europa bisher noch niemals »natürlich« war.

Zwar mögen ein Pole, ein Ungar, ein Tscheche, ein Deutscher oder ein Amerikaner aus tiefster Seele der Behauptung zugestimmt haben, daß die Teilung Europas »widernatürlich« war, jeder von ihnen hätte aber darunter etwas anderes verstanden. Für einen älteren Deutschen mochte die Teilung der deutschen Nation in mehr als einen Staat widernatürlich gewesen sein. Ein jüngerer Westdeutscher hingegen konnte die Anwesenheit amerikanischer Nuklearwaffen auf deutschem Boden als das »Widernatürlichste« empfinden.

Und was hätte ein Pole, Tscheche oder Ungar empfunden? Vermutlich eine Variante oder Kombination des Folgenden: »Widernatürlich« war, daß ihm als Individuum, seiner Gesellschaft und/oder seiner Nation bestimmte Rechte, Freiheiten, Möglichkeiten und/oder jene Macht aberkannt worden waren, die Individuen, Gesellschaften und Nationen *anderswo* (hauptsächlich »im Westen«, also vor allem in Westeuropa und Nordamerika) genossen und/oder die seine Mitbürger, seine Gesellschaft und seine Nation – zumindest seiner tiefsten Überzeugung nach – *in der Vergangenheit* bereits genossen hatten. Für diese Position gab es also zwei wesentliche Bezugspunkte: der wirkliche oder erträumte heutige Westen einerseits und die wirkliche oder erträumte Vergangenheit andererseits. Unterschiedliche Menschen hätten unterschiedliche Aspekte hervorgehoben und unterschiedliche Vokabulare benutzt. Ein polnischer Bekannter hätte die traditionelle Bildersprache des romantischen Nationalismus herangezogen, ein anderer die Begriffe Hegels. Ein ungarischer Freund hätte von der Verletzung der individuellen Menschen- und Bürgerrechte gesprochen, wie sie im anglo-amerikanischen politischen Denken definiert ist, und das Modell für eine natürliche und wahrhaft europäische Ordnung in der (West-)Europäischen Gemeinschaft gefunden. Ein anderer hätte darauf bestanden, daß Europa mit dem Vertrag von Trianon seine natürliche Gestalt verloren hatte.

Ganz offensichtlich war diese Teilung Europas nicht einfach zu definieren. Und offensichtlich hatte sie sich im Laufe der Zeit auch verändert. Beispielsweise waren die Beziehungen zwischen den Regierungen und Völkern von Ungarn und Österreich 1988 nicht die gleichen wie 1968. Um dem Zweck dieses Buches gerecht zu werden, muß jedoch wenigstens eine Minimaldefinition dieser Teilung gefunden werden, eine Art skizzierte Landkarte.

Es sind viele Versuche unternommen worden, diese Teilung mit früheren und, wie manchmal gesagt wurde, tieferen oder grundlegenderen Teilungen in Beziehung zu setzen, angefangen beim Limes des Römischen Reichs. Die Grenzen der ursprünglichen Europäischen Gemeinschaft der sechs Mitgliedstaaten stimmen fast mit denen des Reiches von Karl dem Großen im Jahre 814 überein. Verschiedene Historiker haben behauptet, daß die Länder östlich der Elbe vom 16. Jahrhundert an eine unterschiedliche und tendenziell eher »rückläufige« wirtschaftliche Entwicklung genommen hätten. Der vorsichtige Empiriker wird hingegen auffällige Ausnahmen auf beiden Seiten dieser Linie feststellen: beispielsweise die entwickelten Länder Schlesien und Böhmen im Osten und das weniger entwickelte Spanien und Portugal im Westen. Man kann auch noch tiefergehende Trennungslinien zitieren, die sich weit östlich der Jalta-Linie hinziehen: beispielsweise zwischen dem westlichen und dem östlichen Christentum.

Wie immer diese tieferen Zusammenhänge gewesen sein mögen, diese Teilung Europas nach Jalta unterschied sich von früheren Teilungen durch ihre historische Willkür, ihre Absolutheit, die ungleichen Rollen der teilweise außereuropäischen atomaren Supermächte und die Kongruenz der militärischen, politischen und wirtschaftlichen Unterschiede.

Viele Grenzlinien der europäischen Geschichte waren willkürlich gezogen worden, doch keine war so willkürlich wie jene, deren letztgültiger Verlauf durch die sowjetischen Vertreter in der sogenannten Europäischen Beratungskommission am 13. August 1945 gebilligt und am 13. August 1961 zur Berliner Mauer wurde. Grenzen haben schon immer die Völker Europas getrennt, keine Grenze in der neueren europäischen Geschichte hat Völker aber derart vollständig voneinander getrennt wie der Eiserne Vorhang in seiner Unüberwindlichkeit. Die Mobilität der Völker zwischen

Ost- und Westeuropa hatte zwar infolge der größeren Durchlässigkeit des Eisernen Vorhangs zugenommen, doch gemessen an der Mobilität der Völker innerhalb jeder Hälfte Europas war sie sehr klein geblieben.

West- wie osteuropäische Staaten waren wie niemals vor 1945 von teilweise außereuropäischen, atombewaffneten Supermächten abhängig. Doch die westlichen und östlichen Abhängigkeiten waren bei weitem nicht symmetrisch. Osteuropäische Staaten hingen von ihrem unmittelbaren kontinentalen Nachbarn ab; westeuropäische Staaten hingen von einer Weltmacht ab, die mehrere tausend Kilometer eines sich dazwischen erstreckenden Ozeans von ihnen entfernt war. Frankreich und Großbritannien hatten ihre eigenen Atomwaffen; kein osteuropäischer Staat besaß sie. Die Nato verteidigte westeuropäische Staaten gegen eine reale oder angebliche sowjetische Gefahr; der Warschauer Pakt verteidigte osteuropäische Staaten gegen eine reale oder angebliche westliche Gefahr, aber vor allem gegen ihre eigenen Völker.

Die Bevölkerung Westeuropas war insgesamt größer als die der Vereinigten Staaten; alle osteuropäischen Staaten zusammengenommen, verfügten über weniger als die Hälfte der Bevölkerung der Sowjetunion. Nach westlichen Schätzungen entsprach das, was die Sowjetunion den osteuropäischen Wirtschaften im ersten Jahrzehnt nach 1945 entnommen hatte, in etwa dem, was die Vereinigten Staaten durch den Marshall-Plan den westeuropäischen Wirtschaften zugeführt hatten. Auch der Comecon und die Europäische Gemeinschaft blieben ungleich. Ersterer schloß eine Supermacht mit ein, letztere nicht. Die EG entwickelte sich zunehmend zum gemeinsamen Markt. Der Comecon war es zu keiner Zeit.

Vor dem Krieg waren die meisten osteuropäischen Staaten ärmer als die meisten westeuropäischen Staaten. Zu Beginn der achtziger Jahre war das Verhältnis ähnlich. Trotz unbestreitbarer industrieller Entwicklungen in Osteuropa nach dem Krieg hatte sich die relative wirtschaftliche Lage der meisten dieser Länder gegenüber Westeuropa nicht wesentlich verbessert. In einigen Fällen – bemerkenswert vor allem im Fall der DDR – hatte sie sich tatsächlich verschlechtert, und in allen Fällen drohte sie sich ständig weiter zu verschlechtern. Die wirtschaftliche Kluft zwischen

Ost und West in Europa wurde besonders im Alltäglichen deutlich, beispielsweise beim Besitz von Privatwagen oder Telefonanschlüssen.

Aber auch die innere Ordnung der europäischen Staaten entwickelte sich asymmetrisch. Als Stalin 1953 starb, waren sich die osteuropäischen Staaten eindeutig ähnlicher und sowohl untereinander als auch mit ihrer »Schutzmacht« enger verbunden (zumindest formal) als die Länder des westlichen Europas. Während sich jedoch die osteuropäischen Staaten seither stetig voneinander entfernten, schlossen sich die westeuropäischen Staaten immer enger zusammen. Zu Beginn der achtziger Jahre waren fast alle Staaten Westeuropas miteinander verbunden oder eng assoziiert – in einer historisch nie dagewesenen Form der Europäischen Gemeinschaft, derentwegen sie freiwillig Teile ihrer jeweiligen Souveränität aufgegeben hatten. Während einige von ihnen die längste Zeit der Nachkriegsperiode Diktaturen gewesen waren (Spanien, Portugal), waren sie nun alle freiheitliche (oder »bürgerliche« oder »kapitalistische«) Demokratien. Ihre inneren politischen, wirtschaftlichen und rechtlichen Systeme waren sich zunehmend ähnlich und in wachsendem Maße voneinander abhängig. Und im gleichen Maße, in dem sie nun wirtschaftlich und politisch voneinander abhängig wurden, verstärkte sich ihre Unabhängigkeit von den Vereinigten Staaten. Die einzige – doch beträchtliche – Ausnahme von dieser Regel blieb der Verteidigungsbereich.

Im Gegensatz dazu hatten sich die osteuropäischen Staaten nicht nur vom sowjetischen Modell, sondern auch voneinander entfernt. Obschon sich ihre politischen Systeme auf dem Papier immer noch glichen, wurden ihre realen innenpolitischen und wirtschaftlichen Strukturen in der Praxis zunehmend unterschiedlicher, komplexer und schwieriger einzuordnen. Nicht ein einziger Terminus – »Totalitarismus«, »Autoritarismus«, »Staatskapitalismus«, »real existierender Sozialismus« – war noch angemessen, um diese Verschiedenartigkeit und Komplexität zu kennzeichnen. Mit Verweis auf William Empson könnte man die osteuropäischen Staaten in den achtziger Jahren als sechs Doppeldeutigkeiten beschreiben. Wo westeuropäische Staaten freiwillig Teile ihrer Souveränität der Europäischen Gemeinschaft übergeben hatten, da hatten die osteuropäischen Staaten versucht, wenigstens einen Teil ihrer Souveränität, die sie unfreiwillig in den vierziger und fünfziger Jahren unseres Jahrhunderts aufgeben mußten, zurückzugewinnen. Und obwohl sie in hohem Maße wirtschaftlich voneinander abhängig waren, hatten sie aus der Not keine Tugend gemacht. Im Gegensatz zu Westeuropa hatten sie es nicht fertiggebracht, durch eigene interregionale, bi- und multilaterale Zusammenschlüsse die Abhängigkeit von ihrer »Schutzmacht« individuell oder kollektiv, wirtschaftlich oder politisch weiter zu lockern.

Noch weniger klar lagen die Dinge im Bereich von Kultur und Gesellschaft. Hat es denn jemals so etwas wie eine »osteuropäische Gesellschaft« gegeben? Hatte die Gesellschaft der DDR mehr mit der polnischen Gesellschaft gemein als mit der westdeutschen? Oder die Gesellschaft Ungarns mehr mit Rumänien als mit Österreich? Gab es irgendeine Berechtigung, von einem Individuum zu sagen, es sei »ein Osteuropäer« im Gegensatz zu »einem Westeuropäer«? Als tschechische, ungarische und polnische Intellektuelle in den frühen achtziger Jahren eine kulturhistorische Wiederbelebung der Idee von »Mitteleuropa« initiierten, war es gerade ihr Ziel gewesen, diese vereinfachenden Dichotomien in Frage zu stellen.

Dennoch, trotz all dieser Komplexitäten und Unterschiede und trotz der relativen Annäherungen über die Jahre bestand selbst in den achtziger Jahren noch immer die eine große Trennungslinie. Jeder normale Reisende in die eine oder andere Richtung konnte das bestätigen. Es gab eine »osteuropäische« und eine »westeuropäische« Wirklichkeit. Und man spürte sie, sobald man die Grenzen überschritt. Selbst wer den Eisernen Vorhang mit seinem Stacheldraht und den Wachhunden nicht mit eigenen Augen sah, der erlebte, vom Westen kommend, die strengeren Grenzkontrollen, die politisch verordneten Importauflagen, den Zwangsumtausch der harten Währung. Und hinter der Grenze gab es Hunderte Aspekte des täglichen Lebens, große wie kleine – die vielen Formulare auf billigem Papier, das Schlangestehen, die Zeitungen, jener unverwechselbare Geruch in der Luft –, die zeigten, daß Budapest noch immer Warschau oder sogar Bukarest mehr ähnelte als Wien. Und diese Tatsache wurde noch um ein

Vielfaches deutlicher, wenn man nicht nur in das Alltagsleben eintauchte, sondern auch an Arbeitsplätzen, in Krankenhäusern, Schulen oder an Universitäten Erfahrungen mit Behörden machte.

Historisch gesehen war die Kongruenz der militärischen, politischen, wirtschaftlichen, ideologischen, kulturellen und sozialen Unterschiede das Bemerkenswerteste an dieser Trennungslinie. Nach dem Augsburger Religionsfrieden von 1555 hieß die Regel in Mitteleuropa: *cuius regio, eius religio*. Doch unter »Jalta« bedeutete sie weit mehr als nur *religio*. Niemals zuvor hing so viel von so wenig ab. Wer zufällig am unteren Ende der Friedrichstraße in Berlin lebte, der hatte eine freiheitliche Demokratie, die Amerikaner, die Europäische Gemeinschaft, die Costa del Sol, den Volkswagen und McDonald's. Sein Bruder, der nur drei Ecken weiter in dieser Straße lebte, hatte den Kommunismus, die Russen, den Comecon, das Schwarze Meer, den Trabant und Soljanka.

Mit einer abschließenden Bemerkung soll die hier skizzierte Landkarte vervollständigt werden. Bei der Darstellung Europas als in zwei »Teile einer großen Teilung« gespalten, darf eine wichtige Unterkategorie dieser Teilung nicht verschwiegen werden. Ohne in den undurchdringlichen Dschungel kulturhistorischer Argumente eindringen zu wollen – wo liegen die östlichen Grenzen Europas, ist Rußland ein Teil Europas, wo beginnt und endet das historische »Mitteleuropa«? –, soll hier zumindest angemerkt sein, daß es wichtige Teile der Sowjetunion gab (beispielsweise die baltischen Republiken), die historisch wie kulturell zu Europa gehört hatten. Diese Teile Europas, oder Elemente des »Europäertums« innerhalb der Sowjetunion, befanden sich jedoch in einer anderen politischen Lage als beispielsweise Ungarn oder die Tschechoslowakei. Ihre fundamentalen Bedürfnisse mögen die gleichen gewesen sein, ihre Möglichkeiten, sie zu realisieren, nicht.

Für den Zeitraum, dem der Hauptteil dieses Buches gilt – bis 1989/90 –, muß von »der Sowjetunion« als dem einen und von »Osteuropa« als dem anderen gesprochen werden. Dieses politische »Osteuropa« schließt jene Teile des historischen Mittel-, Ost-Mittel- und Südost-Europas ein, die in den vierziger und fünfziger Jahren als Parteistaaten nach sowjetischem Modell organisiert worden waren, deren Souveränität begrenzt war und die durch öffentliche und geheime Arrangements eng mit der Sowjetunion verbunden sowie in den Comecon und Warschauer Pakt eingebettet waren.

Also heißt diese Definition der Jalta-Teilung Europas: Sie unterschied sich von vorangegangenen Teilungen Europas durch ihre historische Willkür, ihre Absolutheit, die asymmetrischen Rollen der teilweise außereuropäischen atomaren Supermächte und die Kongruenz der militärischen, politischen und wirtschaftlichen Unterschiede.

Die Genesung Europas?

Was würde die »Überwindung« dieser Teilung bedeuten? Was, um emotionalere Begriffe zu gebrauchen, sollte man unter »Wiederherstellung«, »Wiedervereinigung« oder »Genesung« Europas verstehen? Offensichtlich gäbe und gab es darauf die unterschiedlichsten Antworten. Einige amerikanische Politiker vermittelten den Eindruck, die Genesung Europas bedeute im wesentlichen, den Kommunismus in Osteuropa aufzulösen und gleichzeitig die Nato in Westeuropa zu bewahren. Sowjetische Politiker schlugen das genaue Gegenteil vor: die Nato in Westeuropa aufzulösen und den Kommunismus in Osteuropa zu bewahren.

Die Überwindung der Teilung hatte eindeutig einen außenpolitischen und einen innenpolitischen Aspekt. Der außenpolitische Aspekt, der die Beziehungen zwischen West- und Osteuropa betraf, hatte zwei wesentliche Dimensionen. Erstens: Es gab die Beziehungen zwischen westlichen und östlichen Staaten, vielleicht auch noch die zwischen westlichen und östlichen Staatenbündnissen, wie etwa zwischen Europäischer Gemeinschaft und Comecon. Zweitens: Es gab die Beziehungen zwischen Völkern und einzelnen Menschen – Reisemöglichkeiten, Emigration, Familienzusammenführung, kulturellen, akademischen, kommerziellen oder technologischen Austausch und so weiter.

Der innenpolitische Aspekt betraf die Beziehungen innerhalb der beiden Teile und hatte zwei Doppeldimensionen. Erstens: Es gab die Beziehungen von Staaten zu ihrer atomaren Supermacht und untereinander. Zweitens: Es gab die Beziehungen der Staaten zu ihren eigenen Gesellschaften und Bürgern.

Selbst wenn die meisten Teilnehmer an den Debatten der achtziger Jahre die groben Umrisse dieser Agenda akzeptierten, so würden sie doch sehr unterschiedliche Schwerpunkte setzen. Und auch die Zusammenhänge zwischen den verschiedenen Punkten dieser Agenda würden radikal unterschiedlich bewertet werden. So war es zum Beispiel einer der am hitzigsten diskutierten Punkte, wie viele und welche Veränderungen in Westeuropa vonnöten wären gegenüber wie vielen und welchen in Osteuropa und was die kausalen Zusammenhänge zwischen den einen und den anderen wären. Mit wenigen Ausnahmen waren selbst diejenigen, die eine tiefgehende Symmetrie zwischen der Situation West- und Osteuropas im Hinblick auf ihre jeweiligen »Blöcke« sahen, bereit zu sagen, daß diese Beziehungen – ungeachtet dessen, wie unvollkommen die Beziehungen zwischen Staaten und Gesellschaften in Westeuropa auch sein mochten – in Osteuropa schlechter waren (einige sagten »in ihrem Ausmaß«, andere »in ihrer Art«), und daß es daher, milde ausgedrückt, mehr Bedarf an Veränderungen in Osteuropa als in Westeuropa gab.

Viele Politiker und Kommentatoren in Westeuropa beharrten jedoch darauf, daß die Position der westeuropäischen Staaten gegenüber den Vereinigten Staaten in wichtigen Aspekten der Position der osteuropäischen Staaten gegenüber der Sowjetunion vergleichbar war; daß die osteuropäischen Staaten um so unabhängiger von der Sowjetunion werden könnten, je unabhängiger die westeuropäischen Staaten von den Vereinigten Staaten würden und daß diese osteuropäischen Staaten, indem sie unabhängiger würden, auch eher dazu imstande wären, die Bedürfnisse ihrer Gesellschaften nach mehr Freiheit, nach Achtung der Menschenrechte und nach Kontakten zu Westeuropa zu befriedigen, und somit innenpolitisch wie außenpolitisch »Europa wiederherstellen« könnten.

Natürlich tauchte dieses Argument in unterschiedlichen Varianten auf, angefangen bei der oft übertriebenen und krass deterministischen Version, die von Teilen der Friedensbewegung und den Grünen in den frühen achtziger Jahren offeriert wurde, bis hin zum vorsichtigen und staatsmännischen deutschen Gaullismus von Helmut Schmidt. Doch selbst Schmidt ging 1986 so weit zu sagen: »... für die Westeuropäer *und für die Osteuropäer* ist in der zweiten Hälfte der achtziger Jahre das Ausmaß der Selbstbehauptung Westeuropas zugleich auch der Gradmesser der Selbstbehauptung Europas insgesamt.« (Hervorhebung des Autors.)

Unabhängige Intellektuelle und oppositionelle Aktivisten in Ostmitteleuropa argumentierten vom anderen Ende der Geschichte aus. Osteuropäische Staaten, so sagten sie, könnten nur dann autonome, selbstbewußte und friedliche Partner Westeuropas sein, wenn sie sich auf die Unterstützung ihrer eigenen Gesellschaften verlassen könnten. Je weniger diese Staaten von ihrer eigenen Bevölkerung getragen würden, um so mehr würden sie sich von der Sowjetunion abhängig machen müssen. Und mit der Unterstützung ihrer eigenen Gesellschaften könnten sie nur rechnen, wenn sie die Menschenrechte und die Belange der Menschen stärker respektierten.

Da diese Debatte ursprünglich eher unter dem Motto »Frieden« als unter dem Motto »europäische Einigung« geführt wurde, sagten diese Osteuropäer auch: Europa habe seit 1945 nicht in Frieden gelebt – es herrsche nichts weiter als ein Zustand des Nicht-Krieges –, denn die Länder Osteuropas hätten nicht jene Art von »innerem Frieden« gekannt, den die westeuropäischen Staaten im großen und ganzen genossen. »Ohne inneren Frieden«, schrieb Václav Havel 1985, »das heißt, Frieden unter den Bürgern und zwischen Bürgern und Staat, kann es keine Garantie auf äußeren Frieden geben.« Und frühere Gedanken von Immanuel Kant aufgreifend: »Ein Staat, der den Willen und die Rechte seiner Bürger ignoriert, kann keine Garantie geben, daß er den Willen und die Rechte anderer Völker, Nationen und Staaten respektieren wird.« Wenn westeuropäische Friedensaktivisten behaupteten, daß »Frieden« – und damit meinten sie an erster Stelle die atomare Abrüstung in Westeuropa – mehr Achtung der Menschenrechte in Osteuropa bringen würde, so antworteten die osteuropäischen Oppositionsaktivisten darauf, daß nur die Achtung der Menschenrechte in Osteuropa jenen realen Zustand des europäischen Friedens herbeiführen könnte, unter dem eine Abrüstung für Westeuropa zu riskieren wäre.

Auch hier mußte ein kompliziertes und differenziertes Argument vereinfacht dargestellt werden. Diese gegensätzlichen Positionen reflektierten unterschiedliche Analysen, aber auch unterschiedliche Interessen. Doch die Kontroverse illustriert sehr gut den Mangel an neutralen oder gemeinsamen Definitionen. Selbst nach einer einverständlichen Diagnose können Ärzte bekanntlich ganz unterschiedliche Therapien empfehlen. In diesem Fall gab es jedoch keine einvernehmliche Diagnose der Krankheit, ja, es gab nicht einmal eine gemeinsame Definition von Gesundheit.

1
Deutsche Antworten

Die geteilte Mitte

Deutschland stand in zweierlei Hinsicht im Mittelpunkt der europäischen Frage. Zum einen, weil es eben in der Mitte lag. Viele deutsche Historiker haben behauptet, daß die charakteristischsten Merkmale der deutschen Geschichte, insbesondere der deutschen Außenpolitik, vor allem der geographischen Lage Deutschlands, ohne eindeutige natürliche Grenzen in der Mitte Europas, zu verdanken seien: die berühmte Mittellage. Deutschland, sagten sie, sei nur als »Land der Mitte« zu begreifen. Nun haben aber polnische Historiker festgestellt, daß auch Polen ein Land ohne eindeutige natürliche Grenzen in der Mitte Europas ist. Und für beide Länder haben sich recht unterschiedliche Folgen aus dieser ähnlichen, ja, tatsächlich geteilten geographischen Lage ergeben. Gleichzeitig trat auch Prag immer wieder mit Warschau und Berlin in den Wettstreit um den Titel »Herz Europas«.

Doch Deutschlands geopolitische Lage im Jalta-Europa war einzigartig. In keinem anderen Land verlief die Trennungslinie zwischen Ost und West quer durch die Mitte. Deutschland war die geteilte Mitte eines geteilten Europas. Berlin, Deutschlands einstige und zukünftige Hauptstadt, war die geteilte Mitte der geteilten Mitte.

Der zweite Aspekt war zwar untrennbar mit diesem geopolitischen Dilemma verknüpft, doch keinesfalls ausschließlich von ihm bestimmt: die Zentralität der deutschen Ostpolitik. Es ist kein Zufall, daß »Ostpolitik« zu den wenigen deutschen Worten gehört, die Eingang in die englische Sprache gefunden haben, neben Weltanschauung, Angst und Schadenfreude. Denn betrachtet man die Politik der wichtigsten westlichen Mächte gegenüber Osteuropa während der zwanzig Jahre von 1969 bis 1989, dann entdeckt man bald, daß die Politik der Bundesrepublik die konsequenteste, extensivste und intensivste war. In den Beziehungen zur Sowjetunion blieben die Vereinigten Staaten natürlich eine Klasse für sich, zumindest bis zu Gorbatschows Besuch in Bonn im Juni 1989. Aber was den direkten Einfluß in Osteuropa betraf, so lag die Bundesrepublik bereits in den achtziger Jahren an erster Stelle.

1985/86 schrieb Jiří Dienstbier, damals Sprecher der Charta 77, ein Manuskript mit dem Titel *Träumen von Europa*. Er schrieb es in den Pausen zwischen seiner Arbeit als Heizer. Denn wie viele Intellektuelle, die gegen Gustáv Husáks sogenannte »Normalisierung« Widerstand leisteten, wurde auch er vom Parteistaat daran gehindert, irgendeine andere Arbeit als niedere Dienste zu verrichten. 1991, im Vorwort zur deutschen Ausgabe seines Buches, erinnerte sich Dienstbier – nun unglaublicherweise Außenminister der Tschechoslowakei –, daß er sich Mitte der achtziger Jahre von seinem Heizungskeller aus umgesehen hatte, um herauszufinden, wie das ersehnte Ziel vom Ende der Jalta-Teilung erreicht werden könnte. Und er fand »im Westen nur Standpunkte von einzelnen und eine einzige größere Konzeption, Brandts Ostpolitik, die mit einem anderen Europa rechnete als dem, an das wir uns alle während des Kalten Krieges gewöhnt hatten«. Hier soll nun untersucht werden, wie richtig diese Beurteilung war, sowohl in bezug auf Brandts Ostpolitik als auch auf die Politik und politischen Ansätze anderer Staaten, Regierungen, Bewegungen und Individuen in Ost und West. Doch bezeichnend ist die Analyse des intellektuellen Heizers in Prag schon.

Bevor wir jedoch die Ostpolitik genauer unter die Lupe nehmen, müssen die grundlegenden Begriffe und der Kontext deutscher Antworten auf die europäische Frage betrachtet werden. Denn niemand hat die Jalta-Krankheit häufiger und ausführlicher diagnostiziert als die Deutschen. Und niemand war mit einem so großen therapeutischen Angebot zur Stelle.

Beginnen wir am Ende. Was bedeutet Genesung oder friedliche Wiederherstellung Europas? Eine Antwort des deutschen politischen Mehrheitdenkens in den achtziger Jahren hieß: Die »Normalisierung« der Beziehungen zwischen Ost- und Westeuropa. Ein bemerkenswerter, sehr früher Gebrauch des Begriffs »Normalisierung« in diesem Zusammenhang ist in jener diplomatischen Note vom 7. Juni 1955 zu finden, in der die Sowjetunion der Bundesrepublik die Eröffnung diplomatischer Beziehungen vorschlug. Im September 1955, während seines Besuchs in Moskau, griff Adenauer dieses Wort auf, wenngleich nicht ohne ausdrücklich zu betonen, daß die Teilung Deutschlands »abnorm« sei. Im Juni 1961 wurde die Bundesregierung durch einen wichtigen Beschluß des Bundestages, der auf dem Bericht des sudetendeutschen Sozialdemokraten Wenzel Jaksch basierte, aufgefordert, »jede sich bietende Möglichkeit [zu] ergreifen, um ... zu einer Normalisierung der Beziehungen zwischen der Bundesrepublik und den osteuropäischen Staaten zu gelangen«. In den frühen siebziger Jahren wurde Normalisierung dann zum zentralen Begriff der sozialliberalen Ostpolitik. Walter Scheel sagte, die Ostpolitik sei »nichts anderes als der Versuch einer politischen Normalisierung auf der Grundlage der Realitäten, die wir hier und heute vorfinden«. Der Begriff ging dann in die Verträge der Bundesrepublik mit der Sowjetunion, Polen und der DDR ein, den drei wichtigsten der sogenannten »Ostverträge«.

Auf deren Geschichte werden wir später ausführlicher zurückkommen. Hier geht es erst einmal darum, daß das Wort »Normalisierung« bis in die achtziger Jahre zum gewohnheitsmäßigen und zentralen Bestandteil der deutschen Antworten auf die europäische Frage geworden war. Unermüdlich wiederholten Politiker aller großen westdeutschen Parteien, daß sie nicht die Grenzen an sich, sondern die Qualität der Grenzen in Europa verändern, den trennenden Charakter dieser Grenzen aufheben und sie durchlässiger machen wollten. Der Eiserne Vorhang sollte in einen samtenen verwandelt werden, am besten in eine Gardine. Der Grenzverkehr zwischen Ost- und Westdeutschland sollte so normal werden wie der zwischen der Bundesrepublik und Holland. Die Beziehungen zwischen der Bundesrepublik und Polen sollten so normal werden wie die zwischen der Bundesrepublik und Frankreich.

Diese Antwort war, um mit dem alten Lehrerwort zu sprechen: so weit, so gut. Aber sehr weit ging sie nicht. Erinnern wir uns zunächst der Tatsache, daß der Begriff »Normalisierung« für die meisten Menschen in Ostmitteleuropa einen schlechten Beigeschmack hatte, da er im hier dargestellten Zeitraum der Beschreibung des Versuchs gegolten hat, eine europäische Gesellschaft gewaltsam sowjetischen Normen wiederanzupassen: wie in der Tschechoslowakei nach 1968. Dieses terminologische Zusammentreffen – und der Zusammenhang zwischen diesen beiden Arten der »Normalisierung« – sollte für einige Probleme in den Beziehungen der Bundesrepublik zu jenen Ländern von Bedeutung sein. Doch die wirkliche Bedeutung kann nur im größeren Zusammenhang verstanden werden.

Unmittelbar relevant ist aber die Tatsache, daß die Grenzen und Beziehungen zwischen der Bundesrepublik und der Republik Frankreich oder dem Königreich der Niederlande – gemessen an den Grenzen und Beziehungen zwischen europäischen Staaten in der Vergangenheit und zwischen den meisten Staaten in der Welt überhaupt – in den achtziger Jahren weit davon entfernt waren, »normal« zu sein. Sie waren abnormal gut. Die Grenzen waren abnormal offen, die Beziehungen zwischen den Völkern und den Regierungen waren abnormal eng. Und die Ausgangsbedingungen hierfür waren nicht allein der elementare Wille der Menschen und Regierungen zu Aussöhnung und Zusammenarbeit, sondern auch die grundlegende Kompatibilität der politischen und wirtschaftlichen Sozialsysteme.

Bei näherer Betrachtung war damit der Standard außergewöhnlich hoch angesetzt: Um eine derart abnormale »Normalität« auch im Verhältnis zu den osteuropäischen Ländern zu erlangen, mußte der politische Wandel innerhalb Osteuropas natürlich fundamental sein. Andererseits aber wurde der Grad von »Normalität« am außergewöhnlich niedrigen Standard der Bewegungsfreiheit zwischen den beiden deutschen Staaten gemessen. An ihm gemessen schienen dann Mitte der achtziger Jahre selbst die Beziehungen zwischen Österreich und Ungarn fast perfekt, obwohl Ungarn in jener Zeit noch immer ein vollkommen unterschiedliches politisches und wirtschaftliches System hatte. Dieser unstete Gradmesser von »Normalität« wird gut illustriert durch eine Passage in Helmut Schmidts Bericht zur Lage der Nation aus dem Jahr 1978. Sein Ziel für die Beziehungen zwischen den beiden deutschen Staaten sei, so sagte Schmidt, daß »allmählich ein *Zustand selbstverständlicher Normalität* erreicht wird, wie er bisher etwa in unserem Verhältnis zur Volksrepublik Polen schon erreicht worden ist«. Normalität?

Europäische Friedensordnung

Ungereimtheiten dieser Art werden noch deutlicher, wenn man den Begriff der »Europäischen Friedensordnung« betrachtet. Ende der sechziger Jahre war diese Phrase von den Politikern aller großen Parteien als gemeinsame Formel für das langfristige Ziel der Ostpolitik adaptiert worden. Erstmals scheint sie im Juli 1957 in der Berliner Erklärung der Bundesrepublik und ihrer Alliierten USA, Frankreich und Großbritannien aufgetaucht zu sein. In den frühen sechziger Jahren wurde sie dann immer häufiger gebraucht, bevor sie schließlich im Dezember 1966 in der ersten Regierungserklärung der großen Koalition zwischen Christ- und Sozialdemokraten wirkliches Gewicht erhielt. In der Folge wurde sie sowohl vom christdemokratischen Kanzler Kiesinger als auch vom sozialdemokratischen Außenminister Brandt wiederholt. Auch die Nato griff sie in ihrem Harmel-Bericht 1967 auf. Helmut Schmidt beschreibt in seinen Memoiren ein Gefühl, das viele, wenn nicht alle führenden Politiker der Bundesrepublik geteilt haben mögen: »Diese Friedensordnung ist mir in all den Jahren als das Wichtigste erschienen.«

Aber was hatte diese Formel wirklich zu bedeuten? Natürlich umfaßte sie verschiedene Versionen, die häufig sehr unklare Konzepte widerspiegelten. Dennoch kann man zwei verschiedene Richtungen in der breiteren Diskussion um die Genesung Europas unterscheiden. Die eine formulierte Walter Scheel klar und deutlich während einer Bundestagsdebatte 1970. Das Ziel der neuen Ostpolitik, sagte Scheel, sei eine europäische Ordnung, »in der Länder unterschiedlicher Gesellschaftssysteme gleichermaßen Mitglieder sind«. Dieses Ziel bedürfe keines »Kompromisses« zwischen dem freiheitlichen und dem kommunistischen System, sondern der Zusammenarbeit zwischen Ländern, Organisationen und Gemeinschaften mit unterschiedlichen Systemen. »Nur so kann es eine europäische Friedensordnung geben, die ganz Europa umfaßt, nicht, wie manche es sich vorstellen, indem man die eine oder die andere Seite in das politische Ordnungssystem der einen oder der anderen hinüberzieht.«

Siebzehn Jahre später erläuterte Hans-Dietrich Genscher, Scheels Nachfolger als Außenminister und Vorsitzender der

Freien Demokraten, sein außenpolitisches Credo: »Die Entwicklung geht unweigerlich in die Richtung auf eine europäische Friedensordnung, in der die Völker auch in unterschiedlichen gesellschaftlichen und staatlichen Ordnungen sich in friedlichem Wettbewerb und ohne Angst voreinander entwickeln können.« Marion Gräfin Dönhoff widmete 1988 diesem Prozeß der Zusammenbindung von Ost- und Westeuropa folgende Beobachtung: »Vorige Woche haben mir einflußreiche Politiker verschiedener Couleur in Wien versichert, ihre Beziehungen zu Budapest seien heute besser, als dies zur Zeit Österreich-Ungarns in der Monarchie der Fall war. Der Unterschied zwischen den Gesellschaftssystemen muß also kein Hindernis sein.«

Die klarste, wenn auch extremste Darstellung dieser Version stammt vom Sozialdemokraten Egon Bahr, einem der schöpferischsten und einflußreichsten Praktiker, Strategen und Ideologen der Ostpolitik ab den frühen sechziger bis in die späten achtziger Jahre. In seinem kleinen Buch *Zum europäischen Frieden* schrieb Bahr 1988: »Einige sprechen von einer europäischen Friedensordnung als ihr Ziel. Ich ziehe es vor, für diesen Zustand die dafür notwendige völkerrechtliche Struktur zu benennen.« »Ein solcher Zustand eines kollektiven Sicherheitssystems«, von dem er annahm, daß er Ende dieses Jahrhunderts erlangt werden könnte, »wäre gleichbedeutend mit dem europäischen Frieden.« Wenn, wie er beiläufig bemerkte, »die westlichen Prinzipien der Schlußakte von Helsinki...völkerrechtliche Verbindlichkeit erhalten« würden, so wäre der europäische Friede eindeutig vor und ungeachtet eines politischen Systemwandels in Osteuropa zu erreichen. In diesem Frieden, schrieb Bahr, würden die Widersprüche zwischen Ost und West »geschichtlich auszutragen sein«. Und es könnte »sehr spannend werden«, »was das System [des Ostens] im Falle garantierten Friedens bringt«. Es gelte, »die Ära der militärischen Konfrontation zu beseitigen und durch einen garantiert friedlichen politischen Wettstreit der Systeme und wirtschaftliche Zusammenarbeit zu ersetzen«. »Eine Kultur des Streits werden wir dann erst recht brauchen.« Und im vielleicht eindeutigsten Statement sprach er von »wachsender Zusammenarbeit bei unveränderter politischer Struktur. Abnorme Normalität«.

Nun kann man natürlich nicht einfach davon ausgehen, daß solche öffentlichen Äußerungen alle persönlichen Hoffnungen und Absichten eines Redners oder Autors widerspiegeln. Daß Staaten und Staatsmänner ihre wahren Ziele verschleiern, ist kaum eine Überraschung. In den meisten westlichen Ländern wird immer wieder darüber gestritten, wie laut und vernehmlich Regierungen den politischen Wandel innerhalb anderer Länder einfordern sollten. 1973 zitierte Egon Bahr Moltke: »Alles, was man sagt, muß wahr sein, man muß aber nicht alles sagen, was wahr ist.« Bahr fügte hinzu: »Dies gilt auch in der Politik.« Wie sich also diese öffentlichen Äußerungen wirklich zu den persönlichen Absichten verhielten, ist eine Frage, die später ausführlicher behandelt werden soll. Vorläufig soll erst einmal die öffentlich artikulierte Version dargestellt werden.

Die Vision der »europäischen Friedensordnung«, die in den achtziger Jahren von führenden Christdemokraten öffentlich vertreten wurde, stand in scharfem Kontrast dazu. Vom Augenblick ihrer Machtübernahme 1982 an betonten Kohl und seine engsten Verbündeten die zentrale Bedeutung des Themas Freiheit, nicht nur in bezug auf die deutsche Frage, die sie sehr vernehmbar stellten, sondern auch auf die europäische Frage, wie sie hier definiert wurde. Sozialdemokraten in der Regierungsverantwortung hatten immer an den Westbindungen der Bundesrepublik, an der Europäischen Gemeinschaft und der Nato als Bedingung sine qua non ihrer Ostpolitik festgehalten. Die Christdemokraten aber betonten bei ihrer erneuten Regierungsübernahme auch wieder die gemeinsamen westlichen Werte.

Und diese neuerliche Betonung westlicher Werte wurde zum rhetorischen Mittelpunkt ihrer Ostpolitik. Die Menschen in Mittel- und Osteuropa, so erklärte Kanzler Kohl in seinem Bericht zur Lage der Nation 1984, wollten so frei sein wie die Menschen in der Bundesrepublik. »Und darin liegt ja das eigentliche Problem der deutschen und europäischen Teilung: in der Verweigerung von Freiheit und Selbstbestimmung für die Menschen in Mittel- und Osteuropa.« Eine europäische Friedensordnung, sagte er in seinem Bericht 1987, wäre eine, »in der die Grundfreiheiten für alle Völker Europas, auch für die deutsche Nation, ungeteilt und ungeschmälert verwirklicht sind«.

Wolfgang Schäuble sagte 1986: »Im übrigen dient das klare Aussprechen eigener Ziele und Wertvorstellungen auch der Berechenbarkeit der Beziehungen [mit kommunistischen Staaten]. Verschweigen würde auch eher als Täuschungsversuch verstanden und Mißtrauen fördern.« In derselben Rede traf er eine Unterscheidung, die unmittelbar den Schriften unabhängiger Intellektueller und Oppositionsaktivisten in Polen, Ungarn, der Tschechoslowakei und nicht zuletzt der DDR entnommen schien. Nach einer Bemerkung über die SED sagte er: »Sie stellt ihre Politik zwar verbal unter den Primat der Friedenssicherung. Unter Frieden versteht sie aber eher die Abwesenheit von Krieg als die freie Entfaltung des Bürgers in einem auch innerlich befriedeten Staat.« Und Kanzler Kohl gab eine fast schon päpstliche Parole aus: »Friede beginnt mit der Achtung der unbedingten und absoluten Würde des einzelnen Menschen in allen Bereichen seines Lebens.«

Also verknüpfte die christdemokratische Vision der »europäischen Friedensordnung« ausdrücklich das Thema »Frieden zwischen Ost und West« mit der Frage der Freiheit innerhalb Osteuropas. Sie betonte die symbiotischen Beziehungen zwischen äußerem und innerem Frieden und akzeptierte somit zumindest implizit, daß eine Verringerung oder Überwindung der Teilung Europas ebenso eine Frage der veränderten Beziehungen zwischen Staat und Gesellschaft innerhalb Osteuropas sei wie der veränderten Beziehungen zwischen den Staaten in Ost und West. Freiheit, so wiederholten die Christdemokraten unermüdlich, sei die Vorbedingung für die deutsche wie die europäische Einheit. Wieweit ihre politische Praxis dieser Theorie entsprach, soll später ausführlicher behandelt werden.

Zwei Fragen oder eine?

Unisono verkündeten jedoch die Regierungen von Mitte-links und Mitte-rechts die tiefe Harmonie der deutschen und europäischen Interessen. Kanzler Kohl echote Kanzler Schmidt: »... die Teilung Deutschlands ist immer zugleich die Teilung Europas.« Außenminister Genscher sagte: »Die Teilung Deutschlands ist die Teilung unseres europäischen Kontinents.« Für ein solches Ziel – die Einheit Europas – mit friedlichen Mitteln zu wirken, »ist vor allem Sache der Deutschen«, meinte Bundespräsident von Weizsäcker. »Die Überwindung der deutschen Teilung ist zugleich die Überwindung der Teilung Europas«, schrieb Kanzleramtsminister Wolfgang Schäuble, »sie ist für Europa ebenso wichtig wie für uns Deutsche.« »Deutsche Außenpolitik« sei immer auch gleichzeitig »europäische Friedenspolitik«. Es herrsche keinerlei Widerspruch zwischen der Politik der westeuropäischen Integration – in Bonn »Europapolitik« genannt – und der Ostpolitik: Jede diene der anderen. Ostpolitik, behauptete Walter Scheel, »ist Ausdruck der Identität unserer Interessen mit den Interessen Europas«.

Daß die deutsche und die europäische Frage eng miteinander verbunden waren, ist offensichtlich. Daß es eine solch außergewöhnliche Harmonie gegeben haben soll, ist es nicht. Zunächst einmal war es ein Charakteristikum der meisten europäischen Nationalstaaten in der neueren Geschichte, daß ihre Repräsentanten eine Harmonie oder sogar Identität zwischen dem, was sie als nationale Interessen betrachteten, und dem, was sie für europäische Interessen hielten, proklamierten. In den letzten zweihundert Jahren finden wir hierfür zahllose Beispiele aus Frankreich, Polen, Italien, Ungarn oder Rußland. Es war Bismarck, der einmal bemerkte: »Ich habe das Wort ›Europa‹ immer im Munde derjenigen Politiker gefunden, die von anderen Mächten etwas verlangten, was sie im eigenen Namen nicht zu fordern wagten.« Im Falle Deutschlands erhält dieses gesamteuropäische Phänomen jedoch eine besondere Note.

Es mag pervers scheinen, in diesem Zusammenhang auf Hitler zu sprechen zu kommen. Doch man stellt mit Grausen fest – beispielsweise beim erneuten Blättern in Max Domarus' Sammlung der Hitler-Reden –, wie oft und dezidiert dieser von Europa gesprochen hat: vom europäischen Frieden, von Anerkennung und Gleichberechtigung der europäischen Nachbarn, von der »europäischen Zusammenarbeit« und der französisch-deutschen Aussöhnung und immer wieder von Frieden und Freundschaft. »Niemand sprach jemals nachdrücklicher vom Schrecken und der Dummheit des Krieges als Adolf Hitler«, schrieb sein Biograph

Alan Bullock. Und man könnte hinzufügen: Niemand sprach bewegender von Europa. Damit will nichts anderes gesagt werden, als daß »Europa« eines jener großen Worte ist – wie »Frieden« und »Demokratie« –, die im 20. Jahrhundert so schrecklich mißbraucht wurden, daß heute eine wirklich grundlegende intellektuelle und moralische Anstrengung unternommen werden muß, diese Worte nicht nebenbei, unpräzise oder instrumentalisiert zu gebrauchen, sondern eindeutig, präzise und für sich selbst sprechend. Abgesehen von diesem Zusammenhang aber ist der Vergleich mit Hitler irrelevant.

Einen viel relevanteren Vergleich legt Gustav Stresemann nahe. Sowohl Willy Brandt als auch Hans-Dietrich Genscher und Helmut Kohl verglichen ihre Politik mit der des Außenministers der zwanziger Jahre. Doch auch im Falle Stresemanns gab es ein – semantisch wie diplomatisch – starkes Element, »Europa« zum nationalen Nutzen zu instrumentalisieren.

So auch bei Konrad Adenauer. Das Deutschland von 1945 war nicht nur physisch ruiniert und moralisch korrumpiert, es war auch jeglicher Souveränität beraubt. Adenauers dringlichste Aufgabe war daher – wie es die dringlichste Aufgabe eines jeden gewesen wäre, der auf den Titel eines deutschen Staatsmannes Anspruch erhoben hätte – neben dem physischen und moralischen Aufbau die Wiederherstellung der Souveränität. Ihre Errungenschaft – zuerst das schiere Minimum lokaler Selbstverwaltung, dann die Eigenstaatlichkeit in einem Teil der Nation, dann die Souveränität jenes Staates (mit Ausnahme etlicher wichtiger Besatzungsrechte für Frankreich, Großbritannien und die Vereinigten Staaten) und schließlich die wachsende Bewegungsfreiheit: Sie wurde zu einem Leitmotiv in der Geschichte der Bundesrepublik Deutschland. Durch alle Kanzlerschaften über vier Jahrzehnte hinweg ziehen sich die Erfahrungen mit der beschränkten Souveränität und der Versuch, sie zu erweitern.

Nun hieß die erste Sprosse auf der Leiter aus diesem Morast heraus »Europa«. Der konservative Historiker Michael Stürmer hat sie so dargestellt: »Die einzige Möglichkeit, die Deutschland [nach 1945] geblieben war, hieß, das Spiel des Westens zu spielen, die europäischste Nation unter den Europäern zu sein und Deutschlands geostrategische Lage als politische Handlungsmacht einzusetzen.« Der Kalte Krieg wandelte Deutschlands Lage als »geteilte Mitte« des Kontinents von den Passiva auf die Seite der Aktiva – wenn auch nur für die Deutschen in den westlichen Besatzungszonen.

Für Adenauer hatte das Unternehmen »Aufbau Europa« zwei Seiten. Auf der einen mußten sich die Deutschen – an deren Fähigkeit, ihre Angelegenheiten selbst in die Hand zu nehmen, er manchmal zweifelte – in eine westeuropäische Gemeinschaft einordnen, der sie gleichzeitig Teile der traditionellen Macht und Souveränität eines Nationalstaates übergeben mußten. Auf der anderen Seite war die Zugehörigkeit zu dieser (teil)europäischen Gemeinschaft der einzige Weg für (den Teil von) Deutschland, um Teile dieser Macht und Souveränität wiederzuerlangen. In vieler Hinsicht schlug die Bundesrepublik sofort den westeuropäischen Weg ein. Die Haager Konferenz 1948 war das erste internationale Treffen, zu der deutsche Repräsentanten wieder als freie und gleichberechtigte Partner zugelassen waren, als Demokraten unter Demokraten, als Europäer unter Europäern. Der Europarat, aus diesem Treffen hervorgegangen, war die erste Institution, deren volles und gleichberechtigtes Mitglied der westdeutsche Staat wurde. Die Gründung der europäischen Montan-Union 1951 sollte auch ein erster Schritt zum Aufbau einer politischen europäischen Gemeinschaft sein. 1952 war der Vertrag, von dem Adenauer hoffte, er würde den entscheidenden Durchbruch zur Souveränität bringen, wie mit einer Nabelschnur mit der Gründung einer europäischen Verteidigungsgemeinschaft verbunden. Doch obwohl die französisch-deutsche Aussöhnung später ein Eckpfeiler der deutschen Politik werden sollte, wurde 1954 der Plan für eine europäische Verteidigungsgemeinschaft ausgerechnet von der Französischen Nationalversammlung zerschlagen.

Also wurde die zweite Sprosse auf der Leiter aus dem Morast »Nato« genannt. Obwohl die deutsche Nato-Mitgliedschaft formell durch den Umweg über die sogenannte Westeuropäische Union (WEU) entstanden war und überdies mit einer einzigartigen Verpflichtung britischer Truppen, in der Bundesrepublik zu dienen, so war die eigentliche Essenz doch ganz klar das Bündnis mit den Vereinigten Staaten. Auch wenn Adenauer im deutschen Interesse für alle möglichen taktischen und strategischen

Optionen offen blieb, betonte er immer wieder die Notwendigkeit der amerikanischen Präsenz in der Mitte Europas als Gegengewicht zur sowjetischen. Für das schiere Überleben der Bundesrepublik waren die Beziehungen zu den USA noch wichtiger als selbst die Beziehungen zu Frankreich. Die Verträge vom Herbst 1954 hießen zwar Pariser Verträge, aber sie machten aus der Wiederherstellung der Souveränität und der Bindung an die militärische Allianz mit den USA zwei Seiten der gleichen Medaille.

Diese Westverträge der frühen fünfziger Jahre waren der erste große Schritt auf dem (west)deutschen Weg zurück zur Unabhängigkeit. Der zweite große Schritt folgte zwanzig Jahre später mit den Ostverträgen. Erstere machten es der Bundesrepublik möglich, als unabhängiger souveräner Staat im Westen zu agieren, letztere, als unabhängiger souveräner Staat im Osten.

Man könnte die Geschichte Mitteleuropas während der vierzig Jahre von 1949 bis 1989 als den Versuch von europäischen Völkern beschreiben, sich von Objekten der Geschichte zu Subjekten zu wandeln. Für Polen oder Ungarn hieß das in erster Linie: der Versuch, die Kontrolle über die eigenen inneren Angelegenheiten zurückzugewinnen. Denn die Kontrolle über ihre außenpolitischen Angelegenheiten wiederzuerlangen, davon konnten sie nur träumen. Also hieß dieser Versuch, als Bürger ein bewußtes, freies und aktives Subjekt zu werden, anstatt ein widerwilliges, passives Objekt der staatlichen Politik zu bleiben; und schließlich durch Reform oder Revolution das wiederherzustellen, was man »innere Souveränität« nennen könnte. Ein Schlüsselbegriff von Papst Johannes Paul II. hieß *podmiotowość*, nur unzureichend übersetzbar als »Subjektivität«, in seiner Bedeutung jedoch genau jenen Zustand beschreibend, in dem man vollständig Subjekt statt Objekt der Geschichte ist.

Der Mehrheit der Deutschen wurde bereits früh die Kontrolle über ihre eigenen inneren Angelegenheiten, ihre »innere Souveränität« zugestanden. Wie alle Bürger freiheitlicher Demokratien mußten auch sie dafür arbeiten – manchmal sogar darum kämpfen –, diese Kontrolle zu wahren und zu stärken. Doch die Bemühungen, eher Subjekte als Objekte zu sein, fanden ihren klarsten Ausdruck in der Außenpolitik: sowohl im Kampf um außenpolitische »Bewegungsfreiheit« als souveräner Staat als auch in der

Entscheidung, wie diese Freiheit zu nutzen sei. Dies ist nur ein Aspekt von vielen, in dem die jüngste Geschichte der Deutschen der jüngsten Geschichte anderer mitteleuropäischer Völker zugleich ähnlich und doch unvergleichbar ist. Der Papst sagte, Solidarność sei Ausdruck der polnischen »Subjektivität«. In diesem Sinne könnte man sagen, die Ostpolitik war ein Ausdruck der deutschen »Subjektivität«.

Dieser beständige und geduldige Kampf um das, was Willy Brandt in seiner Regierungserklärung vom Oktober 1969 »eine selbständigere deutsche Politik« nannte, bedurfte in außergewöhnlich hohem Maße der Unterstützung von Verbündeten und Nachbarn. Alle größeren westlichen Länder wurden in ihrer Außenpolitik (vor allem Außenwirtschaftspolitik) zunehmend voneinander abhängig, und alle wichtigen westeuropäischen Länder waren für ihre Verteidigung von den Vereinigten Staaten abhängig. Doch die Bundesrepublik hatte mehr Bindungen als jedes andere Land. Nicht nur trug sie die Last von Restbeständen alter Abhängigkeiten aus Niederlage und Besatzung sowie neuer im Zuge des Kalten Krieges. Für die Sicherheit West-Berlins war sie direkt von den Alliierten abhängig, und als nicht-atomare Macht an den Frontlinien des Kalten Krieges hing sie besonders von der westlichen atomaren Supermacht ab, als Gegengewicht zur atomaren Supermacht im Osten. Gleichzeitig war sie vielfältige freiwillige Bindungen eingegangen, die aus dem Versuch resultierten, sich in einer größeren westeuropäischen und atlantischen Gemeinschaft zu rehabilitieren. Europa war die erste Leiter aus dem Morast, aber diese Leiter war sowohl zum Gerüst wie zur Einzäunung geworden – wie es schon immer Wunsch der französischen Politiker gewesen war.

Eine der häufig wiederholten, fast obligatorischen Formeln der westdeutschen Politik hieß, daß die deutsche Einheit nur mit »Verständnis«, »Einverständnis« oder gar »Unterstützung« der Nachbarn erlangt werden könnte. Wie verschiedene andere Gebote der Ostpolitik verband auch dieses eine politische Botschaft mit einer moralischen. Die moralische hieß implizit, daß es falsch wäre, wenn Deutschland die Wiedervereinigung gegen den Willen der Nachbarn durchpauken würde. Die politische hieß, daß Deutschland dazu sowieso keine Chance bekäme. Doch diese

Botschaften waren nicht völlig kongruent. So erklärte zum Beispiel Kanzler Schmidt in seinem Bericht zur Lage der Nation 1979, die deutsche Einheit »wird ohne die Zustimmung der osteuropäischen Völker nicht zu haben sein«. Aber wenn Moskau, Washington, Paris und London der deutschen Vereinigung zustimmen würden, könnte dann ein selbst einstimmiger Chor aus Polen, Ungarn, Tschechen, Slowaken, Rumänen, Bulgaren, Albanern, Slowenen, Kroaten und Serben sie verhindern?

Kein anderes westliches Land hatte ein so unmittelbares Interesse an einer Reduzierung oder Überwindung der Teilung Europas wie die Bundesrepublik Deutschland. Doch die westeuropäischen Länder, die ihr ernsthaftes Interesse an einer Überwindung der Teilung Europas zum Ausdruck gebracht hatten, waren keinesfalls in gleichem Maße auch an einer Überwindung der Teilung Deutschlands interessiert. Helmut Schmidt schreibt in seinen Memoiren: Als er 1974 Bundeskanzler wurde, »gab es kaum eine Regierung in Europa, welche die Teilung Deutschlands ehrlich bedauerte. Eher war das noch in Washington oder im fernen Beijing der Fall...«. Zusammengefaßt hieß das: »Die Welt schien also mit der Spaltung Deutschlands weitgehend zufrieden zu sein: unlogischerweise war sie weit weniger zufrieden mit der Spaltung Europas.«

Der Welt eine Rüge zu erteilen, weil sie unlogisch ist, war wunderbar charakteristisch für Helmut Schmidt. Es war in der Tat nicht ganz logisch. In anderen Zusammenhängen hatte Schmidt, wie Willy Brandt vor ihm, mit völligem Verständnis von den Ängsten gesprochen, die europäische Nachbarn angesichts von mehr als 75 Millionen vereinigten Deutschen im Herzen Europas haben mochten. »Wir lieben Deutschland so sehr, daß wir froh sind, daß es zwei davon gibt«, lautete François Mauriacs berühmte Bemerkung. Aber die Einstellung der europäischen Nachbarn war nicht nur von ihren Ängsten vor Deutschland geprägt, sondern ebenso von ihren traditionellen und emotionalen Bindungen zu anderen Ländern. War es wirklich nur unlogisch, wenn sich die Österreicher mehr um die Ungarn sorgten, die Franzosen mehr um die Polen, als jeder von ihnen um die Deutschen?

Daß die Teilung Europas nicht überwunden werden konnte,

bevor nicht die Teilung Deutschlands überwunden war, war auf den ersten Blick eiserne Logik. So logisch, als wollte man sagen: Die Teilung eines Apfels ist die Teilung seines Kerns. Es gibt keinen ganzen Apfel mit geteiltem Kern. Aber Europa ist kein Apfel. Tatsache ist, daß beide europäisch-deutschen Teilungsvisionen – ein vereintes Deutschland in einem geteilten Europa, ein geteiltes Deutschland in einem vereinten Europa – zu verschiedenen Zeiten von den wichtigsten westlichen Partnern der Bundesrepublik nicht nur theoretisch, sondern auch faktisch für möglich gehalten wurden. In den fünfziger Jahren hatte man in Washington ernsthaft darüber nachgedacht, durch eine »Politik der Stärke« irgendwie den Rest Deutschlands in den Westen zu ziehen und damit, zumindest temporär, die Variante des »vereinten Deutschlands im geteilten Europa« zu schaffen. (Diese Formulierung fiel bei Diskussionen im State Department.) Im Gegensatz dazu kam die de Gaullesche Vision eines Europas vom Atlantik bis zum Ural nahe heran an die eines vereinten Europas um ein geteiltes Deutschland herum. Generell kann man sagen: Frankreich, das sich zwar sporadisch auch an einer Überwindung der europäischen Teilung interessiert zeigte, war am wenigsten daran interessiert, die deutsche Teilung zu überwinden.

Der Zusammenhang zwischen der deutschen und der europäischen Frage ist also äußerst komplex. Es waren zwar zwei Fragen, doch solange die Bundesrepublik meinte, ein grundlegendes nationales Interesse an der Überwindung der deutschen Teilung zu haben, hatte sie auch zwingende nationale Gründe, dafür zu sorgen, daß beide Fragen als ein und dieselbe behandelt werden mögen. Deshalb wünschte sich die Bundesrepublik auch, daß ihre westlichen Nachbarn und Verbündeten so besorgt wie möglich über die europäische Frage blieben, und baute gleichzeitig die deutsche Frage in den Mittelpunkt der europäischen Frage ein. Im Dezember 1966 notierte sich Willy Brandt für ein Gespräch mit de Gaulle: »Der Graben, der mein Land teilt, teilt auch Europa. Wer ihn zuschüttet, hilft damit auch meinem Lande. Wir haben keine andere Aussicht, als die Spaltung Europas zu überwinden.« Zwanzig Jahre später erklärte Kanzleramtsminister Wolfgang Schäuble: »Unsere Chance liegt darin, daß die Teilung Deutschlands zugleich die Teilung Europas ist.«

Die rhetorische Beteuerung dieser Harmonie war der offensichtlichste Ausdruck des deutschen nationalen Interesses – und das einfachste Mittel, sich seiner Wahrung zu versichern. Allerdings entstand hier zumindest eine weitere Doppeldeutigkeit des Wortes »Europa«: Die Formel »europäische Einigung« wurde sowohl auf den Prozeß der Integration der (West-)Europäischen Gemeinschaft bezogen, als auch auf das größere Unterfangen, die Teilung Europas zu überwinden. Somit war es nicht nur offensichtlich, sondern Tautologie, daß die europäische Einigung dem Zweck der europäischen Einigung diente. Doch in der Praxis war der wirkliche oder angebliche Widerspruch zwischen der fortschreitenden westeuropäischen Integration und dem Aufbau engerer Bindungen zu Osteuropa und der Sowjetunion wiederholt Thema deutscher außenpolitischer Debatten. Die Sozialdemokraten unter Kurt Schumacher attackierten Adenauers Politik der Westintegration, weil sie meinten, sie würde die Tür nach Osten, vor allem aber zur Wiedervereinigung, zustoßen. Franz Josef Strauß und andere attackierten Brandt und Scheel, weil sie die westeuropäische Integration im Streben nach einer, wie Strauß es damals nannte, illusionären Vorstellung vom Großraum Europa vernachlässigten. Kaum an der Regierung, proklamierte jedoch jede Partei die große Interessenharmonie.

Schöne Rhetorik allein würde jedoch nicht ausreichen. »Die Einheit der Deutschen«, sagte Willy Brandt in seinem Bericht zur Lage der Nation 1970, »hängt ... nicht in erster Linie oder allein von dem ab, was in Verträgen steht, sondern davon, wieweit wir andere Staaten als Freunde gewinnen, weniger von Potsdam 1945, als vielmehr von der Überwindung der europäischen Spaltung in den siebziger, achtziger und, wenn es sein muß, in den neunziger Jahren, meine Damen und Herren!« Doch andere Staaten gewinnt man nicht allein durch einschmeichelnde Worte zum Freund. In ihrem eigenen Interesse müßte die Bundesrepublik nicht nur schöne Dinge sagen, die andere Staaten und Völker als ebenso eigenes Interesse empfänden, sondern sie müßte diese Dinge dann auch tun. Doch welche und für welche Staaten oder Völker?

Es ginge entschieden zu weit zu behaupten, daß sich interessierte, idealistische, historisch informierte und moralisch sensible deutsche Politiker und Meinungsbildner nicht auch Sorgen um jene anderen Europäer machten, die am meisten unter der Jalta-Teilung zu leiden hatten. Sie haben das sicher getan, dafür gibt es etliche Zeugnisse. Das eine schließt das andere nicht aus. Doch aufgrund ihrer eigenen Aussagen müssen wir uns fragen, inwieweit das, was im hier behandelten Zeitraum geschah – um eine Formel der späten sechziger Jahre zu benutzen –, die Europäisierung der deutschen Frage war und inwieweit die Germanisierung der europäischen Frage. War Ostpolitik eine europäische Antwort auf die europäische Frage, eine deutsche Antwort auf die europäische Frage, eine europäische Antwort auf die deutsche Frage oder einfach eine deutsche Antwort auf die deutsche Frage? Und falls es alles zusammen war, wie die Architekten der Ostpolitik sofort entgegenhalten würden – dann zu welchen Anteilen?

Das europäische Interesse

Nicht alles, was europäisch genannt wird, ist auch tatsächlich europäisch, und nicht alles, was europäisch ist, wird auch so genannt. Daß Ostpolitik europäisch war, mag behauptet werden. Doch der Beweis dafür steht noch aus. Aber wie kann man das beweisen oder widerlegen? Was sind die Kriterien und wer die Richter des Europäertums? Ein Kriterium wurde bereits vorgeschlagen: das der Motive. Ostpolitik war europäisch, weil die, die sie praktizierten oder unterstützten, zutiefst davon überzeugt waren, im Sinne Europas zu handeln. Aber das ist ein schwaches Kriterium. Denn sind wir wirklich selbst in der Lage, unsere eigenen Motive zu verstehen? Und was, wenn andere anders empfinden? »Do not do unto others as you would they should unto you«, schrieb G. B. Shaw in Umkehrung der biblischen Weisheit und fügte hinzu: »Their tastes may not be the same.«

Man könnte auch versuchen, eine eindeutige Definition dessen herauszuarbeiten, was europäisch oder im europäischen Interesse ist, um dann die diversen politischen Ansätze daran zu messen. Zum Beispiel könnte man sagen, daß es europäisch ist, eindeutig festgelegte, gesetzlich verankerte und geschützte Menschen- und Bürgerrechte zu respektieren, während es uneuropäisch ist,

Menschen aufgrund ihrer Rasse, Hautfarbe oder ihres Glaubens willkürlich zu unterdrücken oder umzubringen. (Eine solche Definition wäre jedoch präskriptiv und nicht deskriptiv.)

Dieses Verfahren hätte den Vorzug, die Diskussion auf die Ebene rationaler Argumente zu bringen. Bedeutung und Implikationen der konkurrierenden Interpretationen von Europäertum oder europäischen Interessen könnten erforscht und mit anderen, eng verknüpften Konzepten wie »Frieden«, »der Westen«, oder Thomas Manns »Humanität« verglichen werden. Doch Logik bietet kein Rüstzeug, um eine endgültige Entscheidung zwischen diesen rivalisierenden Kriterien treffen zu können. Behauptungen darüber, was europäisch ist, sind nicht falsifizierbar. Es gibt keine philosophische Essenz des Europäertums. Ein Christ würde das eine, ein Atheist das andere meinen. Es gibt eine polnische Interpretation des europäischen Interesses, eine französische und eine deutsche – nein, es gibt viele unterschiedliche polnische, französische und deutsche Interpretationen.

Wer entscheidet also? Nach der Erfahrung mit der europäischen Barbarei in unserem Jahrhundert könnten sich wahrscheinlich die meisten europäischen Bürger heute auf eine Minimalliste dessen einigen, was sie unter nicht-europäisch verstehen. Doch neben diesem grundsätzlichen Kodex unveräußerlicher Menschenrechte, die immer noch auch in europäischen Ländern mißachtet werden, gibt es jede Menge Konflikte zwischen Menschen, die sich selbst für Europäer halten. Wie können diese Konflikte, wenn überhaupt, gelöst werden?

Die beste Antwort, die wir haben, heißt: freiheitliche Demokratie als epistemologisches Prinzip. Wie sich individuelle Männer und Frauen unterscheiden, so unterscheiden sich auch individuelle Staaten und Nationen. Ihre Interessen, Vorstellungen, Geschmacksrichtungen und Hoffnungen konkurrieren miteinander. Diese Unterschiede können zwar durch eine wissenschaftliche Untersuchung illuminiert, aber nicht gelöst werden. Sie können nie wirklich überwunden werden. Um aber über die Berechtigung der unterschiedlichen Ansprüche in einer pluralistischen Gemeinschaft oder Gesellschaft zu entscheiden, kann als Primärkriterium der frei formulierte Wunsch der Mehrheit gelten. Wir sagen nicht, »die Mehrheit hat immer recht«. Es gibt

Rechte, die jede Minderheit immer und überall haben muß. Doch je größer die Mehrheit ist und je deutlicher ihre Wünsche formuliert werden, um so größer ist auch die Pflicht der Minderheit, ihre Position zumindest zu überdenken.

Dieses behelfsmäßige Kriterium auf die inneren Angelegenheiten eines Staates oder einer Nation anzuwenden, ist schon nicht unproblematisch. Noch schwieriger ist es auf internationale Beziehungen anwendbar. Denn hier sind zumindest drei putative Mehrheiten zu berücksichtigen: die putative Mehrheit von Nationen oder Staaten, wobei der relevante Kreis von Nationen oder Staaten von zwei bis zweihundert rangieren kann und die Definition des relevanten Kreises an sich bereits umstritten ist (besonders dort, wo die Grenzen von Staaten und Nationen nicht übereinstimmen); dann der Wille der Mehrheit in jenem Staat, der die zur Debatte stehende Politik ausführt; und schließlich der Wille der Mehrheit in jenen Staaten, die unmittelbar von dieser Politik betroffen sind.

Selbst im demokratischen Westeuropa war nicht immer sicher, inwieweit der Wille der Mehrheit tatsächlich innenpolitisch, geschweige denn außenpolitisch umgesetzt würde. Doch was war mit Osteuropa, wo uns – bis 1989 – weder die Wahlurne noch zuverlässige Meinungsumfragen zu Hilfe kamen? In den Phrasen: »Mrs. Thatcher spricht für Großbritannien«, »Präsident Mitterrand spricht für Frankreich« oder selbst »Bundeskanzler Kohl spricht für Deutschland« war ein wahrer Kern enthalten, sosehr dies Engländer, Franzosen oder Deutsche auch bestritten haben mochten. Doch wer sprach in den achtziger Jahren für die Tschechoslowakei? Gustáv Husák oder Václav Havel? Und für Polen? Wojciech Jaruzelski? Lech Wałęsa? Der Papst?

Die Tatsache, daß ein Kriterium nur schwer anwendbar ist, verringert jedoch nicht seine Bedeutung. Um hier Churchills berühmten Kommentar zur Demokratie abzuwandeln: Dies ist das schlechteste aller möglichen Kriterien, die wir haben, läßt man mal alle anderen außer acht, die von Zeit zu Zeit ausprobiert worden sind.

Auf unser Thema angewandt, müßte man also sagen: Wenn ein Regierungschef, ein Politiker oder Schriftsteller erklärt: »Was wir tun oder vorschlagen, liegt im europäischen Interesse!«, wenn aber die Mehrheit ihrer europäischen Nachbarn darauf antwortet: »Nein, Freunde, was ihr wollt, liegt nicht im europäischen Interesse!« – dann liegt es nicht im europäischen Interesse. Der Regierungschef, der Politiker oder der Schriftsteller mögen zutiefst davon überzeugt sein, daß ihre Politik im europäischen Interesse liegt. Sie mögen dafür gewichtige Argumente haben. Sie sollten – sollen – auch versuchen, ihre Nachbarn kraft dieser Argumente zu überzeugen. Doch wenn diese Nachbarn nicht zu überzeugen sind, dann müssen der Regierungschef, der Politiker, der Schriftsteller nachgeben oder aber von der Behauptung zurücktreten, im europäischen Interesse zu wirken. Dieses unerbittliche Kriterium werden wir auf die deutsche Ostpolitik anwenden.

2
Ostpolitik

Gab es eine?

Gab es eine deutsche Ostpolitik? Folgte man den parteipolitischen Debatten im Bundestag oder in den westdeutschen Medien, konnte man daran zweifeln. Von den fünfziger bis in die achtziger Jahre, während der gesamten Geschichte der Bundesrepublik, wurden innerhalb der unterschiedlichen Regierungskoalitionen und der jeweiligen Opposition immer wieder kritische Stimmen laut, die betonten, daß die Regierung keine Ostpolitik habe, die diesen Namen verdient. Und wenn es denn eine gebe, so sei sie nicht beständig. Oder, es gebe zwar eine, diese sei aber weder beständig, noch diene sie deutschen Interessen. Dieser Sturm und Drang zeigte nur, welch zentrale Bedeutung die Ostpolitik für die westdeutsche Politik hatte. In keinem anderen westlichen Land wurde der Politik gegenüber der Sowjetunion, geschweige denn Osteuropa, vergleichbare Aufmerksamkeit geschenkt. Die grundsätzliche Einstellung zu den Ost-West-Beziehungen konnte zwar durchaus Thema einer amerikanischen oder französischen Präsidentschaftswahl sein, doch was ein amerikanischer oder französischer Politiker zu diesem Thema auch immer gesagt haben mochte: Es war niemals zugleich eine Äußerung über die zukünftige Existenz der Vereinigten Staaten oder der Republik Frankreich.

Deutsche Auseinandersetzungen über die Ostpolitik waren Auseinandersetzungen mit der Zukunft Deutschlands. Sozialdemokraten, die gegen Adenauers Ostpolitik (oder ihr Ausbleiben) opponierten, vertraten diese Meinung mit Sicherheit. Dieser Meinung waren auch die Christdemokraten, die gegen die Ostverträge der frühen siebziger Jahre opponierten. Und manche Sozialdemokraten und Grüne aus der Opposition der achtziger Jahre vertraten noch oder wieder diese Meinung.

Ein Grund für diese ständigen parteipolitischen Differenzen war einfach. In den siebziger Jahren gab es in der Bundesrepublik drei oder – wenn man die CSU als eigene Partei zählt – vier Parteien, die im Bundestag vertreten waren. Mit der Ankunft der Grünen, die 1983 zum erstenmal in den Bundestag einzogen, stieg diese Zahl auf vier bzw. fünf. Zwei oder drei von diesen Parteien bildeten eine Koalitionsregierung, während zwei oder drei die Opposition stellten. Zwangsläufig definierte sich also jede Partei, die an der Macht war, sowohl gegen ihre Koalitionspartner wie gegen die Opposition; und wenn sie nicht an der Macht war, gegen ihre Oppositionsrivalen wie gegen die Regierung. Da es jedes Jahr verschiedene Landtagswahlen gab und alle vier Jahre eine Bundestagswahl, mußten diese Differenzen dem Wähler unablässig vorgeführt werden.

Als Freidemokrat hätte ich mich von den Sozialdemokraten in der Opposition, aber auch von meinen christdemokratischen Regierungspartnern unterscheiden müssen; als Sozialdemokrat von den Freien Demokraten in der Regierung und den Grünen in der Opposition usw. Nicht zuletzt daraus resultiert eine der charakteristischsten Redewendungen der westdeutschen Politik: »sich profilieren« und Ableitungen daraus wie »Profilierungsbedarf« und »Profilneurose«. In jeder Partei gab es außerdem noch eine Reihe untereinander rivalisierender Politiker. Viele von ihnen – Parteisprecher, Ministerpräsidenten oder Kabinettsmitglieder einer Landesregierung (unter denen manche eine eigene Miniatur-Außenpolitik betrieben) oder einfache Hinterbänkler – fühlten sich dazu berufen, lautstark ihre Meinung zu diesem oder jenem Thema kundzutun. Ostpolitik, für die allgemein die Zustimmung unter den Wählern wuchs, war ein zu attraktives Thema, um ihm nicht den eigenen Stempel aufzudrücken. Es ist immer einfacher, die Probleme der Welt zu lösen als die des eigenen Haushalts.

In der Geschichte der Ostpolitik vermischen sich unentwegt persönliche, parteipolitische und wahlorientierte Motivationen mit nationalen und internationalen. So war es bei Willy Brandt, vor allem in den sechziger Jahren, als er Kanzlerkandidat der Sozialdemokraten war. So war es in hohem Maße bei Hans-Dietrich Genscher, dessen Äußerungen und Handlungen als Außenminister nicht beurteilt werden können, ohne sich in Erinnerung zu rufen, daß er gleichzeitig Chef einer kleinen Partei war, die ständig um ihr »Profil« ringen mußte, um bei den nächsten Bundestags- oder Landtagswahlen über die Fünf-Prozent-Hürde zu kommen. Und so war es bei Kanzler Kohl, der sich, um ein besonders pikantes Beispiel anzuführen, Ende 1989 auf die DDR-Regierung stützte, um die Öffnung des Brandenburger Tors so lange hinauszuzögern, bis die volle Aufmerksamkeit der Medien bei diesem Ereignis ihm und nicht Hans-Dietrich Genscher galt. Beispiele gäbe es ohne Ende.

Zu allem aber hatten die großen Parteien noch mit spezifischen Wählergruppen zu rechnen, die unmittelbar auf ihr Verhalten gegenüber Osteuropa einwirkten. Die wichtigste dieser Wählergruppen waren zweifellos jene Millionen Deutsche, die nach dem Zweiten Weltkrieg aus ihrer Heimat östlich der Oder und südöstlich des Erzgebirges geflohen oder vertrieben worden waren. Die Flüchtlinge und Vertriebenen, die in den ersten Jahren der Bundesrepublik fast ein Fünftel der Bevölkerung bildeten, hatten bereits Konrad Adenauers Handlungsfreiheit gegenüber dem Osten stark eingeschränkt. Zu Beginn der sechziger Jahre behauptete die Dachorganisation der verschiedenen regionalen Vertriebenengruppen, der Bund der Vertriebenen, drei Millionen Mitglieder zu haben. Dreißig Jahre später beanspruchte er noch immer zwei Millionen Mitglieder für sich, wenn auch manche unter ihnen nun nur noch Vertriebene dank Erbfolge waren.

Obwohl ernsthaft zu fragen wäre, wie repräsentativ diese höchst aktiven Führer des Bundes der Vertriebenen wirklich waren, so hatten sie selbst in den achtziger Jahren noch immer großen Einfluß auf die Politik der Christdemokraten. Sie waren eine Macht innerhalb der CDU selbst. Sie waren eine noch größere Macht innerhalb der CSU, wo Franz Josef Strauß den Sudetendeutschen das Prädikat »vierter Stamm« Bayerns gab. Und sie waren eine Macht, weil sie explizit oder implizit damit drohen konnten, ihre Stimmen einer Partei des rechten Flügels zu geben, beispielsweise den Republikanern, oder einfach den Wahlen fernzubleiben. Selbst beim Verhältniswahlsystem der Bundesrepublik konnten diese zwei oder drei Prozent Stimmen einen großen Unterschied machen. Bundeskanzler Kohls Zögerlichkeit, die

Oder-Neiße-Grenze öffentlich voll anzuerkennen, wird nur im Zusammenhang mit dieser Wählergruppe erklärlich.

Auch die Sozialdemokraten kamen in den sechziger und siebziger Jahren nicht umhin, den Vertriebenen ihre Aufmerksamkeit zu schenken. Zumindest einer von ihnen in der SPD, der Sudetendeutsche Wenzel Jaksch, spielte in den frühen Jahren der Ostpolitik eine wichtige Rolle. Der Wechsel des sozialdemokratischen Abgeordneten und Vertriebenenführers Herbert Hupka im Zusammenhang mit den Ostverträgen zu den Christdemokraten trug 1972 zur Unterminierung der schon höchst prekären parlamentarischen Mehrheit der Regierung Brandt bei. Prinzipiell aber war diese Wählergruppe für die Sozialdemokraten weniger ausschlaggebend, und ihre unmittelbare Bedeutung schwand zusehends während der siebziger Jahre. Während der achtziger Jahre hatten die Sozialdemokraten jedoch mit einer ganz anderen Wählergruppe zu rechnen: mit der Friedensbewegung. Wo die Vertriebenen explizit oder implizit damit drohen konnten, den Wahlen fernzubleiben oder für die Republikaner zu stimmen, da konnten die Sympathisanten der Friedensbewegung explizit oder implizit damit drohen, den Wahlen fernzubleiben oder für die Grünen zu stimmen.

Kurzum, es gab eine ganze Innenpolitik der Ostpolitik. Doch in den achtziger Jahren hatte man immer mehr das Gefühl, hier würde oft versucht, auf einem Feld des tatsächlichen Konsens künstliche politische Kontroversen zu pflücken, vor allem was die DDR-Politik betraf. Das Geschäft der Opposition ist das Opponieren. Doch es ist ziemlich schwierig, sich in Opposition zu einer Regierung zu stellen, die im Grunde genau das tut, was man in der eigenen Regierungszeit selbst getan hat – und mit mehr unmittelbar sichtbaren Ergebnissen. Der Konsens in der DDR-Politik zeigte sich auch im Februar 1984 durch einen gemeinsamen Beschluß aller großen im Bundestag vertretenen Parteien, dem nur die Grünen nicht zugestimmt hatten. Weit weniger Konsens herrschte in anderen Ost-West-Fragen, vor allem im Bereich der Sicherheitspolitik. Doch selbst hier spürte man, daß häufig Unterscheidungen getroffen wurden, die nicht auf Unterschieden beruhten, daß Berge erklommen wurden, die Maulwurfshügel waren.

Wir brauchen eine »Sicherheitspartnerschaft« mit dem Osten, sagten die Sozialdemokraten. Unmöglich, rief Eberhard Diepgen, damals christdemokratischer Regierender Bürgermeister von Berlin. Aber was wir haben könnten, ist eine »Sicherheitsteilhaberschaft«. »Diesen Unterschied zwischen Teilhabe und Partnerschaft nicht zu verwischen«, erklärte Diepgen feierlich, »das gehört auch zur Offenheit, die zwischen West und Ost, aber genauso innerhalb des Westens erforderlich ist.« Ungeduldig befragen wir unser deutsch-englisches Wörterbuch und lesen: »Teilhaberschaft: ... Partnerschaft«. Welch ein Unterschied!

Nicht alle Unterscheidungen sind so inhaltslos wie diese. Die exakten Worte, mit denen deutsche Politiker und Intellektuelle die Beziehungen der Bundesrepublik mit dem Osten im Gegensatz zu oder im Vergleich mit ihren Beziehungen zum Westen beschrieben, hatten schon eine eigene Bedeutung. Es ist ein Unterschied, ob ich eine Frau meine Frau nenne, meine Freundin oder meine Mätresse. Es ist aber ein noch größerer Unterschied, ob wir verheiratet sind (und mit wem). Viel wichtiger als irgendeine dieser Definitionen, die semantische oder die rechtliche, ist jedoch, wie wir uns tatsächlich zueinander verhalten.

Was nun dieses tatsächliche Verhalten anbelangt, so wurde die westdeutsche Regierungspolitik gegenüber der DDR, Osteuropa und der Sowjetunion in den zwei Jahrzehnten von 1969/70 bis 1989/90 kontinuierlich betrieben. Der entscheidende Prüfstein dieser Kontinuität war 1982–83 der Wechsel von der sozialliberalen zu einer konservativ-liberalen Koalitionsregierung. Ein gewisses Maß an Kontinuität wurde durch die Tatsache gewährleistet, daß die Freien Demokraten nicht nur an der Macht geblieben waren, sondern weiterhin auch das Auswärtige Amt behielten. Die Formulierung »das Auswärtige Amt behalten« ist bewußt gewählt, denn Hans-Dietrich Genscher, der bereits die acht Jahre von 1974 bis 1982 Außenminister war und nochmals zehn Jahre, also von 1982 bis 1992, hatte einen unvergleichlichen Einfluß auf Personal und Praktiken des Auswärtigen Amtes. Und genau der war natürlich ein wichtiger Teil dessen, was die Menschen in Osteuropa als praktizierte Ostpolitik sahen, ungeachtet der Theorien, die ein Kanzler in Bonn verbreiten mochte.

Doch diese Kontinuität der Ostpolitik über alle Regierungswechsel hinaus war mehr als nur die Kontinuität des Genscherismus. Genauso entscheidend war, daß die Christdemokraten fast alle jener ostpolitischen Praktiken und auch Ansätze übernahmen, die sie (wenn auch nicht alle) in den frühen siebziger Jahren scharf attackiert hatten. Franz Josef Strauß bot ein gleichzeitig extremes wie klassisches Beispiel. Niemand hatte die Ostverträge deutlicher gebrandmarkt. Niemand hatte eifriger versucht, die Bedrohlichkeit des freundlichen Umgangs mit den kommunistischen Regimen in Ost-Berlin und Moskau darzustellen. Doch kaum ein Jahr nach seiner Rückkehr zur Macht konnte er sich brüsten, der DDR höchstpersönlich einen regierungsgarantierten Kredit über eine Milliarde Mark zu bestmöglichen Konditionen eingefädelt zu haben. 1984 half er bei der Vermittlung eines weiteren Kredits in vergleichbarer Höhe. Und kaum hatte Michail Gorbatschow ihn eingeladen, steuerte er selbst seine Maschine nach Moskau. Nur wenige westliche Besucher kamen so voll des Lobes für ihre Moskauer Gastgeber zurück.

Wie gesagt, die Westverträge der frühen fünfziger Jahre und die Ostverträge der frühen siebziger Jahre waren zwei bedeutende Schritte zur Emanzipation der Bundesrepublik. (Ein dritter bedeutender Schritt war also sozusagen chronologisch in den frühen neunziger Jahren fällig.) Beide Schritte wurden zu ihrer Zeit hart von der jeweiligen Oppositionspartei bekämpft, doch schließlich akzeptiert. Daß die Sozialdemokraten die Westintegration Adenauers theoretisch akzeptiert hatten, wurde im Juni 1960 durch Herbert Wehner in einer bemerkenswerten Bundestagsrede formuliert, die mit den Worten endete: »Das geteilte Deutschland ... kann nicht unheilbar miteinander verfeindete christliche Demokraten und Sozialdemokraten ertragen.« Praktische Akzeptanz demonstrierten die Sozialdemokraten dann in der Regierungsverantwortung nach 1966.

Weniger genau zu datieren ist, wann die Christdemokraten schließlich Brandts Ostpolitik akzeptierten. Es war ein langer, komplexer, um nicht zu sagen konfuser Prozeß bis dahin. Man könnte sagen, daß die theoretische Akzeptanz bereits im Mai 1972 formuliert wurde, als alle im Bundestag vertretenen Parteien eine gemeinsame Entschließung zur Ratifizierung der Moskauer und Warschauer Verträge verabschiedeten. Sie bestätigte sowohl die formalrechtliche Position der Bundesrepublik hinsichtlich der deutschen Frage wie die grundsätzlichen Prioritäten der Westintegration Adenauers. Oder man könnte sagen, daß die theoretische Akzeptanz erst im Juni 1988 durch einen enzyklopädischen Beschluß auf dem Wiesbadener Parteitag der Christdemokraten stattfand – forsch betitelt: »Christlich-demokratische Perspektiven zur Deutschland-, Außen-, Sicherheits-, Europa- und Entwicklungspolitik«.

Zwischendurch hatte es viele kleinere Schritte gegeben. Die Christdemokraten kritisierten ständig die ihrer Meinung nach übertriebene Eile und unnötigen Konzessionen während der Verhandlungen zu den Ostverträgen. 1975 waren sie die einzige große Oppositionspartei Westeuropas, die gegen die Schlußakte von Helsinki stimmte – was sie noch sehr bedauern sollten. Ende der siebziger Jahre setzten sich führende Christdemokraten dennoch für eine »realistische« und »illusionsfreie« Entspannung ein, die sowohl auf dem Buchstaben als auch zunehmend auf dem Geist jener Ostverträge beruhte, die unter Brandt und Scheel verhandelt worden waren. *Pacta sunt servanda*, hatte Franz Josef Strauß unmittelbar nach der Ratifizierung der Verträge gesagt. Was es für sie bedeutete, diese Verträge »einzuhalten«, interpretierten die Parteien in dem Jahrzehnt von 1972 bis 1982 zunehmend ähnlich.

Die Rhetorik im Wechsel von der sozialliberalen zur konservativ-liberalen Regierung unterschied sich dennoch deutlich. Der neue Kanzler betonte unverblümt neo-adenaueristisch die absolute Priorität der Westintegration, andererseits aber auch die langfristige Verpflichtung zur Wiedervereinigung. Die ständige Betonung der formalrechtlichen Positionen in der deutschen Frage ging Hand in Hand mit der öffentlichen Verpflichtung auf westliche Werte – individuelle Freiheit und nationale Selbstbestimmung – als Basis einer »europäischen Friedensordnung«. Wie überwältigend die Kontinuität letztlich dennoch war, wird deutlich, wenn man die tatsächlichen Handlungen der Regierung gegenüber der DDR, Osteuropa und der Sowjetunion betrachtet.

Als Bundeskanzler Kohl im Oktober 1988 einen längst überfälligen Besuch in Moskau abstattete, bemerkte Theo Sommer in der *Zeit*: »Und es gibt keinen Bruch in der Kontinuität der Bonner Ostpolitik. Wie Brandt sie angelegt und Schmidt sie eingeübt hat, so wird sie auch von Kohl verfochten.« Etwas früher im gleichen Jahr hatte Kanzler Kohl selbst erklärt: »Ungeachtet aller parteipolitischen Auseinandersetzungen in den letzten Jahrzehnten, dürfen wir in diesem Zusammenhang mit Stolz von ›unserer Politik‹ sprechen.« In einer Rezension des ersten Bandes von Helmut Schmidts Memoiren schrieb Franz Josef Strauß: »In der großen Linie [der westdeutschen Außenpolitik] gibt es keine Differenzen mehr zwischen ihm und mir.« Und Bundespräsident Richard von Weizsäcker sagte in einer Festrede anläßlich des 75. Geburtstages von Willy Brandt, daß Brandt »der Aussöhnung mit dem Westen, die Konrad Adenauer zustande gebracht hat«, die Verständigung mit dem Osten an die Seite gestellt habe. Jedoch sei das Neue keine Ablösung des Alten gewesen. »Aus den beiden Teilen ist ein zusammengehörendes Ganzes geworden, das seither nicht mehr ernsthaft umstritten ist – ein kostbares Allgemeingut.«

Als die Bundesrepublik im Mai 1989 ihren vierzigsten Geburtstag feierte, gab es also *eine* Ostpolitik der Bundesrepublik Deutschland. Alle im Bundestag vertretenen etablierten Parteien waren sich in den Grundlinien dieser Politik einig, obwohl die Sozialdemokraten auf diesen gemeinsamen Fundamenten in einer Richtung aufbauen wollten, über die ganz und gar keine Einigkeit herrschte. Bonner Regierungen hatten diese Politik zwei Jahrzehnte lang mit einem Maß an Beständigkeit verfolgt, das in westlichen Staaten selten ist. Dies allein schien ausreichend für die meisten Nachbarn in Ost und West, sie als *deutsche* Ostpolitik zu bezeichnen, mochte auch der andere deutsche Staat von diesem Sprachgebrauch entsetzt gewesen sein. Führende deutsche Politiker sprachen von ihrer Außenpolitik schlicht als »deutsche Außenpolitik«, ohne den Zusatz »west-« oder »bundes-«. Und ihre Ostpolitik nannten sie oft »die deutsche Ostpolitik« – ein Usus, der schließlich vom *Duden* abgesegnet wurde.

Ein weiterer guter Grund für diesen Usus war das Verständnis des nationalen Interesses, das den grundlegenden Konsens der Bonner Ostpolitik untermauerte. Eine Definition des »nationalen Interesses« ist selbst in relativ unkomplizierten Fällen höchst komplex. Sie beinhaltet solch objektive Faktoren wie Bodenschätze und Grenzen, ist aber niemals wirklich objektiv definierbar. Im Europa der siebziger und achtziger Jahre wurde dieser Begriff am vielleicht einfachsten und klarsten in Frankreich verwendet, denn hier konnte eine fast vollständige Interessensgleichheit zwischen Nation und Staat vorausgesetzt werden. Die Menschen in Polen aber hätten die Interessen des polnischen Volkes mit jenen der Volksrepublik Polen kaum verwechselt.

Doch kein Fall war komplexer als der Fall Deutschland. Was meinte ein deutscher Politiker, Diplomat oder Intellektueller, wenn er über das nationale Interesse sprach oder nachdachte – oder ohne nachzudenken sprach oder ohne zu sprechen nachdachte? Zweifellos meinte er damit in erster Linie: die Interessen dieses Staates, der Bundesrepublik. Für viele Politiker bezog sich diese Definition aber auch auf die Interessen des jeweils eigenen Landes – Bayern, Baden-Württemberg, Schleswig-Holstein oder Hessen. Jedoch konnten sich Politiker im geteilten Deutschland nicht einfach an der Staats-(bzw. Landes-)raison orientieren. Fast alle empfanden eine gewisse Verpflichtung gegenüber einem breiteren nationalen Interesse, das zumindest die Interessen der mehr als sechzehn Millionen Deutschen, die innerhalb der Grenzen der Deutschen Demokratischen Republik lebten, einschloß. Doch selbst diese Definition konnte noch erweitert werden, indem die Interessen der Millionen Bewohner Osteuropas und der Sowjetunion, vom Banat bis zur Wolga, die nach der etwas merkwürdigen Festlegung des Grundgesetzes Deutsche waren, einbezogen wurden. Und schließlich betraf das nationale Interesse auch noch die ganz realen Interessen einer Halbstadt: West-Berlin.

Der Begriff war also ebenso vielschichtig wie die Sprache, mit der er umschrieben wurde. Bürger des Vereinigten Königreichs können von Nation sprechen und entweder den Staat oder eines von vier Völkern meinen – Engländer, Schotten, Waliser oder Iren. Bei den meisten außenpolitischen Themen würde ein Schotte oder Waliser, der vom »nationalen Interesse« sprach, jedoch den einen Staat – Vereinigtes Königreich – meinen. Deutsche hingegen mußten zwischen Nation, Volk und zwei Staaten unterscheiden, zwischen Staatsnation und Kulturnation, zwischen den Interessen der Nation, des Staates, der Länder und der Halbstadt (West-Berlin). Natürlich war niemand je in der Lage, zwischen all diesen Bedeutungen und Begriffen zu unterscheiden. Also fanden sie sich alle vermischt in den unterschiedlichsten Versionen und Sprachregelungen wieder. Kein Zweifel aber, ein Verständnis des »deutschen Interesses« hat die ostpolitische Einstellung der maßgeblichen Gruppen in der politischen Klasse der Bundesrepublik geprägt.

Ein Wort

Bisher sprachen wir über die Einschränkungen (»eine« »deutsche«), nicht aber über das Substantiv. Was war Ostpolitik? »Bez. für die Politik der BR Deutschland gegenüber den Staaten des Warschauer Pakts«, sagte *Meyers Großes Universal Lexikon* von 1984. Im *Duden* von 1980 hieß es: »die (bes. Bundesrepublik Deutschland): Politik gegenüber den sozialistischen Staaten Osteuropas und Asiens: die deutsche Ostpolitik«. Und präziser im *Brockhaus-Wahrig*:

1 (allg)   östliche Länder betreffende Politik
2 (Pol)   2.1. (i. w. S.) die Außenpolitik der westlichen Länder gegenüber den Ostblockstaaten
           2.2. (i. e. S.) die Politik der Bundesrep. Dtl. gegenüber der Sowjetunion und den mit ihr verbündeten Staaten Ost- und Ostmitteleuropas; die Bonner –

Ostpolitik wurde aber auch zum englischen Wort. *Langenscheidt's Handwörterbuch Englisch* (1977) schrieb schlicht: »*Ostpolitik* f ostpolitik«! *Chambers English Dictionary* (1988) definierte dieses englische Wort als »the West German policy of establishing normal trade and diplomatic relations with the East European communist countries; any similar policy.« Die zweite Ausgabe des *Oxford English Dictionary* (1989) schreibt (etwas ungenau): »German policy towards Eastern Europe, associated mainly with the Federal Republic of Germany's cultivation of good relations with the Communist block during the 1960s, but applied also, by extension, to the policies of other Western countries regarding the East as a whole.«

Der erste Hinweis des OED, Terence Pritties *Germany Divided* (1961) entnommen, lautete jedoch: »They will scarcely overlook Hitler's statement ... ›The goal of Ostpolitik is to open up an area of settlement for one hundred million Germans‹«. Dieser Kommentar soll an frühere, weniger kosmopolitische Gebräuchlichkeiten erinnern. In Henry Pickers Aufzeichnungen von Hitlers Tischgesprächen heißt es zum 31. März 1942: »Die heutige deutsche Ostpolitik – so führte der Chef, angeregt durch eine Bemerkung Bormanns über Heinrich I. beim Abendessen aus – sei ohne geschichtliche Parallele.« In der Tat.

In seiner Nobelpreisrede sagte Willy Brandt 1971, daß er den Begriff »Ostpolitik« als Bezeichnung seiner eigenen Politik auch deshalb nicht möge, weil er durch jenen früheren deutschen Sprachgebrauch vergiftet sei. Und es verwundert wirklich, daß weder im deutschen noch im internationalen Sprachgebrauch – wie auch die Definitionen der verschiedenen Wörterbücher zeigen – der Begriff »Ostpolitik«, anders als die Begriffe »Lebensraum« oder »Mitteleuropa«, mit den Anwendungsformen von vor 1945 assoziiert wird. In Westdeutschland wurde 1945 oft »die Stunde Null« genannt, und genau das scheint es für das Wort »Ostpolitik« gewesen zu sein. Was aber war dann die »erste Stunde« der neuen deutschen Ostpolitik, um eine andere beliebte westdeutsche Floskel zu nehmen?

»Gestern vor 25 Jahren, am 9. September 1955, begann die deutsche Ostpolitik ...«, erklärte am 10. September 1980 der außenpolitische Experte der Christdemokraten, Alois Mertes. Seine Datierung bezog sich auf Konrad Adenauers ersten Besuch in Moskau und die Aufnahme diplomatischer Beziehungen mit der Sowjetunion. Natürlich war das auch ein parteipolitisches Statement. Mertes wollte beweisen, daß die Ostpolitik weder die patentierte Erfindung noch Eigentum der sozialliberalen Koalition gewesen ist, wie es Sozialdemokraten und freie Demokraten gerne glauben machen wollten. Andere Analytiker setzten den Meilenstein am 13. August 1961, dem Schock des Berliner Mauerbaus; wiederum andere im Dezember 1966, bei Bildung der großen Koalition von Christ- und Sozialdemokraten in Bonn, mit Willy Brandt als Außenminister. Die historische Berechtigung dieser Ansprüche werden wir später näher betrachten.

Doch was auch immer die historische Realität gewesen sein mag, für die meisten Deutschen, ganz sicher für die meisten ihrer Nachbarn, bleibt der Begriff »Ostpolitik« untrennbar mit jenem Mann verbunden, der gesagt hat, daß er ihn nicht mag. Es war, wie Jiří Dienstbier in seinem Prager Heizungskeller schrieb, »Brandts Ostpolitik«. Natürlich hatte es vor 1969 *eine* Ostpolitik der Bundesrepublik gegeben. Aber *die* Ostpolitik heißt in erster Linie: Bundeskanzler Brandt und die sozialliberale Koalition ab 1969. Und heißt: der Komplex all der Verhandlungen für die Ostverträge und der titanische Kampf, die Akzeptanz für sie im Bundestag und ganz allgemein im Land zu gewinnen; die Wahlen vom November 1972, die beinahe zum Plebiszit für Brandts Ostpolitik wurden; die hoffnungsbangen Menschen in Erfurt, die »Willy! Willy!« bei Brandts erstem offiziellen DDR-Besuch im März 1970 riefen; Willy Brandts Kniefall vor dem Mahnmal für die Helden des Warschauer Ghetto-Aufstands – einer der großen symbolischen Augenblicke der europäischen Nachkriegsgeschichte. Und heißt: die Politik der »Normalisierung« wie das Streben nach einer »europäischen Friedensordnung«, basierend auf der vollen Anerkennung der Unverletzlichkeit der bestehenden osteuropäischen Grenzen und der fast vollen Anerkennung der DDR als unabhängigen Staates.

In der zweiten Hälfte der sechziger Jahre wurde die von der Großen Koalition initiierte Politik die »neue« Ostpolitik genannt, doch in den achtziger Jahren wurde das Adjektiv »neu« stillschweigend wieder fallengelassen. Kein ernsthafter Analytiker würde bestreiten, daß wesentliche Elemente des Denkens hinter Brandts »neuer« Ostpolitik bereits in den frühen sechziger Jahren angelegt waren, ja sogar schon in den späten fünfziger Jahren. Was Bonner Regierungen nach 1969 getan haben, kann nicht ohne Kenntnis dessen verstanden werden, was sie vor 1969 versucht hatten zu tun. Doch das Kind Ostpolitik wurde in den Jahren 1969–72 geboren. Der Erfolg hatte zwar wie immer viele Väter, aber die Hebammen hießen Willy Brandt und Walter Scheel.

Ostpolitik wurde als deutsche Version der Detente geboren und könnte daher auch als Entspannungspolitik bezeichnet werden. Tatsächlich ist der Begriff »Ostpolitik« so eng mit den Jahren

1969 bis 1972 verbunden und der Entspannungsgedanke ist so wichtig für das Verständnis dieser deutschen Politik, daß man fast schon versucht ist, sich bei der Bearbeitung dieses Themas für den Begriff »Entspannungspolitik« statt »Ostpolitik« zu entscheiden. Aber im Gegensatz zu »Ostpolitik« war dem vielsilbigen Wort »Entspannungspolitik« keine internationale Karriere beschieden.

Außerdem ist der Entspannungsbegriff, gerade weil er so zentral ist, auch unpräzise und kontrovers. Das Wort »Entspannung« wurde bereits in den frühen fünfziger Jahren von Konrad Adenauer benutzt, noch bevor de Gaulle sein präzises französisches Äquivalent »détente« ins Spiel brachte und lange bevor die Amerikaner aus diesem französischen ein englisches Wort machten. Im deutschen Sprachgebrauch der sechziger Jahre und danach wurde es sowohl zur Beschreibung der Entspannungspolitik anderer Staaten gebraucht als auch als Rezeptur für diverse deutsche Versionen der Détente, die jedoch ihrerseits stark von den französischen und amerikanischen Versionen beeinflußt waren. In den frühen siebziger Jahren schien es endlich eine eindeutige Bedeutung zu erhalten: Entspannungspolitik = (neue) Ostpolitik. Doch bereits 1975 drängte es den neuen Außenminister Hans-Dietrich Genscher, der Entspannungspolitik das Adjektiv »realistisch« hinzuzufügen.

In der Bundesrepublik und in großen Teilen des Westens glaubte man, die sowjetische Invasion Afghanistans, die Polenkrise und der sogenannte »zweite Kalte Krieg« zwischen der Reagan-Administration und der Breschnew-Andropow-Tschernenko-Riege hätten der Détente »ein Ende gesetzt« und sogar das »Scheitern der Entspannungspolitik« herbeigeführt. In einer gemeinsamen Erklärung am Ende von Breschnews Bonn-Besuch 1978 erschien das Wort »Entspannung« sieben Mal auf zwei Seiten. Im »Programm der Erneuerung« der Kohl-Genscher-Regierung vom Mai 1983 erschien das Wort Entspannung nicht ein einziges Mal. Doch Ende der achtziger Jahre war es wieder da. In einer offiziellen Dokumentation von 1986 wurde »Die Ostpolitik der Bundesregierung« als »realistische und illusionsfreie Entspannungspolitik« dargestellt.

Wenn wir uns nun doch an den einfacheren und auch international gebräuchlichen Begriff »Ostpolitik« halten, so sollte der formgebende Entspannungsgedanke, vor allem aber die sozialliberale Entspannungsversion nicht in Vergessenheit geraten.

Es gibt jedoch noch einen weiteren Vorbehalt. Der offizielle Bonner Sprachgebrauch unterschied zwischen Ostpolitik und Deutschlandpolitik. Ostpolitik nannte man die Politik gegenüber Osteuropa (Osteuropapolitik) und der Sowjetunion (ehemals Rußlandpolitik), wohingegen mit Deutschlandpolitik die Politik gegenüber der DDR (manchmal auch einfach nur DDR-Politik genannt) und Berlin bezeichnet wurde. Sie hat auch den gesamten politisch-theologischen Ansatz der Bundesrepublik gegenüber der »deutschen Frage« enthalten, all jene ungelösten rechtlichen, symbolischen und politischen Fragen, die aus der Nachkriegsentwicklung und dem Fehlen eines Friedensvertrages mit Deutschland usw. resultierten.

Diese Aufteilung von Ostpolitik und Deutschlandpolitik war jedoch alles andere als eindeutig. Ein Viertel des ehemaligen Deutschland war nun Polen oder, in der Gegend um Kaliningrad (ehemals Königsberg), Sowjetunion. Wichtige Bestandteile der Osteuropapolitik, wie die Anerkennung der Oder-Neiße-Grenze oder der Status der deutschen Minderheiten, waren immer auch gleichzeitig Thema der Deutschlandpolitik. Diese Aufteilung war zusätzlich unklar, weil die eigentlichen Belange der Deutschlandpolitik immer auch gleichzeitig zentrale Themen der gesamten Ostpolitik waren. Letztere wäre unverständlich, ohne erstere zu betrachten. Eines der wesentlichsten Kennzeichen der Ostpolitik war gerade der Versuch, aus den drei Bereichen Deutschlandpolitik, Osteuropapolitik und Rußlandpolitik ein nahtloses Ganzes zu bilden.

Entsprechend werden auch hier unter dem Begriff »Ostpolitik« all diese drei politischen Bereiche behandelt sowie der Versuch, sie in einer Gesamtstrategie zusammenzufassen. Gleichzeitig aber können ihre Unterschiede nicht gänzlich außer acht gelassen werden, wie undeutlich diese auch erscheinen mögen. Während die Rußland- und Osteuropapolitik eindeutig als Außenpolitik betrachtet wurden, behandelte Bonn die Deutschlandpolitik wie eine halbe Innenpolitik. Westdeutsche Politiker betonten immer wieder, daß die DDR für sie »nicht Ausland« sein konnte.

Diese Unterscheidung fand auch Eingang in den politischen Prozeß. In den fünfziger und sechziger Jahren war Deutschlandpolitik nicht nur ein zentrales Thema im Kanzleramt, sondern vor allem Aufgabe eines eigenen Ministeriums, dem Ministerium für gesamtdeutsche Fragen. Seit Anerkennung der DDR in den frühen siebziger Jahren wurde die operative DDR-Politik direkt dem Kanzleramt unterstellt, obwohl sie auch noch vom nunmehr (seit 1969) umbenannten Ministerium für innerdeutsche Beziehungen beeinflußt wurde. Auch das Auswärtige Amt und, je nach Bereich, manch andere Ministerien machten ihren Einfluß geltend. Der Ständige Vertreter der Bundesrepublik in Ost-Berlin hatte zwar direkt dem Kanzleramt zu berichten, mußte sich jedoch innerhalb dieser komplizierten politbürokratischen Geometrie bewegen. Eine entscheidende Rolle spielten auch die inoffiziellen Emissäre, Briefwechsel und Telefonate zwischen Erich Honecker und dem jeweiligen Bundeskanzler sowie entsprechende Kontakte zu anderen Schlüsselfiguren der Bundesrepublik, wie dem Sozialdemokraten »Onkel« Herbert Wehner und dem bayerischen Ministerpräsidenten Franz Josef Strauß.

Die Rußland- und Osteuropapolitik unterstand erwartungsgemäß direkt dem Auswärtigen Amt. Doch wegen der Richtlinienkompetenz des Bundeskanzlers und wegen der entscheidenden Auswirkungen der Rußland- und Osteuropapolitik auf die Handhabung der Deutschlandpolitik spielte das Bundeskanzleramt auch hier eine wichtige Rolle. In der Geschichte der bilateralen Beziehungen mit der Sowjetunion und osteuropäischen Staaten hatten die Bundeskanzler und ihre Berater immer eine entscheidende Rolle gespielt. Alle, von Adenauer bis Kohl, nutzten auch inoffizielle Emissäre und Kanäle, um den direkten Kontakt zu sowjetischen und osteuropäischen Führern zu pflegen.

Wie das Auswärtige Amt seine eigene Abteilung hatte, die eifersüchtig über die Entwicklungen in der Deutschlandpolitik wachte – und nicht zufällig ein Sprungbrett für diplomatische Höhenflieger war –, so hatte das Bundeskanzleramt seine Abteilung für auswärtige Beziehungen, die ein scharfes Auge auf das Verhalten des Auswärtigen Amtes warf. So ist es auch nicht verwunderlich, daß die Beziehungen zwischen den beiden Ämtern häufig gespannt waren. Als Egon Bahr 1969 vom Auswärtigen

Amt in das Kanzleramt wechselte, scherzte der Staatssekretär des Auswärtigen Amtes, Ferdinand Duckwitz: »So, wir setzen Sie jetzt hinter den feindlichen Linien ab, im Kanzleramt.«

Natürlich waren solche Rivalitäten nicht nur in der Bundesrepublik zu finden. Man denke nur an die Spannungen zwischen nationalen Sicherheitsberatern und Außenministern in den Vereinigten Staaten, zwischen Präsidenten und Premierministern in Frankreich oder zwischen Downing Street 10 und dem Foreign Office in Großbritannien. Spezifisch für die Bundesrepublik aber war das Zusammentreffen der bürokratischen Teilung mit einer parteipolitischen. Nach 1969 hatte durchgehend ein Freidemokrat das Auswärtige Amt unter sich und ein Sozial- oder Christdemokrat das Kanzleramt. Resultat war, daß viele der so oft zitierten Differenzen zwischen Kanzler und Außenminister eher jenem politischen Wettstreit um »Profilierung« oder jener Rücksichtnahme auf ihre spezifischen Wählergruppen entsprangen als wirklich substantiell unterschiedlichen Meinungen. Im Vergleich zu anderen westlichen Staaten war im politischen Prozeß Westdeutschlands dennoch ein hohes Maß an Kontinuität und Beständigkeit in der Ostpolitik gesichert. Dies beruhte nicht zuletzt auf der Tatsache, daß – anders als in Frankreich und, mehr noch, den Vereinigten Staaten – dieselben Personen über eine lange Zeit hinweg mit denselben Themen befaßt waren.

Diese einzigartig beständige und zunehmend auch einverständliche Ostpolitik darzustellen, wird aber durch ein weiteres, allgemeineres Problem erschwert: Am Ende des 20. Jahrhunderts ist Außenpolitik nicht mehr das, was sie einmal war. Sie ist nicht mehr die exklusive Domäne von Nationalstaaten. Für die meisten europäischen Staaten, und für die Bundesrepublik mehr als für andere, wurde Außenpolitik zunehmend eine Angelegenheit von multilateralen Institutionen, einem Dschungel der Akronyme – Nato und WEU für die Sicherheitspolitik, EG, G7, GATT, CoCom, IWF und Weltbank für die Finanz- und Wirtschaftspolitik; KSZE (»Helsinki-Prozeß«) für beinahe alles. Dazu kam noch die multilaterale Koordination der nationalen Außenpolitiken in der Nato und durch die Mechanismen der Europäischen Politischen Zusammenarbeit (EPZ) der Mitgliedstaaten der Europäischen Gemeinschaft. Sie alle verkomplizieren das Leben eines Diplomaten – und eines Analytikers.

Wenn wir zum Beispiel die Rußland- und Osteuropapolitik der Bundesrepublik mit jener von Frankreich, Großbritannien oder der Vereinigten Staaten vergleichen wollen, so müssen wir zumindest vier unterschiedliche, sich aber überschneidende Ebenen beachten. Einmal gibt es den Bereich, in dem diese Staaten gemeinsame Ziele oder Interessen durch gemeinsame Instrumentarien (Nato, EG, CoCom usw.) verfolgen. Zum zweiten gibt es Bereiche, in denen diese Staaten gemeinsame Ziele oder Interessen durch separate Instrumentarien verfolgen: beispielsweise durch ihre eigenen bilateralen Beziehungen zu diesem oder jenem osteuropäischen Land. Zum dritten gibt es Bereiche, in denen diese Staaten unterschiedliche Ziele oder Interessen mit gemeinsamen Instrumentarien verfolgen, oder präziser gesagt: mittels des Versuches, gemeinsame Instrumentarien in die eigene Richtung zu lenken. Und schließlich gibt es die Bereiche, in denen diese Staaten unterschiedliche Ziele oder Interessen durch unterschiedliche Instrumentarien verfolgen.

Die zuletzt erwähnten sind natürlich am offensichtlichsten und am einfachsten zu identifizieren. In den siebziger und achtziger Jahren, während der zunehmenden »Multilateralisierung« westlicher Außenpolitik, erfuhr jedoch die dritte Ebene immer größere Bedeutung. Differenzen zwischen den westeuropäischen Mächten äußerten sich zunehmend in komplexen politisch-bürokratischen Verhandlungen über eine angeblich gemeinsame Politik statt durch unmittelbare Meinungsverschiedenheiten oder einfach dadurch, daß man unterschiedliche Wege ging. Das beste Beispiel dafür bieten die Abrüstungsverhandlungen der achtziger Jahre, als die spezifischen deutschen Interessen eine große Rolle bei der Ausbildung westlicher Positionen spielten. Man könnte in diesem Zusammenhang von einer indirekten Ostpolitik sprechen. Diese Unterschiede sind für einen Analytiker besonders schwierig präzise zu identifizieren, ganz zu schweigen davon, sich durch die täglichen Runden der multilateralen *engrenage* durchzufinden.

Noch schwieriger wird es durch das, was Hans-Peter Schwarz als Charakteristikum der westdeutschen Außenpolitik beschrieben hat: ein unersättlicher Hunger nach internationaler Eintracht auf allen Seiten. Dieses Harmonisierungsbedürfnis, wie Schwarz es nennt, kann verschiedene Wurzeln haben. Bis zu einem gewissen Grad könnte es ein Charakteristikum aller modernen, liberalen Industriestaaten sein, besonders jener »Handelsstaaten« wie Deutschland und Japan, deren Wohlstand in ungewöhnlichem Ausmaß davon abhängt, gute Beziehungen zu einer großen Anzahl Handelspartner zu unterhalten. Darüber hinaus aber könnte man auch ganz spezifisch deutsche Gründe finden.

Man könnte zum Beispiel behaupten, dies sei nur eine besondere Emanation des grundsätzlichen Verlangens nach Synthese, wie es Ralf Dahrendorf und andere als charakteristisch für das gesamte deutsche politische Denken beschrieben haben. Schwarz betont noch einen anderen Grund: Nachdem die Deutschen 1945 die Feinde von beinahe jedermann geworden waren, hätten sie nach 1945 das überwältigende Bedürfnis gehabt, beinahe jedermanns Freund zu werden. Diese psychologische Erklärung kann auch auf das politische Denken erweitert werden. Wenn Deutschland in der ersten Hälfte des 20. Jahrhunderts auf Basis einer sozialdarwinistischen Vorstellung von der internationalen Gesellschaft nach Weltherrschaft gestrebt (oder seine Handlungen gerechtfertigt) hatte, dann schien Westdeutschland in der zweiten Jahrhunderthälfte manchmal bis zum anderen Extrem zu neigen, nämlich fast schon zu einer utopischen Vision der internationalen Gesellschaft. Im frühen 20. Jahrhundert sang die deutsche Linke: »Du mußt herrschen und gewinnen / oder dienen und verlieren / leiden oder triumphieren / Amboß oder Hammer sein« (die Worte stammen von Goethe). Im späten 20. Jahrhundert schien die (west)deutsche Linke manchmal einem Politikverständnis anzuhängen, in dem ein Hammer überhaupt nicht mehr vorkommt.

Der Traum vom »ewigen Frieden«, von deutschen Philosophen selbst immer wieder beschworen, war in den siebziger Jahren des vergangenen Jahrhunderts vom Historiker Heinrich von Treitschke als »unmännlicher Traum« zurückgewiesen worden. In den siebziger Jahren dieses Jahrhunderts wandten sich wieder viele Deutsche jenem älteren Traum vom ewigen Frieden zu. Sozusagen eine Negation von Treitschkes Negation.

Gelegentlich wurde auch behauptet, dieses Bedürfnis nach Synthese sei unter anderem Resultat der deutschen »Mittellage« zwischen Ost und West gewesen. Diese Lage habe die Deutschen in Versuchung geführt, zu glauben, sie könnten den Osten zum Westen erklären und den Westen zum Osten, während sie selbst eine Synthese aus dem Besten beider Welten bilden könnten. Sicherlich richtig ist, daß nach 1945 Deutschlands Lage als geteilte Mitte in einem geteilten Kontinent die objektive Notwendigkeit zur Folge hatte, die Bindungen mit östlichen wie westlichen Partnern zu harmonisieren, und auch die Versuchung, sich nicht in der politischen Rolle des Entweder-oder, sondern des Sowohl-als-auch zu sehen, wie es der Christdemokrat Jakob Kaiser 1947 formulierte.

Wie auch immer die genaue Zusammensetzung der Ingredienzen gewesen sein mag, dieses »Harmonisierungsbedürfnis« war ein Hauptmerkmal der deutschen Außenpolitik dieses Zeitraums und resultierte in einer konstanten Verschmelzung deutscher und europäischer oder deutscher und westlicher Interessen. So zitierten etwa westdeutsche Politiker unermüdlich den Harmel-Bericht der Nato von 1967, als sei er die Bibel der Ost-West-Beziehungen. Hier, so sagten sie, war eine gemeinsame Definition gemeinsamer Ziele, die durch gemeinsame Instrumentarien realisiert werden könnten. Doch einer der wirklichen Gründe für diesen häufigen Bezug auf den Harmel-Bericht war, daß er ein Dokument war, das die Teilung Deutschlands in den Mittelpunkt westlicher Interessen rückte. Überdies konnten, so kohärent das Harmel-Konzept einer »Doppelstrategie« von Verteidigung einerseits und Entspannung andererseits auch gewesen sein mochte, sowohl »Verteidigung« als auch »Entspannung« auf die unterschiedlichste Weise definiert werden.

Durch die öffentliche Darstellung der westdeutschen Außenpolitik wurde außerdem bisweilen suggeriert, daß sich die Eintracht nicht nur auf die Interessen anderer westlicher Staaten ausdehnen könnte, sondern sogar auf die der Sowjetunion und der osteuropäischen Staaten. In der Rhetorik der Ostpolitik wurde sogar gelegentlich unterstellt, daß das große Unternehmen der Aussöhnung, Entspannung und Zusammenarbeit – dieses feinmaschige Netz aus immer engeren kulturellen, wirtschaftlichen, menschlichen und politischen Bindungen – allen gleichermaßen von Nutzen sein würde. Es würde sozusagen nur Gewinner und keine Verlierer geben. In realistischeren Diskursen war jedoch die Rede von einem Interessenausgleich zwischen West und Ost in Europa, womit zumindest anerkannt wurde, daß es in internationalen Beziehungen ebenso Interessenkonflikte gab und immer geben wird, wie bei allem, was menschlich ist. Teil unserer Aufgabe ist es daher, hinter den Vorhang dieser harmonisierenden Rhetorik zu blicken und durch das Gewirr der multilateralistischen Akronyme hindurch, um festzustellen: Wer gewinnt? Was normalerweise auch die Frage einschließt: Wer verliert?

Ursachen und Quellen

Bei diesem Versuch werden wir drei Kategorien von Hauptakteuren näher betrachten müssen. Erstens die Bundesrepublik und jene nationalen Ziele, die sie als »deutsche Interessen« definiert hat. Zweitens ihre westlichen Nachbarn und Partner, vor allem die USA, Frankreich und Großbritannien. Und drittens die DDR, die Sowjetunion und die anderen osteuropäischen Staaten. Beim Betrachten dieser dritten Kategorie müssen wir jedoch zusätzlich zwischen den Interessen der (undemokratischen) Staaten und denen ihrer jeweiligen Gesellschaft unterscheiden, was um so wichtiger ist, als westdeutsche Politiker dies häufig genug unterlassen haben.

Doch eines der bezeichnendsten Merkmale der Ost-West-Beziehungen im Europa der siebziger und achtziger Jahre war, daß sie zunehmend aus Versuchen bestanden, gesellschaftspolitische Entwicklungen der anderen Seite der Jalta-Teilung zu beinflussen oder zumindest entsprechend jeweils eigener Hoffnungen zu lenken. Bereits Anfang der siebziger Jahre meinte Pierre Hassner, daß künftig zunehmend eine Art »heißer Frieden« den Kalten Krieg ersetzen würde. »Die wesentliche Eigenschaft des ›heißen Friedens‹«, so schrieb Hassner, »ist weder Gewalt noch Zusammenarbeit, sondern die permanente gegenseitige Beeinflussung von Gesellschaften im Rahmen eines Wettbewerbs, dessen Ziele immer weniger greifbar, dessen Mittel immer weniger direkt, dessen Konsequenzen immer weniger kalkulierbar sind ...«

Natürlich wirkte dieser Einfluß von Staaten auf Gesellschaften, von Gesellschaften auf Gesellschaften und von Gesellschaften auf Staaten in beide Richtungen. Die Sowjetunion baute gewisse Hoffnungen auf die Friedensbewegung in Westdeutschland, die Vereinigten Staaten auf Solidarność in Polen. Keine der beiden Supermächte brachte solche sozialen Bewegungen hervor, doch beide konnten darauf hoffen, beide zu beeinflussen. Am Ende der achtziger Jahre ging die Diskussion über die westliche Politik gegenüber Osteuropa vor allem um die Beeinflussung des inneren sozialen, wirtschaftlichen und politischen Wandels in diesen Ländern. Im Laufe der Zeit hatte sich auch herausgestellt, daß es im »Helsinki-Prozeß« mehr noch um Gesellschaften als um Staaten ging. Fernsehen, Radio und Reisen waren gleichwertige Themen wie jede Begegnung von Staatsmännern geworden. Doch solche Einflüsse sind außergewöhnlich schwer festzuhalten. Was war der politische Effekt von kulturellem Austausch? Wie hat die westliche Wirtschaftspolitik auf die politische Ökonomie des Ostens eingewirkt? Wie unterscheidet man zwischen den Auswirkungen, die die Bundesrepublik aufgrund ihrer bloßen Existenz, ihres Wohlstands, ihrer Demokratie usw. auf die DDR hatte, und dem Einfluß, den sie aufgrund ihrer bewußten Politik hatte?

Alle Aussagen über kausale Zusammenhänge zwischen westlicher Außen- und östlicher Innenpolitik sind daher in höchstem Grade spekulativ. Es wurde auch zunehmend schwieriger, den spezifischen Beitrag der deutschen Politik aus dem multidimensionalen Netz der europäischen Ost-West-Beziehungen zu entwirren. Der Versuch soll dennoch unternommen werden. Es gab eine deutsche Ostpolitik. Sie wurde mit bemerkenswerter Beständigkeit über zwei Jahrzehnte lang betrieben. Was hat sie für Deutschland gebracht und was für Europa? Nachdem wir gerade einen kurzen Blick auf die Komplexitäten geworfen haben, die bei der Definition des »deutschen Interesses« – ganz zu schweigen vom »europäischen Interesse« – herrschen, wird klar, daß diese Fragen leichter gestellt als beantwortet sind.

Mit größter Bestimmtheit können Antworten im Bereich der

west-ostdeutschen Beziehungen gefunden werden. Wenn der internationale Kontext – was Erich Honecker so gerne die »Großwetterlage« nannte – für die deutsch-deutschen Beziehungen auch immer von entscheidender Bedeutung war, so wurde das Bild doch nicht durch den substantiellen Einfluß einer anders gearteten, auf die DDR gemünzten Politik eines anderen westlichen Staates verwirrt. Auf Polen und Ungarn, wo recht unterschiedliche amerikanische, französische, britische, italienische oder österreichische Ostpolitiken ihre Auswirkungen zeigten, trifft das weit weniger zu. Noch weniger auf die Sowjetunion, für die die Beziehungen mit der anderen Supermacht immer von besonderer Bedeutung blieben. Jedoch können Aussagen über die Entwicklungen der bilateralen Beziehungen zwischen der Bundesrepublik und den Staaten (und Gesellschaften) Osteuropas und der Sowjetunion durchaus gewagt werden.

Viel problematischer stellt sich das in den Bereichen multilateraler Außenpolitik dar, bei der westlichen Zusammenarbeit in der Nato, in der EPZ, in der Gruppe der Sieben; oder bei der Ost-West-Zusammenarbeit und ihren Verhandlungen, den Helsinki-Folgekonferenzen, den Abrüstungsgesprächen usw. Über sie alle gibt es zugleich zuviel und zuwenig Information, und die Identifikation einer spezifisch »deutschen Linie« wird zur delikaten und fragwürdigen Operation.

Außerdem entsteht bei dem Versuch, so kurz nach den Ereignissen bereits Antworten zu finden, das Problem der historischen Perspektive und den damit zusammenhängenden Quellenproblemen. Wie Reinhart Koselleck hervorhebt, hat man es von Thukydides bis ins 18. Jahrhundert als Vorteil angesehen, wenn der Historiker Zeuge der Ereignisse war. In unserem Zeitalter, in dem so viel Geschichte bei persönlichen Begegnungen während Gipfeltreffen, am Telefon oder im Fernsehen gemacht wird, ist dies mit Sicherheit ein Vorteil, denn anders als im 19. Jahrhundert wird vieles niemals aufgeschrieben. Also gibt es nichts, was sich mit dem Dabeisein vergleichen läßt.

Der eigentliche Nachteil des Zeitzeugens ist, daß er die langfristigen Konsequenzen der Ereignisse, deren Zeuge er ist, nicht kennt und sie deshalb nicht in historischer Perspektive betrachten kann. Natürlich wandeln sich die Perspektiven im Lauf der Zeit immer wieder. 1989 beeinflußt unsere Betrachtungsweise von 1789. Doch wandeln sich unsere Perspektiven der länger zurückliegenden Vergangenheit langsamer als jene der jüngeren Vergangenheit. Im Falle der Ostpolitik bietet die Revolution von 1989 und die deutsche Vereinigung von 1990 eine ungewöhnlich klar umgrenzte Perspektive für solch kurz zurückliegende Ereignisse. Diese Geschichte hat einen Anfang, eine Mitte und ein Ende. Die Bundesrepublik Deutschland mag auch zukünftig wieder *eine* Ostpolitik haben, aber *die* Ostpolitik fand 1989/90 ein Ende, wenn auch mit einem wichtigen Epilog bis zum geplanten endgültigen Abzug der sowjetisch-russischen Truppen von deutschem Boden.

Doch gerade dieser eindeutige historische Bruch bringt spezifische Schwierigkeiten mit sich. Der Historiker kann schnell »den Illusionen des retrospektiven Determinismus« unterliegen, wie Bergson es ausdrückte. Die Geschichte der Ostpolitik könnte schlicht teleologisch geschrieben – oder besser: umgearbeitet – werden, als hätte sie gradlinig, unvermeidbar und majestätisch zum dualen Crescendo von Revolution und Vereinigung geführt. *Post hoc, ergo propter hoc.* Der noch aktive Politiker ist versucht, Geschichte umzuarbeiten, um sich selbst zu rechtfertigen, Profil zu gewinnen und damit auch Wählerstimmen. Doch auch ehemalige Zeitzeugen tendieren fast ausnahmslos dazu, die Erinnerung an eigene Worte und Taten den Gegebenheiten anzugleichen, damit sie besser in den Verlauf passen, den die Geschichte wirklich genommen hat.

Wie kann man sich vor diesem retrospektiven Determinismus und den Streichen, die einem das Gedächtnis spielt, schützen? Zuerst einmal natürlich, indem man alles durcharbeitet, worin das tatsächliche Handeln und wirklich gesprochene Wort von Personen dokumentiert ist. Im Falle der Beziehungen der Bundesrepublik mit der Sowjetunion, Osteuropa und vor allem der DDR gibt es eine Fülle solcher Dokumente. Von offiziellen Publikationen und Protokollen bis hin zu Memoiren und Presseartikeln findet man die Ostpolitik erschöpfend – um nicht zu sagen: bis zur Erschöpfung – dokumentiert. Falls man unter diesen Stapeln von Papier aber jene Ansichten vermißt, die damals gehabt zu haben zeitgenössische Akteure heute behaupten, dann bekommt man eine naheliegende Ausrede: »Das konnten wir natürlich nicht öffentlich sagen! Es hätte die andere Seite von unseren wirklichen Intentionen in Kenntnis gesetzt. Ein Skatspieler zeigt doch nicht sein ganzes Blatt!« Diese Komplikation, an die wir schon bei der Definition der »europäischen Friedensordnung« geraten sind, ist nicht unbedeutend. Denn gerade die Ostpolitik, ganz besonders die sozialliberale, war von Taktiken der Vorsicht geprägt.

Um nun herauszufinden, wieviel Wahrheit in solch retrospektiven Behauptungen über die eigene Voraussichtkeit und geheime Strategie liegt, müßte man alle relevanten internen Regierungspapiere untersuchen, vor allem alle aus der Kategorie »Streng geheim«. Diese Papiere liegen jedoch normalerweise dreißig Jahre, wenn nicht länger, unter Verschluß. Und selbst wenn alle von ihnen zugänglich werden, könnten die Akteure immer noch behaupten: »Ja, natürlich, diese Gedanken waren so geheim, daß wir sie noch nicht einmal den geheimsten aller Geheimpapiere anvertrauen konnten.« Zumindest aber würde die Glaubwürdigkeit solcher Behauptungen ernsthaft leiden.

Öffentliche Worte und Taten haben ein eigenes Gewicht und eine eigene Bedeutung, unabhängig von privaten Motiven oder heimlicher Berechnung. In einer offenen Gesellschaft geben Handelnde und Augenzeugen durch ihre Vermittler, die Medien, sowieso einen guten Teil des Privaten und Heimlichen schnell preis. Deshalb sind Enthüllungen nach jenen kanonischen dreißig Jahren oft weniger enthüllend, als man annehmen mochte. Im Fall der Ostpolitik sind wir in der guten Lage, den Schaden von noch unzugänglichen offiziellen Papieren durch einige Umstände weiter zu begrenzen.

Erstens haben die beiden wichtigsten Staaten, auf die die Ostpolitik gerichtet war, die DDR und die Sowjetunion, aufgehört zu existieren. Der gesamtdeutsche Bundestag hat nunmehr beschlossen, daß die Archive der SED, der anderen DDR-Parteien und Massenorganisationen und, soweit wie möglich, der Staatssicherheit sofort Wissenschaftlern zugänglich gemacht werden sollen, nicht erst in dreißig Jahren. (Bedauerlicherweise und auch völlig unlogischerweise soll eine derartige Einsicht bietende Möglichkeit offenbar nicht für die Archive des DDR-Außenministeriums gelten.) Für dieses Buch konnte der Autor nur jene Dokumente der SED und »Stasi« auswerten, die zu diesem frühen Zeitpunkt bereits zur Verfügung standen. Doch sie boten schon faszinierende Einsichten in die »östliche« Seite der Geschichte der Ostpolitik. Es ist noch viel zu erwarten, und im Laufe der Sichtung dieser Dokumente bleibt zu hoffen, daß eine Analyse der DDR-Politik, wie sie hier gemacht wird, bald auf breiterer Basis und mit gesicherten Ergebnissen ergänzt werden kann. Zum Zeitpunkt des Schreibens war die rechtliche und praktische Lage bei den sowjetischen und osteuropäischen Archiven noch sehr viel weniger klar.

Das Ende dieser Staaten hat aber auch noch andere Quellen eröffnet: Ehemalige Funktionäre sind wie niemals zuvor bereit, über vieles zu sprechen. Natürlich ist ihr Zeugnis auch voller retrospektiver Selbstrechtfertigungen. Doch glücklicherweise tendieren sie dabei in eine andere Richtung als westliche Politiker und Beamte. Wo diese beispielsweise versucht sein mögen, den Grad ihrer Intimität oder ihres Einverständnisses mit DDR-Politikern herunterzuspielen, wird der ehemalige DDR-Funktionär versucht sein, sie heraufzuspielen – eine hübsche kompensatorische Symmetrie im deutsch-deutschen Gedächtnis.

Im Westen gilt die Verschlußregel von dreißig Jahren. Doch einzelne Akteure können offener sein als Regierungen. Dieses Buch stützt sich daher auch auf die Unterlagen von Willy Brandt, auf jene von Helmut Schmidt, die in Bonn gelagert sind, auf eine kleine Auswahl der Unterlagen von Egon Bahr und auf die Unterlagen von Alois Mertes und Werner Marx, zweier ausgesprochener Kritiker der sozialliberalen Ostpolitik, um nur die wichtigsten Schatzfunde zu nennen. Derartige Papiere, wenn sie durch andere Quellen und zusätzliche Befragungen von Überlebenden ergänzt werden, bieten bemerkenswerte Einsichten in die »innere« Geschichte der Ostpolitik.

Quantität und Qualität von Beweismitteln sind noch immer unzufriedenstellend. Aber Einschätzungen der Ostpolitik sind heute erwünscht. Und sie könnten vielleicht auf bescheidene Weise dazu beitragen, die Politiker von morgen wo nicht vor Fehlern, zumindest vielleicht vor vermeidbarer Konfusion zu bewahren.

Im Folgenden führen wir auf der Basis dieser zugegebenermaßen unbefriedigenden Beweislage und dieses ungünstigen Zeitabstands eine bewußt selektive Analyse jener drei ineinandergreifenden Kreise unmittelbarer deutscher Ostpolitik durch: der Rußlandpolitik, der Deutschlandpolitik und der Osteuropapolitik. Über sie kann relativ viel verwertbare Information zusammengetragen werden. Außerdem liefern sie den Schlüssel zur indirekten deutschen Ostpolitik, wie sie auf westlichen und internationalen Foren betrieben wurde. Aus offensichtlichen Gründen werden wir die Betonung eher auf die deutschen Spezifika legen als auf jene Eigenschaften, die allen westlichen Staaten gemeinsam waren.

Im dritten Kapitel werden die Entwicklung der Ostpolitik, die deutsch-sowjetischen Beziehungen und das gesamte »System« der Ostpolitik diskutiert, wie es durch die Ostverträge der frühen siebziger Jahre festgelegt wurde, mit jenem zentralen Dreieck, dessen Koordinaten Bonn-Moskau-Berlin waren. Das vierte Kapitel befaßt sich mit der DDR-Politik. Das fünfte Kapitel beschäftigt sich etwas genauer mit den besonderen historischen Problemen Deutschlands bezüglich der Gebiete östlich der Oder und süd-östlich des Erzgebirges. Es behandelt sodann einige Leitmotive der Ostpolitik, mit besonderem Verweis auf Polen, die Tschechoslowakei und Ungarn. Das sechste Kapitel verläßt den Rahmen der Regierungspolitik, um sich mit der sogenannten »zweiten Ostpolitik« der Sozialdemokraten in den achtziger Jahren zu befassen. Alle Kapitel verfolgen die Geschichte bis zum Jahr der Wunder 1989, aber nicht systematisch weiter. Alle versuchen, die Trugschlüsse der Teleologie und des retrospektiven Determinismus zu vermeiden.

Das siebente Kapitel widmet sich dann der europäischen Revolution von 1989 – wenn es denn eine war – und der deutschen Vereinigung von 1990. Das achte Kapitel betrachtet schließlich wiederum die Kausalität: Wie weit und auf welche Weise trug die Ostpolitik direkt oder indirekt zum erfolgreichen Ende bei? Indem es die hervorstechendsten Eigenschaften dieser Politik »deutschen Modells« zusammenfaßt, kehrt dieses Kapitel auch zu der Frage zurück, inwieweit und in welcher Hinsicht dies wirklich eine Politik »für Europa« war. Der Epilog wirft einen Blick in die Zukunft.

Man sollte jedoch auch betonen, was dieses Buch nicht ist. Dies ist keine umfassende, narrative Geschichte der Ostpolitik und all der persönlichen Motive oder parteipolitischen Manöver ihrer Akteure. Ein Charakteristikum der deutschen Ostpolitik ist die große Vielfalt der biographisch bestimmten Motivationen ihrer führenden Akteure. Man kann diesem Thema nicht gerecht werden, betrachtet man nur die rationale Oberfläche offizieller Reden, eingebettet in die relativ neutrale Sprache zeitgenössischer internationaler Beziehungen und jenes bewußt trocken gehaltene Vokabular der deutschen Politik nach der Nazizeit. Die wichtigsten Fakten sind hier oft die einfachsten biographischen Daten – Tag der Geburt, Ort der Geburt, Religion, Kriegsdienst. Der Historiker muß in der Lage sein, hinter trockenen und vorsichtig formulierten Reden den dunklen oder goldenen Schatten einer Kindheit in Thüringen zu sehen; eine ostpreußische Jugend vor dem Fall; die Sprache Luthers, wie sie von einer Kanzel in Halle zu hören gewesen war; einen bitterkalten Morgen 1943 an der Ostfront; oder das Echo einer Frankfurter Studentendemonstration 1968. Zu generalisieren sind wir verdammt, wo, wie Stendhal einst schrieb, alle Wahrheit und alles Vergnügen im Detail steckt.

Dies ist weder eine Abhandlung über die »politische Kultur« der Bundesrepublik noch über die politischen Einstellungen der Westdeutschen, wie Meinungsumfragen sie zeigen. Sowohl die »öffentliche Meinung« wie die »veröffentlichte Meinung« hatten großen Einfluß auf die Ostpolitik, während diese ihrerseits wiederum beide beeinflußte. Mit Ausnahme des sechsten Kapitels, in dem die Politik der Sozialdemokraten während ihrer Oppositionszeit behandelt wird, haben wir uns auf die Worte und Taten derjenigen konzentriert, die an der Macht waren. Dennoch ist dies bei weitem keine vollständige Darstellung der Außenpolitik der Bundesregierung. Noch weniger ist es eine umfassende Geschichte der Ost-West- oder West-West-Beziehungen der siebziger und achtziger Jahre. Was das »entscheidende Dreieck« der europäischen Nachkriegspolitik genannt wurde – USA-Deutschland-UdSSR – ist, besonders, wenn es um das untergeordnete Dreieck Bonn-Moskau-Berlin geht, der Hintergrund dieser Studie. Seine vollständige Geometrie bedarf aber eines neuen

Euklid. Sicherheitspolitische Fragen, Rüstung und Abrüstung werden erwähnt, wo ein direkter Zusammenhang mit der Ostpolitik bestand, doch keinesfalls umfassend behandelt. Neue globale Herausforderungen – das Risiko eines atomaren Krieges oder Unfalls, Bedrohungen des Ökosystems, die Explosion der Weltbevölkerung, Hunger, Armut, die Nord-Süd- mehr noch als die Ost-West-Spaltung – werden hier nur insoweit ins Kalkül gezogen, als sie in den Debatten über die Ostpolitik eine Rolle spielten.

Kurz gesagt, dieses Buch analysiert die Politik und politischen Ansätze der Bundesrepublik für eine Reduzierung oder Überwindung der Jalta-Teilung Deutschlands und Europas – Ostpolitik – im Lichte anderer westlicher, sowjetischer und osteuropäischer Politik und politischer Ansätze. Während es zwar auch die Zeit vor 1969 behandelt, konzentriert es sich vor allem auf zwei Jahrzehnte: von der dramatischen Proklamation dessen, was in der ganzen Welt als Ostpolitik bekannt werden sollte (1969/70), bis hin zur Revolution und Vereinigung Deutschlands (1989/90), die das Ende dieser Ostpolitik markierten.

3
Bonn-Moskau-Berlin

»Unsere wichtigste Aufgabe«

In der Einführung zu einer Sammlung seiner Reden, die 1983 unter dem bemerkenswerten Titel *Die deutsche Geschichte geht weiter* erschien, sinnierte Richard von Weizsäcker über die geopolitische Lage Deutschlands als »geteilter Mitte« Europas. Die Bundesrepublik, so schrieb der damalige Regierende Bürgermeister von Berlin, sei »nicht nur der Osten des Westens, sondern auch der Westen der Mitte«. Aus dieser Lage ergäben sich die außen- und deutschlandpolitischen Prioritäten des westlichen deutschen Staates. »Auf der Grundlage unserer im Bündnis geschützten Freiheit müssen wir unsere Anstrengungen auf ein gutes Verhältnis zur östlichen Führungsmacht konzentrieren. Dies ist unsere wichtigste Aufgabe.«

Der Christdemokrat von Weizsäcker erwähnte, daß die Verwirklichung dieses Zieles vom christdemokratischen Kanzler Adenauer in Angriff genommen und vom christdemokratischen Kanzler Kiesinger fortgeführt worden sei, bevor sie einen »vertraglich verbindlichen Rahmen« durch den sozialdemokratischen Kanzler Brandt erhalten habe. Die Einsicht in die »zentrale Bedeutung« der Beziehungen zur Sowjetunion, wie Kanzler Kohl es wiederholt nennen sollte, war natürlich keine Eingebung Willy Brandts. Sie war so alt wie die Bundesrepublik selbst, ja, noch älter. Die Beziehungen zu Rußland waren bereits für das Deutsche Reich von 1871 bis 1945, und zuvor für Preußen, von höchstem Interesse gewesen. Von noch vitalerem Interesse aber waren sie, nachdem die Rote Armee beinahe die Hälfte vom ehemaligen Deutschland besetzt hatte.

Ihren Ausgangspunkt hatte diese »wichtigste Aufgabe« – in jener besonderen Form, in der Weizsäcker sie definierte – jedoch weder 1945 noch 1969, sondern im Jahr 1955. In dem Jahrzehnt seit 1945 hatten die sowjetischen Machthaber genauso wie ihre westlichen Gegenspieler die unterschiedlichsten politischen »Lösungen« für das besiegte Deutschland durchgespielt. Aber das hatten auch die deutschen Politiker in Ost wie in West getan, obwohl deren Möglichkeiten zur Umsetzung ihrer Wünsche sehr viel beschränkter waren.

Die Geschichte dieser Planungen und Umsetzungsversuche ist höchst komplex und noch immer kontrovers. Doch ein Punkt ist eindeutig. In dieser konfusen Situation entschied sich Konrad Adenauer klar für die Variante, aus den westlichen Besatzungszonen einen separaten westdeutschen Staat zu bilden, der souverän und unumstößlich und zugleich in eine westliche Allianz eingebunden sein sollte. Dieses Ziel fest im Blick, weigerte er sich – im Gegensatz zu vielen seiner deutschen politischen Wegbegleiter quer durch die Parteien –, jene Alternative auszuloten, die in den sogenannten Stalin-Noten vom März und April 1952 und dann von Stalins Nachfolgern während der kurzen Periode zwischen dessen Tod und dem Aufstand vom 17. Juni 1953 angeboten worden war. Sie bestand in verschiedenen Varianten ein und desselben Handels: Vereinigung (der Territorien der Bundesrepublik und der DDR) im Gegenzug für Neutralität (oder für eine vergleichbare »Sicherheitsgarantie« für die Sowjetunion).

Adenauer befürchtete einerseits, daß er sich das kostbare Vertrauen der Alliierten verscherzen würde, wenn er ernsthaftes Interesse an dieser sowjetischen Offerte bekundete, andererseits aber auch, daß die Alliierten selbst nur allzu interessiert sein könnten, diese Alternative über seinen Kopf hinweg zu sondieren. 1953 sagte er, daß Bismarck einen »Alpdruck der Koalitionen« zu ertragen gehabt habe, während sein, Adenauers, Alpdruck ein anderer sei: »Er heißt Potsdam«. Wie wir heute wissen, hatte Churchill tatsächlich kurz mit dem Gedanken gespielt, über den Kopf des Bundeskanzlers hinweg mit den Russen ein Arrangement für Deutschland zu treffen – ein neues Potsdam. Mit Unterstützung der Eisenhower-Administration widerstand Adenauer jedoch allen russischen Schmeicheleien und steuerte seinen Teil von Deutschland sicher durch die Pforte namens »Nato« in einen Raum namens »Souveränität«.

Diese hart erkämpfte Souveränität – wenn auch immer noch

durch alliierte Rechte und Nato-Obligationen beschränkt – war schließlich am 5. Mai 1955 erreicht, als die im Oktober 1954 unterzeichneten Pariser Verträge in Kraft traten. Adenauer erließ eine triumphierende Deklaration: »Wir sind ein freier und unabhängiger Staat«, hieß es da, und zum Schluß: »Unser Ziel ist: in einem freien und geeinten Europa ein freies und geeintes Deutschland.« Dann ließ er die deutsche Flagge vor dem Palais Schaumburg in Bonn hissen. Später stellte er dem zweiten Band seiner Memoiren eine Fotografie dieser Zeremonie voran. Dieses Datums wurde später als »Tages der Souveränität« der Bundesrepublik gedacht.

Am 7. Juni, kaum einen Monat nachdem die Flagge gehißt worden war, schickte die sowjetische Regierung (über die westdeutsche Botschaft in Paris) eine diplomatische Note an die Bundesregierung, in der es hieß: »Die Interessen des Friedens und der europäischen Sicherheit sowie die nationalen Interessen des sowjetischen und des deutschen Volkes« zielten auf »die Normalisierung der Beziehungen zwischen der Sowjetunion und der deutschen Bundesrepublik«. Weiter stand in diesem bemerkenswerten Schreiben: »Es ist bekannt, daß in den Jahren, da zwischen unseren Völkern freundschaftliche Beziehungen und eine Zusammenarbeit bestanden, beide Länder daraus großen Nutzen zogen.« Die Herstellung und Entwicklung »normaler Beziehungen« würde auch »zur Lösung des gesamtnationalen Hauptproblems des deutschen Volkes – der Wiederherstellung der Einheit eines deutschen demokratischen Staates« beitragen. Nach der Feststellung, daß der Handel mit Deutschland in der Vergangenheit ein Fünftel des gesamten Außenhandels der Sowjetunion ausgemacht habe, sprach sich die Note für die Aufnahme diplomatischer, Handels- und kultureller Beziehungen zwischen beiden Ländern aus.

Innerhalb von nur drei Monaten nach Erhalt der Note und kaum vier Monate nach dem »Tag der Souveränität« war Adenauer in Moskau. Am Ende harter Verhandlungen vereinbarten die Bundesrepublik und die Sowjetunion die Aufnahme diplomatischer Beziehungen. Wie bereits eingangs bemerkt, könnte man diesen Besuch als Beginn der bundesdeutschen Ostpolitik bezeichnen – wenn auch nicht jener spezifischen Version, die später in der ganzen Welt als »Ostpolitik« bekannt werden sollte.

Doch Adenauer hat die Grundkonzepte der westdeutschen Ostpolitik mindestens ebensosehr durch seine Verweigerungen geprägt wie durch seine Taten. In den fünfziger Jahren wurde es keineswegs überall als selbstverständlich wichtigste Aufgabe eines deutschen Staatsmannes angesehen, »auf der Grundlage unserer im Bündnis geschützten Freiheit« – wie Weizsäcker 1983 diese inzwischen selbstverständlich gewordenen Grundprinzipien zusammenfaßte – gute Beziehungen zur Führungsmacht des Ostens herzustellen.

Fünfunddreißig Jahre lang, von 1955 bis 1990, sollte dies die ostpolitische Prämisse aller folgenden Bundesregierungen bleiben. Dennoch wurde sie im politischen Leben der Bundesrepublik wieder und wieder in Frage gestellt. Und das zum Teil mit Argumenten, die zwar aus Logik und Entwicklung der Ostpolitik resultierten, oft jedoch auf unheimliche Weise an die Argumentation aus früherer Zeit erinnerten.

Adenauer gehörte mit Sicherheit nicht zu jenen »Ostlern« der deutschen politischen und intellektuellen Elite, die große Affinität zu Rußland empfanden. »Asien steht an der Elbe«, so lautet sein berühmt gewordener Satz von 1946. Noch in den frühen sechziger Jahren empfahl er Kennedy und de Gaulle wärmstens ein Buch mit dem Titel *Das russische Perpetuum Mobile*, in dem die Sowjetunion als letzter Ausdruck des alten russischen Expansionismus dargestellt war. Trotzdem kam er mit den Repräsentanten der »furchtbaren Macht«, wie er sich ausdrückte, gut zurecht. Am Ende einer Bolschoi-Aufführung von *Romeo und Julia* in Moskau ließ er sich sogar zu einer theatralisch-emotionalen Geste der Versöhnung hinreißen und zeigte sich Hand in Hand mit Bulganin. Doch vor allem sah er den Imperativ des nationalen Interesses.

Vorrangiger Grund seines Besuches war es, die Entlassung der deutschen Kriegsgefangenen durchzusetzen, die sich noch immer in sowjetischen Lagern befanden und auf deren Leid er in seiner Rede am »Tag der Souveränität« ausdrücklich hingewiesen hatte. Auch die Lage der Deutschstämmigen in der Sowjetunion erfüllte ihn mit Sorge. Ihre Ausreisemöglichkeit sollte eines der Hauptthemen bei der zweiten Verhandlungsrunde 1957–58 werden. Seine ständigen Bemühungen aber galten der Sicherung der

Unabhängigkeit und Erweiterung des Handlungsspielraums der Bundesrepublik, damit ein »neues Potsdam« immer unwahrscheinlicher würde. Bei seiner Rückkehr nach Bonn erläuterte er führenden Parteifreunden in einem vertraulichen Gespräch: »Wir waren doch bisher so der heranwachsende junge Mann, der von den anderen drei nach Belieben mitgenommen oder zu Hause gelassen wurde. Und nun haben wir uns auf einmal in eine Reihe mit ihnen gestellt. Die drei westlichen Botschafter werden auch in Moskau angewiesen sein, mit dem Botschafter der Bundesrepublik Hand in Hand zu gehen ...«

Adenauer hatte natürlich auch erkannt, daß Moskau den Schlüssel zur deutschen Wiedervereinigung besaß – zumindest den wichtigsten aller Schlüssel. Boris Meissner, ein ausgewiesener Kenner der deutsch-sowjetischen Beziehungen, schrieb, daß die bundesdeutsche Ostpolitik in der Zeit vor dem Mauerbau von zwei wesentlichen Tendenzen gekennzeichnet war: Die eine schlug, mit besonderem Augenmerk auf Polen, die Entwicklung von Beziehungen zu allen osteuropäischen Staaten vor, die andere räumte den Beziehungen mit Moskau klare Priorität ein. Adenauer vertrat letztere: Moskau an die Spitze.

Allerdings ging er von der Vision aus, daß die westliche »Politik der Stärke« und der Magnetismus eines zunehmend wohlhabenden, freien und vereinten westlichen Europas mit der wachsenden Schwäche des sowjetischen Systems und Imperiums derart kontrastieren würden (verstärkt noch durch die Bedrohung aus China, auf das er große Hoffnungen setzte), daß sich die sowjetischen Machthaber aus einer Position der Schwäche früher oder später selbst dazu durchringen würden, die Wiedervereinigung Deutschlands zuzulassen.

Manch einer mag behaupten, daß ebendies 1989–90 geschah. Doch in den späten fünfziger und frühen sechziger Jahren, den letzten Jahren von Adenauers Kanzlerschaft, konnte davon keine Rede sein. Im Gegenteil, die Sowjetunion unter Chruschtschow schien ihre Position in Mitteleuropa zu stärken und, was aus Adenauers Sicht noch schlimmer war, die Amerikaner schienen zunehmend bereit, auf der Basis dieser stärkeren Position einen Modus vivendi im Umgang mit der Sowjetunion herzustellen. Die elementarste und schockierendste Bestätigung dieser Tendenz war am 13. August 1961 der Bau einer Mauer quer durch die Mitte Berlins – und die Tatsache, daß Amerika, Großbritannien und Frankreich darauf mit nichts als verbalem Protest reagierten. »Die Stunde der großen Desillusion«, notierte Heinrich Krone, einer der engsten politischen Mitarbeiter des Kanzlers, in sein Tagebuch. »Das deutsche Volk hatte vom Westen mehr als eine Protestnote erwartet.« Er hätte hinzufügen können, daß viele Deutsche, vor allem viele Berliner, auch mehr von Konrad Adenauer erwartet hatten.

Andrej Gromyko schrieb in seinen Memoiren mit mürrischer (aber auch verfrühter) Zufriedenheit, Adenauer habe »seine Idee von einem vereinten Deutschland wahrscheinlich bis zur Nacht des 13. August 1961, als Maßnahmen zur Stärkung der Staatsgrenzen und Souveränität der Deutschen Demokratischen Republik getroffen wurden, nicht aufgegeben«. Es steht sehr in Frage, ob Adenauer die Idee eines vereinten Deutschlands jemals aufgegeben hat. Tatsächlich gibt es Hinweise darauf, daß er sich in den letzten Jahren seines Lebens dem Ziel der Wiedervereinigung mehr denn je verpflichtet fühlte, obwohl dieses eher fernergerückt als nähergekommen schien.

Doch die Frage, auf welche Weise er sich diesem Ziel verpflichtet fühlte, ist noch immer Anlaß zu Kontroversen unter Historikern und kann hier nicht abschließend beurteilt werden. Eindeutig aber, und für den Zweck dieser Studie von größerer Bedeutung, ist, daß Adenauer nach dem Mauerbau das Ziel der Wiedervereinigung hintanstellte und eine operative Politik betrieb, die grundlegende humanitäre Verbesserungen und mehr Freiheiten für die Deutschen, nunmehr »hinter der Mauer«, zu erreichen suchte.

Zum Schluß seiner Regierungserklärung im Oktober 1962 sagte er in einem »Wort an die Sowjetunion«: »Ich erkläre erneut, daß die Bundesregierung bereit ist, über vieles mit sich reden zu lassen, wenn unsere Brüder in der Zone ihr Leben so einrichten können, wie sie es wollen. Überlegungen der Menschlichkeit spielen hier für uns eine noch größere Rolle als nationale Überlegungen.« Hatte er in den frühen fünfziger Jahren das Ziel der Freiheit für die Bundesrepublik dem der Wiedervereinigung vorangestellt, so gab er nun, in den frühen sechziger Jahren, dem Ziel der Freiheit für die Bürger der DDR vor der Wiedervereinigung den Vorrang. Doch nach wie vor war er davon überzeugt, daß der Hauptadressat für die Durchsetzung dieser Ziele die Sowjetunion und nicht die DDR war, auf die er sich noch immer, wenn überhaupt, als »Pankow« bezog (jenem Ost-Berliner Stadtteil, in dem die Machthaber damals noch wohnten). Man sprach mit dem Hausherrn, nicht mit dem Personal.

Noch vor dem Bau der Berliner Mauer hatten Adenauer und seine engsten Mitarbeiter Überlegungen angestellt, ob mit der Sowjetunion ein gewisser Modus vivendi zu erreichen sei, wenn man die Existenz eines zweiten deutschen Staates für einen genau definierten und begrenzten Zeitraum anerkennen würde. Zu Beginn des Jahres 1958 schlug er dem sowjetischen Botschafter eine vorläufige »österreichische Lösung« für die DDR vor. Nach dem Mauerbau unterbreitete er der sowjetischen Seite noch weitere Vorschläge, beispielsweise einen zehnjährigen »Burgfrieden« in der deutschen Frage. Heinrich Krone notierte, Adenauer habe nach einem Gespräch mit dem sowjetischen Botschafter im Dezember 1961 gesagt: »Für den Rest seines Lebens halte er es für das Wichtigste, das er noch tun wolle, unser Verhältnis zu Rußland in eine erträgliche Ordnung zu bringen.« In den knapp zwei Jahren, die ihm noch als Kanzler bleiben sollten, konnte er das allerdings nicht mehr zuwege bringen.

Selbst wenn Adenauer bereit (und durch innenpolitische Unterstützung befähigt) gewesen wäre, die entscheidenden Konzessionen wie Brandt acht Jahre später zu machen – Anerkennung der DDR und der Oder-Neiße-Linie –, so muß doch bezweifelt werden, ob der gesamte Kontext der Ost-West-Beziehungen jener Zeit es ihm gestattet hätte, auch nur annähernd ähnliche Resultate zu erzielen. Da er dazu nicht bereit war, bleibt dies auch für immer eine offene Frage.

Der Zeitraum zwischen Oktober 1963, Adenauers Abschied als Bundeskanzler, und Oktober 1969, dem Beginn von Brandts Kanzlerschaft, setzte einen höchst komplexen Wandlungsprozeß in den deutschen Politikansätzen zur Überwindung der Teilung Deutschlands und Europas und in den Ansätzen anderer westlicher und europäischer Staaten in Gang. Es waren heftige, oft auch gegenläufige Bewegungen in zumindest vier verschiedenen, doch permanent ineinanderfließenden Bereichen zu beobachten: in der Politik der Bundesrepublik, d.h. der Regierungs- und Oppositionsparteien; im weiteren Bereich der öffentlichen und veröffentlichten Meinungen, wobei letzterer in dieser Zeit des Wandels von besonderer Bedeutung war; in der Politik der wichtigsten Verbündeten der Bundesrepublik, der Vereinigten Staaten, Frankreich und Großbritannien (in dieser Reihenfolge); und schließlich in der Politik der Sowjetunion und der von ihr abhängigen osteuropäischen Staaten.

Hier können nur einige entscheidende Richtungen dieser Entwicklung aufgezeigt werden. Als erstes wurde Außenminister Gerhard Schröders »Politik der Bewegung« entwickelt, die im ausgehenden Jahr 1961 unter Adenauer initiiert und zwischen 1963 und 1966 unter seinem Nachfolger Erhard fortentwickelt wurde. Auf Empfehlung eines wichtigen Allparteienbeschlusses des Bundestags vom Juni 1961 (der auf einem Bericht des sudetendeutschen Sozialdemokraten Wenzel Jaksch basierte) und unmittelbar beeinflußt von Kennedys »Strategie des Friedens«, Johnsons »Brückenbau« und de Gaulles »détente«, begann Schröder sehr vorsichtig mit der Entwicklung einer konstruktiveren Politik gegenüber Osteuropa. Noch war keine der großen Bonner Parteien bereit, öffentlich für das Aufgeben der sogenannten »Hallstein-Doktrin« einzutreten, derzufolge die Bundesrepublik keinem Staat die volle diplomatische Anerkennung gewähren sollte, der seinerseits die DDR anerkannte. Denn, so lautete ihr Grundsatz, Deutschland werde einzig durch die Bundesrepublik repräsentiert (der »Alleinvertretungsanspruch«). Doch Schröder brachte es immerhin zustande, Handelsmissionen in Polen, Ungarn, Rumänien und Bulgarien einzurichten.

Diese »Politik der Bewegung« basierte jedoch auf einigen höchst umstrittenen Prämissen. Sie richtete sich vorrangig an osteuropäische Staaten und behandelte diese ausdrücklich als souveräne Partner. Gleichzeitig bedeutete sie aber die demonstrative Ächtung der DDR. Selbst die versöhnliche »Friedensnote« vom März 1966, die erstmals den Vorschlag zu formellen Gewaltverzichtsvereinbarungen enthielt, die in den frühen siebziger Jahren den Kern der Ostverträge bilden sollten, selbst diese Note begann und endete mit der ausdrücklichen Betonung des Rechtes des deutschen Volkes auf Selbstbestimmung und Wiedervereinigung. Sie erklärte, »daß Deutschland völkerrechtlich in den Grenzen vom 31. Dezember 1937 fortbesteht, solange nicht eine frei gewählte gesamtdeutsche Regierung andere Grenzen anerkennt«. Diese Bedingungen waren nicht nur für die Sowjetunion unannehmbar, sondern auch für Polen, die Tschechoslowakei und, natürlich, für die DDR.

Als im Dezember 1966 eine große Koalition gebildet wurde, mit dem Christdemokraten Kurt Georg Kiesinger als Bundeskanzler und dem Sozialdemokraten Willy Brandt als Außenminister, war jedem klar, daß Bonn nun einen Schritt weiter gehen mußte. Ermutigt durch eine Abschiedsrede Konrad Adenauers, in der er seinem Parteitag auf einmal mitteilte: »Sowjetrußland ist in die Reihe der Völker eingetreten, die den Frieden wollen«, setzte Kanzler Kiesinger sofort eine Reihe neuer Akzente.

In seiner ersten Regierungserklärung entwarf er seine Vision der, wie er es jetzt nannte, »europäischen Friedensordnung«. Er wiederholte das Angebot der Friedensnote mit ihren Gewaltverzichtsvereinbarungen, diesmal vor allem der Sowjetunion gegenüber, und fand Worte zu einer historischen Versöhnung mit der Tschechoslowakei und Polen, »dessen Verlangen, endlich in einem Staatsgebiet mit gesicherten Grenzen zu leben, wir im Blick auf das gegenwärtige Schicksal unseres eigenen geteilten Volkes besser als in früheren Zeiten begreifen«. Er sprach sich für die Entwicklung von »menschlichen, wirtschaftlichen und geistigen Beziehungen mit unseren Landsleuten im anderen Teil Deutschlands ...« aus. Doch die Worte »Deutsche Demokratische Republik« oder »DDR« brachte er noch immer nicht über die Lippen. »Wo dazu die Aufnahme von Kontakten zwischen Behörden der Bundesrepublik und solchen im anderen Teil Deutschlands notwendig ist, bedeutet dies keine Anerkennung eines zweiten deutschen Staates.«

Im folgenden Jahr wurden diese Punkte auf unterschiedliche Weise weiterentwickelt. Die grundsätzliche Bereitschaft, für »Entspannung« und eine »europäische Friedensordnung« zu arbeiten, in der auch die Teilung Deutschlands überwunden werden sollte, wurde im Harmel-Bericht der Nato festgelegt. Im April 1967 schickte Kiesinger einen Freund auf geheime Mission nach

Moskau, um seine Vorstellungen zu erläutern und den möglichen Handlungsspielraum auszuloten. In einer wichtigen Bundestagsrede am 14. Juni 1967 betonte Kiesinger dann die Priorität der Beziehungen zu Moskau, im Gegensatz zur Priorität von osteuropäischen Staaten in Schröders »Politik der Bewegung«.

»Wir alle wissen«, sagte er, »daß die Überwindung der Spaltung unseres Volkes, wenn wir nicht auf eine der skurrilen und gefährlichen Launen der Geschichte warten wollen, in der Tat nur durch ein Arrangement mit Moskau möglich sein wird«. Man solle doch anderswo nur nicht glauben, »vor allem in Moskau«, fuhr er fort, daß Bonn so töricht wäre zu meinen, man könne eine Politik, die der europäischen Friedensordnung und der Überwindung der deutschen Spaltung diene, dadurch betreiben, »daß wir im Osten Unfrieden säen und die dortigen Länder gegen Moskau aufhetzen«.

Drei Tage später, in der traditionellen Rede anläßlich des Aufstands vom 17. Juni 1953, betonte er den Zusammenhang der deutschen und der europäischen Frage: »Deutschland, ein wiedervereinigtes Deutschland, hat eine kritische Größenordnung. Es ist zu groß, um in der Balance der Kräfte keine Rolle zu spielen, und zu klein, um die Kräfte um sich herum selbst im Gleichgewicht zu halten. Es ist daher in der Tat nur schwer vorstellbar, daß sich ganz Deutschland bei einer Fortdauer der gegenwärtigen politischen Struktur in Europa, der einen oder der anderen Seite ohne weiteres zugesellen könnte. Eben darum kann man das Zusammenwachsen der getrennten Teile Deutschlands nur eingebettet sehen in den Prozeß der Überwindung des Ost-West-Konflikts in Europa.« So vollzog bereits Kiesinger den fundamentalen Wechsel von einer Strategie, die grob als »Entspannung durch Wiedervereinigung« zusammengefaßt werden könnte, zu einer Strategie der »Wiedervereinigung durch Entspannung«. Die Überwindung der Teilung Deutschlands, so wurde nun argumentiert, bedürfe zuerst der Überwindung – oder zumindest Reduzierung – der Teilung Europas.

Soweit es die operative Politik betraf, versuchte er »zunächst Gelände zu suchen, das man gemeinsam betreten kann, um die großen Streitfragen vorerst auszuklammern«. Dies vor allem wurde in eine Vorschlagsliste zur praktischen Zusammenarbeit und Kooperation zwischen »beiden Teilen Deutschlands« übersetzt, die einen Großteil jener Agenda vorwegnahm, welche die Politik der Bundesrepublik bis zum Ende des Jahres 1989 gegenüber der DDR verfolgte. Im Oktober 1967 erklärte Kiesinger vor dem Bundestag, »daß sich da drüben etwas gebildet hat, ein Phänomen ... mit dessen Vertretern ich in einen Briefwechsel getreten bin«.

Einen Großteil der »neuen« Ostpolitik hatte es also in Form von Prämissen und Politikansätzen bereits 1967 gegeben (es geschah auch zu dieser Zeit, daß sie »neu« getauft wurde). Diese Politik wurde von den sozialdemokratischen Mitgliedern der Großen Koalition mitkonzipiert und, wo immer möglich, auch gemeinsam umgesetzt: allen voran durch Willy Brandt als Außenminister, Herbert Wehner als Minister für gesamtdeutsche Fragen und Helmut Schmidt als Vorsitzender der Bundestagsfraktion der Sozialdemokraten. Vorgestellt, und zwar eloquent und einprägsam, wurde sie jedoch durch den Christdemokraten Kurt Georg Kiesinger, dessen frühe Reden als Bundeskanzler noch heute lesenswert sind. Ulrich Sahm, zu jener Zeit im Auswärtigen Amt, erinnert sich an den emphatischen Ausspruch Kiesingers: »Das ist meine Ostpolitik«.

Wenn Kiesinger in der Geschichte der Ostpolitik dennoch etwas in Vergessenheit geraten ist, dann gibt es dafür einen einfachen Grund. Laut Benjamin Disraeli ist in der Politik nichts so erfolgreich wie der Erfolg – und nichts so mißlich wie der Mißerfolg. Obwohl Brandt in einem handgeschriebenen Brief an den scheidenden Kanzler schrieb, daß ihre gemeinsame Leistung in der Großen Koalition »unserem Vaterland nicht schlecht bekommen« sei, bleibt doch die Tatsache bestehen, daß der Großen Koalition der angestrebte Durchbruch zu einer neuen Qualität der Beziehungen Deutschlands zum Osten nicht gelungen war.

Im Januar 1967 wurden diplomatische Beziehungen zu Rumänien aufgenommen. Die Regierungen Ungarns, der Tschechoslowakei und Bulgariens zeigten Interesse sich anzuschließen. Aufs höchste alarmiert, blockierte die DDR unter Walter Ulbricht eilig diese neue Offensive der Bundesrepublik und sah sich darin bald vom polnischen Parteiführer Władysław Gomułka unterstützt. Die entscheidende Stimme aber kam natürlich aus der Sowjetunion. Nach nur kurzem Zögern stellten sich die sowjetischen Machthaber hinter Ulbricht und Gomułka.

Bei einem Treffen der Warschauer Pakt-Staaten im Februar 1967 wurde Rumänien wegen des Mangels an brüderlicher Solidarität mit der DDR streng gemaßregelt, und die anderen osteuropäischen Staaten wurden dazu gedrängt, bilaterale Freundschaftsverträge mit der DDR zu unterzeichnen, wie es die Sowjetunion bereits 1964 getan hatte. Polen und die Tschechoslowakei entsprachen dieser Forderung sofort und bildeten damit das »eiserne Dreieck«, wie es später getauft wurde (Ost-Berlin/Warschau/Prag), gegen Bonns neue Ostpolitik. Ungarn und Bulgarien folgten später. Gegen die »Hallstein-Doktrin« der Bundesrepublik setzte die DDR die »Ulbricht-Doktrin«, wie Journalisten es später nannten, derzufolge kein osteuropäischer Staat der DDR bei der Entwicklung von Beziehungen zur Bundesrepublik zuvorkommen sollte. Die Korrespondenz, die Kiesinger mit »Vertretern des Phänomens« geführt hatte, wurde von der DDR eingestellt.

Die sowjetischen Machthaber befanden sich nach Chruschtschows Sturz selbst in einer konservativen Phase. Besorgt blickten sie auf Anzeichen wachsenden Mißmuts unter ihren osteuropäischen Satelliten, auf Rumäniens außenpolitischen Alleingang und die innenpolitischen Entwicklungen in Polen, Ungarn und in der Tschechoslowakei. Vielleicht haben sie die neue Ostpolitik auch grundlegend mißverstanden und geglaubt, sie sei eine Fortführung von Schröders »Politik der Bewegung« als revanchistische deutsche Variante von Präsident Johnsons »Brückenbau«, und nur darauf aus, den Warschauer Pakt zu spalten und seine sozialistischen Mitgliedstaaten zu unterminieren. Was auch immer die genauen Motive gewesen sein mögen, die Sowjetunion jedenfalls unterstützte Ulbrichts Defensivaktion bei einer Konferenz in Karlovy Vary (Karlsbad) im April 1967, die nicht nur den Warschauer Pakt, sondern alle europäischen kommunistischen Parteien hinter diese Linie ziehen sollte, und startete eine Propagandakampagne gegen die angeblich »revanchistische« neue Ostpolitik. Diese Kampagne weitete sich noch aus, als in der Tschechoslowakei, Polen und (im Wirtschaftsbereich) Ungarn ideologische »revisionistische« Reformbewegungen entstanden.

Obwohl in Prag eine westdeutsche Handelsmission eröffnet und diplomatische Beziehungen mit dem blockfreien Jugoslawien hergestellt wurden (und auf diese Weise weiter zur Schwächung der »Hallstein-Doktrin« beitrugen), blockierte Moskau die angestrebte Richtung der Großen Koalition. Als Voraussetzung für jegliche Verhandlungen mit der Bundesrepublik galt nun die volle Anerkennung der »Nachkriegsrealitäten« in Europa, der Westgrenze Polens entlang der Oder-Neiße-Linie, der Eigenstaatlichkeit der DDR und des Status West-Berlins als »eigenständiger politischer Einheit«.

Die sozialliberale Koalition, die im Oktober 1969 von Willy Brandt und Walter Scheel gebildet wurde, kam dieser sowjetischen Forderung nach »Anerkennung« der Jalta-Realitäten einen entscheidenden Schritt näher als die Große Koalition. Doch man darf nicht vergessen, daß sich inzwischen auch die Positionen Moskaus entscheidend verändert hatten. Das formelle Verhandlungsangebot Moskaus kam Mitte September 1969, *vor* dem knappen Wahlsieg der sozialliberalen Koalition. 1969 war Moskau in einem Maße zu Geschäften mit der Bonner Regierung – mit jeglicher Bonner Regierung – bereit, wie es 1967 oder 1968 noch nicht der Fall gewesen war.

Dafür gab es eine ganze Reihe von Gründen. Erstens hatte es bereits deutliche Anzeichen der Entspannung zwischen den Supermächten gegeben. Schon in den frühen sechziger Jahren hatten die zweifache Klimax der Berlin- und Kubakrisen und die wachsende Einsicht, daß keine der Supermächte einen Atomkrieg gegen die andere gewinnen konnte, erste Tendenzen einer Entspannung gezeigt. In einer Rede 1971 erinnerte sich der damalige Staatssekretär im Auswärtigen Amt, Paul Frank, wie er 1962, auf dem Höhepunkt der Kubakrise, Adlai Stevenson hatte sagen hören, daß die Welt in achtundvierzig Stunden entweder am Beginn des Dritten Weltkrieges stehen würde oder am Beginn einer Entspannungsperiode zwischen Ost und West. Und Frank fügte hinzu, daß die Konfrontation 1962 einen Prozeß des Nachdenkens eingeleitet habe. »Dieses Mal [ist] die Entspannung, im Gegensatz zu früheren Perioden, erzwungen durch das Atom-Patt...«, notierte Egon Bahr 1963 prägnant für Willy Brandt.

Mittlerweile, am Ende der sechziger Jahre, war man davon

überzeugt, daß sich die Sowjetunion dem atomaren Potential der Vereinigten Staaten annäherte. Im sogenannten »Reykjaviker Signal« vom Juni 1968 hatte die Nato ihre Bereitschaft zu Abrüstungsverhandlungen zu erkennen gegeben. Die Breschnew-Führung reagierte positiv auf die Entspannungsinitiativen der neuen Administration von Richard Nixon und Henry Kissinger, nicht zuletzt weil die vorgeschlagenen Rüstungskontrollvereinbarungen die sowjetische Wirtschaft von Verteidigungsausgaben entlasten konnten.

Außerdem sah die sowjetische Führung ihr eigenes osteuropäisches Imperium nach der Niederschlagung des Prager Frühlings stärker abgesichert, was wiederum direkte Auswirkungen auf Deutschland hatte. Trotz Kiesingers und Brandts unverdrossen wiederholter Versicherung des Gegenteils machte die sowjetische Führung 1967 und 1968 die »revanchistische« Bundesrepublik zumindest teilweise für den Unmut in Ostmitteleuropa, vor allem für den Prager Frühling, verantwortlich. Tschechoslowakischer Revisionismus wurde auf deutschen Revisionismus zurückgeführt. Angebliche Einmischung der Bundesrepublik war einer der sowjetischen Vorwände für die Invasion in der Tschechoslowakei. Nach dem »Erfolg« der Invasion, auf die die Bundesregierung mit derselben schmerzlichen Zurückhaltung reagierte wie die Regierungen Amerikas und Frankreichs, signalisierten die sowjetischen Machthaber im März 1969 durch die Budapester Erklärung des Warschauer Pakts ihre Verhandlungsbereitschaft.

Der Wunsch nach verstärkter technologischer und wirtschaftlicher Kooperation mit dem Westen stand in diesem Dokument an prominenter Stelle. Denn nach dem Versagen von Kossygins Wirtschaftsreformprogramm von 1965 hoffte die Führungsriege unter Breschnew, die Lösung durch eine Injektion westlicher Modernität zu finden. Während bei der Rüstungskontrolle Moskaus wichtigster Partner natürlich die USA waren, würde es bei der direkten Förderung von Handel und Technologie wohl die Bundesrepublik sein. Die Vereinigten Staaten waren durch den Konflikt in Südostasien geschwächt. Die Sowjetunion war durch die wachsende Unabhängigkeit und das Selbstbewußtseins Chinas – und durch die Möglichkeit, daß Washington oder Bonn eine klassische *alliance à rebours* mit Peking suchen könnten – verunsichert. (In dieser Weise erfüllten sich Adenauers Hoffnungen tatsächlich zum Teil.) Aus all diesen Gründen ließ Moskau offiziell und durch inoffizielle Kanäle die Bereitschaft zu größerer Flexibilität durchblicken. Die volle Anerkennung der DDR und der Oder-Neiße-Linie waren nicht länger *Vor*bedingungen für Verhandlungen.

Obwohl es mächtige Christdemokraten gab – darunter auch Franz Josef Strauß –, die ernsthaft daran dachten, positiv auf die sowjetischen Vorschläge zu reagieren, konnte sich die Gesamtheit der Christdemokraten noch nicht entschließen, auch diesen letzten Kilometer Weges zu gehen. Als sich die innenpolitischen Fronten im letzten Anlauf zu den Bundestagswahlen im September 1969 verhärteten, wurde deutlich, welch unterschiedliche Seiten die Partner der Großen Koalition in dieser fundamentalen außenpolitischen Frage einnahmen. Auf der einen Seite beharrten Kiesinger und die Christdemokraten bei der deutschen Frage auf ihre traditionellen Grundprinzipien, fast könnte man sagen: sie flüchteten zu ihnen zurück, angefangen beim Rechtsanspruch des Fortbestands Deutschlands in den Grenzen von 1937 bis hin zur Nichtanerkennung der DDR. Sie fürchteten, der sozialdemokratische Außenminister sei nur allzubereit, den kommunistischen Machthabern, die gerade auf brutale Weise den Prager Frühling zerstört hatten, bei fundamentalen deutschen Positionen Zugeständnisse zu machen.

Auf der anderen Seite – ziemlich eindeutig seit ihrem Nürnberger Parteitag vom März 1968 – standen Brandt und die Sozialdemokraten; Walter Scheel und die meisten Freien Demokraten; und hinter ihnen ein Großteil der Medien und der intellektuellen, akademischen und nicht zuletzt kirchlichen Kreise. Die »veröffentlichte Meinung« im weitesten Sinn also. Alle sprachen sich für die Anerkennung der Realitäten von Jalta-Europa aus (die einen aus pragmatischen Gründen, die anderen eher aus moralischen), für die Anerkennung der Oder-Neiße-Linie als unverletzlicher Westgrenze Polens und für die der DDR als zweiten deutschen Staates. Dies sollte zum Ausgangspunkt für neue Beziehungen zwischen Deutschland und dem Osten werden, ja zwischen Ost und West in ganz Europa. Kanzler Kiesinger taufte diese weitverzweigte Gemeinde sarkastisch die »Anerkennungspartei«.

Bei den Wahlen von 1969 konnten die Sozialdemokraten und Freien Demokraten eine knappe Mehrheit erringen und die erste sozialliberale Regierung in der Geschichte der Bundesrepublik bilden. Kaum an der Macht, begann die »Anerkennungspartei« jene spezifische Version westdeutscher Politik gegenüber dem Osten, die in der ganzen Welt als »Ostpolitik« bekannt werden sollte.

Der Weg aus Berlin

Viele Wege hatten also zu jener neuen Ostpolitik geführt, die Willy Brandt durch seine großen, bewegenden Reden und in symbolischen Handlungen schließlich personifizieren sollte. Christdemokraten hatten diesen Weg unter Adenauer geebnet und unter Kiesinger beschritten. Freie Demokraten hatten wesentlich dazu beigetragen, vor allem durch eine innovative Diskussion über die Deutschlandpolitik in den sechziger Jahren, die sich mit dem Namen Wolfgang Schollwer verband. Andere Sozialdemokraten, vor allem Herbert Wehner und Helmut Schmidt, hatten Brandts Position unmittelbar beeinflußt. Den Einfluß der veröffentlichten Meinung in der Bundesrepublik sollte man genausowenig unterschätzen wie den Einfluß internationaler Gegebenheiten: die westlichen Beispiele von Kennedy bis zu de Gaulle und der entscheidende Wandel in den östlichen Positionen. Alles in allem war die neue Ostpolitik der frühen siebziger Jahre viel weniger die Einzelleistung Willy Brandts, als die westliche Integration der frühen fünfziger Jahre die Einzelleistung Konrad Adenauers gewesen war. Und doch war es Brandt, der es getan hat.

Wenn wir wirklich alle Beweggründe von Willy Brandts persönlichem Einsatz für diese Politik verstehen wollten, müßten wir weit in der Zeit zurückgehen. Schließlich war er immerhin schon 56 Jahre alt, als er Bundeskanzler wurde. Wir müßten uns seine prägenden Erfahrungen als uneheliches Kind im wilhelminischen Deutschland und als junger revolutionärer Sozialist in der Weimarer Republik betrachten, seinen Übergang zur Sozialdemokratie im skandinavischen Exil, seine Hoffnung auf ein neues, demokratisches, vereintes Europa – »links und frei« –, mit der er nach Deutschland zurückkehrte, seinen hart erkämpften politischen Aufstieg unter den Sozialdemokraten West-Berlins und der Bundesrepublik und die Auseinandersetzungen zwischen diesen Sozialdemokraten in den fünziger Jahren. Aber wenn wir all diese Jahre betrachtet hätten, so kehrten wir doch an einen Ort und zu einem Datum zurück, die Brandt selbst an den Beginn beider Bände seiner Memoiren gestellt hat – Berlin, 13. August 1961.

War der Bau der Berliner Mauer – die in ihren ersten Tagen keine Mauer, sondern eine Grenze aus Männern und Stacheldraht war – ein Schock für Adenauer und seine Mitarbeiter in Bonn, um wie vieles schockierender mußte er für die Menschen in Berlin selbst und für ihren Regierenden Bürgermeister Willy Brandt gewesen sein. »Wir sind der Meinung«, telexte er am nächsten Tag dem Außenminister nach Bonn, »daß auch wirtschaftliche Maßnahmen sowohl gegen die Initiatoren der Anordnungen in Ost-Berlin wie auch gegen die sog. ›DDR‹ notwendig sind.« Kurz gesagt, er forderte Sanktionen gegen die Sowjetunion. »The barred walls of a concentration camp«, schrieb er am 17. August an Jawaharlal Nehru, »have now been erected inside Berlin.« Entsetzen und Wut sind noch mehr als ein Vierteljahrhundert später in den Memoiren des *elder statesman* zu spüren. Entsetzen über das menschliche Leid, das durch die Aktion der DDR und Sowjetunion verursacht worden war. »In meinem Weddinger Wahlkreis«, so erinnerte sich Brandt, »sprangen Menschen aus Häusern direkt an der Sektorengrenze in die Sprungtücher der Feuerwehr, und nicht bei allen ging das gut ab.« Aber seine Wut richtete sich auch gegen die Alliierten, vor allem gegen die Amerikaner, und ihre schwächliche Reaktion.

»Meine Herren«, sagte Brandt zu den Alliierten Kommandanten in Berlin, »sie haben sich letzte Nacht von Ulbricht in den Arsch treten lassen.« Kennedy, so hörte er, hatte sich nicht einmal bei seinem Wochenendausflug auf seiner Jacht stören lassen. Trotz eines bewegenden Appells in einem persönlichen Brief von Brandt weigerte sich der amerikanische Präsident, die Angelegenheit vor die Vereinten Nationen zu bringen. In einer kühlen Antwort auf Brandts Schreiben versprach Kennedy nur, West-Berlin und die Verbindungen der Halbstadt mit dem Westen durch eine Verstärkung der Garnison zu unterstützen.

»War es dieser Brief [von Kennedy]«, fragt Brandt im 1989 erschienenen Band seiner Memoiren, »der den Vorhang wegzog und eine leere Bühne zeigte?« Eine Erklärung dieses fast schon delphischen Hinweises findet man in seinen früheren Memoiren (1976), wo er, nach der Darstellung des Schocks vom 13. August, schreibt: »Ich habe später bemerkt, man habe im August 1961 einen Vorhang weggezogen, um uns eine leere Bühne zu zeigen. Man kann es auch schroffer sagen: Uns sind Illusionen abhanden gekommen, die das Ende der hinter ihnen stehenden Hoffnungen überlebt hatten – Illusionen, die sich an etwas klammerten, das in Wahrheit nicht mehr existierte. Es wurde Ulbricht erlaubt, der Hauptmacht des Westens einen bösen Tritt vors Schienbein zu versetzen – und die Vereinigten Staaten verzogen nur verstimmt das Gesicht. Meine politischen Überlegungen sind in den folgenden Jahren durch die Erfahrung dieses Tages wesentlich mitbestimmt worden. Was man meine Ostpolitik genannt hat, wurde vor diesem Hintergrund geformt.« Die von Brandt und seinen engsten Vertrauten gezogene Schlußfolgerung war einfach: Die Amerikaner sind weder allmächtig noch allwillig; wenn wir auch nur das Geringste für die Bewohner unserer armen geteilten Stadt (unseres Landes, Kontinents) tun wollen, dann müssen wir es selbst tun. Und wir werden es nur können, indem wir direkt mit den jeweiligen Machthabern im Osten verhandeln.

Interessant ist, daß Brandt selbst den Bezug zu »Jalta« herstellte. Bei seiner Überlegung, was der Westen hätte tun können, um die vollständige Teilung Deutschlands und Berlins zu vermeiden, kommt er auf die Stalin-Note vom März 1952 zurück und schreibt (in den Memoiren von 1976): »Damals hatte ich mich nicht zum ersten und nicht zum letzten Mal gefragt, ob die beiden Weltmächte in Europa nicht seit 1945 mit unerschütterlicher Konsequenz einem Prinzip folgten: daß sie, was immer auch geschehe, die in Jalta im groben verabredeten gegenseitigen Einflußzonen respektieren würden.« Und: »Die Grundregel des stillen Arrangements zwischen Moskau und Washington funktionierte auch beim Bau der Mauer und danach.« Der wirkliche historische Teilungsprozeß Europas war natürlich weit komplizierter.

Wenn man »Jalta« aber als Stichwort für den historischen Gesamtprozeß nimmt, dann könnte man sagen, daß der 13. August 1961 der letzte Tag von Jalta und der erste Tag der Ostpolitik war.

Der wichtigste von all den vielen Wegen, die zur neuen Ostpolitik geführt haben, beginnt in Berlin – der historische Königsweg. Er beginnt in Berlin mit der Person Willy Brandts, zuerst dort Regierender Bürgermeister, später Außenminister und Bundeskanzler in Bonn. Er beginnt in Berlin mit der Person Egon Bahrs, zuerst Willy Brandts Pressesprecher und enger Berater im Berliner Senat, später Leiter des Planungsstabes in Brandts Auswärtigem Amt und schließlich Schlüsselfigur bei den Verhandlungen der Ostverträge. Er beginnt in Berlin mit der Philosophie und operativen Politik, die diese beiden gemeinsam mit einem kleinen Kreis um den Regierenden Bürgermeister entwickelten – in der »himmlischen Familie«, wie es damals gelegentlich spöttisch hieß. Die meisten Mitglieder dieses Kreises hatten ihre Wurzeln in Mittel- oder Ostdeutschland, und alle setzten sich leidenschaftlich und patriotisch für die geteilte Stadt und die geteilte Nation ein. Wenn man erfahren möchte, was die westdeutsche Entspannungspolitik von anderen Entspannungsversionen unterschied, dann muß man spätestens bei Berlin im Jahre 1961 beginnen.

Nur wenige Monate nach dem Mauerbau wurde der erste und strikt inoffizielle Kontakt zwischen einem Mitglied des Brandt-Kreises und einem Emissär der DDR-Führung hergestellt. Letzterer stellte in Aussicht, daß einigen Ehefrauen eventuell die Ausreise zu ihren Ehemännern, und einigen Kindern zu ihren Eltern, gestattet würde – wenn der West-Berliner Senat für diese Frauen und Kinder in harter Währung zahlen würde. Und das tat er denn auch.

Kurz darauf versuchte der West-Berliner Senat mit den Ost-Berliner Behörden ein Arrangement zu verhandeln (ohne jedoch die DDR »anzuerkennen«), wodurch West-Berliner wenigstens für ein oder zwei Tage über Weihnachten ihre Verwandten in Ost-Berlin hätten besuchen können. Umsonst. Der emotionale Druck, unter dem sie standen, wird durch den Brief eines Arztes (offensichtlich aus einem Ost-Berliner Krankenhaus) anschaulich, den Brandt im Dezember 1961 in einer Rede vor dem Bundestag zitierte: »Der Wunsch, herauszukommen, nimmt nach der totalen Abschnürung epidemische Formen an. Mindestens 95 Prozent der Flüchtenden werden gefaßt und gehen einem grausamen Schicksal entgegen. Sehen Sie sich bitte die blutenden Fleischklumpen an, die uns eingeliefert werden, und zwar in immer steigender Zahl, weil die einfachen Grenzer ... erbarmungslos mit den Bajonetten zuschlagen mußten, sonst wären sie dran. Geben Sie der hiesigen Bevölkerung eine Hoffnung, damit die von Woche zu Woche steigende Selbstmordkurve endlich fällt, die zu Weihnachten Böses ahnen läßt«.

Am 17. August 1962 wurde der achtzehnjährige Bauarbeiter Peter Fechter von DDR-Grenzern erschossen, als er in der Nähe von Checkpoint Charlie versuchte, über die Mauer zu fliehen. Über eine Stunde ließen ihn die Grenzsoldaten am Fuße der Mauer mitten im Stacheldraht liegen und schließlich verbluten, bevor sie seinen leblosen Körper davontrugen. Er hatte um Hilfe geschrien, bis er starb. Eine entsetzte Menge sah nur ein paar Meter entfernt auf der westlichen Seite zu. Darunter auch amerikanische Militärpolizei. Die Folgen der Ereignisse ein Jahr zuvor wurden den Berlinern brutal vor Augen geführt. Sie reagierten mit zornigen Demonstrationen, nicht nur gegen den Osten, sondern mehr noch gegen den Westen, vor allem gegen die Amerikaner und ihre Reaktionsschwäche. Hier war die Jalta-Grenze für jedermann sichtbar mit Blut gezeichnet.

Langsam und mühselig entwickelten Brandt und sein Kreis, was sie »die Politik der kleinen Schritte« nannten. Mehr als zwei Jahre lang kämpften sie sich durch unkonventionelle, manchmal konspirative Kanäle, um zumindest ein Minimum an menschlichen Kontakten wiederherstellen zu können. Am 17. Dezember 1963, Willy Brandts fünfzigstem Geburtstag, hatten sie schließlich ihr Ziel erreicht. Während übereinstimmend Differenzen zur Nomenklatur festgestellt wurden und die DDR daher formell nicht anerkannt wurde, unterzeichneten ein Repräsentant des West-Berliner Senats und ein Beamter der DDR – »auf Weisung des Stellvertreters des Vorsitzenden des Ministerrats der Deutschen Demokratischen Republik« – das erste sogenannte Passierscheinabkommen. Es ermöglichte West-Berlinern, ihre Verwandten in Ost-Berlin für jeweils einen Tag über Weihnachten oder

Neujahr zu besuchen. Zum Schrecken der Ost-Berliner Behörden und zur freudigen Überraschung von Brandt und seinem Kreis waren es nicht weniger als 790 000 West-Berliner (mehr als ein Drittel der damaligen Einwohner West-Berlins), die diese Möglichkeiten nutzten, viele von ihnen bis zu drei Mal hintereinander.

In Interviews, Reden und Artikeln während des folgenden Vierteljahrhunderts sollten Willy Brandt und Egon Bahr wieder und wieder zu diesem emotionalen Augenblick zurückkehren. »Damals«, erklärte Bahr 1987, »wurde der Grundstein gelegt für das, was später auch in vielen fremden Sprachen als ›Ostpolitik‹ Aufnahme fand.« Aber nicht nur Brandt und sein Berliner Kreis erkannten die Bedeutung dessen, was sie geschaffen hatten. Mit mißtrauischen Blicken aus Bonn notierte Adenauers enger Mitarbeiter Heinrich Krone in sein Tagebuch, daß Brandt und seine Freunde »eine eigene Ostpolitik« begonnen hätten.

Doch wie in aller Welt konnte ein Bürgermeister – gar der Bürgermeister einer nur halben Stadt – eine eigene Außenpolitik entwickeln? Die Antwort liegt in der einzigartigen Bedeutung Berlins – der geteilten Mitte der geteilten Mitte –, aber auch in der Einzigartigkeit Willy Brandts. Brandts Papiere aus seiner Zeit als Regierender Bürgermeister zeigen einen Mann, der auf kommunalpolitischer und Bundesebene wie auf der Weltbühne agierte. Am einen Tag kümmerte er sich um Verhandlungen, durch die ein paar Kinder zurück zu ihren Müttern westlich der Mauer gebracht werden konnten, am nächsten diskutierte er die weltpolitische Zukunft mit Kennedy, Macmillan oder de Gaulle. Die menschliche Agonie der geteilten Stadt bot genügend Gründe für die Entwicklung der »Politik der kleinen Schritte«, aber die anderen beiden Ebenen waren nicht weniger bedeutsam.

In seiner Zeit als Regierender Bürgermeister von Berlin war Brandt die populärste und attraktivste Figur der Sozialdemokraten, bis er schließlich deren Kanzlerkandidat wurde. Obwohl er die Wahlen vom September 1961 gegen Adenauer verloren hatte, drängten ihn seine Parteifreunde immer wieder zu einer neuerlichen Kandidatur, um endlich der Sozialdemokratie in Bonn zur Macht zu verhelfen. »Was Du nun tun mußt und wobei ich Dir gern helfen möchte«, schloß Herbert Wehner einen siebenseitigen handgeschriebenen Brief zu Weihnachten 1963, »das ist eine ganz große politische Sache für SPD und Deutschland, für Internationale und Europa-Amerika.« (Diese Reihenfolge – SPD, Deutschland, Internationale, Europa-Amerika – ist beachtenswert.) Und alles, was Brandt und seine Mitarbeiter für die geteilte Stadt (Land, Kontinent) versuchten, muß auch im parteipolitischen Kontext gesehen werden.

Während seiner Berliner Zeit schuf Brandt die erste sozialliberale Koalition der Bundesrepublik, die Vorläuferin der Bonner sozialliberalen Regierungskoalition sechs Jahre später. Und wie die Bonner Koalition 1969 auf der Basis eines neuen, gemeinsamen Ansatzes zur Reduzierung der Teilung Deutschlands – und Europas – geschmiedet wurde, wurde diese Berliner Koalition 1963 auf der Basis eines neuen, gemeinsamen Ansatzes zur Reduzierung der Teilung Berlins – und Deutschlands – gebildet. »Glaube nicht«, sagte sein freidemokratischer Partner William Borm, »daß wir durch so viel Schwierigkeiten gegangen sind allein wegen Berlin. Der Punkt ist vor allem, die Deutschlandpolitik wieder in Gang zu bringen.« Und ein Jahrzehnt später, nachdem er bei den Bundestagswahlen vom 19. November 1972 triumphal in seinem Amt als Bundeskanzler der Ostpolitik bestätigt worden war, schrieb Brandt an den gleichen William Borm: »Was die meisten nicht wissen oder schon wieder vergessen haben: vor ziemlich genau zehn Jahren haben wir beide durch das Zusammenführen unserer beiden Parteien in Berlin jenen Prozeß in Gang gesetzt, der am 19. November so nachdrücklich durch die Wähler der Bundesrepublik bestätigt worden ist.«

Brandt hatte in dieser Zeit viele außergewöhnliche internationale Kontakte geknüpft. Zu den wichtigsten zählten die mit den vier Siegermächten von 1945, die theoretisch noch immer unbegrenzte Macht in Berlin und residuale Besatzungsrechte in »Deutschland als Ganzem« hatten. Zwei geplante persönliche Treffen mit Chruschtschow fanden nie statt: Das eine, 1959, traf auf den Widerstand von Brandts eigener Partei, das andere, 1963, platzte im letzten Moment aufgrund des Widerstands der Christdemokraten in Berlin (zu diesem Zeitpunkt noch seine Koalitionspartner). Doch er ließ keine Möglichkeit aus, diskret und vertraulich die sowjetische Position auszuloten, nicht zuletzt durch die Kontakte Egon Bahrs. Die Brandt-Papiere enthalten beispielsweise eine Notiz über das »informelle Gespräch« des Regierenden Bürgermeisters am 16. März 1962 mit einem Herrn Poljanow von *Iswestija*. »Die deutsche Seite«, zeichnete Bahr seine eigenen Worte während des Gesprächs auf, »vertraue auf einen gewissen Realismus seitens der Sowjetunion, die auf die Dauer nicht daran vorbeigehen könne, was 55 Millionen Deutsche wollten und daß 17 Millionen Deutsche keine Kommunisten werden. Poljanow wurde darauf sehr gefühlsbetont.«

Noch stärker und dramatischer war eine Botschaft von Moskau an Berlin, die Bahr in einem vertraulichen Memorandum festhielt, datiert vom 10. Juli 1962. Ein »Herr Eimers (›Kurier‹)«, heißt es in diesem Memorandum, sei gerade aus Moskau mit einer Nachricht für Brandt vom westdeutschen Botschafter Hans Kroll zurückgekehrt. Die Botschaft lautete: »Chruschtschow gehe es um eine westliche Unterschrift für die Grenze des politischen Einflusses in Europa zwischen Ost und West. Dabei lege er auf eine deutsche Unterschrift besonderen Wert.« Chruschtschow hatte vorgeschlagen, daß Kroll mit Semjonow zusammentreffen sollte, um über Themen wie den Rückzug amerikanischer Truppen aus Berlin zu verhandeln. »Die Mauer habe er, Chruschtschow, befohlen. Diesen Befehl könne er auch wieder zurücknehmen.«

Wenn dies auch eine Nachricht aus vierter Hand war, so klingt doch die brutale Deutlichkeit ziemlich authentisch nach Chruschtschow. Wie auch immer, dieses Memorandum illustriert gut, was Bahr und Brandt als Quintessenz der sowjetischen Position verstanden. Ein paar Jahre später, kurz bevor er 1966 als Außenminister nach Bonn zog, sollte Brandt eine ganze Reihe von Treffen mit Pjotr Abrassimow, dem sowjetischen Botschafter in Ost-Berlin, haben.

Die meisten hochrangigen persönlichen Kontakte hatte Brandt in diesem Stadium jedoch mit Alliierten und Partnern. Im November 1962 beschrieb er Macmillan bei einem Treffen die tragischen Folgen der Mauer für die Menschen. Nach deutschen Aufzeichnungen lautete Macmillans Antwort: »All this is very stupid.« Hilfreicher und wichtiger war General de Gaulle. Bereits vor dem Mauerbau hatte er den Ausbau von Kontakten und Kooperationen zwischen den beiden Teilen Deutschlands vorhergesagt: eine neue Deutschlandpolitik *avant la lettre*. Nun ermutigte de Gaulle Brandt in einer Reihe von Treffen zu seiner Politik der »Erleichterung und Ermutigung für die Menschen in der Zone«, wie er es im April 1963 nannte. »De Gaulle äußerte sich sehr positiv – in deutscher Sprache – über die Politik der kleinen Schritte«, heißt es in der Aufzeichnung über Gespräche in Paris im Juni 1965.

Doch am wichtigsten von allen war John F. Kennedy. Einerseits hatte Brandt die amerikanische Reaktionsschwäche angesichts des Mauerbaus sehr übelgenommen. Andererseits war der amerikanische Rückhalt für seine operative Politik sowohl in Berlin wie in Bonn von entscheidender Bedeutung. Animiert von seinem engen Berater Klaus Schütz, der begeistert vom amerikanischen Präsidentschaftswahlkampf war, war Brandt zudem nicht ganz unglücklich über seine Portraitierung als deutscher Kennedy. Im Gegensatz zum 87jährigen Kanzler in Bonn gehörte er der gleichen Generation wie der amerikanische Präsident an, jung und tatkräftig.

»Kleine Schritte sind besser als keine«, sagten er und seine Berater über ihre eigene Politik, und: »Kleine Schritte sind besser als große Worte«. Tatsächlich aber waren bereits die allerersten kleinen Schritte in den frühen sechziger Jahren von großen Worten begleitet, wenn auch andersgeartet als die Rhetorik aus Bonn. Brandt begann zuerst in Berlin, dann im Herbst 1962 mit einer Vortragsreihe in Harvard – später unter dem Titel *Koexistenz – Zwang zum Wagnis* veröffentlicht –, die öffentliche Meinung auf den kommenden Wechsel einzustimmen. Und er tat dies mit jener inspirativen Verschwommenheit, die bereits zum Kennzeichen seiner Rhetorik geworden war. »Brandt spricht gern eine schwebende Sprache«, notierte Adenauers Mitarbeiter Heinrich Krone am 27. Dezember 1959 in sein Tagebuch. Willy Brandt war, wie Winston Churchill, ein Meister der gefühlsbetonten Verschwommenheit. An den Entwürfen seiner Reden und Artikel kann man verfolgen, wie er in all den Jahren – wie jeder gute Journalist – langweilige Phrasen durch plastische ersetzte, aber auch präzise Formulierungen durch vage, delphische Andeutungen. Sein privates Denken war, wie das von Churchill, häufig sehr viel klarer als seine öffentliche Sprache.

In dieser Situation, als selbst einige enge politische Verbündete Brandts noch von der Weisheit der neuen Linie überzeugt werden mußten, proklamierte Präsident Kennedy im Juni 1963 an der American University in Washington plötzlich seine »Strategie des Friedens«. Diese Rede hatte den Effekt, so schreibt Arthur Schlesinger, »eine neue Einstellung der gesamten [amerikanischen] Nation zum Kalten Krieg zu fördern«. Brandt und Kennedy hatten über den zukünftigen Weg in der Mitte Europas gesprochen, doch die Rede des Präsidenten war offenbar von den amerikanischen Sorgen geleitet. Für Brandt und seine Kollegen in Berlin kam sie, so Egon Bahr, wie »ein Geschenk des Himmels«. Hier war die charismatische Figur, mit der sich Brandt politisch identifizierte, der Regierungschef des wichtigsten Verbündeten der Bundesrepublik und West-Berlins, und verkündete eine neue Richtung in den Ost-West-Beziehungen, die Brandts eigene auf wunderbarste Weise legitimierte und sozusagen abdeckte. Im gleichen Monat schloß Kennedy in einer Rede vor der Freien Universität Berlin besonders Deutschland in seine »Strategie des Friedens« ein. Das war während jenes triumphalen Besuchs, bei dem er der Menge vor dem Rathaus Schöneberg versicherte: »Ich bin ein Berliner«. (In seinen Notizen heißt es hier phonetisch: *Ish bin ein Bearleener*.)

Drei Wochen nach dem Besuch Kennedys sollte Brandt einen Vortrag in der Evangelischen Akademie Tutzing halten, eine jener kirchlichen Akademien, die eine bemerkenswerte Rolle im intellektuell-politischen Hintergrund der Bundesrepublik – vor allem bei der Ostpolitik – spielten. Der Text seiner Rede wurde ausgiebig im engsten Beraterkreis diskutiert und ediert. In letzter Minute wurde auch Egon Bahr von den Organisatoren eingeladen, sich mit einer eigenen, informellen Präsentation an der Konferenz zu beteiligen. Nachdem er, wie er selbst sagt, davon überzeugt war, daß alles wirklich Wichtige bereits in Brandts sorgfältig vorbereitetem Text enthalten war, diktierte er nur eilig ein paar Bemerkungen. Dennoch sollten es Bahrs knappe Statements und nicht Brandts ausgefeilte Rede sein, die als »die Tutzinger Rede« berühmt wurden. Und mit Recht. Denn wo Brandt mit vager und inspirativer Rhetorik die Logik, die ihrem politischen Ansatz zugrunde lag, verdeckte, enthüllte Bahr sie mit brillanter und provokativer Klarheit.

Er zeigte kurz auf, wie »eine Übertragung der Strategie des Friedens auf Deutschland« aussehen konnte, und verkündete das Ziel »der Überwindung des Status quo, indem der Status quo zunächst nicht verändert werden soll«. Wiedervereinigung, sagte er, würde nicht ein einzelner Akt sein, sondern »ein Prozeß mit vielen Schritten und vielen Stationen«. Er sah keine Möglichkeit, das DDR-Regime ohne Zustimmung der Sowjetunion zu stürzen oder auch nur zu verändern. Brandts Rede erinnerte an seinen Harvard-Aufruf zu einer »Politik der Transformation« auf der anderen Seite. Bahr fügte hinzu: »Die Zone [DDR] muß mit Zustimmung der Sowjets transformiert werden«. Brandt sagte: »Es gibt eine Lösung der deutschen Frage nur mit der Sowjetunion, nicht gegen sie.« Bahr aber paukte die Lektion ein: »Die Voraussetzungen zur Wiedervereinigung sind nur mit der Sowjetunion zu schaffen. Sie sind nicht in Ost-Berlin zu bekommen, nicht gegen die Sowjetunion, nicht ohne sie.«

Die hitzige Diskussion über die rechtlich-symbolische Bedeutung einer teilweisen »Anerkennung« der »DDR« könnte, so sagte er, in eine Sackgasse führen. Schließlich sei es »der Innenminister der Deutschen Demokratischen Republik – ohne Anführungsstriche« gewesen, der den in Berlin stationierten Alliierten am 13. August verboten habe, frei in den Ostsektor der Stadt zu reisen, und sie auf den Übergang am Checkpoint Charlie beschränkt habe. Nein, weit wichtiger als die rechtlich-symbolischen Spitzfindigkeiten seien die Möglichkeiten praktischen Handelns »unterhalb der juristischen Anerkennung«, wie sie bereits bestens von Dr. Kurt Leopold von der Treuhandstelle für den Interzonenhandel ausgeschöpft würden.

Weiterer Handel sei gewiß wünschenswert. Eine Wirtschaftsblockade würde nur die Spannungen zwischen beiden Teilen Deutschlands und innerhalb der DDR verstärken: »Zunehmende Spannung stärkt Ulbricht und vertieft die Spaltung.« Handel und Kredite, wie sie die Vereinigten Staaten bereits Polen gewährt hatten, könnten sowohl die Spannungen zwischen Ost- und Westdeutschland als auch innerhalb der DDR reduzieren helfen. »Eine materielle Verbesserung müßte eine entspannende Wirkung in der Zone haben. Ein stärkeres Konsumgüterangebot liegt in unserem Interesse.« Manch einer möge die Sorge haben, daß dadurch die Unzufriedenheit in der DDR nachlassen könnte, »aber eben das ist erwünscht«, denn sonst könnte es zu »unkontrollierbaren Entwicklungen« kommen (wie zum Aufstand am 17. Juni 1953 oder zur Flut von Emigranten 1960–61), die zu »zwangsläufigen Rückschlägen« führen müßten (wie der Zerschlagung des Aufstandes vom 17. Juni oder dem Bau der Berliner Mauer). »Kein praktikabler Weg« führe über den Sturz des Regimes. »Ich sehe nur den schmalen Weg der Erleichterung für die Menschen in so homöopathischen Dosen, daß sich daraus nicht die Gefahr eines revolutionären Umschlags ergibt, die das sowjetische Eingreifen aus sowjetischem Interesse zwangsläufig auslösen würde.«

Nachdem er Adenauer zitiert hatte – humanitäre Erwägungen sollten vor nationale gestellt werden –, faßte er zusammen: »Wir haben gesagt, daß die Mauer ein Zeichen der Schwäche ist. Man könnte auch sagen, sie war ein Zeichen der Angst und des Selbsterhaltungstriebes des kommunistischen Regimes. Die Frage ist, ob es nicht Möglichkeiten gibt, diese durchaus berechtigten Sorgen dem Regime graduell so weit zu nehmen, daß auch die Auflockerung der Grenzen und der Mauer praktikabel wird, weil das Risiko erträglich ist. Das ist eine andere Politik, die man auf die Formel bringen könnte: Wandel durch Annäherung.«

Diese Rede und der Begriff »Wandel durch Annäherung« lösten einen Sturm der Kontroversen aus, in deren Verlauf auch Brandt taktische Kritik an seinem Pressesprecher übte – um ihn besser zu verteidigen. Denn in Wirklichkeit hatte Bahr natürlich, wie Brandt später gestehen sollte, »unsere gemeinsamen Überlegungen« präsentiert. Bahr selbst sollte betonen, daß die Strategie, die er in seiner Rede dargelegt hatte, für eine bestimmte Übergangsphase auf dem Weg zur Wiedervereinigung gedacht war und daher bereits 1964 vom langfristig angelegten, bilateralen Freundschaftsvertrag zwischen der Sowjetunion und der DDR überholt worden sei. Natürlich wurden diesem Konzept noch viele Elemente hinzugefügt, nicht zuletzt durch Bahr selbst, bevor es in der Ostpolitik der Bundesregierung aufging.

Doch es ist frappierend, wie viele Charakteristika der Ostpolitik der siebziger Jahre bereits in dieser Rede von 1963 vorhanden waren: die höfliche, beinahe schon übertriebene Betonung der

Harmonie mit westlicher, vor allem amerikanischer Politik; dennoch das Insistieren auf mehr Eigeninitiative der Bundesrepublik; die Prämisse, daß nichts gegen den Willen der Sowjetunion erreicht werden konnte; die Überzeugung, daß Handel und wirtschaftliche Zusammenarbeit politische Entspannung nicht nur zwischen Ost und West, sondern auch innerhalb des Ostens fördern würden; die Ablehnung jeglicher Destabilisierung; die Meinung, daß Entspannung eher durch Besänftigung der kommunistischen Machthaber herbeigeführt werden konnte; die sonderbare Verknüpfung einer dialektischen, global-historischen Theorie mit einer notgedrungen höchst beschränkten und bescheidenen täglichen Praxis, um die elementarsten humanitären Ziele verwirklichen zu können (die Wiedervereinigung von Mutter und Kind); und all dies im klaren Bewußtsein der Schwächen der eigenen Verhandlungsposition. Denn es ist nur leicht übertrieben, zu behaupten, die neue Ostpolitik habe in Berlin begonnen: mit Verhandlungen über die Befreiung von Geiseln aus den Händen von Staatsterroristen.

Staatsmänner mögen ihr Handeln auf anspruchsvolle und detaillierte Analysen der komplexen internationalen Lage begründen. Sie müssen ihre Politik derjenigen ihrer Verbündeten und Gegner anpassen. Sie müssen auch permanent auf die innenpolitische Lage reagieren. In Demokratien bedeutet das vor allem: auf den Druck, die nächsten Wahlen zu gewinnen. Und in der Bundesrepublik gibt es fast immer Wahlen. Doch in jedem Staatsmann, der diesen Namen verdient, steckt ein emotionaler und intellektueller Kern, der von bestimmten Schlüsselerlebnissen geprägt ist. Ohne diesen biographischen Kern zu entdecken, sind weder staatsmännische Visionen noch Aktionen zu deuten.

Friedrich Naumann sagte: »Bismarck dachte Europa von Preußen aus.« Arnulf Baring griff diesen Satz auf und schrieb: Adenauer dachte Europa von Köln aus. Mit allen Vorbehalten könnte man von Willy Brandt sagen: Er dachte Europa von Berlin aus.

Das Vertragswerk

Der Weg aus Berlin führte über Bonn nach Moskau. Als Leiter des Planungsstabes im Auswärtigen Amt arbeitete Bahr für Brandt die Konzepte für Verhandlungen mit den Regierungen in Moskau, Ost-Berlin und anderen osteuropäischen Hauptstädten aus. Weil er Brandt persönlich so nahe stand und weil andere hohe Beamte des Ministeriums über die Vorgehensweise in den Ost-West-Beziehungen gespalten waren, wurde der Planungsstab auch zur Vorschlagsbörse in diesem Bereich. Brandt und seine Berater zögerten auch nicht (wie in Berlin), jeden zur Verfügung stehenden Kanal zu nutzen, um zu sondieren und der anderen Seite Signale zukommen zu lassen. Solche Kontakte reichten vom offiziellen Treffen zwischen Brandt und dem sowjetischen Außenminister in der UNO, bis hin zu geheimen Vermittlungen durch italienische Kommunisten oder einem diskreten Mittagessen in der Wohnung eines Journalisten in Wien. Die konspirative Geheimhaltung dieser privaten Kontakte rief bis hinauf zu Kanzler Kiesinger Mißtrauen hervor. Manche Christdemokraten warfen den Sozialdemokraten sowieso ideologische Nähe zu den Kommunisten vor. Der neue Parteiführer der Freien Demokraten, Walter Scheel, kommentierte dies hingegen besonnen und wohlwollend: »Wenn man die Sicherheit in Europa pflegen und verbessern will, dann sollte man auch wissen, daß man mit Kommunisten reden muß.«

Nachdem die Sowjets am 12. September 1969 eine diplomatische Note mit dem formellen Verhandlungsangebot geschickt hatten und nur eine Woche vor den Bundestagswahlen am 28. September, schrieb Bahr für Brandt ein Arbeitspapier mit dem Titel *Überlegungen zur Außenpolitik einer künftigen Bundesregierung*. Er betonte die zentrale Bedeutung der Vereinigten Staaten für die Bundesrepublik und legte die Auswirkungen Vietnams sowie das starke amerikanische Interesse an einer Entspannung im Verhältnis zur Sowjetunion dar. Es folgte eine äußerst realistische Einschätzung der Dilemmas in der sowjetischen Führungsriege. Hin- und hergerissen zwischen der Notwendigkeit, ihre eigene Macht zu wahren und die ökonomische Effektivität zu steigern, würden die sowjetischen Machthaber auch weiterhin zwischen

Lockerung und Anspannung ihrer Leine zu Osteuropa schwanken. Vieles würde daher von den Fähigkeiten der kommunistischen Machthaber in den einzelnen osteuropäischen Ländern abhängen. Bezüglich der Bundesrepublik würde die DDR jedoch hoffen, den Weg zur internationalen Anerkennung ebnen zu können, ohne selbst Konzessionen machen zu müssen. »Diese Hoffnung«, schrieb Bahr, »ist nicht unbegründet« – eine pessimistische Annahme, die seiner eigenen Position zugrunde lag.

Der zweite Teil des Papiers, in dem er Rückschlüsse aus dieser Analyse zog, begann mit der ebenso klaren Aussage: »Das Atlantische Bündnis und das enge Verhältnis zu den USA müssen weiterhin die Basis für unsere Politik bleiben.« Die Bundesrepublik sollte jedoch versuchen, die verbliebenen Besatzungsrechte der Alliierten soweit wie möglich zu beseitigen – jene »letzten Relikte der Nachkriegszeit«. Es sollte der Versuch unternommen werden, den sowjetischen Antrag auf eine europäische Sicherheitskonferenz »als Instrument zur Durchsetzung unserer Interessen zu nützen«. Es sei höchst wünschenswert, eine beiderseitige Reduzierung der konventionellen Streitkräfte in Mitteleuropa zu verhandeln, nicht zuletzt deshalb, weil die Amerikaner offenbar sowieso die Anzahl ihrer eigenen Truppen verringern wollten – noch eine wichtige Annahme.

Was die Deutschland- und Osteuropapolitik betraf, ging Bahr davon aus, daß die Teilung Deutschlands immer tiefer und dauerhafter wurde. »Wir müssen noch auf unabsehbare Zeit mir ihr rechnen. Die Notwendigkeit wächst, sich dieser Lage anzupassen, *ohne das Ziel der Wiedervereinigung aufzugeben.*« (Hervorhebung des Autors.) Es bestünde die Gefahr, so wiederholte Bahr, daß die DDR internationale Anerkennung selbst gegen den Willen Bonns erlangen würde. Das zentrale Ziel sollte daher ein »Rahmenvertrag« mit der DDR sein, »der die Teile Deutschlands verklammern« würde und zumindest eine Reihe von Inhalten haben sollte, »in denen die Einheit der Nation berücksichtigt wird«.

Dieser Rahmenvertrag sollte mit »einem europäischen Gewaltverzicht«, der Anerkennung der Oder-Neiße-Linie und der Unterschrift unter den Nichtverbreitungsvertrag kombiniert werden. Ohne Einschränkung wünschenswert seien diplomatische

Beziehungen mit den anderen osteuropäischen Staaten. Dadurch würden die »pragmatischen und kooperativen Kräfte in Osteuropa« größere Möglichkeit für eine autonomere Politik erhalten und der Druck auf die DDR erhöht, eine kooperativere Haltung gegenüber der Bundesrepublik einzunehmen. Doch man sollte immer dessen gewahr bleiben, daß die Beziehungen der Bundesrepublik zu osteuropäischen Ländern nur bis zu dem Grade entwickelt werden könnten, in dem sie von der Sowjetunion toleriert würden. Deshalb müsse unter besonderer Ausnutzung des offensichtlichen sowjetischen Interesses an engeren Wirtschaftskontakten eine Verbesserung der Beziehungen zur Sowjetunion gesucht werden.

Bahr war es auch, der jenes vertrauliche Memorandum zur Außenpolitik verfaßte, das im Oktober 1969 Diskussionsgrundlage für die Gespräche zwischen Sozialdemokraten und Freien Demokraten über die Bildung einer sozialliberalen Koalitionsregierung wurde. Hinsichtlich der Ostpolitik herrschten jedoch nur geringe Meinungsverschiedenheiten zwischen ihnen. »Scheel stellte in der Debatte fest«, heißt es in einer Notiz über die Koalitionsgespräche am 1. Oktober 1969, »daß die außenpolitischen Vorstellungen der Verhandlungspartner sich weitgehend decken.« Die Freien Demokraten hatten bereits vorher in sehr ähnlicher Richtung gedacht. Im Januar 1969 hatten sie öffentlich einen umfassenden Vertrag mit der DDR vorgeschlagen. Im Juli 1969 war Walter Scheel mit einer Parteidelegation, der auch Hans-Dietrich Genscher angehörte, mit Schlußfolgerungen aus Moskau zurückgekehrt, die denen von Helmut Schmidt und seiner sozialdemokratischen Delegation im August 1969 sehr ähnlich waren. Ostpolitik war der große gemeinsame Nenner der neuen Koalitionspartner.

Die Basis, auf der die neue sozialliberale Koalition dann neue Beziehungen mit den östlichen Nachbarn der Bundesrepublik zu verhandeln begann, hieß: »Moskau an die Spitze«. Ein Papier, das Bahr im Oktober 1968 schrieb, macht ganz klar, daß die sowjetische Invasion der Tschechoslowakei die Lektion, die aus dem Mauerbau gezogen worden war, nur noch bestätigt hatte. Einige Mitglieder dieser neuen Regierung, darunter vor allem Ralf Dahrendorf, setzten sich noch immer für Gespräche mit Warschau als vorrangige Alternative ein. Doch den Verhandlungen mit Moskau wurde absolute Priorität eingeräumt, sowohl was den Zeitplan als auch die Bedeutung betraf. Betraut mit dieser Aufgabe wurde in der entscheidenden Phase Egon Bahr.

Wie ein Jagdhund, der zu lange an der Leine war, schoß Bahr nach vorne und begann mit derartigem Elan, mit solcher Geschwindigkeit und Verschwiegenheit mit der Umsetzung seines »Konzepts«, daß die indignierten Christdemokraten – zum erstenmal seit Gründung der Bundesrepublik nicht an der Macht – aus der Fassung gerieten. Bahrs Gespräche mit dem sowjetischen Außenminister Andrej Gromyko in den frühen siebziger Jahren waren in der Tat der Schlüssel zum gesamten Komplex der späteren Ostverträge. Dieses Vertragswerk sollte zum Thema der zweiten, heftigsten und dauerhaftesten politischen Kontroverse in der Geschichte der Bundesrepublik werden, vergleichbar nur mit jener, die Adenauers westliches »Vertragswerk« in den fünfziger Jahren begleitet hatte. Höhepunkt dieser Kontroverse waren 1972 die gigantischen Debatten über die Ratifizierung der Moskauer und Warschauer Verträge. Doch selbst noch in den späten achtziger Jahren sollte jede Aussage oder neue »Enthüllung« über dieses Thema die Gemüter derart erhitzen, als wüte ein altes Fieber in den Knochen. Die Geheimhaltung der Verhandlungen, die Unzugänglichkeit (oder der begrenzte Zugang) wichtiger Quellen, die rechtlich-politische Komplexität des Vertragswerks, die kontroversen Erinnerungen der Akteure und die politische Sensibilität des Themas: sie alle lassen jede generalisierende Aussage unratsam erscheinen. Aus der Perspektive des vereinigten Deutschland wirkt jedoch vieles, was so lange und so heiß umstritten war, nicht nur arkanisch – das war es schon immer –, sondern auch archaisch.

Im Vorteil der Retrospektive und unter Beachtung einer ganzen Bibliothek inzwischen erschienener Werke zu diesem Thema werden wir uns daher auf jene wenigen zentralen Punkte des Vertragswerks konzentrieren, die während der folgenden zwei Jahrzehnte für die Entwicklung der Ostpolitik am wichtigsten sein sollten. Was hat Bonn gegeben, und was hat es bekommen? Das Vorspiel zu den Moskauer Verträgen hatte die Bonner Regierung mit drei wichtigen Zutaten versüßt. Sie unterzeichnete den atomaren Nichtverbreitungsvertrag und garantierte somit Moskau gegenüber ebenso einen Verzicht auf Atomwaffen, wie es Adenauer gegenüber den Westmächten im Rahmen des westlichen Vertragswerkes getan hatte. Sie ließ durchblicken, daß sie bei einem zufriedenstellenden Ergebnis der deutsch-sowjetischen Verhandlungen das langfristige Ziel der Sowjetunion unterstützen würde, eine europäische Sicherheitskonferenz einzuberufen – die Moskau wünschte, um »Jalta« zu besiegeln.

Schließlich zeigte sie Bereitschaft, positiv auf Moskaus Begehren zu reagieren, die wirtschaftlichen und technologischen Kontakte zu verstärken. Noch vor dem politischen Unterhändler Egon Bahr war der Bankier F. Wilhelm Christians in Moskau. Während sich Bahr und Gromyko noch immer in einer sehr frühen Phase der Vorgespräche befanden, wurden in Essen bereits Verträge für eine große Lieferung deutscher Röhren unterzeichnet, durch die im Gegenzug sowjetisches Erdgas an die Bundesrepublik geliefert werden sollte, teilfinanziert durch einen regierungsgarantierten Kredit zu günstigsten Konditionen. Ein Vorgeschmack auf das, was noch kommen könnte.

Bei den Moskauer Verträgen selbst war die wichtigste Konzession Bonns die volle Anerkennung der »bestehenden wirklichen Lage« in Europa sowie die formelle Verpflichtung, die Unverletzlichkeit der Grenzen aller europäischen Staaten anzuerkennen, »einschließlich der Oder-Neiße-Linie, die die Westgrenze der Volksrepublik Polen bildet, und der Grenze zwischen der Bundesrepublik Deutschland und der Deutschen Demokratischen Republik«. Tage und Wochen hatte die deutsche Seite verbracht, zuerst Bahr und dann, während der offiziellen Verhandlungen, Walter Scheel, um diese Verpflichtungen durch spezifische Wortwahl so abzuschwächen, daß zumindest ein winziger Spielraum für die Möglichkeit einer friedlichen Änderung der Grenzen blieb, vor allem für die Wiedervereinigung der beiden deutschen Staaten.

Die russischen Unterhändler forderten, die Grenzen als »unveränderbar« zu beschreiben; die Deutschen handelten sie herunter auf das Wort »unverletzbar«. Ein Hinweis in der Präambel des Vertrages auf die Bedingungen bei der Aufnahme diplomatischer Beziehungen im Jahr 1955 sollte auch den Briefwechsel zwischen

Adenauer und Bulganin einbeziehen, in dem die rechtliche Lage der Bundesrepublik festgehalten und die Hoffnung zum Ausdruck gebracht worden war, daß dies ein Beitrag sei »zur Lösung des nationalen Hauptproblems des gesamten deutschen Volkes – der Wiederherstellung der Einheit des deutschen demokratischen Staates«. Weniger orakelhaft versicherte ein »Brief zur deutschen Einheit«, der dem Moskauer Vertrag beigegeben wurde, die Verpflichtung der Bundesrepublik, »auf einen Zustand des Friedens in Europa hinzuwirken, in dem das deutsche Volk in freier Selbstbestimmung seine Einheit wiedererlangt«. Diplomatische Noten an die drei westlichen Besatzungsmächte versicherten, daß die Viermächte-Rechte für Berlin und »Deutschland als Ganzes« davon nicht betroffen sein würden.

Monate, ja Jahre verbrachte die deutsche Politik daraufhin mit Debatten darüber, welche rechtlich-politisch-symbolischen Positionen der Bundesrepublik tatsächlich aufgegeben worden waren, aufgegeben werden mußten und welche besser nicht aufgegeben werden sollten. Nach heftigen innenpolitischen Diskussionen insistierte die christdemokratische Opposition auf einer gemeinsamen Entschließung des Bundestages als Preis für ihre Stimmenthaltung bei der Abstimmung zur Ratifizierung der Verträge im Mai 1972. Diese gemeinsame Entschließung betonte, daß die Moskauer und Warschauer Verträge zwar wichtige Elemente eines Modus vivendi seien, den die Bundesrepublik mit ihren östlichen Nachbarn herzustellen suchte, daß sie jedoch in keiner Hinsicht Teil eines endgültig rechtlich bindenden Friedensvertrages für Deutschland waren. In seiner Antwort auf eine Verfassungsklage der bayerischen Staatsregierung unter Franz Josef Strauß (die die Verfassungsmäßigkeit des Grundlagenvertrages mit der DDR in Frage stellte) bekräftigte das Bundesverfassungsgericht in einer gewundenen Urteilsbegründung, daß das Deutsche Reich rechtlich in den Grenzen vom Dezember 1937 fortbestand. Diese rechtlich-symbolischen Vorbehalte und Einschränkungen und die wichtige Frage, inwieweit sie in den kommenden zwei Jahrzehnten den nationalen Zielen der Ostpolitik dienlich oder hinderlich waren, werden später ausführlicher behandelt.

Die Anerkennung der »bestehenden wirklichen Lage«, wie sie

der Moskauer Vertrag enthielt – und das gesamte Vertragswerk, das ihm folgte und aus ihm folgerte, einschließlich der Warschauer und Prager Verträge und des Grundlagenvertrags mit der DDR –, war nicht annähernd so vollständig und bedingungslos, wie es sich die sowjetische Führung und vor allem die Führung der DDR gewünscht hatten. Aber es war ein wichtiger und entscheidender Schritt weiter, als jede andere Bonner Regierung zuvor zu tun bereit gewesen war.

Allem voran stand die grundsätzliche Anerkennung der Existenz des anderen deutschen Staates. »Auch wenn zwei Staaten in Deutschland existieren«, sagte Brandt in seiner ersten Regierungserklärung als Bundeskanzler, »so sind sie doch füreinander nicht Ausland.« Diese noch nebensätzliche Anerkennung der Existenz zweier deutscher Staaten – nach nur zwanzig Jahren ihrer Existenz! – war, wie Richard von Weizsäcker damals erklärte, »die politisch konstitutive Aussage schlechthin, auf der die weiteren ostpolitischen Maßnahmen der Regierung beruhen«.

Darüber hinaus erfolgte aber auch die Anerkennung der sowjetischen Kontrolle über das, was mittlerweile »Osteuropa« hieß. Hier war jene »deutsche Unterschrift«, die Chruschtschow 1962 in seiner vertraulichen Botschaft an Brandt gefordert hatte. Peter Bender, kenntnisreicher und enthusiastischer Verfechter der neuen Ostpolitik, schrieb dazu: »Als am 12. August 1970 Brandt und Scheel den Moskauer Vertrag unterzeichneten, hatte die Sowjetunion erreicht, was sie seit 15 Jahren anstrebte: die deutsche Anerkennung für ihr mitteleuropäisches Imperium.« Und so war es auch in einem Vertrag mit der Sowjetunion, nicht mit der DDR, als die Bundesrepublik zum erstenmal ihre Anerkennung der DDR aussprach. Es war in einem Vertrag mit der Sowjetunion, nicht mit Polen, als die Bundesrepublik zum erstenmal ihre Anerkennung der polnischen Nachkriegsgrenzen ausdrückte. Das Resultat erfüllte natürlich einen heißen Wunsch der Polen. Doch die Form, in der sie ihn erfüllt bekamen, wurde selbst von der kommunistischen Führungsriege Polens übelgenommen. Deutschland und Rußland hatten sich über Polens Grenzen verständigt.

Umstrittene Auszüge aus dem durchgesickerten Protokoll der deutschen Botschaft über Bahrs Gespräche am 21. Februar 1970 mit Gromyko enthalten folgende Beiträge des Bonner Chefunterhändlers: »Wir müßten darauf achten, daß der Prozeß, den wir einleiten, jede Minute unter voller Kontrolle bleibt ... Hier hätten wir ein gemeinsames Interesse. Die Bundesregierung sei bereit, alles, was ihr möglich sei, dazu beizutragen. Der Minister [Gromyko] werde informiert sein, daß die Bundesregierung im Bundestag u. a. mit dem Argument angegriffen worden sei, daß die Politik der Bundesregierung dazu führen würde, die besondere Rolle der Sowjetunion – oder ›Vorherrschaft‹, wie dort gesagt werde – unter den sozialistischen Staaten anzuerkennen. Der Bundeskanzler habe gesagt, wir würden unsere Politik unbeirrt von solchen oder anderen Angriffen fortsetzen. Er, Staatssekretär Bahr, würde sich freuen, wenn diese seine soeben gemachten Ausführungen in ihrer vollen Bedeutung verstanden würden.«

In einem weiteren Gespräch am 10. März zeigte Gromyko, daß er verstanden hatte. Das Protokoll vermerkt: »Wir [die Deutschen] bräuchten keine besondere Sorge über die Haltung dritter Staaten – Polen und der DDR – zu haben, mit denen die Sowjetunion reden würde.« Bahrs Antwort, wieder diesen umstrittenen Protokollfragmenten entnommen: »Er [Bahr] habe nicht die Sorge, von der Minister Gromyko meine, daß sie ihn bedrücke. Im Gegenteil. Er [Bahr] würde am liebsten alles mit ihm [Gromyko] verhandeln.«

Am Ende ihrer Vorgespräche am 22. Mai 1970 einigten sich Bahr und Gromyko auf ein zehnseitiges Arbeitspapier, das bald darauf der westdeutschen Presse zugespielt und das »Bahr-Papier« getauft wurde. Seine ersten vier Punkte wurden mit nur geringfügigen Änderungen für die ersten vier Punkte des Moskauer Vertrages übernommen. Punkt fünf formulierte explizit, daß dieser Vertrag »und entsprechende Abkommen (Verträge) der Bundesrepublik Deutschland mit anderen sozialistischen Ländern, insbesondere die Abkommen (Verträge) mit der Deutschen Demokratischen Republik (vgl. Ziffer 6), der Volksrepublik Polen und der Tschechoslowakischen Sozialistischen Republik (vgl. Ziffer 8), ein einheitliches Ganzes bilden«. Die folgenden Punkte erläuterten, was die Bundesrepublik in ihren Beziehungen zur DDR und Tschechoslowakei unternehmen würde, erklärten, daß wirtschaftliche und andere Kontakte mit der Sowjetunion zu verstärken seien, und verpflichteten beide Staaten, alles in ihrer Macht Stehende zu tun, um die Konferenz über Sicherheit und Zusammenarbeit in Europa voranzutreiben. Diese letzten sechs Punkte wurden nicht formell dem Vertrag eingeschrieben, anläßlich der Vertragsunterzeichnung jedoch feierlich als gemeinsame »Absichtserklärungen« ausgetauscht. Das »Ost« in »Ostpolitik« bedeutete also ein Lager sozialistischer Staaten unter sowjetischer Führung.

In einer denkwürdigen Fernsehansprache aus Moskau, nach der Vertragsunterzeichnung im August 1970, erklärte Willy Brandt: »Fünfundzwanzig Jahre nach der Kapitulation des von Hitler zerstörten deutschen Reiches und fünfzehn Jahre, nachdem Konrad Adenauer hier in Moskau die Aufnahme diplomatischer Beziehungen vereinbart hatte, ist es an der Zeit, unser Verhältnis zum Osten neu zu begründen – und zwar auf dem uneingeschränkten, gegenseitigen Verzicht auf Gewalt, ausgehend von der politischen Lage, wie sie in Europa besteht.« Und mit einem Satz, der berühmt werden sollte, fügte er hinzu: »Mit diesem Vertrag geht nichts verloren, was nicht längst verspielt worden war.«

Der Spieler in diesem Bild war Hitler. Ohne Hitler hätte Deutschland vielleicht noch immer seine ehemaligen Gebiete östlich der Flüsse Oder und Neiße haben können, so wie Polen noch immer seine ehemaligen Gebiete östlich des Flusses Bug haben könnte. Nach seiner Unterschrift unter den Warschauer Vertrag versicherte Brandt mit einem weiteren erinnerungswürdigen Satz: »Meine Regierung nimmt die Ergebnisse der Geschichte an.« Obwohl er andernorts darauf verwiesen hatte, daß es in Adenauers Politik gegenüber dem Osten verpaßte Gelegenheiten gab, ließ er hier nicht den Hauch eines Zweifels daran, daß die »Geschichte«, um die es hier ging, die Geschichte der Jahre vor 1945 war. In seiner Fernsehansprache aus Warschau beschwor er noch einmal dieses Bild und fügte hinzu: »Verspielt von einem verbrecherischen Regime, vom Nationalsozialismus.« Die »Ergebnisse der Geschichte« waren also, was Hitler Stalin sich zu nehmen ermöglicht hatte, mit etwas Hilfe – mancher Ansicht nach sogar viel Hilfe – von Roosevelt und Churchill.

Was die Brandt-Regierung jedoch nicht akzeptierte, war, daß die »Ergebnisse der Geschichte« eine Vereinigung der Deutschen westlich der Oder-Neiße-Linie zu einem Staat niemals mehr zulassen würden. In offiziellen Dokumenten, die dem formellen Antrag zur Ratifizierung der Moskauer und Warschauer Verträge beigefügt waren (mit informeller sowjetischer Zustimmung), wurde zu dem ungewöhnlichen Mittel gegriffen, Auszüge aus den Aussagen des sowjetischen Außenministers bei seinen Verhandlungen mit Walter Scheel zu veröffentlichen. Zur Frage der friedlichen und freiwilligen Änderung von Grenzen wurde Gromyko folgendermaßen zitiert: »Wenn zwei Staaten freiwillig ihre Vereinigung beschließen oder Grenzen korrigieren, wie wir das selbst mit Norwegen, Afghanistan und Polen, dort sogar mehrmals, gemacht haben, oder wenn die Staaten z. B. ihre gemeinsamen Grenzen aufgeben und sich vereinigen wollen wie Syrien und Ägypten, so wäre uns nicht eingefallen, hier zu kritisieren, denn dies ist Ausdruck der Souveränität und gehört zu den unveräußerlichen Rechten der Staaten und Völker.« (Der Hinweis auf Polens »freiwillige« Änderung seiner Grenzen zur Sowjetunion – während deutsch-sowjetischer Verhandlungen – mag vielleicht als ein Stück schwarzen Humors betrachtet werden.)

Natürlich wäre zu diesem Zeitpunkt jeder, der behauptet hätte, die beiden deutschen Staaten würden sich innerhalb von nur zwanzig Jahren in gegenseitigem Einverständnis und mit Moskaus Zustimmung vereinigen, von deutschen wie von sowjetischen Politikern aus dem Raum gelacht worden. Doch die Bedeutung, die von der Brandt-Regierung der Veröffentlichung dieser Aussage beigemessen wurde, weist auf mehr als nur deren verzweifelten Wunsch hin, die Verträge trotz heftiger Widerstände der Christdemokraten ratifiziert zu bekommen. Es zeigt auch – was niemand, der ihre früheren Schritte analysiert, je bezweifeln würde –, daß sie sich leidenschaftlich bemühten, die Deutschen in Ost und West wieder zusammenzubringen. Ihre Anerkennung des geschichtlichen Endes der deutschen Staatlichkeit östlich der Oder-Neiße-Linie begründeten sie mit der schrecklichen »Geschichte«, gegen die Brandt aktiv gekämpft hatte. Bei der Anerkennung des zweiten deutschen Staates hofften sie hingegen, einen langfristigen Prozeß in Gang zu setzen, der zu fundamentalem Wandel führen sollte. Beide »Anerkennungen« kamen zusammen und waren doch grundverschieden.

Kritiker meinten, man hätte gegenüber den sowjetischen Forderungen durch die allzu hastigen und schlecht vorbereiteten Verhandlungen des Schreibtisch-Metternichs Egon Bahr zu viele Zugeständnisse gemacht. Boris Meissner nannte den Moskauer Vertrag »einen bemerkenswerten Erfolg der Sowjetdiplomatie«. Während Gromyko damals behauptete, die sowjetische Seite habe »schmerzliche Konzessionen« gemacht, schrieb er selbstgefällig in seinen Memoiren: »Durchgehend für einen Vertrag mit der Bundesrepublik gewesen, hat die UdSSR natürlich auch weitgehend dessen Charakter bestimmt.« Zweifellos war die explizite Anerkennung der harten Realität vom Nach-Jalta-»Osteuropa« den sowjetischen Machthabern höchst willkommen – wobei Anerkennung nicht nur die Akzeptanz der früheren *faits accomplis* bedeutete, sondern auch Akzeptanz als Grundlage der künftigen Beziehungen.

Dies jedoch nur als »Konzession« der deutschen Seite zu behandeln, wäre eine völlige Fehleinschätzung der Intentionen von Brandt und Bahr. Denn Bahrs »Konzept« war ja gerade, diese real existierende sowjetische Dominanz auszunutzen, um den zögerlichen ostdeutschen Satellitenstaat zu engeren Verbindungen mit der Bundesrepublik zu zwingen und auch um lebenswichtige Verbesserungen für West-Berlin zu erreichen. Wie bei einem Judo-Umschwung wollte Bonn seinem wesentlich größeren Gegenspieler Hilfestellung beim Umschwung in die Richtung leisten, in die er sich selbst bewegen wollte, um dann das Gewicht der Sowjetunion zum Nutzen Deutschlands einzusetzen. Berlin und die DDR waren die Pokale. Brandts handschriftliche Notizen zu seinen Gesprächen mit Breschnew anläßlich der Vertragsunterzeichnung in Moskau beginnen mit den Worten: »Wer bekommt was?«. Seine Aufstellung beginnt: »– Bln, – DDR«. (Interessanterweise lautet der dritte Punkt: »Repar. tot«. Später sollte er anmerken, daß die Aufhebung jedweder Reparationsforderungen das einzige gewesen sei, was der Moskauer Vertrag mit Rapallo gemein hatte.)

Bonn bestand darauf, nicht offiziell mit Moskau über Berlin verhandeln zu können, da dies die Sowjets wieder zu ihrem alten

Spiel hätte verleiten können, die Position der Alliierten in Berlin zu unterminieren. Doch bereits in seinen Vorgesprächen mit Gromyko betonte Bahr, daß Berlin – »das Herz Europas«, wie er es nannte – von vitalem deutschen Interesse sei. Und vor der Unterzeichnung der Moskauer Verträge stellte die Brandt-Scheel-Regierung eine unmißverständliche Verknüpfung zwischen der Ratifizierung dieses Vertrages und dem erfolgreichen Abschluß einer Détente-Vereinbarung über Berlin zwischen den vier Mächten her. In seinen gekritzelten Notizen für seine Antwort an Breschnew während ihrer Gespräche am 12. August 1970 in Moskau notierte Brandt drei »Hoffnungen«: »Ml-Eur [Mitteleuropa], DDR, Berlin«. Von »Berlin« zeichnet er einen Pfeil zu der lapidaren Anmerkung: »Beding. Ego«.

Das sogenannte Berlin-Junktim war ein weiteres Glücksspiel, denn es legte das Schicksal der westdeutschen Ostpolitik ebenso in die Hände der drei Westmächte wie der Sowjetunion. Höchst komplizierte und delikate Verhandlungen folgten, mit hohem Einsatz von Henry Kissinger und Egon Bahr, den beiden Metternichs der Détente. Aber dieses Glücksspiel zahlte sich aus, nicht nur weil alle vier Mächte ein grundlegendes Interesse daran hatten, die Spannungen um Berlin in einer Zeit der keimenden Ost-West-Entspannung abzubauen, sondern vor allem, weil sich die Sowjetunion einer harten Doppelverknüpfung gegenübersah: jener, die Bonn mit der Ratifizierung des Moskauer Vertrags verband, und der, die Washington mit den Fortschritten innerhalb der amerikanisch-sowjetischen Beziehungen verband, vor allem im Zusammenhang mit den *Strategic Arms Limitation Talks* (SALT) und den Arrangements für einen Nixon-Breschnew-Gipfel.

Das Viermächteabkommen vom September 1971 war natürlich ein Kompromiß, der immer noch einige Punkte und Themen offenließ – vor allem die genaue Art der Bundespräsenz in West-Berlin und die Einbeziehung West-Berlins in Verträge zwischen der Bundesrepublik und der Sowjetunion oder Osteuropa –, was während der nächsten beiden Jahrzehnte oft zu diplomatischer Agonie führen sollte. Doch dieser Kompromiß war eindeutig zugunsten des Westens. Nachdem er sich den Vertragsentwurf, wie er durch amerikanisch-deutsch-sowjetische Hintergrundkanäle vorbereitet worden war, angesehen hatte, schrieb Kenneth Rush, der amerikanische Botschafter in Bonn, an Kissinger: »Ich kann es noch immer kaum glauben, daß er so vorteilhaft ist, wie er ist.«

Brandts enger Berater und Nachfolger als Regierender Bürgermeister von Berlin, Klaus Schütz, hatte das Desiderat für seine Stadt als die »drei Z« beschrieben: Zuordnung (d. h. zur Bundesrepublik, mit dem Präsenzrecht von Bundesbehörden in Berlin und dem Recht West-Berlins, bei und durch Bundesbehörden vertreten zu sein), Zugang (d. h. der Bundesrepublik zu West-Berlin und umgekehrt) und Zutritt (d. h. das Recht der West-Berliner auf Zutritt zu Ost-Berlin und dem Rest der DDR). Zum ersten Punkt gab es eine gewisse Verbesserung des Status quo, weil die Sowjets eine Formulierung im Vertragstext akzeptiert hatten, die besagte, daß die »Bindungen« (aber laut DDR-Version nur »Verbindungen«) zwischen West-Berlin und der Bundesrepublik aufrechterhalten und entwickelt werden sollten. Eindeutiger Fortschritt war zu den Punkten zwei und drei erzielt worden, indem die Sowjetunion formell die Gesamtverantwortung für die Sicherung des Zugangs westlicher Zivilisten zu West-Berlin durch die DDR wieder auf sich nahm und versprach, daß die »Kommunikationen« zwischen West-Berlin und dem umgebenden Territorium (also Ost-Berlin und DDR) »verbessert« werden sollten.

Die praktische Durchführung dieser Verpflichtungen war jedoch von Vereinbarungen zwischen den »zuständigen deutschen Behörden« abhängig, wie es das Viermächteabkommen formulierte. Über Moskau nach *West*-Berlin zu gelangen, blieb daher nur die halbe diplomatische Reisestrecke, die Brandt, Bahr und Scheel 1969 angetreten hatten. Die andere und auf längere Sicht wichtigere Hälfte war, via Moskau nach *Ost*-Berlin zu gelangen. In seiner Fernsehansprache aus Moskau erwähnte Brandt noch ein weiteres Datum, abgesehen von den fünfundzwanzig Jahren seit 1945 und den fünfzehn Jahren, die seit Adenauers Besuch vergangen waren. »Morgen«, also am 13. August 1970, so sagte er, »sind es neun Jahre her, daß die Mauer gebaut wurde. Heute haben wir, so hoffe ich zuversichtlich, einen Anfang gesetzt, damit der Zerklüftung entgegengewirkt wird, damit Menschen nicht mehr im Stacheldraht sterben müssen, bis die Teilung unseres Volkes eines Tages hoffentlich überwunden werden kann.«

Würde Moskau nun, wie Gromyko es Bahr versprochen hatte, mit den Führern der DDR »reden« und sie unter Druck setzen, sich der Bundesrepublik zu öffnen? Hier war die dritte Seite des Dreiecks Bonn-Moskau-Berlin.

Aus den Unterlagen von Brandt läßt sich erkennen, wie der Kanzler versuchte, dieses Dreieck zu bearbeiten. Nach der Unterzeichnung des Viermächteabkommens und dem umstrittenen Gipfeltreffen im September 1971 mit Breschnew in Oreanda auf der Krim, wo er Berlin und die DDR ganz oben auf seine Agenda gesetzt hatte, informierte Brandt Breschnew in einem Brief vom 9. Februar 1972, daß er »die Herstellung eines modus vivendi mit der DDR ... als zentrale Aufgabe unserer Politik« betrachte. Und in einer Mitteilung, die er Egon Bahr im Oktober 1972 nach Moskau mitgab, bat er diskret um sowjetische Hilfe, Druck auf die DDR auszuüben, um die Verhandlungen über den Grundlagenvertrag mit der Bundesrepublik noch *vor* den Bundestagswahlen im November zum Abschluß zu bringen. Er verknüpfte diese Bitte auf höchst delikate Weise mit der Aussicht eines Beitritts der DDR zu den Vereinten Nationen, mit Fortschritten bei der Verwirklichung einer Konferenz über Sicherheit und Zusammenarbeit in Europa, mit verbesserten Beziehungen zwischen der Sowjetunion und der Europäischen Wirtschaftsgemeinschaft und schließlich mit der Aussicht auf engere deutsch-sowjetische Wirtschaftsbeziehungen. *Quid pro quo*. Bewaffnet mit diesem Brief, verbrachte Bahr vier Stunden im Gespräch mit Breschnew.

Um genau beurteilen zu können, welche Auswirkungen derartige Bitten auf die Position der DDR hatten – ob und in welchem Ton Breschnew zum Beispiel mit Honecker telefonierte –, bräuchten wir natürlich die wichtigsten Dokumente von der dritten Seite des Dreiecks. Einige dieser Dokumente wurden nach Auflösung der DDR tatsächlich bereits veröffentlicht, und wir können hoffen, daß weitere folgen werden. Aus den offenbar eigenen Notizen Honeckers zu zwei Gesprächen zwischen der DDR-Führung und Breschnew im Dezember 1969 und Mai 1970 geht nicht nur ein tiefes Mißtrauen der Sowjets gegenüber den Intentionen des Regierungschefs der Bundesrepublik hervor – »Man muß ihn entlarven« –, sondern auch die feste Entschlossenheit, Druck für weitere Verhandlungen zu machen.

Am wichtigsten in diesem Zusammenhang sind vielleicht die Protokolle und Notizen zu Gesprächen zwischen Breschnew und Honecker am 28. Juli 1970 und zur gleichen Zeit, als Walter Scheel in Moskau war, um über die letzten Änderungen im (west-)deutsch-sowjetischen Vertrag zu verhandeln. Hauptthema dieser Gespräche war die inakzeptable Arroganz und Starrköpfigkeit des altgedienten Parteiführers der DDR, Walter Ulbricht, und Breschnews Wunsch, ihn durch den jüngeren und flexibleren Erich Honecker zu ersetzen. »*Ich sage dir ganz offen*«, so Breschnew laut DDR-Protokoll, »*es wird ihm auch nicht möglich sein, an uns vorbei zu regieren, unüberlegte Schritte gegen sie und andere Genossen des PB zu unternehmen. Wir haben doch Truppen bei ihnen.*« (Unterstreichung im Originaltext, wahrscheinlich durch Honecker.) Mitten in diesem offenen Austausch unter Genossen merkt Breschnew an, daß Scheel in Moskau sei und daß ein Vertrag unterzeichnet würde. »Damit sind noch nicht alle Fragen gelöst, *aber der Abschluß dieses Vertrages wird ein Erfolg für uns sein, für die SU, die sozialistischen Länder. Die DDR wird durch diesen Vertrag gewinnen.* Ihre internationale Autorität wird sich erhöhen. Ihre Grenzen, ihre Existenz werden vor aller Welt bestätigt werden, ihre Unverletzlichkeit. Das wird die Lage in der DDR festigen.«

»Gewiß«, fuhr Breschnew fort, »Brandt verspricht sich auch Vorteile. Er will bei Ihnen eindringen. Das wird ihm aber mit der Zeit immer schwerer.« Und in offensichtlich früheren Notizen über dieses Gespräch wird Breschnew zitiert: »Brandt steht unter doppeltem Druck. Er muß zu Vereinbarungen mit uns kommen. Er hofft, so seine Ziele in bezug auf DDR zu erreichen. Sozialdemokratisierung [der] DDR.« Im weiteren Verlauf des Gesprächs drängt Breschnew Honecker, alles zu tun, um diesen Einflüssen entgegenzutreten: »Es ... darf zu keinem Prozeß der Annäherung zwischen der BRD und der DDR kommen.« Also, meint er, »alles konzentrieren auf die allseitige Stärkung der DDR, wie Sie sagen«.

Das Mißtrauen, um nicht zu sagen, die Feindseligkeit gegenüber Brandt, die diesen Notizen aus den Jahren 1969–1970 zu entnehmen ist, wurde offensichtlich bei den folgenden Treffen immer weiter abgebaut. Kurz nach Brandts Rücktritt im Juni

1974 sagte Breschnew zu Honecker in Moskau: »Objektiv gesehen muß man ihm [Brandt] Tribut zollen.« Doch dieser Tribut war noch immer zwiespältig: »30 Jahre lang haben wir gekämpft, um unsere politischen Ziele in Europa durchzusetzen. Dieser Mensch hat es riskiert, eine solche Ostpolitik zu betreiben. Haben wir dabei verloren? Nein. Die sozialistischen Länder und in erster Linie die DDR haben dabei gewonnen.«

Insgesamt zeigen diese Dokumente sehr einprägsam, daß Breschnew Brandts Bestrebungen ziemlich genau erfaßt hatte; daß er die Oberhand der Sowjetunion bei den frühen Verhandlungen mit der Bundesrepublik spürte; und daß er – wenn auch nicht ohne Bedenken – der Meinung war, ein neuer Führer an der DDR-Spitze, der flexibler, aber auch enger an Moskau gebunden wäre, könnte in der Lage sein, die Auswirkungen des westdeutschen Einflusses innerhalb der DDR unter Kontrolle zu halten.

Wieweit dies wirklich der Fall war – ob sich nun Brandts oder Breschnews Wagnis auszahlte –, soll später untersucht werden. Aber chronologisch steht fest, daß die Verhandlungen zwischen Egon Bahr für die Bundesrepublik und Michael Kohl für die DDR dreieinhalb Monate nach Unterzeichnung des Moskauer Vertrages begannen; daß diese Verhandlungen erst im Mai 1971, nach dem Rücktritt des sich sträubenden Walter Ulbricht und der Ernennung Erich Honeckers als Parteichef, erste Früchte trugen: zuerst bei zwei weniger wichtigen Vereinbarungen (die durch das Viermächteabkommen über Berlin notwendig geworden waren), dann durch einen Verkehrsvertrag und schließlich durch den Grundlagenvertrag, der – wie Brandt gebeten hatte – noch vor den Bundestagswahlen im November 1972 paraphiert wurde; und daß Honecker in diesen frühen Jahren als Parteichef öffentlich wie inoffiziell die unverbrüchliche und beispielhafte Enge seiner Beziehungen zu Moskau betonte.

Brandt, Bahr und Scheel hatten also tatsächlich Konzessionen, diplomatische Vorauszahlungen, an die »östliche Führungsmacht« geleistet. Doch ihre Zugeständnisse an Moskau waren inhaltlich und wie durch eine Nabelschnur mit all dem verbunden, was sie in der Mitte Deutschlands und Europas zu erreichen hofften. Ihr langfristiges Ziel war nicht die Zementierung der »bestehenden wirklichen Lage« in Mitteleuropa, sondern deren

Transformation. Wie sie selbst etwas dialektisch angekündigt hatten: Man mußte den Status quo anerkennen, um ihn zu überwinden.

Die Konzessionen, zu denen sie nicht bereit waren, sind jedoch mindestens so wichtig. So konzedierten sie keinerlei unmittelbare Schwächung der Bindungen der Bundesrepublik an den Westen, das Nachlassen des Adenauerschen Ankers sozusagen. Weder Brandt noch Scheel wurden es müde zu betonen, daß die Ostpolitik in keiner Weise ihre Verpflichtung zu weiteren Schritten der wirtschaftlich-politischen Integration in die (West-)Europäische Gemeinschaft und der militärisch-politischen Integration in die Nato verringere. Und sie versicherten dies ihren westlichen Partnern mit großen diplomatischen Anstrengungen. Aber auch bei seinen Gesprächen im Osten vergaß Brandt nicht, dies zu erwähnen. In seinen handschriftlichen Notizen für sein Gespräch im August 1970 mit Breschnew in Moskau steht: »Bündnisse, wir: Rom, Loyal.« (Im Mai 1970 hatte ein wichtiges Nato-Treffen in Rom stattgefunden.) Und in seinen Notizen für das Gipfeltreffen auf der Krim schreibt er: »Grundsatz: In Loyalität vs Verbündeten & nicht auf Kosten anderer.« In seiner Nobelpreisrede sagte er, daß er das Wort »Ostpolitik« nicht nur deshalb nicht möge, weil es durch früheren Sprachgebrauch vergiftet sei, sondern auch, weil es den Eindruck vermittle, Außenpolitik sei wie eine Kommode, bei der man einmal diese und einmal jene Schublade aufziehen könne. »In Wirklichkeit ist es so: Unsere Entspannungspolitik fing im Westen an und bleibt im Westen verankert.«

Doch dieses Grundverständnis war, wie bereits angemerkt, ganz und gar nicht selbstverständlich – weder für die westlichen Partner der Bundesrepublik oder die christdemokratischen Kritiker der sozialliberalen Regierung noch für zumindest einen der Hauptarchitekten der »neuen« Ostpolitik. In seiner Zeit als Leiter des Planungsstabes im Auswärtigen Amt hatte Bahr, wie schon erwähnt, zwei Arbeitspapiere vorbereitet, die für ihn von grundlegender Bedeutung waren. Das zweite davon skizzierte ein »Gesamtkonzept« für die »Normalisierung« der bilateralen Beziehungen der Bundesrepublik mit dem Osten: Ein Konzept, das er persönlich bei den entscheidenden Verhandlungen mit Moskau und der DDR in die Tat umsetzte.

Das erste Arbeitspapier vom Juni 1968 zielte darauf ab, »die deutsche Interessenlage in der Diskussion über die Gestaltung der europäischen Sicherheit herauszuarbeiten«. Als Ziel der Bundesrepublik definierte es »die Überwindung des Status quo durch eine europäische Friedensordnung«, in deren Zentrum es eindeutig »die Überwindung der Teilung Deutschlands« stellte. Das Papier skizziert drei verschiedene »Konzeptionen« für die europäische Sicherheit und erklärt, daß die so definierten deutschen Interessen am besten durch »Konzeption C« gewährleistet seien: durch ein vollständig neues europäisches Sicherheitssystem, das die Nato und den Warschauer Pakt ersetzen solle. (Dieser Vorschlag war bereits 1966 in der Bukarester Deklaration des Warschauer Pakts enthalten.)

Dieses vollständig neue europäische Sicherheitssystem, dessen Hauptquartier in Berlin sein sollte, würde aus einer zentralen Zone atomfreier Staaten bestehen, beide deutsche Staaten, die Beneluxländer, Polen und die Tschechoslowakei eingeschlossen. Dort sollte es keine fremden Truppen geben, und die kollektive Sicherheit wäre durch die atomaren Supermächte zu garantieren. Dieses System erfülle »zwar sowjetische Forderungen (Anerkennung der DDR und der Oder-Neiße-Linie, vermutlich auch Lokkerung unserer Bindungen zu Berlin), benutzt sie aber nur, um Voraussetzungen für eine Wiedervereinigung zu schaffen«. Die kommunistische Führung der DDR würde zwar um ihre Überlebenschancen ohne die Präsenz sowjetischer Truppen fürchten, doch »übergeordnete sowjetische Interessen« würden sie dazu zwingen, es zu akzeptieren. Auch hier also die Judotaktik.

Das Papier gestand jedoch zu, daß ein solches System kaum in naher Zukunft zu erlangen sei. In der Zwischenzeit, so heißt es dort, sei es die beste Option, weiterhin für die größtmögliche Entspannung zwischen den bestehenden Bündnissen zu arbeiten (»Konzeption A«) und vor allem Druck zu machen für den Abbau konventioneller Truppen in Mitteleuropa. Die deutliche Empfehlung aber war, daß Deutschland versuchen sollte – wann immer möglich –, von Konzeption A zu Konzeption C zu gelangen. Noch deutlicher vertrat Bahr diesen dynamischen Schritt – von A nach C – im Januar 1969, in einem Gespräch mit dem amerikanischen Politikwissenschaftler Walter Hahn.

Konzeption C war schon besser ausgearbeitet als der plumpe Geschäftsvorschlag aus den frühen fünfziger Jahren: Einheit im Gegenzug für Neutralität. Doch in ihren Grundzügen stand sie jenem Geschäft näher als der Verpflichtung Adenauers, dem das militärische Bündnis mit den Vereinigten Staaten ebenso wichtig war wie die politische und wirtschaftliche Integration in die Europäische Gemeinschaft. Das Resultat wäre eher ein Deutschland zwischen Ost und West gewesen, als ein Deutschland als Teil des Westens. Und natürlich war es genau das, was die Alliierten der Bundesrepublik fürchteten.

Nun sollte man einem einzigen Papier eines Planungsstabes nicht allzuviel Bedeutung beimessen. Planer sind dazu da, das Undenkbare zu denken. Doch dieses Papier war mehr als nur ein Gedankenspiel. Die Argumentation basierte auf der harten Logik des nationalen Interesses, die in den frühen Jahren der Bundesrepublik viele national gesonnene Christ- und Freidemokraten ebenso überzeugt hatte wie Sozialdemokraten. In ihrer Oppositionszeit in den achtziger Jahren sollten die Sozialdemokraten wieder auf diese Ideen zurückgreifen und sie weiterentwickeln. Das andere große Arbeitspapier aus Bahrs Planungsstab fand tatsächlich Eingang in die operative Außenpolitik der Bundesrepublik. In einem Brief an Brandt, datiert vom 14. November 1972, schrieb Bahr in der Annahme einer weiteren Amtsperiode der sozialliberalen Regierung: »Außenpolitisch kann die Regierung erreichen, daß zum Ende der nächsten Legislaturperiode die ersten Schritte der Truppenreduktion durchgeführt werden. Dieses Themas würde ich mich gerne unter Vernachlässigung von KSZE annehmen. Der selige Planungsstab hat, wie Du weißt, auch für diese Periode bereits seine Papiere, die sich in den zurückliegenden drei Jahren im übrigen als durchaus machbar erwiesen haben.«

In ihrer zweiten Legislaturperiode hat die Regierung Brandt jedoch nur versucht, die – für Deutschland – wünschenswerteste Variante von Konzeption A in die Praxis umzusetzen. Sie übte großen, doch nicht sehr erfolgreichen Druck aus, um die Truppenreduzierung in Mitteleuropa voranzutreiben. »Wir bogen die deutsche Initiative ab«, schreibt Henry Kissinger in seinen Memoiren, »indem wir eine Kollektion allgemeiner kanadischer

MBFR-Grundsätze von inspirierter Unbestimmtheit unterstützten.« Bahr selbst wollte eindeutig mehr tun, aber in der ersten Hälfte des Jahres 1973 war er, wie er sich selbst erinnert, nach den riesigen Anstrengungen der Vertragsverhandlungen schlicht erschöpft. Bis er sich erholt hatte, wurde die Regierung bereits von anderen Problemen gerüttelt. Außerdem waren sich in dieser ersten Phase der neuen Ostpolitik die meisten westdeutschen Politiker darin einig, daß es ein Desaster wäre, wenn der Westen glauben würde, man wollte die Grundsätze der Nato-Strategie und -Politik in Frage stellen. Es ist nicht einmal klar, ob Willy Brandt selbst zu dieser Zeit Bahrs Analyse der langfristigen deutschen Interessen in allen Punkten mitgetragen hätte. Walter Scheel und der damalige Verteidigungsminister Helmut Schmidt hätten es sicher nicht. Wie schon erwähnt, die Motive und Ansätze der großen Architekten der sozialliberalen Ostpolitik waren sehr unterschiedlich.

Es gab drei Hauptargumente für die Unverhandelbarkeit der Nato-Bindung. Das erste war sozusagen das existentielle. Nach dem unsteten Kurs, den Deutschland in der Vergangenheit gesteuert hatte, brauchte es diesen schweren Anker im Westen. Nur damit glaubte man verhindern zu können, daß es wieder einmal zwischen Ost und West hin und her schlingert und seine Balance, wie das Reich nach Bismarck, in einem Gestrüpp aus konkurrierenden Verpflichtungen, Hoffnungen und Erwartungen verliert.

Das zweite war das strategische Argument. Solange die Bundesrepublik von einer Atommacht im Osten bedroht war, brauchte sie den Schutz einer Atommacht im Westen. Dieses Argument vom »Gleichgewicht der Kräfte« wurde nachdrücklich von Helmut Schmidt vertreten, der weniger als Bahr oder Brandt glaubte, daß Entspannung und die Entwicklung neuer politischer, wirtschaftlicher, kultureller und anderer Beziehungen mit der Sowjetunion und ihren Verbündeten ein Ersatz sein könnte für die militärische Verteidigung gegen ein, wie er meinte, historisch expansionistisches Rußland.

Und schließlich gab es das taktische Argument: Um die Unterstützung der westlichen Partner der Bundesrepublik zu er- und zu behalten, durfte sie nicht in den Verdacht geraten, diese westlichen Bindungen in Frage zu stellen. Im Gegenteil, Bonn mußte die Bedeutung dieser Bindungen doppelt so stark betonen. Das existentielle Argument wurde wahrscheinlich nur von einer Minderheit unter den Akteuren der Ostpolitik vertreten. Die meisten von ihnen glaubten, Deutschland sei nun erwachsen und klug genug, um mehr auf sich selbst zu achten – geradezu ein Leitmotiv der neuen Politik. Das strategische Argument wurde von fast allen, das taktische aber von ausnahmslos allen akzeptiert.

Resultat war, daß das diplomatische »System«, das Brandt, Bahr und Scheel in den Jahren 1970–73 aufgebaut hatten, keinerlei neue Sicherheitskomponenten enthielt – eine Tatsache, die Bahr später als entscheidenden Fehler beschreiben sollte (siehe Kap. 6). Dieses System basierte auch auf der klaren Prämisse, daß die Bundesrepublik ihre Anstrengungen für die politische Integration in der (West-)Europäischen Gemeinschaft eher verdoppeln als vermindern würde. Nach dem wichtigen Haager Gipfeltreffen vom Dezember 1969 begann die EG – erweitert durch Großbritannien, Irland und Dänemark – regelmäßige außenpolitische Konsultationen, später formalisiert im Rahmen der Europäischen Politischen Zusammenarbeit (EPZ). »Ich halte es nicht für eine Übertreibung zu sagen, daß das europäische Schiff erst seit der Konferenz von Den Haag wieder flott geworden ist«, schrieb Willy Brandt in einem persönlichen Brief an den ehemaligen amerikanischen Hochkommissar in Deutschland, John J. McCloy, in dem er um Verständnis für seine Ostpolitik warb. Wie im Falle des Atlantischen Bündnisses mag zwar der eine oder andere nur taktische Gründe für das Engagement in der Europäischen Gemeinschaft gehabt haben, doch bei den meisten waren die Gründe strategischer oder existenzieller Art.

Die letzten eineinhalb Jahre von Brandts Kanzlerschaft, nach dem zweifachen Triumph seiner Wiederwahl und der Unterzeichnung des Grundlagenvertrages Ende des Jahres 1972, brachten die letzten bilateralen Komponenten der Ostpolitik und den Beginn der schon immer geplanten multilateralen Entwicklung. Breschnews erfolgreicher Staatsbesuch 1973 in Bonn bestätigte die neue Qualität der deutsch-sowjetischen Beziehungen. Daß dabei die wirtschaftlichen Beziehungen betont wurden, war vorhersehbar. In seinem Dankesbrief schrieb Breschnew: »Nachdem sich die

Öffentlichkeit unseres Landes mit den Ergebnissen der gemeinsam mit Ihnen im Laufe des Besuches geleisteten Arbeit eingehend vertraut gemacht hat, kann ich Ihnen mit aller Gewißheit mitteilen, daß die Partei und das sowjetische Volk den Kurs auf Verbesserung und Ausbau der Beziehungen zwischen der UdSSR und der Bundesrepublik vollkommen gutheißen und unterstützen.« Als der sowjetische Botschafter in Bonn, Valentin Falin, diesen Brief überbrachte, sagte er, er habe den Eindruck, »daß sich ein einzigartiger persönlicher Kontakt des Generalsekretärs zum Bundeskanzler« entwickelt habe.

Einige Monate später, bei der Beantwortung von Breschnews Glückwünschen zu seinem sechzigsten Geburtstag, ließ Brandt die Entwicklung der deutsch-sowjetischen Beziehungen Revue passieren. Er betonte vor allem die Verdreifachung der Handelsbeziehungen, berührte Probleme im Zusammenhang mit West-Berlin und appellierte dann erneut an Breschnew, die DDR zu mehr Kooperation mit der Bundesrepublik zu bewegen. Besonders besorgt sei er über die Verdoppelung des Mindestumtausches, den Besucher aus der Bundesrepublik und West-Berlin bei jeder Einreise in die DDR leisten mußten: »Der sowjetischen Seite mag nicht bewußt sein, wie negativ der Eindruck ist, den diese und andere Maßnahmen der DDR auf unsere Öffentlichkeit gemacht haben.« (Wenn Breschnew seine »Öffentlichkeit« zitieren konnte, mit wieviel mehr Berechtigung konnte dies nun Brandt tun.) »Die Situation, die sich ergeben hat, zwingt mich, Sie auf die Gefahr hinzuweisen, daß eine derart negative Entwicklung die Bemühungen meiner Regierung um die Erweiterung der Politik der Entspannung erheblich gefährden könnte. Ich wäre Ihnen sehr dankbar, sehr geehrter Herr Generalsekretär, wenn Sie auch diesem Problem Ihre Aufmerksamkeit widmen könnten. Es müßte beispielsweise möglich sein, daß die DDR einen Weg findet, der die negative Wirkung ihrer Anordnung über den Mindestumtausch ausgleicht.« Und wieder spielte er das Triangel Bonn-Moskau-Berlin.

Zur gleichen Zeit wurde das bilaterale osteuropäische Netz mit der relativ einfachen Errichtung von diplomatischen Beziehungen zu Ungarn und Bulgarien und dem sehr viel schwierigeren Abschluß des Prager Vertrags fertiggeknüpft. Ausgehandelt mit

Husáks »Normalisierungs«-Regime, im Schatten der sowjetischen Invasion und von rechtlichen Auseinandersetzungen über die vollständige Aufhebung des Münchner Abkommens von 1938 belastet – soll er *ex tunc* sein oder nur *ex nunc*? –, hinterließ der Prager Vertrag von 1973 Unklarheiten, die die Beziehungen zwischen Prag und Bonn Anfang der neunziger Jahre erneut unter Spannungen setzen sollten. Beide deutsche Staaten wurden Vollmitglieder der Vereinten Nationen. Im multilateralen Kontext wurden sowohl die MBFR-Gespräche in Wien als auch die Konferenz über Sicherheit und Zusammenarbeit in Europa (KSZE) unter aktiver Beteiligung der Bundesrepublik auf den Weg gebracht. Brandts private Unterlagen zeigen ebensodeutlich wie seine öffentlichen Äußerungen, daß er beide Gesprächskomplexe eng miteinander verknüpfte. Die Beendigung der Gespräche über Truppenreduzierungen erhoffte er in einem Zeitrahmen von fünf Jahren. Doch diese Pläne sollten Papier bleiben.

Bereits ausgezehrt durch die gewaltigen Anstrengungen, dieses diplomatische System zu errichten, und innenpolitisch sehr viel weniger erfolgreich als außenpolitisch, wurde Willy Brandt ausgerechnet im Zusammenhang mit der Enttarnung eines seiner Mitarbeiter als Spion der DDR gestürzt. Walter Scheel wurde Bundespräsident. Es fiel daher Helmut Schmidt als Brandts Nachfolger im Bundeskanzleramt zu, und Hans-Dietrich Genscher, Scheels Nachfolger als Außenminister, das komplexe und delikate System, das Brandt, Bahr und Scheel aufgebaut hatten, »funktionstüchtig« zu machen.

System und Krise

Der Historiker Waldemar Besson, zu seiner Zeit ein außergewöhnlich scharfsinniger Analytiker der deutschen Außenpolitik, schrieb, daß zwei fundamental unterschiedliche Traditionen nun miteinander in Einklang gebracht werden mußten: die Adenauer-Tradition der unzweideutigen Westbindung und die Bismarck-Tradition, frei in der Mitte Europas mit und zwischen den Staaten um Deutschland herum zu balancieren. Adenauer begegnete Bismarck.

Doch nicht nur Besson bemühte den Vergleich mit Bismarck. Auch Henry Kissinger verglich in seinen Memoiren den politischen Ansatz Bahrs mit der Politik Bismarcks. Als Bahr selbst in einem Interview darauf angesprochen wurde, sagte er: »Ich bin, eigentlich solange ich mich erinnern kann, fasziniert gewesen von der Außenpolitik Bismarcks, und ich halte ihn für einen der ganz Großen, die wir hatten.« Doch als der Interviewer anmerkte, Bismarck habe mit viel zu vielen Bällen jonglieren müssen, was ein letztlich »zu kompliziertes« Spiel gewesen sei, antwortete Bahr: »Im Grunde zeigt sich die Meisterschaft wohl erst dann, wenn man ein System hat, das hinterher auch ohne die Erfinder funktioniert.« Soweit der Bismarck jener Tage.

Es ist auch interessant, daß Bundeskanzler Brandt am 18. Januar 1971 in einer Erklärung anläßlich des hundertsten Jahrestages der Gründung des Deutschen Reichs Bismarck als einen »der großen Staatsmänner unseres Volkes« bezeichnete. »Die Lösung von vor 100 Jahren«, so schrieb er, »entsprach den damaligen Einsichten und Möglichkeiten. Die weltpolitische Situation heute verlangt neue Formen des politischen Zusammenlebens und Zusammenwirkens... Das Ereignis von 1871 kann heute kein Vorbild sein. Wirken und Leistung Bismarcks sind jedoch ein bleibendes Beispiel dafür, daß nur kluges und mutiges Handeln, nicht aber tatenloses Abwarten, uns den gesetzten Zielen näherbringt« – ein Seitenhieb auf die christdemokratische Opposition.

Man kann diese Analogie natürlich auch überstrapazieren. Das diplomatische System, das Schmidt und Genscher geerbt hatten, zeigte jedoch tatsächlich Elemente eines Neo-Bismarckschen Jonglieraktes. Nur war er noch weit komplizierter. Denn im Mittelpunkt stand keine statische, sondern eine dynamische Aufgabe: nicht die Wahrung der staatlichen Einheit, die in Bismarcks Reich bereits erlangt worden war, sondern der Versuch, die in zwei gegensätzliche Staaten geteilte Nation als kulturelle und menschliche Einheit am Leben zu erhalten und zudem noch langfristig auf eine staatliche Einheit hinzuarbeiten (wenn auch in Verfassungsformen und Grenzen, die sich vom Bismarckschen Reich merklich unterscheiden würden).

Um dies zu erreichen, brauchte das System – zumindest

glaubte man das – eine Art horizontale Synchronisierung der gesamten Ostpolitik. Seit dem relativen Mißerfolg von Außenminister Schröders »Politik der Bewegung« war man davon überzeugt, daß Bonn nicht ohne die Billigung Moskaus auf die Entwicklung engerer Bindungen zu osteuropäischen Staaten hoffen konnte. Doch Moskaus Zustimmung war von der Anerkennung der DDR abhängig, und vorerst wurde Moskaus Einfluß erst einmal gebraucht, um die DDR selbst an den Verhandlungstisch zu bringen – das Bahr-Judo. Als sich nun die Beziehungen mit der DDR zu erwärmen begannen, glaubte man, auch die Beziehungen zu den osteuropäischen Staaten und zur Sowjetunion selbst verbessern zu müssen, damit sich weder Moskau noch dessen osteuropäische Verbündete (die sich sonst bei Moskau beschweren könnten) von der deutsch-deutschen Annäherung bedroht fühlen würden. Während die Ostpolitik der Vereinigten Staaten auf dem Prinzip der »Differenzierung« basierte – die Belohnung jener osteuropäischen Staaten, die sich innen- oder außenpolitisch »gut benahmen«, die Bestrafung derjenigen, die sich schlecht benahmen –, beruhte die Ostpolitik der Bundesrepublik auf dem Prinzip der Synchronisierung.

Aber diese horizontale oder ostwärts gerichtete Synchronisierung, in sich selbst bereits kompliziert genug, war nur der halbe Jonglierakt. Denn die Adenauerschen Verpflichtungen gegenüber dem Westen erforderten auch eine westwärts gerichtete bzw. vertikale Synchronisierung. Wollte die Bundesrepublik ihre westeuropäische Integration ebenso weiterverfolgen wie das Knüpfen engerer Bindungen zu Osteuropa, dann mußte auch das gesamte Westeuropa seine Bindungen zu Osteuropa verstärken. Andernfalls würden die Spannungen zwischen der Ostpolitik und der Europapolitik (ein Terminus, der in Bonn fast ausschließlich der Bestimmung der EG-Politik galt) untragbar werden. Ungünstige Entwicklungen in irgendeinem osteuropäischen Land oder die sowjetischen Reaktionen auf solche Entwicklungen würden die Bonner Politik nicht nur deshalb gefährden, weil sie Moskau zur Straffung der imperialen Leine gegenüber der DDR zwingen würden, sondern auch, weil sie Bonns westeuropäische Partner – und die USA – dazu verleiten konnten, Vergeltungsmaßnahmen gegenüber Moskau zu treffen.

A fortiori konnte Bonn aber auch nur dann seine Beziehungen zu Moskau (dem Schlüssel zu Berlin und zur DDR) und seine politisch-militärische Integration in das von den USA geleitete Bündnis weiterentwickeln, wenn die Vereinigten Staaten und die Sowjetunion vergleichbar gute oder womöglich bessere Beziehungen hatten als zu jener Zeit, in der das System aufgebaut worden war. Falls sich die amerikanisch-sowjetischen Beziehungen verschlechtern würden, müßte Bonn sich zwischen beiden aufreiben. Aus diesem Grund erforderte das System nicht nur eine horizontale, sondern auch eine vertikale Synchronisierung. Irgendwie mußten die nationalen, regionalen und globalen Ebenen der Entspannung miteinander harmonisiert werden. Das war jedoch eine riesige Aufgabe für eine noch immer nur mittlere europäische Macht, die zwar gewiß wirtschaftlich stärker als Frankreich oder England war, aber auch einzigartige historische und diplomatische Bürden zu tragen hatte.

Nun mußte diese komplexe Aufgabe auch noch zu einer Zeit in Angriff genommen werden, in der die Bundesrepublik vor noch ganz anderen großen außenpolitischen Anforderungen gestellt war. Brandt, Bahr und Scheel hatten sich fast ausschließlich auf die Ostpolitik und erst in zweiter Linie auf Europapolitik konzentriert. Darunter hatten andere Bereiche zu leiden. Einer davon war die Weltwirtschaftspolitik, deren Turbulenzen durch den Kollaps des internationalen Währungssystem von Bretton Woods und durch den Schock der drastisch erhöhten Ölpreise ausgelöst worden waren. Für die Bundesrepublik, ein Handelsstaat par excellence, war dies eine Herausforderung höchsten Grades. Sich ihr zu stellen, war auch fraglos die erste außenpolitische Aufgabe des neuen Bundeskanzlers Helmut Schmidt.

In einer langen, vertraulichen *tour d'horizon*, die er Ende 1976 während seines Weihnachtsurlaubs verfaßte – weshalb sie intern das »Marbella-Papier« genannt wurde –, schrieb Schmidt: »Noch niemals seit der Weltwirtschaftskrise der frühen 30er Jahre war in Deutschland innenpolitisches, außenpolitisches und politisch-ökonomisches Handeln der Regierenden (und des Parlaments) so stark gegenseitig voneinander abhängig ... wie in den letzten Jahren. Das gilt aller Vorhersicht nach unvermindert, wenn nicht noch verstärkt, auch für *das Jahr 1977, das erneut unter dem Pri-*

mat der ökonomischen Politik stehen wird.« (Hervorhebung im Original.) Vielleicht wird man sich vor allem wegen seiner Koordination des weltwirtschaftlichen Krisenmanagements und der europäischen Wirtschaftszusammenarbeit an Helmut Schmidt erinnern. Sein neuer Außenminister, der Freidemokrat Hans-Dietrich Genscher, profilierte sich (und seine Partei) erst einmal vor allem durch die Kultivierung der Beziehungen zu den Vereinigten Staaten.

Die Bedeutung der Ostpolitik in der Außenpolitik der Bundesrepublik unter Helmut Schmidt war also relativ geringer als unter Brandt. Doch es wäre falsch zu behaupten, Schmidt habe sie vernachlässigt oder nicht wichtig genommen. Es wäre, milde ausgedrückt, eine Übertreibung, wollte man sich der Behauptung seines ehemaligen privaten Archivars Hans Georg Lehmann anschließen, derzufolge in Wirklichkeit Schmidt der eigentliche Architekt des sozialdemokratischen Konzepts für jene Ostpolitik gewesen sei, die Brandt und Bahr ausgeführt hatten. Doch Schmidt war seit seiner Rede vor dem Dortmunder Parteitag 1966 – in einem Jahr, in dem er auch private Reisen nach Osteuropa unternommen hatte – sehr aktiv an der sozialdemokratischen Diskussion über die Ostpolitik beteiligt gewesen. Als Fraktionsführer hatte er in den späten sechziger Jahren maßgeblichen Anteil an ihrer Ausarbeitung. 1969 leitete er, wie bereits erwähnt, eine parlamentarische Delegation bei ihrer Reise nach Moskau.

Hatte Hans-Dietrich Genscher durch Herkunft und Familienbande ein besonderes Interesse an der DDR, so waren Beziehungen zum Osten für Helmut Schmidt, wie für viele seiner Generation, auf vielfältige Weise durch seine Zeit als Soldat im Zweiten Weltkrieg geprägt. Er war ein typischer, fast archetypischer Vertreter dieser Frontgeneration. Einerseits zog er intellektuell und emotional tiefe Lehren aus dieser schrecklichen Erfahrung (»Nie wieder!«). Andererseits war ihm eine gewisse Vorliebe für Methodik und Umgangsformen eines Generalstabs geblieben.

Wie all seinen Vorgängern war auch ihm der Zusammenhang zwischen den Beziehungen zum Osten und der Bewegungsfreiheit der Bundesrepublik als souveränen Staates klar. »Wir versuchen«, so schrieb er 1970 im Vorwort zur englischen Ausgabe seines Buches *Strategie des Gleichgewichts*, »Deutschlands gegenwärtigen Handlungsspielraum zu nutzen. Wenn dieser Versuch gelingt, wird er den Teil der Welt, in dem wir leben, verändern und verbessern. Sollte er nicht gelingen, wird die Teilung Europas noch dauerhafter werden ...« Als Bundeskanzler nutzte er selbstbewußt den vergrößerten Bewegungsspielraum, die größere de-facto-Souveränität, die das Ostvertragswerk der Bundesrepublik eröffnete. Doch auch bei ihm zeigten sich, wie bei allen seinen Vorgängern, zwei Seiten derselben Medaille.

Zum einen konnte er recht unverblümt und offensiv deutsche Interessen und die deutsche Einschätzung der europäischen, westlichen oder globalen Interessen vertreten, nicht zuletzt bei seinen bilateralen Gesprächen mit den USA und vor allem mit Präsident Jimmy Carter. Zum anderen war er bemüht, deutsche Interessen, deutsche Perspektiven und deutsche Politik in den zunehmend multilateralen Rahmen westlicher Außenpolitik einzuflechten. Und diese multilaterale Koordination, sei es in der EG, der Nato oder der neuen Gruppe der sieben wichtigsten Industriestaaten (G7), die sich 1978 zu einem bemerkenswerten Gipfel in Bonn traf, betrieb er höchst aktiv. Natürlich tat er dies teils aus der Überzeugung, daß eine derartige multilaterale Koordination an sich schon etwas Gutes für die Welt sei. Aber wie alle seine Vorgänger hatte auch er ein ganz spezifisch deutsches Motiv.

In seinem vertraulichen Marbella-Papier meinte er, die Bundesrepublik sei »*in den Augen der Welt de facto wirtschaftlich zur zweiten Weltmacht des Westens aufgestiegen*«. Dieser »*ungewollte und gefährliche Aufstieg* zur zweiten Weltmacht des Westens im Bewußtsein der anderen Regierungen – einschließlich insbesondere der sowjetischen Führung! –« (Hervorhebung im Original) könnte nicht nur Besorgnis hervorrufen, sondern vor allem auf Berlin negative Auswirkungen zeigen. Es sei »eine Wiederbelebung der Erinnerung nicht nur an Auschwitz und Hitler, sondern auch an Wilhelm II. und an Bismarck zu erwarten ... eher sogar noch im Westen als im Osten«. Und er fuhr fort: »Für uns bleibt es deswegen notwendig, soweit nur irgendmöglich, nicht national und nicht selbständig, sondern vielmehr im Rahmen der Europäischen Gemeinschaft wie im Rahmen des Bündnisses zu operieren. Dieser *Versuch, unser Handeln multilateral abzudecken, wird nur teilweise gelingen, weil wir dabei (zwangsläufig und wider unseren eigenen Willen) innerhalb beider Systeme zu einem Führungsfaktor werden.*« (Hervorhebung im Original.) Über diese »Abdeckung« des deutschen Machtzuwachses könnte man eine ganze Abhandlung schreiben. Denn der Multilateralismus sollte in vieler Hinsicht die Zunahme deutscher Macht »abdecken«: tarnen, aber auch kontrollieren; lenken, aber auch gewähren; erleichtern, aber auch abmildern.

Auch in den Beziehungen zum Osten war die Periode von Schmidts Kanzlerschaft, 1974 bis 1982, vom blühenden Multilateralismus begleitet. Es gab die multilateralen MBFR-Gespräche. Es gab immer mehr multilaterale Konsultationen über Wirtschaftsbeziehungen zum Osten in den Gremien der G7, des Internationalen Währungsfonds (IWF), der Weltbank, der sogenannten CoCom (die den Export von Hochtechnologie in den Osten überwachte) oder später in den Londoner und Pariser »Clubs« jener westlichen Banken und Regierungen, die als Gläubiger der östlichen Staaten auftraten. Es gab die Entwicklung der Europäischen Politischen Zusammenarbeit (EPZ) zwischen den Mitgliedstaaten der Europäischen Gemeinschaft, vor allem im Zusammenhang mit den Vorbereitungen für die Helsinki-Konferenz über Sicherheit und Zusammenarbeit in Europa (KSZE), und später deren Folgetreffen. Und es gab den gesamten Komplex des »Helsinki-Prozesses« selbst. Doch neben diesem neuen institutionalisierten Multilateralismus gab es auch immer noch viel altmodischen Bilateralismus.

Denn Schmidt hatte in mancher Hinsicht eine sehr altmodische Vorstellung von Geschichte. Er meinte nämlich, Geschichte würde vor allem von »großen Männern« gemacht, wie Geschichtslehrer das einst so gerne nannten. Gipfeltreffen zwischen den Personen, die er selbst als »Staatslenker« bezeichnete, waren für ihn der Schlüssel zur Entwicklung von bilateralen Beziehungen zwischen Staaten. Dementsprechend hakte er auch nacheinander die Liste osteuropäischer Führer ab und organisierte Besuche von und nach Bonn. Diese Treffen hatten ihre eigene Dynamik. Besonders enge Beziehung stellte er zum polnischen Parteiführer Edward Gierek her, eine Freundschaft, die den tiefen Wunsch eines Vertreters der Frontgeneration nach »Versöhnung« mit persönlicher Sympathie verband und damit ökonomische, politische und sogar moralische Fehlurteile zur Folge hatte. Doch diese osteuropäischen Beziehungen waren eindeutig den Beziehungen zur Sowjetunion untergeordnet. 1974 war denn auch Moskau Schmidts erster östlicher Anlaufhafen.

Bei seinem Bonner Gegenbesuch im Mai 1978 meinte Breschnew (laut Dolmetscher-Protokoll) schlau: »Es bestehe kein Zweifel daran, daß die Rolle der Bundesrepublik Deutschland als eines Staates, der eine selbständige und unabhängige Politik betreibe, zu dem Zeitpunkt begonnen habe, als man die Tür zu einer Annäherung an die Sowjetunion und die anderen sozialistischen Staaten aufgestoßen habe; als das begonnen habe, was man in der Bundesrepublik Ostpolitik zu nennen pflegte.« Die Bundesrepublik, gab er zu verstehen, habe ihr eigenes spezielles Interesse an der Weiterführung der Entspannung. In seiner Gegenrede sagte Schmidt (wieder laut Dolmetscher-Protokoll): »Der Generalsekretär habe recht, wenn er sage, daß das internationale Gewicht der Bundesrepublik Deutschland seit der Zeit des Moskauer Vertrages zugenommen habe. Man habe dieses Gewicht zur Förderung der Entspannung eingesetzt... Es hätten Besuche und Austausch von Besuch mit Gierek, Kádár, Schiwkow, Ceauşescu [sic] stattgefunden. Dr. Husák habe sein Land als erstes westliches Land besucht.« (Ein Gefallen, der von den Herrschern in Moskau mehr begrüßt wurde als von den Beherrschten in Prag.) Schmidt fuhr fort: »Natürlich standen die deutsch-sowjetischen Beziehungen im Mittelpunkt der Ostpolitik. Dies werde auch in den nächsten 30 Jahren so sein.«

Schmidts Beziehung zu Breschnew war gut, fast schon sentimental. Sie gründete sich, wie so oft zwischen Deutschen und Russen ihrer Generation, auf die Erfahrung, einander an der Ostfront bekämpft zu haben. Als sie sich 1973 das erste Mal während Breschnews erstem Besuch in Bonn getroffen hatten, reagierte Schmidt auf Breschnews Bemerkung über das Leid des sowjetischen Volkes während des großen vaterländischen Krieges mit einer langen und sehr persönlichen Erklärung über die schizophrene Situation der jungen Soldaten, die tagsüber für Deutschland gekämpft, doch nachts insgeheim Hitlers Untergang gewünscht hätten. Willy Brandt kommentierte das aus der recht unterschiedlichen Erfahrung des Exils trocken: »Falsch und echt liegen, wenn Kriegserinnerungen ausgetauscht werden, sehr eng beieinander.« Obwohl Schmidt die kalkulativen Elemente bei Breschnews regelmäßiger Wodka-und-Tränen-Tour bewußt waren, behauptet er doch, Breschnews Tod wirklich bedauert zu haben. Tatsächlich fühlte er sich von Leonid Breschnew manchmal besser verstanden als von Jimmy Carter.

Wie Brandt und Bahr versuchte auch Schmidt das Dreieck Bonn-Moskau-Berlin zum Wohle der West-Berliner und der westdeutschen DDR-Politik zu nutzen. So steht beispielsweise in der Abschrift seines Gespräches mit Valentin Falin, damals sowjetischer Botschafter in Bonn, während der Vorbereitungen für Schmidts Moskau-Besuch im Oktober 1974, daß der Bundeskanzler erneut das Thema des Mindestumtausches für westliche Besucher der DDR angesprochen hatte. Drei Tage bevor Schmidt nach Moskau flog, verkündete die DDR eine Reduzierung dieses Mindestumtausches. Natürlich eine rein souveräne Entscheidung der DDR.

Ein Thema, dem in den Gesprächen zwischen Bonn und Moskau noch mehr Zeit gewidmet wurde, war die Auslegung des Viermächteabkommens über Berlin. 1974, in einem Gespräch mit dem Kanzler, betonte Gromyko, daß seiner Seite die Idee des »Barometers« Berlin nicht imponiere, da die Sowjetunion »Entspannung und Frieden für die ganze Welt« wolle. Da sei Berlin »keine besonders eindrucksvolle Größe«. Berlin mag zwar kein Barometer sein, erwiderte Schmidt, aber »ein zentrales Interesse« der Bundesrepublik. Und die sei, wie er bescheiden anmerkte, »eine Macht von mittlerer Bedeutung, die sich auf Zentraleuropa beschränke, und so habe das [Berlin-]Problem für uns viel größere Wichtigkeit«.

Im Laufe dieser Gespräche sollten Schmidt, Genscher und ihre Diplomaten immer und immer wieder diskutieren müssen, was Breschnew und Brandt einvernehmlich die »strikte Einhaltung und volle Anwendung« des Viermächteabkommens genannt hatten. In einem persönlichen, vertraulichen Brief vom April 1975 an Breschnew ging Schmidt sogar so weit, zu sagen, daß die Beziehungen zwischen der Bundesrepublik und der Sowjetunion nicht besser sein könnten, als die Sachlage um Berlin (West). Schmidt schlußfolgerte dann jedoch – nicht unbedingt im Sinne des Auswärtigen Amtes –, daß den Interessen Berlins langfristig eher durch eine indirekte Strategie entsprochen werden könnte, die vor allem die wirtschaftlichen Beziehungen zur Sowjetunion verbessern würde, als durch eine Taktik der permanenten Konfrontation, beispielsweise durch die Präsenz von Institutionen der Bundesrepublik in West-Berlin.

Der Schlüsselbegriff, der in den Reden und persönlichen Papieren aus der Zeit seiner Kanzlerschaft immer wieder auftaucht, ist »Stabilität«. Dieser Schlüsselbegriff hatte viele Bedeutungen, doch die wichtigste hieß in diesem Zusammenhang: Stabilität des gesamten diplomatischen Systems der Ostpolitik, mit dem doppelten Imperativ der vertikalen und horizontalen Synchronisierung. In offener Ablehnung stellte sich Schmidt zum Beispiel gegen die missionarische Kampagne Jimmy Carters für mehr Beachtung der Menschenrechte in der Sowjetunion und in Osteuropa. Wie er rückblickend 1991 während einer Vorlesung selbst meinte, habe er – oder, wie er es ausdrückte, »wir Europäer« – das Prinzip Stabilität dem der Menschenrechte vorangestellt. 1969 veröffentlichte er ein Buch unter dem Titel *Strategie des Gleichgewichts. Deutsche Friedenspolitik und die Weltmächte* – und eben darum ging es ihm. Wie Henry Kissinger (von dem er beeinflußt war) betrachtete auch er das Gleichgewicht der Kräfte als Schlüssel zum Erhalt des Friedens in Europa und innerhalb des gesamten internationalen Gefüges. Gleichzeitig sah er die Entspannung zwischen den Supermächten und auf europäischer Ebene als notwendige Ausgangsbedingung für eine Verringerung (oder zumindest Verhinderung einer Vertiefung) der Teilung Berlins und Deutschlands.

Diese beiden Ziele verfolgte er, indem er zwei klassischen Instrumentarien Priorität einräumte. Die Außenpolitik eines Staates, so hat einmal ein französischer Präsident gesagt, bestehe zuerst aus Waffen und dann aus Geld. In den Beziehungen mit der Sowjetunion handelte Schmidt ziemlich genau im Geiste dieses klassischen Diktums. Seine Schwerpunkte waren die militärisch-politischen und ökonomisch-politischen Aspekte der deutsch-sowjetischen Beziehungen. Als ehemaliger Verteidigungs- und dann Finanz- und Wirtschaftsminister waren dies natürlich seine

Fachgebiete. Aber man soll nicht behaupten, daß er sie nur deswegen wichtig fand. Eher wohl, daß er sie gerade deshalb zu seinen Fachgebieten gemacht hatte, weil er sie für so ausschlaggebend hielt.

Die Hoffnung auf eine Modernisierung der sowjetischen Wirtschaft durch Technologie-Import, gemeinsame Projekte und weitere Handelsabkommen war – wie schon erwähnt – ein wesentliches Motiv der Sowjets ganz allgemein für die Entspannung mit dem Westen, vor allem aber mit der Bundesrepublik. Sie war ein Schlüsselelement von Breschnews Westpolitik, ohne die die Ostpolitik Brandts niemals hätte erfolgreich sein können. In einem der sorglosen symbolischen Momente während Breschnews erstem Bonn-Besuch 1973 schwang sich der sowjetische Führer in einen blitzenden neuen Mercedes-Sportwagen, der ihm vom Kanzler geschenkt worden war, und raste zum Entsetzen seiner Sicherheitsbeamten die Straße hinunter. Er erzählte seinen deutschen Partnern mit flammenden Worten von der Aussicht großer gemeinsamer Projekte und der Nutzung sowjetischer Bodenschätze.

Schmidt nahm diesen Ball an. Bereits 1974 sagte er in einem Gespräch mit Gromyko, daß zwei Motive außerordentlich wichtig für die deutsche Seite seien: »Das politische Motiv der Stabilisierung in Europa und das ökonomische Motiv, die Zusammenarbeit mit der Sowjetunion auszuweiten.« Letzteres als »ökonomisches Motiv« darzustellen war natürlich diplomatisch vereinfacht. Gewiß, die Bundesrepublik hatte einige ökonomische Motive. Ihre expandierende Wirtschaft hatte einen wachsenden Bedarf an Energie, und es schien vor allem durch die Ölpreissteigerungen im Nahen Osten attraktiv, diesen Bedarf mehr aus sowjetischen Quellen zu decken. Eine Sowjetunion, die reich an Bodenschätzen, aber arm an qualitativ hochwertigen Industriegütern war, und eine Bundesrepublik, die arm an ersterem und reich an letzterem war, ergänzten einander vortrefflich. Die Sowjetunion war für einige spezifische Sektoren der deutschen Industrie ein wichtiger Markt. In den Wahlen von 1976 behauptete die Bundesregierung, daß 300 000 Arbeitsplätze allein durch den Osthandel gesichert wären. Nach nüchternen Analysen verringerte sich diese Zahl allerdings um ein Drittel.

Nicht nur Schmidts persönliche Papiere, auch seine Reden lassen jedoch eindeutig erkennen, daß seine Hauptmotive für die Ausweitung der wirtschaftlichen Beziehungen politischer Art waren. In seinen Memoiren schreibt er, daß das sowjetische ökonomische Interesse zum Wohle der nationalen deutschen Interessen genutzt werden konnte. Ein Memorandum von 1977 zur Vorbereitung einer Sitzung mit führenden Bankiers und Industriellen, die mit dem Osten zu tun hatten, vermerkt das politische Ziel der »langfristigen Absicherung der Entspannungspolitik: Steigerung des sowjetischen Interesses an guten Westbeziehungen«. Entsprechend versuchte Schmidt denn auch, nüchterne Industrielle zu sogenannten »Kompensations«-Geschäften und mißbilligende Bankiers zu niedrigen Zinssätzen zu ermuntern. Mit Breschnew diskutierte er grandiose Projekte, etwa ein Atomkraftwerk in Kaliningrad (ehemals Königsberg) oder ein riesiges Stahlwerk in Kursk. Wo Deutsche und Russen aus der Generation von Schmidt und Breschnew eine der größten Panzerschlachten des Zweiten Weltkriegs gekämpft hatten, wollten sie nun friedlich miteinander russisches Roherz in glänzenden deutschen Stahl verwandeln.

Von Schmidt selbst aber stammte die grandioseste Idee: Ein Wirtschaftsabkommen mit einer Laufzeit von nicht weniger als 25 Jahren. Die Sowjetunion, so erzählte er den Industriellen und Bankiers, die sich 1977 zu jenem Gespräch im Kanzlerbungalow eingefunden hatten, müsse davon überzeugt werden, daß Deutschland langfristig ein friedlicher Nachbar sei. Es ginge darum, Vertrauen »bis ins dritte Jahrtausend« zu schaffen. Als dann Breschnew im Mai 1978 nach Bonn kam, unterzeichneten er und Schmidt einen sehr breit angelegten Vertrag über wirtschaftliche und industrielle Zusammenarbeit, mit einer Laufzeit von fünfundzwanzig Jahren (zwar betrug dessen anfängliche »Geltungsdauer« nur zehn Jahre, doch er konnte nach deren Ablauf durch neue Vereinbarungen der Vertragsparteien um jeweils weitere fünf Jahre »fortgeführt« werden). Nach den Worten eines Regierungssprechers habe der Kanzler dies als einen politischen Akt ohnegleichen in der jüngeren Weltgeschichte gesehen. Die Geschäftswelt war da merklich zurückhaltender. Otto Wolff von Amerongen, der Nestor des bundesrepublikanischen Osthandels, bemerkte dazu trocken, dies sei kein historischer Vertrag.

Dennoch waren die Ergebnisse von Schmidts Bemühungen auf diesem Gebiet beträchtlich. Das Gesamtvolumen des deutsch-sowjetischen Handels war 1979 sechsmal höher als 1969. Zu Beginn des Jahrzehnts machte der Handel mit der Sowjetunion 32 Prozent des Osthandels der Bundesrepublik aus, am Ende des Jahrzehnts 45 Prozent. Deutsche Politiker betonten unermüdlich, daß die Exporte der Bundesrepublik in die Sowjetunion noch immer wesentlich niedriger waren als die Exporte nach Österreich oder in die Schweiz. Doch bestimmte Zweige der deutschen Schwerindustrie waren von diesem Handel sehr abhängig. Durch die Verträge der Ära Schmidt sollte die Erdgasversorgung der Bundesrepublik bis 1990 zu 30 Prozent aus sowjetischen Erdgaslieferungen gedeckt sein, etwa fünf Prozent des gesamten westdeutschen Energieimports. Die Sowjetunion war insgesamt weit weniger vom Außenhandel abhängig als die Bundesrepublik. Dennoch war die Bundesrepublik am Ende des Jahrzehnts sowohl quantitativ als qualitativ zum wichtigsten westlichen Handelspartner der Sowjetunion geworden.

Zweifellos hatten diese Wirtschaftsbeziehungen und die Perspektive ihres großartigen Wachstums einen Anteil am guten Willen, der in den persönlichen, vertraulichen Briefen von Breschnew an Schmidt zum Ausdruck kommt und den der bereits schwerkranke sowjetische Führer im Mai 1978 während seines Besuches in Bonn auch öffentlich demonstrierte. Und wahrscheinlich war dieser Sommer 1978, mit dem G7-Gipfel, der zwei Monate nach dem Besuch von Breschnew stattfand, der außenpolitische Höhepunkt von Schmidts Kanzlerschaft. Doch selbst während er und Breschnew die Errungenschaften der Entspannung öffentlich mit einer gemeinsamen Erklärung feierten, die buchstäblich übersät war mit diesem Wort, wußte Schmidt, daß die »Stabilität« des Entspannungsrahmens ernsthaft bedroht war.

Die Gründe für das (voreilig) so genannte »Ende der Entspannung« und den (überdramatisierten) »zweiten Kalten Krieg« waren natürlich vielfältig und kontrovers. Im Westen polarisierten sich die Meinungen scharf. Einige portraitierten die Sowjetunion Breschnews als Betreiber stalinistischen Expansionismus unter dem Deckmantel der »friedlichen Koexistenz«, andere gaben vor allem den Vereinigten Staaten die Schuld. Doch die neue außenpolitische Elite unter Gorbatschow hatte für die Entspannungsversion Breschnews nur niederschmetternde Kritik übrig. Zweifellos war diese Kritik auch übertrieben, wie es unter politischen Nachfolgern und historischen Revisionisten eben so üblich ist. Doch wenn selbst sowjetische Außenpolitiker behaupteten, daß gewisse Fehler in der sowjetischen Politik vorhanden waren, dann wußten sie sicher, wovon sie sprachen.

Trotz wiederholter Warnungen der USA behandelte die Führungsriege unter Breschnew die Entspannung weiterhin so, als sei sie teilbar. Unter Ausnutzung von Militär und Sicherheitskräften solch enger Verbündeter wie Kuba und der DDR weiteten sie ihren Einfluß in der Dritten Welt aktiv aus. Die Bonner Regierung war darüber bei weitem nicht so unmittelbar beunruhigt wie die Vereinigten Staaten. Denn die Bundesrepublik war ja, wie Schmidt zu Gromyko gesagt hatte, eine auf Zentraleuropa begrenzte Macht. Im Februar 1976 schrieb Schmidt sogar in einem seiner persönlichen, vertraulichen Briefe an Breschnew: »In meinen Augen ist der Streit beider Weltmächte über Angola nicht so gewichtig, daß darüber das Vertrauen anderer Völker in die Stetigkeit der Entspannung leiden darf.« Doch selbst wenn Bonner Politiker die Befürchtungen Amerikas übertrieben fanden, mußten sie über den zunehmend negativen Effekt auf die amerikanisch-sowjetischen Beziehungen und dementsprechend auf ihre eigene Ostpolitik besorgt sein. Dies war der Imperativ der vertikalen Synchronisierung.

Dazu kam, daß das Breschnew-Regime sein furchterregendes Rüstungsprogramm vorantrieb und mit der im Westen als SS-20 bekannten atomaren Mittelstreckenrakete herauskam. Während Schmidt den Ausbau des sowjetischen Einflusses in der Dritten Welt nur als indirekte Herausforderung sah, war die SS-20 für ihn eine unmittelbare Bedrohung der vitalen Interessen der Bundesrepublik. Die militärisch-politische Geschichte der deutsch-sowjetischen Beziehungen während der Ära Schmidt entbehrt nicht einer gewissen Ironie. »Insgesamt muß die politische Komponente der Entspannung durch eine umfassende militärische Komponente ergänzt werden«, sagte Schmidt 1978 zu Breschnew. Und dies war ein Grundsatz seiner Vorgehensweise in den Ost-West-Beziehungen für beinahe zwanzig Jahre geblieben.

Gromyko gegenüber meinte er 1974 während ihrer privaten Gespräche, er bilde sich ein, »einer der Erfinder des Prinzips zu sein, das heute MBFR genannt werde. Er habe 1959 ein sorgfältig erarbeitetes Buch veröffentlicht mit dem zentralen Thema beiderseitiger gleichgewichtiger Rüstungsbegrenzungen«. Dieses Buch, *Verteidigung oder Vergeltung*, war tatsächlich erst 1961 veröffentlicht worden, doch Schmidt konnte zu Recht behaupten, dies sei eines seiner Leitmotive seit 1959 gewesen, seit er eine bemerkenswerte Rede über die Notwendigkeit regionaler Rüstungskontrolle in Mitteleuropa vor dem Bundestag gehalten hatte. Als Bahr 1968 in seinem Planungsstabpapier über europäische Sicherheit schrieb: »Auf die Darstellung militärischer Aspekte wurde jedoch verzichtet«, unterstrich Schmidt den Satz und notierte am Rand: »Warum?«.

Gerade weil er so großen Wert auf gleichgewichtigen Rüstungsabbau legte, war Schmidt so beunruhigt über ungleichgewichtiges Rüstungswachstum. Daß kaum Fortschritt in den MBFR-Gesprächen erzielt wurde, weil sich die Nato und der Warschauer Pakt nicht einmal darüber einigen konnten, wie viele Waffen und Soldaten jede Seite hatte, war gewiß nicht seine Schuld. Andererseits konnte der Kanzler der Bundesrepublik auch nur aus dem Hintergrund applaudieren, als die Supermächte allmählich Fortschritte beim zweiten Vertrag für strategische Rüstungsbegrenzung erzielten, dem SALT-II-Vertrag, der im Juni 1979 schließlich von Carter und Breschnew unterzeichnet wurde. Doch in der Grauzone zwischen SALT und MBFR, die enthielt, was Schmidt »eurostrategische Waffen« nannte, glaubte er, die deutschen Interessen seien unmittelbar berührt und deutsche Politik sei in der Lage, Einfluß auszuüben.

Eigenen Aussagen zufolge erwähnte Schmidt dieses Problem erstmals während seines Moskaubesuchs im Oktober 1974. Daß die Sowjetunion ihre Arsenale rapide mit SS-20-Raketen zu füllen begann, alarmierte Schmidt zusehends. Aber wütend war er über die Inkonsequenz, die er unter Jimmy Carters Führung am Werke sah. In seiner berühmt gewordenen Rede vor dem International Institute for Strategic Studies 1977 in London (mehr noch allerdings während der Dinnergespräche im Anschluß) machte er nicht nur die wirtschaftlichen und politischen Sicherheitsaspekte deutlich, sondern auch, daß der Westen sich überlegen müsse, wie das militärische Gleichgewicht auf diesem Gebiet wiederherzustellen sei. Was dann folgte, beschrieb der Historiker Michael Howard, einer der Gäste bei diesem Dinner, später als transatlantische Komödie der Irrungen. Die Vereinigten Staaten glaubten, »die Europäer« brauchten mehr amerikanische Waffen, um vom amerikanischen Engagement überzeugt zu werden, wohingegen »die Europäer« – darunter vor allem die Deutschen – das Gefühl hatten, sie sollten diese Waffen annehmen, um ihrerseits die Amerikaner zu beruhigen – obwohl sie die ganze Zeit über das Ziel hatten, den Rüstungsabbau mit den Sowjets zu verhandeln.

Als Höhepunkt dieser transatlantischen Gespräche trafen sich die Regierungschefs der Vereinigten Staaten, Frankreichs, Großbritanniens und der Bundesrepublik im Januar 1979 auf der Insel Guadeloupe und verständigten sich darauf, einen Vorschlag für einen »Doppelbeschluß« zu erarbeiten, demzufolge die Nato modernisierte amerikanische Pershing II und landgestützte Cruise Missiles in Westeuropa stationieren würde, falls während eines bestimmten Zeitraums keine zufriedenstellende Reduzierung auf diesem Gebiet mit der Sowjetunion ausgehandelt werden konnte. Diese Entscheidung wurde dann im Dezember 1979 durch den »Nato-Doppelbeschluß« formalisiert. Der Zeitpunkt der Stationierung wurde, falls die Verhandlungen scheitern sollten, für 1983 festgelegt. Aus Schmidts Sicht war dies noch immer ein Beitrag zur lebenswichtigen militärischen Komponente der Entspannung. Im Laufe der Zeit stellte sich dieser Doppelbeschluß jedoch – zumindest kurzfristig gesehen, und diese Einschränkung ist wichtig – als großes Verhängnis für all das heraus, was Schmidt sich unter »Entspannung« vorstellte und was aus Sicht der deutschen Ostpolitik deren wesentlichste Bestandteile waren.

Das nächste Verhängnis folgte nur Wochen später, wenn auch kein unmittelbarer kausaler Zusammenhang zwischen beiden hergestellt werden kann. Es war die sowjetische Invasion Afghanistans. Schmidts Reaktion war übermäßig zurückhaltend. Gemeinsam mit seinem engen politischen Verbündeten und Freund Valéry Giscard d'Estaing verfaßte er eine Deklaration, die besagte, daß »die Entspannung einem neuen Schlag gleicher Art nicht standhalten würde«. Folglich würde also die Entspannung diesen Schlag überstehen. Doch die recht unterschiedliche Reaktion in den Vereinigten Staaten und, bis zu einem gewissen Grad, auch in Großbritannien, zeigte, daß das ganze Rahmenwerk der weltweiten Entspannung in seinen Grundfesten erschüttert war. Von diesem Moment an wirkten Schmidt und Genscher wie Jongleure, deren Bälle ins Trudeln geraten waren. Unermüdlich reisten sie zwischen Washington und Moskau hin und her und versuchten, beide Seiten zu einem »vernünftigeren« Verhalten zu bewegen. »Vernünftig« hieß, weitere Verhandlungen über Rüstungskontrolle und keine Beeinträchtigung der innereuropäischen Entspannung durch außereuropäische Konflikte.

Schmidt war Ende Juni 1980 der erste westliche Regierungschef, der nach der Invasion Afghanistans Moskau besuchte – nachdem sechs Wochen zuvor Giscard d'Estaing, im Alleingang und ohne vorherige Konsultation mit Bonn, ein Treffen mit Breschnew in Warschau hatte. Schmidts Besuch war höchst riskant. Doch er brachte das prinzipielle Einverständnis der Sowjets zu Verhandlungen mit den Vereinigten Staaten über nukleare Mittelstreckenwaffen mit. In den letzten Stunden seiner Kanzlerschaft, im Herbst 1982, sollte Schmidt sich daran als einen Höhepunkt seiner Amtszeit erinnern. »Der Dialog über die nukleare Abrüstung konnte weitergehen«, notierte sein enger Berater Klaus Bölling. »Da [in Moskau, im Sommer 1980] hatte der Oberleutnant der Großdeutschen Wehrmacht, der 1941 kurz vor Moskau stand, ein höchst erfolgreiches Spähtruppunternehmen für den Westen vollbracht.«

Doch dann, im August 1980, tauchte in Polen Solidarność auf. Die polnische Revolution bedrohte unmittelbar sowohl die horizontale als auch die vertikale Synchronisierung der Ostpolitik. Sie veranlaßte die DDR nicht nur, sich auf alle Anzeichen des Aufruhrs zu Hause zu konzentrieren (was sie sowieso tat), sondern auch auf die Entwicklung der Beziehungen zwischen den Deutschen in Ost und West. Schon im August fühlte Schmidt sich verpflichtet, seinen geplanten Besuch in der DDR wegen der Streiks in Polen abzusagen. Im Oktober erhöhte die DDR den Mindestumtausch, dessen Reduzierung Brandt und Schmidt in den siebziger Jahren soviel diplomatische Bemühungen gewidmet hatten. Die Herausforderung durch Solidarność lehrte alle anderen osteuropäischen Machthaber, die sie als »polnische Krankheit« ansahen, das Fürchten. Vor allem brachte sie massiven sowjetischen Druck und die Gefahr einer bewaffneten Intervention, wie sie dem Prager Frühling das Ende bereitet hatte.

Obwohl sich mancher in der Bundesrepublik gewünscht haben mag, selbst nach einer solchen Intervention noch die Entspannung mit der Sowjetunion – im nationalen Interesse – weiterführen zu können, hätte dies nur bei schwerster Belastung der westdeutschen Westbindungen geschehen können. Es wäre nie dagewesener Schaden entstanden. »Wenn die Russen einmarschieren, ist alles kaputt«, so lautete die knappe Analyse eines Schmidt-Vertrauten. Die Imperative der horizontalen und vertikalen Synchronisierung erforderten deshalb, daß Bonn alles in seiner Macht Stehende tun würde, um erstens die Sowjetunion von einer direkten Intervention abzubringen; zweitens den Schaden zu begrenzen, den die polnische Krise den eigenen Beziehungen mit der Sowjetunion und dem Rest Osteuropas, aber auch dem Gesamtrahmenwerk regionaler und globaler Entspannung zufügte; und drittens, alles zu unternehmen, und seien die Möglichkeiten noch so gering, um zu einer »friedlichen« Lösung in Polen beizutragen. Als General Jaruzelski am 13. Dezember 1981 das Kriegsrecht über Polen verhängte (während Schmidt gerade seinen lange verschobenen Besuch in der DDR machte), war sich die Bonner Regierung nicht ganz im klaren darüber, ob ihre Politik damit Erfolg oder Mißerfolg gehabt hatte.

Die Washingtoner Regierung hatte jedoch keine Zweifel: Für sie war dies weder eine friedliche noch eine interne polnische Lösung. Für sie war dies ein zweiter August 1968. Für sie hatte die Politik, die man Entspannung genannt hatte, versagt. Denn diese Regierung war die Administration Ronald Reagans, die im Januar 1981 mit der ideologischen Verpflichtung angetreten war, die Expansion des sowjetischen »Reiches des Bösen« durch massiven Ausbau der amerikanischen Militärmacht zu stoppen.

Durch diesen Dissens zwischen Bonn und Washington wurde die Krise des Ostens auch zur Krise des Westens. Zwischen Bonn und Washington wurden heftige Argumente ausgetauscht. Es war der letzte Tropfen, der das Faß zum Überlaufen brachte. Am

Ende von Schmidts Kanzlerschaft, im Herbst 1982, sah es fast so aus, als läge das diplomatische Gebäude der Bauherren Brandt, Scheel und Bahr, das »System« der deutschen Ostpolitik, in Trümmern. Zumindest schien es schwer sturmgeschädigt.

Während der Sturm sich zusammenbraute, versuchte die Bonner Regierung verzweifelt, die Kommunikationswege zwischen den Supermächten und zwischen Ost und West überhaupt offenzuhalten. Als Giscard d'Estaing 1980 nach Warschau fuhr, um sich mit Breschnew zu treffen, nannte ihn François Mitterrand »le petit télégraphiste de Varsovie«. In der Sprache der »grande nation« war das natürlich eine heftige Beleidigung. Schmidt hätte mit einer solchen Bezeichnung wahrscheinlich keine so großen Probleme gehabt. Während seiner Gespräche im Sommer 1980 in Moskau nannte er sich selbst »in beiden Richtungen nur Briefträger«.

Später betonte er, niemals versucht zu haben, ein Vermittler oder Makler, sondern nur ein Dolmetscher zu sein, der den amerikanischen und sowjetischen Regierungschefs bei ihrer Verständigung behilflich sein wollte – wenn »der eine eskimo sprach, der andere japanisch«. Während Bismarck seine und die Rolle Deutschlands als die eines »ehrlichen Maklers« zwischen den Großmächten in Ost und West dargestellt hatte, beschrieb Schmidt seine und die Rolle der Bundesrepublik als die des »redlichen Interpreten«, aber eben des redlichen Interpreten »*der westlichen Politik*« (Hervorhebung des Autors). Doch um diese Selbstdarstellung zu präzisieren, müßte man hinzufügen: und der deutschen Interessen. Vielleicht auch noch: im Namen Europas.

Die deutsche Übernahme dieser Rolle hatte eine ganz besondere Note. Die Interessen keines anderen westlichen Staates waren so unmittelbar in ihrem Lebensnerv betroffen. Andere westliche Staaten, allen voran die Vereinigten Staaten, betrieben eine Politik des »Brückenbaus«. Nur Deutschland konnte selbst Brücke sein – ein traditionelles Selbstbild des 19. und frühen 20. Jahrhunderts, das von Kanzler Kiesinger 1966 wieder zum Leben erweckt worden war und später gelegentlich von Schmidt selbst aufgegriffen wurde.

Der Druck auf und die Versuchungen für die deutsche Politik in den letzten Jahren von Schmidts Kanzlerschaft waren groß.

Denn diese besorgniserregende außenpolitische Konstellation hatte auch jede Menge innenpolitischen Druck hervorgerufen. Über das gesamte protestantische Nordwesteuropa schwappte eine Welle von Angst und Protest gegen die Stationierung neuer Raketen, doch nirgendwo waren Ängste und Proteste extremer als in der Bundesrepublik. Sie reichten bis tief in Schmidts eigene Partei hinein. Im Oktober 1981 nahmen führende Sozialdemokraten in Bonn an einer Demonstration von mehr als einer Viertelmillion Menschen gegen neue amerikanische Raketenstationierungen teil.

Die Sowjetunion und die DDR versuchten offen wie insgeheim, diese Proteste zu fördern. Schmidts Kanzleramtsminister Horst Ehmke bemerkte 1981 gegenüber einem hohen Funktionär der DDR trocken, daß die Friedensbewegung »mit Gottes und Eurer Hilfe« großen Zulauf fände. Aber der wichtigere Kausalnexus ging in die andere Richtung: Diese im wesentlichen endogenen Proteste bestärkten die wichtigsten außenpolitischen Entscheidungsträger in Moskau – und das hieß nun: Gromyko, Ustinow, Andropow und Suslow, mehr noch als der todkranke Breschnew – in ihrem Glauben, sie bräuchten nur ihre Karten richtig auszuspielen, um die neuen Nato-Stationierungen zu verhindern und einen tiefen Pflock zwischen die Vereinigten Staaten und die Bundesrepublik zu treiben.

Auf dem Parteitag der Sozialdemokraten im April 1982 konnte sich der Parteivorstand nicht sicher sein, eine Mehrheit für die Stationierung amerikanischer Raketen zu gewinnen, sollten die Verhandlungen nicht zum gewünschten Ergebnis führen. Also wurde diese Entscheidung auf einen Sonderparteitag 1983 verschoben. Die Schmidt-Regierung war durch wachsende Wirtschafts- und Haushaltsprobleme angeschlagen. Die Koalition mit den Freien Demokraten wurde zunehmend brüchig. Die Auswirkung all dieser innen- und außenpolitischen Probleme auf die Außenpolitik wird durch ein internes Papier aus dem Planungsstab im Kanzleramt deutlich, das im Frühjahr 1982 an die Öffentlichkeit gespielt wurde.

Dieses Papier legte aus »sachlichen, wahlpolitischen und koalitionspolitischen Gründen« nahe, daß der Kanzler »neue und kontroverse Akzente« in der außenpolitischen Diskussion setzen sollte. Diese erwünschte Kontroverse richtete sich nicht gegen den Osten, sondern war auf den Westen gemünzt: um genau zu sein, auf die neuen rechtslastigen Regierungen der Vereinigten Staaten und Großbritanniens. Umfragen, so das Papier, zeigten, daß die Mehrheit der Bevölkerung – insbesondere unter den sozial- und freidemokratischen Wählern – für eine Fortsetzung der Entspannungspolitik, für mehr Wirtschaftskooperationen mit der Sowjetunion und »für eine Vermittlerrolle Europas/der Bundesrepublik zwischen USA und Sowjetunion« sei, »auch wenn dies Verstimmungen mit den USA geben könnte«. (Man beachte die Verschmelzung von »Europa« und »Bundesrepublik« selbst in einem internen Papier.) Ein Pochen auf »mehr Eigenständigkeit Europas/der Bundesrepublik ... und dabei Konflikten mit der neokonservativen Ideologie und den Reagan-/Thatcher-Administrationen« könnte die öffentliche Aufmerksamkeit von innenpolitischen Problemen wegleiten und schließlich die Freien Demokraten aufs Tapet bringen.

Auch andere Elemente dieser »kontroversen« Akzente skizzierte das Papier: »Große Gruppen in den USA und GB sind im Begriff, sich von gemeinsamer Politik und gemeinsamen Werten im westlichen Bündnis abzuwenden ... Sie gefährden die gesellschaftspolitische Attraktivität des Westens in der Konkurrenz mit den Kommunisten ... sie setzen die Entspannungspolitik aufs Spiel.« Auch mit der Sowjetunion war eine deutliche ideologische Auseinandersetzung erwünscht: »Klare Distanz zum sowjetischen Bürokratismus; so sieht Sozialismus nicht aus«, und weiter: »Klare Distanz zur Hochrüstung; klare Distanz zu imperialistischen Elementen in der sowjetischen Politik (Afghanistan).« Gleichzeitig aber sollte die Langzeitpolitik wirtschaftlicher und politischer Kooperationen weiterverfolgt werden und eine »vorsichtige Behandlung der polnischen Krise bei Wahrung der besonderen deutschen Interessen« stattfinden. »Auf den Niedergang des Ostblocks zu setzen macht aus vielerlei Gründen keinen Sinn.« »Insgesamt«, so fuhr das Papier fort, »soll der Eindruck von Äquidistanz vermieden werden; allerdings ist der Eindruck eines ›dritten Weges‹ wichtig.« Doch eines »dritten Weges« für wen? Für Deutschland? Für Osteuropa? Für Mitteleuropa? Für Europa überhaupt?

Natürlich war dies nur das Resultat der Denker aus dem Planungsstab des Kanzleramts, und ein bewußt provokatives dazu. Nicht anders als bei Egon Bahrs Planungsstabspapier über europäische Sicherheit: Planer sind dazu da, um das Undenkbare zu denken. Und alle Politiker in Demokratien mischen partei-, innen- und außenpolitische Überlegungen miteinander. Doch die Tatsache, daß eine solche politische Option ernsthaft auf hoher Ebene im Kanzleramt durchdacht wurde, zeigt nicht nur den Druck, unter dem man stand, sondern auch die Versuchungen, denen man zu dieser Zeit ausgesetzt war. Und – was für unsere Analyse noch wichtiger ist – es zeigt auch die Möglichkeiten, die sich während mehr als einem Jahrzehnt der Ostpolitik eröffnet hatten oder eröffnet zu haben schienen.

Bundeskanzler Schmidt, das muß deutlich gesagt werden, hat diesen Vorschlag nicht angenommen. Er würde alles in seiner Macht Stehende tun, um zu Rüstungskontrollvereinbarungen zwischen den Supermächten beizutragen, obwohl diesen Versuchen durch seine Meinungsverschiedenheiten mit der amerikanischen Führung und andererseits die Senilität und Inflexibilität der sowjetischen Führung enge Grenzen gesetzt waren. Er würde alles tun, um die besseren Beziehungen mit der DDR gegen den Druck von Ost wie West zu erhalten. Er würde die »Stabilisierung« im übrigen Osteuropa akzeptieren und sogar fördern. Er würde es nicht zulassen, daß die wirtschaftlichen, politischen oder kulturellen Beziehungen der Bundesrepublik mit dem Osten beschnitten würden, schon gar nicht von der anderen Seite des Atlantik aus. Doch wenn es knirscht, dann würde er am Westen festhalten. Genauer gesagt, er würde an einem bestimmten Verständnis vom Wesen des Westens festhalten, das, nach den Bedingungen von Jalta-Europa, gemeinsame Waffen ebenso wie gemeinsame Werte umfaßte: Pershing-Raketen und Poppers offene Gesellschaften, Kant, aber auch Cruise Missiles.

Zu Breschnew sagte er bei dessem letzten Besuch im November 1981 in Bonn: »Wenn ein Abkommen trotz aller Anstrengungen nicht erreicht werden sollte, so wird mein Land seine Verpflichtungen aus der anderen Hälfte des Doppelbeschlusses im Sicherheitsinteresse meines Landes und des westlichen Bündnisses gewiß erfüllen«. Mit dieser Position stand er, und mit dieser

Position fiel er. Natürlich nicht nur oder hauptsächlich aus diesem Grund. Es gab andere, unmittelbarere Gründe für seinen Machtverlust. Angesichts der mittlerweile dominierenden Einstellung in seiner eigenen Partei und sogar in Teilen seines eigenen Kanzleramts war jedoch ironischerweise der Verlust seiner Macht vielleicht das Beste, was für die »Doppelstrategie« der westdeutschen Außenpolitik, die er so lange und so konsequent repräsentiert hatte, geschehen konnte. Obwohl niemand je den Beweis erbringen kann für das, »was geschehen wäre, wenn« (in diesem Fall: Was wäre geschehen, wenn die sozialliberale Koalition im Herbst 1982 an der Macht geblieben wäre?), so kann man doch annehmen, daß die Kontinuität der deutschen Außenpolitik im großen ganzen nur durch die Diskontinuität der Innenpolitik gesichert wurde. In einem tieferen Sinn hat Schmidt durch Verlieren gewonnen.

Ein neues Buch

Setzt man sich mit der Periode der Mitte-Rechts-Regierungskoalition, die im Herbst 1982 begann, analytisch auseinander, dann ist die Versuchung zum retrospektiven Determinismus besonders groß. Da der Durchbruch in den deutsch-sowjetischen Beziehungen, in dem diese Periode gipfelte, noch sehr viel entscheidender war als 1970, ist es verlockend – vor allem für die daran beteiligten Politiker –, die Entwicklung der deutsch-sowjetischen Beziehungen und des gesamten Systems der Ostpolitik so zu beurteilen, als hätten sie irgendwie logisch und unausweichlich zu dem bekannten Ergebnis führen müssen.

Natürlich müssen wir westliche Politik und Ost-West-Beziehungen im Hinblick auf ihre vermutlichen Auswirkungen auf die spektakulären Ereignisse von 1989–91 untersuchen – von der Revolution in Osteuropa, über die deutsche Vereinigung, bis hin zum Ende der Sowjetunion. Wir müssen uns aber auch ins Gedächtnis rufen, was man damals nicht wußte; wir müssen Vorstellungen beachten, die sich als falsch erwiesen haben; Visionen, von denen sich herausstellte, daß sie Illusionen waren; und wir müssen auch die Wege der Politik aufzeichnen, die entweder ins

Nichts oder zu einem Ergebnis führten, das ziemlich weit von dem abwich, das angestrebt worden war.

Die Erforschung beider Seiten dieser Geschichte – das Unerwartete, das geschah, und das Erwartete, das nicht geschah – wird durch den Mangel an veröffentlichtem wichtigen Quellenmaterial für diese erst so kurz zurückliegende Periode erschwert. Doch einige äußerst aufschlußreiche Details können bereits jetzt gefunden werden. Doppelt erschwert aber wird sie durch die Komplexität des innenpolitischen und außenpolitischen Kontextes, in dem deutsche Ostpolitik betrieben wurde.

Innenpolitisch war die Koalitionspolitik natürlich bereits unter Schmidt und Brandt sehr komplex und von Rivalitäten begleitet gewesen. Doch in den Jahren von Kohl und Genscher spielte dies eine noch weit größere Rolle. Denn nun ging es nicht nur um die Koalition von zwei, sondern von drei Parteien. Die Freidemokraten führten umständliche Koalitionsgespräche mit den Christdemokraten. Nur, die Christdemokraten – d.h. Helmut Kohls Christlich Demokratische Union und Franz Josef Strauß' Christlich Soziale Union – mußten sich erst einmal untereinander einig werden. Und Franz Josef Strauß blieb selbst dann noch ein individueller – oft höchst individueller – Akteur der Ostpolitik, nachdem die Koalitionsvereinbarungen zu Papier gebracht worden waren.

Unter Kanzler Kohl bezog Hans-Dietrich Genscher, der sich mittlerweile das Etikett eines »altgedienten« Außenministers verdient hatte, sehr viel klarere ostpolitische Positionen als unter Kanzler Schmidt. Während Schmidt bei der Entwicklung von Beziehungen mit dem Osten und vor allem mit Moskau die führende Rolle übernommen hatte, hatte sich Genscher – aus substantiellen wie parteipolitischen Gründen – als Hoherpriester und Wächter der Beziehungen mit dem Westen und vor allem mit Washington etabliert. Als Kohl begann, die lebenswichtigen Westbeziehungen neu zu betonen, präsentierte sich Genscher als Hoherpriester und Wächter der Ostbeziehungen.

Und das blieb er während der gesamten achtziger Jahre. Mit wachsender Zuversicht und Könnerschaft nutzte er seine eigenen Erfahrungen, Beziehungen und sein Prestige als Außenminister, aber auch den Einfluß seiner kleinen Partei. Und so kam es, daß die deutsche Ostpolitik der späten achtziger Jahre das Prädikat »Genscherismus« – und nicht »Kohlismus« – erhielt. Doch so ganz entsprach dies nicht den Tatsachen, denn mit dieser Eingrenzung wurden die Strategien und der unmittelbar operative Anteil des Bundeskanzlers und seiner außenpolitischen Berater, darunter vor allem Horst Teltschik, eindeutig unterbewertet. Die sich verändernde Gestalt der westdeutschen Ostpolitik dieser Jahre könnte man vielmehr als das Ergebnis von komplexen innenpolitischen Interaktionen zwischen Kohlismus und Genscherismus bezeichnen, mit einer gehörigen Portion Straußerie.

Natürlich war auch die außenpolitische Komplexität bereits in früheren Jahren vorhanden. Das System der deutschen Ostpolitik war, beschreibt man es etwas mechanistisch, immer ein Sub-System des umfassenderen Ost-West-Systems, mit dessen regionalen und vor allem Supermächte-Ebenen. Was in dem Dreieck Bonn-Moskau-Berlin geschah, hing immer entscheidend davon ab, was auf der sowjetisch-amerikanischen Linie im größeren Dreieck Amerika-Deutschland-Sowjetunion geschah.

Nun waren dies Jahre von wahrhaft beispielloser Bewegung in den amerikanisch-sowjetischen Beziehungen: von den Tiefen des in den frühen achtziger Jahren sogenannten »neuen Kalten Kriegs«, über Ronald Reagans Rede vom »Reich des Bösen«, seinem SDI-Programm (*Strategic Defence Initiative*) und der scharfen Polemik um den sowjetischen Abschuß einer koreanischen Passagiermaschine, bis hin zu den Höhen der Gipfeltreffen in der zweiten Hälfte des Jahrzehnts. Angefangen mit dem Genfer Gipfeltreffen 1985, bis Malta 1989 und Camp David 1990, übertrafen die Vereinigten Staaten und die Sowjetunion selbst die optimistischsten Vorstellungen von »détente«. Bis sie schließlich gemeinsam das Ende des Kalten Krieges verkündeten. Doch dieser Wandel in den Ost-West-Beziehungen wurde auch maßgeblich von den innenpolitischen Entwicklungen in der Sowjetunion und Osteuropa angetrieben, die jeweils ihre eigene, separate und verwickelte Geschichte hatten. Es wäre unmöglich, die Evolution der deutsch-sowjetischen Beziehungen darzulegen, ohne immer wieder auf diesen größeren Kontext Bezug zu nehmen.

Am Anfang verpflichtete sich die Kohl-Regierung – während sie die Kontinuität der deutschen Außenpolitik (von Genscher zu

Genscher) bekräftigte – auf drei klar geäußerte, entscheidende Punkte. Zum einen betonte sie wieder die zentrale Bedeutung der Beziehungen mit den Vereinigten Staaten und die volle Erfüllung des Nato-Doppelbeschlusses, wozu auch, wenn nötig, die Stationierung von Cruise Missiles und Pershing II auf deutschem Boden gehören sollte. »Das Bündnis«, sagte Kohl in seiner Regierungserklärung 1982, »ist der Kernpunkt deutscher Staatsräson.« Die Bundestagsprotokolle verzeichnen Unruhe und Zwischenrufe bei den Sozialdemokraten. Zum zweiten bekräftigte sie die Verpflichtung der Bundesrepublik auf eine »Europäische Union« innerhalb der existierenden (West-)Europäischen Gemeinschaft.

Und schließlich bestätigte sie unumwunden die Verpflichtung der Bundesrepublik auf das Ziel der deutschen Einheit. In den Worten der Koalitionsvereinbarung zwischen der Christlich Sozialen und der Christlich Demokratischen Union vom Frühjahr 1983 hieß das, »die deutsche Frage nicht nur theoretisch offen zu halten, sondern für das deutsche Recht auf Einheit und Freiheit aktiv einzutreten«. Wie solch ein aktives Eintreten in Praxis aussehen sollte, war eine andere Frage. Doch die emphatische Versicherung dieses Ziels war an sich bereits ein politischer Akt.

Diese drei Grundpositionen könnten vereinfacht als die kurzfristige, mittelfristige und langfristige Priorität der Kohl-Regierung dargestellt werden. Alle drei spiegelten lang gehegte Überzeugungen von Helmut Kohl wider. Alle drei würden Moskau mißfallen. Es ist nicht ohne Ironie – aber auch nicht ohne eine gewisse Logik –, daß der Bundeskanzler, unter dem der Bundesrepublik schließlich der entscheidende Durchbruch im Verhältnis zum Osten gelingen sollte, just derjenige war, der die geringsten Erfahrungen und wenigsten persönlichen Beziehungen zum Osten hatte. Helmut Kohl, der katholische Pfälzer, zu jung, um an der Ostfront gekämpft zu haben (wie Schmidt, Weizsäcker und Strauß), als junger Mann von den geöffneten Schlagbäumen zwischen Frankreich und Deutschland inspiriert, geleitet von der Idee eines zunehmend vereinten, föderalen Europas um die französisch-deutsche Achse herum, war ein archetypischer »Westler« in der westdeutschen politischen Landschaft.

Das hieß natürlich nicht, daß er die außenpolitische Bedeutung der Sowjetunion für die Bundesrepublik nicht erkannte. Moskau hatte er erstmals als noch unerfahrener Parteiführer im September 1975 besucht, ausgestattet mit den Notizen eines Kollegen, der damals zugleich sein Protegé und Mentor war: Richard von Weizsäcker. Das Protokoll von Kohls Begegnung mit Alexej Kossygin zeugt von einem eher chaotischen Gespräch, in dessen Verlauf Kohl, nachdem er sich als »Adenauers Urenkel im Amt« vorgestellt hatte, betonte, er habe von dem alten Mann vor allem in Gesprächen über die Nazizeit gelernt, daß es das »Wichtigste ist, daß die Deutschen nach dieser Zeit wieder Vertrauen gewinnen«. Und er betonte in diesem Zusammenhang, daß die Christdemokraten zu den unterzeichneten Verträgen stehen würden – auch zur Schlußakte von Helsinki, gegen die sie gerade erst gestimmt hatten. Ganz im Sinne Weizsäckers, der in seinen Notizen für ihn vermerkt hatte: »Wir denken gar nicht daran, diese Schlußakte für fragwürdig und bedeutungslos zu halten, nur weil wir Kritik an der Verhandlung und Unterzeichnung geübt haben«!

Kossygin hatte sich zu Beginn des Gespräches nach dem Befinden von Strauß erkundigt, und Kohl kam etwas später darauf zurück: »Er [Strauß] hat mit gutem Grund gesagt, und ich bin vollständig seiner Meinung: ›Pacta sunt servanda‹.« Woraufhin Kossygin etwas überraschend antwortete: »Ich habe es nicht extra an die Spitze gestellt. Es geht mir nicht um Herrn Strauß. Ich habe aber Sie angesehen und habe gemeint, Ihnen geht es gesundheitlich sehr gut. Das hat mich an Strauß erinnert. Sie haben eine ähnliche Figur.« Kohl erwiderte: »Ich bin mit dieser Interpretation sehr einverstanden.« Auf diese beinahe burleske Art begann Helmut Kohls Umgang mit dem Kreml. (Doch Kossygin hatte sicher eine der wirklichen politischen Stärken Helmut Kohls erkannt: seine schiere physische Masse und Zähigkeit.) Es sollte nicht unerwähnt bleiben, daß Kohl bereits in diesem ersten Gespräch mit einem sowjetischen Führer, wie in den vielen folgenden, eindeutig davon sprach, daß es ihm »um den Wunsch des deutschen Volkes... wieder einig zu sein« ging, wenn auch in einer »geschichtliche[n] Perspektive, die vielleicht Generationen dauert«.

Wir können hier nicht alle Spuren und Stadien der Entwicklung verfolgen, die sein und seiner Partei Verständnis von Ostpolitik während der acht Jahre, bis er Bundeskanzler wurde, vollzog.

Doch die Grundrichtung war klar: Akzeptanz der Grundsätze sozialliberaler Ostpolitik, aber nur auf Basis einer uneingeschränkten Westbindung (in Werten wie Sicherheitspolitik); Verpflichtung auf die Europäische Union und das langfristige Ziel der deutschen Einheit. Horst Teltschik, bereits damals Kohls wichtigster außenpolitischer Berater, war schon vorher Experte für sowjetische Außenpolitik und für Ost-West-Beziehungen. Er hatte in Berlin bei Richard Löwenthal, dem großen sozialdemokratischen Experten für internationale Beziehungen, studiert und gelehrt. Ausgestattet mit detaillierteren Kenntnissen und größerem analytischen Raffinement als Kohl, verstand und akzeptierte Teltschik das Gesamtsystem der Ostpolitik, das sie von Brandt und Schmidt geerbt hatten, und wollte es weiterentwickeln: das zentrale Dreieck (Bonn-Moskau-Berlin) innerhalb des größeren Dreiecks (Amerika-Deutschland-Sowjetunion), die Priorität der Beziehungen zu Moskau und der Imperativ der Synchronisierung.

Genscher und Strauß mochten sich zanken, doch selbst die eigenen Protokolle der Freidemokraten über die Koalitionsgespräche im März 1983 verzeichnen Straußens Bemerkung, »daß es im Ost-West-Verhältnis um eine realistische Entspannungspolitik gehe« (womit er Genschers Formel von 1975 aufgegriffen hatte). Auf die ihm eigene unkonventionelle Art sollte Strauß während der nächsten vier Jahre Bonns Doppelstrategie mindestens so aktiv wie Genscher betreiben. Die Idee einer Doppelstrategie des Westens gegenüber dem Osten – entschiedenes Eintreten für Abschreckung und gleichzeitig Entspannung – war natürlich bereits im Harmel-Bericht der Nato enthalten gewesen, auf den sich Kohl ebenso ehrfurchtsvoll berief wie sein Vorgänger. Die spezifische Version des Nato-Doppelbeschlusses vom Dezember 1979 hatte gelautet: Verhandlungen über die Reduzierung von nuklearen Mittelstreckenwaffen bei gleichzeitiger Bereitschaft, genau diese zu einem bestimmten Termin zu stationieren, falls es zu keiner Einigung kommen sollte. Als nun deutlich wurde, daß die sowjetisch-amerikanischen Verhandlungen nicht vor dem Stichtermin zum erfolgreichen Abschluß kommen würden, begann die Bonner Regierung ihre eigene Doppelstrategie zu verfolgen.

Einerseits blieb sie trotz massiver und emotionaler innenpolitischer Opposition und schwerster Einschüchterungsversuche aus Moskau eisern und bereitete sich auf eine Stationierung neuer amerikanischer Raketen auf deutschem Boden vor, mit der im Herbst 1983 begonnen werden sollte. Andererseits tat sie, wie die Schmidt-Regierung zuvor, auf politischer, sozialer, kultureller und (ihre höchste Karte) wirtschaftlicher Ebene alles in ihrer Macht Stehende, um ihre Entspannungsstrategie mit der Sowjetunion, Osteuropa und vor allem der DDR weiterzuverfolgen. So widmete sie beispielsweise trotz heftigen Gegendrucks der Reagan-Administration große Aufmerksamkeit der Entwicklung von deutsch-sowjetischen Wirtschaftsbeziehungen. Und im Sommer 1983 verhandelte Strauß in spektakulärem Alleingang den ersten regierungsgarantierten Milliardenkredit für die DDR, der deren internationale Kreditwürdigkeit mit einem Schlag wiederherstellen würde.

Im Juli 1983, während Strauß sich auf Treffen mit Honecker und Jaruzelski anläßlich einer »privaten« Osteuropatour vorbereitete, besuchten Kohl und Genscher Moskau. Eine vertrauliche Mitteilung der Sowjets an die DDR-Parteiführung über diese Gespräche macht deutlich, wie die sowjetische Seite, die nun vom sterbenden Andropow anstelle des sterbenden Breschnews geführt wurde, die Westdeutschen mit den möglichen negativen Auswirkungen auf ihre Beziehungen mit der DDR konfrontierte: »Die Deutschen in der BRD und der DDR müßten einander durch einen dichten Zaun von Raketen betrachten.« Die Mitteilung vermerkt auch, daß das Bonner Duo der amerikanischen Position treu geblieben sei, obwohl die sowjetische Seite zu erkennen glaubte, »daß es den BRD-Politikern an tiefer eigener Überzeugung« gefehlt habe. Und gleichzeitig: »Kohl und Genscher versicherten uns in allen Tönen der Treue der BRD-Regierung zur Politik des Friedens, der Entspannung und Stabilität.«

Obwohl sich der Bundeskanzler wieder einmal über »die Rechtmäßigkeit der bekannten revanchistischen Konzeption der BRD von der ›Einheit der deutschen Nation‹« ausgelassen habe, habe er auch die Notwendigkeit von praktischen Kooperationen zwischen den beiden deutschen Staaten, vor allem vom »Verkehr ›zwischen den Menschen beiderseits der Grenze‹« betont. Und weiter: »Aufmerksamkeit verdiente die Äußerung des Kanzlers, daß die Entscheidung der BRD über die Vergabe eines Kredits von 1 Mrd. Mark an die DDR gewissermaßen ein Signal ›an unsere Landsleute sei, daß wir zwischen uns keinen Raketenkernwaffen-Zaun haben möchten‹.«

Die Schlußfolgerung dieses interpretativen Schreibens der Sowjets ist aufschlußreich: »Obwohl die derzeitige Regierung, wie der Besuch ein weiteres Mal bestätigte, auf stärker proamerikanischen Positionen steht als das Schmidt-Kabinett, bleiben die Möglichkeiten für die Fortsetzung der Arbeit mit ihr, um sie auf die Grundsätze der in den 70er Jahren abgeschlossenen Verträge festzulegen, weiterhin bestehen. Wir halten es für wichtig, in der Frage der Mittelstreckenraketen auch weiterhin aktiv auf Bonn einzuwirken und deutlich zu machen, wie sich die ›Nachrüstung‹ der NATO für die Interessen der BRD selbst auswirken kann, darunter auch auf die bilateralen Beziehungen zu den einzelnen sozialistischen Ländern.« Eine verhüllte Drohung an die DDR! So endet also ein Bericht über die Bonn-Moskau-Linie des ostpolitischen Dreiecks, gesendet entlang der Linie Moskau-Ost-Berlin, mit einer klaren Handlungsanweisung für die Linie Ost-Berlin-Bonn.

Doch Kohl versuchte, wie Schmidt vor ihm, das Dreieck auch andersherum zu bearbeiten. Bonn ermunterte Honecker mit Anreizen, Moskau zu größerer Konzilianz gegenüber dem Westen zu beeinflussen, aber auch, trotz der dortigen Vorbehalte, gute Beziehungen mit der Bundesrepublik zu wahren. Bei letzterem konnte er einige Erfolge verbuchen, jedenfalls sehr viel mehr als bei ersterem. Während die geriatrische Progression vom sterbenden Breschnew über den sterbenden Andropow bis hin zum sterbenden Tschernenko eine Mischung aus Halsstarrigkeit und Unentschlossenheit produziert hatte, riskierte der zunehmend selbstbewußte Honecker vorsichtig öffentliche Dissonanz mit Moskau.

Nach der Bundestagsabstimmung im November 1983 für die Stationierung von Cruise Missiles und Pershing II proklamierte Honecker sofort – anstatt die Beziehungen mit der Bundesrepublik einzufrieren – die Notwendigkeit, den »Schaden zu begrenzen«, der durch diese beklagenswerte Entscheidung hervorgerufen worden sei, und eine »Koalition der Vernunft« mit dem

Westen einzugehen. Während sowjetische Delegationsleiter die Genfer Abrüstungsverhandlungen verließen und die sowjetische Propaganda Sturm lief, drängte die DDR (darin von Ungarn begleitet) zum Dialog und praktischer (vor allem wirtschaftlicher!) Kooperation mit dem Westen. Honecker entschloß sich, die Einladung zu einem Besuch in der Bundesrepublik anzunehmen, die 1981 von Schmidt ausgesprochen worden war und von Helmut Kohl ausdrücklich erneuert wurde. Im Gespräch mit dem Autor erwähnte Honecker, daß er sich dazu vor allem durch sein erstes persönliches Treffen mit Kohl in einem Gästehaus auf den Moskauer Leninhügeln, anläßlich Andropows Beerdigung, ermuntert gefühlt habe. Erst nach einer dramatischen Unterredung mit der sowjetischen Führungsspitze am 17. August 1984 im Kreml entschied er, den geplanten Besuch abzusagen. Doch in der Praxis fuhr er fort, die Beziehungen mit der Bundesrepublik weiterzuentwickeln. (Diese außergewöhnliche Episode und ihre Auswirkungen auf die deutsch-deutschen Beziehungen werden im vierten Kapitel ausführlicher behandelt.)

Nach Honeckers Besuchsabsage erteilte Willy Brandt im Bundestag Helmut Kohl eine Lektion über die Regeln der ostpolitischen Geometrie. Man könnte nicht, so sagte er, eine Verbesserung der Beziehungen mit der DDR erwarten, wenn man nicht gleichzeitig die Beziehungen zur Sowjetunion verbesserte oder wenn man versuchte, einen osteuropäischen Staat gegen den anderen auszuspielen. Ostpolitik sei nicht einfach nur eine Aneinanderreihung von bilateralen Beziehungen, sondern basierte auf dem Gesamtkonzept eines systematischen, synchronisierten Politikansatzes in den West-Ost-Beziehungen. Auch wenn sich Kohl gegen Brandts Kritik wehrte, griff er diesen Punkt dennoch auf: »Die Sowjetunion ist unser wichtigster und mächtigster Nachbar in Mittel- und Osteuropa«, wobei das Wort »Nachbar« zwar falsch, aber sehr aufschlußreich ist. »Wir wissen ganz genau, daß alle nur denkbaren bilateralen Möglichkeiten, sei es im Gespräch mit der DDR, sei es mit Polen, mit Ungarn, mit Rumänien und mit wem auch immer, letztlich nur erfolgreich sein können, wenn sie eingebunden sind in das Gesamtgespräch mit der Sowjetunion.« Horst Teltschik, der Bahr von Kohl, nannte die Dinge noch deutlicher beim Namen: Moskau allem voran.

Reagan hatte gesagt, zum Tango gehörten zwei. Der sterbende Konstantin Tschernenko und die verstockten Gromykos und Ustinows waren aber nicht zum Tango bereit. Doch Kohl, Genscher, Strauß und Weizsäcker warteten begierig auf den Tanz – vielleicht nicht gerade auf einen vulgären amerikanischen Tango, aber gewiß auf einen guten alten europäischen Walzer. Es fehlten nur noch die Partner in Moskau. Im nachhinein betrachtet scheint klar, daß Michail Gorbatschow, der im März 1985 als neuer sowjetischer Parteichef auftauchte, und Eduard Schewardnadse, den er zum Außenminister machte, diese Partner waren. Doch der Rückblick kann trügen. Denn in Wirklichkeit begann der Walzer äußerst verhalten. Dafür gab es allgemeine und spezifische Gründe.

Ein allgemeiner Grund war, daß die sowjetische Außenpolitik im ersten Jahr Gorbatschows auf die Beziehung mit den Vereinigten Staaten und auf Themen der Rüstung und Abrüstung konzentriert war. Seit Genf im November 1985 – über das außergewöhnliche Gipfeltreffen in Reykjavik im Oktober 1986 bis hin zum Washingtoner Gipfel im Dezember 1987 (bei dem jener Vertrag unterzeichnet wurde, mit dem nicht nur die Reduzierung, sondern auch die Zerstörung der atomaren Mittelstreckenwaffen vereinbart wurde) – beherrschten die Supermacht-Beziehungen und harte Sicherheitsthemen die Agenda des neuen sowjetischen Parteichefs. Trotz all seiner visionären Worte über das »gemeinsame europäische Haus«, trotz all der vielen in seinem Umfeld, die sich mit Europa identifizierten, blieb Europa ein Nebenschauplatz.

Dazu kam, daß sich Moskau innerhalb dieses Schauplatzes erst einmal auf die Verbesserung der Beziehungen mit Frankreich, Großbritannien und Italien konzentrierte und nicht auf die Bundesrepublik. Das war der Preis, den die Kohl-Regierung zahlen mußte, weil sie, vor allem als es um die Nato-Stationierung ging, so demonstrativ ihre Loyalität mit dem Westen zeigte und außerdem so eindringlich den deutschen Anspruch auf Einheit bekräftigte – begleitet von leicht mißverständlichen Aussagen über die rechtliche Fortdauer des Deutschen Reiches in den Grenzen von 1937. Solche Aussagen waren natürlich Wasser auf die Mühlen der sowjetischen Propaganda. Im Vorlauf zum vierzigsten Jahrestag des Endes des Zweiten Weltkriegs schlug die Sowjetunion heftig die Propagandatrommel gegen die vermeintliche Bedrohung durch einen deutschen »Revanchismus« und zog dabei einen braunen Faden von Hitlers Wehrmacht bis zu Helmut Kohl. Natürlich sollte damit innenpolitische Unterstützung in der Sowjetunion und in Osteuropa gewonnen und außerdem jene eigensinnigen osteuropäischen Regime auf Linie zurückgetrimmt werden, die versucht hatten, ihre jeweiligen Bindungen mit Westeuropa und vor allem der Bundesrepublik zu verbessern. Selbst wenn diese Propagandakampagne nicht wirklich der Überzeugung der jüngeren sowjetischen Führungsriege entsprochen haben mag, so war sie doch, aus innen- wie außenpolitischen Gründen, nicht einfach über Nacht wieder rückgängig zu machen.

Deutsch-sowjetische Wirtschaftsbeziehungen wurden trotz des rhetorischen Sturms fortgesetzt, der über allen Köpfen tobte. Und nur Wochen nachdem er Parteichef geworden war, bat Gorbatschow F. Wilhelm Christians von der Deutschen Bank zu einem langen Gespräch. Zwei Monate später empfing er Willy Brandt. Überhaupt hegte und pflegte die sowjetische Führung ihre Beziehungen zu den westdeutschen Sozialdemokraten. Gorbatschow traf sich vor den Bundestagswahlen im Januar 1987 zweimal mit dem sozialdemokratischen Kanzlerkandidaten Johannes Rau. Für die Bonner Regierung war dies natürlich eine zwiespältige Entwicklung. Auf der einen Seite war jeder hochrangige Kontakt in solch schwierigen Zeiten hilfreich. Auf der anderen Seite konnten die Sozialdemokraten innenpolitisch Punkte gewinnen, wenn sie allgemein als diejenigen betrachtet würden, mit denen Moskau zu reden bereit war. Einiges weist darauf hin, daß Moskau in der Hoffnung auf kongenialere Partner – etwa bei einer Rau-Genscher-Regierung nach den Wahlen – Beziehungen mit der Mitte-Rechts-Koalition hinauszögerte. Vermutlich begann Moskau erst dann ernsthaft zur politischen Geschäftsordnung überzugehen, als die Kohl-Genscher-Regierung eindeutig für weitere vier Jahre im Amt bestätigt worden war.

Wenn das stimmt, dann lag es gewiß nicht an mangelnden Versuchen der Bonner Regierung. Beispielsweise begann Kohl einen zehnseitigen Brief an Gorbatschow, datiert 30. Januar 1986 – »Hochverehrter Herr Generalsekretär!« – mit seinem Ausdruck des Wohlwollens über den Verlauf des Genfer Gipfeltreffens und die Fortschritte bei den Gesprächen über eine Reduzierung der atomaren Mittelstreckenwaffen. »Im Verlauf und in den Ergebnissen des Genfer Treffens sieht die Bundesregierung die Bestätigung der Richtigkeit ihrer eigenen Politik. Sie tritt schon seit Jahren für die Fortsetzung und Intensivierung des Dialogs zwischen den USA und der UdSSR auf höchster Ebene ein. Sie hat in dieser Richtung auch im Rahmen der Konsultationen im Nordatlantischen Bündnis und mit der Regierung der Vereinigten Staaten von Amerika zielstrebig gewirkt.« Tatsächlich ist fraglich, was der wirkliche Einfluß der westdeutschen Bemühungen in Washington gewesen war. Doch indem Kohl aus Moskau Anerkennung für jene Dienstleistungen forderte, die bereits Schmidt für sich als »redlicher Interpret« in Anspruch genommen hatte, reihte er sich unmißverständlich in die Kontinuität der Ostpolitik ein.

Nachdem er SDI als Antwort auf das existierende sowjetische Verteidigungssystem interpretiert und eine deutliche Verknüpfung von Sicherheits- und Menschenrechtsfragen hergestellt hatte, begann Kohl vorsichtig Druck für die spezifisch deutschen Interessen zu machen: »Meiner Überzeugung nach wird ein Leben im gemeinsamen europäischen Haus mit weniger Spannungen nur dann möglich sein, wenn auch die Beziehungen zwischen den beiden deutschen Staaten als stabilisierendes Element im Rahmen des gesamten Entwicklungsprozesses zwischen West und Ost ständig stimuliert wird.« Eine höchst vorsichtige Formulierung, die eindeutig zeigt, daß er den Imperativ der Synchronisierung respektierte. Nach Hinweisen auf die Aussichten für verbesserte Wirtschaftsbeziehungen kam er, im Zusammenhang mit dem bevorstehenden Helsinki-Folgetreffen in Bern, nochmals auf spezifisch deutsche Interessen zu sprechen: »Wichtige Themen müßten dort insbesondere die humanitären Aspekte in den Beziehungen zwischen den beiden deutschen Staaten sowie die quantitative Reduzierung auf dem Gebiet der Familienzusammenführung und der Möglichkeiten der Ausreise sowjetischer Bürger deutscher Nationalität sein.«

Er verwies auf einen früheren Brief, in dem er ein Helsinki-Folgetreffen über wirtschaftliche Zusammenarbeit vorgeschlagen hatte – wieder einmal das deutsche Zuckerbrot! – und schloß:

»Die Bundesrepublik Deutschland wünscht, und das betrifft alle politischen Kräfte, eine Vertiefung und Erweiterung der Beziehungen mit der Sowjetunion. Wenn auch die sowjetische Seite diesen Wunsch hegt, dürfte uns nichts daran hindern, den gemeinsamen Weg eines intensiveren politischen Dialogs und der Festigung der Zusammenarbeit zu gehen.«

Sechs Monate später, im Juli 1986, war es soweit, daß Genscher nach Moskau reisen konnte. Er erinnert sich, daß Gorbatschow mit einem langen Vortrag über die Nato-Stationierung in der Bundesrepublik begonnen habe. Doch dann habe er ausführlich über seine Vision vom gemeinsamen europäischen Haus und von den Möglichkeiten gesprochen, die sich für die Ost-West-, vor allem für deutsch-sowjetische Zusammenarbeit ergäben. Am Ende habe man darin übereingestimmt, daß die beiden Staaten eine neue Seite in ihren Beziehungen aufschlagen sollten.

Diese Seite wurde dann jedoch durch einen ungewöhnlichen Fauxpas aus dem Kanzleramt beinahe zerrissen. In einem Gespräch mit Journalisten von *Newsweek*, kurz vor einer Reise in die USA, verglich Helmut Kohl Gorbatschows PR-Fähigkeiten mit denen von Joseph Goebbels. Anstatt nun diese Passage aus der Niederschrift des Interviews zu streichen, die ihm zur Autorisierung zugeschickt worden war, lektorierte der Verantwortliche im Kanzleramt den Text lediglich so, daß klar wurde: Kohl verachtet Goebbels. Und so hieß es im veröffentlichten Text: »Er [Gorbatschow] ist ein moderner kommunistischer Führer, der etwas von Öffentlichkeitsarbeit versteht. Auch Goebbels, einer der Verantwortlichen für die Verbrechen der Hitlerzeit, war ein Experte für Öffentlichkeitsarbeit«. Dieser Vergleich erzürnte die sowjetische Führung derart, daß das Politbüro beschloß, alle politischen Kontakte mit der Bundesrepublik für einige Zeit einzufrieren. Im Januar 1987 aber zeigten die Ergebnisse der Bundestagswahl, daß sie, wenn sie denn mit der Bundesrepublik verhandelt wollten, mit Kohl verhandeln mußten. Doch für zumindest ein Jahr übernahmen andere die Führungsrolle bei der Entwicklung der Beziehungen mit der Sowjetunion.

Dazu gehörte vor allem Hans-Dietrich Genscher. Nachdem er aus den Bundestagswahlen im Januar 1987 mit einem gewachsenen Stimmenanteil für seine Partei hervorgegangen war und erfolgreich einen Angriff von Franz Josef Strauß auf seine Position als Außenminister abgewehrt hatte, hielt er eine Rede vor dem jährlichen Treffen des Weltwirtschaftsforums in Davos, die weltweite Beachtung finden sollte. Er warnte vor der Gefahr von *worst case*-Analysen – wie man sie noch immer aus Washington, Paris und London vernehmen konnte – und endete mit einem eindringlichen Appell an den Westen: »Nehmen wir Gorbatschow ernst, nehmen wir ihn beim Wort!« Die entscheidenden Themen, bei denen der Westen Gorbatschow beim Wort nehmen sollte, waren natürlich Abrüstung und wirtschaftliche Zusammenarbeit.

Mit der Davoser und folgenden Reden übernahm Genscher eine Rolle, die manche als die eines »Schrittmachers« zwischen Ost und West bezeichneten. Diese Vorreiterrolle, tatsächlich eine der relativ wenigen exponierten Positionen, die Genscher während seiner politischen Karriere einnahm, brachte ihm viel Kritik ein und das anfangs eher skeptische Etikett »Genscherismus«. Doch seine optimistische Arbeitshypothese, inspiriert durch sein erstes langes Gespräch mit Gorbatschow, sollte sich doch als richtig erweisen.

Außerdem sprang Richard von Weizsäcker, Kohls ehemaliger Protegé in der Innen- und Mentor in der Außenpolitik – inzwischen eher ein Rivale –, in die Bresche. Noch bevor er Bundespräsident wurde, hatte er zwei Mitglieder des DDR-Politbüros bei einem Treffen im Sommer 1984 ausdrücklich davon in Kenntnis gesetzt, daß er nach Moskau zu reisen wünschte. »Allerdings«, notierte einer seiner Gastgeber Weizsäckers Worte, »müsse er wissen, ob er dort willkommen sei.« Im Sommer 1987 war er endlich willkommen. Nur zwei Monate früher war ein anderer deutscher Besucher gekommen, ein junger Mann namens Matthias Rust, der seine Cessna von der sowjetischen Luftverteidigung unentdeckt bis zum Roten Platz fliegen und dort landen konnte und damit Gorbatschow die wunderbare Möglichkeit schuf, seine Militärs zu rügen und sich selbst eine größere Kontrolle zu verschaffen. Weizsäckers etwas konventionellerer Besuch im Juli 1987 erhielt dann schließlich nicht so sehr durch die Treffen mit seinem formalen Gegenpart Andrej Gromyko so große Bedeutung als wegen seines Treffens mit Gorbatschow.

Bei der Begrüßung von Weizsäcker – und Genscher, der ihn begleitete – erwähnte Gorbatschow seine Vereinbarung mit dem Außenminister vom Vorjahr, eine »neue Seite« in den deutsch-sowjetischen Beziehungen zu öffnen: »Einstweilen bleibe sie jedoch unbeschrieben, und eine Zeitlang habe sogar die Gefahr bestanden, daß sie zugeschlagen werde. Glücklicherweise sei dies nicht geschehen.« Wie bei seinen Gesprächen mit Brandt betonte Gorbatschow auch diesmal, daß er immer zwischen dem deutschen Volk und dem Nazi-Regime unterschieden habe. Dann sprach er lange über die »realistischen« Möglichkeiten, die Beziehungen zwischen den beiden Staaten insgesamt zu verbessern. Im Verlauf der Gespräche erhob Weizsäcker dann die Frage der deutschen Einheit – »fast *just for the record*«, wie er später dem Autor gegenüber im deutsch-englischen Gemisch erklärte. Er forderte damit eine unerwartete Antwort heraus, die schnell in aller Munde sein sollte. Die politische Realität, so entgegnete Gorbatschow, habe zwei deutsche Staaten mit unterschiedlichen Gesellschaftsordnungen geschaffen. Und, wie es im veröffentlichten Bericht der sowjetischen Seite hieß: »Beide haben sie Lehren aus der Geschichte gezogen, und jeder kann seinen Beitrag zu den Angelegenheiten Europas und der Welt leisten. Und was in hundert Jahren sein wird, wird die Geschichte entscheiden.«

Weizsäcker erinnert sich, an dieser Stelle eingeworfen zu haben: »Oder vielleicht in fünfzig?«, worauf er ein Zeichen der Zustimmung von Gorbatschow erhalten habe. Vergnügt meint Weizsäcker, daß er auf diese Weise einen Nachlaß von fünfzig Prozent herausgeholt habe. Entscheidend war jedoch nicht die Zeitspanne, sondern die Tatsache, daß Gorbatschow nicht »niemals« sagte. Was auch immer die geheimsten Gedanken der Breschnew-Generation unter den sowjetischen Machthabern gewesen sein mögen, was auch immer die früheren Experimente der sowjetischen Politik gewesen sein mögen, deren Zeuge sie war oder an denen sie teilgenommen hatte – ihre offizielle Position seit Mitte der sechziger Jahre bis Mitte der achtziger Jahre war eindeutig: Die Teilung Deutschlands und Europas in zwei Gruppen von Staaten mit unterschiedlichen »Gesellschaftssystemen« war von Dauer; Jalta war für die Ewigkeit. Ein alter Witz aus dem Sowjetblock hieß: Die Vergangenheit mag nicht vorhersehbar sein, die Zukunft aber ist gewiß. Dieses offizielle Eingeständnis, daß die Zukunft offen sei und die »Geschichte«, die »Zeit« oder »das Leben selbst« – um drei beliebte philosophische Begriffe Gorbatschows zu nehmen – andere Pläne haben könnten als jene, die die Kommunistische Partei der Sowjetunion wissenschaftlich herausgefunden hatte, war deshalb schon eine außerordentliche Abweichung.

Aber war das alles? In seinen Memoiren erwähnt Eduard Schewardnadse, Genscher habe ihn – nach der Vereinigung – gefragt, wann er zum erstenmal die deutsche Vereinigung als unabwendbar angesehen hatte. Und er zitiert seine überraschende Antwort: »Schon 1986«. Damals habe er in einem Gespräch mit einem führenden sowjetischen Deutschlandexperten die Ansicht geäußert, daß dies bald zum Schwerpunktthema in Europa werden würde. Vom Autor danach befragt, wiederholte Schewardnadse diese Version eingehend im Detail und versicherte darüber hinaus, daß sowohl er als auch Gorbatschow 1987 zu der Einsicht gekommen seien, die deutsche Vereinigung sei unvermeidbar. Natürlich, so sagte Schewardnadse, sei der Zeitplan unbekannt gewesen, doch Gorbatschows Formel von »einhundert Jahren« wäre nur als Beruhigung der öffentlichen Meinung in der Sowjetunion gedacht gewesen, die für das radikale private Denken ihrer Regierungsspitze noch wenig Sinn gehabt habe.

Anatoli Tschernajew, einer der engsten Mitarbeiter Gorbatschows, behauptete zudem 1992, daß Gorbatschow schon zum Zeitpunkt des Weizsäcker-Besuches »in seinem Herzen« überzeugt war, daß »ohne eine Lösung der deutschen Frage und ohne die Herstellung historisch gewachsener normaler Beziehungen zwischen den beiden großen Völkern weder eine Genesung Europas noch der Welt stattfinden würde«. Eine andere, sehr hochrangige Persönlichkeit aus dem Kreis um Gorbatschow, Alexandr Jakowlew, äußerte sich noch überraschender: daß Gorbatschow wahrscheinlich von Anfang an, also seit 1985, mit der deutschen Vereinigung gerechnet habe. Doch die schwierige politische Lage habe ihm nicht erlaubt auszusprechen, was er dachte.

Diese rückblickenden Behauptungen sind bemerkenswert. Sie können nicht einfach ignoriert werden. Und es werden sicher noch weitere folgen. Aber man hat mit ihnen die gleichen Probleme wie mit den rückblickenden Behauptungen westdeutscher

Ostpolitiker über ihre angebliche Voraussicht. Ohne präzise dokumentarische Bestätigung durch Unterlagen aus der entsprechenden Zeit (die es möglicherweise relativ bald geben könnte) sind solche Aussagen nichts weiter als das, was Politiker damals gedacht zu haben heute behaupten.

Relativ gut nachweisbar ist jedoch, daß Wjatscheslaw Daschitschew, ein privilegierter, einzelgängerischer Politintellektueller aus dem einflußreichen Moskauer Institut von Oleg Bogomolow, im November 1987 vor einer Beratergruppe des Außenministeriums einen Vortrag hielt, in dem er argumentierte, daß es in den vitalen Interessen der Sowjetunion liege, nach dem Kalten Krieg eine umfassende kooperative Beziehung mit dem Westen aufzubauen – und daß der Preis dafür eventuell sogar die Opferung des separaten ostdeutschen Staat sein könnte. Auch Erich Honecker erinnerte sich ganz offenbar verbittert, daß der Botschafter der DDR in der Sowjetunion 1987 über ernsthafte Diskussionen in Moskau berichtet hatte, »die deutsche Zweistaatlichkeit zu überwinden«. In einem Fernsehinterview behauptete Honecker aber, daß er dieses Thema gegenüber Gorbatschow angesprochen und von ihm entschieden gegenteilige Versicherungen erhalten habe.

Und hier ist der Haken. Es gibt genügend retrospektive und detaillierte Nachweise, die erkennen lassen, daß 1987 im Rahmen der allgemeinen Neubewertungen und des Umdenkens aller grundlegenden Positionen der sowjetischen Außenpolitik auch die Frage einer möglichen Überwindung der Teilung Deutschlands in zwei Staaten inoffiziell auf hoher und höchster Ebene in Moskau diskutiert wurde. Aber es gibt nicht den geringsten Nachweis dafür, daß dies in operative Politik umgesetzt wurde. Ganz im Gegenteil. Daschitschew selbst sagt, daß seine spekulativen Vorschläge effektiv vom gesamten außenpolitischen Apparat des sowjetischen Parteistaats, der Außenpolitik gewohnheitsmäßig betrieb, zurückgewiesen wurden. Als 1988 ernsthafte und ausführliche deutsch-sowjetische Verhandlungen begannen, fanden sich die westdeutschen Delegationsleiter genau wie ihre Vorgänger in den siebziger Jahren damit konfrontiert, Wochen und Monate über die Einbeziehung West-Berlins in deutsch-sowjetische Vereinbarungen kämpfen zu müssen.

Was die Moskau-Ost-Berliner Seite des Dreiecks anbelangt,

so mochten die politischen Beziehungen zwar verdrießlich gewesen sein, doch änderte das nichts an immer neuen Versicherungen der brüderlichen Solidarität. Entsprechend verzeichnet das DDR-Protokoll eines Gesprächs im Juli 1987 zwischen Hermann Axen, Honeckers ZK-Sekretär für Internationale Verbindungen, und den neuen Leitern der Abteilungen für Internationale Beziehungen und für Beziehungen mit Sozialistischen Ländern im sowjetischen Zentralkomitee, Anatoli Dobrynin und Vadim Medwedew, wie Dobrynin das Gespräch zwischen Weizsäcker und Gorbatschow ausgelegt hatte: »Weizsäcker habe die Frage der deutschen Nation angesprochen. Genosse M. Gorbatschow habe wie bekannt reagiert. Die UdSSR werde keinerlei Spekulationen um die ›deutsche Nation‹ zulassen. Die Verteidigung der Interessen der DDR sei ein Eckpfeiler sowjetischer Politik.«

Dobrynin hatte auch betont, daß die Sowjetunion Kohl und den Christdemokraten weiterhin kritisch gegenüberstünde. »Die Politik der UdSSR gegenüber Kohl werde davon abhängen, welche Politik er gegenüber der Sowjetunion betreibe. Das sei die Meinung des Politbüros.« Für Kohl blieb daher noch mehr als genug zu tun. Nicht nur, daß die Sowjetunion sich an die Bundesrepublik als letzte unter den westeuropäischen Mächten wandte. Gorbatschow wandte sich auch an Kohl als letzten unter den westdeutschen Politikern.

Ende Dezember 1987 empfing er Franz Josef Strauß in Moskau. Strauß, der – wie Matthias Rust – selbst seine Maschine nach Moskau geflogen hatte und unter Gefahren in einem Sturm landen mußte, war bei seiner Rückkehr euphorisch. Er sei, so sagte er, mit »den angenehmsten Gefühlen« zurückgekommen, denn er glaube, daß Ost und West »am Vorabend eines neuen Zeitalters« stehen könnten. Strauß' Besuch war für Kohl tatsächlich sehr nützlich, da er damit seine rechte (oder südliche) Flanke zu Hause absichern konnte. Doch nun war der Bundeskanzler fast der einzige westdeutsche Spitzenpolitiker, der noch kein Gipfeltreffen mit Gorbatschow gehabt hatte.

Obwohl dafür nur Bruchstücke von Beweisen vorliegen, scheint es doch erst nach dem Washingtoner Gipfeltreffen und der Unterzeichnung des INF-Vertrages im Dezember 1987 so gewesen zu sein, daß Gorbatschow und Schewardnadse ihre volle

Aufmerksamkeit jenem Land zuwandten, das eindeutig ihr wichtigster potentieller Partner in Westeuropa war. Im Januar 1988 besuchte Schewardnadse zum erstenmal Bonn. Es war der erste Besuch eines sowjetischen Außenministers seit fünf Jahren. Er gratulierte der Bonner Regierung herzlich zu ihrem Anteil am INF-Vertrag. Vom »redlichen Interpretieren« und »Schrittmachen« abgesehen, bestand dieser Beitrag konkret in der Opferung des eigenen kleinen westdeutschen Inventars von 72 Pershing 1A-Raketen, sehr gegen den Willen von so manchem führenden christdemokratischen Sicherheitsexperten. Schewardnadse ging aber noch weiter und plädierte für eine »Dritte Null-Lösung« bei der Abrüstung – d.h. für die Entfernung jener atomaren Kurzstreckenraketen aus Mitteleuropa, die praktisch nur aus Westmitteleuropa abgefeuert werden konnten, um Ostmitteleuropa zu treffen, oder umgekehrt. Dann unterzeichnete er ein Protokoll über bilaterale Konsultationen, wie es Großbritannien und Frankreich mit der Sowjetunion längst schon getan hatten, und eine Verlängerung des Schmidt-Breschnew Wirtschaftskooperationsvertrages von 1978 auf weitere fünf Jahre.

Im Februar besuchte der christdemokratische Ministerpräsident von Baden-Württemberg, Lothar Späth, Moskau und wurde von Gorbatschow empfangen. Die sowjetische Information an die Parteiführung in Ost-Berlin behauptet, man habe Späth mitgeteilt, »daß die Sowjetunion gewillt ist, in den Beziehungen zur BRD eine entscheidende Wende zum Besseren herbeizuführen«. Doch sei man noch immer besorgt, weil sich die Bundesrepublik soviel Zeit lasse. Weiter hieß es dort (mit Sicherheit eine nicht völlig verläßliche Quelle), Späth habe dies damit zu erklären versucht, »daß die Westdeutschen angeblich nach wie vor Schwierigkeiten mit ihrer ›nationalen Identität und ihrem Nationalbewußtsein‹ haben«; daß die Bundesrepublik der Nato angehöre, »einem Block, in dem ein Staat die führende Stellung einnimmt, der auf der anderen Seite des Atlantischen Ozeans liegt«; und mit Bonns Ängsten, »bei ihren Partnern Besorgnis oder Verdacht« zu erregen. Kanzler Kohl sei jedoch persönlich entschlossen, eine neue Seite in den Beziehungen mit Moskau aufzuschlagen, und »aus mehreren Gründen«, so fuhr Späth fort,

»können die Westdeutschen nicht ruhig leben, ohne gute Beziehungen zur Sowjetunion zu unterhalten«.

»Auf eine Bitte Kohls«, so das Dokument, »sprach Späth die Frage eines Treffens des Kanzlers mit dem Generalsekretär des ZK der KPdSU an... Dabei erklärte er, daß der Kanzler sehr empfindlich reagieren würde, wenn Michail Gorbatschow, der bereits in Frankreich und Großbritannien weilte, die BRD links liegen lassen würde. Es wurde Verständigung darüber erzielt, daß Helmut Kohl in diesem Jahr die Sowjetunion besuchen wird. Ein Besuch Michail Gorbatschows in der BRD wird im nächsten Jahr [also 1989] stattfinden.« Diese lakonische Aussage verschwieg die protokollarische Verlegenheit, daß Gorbatschow im Grunde zuerst Bonn besuchen mußte. Denn Kohl war ja bereits 1983 offiziell zu Besuch in Moskau gewesen (abgesehen von den »Arbeitsbegräbnissen« von Andropow 1984 und Tschernenko 1985). Die Bonner Regierung stimmte diesem Doppelbesuch nur unter der Bedingung zu, daß er als ein Ganzes behandelt würde. »Unsererseits«, heißt es schließlich in der sowjetischen Information, »wurde hervorgehoben, daß die bevorstehende Begegnung den politischen Stellenwert erhalten muß, der dieser Ebene entspricht. Es geht darum, daß sie durch ein gewichtiges gemeinsames Dokument abgeschlossen wird, in dem der Wille beider Seiten zu einer qualitativen Erneuerung der Beziehungen zwischen ihnen sowie ihrer Verantwortung für die ganze Welt klar dargelegt werden.«

Mit dieser typisch tiefen Note konnte der langersehnte und lange verzögerte deutsch-russische Walzer beginnen. Doch während sich die Unterhändler sorgfältig mit den Vorarbeiten beschäftigten, mußte an der westdeutschen Heimatfront noch ein weiterer Schritt unternommen werden. Nikolaj Portugalow, in diesen Jahren ein wichtiger Vermittler und Interpret der sowjetischen Politik gegenüber Deutschland, hatte im Spätsommer 1987 das sowjetische Mißtrauen gegenüber den Christdemokraten in einem treffenden Satz zusammengefaßt: »Der CDU fehlt das ostpolitische Bad Godesberg«. Wie die Sozialdemokraten 1959 ihre Akzeptanz der Grundelemente der Adenauerschen Westintegration in ihrem Bad Godesberger Programm signalisiert hatten, sollten nun die Christdemokraten ihre Akzeptanz der Grundelemente der Brandtschen Ostpolitik mit einer programmatischen Aussage signalisieren. Und genau das taten sie denn auch. Auf ihrem Wiesbadener Parteitag im Juni 1988 verabschiedeten die Christdemokraten eine programmatische außenpolitische Erklärung, die über alles hinausging, was die Partei bislang zur Kodifizierung ihrer praktischen Akzeptanz der ostpolitischen Grundlinien getan hatte.

So hatte sich also nicht nur die sowjetische Seite in den sechs Jahren zwischen Kohls Antritt in Bonn und seinem Besuch im Oktober 1988 in Moskau bewegt. Herausfordernd hatte die Mitte-Rechts-Regierung begonnen, die Westbindungen der Bundesrepublik – mit Nato-Raketen und gemeinsamen Grundwerten –, die Verpflichtung zur westeuropäischen Integration und das langfristige Ziel der deutschen Einheit zu betonen. Und sie hielt sich derart genau an diese drei Grundsätze, daß sie lange brauchte, bis sie das sowjetischen Mißtrauen entkräftete und schließlich die neuen sowjetischen Führer mit allem verfügbaren Charme umwarb. Die Sozialdemokraten waren inzwischen bereit, noch einige Schritte weiter zu gehen. Doch man könnte sagen, daß sich die führenden Christdemokraten 1988 jener Position angenähert hatten, die führende Sozialdemokraten zwanzig Jahre früher eingenommen hatten: Trotz all ihrer klar betonten westlichen, europäischen und nationalen Prinzipien haben Kohl und Teltschik, wie Brandt und Bahr zwei Jahrzehnte zuvor, den Status quo akzeptiert – um ihn zu überwinden.

Davon ausgehend, fuhr Kohl endlich nach Moskau. Begleitet wurde er von einem großen Troß aus Ministern, Beamten, Geschäftsleuten und Bankiers. Letztere, wie üblich von der Deutschen Bank angeführt, arrangierten einen Kredit über 3 Milliarden Mark, der für den Ankauf von Maschinen für die sowjetische Leichtindustrie gedacht war. Sechs Verträge wurden zwischen den Regierungen unterzeichnet, die sich auf Sachverhalte bezogen wie atomare Sicherheit, Kooperation beim Umweltschutz, Lebensmittelproduktion und das erste offizielle Kulturaustauschprogramm. »Jetzt«, sagte Gorbatschow, »haben wir sehr viele deutsche Freunde.« Kohls Gespräche mit dem sowjetischen Staats- und Parteichef dauerten fast zehn Stunden. Zu Beginn war die Atmosphäre etwas kühl gewesen, doch dann sagte Gorbatschow, das Eis sei gebrochen. Nach den Aufzeichnungen von Anatoli Tschernajew, Teltschiks Pendant als Protokollant bei diesen Gesprächen, zeigten sich hier bereits die Anfänge einer starken persönlichen Beziehung. Und auf der abschließenden Pressekonferenz riskierte Kohl die Aussage, daß nicht nur eine neue Seite, sondern ein ganz »neues Kapitel« in den deutsch-sowjetischen Beziehungen aufgeschlagen worden sei.

Dieser Besuch war jedoch noch gar nichts, verglichen mit dem Besuch des sowjetischen Parteichefs im Juni 1989 in der Bundesrepublik. »Gorbimanie« gab es nicht nur in Deutschland. Der Enthusiasmus der Bevölkerung hatte sich auch auf den Straßen von Washington, London und Paris gezeigt. Doch selbst daran gemessen war der Empfang, den die Massen, die Medien, die Politiker und die Geschäftswelt Gorbatschow in der Bundesrepublik bereiteten, außergewöhnlich.

Ein früherer Regierungssprecher beschrieb dies kraß, aber nicht unrichtig als »Gorbasmus«. Die Bild-Zeitung druckte auf der ersten Seite ein Photo von Gorbatschow, wie er ein Schulmädchen umarmt, mit der Schlagzeile: »Ein Kuß für Annette, ein Kuß für Deutschland«. Die alternative *taz* nannte Gorbatschow trocken: »Das Objekt der Begierde«. Deutsche Kommentatoren verglichen seinen Besuch mit dem von John F. Kennedy. Hochrangige sowjetische Kommentatoren, die sich den deutschen Medien geschmeidig zur Verfügung stellten, verglichen das Ereignis mit der historischen Aussöhnung zwischen Frankreich und Deutschland unter Adenauer und de Gaulle. Westdeutsche Politiker mußten schließlich darum bitten, an ihren eigenen Worten und Taten gemessen zu werden, nicht an denen von Schulmädchen und Schlagzeilen. Doch diese Emotionalität, ja Euphorie, reichte bis in die obersten Ränge hinauf. Man sollte ihren Einfluß nicht unterschätzen.

»Nach guter Saat im Herbst«, sagte Kanzler Kohl, »können wir jetzt die Ernte einbringen.« Und was für eine Ernte! Diesmal gab es nicht weniger als elf Verträge, über so wichtige wirtschaftliche Bereiche wie Investitionsschutz und Management-Training bis hin zu Schul- und Jugendausbildung und schließlich der Vereinbarung eines »heißen Drahts« zwischen Bonn und Moskau. Ein Regierungssprecher wies auf ähnliche Verbindungen zu Washington und Ost-Berlin hin.

»Wir ziehen den Strich unter die Nachkriegsperiode«, sagte Gorbatschow in seiner offiziellen Antwort an Kanzler Kohl. Und Bezug nehmend auf die gemeinsame Erklärung, die sie unterzeichnen wollten: »Das ist wohl das erste Dokument von einem solchen Charakter und einer solchen Dimension, in welchem sich zwei große europäische Staaten, die den unterschiedlichen Systemen und Bündnissen angehören [sic], Mühe gegeben haben, sich philosophisch über den Sinn des zur Zeit von der Weltgemeinschaft erlebten Augenblicks Gedanken zu machen und gemeinsam die Ziele ihrer Politik darzulegen.«

Dieses bemerkenswerte Dokument, inoffiziell die Bonner Erklärung genannt, beginnt mit der grandiosen Aussage, die beiden Staaten stimmten darin überein, »daß die Menschheit an der Schwelle zum dritten Jahrtausend vor historischen Herausforderungen steht«, und zitiert dann die gemeinsamen Prinzipien, auf deren Basis die beiden Staaten diesen Herausforderungen begegnen würden. »Die Bundesrepublik Deutschland und die Sowjetunion«, heißt es dort, »betrachten es als vorrangige Aufgabe ihrer Politik, an die geschichtlich gewachsenen Traditionen anzuknüpfen und so zur Überwindung der Trennung Europas beizutragen. Sie sind entschlossen, gemeinsam an Vorstellungen zu arbeiten, wie dieses Ziel durch den Aufbau eines Europas des Friedens und der Zusammenarbeit – einer europäischen Friedensordnung oder des gemeinsamen europäischen Hauses –, in dem auch die USA und Kanada ihren Platz haben, erreicht werden kann.«

Dann folgt eine Aufzählung von »Bauelementen« für dieses Europa des Friedens und der Zusammenarbeit, darunter weitere Schritte zur Abrüstung, intensivierter Dialog auf allen Ebenen, ökonomische, technologische und ökologische Zusammenarbeit und der Ausbau von Kontakten in allen möglichen Bereichen. In einem Absatz zur Sicherheitspolitik heißt es unter anderem: »Die Bundesrepublik und die Sowjetunion treten ein für
– eine 50prozentige Reduzierung der strategischen nuklearen Offensivwaffen der USA und der Sowjetunion,
– einvernehmliche amerikanisch-sowjetische Lösungen bei den Nuklear- und Weltraumverhandlungen; dies gilt auch für die Einhaltung des ABM-Vertrages ...«

Die Bonner Erklärung stellte somit explizit das langfristige ostpolitische Ziel einer »europäischen Friedensordnung« auf gleiche Stufe mit Gorbatschows Vision eines »gemeinsamen europäischen Hauses«. Sie sprach davon, daß die Bundesrepublik und die Sowjetunion in ihrem jeweiligen Bündnis für dieses Ziel oder diese Vision arbeiten sollten, wobei die Vereinigten Staaten »auch« einen Platz darin finden würden. Sie erklärte Einvernehmen zwischen der Sowjetunion und der Bundesrepublik bei entscheidenden Schritten der Abrüstung, die die Sowjetunion gemeinsam mit den Vereinigten Staaten unternehmen sollte.

Damit schrieb die Erklärung der Bundesrepublik einen außerordentlichen Rang bei europäischen und globalen Angelegenheiten zu. »Die Bundesrepublik Deutschland«, heißt es, »und die Sowjetunion sind sich angesichts der europäischen Geschichte und der Lage Europas in der Welt sowie angesichts des Gewichts, das jede Seite in ihrem Bündnis hat, bewußt, daß eine positive Entwicklung ihres Verhältnisses zueinander für die Lage in Europa und für das West-Ost-Verhältnis insgesamt zentrale Bedeutung hat.« Daher wünschten sie, »an die guten Traditionen ihrer jahrhundertelangen Geschichte an[zu]knüpfen«. In einer seiner Schlüsselreden betonte Gorbatschow, daß die Zusammenarbeit zwischen Moskau und Bonn als »Katalysator für neue Beziehungen zwischen Ost und West insgesamt« dienen könnte.

Bonn war einen sehr langen Weg gegangen seit Adenauers erster Moskau-Reise 1955, nach der er seinen christdemokratischen Kollegen stolz erklärt hatte, der »heranwachsende junge Mann« Bundesrepublik habe sich nun »in gleiche Reihe« mit den »anderen drei« gestellt – also mit den Vereinigten Staaten, Frankreich und Großbritannien. Nun stand die Bundesrepublik mitten in einer neuen und noch exklusiveren Reihe, die man die neuen »Großen Drei« nennen könnte: Die Vereinigten Staaten, (West-)Deutschland, die Sowjetunion. Adenauers Alptraum namens Potsdam war nur noch eine ferne Erinnerung. 1945 hatten die Vereinigten Staaten und die Sowjetunion entschieden, was mit Deutschland geschehen sollte. Nun gaben (West-)Deutschland und die Sowjetunion eine gemeinsame Erklärung ab, was die Vereinigten Staaten zu tun hätten! Die implizite Veränderung des Verhältnisses zwischen Bonn und den Vereinigten Staaten war beinahe so dramatisch wie der explizite Wandel von Bonns Beziehungen mit der Sowjetunion. Tatsächlich hatte Präsident Bush das (Wieder-)Auftauchen von (West-)Deutschland als bedeutender, ja sogar führender Macht in (nicht nur West-)Europa bereits anerkannt. Nur zwei Wochen zuvor hatte er in einer Rede in Mainz erklärt, daß die Vereinigten Staaten und die Bundesrepublik nun »*partners in leadership*« sein sollten.

Diese neue Position von (West-)Deutschland war nicht nur eine Angelegenheit von veränderten Machtverhältnissen zwischen Staaten. Sie betraf auch das, was Gorbatschow den »philosophischen« Ansatz der Ost-West-Beziehungen genannt hatte. Westdeutsche Politiker gaben sich alle Mühe, die westlichen Werte und westdeutschen Positionen zu betonen, von denen sie die sowjetischen Führer überzeugt hatten: beispielsweise, daß »der Mensch mit seiner Würde und seinen Rechten ... im Mittelpunkt der Politik stehen« muß; der kulturelle Wert von nationalen Minderheiten; der Vorrang des Völkerrechts in der inneren und internationalen Politik und vor allem das Selbstbestimmungsrecht. Connaisseurs wiesen auf die Bedeutung hin, die der Wechsel eines einzigen Buchstabens im russischsprachigen Text hatte: Seit Jahrzehnten hatten die Sowjets die Bundesrepublik *Federativnaja Respublika Germanjii* genannt (die Deutsche Bundesrepublik), während das westdeutsche Auswärtige Amt sie davon zu überzeugen versucht hatte, *Federativnaja Respublika Germanja* (Bundesrepublik Deutschland) zu schreiben. Nun, schließlich, hatten die Russen das »*i*« doch in ein »*a*« umgewandelt.

Bei näherer Betrachtung stellt man jedoch fest, daß es mit der »philosophischen« Bilanz dieses Dokuments etwas komplizierter lag. Sicher beinhaltete es jene Elemente westlichen Denkens über internationale Beziehungen, die bereits als Teil des sowjetischen »neuen Denkens« adaptiert worden waren. Und im Gegensatz zum einzig vergleichbaren bilateralen Dokument – dem sowjetisch-amerikanischen Abkommen von 1972 über die Grundprinzipien der Beziehungen – enthielt es nicht mehr den kompromittierten sowjetischen Begriff der »friedlichen Koexistenz«. Andererseits aber enthielt es entscheidende sowjetische Vorbehalte. Beispielsweise liest sich der Hinweis auf Selbstbestimmung als »Bauelement« im neuen Europa derart: »Die uneingeschränkte Achtung der Integrität und der Sicherheit jedes Staates. Jeder [Staat] hat das Recht, das eigene politische und soziale System frei zu wählen. Die uneingeschränkte Achtung der Grundsätze und Normen des Völkerrechts, insbesondere Achtung des Selbstbestimmungsrechts der Völker.«

Zwei entschieden unterschiedliche Dinge wurden also miteinander verschmolzen: das Recht der Völker auf Selbstbestimmung und das Recht von Staaten, ihr eigenes politisches System ohne Einmischung von außen zu wählen. Auf Deutschland angewandt, konnte das zwei diametral gegensätzliche Konsequenzen haben: (1) Die DDR – als Staat – hat das Recht, ihr eigenes politisches System zu wählen und uneingeschränkte Achtung der Integrität und Sicherheit des Staates einzufordern, der sich auf diesem System begründet. Oder (2): Die Deutschen – als Volk – haben das Recht, Einheit in Freiheit zu wählen und somit das Ende der DDR als Staat auszusprechen!

Diese Verpflichtung auf Selbstbestimmung wurde in der Bonner Erklärung noch durch zwei weitere Hinweise auf die Fortdauer unterschiedlicher Systeme eingeschränkt. »Fortbestehende Unterschiede in den Wertvorstellungen und in den politischen und gesellschaftlichen Ordnungen bilden kein Hindernis für zukunftsgestaltende Politik über Systemgrenzen hinweg«, heißt es da. Und weiter: »Europa, das am meisten unter zwei Weltkriegen gelitten hat, muß der Welt ein Beispiel für stabilen Frieden, gute Nachbarschaft und konstruktive Zusammenarbeit geben, welche die Leistungsfähigkeit aller Staaten, *ungeachtet unterschiedlicher Gesellschaftssysteme*, zum gemeinsamen Wohl zusammenführt.« (Hervorhebung des Autors.) Genau das war natürlich die entscheidende Prämisse der ursprünglich sozialliberalen Vision von einer »europäischen Friedensordnung«, die Brandt, Scheel und Bahr 1969 artikuliert hatten – nun wurde sie im Jahr 1989 von einem christdemokratischen Bundeskanzler unterzeichnet. Kein Wunder, daß Egon Bahr meinte, er selbst hätte es nicht besser machen können: »Ich gestehe, daß ich von dieser Bonner Erklärung ungeheuer angetan bin.«

Man mag sich daran erinnern, daß das sowjetisch-amerikanische Abkommen über Grundprinzipien eine beinahe identische Formulierung enthielt: »Unterschiede bei Ideologie und Gesellschaftssystemen der USA und der UdSSR sind keine Hindernisse für die bilaterale Entwicklung von normalen Beziehungen, basierend auf den Prinzipien von Souveränität, Gleichheit, Nichteinmischung in die inneren Angelegenheiten und gemeinsamen Vorteilen.« Aber das war im Mai 1972, nicht im Juni 1989.

Im Juni 1989 waren die Völker zweier osteuropäischer Staaten bereits dabei, ihre Systeme zu verändern. Nur eine Woche bevor Gorbatschow nach Bonn kam, hatten die Polen, als Ergebnis der Gespräche zwischen Solidarność und den (Noch-)Machthabern am Runden Tisch, die ersten halbfreien Wahlen abgehalten, die es seit der Auferlegung des sowjetischen »Gesellschaftssystems« in Osteuropa gab. Das Ergebnis war ein erdrutschartiger Sieg für Solidarność, der innerhalb von nur drei Monaten zur Ernennung eines nichtkommunistischen Ministerpräsidenten führte. Als Gorbatschow in Bonn gefeiert wurde, begannen in Budapest Gespräche am Runden Tisch. Am Tag nach seiner Abreise beerdigten die Ungarn feierlich zum zweitenmal Imre Nagy, den Revolutionsführer von 1956, und schlugen damit den letzten Nagel in den Sarg der herrschenden Ungarischen Sozialistischen Arbeiterpartei. Als Reaktion auf diese Entwicklungen hatte der amerikanische Präsident in seiner Mainzer Rede vorgeschlagen, daß der Helsinki-Prozeß gestärkt und erweitert werden sollte, »um freie Wahlen und politischen Pluralismus in Osteuropa zu fördern«. Eine Botschaft, die er in der Folge auch nach Warschau und Budapest trug.

Dies ist der Kontext, in dem die deutsch-sowjetische Verpflichtung auf den gemeinsamen Bau eines neuen Europas »über Systemgrenzen hinweg« und »ungeachtet unterschiedlicher Gesellschaftssysteme« gesehen werden muß. Natürlich enthalten alle derartigen Dokumente Zweideutigkeiten und Kompromisse. (Was auch ein Argument gegen das Abfassen solcher Dokumente ist.) Bundeskanzler Kohl artikulierte westliche Werte und spezifische deutsche Interessen denn auch sehr viel deutlicher in seiner Schlüsselrede an den sowjetischen Staats- und Parteichef. Die fortdauernde Teilung Deutschlands, sagte er, sei »eine offene Wunde«. Die Berliner Mauer sollte abgeschafft werden. Die Bindungen der Bundesrepublik an die Europäische Gemeinschaft und die Nato seien nicht verhandelbar. »Aus der Entscheidung für Freiheit und Demokratie im Inneren folgte die Entscheidung, uns in der Nato mit Staaten zu verbünden, die sich zu den gleichen Werten bekennen.«

Gleichzeitig betonte er, daß diese Bonner Erklärung eine »Kursbestimmung« für die deutsch-sowjetische Politik »in der Perspektive des Jahres 2000« sein sollte. Sein außenpolitischer Berater Horst Teltschik, einer der Architekten der Bonner Erklärung, sollte später schreiben, daß sie als »Richtlinie für den Kurs der europäischen Politik in den kommenden Jahrzehnten« gelten könnte. Also sollte man sie ganz sicher nicht auf die leichte Schulter nehmen.

Nicht nur in machtpolitischer Hinsicht, auch »philosophisch« hatte Bonn öffentlich eine Position zwischen Washington und Moskau bezogen: unvergleichlich näher an Washington hinsichtlich der innenpolitischen Fundamente und des wirtschaftlichen und gesellschaftlichen Systems, etwas entfernter aber hinsichtlich der Visionen und Prioritäten bei den Ost-West-Beziehungen. Tatsächlich war Bonn zwischen Kohls Besuch in Moskau und Gorbatschows Besuch in Bonn in eine große Kontroverse mit Washington verwickelt, bei der es um das atomare Kurzstreckenraketensystem der Nato an vorderster Front ging, bekannt als Lance. Die Vereinigten Staaten und Großbritannien wollten es modernisieren und sahen es als letztes verbliebenes Bindeglied in der Nato-Kette von konventionellen zu atomaren Waffen. Die Sowjetunion wollte es vollständig beseitigt haben, als Teil einer »dritten Null-Lösung«.

Kohl hatte ursprünglich das amerikanische Argument akzeptiert. Aber Genscher war dagegen. Und bis zum Frühjahr 1989 war es ihm gelungen, die Bundesregierung mit zwei Argumenten auf seine Seite zu ziehen. Erstens konnten diese Raketen, wenn sie von Deutschland (West) aus gestartet würden, nur Deutschland (Ost) treffen. »Je kürzer die Reichweiten, desto toter die Deutschen«, so lautete die prägnante Formel westdeutscher Politiker. Zweitens könnte es die einzigartige Chance einer durchgreifenden Verbesserung der Ost-West-Beziehungen, vor allem der deutsch-sowjetischen, gefährden. Es gab einen gewaltigen Krach, bei dem sogar der Bundespräsident erhaben von der überlegenen Weisheit »der Kontinentaleuropäer« sprach, während amerikanische Kongreßabgeordnete den alten Refrain herunterleierten: »*No nukes, no troops*«. Doch das genscheristische Bonn ging aus diesem Spektakel als Sieger hervor, nach einem schnell zusammengezimmerten Kompromiß für das Nato-Treffen anläßlich deren vierzigjährigen Bestehens im Mai. Bushs Rede von »*partners in leadership*« entsprang harter Erfahrung.

Die Bonner Erklärung mit Gorbatschow war natürlich nicht einfach nur eine Zusammenfassung der Bonner Realpositionen. Aber das war auch die Erklärung zum vierzigsten Jahrestag der Nato nicht. Beide waren Kompromisse. Erstere sprach vom Aufbau eines neuen Europas, das auf unterschiedlichen Gesellschaftssystemen beruht, jedoch nicht so eindeutig, wie Moskau (geschweige denn Ost-Berlin) es gerne gesehen hätte. Letztere sprach von einer Unterstützung für »die Öffnung der östlichen Gesellschaften« und von Ermutigung zu »Reformen, die auf positive politische, wirtschaftliche und menschenrechtliche Entwicklungen hinzielen«, jedoch nicht so ausdrücklich, wie Washington (und viele Osteuropäer) es gewünscht hätte. Beide enthielten ein starkes Element von Bonns charakteristischem politischen Ansatz bei den Ost-West-Beziehungen, mit der Vision eines Netzwerkes aus Dialog, Austausch und Kooperation, ausgebreitet über den geteilten Kontinent.

Aber war das alles? Gab es nicht inoffizielle Verständigungen, die über die offiziellen Aussagen hinausgingen? Kanzler Kohl behauptet, es gab sie. Vor allem erinnert er sich an ein Gespräch mit Michail Gorbatschow, eines Abends im Garten des Kanzlerbungalows, Blick über den Rhein. Nach einem Austausch ihrer Kindheitserfahrungen im Krieg und einer Diskussion darüber, was die Bundesrepublik und die Sowjetunion in Zukunft alles zusammen machen könnten, kam Kohl auf die deutsche Einheit zu sprechen. Der Fluß der Geschichte, habe er gesagt, fließe in Richtung deutsche Einheit, so wie der Rhein unter ihnen zum Meer fließt. Man könnte zwar versuchen, den Rhein einzudämmen, aber der mächtige Fluß würde über die Ufer steigen und seinen Weg um den Damm herum finden. So sei es auch mit der deutschen Einheit. Gorbatschow könnte sie natürlich für viele Jahre aufhalten. In diesem Fall würde er, Helmut Kohl, diesen Tag nicht mehr erleben. Aber der Tag der deutschen Einheit – und der europäischen

Einheit! – werde so sicher kommen, wie der Rhein ins Meer fließt.

Kohl erinnert sich, Gorbatschow habe sich diese gewichtige Aussage angehört und weder Ablehnung noch Zustimmung zu erkennen gegeben. Dann habe er begonnen, von den wirtschaftlichen Schwierigkeiten der Sowjetunion zu sprechen. Falls er an einem bestimmten Punkt dringend um wirtschaftliche Unterstützung bitten müßte, würde der Kanzler dann in der Lage und willens sein, sie zu gewähren? Kohl sagte ja. Dieses Gespräch im Garten des Kanzlerbungalows, Blick über den Rhein, sagt Kohl, sei »der entscheidende Moment« auf dem Weg zur deutschen Einheit gewesen.

Auch dieser Bericht muß natürlich kritisch behandelt werden. Bevor man eine ernsthafte Beurteilung abgibt, würde man gerne die Moskauer und ebenso die Bonner Protokolle lesen. Aber es scheint doch, als hätten Kohl und Gorbatschow, ungeachtet der vorangegangenen Ausrutscher und Beleidigungen (»Goebbels«) – oder vielleicht auch zum Teil gerade deshalb –, eine bemerkenswerte Beziehung zueinander gefunden. Im gleichen Alter, beides Provinzpolitiker, war ihnen eine sehr ähnliche Mischung aus Härte und Sentimentalität eigen und eine gemeinsame Vorliebe für ausschweifende Betrachtungen über Geschichte, Zeitläufe und das Leben an sich. Später, als Kohl mit George Bush noch immer per »Sie« war, war er mit Gorbatschow bereits zum »Du« übergegangen. Glaubhaft ist, daß Kohl aus wirklicher Überzeugung – und nicht »fast *just for the record*« – über die Richtigkeit und Unvermeidlichkeit der deutschen Vereinigung sprach, denn genau das tat er schon immer, in all seinen Gesprächen mit sowjetischen Führern.

Der Kern von Gorbatschows Antwort, wie Kohl sie erinnert, ist auch plausibel und aufschlußreich. Er läßt erkennen, daß Gorbatschow sogar in Bonn noch außerordentlich von den Problemen zu Hause belastet war und daß er beinahe schon verzweifelt auf die Bundesrepublik setzte, um wirtschaftliche Unterstützung zu bekommen. Mit dem Blick auf Deutschland zwecks langfristiger Unterstützung bei der Herkulesaufgabe, Rußland zu modernisieren, stellte er sich in eine lange Traditionsreihe, die zumindest bis Peter den Großen zurückreicht. Aber er suchte auch nach kurzfristiger Unterstützung, um das Anwachsen der Wirtschaftskrise aufzuhalten, die gerade aus seinem eigenen Versuch entstanden war, die Sowjetunion nach siebzig Jahren Planwirtschaft durch halbherzige Maßnahmen der Perestrojka zu modernisieren.

Natürlich ist es unmöglich, hier die gesamte Geschichte der Entwicklungen in der Sowjetunion, in Osteuropa und in den Ost-West-Beziehungen während der vorangegangenen vier Jahre zusammenzufassen. Um jedoch einseitige Sichtweisen und retrospektiven Determinismus zu vermeiden, ist es wichtig herauszufinden, welchen Punkt Gorbatschow selbst im Sommer 1989 erreicht hatte, und danach zu fragen, welche größeren Faktoren – jenseits der spezifischen Geschichte deutsch-sowjetischer Beziehungen – ihn zu jenem bemerkenswerten Augenblick am Rhein gebracht hatten.

Willy Brandt behandelte in seinem Memoirenband von 1989 die Idee, daß eine westliche Politik der militärischen Stärke Gorbatschow an die Macht gebracht habe, mit freundlichem Spott. Hingegen hob er den Einfluß der Olof-Palme-Kommission und seiner eigenen Brandt-Kommission über Gorbatschows »neues Denken« in der Außen- und Sicherheitspolitik hervor. Damit berührte er zwei gegensätzliche Behauptungen über den Einfluß westlicher Politik auf die sowjetische Politik der achtziger Jahre. Auf der einen Seite wird eine gerade Linie von Palme zu Gorbatschow, auf der anderen von Pershing zu Gorbatschow gezogen. Auf breiterer Ebene gibt es jene, die behaupten, daß es Reagans neu-alte Politik des Kalten Krieges, der Aufrüstung und, ja, der *Strategic Defence Initiative* – dem »Krieg der Sterne« – war, die zur entscheidenden Umkehr der sowjetischen Außenpolitik geführt hätte. Und es gibt die, die behaupten, daß die wahren Quellen des »neuen Denkens« ganz im Gegenteil in der westlichen Entspannungspolitik zu finden seien, in Impulsen aus der Friedensbewegung und den Parteien, die sich in der Sozialistischen Internationale zusammengefunden hatten. Was also war es: SDI oder SI?

Für jede parteiliche Behauptung finden sich Beweise und Zeugenaussagen aus sowjetischen Quellen. So ist es nachweislich der Fall, daß einige Konzepte und Begriffe des sowjetischen »neuen

Denkens« – vor allem im Bereich der Sicherheitspolitik – aus linken oder linksliberalen außenpolitischen Debatten in Westeuropa und Nordamerika stammten. Brandt und Bahr konnten eine direkte Linie ziehen von der Palme-Komission via Georgi Arbatow zu Gorbatschow. Und sie zitieren Valentin Falin: »Ohne Ostpolitik keinen Gorbatschow!« Doch derselbe Falin sagte 1992 in einem Interview mit der Zeit, daß die Amerikaner die Sowjets totgerüstet hätten. Hieße das, kam alarmiert die Frage der Herausgeberin und des Chefredakteurs der Zeit, daß Reagan recht hatte? »In diesem Sinne, ja«, antwortete Falin, doch dann betonte er, daß die tieferen Gründe dafür nicht allein bei Reagan, sondern bei der amerikanischen Nachkriegspolitik insgesamt zu suchen seien (mit anderen Worten: Eindämmungspolitik).

Was die Bundesrepublik anbelangt, so haben sowohl Schmidt als auch Kohl und Genscher in Gesprächen mit dem Autor betont, daß sie mittlerweile der Meinung seien, ihre Entscheidung für eine Stationierung der Pershings und Cruise Missiles hätte entschieden zur Revision der sowjetischen Politik beigetragen. Hatte irgend jemand von der sowjetische Seite dieser Interpretation zugestimmt? Ja, sagte Bundeskanzler Kohl, Gorbatschow. Und hatte irgend jemand von der sowjetischen Seite der gegenteiligen Interpretation Willy Brandts zugestimmt? Ja, sagte der ehemalige Bundeskanzler Brandt, Gorbatschow!

Auf die Gefahr hin, noch mehr dialektisch harmonisierend zu klingen als die ältesten Veteranen der Ostpolitik, möchte man behaupten, daß es wahrscheinlich zwei realistische Antworten auf die simplistische und parteiliche Frage gibt, ob nun der Kalte Krieg oder die Entspannung zum fundamentalen Wandel in der sowjetischen Politik geführt hat. Die erste Antwort lautet: Sowohl als auch. Die zweite: Weder noch.

Die Manifestation westlicher militärischer Stärke, politischer Solidarität und wirtschaftlicher wie technologischer Überlegenheit, Kennzeichen der ersten Amtsperioden von Reagan und in geringerem Maß der von Kohl, mag die neue sowjetische Führung davon überzeugt haben, daß sie den Westen weder mit Rüstung übertreffen, noch ihn entzweien konnte. Daß die Sowjetunion in den sechziger Jahren nahezu atomar-strategische Parität erreicht hatte, war eine fundamentale Voraussetzung für die erste wichtige Entspannungsperiode gewesen, während der sich – grob gesagt – der Westen in Richtung Osten begab. Nun wurde wahrscheinlich die Demonstration des Westens, daß er, wenn er nur wollte, nicht nur mit der Sowjetunion gleichziehen, sondern alles übertreffen konnte, was ihr möglich war – wie hoch der finanzielle Aufwand auch sein mochte, den der Kreml der Rüstung widmete –, zur Voraussetzung für die zweite Entspannungsperiode, während der Osten sich in Richtung Westen begab. Doch bei dieser schmerzhaften und immer wieder angefochtenen Wiederanpassung der sowjetischen Politik war es wichtig für Gorbatschow, daß er auf Partner im Westen verweisen konnte, auf Kräfte, die zur Kooperation bereit waren, ohne die Sowjetunion zum Gesichtsverlust zu zwingen. Um an die simplistische Dichotomie zu erinnern: Wenn Pershing und SDI den Weg in die Sackgasse zeigten, konnten vielleicht Palme und SI einen möglichen Weg heraus zeigen.

Vielleicht ist dies eine zu harmonische Interpretation. Man kann natürlich auch behaupten, daß die Hoffnung auf eine sozialdemokratische Regierung in der Bundesrepublik und damit auf die Möglichkeit, daß ein Keil zwischen Westeuropa und die Vereinigten Staaten getrieben würde, die Annäherung zwischen Moskau und Bonn in den Jahren 1985 und 1986 verzögert hatte. Man könnte außerdem behaupten, daß die Personen, die Gorbatschow den Weg aus der Sackgasse zeigten, keine Gegner von Reagan und Kohl gewesen waren, sondern Reagan und Kohl in ihrer jeweiligen zweiten Amtsperiode selbst. Immerhin war es Reagan, der zum Schrecken vieler Westeuropäer und vor allem der Westdeutschen auf dem Gipfeltreffen in Reykjavik die durchgreifendsten Vorschläge zur atomaren Abrüstung unterschrieb. Und war nicht Kohl auf dem Bonner Gipfeltreffen ein Musterknabe der Entspannung? Doch die Richtung, die die Opposition vertrat und die von einem Großteil der öffentlichen und veröffentlichten Meinung unterstützt wurde, hat zur Modifikation der Regierungspolitik beigetragen. Nicht zuletzt durch jenen leistungsstarken Halbleiter namens Hans-Dietrich Genscher.

Tatsache ist, daß sowohl innerhalb des westlichen Bündnisses als auch innerhalb Westdeutschlands beide Schienen der Harmel-

Strategie nicht nur in Einigkeit, sondern auch mit Streit verfolgt wurden: Streit innerhalb der Regierungskoalition, Streit zwischen Regierung und Opposition, Streit zwischen Bonn und Washington. Deshalb ist es unmöglich, eine klare Antwort auf die Frage zu geben: Wer hatte recht? Denn beide Seiten endeten damit, beides zu tun. Mit viel Sturm und Drang betrieb das westliche Bündnis insgesamt sowohl Kalten Krieg als auch Entspannung. Und innerhalb dieser Doppelstrategie hatte die Bonner Regierung ihre eigene, spezifische Doppelstrategie entwickelt.

Sie forderte die Sowjetunion mit ihrem Treueid auf die Nato und mit der Stationierung von Raketen, die die Sowjetunion direkt bedrohten, heraus. Sie forderte die Sowjetunion mit der Entwicklung der französich-deutschen Beziehungen und dem Projekt des vollendeten Europäischen Binnenmarktes (»1992«) und der Europäischen Politischen Union heraus, womit sie die Gorbatschow-Führung nicht nur alarmierte, sondern auch anstachelte. Sie trotzte der Sowjetunion mit der Aufrechterhaltung ihres Anspruches auf deutsche Einheit und bedrohte damit den Eckpfeiler von Moskaus äußerem Reich in Osteuropa. Doch für alle Peitschenhiebe, die am fühlbarsten während der ersten Amtsperiode der Kohl-Genscher-Regierung ausgeteilt wurden, hielt sie jedesmal die Hand mit Zuckerbrot auf, am lockensten in der zweiten Amtsperiode von Kohl und Genscher.

Nur weil Bonn so fest in der Nato verankert war, konnte es so nachhaltig und erfolgreich für weitere Abrüstung plädieren, wobei es einer optimistischen Arbeitshypothese über die sowjetische Politik folgte. Nur weil es eine solch starke Rolle in der EG und in anderen Strukturen der westlichen wirtschaftlichen und politischen Zusammenarbeit spielte, konnte sie zum wichtigsten Befürworter im Westen werden, »Gorbatschow zum Erfolg zu verhelfen«, und sich mit Nachdruck für eine Kürzung der Co-Com-Liste, die den West-Ost-Technologietransfer beschränkte, und ausgedehntere Wirtschaftsbeziehungen zwischen der EG und den Comeconländern einsetzen. Wie Kohl im Oktober 1988 in Moskau verlautbart hatte: »Unsere feste Verankerung im Westen steigert den Wert unseres Angebotes zu fairer Partnerschaft.« Und schließlich, gerade weil sie potentiell dazu in der Lage war, die DDR zu destabilisieren, war ihre zurückhaltende operative Politik gegenüber der DDR, der Empfang von Honecker und ihr Bemühen, den Rest von Osteuropa nicht zu »destabilisieren«, wirklich von Bedeutung für Moskau. Der Sprecher der Bundesregierung faßte Kohls und Gorbatschows Gespräche über Osteuropa während des Bonner Gipfels in zwei Worten zusammen: »Keinerlei Destabilisierung«.

Diese Doppelstrategie war auch ein Balanceakt: zwischen Kaltem Krieg und Entspannung, zwischen Moskau und Washington, zwischen Ost- und Westeuropa, zwischen dem Erhalt der vorteilhaften und der Veränderung der unvorteilhaften Komponenten des Status quo. Alles in allem hatten die Bonner Regierungen bei diesem Drahtseilakt in den zwanzig Jahren seit 1969 niemals wirklich die Balance verloren, wenn sie auch mehr als einmal ins Schwanken geraten waren. Mit Gorbatschow in Bonn konnten sie sich selbst zum Erfolg ihrer kombinierten West- und Ostpolitik gratulieren.

Doch hier besteht die Gefahr der retrospektiven Hybris, auch weil Selbstbeweihräucherung zum Handelskapital des Politikers gehört. Es ist an der Zeit, an die zweite Antwort auf die Frage zu erinnern, ob Kalter Krieg oder Entspannung Gorbatschow an diesen Punkt gebracht hatte. Die Antwort lautet: weder noch! Die vorrangigen Gründe, die zum Ende führten – zuerst vom äußeren Reich der Sowjetunion in Osteuropa, dann von der Sowjetunion selbst –, sind innerhalb der Sowjetunion, in Osteuropa und im Wesen des Kommunismus zu finden. Der wichtigste Anteil des Westens war schlicht, daß er war, was er war (und das auch noch reicher ausgestaltete): der Westen. Verglichen damit blieb alles, was er an direkter Politik gegenüber dem Osten betrieb, von zweitrangiger Bedeutung.

Natürlich kann hier nicht der Versuch unternommen werden, alle innenpolitischen Gründe aufzuzählen, die zur Transformation und Auflösung des sowjetischen Reiches geführt haben. Doch für unseren Zweck ist es unbedingt erforderlich, zumindest einige markante Stationen zu benennen. 1975 schrieb Boris Meissner, daß die Strategie der sozialliberalen Koalition einen profunden Wandel in der westdeutschen Ostpolitik hervorgerufen hatte, und er spekulierte vorsichtig: »Ein entsprechender Wandel auf der sowjetischen Seite ist im Verlauf eines längeren

Zeitraums nicht auszuschließen. Er könnte das Ergebnis eines Entwicklungsprozesses in der Sowjetunion sein, welcher der inneren Erneuerung vor der äußeren Machtentfaltung den Vorrang zuweist.« War es nicht genau das, was zehn Jahre später geschah? War nicht die Evolution der sowjetischen Außenpolitik unter Gorbatschow ein klassisches Beispiel für den »Primat der Innenpolitik«?

Aus aufgestauter Frustration über zehn, ja sogar zwanzig verlorene Jahre sowjetischer Politik, wie Gorbatschow und viele seiner Mitarbeiter es sahen, griffen sie nach ihrer letzte Chance, um die Sowjetunion zu modernisieren. Doch während sie sich an die Arbeit machten, begriffen sie, daß die Aufgabe wesentlich größer und die Probleme sehr viel tiefer waren, als sie befürchtet hatten. Um diese Herkulesaufgabe überhaupt noch bewältigen zu können, mußten sie die Rüstungsausgaben kürzen und kooperative Beziehungen mit dem Westen entwickeln. Einige der Schritte hierzu haben wir bereits erwähnt. Doch es bedurfte auch einer fundamentalen Revision der ideologischen Grundsätze der sowjetischen Außenpolitik.

Eine derartige ideologische Revision hatte in der Sowjetunion eine ganz eigene Bedeutung, die nicht unterschätzt werden darf. Es kann hier nicht ihr ganzer Verlauf aufgezeichnet werden, doch bis Dezember 1988, als Gorbatschow seine Rede vor den Vereinten Nationen hielt, waren die Hauptkomponenten des »neuen Denkens« fest etabliert. Die »gesamtmenschheitliche« ersetzte die klassensystemische Interpretation von internationalen Beziehungen. Gemeinsame Probleme der Menschheit sollten Priorität vor systemischen Unterschieden erhalten. Doch allem voran sollten die Prinzipien Gewaltverzicht, Nichteinmischung und »Freiheit der Wahl« fürderhin für die Beziehungen zwischen allen Staaten gelten. Die Beziehungen zwischen sozialistischen Staaten sollten künftig keinen Sonderregeln unterworfen sein.

Im Herbst 1988 wurde Gorbatschow Präsident, und im Sommer 1989 hielt er eindeutiger denn je die Kontrolle über die teilreformierten Strukturen des sowjetischen Parteistaats in seinen Händen. Seine halbherzigen Perestrojka-Maßnahmen hatten jedoch die verheerende Wirtschaftslage zuerst enthüllt und dann verschärft. Wie sein abendliches Gespräch mit Kohl verriet, war er ständig mit dieser Wirtschaftskrise beschäftigt und belastet. Andererseits verschärfte der Verlauf von Glasnost die Forderungen nach demokratischer Mitbestimmung und, was noch bedrohlicher war, er goß Öl in die Feuer des Nationalismus im »inneren Reich«, wie Seweryn Bialer es nannte – also in der Sowjetunion selbst. Gorbatschow war direkt von einer stürmischen Sitzung des Volksdeputiertenkongresses nach Bonn gekommen. Von Bonn aus mußte er täglich die Entwicklungen zu Hause abfragen, nicht zuletzt wegen eines schwärenden Nationalitätenkonflikts in Usbekistan. Ein kleiner Vorgeschmack auf das, was noch kommen sollte. Die Suche nach einer neuen Qualität in den Beziehungen zum Westen war daher auch zunehmend eine »Flucht nach vorn« vor den wachsenden Problemen zu Hause.

In der Mitte zwischen der außenpolitischen Revision und der innenpolitischen Umwälzung und von beidem unmittelbar betroffen lag Osteuropa. Die neue Linie einer permissiveren sowjetischen Politik gegenüber Osteuropa wurde im Herbst 1986 offiziell in einem kurzen Memorandum an das Politbüro festgelegt und in allgemeiner Form den osteuropäischen Machthabern direkt vermittelt. Doch die politische Praxis der Sowjetunion gegenüber Osteuropa lag noch weit hinter der Theorie zurück. Gorbatschow selbst vermied äußerst vorsichtig, die Position der osteuropäischen Machthaber durch eindeutige öffentliche Äußerungen über – wie man es im Westen genannt hätte – eine »Absage an die Breschnew-Doktrin« zu unterminieren.

Zu Beginn des Jahres 1989 hatte Gorbatschow jedoch zwei konkrete Vorschläge von osteuropäischen Führern vorliegen, die weit über alles hinausgingen, was er im eigenen Land vertrat. General Jaruzelski, wahrscheinlich sein vertrautester osteuropäischer Partner, initiierte Gespräche mit Solidarność am Runden Tisch. Etwas später, im März, teilte ihm die neue ungarische Parteiführung mit, daß sie sich darauf vorbereitete, ein Mehrparteiensystem zuzulassen. Gorbatschow gab beiden Experimenten seine Zustimmung. Anfang Juni, nach dem triumphalen Wahlsieg von Solidarność und nach der zweiten Beerdigung von Imre Nagy, begann er zu begreifen, wohin das führen könnte.

So auch die Vereinigten Staaten. Nachdem man sich mehrere Monate für eine umfassende politische Bestandsaufnahme Zeit gelassen hatte, lancierte Präsident Bush in einer Reihe von Reden im Vorlauf zum vierzigsten Jahrestag der Nato seinen Vorschlag, über die Eindämmungspolitik hinauszugehen. Fasziniert von den Entwicklungen in Polen (dem er 1987 einen ihn bewegenden Besuch abgestattet hatte) und Ungarn, reiste er in beide Länder, um ihnen Mut zu machen auf ihrem Weg vom Kommunismus zur Demokratie. Obwohl sein Außenminister James Baker Schewardnadse versicherte, daß »dies nicht bedeuten soll, Probleme für Sie zu schaffen«, warnte er, daß es das neue kooperative Verhältnis gefährden würde, wenn die Sowjetunion versuchen sollte, diesen Wandel aufzuhalten. In diesem kritischen Augenblick machten also die Vereinigten Staaten ihr Verhältnis zur Sowjetunion vom sowjetischen Verhalten gegenüber Ostmitteleuropa abhängig.

Folglich stand Gorbatschow im Sommer 1989, trotz seines sonnigen Auftretens und trotz aller ihm entgegengebrachten Schmeicheleien, unter enormen Druck. Ihm standen nur noch sehr begrenzte Optionen zur Verfügung. Wenn man behauptet, Kohl habe auf einem Drahtseil balanciert, dann müßte man sagen, Gorbatschow habe versucht, einen Tiger auf dem Drahtseil zu reiten. Was ahnte die sowjetische Führung in diesem kritischen Augenblick? Als Schewardnadse ein Jahr später den Verlust Osteuropas gegen heftigste Kritik des 28. (und letzten) Parteitags der KPdSU rechtfertigte, sagte er: »Ja, im Prinzip haben wir dies vorausgesehen ... Im Prinzip haben wir es geahnt, wir wußten es. Wir fühlten, daß, falls keine ernsthaften Veränderungen stattfinden würden, tragische Ereignisse folgen würden.« In seinen Memoiren erinnert er sich, daß der sowjetische Botschafter in Bonn bereits im April einen Bericht geschickt hatte, in dem es hieß, die DDR könnte jeden Tag zusammenbrechen. Ähnliche Warnungen waren im Frühjahr und Frühsommer auch von anderen Experten gekommen.

Sergej Tarasenko, einer der engsten Mitarbeiter Schewardnadses im Außenministerium, erinnert sich an ein vertrauliches Gespräch im kleinen Kreis um den Außenminister nach dem dramatischen Wahlausgang im Juni 1989 in Polen. Die Schlußfolgerung habe gelautet, daß Osteuropa wahrscheinlich »gehen« würde. Obwohl sie nicht zuletzt innerhalb der Sowjetunion schwerwiegende Rückwirkungen befürchteten, hätten sie das Gefühl, daß Moskau keine andere Alternative habe, als Osteuropa gehen zu lassen. Denn eine Intervention, um dies zu verhindern, hätte im eigenen Land wie im Ausland alles ruiniert, wofür sie in den vergangenen vier Jahren gearbeitet hatten. Und Schewardnadse sagte Ende Juni bei einem Treffen zu Baker, daß der Einsatz von Gewalt, um den Wandel in Osteuropa aufzuhalten, »das Ende der Perestrojka« bedeuten würde. Es gibt also zahlreiche Hinweise auf einen pessimistischen Realismus – oder realistischen Pessimismus – auf höchster Ebene in Moskau.

Andererseits lassen sich auch Hinweise auf einen optimistischen Idealismus finden, der sich als unrealistisch herausstellen sollte. Immerhin waren Gorbatschow und seine engsten Vertrauten davon ausgegangen, daß die Sowjetunion modernisiert werden und dabei Sowjetunion bleiben könnte und daß der Sozialismus reformiert werden und dabei Sozialismus bleiben könnte – ein System also, das sich selbst von der sozialdemokratischen Variante des Kapitalismus noch eindeutig unterscheiden sollte. Viele seiner Vertrauten waren stark vom Prager Frühling beeinflußt. Befragt nach dem Unterschied zwischen den neuesten Ereignissen in Moskau und den Ereignissen von 1968 in Prag, sagte Gennadi Gerassimow, Sprecher des Außenministeriums: »19 Jahre«. Gorbatschow selbst meinte noch zu Beginn des Jahres 1989, Ziel der Perestrojka sei es, »das menschliche Gesicht des Sozialismus zu offenbaren«, womit er den Schlüsselbegriff von 1968 aufnahm. Und im Juli 1989 zog er in seiner Rede vor dem Europarat eindeutig die Fortdauer zweier unterschiedlicher »Gesellschaftssysteme« in Ost und West in Betracht.

Also hoffte er wahrscheinlich noch immer, daß Reformkommunisten – sozusagen kleine Gorbatschows – weiterhin eine führende Rolle in Staaten spielen könnten, die weiterhin irgendwie sozialistisch bleiben würden. Während der Samtenen Revolution in der Tschechoslowakei, nur wenige Monate später, tauchten handgemalte Plakate auf, die die Jahreszahl »89« als eine auf den Kopf gestellte »68« zeigten. Doch die einzigen, die tatsächlich glaubten, daß 89 ein anderes 68 werden könnte, waren die Reformer in Moskau. Dies waren Illusionen. Doch für Osteuropa waren es hilfreiche Illusionen. Denn wenn die sowjetische Führung die folgende Entwicklung tatsächlich genau vorhergesehen hätte, wäre sie vielleicht trotz allem versucht gewesen einzugreifen. Die Völker Osteuropas waren daher nicht nur die Nutznießer des Realismus, sondern auch der herrschenden Illusionen in der sowjetischen Führung – die, was zu den freundlicheren Ironien der Geschichte gehört, in gewissem Maße den osteuropäischen Illusionen von vor zwanzig Jahren entsprachen.

Wenn dies stimmt – eine solche Rekonstruktion ist natürlich spekulativ –, dann waren Gorbatschow, Schewardnadse und ihre engsten Mitarbeiter im Frühsommer 1989 zwischen illusionistischen Hoffnungen und realistischen Ängsten hin und her gerissen. Und was war mit Kohl, Genscher und deren engsten Mitarbeitern? Jeder konnte sehen, daß die Beziehungen zwischen Bonn und Moskau inzwischen besser waren als jemals zuvor in der Geschichte der Bonner Republik. Nach einem langen und schwierigen Prolog war aus der neuen Seite ein neues Kapitel geworden, und nun sah es so aus, als sei das neue Kapitel zu einem neuen Buch geworden. Zumindest im Wirtschaftsbereich war Bonn zum bedeutendsten westlichen Partner Moskaus geworden. Ebenso klar war, daß Bonn als Gegenleistung Fortschritte in der Deutschlandpolitik erwartete. Am Ende des Weges von Bonn nach Moskau lag für Kohl und Genscher, genau wie für ihre Vorgänger, Berlin. Mitte der achtziger Jahre hatten sie eine Zeitlang auf der deutsch-deutschen Seite des Dreiecks mehr erreicht als auf der deutsch-sowjetischen. Doch jetzt waren sie fast schon wieder zur ursprünglichen Brandt-Bahr-Geometrie zurückgekehrt: über Moskau Druck auf ein widerspenstiges Ost-Berlin auszuüben.

Horst Teltschik schrieb in einem Aufsatz über die Bedeutung des Gorbatschow-Besuchs, daß die Bonner Erklärung eine »besondere Bedeutung« erlangt habe und in gewissem Sinne, eingedenk von Gorbatschows Reformen in seinem eigenen Land, sogar »politische Brisanz«. »Wenn man die deutsche Vereinigung grundsätzlich als Mittel zur Durchsetzung der Menschenrechte und des Selbstbestimmungsrechts aller Deutschen versteht«, so schrieb er, »kann sie nur dann eine Chance haben, wenn solche Rechte auch in der Sowjetunion durchgesetzt werden und diese Entwicklung sich dann auf ihre Verbündeten ausdehnt.« Wie

Bahr sah auch Teltschik den Wandel aus der Mitte des Imperiums und von oben kommen. Die 1989er Version des Bahr-Judo hieß: Moskau muß zu Reformen in Ost-Berlin verhelfen. Das war vielleicht gar nicht so weit entfernt von dem, was Gorbatschow selbst vorhatte.

Der Zeitraum, den Teltschik sich für diese Veränderungen vorstellte, umfaßte jedoch noch immer viele Jahre, möglicherweise sogar Jahrzehnte. Von der Geschwindigkeit, mit der die DDR zusammenbrechen könnte, hatten Gorbatschow, Schewardnadse und ihre engsten Vertrauten wahrscheinlich eine realistischere Vorstellung als Kohl, Genscher und deren Kollegen in Bonn. Die Politiker in Bonn hatten derart lange mit der Sowjetmacht in Mitteleuropa als einem Fakt von beinahe schon physischer Geographie zu tun, daß die Vorstellung ihres Kollapses schon fast der Vorstellung vom Einsturz der Alpen gleichkam. Sowjetische Politiker wußten hingegen von innen, wie erodiert dieses Gebirge war. Und außerdem konnten sie sich vorstellen – auch wenn sie es nicht genau wußten, geschweige denn öffentlich zugaben –, wie sie selbst auf eine Lawine reagieren würden.

Der Bundeskanzler und sein Außenminister hatten eine Ahnung – vielleicht kaum mehr als ein Hoffnungsschimmer –, daß die deutsche Frage tatsächlich wieder »offen« sein könnte, wie seit Jahrzehnten nicht. Wie jeder gute Politiker waren sie darauf vorbereitet, die Chance zu ergreifen, wenn sie denn kommen sollte. Aber niemand wußte, wann genau oder wie sie kommen würde. Das hing von den Auswirkungen der »Geschichte« oder des »Lebens selbst« ab – wie Gorbatschow es etwas mystisch formulierte –, und zwar auf einen Staat mit Namen DDR.

4
Deutschland und Deutschland

Grundlagen

In gewissem Sinne war die gesamte Ostpolitik Deutschlandpolitik. Die Teilung Berlins und Deutschlands zu vermindern, war nicht das einzige, es war jedoch das wichtigste Ziel des neuen Anfangs, den Bonn mit der Sowjetunion und Osteuropa suchte. Die Erweiterung ihrer Handlungsfreiheit war der Bundesrepublik Zweck an sich, aber auch gleichzeitig ein Mittel zu diesem größeren Zweck. Vor allem den Beziehungen zu Moskau, weniger drängend auch mit Warschau, Prag oder Budapest, schrieb man eine entscheidende permissive Funktion für die Durchführung der Deutschlandpolitik zu. Noch immer waren die vier Mächte direkt in die Belange Berlins einbezogen. Infolge der beruhigenden Wirkung des Viermächteabkommens und der Entwicklung direkter Beziehungen zwischen den beiden deutschen Staaten wurde diese Beteiligung jedoch weniger intensiv, und entsprechend geringer wurde auch die unmittelbare Abhängigkeit der Bundesrepublik von den westlichen Alliierten.

Diese direkten Beziehungen zwischen den beiden deutschen Staaten wurden erst nach 1969 das zentrale Thema der Deutschlandpolitik. Im Zuge der ersten Schritte für die »Anerkennung« der DDR änderte die Regierung Brandt den Namen des Ministeriums für gesamtdeutsche Fragen in »Ministerium für innerdeutsche Beziehungen«. Und dieser bewußt merkwürdig formulierte Begriff wurde fürderhin offizieller Sprachgebrauch. Noch mehr setzte sich allerdings ein ebenso bewußt gewähltes Paradox durch: deutsch-deutsche Beziehungen. Doch welches Etikett man auch wählte, es handelte sich um Beziehungen und nicht länger nur um Fragen.

Egon Bahr erklärte nach der Unterzeichnung des Grundlagenvertrages mit der DDR im Dezember 1972, daß die beiden deutschen Staaten, nachdem sie bislang überhaupt keine Beziehungen gehabt hätten, nun zumindest schlechte haben würden. Daß überhaupt keine Beziehungen zwischen den beiden Staaten bestanden hätten, war stark untertrieben. Denn zumindest im Handelsbereich hatten sie sich von Anfang an gegenseitig anerkannt. Und das Berliner Abkommen vom September 1951 blieb mit nur geringfügigen Änderungen bis 1990 die vertragliche Basis für alles, was die Bundesrepublik als »innerdeutschen Handel« bezeichnete. Bei dem immens wichtigen Thema der »menschlichen Erleichterungen« für politische Gefangene in der DDR und der Zusammenführung von Familien, die durch die Mauer getrennt worden waren, reichten die Bemühungen des West-Berliner Senats und der Bundesregierung bis in die frühen sechziger Jahre zurück. Siebenundzwanzig Jahre lang, seit Anfang 1963, unter dem Christdemokraten Rainer Barzel, überwachten das Ministerium für gesamtdeutsche Fragen und später das Ministerium für innerdeutsche Beziehungen diese geheim gehaltenen, außergewöhnlichen humanitären Aktionen.

Kiesingers Erläuterung der Deutschlandpolitik seiner Regierung im April 1967 – die sowohl vom Sozialdemokraten Herbert Wehner als Minister für gesamtdeutsche Fragen als auch von seinem Vorgänger im Amt, Rainer Barzel, geprägt worden war – liest sich beinahe wie eine Checkliste der operativen Deutschlandpolitik der siebziger und achtziger Jahre. Unter den »Möglichkeiten... um die Not der Spaltung unseres Volkes zu erleichtern und dadurch die Voraussetzungen für eine Entspannung innerhalb Deutschlands zu schaffen«, wurden dort Maßnahmen zur Erleichterung des täglichen Lebens der Menschen in beiden Teilen Deutschlands aufgeführt, wie: »1. a) verbesserte Reisemöglichkeiten vor allem für Verwandte, mit dem Ziel der Entwicklung eines normalen Reiseverkehrs«; b) sprach von »Passierscheinregelungen« für Berlin und die Grenzgebiete und e) von der »Ermöglichung der Familienzusammenführung, insbesondere der Kinderrückführung«.

Die Teile 2 und 3 verzeichneten diverse Maßnahmen zur wirtschaftlichen Zusammenarbeit, für verbesserte Transport-, Post- und Telefonverbindungen und für wissenschaftlichen, kulturellen sowie Jugend- und Sportaustausch. Ein Entwurf für eine

»Elektrizitätsverbundwirtschaft« nahm bereits jene Vorkehrungen für den Stromaustausch zwischen der DDR und der Bundesrepublik vorweg, auf die man sich erst einundzwanzig Jahre später vertraglich einigen sollte. Also wenn kein Zollverein, dann doch zumindest ein Stromverbund. (Der erste Teil dieses grenzüberschreitenden Stromnetzes wurde knapp einen Monat vor Öffnung der Berliner Mauer fertiggestellt.)

Der Regierung Kiesinger war es jedoch nicht gelungen, mit der Umsetzung dieser praktischen Agenda auch nur zu beginnen. Erst nach neuerlichen Positionsänderungen in Moskau, Washington und Bonn, erst nach der 1969er Regierungserklärung, in der die Existenz »zweier Staaten in Deutschland« anerkannt wurde, sollten sich Willy Brandt und DDR-Ministerpräsident Willi Stoph bei zwei höchst gefühlsbeladenen Treffen zunächst in Erfurt und später in Kassel begegnen. Erst nach Unterzeichnung des Moskauer und der Paraphierung des Warschauer Vertrags sollte sich Egon Bahr zu formellen Verhandlungen mit dem DDR-Staatssekretär Michael Kohl zusammensetzen können. Erst nachdem Walter Ulbricht durch Erich Honecker ersetzt war, mit Moskaus Hilfe, sollten diese Verhandlungen beginnen, Früchte zu tragen.

Erst nach dem Viermächteabkommen über Berlin sollten die ersten, noch sehr bescheidenen deutsch-deutschen Verträge über Post- und Telefonverbindungen und den Transitverkehr von und nach West-Berlin unterzeichnet werden können. Erst nach Ratifizierung der Moskauer und Warschauer Verträge, nach dem Aufblühen der amerikanisch-sowjetischen Détente, erst nach Präsident Nixons Reise nach Moskau und der Unterzeichnung des SALT-I-Rüstungskontrollvertrags sollten Bahr und Michael Kohl den ersten formellen, bilateralen Vertrag zwischen den beiden deutschen Staaten unterzeichnen – noch immer sehr bescheiden, einen Verkehrsvertrag. Erst nachdem all dies geschehen und das Dreieck Bonn-Moskau-Berlin intensiv aktiviert worden war, konnten Egon Bahr und Michael Kohl endlich einen »Vertrag über die Grundlagen der Beziehungen zwischen der Bundesrepublik Deutschland und der Deutschen Demokratischen Republik« vereinbaren.

Diese drei Pionierjahre der deutsch-deutschen Beziehungen

waren einer der schwierigsten, aber auch am stärksten emotionsgeladenen Pas de deux in der Geschichte der Diplomatie. Ein Pas de deux, der nur dank der Hebekraft von vier weiteren Tänzern stattfinden konnte. Denn die Sowjetunion, die Vereinigten Staaten, Großbritannien und Frankreich wurden für fast jede Pirouette gebraucht, und die Bühne der Tänzer war ein Minenfeld. Die Gipfeltreffen in Erfurt, wo Willy Brandt von der Menschenmenge mit dem Ruf »Willy ans Fenster!« begrüßt wurde, und in Kassel, wo Rechtsextremisten Willi Stoph begrüßten, waren die großen symbolischen Momente. »Der Tag von Erfurt«, schrieb Brandt rückblickend im Alter, »gab es einen in meinem Leben, der emotionsgeladener gewesen wäre?« Beide Seiten hatten außergewöhnliche Vorkehrungen getroffen. Die Delegation der Bundesrepublik rechnete mit Abhöranlagen im Erfurter Hotel und hatte deshalb ein Handbuch vorbereitet, in dem jede alternative Formulierung mit einer Nummer versehen worden war. Bei ihren internen Gesprächen brauchten sie somit nur Nummern auszutauschen. Das Anweisungsbuch des Politbüros für Stophs Reise nach Kassel umfaßte mehr als hundert Seiten detailliert ausgeführter Argumente für jeden nur denkbaren Fall.

Auf weniger dramatische Weise einmalig waren die lang andauernden Verhandlungen zwischen Bahr und Michael Kohl. Auch hier wurde jedes kleinste Detail beäugt und erschöpfend analysiert. Wenn ein DDR-Vertreter an einem nassen, windigen Tag vergessen hatte, bei der Begrüßung Egon Bahrs am Flughafen den Hut zu ziehen, so überlegten die westdeutschen Analytiker, ob dies ein bewußter Affront gewesen sein könnte. Wenn ebendieser Beamte zur Begrüßung Bahrs im Foyer des Ministerrats wartete, anstatt ihn vor dem Gebäude in Empfang zu nehmen, dann war das in der Tat eine bewußt gewählte Geste. Und so weiter und so fort. Nur wenn man sich diese unglaubliche Hypersensibilität der frühen Jahre und die übliche Lautsprecher-Diplomatie davor ins Gedächtnis ruft, kann man die äußerst bescheidene Meßlatte begreifen, an der westdeutsche Politiker den Fortschritt der späteren Jahre maßen. Durch die Dokumente, die der Forschung nun in immer größerer Zahl zur Verfügung stehen, sollte es auch bald möglich sein, die Leistung Egon Bahrs bei seinen Verhandlungen für Deutschland ernsthaft zu beurteilen. Was in vieler Hinsicht der Höhepunkt von Bahrs persönlicher Diplomatie war, kann hier nur als Ausgangspunkt für die Analyse dienen.

Der sogenannte Grundlagenvertrag war sowohl einzigartig als auch archetypisch für die Ostpolitik, wie sie von Willy Brandt und Egon Bahr verstanden wurde. Er war ganz eindeutig die Kulmination jener Arbeit, die sie im geteilten Berlin ein Jahrzehnt zuvor begonnen hatten. Diese embryonale Ostpolitik war weniger durch »kleine Schritte statt große Worte« gekennzeichnet, wie sie es selbst genannt hatten, sondern eher durch kleine Schritte *und* große Worte, wenn auch von anderer Art, als es die von Adenauer waren. Nirgendwo waren die Schritte kleiner und die Worte größer als in den deutsch-deutschen Beziehungen.

Dementsprechend enthielten die »20 Punkte«, die Willy Brandt Willi Stoph in Kassel als Grundlage für die Verhandlungen zu einem Vertrag präsentierte, noch immer solch elementar humanitäre Forderungen wie: »Die Probleme, die sich aus der Trennung von Familien ergeben, sollen einer Lösung zugeführt werden« (Punkt 15). Aber auch hochfliegende, pathetische Versicherungen fanden sich darunter: »Die vertragsschließenden Seiten erklären, daß niemals wieder Krieg von deutschem Boden ausgehen darf« (Punkt 7). Dieser Satz, auf den sich Brandt und Stoph bereits in Erfurt verständigt hatten, wurde nicht in den Vertrag aufgenommen. Doch er sollte während der kommenden zwanzig Jahre eine entscheidende Rolle in den deutsch-deutschen Beziehungen spielen.

Der Vertrag selbst war unter den Ostverträgen das extremste Beispiel für die gewählte Annäherungsmethode: Alle grundsätzlichen Differenzen ausklammern, um die Tür zur Entwicklung eines praktischen Modus vivendi unter den Oberbegriffen »Entspannung«, »Kooperation« und »Normalisierung« zu öffnen. Deshalb wurde in der Präambel auch erklärt, der Vertrag gelte »unbeschadet der unterschiedlichen Auffassungen der Bundesrepublik Deutschland und der Deutschen Demokratischen Republik zu grundsätzlichen Fragen, darunter zur nationalen Frage...« Die Bundesrepublik unterstrich ihren Standpunkt bei Vertragsabschluß durch die Übergabe des gleichen »Briefs zur Deutschen

Einheit«, den sie bereits bei Unterzeichnung des Moskauer Vertrages übergeben hatte.

Abgesehen von der effektiven – jedoch nicht, wie Bonn insistierte, vollen – diplomatischen Anerkennung der DDR konzedierte die westdeutsche Seite in Artikel 6 eine ziemlich deutliche Aussage: Die beiden Staaten »gehen von dem Grundsatz aus, daß die Hoheitsgewalt jedes der beiden Staaten sich auf sein Staatsgebiet beschränkt. Sie respektieren die Unabhängigkeit und Selbständigkeit jedes der beiden Staaten in seinen inneren und äußeren Angelegenheiten.« In einem beigefügten Schreiben erklärte die Bundesrepublik jedoch lakonisch: »Staatsangehörigkeitsfragen sind durch den Vertrag nicht geregelt worden.« Was nichts anderes zu bedeuten hatte, als daß sie auch weiterhin jeden Bürger der DDR als im Besitz der Staatsangehörigkeit der Bundesrepublik betrachten und demzufolge auch automatisch den westdeutschen Paß anbieten würde, falls und wenn er in den Westen kommen konnte und dieses attraktive Angebot annehmen wollte.

Artikel 1 des Vertrages besagte, daß die beiden Staaten »normale gutnachbarliche Beziehungen« entwickeln wollten, obwohl niemand in der Lage war, genau zu erklären, wie normale gutnachbarliche Beziehungen zwischen den beiden Hälften einer geteilten Nation, geschweige denn einer geteilten Stadt, aussehen würden. Anläßlich der Paraphierung des Vertrages erinnerte Brandt an eine wichtige Passage aus seiner Regierungserklärung vom Oktober 1969: »20 Jahre nach der Gründung der Bundesrepublik Deutschland und der DDR müssen wir ein weiteres Auseinanderleben der deutschen Nation verhindern, also versuchen, über ein geregeltes Nebeneinander zu einem Miteinander zu kommen.« Der Vertrag, fügte Brandt nun hinzu, »ist das Instrument, um unter den gegebenen Umständen das Miteinander zu organisieren«.

Wieder einmal die klassische inspirative Verschwommenheit Brandts. Denn wer genau sollte nun »neben« wem sein? Wann, wie und nach welchen Kriterien sollte wer entscheiden, daß sie (die Staaten? ihre Regierung? das Volk? die Menschen?) eher »miteinander« als »nebeneinander« stehen? Eindeutig war nur, daß diese großen Worte keine eindeutige Bedeutung haben sollten.

Inzwischen verwiesen Brandt und Bahr erst einmal auf die kleinen Schritte. Über die gewundenen Kompromißformulierungen des Vertrages und all die vagen, emotionsgeladenen Erklärungen hinaus betonte die Bonner Regierung vor allem die praktischen Verbesserungen, die der Vertrag »den Menschen« in beiden Staaten bringen sollte. Zu den menschlichen Erleichterungen, die unmittelbar aus dem Vertrag hervorgingen, gehörte, daß die DDR – wenn auch nur in einem dem Vertrag beigefügten Brief – die Notwendigkeit der Familienzusammenführung und Reiseerleichterungen für Bundesbürger aus grenznahen Gebieten anerkannte. In Artikel 7 des Vertrages hieß es, daß beide Seiten »Abkommen schließen [werden], um ... die Zusammenarbeit auf dem Gebiet der Wirtschaft, der Wissenschaft und Technik, des Verkehrs, des Rechtsverkehrs, des Post- und Fernmeldewesens, des Gesundheitswesens, der Kultur, des Sports, des Umweltschutzes und auf anderen Gebieten zu entwickeln und zu fördern«.

Probieren ging über studieren. Nachdem der Grundlagenvertrag gegen den Willen der Christdemokraten ratifiziert und vom Bundesverfassungsgericht als mit dem Grundgesetz der Bundesrepublik vereinbar erklärt worden war, hielt Egon Bahr am zehnten Jahrestag seiner »Tutzinger Rede« von 1963 erneut einen Vortrag in der Tutzinger Akademie. »Wandel durch Annäherung«, sagte er mit Verweis auf seine berühmte Formel aus der ersten Rede, »ist das Konzept für die Haltung der Nation, solange sie geteilt ist. Es ist ein Konzept, das seit diesem Sommer, zu einem wirksamen Vertrag geworden, seine Bewährung begonnen hat.«

Doch es dauerte noch ein weiteres Jahr, bis zum Sommer 1974, bevor die sogenannten Ständigen Vertretungen am »Sitz der jeweiligen Regierung«, wie es vorsichtig hieß, eröffnet wurden. Denn natürlich wollten weder die Bundesrepublik noch die westlichen Alliierten Ost-Berlin als »Hauptstadt« der DDR anerkennen. Der Ständige Vertreter der Bundesrepublik unterstand dem Bundeskanzleramt. Der Ständige Vertreter der DDR berichtete formell seinem Außenministerium – denn aus Sicht der DDR war die Bundesrepublik ja Ausland.

Neben dieser formellen Konstruktion, die in sich selbst bereits alles andere als einfach war, gab es auf beiden Seiten ein kompliziertes politisches und politbürokratisches Geflecht. In der Bundesrepublik wollten und sollten, wie wir noch sehen werden, die Führer aller großen Parteien – aus Regierungskoalition und Opposition – ihre Hände im Spiel haben. In der Bürokratie mußte die praktische Politik zwischen hochrangigen Beamten aus zumindest drei Ministerien koordiniert werden, Einzelentscheidungen bedurften noch weiterer.

In der DDR war der wirkliche Gegenpart des Bundeskanzlers ganz eindeutig Erich Honecker. Er war derjenige, der alle wesentlichen Entscheidungen traf. Aber auch der Wirtschaftsboß des Parteistaats, Günter Mittag, spielte eine wichtige Rolle, während der Staatssicherheitsdienst unter Erich Mielke nicht nur ein aktives operatives Interesse hatte, sondern auch noch ein breites passives *droit de regard*. Die außergewöhnliche Art der Beziehungen zur Bundesrepublik, kombiniert mit Honeckers – und Mittags – Bedürfnis, möglichst viel selbst zu kontrollieren, führte auch zu ungewöhnlichen politbürokratischen Erfindungen, wie beispielsweise der »Arbeitsgruppe BRD« des Politbüros unter Mittags Leitung. Die BRD- und WB(Westberlin)-Abteilungen im Außenministerium wurden auch keiner ZK-Abteilung direkt unterstellt. Diese Faktoren führten schließlich auch zur extensiven Nutzung der Dienste von solch unkonventionellen Emissären wie Rechtsanwalt Wolfgang Vogel und vor allem Alexander Schalck-Golodkowski – oder einfach Schalck, wie er in der DDR meistens genannt wurde.

Seit 1976 war Schalck der wichtigste Vermittler in den deutsch-deutschen Beziehungen. Nach der Vereinigung mühte sich ein Untersuchungsausschuß des Bundestags tapfer, das Netz seiner politbürokratischen Unter- und Einordnungen zu entwirren. War er direkt Honecker unterstellt? Honecker via Mittag? Mielke? Es blieb beim Versuch, das Unentwirrbare zu entwirren. Denn die gewundenen, dunklen, doppelgleisigen und auch doppelzüngigen Wege von Berichterstattung und Befehlsstruktur spiegelten nicht nur den Charakter von Schalck wider, sondern auch die Realität seiner Stellung und vor allem die Realitäten des Partei- und Polizeistaates, dem er diente.

In vielen Fragen, vor allem, was Berlin betraf, hatte die Bundesrepublik noch immer ihre Alliierten zu konsultieren. Die sogenannte Bonner Gruppe, bestehend aus Vertretern der amerikanischen, britischen und französischen Botschaften sowie einem hohen Beamten des Auswärtigen Amtes, traf regelmäßig zusammen und war nach wie vor ein wichtiges Koordinationsgremium. Doch das war noch gar nichts, verglichen mit den minuziösen Konsultationen, die das DDR-Außenministerium, der Apparat des Zentralkomitees und die Parteiführung im Politbüro mit Moskau hatten. Wie die SED-Akten mittlerweile eindeutig zeigen, herrschte bei diesen Konsultationen selbst in den achtziger Jahren manchmal noch Kommandoton. Andererseits, und gerade wegen dieser sowjetischen Haltung, ging der Satellitenstaat bei der Etablierung eigener, diskreter Kanäle nach Bonn ziemlich weit – und sei es nur, um die Möglichkeiten auszuloten, bevor nach Moskau berichtet werden mußte. Besonders traf das auf das Verhältnis zu Moskaus langjährigem Botschafter in Ost-Berlin zu, dem arroganten und mißtrauischen Pjotr Abrassimow.

Wolfgang Mischnick, damals Fraktionsvorsitzender der Freidemokraten, erinnert sich an ein Gespräch mit Erich Honecker während eines Waldspaziergangs 1973, bei dem ihm der Parteichef der DDR vorgeschlagen habe, einige Dinge zwischen den beiden deutschen Staaten auch »ohne den großen Bruder« abzuwickeln. (Mischnick beharrt darauf, daß Honecker vom »großen Bruder« gesprochen hat.) Persönliche Korrespondenz und Kurierdienste informeller Emissäre mit und zum Bundeskanzler, Kanzleramtsminister, aber auch mit Wehner oder Strauß, dienten dazu, einiges ohne den »großen Bruder« zu tun und den Boden zu bereiten, bevor man Moskau etwas unterbreitete.

Wolfgang Schäuble, als Kanzleramtsminister von 1984 bis 1989 für die Beziehungen mit der DDR verantwortlich, nennt noch einen anderen Grund für den vertraulichen, ja sogar konspirativen Stil: Dieser habe der DDR ermöglicht, Themen anzusprechen, die sie bei offiziellen Gesprächen unmöglich diskutieren konnte. Noch wichtiger aber war, daß dieser Stil die Bundesrepublik in die Lage versetzte, Vorschläge zu machen, und die DDR, Vorschläge anzunehmen, die sie offiziell unmöglich billigen konnte – beispielsweise die Verknüpfung von Devisenzahlungen mit der Verbesserung von Reisemöglichkeiten. Da die Bonner

Regierung an genau diesen Themen und Verknüpfungen höchst interessiert war, mußte sie auch die konspirativen Geschäftsbedingungen akzeptieren.

Im Rückblick von 1992 wollte der ehemalige DDR-Parteichef die besondere Bedeutung seiner persönlichen Telefonate mit den Kanzlern Schmidt und Kohl unterstreichen. Während des Gesprächs mit dem Autor, das im Krankenhaus des Gefängnisses Berlin-Moabit stattfand, zog der ehemalige Generalsekretär der SED und Vorsitzende des Staatsrates der DDR aus der Tasche seines Gefängnisschlafanzuges eine etwas lädierte Karte, auf der seine (ehemalige) Sekretärin die Durchwahlnummer ins Bonner Kanzlerbüro getippt hatte. Sie hätten sich ziemlich oft gegenseitig angerufen, sagte er. Manchmal habe er die Nummer sogar selbst gewählt. Deshalb die kleine Karte.

Gedanken, Worte, Taten

Günter Gaus, erster Ständiger Vertreter der Bundesrepublik in der DDR, nannte die Politik, die man durch diese vielen kuriosen Kanäle betrieb, nicht Deutschland-, sondern DDR-Politik. Eine Formulierung, die in der Bundesrepublik sehr kritisiert wurde, weil in ihr offensichtlich eine zu weitgehende Anerkennung der DDR zum Ausdruck kam und weil man dabei einen Verzicht auf ein (wenn auch langfristiges) Engagement für die deutsche Einheit witterte. Gaus sollte sich später ausdrücklich und leidenschaftlich auch für eine, wie er es nannte, »innere« Anerkennung der DDR einsetzen. Doch zweifellos bedeutete »Deutschlandpolitik« für Bonn in den fünfzehn Jahren bis 1989 vor allem der Umgang mit der DDR – mit einem Staat, der, wie praktisch alle Politiker glaubten, für absehbare Zukunft weiter existieren würde. Wenn man also diese Formulierung von den spezifisch Gausschen Implikationen löst, kann man diese Politik durchaus als DDR-Politik beschreiben.

Doch kann man sie davon lösen? Kann man, was westdeutsche Politiker tatsächlich getan haben, von dem trennen, was sie sagten oder zu tun dachten? Während der siebziger und achtziger Jahre herrschte außerordentliche Kontinuität in dem, was sie in der praktischen Politik gegenüber der DDR taten. In dem, was sie sagten, gab es beinahe völlige Übereinstimmung in den kurzfristigen, operativen Zielen. Unterschiedlich wurden öffentlich geäußerte Anschauungen erst, wenn es um die mittelfristigen Ziele ging. Noch deutlicher wurden die Unterschiede, wenn es um langfristige Ziele ging. Und was sie wirklich dachten, ist am schwierigsten herauszufinden, nicht zuletzt weil die Vereinigung einen so transformatorischen Effekt auf das Gedächtnis vieler hatte.

Unmittelbar nach der Vereinigung thematisierte die westdeutsche (partei)politische Debatte vor allem die langfristigen Ziele. Wer, so wurde inquisitorisch gefragt, hatte denn nun während all der Jahre an die deutsche Einheit »geglaubt«? War es nicht Willy Brandt, Symbol der Ostpolitik und nun Vaterfigur der deutschen Vereinigung, der 1988 erklärt hatte, die Wiedervereinigung sei die »Lebenslüge« der Bundesrepublik? Ja, kam die etwas angespannte Antwort, aber der Begriff »Lebenslüge« habe sich schließlich nur auf die Vorsilbe »Wieder« bezogen. Eine Neuvereinigung sei eine völlig andere Sache. War es denn nicht vielmehr Helmut Kohl gewesen, der immer wieder lautstark betont habe, daß die Wiedervereinigung das eigentliche Ziel sei? Ja, aber Kohl hatte doch ungefähr zur gleichen Zeit, als Brandt von der »Lebenslüge« sprach, gemeint, daß er die deutsche Einheit wahrscheinlich nicht mehr erleben würde. Und so weiter.

Nun sollte man immer davon ausgehen, daß Menschen nicht unbedingt denken, was sie sagen, oder sagen, was sie denken. Besonders aber sollte man davon ausgehen, wenn es sich um Politik dreht. Und ganz besonders, wenn es um die Politik der Ost-West-Beziehungen in Deutschland geht. Demzufolge hat man logischerweise vier mögliche Personenkategorien: jene, die über die deutsche Einheit nachdachten und sprachen; jene, die darüber weder nachdachten noch sprachen; jene, die, ohne nachzudenken, darüber sprachen; und jene, die darüber nachdachten, ohne darüber zu sprechen. Man darf ruhig annehmen, daß es in den achtziger Jahren kaum Vertreter der ersten, aber eine Menge der zweiten Kategorie gegeben hat. Es gab nur wenige, für die die Vereinigung Deutschlands zu einem Staat in absehbarer Zukunft ein ernsthaftes Ziel war, über das sie sowohl nachgedacht als auch gesprochen haben. Und die wenigen, die dennoch darüber sprachen oder schrieben, wurden häufig selbst von Christdemokraten als Randerscheinung betrachtet, wenn nicht sogar unverantwortlich genannt.

Andererseits gab es viele Menschen, die bei einer Meinungsumfrage zwar selbstverständlich »Ja« zur deutschen Einheit gesagt hätten, ansonsten aber darüber weder nachdachten noch sprachen. Ein Kenner der Meinungsumfragen zu diesem Thema stellte fest, daß in den fünfziger und sechziger Jahren 35 und 45 Prozent der Befragten die Wiedervereinigung für »die wichtigste Frage, mit der man sich heute allgemein in der Bundesrepublik beschäftigen sollte« hielten. Seit Mitte der siebziger Jahren überstieg diese Prozentzahl jedoch niemals mehr 1 Prozent.

Die meisten Mitglieder der politischen Klasse gehörten jedoch zu den beiden anderen, problematischeren Kategorien. Ihre Haltungen und Ansichten zu definieren wird noch erschwert durch parteipolitische Divergenzen. Führende Christdemokraten in Opposition wie Regierung haben immer wieder ihr Engagement für die deutsche Einheit betont. Führende Sozialdemokraten beschuldigten sie, reine »Lippenbekenntnisse« zur Verpflichtung auf Wiedervereinigung in der Präambel des Grundgesetzes zu machen und »Sonntagsreden« für die nationalistische Wählergruppe der Vertriebenen zu halten, ohne ernsthaft darüber nachzudenken, welche Folgen ihre Worte nicht zuletzt für die Menschen haben konnten, die am meisten unter der Teilung zu leiden hatten.

Christdemokraten beschuldigten wiederum Sozialdemokraten, nicht nur nicht mehr über Wiedervereinigung zu sprechen, sondern sogar bereits Alternativen zu promovieren: Modelle für eine langfristige Koexistenz zweier Staaten, für eine reformierte DDR in einer europäischen Friedensordnung usw. Daß die sozialdemokratischen Architekten der Ostpolitik nicht über Vereinigung sprachen, läßt jedoch noch keine sicheren Rückschlüsse zu auf das, was sie dachten. Denn zumindest in den sechziger und frühen siebziger Jahren dachten sie mehr, als sie öffentlich kundtaten. Sie behaupteten, daß es sinnvoller war, jene Themen öffentlich zu diskutieren, die für eine Verständigung mit der anderen Seite erfolgversprechend waren, und solche Themen mit Schweigen zu übergehen, bei der diese Chance nicht bestand. »Es erscheint mir an der Zeit, den Versuch zu unternehmen, das Trennende zurückzustellen und das Verbindende zu suchen«, schrieb Brandt im Februar 1970 an Willi Stoph.

Nicht erst 1988, sondern bereits 1969 hatte Brandt gesagt: »Ich muß eingestehen, daß ich aufgehört habe, über Wiedervereinigung zu sprechen.« Kurzfristig könnte man dies einen verantwortungsbewußten und humanen Pragmatismus im Interesse der Menschen in Deutschland nennen. Langfristig gesehen hatte es jedoch auch einen Anklang von Machiavellismus im nationalen Interesse. Die deutsche Einheit konnte nur erreicht werden, wenn man aufhörte, sie einzufordern!

All diese komplizierten Ausgangsbedingungen erschweren eine sichere Beurteilung der öffentlichen Aussagen über langfristige Ziele. Zu vermuten ist, daß sich das Denken der Sozialdemokraten während dieser zwanzig Jahre ihren zunehmend reservierten öffentlichen Erklärungen angepaßt hat und daß sich das Denken der Christdemokraten zunehmend von ihren öffentlichen Erklärungen weiter wegentwickelt hat. Somit hätten Mitte der achtziger Jahre beide Seiten auf unterschiedlichen Wegen eine relativ ähnliche Ansicht über die real existierende Möglichkeit, oder Unmöglichkeit, einer deutschen Vereinigung erreicht. Sicher würde man in jedem individuellen Fall unterschiedliche Stadien dieser Entwicklung finden. In keinem Fall aber wäre man wirklich in der Lage, die Wahrheit zu belegen.

Es ist aber auch zu bezweifeln, ob die theologische Frage – hat X oder Y an die Wiedervereinigung »geglaubt«? –, so interessant sie auch sein mag, vor allem wo es um parteipolitische Polemik geht, tatsächlich wichtig ist. Möglich und sinnvoll ist es aufzuzeichnen, was einzelne führende Akteure über die Jahre zu diesem Thema tatsächlich gesagt haben. Wichtig ist es, wenn auch schwieriger, herauszufinden, welchen Effekt das Gesagte auf die Bundesrepublik, die DDR und die Nachbarn in Ost und West hatte. Was dann noch übrigbleibt, ist methodologisch betrachtet kaum besser als ein Salonspiel.

Am anderen Ende des Spektrums befanden sich die kurzfristigen operativen Ziele. Sie waren klar formuliert und erfreuten sich allgemeiner Zustimmung. Ihre Realisierung könnte ziemlich genau gemessen werden. Doch interessanter noch als die Frage der kurzfristigen und langfristigen Ziele scheint die der mittelfristigen. Wie wollte die Bonner Regierung vom kurzfristigen Ziel – der Wiedervereinigung von Familien – zum langfristigen Ziel – der Wiedervereinigung Deutschlands – gelangen? Selbst wenn das langfristige Ziel etwas anders formuliert worden wäre – beispielsweise als eine wirklich demokratische Deutsche Demokratische Republik, die dritte Version eines deutschsprachigen Staates neben der Bundesrepublik und Österreich –, bleibt die Frage, welche Vorschläge gemacht wurden, um von hier nach dort zu gelangen. Vielleicht stellt sich heraus, daß es überraschend wenig Taten, Worte, ja selbst Gedanken in diesem Mittelfeld gegeben hat. Die erfolgreichsten Politiker kombinieren häufig eine einfache, langfristige strategische Vision mit der größtmöglichen taktischen Flexibilität und dem Sinn für das unmittelbar Machbare – und überlassen das Mittelfeld den sogenannten Politintellektuellen. Sowohl Brandt als auch Kohl – wenn auch auf sehr unterschiedliche Weise – können zu dieser Art Politiker gezählt werden, und Helmut Schmidt hatte für die »Konzepte« von Politintellektuellen nur vernichtende Kritik übrig.

Aber es wäre schon ein außergewöhnliches Kunststück, würde man über zwanzig Jahre lang eine derart wichtige Politik verfolgen, ohne auch nur die leiseste Ahnung davon zu haben, wohin sie führen mochte. Also macht es durchaus Sinn zu fragen: Auf welche Weise glaubten die Politiker der Bundesrepublik mit ihrer Politik die Politik und politische Wirklichkeit der DDR verändern zu können? Und welchen Einfluß hatten sie nun tatsächlich auf sie? Natürlich ist es extrem schwierig, den Einfluß westlicher Politik aus den vielen unterschiedlichen innenpolitischen und außenpolitischen Faktoren herauszufiltern, die die politische Entwicklung eines kommunistischen Staates beeinflußt haben. Außerdem war kein Staat abhängiger von der internationalen Konstellation als die DDR. Zwischen dem passiven Einfluß der Bundesrepublik – durch ihre schiere Existenz, durch Wohlstand, Freiheit, Offenheit usw. – und dem Einfluß, den sie durch bewußt betriebene Politik aktiv ausübte, zu unterscheiden, ist mindestens so schwierig.

Die Tatsache, daß fast alle Bürger der DDR regelmäßig westdeutsches Fernsehen sahen, wurde endlos als Beispiel für den Einfluß der Bundesrepublik zitiert. Doch diese Fernsehbilder waren nicht als Ergebnis westdeutscher Politik auf die ostdeutschen Bildschirme gelangt. Sie waren sozusagen höhere Gewalt. Andererseits war die Tatsache, daß Bürger der DDR in den siebziger und achtziger Jahren Live-Berichte westlicher Reporter aus ihrem eigenen Land und zu ihren eigenen inneren Angelegenheiten über das Westfernsehen verfolgen konnten, zweifelsohne ein Effekt der westdeutschen Politik. Denn Arbeitserlaubnisse und -bedingungen für Journalisten waren hart umfochtenes Thema von Verhandlungen zwischen den beiden Staaten gewesen. Und daß das Regime der DDR nicht mehr wie in den fünfziger und sechziger Jahren versuchte, seine Bürger vom Westfernsehen fernzuhalten, daß es in den achtziger Jahren sogar Kabel legte, damit auch im Dresdener »Tal der Ahnungslosen« westliche Sendungen verfolgt werden konnten – das war ein entscheidender Wandel der östlichen Politik. Doch diese Veränderung kann nicht einfach als direktes Resultat westlicher Politik dargestellt werden. Eher war sie Resultat einer komplizierten Kalkulation politischer Eigeninteressen, in der westliche Wünsche nur ein Element von vielen waren.

Doch trotz all dieser analytischen Schwierigkeiten bieten die deutsch-deutschen Beziehungen noch immer einzigartige Möglichkeiten, den Einfluß westlicher auf östliche Politik zu untersuchen. Nirgendwo sonst in Europa haben wir den Fall, daß über zwanzig Jahre lang im Grunde nur eine Politik von einem westlichen gegenüber einem östlichen Staat verfolgt wurde. Unter den anderen westlichen Staaten hatte höchstens noch Frankreich eine spezifische Politik gegenüber der DDR. Aber die ging bei der Anerkennung womöglich noch weiter als die der Bundesrepublik, auf daß es noch länger die geliebten zwei deutschen Staaten geben möge. Auch Großbritannien und die Vereinigten Staaten hatten neben Frankreich gewisse Interessen an der DDR. Und für die »Großwetterlage«, wie Honecker es nannte, war die amerikanische Politik wesentlich (mit)bestimmend. Doch weder Großbritannien noch die USA hatten eine klar umrissene, spezifisch auf die DDR gerichtete Politik. Ihre Rolle bei bilateralen Beziehungen mit der DDR beschränkte sich mehr oder weniger auf die Unterstützung der Bonner Politik.

Im Folgenden sollen zunächst die kurzfristigen, konsensuellen, operativen Ziele der bundesdeutschen DDR-Politik sowie die Mittel für deren Realisierung betrachtet werden: ständige Verhandlungen, Geld und Anerkennung. Dann werden wir uns dem mittelfristigen Zusammenhang zwischen der DDR-Politik und der Politik der DDR zuwenden und dabei erst die beabsichtigten und dann die tatsächlichen Auswirkungen ersterer auf letztere analysieren.

Für die Menschen und die Nation

»Die innerdeutsche Vertragspolitik«, so hieß es im gemeinsamen Beschluß aller großen Parteien im Bundestag vom Februar 1984, »soll die Folgen der Teilung für die Menschen in Deutschland erträglicher machen und die Einheit der Nation wahren.« Im Bonner Sprachgebrauch wurden diese zentralen Ziele allgemein zwei Rubriken zugeordnet: Menschliche Erleichterungen und Zusammenhalt der Nation. »Menschlich« bedeutete hier mehr als nur einfach »humanitär«. Es bezog sich auf »die Menschen« in Deutschland. Der Begriff »Nation« beinhaltete weniger als »Nationalstaat«, bezog sich vielmehr auf den Zusammenhalt der ethnischen und kulturellen Kollektivität, also des Volkes und der Kulturnation. In den Aussagen westdeutscher Politiker wurden diese Inhalte fast elidiert, zumindest aber ging man davon aus, daß es ein Kontinuum zwischen ersterem und letzterem geben sollte.

Niemand sprach bewegender von »den Menschen« als Willy Brandt. Seinen ersten Bericht zur Lage der Nation, im Januar 1970, schloß er mit einer Antwort auf die Anschuldigung, seine Regierung sei bereit, im vorhinein für unsichere Konzessionen des Ostens zu bezahlen. »Es hat in der Bundesrepublik eine Zeit gegeben, in der beachtliche deutsche Vorleistungen nach Westen als Ausweis besonderer staatsmännischer Klugheit und Weitsicht galten.« Damit verwies er natürlich auf Adenauers Westverträge. Dann fuhr er fort, den potentiellen Nutzen aufzuzählen, der die Öffnung nach Osten rechtfertigen würde. »Und wird nicht Deutschland danach selbst mehr Sicherheit und einen besseren Frieden haben? Werden nicht seine Menschen, jeder einzelne, davon profitieren? Um es mit diesem Wort zu sagen: weil es weniger Furcht geben wird; weil die Lasten geringer werden; weil sich Menschen wieder sehen werden, die sich Jahre nicht sehen konnten; weil vielleicht zwei Menschen aus den beiden deutschen Staaten in Deutschland heiraten können, die heute unmenschlicher Zwang trennt. Dies sind die Maßstäbe, im Großen, im Kleinen, aber immer auf den Menschen bezogen, denen sich diese Regierung stellt ...«

Siebzehn Jahre später stellte sich Bundeskanzler Kohl denselben Maßstäben und vollzog dieselbe Elision: »Wir sind uns bewußt«, sagte er 1987 in seinem Bericht zur Lage der Nation, »daß menschliche Erleichterungen und Menschenrechte nicht dasselbe sind. Es wäre jedoch verantwortungslos, menschliche Erleichterungen gering zu achten. Solange die Deutschen voneinander getrennt sind, ist es Aufgabe unserer Politik, die schmerzlichen Folgen der Teilung unseres Vaterlandes zu lindern, das Bewußtsein der Zusammengehörigkeit aller Deutschen zu stärken, Verbindendes zu erhalten und neue Gemeinsamkeiten zwischen ihnen zu stiften. Im Mittelpunkt steht dabei unser Bemühen, Begegnungen in wachsender Zahl und Intensität zwischen den Menschen in beiden Staaten Deutschlands zu ermöglichen.«

Ein Großteil dessen, was die Bundesrepublik mit ihrer operativen Politik zu tun bemüht war, könnte irgendwo in diesem unterstellten Kontinuum von menschlichen Erleichterungen bis hin zum Zusammenhalt der Nation angesiedelt werden. Über die Jahre hinweg ging es bei den Verhandlungen mit der DDR um jeden in einer Nation nur denkbaren Austausch: den menschlichen, rechtlichen, finanziellen, akademischen, gesellschaftlichen, kommerziellen, kulturellen, umweltpolitischen, technischen, wissenschaftlichen, sportlichen – Bonn wollte über alles reden. In jedem Fall war es das Interesse der Bundesregierung, jede nur irgend mögliche Form des Austausches, der Verbindungen und Bindungen zwischen den beiden Teilen Deutschlands zu bewahren oder zu entwickeln und somit ein Netz zu weben, das »die Nation zusammenhalten« konnte. Die Idee eines solchen Netzwerks an Beziehungen und Interdependenzen – ein Prozeß, der als Vernetzung, Verklammerung oder Verflechtung beschrieben wurde – war ein wesentlicher Bestandteil der deutschlandpolitischen Überlegungen in den sechziger Jahren gewesen und sollte für die gesamte Ostpolitik der siebziger und achtziger Jahre wichtig sein. Das DDR-Regime war jedoch daran interessiert, solche Bindungen zu kontrollieren und ihre Entwicklung nur selektiv zuzulassen, gleichzeitig aber den höchstmöglichen Preis für sie zu fordern. Alle Verhandlungen waren daher lang, schmerzhaft und peinigend.

Doppelt schmerzhaft und peinigend wurden sie, weil die Bundesrepublik es immer als ihren kategorischen Imperativ betrachtete, West-Berlin in die Vereinbarungen der Bundesrepublik einzubeziehen. Und viele Verhandlungen drehten sich ausschließlich um die besonderen Probleme Berlins. Nicht weniger als fünfzehn der siebzehn Abkommen, die Günter Gaus als Ständiger Vertreter der Bundesrepublik aushandelte, betrafen Berlin: Regelungen für Transitreisende zwischen der Bundesrepublik und West-Berlin, Verbesserung der Transitstraßen und Bahngleise, Telefonverbindungen zwischen West- und Ost-Berlin, Besuche von West- nach Ost-Berlin und in die übrige DDR, die Exklaven West-Berlins (fast vollständig von Ost-Berlin umschlossen), das S-Bahnsystem (das durch West-Berlin lief, doch von der Deutschen Reichsbahn im Osten verwaltet wurde), die Abwasserentsorgung von West-Berlin – die Liste der Berlin-Fragen war schier endlos.

In den achtziger Jahren wurde die Agenda der deutsch-deutschen Verhandlungen dann etwas ambitionierter. Beide Staaten begannen eine (zögernde) Kooperation bei Problemen, die sie gemeinsam angingen, wie die Umweltverschmutzung, die im einen Teil Deutschlands (hauptsächlich im Osten) entstand, sich aber auch auf den anderen Teil auswirkte. Ein klassischer Fall dafür war die Elbe, die Hamburg nach ihrem diagonalen Lauf durch die DDR als Giftschlamm erreichte. Eine Vereinbarung über einen grenzüberschreitenden Stromverbund wurde, wie bereits erwähnt, getroffen. Den früheren Abkommen (1974) über Beziehungen im Bereich des Sports wurden zwei weitere über Jugendaustausch hinzugefügt, obwohl der DDR-Unterzeichner (die Jugendorganisation der Partei, FDJ) nicht gerade die fairsten Auswahlkriterien für junge Menschen bot, die in den Westen geschickt werden sollten.

Nach nur zwölf Jahren Verhandlungen wurde 1986 ein Abkommen über kulturelle Zusammenarbeit unterschrieben. Doch selbst nach dieser langen Zeit war aus ihm kaum mehr als eine grundlegende Rahmenvereinbarung geworden, die viele Künstler befürchten ließ, sie könnte die Kontrolle des Parteistaates über den Kulturaustausch, der schon mit großen Schwierigkeiten von unten organisiert wurde, eher noch verstärken. Das gleiche galt für das Abkommen über technischen und wissenschaftlichen Austausch, das im Herbst 1987 unterzeichnet wurde. 1986 begann eine Welle von Städtepartnerschaften zwischen Ost und West. Bei Öffnung der Berliner Mauer gab es 58 solcher Partnerschaftsvereinbarungen und sechs weitere, die sich noch in Vorbereitung befanden. Obwohl auch die Stadtverwaltungen im Osten der Parteikontrolle unterlagen, war es durch diese Partnerschaften auch Personen auf niedrigerem hierarchischen Niveau möglich, Westkontakte zu knüpfen.

All diese Verhandlungen wurden natürlich mit den Machthabern der DDR und unter dem allgemeinen Motto »Zusammenarbeit« geführt. Die meisten westdeutschen Politiker betrachteten sie jedoch als Arbeit für »die Menschen«, also erstens für die Deutschen, die in der DDR lebten, zweitens für die Deutschen in West-Berlin, drittens für die Deutschen in der Bundesrepublik und viertens für die Deutschen insgesamt. Der Erfolg dieser Verhandlungen wurde deshalb daran gemessen, wie weit sie »die Folgen der Teilung für die Menschen erträglicher« machten, wie es im Beschluß des Bundestags hieß. Daran gemessen haben einige dieser so schwierigen Verhandlungen tatsächlich nur relativ kleine Fortschritte gebracht, bzw. erst in dem Augenblick, als Revolution und Vereinigung sie bereits zu den Akten legten.

Insgesamt aber war, gemessen am außergewöhnlich schlechten Ausgangspunkt von Deutschland nach dem Mauerbau, der Fortschritt »für die Menschen« groß. In den Publikationen des Ministeriums für innerdeutsche Beziehungen wurde liebevoll die Anzahl der Briefe und Pakete aufgezählt, die von West nach Ost und von Ost nach West geschickt worden sind, die Zunahme der Telefonate, Telexe und Telegramme, das Ausmaß des Handels und die Anzahl der Besucher. Während es 1969 gerade einmal eine halbe Million Telefonate von West nach Ost gegeben hatte, gab es 1988 (im letzten »normalen«, d. h. also normalisiert-unnormalen Jahr der deutsch-deutschen Beziehungen) mehr als vierzig Millionen. Während 1969 nur wenig mehr als eine Million Besuche aus dem Westen in der DDR gezählt worden waren, kletterte die Zahl Mitte der siebziger Jahre auf beinahe acht Millionen. 1980 versuchte die DDR, wie schon 1973, den »subversiven« Strom westlicher Besucher einzudämmen, indem sie den Zwangsumtausch drastisch erhöhte. Dennoch sank der jährliche Besuchsstrom aus der Bundesrepublik während der gesamten achtziger Jahre nie unter die Fünf-Millionen-Grenze.

Die Fortschritte waren dort am meisten zu spüren, wo die Probleme am größten waren: in Berlin. Um das ganze Ausmaß zu verstehen, muß man für einen Moment in die frühen sechziger Jahre zurückkehren. Mit dem Bau der Berliner Mauer war der letzte, einigermaßen risikofreie Fluchtweg aus der DDR versperrt. Im September 1961 war die Teilung Berlins und Deutschlands so absolut geworden, wie eine Teilung inmitten Europas nur sein konnte. Kein gewöhnlicher Deutscher unter dem Rentenalter konnte nun noch von Ost nach West reisen, ohne sein Leben zu riskieren. Aber auch die Bewegung von West nach Ost war ungeheuer eingeschränkt. Bundesbürger konnten theoretisch noch immer in die DDR reisen, aber West-Berliner konnten nicht einmal Ost-Berlin betreten. Für gewöhnliche Bürger hatte es bis 1970 überhaupt keine Telefonverbindung mehr gegeben. Dein Bruder nur drei Ecken weiter in der Friedrichstraße hätte genausogut in der Mongolischen Volksrepublik wohnen können. Das Passierscheinabkommen, das Brandt und sein Kreis im West-Berliner Senat ausgehandelt hatten, brachte einige begrenzte, kurzfristige Erleichterungen. Doch nach 1966 verhärtete sich die Position der DDR, und sie forderte eine umfassendere »Anerkennung« als Preis für weitere Verträge. Nur ein kleines Passierscheinbüro für »dringende Familienangelegenheiten« war übriggeblieben, und die Besuchsgenehmigungen tröpfelten nur noch:

etwa 60 000 jährlich von 1967 bis 1969. Selbst die Bewegungsfreiheit von West nach West war nun stark eingeschränkt. Die Transitstrecken von der Bundesrepublik nach West-Berlin waren zwar theoretisch offen, doch der gewöhnliche Bürger mußte sich ziemlichen Belästigungen aussetzen, wenn er für seine Reise den Landweg gewählt hatte.

Das Vertragswerk und die folgenden deutsch-deutschen Verhandlungen veränderten diese Situation grundlegend. Bereiste man die Transitstrecke zwischen der Bundesrepublik und West-Berlin zum erstenmal, dann war das noch immer eine bedrückende Erfahrung: massive Grenzbefestigungen an jedem Ende der Strecke, spezielle Spiegel, mit denen unter den Autos nach möglichen Verstecken für Flüchtlinge gesucht wurde, ein leiser Duft von Le Carré in der Luft. Doch nach mehreren Fahrten empfand man es höchstens noch als unangenehm. Die Transitgebühren für Bürger der Bundesrepublik und West-Berlins wurden von Bonn pauschal bezahlt. Und auch für bescheidene Straßenverbesserungen wurden große Summen überwiesen. Obwohl die Volkspolizei mit rachsüchtiger Regelmäßigkeit hohe Strafen von tempoüberschreitenden Mercedes- und BMW-Fahrern kassierte, blieben die Unannehmlichkeiten, denen man ausgesetzt war, doch auf ein Minimum beschränkt – außer natürlich, man hatte tatsächlich versucht, jemandem bei der Flucht zu helfen. Konsequenz war, daß die Anzahl der Reisenden auf dem Landweg von etwas über sieben Millionen 1970 auf fast 24 Millionen 1986 stieg, während die Flugreisen von über fünfeinhalb Millionen auf weniger als vier Millionen sanken.

Noch deutlicher waren die Verbesserungen bei den Reisen in den Osten, denn hier mußte man sozusagen von Null an zu zählen beginnen. Im März 1972, als der Bundestag begann, die Warschauer und Moskauer Verträge zu debattieren, wurde West-Berlinern zum erstenmal nach sechs Jahren gestattet, nach Ost-Berlin zu reisen. Von da an wurden diese Besuche zunehmend Routine. Zwar wurde dieser Grenzverkehr hart durch die Erhöhung des Zwangsumtausches getroffen, doch 1988 gab es noch immer etwa eineinhalb Millionen Besuche von West-Berlinern in der DDR, wovon ungefähr die Hälfte Tagesbesuche in den anderen Teil der Stadt waren. Dieser jährliche Strom war wahrscheinlich noch immer geringer, als der *tägliche* Strom von Menschen zwischen West-London und den angrenzenden Gebieten. Aber es war ein großer Fortschritt, nachdem zuvor gar keine Möglichkeiten bestanden hatten. Und wer seine Verwandten und Freunde nicht persönlich besuchen konnte, konnte sie nun zumindest anrufen. 1970 hatte es überhaupt keine gewöhnlichen Telefonate zwischen West- und Ost-Berlin gegeben. 1988 gab es mehr als zehn Millionen.

Hinter diesen trockenen Statistiken verstecken sich reale, große Gewinne für Hunderttausende einzelner Menschen. Aber die Erweiterung der Ostreisemöglichkeiten waren für den Bundesbürger und West-Berliner nichts, verglichen mit der Bedeutung, die eine Westreise für den DDR-Bürger hatte. Um ein Bild zu verwenden, das die meisten in der Bundesrepublik in den achtziger Jahren übertrieben empfunden hätten: Die Möglichkeit, im Gefängnis einen Besuch zu machen oder zu erhalten, ist nichts, verglichen mit der Möglichkeit, das Gefängnis zu verlassen, und sei es auch nur für einen kurzen Ausgang. Die wirklich wichtigen Statistiken betrafen daher die Bewegungen der Deutschen von Ost nach West. Die Bedeutung, die diesen Zahlen von allen Bundesregierungen beigemessen wurde, war jedoch so groß, daß es sich lohnt, einen genaueren Blick auf sie zu werfen.

Von Deutschland nach Deutschland

Es gab zwei Arten, um von »Deutschland nach Deutschland« zu reisen. In den sechzehn Jahren zwischen dem Weltkriegsende und dem Bau der Berliner Mauer waren etwa dreieinhalb Millionen Deutsche aus dem östlichen Landesteil, genannt »die Zone«, dauerhaft in den Westen gezogen. Die meisten von ihnen sagten damals, sie seien »geflohen« oder hätten »die Freiheit gewählt«. Junge, besser ausgebildete und unternehmungsfreudigere Menschen waren überproportional in dieser großen Volksbewegung vertreten. Viele von ihnen stiegen in der Bundesrepublik in hohe Positionen auf. Einer von ihnen war Hans-Dietrich Genscher, der seine Heimatstadt Halle 1952 als Fünfundzwanzigjähriger verließ, um ein neues Leben in der Bundesrepublik zu beginnen, zunächst als Anwalt, dann als Politiker. Doch wie er selber eingestand: Sein Herz war in Halle geblieben. Gemeinsam mit den Flüchtlingen und Vertriebenen aus den ehemaligen deutschen Gebieten östlich der Oder-Neiße-Linie bildete diese Gruppe aus dem Osten Deutschlands bis in die höchsten Ebenen des öffentlichen Lebens in der Bundesrepublik ein Reservoir des leidenschaftlichen Interesses an allem, was »den Osten« betraf.

Nachdem der Bau der Berliner Mauer das völlige Ausbluten des »entschwebenden Satelliten« verhinderte, wie einige westliche Kommentatoren die DDR sarkastisch nannten, wurde die Flut zum Rinnsal. 1962 war es nur mehr 21 000 Deutschen gelungen, dauerhaft von Ost nach West zu wechseln, darunter nur 4 600 mit Erlaubnis der ostdeutschen Behörden. Im gleichen Jahr hatte es auch nur etwa 27 000 Westbesuche – jedoch noch weniger Besucher – aus dem Osten gegeben, denn es waren fast ausschließlich Rentner, Geschäftsleute, Funktionäre oder Lastwagenfahrer, die auch mehrmals im Jahr die Grenze überquerten. Für den gewöhnlichen Bürger unterhalb des Rentenalters gab es nicht die geringste Möglichkeit, die Bundesrepublik zu besuchen oder überzusiedeln. Seine Reisefreiheit gen Westen war auf Null gesunken. Und das wohlgemerkt zur selben Zeit, als Polen, Tschechen und Ungarn zunehmend in den Westen reisen konnten. Während die Teilung Europas bereits zu bröckeln begann, war die Teilung Deutschlands noch tiefer geworden.

Die Bewegungsfreiheit von Ost nach West wiederzuerlangen wurde denn auch oberste Priorität der operativen Bonner Regierungspolitik gegenüber der DDR, in gewissem Maße bereits 1966, ganz sicher aber seit 1969. Bis Mitte der achtziger Jahre war ihr jedoch nur geringer Erfolg beschieden. In den sechzehn Jahren von 1968 bis 1983 siedelten weniger als eine Viertelmillion Menschen aus der DDR in den Westen um: nur eine von vierzehn Personen, die zwischen Mai 1945 und August 1961 gekommen waren. Jeder Dritte verdankte seine Freiheit nicht irgendeiner westdeutschen Politik, sondern nur dem eigenen Wagemut. Er riskierte Leib und Leben, um die deutsch-deutsche Grenze oder, als dies zunehmend schwieriger und gefährlicher wurde, die weniger stark bewachten Grenzen zwischen der Tschechoslowakei oder Ungarn nach Österreich oder Jugoslawien zu überqueren, um dann auf den sicheren Boden der westdeutschen Konsulate zu gelangen. Dort konnte der Bürger der DDR sofort zum Bürger der Bundesrepublik werden. In den frühen achtziger Jahren hat die Bonner Regierung dazu beigetragen, daß das Ost-Berliner Regime wenigstens die barbarischsten Grenzschutzmaßnahmen an der deutsch-deutschen Grenze, die automatischen Selbstschußanlagen und Minenfelder, beseitigte. Davon abgesehen aber beschränkte sich Bonns Beitrag auf die Gewährung der Staatsbürgerschaft und praktische Hilfsmaßnahmen bei der Eingliederung im Westen.

Wenn ein DDR-Bürger jedoch bei »versuchter Republikflucht« gefaßt und zu Gefängnis verurteilt wurde; wenn er wegen eines anderen politischen »Vergehens«, etwa wegen Wehrdienstverweigerung oder offenen Protests, ins Gefängnis kam; wenn er Zuflucht in der Ständigen Vertretung in Ost-Berlin oder in einer der westdeutschen Botschaften anderswo in Osteuropa gesucht hatte; wenn er einfach nur die legale Ausreise beantragt hatte – dann waren die Behörden der Bundesrepublik sofort und unmittelbar an dem Versuch beteiligt, seine Freiheit zu erwirken. Quantitativ waren diese »humanitären Bemühungen« in den achtziger Jahren ein relativ kleiner Teil des gesamten Netzwerks mit der DDR. Qualitativ spielten sie jedoch vom Tage des Mauerbaus bis zum Tage der Maueröffnung eine zentrale Rolle. Beinahe dreißig Jahre lang blieben viele Einzelheiten dieses Aspekts unter dem Mantel des Schweigens verborgen, bis die Vereinigung den Hauptakteuren erlaubte, ihre bemerkenswerte Geschichte zu erzählen. Nur ein kurzer Umriß kann hier geboten werden.

Es begann mit den Kirchen. Im Juni 1962 nahm ein Anwalt der Evangelischen Kirchen Deutschlands Kontakt mit einem Ost-Berliner Anwalt auf, einem gewissen Wolfgang Vogel, um zu versuchen, die Freilassung von inhaftierten Kirchenarbeitern im Osten zu erwirken. Sie vereinbarten einen Handel. Im Gegenzug für drei Lastwagenladungen Kali wurden einige zuvor bestimmte Gefangene in den Westen entlassen. Etwas später kamen zwanzig Kinder, die durch den Mauerbau von ihren Eltern getrennt worden waren, auf die gleiche Weise in den Westen.

Nach einer Intervention des Verlegers Axel Springer wurde

1963 die Gesamtverantwortung für diesen Freikauf von Gefangenen aus der DDR vom Ministerium für gesamtdeutsche Fragen unter Rainer Barzel übernommen. Der damalige Vertreter dieses Ministeriums in Berlin, Ludwig Rehlinger, beschreibt in seinen Memoiren, unter welchen Qualen er eine Wahl von tausend besonders schwerwiegenden oder verdienstvollen Fällen unter zwölftausend politischen Häftlingen der DDR zu treffen hatte. Dann wurde er gezwungen, die tausend auf fünfhundert zu reduzieren, die fünfhundert auf fünfzig, die fünfzig auf zehn. Am Ende gestattete die DDR der Bonner Regierung den Freikauf von nur acht Häftlingen für das Jahr 1963. Bonn zahlte bar. Jürgen Stange, ein West-Berliner Anwalt, fuhr mit dem Geld in einem großen Umschlag per S-Bahn nach Ost-Berlin.

Als Ost-Berlin sah, daß Bonn – und die entlassenen Gefangenen – absolute Diskretion über diesen Kanal wahrten, gestattete man den Export von weiteren Menschen. Im August 1964 gingen die ersten »regelmäßigen« Transporte per Bus an die Grenze. 1964 wurden 880 politische Gefangene »freigekauft«, 1965 mehr als eintausend. In dieser Zeit wurden die Verhandlungen im wesentlichen von Ludwig Rehlinger und dem West-Berliner Anwalt Jürgen Stange mit dem Ost-Berliner Anwalt Wolfgang Vogel und einem gewissen Heinz Volpert, einem höheren Stasi-Offizier, geführt. Zu Beginn hatten sie für jeden Gefangenen einen Preis ausgehandelt, entsprechend seiner oder ihrer Gefängnisstrafe, Qualifikation und »Wert« für den kommunistischen Staat. Später einigte man sich auf einen Standardpreis pro Kopf. Doch Sonderfälle sollte es auch weiterhin geben.

Die Bonner Regierung zahlte die vereinbarte Gesamtsumme auf das Konto einer gemeinnützigen Einrichtung der Evangelischen Kirchen Deutschlands – das Diakonische Werk –, das genauestens über diese »B-Geschäfte« Buch führte. (»A-Geschäfte« waren die indirekte Finanzierung der Kirchen in der DDR durch Warenlieferungen, für die die DDR den dortigen Kirchen einen Gegenwert in Ost-Mark auszahlte.) Ludwig Geissel, der dafür Verantwortliche im Diakonischen Werk, arrangierte die Warenlieferungen durch Kanäle, auf die er sich zuvor mit seinen Verhandlungspartnern in der DDR geeinigt hatte. 1966 gründete die DDR einen speziellen »Bereich Kommerzielle

Koordinierung« – KoKo –, deren allgemeiner Zweck es war, die Deviseneinnahmen der DDR aus dieser und anderen Quellen zu maximieren. Der Leiter der KoKo, Alexander Schalck, und sein Stellvertreter Manfred Seidel sollten nun Geissels östliche Verhandlungspartner sein.

Die westdeutsche Seite, die empfindlich auf die Beschuldigung reagierte, sie betreibe Menschenhandel, hoffte, daß nicht nur der Staat, sondern auch die Menschen im Osten von den Warenlieferungen profitieren würden. In späteren Jahren wurden dann hauptsächlich Erdöl, Kupfer, Silber und Industriediamanten geliefert. Die umfangreiche Untersuchung der Tätigkeiten Schalcks ergaben jedoch bald nach der Vereinigung, daß KoKo bereits seit den frühen siebziger Jahren die meisten dieser Güter weiterverkauft hatte, oft durch eine spezielle Firma in Liechtenstein. In einem internen KoKo-Papier hieß es 1972: »Beträge werden über Warenlieferungen realisiert und wieder zu Valuta durch Verkauf und Manipulation gemacht.«

Ein Großteil der so gewonnenen Devisen wurde auf ein Sonderkonto transferiert, das von Erich Honecker persönlich kontrolliert und für sehr unterschiedliche Zwecke verwendet wurde: Finanzierung der Feierlichkeiten zum 30. Staatsjubiläum 1979, Import von Wagen der Marke Citroen für hochrangige Funktionäre (im Sommer 1989!), aber auch für den Import von Konsumgütern für einen größeren Abnehmerkreis. So wurden beispielsweise im November 1976 von diesem Konto 800 000 Paar Schuhe bezahlt – oder, wie es in einem rückblickenden Bericht der *Zeit* pointiert hieß: Schuhe zum Gegenwert von 1072 Gefangenen.

Dieses ungewöhnliche Verfahren funktionierte, mit einigen Unterbrechungen, in Varianten und mit Änderungen, mehr als ein Vierteljahrhundert lang. Ihre östlichen Akteure, Wolfgang Vogel und vor allem Alexander Schalck, wurden mit der Zeit zu Mittelsmännern der obersten Ränge beider Staaten. Doch diese Kanäle wurden nicht nur zum »Freikauf« von politischen Gefangenen benutzt, sondern auch für die Familienzusammenführung. Ein besonders brennendes Problem waren Kinder, die durch den Mauerbau von ihren Eltern getrennt worden waren. Jürgen Stange schätzt, daß es im Herbst 1961 etwa viertausend von ihnen gegeben hatte. Die Ausreise vieler wurde im Stillen zwischen den

Anwälten vereinbart, mit und ohne Bezahlung. Doch wie aus einem vertraulichen Schreiben des damaligen Ministers für Innerdeutsche Beziehungen, Egon Franke, an Bundeskanzler Brandt hervorgeht, gab es elf Jahre später, im August 1972, noch immer mehr als tausend dieser Kinder in der DDR.

Nach Ratifizierung des Grundlagenvertrags versuchte die Regierung Brandt der DDR klarzumachen, daß man von Staaten im 20. Jahrhundert normalerweise nicht erwarten würde, Lösegeld wie im Mittelalter zu bezahlen. Immerhin würde der Vertrag von »normalen, gutnachbarlichen Beziehungen« sprechen. Das Kanzleramtstrio Egon Bahr, Horst Ehmke und Günter Gaus legte nahe, diese Formulierung doch ernst zu nehmen. Man sollte die Verhandlungen nun unmittelbar über die Ständige Vertretung und ohne Kopfgeld abwickeln. Das DDR-Regime gab sich zutiefst beleidigt. Was für eine Unverschämtheit! Welch Kalte-Kriegs-Konfrontation! Und sie brachen die Gespräche über humanitäre Hilfe ab. Viele Menschen wurden praktisch auf gepackten Koffern sitzengelassen. Und laut Wolfgang Vogel wurden selbst jenen die Pässe wieder abgenommen, die sie bereits zur Ausreise erhalten hatten.

In dieser gespannten Lage fuhr Herbert Wehner, dessen tiefes Engagement auf diesem Gebiet über alle parteipolitischen Grenzen hinaus anerkannt und respektiert wurde, gemeinsam mit dem Freidemokraten Wolfgang Mischnick, auch ein gebürtiger Dresdener, nach Ost-Berlin, offiziell, um parlamentarische Gespräche mit einer Abordnung von Volksdeputierten der DDR zu führen. Am folgenden Tag hatten beide, dank der guten Dienste von Wolfgang Vogel, ein langes privates Gespräch mit Erich Honecker in seinem Haus am Wandlitzsee. Wenn auch die gesamte Palette der deutsch-deutschen Beziehungen dabei angesprochen wurde, so ging es Wehner doch vor allem um die humanitären Fragen.

Drei Wochen später, nach einem Gespräch mit »dem Anwalt« (Wolfgang Vogel), schrieb Wehner an Willy Brandt: »Man will Ernst machen mit konkreten Schritten in humanitären Fragen. Am 11. Juli und am 18. Juli können je ein Transport kommen. Kinder sollen einmal 45 und nochmals 45 kommen.« In einem Memorandum über ein Gespräch am 17. September 1973, in dem

Wolfgang Vogel offenbar eine lange mündliche Nachricht von Erich Honecker überbracht hatte, notierte Wehner: »Seither [d.h. seit Wehners Gespräch mit Honecker am 31. Mai] habe er [Honecker] sich Bericht geben lassen, daß ca. 300 Personen abgereist sind... Am 14. September habe er eine weitere Liste von über 178 Personen unterschrieben, darunter 85 Kinder, und habe angeordnet, daß das schneller abzuklären sei als bisher. Er habe mit großer Besorgnis von den Schwierigkeiten gehört, die in Zusammenhang mit diesem humanitären Bereich und auch für mich [Wehner] persönlich entstanden sind. Es dürfte hier zu keinem Krach und Bruch kommen...« Und das von Erich Honecker, der zwölf Jahre zuvor den Bau der Berliner Mauer persönlich überwacht hatte. Oh, die Menschlichkeit des Kerkermeisters!

In einem Gespräch mit Leonid Breschnew in Moskau ein Jahr später stellte Honecker die Angelegenheit etwas anders dar. »In den Fragen der Familienzusammenführung«, sagte er laut ostdeutschem Protokoll, »handeln wir sehr restriktiv. Dafür trage ich die unmittelbare Verantwortung, und die Genehmigung von Ausreisen aus der DDR ist nur mit meiner Unterschrift möglich. Es handelt sich um eine streng kontrollierte Angelegenheit, die wir hauptsächlich deshalb etwas vorangebracht haben, um guten Willen zu zeigen. Dabei gibt es viele Schwierigkeiten. Viele Kinder, die zu ihren Eltern nach der BRD gebracht werden sollen, wollen die DDR nicht verlassen, sie gehen hier zur Schule, gehören dem Pionierverband und der FDJ an und fühlen sich bei uns wohl. Außerdem schieben wir im Zusammenhang mit der Familienzusammenführung manche kriminellen Elemente in die BRD ab. Sie werden in der BRD zwar als politische Fälle betrachtet, aber in Wirklichkeit handelt es sich um kriminelle Elemente.«

Natürlich wäre die Schlußfolgerung falsch, alles, was Honecker zu Breschnew sagte, sei zutreffend gewesen, und alles, was er zu Wehner sagte, nur das aufpolierte Duplikat. Er trieb sein Spiel mit beiden. Und es gibt reichlich Hinweise, daß Honecker eine sehr gefühlsbetonte Beziehung – eine Mischung aus altem Respekt und altem Schuldgefühl – zu Wehner hatte. Doch weder Vogel noch Schalck sollten rückblickend bestätigen, daß Honecker von irgendeiner tiefen humanitären Sorge bewegt gewesen wäre – es sei denn, ein alter »Antifaschist« war irgendwie darin verwickelt. Für Honecker, so meinten beide, sei dies eine Chance gewesen, gleichzeitig an Glaubwürdigkeit im Westen zu gewinnen, seine persönliche Macht auszuspielen, Devisen zu erhalten und einige Störenfriede loszuwerden. Vogel faßte Honeckers Haltung prägnant zusammen: »Ein Klassenfeind weniger«.

Natürlich müssen auch ihre Aussagen mit der nötigen Skepsis behandelt werden. Doch wie auch immer die Motive gewesen sein mögen, Tatsache ist, daß seit Sommer 1973 die Verfahrensweise unter Honeckers direkter Kontrolle reibungsloser lief. Der Fluchtversuch aus der DDR wurde über die Jahre zum fast kalkulierbaren Risiko. Selbst wenn man gefaßt und ins Gefängnis gesteckt wurde, konnte man, sofern der Fall im Westen bekannt war, darauf hoffen, daß man in einem, zwei oder drei Jahren aus der Zelle geholt werden würde, seine eigene Kleidung zurück und ein Papier ausgehändigt bekam, auf dem stand, daß man einst Bürger der DDR gewesen sei. Dann wurde man in einem Bus zur Grenze gefahren. Freigekauft.

In den frühen siebziger Jahren war der Preis eines »normalen« Freikaufs auf 40 000 DM festgesetzt. 1977 wurde er auf 95 847 DM pro Kopf erhöht. In einem Interview nach der Vereinigung erinnerte sich Wolfgang Vogel, daß man bereits bei einer Summe von 96 000 DM pro Kopf angelangt war, als einer der Beteiligten gesagt habe: »Die müssen wir irgendwie krumm machen, damit das nicht so wie Pro-Kopf-Preis aussieht«. Der Betrag für die Familienzusammenführung belief sich in den achtziger Jahren allgemein auf 4 500 DM pro Kopf. Bis 1983 hatte die Bundesrepublik für die Freiheit von jährlich etwa neun- bis dreizehntausend Männern, Frauen und Kindern Gelder an die DDR bezahlt. Zwischen ein- bis zweitausend von ihnen waren politische Gefangene, der Rest Fälle von Familienzusammenführung. 1984 stieg die Gesamtzahl drastisch auf 37 000 und blieb, mit Ausnahme von 1987, bei einer Zahl von über 20 000 jährlich bis zur Öffnung der Mauer. Die Gründe hierfür sollen später untersucht werden.

Insgesamt wurden in der Zeit von 1963 bis 1989 mehr als 31 000 politische Gefangene von der Bonner Regierung »freigekauft«, mehr als 2 000 Kinder mit ihren Eltern wiedervereint und mehr als 250 000 Fälle von Familienzusammenführung mit Regierungshilfe »geregelt«, wie Ludwig Rehlinger es nennt. Für diese humanitären Dienste zahlte die Bundesrepublik der DDR, in bar oder Naturalien, eine Gesamtsumme von rund 3,5 Milliarden DM.

Natürlich wollte nicht jeder die DDR für immer verlassen. Und die Bundesrepublik wäre unter großen Druck geraten, wenn jeder es gewollt hätte. So war es eine weitere Priorität der Bundesregierung, die DDR über den humanitären Imperativ des »Freikaufs« hinaus davon zu überzeugen, »gewöhnliche«, also Besuchsreisen von Ost nach West zu gestatten. Die Kanäle der humanitären Hilfe hatten bereits in den sechziger Jahren funktioniert. Verbesserungen bei Besuchsreisen kamen jedoch erst Hand in Hand mit dem Beginn der deutsch-deutschen Beziehungen. Jedes Jahr zwischen 1965 und 1971 hatte es laut DDR-Statistiken mehr als eine Million Besuche (jedoch nicht Besucher) aus dem Osten in der Bundesrepublik gegeben. Die überwältigende Mehrheit waren jedoch Rentner und, eine wesentlich geringere Anzahl, Invaliden, Geschäftsleute, Sportler, Lastwagenfahrer, Funktionäre und natürlich Agenten. Das DDR-Regime war nicht besonders beunruhigt von der Möglichkeit, ein Rentner oder Invalide könnte sich entscheiden, im Westen zu bleiben. Ein solches Individuum hatte seine nutzbare Arbeitskraft dem ostdeutschen Staat bereits zur Verfügung gestellt. Eine Abtrünnigkeit dieser Art konnte dem Staat vielmehr Rentenzahlungen, die Kosten für Wohnung und medizinische Versorgung ersparen. Wirklich entscheidend waren Menschen, die noch immer im Besitz ihrer Produktionskraft zum Nutzen des Staates waren.

Im Mai 1972 verhandelte Egon Bahr schließlich seinen ersten großen Vertrag mit der DDR, der den »Verkehr« zwischen den beiden Staaten regeln sollte. In einem Begleitschreiben versprach sein ostdeutscher Gegenpart, Michael Kohl, einige Reiseerleichterungen. Vor allem zählte er Reisemöglichkeiten von West nach Ost auf. Doch im vorletzten Satz schrieb er: »Die Regierung der Deutschen Demokratischen Republik wird in dringenden Familienangelegenheiten Bürgern der Deutschen Demokratischen Republik die Reise nach der Bundesrepublik Deutschland ermöglichen.« Die Formel »dringende Familienangelegenheiten« stammte, wie so vieles, aus den früheren Verhandlungen im geteilten Berlin. Dieser zentrale Wunsch der Menschen in der DDR und der Regierung in der Bundesrepublik wurde somit erstmals formell im vorletzten Satz eines Begleitbriefes zu einem Verkehrsvertrag erwähnt.

Fünf Monate später erließ der Innenminister der DDR und Chef der Volkspolizei eine Anordnung, die besagte, daß Bürgern der DDR nun theoretisch der Besuch in »nichtsozialistische Staaten« und »Westberlin« erlaubt war, sofern es sich um die Einladung von Verwandten oder dringende Familienangelegenheiten handelte. »Dringende Familienangelegenheiten«, so wurde erläutert, »sind Geburten, Eheschließungen, lebensgefährliche Erkrankungen und Sterbefälle. Das Vorliegen dieser Gründe ist durch Urkunden bzw. amtsärztliche Bestätigungen nachzuweisen.« Und als Verwandte wurden anerkannt: »Großeltern, Eltern, Kinder und Geschwister«.

Wie schon erwähnt, wurde in einem Begleitschreiben zum Grundlagenvertrag von der DDR versprochen, weitere Schritte für die Familienzusammenführung zu unternehmen und den Besucher- wie den »nicht-kommerziellen Warenverkehr« zu verbessern. Eine Anzahl detaillierter Erläuterungen erklärte, daß Silberne und Goldene Hochzeiten nun auch unter »dringende Familienangelegenheiten« fielen und Halbgeschwister, die von der selben Mutter stammten, nun auch zu den Verwandten gezählt würden. (Wieso, fragt man sich, nicht auch Halbgeschwister, die denselben Vater hatten?) In einer weiteren Anordung verfügte der Innenminister der DDR und Chef der Volkspolizei im Juni 1973 die Ausreiseerlaubnis – größzügig – auch bei »60-, 65- und 70-Ehejubiläen«.

Die praktische Folge dieses grotesken Kleingedruckten war, daß 1973 zwischen dreißig- und vierzigtausend Menschen unterhalb des Rentenalters Kurzbesuche in die Bundesrepublik gestattet wurden. Diese wenigen Glücklichen waren vorsichtig ausgewählt worden. Fast immer hatten sie ihren Ehepartner und ihre Kinder zurückzulassen. Und fast immer reisten sie aus, um am Begräbnis einer Mutter oder der Hochzeit eines Bruders teilzunehmen. Doch immerhin, sie gingen. Und meistens reisten sie das erste Mal in ihrem Leben »von Deutschland nach Deutschland«. Ihre Zahl blieb in den zehn Jahren bis 1982 relativ konstant.

Mitte der achtziger Jahre stiegen diese »gewöhnlichen« Besuchsreisen in den Westen jedoch plötzlich stark an, ermöglicht durch ein neues Reisegesetz vom Februar 1982. Sie stiegen auf mehr als 60000 jährlich in den Jahren 1983 bis 1985 und dann auf eine Höhe, von der man seit dem Mauerbau nur träumen konnte. Die (etwas lückenhafte) westdeutsche Statistik verzeichnete fast eine Viertelmillion solcher Besuche für 1986 und über 1,3 Millionen für 1987 und 1988. Das bedeutete, daß 1988 etwa jeder sechste Bürger der DDR unterhalb des Rentenalters in die Bundesrepublik gereist war. Wenn man die Rentner hinzuzählt, summiert sich die Gesamtbesuchszahl auf über sechs Millionen – mehr als von West nach Ost!

All diese »gewöhnlichen« Reisen firmierten noch unter der Rubrik »dringende Familienangelegenheiten«. Tatsächlich konnten diese hohen Zahlen nur durch eine willkürlich angewandte »Regelauslegung« der verantwortlichen Behörden der DDR erreicht werden. 1987–88 behauptete so mancher, man brauche einen Verwandten in der Bundesrepublik nur zu erfinden. Die Einführung präziserer rechtlicher Reiseregelungen im Januar 1989 drohte also eher ein Rückschritt denn ein Fortschritt zu werden und wurde als solcher von den Evangelischen Kirchen in der DDR auch scharf kritisiert. Doch in den ersten Monaten des Jahres 1989 erwiesen sich auch diese Regeln als auslegbar, wenn auch weiterhin willkürlich und jederzeit änderbar – bis die Öffnung der Grenze zwischen Ungarn und Österreich nicht nur die Regeln, sondern das ganze Spiel veränderte.

Was in dieser Hinsicht also bis 1989 erreicht worden war, lag immer noch weit, weit entfernt von einer »Normalisierung« im normalen Sinne des Wortes. Eine Meinungsumfrage der Bonner Regierung stellte fest, daß 84 Prozent der befragten Bürger in der Bundesrepublik behaupteten, 1988 »keine Kontakte« mit Bürgern der DDR gehabt zu haben. Selbst unter den West-Berlinern gab es viele, die Jahr um Jahr dort lebten, ohne jemals die Menschen am anderen Ende der Straße besucht zu haben. Für den Normalbürger der DDR war die Reise in den Westen noch immer eine an Wunder grenzende Erfahrung, erhebend und verstörend zugleich.

Die Reisemöglichkeiten der DDR-Bürger konnten noch nicht einmal im Vergleich zu den bescheidenen Normen des restlichen Osteuropas »normal« genannt werden. Polen, Ungarn und die

Tschechoslowakei waren in dieser Hinsicht bereits 1960 weiter gewesen, und so blieb es bis in die achtziger Jahre, ungeachtet politischer Rückschläge und Währungsrestriktionen. Im Frühjahr 1989 war die Möglichkeit einer Ausreise in den Westen für die meisten Bürger der DDR noch immer die Ausnahme, während sie für die meisten Polen und Ungarn bereits zur Regel geworden war. Polen und Ungarn konnten auch routinemäßig ihre Ehepartner und Kinder mitnehmen.

Im Vergleich zur Teilung Europas war die Teilung Deutschlands in dieser Hinsicht also immer noch außerordentlich tief. Im Vergleich zur Teilung Deutschlands nach dem August 1961 waren die Verbesserungen jedoch spektakulär.

»Für mich«, sagte Kanzler Kohl in seinem Bericht zur Lage der Nation 1987, »ist diese Entwicklung der bisher wichtigste Erfolg unserer Deutschlandpolitik.« Mit »unserer« meinte er gewiß in erster Linie seine eigene Regierung. Doch die meisten Christdemokraten hätten zugestimmt, daß »unserer« sich auch auf die gesamte, konsistente, geduldige Politik der Bundesrepublik bezog, über deren operativen Zweck sich alle großen Parteien seit 1966 einig waren und deren operative Mittel sich mit dem Wechsel von der Sozial- zur Christdemokratie 1982 nur geringfügig geändert hatten.

Ständige Verhandlungen

Was also waren die Mittel, mit denen Bonn versuchte, Erich Honecker und sein Regime dazu zu bewegen, diese Erfolge zu ermöglichen? Indirekt war die gesamte Bonner Ostpolitik darauf ausgerichtet, eine Atmosphäre der Ost-West-Entspannung und eine Lockerung in den kommunistischen Nachbarstaaten der DDR zu erreichen. Auf diese Weise sollte ein repressives Regime in Ost-Berlin mehr und mehr zum Ausnahmefall werden – und somit schließlich unter Reformdruck geraten. Ein anderer wichtiger Teil dieses Gesamtkonzepts waren implizite, manchmal sogar explizite Appelle an Moskau, seinen Einfluß auf Ost-Berlin geltend zu machen.

Das Mittel, mit dem Bonn direkten Einfluß auf Ost-Berlin

ausübte, waren ständige Verhandlungen. Dementsprechend ist auch der Vermerk einer »Besprechung über DDR-Fragen« vom 21. Juni 1974 im Bundeskanzleramt – einen Monat nachdem Helmut Schmidt Kanzler geworden war und zur gleichen Zeit, als die Ständigen Vertretungen ihre Arbeit aufgenommen hatten – im Grunde eine Themenauflistung für weitere Verhandlungen: Arrangements für den innerdeutschen Handel, die Stromversorgung Berlins, der Mindestumtausch für westliche Besucher der DDR, Verkehrsverbesserungen für Berlin, humanitäre Fragen, industrielle Kooperationen. »Zusammenfassend«, so heißt es in diesem Vermerk, »stellte der Bundeskanzler fest – es läge in unserem Interesse, relativ bald eine Palette von Punkten unserer Gesprächsbereitschaft zusammenzustellen. Dabei sollten wir uns die bekannten Interessen der DDR zunutze machen.«

In der Folge waren der Ständige Vertreter und andere Beamte der Bundesrepublik mit unzähligen Verhandlungsrunden zwischen den beiden Staaten beschäftigt. Stundenlang, tagelang, wochenlang sollten sie sich mit Schalck, Vogel oder offizielleren Funktionären, wie Karl Seidel, dem Leiter der »BRD-Abteilung« im Außenministerium der DDR, treffen. Die internen Protokolle und Korrespondenzen, die sich unter den Schmidt-Papieren befinden, drehen sich fast ausschließlich um Modalitäten und Inhalte dieser Verhandlungen. In den achtziger Jahren folgten dann auch immer mehr Treffen hochrangiger westdeutscher Politiker mit den Führenden der DDR, vor allem mit Honecker und Mittag.

Es gab eine Menge zu besprechen. Doch aus Bonner Sicht waren die Verhandlungen nicht nur Mittel zu einem jeweils besonderen Zweck. Sie waren das Mittel zum allgemeinen Zweck schlechthin, ja, beinahe schon ein Zweck an sich. Und dieser Zweck hieß: die scharfkantigen Barrieren der Feindseligkeit und all die Neurosen der ostdeutschen Machthaber abzubauen und die konfrontative Beziehung durch eine stabile zu ersetzen, gekennzeichnet durch ruhige, vernünftige Verhandlungen, vielleicht sogar durch Vertrauen und Zusammenarbeit. Zu Beginn ähnelte das der Taktik, die per Sprechfunk mit Flugzeugentführern angewandt wird: Was auch immer geschieht, sorge dafür, daß das Gespräch nicht abreißt. Später wurde der Dialog derart breit und regelmäßig, daß ein solcher Vergleich nicht mehr angebracht schien – auch wenn er im Ansatz immer wieder vorhanden war, beispielsweise wenn Männer, Frauen und Kinder Schutz in der Ständigen Vertretung in Ost-Berlin oder in westdeutschen Botschaften andernorts in Osteuropa gesucht hatten und die Bundesrepublik anflehten, ihnen zur Freiheit zu verhelfen.

Während die ostdeutsche Seite Gespräche oft genug kapriziös verweigerte oder bereits angelaufene Gespräche abbrach, so blieb es das Ziel der westdeutschen Seite, die Ständige Vertretung mit ständigen Verhandlungen zu beschäftigen. Während dieser Jahre des Dialogs und der Verhandlungen entwickelte sich ein spezifischer Stil der Bundesrepublik in den deutsch-deutschen Beziehungen – ein Stil, der auch Inhalt war. In den internen Notizen zur Vorbereitung für Schmidts Bericht zur Lage der Nation 1981 heißt es: »I. *Einleitung*. 20 Jahre nach der Berliner Mauer. 10 Jahre nach Grundlagen-Vertrag und Viermächte-Abkommen. Notwendig: Behutsamkeit, Beharrlichkeit, Berechenbarkeit.« Diese drei Schlüsselbegriffe kennzeichnen den Stil. Die Repräsentanten der Bundesrepublik sollten leise, bescheiden, vorsichtig, ruhig, beständig, diskret und verantwortlich handeln. Die Ostdeutschen sollten genau wissen, mit wem sie es zu tun hatten. Keine Überaschungen! Dieser Stil war übrigens auch von den Evangelischen Kirchen in der DDR beeinflußt worden, die die DDR schon 1969 »anerkannt« hatten, indem sie eine separate Kirchenstruktur im Osten, den Bund der Evangelischen Kirchen in der DDR, aufbauten. Nachdem sie sich selbst als »Kirche im Sozialismus« definiert hatten, unterhielten sie ihren eigenen Dialog mit der Parteiführung.

Aber diese öffentliche Pietät ging auch mit geheimen und konspirativen Gesprächen mit dem Parteistaat einher und deckte diese sozusagen ab. Das traf zwar nicht auf alle, aber auf viele Unterhändler Bonns zu, und auch auf den Chefunterhändler der Evangelischen Kirchen, auf Manfred Stolpe. Nach der Vereinigung, als Stolpe sozialdemokratischer Ministerpräsident des altneuen Landes Brandenburg geworden war, sollte die Art seiner Kontakte zum DDR-Regime, vor allem aber zur Stasi, einer der großen retrospektiven Testfälle (neben der Dikussion über Schalck) der deutsch-deutschen Beziehungen werden – Fälle, die in den Medien behandelt wurden, dann in parlamentarischen Untersuchungsausschüssen und erst an letzter Stelle von den Gerichten.

Der Fall Stolpe war ein »Grenzfall« in jeglichem Sinn des Wortes. Ein Fall jedoch, der durchaus auch von Bedeutung für die Geschichte der deutsch-deutschen Beziehungen war. »Stolpe war Entspannungspolitiker«, schrieb Antje Vollmer zutreffend. Und der ehemalige Ständige Vertreter der Bundesrepublik Hans Otto Bräutigam verteidigte den Mann, dessen Kabinett er nach der Vereinigung angehörte, mit den Worten, er selbst fühle sich Stolpes Methoden nahe. Ob Bräutigam zur Stunde seiner großzügigen Vertrauensgeste tatsächlich von allen Methoden Stolpes gewußt hat, mag dahingestellt bleiben. Wahr aber ist sicher, daß alle wichtigen Bonner Unterhändler, ebenso wie die der Evangelischen Kirchen, nolens volens in einem diffusen Niemandsland operierten und dort manchmal ganz auf sich allein gestellt waren. Das einzige, worauf sie sich verlassen konnten, war ihr eigener innerer Kompaß. Es ist also kaum überraschend, daß die einen dabei einen besseren Orientierungssinn entwickelten als die anderen.

Die Einzelheiten dieser seltsamen Treffen hatten oft mehr als nur den Hauch einer schwarzen Komödie. Als Günter Gaus seinen ersten Kontakt zu Schalck herstellte, bestand Schalck darauf, daß sie sich auf einem Parkplatz in der Nähe der Ständigen Vertretung treffen sollten. Gaus sagte seiner Sekretärin: »Wenn ich bis sechs nicht angerufen habe, alarmiere die Regierung!«. In einer Ecke des Parkplatzes wartete Schalck in seinem Volvo und blinkte als Erkennungszeichen mehrmals die Lichthupe. Als Szene in einem Spionagefilm hätte dies kaum die Mustervorführung überlebt. Manche mochten diesen konspirativen Stil, andere nicht. Hans Otto Bräutigam erzählt, daß er herzlich erleichtert gewesen sei, als er Schalck nach ein oder zwei Treffen an andere Partner in Bonn weiterreichen konnte. Konspiration war nicht seine Sache – und genau darin liegt auch der Unterschied zwischen seinen und Stolpes Methoden.

Franz Josef Strauß scheint aber in dieser konspirativen Atmosphäre geschwelgt zu haben. Seine geheime Kommunikation mit Schalck wimmelte von rätselhaften Begriffen wie »der Bekannte«, »der Gesprächspartner«, »Nr. 1« oder sogar ein »dritter Mann«.

Bei näherer Betrachtung entpuppt sich dieser »dritte Mann« jedoch als eine so geheimnisvolle Figur wie Philipp Jenninger, damals Kanzleramtsminister und für die Beziehungen mit der DDR verantwortlich. Jenningers Nachfolger Wolfgang Schäuble versuchte die Begegnungen mit Schalck etwas zu regularisieren und empfing den jovialen Konspiranten ganz normal im Bundeskanzleramt. Doch als Schäuble nach Ost-Berlin fuhr, mußte auch er Schalck mehr oder weniger geheim in der Kanzlei von Rechtsanwalt Wolfgang Vogel treffen.

Weder was private Gespräche noch was öffentliche Äußerungen anbelangt, können Stil und Inhalt, Mittler und Mitteilung ganz voneinander getrennt werden. Die äußeren Formen dieser Treffen sind daher legitimes Thema für Nachforschungen. Doch der Mittler konnte nicht die einzige Mitteilung sein. Was also waren die »bekannten Interessen der DDR«, auf die Helmut Schmidt sich bezog? Trotz all der Komplexität der einzelnen Verhandlungen kann man verallgemeinernd sagen, daß die DDR während der gesamten Geschichte der deutsch-deutschen Beziehungen, beginnend bereits mit den ersten Verhandlungen in den frühen sechziger Jahren, eine Bezahlung in zwei Währungen gefordert hatte: in D-Mark und in Anerkennung. Und ebenso verallgemeinernd kann man sagen, daß die Zahlungen, die die DDR denn auch in beiden Währungen bekam, sich von den späten sechziger Jahren bis in die späten achtziger Jahre hinein ständig erhöht haben, bis sie ihren Höchstsatz erreichten, etwa drei Jahre bevor die DDR zu existieren aufhörte.

Die Deutsche Mark

Die Wirtschaftsbeziehungen zwischen den beiden Staaten in Deutschland waren natürlich über die Maßen kompliziert und können nicht einfach so dargestellt werden, als habe Bonn nur Ost-Berlin »bezahlt«. Die wirklichen Fakten verbargen sich hinter offizieller Geheimhaltung, unvollständigen oder frisierten Statistiken und häufig unzureichenden Analysen. Selbst nach dem Ende der DDR ist dieses Netz nur schwer zu entwirren. Die Darstellung kann deshalb auch hier nur skizzenhaft und provisorisch sein. Man kann diese Beziehungen grob in vier ineinandergreifende Kreise unterteilen: Handel, Devisentransfers zu privaten Individuen in der DDR, Devisentransfers zum Staat und regierungsgarantierte Kredite.

Wie schon erwähnt, hatten sich die beiden Staaten in Deutschland zu Handelszwecken bereits seit Anbeginn anerkannt. Darüber hinaus bestätigte ein Protokoll zu den Römischen Verträgen, daß dieser »innerdeutsche Handel«, wie Bonn ihn nannte, in der neuen Europäischen Gemeinschaft weiterhin als »Teil des deutschen Binnenhandels« behandelt werden würde. Diese Position behielt die Bundesrepublik auch folgerichtig bei, ungeachtet der ständigen Berieselung durch die Unzufriedenheit ihrer EG-Partner, die dunkel von einer »heimlichen Mitgliedschaft« der DDR in der Europäischen Gemeinschaft sprachen und sich lautstark darüber beschweren, daß diverse Außenhandelsgüter durch diese versteckte Hintertür ihren Weg auf den westeuropäischen Markt fanden.

Aus politischen Gründen – um »die Nation zusammenzuhalten« – förderte die Bundesrepublik diesen Handel, indem sie der DDR die zollfreie Einfuhr ihrer Waren und einen zinsfreien Überziehungskredit mittels des sogenannten »Swing-Abkommens« gewährte. Aus wirtschaftlichen Gründen nutzte die DDR diese Privilegien immer weiter aus, obwohl sich darin die Nichtachtung ihrer Souveränität manifestierte. Der besondere Vorteil lag in der Möglichkeit, kurzfristigst dringend benötigte Lieferungen zu erhalten. Da die Wirtschaft der DDR, wie jede Planwirtschaft, immer in der Produktion von Engpässen glänzte, war dies besonders wichtig. Aus politischen Gründen bemühte sich die DDR jedoch gleichzeitig sehr, nicht in zu einseitige Abhängigkeit vom Handel mit der Bundesrepublik zu geraten.

Doch Ende der achtziger Jahre war die Bundesrepublik zu ihrem bei weitem wichtigsten westlichen Handelspartner geworden. Die zur Veröffentlichung freigegebenen Statistiken der DDR versuchten dies zwar bewußt zu verheimlichen, doch mehr als die Hälfte ihres Westhandels betrieb sie mit der Bundesrepublik. Die Leipziger Messe war nicht nur eine jährliche Zelebration dieses Handels, sondern ein nationales politisches Ereignis geworden, das die ostdeutsche Parteispitze und hochrangige Politiker aus der Bundesrepublik regelmäßig besuchten.

1974/75 versuchte die Regierung Schmidt, die Neuverhandlung des Swing vorsichtig als Karte bei den Gesamtverhandlungen zu spielen, und erreichte – zum Teil mit Hilfe dieser Verknüpfung – eine Reduzierung des Mindestumtausches, nachdem dieser 1973 drastisch erhöht worden war. Noch vorsichtiger, doch auch mit weniger Erfolg, versuchte die Schmidt-Regierung nochmals eine ähnliche Verknüpfung bei der Erneuerung des Swing 1980/81. Die Regierung Kohl verknüpfte schließlich 1985 die nochmalige Erneuerung des Swing in vertraulichen Gesprächen zwischen Schäuble und Schalck mit der Unterbindung des Flüchtlingsstroms von Tamilen (die nach ihrer Ankunft am Ost-Berliner Flughafen mit der S-Bahn nach West-Berlin weiterfuhren, wo sie schließlich um Asyl nachsuchten). Die DDR entsprach diesem Wunsch, doch nur, um eine weitere Flüchtlingsflut aus anderen Ländern ein paar Monate später den gleichen Weg gehen zu lassen. Insgesamt kann diese Verknüpfung also kaum als geglückt bezeichnet werden. Doch dafür gab es einen einfachen Grund: Bonns politisches Interesse an der Beibehaltung dieses Handels war genausogroß wie Ost-Berlins wirtschaftliches Interesse daran.

Viel unmittelbarer war die Entwicklung der deutsch-deutschen Beziehungen mit dem dramatischen Anstieg offizieller und privater Devisentransfers verbunden. Wieder einmal ist das Bild komplex. Viele dieser Transfers kamen unmittelbar den normalen DDR-Bürgern zugute (die 1972 erstmals legal DM besitzen durften). Dazu gehörte beispielsweise das »Begrüßungsgeld«, das die Bundesrepublik jedem Besucher aus der DDR zahlte – keine besonders hohe Summe für den einzelnen, doch eine beträchtliche Gesamtsumme von über zwei Milliarden Mark für die Jahre 1970 bis 1989. Dazu gehörten auch private Geld- oder Warengeschenke, die von West nach Ost über die Grenze geschickt wurden.

Der Parteistaat machte aus vielen dieser Transfers hübschen Profit, beispielsweise wenn die Devisen in einem seiner »Intershops« ausgegeben wurden. Und er profitierte noch mehr, wenn er DDR-Produkte gegen Devisen an DDR-Bürger über die sogenannten »Genex«-Firmen verkaufte, die direkt der SED untergeordnet waren. (Genex war auch eine Möglichkeit für DDR-Bürger, die bis zu zehn Jahre währende Wartezeit für einen Wagen aus DDR-eigener Produktion zu umgehen.) Gleichzeitig leistete die Bundesrepublik großzügige Pauschalzahlungen, um die tatsächlichen oder angenommenen Kosten für die Auslieferungen von Westpaketen in der DDR zu decken. Ein führender Experte schätzt, daß sich der Gesamtbetrag all dieser direkten oder indirekten Transfers zu individuellen Bürgern in den zwanzig Jahren von 1970 bis 1989 auf 30 bis 40 Milliarden DM summiert hat. Doch am Ende hatten tatsächlich nicht nur der Staat, sondern auch individuelle Personen, »die Menschen«, davon profitiert.

Der beträchtliche Transfer von den westlichen zu den östlichen Kirchen – 2,2 Milliarden DM von 1970 bis 1989, wozu die Bonner Regierung etwa die Hälfte beitrug – kam auch dem Parteistaat zugute. Ludwig Geissel, Mittelsmann der (westdeutschen) Evangelischen Kirchen, schreibt in seinen Memoiren, daß er in der Lage gewesen sei, die DDR mit Waren zu versorgen, die sie andernfalls nur schwer bekommen hätte. Viele dieser Waren wurden durch die KoKo dann wieder zu Bargeld gemacht. Doch die Ost-Mark, die der Parteistaat dafür an die Kirchen der DDR zahlte, kam nicht den Kommunisten zugute, sondern den Christen. Auch damit wurde den Menschen geholfen und zum Zusammenhalt der Nation beigetragen. Um diese hohen Beträge im richtigen Maßstab zu sehen, muß betont werden, daß auch andere osteuropäische Staaten (und Menschen) in den achtziger Jahren von privaten oder halb-privaten Transfers profitierten. So wurden, um nur ein Beispiel zu nennen, die Devisentransfers von Polen, die im Ausland lebten, an die Polen zu Hause Ende der achtziger Jahre auf eine Größenordnung von jährlich 1–1,5 Milliarden Dollar geschätzt.

Eine Zwischenkategorie bildeten die Visagebühren und der Mindestumtausch für westliche Besucher. Experten aus der Bundesrepublik schätzten, daß die DDR während der zwei Jahrzehnte allein aus dieser Quelle etwa 5 Milliarden DM erhielt und noch zusätzliche Deviseneinkünfte aus den »Intertank«-Tankstellen erzielte, die westliche Besucher auf ihren Fahrten über die Transitstrecken benutzten. Wie gesagt, bemühte sich die Bundesrepublik heftigst, doch ohne großen Erfolg, den Mindestumtausch zu verringern. Diese Devisen gingen direkt an den Staat. Doch wenigstens die Besucher gingen direkt zu den Menschen.

Die unmittelbaren Transfers von Staat zu Staat waren aber das Hauptthema konkreter Verhandlungen. Diese Transfers können in drei Hauptkategorien aufgeteilt werden. Erstens gab es die Zahlungen für den Freikauf von Menschen: etwa 3,5 Milliarden DM insgesamt, von denen etwa 3,2 Milliarden in den Jahren 1970-89 bezahlt wurden. Zweitens gab es die »Gebühren« für Transitreisende von und nach West-Berlin. Nach einem Vorschlag, den ursprünglich Willy Brandt dem sowjetischen Botschafter in Ost-Berlin, Pjotr Abrassimow, unterbreitet hatte, vereinbarten die beiden Staaten in den frühen siebziger Jahren Pauschalzahlungen aus Bonn für Transit- und »Straßenbenutzungs«-Gebühren, die von der DDR eingefordert wurden. In der zweiten Hälfte der siebziger Jahre beliefen sie sich auf 400 Millionen DM jährlich, in den achtziger Jahren auf 575 Millionen jährlich und, wenn die DDR bis in die neunziger Jahre überlebt hätte, wären es nach einem Abkommen, das im Oktober 1988 unterzeichnet wurde, nicht weniger als 915 Millionen pro Jahr für die Zeit von 1990 bis 1999 geworden. Die tatsächlich gezahlte Gesamtsumme während dieser zwei Jahrzehnte belief sich auf runde 8,3 Milliarden DM. Drittens gab es Investitionen in die Straßen-, Schienen- und Wasserverbindungen zwischen der Bundesrepublik und West-Berlin sowie kleinere Zahlungen für die Abnahme von West-Berliner Abwasser oder Abfall aus der Bundesrepublik. Diese Zahlungen beliefen sich insgesamt auf mehr als 2,4 Milliarden DM.

Natürlich gab Bonn nicht alles gegen nichts bei diesen Transaktionen. Bonn zahlte im ersten Fall für die Freiheit von mehr als einer Viertelmillion Menschen, im zweiten und dritten Fall für das Wohlergehen der Halbstadt-Geisel West-Berlin. Im Falle des 1988er Abkommens über Transitgebühren enthält die Vorlage für das Politbüro auch den Entwurf einer »Informellen mündlichen Erklärung«, daß die DDR ihren Bürgern weiterhin eine hohe Anzahl von Westbesuchen genehmigen würde.

Außerdem wurde bei Straßen- und Schienenverbindungen immer in Deutschland investiert. Sollte die Vereinigung je stattfinden, würden diese noch immer existieren. Doch selbst der glühendste Befürworter konnte nicht guten Gewissens behaupten, daß Bonn einen realen Gegenwert für sein Geld bekam. Bonn zahlte für diese Investitionen mindestens ebensoviel, wie sie in der Bundesrepublik gekostet hätten. Die DDR aber zahlte in weicher Währung für gemeinhin schlechte Arbeit. Nach dem Ende der DDR fanden westdeutsche Finanzprüfer heraus, nicht weiter überraschend, daß nur ein kleiner Teil der Devisenzahlungen jenem Zweck zugeflossen war, für den sie theoretisch bestimmt waren. Die Rechtfertigung hierfür konnte also schwerlich im Rahmen einer normalen Kosten-Nutzen-Rechnung liegen.

Schließlich – aber nicht letztlich – gab es noch die sogenannten »Milliardenkredite«: Handelsbankkredite von einer Milliarde im Sommer 1983 und von 950 Millionen im Sommer 1984, beide ursprünglich von Franz Josef Strauß mit Alexander Schalck-Golodkowski ausgehandelt, von den Banken zu ungewöhnlich günstigen Bedingungen gewährt und von der Bundesregierung garantiert. Damals und erneut nach der Vereinigung lösten diese »Milliardenkredite« heiße Debatten über das Verhältnis von Geld und Politik in den deutsch-deutschen Beziehungen aus.

Keiner der beiden sozialdemokratischen Ständigen Vertreter in Ost-Berlin bestritt, daß Bonn in der Zeit bis 1982 finanziell großzügig gewesen sei. Günter Gaus hatte energisch behauptet, daß sich dies auf längere Sicht in anderen Bereichen bezahlt machen würde. Klaus Bölling, Ständiger Vertreter von 1981–82, hatte die Schlußfolgerung gezogen, daß »das Prinzip von der Ausgewogenheit von Leistung und Gegenleistung für die praktische Deutschlandpolitik nicht viel« hergeben würde. »Wir werden, wenn wir es mit der nationalen Zusammengehörigkeit Ernst meinen«, schrieb er 1983, »immer etwas mehr zu leisten haben, als die andere Seite zu geben bereit ist. Man kann das unsere Erpreßbarkeit nennen. Sie ist nicht unehrenhaft.« Am Ende eines langen Jahrzehnts sozialdemokratischer Politik gegenüber der DDR wurden sie von den Christdemokraten beschuldigt, »Kasse gegen Hoffnung« gemacht zu haben. Es wurde behauptet, sie hätten zu viel für zu wenig gegeben. Die Christdemokraten würden nun für eine Ausgewogenheit von Leistung und Gegenleistung sorgen.

Als dann die Christdemokraten nicht nur die bereits vereinbarten Devisentransfers beibehielten, sondern selber großzügige neue aushandelten und auch noch die beiden beispiellosen »Milliardenkredite« vergaben, konnten die Sozialdemokraten nicht widerstehen und schlugen zurück: Es sei genau »Kasse gegen Hoffnung«, was die Christdemokraten nun zahlen würden. Die Christdemokraten erwiderten, daß sie damit, ganz im Gegenteil, wertvolle Konzessionen gesichert hätten. Allerdings würde es diese gefährden, wenn man sie nun im Detail erläutern würde. Bald darauf konnten sie jedoch auf eine Reduzierung des Zwangsumtausches für Rentner und Kinder verweisen, auf den Abbau der Selbstschußanlagen und einiger Minenfelder entlang der deutsch-deutschen Grenze, auf die Entschärfung der Grenzkontrollen für Besucher aus der Bundesrepublik und auf den Anstieg bewilligter Westreisen für DDR-Bürger. Außerdem wurde behauptet, die Milliardenkredite wären ein deutliches und notwendiges politisches Signal an die DDR gewesen, daß die Bundesrepublik trotz der Aufstellung neuer Nato-Raketen weitere Verbesserungen der deutsch-deutschen Beziehungen wünschte.

Dokumente, die nach dem Ende der DDR einsehbar wurden, zeigen in der Tat, daß Strauß diese Verknüpfung, trotz all der schmeichelhaften Komplimente in beide Richtungen, während seiner privaten Gespräche mit Schalck klar zum Ausdruck gebracht hatte. Schalck verwies beispielsweise in seinen internen Notizen über ihre Gespräche in Leipzig, im März 1984, auf: »den Stand des von uns diskutierten Problemkomplexes
– Kreditangebote durch westdeutsche Bankkonsortien an die Außenhandelsbank der DDR
– Entscheidungen der DDR im Rahmen ihrer souveränen Rechte, gewisse Erleichterungen im Reise- und Besucherverkehr festzulegen«. Es gab auch klare Hinweise auf eine mögliche Reduzierung des Mindestumtausches, den Abbau einiger Minenfelder und der Selbstschußanlagen, auf die Eröffnung eines neuen Grenzübergangs und auf die Regelung individueller humanitärer Fälle »über den bewährten Kanal Rehlinger/Vogel«.

Was aber nach dem Ende der DDR ebenso klar wurde, war das Ausmaß der Defizite in der Zahlungsbilanz der DDR seit den frühen siebziger Jahren und wie wichtig die Devisentransfers und Kredite aus der Bundesrepublik deshalb gewesen waren. Es kann kaum Zweifel daran bestehen, daß sie die DDR vor einer Umschuldung ihrer massiven Devisenschulden bewahrten, zu der sich erst Polen und dann Ungarn gezwungen sahen. Schalck und andere bestätigen nun, daß die entscheidende Bedeutung der Strauß-Kredite weniger die tatsächliche Höhe der Summen war als vielmehr ihre Signalwirkung auf den internationalen Finanzmärkten. In den frühen achtziger Jahren schätzten die westlichen Banken, nachdem sie sich schrecklich ihre Finger in Polen verbrannt hatten, das gesamte Osteuropa als hohes Risiko ein. Doch 1983, gleich nach der Ankündigung des ersten Strauß-Kredits, sei es, laut Schalck, dem Chef der Außenhandelsbank möglich gewesen, eine weitere DM-Milliarde, diesmal in Dollar oder Yen, auf den Finanzmärkten zu bekommen.

Ob Strauß die DDR 1983 tatsächlich vor dem finanziellen Ruin bewahrte, ist umstritten und kann natürlich auch nie endgültig bewiesen werden. Günter Mittag behauptet sogar, ohne den ersten Strauß-Kredit hätte es eine massive Krise der DDR und Unruhen in der Bevölkerung mit unabsehbaren Folgen gegeben. Gerhard Schürer, damaliger Leiter der Staatlichen Plankommission der DDR und heute einer der eher besonnenen und verläßlichen historischen Zeugen, meint, daß die gefährlichere Krise bereits früher, 1978–81, entstanden sei. Bis 1983 habe die DDR dann bereits energische Maßnahmen getroffen, um ihre Handelsbilanz zu verbessern, und habe nicht am Rande der Zahlungsunfähigkeit gestanden. Doch der Strauß-Kredit habe ganz klar dazu beigetragen, die finanzielle Glaubwürdigkeit der DDR wiederherzustellen. Als Vorsitzender der operativen »Arbeitsgruppe Zahlungsbilanz« mußte Schürer die wahren Fakten gekannt haben. Doch auch er betont nachdrücklich, daß sich die wirtschaftlichen Entscheidungsträger der DDR zunehmend mit der sich bereits abzeichnenden Devisenschuldenkrise befaßten und daß der gesamte Komplex wirtschaftlicher und finanzieller Beziehungen mit der Bundesrepublik einzigartig bedeutend für den Versuch gewesen sei, mit ihr fertig zu werden.

Die internen Statistiken der DDR für diesen Bereich stehen noch nicht voll zur Verfügung. Wenn es soweit ist, wird es einer Kombination aus Revisor, Historiker und Detektiv bedürfen, um ihnen glaubwürdigen Sinn abzugewinnen. Doch aus den vorhandenen Dokumenten und durch die wichtigsten Zeugen können wir zumindest das Größenverhältnis einschätzen. 1970 scheint die Nettodevisenverschuldung der DDR eine Höhe von nur etwa 2 Milliarden »Valutamark« erreicht zu haben. 1980 war dieser sogenannte »Sockel« laut DDR-eigenen, internen Zahlen bereits auf 25 Milliarden Valutamark gestiegen.

Der entscheidende Grund für dieses spektakuläre Anwachsen war Honeckers Strategie der »Einheit von Wirtschafts- und Sozialpolitik«. Neben anderen haushaltspolitischen Belastungen – vor allem hohe Subventionen der Lebensmittelpreise und riesige Wohnungsbauprogramme – gehörten dazu auch der Import großer Mengen Waren aus dem Westen und mehr Konsum- als Produktionsgüter. Nicht umsonst wurde Honeckers sozialistisches Modell in den siebziger Jahren gelegentlich »Jeans- und Golfsozialismus« genannt (wobei mit Golf natürlich nicht das Spiel, sondern der importierte Volkswagen gemeint war). Da die Devisen, die für diese Importe ausgegeben wurden, nicht wieder durch Exporte ausgeglichen wurden, wuchs der Schuldenberg.

Es sollte hier angemerkt werden, daß diese Strategie, die man etwas salopp als »sozialistische Konsumgesellschaft« bezeichnen könnte, nicht nur von Honecker vertreten wurde. János Kádár wandte sie in Ungarn an, allerdings flankiert von wirklichen (obwohl letztlich unzureichenden) Wirtschaftsreformmaßnahmen. Edward Gierek versuchte sie ohne jede substantielle Wirtschaftsreform in Polen anzuwenden. Doch nirgendwo gab es mehr Importe von Konsumgütern und weniger grundlegende Reformen als in der DDR.

Resultat in der DDR war, wie in Polen und Ungarn, eine Dollarlücke – wie man es in loser Analogie zur Dollarlücke im Westeuropa der späten vierziger Jahre nennen könnte. Giereks Unfähigkeit, diese Dollarlücke zu überbrücken, war einer der Gründe, die seinen Sturz beschleunigt und Solidarność den Weg bereitet haben. Auch Kádárs zunehmende Dollarlücke trug schließlich zu seinem Sturz bei und bereitete den radikaleren Reformen seiner Nachfolger den Weg. Honecker und andere osteuropäische Machthaber wurden auch von Breschnew immer wieder vor der Gefahr einer zu hohen Verschuldung gegenüber dem Westen gewarnt. Dem tschechoslowakischen Politbüro sagte Breschnew im Frühjahr 1981, die Ereignisse in Polen sollten ihnen eine Lehre sein. Man müßte sicherstellen, daß sich ihre Auslandsverschuldung nicht »einer gefährlichen Grenze nähert«.

Auch manche Kollegen aus Honeckers eigenem Politbüro warnten, wenn auch nicht ganz so laut und eindringlich, wie sie sich heute erinnern wollen. Honecker weigerte sich hartnäckig, die Grundlagen seiner politökonomischen Strategie zu ändern. Mittag, was immer seine privaten Vorbehalte gewesen sein mögen, überwachte ihre Ausführung. Anstelle einer fundamentalen Reform oder zumindest veränderten Strategie versuchten sie, die Dollarlücke mit (west)deutscher Mark aufzufüllen.

Diese Lückenfüllerfunktion der Bundesrepublik hatte eine lange Vorgeschichte. Ludwig Geissel, der altgediente Mittelsmann der Evangelischen Kirchen, erinnert sich, daß der DDR-Außenhandelsminister bereits 1958 um seine Hilfe nachgesucht hatte, weil dem Schienenverkehr der DDR der endgültige Kollaps drohte. Konnte der Mittler mit einer eiligen Kohlelieferung aushelfen? (Für die die DDR Ost-Mark an die Kirchen im Osten zahlen würde.) Seit Mitte der sechziger Jahre hatte Schalcks KoKo den Versuch unternommen, eine Enklave aus realwertigen und marktorientierten wirtschaftlichen Aktivitäten zu schaffen und die Erpreßbarkeit der Bundesrepublik auszunützen: der Verkauf von Geiseln als erster Schritt zur Marktwirtschaft!

Nun aber erzeugte Honeckers neue innenpolitische Strategie einen kraß steigenden Bedarf an Devisen. Doch seine neue außenpolitische Strategie, vor allem in den Beziehungen zur Bundesrepublik, bot auch mehr Möglichkeiten, diesen Bedarf zu decken. Mit dem steigenden Bedarf an Devisen stieg auch die Verantwortung von Schalck, formell 1972 und nochmals 1976 festgelegt, de facto jedoch immer weiter ausgebaut. Rückblickend meinte Karl Seidel, langjähriger Chef der BRD-Abteilung im DDR-Außenministerium, die wirklich treibende Kraft hinter den Verhandlungen der DDR mit der Bundesrepublik sei ihr dringender Bedarf an DM gewesen.

Wieviel haben sie tatsächlich bekommen? Hier gilt es erst einmal zu unterscheiden zwischen dem »planmäßigen« Handel, der im regulären Rahmen des staatlichen Wirtschaftsplans durch das Außenhandelsministerium durchgeführt wurde, und dem »außerplanmäßigen« Handel, jenen Transfers, Geschäften und all den anderen Aktivitäten, die in Schalcks zwielichtigem Reich getätigt wurden. Gerhard Schürer weist zu Recht darauf hin, daß die Devisen, die dem Staatshaushalt durch den planmäßigen Handel zugeführt wurden, in jedem Jahr etwa fünf- bis achtmal so hoch gewesen sind, wie die Devisen, die Schalck eingebracht hat. Doch auch der normale Handel profitierte in hohem Maße von den außergewöhnlichen Bedingungen des »innerdeutschen Handels«.

Was nun das Reich von Schalck anbelangt, so sollte der König dieser zwielichtigen Welt nach dem Ende der DDR behaupten, er habe von 1972 bis 1989 die bemerkenswerte Summe von 50 Milliarden DM für die DDR »gesichert«. Etwa 27 Milliarden davon seien aus Geschäften, rund 23 Milliarden aus den unterschiedlichsten Zahlungen der Bundesrepublik hervorgegangen. Im Gespräch mit dem Autor bemerkte Schalck jedoch beiläufig, daß die Zahl von 23 Milliarden auch jene ca. 9 Milliarden enthielt, die für die Transitgebühren der neunziger Jahre vereinbart worden waren und niemals bezahlt wurden! Entsprechend dieser kleinen Berichtigung erhalten wir eine runde Summe von 14 Milliarden, die beinahe genau mit jener Zahl übereinstimmt, die westdeutsche Berechnungen für die direkten finanziellen Transfers von Staat zu Staat angeben. Doch neben dieser Korrelation gibt es noch eine gewaltige Grauzone aus diversen Elementen: Intershop und Intertank, Schalcks berüchtigten Geschäften mit Antiquitäten, Waffen und Luxusgütern, das gesamte Firmennetz im Westen und eine lange Liste gewöhnlicher Waren, die auf Biegen und Brechen auf der verzweifelten Jagd nach Devisen exportiert wurden.

Es floß bei weitem nicht das gesamte harte Geld, das Schalck »gesichert« hatte (um seinen eigenen, passenden Begriff hier zu gebrauchen), in den Staatshaushalt. Beispielsweise nicht das Geld aus den »Kirchengeschäften« – A, B und C. Ein Großteil davon ging auf Sonderkonten, die für besondere Zwecke des Parteistaates eingerichtet worden waren. KoKo organisierte auch (unter persönlicher Aufsicht von Frau Schalck) die Versorgung der Wandlitzer Politbüro-Wohnsiedlung, ein Miniaturmodell der sozialistischen Konsumgesellschaft. Andere Gelder verschwanden in anderen Löchern und Taschen. Doch der Beitrag des gesamten »außerplanmäßigen« Bereichs von Schalck zum Staatshaushalt in den achtziger Jahren hatte eine Größenordnung von jährlich 2 Milliarden DM. Als Vergleich muß man dies einer Schuldenzins- und -tilgungslast in Höhe von jährlich rund 5 Milliarden gegenüberstellen.

Dies war also ein bedeutender Beitrag, um die DDR finanziell über Wasser zu halten. Mit Straußens Milliardenkrediten, dem Einkommen aus planmäßigem Handel mit dem Westen und selbstauferlegten Einsparungsmaßnahmen zusammengenommen, rettete er die DDR vor jener Art des finanziellen Zusammenbruchs, der zu Giereks Sturz beitrug. Im weitesten Sinn trug dies auch zur relativen »Stabilität« der DDR bei, wie es der Westen nannte – ein Begriff, dessen Bedeutung und Zweideutigkeit später genauer untersucht werden soll.

Aber der Schuldenberg wuchs trotzdem. Wie hoch genau, ist nicht völlig klar. Interne Zahlen, die von Schürer und anderen benutzt wurden, verzeichneten für 1985 einen Anstieg des »Sockels«, also der Nettoverschuldung, auf beinahe 30 Milliarden Valutamark, für 1987 auf nahezu 35 Milliarden. Eine Vorlage von Schürer, Schalck und anderen für die neue Parteiführung Ende Oktober 1989 ging davon aus, daß die Nettoverschuldung bis Ende 1989 auf unglaubliche 49 Milliarden anwachsen könnte. Wahrscheinlich war diese Zahl zu hoch gegriffen. Teils deshalb, weil Schalck über beträchtliche eigene Reserven, vor allem in Gold, verfügte, teils auch, weil dies eine Planwirtschaft war und die Zahlen auf künstlichen Wechselkursen basierten. (Während der Kurs Valutamark zu DM immer 1:1 gewesen war, wurde der Dollarkurs immer wieder geändert.) Schalck selbst sollte im nachhinein von einer Nettoverschuldung von 38 Milliarden Valutamark oder von 20 Milliarden Dollar sprechen. Bei ihren eigenen Berechnungen 1990 kam die Bundesbank sogar auf eine noch niedrigere Zahl, weniger als 30 Milliarden DM. (Doch beim Eintauchen in diese zwielichtige Welt konnten möglicherweise selbst der Bundesbank Irrtümer unterlaufen.)

Bei wöchentlichen, manchmal täglichen Treffen der Arbeitsgruppe Zahlungsbilanz kämpften Schürer, Schalck, der Außenhandelsminister Gerhard Beil und eine Handvoll anderer Schlüsselfiguren immer verzweifelter um die Zahlungsfähigkeit der DDR. Mit jeder neuen Milliarde Schulden wuchs auch ihr Gefühl der lähmenden Abhängigkeit von der Bundesrepublik. 1988 diskutierten Schürer und Schalck privat die Idee einer Art »Konföderation« mit der Bundesrepublik als einzigen Ausweg aus dieser unerträglichen Belastung. Gleichzeitig versuchte Schürer einige bescheidene Korrekturen der zunehmend fehlgeleiteten Preis- und Investitionspolitik der DDR vorzuschlagen. Mittag und Honecker wehrten selbst diese bescheidenen Änderungsvorschläge ab, obwohl Mittag rückblickend behaupten sollte, daß auch er für engere Wirtschaftskooperationen mit der Bundesrepublik gewesen sei.

Als diese Fakten nach der Vereinigung im Westen bekannt wurden, griffen sie viele als Erklärung für das Ende der DDR auf. Ganz einfach: sie war bankrott! Bis zu einem gewissen Grad entsprach dies auch tatsächlich dem Gefühl derjenigen, die unmittelbar mit diesem Problem zu kämpfen hatten. Und vielleicht nicht nur ihrem. Die Zahlen, die dem Politbüro regelmäßig vorgelegt wurden, waren etwas unterschätzt. Schürer berichtet jedoch, daß Alfred Neumann, eines der wenigen Politbüromitglieder, die noch freiheraus ihre Meinung sagten, sich bei einer Politbürositzung an Honecker wandte: »Als du die DDR von Walter Ulbricht übernommen hast, war sie beinahe schuldenfrei, und nun sind wir fast pleite!« Egon Krenz kannte die wahren Fakten direkt von Schalck. In einem Memorandum vom Frühjahr 1990, als das Regime bereits zusammenbrach, schrieb das ehemalige Politbüromitglied Werner Krolikowski, daß die DDR 1989 einen Punkt in ihrer finanziellen Notlage erreicht habe, an dem sich ein Offizier des deutschen Kaiserreiches oder des zaristischen Rußlands erschossen hätte.

Es ist durchaus anzunehmen, daß die Kenntnis von lähmenden Schulden und Abhängigkeit den Rest an Vertrauen unterminierte, das die Entscheidungsträger und Funktionäre der DDR noch in ihr eigenes System gehabt haben mögen. Sie unterminierte auch die Bereitschaft, dieses System zu verteidigen – vor allem gegen eine Übernahme durch die Bundesrepublik, ohne die die DDR sowieso zusammenbrechen würde. Die oben erwähnte Vorlage von Schürer sagte auch voraus, daß der »Sockel« der Nettoverschuldung bis zum Ende 1990 auf die Summe von 57 Milliarden Valutamark anwachsen könnte.

Es ist auch durchaus anzunehmen, daß die wachsende Bedeutung der DM sowohl bei den Geschäften des Staates mit dem Westen als auch im täglichen Konsumleben unter den gewöhnlichen Bürgern der DDR eine explosive Mischung aus Ressentiments und Sehnsucht produzierte. Ressentiments gegen die Doppelmoral der Machthaber und neuen Klassenunterschiede zwischen jenen, die DM hatten, und jenen, die keine hatten. Sehnsucht, nicht nur das Intershop-Abbild der westdeutschen Konsumgesellschaft zu haben, sondern die Wirklichkeit: die DM, die ganze DM und nichts als die DM. »Wo sind die Devisen hin?« sangen im Herbst 1989 die Leipziger Demonstranten nach der Melodie: »Sag mir, wo die Blumen sind«. Und dann wählten die Bürger der DDR die Vereinigung mit der DM.

Der Rückblick kann aber auch in die Irre führen. Dies mag zwar die Abschlußbilanz der finanziellen Beziehungen beider Staaten sein, doch es war keinesfalls auch notwendigerweise die subjektive Zwischenbilanz, die jeder der beiden Staaten zu dieser Zeit für sich gezogen hatte. Wir werden noch sorgfältig die Einstellung jenes Mannes untersuchen müssen, der doch eindeutig der letzte Entscheidungsträger war. Vieles weist darauf hin, daß Honecker schon immer wenig von Ökonomie verstanden und zunehmend den Sinn für Realität verloren hatte. Und wer wollte es schon wagen, wie in den meisten Diktaturen, ihm unverblümt die Wahrheit zu sagen? Neumanns Ausbruch im Politbüro war gerade deshalb so bemerkenswert, weil derartiges so außergewöhnlich war. Die Fähigkeit eines alternden Diktators, unangenehme Wahrheiten zu verdrängen, sollte niemals unterschätzt werden.

Außerdem gehen Staaten nicht einfach bankrott wie Firmen, ganz zu schweigen von dem Ausweg, sich wie ein zaristischer Offizier ehrenvoll die Kugel zu geben. Honeckers und Mittags Politökonomie war in vielerlei Hinsicht ruinös und irrational. Doch betrachtet man sie als Strategie des politischen Überlebens, so war sie auf seichterer (oder gar tieferer?) Ebene durchaus rational – solange die Sowjetunion bereit war, die DDR politisch zu unterstützen, und die Bundesrepublik bereit war, sie vor dem finanziellen Ruin zu bewahren. Zumindest bis 1986 schienen diese beiden Bedingungen gegeben zu sein. Und beide waren eng miteinander verbunden. Die Bundesrepublik gab ihre Art der brüderlichen Hilfe, um ganz sicherzugehen, daß die Sowjetunion nicht um ihre Art der brüderlichen Hilfe gebeten werden würde.

Nun muß man sich ernsthaft fragen, wie realistisch das Bild, das westdeutsche Politiker von der wirtschaftlichen und finanziellen Lage der DDR hatten, wirklich war. In den frühen achtziger Jahren hatten die unmittelbar Beteiligten schon gesehen, daß es in der DDR finanziell eng geworden war. Was nun die späten achtziger Jahre anbelangt, so erinnert sich Schäuble, daß Schalck ihm das tatsächliche katastrophale Ausmaß genau mitgeteilt habe. Doch vielleicht noch wichtiger ist: Schalck erinnert sich an Schäubles Antwort: wenn das Schlimmste eintreffen würde, könnte die Bundesrepublik mit einem weiteren Milliardenkredit aushelfen. Solange die Breschnew-Doktrin noch immer gültig schien, würde die Bundesrepublik zahlen, um das, was sie »Stabilität« in der DDR nannte, zu bewahren – wenn auch immer mit der Forderung nach mehr »menschlichen Erleichterungen« verbunden. Für die Aushandlung dieser Erleichterungen galt eine solche Stabilität wiederum als Voraussetzung.

Doch außerhalb des innersten Zirkels, vielleicht sogar innerhalb, machte man sich über die wirtschaftliche und finanzielle Stärke der DDR Illusionen – Illusionen, die wiederum Honeckers eigene nährten (denn hartgesottene westdeutsche Geschäftsleute und Politiker würden doch wohl nicht einem Bankrotteur huldigen?). In gewichtigen Materialien, die dem Bericht zur Lage der Nation 1987 beigefügt wurden, dokumentierten einige westdeutsche Wirtschaftsexperten minuziös das Ausmaß der relativen wirtschaftlichen Rückschrittlichkeit der DDR. Beispielsweise wiesen sie darauf hin, daß aus der durchschnittlichen ostdeutschen Kuh nur 82 Prozent des durchschnittlichen »Milchertrags« einer westdeutschen Kuh herausgepumpt werden konnten. Ein ostdeutsches Schwein wiederum konnte nur 75,8 Prozent der »Fleischleistung« seines westdeutschen Gegenparts erbringen.

Sie schätzten auch, daß der gesamte Devisentransfer aus der Bundesrepublik wahrscheinlich ausgereicht hätte, um in den Jahren 1981 und 1982 die Zinsverpflichtungen aus der Westhandelsverschuldung der DDR zu bestreiten. Doch ihnen war es nicht gelungen, Bonner Politikern das ganze Ausmaß der Wirtschaftskrise der DDR deutlich zu machen.

Zeigten denn die offiziellen Statistiken nicht, wie sehr die DDR den Rest Osteuropas übertraf? War die Zurschaustellung auf der Leipziger Messe oder in den Schaufenstern der Ost-Berliner Läden nicht ganz zufriedenstellend, natürlich am Standard des Ostblocks gemessen? War Mittag nicht wirklich eindrucksvoll und überzeugend? (Mittag, sagt Günter Schabowski, wurde im Politbüro als der Mann angesehen, der »die westdeutsche Großbourgeoisie choreographieren« konnte.) Behauptete nicht die Weltbank, daß das Pro-Kopf-Einkommen in der DDR höher lag als in Großbritannien? Die Ostdeutschen mochten zwar ein schlechtes Wirtschaftssystem haben, aber sie waren, immerhin, auch Deutsche.

Insgesamt kann man sagen, daß sich die meisten Bonner Politiker nicht völlig im klaren waren, wie verzweifelt die Wirtschafts- und vor allem Finanzlage der DDR war und welch entscheidenden Überlebensbeitrag hier die Bonner Transfers und Zahlungen tatsächlich leisteten. Erst sehr spät begriffen einige wenige unter den regierenden Bonner Politikern, daß sie es mit einem Staat auf Pump zu tun hatten.

Das Resultat war kurios. 1986 veröffentlichte der amerikanische Politologe James McAdams einen Artikel in *Foreign Affairs*, in dem er behauptete, es habe eine bemerkenswerte Umkehr in den Beziehungen zwischen den beiden deutschen Staaten gegeben. Nun hätte die DDR bei den deutsch-deutschen Beziehungen die Oberhand. Im nachhinein betrachtet mag diese Behauptung absurd klingen. Selbst damals schien sie übertrieben. Doch sie basierte auf sorgfältigen Untersuchungen. Und Gespräche mit den damaligen Verantwortlichen konnten tatsächlich diesen Eindruck erwecken. Die geschichtliche Realität ist zwar, daß die DDR immer schwächer und abhängiger von der Bundesrepublik wurde. Mitte der achtziger Jahre wurde diese Realität jedoch von der Wahrnehmung überlagert, daß die DDR stärker wurde und die Bundesrepublik es daher nötiger hatte denn je, ihren guten Willen und ihre Bereitschaft zur Zusammenarbeit zu erkaufen. Zum Wohle der Menschen.

Anerkennung

Diese merkwürdige Umkehrung führt uns zu jener anderen Währung, die die DDR im allgemeinen und Erich Honecker im besonderen als Bezahlung forderten: Anerkennung. Dieser Schlüsselbegriff war in den späten sechziger und frühen siebziger Jahren zum Thema heftiger Auseinandersetzungen in der Bundesrepublik geworden. Dabei war charakteristisch, daß es in dieser Debatte oft um feine juristische Unterscheidungen ging: beispielsweise um den Unterschied zwischen einer völkerrechtlichen und einer verfassungsrechtlichen Anerkennung. Wichtiger aber war die Unterscheidung zwischen einer rein diplomatischen Anerkennung des Staates und der weit folgenreicheren substantiellen Anerkennung eines repressiven Regimes.

Christdemokratische Gegner einer Anerkennung der DDR behaupteten nachdrücklich, daß die diplomatische Anerkennung die zweite Form bereits in sich bergen bzw. mit gewisser Automatik herbeiführen würde. Sie wäre daher moralisch nicht vertretbar, eine Beleidigung für die Menschen, die unter diesem Regime litten, und eine Aufforderung an dieses Regime, mit seinen unterdrückerischen Methoden fortzufahren. »Wir ... sind nicht bereit«, erklärte der schon todkranke Karl-Theodor Freiherr von und zu Guttenberg in einer bedeutenden Bundestagsrede 1970, »sogenannte Realitäten zu achten, zu respektieren oder gar anzuerkennen, die den Namen ›Unrecht‹ tragen.« Und er fragte, ob es irgend jemanden im Hause gab, der ernsthaft behaupten wollte, daß Unrecht einfach dadurch Recht würde, weil es seit Jahrzehnten andauere? Und ob irgend jemand im Haus bereit gewesen wäre, seinen Frieden mit Hitler zu machen, wenn es diesem gelungen wäre, 37 Jahre durchzuhalten (also von 1933 bis 1970)? »Ich sage nein, ich sage dreimal nein. Aus dem gleichen Grunde kann es keine Anerkennung für neues Unrecht auf deutschem Boden für Herrn Ulbricht geben.«

Sozialdemokraten und Freie Demokraten antworteten darauf, daß die rein diplomatische Anerkennung des Staates nicht notwendigerweise die politische und moralische Anerkennung des Systems beinhalten oder herbeiführen würde. Im Gegenteil, die Anerkennung des Staates sei der einzig praktikable Weg, das Unrecht dieses Systems zu mildern. Willy Brandt zitierte eine Äußerung des britischen Premierministers Harold Wilson, um den Unterschied zwischen den beiden Arten der Anerkennung zu illustrieren: Wenn ich in den Zoo gehe und einen Elefanten sehe, dann erkenne ich ihn als Elefant an – aber das heißt nicht, daß ich ihn im gleichen Sinne anerkenne, wie beispielsweise ein Wissenschaftler, Schriftsteller oder Sportler »Anerkennung« für seine Leistungen erhält. Die eingeschränkte diplomatische Anerkennung der DDR wurde 1972 als Anerkennung im ersten Sinne präsentiert: Da war der Elefant. Unter seinen Tritten litten Menschen. Um diesen Menschen zu helfen und um die Nation zusammenzuhalten, mußte man mit dem Elefanten verhandeln. Aber man brauchte ihm keine Medaillen um den Hals zu hängen. Man konnte ihn wahrhaftig noch immer als Monster betrachten.

Die rein diplomatische Anerkennung wurde von der DDR sehnsüchtig erwünscht und hoch geschätzt. Nicht zuletzt, weil sie die Tür zur Mitgliedschaft in den Vereinten Nationen und zur Anerkennung durch den Rest der westlichen Welt öffnete. Bis weit in die achtziger Jahre hinein wurden es die ostdeutschen Machthaber nicht müde, diese Errungenschaften herauszuposaunen. 1984, bei den Feierlichkeiten zum 35. Jahrstag der DDR, erklärte Erich Honecker stolz, daß die DDR mit 132 Staaten »aus der ganzen Welt« diplomatische Beziehungen unterhielt. Die gedruckte Fassung dieser Rede sprach zwar nur von 131, doch in letzter Minute hatte die DDR noch einen weiteren diplomatischen Sieg errungen und die Anerkennung der Elfenbeinküste gewonnen.

Das Honecker-Regime bemühte sich sehr darum, die Bundesrepublik zur vollständigen völkerrechtlichen Anerkennung zu bringen. In einer Rede, die Honecker im Oktober 1980 in Gera hielt, kam dies am deutlichsten zum Ausdruck. Vor dem Hintergrund der immer schlechter werdenden Ost-West-Beziehungen und der Krise in Polen, die eine unmittelbare Gefahr für die innenpolitische Stabilität der DDR darstellte, formulierte der ostdeutsche Parteichef vier Forderungen, deren wichtigste war, daß die Bundesrepublik die Staatsbürgerschaft der DDR voll anerkennen sollte. Was er damit wirklich meinte, war die *Aberkennung* des automatischen Rechts auf die Staatsbürgerschaft der Bundesrepublik für Bürger der DDR. Denn längst schon hatte die Bundesrepublik jedermanns Recht anerkannt, die Staatsbürgerschaft der DDR zu behalten (oder sollte man sich darauf versteifen, sie sogar zu erwerben).

Die anderen Forderungen richteten sich auf die formelle Umwandlung der Ständigen Vertretungen in Botschaften, die Schließung der westdeutschen Erfassungsstelle in Salzgitter, die alle Vorfälle in der DDR und an der DDR-Grenze festhielt, für die die jeweils Verantwortlichen eines Tages zur Verantwortung gezogen werden könnten, und die präzise Grenzziehung an einer Stelle entlang der Elbe in Niedersachsen. Obwohl es vor allem unter den Sozialdemokraten einflußreiche Persönlichkeiten gab, die für die Erfüllung zumindest der weniger wichtigen Punkte unter den »Geraer Forderungen« eintraten, änderte die Bonner Regierung ihre Grundpositionen nicht. Vor allem nicht hinsichtlich der Frage der Staatsbürgerschaft.

Die Anerkennung wurde also nicht *de jure* erweitert. Aber sie wurde doch beträchtlich *de facto* vertieft. Nicht im direkten Sinne einer umfassenden Bestätigung des kommunistischen Systems, wie es die christdemokratischen Kritiker der Ostpolitik so sehr befürchtet hatten. Doch im Sinne einer umfassenden und zunehmenden Billigung – aufgrund der humanitären und anderer Verbesserungen, die Honecker zugestanden hatte, und aufgrund der Tatsache, daß das Regime bereit war, die bisherigen Errungenschaften der deutsch-deutschen Beziehungen trotz der zunehmend konfrontativen amerikanisch-sowjetischen Beziehungen zu bewahren. Die Meilensteine dieser wachsenden politischen Anerkennung waren Helmut Schmidts Treffen mit Erich Honecker in der DDR 1981 und Erich Honeckers Besuch in der Bundesrepublik 1987.

Bereits in den späten siebziger Jahren hatte Herbert Häber, Leiter der sogenannten West-Abteilung der SED, ausgiebige informelle Kontakte mit Politikern aller großen Parteien der

Bundesrepublik. Häbers Aufzeichnungen über seine Gespräche in der Bundesrepublik – mit vielen handschriftlichen Anmerkungen von Honecker versehen und im internen Archiv des Politbüros verwahrt – sprechen von einem zunehmend lockeren Umgang mit führenden Sozialdemokraten, aber auch mit Freidemokraten, wie Wolfgang Mischnick, oder Christdemokraten, wie Walther Leisler Kiep und Lothar Späth. Natürlich müssen diese Unterlagen mit Vorsicht behandelt werden. Wenn Häber beispielsweise berichtet, daß ein westdeutscher Politiker über das Geschenk der Autobiographie Honeckers (von Robert Maxwell veröffentlicht) entzückt gewesen sei, dann sollte das natürlich mit einer gehörigen Portion Skepsis zur Kenntnis genommen werden.

Doch auffallend ist die Häufigkeit und Vehemenz, mit der Häbers Gesprächspartner offensichtlich und wiederholt die amerikanische Politik kritisiert haben, von Carters Menschenrechtskampagne bis zum Nato-Doppelbeschluß, von der Neutronenbombe bis zu Zbigniew Brzezinski – »ein fanatischer polnischer Nationalist«, beschwerte sich der deutsche Sozialdemokrat Hans-Jürgen Wischnewski beim deutschen Kommunisten Herbert Häber. Häbers Bericht über eine Reise im März 1980, den Honecker im Politbüro verteilen ließ, verzeichnet: »Auf der einen Seite gab es kaum einen Gesprächspartner, der sich nicht in irgendeiner Weise abfällig über die USA-Politik und Carter äußerte ... « (Doch Häber fuhr fort, daß auch die Notwendigkeit der Bündnissolidarität Bonns mit den Vereinigten Staaten betont worden sei.) Von einer Reise im September 1980 zurückgekehrt, berichtete Häber über einen charakteristisch deftigen Kommentar des Sozialdemokraten Holger Börner, »der Unterschied zwischen Carter und Reagan sei derselbe wie zwischen Pest und Cholera« – Honecker strich diesen Kommentar am Seitenrand an.

Formelle Kontakte auf höchster Ebene waren jedoch noch immer auf ein Minimum beschränkt. Der erste Minister der Bundesrepublik, der unter der Regierung Schmidt die DDR besuchte, war 1978 der Wohnungsbauminister. Doch viele in Bonn sahen bereits Ende der siebziger Jahre, durch die Fortschritte bei den ständigen Verhandlungen und die Verbesserungen, die man »für die Menschen« erreicht hatte, ein Gipfeltreffen gerechtfertigt.

Auch Herbert Wehner war davon überzeugt, daß Honecker ungeachtet seines Glaubens an sein politisches System und seine eigene Macht persönlich den Wunsch hatte, gewisse humanitäre Minimalstandards zu beachten. Doch für Schmidt hatten direkte Beziehungen mit der DDR nicht die gleiche Priorität wie für seinen Vorgänger. Trotz – oder vielleicht wegen – ihrer Gespräche 1975 in Helsinki hatte er eine ziemlich geringe Meinung von Erich Honecker. Vorangegangene Vorschläge der DDR zu einem deutsch-deutschen Gipfel wurden vom Tisch gewischt.

Erst im Zuge des Nato-Doppelbeschlusses vom Dezember 1979 begann Schmidt selbst auf ein Gipfeltreffen zu drängen. Wenn er schon seine eigenen Parteifreunde von der Notwendigkeit des militärischen Aspekts des Doppelbeschlusses überzeugen mußte, so wollte er auch seine eigene Bereitschaft zur Entspannung demonstrieren. Im Januar 1980 eilte Hermann Axen, Politbüromitglied und im Zentralkomitee Sekretär für Internationale Verbindungen, mit einer Nachricht an Breschnew und die sowjetische Führung nach Moskau. Die Nachricht lautete, daß das Politbüro der DDR trotz des Nato-Doppelbeschlusses das geplante »Arbeitstreffen« zwischen Honecker und Schmidt durchführen möchte, »um dabei Druck auf die Regierung der BRD auszuüben«. Das Politbüro der DDR bat das sowjetische Politbüro »um eine möglichst baldige Entscheidung in dieser Frage«. Soviel zur Souveränität der DDR! Einen Tag später überbrachte Boris Ponomarjew Axen die Antwort des sowjetischen Politbüros. Sie hieß: Nein. Doch Vadim Zagladin vertraute Axen am Flughafen an, daß die Dinge in ein paar Wochen schon anders aussehen könnten...

Glücklicherweise hat Schnitter Tod dann in die Ost-West-Beziehungen einzugreifen begonnen. Titos Beerdigung im Mai 1980 begründete eine Reihe sogenannter »Arbeitsbegräbnisse«. Die DDR-Unterlagen über Honeckers Gespräch mit Schmidt bei dieser Gelegenheit verzeichnen Schmidts Äußerung, daß die mittleren und kleinen Staaten, wie die Bundesrepublik, Frankreich und Großbritannen, die DDR, Polen und Ungarn, aufpassen müßten, daß die »ganz großen Brüder nicht nervös werden«. Nach einer Diskussion, ob Schmidt zu Breschnew nach Moskau fahren sollte, fragte Schmidt nach einem Datum für seinen »Arbeitsbesuch« in der DDR. Laut ostdeutschem Protokoll erwiderte Honecker: »Fahren Sie zuerst zu Breschnew nach Moskau, dann werden wir uns verständigen.« Beide hatten also die Bonn-Moskau-Berlin-Geometrie hervorragend verstanden.

Schmidt fuhr nach Moskau, und das deutsch-deutsche Gipfeltreffen wurde für den August 1980 organisiert. Aber das Glück sollte diesem Plan nicht hold sein. Diesmal wurde das Treffen von der westdeutschen Seite abgesagt, wegen der Unsicherheiten, die durch die Streiks in Polen entstanden waren (aus denen dann Solidarność hervorging). Die Freiheitsbewegung, oder, wie es häufiger genannt wurde, die »Krise« und »Instabilität« in Polen, veranlaßte die Machthaber der DDR, ihre Abwehrmechanismen gegen eine mögliche Infektion durch ihren westlichen wie östlichen Nachbarn zu verstärken. Honeckers »Geraer Forderungen« und die gleichzeitige Verdoppelung des Mindestumtauschs für westliche Besucher konnten nur in diesem Kontext verstanden werden.

Als dann das Gipfeltreffen endlich stattfand, war ein neues Leitmotiv in die Sprache der deutsch-deutschen Beziehungen eingegangen. Zur gemeinsamen Verantwortung für zumindest minimale menschliche Erleichterungen war nun die gemeinsame Verantwortung für das Schicksal der Menschheit gekommen. Neben Gesprächen über Familienzusammenführung oder Straßenverbindungen oder Schienenwege oder Post oder Handel sollten die beiden Seiten nun über Rüstungskontrolle und Abrüstung sprechen. Dieses Thema war bereits in den deutsch-deutschen Debatten und Vereinbarungen der frühen siebziger Jahre angesprochen worden. Wir haben gesehen, daß die Formel »von deutschem Boden darf nie wieder Krieg ausgehen« im Erfurter Treffen geprägt worden war und zu Brandts 20 Punkten in Kassel gehörte. Artikel 5 des Grundlagenvertrages verpflichtete beide Staaten dazu, »friedliche Beziehungen zwischen den europäischen Staaten [zu] fördern und zur Sicherheit und Zusammenarbeit in Europa beizutragen«, vor allem aber zur Rüstungskontrolle und Abrüstung. Doch Bahrs Hoffnungen, daß die Verträge zu einer wesentlichen Reduzierung der konventionellen Streitkräfte in Mitteleuropa weiterführen würden, erwiesen sich als trügerisch. Nun, ein Jahrzehnt später, als die Anzahl der Waffen in Mitteleuropa weiter erhöht und nicht verringert werden sollten, würde das Friedensthema ganz oben auf der deutsch-deutschen Agenda stehen.

Erst tauschten Helmut Schmidt und Erich Honecker feierlich den Schlüsselappell aus: niemals wieder Krieg »von deutschem Boden«. Dann drängte Schmidt Honecker am Werbellinsee, während ihres Gipfeltreffens im Dezember 1981, seinen Einfluß zu nutzen, um die Sowjets zu einer differenzierteren und gemäßigteren Haltung in den Ost-West-Beziehungen allgemein und der Rüstungskontrolle im besonderen zu bewegen. »Wir haben den Vertrag über die Nichtverbreitung von Atomwaffen unterschrieben, Sie und wir«, sagte er. »Die Weltmächte haben uns gegenüber eine Verpflichtung. Wir müssen die Großmächte drücken.« Und: »Wir wollen ja gar nicht dick aussehen. In Wirklichkeit aber haben wir beide, beide deutsche Staaten, großes Gewicht. Ich meine, Herr Honecker, wir haben einen Anspruch darauf, dieses Gewicht in die Waagschale zu werfen.«

Obwohl die Verhängung des Kriegsrechts in Polen dunkle Schatten auf den letzten Tag dieses Gipfeltreffens warf, fühlte Schmidt sich nicht nur dazu verpflichtet, seinen Besuch wie geplant zu Ende zu bringen, sondern auch so weit wie möglich zu versuchen, atmosphärisch und in der Sache zu bewahren, was bisher in den deutsch-deutschen Beziehungen erreicht wurde. Als die Aktivisten von Solidarność jenseits der Grenze in Lager geworfen wurden, warfen die beiden deutschen Staatsmänner in Gustrow mit Schneebällen, umgeben von besorgten Stasimännern, die das gewöhnliche Volk in Schach hielten. Beim Abschied übergab Honecker Schmidt ein Bonbon für die Zugfahrt nach Hause.

Von da an kreuzten sich die Bahnen der allgemeinen Ost-West- und der spezifischen ost-westdeutschen Beziehungen und liefen in gegensätzlichen Richtungen weiter. Die »Großwetterlage« verschlechterte sich, doch beide deutschen Staaten versuchten ihre Beziehungen zueinander zu bewahren und zu verbessern. Herbert Häber notierte die Äußerung des Christdemokraten Walther Leisler Kiep vom Februar 1982, daß in der Bundesrepublik nur wenig Bereitschaft bestünde, die Erfolge der Entspannung wegen Polen zu opfern. Auf der ostdeutschen Seite machte man sich Sorgen wegen der Zusammensetzung der Kohl-Regierung und seiner Bestätigung im Amt nach den Wahlen. Doch im Oktober 1983, kaum einen Monat nach der Abstimmung über die Stationierung von Nato-Raketen, konnte Herbert Häber die ermunternde Feststellung des christdemokratischen Baden-Württembergischen Ministerpräsidenten Lothar Späth notieren: »Heutzutage [ist es] ja fast schon ein persönlicher Makel, wenn man nicht bei Erich Honecker war.«

Ein weiterer entscheidender Schritt zur substantiellen Anerkennung erfolgte nach der Bundestagsabstimmung über die Stationierung der Nato-Raketen. Wie bereits erwähnt, verkündete Erich Honecker überraschend, daß es nun darum ginge, den »Schaden« dieser bedauerlichen Entscheidung »zu begrenzen«, anstatt die Beziehungen zur Bundesrepublik einzufrieren, wie es die sowjetische Propaganda und manche seiner eigenen früheren Äußerungen es nahegelegt hätten. »Als wirkliche Anhänger des Friedens lassen wir uns stets von der alten Volksweisheit leiten, daß es auf jeden Fall besser ist, zehnmal zu verhandeln als einmal zu schießen.« Diese Volksweisheit wurde natürlich von Straußens Milliardenkredit bestärkt. Die Kohl-Regierung signalisierte überdies einen Doppelbeschluß eigener Art: Man wolle dem Nato-Doppelbeschluß entsprechen, aber gleichzeitig bewahren, was in der innerdeutschen Entspannung erreicht und entwickelt worden war. Es stand jedoch keineswegs von vornherein fest, daß Honecker diese Entknüpfung akzeptieren würde.

Die Bonner Regierung konnte daher kaum ihr Glück fassen, als die DDR plötzlich damit begann, von einer »Koalition der Vernunft« zwischen den beiden deutschen Staaten zu sprechen. Westdeutsche Politiker sprachen ihrerseits von einer »Verantwortungsgemeinschaft«. »Die beiden Staaten in Deutschland«, so schrieb Bundeskanzler Kohl am 14. Dezember 1983 in einem Brief an Erich Honecker, »stehen in ihren Beziehungen zueinander in einer Verantwortungsgemeinschaft vor Europa und vor dem deutschen Volk. Beide können gerade in schwierigen Zeiten des West-Ost-Verhältnisses einen wichtigen Beitrag für Stabilität und Frieden in Europa leisten, wenn sie aufeinander zugehen und das jetzt Machbare an Zusammenarbeit voranbringen.« Nach einer Rechtfertigung der Raketen-Stationierung und einer

Kritik an der sowjetischen Reaktion sagte Kohl, daß die Bundesrepublik einen positiven Beitrag leisten würde zur »konstruktiven Fortsetzung« der Ost-West-Beziehungen und erwarte, »daß sich auch die Deutsche Demokratische Republik von einem gemeinsamen Interesse an Zusammenarbeit, Sicherheit und Frieden leiten lassen wird«.

Zwei Monate später antwortete Honecker. Er dankte Kohl für sein Schreiben und verwies auf ihr Telefongespräch am 19. Dezember. Seine Antwort war beinahe spiegelbildlich: »Verantwortungsgemeinschaft, um Ihren Begriff aufzunehmen, oder, besser, Sicherheitspartnerschaft bedeutet aus unserer Sicht gegenwärtig zu allererst, was beide Staaten aktiv dafür tun, um die durch den Beginn der Stationierung nuklearer Mittelstreckenraketen der USA in Westeuropa, vor allem aber in der Bundesrepublik Deutschland, veränderte Lage wieder zum besseren zu wenden.« Nach weiterer Kritik an der amerikanischen Raketenstationierung schrieb er: »Die Deutsche Demokratische Republik ist bestrebt, die durch die Raketenstationierung entstandenen Schäden möglichst zu begrenzen.« Dann wandte er sich den deutsch-deutschen Beziehungen zu und wiederholte seine vier Geraer Forderungen, diesmal jedoch nicht, ohne zu versichern: »Es geht darum, trotz der angespannten Lage das Erreichte zu bewahren und wenn möglich auszubauen, nicht zuletzt auch die ökonomischen Beziehungen.«

Bemerkenswert ist, daß die DDR diese Linie auch dann noch weiterverfolgte, nachdem der sowjetische Delegationsleiter die Genfer Rüstungskontrollgespräche demonstrativ verlassen und die sowjetische Presse einen Schwall von Verwünschungen über die Nato und vor allem die »revanchistische« Bundesrepublik ausgegossen hatte. Ein Jahrzehnt zuvor hatte Honecker inbrünstig – gegen Ulbricht – die engen und unverbrüchlichen Bande zwischen der DDR und der Sowjetunion verteidigt. Nun war es ebenso Honecker, der – wie Ulbricht – die spezifischen Interessen (und überlegenen Tugenden) des deutschen kommunistischen Staates gegen die Sowjetunion verteidigte. Ungarn schloß sich der DDR an und drängte ebenso auf die Fortführung des Dialoges und der praktischen (nicht zuletzt wirtschaftlichen!) Kooperation mit dem Westen.

Bei einem weiteren »Arbeitsbegräbnis«, diesmal dem von Andropow, im Februar 1984, trafen sich erstmals Kohl und Honecker in einem Gästehaus auf den Leninhügeln. Kohl erneuerte Schmidts Einladung an Honecker zu seinem ersten Besuch überhaupt in der Bundesrepublik. Danach begann man mit den Vorbereitungen. Erst im September 1984 erklärte die DDR, daß Honeckers Besuch »verschoben« worden sei.

Die DDR machte für diese Verschiebung beleidigende Kommentare aus der Bundesrepublik verantwortlich, vor allem vom christdemokratischen Fraktionsführer Alfred Dregger, der gesagt hatte: »Unsere Zukunft hängt nicht davon ab, daß Herr Honecker uns die Ehre seines Besuchs erweist.« (Die entsetzte Reaktion der Medien und vieler Politiker konnte allerdings nahelegen, daß die Zukunft der Bundesrepublik in der Tat von Honeckers Besuch abhing.) Die Dokumente, die seit der Vereinigung zugänglich geworden sind, zeigen endgültig, wovon realistische Analytiker bereits damals überzeugt waren: Der Besuch war aufgrund der Einwände Moskaus abgesagt worden. Noch Mitte August scheint das ostdeutsche Politbüro trotz eines scharfen und kritischen Leitartikels in der *Prawda* angenommen zu haben, daß der Besuch möglich sein könnte.

Ein dramatisches Treffen am 17. August in Moskau zwischen einer von Honecker geleiteten Delegation und der gesamten sowjetischen Führungsspitze (inklusive Gorbatschow) machte damit Schluß. Rückblickend erzählte Honecker 1992 stolz, wie er sich über den Tisch hinweg mit Marschall Ustinow gestritten habe, und später dann im Wagen mit Gorbatschow – den ganzen Weg bis zum Flughafen. Aber es half alles nichts. Egon Krenz erinnert sich lebhaft an das gequälte Politbürotreffen drei Tage später in Ost-Berlin, wo das sowjetische »Nein« verdaut werden mußte. Dregger hatte also höchstens den Vorwand für die Absage geliefert. Das Protokoll der Politbürositzung vom 28. August enthält den formellen Wortlaut des Beschlusses für die Verschiebung: »Aufgrund der Politik der Regierung der BRD ... « – eine Aussage, von der jeder am Tisch wußte, daß sie erlogen war. Im gleichen Beschluß wurde jedoch der Ständige Vertreter der DDR in Bonn angewiesen, die Verhandlungen nach Plan des Außenministeriums weiterzuführen. Beigefügt war der Entwurf eines gemeinsamen Kommuniqués über den Besuch, der nicht stattfand. Dort hieß es, die Führenden der DDR und der Bundesrepublik hätten ihre Ansichten in einer »sachlichen und offenen Atmosphäre« ausgetauscht ...

Diese bemerkenswerte Episode, die durch die konfuse Führungsnachfolge in Moskau besonders kompliziert verlief, sollte in den historischen Abhandlungen der sowjetisch-osteuropäischen Beziehungen ausführlich behandelt werden. Für unseren Zweck wichtig sind vor allem ihre Auswirkungen auf die Bundesrepublik. Es scheint, daß dies, zusammen mit der demonstrativen Kontinuität der deutsch-deutschen Beziehungen und den allmählichen Fortschritten bei den menschlichen Erleichterungen so etwas wie einen psychologischen Durchbruch in den deutsch-deutschen Beziehungen produzierte. Von diesem Moment an veränderte sich auf subtile Weise auch die Sprache, in der die offiziellen Vertreter der beiden deutschen Staaten miteinander und übereinander redeten – eine Veränderung, die ihrer zunehmenden gegenseitigen Anerkennung entsprach. Nach 1985 erleichterte der frische Wind aus Moskau der DDR auch dies, vor allem dank des »neuen Denkens« in der sowjetischen Außenpolitik, mit dem Schwerpunkt auf »gesamtmenschheitliche« vor Klasseninteressen.

Diese Sprache der »gesamtmenschheitlichen« Interessen war natürlich besonders charakteristisch für Willy Brandt und die sozialliberale Entspannungsversion. Brandt, Bahr und Olof Palme behaupteten auch mit einigem Recht, daß ein Gutteil der neuen Sprache der sowjetischen »neuen Denker« direkt der ihren entstammte. Im Zentrum dieses Vokabulars stand das Wort »Frieden«, das Brandt immer wieder gebraucht hatte. Doch es war nicht Brandt, sondern Bundeskanzler Kohl, der, im Augenblick von Gorbatschows Machtübernahme und nachdem er sich nochmals mit Erich Honecker bei einem weiteren Arbeitsbegräbnis getroffen hatte (diesmal von Tschernenko), eine gemeinsame Erklärung mit dem Ostdeutschen vereinbarte: »Von deutschem Boden darf nie wieder Krieg, von deutschem Boden *muß Frieden ausgehen.*« (Hervorhebung des Autors.)

Was in aller Welt hatte das zu bedeuten? Wie konnte Frieden von deutschem Boden »ausgehen«? Deutschland war natürlich berühmt für den Export einer außergewöhnlich großen Palette von Waren – darunter auch nicht wenige Waffen. Sollten nun Friedenslieferungen der Exportbilanz hinzugefügt werden? In gewisser Weise war dies nichts anderes als die symbolische Versicherung des gemeinsamen guten Willens, wie es eben in den internationalen Beziehungen so üblich ist. Ein brasilianischer Stamm, der von dem britischen Reisenden Peter Fleming entdeckt wurde, begrüßte diesen begeistert mit dem ständig wiederholten Wort: »Ticanto! Ticanto!« Fleming hatte nicht den leisesten Schimmer, was »Ticanto« bedeuten sollte. Aber er fand schnell heraus, daß es ihm nur nützen konnte, wenn er das Wort so oft wie möglich lächelnd wiederholte. Der brasilianische Stamm sagte: »Ticanto«. Die Deutschen sagten: »Frieden!«

Andererseits reflektierte es aber gewiß auch die tiefe Überzeugung, daß die Deutschen wegen ihrer schrecklichen Erfahrungen mit einem von ihnen initiierten und ebenso auch durchlittenen Krieg und wegen ihrer Lage an der Frontlinie des Ost-West-Konflikts eine besondere Verantwortung dafür trugen, ihre jeweiligen Verbündeten zur Vorsicht, Mäßigung und Zurückhaltung zu gemahnen. Aber es gab auch noch jenes spezifische Interesse, das der Einsicht entsprang, die deutsch-deutschen Beziehungen könnten zwar etwas besser sein als die übrigen Ost-West-Beziehungen, daß sie jedoch schmerzlich vom gesamten Ost-West-Klima, von der Großwetterlage, abhängig blieben.

Während die beiden Staaten also weiterhin fundamental unterschiedliche Ansichten über die Nation und das politische System hegten, hatten sie einen kleinsten gemeinsamen Nenner – das Schicksal der Menschen – und den größten gemeinsamen Nenner – das Schicksal der Menschheit – gefunden. Wenn die Bonner Regierung über das Schicksal der Menschheit sprach, konnte sie vielleicht auch einzelnen Menschen in Deutschland helfen. Wenn sie mit Ost-Berlin über das Schicksal »der Menschen« sprach, konnte sie vielleicht auch der Menschheit helfen. Himmlische Harmonie!

Der symbolische Höhepunkt dieser gegenseitigen Anerkennung war der offizielle Besuch, den Erich Honecker schließlich im September 1987 der Bundesrepublik abstattete. Noch im April 1986 hatte Gorbatschow Einwände gehabt. Wie kann ich dem sowjetischen Volk erklären, daß Erich vor mir nach Bonn geht? So hatte er laut Egon Krenz das SED-Politbüro gefragt. Im Sommer 1987, als sich die Großwetterlage entschieden verbessert hatte, versuchte die DDR-Führung höchst vorsichtig, Moskaus Ja-Wort zu erlangen. Kurz nach dem Besuch von Bundespräsident von Weizsäcker in Moskau, ein Zeichen des beginnenden Tauwetters in den sowjetisch-westdeutschen Beziehungen, schickten sie wieder einmal Hermann Axen zu einer »Konsultation« nach Moskau. Es sollte ein langes Dokument diskutiert werden, das von der DDR-Führung unter dem Titel »Analyse zur Lage in der BRD – Schlußfolgerungen für eine gemeinsame Politik« vorbereitet worden war.

Axen registrierte einen deutlichen Unterschied zwischen der positiven Reaktion von Anatoli Dobrynin, dem neuen Leiter der Abteilung für internationale Beziehungen im sowjetischen Zentralkomitee, und der Reaktion von Vadim Medwedew, Leiter der Abteilung für Beziehungen mit sozialistischen Ländern. Medwedew riet zu größerer Wachsamkeit gegenüber den subversiven Einflüssen der Bundesrepublik. (»Das klang genauso wie in den alten Manuskripten«, merkte Axen säuerlich für Honecker an.) In seiner Antwort parierte Axen allen Argumenten: »Der Besuch werde einer der stärksten Schläge gegen den Revanchismus in der Geschichte sein. Die Gründung der DDR im Jahre 1949 war der erste schwere Schlag, der Schutzwall 1961 der zweite Schlag, der Grundlagenvertrag und die Aufnahme der DDR in die UNO 1972 der dritte Schlag. Im September 1987 werde dann ein vierter schwerer Schlag erfolgen.«

Mit den »herzlichsten, brüderlichen Kampfesgrüßen« von Gorbatschow an Honecker kehrte Axen zurück und war in der Lage zu berichten: Auftrag erfolgreich ausgeführt. Im neuen Stil der sowjetisch-osteuropäischen Beziehungen bat der Parteichef der DDR dann auch nicht (wie noch 1980) um »eine baldige Entscheidung« über den Besuch, sondern informierte die sowjetischen Genossen lediglich über dessen Einzelheiten.

Doch nicht nur in Moskau herrschten noch Bedenken. Auch Helmut Kohl war alles andere als begeistert von diesem Besuch. Nach Wolfgang Schäubles eigener Darstellung war er es gewesen, der Kohl überzeugte, daß die Logik der Politik, die sie sich zu eigen gemacht hatten, den Besuch sowohl unausweichlich als auch notwendig machte. Und wenn er schon abgewickelt werden mußte, dann sollte es auch richtig gemacht werden. Also wurde Honecker in Bonn mit fast allen Ehren empfangen, die dem Oberhaupt eines vollkommen souveränen, ausländischen Staates zustehen würden. Zwei verschiedene deutsche Flaggen hingen vor dem Bundeskanzleramt, die Kapelle der Bundeswehr spielte zwei deutsche Hymnen, zwei deutsche Staatslenker standen Seite an Seite.

Kohl begann seine Tischrede – vor dem Abendessen, damit die Fernsehzuschauer in beiden deutschen Staaten die Möglichkeit hatten, ihm zuzusehen – mit einer ausdrücklichen Betonung seines Glaubens an die deutsche Einheit. Der Blick von Millionen Deutschen zwischen Stralsund und Konstanz, zwischen Flensburg und Dresden und in Berlin – sagte er – sei auf diese Begegnung gerichtet. »Das Bewußtsein für die Einheit der Nation ist wach wie eh und je, und ungebrochen ist der Wille, sie zu bewahren.« Er erinnerte an die Präambel des Grundgesetzes und erklärte, daß es das Ziel sei, die Einheit und Freiheit Deutschlands in freier Selbstbestimmung zu vollenden, »und wir haben keinen Zweifel, daß dies dem Wunsch und Willen, ja der Sehnsucht der Menschen in Deutschland entspricht«. Und später: »Die Menschen in Deutschland leiden unter der Trennung. Sie leiden an einer Mauer, die ihnen buchstäblich im Wege steht und die sie abstößt.«

Die Stasi überwachte die Reaktionen der Öffentlichkeit in der DDR genauestens. Ihre Zentrale Auswertungs- und Informationsgruppe berichtete am 9. September, daß bislang die Inhalte der Tischreden im Mittelpunkt der Diskussionen gestanden hätten. »Progressive Kräfte« hätten die »anmaßende Haltung Kohls« kritisiert, »feindlich-negative Kräfte« würden sich jedoch »insbesondere durch dessen Ausführungen zur Menschenrechtsproblematik« in ihrer negativen Haltung bestärkt sehen. Sechs Monate später sagte Honecker laut DDR-Protokoll zum Freidemokraten Otto Graf Lambsdorff: »Die DDR zeige große Geduld. Er habe sich die Rede von Bundeskanzler Kohl bei dem Essen in Bonn ruhig angehört. Wir hätten sie sogar veröffentlicht.« Ein weiteres Zeugnis für den Einfluß dieser Rede – doch auch für die Tatsache, daß Honecker das Risiko sehr bewußt eingegangen war. Denn neben den Grundsatzpositionen, die Kanzler Kohl in der Tat sehr deutlich vor der Fernsehnation formuliert hatte, hatte er noch anderes gesagt.

Dieser Besuch, meinte Kohl, sei ein weiterer Schritt hin zu einem »geregelten Miteinander«. (1969 hatte Brandt davon gesprochen, von einem »geregelten Nebeneinander« zu einem »Miteinander« zu gelangen. Vielleicht aber war dieses geregelte Miteinander eine Zwischenphase, wie der »entwickelte Sozialismus« in der DDR.) Und er nannte zwei Gründe für seine Annahme, daß sich die beiden Staaten heute eher »mit«- als »neben«einander empfinden würden. Zum einen habe die »praktische Zusammenarbeit« der beiden deutschen Staaten in den fünfzehn Jahren seit dem Grundlagenvertrag Früchte getragen. »Mit unserer praktischen Zusammenarbeit trotz aller Gegensätze haben wir ein Beispiel gegeben – zum Wohle der Menschen und im Interesse des Friedens.« Es stehe »dem Volk Lessings, Schillers und Goethes« wohl an, erklärte er, im gegenseitigen Umgang Humanität erkennen zu lassen.

Zweitens seien die Deutschen in Ost und West um so mehr zu »Werken des Friedens« verpflichtet, »als in diesem Jahrhundert von deutschem Boden entsetzliches Unheil und Leid ausgegangen sind. Auch daher ist es Aufgabe beider Staaten in Deutschland, durch den Ausbau ihrer Zusammenarbeit zur Verbesserung des politischen Klimas und zur Vertrauensbildung in den Ost-West-Beziehungen beizutragen. Daß unsere Regierungen Rüstungskontrolle und Abrüstung im Rahmen der übergreifenden Ost-West-Verhandlungen jeweils zu fördern haben, scheint mir selbstverständlich.« Und dann sprach er von Realismus, von der richtigen Einschätzung der Möglichkeiten der Deutschen und nochmals von der Unvereinbarkeit der politischen Ordnungen beider Staaten.

Auch Honecker begann mit den Themen Realismus und Unvereinbarkeit. »Sozialismus und Kapitalismus«, sagte er, lassen sich »ebensowenig vereinigen wie Feuer und Wasser« – ein Satz, den Kohl einen Monat später in seinem Bericht zur Lage der Nation zustimmend zitieren sollte. Später in seiner Rede verdeutlichte Honecker seine unterschiedliche Auffassung bei der deutschen Frage und den Menschenrechten, wenn auch eher durch Auslassungen als ausdrückliche Einlassung. Kohl hatte die Themen Frieden und Menschenrechte in seiner fast päpstlichen Äußerung miteinander verknüpft: »Friede beginnt mit der Achtung der unbedingten und absoluten Würde des einzelnen Menschen in allen Bereichen seines Lebens.« Honecker hielt diese beiden Themen vorsichtig auseinander, sagte jedoch, daß Menschenrechte »in ihrer Gesamtheit von politischen, zivilen, ökonomischen und sozialen Rechten in der Deutschen Demokratischen Republik im praktischen Leben ihre tägliche Verwirklichung finden«.

Doch außer der Gegensätzlichkeit bestätigte er auch die beiden entscheidenden Punkte, die Kohl gemacht hatte. Erstens, daß »Kooperation an die Stelle von Konfrontation« getreten sei und »zu guten Ergebnissen für die Staaten, für die Menschen geführt hat, nicht zuletzt für die beiden deutschen Staaten und ihre Bürger«. (Wobei er allerdings diese »guten Ergebnisse« etwas spitzfindig dem »Weg der Entspannung in den siebziger Jahren« zuschrieb.) Und zweitens, daß die beiden deutschen Staaten eine besondere Verantwortung trügen, sich für Frieden, Abrüstung und Entspannung einzusetzen.

Er erklärte, daß sich die beiden Staatschefs in ihrer gemeinsamen Erklärung vom März 1985 einig geworden seien und nun nochmals bestätigten, daß alles getan werden müßte, damit »von deutschem Boden niemals mehr Krieg, sondern *immer nur Frieden*« ausgehe (Hervorhebung des Autors). Eine erneute Steigerung des historischen Gebots. Im weiteren Austausch von Schlüsselsätzen sagte er: »Wir sind dafür, die These ›Frieden schaffen mit immer weniger Waffen‹ zu verwirklichen.« Womit er Kohls Slogan für multilaterale Abrüstung übernahm, in Präferenz zum ursprünglichen Slogan der unilateralen Abrüstung, »Frieden schaffen ohne Waffen«, einst von der Friedensbewegung in der Bundesrepublik geprägt und später von unabhängigen Friedensgruppen in der DDR aufgegriffen.

Ihr gemeinsames Kommuniqué faßte die beiden Hauptpunkte zusammen. Dort hieß es, daß die beiden Staaten »angesichts einer sich aus der gemeinsamen Geschichte ergebenden Verantwortung besondere Anstrengungen für das friedliche Zusammenleben in

Europa unternehmen müssen«. Dann folgte der vertraute, pathetische Satz: »Von deutschem Boden darf nie wieder Krieg, von deutschem Boden muß Frieden ausgehen.« Das Verhältnis beider Staaten zueinander »muß ein stabilisierender Faktor für konstruktive West-Ost-Beziehungen bleiben«. Von ihm sollten »positive Impulse für friedliche Zusammenarbeit und Dialog in Europa und darüber hinaus ausgehen«. Es folgte eine lange Liste jener Bereiche in den west-ostdeutschen Beziehungen und im Ost-West-Dialog über Sicherheit, bei denen sich beide Seiten einig waren, daß Fortschritte erzielt wurden oder werden könnten.

In gewisser Weise war dieser bemerkenswerte Konsens, diese Harmonie, nicht weiter überraschend, denn nur wenige offizielle Besuche in der jüngsten Geschichte waren mit derartiger Gründlichkeit vorbereitet worden. Dazu kommt, daß die meisten ausformulierten Gedanken, ja selbst die gesprochenen Sätze – direkt und indirekt, offiziell und inoffiziell – im nationalen politischen Gespräch zwischen den beiden deutschen Staaten bereits erprobt, verworfen, getrimmt und poliert worden waren. Doch in der Perspektive von vierzig Jahren, oder sogar nur fünfzehn, war der Grad an Konsens doch erstaunlich.

Nach der Unterzeichnung des Grundlagenvertrages hatte Egon Bahr angemerkt, bisher hätten zwischen Bonn und Ost-Berlin überhaupt keine Beziehungen bestanden, jetzt würde es wenigstens schlechte geben. Fünfzehn Jahre später gab es jedoch ziemlich gute Beziehungen. Hier waren sie: Der Mann, der sich selbst als »Adenauers Enkel« betrachtete, und der Mann, der für Walter Ulbricht direkt den Bau der Berliner Mauer überwacht hatte. Diese Männer waren sich zumindest darüber einig, worüber sie uneinig waren, und mehr oder weniger auch, weshalb – an sich bereits kein schlechter Fortschritt. Doch nun waren sie sich auch noch darin einig, daß die beiden deutschen Staaten gemeinsame Interessen und gemeinsame Ziele hatten. Und diese Ziele waren keine geringeren als »Humanität« und »Frieden.« Die gegenseitige Anerkennung hatte tatsächlich ein neues Stadium erreicht.

Doch wer würde diese Anerkennung anerkennen? Im engeren Sinn von Anerkennung »anerkannten« die europäischen Nachbarn Deutschlands und die teil-europäischen Supermächte dieses bemerkenswerte Rapprochement gewiß. Sie sahen es geschehen.

Sie paßten sich auch an. Die zunehmende diplomatische und politische Aufmerksamkeit, die andere westliche Staaten der DDR schenkten, war unmittelbar mit dem wachsenden Engagement der Bundesrepublik verbunden. Während des folgenden Jahres sollte Honecker Belgien, Spanien und, am bemerkenswertesten, Frankreich offizielle Besuche abstatten. (Trotz angestrengter Bemühungen der DDR waren die anderen Westalliierten, die Vereinigten Staaten und Großbritannien, weniger entgegenkommend.)

Ob sie jedoch die deutsch-deutschen Errungenschaften im Sinn einer grundsätzlichen Zustimmung anerkannten, ist eine andere Frage. Das erste gemeinsame deutsch-deutsche Ziel, mehr praktische Zusammenarbeit »für die Menschen«, war noch relativ unproblematisch. Das galt für das andere gemeinsame Thema aber nicht mehr: Zwei deutsche Staaten im Sternbild des Zwillings, zwar getrennt, doch irgendwie im Geiste zusammen, die ihre jeweiligen Verbündeten und eine widerspenstige Welt zu »Frieden, Abrüstung und Entspannung« drängten.

Weit davon entfernt, diese Vision gutzuheißen, verdoppelte die Volksrepublik Polen ihre Anstrengungen, um von der DDR jene Position zurückzuerobern, die sie als bevorzugter Partner des Westens in Osteuropa in den siebziger Jahren gehabt hatte. Die Republik Frankreich verdoppelte ihre Anstrengungen, um die Bundesrepublik noch enger in das westeuropäische Netz einzubinden, griff dafür auch zu bislang ungekannten Offerten, beispielsweise zur Idee einer gemeinsamen französisch-deutschen Brigade und eines Verteidigungsrats, und versprach sogar für irgendwann so etwas wie jene (west)europäische Armee, gegen die dreißig Jahre zuvor Paris sein Veto eingelegt hatte.

Was nun die Supermächte anbelangte, so veranstalteten sie prompt ihren eigenen Gipfel, bei dem es reichlich um Frieden, Abrüstung und Entspannung ging, viel weniger jedoch um die spezifischen Initiativen und Hoffnungen der europäischen Mächte, sei es in West-, Mittel- oder Osteuropa. Einen spezifisch deutschen Punkt gab es jedoch auf der Agenda des Gipfeltreffens vom Dezember 1987 in Washington. »Regionale Fragen«, Punkt 9, »Presidential Initiative on Berlin«, erinnerte an Präsident Reagans dramatischen Appell an Gorbatschow, im Juni 1987, das Brandenburger Tor zu öffnen und die Mauer niederzureißen. Kein Zeichen für hohe Anerkennung.

Die publizistischen Reaktionen auf den deutsch-deutschen Gipfel waren noch gemischter. Wie üblich gab es in vielen Kommentaren übertriebene – wenn auch historisch verständliche – Ängste und Zweifel. Gelegentlich wurde behauptet, die Bundesrepublik – und in etwas geringerem Maße auch das übrige Westeuropa – sei unglücklich gewesen, wenn die Supermächte zu weit auseinandergeraten waren, wie während des sogenannten »zweiten kalten Krieges« der frühen achtziger Jahre, doch auch, wenn sie sich zu nahe gekommen waren, wie in der Zeit der Nixon-Breschnew-Détente der frühen siebziger Jahre. Das gleiche könnte man aber im umgekehrten Sinne auch von der Haltung der Supermächte gegenüber den beiden deutschen Staaten sagen: besorgt, wenn sie zu weit auseinander waren, wie Mitte der sechziger Jahre, aber gleichermaßen besorgt, wenn sie sich zu nahe kamen. Doch beide Ängste, die der Kleinen vor den Großen und die der Großen vor den (relativ) Kleinen – hatten einen rationalen Kern.

Der rationale Kern westlicher Zweifel am deutsch-deutschen Rapprochement in den achtziger Jahren wurde von Pierre Hassner vorausschauend formuliert. Bereits 1983 schrieb er, daß die Bundesrepublik – nachdem sie eine lange Zeit die Existenz der DDR überhaupt geleugnet hatte, weil sie deren Regierung als absolut nicht repräsentativ für die Menschen und auch vollkommen von der Sowjetunion abhängig betrachtete – nun Gefahr lief, ins gegensätzliche Extrem zu verfallen: die völlige Unterschätzung oder zumindest Unterbetonung der Differenzen zwischen Staat und Gesellschaft in der DDR und des Ausmaßes der Abhängigkeit der DDR von der Sowjetunion. Die Bundesrepublik lief Gefahr, vom absurden Extrem der völligen Nichtanerkennung in den fünfziger Jahren ins gegenteilige Extrem der übertriebenen Anerkennung zu fallen. Um Willy Brandts Bild des Mannes in Erinnerung zu rufen, der im Zoo vor einem Elefanten steht: Während man im Bonn der fünfziger Jahre gesagt hatte: »Wir sehen keinen Elefanten!« schien es nun beinahe schon zu heißen: »Was für ein reizender Adler!«

Soweit es die tatsächliche Fähigkeit – und nicht nur den

Wunsch – der DDR betraf, ihr eigenes »Bündnis« in die Richtung von »Frieden, Abrüstung und Entspannung« zu beeinflussen, so bleiben die Nachweise hierfür gering. In den frühen achtziger Jahren war sie hart an die Grenzen der sowjetischen Toleranz gestoßen und hatte sich zurückgezogen. Seit 1985 folgte sie in der Außenpolitik der Anleitung Gorbatschows, wenn auch mit ihren eigenen Akzenten aus einer früheren Periode.

Wahrscheinlich hat ein offener und intensiver »Sicherheitsdialog« zwischen Regierungen in Ost und West dazu beigetragen, die DDR, Ungarn und Polen fest hinter Moskaus außenpolitisches »neues Denken« zu stellen. In einigen Details bei Abrüstung und Militärdoktrinen waren diese Länder tatsächlich ein wenig spezifischer – oder, vom westlichen Standpunkt gesehen: hilfreicher – als Moskau gewesen. Westliche Regierungen waren sich deshalb einig, daß eine Fortführung dieses Dialogs wichtig sei. Dennoch wäre wohl niemand in den Sinn gekommen, beispielsweise Polens Rolle im Warschauer Pakt mit Großbritanniens Rolle in der Nato zu vergleichen.

Natürlich hätten die meisten Politiker in Bonn die tiefe Asymmetrie zwischen der Rolle, dem Einfluß und Bewegungsspielraum der Bundesrepublik in der Nato und der DDR im Warschauer Pakt zugegeben. Sicher gab es noch immer einzigartige Beschränkungen der westdeutschen Souveränität. Doch hätte sich irgend jemand einen amerikanischen Präsidenten vorstellen können, der einem westdeutschen Bundeskanzler einen Besuch in der DDR hätte verbieten können? Der Punkt ist jedoch, daß Bonn es nicht mehr sinnvoll fand, sich allzu lange bei diesen Unterschieden aufzuhalten. Genauso wie die Existenz einer größtmöglichen Harmonie zwischen den deutschen und europäischen Interessen gesehen und ausgesprochen werden sollte, sollte nun die Existenz der größtmöglichen Harmonie zwischen den west- und ostdeutschen Interessen gesehen und ausgesprochen werden. Daher also die Rhetorik expliziter oder impliziter Symmetrie. Die Gefahr war nur: Wenn die Unterschiede nicht eindeutig in Erinnerung gerufen wurden, konnten sie im Laufe der Zeit in Vergessenheit geraten. Der außenpolitische Experte der CDU, Alois Mertes, schrieb 1982: »Es ist nur ein kleiner Schritt von der Gleichbenennung zur Gleichbewertung«.

Ein weiterer, noch ernsterer Grund, weshalb diese politische Anerkennung übertrieben schien, waren die innenpolitischen Umstände der DDR. Denn nach 1985 verteidigte die DDR ihre begrenzte Souveränität und Autonomie von der Sowjetunion vor allem dadurch, daß sie es ablehnte, Gorbatschows Glasnost und Perestroika auf ihre eigenen inneren Angelegenheiten anzuwenden. Und sie tat dies mit der gleichen Vehemenz, ja außergewöhnlichen Offenheit, die sie bei der Annahme des »neuen Denkens« in der Außenpolitik gezeigt hatte. Im Frühjahr 1987 fragte der *Stern* den altgedienten Chefideologen der DDR, Kurt Hager, ob es in der DDR Perestroika geben würde. Am Ende einer langen Antwort ließ Hager eine Bemerkung fallen, die schon bald darauf in aller Munde war: »Würden Sie, nebenbei gesagt, wenn Ihr Nachbar seine Wohnung neu tapeziert, sich verpflichtet fühlen, Ihre Wohnung ebenfalls neu zu tapezieren?« Ging es nach dem Chefideologen der DDR, so war Gorbatschows zweite russische Revolution also nichts weiter als ein Tapetenwechsel.

Was auch immer die Fortschritte in der Außenpolitik der DDR gewesen sein mögen, welche Konzessionen sie auch immer hinsichtlich Westkontakten, Ausreise- und Besuchsreisemöglichkeiten auf die andere Seite der Staatsgrenze gemacht haben mochte – was für die meisten Menschen in der DDR noch immer die größte Rolle spielte, war, wie der Staat sie innerhalb dieser Grenze behandelte.

Liberalisierung durch Stabilisierung

Auf welche Weise hofften oder glaubten die Politiker der Bundesrepublik mit ihrer Politik die Innenpolitik der DDR zu verändern oder verändert zu haben? Bereits zu Beginn der Ostpolitik versuchte eine ziemlich klare Hypothese, vielmehr eine Reihe von Hypothesen, auf diese entscheidende Frage zu antworten. Man argumentierte, die Grundlehre des Kalten Krieges sei es gewesen, daß eine aggressive Haltung des Westens die kommunistischen Machthaber des Ostens gezwungen oder zumindest herausgefordert hatte, eine ebenso aggressive Haltung nicht nur dem Westen, sondern auch ihren eigenen Völkern gegenüber einzunehmen.

Eine solch aggressive »Kalte-Kriegs«-Haltung hätte daher genau den gegenteiligen Effekt – anstatt die Regime zu mildern, würde sie sie verhärten. »Zunehmende Spannung stärkt Ulbricht und vertieft die Spaltung«, das hatte Bahr 1963 in seiner Tutzinger Rede ganz klar ausgesprochen.

Die Berliner Mauer, so Bahr damals, sei »ein Zeichen der Schwäche ... ein Zeichen der Angst und des Selbsterhaltungstriebes des kommunistischen Regimes. Die Frage ist, ob es nicht Möglichkeiten gibt, diese durchaus berechtigten Sorgen dem Regime graduell soweit zu nehmen, daß auch die Auflockerung der Grenzen und der Mauer praktikabel wird, weil das Risiko erträglich ist.« Und er endete mit dem Satz, dies sei eine Politik, »die man auf die Formel bringen könnte: Wandel durch Annäherung«. Diese Grundannahme formulierte der einflußreiche sozialdemokratische Publizist Peter Bender 1964 in seinem Buch *Offensive Entspannung* sogar noch deutlicher. Das wesentliche Merkmal der DDR, schrieb er, sei ihre innere Schwäche. »Diese Schwäche bildet den entscheidenden Grund dafür, daß in der DDR die Lockerungen noch immer fehlen, die in anderen Staaten des Sowjetblocks zum Teil schon vor Jahren eingetreten sind. Die Schwäche der SED-Führung bildet also die Hauptursache für alles, was im SED-Staat dringend änderungsbedürftig ist.« Die logische Schlußfolgerung war klar. Der SED-Staat mußte gestärkt werden, damit er diese Änderungen durchführen konnte. »Liberalisierung der DDR verlangt Stabilisierung der DDR.«

Einer der Schlüssel zur Stabilisierung war ganz offensichtlich der Zustand der ostdeutschen Wirtschaft. »Eine materielle Verbesserung müßte eine entspannende Wirkung in der Zone haben«, argumentierte Bahr. Auf den Einwand, daß dann die Unzufriedenheit in der Bevölkerung der DDR nachlassen würde, antwortete er: »Aber eben das ist erwünscht.« Denn andernfalls könnte es zu »unkontrollierbaren Entwicklungen« kommen (wie dem Aufstand des 17. Juni 1953 oder der Emigrationswelle von 1960–61), die zu »zwangsläufigen Rückschlägen« (wie zur Niederschlagung des Aufstandes am 17. Juni und dem Bau der Berliner Mauer) führen würden. Es gäbe »keinen praktikablen Weg« über den Sturz des Regimes. »Ich sehe nur den schmalen Weg der Erleichterung für die Menschen in so homöopathischen Dosen, daß sich daraus nicht die Gefahr eines revolutionären Umschlags ergibt, die das sowjetische Eingreifen aus sowjetischem Interesse zwangsläufig auslösen würde.« Also: Reform statt Revolution.

Josef Joffe argumentierte eindrucksvoll, daß das von Bahr und Bender in den frühen sechziger Jahren vertretene Konzept nicht nur zum zentralen Grundgedanken der westdeutschen Politik gegenüber der DDR, sondern der gesamten Ostpolitik der siebziger und selbst achtziger Jahre geworden war. Auf englisch prägte er dafür die Formel »*relaxation through reassurance*«, also etwa »Entspannung durch Besänftigung«. Entspannung zwischen Staaten in Ost und West sollte zur Entspannung zwischen Staat und Gesellschaft im Osten führen. Wenn der Westen weniger aggressiv wäre, würden auch die östlichen Machthaber mit der Zeit dem Westen und ihren eigenen Untertanen gegenüber weniger aggressiv werden. Durch Entspannung und Vertrauensbildung zwischen Ost und West könnte man die östlichen Machthaber also auch zu einer entspannteren Haltung zu Hause bewegen. Und dann würden sie vielleicht herausfinden, daß diese Entspannung weder zur Explosion (wie am 17. Juni 1953) noch zur Massenflucht (wie im Vorlauf zum 13. August 1961) führen würde, sondern zu neuem Vertrauen zwischen Herrschern und Beherrschten.

Was dann folgen sollte, nannte Joffe einen »*virtuous circle*«, einen »Engelskreis«, im Gegensatz zum Teufelskreis. Internationale Entspannung und Besänftigung würde innenpolitische Entspannung hervorrufen und so die Machthaber ermuntern, sich noch mehr zu entspannen, noch mehr innenpolitische Besänftigung und daher noch mehr internationale Entspannung zu produzieren, bis alle Seiten, Ost und West, Gesellschaft und Staat, derart besänftigt und entspannt wären, daß sich alle gemeinsam, allmählich und friedlich, von einem geregelten Nebeneinander auf ein Miteinander zubewegen könnten, bis schließlich die höchste Harmonie, die europäische Friedensordnung, erreicht wäre.

Abgesehen von der – wichtigen – historischen Frage, wie genau diese Theorie die wirkliche Geschichte des Kalten Krieges reflektierte, ist deutlich, daß dies in der Substanz eine verhaltenspsychologische Hypothese war. In der Tat lag dem westlichen Denken über den Zusammenhang von westlicher und östlicher

Politik eine von zwei rudimentären verhaltenspsychologischen Hypothesen zugrunde. In bewußter Vereinfachung könnte man sie die amerikanische und die westdeutsche Entspannungshypothese nennen.

Auch die amerikanische Hypothese wurde in den frühen sechziger Jahren entwickelt und schließlich zur Basis der amerikanischen »Differenzierungs«-Politik gegenüber Osteuropa. Osteuropäische Staaten wurden sowohl kurz- wie mittelfristig für gutes Verhalten belohnt und für schlechtes bestraft. Gutes Verhalten war in der Hauptsache politisch definiert, also hinsichtlich der außenpolitischen Unabhängigkeit des jeweiligen Staates von Moskau und/oder seines relativen inneren »Liberalismus« und der Achtung der Menschenrechte. Strafen und Belohnungen waren in der Praxis hauptsächlich wirtschaftlicher Art. Die herrschende Metapher der »Differenzierung« hieß »Zuckerbrot und Peitsche«. Demnach hielt man die osteuropäischen Machthaber im Grunde für Esel. Im Gegensatz zu dieser Metapher schienen die osteuropäischen Machthaber in der westdeutschen Entspannungsidee eher als Kaninchen aufzutreten. Ein Kaninchen wird im Scheinwerferlicht erstarren. Wenn du es ängstigst, könnte es sogar beißen. Aber sprich ganz sanft mit ihm und biete ihm Karotten an – eine Menge Karotten –, und es wird sich entspannen.

Das sind natürlich kindische Vereinfachungen – aber man sollte nicht glauben, daß unsere Politiker und Staatsmänner, nur weil sie zu komplexen Formulierungen fähig sind, auch immer entsprechend subtile Analysen aufzuweisen haben. Im Falle der sozialliberalen Ostpolitik war diese rudimentäre verhaltenspsychologische Vorstellung nicht nur in einer komplexen Sprache verpackt, sondern gleich in einer welthistorischen Dialektik. Die zentrale Begrifflichkeit dieser Dialektik formulierte öffentlich erstmals 1963 Egon Bahr in Tutzing, als er Kennedy die Idee zuschrieb, den Status quo überwinden zu wollen, »indem der Status quo zunächst nicht verändert werden soll«. Mit Willy Brandt weitete sich diese Dialektik von Berlin über die Bundesrepublik aus und von der Bundesrepublik weiter über Europa. Zwanzig Jahre später hatte sich diese Berliner Dialektik in den Händen anderer Strategen der SPD erhärtet und erschien in solchen Äußerungen, wie: »Nur die *vorbehaltlose* Anerkennung des Status quo schafft die Voraussetzung für eine allmähliche Änderung des Status quo.« (Hervorhebung des Autors.)

Was war dieser »Status quo«, den man nun so vollständig, um nicht zu sagen, übermäßig, »anerkannte«? Ging es lediglich um die Nachkriegsgrenzen und die Existenz der neuen osteuropäischen Staaten, inklusive der DDR, innerhalb dieser Grenzen? Oder ging es um die »Nachkriegsrealitäten«, wie Moskau sie definierte, also einschließlich der Dauerhaftigkeit der kommunistischen Systeme in diesen Staaten? Im Falle Polens, Ungarns und der Tschechoslowakei war die Unterscheidung zwischen Staat und System relativ einfach zu ziehen; viel weniger einfach war dies jedoch im Falle der DDR. Denn welche Notwendigkeit würde es für die separate Existenz eines ostdeutschen Staates geben, wenn er nicht auf einem fundamental anderen System basierte als dem der Bundesrepublik? Die DDR, sagte im August 1989 Otto Reinhold, einer ihrer führenden Parteiideologen, »ist nur als ein antifaschistischer, als ein sozialistischer Staat denkbar, als sozialistische Alternative zur BRD. Denn welche Berechtigung würde eine kapitalistische DDR neben einer kapitalistischen Bundesrepublik haben? Keine natürlich.« Die Bonner Regierung mochte ja zwischen der »Anerkennung« des Staates oder des Systems unterscheiden, aber die Führungsriege der DDR traf keine solche Unterscheidung. Für sie war der Staat das System und das System der Staat. Die »Anerkennung« des einen bedeutete gleichermaßen die »Anerkennung« des anderen.

Die Vorstellung von der »Entspannung durch Besänftigung« schien die Quadratur des Kreises zu sein. Sie legte nahe, daß die Bundesrepublik durch die Stärkung der DDR mittels Anerkennung und Devisen – im Interesse »der Menschen« – auch auf deren innenpolitische Liberalisierung hinwirken könnte. Zum allgemeinen dialektischen Prinzip (akzeptiere den Status quo, um ihn zu überwinden) kam nun ein spezifisches hinzu (stärke das DDR-Regime, um es zu liberalisieren). Eine stärkere, sicherere DDR könnte auch für ihre eigenen Bürger akzeptabler werden, denn in dem Gefühl stärker und sicherer zu sein, könnte sie es sich erlauben zu entspannen. Das wiederum würde eine weitere »Annäherung« der beiden deutschen Staaten gestatten. Und dies wiederum ... »Je gefestigter sich die DDR-Führung fühlt«, schrieb ein führender deutschlandpolitischer Experte der Sozialdemokraten 1978, »desto wahrscheinlicher ist ein kooperatives Verhältnis zwischen beiden deutschen Staaten.« »Nur eine Konsolidierung der DDR«, schrieb ein anderer sympathisierender Wissenschaftler 1980, »verspricht eine Erleichterung und Überwindung der grausamen Realitäten aus Stacheldraht und Todesstreifen entlang der innerdeutschen Grenze.« Hier war die spezifisch deutsche Version des »Engelskreises«.

Nun haben ja nicht alle Politiker der Bundesrepublik diese verwegene Hypothese öffentlich vertreten oder sich ihr persönlich verschrieben. Weit davon entfernt. Bahr selbst modifizierte und schränkte dieses Argument über die Jahre hinweg deutlich ein. Willy Brandt mahnte zur Vorsicht vor Versuchen einer »dialektischen Auflösung« von Interessenskonflikten, Machtverhältnissen und gesellschaftlichen Unterschieden. Helmut Schmidt stand den »Konzepten« der Politintellektuellen sowieso ablehnend gegenüber. Und viele Christdemokraten hatten sie damals und auch später heftig kritisiert. 1983 nannte der mit dem sozialliberalen Ansatz vielleicht am meisten sympathisierende Christdemokrat Richard von Weizsäcker den Begriff »Wandel durch Annäherung« eine »Hypothek«, von der die Ostpolitik befreit werden sollte.

Bemerkenswert ist jedoch, wie viele Anstöße dieser Theorie überlebten, bzw. wie viele während des nächsten Vierteljahrhunderts bei den Akteuren der DDR-Politik fragmentarisch und in neuen Formen wieder auftauchten. Einer ihrer intellektuellen Architekten, Peter Bender, schrieb 1988, daß Kohl und Strauß Bahrs Formel entschieden ablehnten und dennoch die Politik betrieben, die Bahr 25 Jahre zuvor vorgeschlagen hatte. Das war natürlich eine parteiische Behauptung. Doch nach Lage der Dinge kann man der folgenden, qualifizierteren Behauptung kaum widersprechen: »Vor allem aber beachten sie das Grundgesetz sozialliberaler Ostpolitik und respektieren den Status quo, um ihn allmählich zu überwinden. Sie wissen, daß ihre Deutschlandpolitik nur dann trägt, wenn sie nicht versuchen, die DDR zu destabilisieren, und wenn die DDR-Führung sich dessen sicher bleibt.«

Obwohl die Christdemokraten die Dialektik der sozialliberalen Ostpolitik ausdrücklich nicht übernahmen und obwohl sie laufend die fundamentalen Unterschiede zwischen Ost und West hervorhoben, scheuten sie keine Mühe, immer wieder zu betonen, daß sie genausowenig die Absicht hätten wie ihre Vorgänger, die DDR oder irgendeinen anderen osteuropäischen Staat zu »destablisieren«. Die Deutschlandpolitik der Kohl-Regierung sei »nicht auf eine Destabilisierung der DDR gerichtet«, sagte Kanzleramtsminister Wolfgang Schäuble. »Wir haben nicht die Absicht, der DDR zu schaden oder sie zu destabilisieren«, sagte Heinrich Windelen, Minister für innerdeutsche Beziehungen.

Dieses »Stabilitätsgebot«, wie Eberhard Schulz es vortrefflich nannte – denn für die meisten Praktiker der Ostpolitik war dies tatsächlich fast schon zum heiligen Gebot geworden –, besteht bei näherer Betrachtung aus zwei verschiedenen, wenn auch eng miteinander verbundenen Annahmen. Die erste Annahme: Es wäre falsch, wenn der Westen einen direkten Versuch zur »Destabilisierung« des kommunistischen Staates unternehmen würde, um Unzufriedenheit, Widerstand und Aufstand in der DDR oder dem Rest von Osteuropa zu ermutigen, wie in den fünfziger Jahren geschehen (bzw. wie es Behauptungen nach geschehen ist, in der Tat aber mehr behauptet wurde, als wirklich geschehen war). Politisch wäre es falsch, weil es nur zu »zwangsläufigen Rückschlägen« führen würde. Es wäre auch moralisch falsch, denn man könnte zwar die Menschen zum Widerstand ermutigen, doch wenn es schließlich zum Zusammenprall kommen würde, wären sie es, die den Preis – mit Blut – zu zahlen hätten, während der Westen nichts tun würde. Das war »Jalta«.

Die zweite Annahme, eng verbunden, aber nicht identisch mit der ersten, lautete, daß es für die Menschen dort drüben fatal wäre, würden sie ihre Regierung durch eine Revolution zu verändern versuchen. Eingedenk der überwältigenden Realität sowjetischer Macht würde sie unvermeidlich niedergeschlagen werden. Die Einstellung der Bundesrepublik gegenüber dem Aufstand vom 17. Juni 1953 war von daher auch höchst ambivalent. Einerseits wurde er als erster wirklicher Freiheitsaufstand in Osteuropa gefeiert und in der Bundesrepublik als jährlicher Feiertag zum »Tag der deutschen Einheit« mit festlichen Reden im Bundestag begangen. Andererseits hätten viele der Redner privat behauptet – manche taten es auch öffentlich –, die Geschehnisse nach dem 17. Juni 1953 hätten überzeugend bewiesen, daß ein Aufstand der falsche Weg sei, um den erwünschten politischen Wandel in Osteuropa zu erreichen.

1978, als es erste Anzeichen für die Entstehung einer politischen Opposition in der DDR gab, mahnte Helmut Schmidt zur Vorsicht, daß »eine schwere innere Krise in der DDR, auf die offenbar manche gerne spekulieren möchten, besonders in der Opposition [der Bundesrepublik], [uns] der staatlichen Einheit unseres Volkes keinen Zentimeter näherbringt ... Erwartungen einer krisenhaften inneren Entwicklung in der DDR, etwa mit der Folge eines politischen Umschwungs, entspringen einer verhängnisvollen Fehleinschätzung der dort bestehenden tatsächlichen Gegebenheiten und Machtverhältnisse. Niemand sollte die Opfer an Menschenleben vergessen, die eine derartige Fehleinschätzung schon gekostet hat.«

Zum Aufstand oder Protest sollten die DDR-Bürger also nicht ermutigt werden. Und nicht nur die Bürger der DDR nicht. Als die Polen im Sommer 1980 wieder einmal zu protestieren begannen – und damit an die Kette anknüpften, die von Deutschen am 17. Juni 1953 begonnen worden war –, war die Reaktion der Schmidt-Regierung extrem defensiv und blieb weiterhin kritisch. Dies zum ersten, weil die polnischen Proteste unmittelbaren negativen Einfluß auf die deutsch-deutschen Beziehungen ausübten. Aber auch, weil deutsche Politiker sich einfach nicht vorstellen konnten, daß die Versuche von Solidarność glücken könnten. Man verglich die »Realitätsferne« der Polen um Lech Wałęsa mit der »realistischen« deutsch-deutschen Politik – wobei der konstitutive Teil der »Realität« die Rote Armee war. Die Verhängung des Kriegsrechts in Polen schien diese nüchterne Beweisführung nur noch zu erhärten. Hier war ein weiterer dieser »zwangsläufigen Rückschläge«.

Was also gebraucht wurde, war keine Revolution von unten, sondern eine Reform von oben. Die Politik der Bundesrepublik mochte für die – das heißt, im Sinne der – Menschen in der DDR gemacht werden, aber man konnte von diesen nicht erwarten, daß sie ihren eigenen Staat veränderten. Die Politik für die Menschen konnte deshalb nicht mit den Menschen, sondern nur mit den Herrschern betrieben werden. Dort, bei den Herrschern, lag der Schlüssel für kurzfristige Erleichterungen und mittelfristige Reformen. Wenn dies auch nicht bewiesen werden kann – denn Politiker können immer behaupten, daß sie mehr gedacht als gesagt hatten –, so läßt die Faktenlage doch den Schluß zu, daß dies nicht nur in den siebziger Jahren eine Arbeitsgrundlage der Bonner Regierungspolitik gegenüber der DDR war, sondern auch in den achtziger Jahren.

Der politische Wert dieser konstanten Besänftigung, vor allem in Moskau, sollte nicht unterschätzt werden. Auch nicht die lautere moralische Anteilnahme, die das Gebot »keine Destabilisierung« beseelte. Doch die moralische Gewichtung dieses Gebots war nicht völlig eindeutig. Es ist eines, zu sagen: »Wir sollten nicht das Leben anderer Menschen riskieren«, aber etwas völlig anderes, wenn man sagt: »Ihr, andere Menschen, sollt nicht euer Leben riskieren«. Als Reaktion auf Bahrs erste Tutzinger Rede schrieb Harold Hurwitz, ein Amerikaner mit einem tiefen und etwas romantischen Interesse an der Geschichte der deutschen Linken, an seinen Freund Willy Brandt: »Es ist ein in den liberalen und sozialistischen Traditionen ziemlich widerwärtiges Beispiel für ›Hochmut‹, sich einzubilden, man habe das Recht, weil man es am besten weiß, sich des Rechtes eines versklavten Volkes auf Aufstand zu bemächtigen.« Aus ganz anderer Tradition heraus, konservativ und katholisch, sollte Alois Mertes später ähnlich über »das wichtige, das vielschichtige Wort von der Destabilisierung« schlußfolgern. »Wir haben nicht das Recht zur Stabilisierung menschenrechtswidriger Herrschaft ... « Diese Linie zu ziehen, war für jedes westliche Land schwierig, für die Amerikaner in ihren Beziehungen zu Rußland oder für die Franzosen in bezug auf Polen. Doppelt schwierig aber war es im Falle von Deutschen, die sich mit Deutschland befaßten.

Das klassische Bild, beinahe schon das Mandala dieses Dilemmas, ist die Fotografie Willy Brandts am Fenster des Erfurter Hofs bei seinem bewegenden ersten offiziellen Besuch 1970 in der DDR. Da unten rief die Menschenmenge emotionsgeleitet und hoffnungsvoll: »Willy! Willy!« Dort oben stand er, nur für einen kurzen Augenblick, mit angespanntem Gesichtsausdruck und machte eine verzweifelt angestrengte, beinahe schon apologetische Geste der Befriedung, seine Handgelenke auf den Fensterrahmen gestützt, mit den Händen zur Ruhe beschwichtigend. »Ich war bewegt«, schrieb er in seinen Erinnerungen, »doch ich hatte das Geschick dieser Menschen zu bedenken: Ich würde anderntags wieder in Bonn sein, sie nicht ... So mahnte ich durch eine Bewegung meiner Hände zur Zurückhaltung. Man hat mich verstanden. Die Menge wurde stumm. Ich wandte mich schweren Herzens ab. Mancher meiner Mitarbeiter hatte Tränen in den Augen. Ich fürchtete, hier könnten Hoffnungen wach werden, die sich nicht würden erfüllen lassen. Das durfte nicht sein. So legte ich mir die notwendige Reserve auf.« In gewisser Weise behielten die Regierenden der Bundesrepublik diese Geste gegenüber den Menschen in der DDR über die nächsten zwanzig Jahre bei, in einigen Fällen noch immer mit dieser starken, moralischen und emotionsgeladenen inneren Angespanntheit, in anderen wiederum mit beinahe routinierter Selbstgefälligkeit.

Die moralische Gewichtung des Stabilitätgebots war also nicht ganz so eindeutig, wie oft behauptet wurde, aber auch seine politische Gewichtung war es nicht. Hier ging es in der Tat darum, sich an einer der großen historischen Debatten der neueren Geschichte Mitteleuropas zu beteiligen. Auf der einen Seite gab es jene Polen, Tschechen, Ungarn und Deutsche, die behaupteten, daß den Interessen des Volkes, der Menschen und der Nation am besten gedient wäre, indem man mit vielen moralischen Kompromissen die »Realitäten« akzeptierte, die von fremden Mächten auferlegt worden waren. Zuerst galt es, sich an die »Realitäten« anzupassen, und dann, darauf zu hoffen, daß diese allmählich angepaßt werden konnten. Auf der anderen Seite gab es jene, die behaupteten, daß es wichtiger war, gewisse absolute, moralische Prinzipien und nationale Ziele zu wahren und den »Realitäten« die Stirn zu bieten, selbst wenn dieser Versuch kurzfristig zum Scheitern verurteilt wäre:

> Der Freiheit Kampf, einmal begonnen,
> Vermacht vom blutenden Vater dem Sohn,
> Wird auch vereitelt stets gewonnen ...

Im Polen des 19. Jahrhunderts wurden letztere als Romantiker bezeichnet und erstere als »Positivisten« (im ganz besonderen polnischen Sinn). Im 20. Jahrhundert wurde dies ein Konflikt zwischen »Realismus« und »Idealismus« (aber nicht im besonderen deutschen Sinn) genannt.

Bei der letzten Runde dieses großen mitteleuropäischen Disputs standen die Führer von Solidarność in Polen in der romantischen oder idealistischen Tradition, wenngleich in einer modernen, umsichtigen und vorsichtig moderierten Form und mit entschiedener Ablehnung jeglicher Gewalt. In ersterer Tradition – auch in moderner, umsichtiger Form und prinzipielle Standpunkte, soweit sie den eigenen Staat betrafen, auch verteidigend – standen die Architekten der Ostpolitik. Sie vertraten explizit den »Realismus« – einen »deutschen Realismus«, wie Brandt es in einer wichtigen Rede anläßlich der Ratifizierung des Grundlagenvertrages formulierte. Aber wer war, langfristig gesehen, realistischer? Die romantischen Idealisten oder die selbststilisierten Realisten? Die Antwort auf diese Frage fällt nach der Revolution von 1989 gewiß anders aus als zuvor. Doch sie bleibt schwierig und kann nur, wenn überhaupt, mit Blick auf den Gesamtzusammenhang gefunden werden. Für unseren Zweck wichtig aber ist schon die Feststellung, daß die »realistische« Prämisse bis 1989 in der westdeutschen DDR-Politik vorherrschend war.

Die »Realitäten« der kommunistischen Herrschaft und sowjetischen Dominanz, so glaubte man, würden jegliche Revolution von unten zum Scheitern verurteilen. Der Schlüssel für einen politischen Wandel wurde daher in einer Reform von oben gesehen. »Stabilität« war hierbei das Schlüsselwort. Wie andere Schlüsselworte der Ostpolitik, wie »Anerkennung« oder »Normalisierung«, hatte auch dieses mannigfache, nicht klar voneinander zu unterscheidende Bedeutungen. In der ursprünglichen Entspannungshypothese bezog sich »Stabilität« auf die Stärke des kommunistischen Staates, »Stabilisierung« wurde als Mittel zu Liberalisierung gesehen. Über die Jahre hinweg wurden die Mittel jedoch allmählich als Zweck betrachtet, was auch deshalb reizvoll war, weil der Begriff »Stabilität« – mit seinen Konnotationen von Frieden, Ruhe, Berechenbarkeit, Ordnung – in der westdeutschen Innen- und Außenpolitik sowieso als positiver Wert empfunden wurde.

In den frühen achtziger Jahren, als das Thema »Frieden« in den

Vordergrund der deutschen Politik generell, vor allem aber der deutsch-deutschen Beziehungen rückte, wurde auch der Begriff »Stabilität« enger mit dem Konzept Frieden verbunden. So behauptete Günter Gaus 1983, um ein extremes Beispiel zu nennen: »Polnische Verhältnisse wie in den letzten Jahren, solche *polnische Wirtschaft* in Mitteldeutschland, verstanden in dem Sinne der alten, bösen, hochmütigen deutschen Metapher – sie wären der Vorabend des Krieges in Europa.« (Nebenbei gesagt, wenn die Metapher alt, böse und hochmütig war, weshalb sie dann wiederholen?)

In den nüchterneren Regierungsgepflogenheiten wurde der Begriff jedoch zunehmend weniger auf den Staat oder das Regime bezogen, sondern immer mehr auf die deutsch-deutschen Beziehungen selbst. Der Minister für innerdeutsche Beziehungen sprach von der »Stabilität« des innerdeutschen Handels. Hans Otto Bräutigam, Ständiger Vertreter während der längsten Zeit der achtziger Jahre, sprach von der »Stabilität« der Beziehungen insgesamt. Alle führenden Praktiker der DDR-Politik waren sich in diesem bescheidenen Sinn über die Notwendigkeit einer »Stabilität« einig. Die innere politische »Stabilität« der DDR wurde als notwendig für die »Stabilität« der Beziehungen betrachtet, wobei man davon ausging, daß nur eine starke, sichere, selbstbewußte DDR-Führung ein verläßlicher und entgegenkommender Partner bei den Ständigen Verhandlungen wäre. Würden die Menschen der DDR zuviel protestieren, würden sie den Verhandlungen für das Wohl der Menschen in der DDR im Wege stehen. Nach der Hypothese »Entspannung durch Besänftigung« durften weder sie noch die Regierung der Bundesrepublik die kommunistischen Machthaber der DDR zu sehr unter Druck setzen.

Trotz all seiner Ungeduld gegenüber den »Konzepten« von Politintellektuellen war auch Helmut Schmidt, wie aus seinen Memoiren deutlich hervorgeht, den Heilmitteln der Verhaltenspsychologie zugeneigt. Seine Vorbereitung für das Gipfeltreffen mit Erich Honecker beschreibt er folgendermaßen: »Ich wollte helfen, das Selbstwertgefühl Erich Honeckers im internationalen Kontext zu heben und die Minderwertigkeitskomplexe der DDR-Führung abzubauen; dadurch hoffte ich zu einer wachsenden Souveränität und Großzügigkeit der DDR-Regierung im Umgang mit den von ihr regierten Bürgern beizutragen. Dies war seit Beginn der Ostpolitik der sozial-liberalen Koalition für mich das tragende Motiv gewesen.«

Ob sie es nun auf genau dieselbe Weise analysierten oder nicht, jedenfalls setzten Bundeskanzler Kohl und sein Team in der Praxis genau diesen politischen Ansatz fort, mit zunehmender äußeren »Anerkennung« der DDR, bis hin zum bemerkenswerten Crescendo des Honecker-Besuchs 1987. Noch nach diesem Besuch reisten führende Politiker aller großen Parteien nach Ost-Berlin, um Honecker zu besuchen und sich lächelnd beim Händedruck mit ihm fotografieren zu lassen. Nach den zur Verfügung stehenden Akten der DDR über diese Begegnungen – die natürlich mit Vorsicht behandelt werden müssen – waren nur wenige dieser prominenten westdeutschen Besucher unmittelbar auf die Frage der Menschenrechte zu sprechen gekommen, wenn auch viele diskret Listen mit »humanitären Fällen« übergaben. Alle waren sie respektvoll und höflich. Denn »halfen« sie »den Menschen« nicht gerade durch diese Höflichkeit, die manchmal schon in Schmeichelei ausartete? (Mit Sicherheit aber halfen sie ihrem eigenen politischen »Profil« in der Fernsehdemokratie Bundesrepublik.) Hermann Axen faßte die wesentlichen Punkte seines Gespräches mit Volker Rühe im April 1988, dem vielleicht freimütigsten all dieser Besucher, in einem internen Memorandum an Honecker zusammen – und sah sich noch immer in der Lage zu berichten: »CDU an Destabilisierung DDR nicht interessiert.« Also auch hier war die Bonner Botschaft überbracht worden und gut angekommen.

Natürlich gab es auch Kritik an diesem politischen Ansatz, vor allem aus den Reihen derjenigen, die unmittelbare, persönliche Erfahrungen mit der inneren Funktionsweise des Systems hatten. Wolfgang Leonhard schrieb eine scharfsinnige Kritik der Theorie der Liberalisierung durch Stabilisierung und argumentierte, daß ein gewisser Grad an Druckausübung auf die Herrscher sowohl von unten wie auch von außen kein Hindernis, sondern vielmehr die notwendige Voraussetzung für einen Wandel in kommunistischen Systemen sei. Die Bundesrepublik sollte eindeutiger zwischen Regime und Volk unterscheiden und deutlichere Forderungen nach Einhaltung der Menschenrechte, Liberalisierung und Demokratisierung stellen.

1988 veröffentlichten die Brüder Bernd und Peter Eisenfeld, letzterer erst kurz zuvor aus der DDR ausgewiesen, eine noch schärfere Kritik. Sie vertraten die Ansicht, wie James McAdams, daß die DDR in den deutsch-deutschen Beziehungen die Oberhand gewonnen hätte. Die Bundesrepublik, so argumentierten sie, sollte wesentlich härter bei ihren Verhandlungen mit dem Regime vorgehen und mehr Bereitwilligkeit dabei zeigen, unabhängige und oppositionelle Gruppen zu unterstützen. Ähnliche Kritik wurde auch von anderen desillusionierten Intellektuellen der DDR, wie Hermann von Berg, Franz Loeser und Wolfgang Seiffert, hervorgebracht.

Doch dies blieben Einzelstimmen. Zumindest bis 1988 hatten sich effektiv alle, die diese Politik aktiv betrieben, sei es in der Regierung, der Opposition oder im Öffentlichen Dienst, dem Gebot »keine Destabilisierung« im oben analysierten Sinn verschrieben. Nicht alle gingen bis zum anderen Extrem, glaubten also, daß Stabilisierung der einzige Weg zu Liberalisierung gewesen wäre. Und doch blieb diese Grundannahme weitverbreitet, und sei es auch nur deshalb, weil niemand eine bessere Hypothese hatte, wie der erwünschte Wandel in der DDR zustande gebracht werden könnte. Hans Otto Bräutigam, der in vielerlei Hinsicht die Personifizierung der Bonner DDR-Politik war, meint rückblickend, daß er nie daran geglaubt habe, eine Stabilisierung könnte zu einer Liberalisierung der DDR führen. Was er jedoch geglaubt habe, war, daß man durch eine Stabilisierung eine bescheidene Humanisierung der DDR erreichen konnte.

In jedem Fall wurde Stabilität (innerhalb der DDR) als Voraussetzung gesehen für Stabilität (in den deutsch-deutschen Beziehungen), die ihrerseits als Beitrag zur Stabilität (in den Ost-West-Beziehungen) betrachtet wurde – auch »Frieden« genannt.

Stabilisierung ohne Liberalisierung

Was waren wirklich die Auswirkungen der Politik gegenüber der DDR auf die Politik der DDR? Diese Frage ist nicht leicht zu beantworten. Denn es ist schwierig, zwischen den Auswirkungen der aktiven Politik der Bundesrepublik und der Wirkung ihrer sozusagen passiven Realität zu unterscheiden. Vor allem, da es ein Ziel der aktiven Politik war, die Bürger der DDR dem Bann der passiven Realität auszusetzen. Wie kann man die Myriaden von Wechselwirkungen zwischen zwei Gesellschaften, ganz zu schweigen zwischen zwei Gesellschaften einer Nation, zusammenfassen? In welchem Zusammenhang stehen diese mit den inneren Wechselwirkungen zwischen Staat und Gesellschaft der DDR? Und diese wiederum mit dem Einfluß der Entwicklungen in der Sowjetunion und den anderen Staaten in Osteuropa? Hinzu kommt, daß Kritik an einer bestehenden Politik immer auf der Annahme möglicher Alternativen beruht. Doch wir können per Definition nicht wissen: »Was wäre geschehen, wenn ...« Wir wissen nur, was tatsächlich geschehen ist, und selbst das nur zum Teil.

Eindeutig falsch wäre es aber, diese Politik nur anhand ihres endgültigen Abschlusses – Revolution und Vereinigung – beurteilen zu wollen. Das mag für Politiker ausreichen, für Historiker ist es nicht genug. Denn dieses Resultat war ganz und gar nicht unausweichlich. Deshalb müssen wir nicht nur die Abschlußbilanz prüfen, sondern auch die Zwischenbilanz. Der vielleicht beste Ausgangspunkt dafür ist das Frühjahr 1986, als die herrschende Sozialistische Einheitspartei ihren elften Parteitag veranstaltete.

Dieses Datum ist nicht willkürlich gewählt. So langweilig sie auch gewesen sein mögen, Parteitage waren wichtige Augenblicke im Leben eines kommunistischen Staates. Selbst dann noch, wenn ihre Botschaft – wie in diesem Fall – lautete: »Keine Veränderung«. Aber ganz besonders, wenn diese Botschaft auf die parallele Botschaft aus Moskau traf: »Veränderung!« Das Jahr 1986 markierte auch fünfzehn Jahre Honecker und eine beinahe ebenso lange Zeit der »Beziehungen« zwischen den beiden Staaten in Deutschland. Für Bonn war dieses Jahr so etwas wie ein Durchbruch beim wichtigen Thema der Reisefreiheit »von

Deutschland nach Deutschland« – ein Vergnügen, an dem Honecker 1987 selbst Geschmack finden sollte.

Nehmen wir also das Frühjahr 1986 in Augenschein. Was finden wir? Zunächst einmal ein politisches System, das in seinen Fundamenten unverändert geblieben war. Mehr als jeder andere osteuropäische Staat, ja sogar mehr noch als die Sowjetunion selbst, hatte die DDR die Grundstrukturen eines leninistisch-stalinistischen Einparteienstaates bewahrt und dessen Effizienz soweit wie möglich noch verstärkt. Die pyramidale Kommandostruktur des sogenannten »demokratischen Zentralismus«, die äußere Mobilisierung einer Massenmitgliedschaft, die Sprachregelung ideologischer Konformität – all das wurde in der DDR in einem Maße beibehalten, das selbst in Gustáv Husáks »normalisierter« Tschechoslowakei, ganz zu schweigen von Polen oder Ungarn, längst schon undenkbar geworden war.

Die Staatsbürokratie, Massenorganisationen und Medien waren der führenden Rolle der Partei korrekt untertan geblieben. Und schließlich, aber ganz gewiß nicht letztlich, war der furchtbare Staatssicherheitsapparat umfangreicher und furchterregender denn je. Obwohl er ganz wesentliche Elemente operativer Autonomie hatte, war er doch – um seine eigene Bezeichnung zu verwenden – »Schild und Schwert der Partei« geblieben. Markus Wolf, Leiter ihrer Spionageoperationen, beschrieb die Stasi treffend als »hypertrophierte Funktion des Systems«. An der Spitze dieses pyramidalen Parteistaates stand eine autokratische Herrschaftsstruktur. Der Parteichef fällte Entscheidungen zunehmend allein oder nach direkten Konsultationen mit den Politbüro-Mitgliedern, die Schlüsselfunktionen innehatten: Günter Mittag für Wirtschaft, Erich Mielke für Sicherheit, Joachim Herrmann für Medien.

Doch die Parteiführung hatte auch Strategien entwickelt und modifiziert, durch die sie hoffte, von ihren Bürgern aktive, freiwillige Unterstützung zu bekommen, also mit anderen Worten: an »Legitimität« zu gewinnen; und wenn schon nicht an »Legitimität«, dann wenigstens an Loyalität; wenn keine Loyalität, dann wenigstens Akzeptanz; wenn keine Akzeptanz, dann wenigstens das Ausbleiben ausdrücklichen Protests – oder dessen, was in Bonn »Instabilität« genannt wurde.

Den entscheidenden Appell an die Akzeptanz der Öffentlichkeit machte die Partei unter Honecker bereits während des achten Parteitags 1971. Auf diesem elften Parteitag fünfzehn Jahre später wurde er nur nochmals bestätigt und ausgeschmückt. Dieser Appell war in der hölzernen ideologischen Formel verpackt: »Die Einheit von Wirtschafts- und Sozialpolitik«. Was er den Menschen in der DDR wirklich vermitteln sollte, war ungefähr dies: Wir bitten euch nicht, wie in den fünfziger Jahren, vor allem deswegen um Unterstützung, weil wir uns von einer schrecklichen Vergangenheit distanzieren (»Antifaschismus«) oder weil wir euch eine goldene Zukunft versprechen (die kommunistische Utopie). Wir behaupten auch nicht, wie Chruschtschow und Ulbricht in den sechziger Jahren, daß wir den Westen unter unseren überlegenen wirtschaftlichen Leistungen »begraben« werden. Aber wir behaupten, daß wir in unserem »real existierenden Sozialismus« das Wirtschaftswachstum aufrechterhalten und euch gleichzeitig mit einem verbesserten Lebensstandard und einer sozialen Sicherheit ausstatten können, die ihr im Westen, der von Arbeitslosigkeit, Kriminalität, Drogen usw. heimgesucht wird, niemals bekommen würdet. Ihr werdet billige Lebensmittel, kostenlose medizinische Versorgung und Erziehung, sichere Straßen und billige, von den Massenorganisationen der Partei organisierte Ferien haben. Und es wird Wohnungen (das ganz besondere Anliegen Honeckers) für jeden geben.

Während das Motto unter Ulbricht gelautet hatte: »Wie wir heute arbeiten, werden wir morgen leben«, sollten die Menschen nun die Früchte ihrer Arbeit schneller genießen können. Der Sozialismus sollte attraktiv werden – oder, wie die Ideologen dieses Vorhaben vorsichtig umformulierten, so attraktiv werden, wie er seinem Wesen nach ist. 1986 wurde dies alles mit dem Schlüsselbegriff »Geborgenheit« umschrieben. Es war ein Verständnis von Sozialismus, das einem Mann, ja einer ganzen Generation deutscher Kommunisten entsprach, die aus eigener Erfahrung wußte, was es hieß, nicht genug zu essen, keine warme Kleidung oder kein trockenes Dach über dem Kopf zu haben. Aber es war auch, zumindest kurz- bis mittelfristig, eine politische Überlebensstrategie.

Wichtig ist hier die Anmerkung, daß das Wirtschaftswachstum, mit dem Wohlstand und Konsumversorgung untermauert werden sollten, nicht durch weitere marktorientierte Wirtschaftsreformen, wie sie in den sechziger Jahren zaghaft angestrebt worden waren, erreicht werden sollte. Im Gegenteil, in den siebziger Jahren fand eine Konsolidierung der traditionellen zentralen Planung nach sowjetischem Stil statt, mit einigen Modifikationen zur Vermeidung der größten Ineffizienz. Doch es wurden keinerlei Anstalten gemacht, die ernsthaft als Reformmaßnahmen betrachtet werden konnten, wie sie beispielsweise Kádárs Ungarn begonnen hatte. Statt dessen sollte das notwendige Wirtschaftswachstum erreicht werden, indem das existierende System (und die Menschen) so hart und effizient wie möglich zur Arbeit angetrieben, technologische Innovationen gefördert – Honecker selbst war vor allem an der Mikroelektronik interessiert – und schließlich eine Öffnung zum Westen vollzogen werden sollten.

Ökonomen sprechen von einer Strategie des »Einfuhrersatzes«, wenn eine Wirtschaft in Schwierigkeiten geraten ist und teure Importe durch inländische Produkte ersetzt. Man könnte Honeckers politische Strategie auch als »Reformersatz« bezeichnen. Soziale Leistungen und Konsumgüter wurden den Menschen nicht als Ergänzung zu einer Reform des Systems, sondern als Ersatz für diese Reform angeboten, weil die Parteiführung Reform als zu gefährlich (für die Parteiführung) betrachtete. Und ein entscheidender Ersatz für Reform waren – Importe. Importe westlicher Technologie, sei es nun auf legalem Wege oder illegal durch die erfolgreiche Spionage von Markus Wolfs Hauptverwaltung Aufklärung im Staatssicherheitsdienst. Importe westlicher Waren. Importe von DM.

Diese politische Strategie war, wie bereits erwähnt, keine Besonderheit der DDR. Edward Gierek machte das gleiche in Polen. Auch in der Tschechoslowakei offerierte Gustáv Husák materielle und soziale Güter als Ersatz für die zerschlagenen Reformen und die gestohlenen Freiheiten des Prager Frühlings. Allerdings war er in der Lage, dies ohne große Devisenschulden zu bewerkstelligen. Selbst János Kádárs »Gulaschkommunismus« in Ungarn hatte zuerst versucht, Wirtschaftsreformen ohne politische Reformen durchzuführen. Doch als dann die Schwierigkeiten, Plan- und Marktwirtschaft zu kombinieren, zu groß wurden, hatte auch die ungarische Führung versucht, die notwendigen Schritte für eine radikale Wirtschaftsreform durch ausländische Kredite und Importe zu ersetzen.

Bezeichnend für die DDR aber waren zwei Merkmale. Zum einen war Honecker in der Lage, diese Strategie unverändert bis in die zweite Hälfte der achtziger Jahre beizubehalten, was zwar zum Teil tatsächlich der guten Haushaltsführung, Effizienz, harter Arbeit usw. in der DDR zu verdanken war, ganz entscheidend aber auch den finanziellen und wirtschaftlichen Vorteilen, die sie aus ihrer Beziehung mit der Bundesrepublik ziehen konnte. In Polen und Ungarn wurden in den achtziger Jahren die Devisenschulden, die in den siebziger Jahren in gewissem Maße als Ersatz für Reformen gedient hatten, zum wesentlichen Ansporn für Reformen. Der Westen machte Umschuldungen und die Vergabe neuer Kredite von Wirtschaftsreformmaßnahmen, Achtung der Menschenrechte und politischen Liberalisierungen abhängig. In der DDR fehlte dieser mittelfristige Effekt, denn die substantiellen Zahlungen aus der Bundesrepublik wurden mit anderen, weniger unmittelbaren und politisch zwingenden Bedingungen verknüpft.

Zum anderen aber war das Risiko, das eine Öffnung zum Westen in sich barg, für die DDR größer als für andere osteuropäische Staaten. Während diese den Sturz ihrer kommunistischen Regime riskierten, riskierte die DDR ihre ganze Existenzgrundlage als Staat. Als Reaktion auf Bahrs Tutzinger Rede hatte der damalige DDR-Außenminister Otto Winzer düster von einer »Aggression auf Filzlatschen« gesprochen. Und Erich Mielke, der Minister für Staatssicherheit, warnte ständig vor der Gefahr einer Unterminierung des Sozialismus in der DDR durch Westkontakte.

Von daher war die Öffnung zum Westen von Anfang an, und mehr als irgendwo sonst in Osteuropa, von doppelten Anstrengungen begleitet, parteipolitische Kontrolle und ideologische Disziplin zu wahren. In der Phase der »friedlichen Koexistenz« wurde offen zum verstärkten ideologischen Kampf aufgerufen, der sich natürlich in erster Linie gegen die Bundesrepublik richtete. Bei einer Reihe von internen Besprechungen in den frühen siebziger Jahren instruierte Mielke seine Untergebenen im Ministerium für Staatssicherheit, friedliche Koexistenz habe für sie »vor allem Kampf« zu bedeuten. Es mußte jeder nur denkbare operative Schritt unternommen werden, damit sich niemals wiederholen konnte, was 1970 in Erfurt geschehen war. Nach der Unterzeichnung des Grundlagenvertrages warnte er, daß der »Normalisierungsprozeß« der Beziehungen ein »harter und komplizierter« Teil des Klassenkampfes werden würde. Westdeutsche Besucher müßten unter scharfe Beobachtung gestellt werden. Die Transitstrecken sollten »tiefengesichert« werden. Alle Offiziere waren angewiesen, die »gesamte Persönlichkeit« von jenen DDR-Bürgern zu überprüfen, die Reiseanträge in den Westen gestellt hatten. Und immer so weiter.

Abgesehen von dieser politisch-polizeilichen Reaktion eskalierte auch die Ideologie der, wie es offiziell hieß, »Abgrenzung«. Und diese Eskalation der Abgrenzung war die häßliche Zwillingsschwester der Öffnung zur Bundesrepublik. Vor allem zeigte sich dies, sowohl ideologisch wie propagandistisch, bei der neuen Linie, die die DDR zur nationalen Frage entwickelt hatte. In der Verfassung von 1968 hieß es: »Die Deutsche Demokratische Republik und ihre Bürger ... erstreben darüber hinaus die Überwindung der vom Imperialismus der deutschen Nation aufgezwungenen Spaltung Deutschlands, die schrittweise Annäherung der beiden deutschen Staaten bis zu ihrer Vereinigung auf der Grundlage der Demokratie und des Sozialismus.« Im Oktober 1974 wurde dieser Absatz aus der Verfassung gestrichen und ersetzt durch die Versicherung, die DDR sei »für immer und unwiderruflich mit der Union der Sozialistischen Sowjetrepubliken verbunden«.

Zur gleichen Zeit fiel auch die Entscheidung, daß die Worte der »Nationalhymne« der DDR nicht mehr gesungen werden durften, denn sie erklärten: »Laß uns dir zum Guten dienen, Deutschland, einig Vaterland.« Nun entdeckten die DDR-Ideologen, daß es nicht nur zwei Staaten, sondern zwei Nationen in Deutschland gab. Die DDR war eine separate »sozialistische Nation«. Noch 1987 sollte der altgediente Parteiideologe Kurt Hager in dem bereits zitierten Interview erklären, daß die DDR eine »sozialistische deutsche Nation« sei.

Ende 1992 behauptete Erich Honecker steif und fest, daß diese sozusagen antinationale Abgrenzung auf Moskaus Verlangen vollzogen worden sei – eine Aussage, die erst noch anhand der Dokumente in den Moskauer und Ost-Berliner Archiven überprüft werden muß. Nachweislich wahr ist jedoch, daß sich Honecker immer ein ideologisches Schlupfloch offengehalten hatte. Obwohl die Nation nun sozialistisch war und ihre Bürger ausschließlich die Staatsbürgerschaft der DDR hatten, so war – wie er erklärte – ihre *Nationalität* doch immer noch »deutsch«. Durch dieses ideologische Schlupfloch begann die DDR, erst einmal sehr vorsichtig, dann in immer größerem Umfang und mit wachsender Zuversicht, ihr eigenes, unzweifelhaftes Deutschsein anzuerkennen. Als ein DDR-Astronaut in einer sowjetischen Raumfähre mitgenommen wurde, informierte eine Schlagzeile die DDR-Bürger, daß er »der erste Deutsche« im All war. Später, und auf etwas ernsthafterer Grundlage, wurde nicht nur Martin Luther mit spektakulären Feiern anläßlich seines fünfhundertsten Geburtstages ideologisch rehabilitiert, sondern auch Friedrich der Große und sogar Bismarck. Alle drei wurden nun, wenn auch mit Vorbehalten, der ehedem dünnen roten Linie von »progressiven« Elementen in der deutschen Geschichte angehängt.

Nochmals, die Grundrichtung war keine deutsche Besonderheit. Auf ihrer Suche nach neuen Quellen der öffentlichen Unterstützung hatten sich die Regime in Polen und Ungarn, ganz zu schweigen von Rumänien und Bulgarien, in derselben Zeit auf noch viel vehementere Appelle zu Patriotismus und Nationalismus eingelassen. In jedem der Fälle wurde der Aufruf zu Patriotismus – und Nationalismus – als, zumindest teilweise, Alternative für Reform, Liberalisierung oder Demokratisierung genutzt. In jedem der Fälle gab es undemokratische und selbst antidemokratische nationale Traditionen, auf die sich die Regime berufen konnten und die in der überlebenden politischen Kultur bei zumindest Teilen der Bevölkerung auf einiges Echo stießen. So wurde beispielsweise behauptet, daß Teile der überlebenden Bourgeoisie von Ungarn ziemlich geschmeidig vom faschistischen Horthyismus zum Kadarismus geglitten seien. Im Balkan waren die Echos sogar noch heftiger. In allen Fällen aber war es schließlich zu unvermeidlichen Spannungen gekommen. Nach den Lehren, die die Regime aus ihrer nationalen Geschichte gezogen hatten, riefen sie: Unterstützt uns! Ihre unabhängigen Bürger aber zogen andere Lehren: Gebt uns unsere Freiheit und Unabhängigkeit aus der Vorkriegszeit zurück!

Nirgendwo waren diese Spannungen spürbarer als in der DDR. Einerseits gab es vieles in der deutschen politischen Kultur, was einer Diktatur dienstbar gemacht werden konnte. Wie in den meisten Klischees steckt auch im Klischee vom »Roten Preußen« ein Körnchen Wahrheit. Die Tradition des blinden Gehorsams dem Staat gegenüber (die Mentalität des Untertans) und innere Emigration des unpolitischen Deutschen (machtgeschützte Innerlichkeit) hatten im Osten mehr überlebt als im Westen. Nun konnte auf ihnen aufgebaut werden. Andererseits konzentrierte sich die Aufmerksamkeit der Menschen durch die Betonung der nationalen Traditionen unvermeidlich auf die Tatsache der Teilung. Konnte sich also selbst Honecker in seiner innersten Seele noch sicher sein, daß diese Menschen dann noch zu dem Schluß kommen würden, die DDR sei das bessere Deutschland?

Es sei hier noch an zwei weitere, miteinander verbundene Modifikationen der ideologischen Disziplin und politischen Abgrenzung erinnert. In den siebziger Jahren war die Öffnung zum Westen von doppelten Anstrengungen begleitet, damit die Bereitschaft der jungen DDR-Bürger, ihr »sozialistisches Vaterland« gegen die böse, kapitalistische, militaristische, imperialistische Bundesrepublik zu verteidigen, nicht durch persönliche Kontakte zum Feind untergraben wurde. Die »Wehrerziehung« erfuhr besondere Weihen, mit Versen, in denen die Bereitschaft des Soldaten gepriesen wurde, auf seinen Gegenpart aus der Bundesrepublik zu schießen: »Mensch, vielleicht Bruder/jedoch benutzbar zum Mord/und also mein Feind«. In den achtziger Jahren wurde jedoch immer mehr die gemeinsame Verantwortung der beiden deutschen Staaten für »den Frieden« zur offiziellen Linie. Durch ihre »Koalition der Vernunft« sollten sie nun gemeinsam zum Erhalt des Friedens beitragen, ungeachtet des weit weniger verantwortlichen Verhaltens fremder Mächte – was vor allem hieß: der Vereinigten Staaten.

Auch dies war eine zweischneidige Sache. Damit konnte sich das Regime zwar wieder mehr Wertschätzung, ja selbst aktive

Unterstützung in der Bevölkerung verschaffen. Doch es entstand auch Beunruhigendes: Wie die Architekten der westdeutschen DDR-Politik immer gehofft und beabsichtigt hatten, gelang es dem Regime nun kaum noch, seinen Bürgern die Bundesrepublik als gefährlichen Feind oder als Bedrohung zu präsentieren. Und genau diese Sorge kam auch in einem Bericht zum Ausdruck, den die Zentrale Auswertungs- und Informationsgruppe der Stasi über die Reaktionen der Bevölkerung auf Honeckers Bonn-Besuch zusammengestellt hatte. Universitäts- und Schullehrer, hieß es in diesem Bericht, sahen sich mit Fragen konfrontiert, wie: »Brauchen wir noch immer ein Feindbild? ... Ist die Mauer noch immer nötig? Hat der Imperialismus der Bundesrepublik seinen Charakter verändert? Auch westliche Politiker wollen Frieden«.

Die »Koalition der Vernunft« brachte auch das Riskiko mit sich, daß DDR-Bürger, inspiriert von den Bildern über die Friedensbewegung in der Bundesrepublik, die das Fernsehen ihnen täglich ins Haus lieferte, nun selbst den Wunsch bekamen, unabhängig »etwas für den Frieden zu tun«. Und dann könnten sie, wie Friedensaktivisten anderswo in Osteuropa, damit beginnen, die beiden Themen Frieden und Menschenrechte miteinander zu verknüpfen.

Die zweite wichtige Modifikation betraf die Beziehungen zu den Evangelischen Kirchen. Hier liefen alle Themen – deutsche Geschichte und Tradition, Frieden und Menschenrechte – nicht nur auf zweischneidige, sondern vielschichtige Weise zusammen. Die Geschichte der Beziehungen von Kirchen und Staat innerhalb der DDR ist kaum weniger komplex als die der deutsch-deutschen Beziehungen. Unter Erich Honecker fand eine vorsichtige Annäherung zwischen Parteistaat und Kirchen statt. Diese Annäherung wurde durch ein Gipfeltreffen am 6. März 1978 zwischen dem Leiter des Bundes der Evangelischen Kirchen in der DDR, Bischof Albrecht Schönherr, und Erich Honecker symbolisiert. In den achtziger Jahren entstand dann ein mehr oder weniger permanenter Dialog auf allen Ebenen zwischen den Behörden des Parteistaats und den Kirchen. Doch die Beziehungen unterlagen unzähligen Auf- und Abschwüngen, und es herrschten große Unterschiede je nach Landeskirche und einzelner Pfarrei.

Die Katholische Kirche war stark zentralisiert und autoritär, die Evangelischen Kirchen hingegen stark dezentralisiert – mit historisch begründeten, entscheidenden Unterschieden zwischen den einzelnen Landeskirchen. Sie waren auch bemerkenswert demokratisch in ihren inneren Strukturen, die eine Teilnahme von Laien in Kirchenräten, Synoden und anderen Gremien erlaubten. Die Katholische Kirche in der DDR beschränkte sich, ganz anders als in Polen, mehr oder weniger auf religiöse Themen und kircheneigene Interessen, die Evangelischen Kirchen sprachen hingegen eine ganze Palette gesellschaftlicher und politischer Themen an. Ihr Markenzeichen war daher auch gerade die Vielfalt. Dennoch lassen sich vereinfacht drei Hauptstränge unterteilen.

Erstens gab es eine kleine, aber aktive Minderheit von Pfarrern und Laienchristen, die sich selbst – in der Tradition Dietrich Bonhoeffers und der Bekennenden Kirche – offen als Opposition gegen das Böse eines diktatorischen Staates definierten – obwohl nur wenige einen direkten Vergleich der DDR mit dem »Dritten Reich« akzeptiert hätten. Zweitens gab es eine etwas größere Minderheit von Geistlichen und Laien, die mehr oder weniger aktiv mit den Behörden der DDR kollaborierten, obwohl sie die Kollaboration der sogenannten Deutschen Christen mit den Behörden des »Dritten Reiches« sicher verdammt hätten.

Drittens gab es die vielen, die versuchten, in der Fahrrinne zwischen diesen beiden Extremen zu navigieren. Manch einer von ihnen glaubte an die prinzipielle Möglichkeit des christlich-marxistischen Dialogs, der zumindest teilweise zur Verständigung führten konnte, wie beispielsweise bei den Themen Sozialhilfe, soziale Gerechtigkeit und nun auch Frieden. Die Formel »Kirche im Sozialismus« schien diese Möglichkeit als solche zu implizieren und zugleich implizit in Abrede zu stellen, daß dieses Regime den offenen Widerstand eines Christen unbedingt erforderte. (Man vergleiche die kaum denkbare Formel: »Kirche im Nationalsozialismus«.) Sie sahen ihre Aufgabe eher als Mittler zwischen Staat und Menschen. In dieser Rolle hatten sie einen Stil und eine Sprache entwickelt, die mit der Zeit auch den Stil westlicher Politiker beeinflußten – behutsam, beharrlich, berechenbar. Als nach der Vereinigung das Ausmaß der Stasi-Aktivitäten in den Kirchen offenbar wurde, entstanden heftige Debatten über die politischen und ethischen Grenzlinien zwischen den beiden letztgenannten Kategorien, im Extrem und exemplarisch zugleich personifiziert durch Manfred Stolpe.

Die vermeintlichen Vorteile des Regimes durch diese immer noch widerspenstige und vorsichtige Annäherung an die Kirchen waren beachtlich. Es konnte seine potentielle Unterstützungsbasis erweitern. Es gewann die Möglichkeit, auch die Talente der Christen für seine eigenen Zwecke einzusetzen und die Mittel der Kirchen (einschließlich der Gelder aus dem Westen), vor allem wo es um gemeinsame Interessen wie Sozialhilfe ging, zu nutzen. Es konnte durch eine Kooperation mit den Kirchen bei solchen Themen wie »Frieden« dringend benötigte Glaubwürdigkeit gewinnen. Und bei einigen Kirchenmännern konnte das Regime auch begründete Hoffnung haben, daß sie unzufriedene Bürger beruhigen würden. All dies wirkte, um das Schlüsselwort der Bundesrepublik hier zu verwenden, »stabilisierend«. Die politische Kultur des deutschen Lutherismus war an sich schon ambivalent. In ihr gab es Potentiale zur Kollaboration und zum Widerstand gleichermaßen. Es gab ganz offensichtlich einen tieferen Zusammenhang zwischen dem deutschen Protestantismus und der Substanz der Kulturnation, jener deutschen Einheit also, die in Musik, Geisteswissenschaften und Literatur fortbestand. Doch solange die politische Teilung in Beton gegossen war, konnte sich dies nicht nur gegen, sondern auch für das Regime auswirken.

Unzweifelhaft negativ wirkten sich aus Sicht des Regimes vier Faktoren aus. Erstens vertraten die Kirchen eine fundamental andere Anschauung vom Wesen des Menschen. Eine Anschauung, die etwas weiter zurückreichte als die marxistische und unter Umständen selbst für einen völlig säkularisierten jungen Menschen in der DDR mehr Sinn machen konnte. Zweitens waren die Evangelischen Kirchen in der DDR sowohl de jure als auch de facto in einem Grad autonom, der einzigartig in Osteuropa war, und darüber hinaus relativ demokratisch selbstverwaltet. Drittens bildeten sie Enklaven für Rede- und Versammlungsfreiheit, deren staatliche Beschränkung durch die Annäherung von Kirche und Staat erschwert wurde.

Schließlich konnten die Kirchen, wenn sie denn wollten, den Freiraum dieser Enklaven den Regimekritikern anbieten. So mancher unter ihnen wäre sonst wohl kaum zum regelmäßigen Kirchgänger geworden. Hier, in den Kirchen, Gemeinden und Pfarrhäusern, konnten sie über Umwelt- und soziale Probleme sprechen, über Frieden und Menschenrechte. Und das taten sie denn auch seit Beginn der achtziger Jahre in wachsender Zahl und sagten, daß sie »Schwerter zu Pflugscharen« verwandeln wollten.

Sobald sie jedoch durch die Kirchentore wieder heraustraten, wurden sie von der Polizei verhaftet oder unter Druck gesetzt. Die Stasi konnte ihnen Schwierigkeiten am Arbeitsplatz bereiten oder sie, wenn sie jung waren, daran hindern, zur Universität zu gehen – den Kindern von Pfarrern war ein normales Studium sowieso kaum beschert. Selbst die Volkspolizei in den Zügen konnte jeden aufhalten, nur weil er einen Button mit der Aufschrift »Schwerter zu Pflugscharen« an der Jeansjacke trug. Also trugen viele jungen Leute, mit jenem semiotischen Erfindungsreichtum, der 1989 überall in Osteuropa zu finden war, anstelle des Buttons einfach einen runden Flicken. Doch die Schwerter blieben: in der Nationalen Volksarmee – zu der noch immer die meisten eingezogen wurden, obwohl die Friedensbewegung das Recht auf zivildienstliche Alternativen forderte – und im selbsternannten »Schild und Schwert der Partei«, der Stasi.

Die kirchengestützten Gruppen überlebten als kleine Gegenkultur, als wichtiges Fragment dessen, was überall in Ostmitteleuropa »Zivilgesellschaft« genannt werden sollte. Sie waren Dissidenten im ursprünglichen, lateinischen Wortsinn: sie »saßen abseits« *(dissidere)*. Doch der Staat verhinderte erfolgreich, daß sie zur dauerhaften demokratischen Opposition werden konnten. Tatsächlich gingen die Behörden entschieden gegen die führenden Aktivisten der kirchengestützten Friedensbewegung vor. Genauso, wie sie es mit den führenden Vertretern einer demokratisch-sozialistischen Opposition getan hatten, den Robert Havemanns und Rudolf Bahros, und mit Wolf Biermann und kritischen Schriftstellern, die Erich Honeckers Ankündigung, es würde »keine Tabus« im kulturellen Leben der DDR geben, ernst genommen hatten. Gewiß waren die Vorgehensweisen gegen diese Opposition weniger brutal als in den fünfziger Jahren. Man erschoß keine Menschen mehr – außer an der Grenze. Doch dieser Fortschritt, diese »Humanisierung«, um Hans Otto Bräutigams Begriff aufzunehmen, war im gesamten Sowjetblock zu finden. Die DDR lief noch immer fast am Ende des Rudels.

Als das Repertoire an weniger massiven Einschüchterungsmaßnahmen erschöpft war, sah sich der aktive Dissident oft zynisch vor die alles entscheidende Wahl gestellt. In diesem Raum hier, sagte die Polizei oder der Staatsanwalt, bereiten wir dein Urteil vor. Du bekommst drei Jahre. (Richter waren gar nicht nötig, denn das Urteil konnte im vorhinein festgelegt werden.) Aber dort, im nächsten Raum, haben wir einen bereits ausgefüllten Ausreiseantrag, du mußt nur unterschreiben, und nächste Woche bist du im Westen. Es war, wie ein junger Christ es formulierte, wie die Wahl zwischen Himmel und Hölle. Unter diesen Umständen war es nicht überraschend, daß die meisten dieser couragierten Männer und Frauen, oft unter großem psychischen Druck, die Emigration wählten. Und die Opposition wurde ausgeblutet und ausgeblutet.

Zusammenfassend bleibt also festzustellen, daß es nach fünfzehn Jahren Honecker-Regime und »DDR-Politik« der Bundesrepublik zur deutlichen, wenn auch immer noch fragilen Stabilisierung des Parteistaates gekommen war, nicht aber zu einer Liberalisierung. Die westdeutsche Hoffnung hieß: Liberalisierung durch Stabilisierung. Die Zwischenbilanz lautet jedoch: Stabilisierung ohne Liberalisierung. Und Liberalisierung – das muß ausdrücklich betont werden – nicht an den Freiheiten des Westens gemessen, sondern an den viel begrenzteren Freiheiten des Ostens. In seiner ersten Tutzinger Rede hatte Egon Bahr festgestellt, daß die politische Entwicklung der »Zone« durch die besonderen Schwierigkeiten, die durch die Präsenz der Bundesrepublik herrschten, hinter Polen und Ungarn zurücklag. Doch nun zeigte sich, unter jedem nur möglichen Maßstab für »Liberalisierung«, daß die DDR nach mehr als fünfzehn Jahren einer westdeutschen Politik, die darauf ausgerichtet war, diesen Abstand zu überwinden, noch weiter hinter Polen und Ungarn zurücklag.

Die Menschen waren nun zwar eher in der Lage, sich in ein unpolitisches Privatleben zurückzuziehen – Günter Gaus prägte dafür den bildlichen Begriff der »Nischengesellschaft« –, doch dies war keine unmittelbare Bedrohung für die Diktatur. Und der Tribut, den selbst der Durchschnittsbürger an die äußere Konformität zu leisten hatte, war in der DDR noch immer wesentlich höher als in der benachbarten »Nischengesellschaft« der Tschechoslowakei. Während es zwar Fragmente einer Zivilgesellschaft vor allem in den Kirchen gab, so hielt diese einem Vergleich mit dem gesamten Spektrum an unabhängigen Aktivitäten im kulturellen Bereich, in den Universitäten und Medien, und bei der offenen demokratischen Opposition in Polen und Ungarn nicht stand. Während es zwar bedeutende Änderungen in der Taktik und sogar Strategie der Parteiführung gegeben hatte, war im politischen, wirtschaftlichen und Rechtssystem nichts geschehen, das ernsthaft den Namen »Reform« verdiente. Die Stasi war zahlreicher und allgegenwärtiger denn je.

Diese Stabilisierung ohne Liberalisierung war natürlich zuerst die eigene Leistung der DDR. Westdeutsche Historiker stimmten mit ihren ostdeutschen Kollegen darin überein, daß die Konsolidierung des Parteistaates zunächst auf den Mauerbau 1961 zurückzuführen sei. Doch zwei Hauptinstrumentarien der Politik der Bundesrepublik hatten zu dieser Stabilisierung beigetragen. Mittelfristig hatten die DM-Transfers und die Anerkennung Bonns dem Parteistaat sehr geholfen. Über die Bedeutung der DM wurde bereits gesprochen. Die Bedeutung der Anerkennung findet sich gut illustriert in den Notizen eines Teilnehmers an den regelmäßigen Treffen von verantwortlichen Redakteuren mit dem Leiter der Agitationsabteilung des Zentralkomitees. »Wichtig, wichtig starke DDR«, hieß das propagandistische Thema zur Zeit von Honeckers Besuch in der Bundesrepublik. »Wenn DDR an Krücken ginge, hätten sich die maßgeblichen Repräsentanten aus Wirtschaft und Politik nicht mit E. H., seiner Begleitung und unseren ›Wirtschaftskapitänen‹ getroffen. Wir sind stabiles soz. Land im Herzen Europas; eine politische und ökonomische Größe.« Und fröhlicher noch: »Wenn uns Bayern und Baden-Württemberg helfen, den Sozialismus aufzubauen – ist doch prima!«

Wir haben uns bemüht, diese Geschichte nicht vereinfacht darzustellen. Die Gewinne waren zwiespältig. Die DDR zahlte einen wirtschaftlichen und einen politischen Preis. Die kurz- bis mittelfristige finanzielle Entlastung des Staates führte zu einer langfristigen finanziellen Abhängigkeit. Währung und Waren, die an die Menschen gingen, verringerten die unmittelbare materielle Unzufriedenheit. Doch sie verringerten auch die ökonomische Glaubwürdigkeit eines Staates, der seine eigene Währung mit solcher Verachtung behandelte. Der größte politische Preis, den die DDR zahlte, war, daß sie ein Anwachsen der Kontakte zwischen der Bundesrepublik und West-Berlin, zwischen den Deutschen in West und Ost und Reisemöglichkeiten (befristet oder dauerhaft) für die DDR-Bürger in den Westen zulassen mußte. Die Berichte der Zentralen Auswertungs- und Informationsgruppe der Stasi zeigen eindeutig, daß der Durchschnittsbürger der DDR auf jeden Schritt der deutsch-deutschen Gipfeldiplomatie, war es nun Brandt in Erfurt, der Grundlagenvertrag, Schmidt am Werbellinsee, Brandts Treffen mit Honecker 1985 oder Honecker in Bonn, mit Hoffnungen auf Reiseerleichterungen reagierte.

Doch selbst die Bilanz dieser Konzessionen lautet nicht einfach: Destabilisierung. Natürlich trugen die Präsenz eines wohlhabenden, vitalen West-Berlins im Herzen der DDR und Besuche von Tausenden wohlhabender, vitaler Westdeutscher nicht unbedingt zur Zufriedenheit mit der eigenen grauen Realität bei – obwohl die vulgäre Arroganz so manches westdeutschen Besuchers auch eine seltsame, defensive Loyalität hervorrufen konnte. Und was die Reisen in den Westen betrifft: Da diese unterdrückte Freiheit zum größten Verdruß der DDR-Bürger geführt hatte – die »Mauerkrankheit« war weit verbreitet –, konnte ihre schrittweise, kontrollierte Gewährung die Unzufriedenheit eher abschwächen als verstärken. Und da diese Freiheit nicht als Recht, sondern als Privileg gewährt wurde, war sie auch ein Kontrollmittel. Auch mit diesem Instrumentarium konnte das Regime »teilen und herrschen«.

Selbst der sensibelste Aspekt all der Bemühungen der Bundesrepublik »für die Menschen« – die Familienzusammenführung und der »Freikauf« von politischen Gefangenen – war zweischneidig. Natürlich, wenn zu viele Menschen einen Reiseantrag stellten – wie beispielsweise 1975, nach der Veröffentlichung der Schlußakte von Helsinki im *Neuen Deutschland* –, strengten sich die Behörden gewaltig an, um diesen Druck zu reduzieren. Alle möglichen Einschüchterungsmaßnahmen wurden zu diesem Zweck erfunden. Drei ehemalige DDR-Intellektuelle behaupteten, daß es in der »Emigrationsbewegung« der DDR eine gewisse Analogie zu Solidarność in Polen gegeben hatte. Jene, deren Anträge abgelehnt wurden, trugen zum Anwachsen der Unzufriedenheit zu Hause bei; jene, die Erfolg hatten, stellten jenseits der Grenzen neue Kontakte her und ermutigten andere, ihnen zu folgen; und jene, die den Westen nur kurz besuchten und in die DDR zurückkehrten, verbreiteten ihre Erfahrungen mit den Attraktionen des Lebens in der Bundesrepublik. Ludwig Rehlinger meinte, daß die »Freikauf«-Geschäfte auch die Polizei und Justizbehörden demoralisiert haben mußten, denn diese waren dadurch ja gezwungen, ständig ihre eigenen Gesetze zu untergraben.

Doch der Effekt von Emigration und »Freikauf« demoralisierte auf viel unmittelbarere Weise auch jene, die viel mehr an Moral (und Moralität) zu verlieren hatten: die mögliche Opposition. Im Juli 1989 befragt, was ihrer Meinung nach der Hauptgrund für die relative Bedeutungslosigkeit der Opposition in der DDR war – im Vergleich zu Polen, Ungarn und der Tschechoslowakei –, gaben dissidentische Aktivisten in Ost-Berlin die einmütige Antwort: Emigration. Natürlich spielten auch viele andere Faktoren eine Rolle: die Effizienz der Stasi; die relativ konstante und billige Grundversorgung; die mangelnde Unterstützung aus den Reihen der Schriftsteller und Künstler; die Haltung von Teilen der Kirchenführung; und schließlich das Ausbleiben jeglicher direkter, expliziter Unterstützung durch die Bundesregierung oder eine der Bonner Parteien, mit Ausnahme der Grünen und einzelner Sozialdemokraten. Der Hauptgrund aber blieb: Emigration.

Nach der Vereinigung beschuldigte Bärbel Bohley – eine der wenigen, die sowohl in Opposition als auch dageblieben (bzw. zurückgekehrt) waren – die Bundesrepublik, die Opposition »scheibchenweise« gekauft zu haben. Nun kann man natürlich einwenden, daß die Anzahl derjenigen, die effektiv »freigekauft« wurden, relativ gering geblieben war. Doch wenn man bedenkt, welchen Einfluß die höchstens ein- bis zweitausend Mitglieder

der demokratischen Opposition in Ungarn und wahrscheinlich noch weniger in der Tschechoslowakei auf das politische Leben ihrer Länder hatten, so darf man davon ausgehen, daß der jährliche Weggang von ein- bis dreitausend der gescheitesten und besten DDR-Bürger gewisse schwächende Auswirkungen hatte. General Jaruzelski und Gustáv Husák hätten sich nichts Schöneres erträumen können, als ihre Dissidenten gegen Devisen zu exportieren.

Dies ist keine abschließende Beurteilung. Dies soll nur als Erklärung dafür dienen, weshalb Erich Honecker 1986 zu dem Schluß kommen konnte, daß die Bilanz der deutsch-deutschen Beziehungen der Stabilisierung seines unreformierten Systems zugute gekommen sei. Der 74jährige Parteichef hätte das Protokoll seiner Unterredung mit Leonid Breschnew im Juli 1970 hervorziehen und mit zufriedenem Nicken sagen können: »In der Tat, lieber Genosse Leonid Iljitsch, wie recht du hattest mit deiner Vorstellung, Brandts Ostpolitik würde unsere ›internationale Autorität‹ erhöhen und ›die Lage in der DDR festigen‹. So ist es gekommen! Mit Recht hast du vor Brandts Hoffnungen gewarnt, er könnte bei uns ›eindringen‹. Doch im großen und ganzen denke ich, das haben wir unter Kontrolle.« Unglücklicherweise hieß der Mann in Moskau nun Michail Gorbatschow. Und dieser Mann begann gerade mit Reformen, die Breschnew noch im Grabe gedreht hätten.

Befreiung durch Destabilisierung

Wie sollte die DDR auf die Herausforderungen aus dem Osten reagieren? In ihrer Verfassung von 1974 hieß es, daß sie »für immer und unwiderruflich mit der Union der Sozialistischen Sowjetrepubliken verbunden« war. Honeckers Ehefrau Margot lehrte als Erziehungsministerin die Kinder: »Von der Sowjetunion lernen heißt siegen lernen.« Aber seit Ende 1986 hatte Gorbatschow den osteuropäischen Machthabern mehr Spielraum für ihre eigenen, innenpolitischen Strategien eingeräumt, als ihnen unter Breschnew je zur Verfügung gestanden hatte. Das konnte, wie von Polen und Ungarn, als Einladung zum Versuch weiterer Reformen verstanden werden. Es konnte aber auch als (unwillige) Lizenz für ein Weitermachen wie bisher aufgefaßt werden. Honecker entschied sich, wie Husák, für die zweite Option. Aber er machte nicht nur die Luken dicht und hoffte auf ruhigere See. Er segelte mit hohem Einsatz.

Honeckers letztes Wagnis war der bisher umfassendste Reformersatz. Noch viel dreister als in den siebziger Jahren versuchte er, die Beziehungen zur Bundesrepublik als Ersatz für politische und wirtschaftliche Reformen im eigenen Haus zu nutzen. Inzwischen aber wurden die Beispiele für Reformen aus Moskau geliefert – und enthusiastisch von Budapest und Warschau aufgegriffen. Also war die weitere Öffnung zum Westen auch nicht mehr, wie in den siebziger Jahren, von einer Straffung der brüderlichen Bande zum Osten begleitet, sondern durch deren Lockerung. In den siebziger Jahren war die Öffnung zum Westen von der Abgrenzung gegen den Westen begleitet. Nun begleitete die weitere Öffnung zum Westen eine Abgrenzung gegen den Osten.

Gegen Polen waren seit der Geburt von Solidarność die Grenzen dicht gemacht. Nach 1986 aber wurden diese Abwehrmaßnahmen gegen die Sowjetunion selbst gerichtet. Einer kirchlichen Wochenschrift wurde der Nachdruck eines Artikels aus den *Moskauer Nachrichten* untersagt, mit der Begründung, dies sei eine »Einmischung in die Angelegenheiten eines anderen Staates«. Der Verkauf der sowjetischen Zeitschrift *Sputnik* wurde verboten. Honecker rühmte die überlegen wirtschaftlichen und sozialen Leistungen des »Sozialismus in den Farben der DDR«. Neben der Abwehrhaltung gegen die sowjetischen Reformen gab es aber auch die Intensivierung der deutsch-deutschen Kontakte. Und das nicht nur zwischen den politischen Eliten – was in den Protokollen des Politbüros als »Dialogpolitik« bezeichnet wurde –, sondern auch zwischen den Bürgern. Die Zahl der Westreisen von DDR-Bürgern unterhalb des Rentenalters stieg gerade ab 1986 drastisch an.

Natürlich ist es eine spekulative Interpretation, dies als bewußtes Glücksspiel oder bewußte Strategie darzustellen. So reichhaltig die Unterlagen in den Archiven des ehemaligen Parteistaates insgesamt auch sind – gerade hier, bei der Dokumentation der

Entscheidungsfindung auf höchster Ebene, sind sie außerordentlich dürftig. Egon Krenz, immer wieder als Honeckers Kronprinz und möglicher Nachfolger gehandelt, behauptet, daß dieser ganze Prozeß eher konfus, reaktiv und improvisiert gewesen sei. Und Honecker wirkte gewiß nicht wie ein Spieler. Doch so mancher, der ihm nahestand, behauptet, daß er nicht nur politische Intelligenz besessen habe, sondern durchaus auch einen Hang zum Risiko. Honecker selbst betonte im Gespräch mit dem Autor ausdrücklich, daß die Bewilligung von mehr Reisemöglichkeiten Teil einer ganz bewußten Strategie gewesen sei. Sie sei seine Antwort auf die Herausforderungen aus dem Osten gewesen und ein weiterer Schritt zur »Normalisierung« der Beziehungen zwischen den beiden deutschen Staaten. Er habe daran geglaubt, daß die Menschen dadurch zufriedener und nicht unzufriedener werden würden.

Daß er hier nicht einfach nur retrospektiv rationalisierte, legt eine Bemerkung während seines Besuches in der Bundesrepublik nahe. In Neunkirchen, seiner saarländischen Heimat, sagte er: »Die Deutsche Demokratische Republik ist aktives Mitglied der Teilnehmerstaaten des Warschauer Vertrages, und die Bundesrepublik Deutschland ist fest im westlichen Bündnis verankert. Daß unter diesen Bedingungen die Grenzen nicht so sind, wie sie sein sollten, ist nur allzu verständlich. Aber ich glaube, wenn wir gemeinsam entsprechend dem Kommuniqué handeln, das wir in Bonn vereinbart haben, und in Verbindung damit eine friedliche Zusammenarbeit erreichen, dann wird auch der Tag kommen, an dem Grenzen uns nicht mehr trennen, sondern vereinen, so wie uns die Grenze zwischen der Deutschen Demokratischen Republik und der Volksrepublik Polen vereint.« Da die Grenze zwischen der DDR und Polen seit dem Auftauchen von Solidarność praktisch geschlossen war, wirkte dies wie ein schlechter Scherz. Doch die Botschaft, daß die Grenzen nicht waren, »wie sie sein sollten«, und die klare Implikation, daß dies von den beiden Bündnissen verhindert würde, war bemerkenswert. Wenn es eine neue Phase der Ost-West-Entspannung geben sollte, so würde sich die DDR diesmal an die Spitze stellen.

Hingegen bestritt Honecker 1992 noch immer energisch jegliche Motive aus finanzieller Not oder Abhängigkeit von der

Bundesrepublik. Jene, die Tag für Tag die Zahlungsfähigkeit des Staates garantieren mußten, waren eindeutig besorgt. Doch Honecker hatte, wie auch Gerhard Schürer sich erinnert, dieses Thema im Politbüro fast wie ein administratives Problem behandelt – als wäre es möglich gewesen, den »Sockel« der Nettoverschuldung durch Erlaß zu halbieren! Im Gespräch mit dem Autor bezog sich der entthronte Machthaber auf die Zahlen der Bundesregierung (bzw. der Bundesbank), wonach sich die abschließende Nettoverschuldung der DDR auf »nur« etwa 30 Milliarden DM belaufe. Das, sagte Honecker munter, sei »durchaus üblich im Handelsverkehr«. Und in Offenbarung faszinierender ökonomischer Naivität meinte er, man müßte die Bilanz der DDR-Devisenschulden aus dem Westhandel gegen ihr viel größeres Guthaben in Transferrubel aus dem Osthandel verrechnen. Obwohl die Devisenverschuldung und die finanzielle Abhängigkeit der DDR objektive Gründe für die weitere Öffnung zur Bundesrepublik gewesen sein mögen – und subjektive Gründe für einige der engsten Vertrauten Honeckers –, so scheint doch alles darauf hinzudeuten, daß sie unter den eigenen Motiven Honeckers keinesfalls die Hauptrolle spielten.

Neben dem politischen Glücksspiel war das Verhalten der Schlüsselfigur unter den Entscheidungsträgern zweifellos auch von persönlicheren und emotionalen Elementen geprägt. 1985 hatte ihn Willy Brandt »den letzten Gesamtdeutschen« in der DDR-Führung genannt. Helmut Schmidt behauptete, daß Honecker über die Jahre »deutscher« geworden sei. Vielleicht war das zum Teil ein Resultat der vielen intensiven deutsch-deutschen Gespräche gewesen. Vielleicht war es auch einfach ein Resultat des Alterns. Alte Menschen denken zurück. Honecker, inzwischen in den Siebzigern, sollte oft auf seine Jugendjahre im Saarland zurückgreifen und auf die tragische Spaltung der deutschen Arbeiterbewegung in Sozialdemokraten und Kommunisten, die Hitler zur Macht verholfen hatte.

Daß dies ein Leitmotiv war, wurde bereits 1973 durch seine höchst emotionalen Gespräche mit Herbert Wehner deutlich, mit dem er als junger Kommunist im Saarland zusammengearbeitet hatte und von dem er immer wieder mit tiefem Respekt sprechen sollte. Unter den Brandt-Papieren befindet sich ein bemerkenswerter Text – von Wehner selbst getippt –, bei dem es sich offenbar um die Abschrift eines Briefes handelt, den Honecker ihm im Februar 1974 geschickt hatte. Nachdem er Wehner für die Zusammenfassung der geführten Gespräche und seine Kommentare gedankt hatte, schrieb Honecker: »Ich hoffe, daß ein Mann wie Herbert Wehner noch recht lange wirken kann für die Einsichten, ›die ein anderer noch nicht oder nicht mehr hat‹. Das wird es ermöglichen, beiderseits interessierende Fragen zu diskutieren und einer Lösung zuzuführen.« Nachdem er auf die Nähe der DDR zur Sowjetunion verwiesen hatte, schrieb Honecker, daß er die deutsch-deutschen Verträge genauso mit Leben erfüllen möchte wie die Brandt-Regierung, »wobei ich davon ausgehe, daß sich Polemik selbst bei den besten Beziehungen aufgrund der unterschiedlichen Gesellschaftsordnungen nicht ganz vermeiden läßt« – eine außerordentlich milde Formulierung zu einer Zeit heftiger öffentlicher Abgrenzung. Honecker und Wehner sollten noch eine ganze Anzahl von Treffen haben.

Auch nach seinem Sturz erinnerte sich Honecker noch mit Wärme an Wehners Rolle und meinte, daß dieser zwar die kommunistische Partei abgelehnt habe, »aber sein Ziel war doch die Einheit der Arbeiterbewegung und der Aufbau einer sozialistischen deutschen Republik«. 1992 bestätigte er, daß dies auch seinem eigenen Ziel entsprach. Natürlich muß man immer bedenken, wie Rückblick färbt. Aber diese gesamtdeutsche linke Perspektive hatte es sicher gegeben. Und zunehmendes Alter hat sie offenbar ebenso verstärkt wie die Entwicklungen der deutsch-deutschen Beziehungen. »Wir gehen den deutschen Weg«, hatte er Willy Brandt 1985 gesagt.

Gleichzeitig aber genoß er sichtbar die »Anerkennung«, die sein Regime und seine Person zunehmend erfuhren. So trivial es auch klingen mag, das Element der Eitelkeit sollte bei der Darstellung von Personen in Machtpositionen niemals unterschätzt werden. Sein Besuch in der Bundesrepublik sollte die Krönung werden – vor allem, wenn er dabei auch in seine saarländische Heimat zurückkehren konnte. Und wenn die Bundesrepublik wollte, daß auch die DDR-Bürger mehr reisen konnten: Gut, die Erfahrungen der letzten fünfzehn Jahre deuteten darauf hin, daß es das politische Risiko wert sein könnte.

Eine Hypothese, die dem politischen Ansatz der Bundesrepublik zugrunde lag, war »Entspannung durch Besänftigung«. Diese Besänftigung rief jedoch effektiv kaum Entspannung hervor – jedenfalls nicht in der beabsichtigten Weise einer innenpolitischen Liberalisierung. Statt dessen tauchte sie in der klassischen Form der Hybris auf. Honecker fühlte sich in einem Maße besänftigt und bestätigt, daß er die Stärke, Popularität und Stabilität seines eigenen Regimes völlig überschätzte. Nach Aussage zahlreicher Augenzeugen litt auch er bereits stark unter jenem Realitätsverlust, der alle langjährigen Diktatoren befällt. Fragte man ihn nach der Stimmung im Lande, so verwies er auf die glücklichen Gesichter bei den Mai-Paraden.

Im Januar 1989 meinte Honecker (laut DDR-Protokoll) bei einem fast schon anrührenden Gespräch mit Jan Fojtík, dem Parteiideologen der tschechoslowakischen Kommunisten, es sei offensichtlich, »daß die Mehrheit der Bevölkerung denjenigen Sozialismus vorziehe, der das Engels-Wort respektiere, daß der Mensch zunächst Essen, Kleidung usw. brauche, bevor er über Politik rede. Der Sozialismus in einigen anderen Ländern sei dafür kein Beispiel. Da in der DDR der Sozialismus den Menschen etwas zu bieten habe, sei er unerschütterlich.« Man könnte sich kaum eine prägnantere Zusammenfassung der politischen Philosophie, Strategie und der Illusionen Honeckers wünschen. Und diese Illusionen wurden von der Bundesrepublik durch immer großzügigere »Anerkennung« nur noch genährt.

Natürlich kann eine solche Interpretation von Motivation und Kalkulationen eines Machthabers niemals endgültig bewiesen werden. Doch wie auch immer, die Folgen waren für alle sichtbar. 1987 reisten mehr DDR-Bürger als jemals zuvor nach dem Mauerbau in die Bundesrepublik, darunter Honecker selbst. Mehr DDR-Bürger denn je kehrten durch diese Mauer zurück und fanden unverbesserte, ja, verschlechterte Bedingungen zu Hause vor. Die junge DDR-Autorin Gabriele Eckart schrieb am Ende eines bewegenden Berichts über ihre erste Reise 1987 in die Bundesrepublik: »Ich wünschte, jeder, der über uns herrscht, würde in der Stunde nach seiner Rückkehr aus der Bundesrepublik in das Herz eines DDR-Bürgers blicken können.«

Ihre Reaktionen auf das Leben in der Bundesrepublik mögen

unterschiedlich gewesen sein. Aber mit Sicherheit kamen sie nicht zu dem Schluß, daß die DDR, wie ihnen erst kürzlich vom Zentralkomitee der Sozialistischen Einheitspartei mitgeteilt worden war, »eines der freiesten Länder der Welt« war. Seit 1986 waren die Kontrollen der Staatssicherheit noch weiter verschärft worden. Alle Schlüsselbereiche des Lebens in der DDR waren von Stasi-»Offizieren im besonderen Einsatz« infiltriert, in allen Bereichen wurde rekrutiert. Kurz nach Honeckers Rückkehr aus Bonn wurde wieder schärfer gegen jeden Andersdenkenden vorgegangen.

Die Menschen in der DDR sahen sich mittlerweile zweierlei Kontrasten ausgesetzt: einerseits dem zwischen ihrer eigenen grauen, stagnierenden Alltagswirklichkeit und dem Westen, den mittlerweile mehr von ihnen aus erster Hand erlebt hatten, und andererseits dem zwischen ihrem eigenen unreformierten, repressiven Regime und den immer gewagteren Reformen in der Sowjetunion, in Ungarn und Polen. Man kann kaum sagen, welcher dieser Kontraste mehr ins Gewicht fiel. Denn beide fielen zusammen. Im Juni 1987 versammelten sich junge Ost-Berliner am westlichen Ende von Unter den Linden, um die britische Rockband Pink Floyd zu hören, die auf der anderen Seite der Mauer in West-Berlin ein Open-Air-Konzert gab. Als die Ost-Berliner Polizei die Zuhörer zu verjagen versuchte, skandierten sie: »Gorbatschow! Gorbatschow!« Die Einflüsse aus West und Ost verschworen sich gegen Honecker.

Im Gespräch mit westlichen Besuchern behauptete Honecker oft, daß die Jugend voll hinter dem Parteistaat stünde. Doch die Umfragen seines eigenen Instituts für Jugendforschung in Leipzig ergaben ein völlig anderes Bild. Während 1985 51 Prozent der Lehrlinge, 57 Prozent der jungen Arbeiter und nicht weniger als 70 Prozent der Studenten gesagt hatten, daß sie sich »stark« oder »sehr stark« mit der DDR verbunden fühlten, waren im Oktober 1988 die Zahlen auf 18, 19 und 34 Prozent gesunken. 28 Prozent der Lehrlinge, 23 Prozent der jungen Arbeiter und sogar 15 Prozent unter den Studenten hatten nun geantwortet: »gar nicht«. Diese Ergebnisse reflektierten möglicherweise weniger eine veränderte Einstellung als die Tatsache, daß sich Ängste über die Konsequenzen einer ehrlichen Antwort verringert hatten. Ob es nun aber ein Schwinden der Loyalität oder nur ein Schwinden der Ängste war – die Resultate waren vernichtend.

Für die wachsende Unzufriedenheit in der Bevölkerung gab es zwei äußerlich wahrnehmbare Zeichen. Zum einen hatte die Anzahl der Ausreiseanträge zugenommen. Zahlen, die Egon Krenz hierzu im April 1988 dem Politbüro vorlegte, beliefen sich auf 112 000, verglichen mit 78 000 im Jahr 1987. 87 Prozent der Antragsteller waren unter Vierzig. Westliche Schätzungen in den Jahren 1988/89 schwankten zwischen einer Viertelmillion und mehr als einer Million. Was auch immer die genauen Zahlen waren: der Trend wies eindeutig nach oben. Honecker hoffte, daß die Gewährung von mehr Reisefreiheit in den Westen die Menschen zufriedener machen würde, wie er es aus den vorangegangenen fünfzehn Jahren zu entnehmen glaubte. Doch sie wurden noch unzufriedener. Die Kombination aus unmittelbaren Erfahrungen mit dem Westen, Wandel im Osten und keinerlei Wandel zu Hause machte das Sicherheitsventil zum Dampfkessel.

Außerdem wuchs allmählich die Zahl der offenen Kritiker und deren Kühnheit, trotz der härteren Repressionen nach Honeckers Rückkehr aus der Bundesrepublik. Als eine offizielle Massenkundgebung zum Gedenken an die Ermordung von Karl Liebknecht und Rosa Luxemburg von einigen unabhängigen Demonstranten mit Transparenten begleitet wurde, auf denen zu lesen war: »Freiheit ist immer die Freiheit des Andersdenkenden«, wurden sie von Polizei umzingelt. Viele dieser Andersdenkenden wurden in der Folge mehr oder weniger gezwungen, das Land zu verlassen (in einigen Fällen mit dem Versprechen, daß sie wieder einreisen könnten). Währenddessen sangen Kirchensynoden das Loblied auf Perestroika. Mit dem Echo Martin Luthers las ein Pfarrer aus Wittemberg 20 Thesen zur Reformation der DDR. Im Mai 1989 gewann die Dissidenz – zum erstenmal – Ausmaß und Qualität einer demokratischen Opposition, nachdem die Bürgerrechtsbewegung zu einer Großaktion für die Überwachung der Kommunalwahlen aufgerufen hatte. Obwohl das Regime sofort 98,85 Prozent »Ja«-Stimmen für sich reklamierte, gelang den unabhängigen Beobachtern tatsächlich der Nachweis, daß die Ergebnisse gefälscht waren.

Es scheint hier wichtig anzumerken, daß diese beiden Tendenzen – wachsender Druck für Emigration und wachsende Opposition – nicht einfach nur komplementär waren. Zwar waren beide Ausdruck derselben Unzufriedenheit, doch in gewissem Sinn waren sie gegensätzliche Antworten auf dieselbe Herausforderung. Der eine sagte: Ich bleibe hier und kämpfe für Verbesserungen. Der andere sagte: Das ist hoffnungslos, ich gehe. Obwohl potentielle Emigranten, während sie noch blieben, häufig Oppositionelle wurden und potentielle Oppositionelle häufig als Emigranten endeten, vereinten sich diese beiden Bewegungen erst im Herbst 1989 zu einer einzigen.

Beide aber ließen deutlich werden, daß die mittlere Option einer beständigen, kontrollierten Reform von oben, wie sie die Politik der Bundesrepublik zu fördern hoffte, verschwunden war. Zuerst die mittelfristige Stabilisierung ohne Liberalisierung – durch die Beziehungen zur Bundesrepublik erleichtert –, dann die weitere Öffnung zum Westen als Ersatz für Reformen zu Hause – und dies zu einer Zeit galoppierender Reformen im Osten: Diese Reihenfolge hatte eine Situation geschaffen, die aus Sicht des aktiven Bürgers nur zwei Alternativen anzubieten schien – Resignation (auch Emigration war ein Ausdruck davon) oder Revolution (zu der die Welle der Emigration schließlich beitrug). Aus Sicht des Staates bedeutete dies, daß die innenpolitische Lage zugleich sehr stabil und sehr instabil war.

Im Juni 1989 schickte das Ministerium für Staatssicherheit Honecker einen Bericht, in dem es hieß, daß sich die Gesamtzahl der »feindlichen oppositionellen und anderer negativen Kräfte« in der DDR auf etwa 2500 Personen belief, darunter etwa 600 Sympathisanten und ein harter Kern von 60 »fanatischen ... Feinden des Sozialismus«. Es gibt keinen Anlaß, an der Gründlichkeit der Stasi-Recherchen zu zweifeln. Zwei Monate später fragte Mielke seine Bezirkskommandeure: »Ist es so, daß morgen der 17. Juni ausbricht?« Nein, sagte der Befehlshaber aus Gera. Und der Kollege aus Leipzig beteuerte: »Was die Frage der Macht betrifft, Genosse Minister, wir haben die Sache fest in der Hand, *sie ist stabil.*« (Hervorhebung des Autors.)

Kurz darauf begann ein »17. Juni« – in Leipzig – und transformierte die DDR ins Unkenntliche. Doch dies war ein neuer

17. Juni: ein friedlicher, getragener, mit Kerzen, der nicht nur den inneren Lernprozeß der kirchlich orientierten Opposition in der DDR widerspiegelte, sondern den gesamten Erfahrungskreislauf Ostmitteleuropas: Dieser Kreislauf begann mit dem deutschen Aufstand am 17. Juni 1953, mit der ungarischen Revolution und dem polnischen Oktober von 1956 führte er weiter zum Prager Frühling von 1968. Über den polnischen Dezember von 1970, die polnischen Proteste von 1976, die Geburt der polnischen Solidarność 1980 und die polnischen und ungarischen »Refolutionen« (Reform-Revolutionen) aus der ersten Hälfte von 1989 kehrte er schließlich wieder nach Ost-Berlin zurück.

Wer wäre nicht berührt gewesen, als Willy Brandt am Tag nach Öffnung der Berliner Mauer erklärte: »Jetzt wächst zusammen, was zusammengehört«? Wer hätte Helmut Kohl den Augenblick seines Triumphes bei der Öffnung des Brandenburger Tors mißgönnt oder Hans-Dietrich Genscher seine feierliche Rückkehr in seine Heimatstadt Halle? Vielleicht am bewegendsten aber war der Anblick von Willy Brandt, wieder an jenem Fenster in Erfurt, diesmal aber nicht mit einer verzweifelten Geste der Befriedung, sondern seine Arme zum fröhlichen Gruß erhoben, die vertrauten, tiefen Falten seines Gesichts höchstens von der Anspannung der Erinnerung gezeichnet.

In Anbetracht solcher Szenen scheint es schon beinahe grob, die trockene Frage des Historikers nach Ursachen und Folgen zu stellen. Ende gut, alles gut. »Der letzte Maßstab jeder Politik ist der Erfolg«, hatte einst Adenauer bemerkt. Und dies war ein außergewöhnlicher Erfolg. Was muß man mehr sagen? Doch die Frage nach dem Beitrag, den die Bonner Politik gegenüber der DDR tatsächlich zum Ende der DDR geleistet hat, bleibt nach wie vor interessant. Vielleicht enthält sie indirekt sogar einige Lehren für die Zukunft.

Natürlich können die Gründe für den Erfolg dieses friedlichen Aufstands und seiner Transformation zur Vereinigung nicht ohne einen Blick auf den Wandel in der sowjetischen Politik verstanden werden, auf die »Refolutionen« und Revolutionen andernorts in Osteuropa und auf die eigenen Beziehungen der Bundesrepublik zur Sowjetunion und Osteuropa. Dennoch gibt es für die spezifische Geschichte der DDR-Politik einige vorsichtige Schlußfolgerungen, die gezogen werden können, und Fragen, die noch immer zu stellen sind.

Erfolg und Versagen

Der Erfolg war voller Ironien. Die Öffnung der Berliner Mauer war bereits die Erfüllung der operativen Ziele jener Ostpolitik, die nach dem Bau der Berliner Mauer begonnen hatte. Was dann folgte, ging weit über alles hinaus, was die Architekten der Ostpolitik für möglich gehalten hatten. Ursprünglich, in den frühen sechziger Jahren, hatten sie noch auf eine Wiedervereinigung zu ihren eigenen Lebzeiten gehofft. Über die Jahre wurde diese Hoffnung dann allmählich und schmerzlich begraben. Doch gerade dann, als sie diese Hoffnung vollends begraben hatten, als selbst die Christdemokraten zur nüchternen Überzeugung gelangt waren, daß es in ihrem Leben nicht mehr geschehen würde – da geschah es.

Sofern die westdeutschen Politiker ein Konzept zur Förderung des erwünschten Wandels in der DDR hatten, zielte es auf eine Reform von oben. Statt dessen kam der Wandel durch einen Aufstand von unten. Wie Robert Leicht in der *Zeit* schrieb: Dies war kein Wandel durch Annäherung, sondern ein Wandel durch Auflehnung. Obwohl die ursprüngliche und bemerkenswert langlebige Idee Liberalisierung durch Stabilisierung hieß, erfolgte die Befreiung durch Destabilisierung.

Doch die Ironie geht noch tiefer. Denn wie bereits erwähnt, sowohl der objektive Beitrag der Bundesrepublik zu Honeckers fünfzehnjähriger Stabilisierung ohne Liberalisierung als auch der subjektive Beitrag Bonns – mit der zunehmenden und zunehmend schmeichelhaften »Anerkennung« von Honecker und dessen fundamental unverändertem Parteistaat, inklusive all der Versicherungen, »keine Destabilisierung« herbeizuführen – trugen dazu bei, Honecker und seine Genossen soweit einzulullen, daß sie schließlich dieses letzte politische Wagnis eingingen und sich, anstatt Reformen einzuleiten, zum Westen öffneten und zum Osten abriegelten.

Im nachhinein läßt sich natürlich behaupten, daß dies ein fabelhaftes strategisches Langzeit-Täuschungsmanöver der Bundesrepublik gewesen sei: ein machiavellistischer Sieg allerersten Ranges. Destabilisierung durch Stabilisierung! Gerade weil Bonn es dem Honecker-Regime ermöglicht hatte, ohne Reformen weiterzumachen, wurde ihm der Weg in den Ruin geebnet. Hatte also 1983 Franz Josef Strauß die DDR nur deshalb »gerettet«, damit ihr 1989 der Todesstoß versetzt werden konnte? Bis die Aktenlage uns vom Gegenteil überzeugen kann, muß jedoch der Zweifel gestattet sein, daß nur der große Bayer voraussehen konnte, was niemand sonst geahnt hatte.

Auch nicht der Erfinder des Wandels durch Annäherung. Im Juni 1991 erzählte Egon Bahr dem Autor, ihm hätte es genügt, daß Otto Winzer als Reaktion auf seine Tutzinger Rede von 1963 vor einer »Aggression in Filzlatschen« warnte. Er, Egon Bahr, hätte so etwas nicht sagen können, weil es den gegenteiligen Effekt ausgelöst hätte. Einmal aber, 1968, habe er einem Interviewer gegenüber unvorsichtigerweise erwähnt, die wirkliche Hoffnung sei, daß in Moskau ein Prager Frühling ausbreche. Aber glücklicherweise hätte die DDR das nicht gemerkt.

Doch noch im September 1989 betonte Bahr in einer Diskussion mit ausschließlich westlichen Teilnehmern: »Wenn unsere Forderungen darauf hinauslaufen, den Menschen drüben ihren Staat wegzunehmen, dann werden sie dies mit Sicherheit nicht zulassen. Insofern sind in der DDR Reformen nur denkbar, wenn die SED-Führung sicher sein kann, daß man ihr den Staat nicht nehmen will.« Hier war die Verschmelzung nicht: die Menschen und die Nation, hier war sie: die Menschen und die Parteiführung. Das stenographische Protokoll dieser Diskussion wurde gedruckt und an einen kleinen Kreis verschickt. Es wäre also theoretisch möglich zu behaupten, selbst diese Aussage sei noch eine taktische gewesen. Immerhin, es hätte ja eine Kopie dieses Protokolls in die Hände der DDR-Führung fallen können. Und dann wäre diese wohl gar nicht mehr entspannt (weil besänftigt) gewesen, sondern hätte entsetzt gerufen: »Du lieber Himmel, die wollen uns ja wirklich unterminieren!« – und hätten die Schrauben angezogen. Plausibler scheint jedoch die Vorstellung, daß diese Aussage keine taktische war, sondern auch auf einer genuinen und substantiellen Fehleinschätzung des Charakters des ostdeutschen Staates und der Absichten seiner Untertanen beruhte.

Doch leisteten nicht gerade diese westlichen Fehlinterpretationen einen paradoxen Beitrag zum ursprünglich erwünschten und mittlerweile mehr oder weniger aufgegebenen Ziel? Hatte die ständige Bestätigung Honeckers nicht gerade deshalb noch mehr zu seinem überheblichen Fehlurteil beigetragen, weil die westdeutschen Politiker größtenteils auch wirklich glaubten, was sie sagten? Und es zeigten ja Mitte der achtziger Jahre, wie hoffentlich deutlich wurde, ganz und gar nicht nur Sozialdemokraten Symptome von kognitiver Dissonanz gegenüber der DDR – indem man deren wirtschaftliche Stärke, deren Beitrag zum »Frieden« und deren Humanität überschätzte oder zumindest überbetonte. So gesehen war Honecker nicht einfach nur das Opfer seiner eigenen Illusionen. Er war auch das Opfer der Illusionen auf seiten der Bonner Politiker.

Paradoxie war der charakteristische intellektuelle Topos der deutsch-deutschen Beziehungen (an sich ja schon eine paradoxe Bezeichnung): die »Verantwortungsgemeinschaft« von zweien in einem; Akzeptanz des Status quo, um diesen zu überwinden; Stärkung des Regimes, um dessen Griff zu lockern; Nichteinforderung der deutschen Einheit als einziges Mittel, diese zu erreichen. Vielleicht würde den Architekten der DDR-Politik daher auch dieses abschließende Paradox gefallen: Sie haben das Ziel erreicht, weil sie sich irrten!

Daraus folgt natürlich nicht, daß es ein guter Weg für die zukünftige Behandlung von anderen Diktaturen wäre, sich zu irren. Der Salto mortale aus der Stabilisierung ohne Liberalisierung in die Befreiung durch Destabilisierung konnte nur wegen der übermächtigen äußeren Faktoren gelingen, vor allem dank der Veränderungen in der sowjetischen und osteuropäischen Politik – und mit einer gehörigen Portion Glück. Aber natürlich läßt sich daraus ebensowenig folgern, daß alles, was die Politik gegenüber der DDR tatsächlich beinhaltete, richtig gewesen sei, nur weil es falsch war.

Zumindest bis 1987, vielleicht sogar bis in den Sommer 1989 hinein, basierte die Arbeitshypothese der westlichen Strategen – daß nämlich Proteste in der DDR zu innenpolitischen Repressionen führen und offene Revolution die Rote Armee auf den Plan rufen würde – auf den ihnen zur Verfügung stehenden Informationen und war daher durchaus vertretbar. Dies war »Jalta«. Es scheint auch durchaus angebracht, die Frage zu stellen, was tatsächlich geschehen wäre, wenn es 1983 in der DDR zu offenem Protest und gar Aufstand gekommen wäre. Die Antwort darauf ist nicht so einfach, wie häufig behauptet. Fast mit Sicherheit wäre der Protest gewaltsam unterdrückt worden, mit oder ohne Hilfe von sowjetischen Truppen, die ja noch nicht einmal eine Invasion anzudrohen brauchten, da sie schon massiert an Ort und Stelle waren. Ein solcher Protest wäre also niedergeschlagen worden. Doch man sollte die seltsame Tatsache nicht vergessen, daß die Völker Ostmitteleuropas überall ihre größten Niederlagen zelebrieren – von den Schlachten bei Mohács und am Weißen Berge bis zur Ungarischen Revolution, zum Prager Frühling und zu Solidarność.

Bei dem großen mitteleuropäischen Disput zwischen Idealismus und Realismus geht es gerade um die Bedeutung von Sieg und Niederlage. Selbst niedergeschlagene Protestaktionen hinterlassen ihre Spuren und können am Ende manchmal zum Sieg führen. Dies gilt jedoch nicht für Protestaktionen, die niemals stattgefunden haben. Keiner hat das Recht, aus dem sicheren Hort heraus andere dazu aufzufordern, ihr Leben zu riskieren. Aber ebensowenig hat irgend jemand das Recht, anderen diese Möglichkeit zu verwehren. Entlang diesem schmalen Pfad zwischen einerseits: ein unterdrücktes Volk nicht zum Aufstand anzuheizen, und andererseits: es zu entmutigen, ihm also aktiv sein »Recht auf Aufstand« abzusprechen, wie Harold Hurwitz es nannte, verirrte sich die Bundesrepublik auf die Seite der Entmutigung. Der »deutsche Realismus« unterschätzte auch den möglichen langfristigen Beitrag eines so offensichtlich fehlgeschlagenen Aufstandes, wie dem vom 17. Juni 1953, zu einem endgültigen Sieg. Sehr spät noch hatten westdeutsche Politiker nicht klar genug zwischen den zwei Bedeutungen von »Destabilisierung« unterschieden: zwischen einem Versuch der Westdeutschen, die Ostdeutschen zu befreien, und einem Versuch der Ostdeutschen, sich selbst (wenn auch nur schrittweise) zu befreien.

Wenn die meisten Bürger der DDR in dieser Periode offenbar keine besonderen Anstrengungen unternahmen, um sich selbst zu befreien, so war diese relative Passivität der Mehrheit bis zu einem gewissen Grad auch Auswirkung der Politik der Bundesrepublik. Die Minderheit erhielt auch nur geringe oder gar keine Ermutigung aus Bonn. Die ultimative Rechtfertigung für diese Haltung – die Rote Armee – schien jedoch ein überzeugendes Argument, solange Moskaus Einstellung unverändert geblieben war. Und der Rest der Bonner Ostpolitik wurde darauf konzentriert, Moskaus Einstellung zu verändern, auch mittels der Versicherung, es würde »keine Destabilisierung« stattfinden.

Man kann auch nicht einfach über die Behauptung hinweggehen, daß diese Politik, was auch immer ihre stabilisierenden Auswirkungen auf die Innenpolitik der DDR gewesen sein mögen, durch die Hilfe gerechtfertigt war, die sie »den Menschen« zukommen ließ. Wie kann man überhaupt den Wert bemessen, den die Freiheit bedeutete, die Bonn für beinahe 300 000 Menschen erkaufte? Und den Wert der zeitweiligen Freiheit für die Millionen, die in den Westen reisen konnten? Dennoch muß die Frage gestattet sein, ob der Preis, der für diese ganzen Fortschritte bezahlt wurde, nicht eine schlechtere Existenzmöglichkeit für die Mehrheit in der DDR war.

Hier betreten wir wieder einmal das trügerische Reich des Hypothetischen: »Was wäre geschehen, wenn ...« Wenn die Bonner Regierung in den achtziger Jahren eine etwas härtere Politik verfolgt hätte, weniger großzügig im finanziellen Bereich gewesen wäre, ausdrückliche Verknüpfungen mit der Achtung der Menschenrechte innerhalb der DDR hergestellt hätte, eindeutigen Druck zugunsten von Reformen gemacht hätte, die unabhängigen Gruppen genau so »anerkannt« hätte wie das Regime – hätte dies dann jene Kombination aus Reformen und Bewußtwerdung der Zivilgesellschaft herbeiführen oder zumindest erleichtern können, die andernorts in Ostmitteleuropa entstanden waren?

Manche gehen noch einen Schritt weiter und behaupten, wenn eine solche Kombination früh genug entstanden wäre, könnte dies sogar die DDR gerettet haben. 1990 tauchte dieses Argument mit unterschiedlicher Betonung unter den führenden Vertretern der jüngeren SED-Generation auf, aber auch unter Mitgliedern der Opposition, die den friedlichen Protest im Herbst 1989 angeführt hatten, und bei sympathisierenden Politikern, Wissenschaftlern und Intellektuellen im Westen. In welcher Form dieses Argument auch auftauchte, es setzte letztlich immer voraus, daß es einen »dritten Weg« geben konnte: ein System, das attraktiv genug gewesen wäre, um gegenüber den freiheitlich kapitalistischen Demokratien im Westen konkurrenzfähig zu sein, doch unterschieden genug, um die Existenz eines separaten deutschen Staates zu rechtfertigen. Doch da gerade diese Hoffnung auf einen »dritten Weg« 1989 in gesamt Osteuropa zu Grabe getragen war – und 1991 in der Sowjetunion –, ist es kaum vorstellbar, daß er allein in der DDR hätte funktionieren können – trotz all des ideologischen Erfindungsreichtums, den es in diesem kleinen Territorium gab.

Selbst wenn es einen solchen »dritten Weg«, der eine andauernde Teilung Deutschlands denkbar machen und rechtfertigen konnte, gegeben hätte, so ist die Vorstellung doch kaum möglich, daß er auch die andauernde Teilung Berlins hätte rechtfertigen können. Demokratischer Sozialismus am einen Ende der Friedrichstraße und Sozialdemokratie am anderen? Und dazwischen eine Staatsgrenze? Doch ohne Ost-Berlin hätte es kaum eine DDR geben können. Und von West-Berlin hätte niemand ernsthaft erwarten können, an diesem großen neuen Abenteuer teilzunehmen.

Früh vollzogene Reformen und eine stärkere Zivilgesellschaft hätten jedoch zu einem anderen Ende der DDR führen können: bei dem eine reformierte Parteiführung einen konstruktiveren Rückzug angetreten hätte und die Bevölkerung ihre eigene, aufgeklärte, politische Gegenelite und ihre Schattenregierung in Warteposition gehabt hätte. Beides war bei den »Refolutionen« von Polen und Ungarn der Fall. Resultat wäre möglicherweise gewesen, daß die Ostdeutschen mit etwas mehr Selbstachtung und besserer Moral in den Einigungsprozeß eingetreten wären. Mit anderen Worten, es stellt sich die Frage, ob die Politik der Bundesrepublik nicht auch zu jener Demoralisierung der Menschen in der DDR, die während und nach der Vereinigung so deutlich zum Ausdruck kam, beigetragen hat. Trug die Bevormundung durch die Regierung im Westen nicht auch zur Entmündigung bei, die das Regime im Osten so systematisch betrieben hatte? Aber, wie gesagt, dies alles kann nur Spekulation sein: Was wäre, wenn...

Eine andere Spekulation gilt der rapiden Veränderung jenes Rufs: »Wir sind das Volk« nach Öffnung der Mauer in: »Wir sind ein Volk«. Zweierlei könnte hier von der westdeutschen Politik behauptet werden: Erstens, daß die defensive Deutschlandpolitik der Christdemokraten – mit ihrem rhetorischen Hochhalten des Verfassungsanspruchs auf Einheit und der Beachtung feinster rechtlicher Unterscheidungen, die diesen untermauerten – dazu beigetragen hatte, daß die Hoffnung auf Vereinigung in den Herzen der Ostdeutschen wachgehalten wurde. Und zweitens, daß die offensive DDR-Politik, initiiert von Sozialdemokraten und Freidemokraten – mit der Förderung von Kontakten aller Art zwischen den Menschen in beiden Staaten –, tatsächlich bei den Menschen der DDR das Bewußtsein wachhielt, einer Nation anzugehören. Weder können diese Behauptungen einfach in Abrede gestellt werden, noch stehen sie notwendigerweise zueinander im Widerspruch.

Doch betrachtet man den Kontext, in dem Revolution zu Vereinigung führte, ist auch hier Skepsis angebracht. Tatsache ist, daß 1989, wie 1848, im gesamten Osteuropa die Ideen von Freiheit und Nation miteinander verbunden wurden. Überall, aber wirklich überall, wurde die Hoffnung auf das eine in der Erfüllung des anderen gesehen. Überdies lautete das Argument für den Beitritt zur Bundesrepublik allgemein ganz überwältigend: dies sei der schnellste Weg zu Wohlstand, Freiheit, Demokratie, Rechtstaatlichkeit – und zum Schutz vor möglichen Rückfällen im Osten. Deshalb ist es zweifelhaft, ob die zuvor bestandenen Bewußtseinsnuancen den entscheidenden Unterschied gemacht haben. Man ist versucht zu sagen, daß die Menschen in der DDR auch dann an die Tür der Bundesrepublik geklopft hätten, wenn diese sie zwanzig Jahre lang völlig ignoriert hätte.

Auch das Ausmaß, in dem die deutsche Nation tatsächlich »zusammengehalten« wurde, wird häufig überschätzt. Erinnern wir uns an die Zahl von 84 Prozent befragter Westdeutscher, die 1988 angaben, »keine Kontakte« mit Bürgern der DDR gehabt zu haben. Und wer von dem Ruf der DDR-Bürger beeindruckt war: »Wir sind ein Volk«, der konnte auch von den weitreichenden Unterschieden zwischen »Ossis« und »Wessis« beeindruckt sein, die nach der Vereinigung sichtbar wurden.

Bei all diesen »Wenn«-Fragen darf allerdings ein wichtiger Aspekt der Zwangslage nicht in Vergessenheit geraten, in der die Politik der Bundesrepublik operieren mußte: die Lage der Geiselstadt West-Berlin. Auch wenn all die oben angeführte Kritik angebracht wäre, so könnte man noch immer argumentieren, daß die Bundesrepublik wegen Berlin keine andere Möglichkeit hatte. Wir haben gesehen, daß ein guter Teil der direkten finanziellen Transfers nach Ost-Berlin ausschließlich der Verbesserung der West-Berliner Lage zugedacht war.

Diese Lage wurde manchmal mit der von Hongkong verglichen. 1991 reiste, als erster westlicher Regierungschef nach dem Massaker am Tiananmen-Platz im Juni 1989, der britische Premierminister nach Peking. Er mußte das, ließen britische Offizielle verlauten, wegen der Situation Hongkongs. Lautes Moralisieren und Lautsprecherdiplomatie würde den Menschen dort nicht helfen. Stille Diplomatie sei am besten. Die Ähnlichkeit mit den Argumenten von Brandt und seinem Berliner Kreis war frappierend. Doch als der Premierminister dann tatsächlich in Peking war, setzte er sich lautstark und öffentlich für die Menschenrechte ein – nicht zuletzt wegen des öffentlichen und politischen Drucks in seinem eigenen Land.

Also gibt es selbst in einer derart zur Zurückhaltung zwingenden Situation noch Möglichkeiten, etwas zu sagen und etwas deutlich zu sagen. Als 1988 der Bonner Oberbürgermeister Daniels in die neue Partnerstadt Potsdam reiste, plädierte er öffentlich für die Entlassung jener Menschen, die nach der Luxemburg-Liebknecht-Demonstration verhaftet worden waren, und sagte: »Ich trete überall ohne Scheu für die Menschenrechte ein, gleichgültig ob in Potsdam oder in Südafrika.« Anstatt jedoch aus der politischen und öffentlichen Szene zu Hause mit großem Applaus belohnt zu werden, wurde Oberbürgermeister Daniels von allen Seiten kritisiert. Der sozialdemokratische Abgeordnete für Bonn, Horst Ehmke, schlug vor, Daniels sollte sich bei seinen ostdeutschen Gastgebern entschuldigen.

Die wichtigsten Fragen über die Politik der Bundesrepublik drehen sich daher letztlich vielleicht weniger um das, was getan wurde, als um das, was dem DDR-Regime und den DDR-Bürgern gesagt – oder nicht gesagt – wurde und was über die DDR gesagt – oder nicht gesagt – wurde. Denn wegen des Umstandes, daß zwischen den beiden Hälften Deutschlands ständige Kommunikation bestand, hergestellt vor allem durch das Fernsehen, gab es keine klare Trennungslinie zwischen Worten, die an die DDR gerichtet waren, oder Worten, die über die DDR gesagt wurden.

Dies ist ein komplexes Thema, aber beginnen wir mit einer einfachen Behauptung: Das Bild, das die meisten Politiker und Meinungsmacher in der Bundesrepublik im Jahr 1987 von der DDR präsentierten, war kaum mit dem Bild vergleichbar, das die meisten Politiker und Meinungsmacher in der Bundesrepublik im Jahr 1991 von der DDR präsentierten. Ersteres war bemerkenswert positiv und freundlich. Natürlich wurden die negativen Eigenschaften der DDR, vor allem ihre Grenzen, erwähnt. Doch die allgemeine Syntax der Kommentare war: *Einerseits* ist da die Mauer, die Stasi, Versorgungsengpässe, Grauheit usw., aber *andererseits* sind da kleine Fortschritte für »die Menschen«, soziale Sicherheit, die Wiederentdeckung des Deutschseins, die Verpflichtung auf Humanität und Frieden. Und auf dieser anderen Seite wurden Überstunden gemacht.

1991 waren die Kommentare hingegen übereinstimmend negativ. Das ganze Vokabular zur Beschreibung einer Diktatur – angefangen bei dem Wort »Diktatur« –, das aus der höflichen Gesellschaft der deutschen Politik mehr oder weniger verschwunden war, tauchte mit dem Ende der Diktatur über Nacht wieder auf. Diese Generalisierung im einzelnen zu belegen, bedürfte natürlich einer ausgiebigen Dokumentation, denn wie sonst könnte man aufzeigen, was »typisch« ist und was nicht? Hier muß der Leser schlicht der Generalisierung vertrauen.

Nun wäre es durchaus möglich und sogar einigermaßen plausibel zu behaupten, daß die schmeichelhafte Behandlung der DDR Teil einer Langzeitstrategie war, dazu erdacht, die Art und Weise zu verändern, in der die Herrscher der DDR herrschten. Hier war »Anerkennung« und Besänftigung dazu ausersehen, Entspannung und Reform hervorzurufen. Es wurde bereits versucht darzustellen, welch schiefe und paradoxe Effekte diese Langzeitstrategie tatsächlich auf die DDR hatte. Doch es bleibt noch immer die Frage, ob die Politiker der Bundesrepublik nicht allmählich selber glaubten, was sie sagten. Und selbst wenn sie – als erfahrene Politiker – nicht glaubten, was sie sagten: ob es dann vielleicht doch andere Menschen, vor allem junge, in der Bundesrepublik glaubten.

Eine berühmte englische Definition besagt, ein Botschafter ist ein guter Mann, der ins Ausland geschickt wird, um zum Wohle seines Landes zu lügen. Die Bundesrepublik betonte immer wieder, daß ihr Ständiger Vertreter in Ost-Berlin kein Botschafter war. Tatsächlich unterschied sich seine Aufgabe auch von der eines Botschafters: Er war ein guter Mann, der ins eigene Land geschickt wurde, um zum Wohle seines Landes zu lügen. Und das traf ja nicht nur für den Ständigen Vertreter zu. Denn durch die permanente Kommunikation zwischen den beiden Hälften Deutschlands waren alle – Politiker, Beamte, Journalisten, Wissenschaftler, Kirchenvertreter, Schriftsteller – Mitspieler in dem großen Spiel der innerdeutschen Beziehungen. Alle konnten bis zu einem gewissen Grad das Gefühl haben, Ständige Vertreter zu sein. Ihre Worte hatten politisches Gewicht. Die Versuchungen, die dies hervorrufen konnte, ahnte Günter Grass in einem Brief vom Februar 1970 an Willy Brandt auf eindrucksvolle Weise voraus:

»Die neue Ost- und Deutschlandpolitik der sozial-liberalen Koalition bringt es mit sich, daß der Stalinismus innerhalb der DDR nicht mehr kritisch angesprochen wird und daß stalinistische Angriffe aus dem Honecker-Lager zu Recht [sic] ohne Antwort bleiben. Dieses an sich richtige und gelassene Verhalten kann allerdings innerhalb der SPD den Trugschluß fördern, es könne sich demnächst eine Aussöhnung mit der SED anbahnen (siehe Bruderparteien). Schon beginnt unterschwellig der verständliche Wunsch nach Entspannung kuriose Nebenerscheinungen zu zeigen.« Dann kam er zur Sache: Das Fernsehen (ARD) hatte es abgelehnt, sein Stück über den 17. Juni 1953, *Die Plebejer proben den Aufstand*, zu senden, mit der Begründung, daß dies die deutsch-sowjetischen Beziehungen und vor allem die Verhandlungen mit der DDR belasten könnte.

»Mit anderen Worten«, so fuhr Grass fort, »der durch den Regierungswechsel eingeleitete Klimawechsel in der Bundesrepublik hat, neben einer Unzahl günstiger und befreiend demokratischer Entwicklungen, gleichzeitig zunehmende Unsicherheit gefördert bei der Beurteilung der Gesellschaftssysteme in beiden deutschen Staaten. Extreme Umschwünge in Deutschland, seit eh und je geläufig, zeigen an, daß Kalte Krieger von gestern sich im Handumdrehn zu schwärmerischen Friedensaposteln mausern können.« (Nebenbei bemerkt ist dieser Brief auch wundervoll charakteristisch für das Denken des Schriftstellers – aller Schriftsteller: Da muß etwas faul sein, wenn die mein Stück nicht senden!)

Die Entwicklung, die Grass vorhersah und dann manchmal selbst zu exemplifizieren schien, ging über die Selbstzensur zum Relativismus. Es ist wichtig, die Form, die dieser Relativismus in den achtziger Jahren annahm, zu verstehen. Er war nicht einfach nur eine Neuformulierung der »Konvergenz«-Theorien aus den sechziger Jahren, derzufolge kommunistische »Industriegesellschaften« und kapitalistische »Industriegesellschaften« notwendigerweise konvergieren würden – obwohl, wenn man genau hingehört hätte, schon auch noch Echos dieser Theorien zu finden gewesen wären. Aber die politischen Meinungsmacher der Bundesrepublik sagten explizit und wiederholt, daß die beiden Systeme nicht miteinander in Einklang zu bringen wären. Was natürlich eine Interpretation war, der die DDR-Führung von Herzen beipflichtete.

Sozialismus und Kapitalismus waren wie Feuer und Wasser. Doch sowohl Feuer als auch Wasser sind nicht nur gefährlich, sondern auch nützlich. So bestand auch der neue Relativismus vor allem einmal in der Konzentration auf die alles überlagernden gemeinsamen Probleme – die Bedrohung eines Atomkrieges, Umweltzerstörung, Hunger und Überbevölkerung in der Dritten Welt –, neben denen schlicht systemische Unterschiede in Mitteleuropa unbedeutend erscheinen konnten. Zum zweiten basierte er auf dem ständigen Bemühen, die »bessere Seite« zu finden, die positiven Eigenschaften des ostdeutschen Staates und/oder seiner Gesellschaft – wobei die Unterscheidung von Staat und Gesellschaft oft genug verwischt wurde. Aus dem Versuch der »Normalisierung« entstand Schritt für Schritt die Schlußfolgerung, daß eine gewisse Normalität erreicht worden sei und daß die DDR, trotz ihrer vielen Fehler, eine andere mögliche Version Deutschlands sei, oder zumindest, daß das Leben in der DDR eine andere mögliche Weise bot, als Deutscher zu leben.

Anstatt vom eindeutigen, wenn auch simplistischen Kontrast zwischen Freiheit im Westen und Diktatur im Osten wurde nun von den unterschiedlichen »Geschäftsbedingungen« (Klaus Bölling) der beiden Staaten gesprochen, von einem »Augsburger Religionsfrieden« (Günter Gaus) – was nahelegte, daß die Unterschiede zwischen Kommunismus und freiheitlicher Demokratie vergleichbar wären mit jenen zwischen Protestantismus und Katholizismus. Immerhin, beteten nicht beide den gleichen Gott an, den Gott des Friedens? Klaus Bölling schrieb 1983 in seinem DDR-Buch: »Seine [Honeckers] Sicherheit bezieht er seit einigen Jahren aus der Erkenntnis, daß die Zeit über alle Wiedervereinigungskonzepte der Adenauer-Ära hinweggegangen ist, daß der Frieden nach allgemeinem Konsens in Ost und West eben doch ein höheres Gut ist als die dem Gedanken der Freiheit gewidmeten Artikel, die sich auch in der Verfassung der DDR finden.« Soviel zur Freiheit.

Natürlich gab es unzählige Varianten und Abstufungen dieses Relativismus. Und natürlich kann man ihn nicht nur den Auswirkungen der Entspannungspolitik gegenüber der DDR zuschreiben. Er war ganz gewiß mehr unter den Linken als bei den Rechten zu finden. In den gleichen Jahren, in denen sich die sozialliberale Ostpolitik entwickelte, herrschte auch heftige Kritik an der real existierenden Bundesrepublik, die der Vision »einer anderen Republik« gegenübergestellt wurde. Nicht nur unter der Generation Herbert Wehners, auch unter den 68ern gab es Vorstellungen von *der* anderen deutschen Republik, die sich – wenn auch auf komplizierte und oft widersprüchliche Weise – mit den Hoffnungen auf *eine* andere Republik zu Hause vermengten. Irgendwo herrschte in beiden Vorstellungen noch immer die Hoffnung auf einen »dritten Weg«. Die spezifische Geschichte der westdeutschen Sozialdemokratie in diesem Zusammenhang wird später beleuchtet.

Beinahe so wichtig wie die spezifische Geschichte der Linken, und in sie übergreifend, war, im Westen wie im Osten, die spezifische Geschichte des deutschen Protestantismus. Aus dieser Richtung kam beispielsweise die Vorstellung, daß die Teilung Deutschlands in gewisser Weise die Strafe Gottes für die Sünden der Väter sei. Ein großes Buch über die politische Geschichte des deutschen Protestantismus, über die gesamte Periode von 1933 bis 1989, muß tatsächlich erst noch geschrieben werden.

Es gibt auch eine spezifische Geschichte des Journalismus und eine spezifische Geschichte der Wissenschaft. Beim Journalismus vermischten sich politische, ideologische und kulturelle Motivationen mit solch schlichten Gemeinsamkeiten wie: Wettbewerb um eine gute Story oder Selbstzensur aus Angst vor Ausweisung oder der Verweigerung eines Visums – jenes »Visasyndrom«, das den Berichterstattern über den Sowjetblock wohlvertraut war. Bei der Wissenschaft gab es auch noch die bekannten Konflikte zwischen Generationen und Disziplinen. Eine jüngere Wissenschaftlergeneration mit einem sozialwissenschaftlichen Ansatz, der die DDR angeblich wertfrei und »systemimmanent« untersuchen wollte, stellte sich gegen eine ältere Generation von Politikwissenschaftlern und Rechtsgelehrten, die auf der wertebeladenen Theorie des »Totalitarismus« beharrte. Auf den Antikommunismus folgte der Anti-Antikommunismus.

1990, sobald der Osten den Westen gewählt hatte, stattete ihn der Westen großzügig mit Schulbüchern aus, damit junge Ostdeutsche die Wahrheit über deutsche Politik und Geschichte lernen konnten. Als sie diese Schulbücher öffneten, konnten die jungen Ostdeutschen – von denen so mancher gerade noch auf der Straße gegen die Diktatur demonstriert hatte – lesen: »Beide Staaten [die Bundesrepublik und die DDR] verstehen sich als Demokratien.« An anderer Stelle lernten sie, daß der 17. Juni 1953 »der Aufstand einer Minderheit innerhalb der DDR [war], bei dem es primär oder sogar ausschließlich um soziale Fragen« gegangen sei. »Lest Nr. 10. 24«, wurden sie in einem anderen Schulbuch aufgefordert, »und versucht zu erklären, warum viele DDR-Bürger selbstbewußt und auch stolz auf ihren Staat sind.«

Nichts von alledem sollte einfacher dargestellt werden, als es tatsächlich war. In einer freiheitlichen Demokratie sollte es jedoch möglich sein, eindeutig zwischen Politikern und Intellektuellen zu unterscheiden. Letztere wachen eifersüchtig über ihre Unabhängigkeit und versuchen, wie Havel es formuliert hatte, »in Wahrheit zu leben«, erstere operieren unvermeidlich mit Halbwahrheiten. Ein Charakteristikum der innerdeutschen Entspannung war jedoch, daß diese Unterscheidung verwischt wurde. Die Intellektuellen – Schriftsteller, Journalisten, Wissenschaftler – wurden zu Teilnehmern der Politik. Ihre Analysen waren von den Hoffnungen und Erwartungen der Politiker gefärbt, was wiederum deren Analysen rückbestätigte, was wiederum ...

Soweit es die Politiker und Strategen betraf, kann noch auf eine andere Palette von Spezifika verwiesen werden. Nach der Vereinigung behaupteten nicht wenige, vor allem im Zusammenhang mit der wirtschaftlichen Schwäche der DDR: »Wir haben es nicht gewußt ...« Auch wenn ein Teil ihrer eigenen westlichen Analytiker versagt haben mag, so muß die strikte Antwort auf diese Behauptung ganz einfach lauten: Sie hätten es wissen können. Darüber hinaus gab es einiges, was für ihr Metier typisch war. Politiker müssen Erfolge für sich in Anspruch nehmen, und das in jeweils ziemlich kurzer Zeit. Da mittlerweile alle Parteien die Politik der kleinen Schritte verfolgten, mußten sie auch alle einen Erfolg dafür beanspruchen. Kleine Erfolge, gewiß, aber wenn man über eine lange Zeit hinweg kleine Erfolge verbucht, dann müßte sich doch eine lange Reihe kleiner Erfolge schließlich zu einem großen summieren.

Dann gab es noch das Problem der Wiederholung. Ein Mitarbeiter Adenauers meinte, daß einer der möglichen Gründe, weshalb Adenauer gegen Ende seines Lebens tatsächlich an das Ziel der Wiedervereinigung geglaubt habe – während er es ursprünglich eher taktisch im Auge gehabt haben mochte –, die Tatsache war, daß man nur äußerst schwierig zwanzig Jahre lang etwas öffentlich wiederholen könnte, ohne allmählich selbst daran zu glauben. Vielleicht geschah einigen westdeutschen Politikern in den siebziger und achtziger Jahren das gleiche, nur umgekehrt. Indem sie ständig wiederholten, daß die DDR ein starker, stabiler, sich verbessernder Staat und wachsender Anerkennung wert sei – haben sie nicht selbst, ein bißchen, daran zu glauben begonnen?

Für diejenigen, die direkt an dieser Politik beteiligt waren, kam noch ein emotionales Element hinzu. Sie entdeckten jenes ältere Deutschland, das, nach dem bekannten osteuropäischen Paradox der revolutionären Konservierung, gleich unter der Oberfläche des sowjetisch geprägten Staates zum Vorschein kam. Im Falle von Günter Gaus wäre es nicht übertrieben zu behaupten, daß er sich in die DDR verliebt hatte. In einer seltsamen Novelle, die er zur Zeit der Vereinigung schrieb, portraitierte er sie sogar – wenn sie es ist – als verlorene Frau. Während westdeutsche Politiker immer wieder betont hatten, daß sie keine »Wanderer zwischen den Welten« seien (also zwischen Ost und West), beschrieb sich ein langgedienter Praktiker der DDR-Politik selbst gerade als »Wanderer zwischen den Welten«. Und seltsame Bindungen entwickelten sich zwischen so manchen dieser innerdeutschen Verhandler.

Und sollte das schon wunderlich klingen: hier eine noch wunderlichere Spekulation. Es gibt das bekannte psychologische Phänomen, daß Geiseln sich mit ihren Geiselnehmern identifizieren oder zumindest außerordentliche Dankbarkeit für deren »Menschlichkeit« zeigen. Westdeutsche Politiker waren zwar nicht selbst Geiseln, verhandelten jedoch ihrem Selbstverständnis nach im Namen von Geiseln – für die Geisel-Halbstadt West-Berlin und die Menschen in der DDR. In gewissem Sinne durchlebte Deutschland von 1961 bis 1989, achtundzwanzig Jahre lang, ein Geiseldrama. Und es dürfte ziemlich schwierig sein, jahrelang mit Menschen zu arbeiten, sie für Fotografen anzulächeln, die Honneurs zu machen, am selben Tisch zu sitzen und über Frieden und Humanität zu sprechen – und sie immer noch als Kriminelle zu betrachten. Denn wenn sie Kriminelle sind – was tue ich dann hier, wieso schüttle ich ihre Hände, wieso mache ich ihnen Komplimente, und weshalb bezahle ich ihnen Devisen?

In einem bemerkenswerten Artikel anläßlich des Bonn-Besuches von Honecker rief Helmut Schmidt dazu auf, nachdem man in der Bundesrepublik seit Jahren von den unterdrückten Brüdern und Schwestern im Osten gesprochen hatte, nun auch Honecker entsprechend zu empfangen. »Laßt uns ihn würdig empfangen – empfangt ihn als einen unserer Brüder!« Doch später, in seinen Memoiren, schrieb er: »Der Vorwurf, die Bundesregierung lasse sich beim Freikauf von Gefangenen erpressen, hat mich immer geärgert, wenngleich *oder vielmehr weil* er sachlich richtig war.«

(Hervorhebung des Autors.) Diese drei kleinen Worte – »oder vielmehr weil« – tragen eine wichtige psychologische Wahrheit in sich. Man versuchte, aus der Not eine Tugend zu machen, und endete schließlich dabei, die Tugend der Notwendigkeit zuzuschreiben. Mein Erpresser, mein Bruder.

In seiner Abschiedsrede 1986 vor dem Bundestag benannte Schmidt jene emotionale Spannung, der er selbst unterlag: »Das Leiden der Teilung bringt immer wieder die Gefahr, daß die ohnehin gegebene deutsche Neigung zum gefühlsmäßigen Überschwang gefährlich durchbricht.« Ja, wirklich, betrachtet man sich das Auf und Ab bei der westdeutschen Wahrnehmung der DDR, kommt einem irgendwann unvermeidlich die Marquise von O. in den Sinn. Man erinnere sich, daß in Kleists Novelle die Marquise glaubt, von einem adligen russischen Offizier vor einem Schicksal bewahrt worden zu sein, das schlimmer gewesen wäre als der Tod, nur um schließlich zu entdecken, daß er selbst es gewesen war, der sie vergewaltigt hatte, während sie in Ohnmacht lag – und doch heiratet sie ihn schließlich. Am Ende der Geschichte fragt ihr frischgebackener Ehemann, weshalb sie nach dieser Entdeckung vor ihm zurückgeschreckt sei, als sei er der Teufel selbst. Sie hätte ihn nicht für den Teufel halten können, seufzt die Marquise, hätte sie ihn nicht zuerst für einen Engel gehalten.

In der Geschichte der westdeutschen Beziehungen mit der DDR beobachten wir einen doppelten umgekehrten Marquise-von-O.-Effekt. Zuerst, in den fünfziger Jahren, wurde die DDR dämonisiert. Dann, in den siebziger und achtziger Jahren, wurde sie zunehmend idealisiert. Schließlich, in den frühen neunziger Jahren, wurde sie wieder dämonisiert. Doch durch all diese Jahre hindurch blieb ihr hervorstechendstes Merkmal, wie wenig sie sich veränderte: weniger als irgendein anderer Staat in Osteuropa. Ganz gewiß hatte sich die Art und Weise, wie die DDR ihre eigenen Bürger behandelte, weit weniger verändert, als die Art und Weise, mit der die Bundesrepublik die DDR behandelte.

Einige mögen nun der Meinung sein, daß eine derart impressionistische Darstellung von Geistes- (und Herzens-)zuständen in einer ernsthaften Analyse nichts zu suchen hat. Wieviel sicherer ist es doch, bei den nüchternen Fakten von Handels- und Verkehrs- und Schienenverbindungen zu bleiben! Und es ist ja richtig, solche Aussagen sollten tatsächlich nur biographisch gemacht werden, denn jedes Individuum ist ein besonderer Fall. Das schlimmere Versäumnis intellektueller Pflicht wäre jedoch, die emotionalen Tiefen überhaupt nicht auszuloten. Denn, so schwierig sie auch zu beschreiben sein mögen, sie waren nichtsdestoweniger sehr, sehr wichtig.

Nach dem Ende der Diktatur folgt der Prozeß, den man in Westdeutschland nach 1945 Vergangenheitsbewältigung nannte. Nach dem »Dritten Reich« hatte neben der Selbstprüfung der Deutschen auch eine bescheidenere Selbstprüfung unter westlichen Nachbarn stattgefunden. Wieviel hatte Großbritannien beispielsweise zum Grauen beigetragen durch jene Politik, die dem ursprünglich positiven Begriff *appeasement* (Beschwichtigung) einen dauerhaft schlechten Geschmack verlieh? Hätte Großbritannien nicht mehr tun können, um die Bemühungen des deutschen Widerstands gegen Hitler zu ermutigen oder zumindest anzuerkennen?

Nun war die DDR nicht das »Dritte Reich«. Sie verübte keinen Genozid, und sie war nicht in der Lage, Kriege anzuzetteln. Ihre Armee und ihre Sicherheitskräfte nahmen an einer Invasion in Europa teil – 1968 in der Tschechoslowakei – und an einigen kleineren »beratenden« Aktionen in der Dritten Welt. Ansonsten waren ihre Übel auf das eigene Land beschränkt. Und selbst ihre inneren Übel waren, alles in allem betrachtet, geringere Übel als die des »Dritten Reichs« – wenn deren Auswirkungen auch heimtückischer sein konnten, einfach weil es die DDR soviel länger gab. Die Selbstprüfung jener, die diesem Regime gedient oder es zumindest akzeptiert hatten, war in mancher Hinsicht leichter, in vieler Hinsicht jedoch schwieriger als in den östlichen Nachbarländern. Denn sie konnten es nicht »unter sich« tun, wie die Tschechen oder Polen, sondern nur im gleichen Haus wie die Westdeutschen.

Doch es müßte auch eine gewisse Selbstprüfung auf westdeutscher Seite stattfinden. Denn die Verantwortung der Bundesrepublik für das, was in der DDR geschehen war, war größer als die irgendeines anderen westlichen Staates gegenüber irgendeinem anderen osteuropäischem Staat. Hatte die Bundesrepublik wirklich alles in ihrer Macht Stehende getan, um die täglichen Übel in der DDR zu bekämpfen, zu begrenzen oder zumindest zu lindern? Hatte man zwischen den Interessen der Westdeutschen selbst, der West-Berliner und der Menschen in der DDR richtig ausgewogen? Hatten die Politiker eindeutig genug zwischen Parteistaat und Gesellschaft unterschieden? War der Freikauf der beste und einzig mögliche Weg gewesen, um jenen zu helfen, die zu protestieren gewagt hatten? Hatten all diese Verhandlungen, Devisen, all die Anerkennung und die Selbstzensur wirklich die erwünschten Resultate erzielt? Und selbst wenn es so war, dann zu welchem Preis? Für wieviel Demoralisierung im Osten und wieviel Relativierung im Westen? Hatten nicht schließlich doch manche Westdeutsche die DDR als eine andere Art deutscher Normalität akzeptiert? Und wenn das so war, was besagte das dann über ihre eigenen Normen?

5
Jenseits der Oder

Geschichte und Grenzen

In einer bahnbrechenden Analyse stellte der Historiker Richard Löwenthal 1974 die Bundesrepublik als Produkt eines »Doppelkonflikts« mit der Sowjetunion dar. Es habe, so schrieb er, nicht nur einen gemeinsamen Konflikt des Westens und der Bundesrepublik gegeben, basierend auf dem gemeinsamen Wunsch nach Bewahrung des Friedens diesseits der Jalta-Teilung, sondern auch einen Sonderkonflikt der Westdeutschen im Wunsch nach Wiedervereinigung und Nichtanerkennung des Verlustes deutscher Gebiete östlich der Oder-Neiße-Linie wurzelnd. Bei diesem zweiten Konflikt konnte die Bundesrepublik nur mit begrenzter und zunehmend schwindender Unterstützung des Westens rechnen. Löwenthal beschrieb die Ostverträge als eine »im großen und ganzen gelungene« Befreiung der Bundesrepublik.

Betrachtet man jedoch die Ostbeziehungen der Bundesrepublik in den siebziger und achtziger Jahren, so scheint sein optimistisches Urteil etwas voreilig gewesen zu sein. Denn es fällt vor allem auf, in welchem Ausmaß die Erblasten der Vergangenheit und die spezifischen nationalen Ziele der Bundesrepublik diese Beziehungen weiterhin mitgestaltet haben. Ohne den ständigen Bezug auf die Resultate der deutschen Ostpolitik vor 1945 und auf die Intentionen der Deutschlandpolitik nach 1961 sind die Beziehungen der Bundesrepublik zu den Staaten und Gesellschaften Osteuropas nach den Ostverträgen überhaupt nicht zu verstehen.

Die Vergangenheit wirkte sich nicht im gleichen Maße auf alle Ostbeziehungen der Bundesrepublik aus. Zu Ungarn, Bulgarien und Rumänien konnten sie merklich einfacher gestaltet werden als zu Polen, zur Tschechoslowakei und zur Sowjetunion. Manch einer behauptete, dies sei dem Umstand zu verdanken, daß die erstgenannten Länder niemals eine gemeinsame Grenze mit Deutschland gehabt hatten. Daran ist etwas Wahres. Zumindest bis 1945 war es in der neueren europäischen Geschichte die Regel, daß benachbarte Staaten eher Feinde und des Nachbarn Nachbar eher der Freund war. Deutschland verbündete sich mit Rußland gegen Polen, Frankreich mit Polen gegen Deutschland usw. Der große polnisch-jüdisch-britische Historiker Lewis Namier nannte dies »die Regel von den geraden und ungeraden Zahlen«.

Doch nach 1945 waren Deutschlands Beziehungen zu des Nachbarn Nachbar, der Sowjetunion, und zum nicht angrenzenden Jugoslawien schwer belastet, die Beziehungen zur benachbarten Schweiz hingegen eindeutig weniger. Die spezifischen Ursachen für diese Belastungen liegen jenseits dieses grundsätzlichen Faktors, in der Zeit von 1938 bis 1947, und gipfeln in der Frage: Wer hat was mit wem in diesem schrecklichen Jahrzehnt gemacht? Denn die krassesten Unterschiede zwischen Verbündeten und Feinden macht der Krieg deutlich. Ungarn, Bulgarien und Rumänien waren während der längsten Zeit des Zweiten Weltkrieges – mehr oder weniger willentlich – Verbündete oder Satelliten von Hitlers Reich. Sie haben weder so schwer unter deutscher Besatzung gelitten, noch ihrerseits den Deutschen so schweres Leid zugefügt.

Es ist kein Zufall, daß die diplomatische »Normalisierung« der Beziehungen zu just diesen drei Ländern ohne schwierige und belastete Verhandlungen zustande kam, ja sogar ohne formelle Verträge. Zwar gab es andere Faktoren, die in der Folge eine besondere Beziehung erschwerten (z.B. Ceauşescus Diktatur und die schlechte Behandlung der deutschen Minderheit) oder andererseits erleichterten (z.B. Ungarns Reformen und die gute Behandlung der deutschen Minderheit). Doch aus der Geschichte der Beziehungen dieser Länder zu Deutschland und den Deutschen vor Gründung der Bundesrepublik waren keine wesentlichen und dauerhaften Belastungen entstanden.

Schwer belastet waren hingegen die Beziehungen mit Polen, der Tschechoslowakei und der Sowjetunion. Die komplexe, unterschiedlich getrübte Geschichte ihrer Beziehungen zu Deutschland spiegelt sich in einer komplexen, unterschiedlich getrübten Historiographie. Parteiische Interpretationen, Polemiken, Apologien, doppelte Maßstäbe und Rechtfertigungen hat es im Überfluß gegeben, selbst in vorgeblich wissenschaftlichen Arbeiten, die Jahrzehnte nach den Ereignissen geschrieben wurden. Ehrenvolle Ausnahmen von dieser Regel gab es natürlich in der Bundesrepublik wie in Osteuropa. In letzter Zeit haben sich zwar die Standards der jeweils nationalen Forschung und des internationalen Wissenschaftsaustauschs verbessert. (Beides bedingt einander. Gute Wissenschaftler tauschen sich mit ihren ausländischen Gegenparts aus, doch es macht keinen Sinn, sich mit Forschern auszutauschen, die Sinnloses verbreiten.) Der Versuch einer prägnanten Generalisierung oder allgemeinen Beurteilung ist jedoch immer noch ein extrem schwieriges und riskantes Unterfangen.

Sofern diese Geschichte direkt die Ostpolitik betraf, könnte sie grob in fünf Kapitel unterteilt werden: die gesamte lange Periode bis zum jeweils ersten territorialen Eindringen der Wehrmacht und SS; die Periode des Krieges mit Deutschland und der deutschen Besatzung; die Vergeltungsmaßnahmen gegen Deutsche und die Massenvertreibung von Deutschen nach dem Krieg; der auch nach Gründung der Bundesrepublik andauernde Konflikt um die neuen Grenzen im sogenannten Jalta-Europa; und schließlich die Lage der deutschen Minderheiten im nunmehr sogenannten Osteuropa.

Nur im Falle Polens gab es selbst im ersten langen Kapitel eine eindeutig negative Bilanz. Auf beiden Seiten der Oder-Neiße-Linie haben gutwillige Männer und Frauen versucht, die glücklicheren Momente der deutsch-polnischen Geschichte wieder heraufzubeschwören. Sie erinnerten an den reichen kulturellen und technologischen Austausch im späten Mittelalter oder an die 1830er Jahre, als sich liberale Deutsche enthusiastisch für die polnischen Unabhängigkeitsbestrebungen begeisterten, als jeder romantische Dichter, der sein Geld wert war (und viele, die es nicht waren), ein Lied für Polen verfaßte. Doch die traurige Wahrheit ist, daß die deutsch-polnischen Beziehungen schon lange vor 1939 zu den angespanntesten und schwierigsten in Europa zählten.

Sowohl das deutsche Polenbild als auch das polnische Bild von den Deutschen waren von der Tatsache vergiftet, daß seit den Teilungen des späten 18. Jahrhunderts bis 1918 Deutsche über Polen geherrscht hatten. Zwar hatten sie administrative und wirtschaftliche Fortschritte gebracht. Aber sie hatten auch die polnischen Aufstände unterdrückt und im späten 19. Jahrhundert versucht, polnische Kinder zu »germanisieren«. In dieser Periode war auch die gesamte vorherige Geschichte von beiden Seiten durch nationale Prismen hindurch neu geschrieben worden, in Lehrbüchern, Balladen und historischen Novellen.

Die Neugründung eines unabhängigen polnischen Staates durch die heftig umstrittenen Versailler Verträge von 1918/19 bedeutete den Transfer von Territorium zu Polen, in dem Deutsche mehr als ein Jahrhundert nicht nur gelebt, sondern auch geherrscht hatten. Die Koexistenz war angespannt, wo immer Polen über Deutsche oder Deutsche über Polen geherrscht hatten, von der Freistadt Danzig gar nicht zu reden. Polen und Deutsche verwickelten sich in bewaffnete Kämpfe um die Kontrolle über Oberschlesien, ein Konflikt, der auch durch künstliche Aufteilung kaum zu lösen war. Die deutsche Minderheit wurde von den polnischen Behörden diskriminiert und als »fünfte Kolonne« der »revanchistischen« oder »revisionistischen« Bestrebungen betrachtet, die deutsche Regierungen – selbst die des auf Harmonisierung hinarbeitenden Europäers Gustav Stresemann – auch tatsächlich verfolgten. Und dann paktierten Hitlers Deutschland und Stalins Sowjetunion, um den polnischen Staat durch die damals sogenannte vierte Teilung von der europäischen Landkarte auszuradieren. »Placet«, schrieb die Habsburger Kaiserin Maria Theresia an den Rand des ersten Teilungserlasses von 1772, »weil so viele große und gelehrte Männer es wollen. Wenn ich schon längst tot bin, wird man erfahren, was aus dieser Verletzung von allem, was bisher heilig und gerecht war, hervorgehen wird.« 1990 kommentierte Bischof Josef Homeyer, ein langjähriger Advokat der polnisch-deutschen Aussöhnung, dies trocken: »Wir haben es erfahren.«

Im tschechoslowakischen (oder genauer: im tschechischen und slowakischen) und im sowjetischen (oder sowjetisch-russischen) Fall kann man eine nicht ganz so negative Bilanz aus zumindest

Teilen des Vorkriegskapitels ziehen. Die gemeinsame Geschichte der Tschechen und Deutschen bestand, in mancher Hinsicht sogar bis 1938, aus Kompromissen und Konflikten, aus gegenseitiger Bereicherung und erbitterter Rivalität. Die formelle Ungültigkeitserklärung des Münchner Abkommens im 1973er Vertrag mit der Tschechoslowakei begann für Tschechen wie für Deutsche einen Rückblick auf die Zeit »vor München« zu ermöglichen. Allerdings sollte die rechtliche Einschränkung der Ungültigkeitserklärung (ex nunc und nicht ex tunc) sowie Einstellung und Einfluß der sudetendeutschen Lobby dazu führen, daß nach 1989 die Wunde wieder zu schwären begann. Der historische Unterdrücker der Slowakei war Ungarn, nicht Deutschland gewesen. Und die slowakische Republik der Kriegszeit war ein weiterer Verbündeter Hitlers, bis fünf Minuten vor Zwölf versucht wurde, die Ehre durch einen kurzen Aufstand zu retten.

Die deutsch-russische Beziehung gehört zu den verwickeltsten und psychologisch diffizilsten in der gesamten europäischen Geschichte. Sie umfaßt, wie Sebastian Haffner geschrieben hat, beinahe jede denkbare Variante von Beziehungen zwischen zwei Nationen. Auf beiden Seiten hat es immer Bewunderung ebenso wie Mißtrauen gegeben, Faszination wie Ablehnung. Deutsche waren eher als Russen dazu bereit, an den deutschen Anteil der versuchten Modernisierung (und Verwestlichung) des zaristischen Rußlands seit dem 18. Jahrhundert zu erinnern. Russen waren eher als Deutsche dazu bereit, an den Geist von Rapallo zu erinnern. Doch nichts aus dieser gemeinsamen Geschichte, Gutes wie Schlechtes, könnte vollständig in Vergessenheit geraten.

Natürlich wurden diese verschiedenen gemeinsamen Geschichten von der Erinnerung an Krieg, Besatzung und Vergeltungsmaßnahmen der Nachkriegszeit überlagert. Auch hier stellt sich die Bilanz in jedem Fall etwas anders dar. Und auch hier ist Polen wieder einmal das Extrem. Mit der einzigen und einzigartigen Ausnahme der Juden hatte kein Volk schrecklicher unter deutscher Besatzung gelitten als die Polen. Neben drei Millionen polnischer Juden waren drei Millionen ethnischer Polen ermordet worden, mehr als eine Million zu Zwangsarbeit nach Deutschland deportiert und Hunderttausende aus ihren Häusern vertrieben worden, um Platz zu schaffen für ethnisch Deutsche aus den noch östlicheren Gebieten. Alle Polen waren beraubt und unterdrückt worden.

Doch auf Stalins Geheiß und mit Zustimmung der Vereinigten Staaten und Großbritanniens wurde Polen dann beinahe ein Viertel des Deutschlands nach 1918 zugeordnet. Und diese Gebiete waren es dann auch, aus denen auf Stalins Geheiß, mit Roosevelts und Churchills Zustimmung (aber auch mit unmittelbarer, brutaler Rache der Polen) die größte Anzahl von Deutschen vertrieben wurde. Der britische Historiker Norman Davies schreibt: »Zum erstenmal in ihrem Leben wurde eine riesige Anzahl gewöhnlicher und anständiger Deutscher in jene schlimme Lage gebracht, die die meisten gewöhnlichen und anständigen Bürger Mittel- und Osteuropas bereits als normal betrachteten.« Horror folgte auf Horror.

»Man muß«, schreibt der deutsche Historiker Golo Mann, »Ereignisse und Entscheidungen zwischen 1939 und 1947 als eine Kette übler Aktionen und übler Reaktionen betrachten.« Doch die Vorstellung von einer Kette führt zu der Frage: Wo beginnt sie? Bei Hitler? Bei Stalin vor Hitler? Beim Ersten Weltkrieg vor Stalin? Und schon betritt man jene historiographische Gefahrenzone, in der die notwendige und ausgewogene Darstellung eines historischen Gesamtkontexts in moralischen Relativismus und nationale Apologetik abrutschen kann – ein Minenfeld, das mittlerweile durch das Hinweisschild »Historikerstreit« markiert ist.

Das Gewirr an Kausalität und Verantwortung kann hier nicht einmal wirklich dargestellt, geschweige denn entwirrt werden. Vielleicht ist der einzig passende Kommentar zu diesem schrecklichen letzten Akt des zweiten europäischen Dreißigjährigen Krieges jenes Gedicht, das W. H. Auden 1939 schrieb:

> I and the public know
> What all schoolchildren learn
> Those to whom evil is done
> Do evil in return.

Dieses schlichte, souveräne Mitleid mit allen Seiten mag einem Engländer möglich sein, vor allem einem Engländer aus der Perspektive New Yorks. Für die direkt Beteiligten war es unmöglich.

Die Nachkriegshistoriographien von Polen und Deutschen über diese Zeit waren daher auch wie ein Zerrbild im Spiegel des anderen. Deutsche Historiker dokumentierten sofort mit peinlichster Genauigkeit die Schrecken der Vertreibung aus Polen. Erst später, in den sechziger Jahren, begannen sie auch die zuvor geschehenen Schrecken der deutschen Besatzung zu dokumentieren. Polnische Historiker dokumentierten sofort mit peinlichster Genauigkeit die Schrecken der deutschen Besatzung. Erst viel später versuchten einige wenige Wissenschaftler und Intellektuelle auch die Frage nach den Deportationen durch die Polen zu stellen. (Die Asymmetrie entstand auch durch die asymmetrische Situation der Historiker. Seit den fünfziger Jahren waren westdeutsche Wissenschaftler auf eine Art und Weise frei Handelnde, wie es polnische Zeitgeschichtler erst in den achtziger Jahren zu werden begannen.)

Der tschechische Fall war vergleichbar, wenn auch nicht ganz so extrem. Die Besatzung der Kriegszeit war schrecklich, wenn auch nicht ganz so mörderisch wie in Polen. Vergeltungsmaßnahmen und Vertreibung in der Nachkriegszeit waren häufig brutal und wurden, anders als in Polen, nicht auf Anordnung eines kommunistischen Marionettenregimes unter Stalins Fuchtel ausgeführt, sondern auf Instruktion einer legitimen und noch immer halb-autonomen tschechoslowakischen Regierung. Auch dieses Zerrbild im Spiegel wurde in den sechziger Jahren durch freie westdeutsche Wissenschaftler und ein Jahrzehnt später durch unabhängige, isolierte – ja, verbannte – tschechische Wissenschaftler zurechtgerückt. Ein Schatten war zwar geblieben, doch war er nicht so lang und dunkel wie im Falle Polens. Auch hat er nicht derart hartnäckig die offiziellen Beziehungen verdunkelt. Die Forderung der polnischen Regierung nach Ausgleichszahlungen für die Opfer der deutschen Besatzung und die Forderungen der Bundesrepublik nach Verbesserung der Lage der deutschen Minderheit in Polen rangierten noch in den siebziger und achtziger Jahren ganz oben auf der polnisch-deutschen Agenda.

Und wieder lag der sowjetische Fall anders. Sowjetische Bürger aller Nationalitäten hatten im Krieg und unter deutscher Besatzung schrecklich gelitten. Die totemistische Formel »zwanzig Millionen russische Kriegstote« darf für dieses Leid aufrechterhalten werden, auch wenn es, wie Norman Davies behauptet hat, wahrscheinlich keine zwanzig Millionen, wahrscheinlich viele von ihnen keine Russen und wahrscheinlich ziemlich viele eher Opfer der stalinistischen Diktatur als von Hitlers Krieg waren. Doch die Tatsache, daß sowjetische Bürger sowohl vor als auch nach dem Krieg ebenso schrecklich unter »ihrer eigenen« Diktatur gelitten hatten, ließ zumindest die Erinnerung daran in einem anderen Kontext erscheinen als die tschechische oder polnische. Dazu kam noch der Hitler-Stalin-Pakt und die sowjetisch-deutsche Zusammenarbeit bei der vierten Teilung Polens.

Vor allem: Die Sowjetunion hatte nicht nur den Krieg, sondern ein ganzes Reich gewonnen. Deutschland hatte ein Reich verloren, das sich weit in den Osten Europas hinein erstreckte. Die Sowjetunion gewann ein Reich, das sich bis in die Mitte Deutschlands erstreckte. Und so zeigte die sowjetisch-deutsche Gesamtbilanz für die Jahre 1939 bis 1949 riesige Verluste, aber auch Profite auf der sowjetischen Seite – zumindest wenn man den Gewinn eines Reichs als Profit betrachtete. So mancher Politiker der Bundesrepublik, vor allem aus der »Frontgeneration«, setzte sich unter starken psychologischen Druck, um der Sowjetunion moralische »Kompensation« für ihre Kriegsverluste anzubieten – ein Drang, der manchmal merkwürdig mit der Ehrfurcht des Besiegten vor der überwältigenden Stärke des Siegers vermischt war. Aber Stalin hat sich seine »Kompensation« sofort genommen: Land und Menschen. Vor allem aber hat er sie mehr von Polen als von Deutschland genommen, was vielleicht die tiefste Ironie des historischen Erbes ist.

Die Geschichte der Kriegsdiplomatie ist außerordentlich komplex und durch den Mangel an sowjetischen Quellen auch immer noch nicht in allen Einzelheiten geklärt. Doch es besteht kein Zweifel: Die Zuordnung des östlichen Deutschlands zu Polen war durch die Zuordnung des östlichen Polens zur Sowjetunion diktiert. Es stimmt natürlich, daß die westlichen Alliierten Deutschland – und vor allem Preußen, in ihrer Vorstellung das Herz der Finsternis – bestrafen wollten und selbst eine Zerstükkelung beabsichtigten. Es stimmt, daß einige polnische Politiker die weiterentwickelten Territorien im Westen als guten Tausch für die verlorenen östlichen Territorien und als militärisch besser zu verteidigende Grenze empfanden. Aber es stimmt auch, daß die legitime polnische Exilregierung diesen Schub nach Westen erbittert bekämpfte. Churchill, der 1943 noch Stalins Vorhaben unterstützt hatte, wollte auf der Potsdamer Konferenz durchsetzen, daß Polens neue westliche Grenze dem Verlauf der östlichen, nicht der westlichen Neiße folgen sollte. (1939 hatten etwa 2,7 Millionen Deutsche in jenem großen Teil Schlesiens gelebt, der zwischen den beiden Neiße-Flüssen liegt.) Doch Stalins stures Beharren auf fast dem gesamten Territorium, das er durch seinen Pakt mit Hitler erhalten hatte, führte schließlich zur »Kompensation« Polens durch den Westen. Und es war auch Stalin, der – persönlich wie über seine polnischen Marionetten – auf der westlichen Neiße bestand.

Für die Sowjetunion war dies ein doppelter Gewinn. Sie erhielt nicht nur riesige Territorien unter direkte oder indirekte Kontrolle. Sie konnte damit auch sicherstellen, daß das neue Polen und das neue Deutschland in erbittertem Streit um die verlorenen deutschen Ostgebiete verharren würden und daß dieses neue Polen – wie immer sein Regime auch genau aussehen mochte – für die Sicherheit ihrer westlichen Grenze, solange Deutschland deren Dauerhaftigkeit nicht anerkannte, von der Sowjetunion abhängig sein würde. Denn wer sonst würde die Oder-Neiße-Linie verteidigen? Mit einem Schlag war es Stalin gelungen, das Deutsche Reich zu zerstören, Polen an Rußland zu binden und einen weiteren Grund zum Haß zwischen Deutschen und Polen aufzubauen.

Nachdem sie diese neuen Grenzen *de facto* gewonnen hatte, widmete die Sowjetunion ihre ganze diplomatische Aufmerksamkeit der Absicherung dieser Grenzen durch volle, bindende und formelle *de-jure*-Anerkennung. Im Schlußprotokoll der Potsdamer Konferenz hieß es: »Die endgültige Festlegung der Westgrenze Polens [soll] bis zur Friedensregelung zurückgestellt werden.« Doch die Friedenskonferenz mit einem formellen, endgültigen Friedensvertrag fand, anders als nach dem Ersten Weltkrieg, nicht statt. Der Kalte Krieg kam ihr zuvor. Neben der de-jure-Anerkennung der Grenzen wollte die Sowjetunion soweit wie möglich versuchen, den politischen Status quo zu sichern, den sie hinter diesen Grenzen etabliert hatte – alles, was sie als »Nachkriegsrealitäten« bezeichnete.

Unter den damaligen Umständen hatten die neuen osteuropäischen Staaten kaum eine andere Wahl, als sowohl die neuen westlichen Grenzen der Sowjetunion anzuerkennen – die Ungarn, der Tschechoslowakei, Rumänien und Polen Teile ihrer Vorkriegsterritorien geraubt hatte –, als auch gegenseitig die eigenen neuen Grenzen anzuerkennen. Die neue deutsche Führung in der sowjetischen Besatzungszone war anfangs nicht gewillt, die westliche Grenze Polens anzuerkennen. Noch 1947 erklärte Otto Grotewohl: »Die SED bedauert jede Grenzveränderung. Die Oder-Neiße-Linie wird von ihr genauso abgelehnt wie Grenzveränderungen im Westen.« Doch sie wurde schon bald auf Linie getrimmt. Im Görlitzer Vertrag zwischen der DDR und der Volksrepublik Polen erklärte die DDR 1950 förmlich die Anerkennung der Oder-Neiße-Linie, und zwar nicht nur als Grenze zwischen den beiden sozialistischen Staaten, sondern als »Staatsgrenze zwischen Polen und Deutschland«.

Nun ging es darum, die Anerkennung durch die wichtigsten Westmächte und die neue Bundesrepublik zu erhalten, die für sich in Anspruch nahm, der rechtliche Erbe des Deutschen Reiches zu sein und für alle Deutschen zu sprechen. Um nochmals Löwenthals Unterscheidung aufzugreifen: Hierin lag sowohl der allgemeine Ost-West-Konflikt als auch der Sonderkonflikt der Bundesrepublik mit dem Osten.

In ihrem Bestreben nach Anerkennung der Grenzen wurde die Sowjetunion formell von all ihren osteuropäischen Verbündeten unterstützt, mit besonderem Nachdruck aber von der Tschechoslowakei, Polen und natürlich der DDR. »Anerkennung« war, wir sagten es schon, für den ostdeutschen Staat eine Frage von Leben oder Tod. Beinahe dasselbe könnte vom neuen polnischen Staat gesagt werden, und dies in doppelter Hinsicht. Die Einverleibung des östlichen Polens in die Sowjetunion machte die Einverleibung des östlichen Deutschlands in Polen zum sine qua non für die Existenz von mehr als nur einem polnischen Staatsrumpf. Jene Polen, die aus dem östlichen Polen deportiert worden waren, haben buchstäblich den Platz jener Deutschen eingenommen, die aus dem östlichen Deutschland deportiert worden waren. Das polnische Lwów kam zum deutschen Breslau und machte daraus Wrocław. Das von der Sowjetunion eingesetzte Regime in Polen hatte ein ganz besonderes Interesse an der Oder-Neiße-Linie, denn dies war das einzige Thema, bei dem es fest mit der Unterstützung der mächtigen katholischen Kirche und der Bevölkerung rechnen konnte. Ähnlich, wenn auch mit weniger Intensität betrieben, waren die Tschechen an der endgültigen Anerkennung jener Grenzen interessiert, die für sie eher die tschechoslowakischen »vor München« als die »nach Jalta« waren.

Die Geschichte dieser Grenzfrage ist eine der schwierigsten in der europäischen Zeitgeschichte: ein Lustgarten für Connaisseurs der völkerrechtlichen und diplomatischen Details und ein Dschungel für den Laien. Für unseren Zweck suchen wir nur das Wesentliche heraus: 1975 scheint Leonid Breschnew geglaubt zu haben, daß er die endgültige westliche Anerkennung des Nachkriegs-Status-quo in Osteuropa und damit auch der sowjetischen Vormachtstellung im Herzen Europas erreicht hatte. Durch die Schlußakte von Helsinki schien der gesamte Westen seine Anerkennung manifestiert zu haben: die Besiegelung Jaltas. Die Ostverträge waren die Anerkennung durch die Bundesrepublik. Damit schien sowohl der gemeinsame westliche als auch der westdeutsche Sonderkonflikt gelöst zu sein. Die Opfer seiner Generation im Großen Vaterländischen Krieg schienen nunmehr endlich die Ernte eingebracht zu haben – »für immer«, wie Breschnew gegenüber Alexander Dubček freimütig bekannte, als er die Invasion der Tschechoslowakei vom August 1968 rechtfertigte.

Der Westen sah dies jedoch ganz anders. Es stimmt, daß die Unterzeichnerstaaten von Helsinki höchst offiziell »die Grenzen aller Staaten in Europa als unverletzlich« betrachteten und deshalb »jetzt und in der Zukunft keinen Anschlag auf diese Grenzen« verüben und »die territoriale Integrität eines jeden Teilnehmerstaates achten« wollten. Doch dem ging eine Formulierung voran, die Henry Kissinger für die Bundesrepublik ausgehandelt hatte: die Teilnehmerstaaten seien »der Auffassung, daß ihre Grenzen, in Übereinstimmung mit dem Völkerrecht, durch friedliche Mittel und durch Vereinbarungen verändert werden können«.

Es stimmt, daß der Moskauer Vertrag ausdrücklich und ausführlich erklärte, daß »die Grenzen aller Staaten in Europa... heute und künftig« als unverletzlich betrachtet wurden, »wie sie am Tage der Unterzeichnung dieses Vertrages verlaufen, einschließlich der Oder-Neiße-Linie, die die Westgrenze der Volksrepublik Polen bildet, und der Grenze zwischen der Bundesrepublik Deutschland und der Deutschen Demokratischen Republik«. Es stimmt, daß die Moskauer, Warschauer und Prager Verträge erklärten, die Unterzeichner hätten »keine Gebietsansprüche gegen irgend jemand« und würden »solche in Zukunft auch nicht erheben«. Doch diese Verpflichtungen waren, wie wir gesehen haben, in mehrfacher Hinsicht eingeschränkt.

Der »Brief zur deutschen Einheit«, der von der Bonner Regierung bei Unterzeichnung der wichtigsten Ostverträge übergeben wurde, betonte, »daß dieser Vertrag nicht im Widerspruch zu dem politischen Ziel der Bundesrepublik Deutschland steht, auf einen Zustand des Friedens in Europa hinzuwirken, in dem das deutsche Volk in freier Selbstbestimmung seine Einheit wiedererlangt«. Gleichzeitig versicherte Bonn seinen westlichen Alliierten, daß »die Rechte und Verantwortlichkeiten... in bezug auf Deutschland als Ganzes und Berlin« durch den Moskauer Vertrag nicht berührt würden – eine Behauptung, die durch den folgenden Abschluß des Viermächte-Abkommens über Berlin deutlich unterstrichen wurde. Die gemeinsame Entschließung des Bundestages betonte, daß die Ostverträge kein Ersatz für eine endgültige, rechtlich bindende Friedensregelung wären, die mehr als ein Vierteljahrhundert zuvor in Potsdam in Betracht gezogen worden war. Das Bundesverfassungsgericht kam zu einem Urteilsspruch, der dazu angetan war, selbst den scharfsinnigsten Juristen Kopfschmerzen zu bereiten. In ihm hieß es, daß das Deutsche Reich in den Grenzen von 1937 fortbestehe – die ursprüngliche Definition der Kriegsalliierten vom »Deutschland als Ganzem«. Die Bundesrepublik, sagte ihr oberster Gerichtshof, sei »als Staat identisch mit dem Staat ›Deutsches Reich‹ – in bezug auf seine räumliche Ausdehnung allerdings ›teilidentisch‹, so daß insoweit die Identität keine Ausschließlichkeit beansprucht«. (Ist das klar?)

Die Einschränkungen waren also sowohl rechtlicher Art – mit

Verweis auf vergangene Abmachungen – wie politischer Art – mit Verweis auf mögliche zukünftige Abmachungen. Beide Einschränkungen wurden durch die Bundesrepublik sehr viel deutlicher ausgedrückt als durch die anderen westlichen Mächte, während die rechtlichen und politischen, vergangenen und zukünftigen Bezüge ungewiß miteinander verflochten blieben. Die diplomatisch-politische Sprache mußte nicht nur die Unterschiede zwischen Ost und West überbrücken, sondern auch Differenzen zwischen der Bundesrepublik und dem Rest des Westens und Differenzen in der eigenen politischen Landschaft der Bundesrepublik.

Dieser Streit der frühen siebziger Jahre, der bis weit in die achtziger Jahre hinein wogte, könnte auf den ersten Blick mit bewußter Vereinfachung als eine Auseinandersetzung zwischen Politikern/Journalisten der Linken und Politikern/Juristen der Rechten dargestellt werden. Die Politiker/Journalisten, typisiert durch Brandt und Bahr, und unterstützt durch einen Großteil der veröffentlichten Meinung, argumentierten auf der Basis von Moral und Realismus. Obwohl sie die formell-konstitutionellen und rechtlichen Positionen anerkannt und aus purer Notwendigkeit einen Großteil ihrer Zeit der Verhandlung völkerrechtlicher und diplomatischer Details gewidmet hatten, machte sie der ganze »Formelkram«, wie Brandt es nannte, höchst ungeduldig. Für sie war der Warschauer Vertrag ein Grenzvertrag. Das war die Realität. Deutschland hat die Territorien östlich der Oder-Neiße-Linie aufgegeben. Dies war der Preis, ein schwerer und bitterer Preis, der für die Verbrechen von Nazideutschland bezahlt werden mußte. Die Moral erforderte, dies nun eindeutig zum Ausdruck zu bringen.

Doch mehr noch als die Moral erforderte dies der politische Realismus. Denn nur durch eine klare und eindeutige Aussage konnte damit begonnen werden, die Deutschen in Ost und West mit sowjetischer Akzeptanz, wenn auch nicht gerade mit Zustimmung, einander näherzubringen. Vertrauen – sowjetisches und osteuropäisches Vertrauen – war ein entscheidender Anteil des politischen Kapitals, das die Ostpolitik der Bundesrepublik aufbauen sollte. Je eindeutiger die Anerkennung der deutsch-polnischen Grenze, um so größer die Chance für eine Öffnung der deutsch-deutschen Grenze.

Die Position der Politiker/Juristen der Rechten war komplexer. Noch 1989 sollte die Behauptung eines führenden deutschen Fachmanns für internationale Beziehungen (eines Sozialdemokraten), Adenauer habe im stillen bereits in den frühen fünfziger Jahren die Territorien östlich der Oder-Neiße-Linie aufgegeben, einen Sturm der Entrüstung auslösen. Adenauers führender Biograph, Hans-Peter Schwarz, meint, daß Adenauer zu Beginn der fünfziger Jahre noch ein echter territorialer Revisionist gewesen sei. Doch bereits 1955 hatte er dem sozialdemokratischen Oppositionsführer erklärt: »Oder-Neiße, die Ostgebiete – die sind weg! Die gibt es nicht mehr!«

Schwarz zeigt auch, wie Adenauer in den späten fünfziger Jahren zur persönlichen Überzeugung gelangte, daß die Anerkennung der Oder-Neiße-Linie zum Quid pro quo für die Unterstützung der Alliierten bei einer Wiedervereinigung der Deutschen zwischen Rhein und Oder geworden war. Das war nicht immer die amerikanische oder britische Position gewesen. Denkt man an die Stuttgarter Rede von Byrnes 1946, so haben die Vereinigten Staaten eher dazu aufgefordert, die Oder-Neiße-Linie in Frage zu stellen. Doch schon ganz zu Anfang der Détente verdeutlichten Kennedy, Macmillan und auch de Gaulle, was nun ihre gemeinsame Position war.

Warum also der Versuch, diese politische Realität hinter Stapeln von juristischem Papier zu verstellen oder sogar abzustreiten? Dafür könnten drei Gründe genannt werden. Erstens war das Aufgeben jeglicher Forderung nach den Territorien östlich der Oder-Neiße-Linie eine diplomatische Karte, die die Bundesrepublik noch immer ausspielen konnte. Eine ziemlich verblaßte Karte mit vielen Eselsohren zwar, aber immerhin eine, auf der ein Viertel des Deutschen Reiches verzeichnet war. Man verzichtet nicht einfach auf eine solche Karte, ohne mehr dafür zu bekommen als nur Versprechungen.

Zweitens waren die komplexen rechtlichen Positionen insofern noch immer von politischem Gewicht, als sie die einzige völkerrechtliche Grundlage für die Forderung nach Wiedervereinigung der Bundesrepublik und der DDR waren – wie fern diese Aussicht auch scheinen mochte. Wenn sie jemals erreicht werden sollte, dann waren die Ansatzpunkte für internationale Verhandlungen über Wiedervereinigung die noch immer unvollendeten Nachkriegsvereinbarungen und das fragile Oregami von Völker- und Verfassungsrecht. Selbst wenn man gewünscht hätte, die Oder-Neiße-Frage ein für allemal zu klären, konnte man nicht das eine herauslösen, ohne das Ganze zu gefährden.

Wo die Politiker/Journalisten der Linken meinten, daß (selbst die geringste) Öffnung der deutsch-deutschen Grenze die endgültige Besiegelung der polnisch-deutschen Grenze erforderte, da argumentierten die Politiker/Juristen der Rechten, daß eine endgültige Besiegelung der polnisch-deutschen Grenze die endgültige Öffnung der deutsch-deutschen Grenze ausschließen oder zumindest erschweren würde. Wo erstere im Namen der Moral und des Realismus sprachen, führten letztere Legalismus und Idealismus an. Die Konversion zu einem gewissenhaften Legalismus war bereits kurz nach 1945 vollzogen worden. (Die Historikerin Elizabeth Wiskemann, einst Zeugin davon, wie Nazideutschland alle Prinzipien des Völkerrechts quer durch Mitteleuropa mit den Füßen getreten hatte, schrieb, es sei »schwierig für Deutschlands Nachbarn, über diesen post-1945-Legalismus nicht säuerlich zu lächeln«.) Doch dieser Legalismus war nicht einfach nur eine *déformation professionelle* von Anwälten oder juristisch gebildeten Diplomaten und Politikern. Er war, wie Egon Bahrs engster Rechtsberater bei den Ostverträgen rückblickend meinte, auch das klassische Mittel der Schwachen und Besiegten.

Aber der rechtsliberale Legalismus barg in seiner besten Erscheinungsform auch ein Element des wahren Idealismus. Alois Mertes, herausragender Vertreter dieser rechtsliberalen Tradition, war der Überzeugung, daß durch Beibehaltung dieser rechtlichen Positionen auch den Menschen in der DDR die Aussicht auf freie Selbstbestimmung erhalten bliebe. Aus dieser Sicht betrachtet, haben die Realisten zu kurzfristig gedacht und den großen Imponderabilien der Geschichte nicht genügend Beachtung geschenkt. Und diese rechtsliberale legalistische Sicht selbst könnte man auch mit der Position jener Polen vergleichen, die noch in den Achtzigern eine Exilregierung in London aufrechterhielten. Unrealistisch, anachronistisch, absurd – doch Wałęsa zog es 1990 vor, die Insignien seines neuen Präsidentenamtes vom

Exilpräsidenten und nicht von Präsident Jaruzelski in Empfang zu nehmen, und wies damit auf die Kontinuität einer legitimen polnischen Regierung hin. So gesehen könnten auch jene Deutsche, die trotz der politischen Realitäten auf ihren Rechtsgrundsätzen bestanden, nach 1990 anders beurteilt werden als noch in den späten achtziger Jahren.

Alois Mertes stellte die rechtsliberale Position, den Verfassungsanspruch auf das Weiterbestehen des Deutschen Reichs in den Grenzen vom Dezember 1937, als notwendigen Ausgangspunkt für jegliche Verhandlungen über die deutsche Wiedervereinigung dar, doch auf gar keinen Fall als das Ziel solcher Verhandlungen. Im Gegenteil, wieder und wieder hat er betont, daß die Qualität der deutsch-deutschen Grenze, die ein Volk trennte, fundamental anders war als die Qualität der polnisch-deutschen Grenze, die zwei Völker trennte. Wie auch Adenauers enger Mitarbeiter Wilhelm Grewe betonte, bedeutete Wiedervereinigung nur die Vereinigung der Bundesrepublik und der DDR. Ein interessanter Briefwechsel zwischen Mertes und Egon Bahr aus dem Jahr 1984 zeigt deutlich, daß die bitteren Opponenten der frühen siebziger Jahre in diesem grundlegenden Punkt übereinstimmten, wenn der Journalist Bahr auch hinzufügte, daß der Jurist Mertes der Ausarbeitung von rechtlichen Feinheiten »zuviel Aufwand« widmen würde. (Der Teufel, antwortete Mertes, steckt im Detail, wie sowjetische Diplomaten wohl wüßten.) Und auch genau an dieser Stelle kreuzten die Rechtsliberalen ihre Klingen mit den alternden Funktionären der Vertriebenenverbände, wie Herbert Hupka oder Herbert Czaja, die die Grenzen von 1937 noch immer als Ziel und nicht als Ausgangspunkt betrachten wollten.

Man könnte also behaupten, daß die entscheidende Trennungslinie in der Substanz nicht, wie es den Anschein hatte, zwischen den Politikern/Journalisten der Linken und den Politikern/Juristen der Rechten verlief, sondern zwischen den rechtsliberalen Legalisten und den wirklich revisionistischen, nationalistischen Rechten, deren harter Kern unter den Vertriebenen zu finden war. Doch es erforderte schon einen scharfen, informierten und unvoreingenommenen Beobachter, um dies zu begreifen. Vor allem, da weder die Rechte noch die Linke besonders daran interessiert war, überparteiliche Gemeinsamkeiten in der Öffentlichkeit hervorzuheben. Je mehr Sozialdemokraten (und Freidemokraten) auf Zwistigkeiten in den christdemokratischen Rängen hinwiesen, um so größere Mühe gaben sich die Christdemokraten, diese abzustreiten. Und damit sind wir beim dritten Grund für diese rechtlich-symbolischen Papierstapel: die Beziehung der christdemokratischen Parteiführung zum eigenen nationalistischen rechten Flügel, vor allem die Beziehung der bayerischen Christlich Sozialen Union zu den Funktionären der Vertriebenenverbände und zu deren Wählerschaft.

Westdeutsche Politiker beschworen beinahe schon rituell die »Stuttgarter Charta« der deutschen Vertriebenen aus dem Osten, in der diese bereits 1950 jeglichen Gedanken an »Rache oder Vergeltung« ausgeschlossen hatten. Das ist wahr und bewundernswert. Aber es ist auch wahr, daß viele deutsche Flüchtlinge oder Vertriebene aus dem Osten den Verlust ihrer angestammten Heimat nicht als letztes Wort der Geschichte akzeptieren wollten oder konnten. (Wäre Polen 1950 ein freies Land gewesen, hätte es mit Sicherheit eine mächtige Organisation der polnischen Vertriebenen gegeben.) 1950 war dies noch ein brandheißes Thema in der bundesrepublikanischen Politik. Keine große Partei hätte es gewagt, öffentlich die Gebiete östlich der Oder-Neiße als verloren zu erklären, was auch immer die persönliche Überzeugung des einzelnen Politikers gewesen sein mochte. (Die öffentliche Unterstützung, die westdeutsche Kommunisten der Position der Sowjetunion und der DDR bei diesem Thema gewährten, war ein entscheidender Schritt zu ihrer Selbstmarginalisierung.)

1970 erklärte Willy Brandt rückblickend, daß die friedliche Integration dieser Millionen Flüchtlinge und Vertriebenen einer der größten Dienste Adenauers für sein Land gewesen sei. Es war eine Integration in doppelter Hinsicht. Allem voran war es eine soziale und wirtschaftliche. Durch massive Staatsinvestitionen, finanziert teils durch eine besondere Steuer, wurden Schlesier, Pommern, Ostpreußen und Sudetendeutsche erfolgreich in die sich (auch durch diesen Prozeß) entwickelnde westdeutsche Gesellschaft integriert. Und mit den Energien der Entwurzelten trugen sie enorm zum sogenannten Wirtschaftswunder bei. Aber es war auch eine parteipolitische Integration. Im Verlauf der fünfziger Jahre gelang es der Christlich Demokratischen Union und der bayerischen Christlich Sozialen Union, die Stimmen der rechtslastigen Vertriebenen für sich zu gewinnen und damit die Parteien der Vertriebenen und des nationalistischen rechten Flügels unter die 5-Prozent-Hürde und in die parlamentarische Vergessenheit zu drücken. Das war ein wichtiger Beitrag zur demokratischen Stabilität der Bundesrepublik. Der Preis dafür war jedoch nicht nur die (wachsende) Kluft zwischen persönlichen Überzeugungen und öffentlicher Rhetorik von christdemokratischen Politikern beim Grenzthema, sondern auch das Entsetzen des Auslands, das solche Rhetorik auslösen konnte. Die Furcht vor nationalistischen Splitterparteien steckte den Christdemokraten noch immer in den Knochen, als sie in den sechziger Jahren neuerliche Nahrung durch die NPD und, in den achtziger Jahren, durch die Republikaner fand.

Nur gegen diesen Hintergrund ist die öffentliche Haltung von Bundeskanzler Kohl und seiner Regierung bei diesem Thema zu verstehen. Ein Autor, der Helmut Kohl gut kannte, erinnerte sich, daß der damalige Ministerpräsident von Rheinland-Pfalz bereits 1970 bei einem guten Glas Pfälzer Wein im Keller der Mainzer Staatskanzlei daran dachte, eine öffentliche Erklärung abzugeben, daß die Bundesrepublik die Oder-Neiße-Linie anerkennen sollte. Dies würde der Beginn einer Aussöhnung zwischen Deutschen und Polen sein, wie Adenauer sie mit Frankreich erreicht hatte, und würde Warschau die Möglichkeit geben, der Aussicht einer deutschen Einheit mit größerer Gelassenheit entgegenzusehen. Am nächsten Morgen, nach Telefonaten mit einigen prominenten Parteifreunden, auch mit Richard von Weizsäkker, beschloß Kohl jedoch, daß die Zeit dafür noch nicht reif war.

An Helmut Kohls persönlicher Anerkennung dieser Grenze kann kaum Zweifel bestehen. Doch immer und immer wieder, während seiner gesamten Kanzlerschaft, beschwor er Unsicherheit und Zweifel und Mißverständnisse bei diesem Thema herauf. Gleich zu Beginn seiner Kanzlerschaft forderte Innenminister Friedrich Zimmermann von der Christlich Sozialen Union (und mit besonders starker Vertriebenen-Vertretung in seinen eigenen Reihen) zu heftigem Tumult heraus. Mehr als politischen denn juristischen Anspruch hatte er betont, daß Deutschland in den Grenzen von 1937 fortbestehen würde. 1985 befand sich dann der

Kanzler selbst im Auge des Orkans. Ein Vertriebenentreffen der Schlesier hatte zum »vierzigsten Jahrestag« der Vertreibung das Motto »Schlesien bleibt unser« gewählt. Kohl hielt seine Rede zu diesem Jahrestag schließlich jedoch unter dem revidierten Motto: »Schlesien bleibt unsere Zukunft in einem Europa der freien Völker«.

Der Kanzler referierte, daß die Position der Bundesregierung berechenbar und unmißverständlich bliebe, und listete, wie schon so oft zuvor, einfach die völkerrechtlichen Grundlagen seiner Regierungsposition auf, vom Grundgesetz bis hin zum Urteil des Bundesverfassungsgerichts. Dieses, so wiederholte er munter, betonte die rechtlichen Positionen der Bundesrepublik unmißverständlich. Seine Regierung könnte und wollte diese Rechtsposition nicht ändern, doch von ihr »geht keine Bedrohung für unsere Nachbarn aus«. Die Vertreibung der Deutschen sei ein Unrecht gewesen, doch das würde auch eine weitere Vertreibung sein – und er zitierte dazu einen Beschluß des Schlesierverbandes. »In Schlesien«, sagte er, »leben heute ganz überwiegend polnische Familien, denen diese Landschaft inzwischen zur Heimat geworden ist. Wir werden dies achten und nicht in Frage stellen.« Am Ende meinte er, daß es im Grunde nicht um souveräne Rechte gehe, sondern um Freiheit für all jene, die jenseits der Ost-West-Teilung in Europa lebten.

Eine solche Rede vor Zuhörern, die Transparente »Schlesien bleibt unser« herausfordernd hochhielten und Transparente »Schlesien bleibt polnisch« sofort herunterrissen, war nicht gerade beschwichtigend. Aber ebensowenig war sie, um des Kanzlers eigene Worte zu gebrauchen, unmißverständlich. Zuvor hatte im gleichen Jahr der außenpolitische Sprecher der CDU, Volker Rühe, eine bedeutende Aussage gemacht: Die Verpflichtungen der Bundesregierung durch die Ostverträge würden auch für ein vereinigtes Deutschland »politisch bindend« sein. Kohl wagte sich nicht einmal soweit vor. Und dies in einem Sommer, in dem ganz Europa eines vierzigsten Jahrestages gedachte – nicht nur der Vertreibung der Deutschen, sondern des Endes des Zweiten Weltkrieges. Ein Anlaß, dessen nur sechs Wochen zuvor auf erinnerungswürdige Weise mit der berühmt gewordenen Rede des neuen Bundespräsidenten Richard von Weizsäcker gedacht worden war.

Kohls Auftritt vor den Schlesiern fiel auch noch mit einer virulenten Propagandakampagne zusammen, die in den sowjetischen Medien und durch Jaruzelskis polnisches Regime gegen den westdeutschen Revanchismus geführt wurde. Mit Sicherheit waren die Spezialisten in Moskau und Warschau in der Lage, zwischen der rechtsliberalen und der wirklich revanchistischen Position zu unterscheiden: zwischen Helmut Kohl und seinem Gastgeber auf dem Schlesiertreffen, Herbert Hupka. Doch im politischen Kontext des Augenblicks wollten die politischen Herren diesen Unterschied nicht sehen. Die letzten Revanchisten des Westens versorgten die letzten Revanchisten des Ostens mit neuer Munition. Die tatsächlichen Auswirkungen auf die öffentliche Meinung waren wahrscheinlich nicht sehr groß, nicht einmal in Polen, wo eine unabhängige Meinungsbefragung zeigte, daß nur 4,7 Prozent der Befragten eine Bedrohung der polnischen Unabhängigkeit durch die Bundesrepublik sahen. Doch die Auswirkung auf die zwischenstaatlichen Beziehungen war ernst. Mit der Distanzierung von der Position Kohls versuchte Hans-Dietrich Genscher nicht zuletzt im ewigen Spiel der Bonner Koalitionspolitik »Profil« zu gewinnen. Doch er vertrat ganz gewiß auch wirkliche, unmittelbare Interessen der bundesrepublikanischen Außenpolitik.

In der zweiten Hälfte der achtziger Jahre verschwand dieses Thema etwas aus dem öffentlichen Bewußtsein (wenn auch nicht aus dem polnischen), vor allem dank der dramatischen Verbesserungen der deutsch-sowjetischen Beziehungen. 1989 tauchte es nochmals auf, erneut hervorgerufen durch einen Minister der Christlich Sozialen Union, der wieder einmal von Deutschland in den Grenzen von 1937 sprach, und dies nicht zufällig zu einer Zeit, als die Republikaner weitere Wahlerfolge, vor allem in Bayern, vorweisen konnten. Bei dem Versuch, den Weg für seine große symbolische Versöhnung mit Polen zu ebnen, von der er bereits zwei Jahrzehnte zuvor in jenem Weinkeller geträumt hatte, unterstützte Kohl einen Entschluß des Bundestages, der die bedeutende, neue Formulierung – ursprünglich von Genscher geprägt – enthielt: »Das polnische Volk sollte wissen, daß sein Recht, in gesicherten Grenzen zu leben, von uns Deutschen jetzt oder in Zukunft nicht durch Gebietsansprüche in Frage gestellt wird.«

Doch als die Öffnung der Berliner Mauer während Kohls Polen-Besuch auch die Tür zur deutschen Vereinigung aufstieß, war die Grenzfrage noch immer da. Daß sie als ausstehender Punkt einer völkerrechtlichen Regelung vorhanden war, war jedem klar. Obwohl Breschnew die Ostverträge und Helsinki als jene endgültige Friedensregelung, die in Potsdam unvollendet geblieben war, gefeiert hatte, war dieser fehlgeleitete Anspruch weder von der Bundesrepublik noch vom übrigen Westen akzeptiert worden. Daß die Grenzfrage immer noch als Thema aktueller politischer Kontroversen existierte, war jedoch Resultat der bereits erwähnten spezifischen Entwicklungen innerhalb der Bundesrepublik und der neo-Adenaueristischen innenpolitischen Strategie von Helmut Kohl.

Der polnische Historiker, Solidarność-Berater und Politiker Bronisław Geremek, dessen jüdische Familie von Deutschen im Krieg ermordet worden war, erinnert sich an sein Gespräch mit Helmut Kohl im Herbst 1989 über dieses Thema: »Der Kanzler versuchte, meine Ängste unter anderem in bezug auf die deutsche Position in der Grenzfrage zu mindern. Ich habe den Eindruck, daß er es ehrlich meinte. Doch als ich ihn fragte, ob ich den Inhalt unseres Gespräches öffentlich machen könnte, antwortete er, daß er ihn augenblicklich abstreiten würde, wenn ich dies täte. Als Rechtfertigung für diese Haltung nannte er die Realitäten der deutschen Politik.«

In seinem »Zehn-Punkte-Programm« vom November 1989, das die Schritte zur Vereinigung darlegte, erwähnte Kohl die Grenzfrage nicht. Das Fehlen dieses »elften Punktes« wurde viel kritisiert, und das nicht nur in Polen. Im März 1990 überraschte und erschreckte der Kanzler dann die meisten Partner, mit denen er die Vereinigung Deutschlands verhandelte, mit der Aussage, ein endgültiger Grenzvertrag sollte mit einer zufriedenstellenden Verpflichtung der polnischen Seite im Zusammenhang mit der deutschen Minderheit in Polen verknüpft werden und mit dem Verzicht auf weitere polnische Forderungen nach Reparationen. Während der Bundeskanzler bald von dieser Position zurücktrat, waren es die fünf anderen bei den »2+4«-Verhandlungen, einschließlich des Außenministers der (nunmehr wirklich demokratischen) Deutschen Demokratischen Republik, die

Druck machten für die bedingungslose Anerkennung der Grenze, genau so, wie sie nun zwischen Polen und der DDR verlief. Die endgültige Ratifizierung des endgültigen Grenzvertrages mit Polen, im November 1991, verknüpfte die Bonner Regierung aber doch mit einem zusätzlichen bilateralen polnisch-deutschen Vertrag, in dem unter anderem die Frage der Minderheitenrechte behandelt wurde.

Im Gespräch mit dem Autor, im Herbst 1991, ließ der Kanzler keinen Zweifel daran, daß dieser innenpolitische Faktor eine sehr bedeutende Rolle in seinem Denken gespielt hatte. Strategischer Zweck sei es gewesen, der nationalistischen Rechten und den letzten Unbelehrbaren unter den Vertriebenen zu zeigen, daß dies der Preis war, den Deutschland für die Vereinigung der Deutschen zwischen Oder und Rhein zahlen mußte. (Bei seinen scheinbar unsensiblen Vorschlägen, die einen Sturm internationaler Proteste provoziert hatten, demonstrierte er dies auch wirklich brillant.) Nun konnte er die wirklichen nationalistischen Revisionisten fragen: Wollt ihr die deutsche Vereinigung sabotieren?

Wo die Linksliberalen, allen voran durch Willy Brandt repräsentiert, auf der Basis von Moral und Realismus arbeiteten, der mehr als nur einen Anflug von außenpolitischem Machiavellismus enthielt, da gingen die Rechtsliberalen, repräsentiert durch Helmut Kohl, auch nicht nur von Legalismus und Idealismus aus, sondern ebenfalls von einer Art innenpolitischem Machiavellismus. Ein Machiavellismus, der ebenso in der wahren Tradition Konrad Adenauers stand wie der Wunsch nach Versöhnung mit den historischen Feinden. Manch einer würde behaupten, daß demokratische Politiker niemals die Macht haben, das Richtige in der Außenpolitik zu tun, solange sie ihre innenpolitische Machtbasis nicht gesichert haben – und daß diese Rechnung am Ende prächtig aufging. Andere würden behaupten, dieser Ansatz habe dazu beigetragen, schwindende Illusionen am Leben zu erhalten und Salz in die Wunden zu streuen, die viel schneller hätten heilen können, und daß es in der internationalen Politik Themen gibt, wo solche innenpolitische Taktiken oder Strategien höheren Imperativen weichen müssen. Es ist jetzt deutlich, was wirklich geschah. Das Urteil bleibt dem Leser überlassen.

Landsleute

Die Vergangenheit würde also nicht vergehen. Zumindest verging sie viel langsamer, als viele es in den siebziger Jahren erwartet hatten. Es gab noch einen anderen, unmittelbareren Grund, weswegen der »Sonderkonflikt« der Bundesrepublik mit dem Osten die Beziehungen zur Sowjetunion und den osteuropäischen Staaten ständig neu beeinflussen sollte. Man könnte ihn vielleicht als die permissive Funktion dieser Beziehungen für jene Politik der Bundesrepublik anführen, die sie im Namen der Deutschen im Osten verfolgte. Einer der wichtigsten Gründe für die Entwicklung von Beziehungen mit Moskau war, daß sie es Bonn gestatten würden, im Interesse der Menschen mit den Machthabern in Ost-Berlin zu verhandeln. Der Imperativ der Synchronisierung verlieh den Beziehungen zu den osteuropäischen Staaten eine wichtige, unterstützende Funktion im Gesamtschema der Ostpolitik.

Doch neben dieser generellen, indirekt permissiven Funktion hatten sie auch eine spezifische, direkt permissive: Diese betraf die Behandlung der in diesen Staaten lebenden deutschen Minderheiten durch diese Staaten. Wie die Grenzfrage war auch dieses Thema historisch außergewöhnlich komplex und emotionsgeladen, und seine Behandlung bedurfte rechtlicher wie politischer Sensibilität. Wie das Grenzthema begleitete auch dieses Thema selbst Ende der achtziger Jahre noch die Beziehungen der Bundesrepublik mit der Sowjetunion und Osteuropa – vor allem aber mit Polen. Doch im Unterschied zur Grenzfrage war dieses Thema ein wichtiger Punkt auf der Arbeitsagenda der deutschen Ostpolitik geblieben.

Hier nur die groben Umrisse des Problems. Nach der gewaltigen Völkerwanderung quer durch Mittel- und Osteuropa in dem schrecklichen Jahrzehnt von 1939 bis 1949; nach der Vertreibung der Slawen aus ihren Häusern und nach ihrer Verdrängung durch Siedler aus anderen Teilen Deutschlands oder durch Volksdeutsche, die von Hitler »heim ins Reich« geholt worden waren; nach der Flucht von Millionen Deutschen vor der vordringenden Roten Armee; nach den sogenannten »wilden Vertreibungen« von Deutschen unmittelbar nach Kriegsende, als sich Russen, Polen, Tschechen, die Völker Jugoslawiens und, in geringerem Maße, auch all die anderen Völker Osteuropas bitter und oft brutal an schuldigen und unschuldigen Deutschen gerächt haben; nach den etwas systematischeren »Umsiedlungen« von Deutschen, bei der die westlichen Alliierten – häufig erfolglos – sicherzustellen versuchten, daß der fromme Wunsch nach einem »geregelten und humanen Ablauf«, wie es das Potsdamer Abkommen formuliert hatte, nicht völlig ignoriert wurde – nach all dem lebten zu Beginn der fünfziger Jahre noch immer etwa vier Millionen Deutsche in den neu konstituierten kommunistischen Staaten östlich der Oder-Neiße-Linie und südöstlich des Erzgebirges.

Hintergrund und Lage dieser Deutschen waren höchst unterschiedlich. Da gab es deutsche Soldaten, die noch immer als Kriegsgefangene in Stalins Lagern festgehalten wurden. Da gab es Volksdeutsche, die von Katharina der Großen und Alexander I. ermuntert worden waren, sich an der Wolga und am Schwarzen Meer niederzulassen, doch von Stalin kollektiv für ihre deutsche Volkszugehörigkeit bestraft und während des Krieges nach Zentralasien und Sibirien deportiert wurden. Von den alten deutschen Ansiedlungen in Böhmen, Mähren und der Slowakei war nach der Vertreibung kaum mehr etwas übrig. Noch immer intakt, wenn auch vom neuen Rumänien belagert, war eine der ältesten deutschen Gemeinschaften im Osten: die Deutschen in Siebenbürgen, die Siebenbürger Sachsen, die dort seit dem frühen Mittelalter angesiedelt waren und schon im 18. Jahrhundert vom deutschen Historiker August Ludwig Schlözer als *Germanissimi Germanorum* bezeichnet worden waren, als die deutschesten aller Deutschen. Ebenso relativ intakt und ebenso belagert waren die jüngeren Ansiedlungen, die auf Einladung der Habsburger erfolgt waren: die Deutschen in Ungarn und die sogenannten Banater Schwaben im neuen Rumänien. Im nunmehrigen Jugoslawien gab es kaum noch Deutsche.

Am kompliziertesten waren Hintergrund und Lage der Deutschen innerhalb der Grenzen des neuen Polens. Das eine Extrem bildeten jene, die nach Kultur, Sprache und Tradition eindeutig Deutsche waren und auch die deutsche Staatsangehörigkeit des Reichs in seinen Grenzen von 1937 besessen hatten. Das andere Extrem waren die einigermaßen »arisch« aussehenden Polen, die das Angebot der Nazis angenommen hatten, durch die dritte und vierte Kategorie der sogenannten Volksliste Deutsche zu werden, doch nach 1945 geschickterweise wieder Polen wurden. Und unter ihnen, vor allem in Oberschlesien, gab es viele, die seit Generationen mit und inmitten von polnischem und deutschem Volkstum gelebt hatten, sich einmal hierhin, einmal dorthin gewandt hatten und Blut, Sprachen, Traditionen und Kulturen miteinander zu einer Identität vermischt hatten, die einfach – oder besser gesagt, ganz und gar nicht einfach – schlesisch war. Den meisten von ihnen wurde von den kommunistischen Behörden Polens der weitere Aufenthalt gestattet, nachdem sie offiziell als »Autochthone« eingestuft worden waren.

So gab es bei Gründung der Bundesrepublik also nur noch traurige Reste eines deutschen Volkstums, das mehr als tausend Jahre im Osten angesiedelt war. Die tatsächlichen Wirren jener Zeit, aber auch die Verwirrungen, die von den kommunistischen Staaten mit ihren Nationalitätenstatistiken bewußt hergestellt wurden, lassen nur Schätzungen der effektiven Zahlen zu. Der größte Teil aber, etwa zwei Millionen, war in der Sowjetunion geblieben. Eine weitere Million bis zwei Millionen – je nach Definition – blieb in Polen, bis zu einer halben Million in Rumänien, weniger als eine Viertelmillion in Ungarn, noch weniger in der Tschechoslowakei.

Bonner Regierungen von Adenauer bis Kohl machten es sich zur Aufgabe, diesen Deutschen im Osten zu helfen. Sozialisten, Liberale und Konservative waren sich mehr oder weniger einig, daß es ihre nationale Pflicht war, jenen Deutschen zu helfen, die noch immer am meisten unter den Kriegsfolgen und der Jalta-Teilung Europas litten. Ihre Besorgnis, ja, diese Priorität war verständlich. Doch sie stellte die Bundesrepublik auch vor Schwierigkeiten, mit denen keine andere westliche Macht konfrontiert war. Und die Probleme wurden sogar – ganz im Gegensatz zu dem, was man von der »Normalisierung« in den siebziger Jahren erwartet hatte – Ende der achtziger Jahre noch akuter, als sie es Ende der sechziger Jahre gewesen waren.

Von Anbeginn an waren Bonner Regierungen vor die Wahl gestellt, entweder die Deutschen im Osten beim Bleiben zu unterstützen und ihnen als Gruppe im jeweiligen Staat zu helfen, ihre materielle, kulturelle und rechtliche Situation zu verbessern, oder ihnen individuell dazu zu verhelfen, von dort wegzugehen. Natürlich war es theoretisch möglich, beides zu tun, wie Bonn es mit der DDR ja auch praktizierte. Doch zwischen den beiden politischen Ansätzen herrschte ein gespanntes Verhältnis. Hinzu kam, daß Bonn durch die vergangene Politik Deutschlands in jedem Fall Mißtrauen und Anwürfen im Osten ausgesetzt war.

All die Bestrebungen, den Deutschen beim Bleiben zu helfen, indem man ihr Schicksal als Minderheit zu verbessern suchte, erinnerten nur allzu schnell an die Praktiken der Weimarer Republik (und mehr noch des Dritten Reichs) gegenüber den sogenannten Auslandsdeutschen in den Versailler Nachfolgestaaten. Zu jener Zeit hatten die Maßnahmen des deutschen Außenministeriums, durch Auslandskonten Organisationen mit so harmlos klingenden Namen wie *Konkordia Literarische Gesellschaft* zu unterstützen, den Weg für territorialen Revisionismus geebnet. Aber auch Versuche, Deutsche individuell »heim«-zuholen, weckten Erinnerungen an Hitlers »Heim-ins-Reich«-Politik. Außerdem befürchteten die neuen osteuropäischen Staaten, Menschen zu verlieren, die einen wesentlichen Beitrag zu ihrer Wirtschaft leisteten.

Bonn konnte also so oder so in Teufels Küche kommen. Doch durch den allgemein verbreiteten und noch zusätzlich geschürten Haß im neuen Osteuropa auf Deutschland und die Deutschen, durch die deutliche Entschlossenheit der stalinistischen Führungsriegen, ihre Deutschen zu polonisieren, zu magyarisieren oder tschechisieren, schien die erste Option fast aussichtslos. In den frühen Jahren der Bundesrepublik konzentrierte sich die Regierungspolitik daher ganz darauf, Deutsche individuell herauszubringen. 1945 waren Deutsche gegen ihren Willen vertrieben worden. 1950 war man der Meinung, Deutsche würden gegen ihren Willen festgehalten.

Die Priorität spiegelte sich in den Begriffen, mit denen man jene Deutsche bedachte, die nun aus dem Osten in die Bundesrepublik kamen. Die Kriegsgefangenen wurden als Spätheimkehrer, die anderen als Spätaussiedler bezeichnet. Was die Kriegsgefangenen betraf, so drückte dieser Begriff eine offensichtliche und schreckliche Wahrheit aus. Sie waren wirklich Spätheimkehrer. Wie gesagt, das eigentliche, unmittelbare Ziel von Adenauers

Moskaureise im September 1955 – dem »Beginn von Bonns Ostpolitik« – war die Befreiung dieser Gefangenen gewesen. Adenauer hatte gesagt, daß er mit des Teufels Großmutter sprechen würde, um zehntausend Menschen heimzubringen. Doch diese Reise hatte auch Verbesserungen für die Volksdeutschen gebracht, die von Stalin nach Sibirien oder Kasachstan verbannt worden waren. Viele wurden aus mehr als einem Jahrzehnt Zwangsarbeit entlassen. In einer zweiten, extrem schwierigen Verhandlungsrunde mit den Russen 1957/58 wurde das Thema »Repatriierung« zum größten Zankapfel. Doch bereits damals war fraglich, ob Deutsche, deren Familien seit Generationen in den baltischen Staaten oder Rußland angesiedelt waren, noch Spätaussiedler genannt werden konnten. Und die Deutschen in Siebenbürgen? Hatten sie wirklich achthundert Jahre lang auf gepackten Koffern gesessen?

In den sechziger Jahren ging der westdeutsche Sprachgebrauch zum einfacheren Begriff »Aussiedler« über (nicht zu verwechseln mit den »Übersiedlern« aus der DDR). Die 1961er Initiative führender Akteure der Ostpolitik war ausdrücklich mit der Lage und den Sorgen der Deutschen verknüpft, die noch im Osten lebten. Die Regierungen Brandt und Schmidt machten wie ihre Vorgänger Druck für die Ausreisemöglichkeiten der Deutschen im Osten und betrachteten ebenso ihre Aussiedlungsstatistiken als Meßlatte ihres »Erfolges«. Und auch sie wandten die ungemein großzügige Auslegung aus der Gründerzeit der Bundesrepublik an, wer als Deutscher zu gelten hat.

In Artikel 116 des Grundgesetzes hieß es:

»(1) Deutscher im Sinne dieses Grundgesetzes ist vorbehaltlich anderweitiger gesetzlicher Regelung, wer die deutsche Staatsangehörigkeit besitzt oder als Flüchtling oder Vertriebener deutscher Volkszugehörigkeit oder als dessen Ehegatte oder Abkömmling in dem Gebiete des Deutschen Reiches nach dem Stande vom 31. Dezember 1937 Aufnahme gefunden hat.

(2) Frühere deutsche Staatsangehörige, denen zwischen dem 30. Januar 1933 und dem 8. Mai 1945 die Staatsangehörigkeit aus politischen, rassischen oder religiösen Gründen entzogen worden ist, und ihre Abkömmlinge sind auf Antrag wieder einzubürgern. Sie gelten als nicht ausgebürgert, sofern sie nach dem 8. Mai

1945 ihren Wohnsitz in Deutschland genommen haben und nicht einen entgegengesetzten Willen zum Ausdruck gebracht haben.«

Es gab daher zwei entscheidende Kategorien: deutsche Staatsangehörigkeit und deutsche Volkszugehörigkeit. Deutsche Staatsangehörigkeit wurde entsprechend einer modifizierten Version des Staatsangehörigkeitsgesetzes von 1913 definiert, das dem sogenannten *ius sanguinis* – also das Abstammungsprinzip – zentrale Bedeutung beimaß. Während in den Vereinigten Staaten und Großbritannien das *ius sanguinis* durch das *ius soli* ergänzt worden war – eine Person war demnach amerikanisch, wenn sie auf amerikanischem Boden geboren wurde –, wurde das Hauptgewicht in Deutschland auf die Abstammung gelegt. Ein junger Türke, der in Deutschland geboren und aufgewachsen war, besaß also kein automatisches Anrecht auf die deutsche Staatsangehörigkeit und würde beim Versuch, diese zu erlangen, auch beträchtlichen Schwierigkeiten begegnen. Andererseits lehrt uns ein Blick auf die sogenannten Friedländer Richtlinien, daß die Nachfahren von Menschen, die zu irgendeinem Zeitpunkt zwischen 1913 und 1945 vom Deutschen Reich zu deutschen Staatsangehörigen erklärt worden waren, ob nun in den ehemals deutschen Ostgebieten, im Memelland, in Danzig, im Sudetenland oder gar im »Reichskommissariat Ukraine«, ein automatisches Anrecht auf die Staatsbürgerschaft der Bundesrepublik hatten.

Das war jedoch nur eine Seite der Medaille. Die andere, die sogar noch komplizierter war, betraf die Kategorie der Volkszugehörigkeit.

Was bedeutete sie? In Artikel 6 des Bundesvertriebenengesetzes aus dem Jahr 1953 hieß es: »Deutscher Volkszugehöriger ... ist, wer sich in seiner Heimat zum deutschen Volkstum bekannt hat, sofern dieses Bekenntnis durch bestimmte Merkmale wie Abstammung, Sprache, Erziehung, Kultur bestätigt wird.« Zusätzlich zu den vormals deutschen Ostgebieten (in den Grenzen von 1937) schloß die Definition von »Heimat« Danzig, Estland, Lettland, Litauen, die Sowjetunion, Polen, die Tschechoslowakei, Ungarn, Rumänien, Bulgarien, Jugoslawien, Albanien und China ein. Die offiziellen Richtlinien aus dem Jahr 1980 zur Anwendung dieses Artikels verwiesen also auf zwei Hauptkriterien: das subjektive Bekenntnis zum deutschen Volkstum und objektive

Merkmale, um dieses Bekenntnis zu bestätigen. Weiter hieß es in diesen Richtlinien, daß der Antragsteller »durch sein Verhalten das Bewußtsein und den Willen, dem deutschen Volkstum und keinem anderen anzugehören« verbindlich kundgetan haben mußte.

Für diejenigen, die in den ehemals deutschen Gebieten östlich der Oder-Neiße lebten, reichte es aus, »daß ihr Gesamtverhalten keine demonstrative Hinwendung zu einem anderen Volkstum erkennen läßt«. Im Falle von nur einem deutschen Elternteil mußte bestimmt werden, welcher den entscheidenden Einfluß hatte: »Läßt sich ein dominierender Einfluß eines Elternteils nicht feststellen, wird die Prägung durch den deutschen Elternteil vermutet.« Der maßgebliche Zeitpunkt für ein Bekenntnis zum deutschen Volkstum »liegt unmittelbar vor Beginn der gegen die deutsche Bevölkerung gerichteten Verfolgungs- und Vertreibungsmaßnahmen«, also im späten 1944 oder frühen 1945. Für *jüdische* Antragsteller wurde der Stichtag am 30. Januar 1933 festgesetzt, da später »ein Bekenntnis zum deutschen Volkstum nicht mehr zuzumuten« war.

An dieser Stelle betonten die Richtlinien vorbeugend: »Der Begriff der deutschen Volkszugehörigkeit im Sinne des Artikel 6 BVFG unterscheidet sich grundlegend vom nationalsozialistischen Volkstumsgedanken.« Die peinliche Tatsache aber war, daß, nach Definition und Auslegung des Grundgesetzes, die Beamten im Aufnahmelager Friedland eigentlich gezwungen waren, Antragsteller für die (west)deutsche Staatsbürgerschaft nicht nur auf einer Grundlage anzuerkennen oder abzulehnen, die unheimlich an Nazikriterien erinnerten, sondern direkt auf der Grundlage der von den Nazis getroffenen Auswahl.

Bei dem Versuch, das besetzte Polen zu germanisieren, hatten die Nazis in manchen Orten willkürlich und auf oft groteske Weise Polen zu Deutschen erklärt und sie in Gruppe drei oder vier der Volksliste aufgenommen. Die Zugehörigkeit zu Gruppe drei, zwischen 1941 und 1944 etwa 1,7 Millionen Menschen, brachte das Recht auf Einbürgerung nach einem Zeitraum von zehn Jahren. Also brauchte man 1989 nur den Volkslistenausweis des Vaters vorzuweisen und schon wurde man Bürger der Bundesrepublik. Mitgliedschaften in der deutschen Wehrmacht oder anderen Massenorganisationen des Dritten Reichs waren grundsätzlich vom Nachweis der deutschen Volkszugehörigkeit abhängig gewesen und wurden daher auch von der Bundesrepublik als Nachweis anerkannt. Punkt 15 im Fragebogen für Antragsteller wollte wissen, ob der Antragsteller selbst, der Ehepartner, Vater oder ein anderer enger Verwandter zur deutschen Wehrmacht, Waffen-SS, Polizei, zum RAD (Reicharbeitsdienst) oder zur Organisation Todt gehört hatte. War dem so? Gut, dann Willkommen in Deutschland! Auf die eine oder andere Weise wurde etwa die Hälfte der Aussiedler aus Polen in den achtziger Jahren durch diesen Umweg über das Dritte Reich anerkannt. Die anderen waren auf die eine oder andere Weise Abkömmlinge von Bürgern des Zweiten Reiches.

Das Grundprinzip war durchaus verständlich: Jene Deutschen, die Frieden (und Wohlstand) genossen, sollten jenen helfen, die dies nicht konnten. Für die Deutschen aus Rumänien gab es nicht einmal Schwierigkeiten bei der Anwendung des allgemeinen Prinzips, denn diese Menschen waren ebenso deutsch in Herkunft, Kultur, Sprache und Erziehung wie jeder Deutsche in der Bundesrepublik. Ja, in mancher Hinsicht waren sie sogar deutscher – *Germanissimi Germanorum*. Das gleiche galt für einige, wenngleich nicht alle Deutsche aus der Sowjetunion. Doch in den Gebieten der »schwebenden Nationalität«, wo Menschen über Jahrhunderte manchmal Tschechen, manchmal Polen, manchmal Deutsche, aber immer Schlesier gewesen waren, wo nach 1939 deutsche Behörden versucht hatten, aus Polen Deutsche zu machen, und nach 1945 polnische Behörden (vielleicht weniger brutal, doch systematischer und hartnäckiger) aus Deutschen Polen zu machen – in diesen Gebieten war die Anwendung des allgemeinen Prinzips schlichtweg grotesk.

Junge Polen, die verständlicherweise ein besseres Leben für sich und ihre Familien im Westen erhofften, suchten nun eifrig nach einer Leiche im Keller. Dein Vater hatte während des Kriegs für die Freiheit gekämpft? Das behalte besser für dich! Nicht eine Familienvergangenheit im polnischen Widerstand, sondern eine Vergangenheit in der Waffen-SS konnte nun die Freiheit bringen. Daß eine vollständige »deutsche Vergangenheit« für etwa achttausend Dollar (1988er Preis) auf dem polnischen Schwarzmarkt zu haben war, schien unter den gegebenen Umständen weniger eine kriminelle Untergrabung des deutschen Staatsbürgerrechtes als dessen ironische Kommentierung zu sein.

Es waren vor allem die Beziehungen der Bundesrepublik zu Polen, die während der ganzen siebziger und achtziger Jahre von diesem Problem verhext waren. Die kommunistischen Behörden Polens hatten in den frühen fünfziger Jahren versucht, die in den neuen Grenzen des neuen Staates lebenden Deutschen zu polonisieren. Nach dem polnischen Oktober 1956 hatte das Gomułka-Regime begonnen, den deutschen Gemeinden in Niederschlesien begrenzte kulturelle Freiheiten zu gestatten, nicht jedoch jenen in Oberschlesien oder im ehemaligen Ostpreußen. Gleichzeitig hatte es eine Welle der deutschen Emigration ermöglicht. Fast eine Viertelmillion war in den Jahren 1956 bis 1959 und etwas mehr als Einhunderttausend im Verlauf der sechziger Jahre ausgewandert.

Als in den siebziger Jahren die Verhandlungen zum Warschauer Vertrag begannen, behaupteten die polnischen Behörden anfänglich, daß keine Deutschen mehr in Polen lebten. Das Deutsche Rote Kreuz aber sagte, es gebe etwa vierhunderttausend, die auswandern wollten. Schätzungen, die auf den oben genannten rechtlichen Definitionen basierten, erwähnten eine Zahl von mehr als einer Million potentieller deutscher Aussiedler. Die sozialliberale Koalition war sich ziemlich sicher, daß sie die Verträge nicht durch den Bundestag bringen konnte, ohne zumindest begrenzte Auswanderungsmöglichkeiten für diese Deutschen ausgehandelt zu haben. Der Kompromiß war schließlich eine sogenannte »Information« der polnischen Regierung, in der es hieß, daß noch immer »einige zehntausend« Deutsche in Polen leben könnten. Unveröffentlichte vertrauliche Erläuterungen bestätigten, daß diesen Personen innerhalb von »ein bis zwei Jahren« die Ausreise gestattet werden sollte. Tatsächlich wurde etwa 38 500 Personen erlaubt, das Land zu verlassen. Doch dann versiegte der Strom.

Nach ihrem Amtsantritt 1974 unternahmen der neue Bundeskanzler Helmut Schmidt und der neue Außenminister Hans-Dietrich Genscher entschiedene Schritte, den gesamten Problemkomplex der deutschen Minderheit in Polen zu lösen. Nach einem langen, emotionsgeladenen Gespräch zwischen Helmut Schmidt und Edward Gierek am Rande der Helsinki-Konferenz, im August 1975, entwickelten ihre Verhandlungsführer ein Paket von Vereinbarungen. Dazu gehörten eine Rentenvereinbarung für die deutsche Minderheit, bei der die Bonner Regierung sich zur Zahlung von 1,3 Milliarden DM im Verlauf von drei Jahren verpflichten sollte, und ein außergewöhnliches Abkommen, demzufolge die Bundesrepublik einen Finanzkredit über 1 Milliarde DM zum Zinssatz von 2,5 % gewähren würde. In einem beigefügten »Protokoll« stellte die polnische Seite fest, »daß etwa 120 000 bis 125 000 Personen im Laufe der nächsten vier Jahre die Genehmigung ihres Antrages zur Ausreise erhalten werden«.

Wie schon der erste Warschauer Vertrag, so wurde auch dieses Zusatzpaket Thema heißer politischer Debatten in der Bundesrepublik, wobei die Rechte, in Vorbereitung auf den 1976er Wahlkampf, die Schmidt-Regierung beschuldigte, sich von den Kommunisten erpressen zu lassen und Geld gegen Menschen zu tauschen. Die Attacke gegen den Milliardenkredit ritt Franz Josef Strauß. (Der Milliardenkredit, den er nur sieben Jahre später höchstselbst für die DDR zustande bringen sollte, war natürlich etwas ganz anderes.) Da die sozialliberale Koalition über keine Mehrheit im Bundesrat verfügte, war sie gezwungen, sich auf die polnische Regierung zu stützen. Diese sollte weitere, für Polen ziemlich demütigende Zusicherungen beim Thema deutsche Emigration machen und den gemäßigten Christdemokraten (einschließlich Helmut Kohl) somit ermöglichen, das Paket durchgehen zu lassen. Nachdem dies geschehen und das Geld bezahlt war, ließen die polnischen Behörden auch tatsächlich etwa die vereinbarte Zahl ausreisen.

Die »Verknüpfung« von Emigration und Wirtschaft war auch der Ostpolitik anderer westlicher Länder nicht völlig fremd. Das Jackson-Vanik-Amendment im Kongreß der Vereinigten Staaten machte die Entwicklung von Wirtschaftsbeziehungen zwischen den USA und jedem »nicht-marktwirtschaftlichen Land«, vor allem aber die Gewährung des Begünstigtenstatus (»MFN«, *Most Favoured Nation*), abhängig davon, ob das entsprechende Land seinen Bürgern »das Recht oder die Möglichkeit zur Emigration« erlaubte. Was den Zorn von Senator Jackson herausgefordert hatte, war die Aufbürdung einer »Ausreisesteuer« für Juden, die die Sowjetunion verlassen wollten. Sobald die Sowjetunion diese Steuerregelung zurücknehmen und generell die Emigration von Juden erleichtern würde, könnte sie also eventuell den Begünstigtenstatus erhalten. Rumänien wurde dieser Status als Anerkennung für seine Konzessionen bei jüdischer Emigration, aber auch für seine außenpolitische Unabhängigkeit gewährt. Doch dieser Fall zeigte auch, wie schwierig die Verknüpfung werden konnte. Denn im politischen Prozedere der USA hatte sich der Begünstigtenstatus, so er erst einmal gewährt worden war, als außerordentlich schwierig rücknehmbar erwiesen. Im Falle Rumäniens selbst dann, als es seine ursprünglich geleisteten Versprechungen mehrheitlich nicht mehr einhielt.

Die Bundesrepublik hingegen bezahlte die Ausreisesteuer effektiv selbst – doch nur für jene, die sie als ihre eigenen Bürger betrachtete, wie Deutsche aus der DDR. Auch im Falle Rumäniens. Hier begann das Geschäft mit den »Freikäufen« nach einem Besuch von Bundespräsident Heinemann im Jahr 1971. Und ähnlich wie bei der DDR begann es auch hier auf unkonventionelle und konspirative Weise, indem man neutrale Umschläge mit Bargeld zur Grenze brachte. Allmählich setzte sich das Verfahren jedoch in geregelteren Bahnen fort. Mit einer Vereinbarung, die 1978 zwischen Bundeskanzler Schmidt und Präsident Ceaușescu getroffen wurde, verpflichtete sich der rumänische Diktator, während der kommenden fünf Jahre wenigstens 12 000 Deutschen pro Jahr die Ausreise zu gestatten. Die Bundesrepublik verpflichtete sich ihrerseits, ein respektables Kopfgeld für diese Emigranten zu zahlen, eine Summe, die sich 1983 bei der Erneuerung des Vertrages für weitere fünf Jahre auf beinahe achttausend Mark erhöht hatte.

Das Geschäft mit Polen im Jahr 1975 war jedoch einmalig und ambivalent. Wofür wurde dieser »Jumbo-Kredit« von einer Milliarde Mark gezahlt? War er ein Akt der historischen Versöhnung oder der verspäteten Reparation? Oder war er nur eine kaum verhüllte Ausreisesteuer? Cash gegen Deutsche? War er eine persönliche Freundschaftsbezeugung von Schmidt an Gierek? Oder sollte er, wie es in der Präambel des Abkommens hieß, »die Bedingungen für die Entwicklung der wirtschaftlichen Zusammenarbeit und industriellen Kooperation ... fördern«? Das Problem dieses Jumbo-Kredits lag genau in der Verschwommenheit seiner Motive und Ziele: War er moralisch oder national, persönlich, politisch oder wirtschaftlich motiviert? Mit Sicherheit aber war er kein gutes Geschäft. Für keine der beiden Seiten. Zwischen 1976 und 1980 zahlte der westdeutsche Steuerzahler 290,5 Millionen DM an Zinssubventionen allein für diesen Kredit. Doch die Gierek-Riege vergeudete diesen Kredit genauso wie andere westliche Kredite und ruinierte damit nicht nur die polnische Wirtschaft, sondern verringerte auch noch die Chancen des Landes auf wirtschaftliche Zusammenarbeit mit dem Westen.

Die einzigen Menschen, die (so darf angenommen werden) längerfristig davon profitierten, waren die mehr als 120 000 polnischen Deutschen oder deutschen Polen, die damit »freigekauft« wurden. Doch das Problem sollte weiterbestehen. Je mehr fortgingen, um so mehr gab es, die gehen wollten. Die Deutschen in Polen vermehrten sich wie Reliquien des Heiligen Kreuzes. Diese Entwicklung konnte natürlich nicht losgelöst von der wachsenden Wirtschaftskrise in Polen gesehen werden. Ende 1983 meinte der damalige Staatsminister im Auswärtigen Amt, Alois Mertes: »Mindestens 120 000 Deutsche im Oder-Neiße-Gebiet und in angrenzenden Bereichen der Volksrepublik Polen haben nachweislich den Wunsch, für ständig in die Bundesrepublik Deutschland auszusiedeln.« Dies war natürlich nicht nur ein praktisches Problem, sondern auch ein symbolisch-politisches.

Im selben Dokument – in Form eines langen Briefes an einen parlamentarischen Kollegen – schätzte Mertes, daß nach genauest möglichen Berechnungen noch immer etwa 1,2 Millionen Menschen in Polen lebten, die im Sinne des Grundgesetzes »Deutsche« waren. Er betonte jedoch, daß »über 90 % der dortigen Bevölkerung Polen« waren, die »das Oder-Neiße-Gebiet jetzt als ihre endgültige Heimat betrachten«. Und er schloß mit einem Hinweis auf die rechtsliberale Auslegung der völkerrechtlichen Position Deutschlands, die eindeutig darauf verwies, daß eine mögliche »Wiedervereinigung« nur das Territorium westlich der Oder-Neiße-Linie betraf. Seine Intentionen waren also wirklich die besten. Aber sie wurden (teils ganz bewußt) mißverstanden.

Denn die polnischen Behörden nahmen dies als weiteren Anlaß, um, ganz im Sinne der sowjetischen Propaganda dieser Zeit, ihre eigene Kampagne gegen den angeblichen westdeutschen »Revanchismus« anzukurbeln. Eine Kampagne, die dazu gedacht war, die polnische Bevölkerung hinter das Jaruzelski-Regime zu stellen. Ein seltsamer Lohn für jene Regierung, die unter allen bedeutenden westlichen Regierungen das größte Verständnis für General Jaruzelskis »Normalisierungs«- und »Stabilisierungs«-Versuche gezeigt hatte. So verhexte also wieder einmal die Frage der deutschen Minderheiten, verknüpft mit der Grenzfrage, die Beziehungen zwischen Polen und der Bundesrepublik.

Doch es lag nicht allein am Jaruzelski-Regime. Mit der ihm eigenen Sensibilität für die Gefühle anderer Nationen, wie später durch seine Bemerkungen über die polnisch-jüdischen Beziehungen deutlich werden sollte, behauptete Primas Glemp in einer Predigt, daß keine Deutschen mehr in Polen übrig wären und wenn, sollten sie froh sein, Polen zu sein. Stolz berichtete er von einer alten Dame in der Bundesrepublik, die ihn gebeten hatte, den Deutschen in Polen kein Unrecht widerfahren zu lassen. »Welche Deutschen, welches Unrecht?« habe er geantwortet. Das wiederum löste nun Empörung in der Bundesrepublik aus. Und so ging es vierzig Jahre nach Kriegsende weiter im Kreis von Beschuldigung und Gegenbeschuldigung.

In der zweiten Hälfte der achtziger Jahre stellten die deutschen Minderheiten die Bundesrepublik vor ein weiteres Problem. Diesmal vor ein Problem des Erfolges. Jahrelang hatten Bonner Regierungen die Behörden in Warschau, Moskau und Bukarest (ganz zu schweigen von Ost-Berlin) gedrängt und sie dafür bezahlt, ihre Deutschen gehen zu lassen. Und nun kamen plötzlich nicht nur Zehntausende, sondern Hunderttausende. Die Zahl der Aussiedler aus der Sowjetunion und Osteuropa erhöhte sich von knapp über 40 000 im Jahr 1986 auf beinahe 80 000 1987, auf über 200 000 1988, 377 055 1989, bis beinahe 400 000 im Jahr 1990. Dieses Wachstum hatte zwei Ursachen: zum einen eine vollkommen veränderte Emigrationspolitik in der Sowjetunion unter Gorbatschow, im Januar 1987 durch einen neuen Erlaß manifestiert, zum anderen die vollständige Reisefreiheit, die die polnische Regierung nun allen gewährte, und das zu einer Zeit, in der die Wirtschaftslage die »deutsche Option« nahezu herausforderte.

War dies nicht ein großer Erfolg der deutschen Ostpolitik? Hatte Kanzler Kohl 1983 in seiner Regierungserklärung, als er die Betroffenen nicht nur als »Deutschstämmige«, sondern schlicht als »Deutsche« bezeichnete, nicht genau das mit Nachdruck verlangt? Doch Folge dieser deutschen Flutwelle, die »heim« rollte, waren nicht Wellen nationaler Willkommensbezeugungen und freudiger Reaktionen, sondern im Gegenteil, wachsende Ablehnung und Widerstand in der Öffentlichkeit. Was schließlich auch zu den Wahlerfolgen der Republikaner beitrug. Diese Republikaner waren ein seltsames Phänomen: eine extrem rechtslastige, populistische Partei, die ihre Wahlerfolge nicht zuletzt auch den Ressentiments gegen neu eingewanderte Deutsche verdankte.

Vergeblich betonten Politiker vom Bundespräsidenten bis zum Bundeskanzler, daß viele dieser Deutschen lange und schwer gelitten hatten, nur weil sie Deutsche waren. Vergeblich erinnerten sie daran, daß nach dem Krieg ein Deutschland in Trümmern viel mehr Deutsche aus dem Osten willkommen geheißen und integriert hatte. Vergeblich wiesen Minister und Wirtschaftswissenschaftler darauf hin, daß diese in der Mehrzahl jungen, oft qualifizierten und hoch motivierten Menschen ein wichtiger wirtschaftlicher Zugewinn für ein Land waren, dessen eigene, in Deutschland gebürtige Bevölkerung immer mehr abnahm und zunehmend überalterte. Doch die unzufriedenen Wähler in den großen Städten wie Berlin oder Frankfurt, aber auch in den ärmeren ländlichen Gebieten Bayerns, sahen nur, daß Neubürger mit Wohnungen, Arbeitsplätzen und besonderen Sozialleistungen bevorzugt wurden.

Um ihre Reaktion zu verstehen, muß man sehen, daß der hohe Zuwachs an Aussiedlern zur gleichen Zeit (und teils aus den gleichen Gründen) kam, in der auch viele Deutsche von Ost- nach Westdeutschland zogen. Zu einer Zeit, in der andere Osteuropäer (denn nach der Sprachregelung von Jalta-Europa waren auch die Ostdeutschen und die Deutschen im Osten »Osteuropäer«) auf Besuch kamen, um dann illegal zu bleiben oder politisches Asyl zu beantragen. Anzumerken sei hier, daß die Bundesrepublik nicht nur nach Artikel 116 ihres Grundgesetzes und durch dessen

Auslegung in Gesetz und Praxis die deutsche Volkszugehörigkeit bemerkenswert großzügig definierte, sondern nach Artikel 16 ihres Grundgesetzes und durch dessen Auslegung in Gesetz und Praxis auch eine bemerkenswert großzügige Definition von Asyl lieferte.

In Erinnerung an das Asyl, das von den Nazis verfolgten Deutschen in Skandinavien, Amerika, Großbritannien und anderen freien Ländern gewährt worden war, hatten die Verfasser des Grundgesetzes den weitreichenden Entschluß gefaßt: »Politisch Verfolgte genießen Asylrecht«. Und tatsächlich wurde denn auch niemand nach Osteuropa zurückgeschickt, der auch nur den geringsten Nachweis einer Verfolgung erbrachte. Bis zur zweiten Hälfte der achtziger Jahre hatte sich die Anzahl der Asylsuchenden aus Osteuropa, vor allem aus Polen, stetig erhöht, obwohl das Regime zu Hause *de facto* milder geworden war und die Gründe, die für die Asylanträge angegeben wurden, dadurch immer fadenscheiniger wurden. Bereits 1987 befanden sich etwa 85 Prozent aller Asylbewerber in der gesamten Europäischen Gemeinschaft in der Bundesrepublik. 1988 überschritt ihre Gesamtzahl 100000. Am Ende desselben Jahres waren etwa 200000 Polen registriert, die sich nicht nur vorübergehend in der Bundesrepublik aufhielten.

Anlaß für die Ressentiments in der Bevölkerung waren daher bei weitem nicht nur die Deutschen aus dem Osten, sondern der große Zustrom von Fremden aller Schattierungen und Hintergründe. Selbst der Berliner, der vom einen Ende der Friedrichstraße zum anderen umzog, war gegen diese Ressentiments nicht gefeit. Und die Spannungen zwischen den sogenannten Ossis und Wessis sollten nach vollständiger Öffnung der deutsch-deutschen Grenze noch anwachsen. Meinungsumfragen enthüllten ein Kontinuum an Ressentiments, das mit den Deutschen aus der DDR begann (am wenigsten abgelehnt), sich mit Deutschen aus Rumänien oder Rußland fortsetzte, über Deutsche (oder »Deutsche«) aus Polen dann zu Polen überging, weiter zu den Völkern, die bis zum frühen Jahr 1990 »Jugoslawen« genannt wurden, bis hin zu den (am meisten abgelehnten) Sinti und Roma, Afrikanern und anderen DM-losen Stämmen. Im Scherz wurde gesagt, daß sich Feindseligkeiten gegen alles richteten, was mit »A« begann: Asylanten, Ausländer, Aussiedler.

Ironischerweise war es die Auslegung des eigenen Staatsbürger- und Asylrechts durch die Bundesrepublik, die dieses Kontinuum herstellte. Besonders deutlich im Falle der Bewohner Oberschlesiens. Denn zwischen jenen Schlesiern, die plötzlich eine deutsche Vergangenheit entdeckten, um ihren Familien einen besseren Lebensstandard zu sichern, und jenen Schlesiern, die als Polen Asyl beantragten, um ihren Familien einen besseren Lebensstandard zu sichern, gab es kaum Unterschiede. Beide waren, wie der Volksmund sagte, weniger Volksdeutsche als Volkswagendeutsche. Doch konnte das nicht mit gleicher Berechtigung von den meisten Westdeutschen gesagt werden? Und was ist schlecht daran?

Als Resultat dieser unerwarteten Entwicklung wurde die Lage der deutschen Minderheiten, wie so viele anderen Aspekte der deutschen Ostpolitik, gleichzeitig zur innen- wie außenpolitischen Frage. Innenpolitisch begann eine große Debatte über das Asylrecht. Außenpolitisch begann die Kohl-Regierung nun, größere Betonung auf die zweite der beiden möglichen politischen Linien gegenüber den Deutschen im Osten zu legen: eher Hilfe zum Bleiben als Anreiz zum Kommen. Neben dem individuellen Menschenrecht auf Bewegungsfreiheit legte die Bonner Regierung nun zunehmend größeres Gewicht auf die Gruppenrechte von Minderheiten.

Menschen, die nach Artikel 116 des Grundgesetzes Deutsche waren, sollten in der Lage sein, als Deutsche in jedem Staat zu leben, in dem sie sich befanden. Sie sollten die deutsche Sprache erlernen können, ihre Kultur pflegen, eigene Zeitungen, Kirchen und gleiche Chancen haben. Die einzigartige Kultur Mitteleuropas war durch die angespannte, belastete, doch reiche Koexistenz von slawischer, deutscher und jüdischer Kultur entstanden. Leider, leider konnten die Juden niemals mehr zurückkommen, aber die Deutschen konnten noch immer ihren Teil übernehmen. Dies war weder eine illiberale noch unattraktive Vision. Doch solange die Staaten Osteuropas kommunistisch blieben, blieb es auch genau dies: eine Vision.

Ungarn war die Ausnahme, die die Regel bestätigte. Hier, in

einem Staat mit nur kleiner deutscher Minderheit, relativ unbelasteten historischen Bindungen an Deutschland und zunehmend guten Beziehungen zu Bonn, erkannte das Regime von János Kádár die Vorteile, die sich aus einer vorbildlichen Behandlung seiner Deutschen ergeben konnten. Beim ersten Besuch eines Präsidenten der Bundesrepublik, 1986 von Richard von Weizsäcker, wurde von Schulmädchen der sogenannten Donauschwaben für Unterhaltung gesorgt. Sie tanzten Volkstänze in bunten Volkstrachten, sangen Volkslieder und rezitierten Volksdichtung. Es war, sagte der Bundespräsident, »ein herzbewegendes Ereignis«. Die vorbildliche Volksbehandlung bewegte aber nicht nur das Herz des Bundespräsidenten. Sie bewegte auch das Portemonnaie der Bundesrepublik. 1987, bei der Bewilligung eines ungebundenen Kredits über 1 Milliarde DM für die ungarische Regierung, ließ Bonn keinen Zweifel daran, daß dies auch eine Anerkennung für die gute Behandlung der deutschen Minderheit war. Während seines Ungarn-Besuches 1988 sagte Volker Rühe, damals der außenpolitische Sprecher der Christdemokraten: »Die Frage der Behandlung von Minderheiten spielt in meinen derzeitigen Gesprächen mit der ungarischen Führung sowie mit dem Verband der Ungarndeutschen eine dominante Rolle.«

Außerdem machten Politiker und Beamte in Bonn kein Geheimnis daraus, daß dieser Kredit ein Signal an andere Staaten des sowjetischen Blocks war: Wenn Polen, die Tschechoslowakei, Rumänien und selbst die Sowjetunion ihren Deutschen vergleichbare Rechte zugestehen würden, konnten auch sie solche Belohnungen erwarten. Nach jahrelangen Zahlungen, um »unsere Landsleute« aus Osteuropa heraus- und in die Bundesrepublik hereinzubekommen, war Bonn nun zu Zahlungen bereit, um sie (freiwillig) in Osteuropa zu halten und damit von der Bundesrepublik fernzuhalten. In einem etwas unvorsichtigen Kommentar während eines Radiointerviews im August 1988 sagte Kanzler Kohl, zu den Bonn-Warschauer Verhandlungen befragt: »Beide Seiten müssen sich hier bewegen. Die Polen wollen wirtschaftliche Unterstützung, wir denken an unsere Landsleute ... die dort leben.«

Das Thema stand auf der Agenda der deutsch-polnischen Verhandlungen der späten achtziger Jahre und bei den deutsch-sowjetischen Verhandlungen 1988–89. Bei Gorbatschows Bonn-Besuch 1989 erörterte Kohl mit ihm das Thema einer möglichen separaten Republik für die Deutschen in der Sowjetunion, entweder an der Wolga, wo viele von ihnen zuvor gelebt hatten, oder anderswo. Und sowohl in der deutschen wie in der sowjetischen Presse wurde ein Vorschlag diskutiert, den erstmals ein führender deutscher Bankier vorgebracht hatte: die Enklave Kaliningrad – Königsberg – in eine besondere Freihandelszone oder autonome Region zu verwandeln, in der natürlich den Deutschen eine bedeutende Rolle zukäme. Doch keine dieser Diskussionen trug noch vor den Revolutionen von 1989 Früchte. Und die Lage der deutschen Minderheit in Rumänien (wie die aller anderen dort) verschlechterte sich in den letzten Jahren Ceaușescus zusehends.

So blieb die Politik der Bundesrepublik bis 1989 effektiv dabei, den Deutschen eher beim Kommen zu helfen als beim Bleiben. Insgesamt waren in den Jahren 1950 bis 1969 fast eine Million Menschen aus der Sowjetunion und Osteuropa als Aussiedler in die Bundesrepublik gekommen, mehr als 1,3 Millionen dann in den Jahren 1970 bis 1989. Diese Politik hatte unschätzbare Verbesserungen für Hunderttausende von Individuen gebracht, die dadurch Freiheit und Lebenschancen gewannen, wenn auch zum Preis der Entwurzelung. Aber sie brachte auch potentielle langfristige Verbesserungen für die überalterte Bevölkerung der Bundesrepublik. Die jungen Aussiedler würden eines Tages ihren Teil zur Rentensicherung beitragen.

Und doch entbehrte der Erfolg nicht einer gewissen traurigen Ironie. Ein Ziel der Ostpolitik war es, auf konstruktive, friedliche, liberale Weise die traditionelle deutsche Präsenz in Mittel- und Osteuropa wiederherzustellen. Doch einer der Effekte dieser Ostpolitik, ein »Erfolg«, war, daß sie die noch vorhandene, alt-niedergelassene deutsche Präsenz in dieser Region weiter ausblutete. Der langsame Tod jahrhundertealter deutscher Gemeinschaften in Siebenbürgen oder im Banat war in jeglicher Hinsicht eine weitere mitteleuropäische Tragödie. Es war gewissermaßen die Fortsetzung von Potsdam mit anderen Mitteln.

Die Hauptverantwortung dafür lag natürlich bei den kommunistischen Regimen in Bukarest, Warschau oder Moskau. Vielleicht hatte Bonn auch wirklich keine Alternative. Doch unbestreitbar ist, daß Bonn unmittelbar zum Verschwinden der noch bestehenden deutschen Gemeinschaften beitrug – und dafür bezahlte. Und der innenpolitische Effekt dieses zutiefst ambivalenten außenpolitischen »Erfolges« war das Aufflammen der Fremdenfeindlichkeit in der Bevölkerung, Stimmen für eine neue, rechtslastige Partei und neue Kritik an der Ostpolitik selbst.

Zuckerbrot und Peitsche

»Der Außenhandel«, sagte Ludwig Erhard, der Architekt des deutschen Wirtschaftswunders, sei »Kern und Voraussetzung unserer Wirtschafts- und Gesellschaftsordnung schlechthin.« Die Bundesrepublik war (und ist) in außergewöhnlich hohem Maße vom Außenhandel abhängig. In den achtziger Jahren stammte mindestens ein Drittel ihres Bruttoinlandsprodukts aus Exporten. Etwa jeder fünfte Arbeitsplatz hing unmittelbar vom Außenhandel ab. Die Bundesrepublik war (und ist) ein »Handelsstaat«.

Bereits lange vor 1945 hatte Walter Rathenau Napoleons berühmten, an Goethe gerichteten Satz, »die Politik ist unser Schicksal«, adaptiert. »Die Wirtschaft«, sagte Rathenau, »ist unser Schicksal.« Doch die Zerstückelung des deutschen Territoriums nach 1945 verschärfte die unmittelbare Abhängigkeit vom Außenhandel. Denn wo das Land zuvor einen Großteil seines Bedarfs an Rohstoffen und Energie aus den eigenen Ostgebieten (z. B. Kohle aus Schlesien) decken konnte, mußte der verkleinerte Staat diesen Bedarf nun durch Importe decken und gleichzeitig mehr exportieren, um diese Importe auch bezahlen zu können. Eine neue Phase der industriellen Entwicklung verstärkte die Handelsabhängigkeit.

Nun gab es auch eine Komplementarität zwischen den westdeutschen und osteuropäischen Profilen von Angebot und Nachfrage. Die Bundesrepublik war nicht nur in der Lage, Osteuropas zunehmende Nachfrage nach Industrieerzeugnissen und Technologie zu stillen. Sie war auch in der Lage, mehr von jenen Rohstoffen und Landwirtschaftsprodukten abzunehmen, die die Sowjetunion und Osteuropa anzubieten hatten, mochten das nun Erdgas, Essiggurken oder Gänse gewesen sein.

Diese Komplementarität war der sowjetischen Führung natürlich nicht entgangen und veranlaßte sie gelegentlich zu großen Hoffnungen – und Drohgebärden. »Sie vergessen«, ermahnte Chruschtschow den französischen Außenminister Christian Pineau, »daß sich [Deutschlands] Wirtschaft sehr viel weniger mit der Ihren ergänzt als mit der der UdSSR. Wenn Sie sich mit der deutschen Industrie messen wollen, dann wird sie sich der UdSSR zuwenden, wo sie in der Lage sein wird, ein angemessenes Expansionsgebiet zu finden. Das wird die Zeit eines neuen Rapallo sein. Dann werden Sie es bedauern, nicht auf uns gehört zu haben.« Und der deutsche Botschafter in Moskau zur Zeit des Beginns von Brandts Ostpolitik erzählte, Kossygin habe ihm 1971 gesagt: »Wir haben alle Rohstoffe der Welt, ihr habt das Knowhow. Schließen wir uns zusammen, und wir sind autark.« Auch Breschnew hatte seine großen Visionen von deutsch-sowjetischen Wirtschaftskooperationen.

Obwohl deutsche Politiker ganz offensichtlich die Möglichkeiten weit nüchterner einschätzten und wußten, daß die wirtschaftlichen Eigeninteressen viel mehr im Westen lagen, hatten sie dennoch sowohl wirtschaftliches wie auch politisches Interesse daran, den Osthandel auszubauen. Unter den gegebenen Umständen wäre es auch höchst unnormal gewesen, hätte die Bundesrepublik keinen beträchtlichen Handel mit dem Osten und Südosten geführt. Eine derartig unnormale Situation hatte es tatsächlich in den späten vierziger und frühen fünfziger Jahren gegeben. In den sechziger Jahren begann der Osthandel stark anzuwachsen und steigerte sich in den siebziger Jahren dann rapide, wobei der Zuwachs vor allem durch den Ausbau des deutsch-sowjetischen Handels zu Buche schlug. Westdeutsche Politiker stellten dies gern als ein Stück »Normalisierung« dar. Was dann aber vollständige »Normalität« wäre, war schwer zu sagen.

Während der siebziger und achtziger Jahre belief sich der Handel der Bundesrepublik mit der Sowjetunion und Osteuropa, die DDR ausgenommen, auf nie mehr als 7,5 Prozent des gesamten Außenhandels. Schließt man die DDR mit ein, dann erreichte das Volumen 1975 mit 9 Prozent seinen Höhepunkt. Während jedoch das Gesamtvolumen des Osthandels weiterhin anstieg, verkleinerte sich die Proportion des gesamten Außenhandels der Bundesrepublik mit den europäischen Mitgliedern des Comecon während des nächsten Jahrzehnts. Westdeutsche Politiker wurden nicht müde zu betonen, daß der Osthandel der Bundesrepublik geringer war als ihr Handel mit der Schweiz. Doch sie wiederholten es mit jeweils unterschiedlicher Betonung vor unterschiedlichem Publikum. Gegenüber den besorgten Alliierten, vor allem den Amerikanern, war es eine Versicherung: Keine Sorge, unser Handelsvolumen ist so gering, daß keine Gefahr der Abhängigkeit vom Osten besteht. Gegenüber ihren eigenen Geschäftsleuten und sowjetischen oder osteuropäischen Partnern hörte sich das etwas anders an: Seht nur, wie lächerlich gering das Ganze ist, wir müssen es steigern!

Vor Vertretern der eisen-, stahl- und metallverarbeitenden Industrie erklärte Walter Scheel auf dem Höhepunkt der Debatte über die Ratifizierung der Ostverträge 1972, daß die Zahlen für 1971 »angesichts der Bedeutung eines benachbarten Wirtschaftsraumes mit rund 350 Millionen Einwohnern« nicht hoch gewesen seien. Sie beziffern »einen Anteil unseres Gesamtaußenhandels von nur 3,8 Prozent. Vor dem Kriege waren es für das Deutsche Reich rund 12 Prozent.« Fünfzehn Jahre später sollte sein Nachfolger Hans-Dietrich Genscher vor dem Weltwirtschaftsforum in Davos dasselbe behaupten, allerdings in etwas kosmopolitischerer Form: »Gegenwärtig liegt der Wirtschaftsaustausch zwischen West und Ost auf einem – betrachtet man die beiderseitigen Potentiale – erstaunlich niedrigen Stand. Für die Bundesrepublik Deutschland zum Beispiel, den größten Handelspartner des Comecon, macht der Osthandel lediglich 4 Prozent des gesamten Außenhandels aus. Allein nach der Schweiz exportieren wir eineinhalbmal soviel wie in alle europäischen RGW-Länder zusammen.«

Wenn von der Wiederkehr einer starken deutschen Wirtschaftspräsenz im Osten die Rede war, dachte man sofort an Scheels Vergleich mit der Vorkriegszeit – vor allem den Osteuropäern kam dies in den Sinn. Doch es war unmöglich, den Vergleich mit irgendeinem Anspruch auf Genauigkeit anzustellen. 1938 hatten sich 12 Prozent des Außenhandels des Deutschen Reichs auf nur sechs Länder Südosteuropas bezogen – Resultat der entschieden unnormalen deutschen Wirtschaftsexpansion nach der Depression. 1929 war das Volumen nur 4,5 Prozent gewesen. Müßten wir also bis zur Zeit vor dem Ersten Weltkrieg zurückgehen? Dann jedoch wäre der Handel mit beinahe der Hälfte des heutigen Polens deutscher Binnenhandel gewesen!

Bei Handelsbeziehungen gab es ebensowenig einen »normalen« Status quo ante wie bei anderen Aspekten der deutschen Ostbeziehungen. Kein historisches Moment, auf das man sich vernünftigerweise »zurückbeziehen« könnte. Es gab auch keine akzeptierte Definition von »Normalität« für die Beziehungen zwischen Plan- und Marktwirtschaft. Und wollte man einen ernsthaften Vergleich mit der Situation Deutschlands vor dem Krieg ziehen, so müßte man selbstverständlich den Handel der DDR mit der Sowjetunion und Osteuropa einbeziehen. Für ihn galten jedoch andere und unvergleichbare Maßstäbe. Erst nach dem Kollaps des Kommunismus in Osteuropa und der Vereinigung Deutschlands wurde ein solcher Vergleich wieder möglich.

Unter den Bedingungen von Jalta-Europa konnte als einzig sinnvoller Vergleich nur der Osthandel anderer westlicher Staaten gelten. Fest steht, daß die Bundesrepublik Mitte der achtziger Jahre mehr Osthandel betrieb als irgendeine andere westliche Macht: 1985 dreimal mehr als die Vereinigten Staaten oder Japan und beinahe das Vierfache, wenn man den DDR-Handel einbezieht. Was für den Handel galt, galt auch für andere Aspekte der Wirtschaftsbeziehungen. Die Banken der Bundesrepublik liehen mehr Geld, ihre Firmen transferierten mehr Technologie. Und seit Joint Ventures möglich waren, hatte die Bundesrepublik wieder einmal die Führungsposition inne.

Die Bundesrepublik war nicht besonders von diesem Handel abhängig, doch relativ abhängiger als jeder andere westliche Staat – mit Ausnahme von Österreich und Finnland. Doch spezielle Zweige der westdeutschen Industrie waren sehr wohl davon abhängig. Mitte der siebziger Jahre gingen zwanzig Prozent des Exports der Eisen- und Stahlindustrie in den Osten. Die Manager dieses Industriezweigs und jener Banken, die ihn förderten (aber auch unabhängig davon Ostkredite vergaben), hatten eine gewichtige Stimme in Bonn und waren eine bedeutende Lobby. Schätzungen der Arbeitsplätze, die direkt von diesem Handel abhingen, beliefen sich auf 100–300000. 1989 war die Deckung des westdeutschen Erdgasbedarfs als Folge der Röhrengeschäfte zu dreißig Prozent von der Sowjetunion abhängig, also fünf Prozent ihres gesamten Energieimports. Wenn das ursprüngliche Interesse für die Entwicklung des Osthandels auch hauptsächlich politisch motiviert gewesen war, so hatte diese Expansion doch auch Rückwirkungen auf die reinen Wirtschaftsinteressen.

Kommentare der jeweiligen Außenminister lassen erkennen, daß auch das vage Gefühl bestand, in der Zukunft könnte es irgendwann einen (quantitativ noch unbestimmbaren) ebenso großen Ostmarkt geben wie einst in der Vergangenheit. Vielfach wurde bemerkt, die Mitteleuropa-Diskussion der europäischen Intellektuellen habe sich zwischen Nostalgie und Utopie bewegt. Doch auch deutsche Geschäftsleute hatten ihre Nostalgien und Utopien. Selbst der Handel hatte seine Poesie. F. Wilhelm Christians, als Vorstandssprecher der Deutschen Bank ganz wesentlich in den Osthandel involviert, zeichnet in seinen Memoiren eine begeisterte Vision der besonderen Rolle, die Deutsche bei der Modernisierung der russisch/sowjetischen Wirtschaft spielen könnten. Er vergleicht sie mit der Beziehung des dynamischen, deutschstämmigen Iwan Stolz zum ständig ruhenden Russen Oblomow im berühmten Roman von Iwan Gontscharow.

»Jahrhundertelang«, erklärte Walter Scheel den versammelten Chefs der eisen-, stahl- und metallverarbeitenden Industrie 1972, »hat der deutsche Kaufmann im Osten unsere natürliche Rolle als Mittler zwischen den Leistungen und Bedürfnissen West- und Zentraleuropas auf der einen, des Balkans und Osteuropas auf der anderen Seite verwirklicht. Ich selbst empfinde es als besonders befriedigend, daß die Röhren wieder ihre von Natur aus leitende und verbindende Funktion erfüllen.«

Doch jegliche wirtschaftliche, politische oder sozusagen erwartungsgeprägte Abhängigkeit der Bundesrepublik vom Osthandel verschwindet in die Bedeutungslosigkeit neben der wachsenden Realabhängigkeit Osteuropas von der Bundesrepublik. Während der Periode, die hier zur Diskussion steht, haben effektiv alle europäischen Mitglieder des Comecon Handel, Technologie, Finanzierungsgeschäfte und Know-how mit und aus dem Westen gesucht, und ihr führender Partner im Westen war die

Bundesrepublik. Bereits der Budapester Appell des Warschauer Paktes hatte gezeigt, daß dies ein Hauptmotiv für die Öffnung nach Westen gewesen war, vor allem für die Öffnung zur Bundesrepublik.

Mitte der achtziger Jahre fiel der Westhandel aller osteuropäischen Staaten, mit Ausnahme von Rumänien (bei dem die Zahlen niedriger waren) und der DDR (bei der die Zahlen höher waren), zu einem Drittel bis einem Viertel auf die Bundesrepublik. Ein extremer Fall von Abhängigkeit war Ungarn. Ende der achtziger Jahre waren vierzig Prozent seines Bruttoinlandsprodukts durch Exporte erwirtschaftet. Wegen der unterschiedlichen Rechnungseinheiten und Wechselkurse des westlichen und östlichen Marktes ist es unmöglich, genau zu sagen, welcher Anteil des Gesamtexports des Handelsstaats Ungarn in die Bundesrepublik ging. Doch ein Viertel seines Gesamtexports in die OECD-Länder ging in die Bundesrepublik. Ungarns Handel mit der Bundesrepublik machte sogar nicht weniger als die Hälfte seines Gesamthandels mit der EG aus. Laut Statistik war die Bundesrepublik zu Ungarns zweitem Handelspartner nach der Sowjetunion geworden. Qualitativ aber lag sie an erster Stelle. Ende 1989 waren deutsche Firmen auch an einem Drittel der Joint Ventures des Landes beteiligt. Solche Zahlen sind wichtig für das Verständnis der außenpolitischen Entscheidungen von Ungarns noch immer vorgeblich »sozialistischer« Führung im Jahr 1989.

Das andere Extrem war die Sowjetunion. Sie war 1989 lediglich zu einem Wert von rund acht Prozent ihres Bruttoinlandsprodukts vom Außenhandel abhängig, und nach ihren eigenen Berechnungen machte der Westhandel nur ein Viertel dieses Gesamthandelsvolumens aus. Nichtsdestoweniger kamen bereits in den späten 70ern mehr als ein Viertel ihrer westlichen High-Tech-Importe aus der Bundesrepublik. 1989 fielen ca. 18 Prozent des sowjetischen Westhandels auf die Bundesrepublik (und innerhalb des Comecon machte der Handel mit der DDR etwa ebensoviel Prozent aus). Deutsche Banken waren die führenden Devisen-Gläubiger der Sowjetunion, und ein Großteil dieser Schulden war durch Bonner Bürgschaften garantiert. Gorbatschow machte 1989 bei seinem Besuch in der Bundesrepublik klar, daß die Sowjetunion im Zeichen der Perestroika für ihre Modernisierungsmaßnahmen vor allem Handel, Technologie und Know-how mit und aus der Bundesrepublik brauchen würde.

Alle europäischen Staaten, die eine zentralistische Planwirtschaft sowjetischen Typs hatten oder gehabt hatten, waren einem Dilemma von zunehmender, relativer wirtschaftlicher Rückschrittlichkeit ausgesetzt. Westeuropa zog immer weiter davon. Die High-Tech-Revolution, die bereits Fernwest und Fernost verschlang, und der schnelle Marsch zum Europäischen Binnenmarkt 1992 drohten die Kluft immer weiter zu vergrößern. Mit diesem Dilemma konfrontiert, mußten alle ihre Beziehungen zum Westen, vor allem aber zur Europäischen Gemeinschaft neu gestalten. Doch unter den einzelnen EG-Staaten war es in erster Linie die Bundesrepublik, auf die die Erwartungen gerichtet waren.

Diese große Abhängigkeit und die noch größeren Erwartungen beschworen wieder einmal ein zentrales Problem der westlichen Politik gegenüber Osteuropa und der Sowjetunion. Von Anbeginn an, selbst in der Zeit, als die Bundesrepublik noch keine diplomatischen Beziehungen mit dem Osten hatte, glaubten Bonn wie Washington, daß die Wirtschaftsmacht des Westens ein wesentliches, wenn nicht das wesentlichste Instrument wäre, um westliche politische Ziele im Osten durchzusetzen. Von Anfang an war im Westen heiß umstritten, wie diese Wirtschaftsmacht einzusetzen wäre. Und die härtesten Auseinandersetzungen darüber fanden zwischen Bonn und Washington statt, wobei Paris, London und Rom Zwischenpositionen einnahmen.

Natürlich ist dies die vereinfachte Darstellung einer höchst komplizierten Geschichte. Weder waren westdeutsche Politiker immer gegen Wirtschaftssanktionen gewesen, noch waren amerikanische Politiker immer dagegen, wirtschaftliche Anreize zu geben. 1963 war es Konrad Adenauer gewesen, der die Idee eines Weizenembargos gegen die Sowjetunion verfolgte. De Gaulle gegenüber hatte er ausgesprochen, was der Westen zu Moskau sagen sollte: »Wenn du Weizen willst, zeige deinen guten Willen und schaffe die Mauer weg.« Ein solches Weizenembargo hätte jedoch die amerikanische Wirtschaft härter getroffen als die bundesdeutsche. Was dann 1962/63 wirklich stattfand, war ein Röhrenembargo für die Sowjetunion, das die bundesdeutsche

Wirtschaft härter traf als die amerikanische. Die Bundesrepublik ging nur zögernd auf dieses von Amerika initiierte Embargo ein – doch zur großen Überraschung der Amerikaner waren die Briten noch widerspenstiger. Im übrigen waren einige der frühesten Vertreter der auf deutsch besonders wohlklingenden Formel »Wandel durch Handel« nicht Deutsche, sondern Amerikaner gewesen.

Noch in den siebziger Jahren stammte die weitreichendste Auslegung dieser Formel nicht aus deutschem Munde, sondern von Samuel Pisar, einem französischen Amerikaner polnisch-jüdischer Herkunft. 1970 hatte er ein einflußreiches Buch geschrieben, *Coexistence and Commerce*, das von Valéry Giscard d'Estaing als die »Bibel der Ost-West-Wirtschaftsbeziehungen« gepriesen wurde. Der altgediente Praktiker des Ost-West-Handels, Otto Wolff von Amerongen, warnte hingegen vor den »Romantikern des Osthandels« und malte ein sehr viel nüchterneres Bild dessen, was ernsthaft zu erwarten war. Es stimmt, einige westdeutsche Politiker, einschließlich Franz Josef Strauß, stellten mit ihrer Überzeugung, daß die ökonomische Basis den politischen Überbau notwendigerweise verändern würde, fast schon einen Vulgärmarxismus zur Schau. Doch der naive Glauben an die automatisch transformativen Qualitäten von wirtschaftlichem Austausch und importierter westlicher Technologie war auf beiden Seiten des Atlantiks und an beiden Enden des politischen Spektrums zu finden.

Amerikanische Geschäftsleute standen in dieser Frage der Position der Bundesregierung manchmal näher als der Meinung ihrer eigenen Regierung. Als Manager der Bechtel Corporation zog George Shultz über die »Lichtschalter-Diplomatie« her, also über die Vorstellung, Geschäftsverbindungen könnten ganz nach Wunsch für politische Zwecke ein- und ausgeschaltet werden. Andererseits stand so mancher aus dem Verteidigungsbereich der Bundesrepublik dem Pentagon, mit dessen Besorgnis angesichts des Transfers von militärisch nutzbarer Technologie in Warschauer-Pakt-Staaten, näher als den eigenen Politikern. Jede Generalisierung deutsch-amerikanischer Unterschiede wird zusätzlich durch die Tatsache erschwert, daß es zwar einen im großen und ganzen konsensuellen politischen Ansatz der Bundesrepublik gab, in den USA jedoch viele unterschiedliche, aufeinanderfolgende oder sogar simultan verfolgte.

Den vorsichtigen Liberalisierungen des Handels durch das Nixon-Kissinger-Team und den wirtschaftlichen Anreizen gegenüber der Sowjetunion, die eng mit Moskaus außenpolitischem Verhalten verknüpft worden waren, wurde bald durch die Beschränkungen des Jackson-Vanik-Amendments Einhalt geboten. Und das war noch immer in Kraft, als die Carter-Administration versuchte, eine kalibrierte »Wirtschaftsdiplomatie« zu betreiben, wie sie von Zbigniew Brzezinski und Samuel P. Huntington vorgeschlagen worden war. Hier sollte nicht nur eine unmittelbare Verknüpfung mit der sowjetischen und osteuropäischen Außenpolitik hergestellt werden, sondern auch mit dem innenpolitischen Verhalten dieser Staaten und insbesondere mit der Achtung oder Verletzung der Menschenrechte gegenüber ihren eigenen anders denkenden Bürgern. Einige Leute aus der Reagan-Administration forderten später eine noch rigidere Verknüpfung mit Strafmaßnahmen, während andere – vor allem um den Verteidigungsfachmann Richard Perle – zu einem Konzept der ökonomischen Kriegsführung gegen die Sowjetunion zurückkehrten, was mehr den frühen fünfziger als den frühen siebziger Jahren entsprach. Doch jeder dieser Ansätze wurde unmittelbar von sowjetischen Aktionen, aber auch durch die Politik und Reaktionen der westeuropäischen Verbündeten der USA beeinflußt oder verändert.

Trotz all dieser Einschränkungen und Komplexitäten bleibt die Tatsache bestehen, daß es seit den späten siebziger bis in die späten achtziger Jahre hinein heftige Streitigkeiten innerhalb der westlichen Allianz gab, wie, wo und welche ökonomischen Instrumentarien in der Ostpolitik eingesetzt werden sollten, wobei sich Bonn und Washington als Hauptkontrahenten gegenüberstanden. Begonnen hatten diese Differenzen mit einer Reihe unbedeutenderer Sanktionen – genaugenommen mit amerikanischen Beschränkungen von Exporten in die Sowjetunion, die 1978 von der Carter-Administration verhängt und ausdrücklich mit der Behandlung prominenter sowjetischer Dissidenten, wie Alexander Ginzburg und Anatoli (Natan) Schtscharanski, verknüpft wurden. Obwohl nicht direkt davon betroffen, hatte die

Schmidt-Regierung diese Maßnahmen nicht gutgeheißen. Daß sie nicht unmittelbar betroffen war, konnte man dann bei den folgenden und wesentlich wichtigeren Sanktionsmaßnahmen nicht mehr behaupten. Hier ging es um ein (kurzlebiges) Weizen-Embargo und den (nur teils eingehaltenen) Boykott der 1980er Olympischen Spiele in Moskau als Antwort auf die sowjetische Invasion Afghanistans. Die Einhaltung dieser Sanktionen wurde auch von den westeuropäischen Bündnispartnern erwartet.

Die große Krise kam jedoch 1982. Sofort nachdem General Jaruzelski das »Kriegsrecht« über Polen verhängt hatte, begann die Reagan-Administration mit Sanktionen, zuerst gegen Polen und dann auch gegen die Sowjetunion, die sie für die Unterdrückung von Solidarność in Polen verantwortlich machte. Die Vereinigten Staaten versuchten ihre westeuropäischen Verbündeten dazu zu bewegen, sich ihnen anzuschließen. Vor allem versuchten sie, ein von Deutschen geleitetes Konsortium von einem »Geschäft des Jahrhunderts« abzuhalten – jener großangelegten Pipeline, durch die Westeuropa und vor allem die Bundesrepublik mit Erdgas aus dem sibirischen Urengoi versorgt werden sollte. Als die Verbündeten, vor allem die Bundesrepublik, nicht von diesem Schritt überzeugt werden konnten, griff die Reagan-Administration zu der außergewöhnlichen Maßnahme, amerikanische Filialen in Europa, ja selbst europäische Firmen, die die Lizenz für US-Technologie hatten, mit einem Ausfuhrverbot für die benötigten Kompressoren und andere Teile in die Sowjetunion zu belegen. Damit war sie zu weit gegangen. Konfrontiert mit einer geballten Ladung Zorn, von Margaret Thatcher beinahe ebenso heftig geäußert wie von Helmut Schmidt, war die Reagan-Administration gezwungen, von diesem Schritt wieder Abstand zu nehmen. 1962 hatten die Vereinigten Staaten die Bundesrepublik noch erfolgreich dazu bringen können, sich ihren Embargomaßnahmen zu fügen. 1982 gelang ihnen das nicht mehr. Doch dieser Streit hinterließ einen bitteren Nachgeschmack. Und die unterschiedlichen wirtschaftspolitischen Auffassungen gegenüber dem Osten sollten noch während des ganzen Jahrzehnts weiterschwelen.

Wie bei allen Streitigkeiten innerhalb der westlichen Allianz war es auch hierbei angeblich um die Mittel und nicht den Zweck gegangen. Wir wollen alle dasselbe, hieß die höfliche Beteuerung, wir streiten nur darüber, wie wir es erreichen können. Josef Joffe wollte auch davon nichts hören. Er kommentierte: »Gleichermaßen insistierend beanspruchten Amerikaner und Europäer die alleinseligmachende Weisheit ihrer gegensätzlichen Analysen. Das Gerassel gegenseitiger Schuldzuweisungen trug höchstens dazu bei, das Offensichtliche zu verschleiern: daß ihren Streitigkeiten unüberbrückbar unterschiedliche Interessen zugrunde lagen. Genau diese Interessen waren es, die ihre Auffassungen färbten, und nicht die Auffassungen, die amerikanische und europäische Interessen kollidieren ließen.«

Der Punkt ist schön herausgearbeitet und ein wichtiges Korrektiv der offiziellen Gebetsmühlen. Und doch ist die Grenze zwischen Interesse und Auffassung nicht ganz so klar, vor allem nicht im Falle der Bundesrepublik. Exporte und Arbeitsplätze waren eindeutig Interessen der Bundesrepublik. Nach Bonns eigener Definition waren direkte oder indirekte Wirtschaftsmaßnahmen, durch die den deutschen Minderheiten in Osteuropa und der deutschen Mehrheit in der DDR geholfen werden sollten, auch von grundlegendem nationalen Interesse. Und wenn Deutsche behaupteten, daß es einen direkten Zusammenhang zwischen der Entwicklung von wirtschaftlichen und politischen Beziehungen gab, zwischen Osthandel und Ostpolitik also, so war dies auch Ausdruck einer deutschen Erfahrung. Handelsgespräche waren die ersten Gespräche, die die Bundesrepublik direkt und bilateral mit der Sowjetunion geführt hatte. Handelsbeziehungen waren die ersten Beziehungen überhaupt, die die Bundesrepublik mit dem Osten entwickelt hatte. Handelsmissionen waren die ersten diplomatischen Vertretungen, die die Bundesrepublik in Osteuropa etabliert hatte. Anstatt Flagge voran, folgte Flagge dem Handel. Nach der Herstellung von vollen diplomatischen Beziehungen zu Beginn der siebziger Jahre folgte jedoch ein hoher Anstieg des Handelsvolumens. Also folgte der Handel doch auch der Flagge.

Der potentielle wirtschaftliche Nutzen war jedenfalls ein entscheidendes Motiv der Sowjetunion und der osteuropäischen Staaten gewesen, um engere Beziehungen zur Bundesrepublik herzustellen. Als dann verschiedene osteuropäische Staaten zunehmend in Schwierigkeit gerieten, jene Devisenkredite zurückzuzahlen, die ursprünglich gewährt worden waren, um die Expansion des Ost-West-Handels zu fördern, wurden Bonns Offerten für regierungsgarantierte Kredite zum unmittelbaren Verhandlungshebel. Im grundlegenden Interesse der Bundesrepublik war, sich nicht verbieten zu lassen, ihre besten Karten auszuspielen.

Von diesem Punkt an beginnen sich jedoch Interessen und Auffassungen zu vermischen. Handel hatte eine »spannungsmindernde Rolle«, schrieb Otto Wolff von Amerongen. Er stellte das Geländer dar, an dem sich die Politik immer wieder hochziehen konnte, wenn sie bereits heftig ins Straucheln geraten war. »Die Europäer haben bereits seit Jahrhunderten mit den Russen Handel betrieben«, so Helmut Schmidt. »Sie glauben, daß der Handel mit einem engen Nachbarn politisch wie psychologisch eine gute Sache sei, selbst dann noch, wenn das Handelsvolumen gering ist.« (Für »Europäer« lies Deutsche.)

Als Franz Josef Strauß 1987 nach Moskau fuhr, erklärte er: »Mars hat abzutreten und Merkur auf die Bühne zu treten.« Nun hat der Historiker Harold James betont, daß Merkur schon seit dem frühen 19. Jahrhundert ein einzigartig wichtiger Gott im deutschen Pantheon gewesen war. Wirtschaftlicher Erfolg, vor allem bei Exporten, war seit langem eine Stütze der nationalen Identität gewesen. Und schließlich ist Merkur, der Gott des Handels, ein friedlicher Gott. Wer wollte ihn nicht dem Kriegsgott Mars vorziehen? Doch Tatsache ist, daß die Bundesrepublik (um den Börsenjargon zu gebrauchen) eine Merkur-Hausse, aber immer noch eine Mars-Baisse hatte. Die Vereinigten Staaten hatten hingegen eine Mars-Hausse, aber (zunehmende) Merkur-Baisse. Würde sich der Brennpunkt der Ost-West-Beziehungen vom Sicherheits- auf den Wirtschaftsbereich verlagern, so würde sich auch die relative Bedeutung der Supermacht-Beziehung verringern und die der alt-neuen Wirtschaftsgroßmacht Deutschland verstärken. Interesse und Auffassung waren also kaum mehr zu unterscheiden.

In einer umsichtig geschriebenen Abhandlung zu diesem Thema hat der damalige Staatssekretär des Auswärtigen Amtes, Jürgen Ruhfus, 1987 versichert: »Im Westen wird den West-Ost-

Wirtschaftsbeziehungen neben ihrer wirtschaftlichen auch eine wichtige politische Bedeutung beigemessen. Der Handel mit dem Osten wird als Beitrag zur langfristigen Vertrauensbildung zwischen den Blöcken und zur Stabilisierung und Verstetigung der Ost-West-Beziehungen insgesamt betrachtet. Der auf Entspannung, Dialog, Verflechtung von Interessen und partielle Interdependenz ausgerichtete Pfeiler der Doppelstrategie des Atlantischen Bündnisses soll damit gestärkt werden.« Nicht zu erwarten sei ein automatischer Wandel der anderen Seite oder Konvergenz. Aber wirtschaftliche Kooperation habe bereits »Reformansätze« in Osteuropa ermutigt. »Langfristig ist das Ziel, den Zustand des Nichtkrieges durch Abschreckung zu ersetzen durch einen auf Vertrauen und kooperative Sicherheitsstrukturen gestützten Frieden.« Wäre dies ein anonymes Statement gewesen, wie viele Entscheidungsträger in Washington oder auch London und Paris hätten zugestimmt, daß es eine Definition der gemeinsamen Ziele des Westens war?

Doch auch in Washington vermischten sich Interessen und Auffassungen. So lag es beispielsweise im eindeutigen Interesse einer militärischen Supermacht, daß ihr Hauptgegner keine militärisch nutzbaren technologischen Vorteile erringen konnte. Andererseits gab es weniger Interesse an positiven wirtschaftlichen Auswirkungen, denn Osthandel war für die Wirtschaft der USA von marginaler Bedeutung geblieben. Es gab aber auch die (wenngleich wechselnde) Auffassung, ein wesentliches Ziel westlicher Politik sollte die Achtung der Menschenrechte und die Liberalisierung in Osteuropa und der Sowjetunion sein, wobei westliche Wirtschaftsmacht unmittelbar für dieses Ziel eingesetzt werden müßte.

Natürlich wollten auch die Politiker der Bundesrepublik politischen Wandel und mehr Achtung der Menschenrechte in Osteuropa und der Sowjetunion. Doch sie hatten soviel andere Gründe, die Entwicklung von Wirtschaftsbeziehungen voranzutreiben – Staatsinteressen, nationale Interessen, Auffassungen von europäischen und westlichen Interessen –, daß sie nicht bereit waren, diese Beziehungen aus rein politischen oder menschenrechtlichen Gründen zu beschneiden. Selbst wenn kein Fortschritt, ja, selbst wenn nur Rückschritte in diesem Bereich zu erkennen gewesen wären, hätten im Interesse der Wirtschaft, der Deutschen im Osten, der Stabilität, der Vertrauensbildung, der Versöhnung, des Friedens und des Netzes an Interdependenzen (das Bonn hoffte, zwischen Ost und West spinnen zu können) weiterhin Wirtschaftskooperationen verfolgt werden müssen. In dieser letzten Hinsicht war die Entwicklung von Wirtschaftsbeziehungen nicht nur Mittel zum Zweck. Sie war ein Zweck an sich.

Von daher ging es weder bloß um einen Meinungsstreit noch einfach um eine Interessenskollision. Es gab Elemente aus beidem. In der zweiten Hälfte der achtziger Jahre ließ der Streit nach. Aus zwei Gründen: Erstens waren amerikanische und deutsche Politiker sehr bemüht gewesen, ihn beizulegen – obwohl Jürgen Ruhfus' Versuch, 1987 die gemeinsame Position zusammenzufassen, gezeigt hatte, wie weit die Ansichten über Konzeptionen und Meinungen noch auseinanderklafften. Zweitens gab es die Veränderungen, die Michail Gorbatschow in der Sowjetunion eingeleitet hatte und die auch die gesamte Agenda der west-östlichen Wirtschaftsbeziehungen neu gestalteten.

Doch die Akzente wurden sogar jetzt noch höchst unterschiedlich gesetzt. So war Außenminister Hans-Dietrich Genscher der erste wirkliche Befürworter im Westen, Gorbatschow durch ein breites Angebot wirtschaftlicher Kooperationen zum Erfolg zu verhelfen. Sogar jetzt gab es noch deutsch-amerikanische Differenzen darüber, wie weitreichend und wie schnell der Westen auf die sowjetischen und osteuropäischen Appelle reagieren sollte, die CoCom-Liste jener Güter, die nicht exportiert werden durften, den neuen Gegebenheiten anzupassen. Mit dem Ende des Kommunismus in Osteuropa und der Sowjetunion veränderten sich dann die Streitigkeiten bis zur Unkenntlichkeit. Nun ging es um die Frage, wie die Transformation von der Plan- zur Marktwirtschaft am besten unterstützt werden könnte und wer wieviel von den Kosten zu tragen hätte. Dabei spielte der deutsche Merkur eine führende Rolle.

Erlaubt uns das Ende der west-östlichen Wirtschaftsbeziehungen – im »Jalta«-Kontext – irgendeine abschließende Beurteilung all jener Kontroversen, die so lange gekocht und geköchelt haben?

Können wir rückblickend sagen, eine Seite wäre bei dem Streit um Sanktionen, Osthandel, Kredite und Technologie mehr im Recht gewesen als die andere? Kann man irgendwelche Rückschlüsse ziehen aus dem, was David Baldwin die »wirtschaftliche Staatskunst« des Westens genannt hat? Abschließende Beurteilungen stoßen auch hier auf noch immer akute analytische Schwierigkeiten. Wie wir sehen konnten, bestanden die Kontroversen meist nicht nur aus zwei, sondern aus mehreren Seiten gleichzeitig. Völlig unterschiedliche Verfahrensweisen wurden simultan angewandt – vor allem von den Vereinigten Staaten und von der Bundesrepublik. Und schließlich waren die Wirtschaftsbeziehungen mit dem Westen nur ein Teil des ganzen Spektrums aus Faktoren, die die Entscheidungen und Entwicklungen im Osten beeinflußt haben.

Die Frage, wie wirksam strategische gegen Warschauer-Pakt-Staaten verhängte Exportembargos für militärisch nutzbare Güter waren, in welchem Außmaß sie durch illegale Exporte oder den Umweg über Drittweltländer umgangen wurden und welchen Umfang die heimliche Akquisition von Know-how und Technologie durch Ostspione hatte, soll hier zurückgestellt werden – nicht etwa, weil sie unwichtig oder uninteressant wäre, sondern weil wir nicht über die notwendige Fachkompetenz verfügen. Die Frage, inwieweit die Strategie der Reagan-Administration (insofern es eine solche gegeben hat), Aufrüstung in Form von ökonomischer Kriegsführung gegen die Sowjetunion zu betreiben, zum Wandel der sowjetischen Außenpolitik in den späten achtziger Jahren beigetragen hat, wurde bereits behandelt. Die mögliche positive Langzeitwirkung von Wirtschaftsbeziehungen und Technologietransfers auf die Öffnung des osteuropäischen Systems und seiner Gesellschaften – als Teil einer Gesamtstrategie der Ost-West-Verflechtung – wird im nächsten Abschnitt behandelt.

Es bleibt die Frage, inwieweit die Nutzung wirtschaftlicher Instrumentarien durch westliche Regierungen zu kurz- bis mittelfristigem Wandel in den Außen- oder Innenpolitiken der östlichen Staaten geführt hat. »Die Amerikaner«, schrieb Pierre Hassner einmal, »glauben an die Peitsche. Die Deutschen glauben an Zuckerbrot. Die Franzosen glauben an Worte.« Es steckt ein

Kern Wahrheit in diesem Bonmot. Bonner Regierungen tendierten mit einer Mischung aus Interessen und Auffassungen dazu, einer mittel- bis langfristigen wirtschaftlichen Anreizverknüpfung den Vorzug zu geben. Washington hingegen neigte dazu, aus einer unterschiedlichen Mischung von Interessen und Auffassungen heraus die kurz- bis mittelfristige wirtschaftliche Abschreckungsverknüpfung zu favorisieren. Beide Varianten stützten sich in ihrer Reinform auf sehr fragwürdige Hypothesen der Verhaltenspsychologie: Erstere behandelte kommunistische Machthaber wie Kaninchen, die man ermutigen mußte, letztere gab den Eseln die Peitsche.

Beide aber wurden durch drei strukturelle Probleme gelähmt. Erstens ist es für Regierungen von marktwirtschaftlichen Staaten prinzipiell fragwürdig und in der Praxis auch äußerst schwierig, das Verhalten von Bankiers, Investoren, Handelspartnern und Industriellen zu bestimmen. Zweitens können Regierungen in modernen parlamentarischen Demokratien – vor allem in »Fernsehdemokratien« – solche Verknüpfungen nicht willkürlich herstellen oder rückgängig machen. Hierzu hat sich der amerikanische Diplomat und Historiker George F. Kennan maßgeblich geäußert.

»In den harten Realitäten des internationalen Lebens«, so schrieb Kennan, »beeinflußt eine Regierung die andere durch die dialektische Interaktion von Maßnahmen, die den Interessen der anderen Regierung entgegenkommen, und solche, die diesen Interessen im Wege stehen. Zur besseren Darstellung wollen wir sie Gefälligkeiten und Schäden nennen. Beide sind zur einen oder anderen Zeit notwendige Ingredienzen jeglicher Politik ... Doch wenn diese diplomatischen Ingredienzen von irgendeinem Wert sein sollen, dann muß jeder, der politisch handelt, in der Lage sein, sie immer wieder erneut und aus freien Stücken zu manipulieren, je nachdem was die Situation erfordern mag ... eine Gefälligkeit, die nach sicherem Wissen der anderen Partei nicht mehr zurückgenommen werden kann, wird schnell als gegeben angesehen und nicht mehr als Gefallen betrachtet. Schäden oder Härten, die, bei gleichem Kenntnisstand der anderen Partei, nicht mehr gutgemacht werden können, haben keinen strafenden Effekt mehr ...«

Kennan schrieb dies im Hinblick auf den Versuch des amerikanischen Kongresses, 1962 eine Ausweitung des Begünstigtenstatus auf Jugoslawien zu verhindern. Doch es trifft auf die Politik Amerikas und der Bundesrepublik in den siebziger und achtziger Jahren ebenso zu. Auf der einen Seite behauptete Kissinger nachdrücklich, daß das Jackson-Vanik-Amendment seinem eigenen Zweck entgegenstand, weil die Aussicht seiner Aufhebung so gering war, daß die Sowjetunion nicht mehr darauf reagierte. Auf der anderen Seite waren die finanziellen Transfers der Bundesrepublik in die DDR in den achtziger Jahren derart nahe daran, unwiderrufliche Gefälligkeiten zu sein, daß sie kaum mehr die Auswirkungen von Gefälligkeiten hatten. Im ersten Fall war die Peitsche kaum mehr schlagkräftig, im zweiten das Zuckerbrot kaum mehr süß.

Drittens konnte selbst die mächtigste liberale Freihandelsdemokratie nicht einfach andere liberale Freihandelsdemokratien dazu bringen, sich so zu verhalten, wie es ihr angemessen erschien. Politiker und Experten der Bundesrepublik argumentierten, daß es unmöglich war, alle dazu zu bewegen, bei Sanktionen mitzumachen – und deshalb würden sie nie wirklich »funktionieren«. Die Bereitschaft kanadischer und argentinischer Produzenten, die Lücke zu füllen, die durch das amerikanische Weizenembargo gegen die Sowjetunion entstanden war, unterstrich dieses Argument. Doch erst die Verweigerung von bundesdeutschen Politikern selbst, 1982 bei Sanktionen gegen die Sowjetunion mitzumachen, machte daraus eine *self-fulfilling prophecy*.

Sanktionen gegen die Sowjetunion wurden niemals vollständig oder konsequent eingehalten. Betrachtet man die proklamierten Ziele, so könnte man sagen, daß die drei großen Sanktionsrunden in den amerikanisch-sowjetischen Beziehungen kurzfristig erfolglos geblieben waren. Die Lage von 1985: Sowjetische Dissidenten waren nicht (oder nur durch direkten Austausch) befreit worden, die Rote Armee war nicht aus Afghanistan abgezogen, und Solidarność in Polen war nicht auferstanden. Also hatten die Sanktionen »nicht funktioniert«. Doch Philip Hanson macht darauf aufmerksam, wie falsch es ist, jede »Sanktionsperiode« für sich genommen zu bewerten, ohne den kumulativen Effekt zu berücksichtigen. Tatsache ist, daß die sowjetischen Dissidenten bis

Ende der achtziger Jahre frei, die Rote Armee aus Afghanistan abgezogen und Solidarność wiederauferstanden war. Natürlich kann man hier nicht einfach *post hoc ergo propter hoc* sagen. Auch hier gab es noch viele andere Einflüsse. Darunter auch jenen, den die Bundesrepublik mit ihrer anreizvollen Entspannungspolitik ausübte. Selbst bei rückblickender Betrachtung bleibt die Einschätzung der kausalen Zusammenhänge im höchsten Grade spekulativ.

Auch die Geschichte der direkten Sanktionen gegen Polen ist komplex. Sie wurden aber nicht nur von Regierung und Zeitungsredaktionen in Washington unterstützt. In der Zeit des Kriegsrechts waren vielen, wenn nicht den meisten Köpfen und Aktivisten von Solidarność die westlichen Wirtschaftssanktionen gegen ihr eigenes Land willkommen. Noch im November 1984 sagte Adam Michnik im Gespräch mit dem Autor: »... mir scheint, ich habe der Sanktionspolitik einiges zu verdanken. Unter anderem die Tatsache, daß wir hier und heute miteinander reden können, daß ich hier in meiner Wohnung sitze und nicht im Gefängnis in der Rakowiecka-Straße. Dafür wollen meine Kollegen und ich all jenen danken, die uns geholfen haben.« Natürlich hat die Solidarność-Führung dann später, als man die Zeit für gekommen hielt, die schrittweise Aufhebung der Sanktionen begrüßt.

Im Rückblick von 1989 kommentierte Neal Ascherson – ein sehr erfahrener Wegbegleiter polnischer Zeitgeschichte und weit davon entfernt, ein kalter Krieger der ideologischen Rechten zu sein: »... Polen war eines der seltenen Beispiele, wo Wirtschaftssanktionen zu spektakulärem und schnellem Erfolg führten... Es hatte großes Gezeter um die Frage gegeben, ob kapitalistische Erpressung die Polen davon abhalten würde, zu tun, was sie richtig fanden. Doch bald sollte eine Generalamnestie der anderen folgen; der überwältigende Bedarf an erneuter westlicher Wirtschaftshilfe hat das polnische Regime zu einer demokratischen Konzession nach der anderen gedrängt, und dieser Mechanismus – lange nachdem die formalen Sanktionen beendet waren – funktioniert bis heute.« Mit anderen Worten, diese »Peitsche« hatte Wirkung, doch nur, weil es auch eine realistische Aussicht gab, sie in jenes »Zuckerbrot« zu verwandeln, das das Regime dringend brauchte.

Aschersons Urteil wird von den Untersuchungen Zbigniew Pelczynskis bestätigt. Er hat den Versuch unternommen, den Entscheidungsprozeß der polnischen Regierung während der politischen Öffnung in den späten achtziger Jahren zu rekonstruieren. Nach langen Gesprächen mit vielen Schlüsselpolitikern jener Zeit kommt er zu dem Schluß, daß die eindeutigen Forderungen, die die Vereinigten Staaten mit den Sanktionen verbunden hatten, eine Schlüsselrolle dabei spielten, die Entscheidungsträger auf den Weg zum Runden Tisch zu bringen. Hier scheinen also flexibel angewandte Sanktionen tatsächlich »funktioniert« zu haben, wenn auch mit Hilfe vieler anderer Faktoren, die keiner westlichen Kontrolle unterlagen.

Es ist aber auch interessant, die Gegenfrage zu stellen. Nicht: Haben die Peitschen funktioniert? Sondern: Hat das Zuckerbrot gewirkt? Soweit es die DDR betraf, wurde diese Frage bereits angesprochen. Die anderen beiden Länder, auf die ein Vertreter der »Wandel-durch-Handel«-These in den siebziger Jahren hingewiesen hätte, waren Giereks Polen und Kádárs Ungarn. Hier sollte großzügiges westliches Engagement bei der Entwicklung von Wirtschaftsbeziehungen dazu beitragen, die Regime offener und die kommunistischen Machthaber selbst moderner, westlicher, pragmatischer und liberaler zu machen. Auch hier waren Auffassungen aus der Verhaltenspsychologie vertreten: Politische Feindseligkeiten sollten durch Handel entschärft werden. Es wäre unwahrscheinlicher, daß man von jemandem gehaßt würde, mit dem man regelmäßig Geschäfte macht. Wenn die kommunistischen Machthaber den Kapitalismus erst einmal aus erster Hand gesehen hätten, würden sie seine Attraktionen schon entdecken.

Nun mag ja auf der Ebene individueller Biographien einiges davon tatsächlich eingetreten sein. Einzelne polnische oder ungarische Machthaber waren durch westliche Wirtschaftskontakte überzeugt, verführt oder schlicht korrumpiert worden. (Im Fall der polnischen Gierek-Riege könnte man hinzufügen: Und wie!) Doch auf der Ebene des wirtschaftlichen und politischen Systems geschah etwas anderes. Westhandel, Kredite und Technologietransfers liefen größtenteils durch Kanäle, die der direkten Kontrolle des Parteistaates unterstanden. Sie wurden weniger zur

Unterstützung von Wirtschaftsreformen genutzt, sondern mehr als Ersatz für Reformen. Resultat dieses systemimmanenten Mißbrauchs war, daß dieses westliche »Zuckerbrot«, anstatt durch wirtschaftliche und politische Modernisierung den Weg für Wachstum zu ebnen, den Gang zur tiefen Wirtschaftskrise beschleunigte.

Obwohl westliche Kredite in Kádárs Ungarn weniger verschwendet wurden als in Giereks Polen, haben die hohen Auslandsschulden auch dort – wenn auch etwas später und weniger dramatisch als in Polen – eine Wirtschaftskrise mitverursacht, die schließlich zur ausgewachsenen politischen Krise wurde. Effektiv war Zuckerbrot zur Peitsche geworden. Gegner der Entspannung durch Anreize waren es nie müde geworden, Lenins Spitzfindigkeit zu zitieren, derzufolge die Kapitalisten der Sowjetunion noch den Strick verkaufen würden, an dem die Sowjetunion die Kapitalisten aufhängen könnte. In diesen beiden Fällen hat der Westen Gierek und Kádár jedoch den Strick verkauft, an dem sie sich selbst aufhängten. Aber das war es eben nicht, was die Verkäufer im Sinn hatten.

1988 hatte Polen dann eine Netto(devisen)verschuldung, die sich auf mehr als 35 Milliarden Dollar belief. In Ungarn waren es über 18 Milliarden Dollar – das heißt, beinahe zweitausend Dollar pro Kopf. Für Gierek und Kádár wurden diese Schulden zu einer Art permanenter westlicher Sanktion. Gewiß, die »Verknüpfung« war angeblich ökonomischer Art. Die Reinökonomen vom Internationalen Währungsfonds und der Weltbank sollten einsteigen; auf rein ökonomischer Basis sollten sie die westliche Zustimmung für rein ökonomische Maßnahmen bescheinigen, die von der polnischen und ungarischen Regierung vorgeschlagen werden sollten. Doch Politik und Wirtschaft waren in kommunistischen Systemen enger miteinander verbunden als siamesische Zwillinge. Man konnte keinen chirurgischen Eingriff an dem einen vornehmen, ohne ernsthafte Folgen für den anderen zu verursachen.

Um die »rein« wirtschaftlichen Maßnahmen auszuführen, die vom Währungsfonds und der Weltbank vertreten wurden, waren das polnische und ungarische Regime genötigt, auch politische Reformen ins Werk zu setzen. Dieser ökonomische Druck des

Westens trug daher nicht nur zum wirtschaftlichen Rückzug der Partei bei, sondern auch zu ihrem Rückzug von der gesellschaftlichen Kontrollausübung und schließlich vom Staat selbst. Sicher, dies war nur einer von vielen Faktoren. Aber nichtsdestoweniger ein wesentlicher. Außerdem hat dieser politische Wandel trotz des Umstandes, daß die Kriterien von Seiten des Internationalen Währungsfonds und der Weltbank angeblich rein wirtschaftlicher Natur waren, die Bereitschaft westlicher Regierungen zur Offerte von weiteren Fonds-Vereinbarungen, Krediten und allem Dazugehörigen merkwürdig erhöht. (Im Falle Polens hatte natürlich auch die direkte politische Verknüpfung aus den frühen achtziger Jahren ihre Auswirkungen gezeigt.)

Die Geschichte von »Zuckerbrot und Peitsche« ist also nicht ohne Ironie. Sowohl für Polen als auch für Ungarn wurde aus dem Zuckerbrot der siebziger Jahre die Peitsche der achtziger. Doch für Polen verwandelte sich nach 1981 die Sanktionspeitsche auch ganz allmählich in Zuckerbrot. Weder die Vereinigten Staaten noch die Bundesrepublik hatten allein jene Flexibilität in der Kombination von Gefälligkeiten und Schäden gezeigt, die George F. Kennan als Voraussetzung für eine erfolgreiche wirtschaftliche Staatskunst erkannt hat. Man könnte demnach sagen, daß die Amerikaner zu sehr an ihrer Peitsche hingen, während sich die Deutschen zu sehr ihrem Zuckerbrot widmeten.

Wenn dieser Aspekt der westlichen Ostpolitik zum gewünschten Erfolg beigetragen hat, so geschah dies durch die – mehr zufällige als beabsichtigte – Kombination dieser beiden kontrastierenden Ansätze der westlichen Politik. Doch bis zum Schluß haben die jeweiligen Verfechter den jeweils anderen jegliche Weisheit abgesprochen. Und am Ende haben dann alle behauptet, die Geschichte habe ihnen recht gegeben.

Verflechtung

Die Bundesrepublik war nicht nur um wirtschaftliche Beziehungen zur Sowjetunion und zu Osteuropa bemüht. Die Bonner Regierung äußerte ebenso starkes Interesse an allen nur erdenklichen Beziehungen: politischen, gesellschaftlichen, kulturellen, touristischen, sportlichen, akademischen, technologischen, wissenschaftlichen, umweltpolitischen, Belangen von Straße und Schiene, Tieren, Gemüse und Rohstoffen. Ihr Ziel war ein ganzes Netz oder ein Geflecht von Bindungen zwischen Ost- und Westeuropa. Und diese Idee der Verflechtung oder Vernetzung war ein weiteres Leitmotiv der deutschen Ostpolitik der siebziger und achtziger Jahre.

Der rastlose Prediger und unermüdlichste Praktiker dieser Verflechtung war Hans-Dietrich Genscher. Man könnte ihn, auch wenn dies kein besonders schönes Bild ist, mit einer unablässig an ihrem Netz webenden Spinne vergleichen, heute in Prag, morgen in Moskau, am Wochenende in Paris. Doch die Idee gehörte natürlich nicht ihm allein. Auch Bundespräsident Richard von Weizsäcker war ein ausgesprochener Verfechter der »systemöffnenden Zusammenarbeit«. Und der prototypische Bericht über einen Besuch des Bundeskanzlers in Osteuropa bestand vor allem aus der Auflistung neuer Beziehungen und Kooperationen, deren effektive oder geplante Gründung von den beiden jeweiligen Seiten beschlossen worden war. Obwohl dabei dieses oder jenes Detail immer mal wieder Anlaß zu parteipolitischen Kontroversen gab, waren sich die großen drei Parteien über die Grundlinien doch einig.

Wie andere Elemente der Ostpolitik hatte auch dieses Konzept gemeinsame westliche und spezifisch deutsche Wurzeln. Bereits im August 1957 hatte John F. Kennedy die Entwicklung von Handels-, technischen und humanitären Beziehungen mit Polen befürwortet und »ein Anwachsen der Kontakte von Mensch zu Mensch, des kulturellen, wissenschaftlichen und akademischen Austausches, die jeden Aspekt des Lebens in beiden Ländern repräsentieren«, vorgeschlagen. Amerikanische Vorstellungen vom »friedlichen Engagement«, »Brückenbau« und einem Wechsel »von Konfrontation zur Kooperation« waren ein wesentlicher Hintergrund der Vision, die Willy Brandt in den frühen sechziger Jahren entwickelt hatte.

Die erste allgemeine Erläuterung dafür lieferte er denn auch in Amerika – im Oktober 1962 in Harvard. »Wir haben die Formen zu suchen«, sagte er dort, »die die Blöcke von heute überlagern und durchdringen. Wir brauchen soviel reale Berührungspunkte und soviel sinnvolle Kommunikationen wie möglich... Wir brauchen uns vor dem Austausch von Wissenschaftlern und Studenten, von Informationen, Ideen und Leistungen nicht zu fürchten. Entscheidend sollte für uns sein, daß es sich um vernünftige Vorhaben in verantwortlichen Formen handelt. Gemeinsame Projekte dieser Art zwischen Ost und West sollten uns willkommen sein. Insoweit bin ich für so viele sinnvolle Verbindungen auch zum kommunistischen Osten, wie jeweils erreichbar sind.«

Doch zur Zeit dieser Harvard-Rede war Willy Brandt noch Regierender Bürgermeister von Berlin. Seine Gedanken wurden von den drängenden Problemen beherrscht, die aus der einzigartigen Teilung seiner Stadt resultierten. Es wäre sicher falsch zu behaupten, seine große, wenn auch vage Vision sei im Grunde nur eine stark vergrößerte Projektion jener Aufgaben gewesen, die er und sein Kreis als die vordringlichsten für Berlin empfanden. Genauso falsch aber wäre die Behauptung, daß alles, was er in Berlin (und später in Deutschland und später in Europa) in Angriff nahm, im Grunde nur die ortsbezogene Umsetzung westlicher und besonders amerikanischer Ideen gewesen wäre. Der Verflechtungsgedanke, dies scheint hier einen Hinweis wert, wurde vor allem von all jenen deutschen Politikern pointiert, die einmal Regierende Bürgermeister von Berlin gewesen waren: eine Liste, die nicht nur Willy Brandt aufführt, sondern auch Richard von Weizsäcker und Brandts Nachfolger als Parteivorsitzender der SPD, Hans-Jochen Vogel.

Politiker der Bundesrepublik behaupteten, diesen politischen Ansatz in die Praxis umzusetzen, hieße, jene »Entspannungshälfte« der Nato-Doppelstrategie zu erfüllen, auf die man sich im Harmel-Bericht 1967 geeinigt hatte. Doch ihr bedeutendster Handlungsrahmen war der »Helsinki-Prozeß«, der nach 1975 auf die Unterzeichnung der Schlußakte der Konferenz über Sicherheit und Zusammenarbeit in Europa folgte. Dieser Helsinki-Prozeß hatte den großen Vorteil, sowohl die Sowjetunion als auch die Vereinigten Staaten, sowohl ost- als auch westeuropäische Staaten, sowohl Ost- als auch Westdeutschland einzubeziehen. Außerdem paßte er ausgezeichnet zum bevorzugten außenpolitischen Stil der Bundesrepublik – diskret, multilateral, konsensbildend und geduldig –, wobei beide, der politische Stil und der

Helsinki-Prozeß, einander beeinflußten und sich bis zu einem gewissen Grad miteinander entfalteten. Wenn Harmel die Bibel der westdeutschen Ost-West-Politik war, dann war die Schlußakte von Helsinki ihr Gebetbuch und die Folgedokumente von Helsinki ihr Corpus Juris Canonici.

Doch wie die Bibel, das Gebetbuch und selbst das kanonische Recht konnte auch »Helsinki« unterschiedlich interpretiert werden. Von Anfang an gab es nicht nur eine, sondern viele Vorstellungen von ihm. Es gab Helsinki als Bestätigung von »Jalta« und Helsinki als Negation von »Jalta«. Es gab das Helsinki der Verfolgten und das Helsinki der Verfolger. Es gab Breschnews Vorstellung von Helsinki und Juri Orlows Vorstellung von Helsinki; Gustáv Husáks Vorstellung und die der Charta 77; die von Gierek und die von KOR. Es gab Erich Honeckers Vorstellung von Helsinki, und es gab jene, die Zehntausende von Bürgern der DDR dazu brachte, auf der Basis von und in Übereinstimmung mit der Schlußakte von Helsinki – die im *Neuen Deutschland* veröffentlicht worden war – Ausreiseanträge zu stellen. Unterschiedliche Konzeptionen und Interpretationen gab es nicht nur innerhalb des Ostens und zwischen Ost und West, sondern auch innerhalb des Westens.

Beispielsweise entsprach Henry Kissinger erst dann dem lange gehegten sowjetischen Wunsch nach einer europäischen Sicherheitskonferenz, als sich die Sowjets im Gegenzug mit MBFR-Gesprächen und dem Viermächte-Abkommen über Berlin einverstanden erklärten. Sein damaliger Assistent Helmut Sonnenfeldt prahlte 1975: »Wir verkauften sie [die Sicherheitskonferenz] gegen den deutsch-sowjetischen Vertrag, wir verkauften sie gegen den Berlin-Vertrag, und wir verkauften sie nochmals gegen die Eröffnung der MBFR.« Bekanntlich hielt Kissinger die Menschenrechte nicht für ein staatswürdiges Thema. In der Anfangsphase der Verhandlungen über die Schlußakte von Helsinki hatte es also einen kuriosen Rollentausch gegeben: Während Kissinger im Geiste der alten europäischen Realpolitik von Metternich agierte, folgten westeuropäische Regierungschefs eher dem Geiste Woodrow Wilsons. (Was man allerdings fairerweise nicht von den amerikanischen Diplomaten behaupten sollte, die direkt an den Helsinki-Verhandlungen beteiligt waren.)

In den letzten Monaten vor Unterzeichnung der Schlußakte von Helsinki veränderte sich Kissingers Haltung. Nach Amerikas Niederlage in Vietnam und konfrontiert mit wachsender innenpolitischer Kritik an seiner Entspannungsrealpolitik, kam ihm schließlich die wichtige Rolle zu, die Zusicherung der Sowjets für die Verbesserung von menschlichen Kontakten und den Informations- und Kulturaustausch (im sogenannten »Korb 3«) zu erlangen. Doch erst mit dem Amtsantritt der Carter-Administration wurden Menschenrechte ganz oben auf die Agenda der amerikanischen Außenpolitik gesetzt – was nicht zuletzt ein Versuch war, nach dem Trauma von Vietnam zum amerikanischen Sendungsbewußtsein zurückzufinden. Dies sollte von da an die amerikanische Helsinki-Politik stark beeinflussen.

Dieser Wandel in der Regierungspolitik wurde von unabhängigen Initiativen und von Bemühungen des Kongresses für eine Überwachung der Einhaltung der Helsinki-Schlußakte gefördert, aber auch durch den Einfluß der osteuropäischen Minderheiten in den USA. Dabei haben so manche Amerikaner schneller als Westeuropäer auf die mutigen Initiativen jener sowjetischen und osteuropäischen Bürger reagiert, die in ihren eigenen Ländern als Monitore der Helsinki-Akte verfolgt wurden. Ende der siebziger Jahre war »Helsinki« für die meisten amerikanischen Politiker schließlich zum Synonym für »Menschenrechte« geworden. Die amerikanische Presse sprach von der »Menschenrechtsdeklaration von Helsinki«, obwohl Menschenrechte als solche nur in einem von zehn Grundprinzipien zu Beginn der Schlußakte erwähnt wurden. Und diese Auslegung fand sich denn auch in den amerikanischen Stellungnahmen bei den Helsinki-Folgekonferenzen in Belgrad, Madrid und Wien wieder.

Das andere Extrem war die sowjetische Auslegung von Helsinki. Robert Legvold kommentierte ganz richtig, daß die sowjetische Führung Helsinki als »eine Möglichkeit« betrachtet hatte, »Europas wirtschaftliche Teilung zu überwinden und gleichzeitig seine politische Teilung zu besiegeln«. Sie wollte nicht nur den territorialen, sondern auch den politischen Status quo »anerkannt« sehen. Der Westen sollte nicht nur die Jalta-Grenzen anerkennen, sondern auch die Dauerhaftigkeit der sowjetischen Dominanz und der Regime sowjetischen Typs – all das, was sowjetische Kommentatoren mit der harmlos klingenden Phrase »Nachkriegsrealitäten« zusammengefaßt hatten. Darüber hinaus war die sowjetische Führung höchst interessiert am späteren zweiten von drei Helsinki-»Körben«: an Kooperation im Bereich von Wirtschaft, Wissenschaft, Technologie und Ökologie. Dies war, wie Vojtech Mastny es kurz und bündig nannte, »der sowjetische Lieblingskorb«. Dafür wären sie bereit, im begrenzten Auswahlverfahren die Zusammenarbeit in humanitären und anderen Bereichen zuzugestehen, wie es im Titel von Korb 3 hieß. Doch den Vorwurf, die Menschenrechte ihrer eigenen Bürger nicht zu achten, taten sie als »Einmischung in die inneren Angelegenheiten« eines anderen Staates ab, wie auch der Wortlaut in der Präambel der Schlußakte hieß.

Nach Gorbatschows Machtübernahme 1985 änderte sich die Grundeinstellung der Sowjets entscheidend. Aber im ersten Jahrzehnt des Helsinki-Prozesses wichen die sowjetische und die amerikanische Auslegung von Helsinki sehr deutlich voneinander ab, wobei die demokratischen Oppositionsbewegungen in Osteuropa natürlich eher die amerikanische als die sowjetische Auslegung teilten und die Parteistaaten Osteuropas der sowjetischen Position näherstanden als der amerikanischen. Letzteres bedarf jedoch einiger Einschränkungen.

Nicht nur die herrschende sowjetische Nomenklatura, sondern auch die herrschenden osteuropäischen Nomenklaturen waren von jenen Bereichen des Helsinki-Prozesses alarmiert, die ihre innenpolitische Monopolstellung bedrohten. Mehr noch als die Sowjetunion waren sie an all jenen Teilen des zweiten Korbs interessiert, die ihnen die Möglichkeit zur Modernisierung ihrer Wirtschaft und Stärkung ihrer Staaten boten, ohne gleichzeitig ihre innenpolitischen Positionen zu unterminieren. Doch die Machthaber zumindest einiger osteuropäischer Staaten sahen im wachsenden Multilateralismus des Helsinki-Prozesses auch eine Chance, den internationalen Spielraum ihrer eigenen Staaten zu erweitern und damit auch vorsichtig die Grenzen ihrer Abhängigkeit von Moskau zu testen. Doch diese Intention ging nicht *pari passu* mit innenpolitischen Liberalisierungen. Das galt für Kádárs Ungarn und Giereks Polen, aber auch für Honeckers immer noch unfreie DDR und Ceauşescus zunehmend repressives Rumänien.

Wie paßte nun die Bundesrepublik in dieses komplexe Bild? Welche Vorstellung hatten die Westdeutschen von Helsinki? Für eine faire Charakterisierung ihrer Position müßte man einen kritisch-systematischen Vergleich ziehen zwischen den unzähligen offiziellen westdeutschen Äußerungen zum Helsinki-Prozeß und beispielsweise den amerikanischen und französischen. Weiter müßte man sich die zahllosen Einzelstadien all der Konsultationen betrachten, die den Helsinki-Treffen vorausgegangen und gefolgt sind. Denn viele Differenzen waren bereits von dieser inner-(west)europäischen und inner-westlichen *engrenage* beseitigt worden, bevor sie überhaupt schriftlich fixiert werden konnten. Ersteres wäre eine Mammutaufgabe, zweiteres schlichtweg unmöglich.

Wie wir bereits festgestellt haben, war die Bundesrepublik besonders daran interessiert und außerordentlich geschickt darin, keine spezifisch nationalen Positionen zu artikulieren, sondern deutsche Interessen und Prioritäten in einen gemeinsamen politischen Ansatz einzuflechten. Innerhalb Westeuropas tat sie dies in erster Linie durch die Europäische Politische Zusammenarbeit (EPZ), die während der Helsinki-Verhandlungen erst richtig zum Leben erweckt worden war. Innerhalb des Westens tat sie dies durch die Nato und jene »Bonner Gruppe«, die aus Vertretern der drei westlichen Alliierten und der Bundesrepublik bestand. Innerhalb des übrigen Europas tat sie dies durch die Zusammenarbeit mit neutralen und blockfreien Ländern (die eine ungewöhnlich große Rolle in der Diplomatie des Helsinki-Prozesses spielten) und durch diskrete Verständigungen mit einigen osteuropäischen Staaten, darunter gelegentlich auch mit der DDR. Die deutsche Umsetzung von Helsinki war ein klassisches und höchst erfolgreiches Beispiel für den Versuch, »unsere Aktionen multilateral abzudecken«, wie Helmut Schmidt es 1977 in seinem vertraulichen Marbella-Papier genannt hatte. Und sie war ein wesentlicher Bestandteil dessen, was später als Genscherismus bekannt werden sollte.

Der multilaterale Charakter, die vielen Ebenen und Stadien des Helsinki-Prozesses sowie die spezifische Haltung der Bundesrepublik komplizieren jede Generalisierung. Hier dennoch der Versuch, einige Punkte herauszufiltern.

Ein internes Memorandum, das (wahrscheinlich 1975) für Helmut Schmidt geschrieben wurde, notiert: »Die Bundesregierung hatte an der KSZE kein ursprüngliches Interesse.« Ihr erstes Verhandlungsziel sei »Schadensverhütung« gewesen. Der Sowjetunion sollte nicht ermöglicht werden, die KSZE als völkerrechtlich bindenden Ersatz-Friedensvertrag zu gestalten oder sie zu nutzen, um die Tür zu einer möglichen deutschen Vereinigung zu verschließen oder Berlin auszuschließen. Die Betonung dieser defensiven Ziele, die später mit Hilfe der Alliierten erreicht werden sollten, war charakteristisch für die Diplomatie der Bundesrepublik zur Zeit der frühen Helsinki-Verhandlungen.

Die Präambel der Schlußakte erklärte ihren Gültigkeitsbereich für die Teilnehmerstaaten und »ganz Europa« – eine diplomatische Wendung für »West-Berlin«! Den für die Bundesrepublik entscheidenden Passus, der die Möglichkeit einer »friedlichen Veränderung« der Grenzen einräumte, hatte, wie bereits erwähnt, Henry Kissinger für die Bundesrepublik ausgehandelt. Er wurde in der Liste der Grundprinzipien noch vor der Erklärung über die Unverletzlichkeit von Grenzen aufgeführt und zusätzlich bestärkt durch die Verpflichtung auf das Selbstbestimmungsrecht der Völker. Es waren diese Passagen, nicht die über Menschenrechte und Grundfreiheiten, die Hans-Dietrich Genscher im Sommer 1975 vor dem Bundestag anführte, um die Annahme der Schlußakte von Helsinki zu empfehlen.

Nach intensiven internen Diskussionen hatte die Bonner Regierung allerdings früher als die meisten anderen erkannt, daß die sowjetische Initiative zum Vorteil des Westens gewendet werden konnte. Bereits 1973 meinte Guido Brunner, der damalige Leiter des Planungsstabs im Auswärtigen Amt und auch Leiter der deutschen Delegation bei den Vorbereitungsgesprächen für Helsinki, daß die Konferenz »gemeinsame Spielregeln für friedliche Zusammenarbeit und Wettbewerb« entwickeln könnte. Und bereits damals betonte er jene Bereiche, die für Bonns Auslegung von Helsinki so wichtig werden sollten: »Wir haben uns vorgenommen, die Kontakte zwischen den Menschen, die Kontakte zwischen den Berufsgruppen, die Kontakte von Gesellschaft zu Gesellschaft als selbständige Faktoren in den Entspannungsprozeß mit einzubeziehen.« Gerade das Thema der menschlichen Kontakte sollte von Politikern der Bundesrepublik immer wieder betont werden. Auch Genscher hielt sich lange damit auf, als er dem Bundestag die Schlußakte empfahl. Entspannung, sagte er, sei ein Prozeß, der unmittelbar den Menschen zugute kommen müsse, und gebrauchte damit eine Formulierung, die mittlerweile von allen westlichen Teilnehmern übernommen worden war. Die Schlußakte sorge »für ein Netz der Kooperation« und den Ausbau von Kontakten. Das Thema der »menschlichen Erleichterungen«, fuhr er fort, »ist jetzt endgültig auf der europäischen Tagesordnung«. Fortschritte seien jedoch eine Frage von »kleinen Schritten«.

Jeder, der im vorangegangenen Jahrzehnt die Evolution der westdeutschen Politik gegenüber der DDR verfolgt hatte, konnte die klare Botschaft in den Codeworten entziffern. Hier wurde Deutschlandpolitik auf eine größere europäische Bühne projiziert. Der politische Ansatz, der zuerst in Berlin und dann innerhalb Deutschlands umgesetzt worden war, sollte nun auf »ganz Europa« angewandt werden – was vor allem auch hieß: in Berlin! Natürlich verflocht sich dieser Ansatz mit den Haltungen und Prioritäten der Verhandlungspartner der Bundesrepublik, die ihn letztlich auch modifizierten. Aber der Schwerpunkt blieb.

Seit Mitte der siebziger Jahre sahen die Vereinigten Staaten die positive Bedeutung und das dynamische Potential von Helsinki vor allem in den Menschenrechtsbestimmungen. Für die Bundesrepublik lagen Bedeutung und Potential vor allem in den Bestimmungen für Zusammenarbeit und menschliche Kontakte. Menschliche Kontakte und Menschenrechte sind eng miteinander verbunden. Aber sie sind nicht dasselbe. Amerikaner warfen der Sowjetunion und anderen osteuropäischen Staaten deren Mißachtungen der Menschenrechte vor und verwiesen öffentlich auf einzelne Fälle verfolgter Dissidenten, Christen und Helsinki-Monitoren. Repräsentanten der Bundesrepublik waren eher der Meinung, dies wäre nicht nur verschwendete Energie, sondern vielleicht sogar kontraproduktiv. Mit »stiller Diplomatie«, so argumentierten Willy Brandt und andere, würde mehr für die verfolgten Menschen erreicht als mit der amerikanischen Art, alles an die große Glocke zu hängen. Außerdem war man besorgt, daß man mit der Konzentration auf einige wenige spektakuläre Fälle den Weg zu bescheidenen Verbesserungen – »menschlichen Erleichterungen« – für weit mehr Menschen verbauen könnte. Kontakte aller möglicher Arten zwischen Ost und West in Europa zu mehren, die zwei Teile des geteilten Kontinents wieder zu verflechten und zu vernetzen: Das sei die eigentliche und größere Bedeutung von Helsinki.

Dieser politische Ansatz der Bundesrepublik war, zumindest was seine kurzfristigen Auswirkungen betraf, eher den osteuropäischen Regimen genehm als jenen kleinen Gruppen von Menschenrechtsaktivisten, die ihre Wimpel an den Fahnenmast von Helsinki hängten. Natürlich begrüßten auch sie die »stille Diplomatie« Willy Brandts und anderer, doch für die meisten selbst verfolgten Menschenrechtsaktivisten war dies keine Alternative und kein Ersatz für die unermeßliche Hilfe, die der lautstarke und öffentliche Einsatz westlicher Politiker in multilateralen Foren und bilateralen Verhandlungen mit dem Osten leisten konnte. Auch in der Helsinki-Politik entstanden die größten Dissonanzen zwischen der Bundesrepublik und den Vereinigten Staaten in den Monaten nach Ausrufung des Kriegsrechts in Polen. Die Vereinigten Staaten vertraten auf der Madrider Folgekonferenz eine harte westliche Linie, selbst auf die Gefahr hin, alles aufs Spiel zu setzen. Die Bundesrepublik hingegen optierte für eine weniger harte Linie, betonte mehr die kooperativen als konfrontativen Aspekte des Helsinki-Prozesses.

Die Bundesrepublik war auch jene westliche Macht, die ihr Interesse an weiterer »Zusammenarbeit in den Bereichen von Wirtschaft, Wissenschaft und Technologie und der Umwelt«, wie Korb 2 es ausführt, am deutlichsten machte. Hier war sie ganz klar westlicher Anführer. Und das ganz bewußt. »Entscheidend ist vielmehr zunächst Korb 2«, schrieb Richard von Weizsäcker 1983. »Wenn es uns gelingt, auf den Gebieten von Wissenschaft, Technologie, Ernährung, Umwelt, Verkehr, Wirtschaft, Energie und Entwicklungspolitik Schritt für Schritt die Zusammenarbeit auszubauen, dann werden am Ende auch Rüstungskontrolle und sogar Freizügigkeit in den Bereich des Möglichen rücken.« Und: »Uns Deutschen fällt die Aufgabe zu, den Korb 2 zum Schwerpunkt in den Ost-West-Beziehungen zu machen.« Nicht zufällig ging es dann im ersten größeren Helsinki-Folgetreffen in der Bundesrepublik um Wirtschaftskooperation.

Die Bundesrepublik setzte genauso wie andere westliche Staaten darauf, daß all die multilateralen und bilateralen Kontakte im Rahmen des Helsinki-Prozesses osteuropäischen Politikern ermöglichen würden, stillschweigend etwas mehr Autonomie von Moskau zu erreichen und sich enger in gesamteuropäischen Angelegenheiten zu engagieren. Einige Male, in Warschau und Budapest, präsentierte sich Helmut Schmidt selbst als Sprecher der kleineren und mittleren Staaten in Europa. In den achtziger Jahren nutzte die Bundesrepublik diese Kontakte, um vorsichtig die Rüstungskontroll- und Abrüstungsaspekte des Helsinki-Prozesses voranzutreiben – woran die Sowjetunion, aber auch die Vereinigten Staaten nicht immer Gefallen fanden. In diesem Bereich gab es auch gelegentlich eine stille Zusammenarbeit mit der DDR, gerechtfertigt durch das berühmte Mantra: Von deutschem Boden darf nur noch Frieden ausgehen!

Der kumulative Effekt auf sowjetische und osteuropäische Politiker während all der unzähligen Gesprächsrunden im Laufe des Helsinki-Prozesses sollte gewiß nicht unterbewertet werden. Doch erst mit der Ankunft des »neuen Denkens« in der sowjetischen Außenpolitik wurde ein großer Schritt über die Bestimmungen der Schlußakte hinaus getan – der bis dahin oft nur durch ihre Verletzungen gedacht wurde. Anstatt sich hinter der Formel »Einmischung in die inneren Angelegenheiten« zu verstecken, nahm die Sowjetunion nun von ihren gravierendsten Menschenrechtsverletzungen Abstand und engagierte sich im munteren Dialog über die Achtung der Menschenrechte in Ost und West. Das Schlußdokument der Wiener Folgekonferenz vom Januar 1989 formulierte das Prozedere für regelmäßige Erkundungen anderer Mitgliedstaaten über genau diese »inneren Angelegenheiten« eines Staates mit detaillierten Bestimmungen zu Reisefreiheit, Religionsfreiheit, Informationsfreiheit, den Rechten der nationalen Minderheiten und der unabhängigen Helskinki-Beobachtergruppen. Für den Westen war dies sicher der größte Schritt vorwärts seit 1975.

Wie bei allen großen Verhandlungsrunden von Helsinki wurden die Sicherheitsaspekte und die Menschenrechts/Kontakt-

Aspekte des Prozesses, das heißt also Korb 1 und 3, auch hier miteinander verknüpft. Diese Verknüpfung hatte sich allerdings im Laufe der Zeit verändert. Kissinger hatte zwar die Konferenz ursprünglich im Gegenzug auch für MBFR-Gespräche »verkauft«. Doch während die MBFR-Gespräche in eine Sackgasse führten, liefen die Helsinki-Gespräche weiter. Und es herrschte reges Schachern zwischen den sowjetischen Wünschen – nach Anerkennung der Grenzen bei Sicherheitsaspekten aus Korb 1, für wirtschaftliche Vorteile aus Korb 2 – und den unterschiedlich national betonten Wünschen des Westens nach Fortschritten vor allem bei Korb 3. Am Ende der Madrider Folgekonferenz hatte der Westen bescheidene Fortschritte im Bereich der Menschenrechte gesichert und sich mit einer »Konferenz über vertrauens- und sicherheitsbildende Maßnahmen und Abrüstung in Europa«, die zwischen 1984 und 1986 in Stockholm stattfinden sollte, einverstanden erklärt. Doch den Wunsch nach einer solchen Abrüstungskonferenz äußerten auch andere europäische Staaten – nicht zuletzt die Bundesrepublik. Und mit dem Wandel in der sowjetischen Außenpolitik versprach sich der Westen dann ein akzeptables Resultat.

In den späten achtziger Jahren ging es dann für die Sowjetunion eher um schnelle Fortschritte bei den Sicherheitsgesprächen, vor allem im Bereich der konventionellen Abrüstung, während der Westen mehr um Konzessionen bei der Wiener Helsinki-Folgekonferenz bemüht war. Die Verknüpfung wurde damals offen vom amerikanischen Delegationsleiter ausgesprochen. Der Kreis hatte sich geschlossen: Wo die Vereinigten Staaten 1972 die Helsinki-Konferenz gegen Gespräche über konventionelle Abrüstung »verkauft« hatten, »verkauften« sie 1988 Gespräche über konventionelle Abrüstung gegen Konzessionen bei der Wiener Folgekonferenz. Die neue Gesprächsrunde über konventionelle Waffen wurde tatsächlich im März 1989, auch in Wien, eröffnet, nur wenige Wochen nach dem feierlichen Abschluß der Helsinki-Folgekonferenz.

Aus den bereits genannten Gründen ist es äußerst schwierig, den exakten Beitrag der Bundesrepublik zu diesem Ergebnis herauszuarbeiten. Der Außenminister der Bundesrepublik versuchte die Wiener Folgekonferenz zu einem früheren Abschluß

1988 zu drängen – zu einer Zeit, als die sowjetische und auch andere osteuropäische Delegationen noch nicht bereit waren, die wichtigsten Menschenrechtsforderungen zu konzedieren, die von der amerikanischen und britischen Delegation (direkt oder indirekt unterstützt von neutralen und blockfreien Delegationen, ja selbst von einigen osteuropäischen) erhoben wurden. Ein höherer amerikanischer Diplomat erzählte, daß, während er über Menschenrechte sprach, seine bundesdeutschen Kollegen mehr über Städtepartnerschaften sprachen. Das entspricht dem Eindruck, den man gewinnt, wenn man in das relevante Material eintaucht oder Gespräche mit Politikern führt. Doch ohne gründlichere Recherchen ist eine abschließende Beurteilung hier nicht möglich.

1989 hatte es aber ein anderes bemerkenswertes Dokument gegeben, das den bundesdeutschen Ansatz vielleicht etwas mehr erhellen kann: die gemeinsame Erklärung, die von Helmut Kohl und Michail Gorbatschow während dessen Besuch im Juni 1989 in Bonn unterzeichnet wurde. Diese Bonner Erklärung war eine Art bilaterales Helsinki – obwohl dies wie ein Widerspruch klingt, da doch die Quintessenz von Helsinki gerade der Multilateralismus war. Ihre Bedeutung für die deutsch-sowjetischen Beziehungen und die neuartigen Aussagen, die sie über das Recht auf Selbstbestimmung enthielt, kennen wir bereits. Hier soll noch darauf verwiesen werden, welch starke Betonung darin auf Kooperation gelegt wurde – mit einem Wort: auf Verflechtung.

Unter den »Bauelementen« eines »Europas des Friedens und der Zusammenarbeit« wurde dort ein »dichter« Dialog über alle »traditionellen, aber auch neue Themen« vermerkt. Darunter: »Die Verwirklichung der Menschenrechte und die Förderung des Austausches von Menschen und Ideen. Dazu gehören der Ausbau der Städtepartnerschaften, der Verkehrs- und Nachrichtenverbindungen, der kulturellen Kontakte, des Reise- und Sportverkehrs, die Förderung des Sprachunterrichts als auch eine wohlwollende Behandlung humanitärer Fragen einschließlich der Familienzusammenführung und Reisen in das Ausland«; die Herstellung von Kontakten zwischen Jugendlichen; umfassende Wirtschaftskooperationen »zum gegenseitigen Vorteil, die auch neue Formen der Kooperation einschließt ... Der stufenweise Aufbau gesamteuropäischer Zusammenarbeit in verschiedenen Bereichen, insbesondere des Verkehrswesens, der Energiewirtschaft, des Gesundheitswesens, der Information und Kommunikation«, sowie »die intensive ökologische Zusammenarbeit«.

Die Bundesrepublik war seit Brandts Harvard-Rede 1962 einen langen Weg gegangen. Nun bekam sie den Meisterbrief des Weberhandwerks – unterzeichnet vom sowjetischen Staats- und Parteichef.

Was sollte nun dieses Geflecht aus Kontakten und Kooperationen erreichen? Welchen Sinn hatte das Ganze? Wieder einmal gab es sowohl nationale wie auch allgemeine Gründe. Schon 1975 hatte Hans-Dietrich Genscher behauptet: »Niemand als wir Deutsche kann ein größeres Interesse daran haben, daß die Konferenz ihr Ziel erreicht, nämlich die Beziehungen und Kontakte zwischen den Staaten und Menschen in ganz Europa zu verbessern... Ich glaube, daß niemand mehr als wir seine nationale Pflicht versäumen würde, wollte er zögern, auch nur die geringste Chance für eine Entwicklung zu nutzen, die schließlich auch das Schicksal der geteilten Nation erleichtern könnte.« Die geteilte Nation könnte nur dann wieder zusammengefügt werden, wenn das Europa drumherum wieder zusammengefügt wäre. Je enger die Bindungen zwischen Ost- und Westeuropa insgesamt würden, um so enger könnten auch die Bindungen zwischen Ost- und Westdeutschland werden. Deutsch-deutsche, ja auch Berlin-Berlin-Kontakte und »Kooperationen« müßten in europäisch-(eingeschlossen amerikanisch-)europäische (eingeschlossen sowjetische) Kontakte und Kooperationen eingebettet werden. Der Grundgedanke fand sich bereits in der Rede von Bundeskanzler Kiesinger zum 17. Juni 1967.

Alle westlichen Länder hatten ein gewisses Interesse an ausgedehnteren Wirtschaftsbeziehungen mit der Sowjetunion und Osteuropa, doch der »Handelsstaat« Bundesrepublik hatte ein besonderes Interesse daran. Ein weiterer nationaler Grund für den Ausbau von Beziehungen war das vage, aber wichtige Ziel der »Aussöhnung«. Und man glaubte, daß Beziehungen, vor allem im Bereich des Kultur- und Jugendaustauschs, unmittelbar zur »Aussöhnung« beitragen würden. So ähnlich wie ein Physiotherapeut versuchen würde, die Muskeln rund um eine verletzte

Sehne aufzubauen, versuchte die Bundesrepublik, die Muskeln rund um ihre schrecklich gezerrten Ost-Sehnen aufzubauen.

Die Idee, gesamteuropäische Bindungen zu knüpfen, um die Entwicklung gesamtdeutscher Bindungen zu erleichtern, war also eine multilaterale Version der – wie wir es genannt haben – permissiven Funktion. Aber es gab auch bilaterale Versionen. Selbst ohne unmittelbare Verknüpfungen, so glaubte man, konnte die Entwicklung eines großmaschigen Netzes aus wirtschaftlichen, technologischen, bildungspolitischen und anderen Bindungen die sowjetischen und osteuropäischen Machthaber dazu bringen, sich »kooperativer« gegenüber spezifisch deutschen Interessen – der Lage der Deutschen in der DDR und im restlichen Osteuropa – zu verhalten. Obwohl ein gutwilliger Betrachter behaupten konnte, ein solches Netz sei von »gemeinsamem Nutzen«, war klar, daß die Bundesrepublik in den Bereichen etwa von Wissenschaft, Technologie, Industrie oder Bildung mehr einbringen mußte, als sie herausbekam. Also waren diese Art der Beziehungen auch gleichzeitig Anreize: Zuckerbrot aus Korb 2 in der Hoffnung auf Konzessionen bei Korb 3. Die Bundesrepublik hatte eine besondere Last der ost-westeuropäischen Beziehungen zu tragen und war daher auch besonders daran interessiert, ein starkes Gerüst aufzubauen: eines, das die zusätzliche Last aushalten und Erschütterungen standhalten konnte.

Die spezifischen Funktionen überlappten sich jedoch und vermischten sich mit allgemeinen Überlegungen, wie sie auch andere westliche Staaten anstellten. Natürlich zogen westdeutsche Politiker die allgemein westliche oder europäische Formulierung der spezifisch nationalen vor. Doch auch bei deren Ausformulierung flossen verschiedene, unterschiedliche Ideen ineinander. »Der umfassende Ausbau der wirtschaftlichen, technologischen und kulturellen Zusammenarbeit«, sagte Hans-Dietrich Genscher 1989, »... die Vernetzung der gegenseitigen Interessen können den Entspannungsprozeß unumkehrbar machen. Wir müssen eine Verflechtung von Interessen und Kooperationen in Europa schaffen, die es keinem Land mehr erlaubt, sich aus diesem Verbund zu lösen, ohne seine vitalsten Eigeninteressen auf das schwerste zu verletzen. Wir brauchen gegenseitige Abhängigkeit im guten Sinne des Wortes.«

Zuvor, 1987, hatte es der Außenminister bereits so formuliert: »Durch vertiefte, in beiderseitigem Interesse liegende Zusammenarbeit muß ein unumkehrbarer, ein systemöffnender Prozeß gestaltet werden. Er muß der gegenseitigen Abhängigkeit ebenso Rechnung tragen wie der unteilbaren Verantwortung für das Überleben der Menschheit. Es muß letztlich ein irreversibler, zwangsläufiger Prozeß der Zusammenarbeit werden.« »Unsere Politik«, sagte er in einer anderen Rede im gleichen Jahr, »steht heute im Einklang mit dem Streben der Europäer, die durch Zusammenarbeit die Teilung des Kontinents überwinden können.«

Es ist vielleicht hilfreich, einige der Ideen, die in solchen Schachtelsätzen komprimiert waren, einzeln herauszugreifen. Zum ersten war da die relativ einfache Idee, daß man die Teilung Europas überwinden mußte, um die Teilung Europas zu überwinden. Die Teilung Europas war nicht nur eine Frage der politischen Systeme. Es gab auch eine ökonomische, technologische, wissenschaftliche, bildungspolitische und infrastrukturelle Teilung. Genscher stellte in einer Rede 1985 fest: »Wir wollen keine technologische Spaltung Europas. Wir wollen unseren östlichen Nachbarn die Option des technologischen Anschlusses durch Zusammenarbeit offenhalten.« Oder, wie es der Regierende Bürgermeister von Berlin, Eberhard Diepgen, 1988 formulierte: »Jede gemeinsam errichtete Rauchgasentschwefelungsanlage, jeder Waren- und Dienstleistungsaustausch, jeder West-Ost-Verkehrsweg ist gewissermaßen eine vertrauensbildende und trennungsmindernde Maßnahme.«

Aber dies führte die Idee ad absurdum. Denn anzunehmen, daß jeder Austausch von Waren und Dienstleistungen eine »vertrauensbildende und trennungsmindernde Maßnahme« sein konnte, war schlichtweg absurd. Hatten die Siemens-Computer im polnischen Innenministerium oder die amerikanischen Handschellen, mit denen der KGB Wladimir Bukowski fesselte, irgendwas zur Überwindung der Teilung Europas beigetragen? Wenn ja, wie? Hatten sowjetische oder osteuropäische Agenten in Gestalt von Wissenschaftlern bei ihrem wissenschaftlichen Austausch Vertrauen gebildet? Wenn ja, wessen Vertrauen in wen? Diese Beispiele sind extrem. Aber sie illustrieren einen wichtigen Punkt. Es gab in der deutschen Ostpolitik tatsächlich die Neigung, alle Arten von Beziehungen und Kooperationen als Beitrag zur Überwindung der Teilung zu sehen. Doch die Praxis zeigte Beziehungs- und Kooperationsformen, die die (politische) Teilung verstärkten und das Vertrauen reduzierten. Nun könnte man behaupten, daß dies unvermeidliche Nebenkosten waren: Wenn man tausend Computer liefert, ist es schwer zu verhindern, daß einer davon an die Geheimpolizei wandert. Die Gesamtbilanz blieb positiv. Doch das Argument muß konkret und anhand von Einzelfällen vorgebracht werden.

Ein zweiter Aspekt im »Verflechtungsbündel« waren die gemeinsamen Probleme, Herausforderungen und Interessen. Wir sind alle durch einen Atomkrieg oder atomaren Unfall gefährdet. Saurer Regen kennt keine Grenzen. Die Umweltgifte, die im einen Land in den Fluß geschüttet werden, schädigen auch andere Länder. Drogen und Seuchen gefährden uns alle. Wir haben nur die eine Welt. Diese Themen wurden von Genscher bereits 1971 angesprochen. »Wir alle haben nur eine Alternative«, erklärte er, »nämlich die gefährlichen weltpolitischen Spannungen zu entschärfen, indem wir gemeinsam die großen Aufgaben der Menschheit im letzten Drittel des 20. Jahrhunderts zu lösen versuchen.« Doch wirkliche Aufmerksamkeit erlangten diese Themen erst in der zweiten Hälfte der achtziger Jahre, als im Westen einflußreiche Umweltschutz- und Antiatomkraftbewegungen entstanden, erste alarmierende Berichte über sauren Regen, Waldsterben und den Treibhauseffekt veröffentlicht wurden, die Katastrophe von Tschernobyl passierte und in der Sowjetunion das »neue Denken« entstand. Entsprechend begann die Bonner Erklärung mit den Worten: »Die Bundesrepublik Deutschland und die Union der Sozialistischen Sowjetrepubliken stimmen darin überein, daß die Menschheit an der Schwelle zum dritten Jahrtausend vor historischen Herausforderungen steht. Probleme, die von lebenswichtiger Bedeutung für alle sind, können nur gemeinsam von allen Staaten und Völkern bewältigt werden.«

Nun traf dies ganz gewiß auf einer Ebene zu. Industrielle und technologische Entwicklung bedeutete, daß Menschen im einen Teil der Welt mehr davon betroffen waren, was Menschen im anderen Teil der Welt taten. Tschernobyl war ein Beispiel, globale Erwärmung ein anderes. Es gab (und gibt) neue gemeinsame Probleme. Aber daraus ist nicht notwendigerweise zu schließen, daß es auch gemeinsame Lösungen gibt. Umweltverschmutzung ist hier ein gutes Beispiel. Insgesamt hatte Osteuropa in den achtziger Jahren weniger Industrie, aber schlimmere industrielle Umweltverschmutzung als Westeuropa. Das war einerseits dem Wirtschaftssystem zu verdanken, das eine derart verschwenderische, sorglose, industrielle Praxis zuließ, andererseits dem politischen System, das es nicht zuließ, den öffentlichen Unmut über die lebensbedrohliche Umweltverschmutzung in ein angemessenes Korrektiv politisch-ökonomischer Aktionen umzusetzen.

Sicher gab es technische Vergleichbarkeiten der Umweltverschmutzung in Ost und West: Schwefeldioxyd (Ost) ist nicht anders als Schwefeldioxyd (West). Sicher kann man behaupten, wie die Grünen es getan haben, daß die Wurzel des Problems in Ost wie in West die Anbetung des Götzen Wirtschaftswachstum war. Doch die Dramatik des Umweltverschmutzungproblems in der Sowjetunion und Osteuropa war insbesondere auch eine Folge des politisch-ökonomischen Systems. Mit kooperativen Schritten, unabhängig von den Systemunterschieden, wurden daher nur Symptome, nicht aber Ursachen behandelt: eine notwendige, aber in gar keinem Fall ausreichende Therapie.

Die Katastrophe von Tschernobyl illustriert dies. Tschernobyl war ein Zufall. Aber es war kein Zufall, daß es in der Sowjetunion geschah und nicht etwa in der Bundesrepublik. Die Antwort der Bundesrepublik lautete: Wir helfen euch beim Bau sicherer Atomkraftwerke. Wenn ihr wollt, bauen wir sie euch auch ganz. Gemeinsames und eigenes Interesse stimmten vortrefflich überein. Denn jeder in Ost und West hätte aufatmen können, wenn die Sowjetunion – wenn überhaupt – neue Atomkraftwerke von den Deutschen bauen lassen oder dabei zumindest von ihnen beraten würde. Doch dies war keine gemeinsame Lösung für ein gemeinsames Problem. Es war ein westliches Allheilmittel für ein sowjetisches Problem.

Es ist auch zu fragen, ob die wachsende Bedeutung derartiger »gemeinsamer Probleme« im ost-westlichen, vor allem im (west-) deutsch-sowjetischen Dialog im Verhältnis zur tatsächlich wachsenden Dringlichkeit dieser gemeinsamen Probleme stand oder ob sie nicht eher den – ganz anders begründeten – Wunsch widerspiegelte, Gemeinsamkeiten zu finden. Das wäre immerhin nichts Neues gewesen. Als John F. Kennedy im Juni 1963 seine Bereitschaft zur Entwicklung von besseren Beziehungen mit der Sowjetunion signalisieren wollte, sagte er: »... lenken wir unsere Aufmerksamkeit auch auf gemeinsame Interessen... Denn was uns letztendlich wirklich miteinander verbindet, ist, daß wir alle Bewohner dieses kleinen Planeten sind. Wir alle atmen dieselbe Luft. Wir alle sorgen uns um die Zukunft unserer Kinder. Und wir sind alle sterblich.« Eine erstaunliche Entdeckung.

Wenn zwei Staaten bessere Beziehungen zueinander etablieren möchten, greifen sie häufig auf die größtmögliche gemeinsame Plattheit zurück. Wenn es für die Bundesrepublik und die Sowjetunion keine »gemeinsamen Probleme« gegeben hätte, hätten sie möglicherweise erfunden werden müssen. Es war denn auch kurios zu beobachten, wie hartgesottene Realpolitiker auf beiden Seiten in plötzlicher Erschütterung eine beinahe zärtliche Sorge um Bäume und Pflanzen entwickelten, für »alles, was da kreucht und fleucht«. Natürlich soll hier nicht die Existenz oder Dringlichkeit dieser Probleme bestritten werden. Es soll nur darauf hingewiesen werden, daß deren plötzliche Entdeckung und Aufwertung auch für ganz andere Zwecke instrumentalisiert werden konnte.

Ein drittes Thema, das aus den Schachtelsätzen herausgefiltert werden kann, ist der Wunsch nach Interdependenz. Das Argument der »gemeinsamen Probleme« bedeutete auch: In der heutigen Welt sind wir zunehmend voneinander abhängig, also sollten wir multilateral reagieren und kooperativ über die Ost-West-Trennung hinweggreifen. Doch das Verflechtungsargument der Bundesrepublik ging noch darüber hinaus. Es besagte nicht nur, daß wir voneinander abhängig sind, sondern daß wir voneinander abhängig sein *sollten*. Eine Behauptung, die schon weniger offensichtlich ist. Die meisten Staaten in der jüngeren Geschichte haben mehr und nicht weniger Unabhängigkeit gewollt. Und das gilt heute noch für die meisten Staaten der Welt, sei es in Afrika, Asien oder Lateinamerika. Nur Westeuropa bildet da, zum Teil, die Ausnahme. Aber selbst in Frankreich oder Großbritannien gab es nicht viele Politiker, die eine zunehmende Interdependenz als vordringliches außenpolitisches Ziel betrachteten. Für Osteuropa war ja die prägendste Erfahrung in der neueren Geschichte gerade Abhängigkeit gewesen. Für viele, wahrscheinlich die meisten Osteuropäer war ein wesentliches Element des Freiheitbegriffes gerade die Wiedererlangung der »Unabhängigkeit« einer Nation in einem Staat. Die Vorstellung, in eine neue Art von Abhängigkeit zu geraten – und sei es nur die »gegenseitige Abhängigkeit« –, bevor man sich überhaupt von der alten Abhängigkeit (von der Sowjetunion) befreien konnte, schien nicht gerade attraktiv.

Was also war der Grund für diesen Wunsch nach Interdependenz? Soweit überhaupt eine klare Antwort gegeben wurde, schien sie darauf zu beruhen, daß ein Netz aus gemeinsamen Abhängigkeiten jeden europäischen Staat davon abhalten würde, einen anderen – wie so oft in der Vergangenheit – anzugreifen. Die Verflechtung, um nochmals Genscher zu zitieren, sollte keinem Land mehr gestatten, »sich aus diesem Verbund zu lösen, ohne seine vitalsten Eigeninteressen auf das schwerste zu verletzen«. Das Modell war die (West-)Europäische Gemeinschaft und vor allem die französisch-deutsche »Aussöhnung«, von der man glaubte, daß sie gerade durch das Netz derartiger gemeinsamer Abhängigkeiten gesichert wäre. Ein weiterer Anknüpfungspunkt war der Begriff von vertrauensbildenden Maßnahmen zwischen Staaten. In dieser Hinsicht war Kooperation vor allem dazu gedacht, größere Sicherheit zwischen Staaten in Ost und West herzustellen, und weniger, einen Wandel innerhalb der Staaten Osteuropas und der Sowjetunion hervorzurufen. Hier gab es mehr als nur ein Echo von Kissingers Konzept der »Gulliverisierung« der Sowjetunion. Interdependenz war also als Friedensstifter gedacht.

Gegen die Vorstellung, daß Interdependenz ein Garant für internationale Harmonie sei, könnte man allerdings drei Einwände anführen. Der erste betrifft das Gleichgewicht der Abhängigkeit. Die französisch-deutsche Interdependenz funktionierte gerade deshalb so gut, weil es – im »Jalta«-Europa – ein ungefähres politisches, ökonomisches und militärisches Gleichgewicht der Abhängigkeiten beider Länder voneinander gab. Aber kein historisches Gesetz sagt, daß dies so sein muß. Die Geschichte liefert weit mehr Beispiele für *ungleiche* Abhängigkeiten: die Abhängigkeit Ostmitteleuropas von Deutschland und/oder Rußland zum Beispiel. Von derartig ungleichen Abhängigkeiten kann man nicht behaupten, daß sie die Wahrscheinlichkeit von Konflikten zwischen den beteiligten Staaten verringert hätten. Lenins Frage: Wer, wem? sollte auch auf die Frage der Interdependenzen angewandt werden – wer wird abhängig von wem?

Der zweite Einwand betrifft das Problem von Dritten. Wenn Staat A und Staat B »interdependent« sind, kann das zwar bedeuten, daß die Wahrscheinlichkeit eines Konflikts zwischen beiden geringer geworden ist. Aber heißt das gleichzeitig auch, daß Staat B weniger wahrscheinlich Aggressionen gegen Staat C zeigen wird? Nicht unbedingt, es sei denn, Staat A hat dies zur Bedingung für seine Beziehungen zu Staat B gemacht. Die sowjetische Invasion Afghanistans hat die sowjetisch-deutschen Interdependenzen nicht unmittelbar bedroht. Es war eine Frage der Wahl – ein Interessenkalkül –, ob die Bundesrepublik mit einer Änderung ihrer eigenen Beziehungen zur Sowjetunion darauf antworten wollte. Es gab hier nichts »Unumkehrbares«, um mit Genscher zu sprechen. Die Bundesrepublik schätzte ihre eigene Abhängigkeit von Moskau ein und sah sich nicht zu besonders starken Reaktionen auf eine sowjetische Aggression gegenüber Dritten veranlaßt.

Ein Argument der Bundesrepublik gegen die Verhängung von Sanktionen über die Sowjetunion war, daß die Sowjetunion in relativ geringem Maße von Wirtschaftsbeziehungen zum Westen abhängig sei. Deshalb würde sie zur Wahrung der Beziehungen nicht auf das verzichten, was sie als ihre vitalen Interessen betrachtete. Mit anderen Worten: Es habe zu wenig Interdependenzen gegeben, um befriedend zu wirken. Dieses Argument entbehrt nicht der Plausibilität. Die Vorstellung, Interdependenz müsse sozusagen erst eine kritische Masse erreicht haben, bevor sie das politische Verhalten von Staaten beeinflussen kann, ist recht überzeugend. In einem leninistischen Parteistaat war die notwendige kritische Masse – wegen des Primats der Politik in einem solchen Staat – wahrscheinlich noch größer. Wie also konnte eine solche kritische Masse der Interdependenz erreicht werden? War es überhaupt möglich, ohne das eine oder andere System zu verändern?

Die Handelserfahrungen der Bundesrepublik, wie überhaupt ihre wirtschaftlichen, wissenschaftlichen und technischen Kooperationserfahrungen mit dem Osten, zeigten, daß es klare Grenzen für Beziehungen zwischen zwei solch unterschiedlichen Systemen gab: zwischen der zentralistischen Planwirtschaft und der Marktwirtschaft, oder, allgemeiner, zwischen Diktaturen und Demokratien, zwischen geschlossenen und offenen Gesellschaften. Hier lag ein Problem. Um das außenpolitische Verhalten der entsprechenden Staaten zu beeinflussen, mußte die Interdependenz eine kritische Masse erreichen. Aber um die kritische Masse zu erreichen, mußte das innenpolitische System der entsprechenden Staaten – das eine, das andere oder beide – einem Wandel unterzogen werden.

Die Politiker der Bundesrepublik haben auch dieses Problem erkannt. Und sie hatten eine Antwort parat. Natürlich, sagten sie, ein (nicht spezifiziertes) Maß an systemischem Wandel ist Vorbedingung, um eine friedenssichernde Ebene der Interdependenz zu erreichen. Aber zunehmende Interdependenz sei an sich ein Mittel, um systemischen Wandel zu fördern! Die favorisierte Formel für diese weitere goldene Harmonie lautete: systemöffnende Zusammenarbeit. Bereits 1970 hatte der einflußreiche Politintellektuelle Klaus Ritter die Formel »systemöffnende Koexistenz« als Antwort auf die sowjetische Formel »friedliche Koexistenz« geprägt.

Im Juni 1987 griff Ritters Freund und Kriegskamerad Richard von Weizsäcker, inzwischen Bundespräsident, diese Formel wieder auf und popularisierte sie in ihrer post-Helsinki-Form als »systemöffnende Zusammenarbeit«. Der rein militärische Aspekt der Ost-West-Beziehungen sei überbetont worden, argumentierte er während einer Rede (zum vierzigsten Jahrestag des Marshall-Plans), die er, wie Willy Brandt ein Vierteljahrhundert zuvor, an der Universität von Harvard hielt. »Wie müssen«, sagte er, »zusätzliche ›Währungen‹ des Umgangs miteinander finden als nur militärische Macht.« So wie Brandt und Bahr den Amerikaner John F. Kennedy zum Vorbild genommen hatten, zitierte Weizsäcker den Geist von James Fulbright und George Marshall. Bei einer späteren Rede vor einer Konferenz des Aspen-Instituts in Berlin (wo er wieder einmal einem amerikanischen Europäer, diesmal Shepard Stone, Tribut zollte) wiederholte er sein Plädoyer für eine »systemöffnende Zusammenarbeit« und fügte hinzu: »Im Zeichen von Perestroika«. Die wirtschaftliche, wissenschaftliche, technologische, bildungspolitische und umweltpolitische Zusammenarbeit würde, so Weizsäcker, die wirtschaftliche, wissenschaftliche und technologische Teilung Europas nicht nur an sich bereits vermindern, zur Lösung von »gemeinsamen Problemen« beitragen und die gewünschte »Interdependenz« herstellen. Sie würde sich auch als »systemöffnend« erweisen.

Was hatte das zu bedeuten? Man darf mit Sicherheit annehmen, daß das »System«, auf das er sich bezog, in erster Linie das östliche System war. Die Führung unter Gorbatschow wisse, fügte Weizsäcker in seiner Berliner Rede hinzu, »daß es um eine Reform *ihres* Systems geht, nicht des unsrigen«. (Wenn auch das westliche System selbst ein wenig »Öffnung« bräuchte: »Auch wir haben unsere Fehler, wir haben die Schwächen unserer Tugenden, wir haben zu lernen.«) Doch was war hinsichtlich des sowjetischen Systems mit »Öffnung« gemeint? War dies ein höflicher Euphemismus für fundamentalen Wandel, oder bezog es sich auf dasselbe, nur ein wenig offeneres System? Und wenn ja, offener für wen, um was zu tun? Wieder einmal waren die Antworten genauso vielfältig und vage wie bei der Definition einer langfristigen »europäischen Friedensordnung«.

In einer west-westlichen Diskussion über genau dieses Thema sagte der damalige politische Direktor des Auswärtigen Amtes, Hermann von Richthofen: »Wir wollen ja durch unsere Politik nicht die Strukturen auf der anderen Seite verändern, sowenig wie wir eine östliche Politik gutheißen würden, die auf eine Änderung unserer Strukturen abzielt...« »Systemöffnung heißt für mich«, fügte ein deutscher Geschäftsmann hinzu, »vor allem das Kennenlernen der Menschen untereinander und Austausch von Ideen und Denkweisen.« Sowjetische Manager sollten in der Bundesrepublik ausgebildet werden, sagte der Pressesprecher des Bundespräsidenten, »das ist dann systemöffnende Kooperation, weil ein sowjetischer Manager, der hier ausgebildet worden ist, im Ergebnis später ein anderes Verhalten an den Tag legen wird als früher«.

Die Behauptungen über einen Kausalzusammenhang zwischen Kooperation auf der einen und systemischem Wandel (oder »Öffnung«) auf der anderen Seite waren also fragmentarisch und unpräzise. Manchmal schien der zugrunde liegende Gedanke nur eine modifizierte Version der Konvergenz-Theorie – jener Theorie, die Raymond Aron einst höchst umsichtig und präzise formulierte, nämlich, daß fortgeschrittene Industriegesellschaften dazu tendierten, einander ähnlich zu werden. »Ich neige zu dem Glauben«, schrieb Aron, »daß fortschreitende Industrialisierung, zumindest in Europa, eher eine individualistische als eine kollektivistische Zivilisation begünstigt ... in Zukunft wird Europa sich in dieser Hinsicht vielleicht bis in den Ural ausdehnen.« Fortschreitende Industrialisierung mittels wirtschaftlicher und technischer Modernisierung zu fördern, hieße daher *ipso facto*, den gesellschaftspolitischen Wandel zu fördern.

Zum anderen schien die Grundidee eher: Subversion durch Beispiel. Die Rückständigkeit der Sowjetunion, sagte Weizsäcker in Harvard, »ist Folge eines geschlossenen Systems ohne Mitbestimmung und ohne Anreize für die Bevölkerung, ohne freie Information ... Wenn sich jetzt die Chance einer Öffnung bietet, ist das unser Risiko?« Die sowjetische Bevölkerung mit westlichen Gewohnheiten, Ideen und westlichem Lebensstandard zu konfrontieren, war also implizit das Risiko der sowjetischen Machthaber. Auch diesen Grundgedanken hatten bereits in den frühen sechziger Jahren Kennedy und Brandt formuliert.

Das neue Element, das diese beiden Konzepte miteinander verbinden sollte, war die Entwicklung der neuesten Phase der wirtschaftlichen Modernisierung: Die »High-Tech-Revolution«, vor allem in Gestalt der Informationstechnologie. Der rasend schnelle, freie Informationsfluß mittels Computer, Fax oder Satellitenfernsehen sollte für die wirtschaftliche Modernisierung unverzichtbar werden. Damit wäre das bislang existierende System sowjetischen Typs, dessen Herzstück das Informationsmonopol des Staates war – oder, wie Solschenizyn es genannt hätte: die Lüge – völlig unvereinbar. Die Magie der Informationstechnologie sollte daher zwei gegensätzliche Extreme – Konvergenz und Subversion – wie in einer Hegelschen Synthese miteinander verbinden.

Würde eine wirtschaftliche Modernisierung der Sowjetunion dem Westen helfen? So 1987 die rhetorische Frage von Hans-Dietrich Genscher in einem Plädoyer für den Ausbau von sowjetisch-deutschen Wirtschaftsbeziehungen. Und er antwortete sich selbst: »Wer die gesellschaftlichen Entwicklungen erkennt, die sich aus den neuen Technologien für unsere freien Gesellschaften hin zu mehr personaler Verantwortung und kleineren Einheiten ergeben, und wer erkennt, daß eine Öffnung der Sowjetunion ganz automatisch auch notwendig macht, sich in diese Richtung zu bewegen, der wird auch erkennen, daß eine Sowjetunion, die den Weg der Modernisierung wirklich geht, am Ende eine andere sein wird als die von heute, eine offenere, nicht eine Demokratie in unserem Verständnis, sondern eine offenere, verglichen mit der Sowjetunion von heute.«

Doch die Behauptung, daß Kooperation einen systemöffnenden Effekt habe, galt nicht nur für die Zukunft. Sie galt auch, wenn auch vorsichtig formuliert, bereits Vergangenem. »Die Konferenz für Sicherheit und Zusammenarbeit in Europa hat durch ihre Vereinbarungen im Korb 2 maßgeblich zur Stärkung und Vertiefung der West-Ost-Wirtschaftsbeziehungen beigetragen«, sagte Richard von Weizsäcker 1989 in Hamburg. »Sie hat einen wirtschaftlichen, gesellschaftlichen und politischen Wandel in Osteuropa begünstigt, man möchte beinahe sagen, sie hat ihn langfristig unausweichlich gemacht.« Man mag dies beinahe sagen mögen, aber wenn man es sagt, dann sollte man auch erklären, wie. Was genau unter den wirtschaftlichen, technischen, wissenschaftlichen und umweltpolitischen Kooperationen (Korb 2) hat genau was in der östlichen Politik verändert?

»Dieser Versuch, das geteilte Europa wieder mit einem Netz von Kontakten, Handel, Austausch und Kooperation zu überziehen, stärkt in Osteuropa die Reformkräfte«, sagte Horst Ehmke während einer Debatte im Januar 1982, in der über Solidarność und die Auswirkungen des Kriegsrechts in Polen diskutiert wurde. Die Entspannungspolitik sei nicht Ursache der Reformbewegung gewesen. »Aber die Entspannungspolitik mit ihrem Austausch und ihren Kontakten hat natürlich den Bewegungsspielraum für diese Reformbewegung unendlich vergrößert.« Und nochmals: »Die Entspannungspolitik trägt natürlich indirekt dazu bei, daß in Osteuropa Ideen, Kräfte, auch Produktivkräfte freiwerden, die einen neuen politischen Ausdruck suchen.«

Diese etwas unklaren Aussagen werden wir später näher betrachten. Vor allem werden wir das Verhältnis betrachten müssen zwischen Förderung eines Gesamtprozesses einerseits, der indirekt Reformen begünstigend – oder »systemöffnend« – wirken sollte, und unmittelbarer Ermutigung (oder Entmutigung) von Menschen andererseits, die die Achtung der Menschenrechte und Demokratie ausdrücklich forderten. Doch zuvor scheint eine kurze Betrachtung angebracht, welche Art Netz die Bundesrepublik in den zwanzig Jahren von 1969 bis 1989 tatsächlich mit (über? um?) ihre osteuropäischen Nachbarn spinnen konnte. Wie sieht der qualitative und quantitative Vergleich des westdeutschen »Netzes« mit denen Frankreichs, Großbritanniens, Italiens oder der Vereinigten Staaten aus?

Die kürzeste Antwort lautet: Es war am dichtesten. Nachdem die Bundesrepublik von einer Position aus gestartet war, die, abgesehen vom Handel, weit hinter der ihrer westlichen Partner zurücklag, hatte sie bis 1989 durch intensive und beständige Bemühungen ein dichteres Netzwerk an Beziehungen mit allen osteuropäischen Staaten und selbst mit der Sowjetunion (von der DDR gar nicht zu sprechen) gesponnen als jedes andere westliche Land. Wie wir anhand der Beispiele bei den Wirtschaftsbeziehungen sehen konnten, hatte die Bundesrepublik selbst ihre stärksten westlichen Partner weit überholt.

Auch bei den politischen Beziehungen war die reine Anzahl von Besuchen und Austausch einzigartig. Das galt nicht nur für Minister, Diplomaten und andere Beamte, sondern auch für bedeutende und unbedeutendere Vertreter aller großen politischen Parteien auf Länder- wie Bundesebene. Und es herrschte nicht nur eine außergewöhnliche Intensität an Kontakten, sondern auch eine bemerkenswerte Kontinuität auf deutscher Seite. Bei fast allen politischen Ost-West-Kontakten wechselten ständig die westlichen Partner. Im Fall der Bundesrepublik war es jedoch fast schon umgekehrt. Osteuropäische Außenminister kamen und gingen, doch der Außenminister der Bundesrepublik blieb. Dieselben Politiker, Beamten und Kommentatoren verfolgten dasselbe Geschäft jahrein, jahraus. Der einzige Aspekt, unter dem dieses politische Netzwerk – verglichen mit dem britischen oder amerikanischen – immer schwach blieb, betraf die Kontakte mit unabhängigen und oppositionellen politischen Gruppen.

Bei den kulturellen Beziehungen war das Bild gemischter. Die Bundesrepublik legte großen Wert auf ihre »auswärtige Kulturpolitik« – in Großbritannien »cultural diplomacy«, in den Vereinigten Staaten manchmal auch »public diplomacy« genannt. Die Priorität war 1970 durch neue Richtlinien festgelegt worden, durch die die Kulturpolitik liberaler und auch kosmopolitischer definiert wurde. Während der ganzen siebziger und achtziger Jahre wurde diesen Richtlinien gefolgt. Diese Kulturpolitik wurde zum besonderen Hätschelkind einer ganzen Reihe von freidemokratischen Staatsministern im Auswärtigen Amt, unterstand aber immer auch der direkten parlamentarischen Kontrolle. Ein Drittel des Budgets des Auswärtigen Amtes wurde dafür verwandt, was proportional selbst die Budgetausgaben des traditionellen Meisters der Kulturdiplomatie, Frankreich, aber auch bei weitem die der Vereinigten Staaten oder Großbritanniens übertraf. Etwa die Hälfte davon war zur Förderung und Lehre der deutschen Sprache gedacht, auf gut deutsch also: für die Sprachpolitik.

Innerhalb dieses Bildes nahm Osteuropa einen ganz besonderen Platz ein. Kulturpolitik in Osteuropa war als wichtiger Teil der gesamten Osteuropa-Strategie gedacht, als Teil eines tragfähigen Netzes. Deutsche Kultur, deutsche Wissenschaft, deutsche Unternehmen hatten schon immer eine einzigartige, ja teilweise führende Rolle in einem Großteil jener Region gespielt, die nun Osteuropa genannt wurde. Doch die letzten Aktionen der Ostpolitik des Deutschen Reichs, unter dem Banner der »Kultur«, waren ein schrecklicher Schlag für den Einfluß ebenjener Kultur, in deren Namen sie angeblich ausgeführt worden waren. Zusätzlich verstärkt wurde die Ablehnung alles Deutschen nach 1945 durch die Politik der kommunistischen Regime, die Bedingungen des Kalten Krieges und die Präsenz eines zweiten deutschen Staates – der für sich in Anspruch nahm, Alleinvertreter alles Wahren, Guten, Schönen der deutschen Kultur zu sein.

Das Deutsche, einst die zweite Sprache in vielen Ländern

dieser Region, während Französisch die zweite Sprache in den anderen war, mußte seinen Rang zuerst an das offiziell auferlegte Russisch abtreten, später dann an das inoffiziell triumphierende Englisch. Auch Französisch wurde zurückgedrängt, doch Frankreich kämpfte den streitbaren Kampf der semantischen Nachhut mit seinen hochsubventionierten Kulturinstituten, die oft noch aus der Vorkriegszeit existierten. Die Deutsche Welle erreichte niemals die Zuhörerschaft oder den Einfluß von BBC, Radio Free Europe oder Voice of America.

Diese Schwierigkeiten blieben seltsam hartnäckig. Obwohl die allgemeine Ablehnung alles Deutschen allmählich und nicht zuletzt durch den Einfluß der neuen Ostpolitik einem positiveren Bild vom neuen Deutschland wich, so bedeutete das nicht gleichzeitig, daß die Vorstellung von einer Erweiterung des kulturellen Einflusses der Bundesrepublik von der kommunistischen Führung freudig aufgenommen worden wäre. In einigen osteuropäischen Staaten waren deutsche Kultur und Sprache zugleich untrennbar mit dem dornigen Thema der deutschen Minderheiten verbunden. Und schließlich gab es da auch noch die verbissene Obstruktionspolitik der DDR. Nicht die Goethe-Institute der Bundesrepublik, sondern die Herder-Institute der DDR sollten deutsche Kultur im Osten repräsentieren.

Obwohl die Bundesrepublik in den siebziger Jahren mit allen osteuropäischen Staaten (ausgenommen der DDR) Kulturabkommen geschlossen hatte, nennt der damals dafür verantwortliche Beamte im Auswärtigen Amt, Barthold C. Witte – auch nicht zufällig Freidemokrat –, die Jahre von 1975 bis 1985 »ein Jahrzehnt der Stagnation« in den Kulturbeziehungen der Bundesrepublik mit dem Osten. Er berichtet, daß sich der akademische Austausch mit der Sowjetunion beispielsweise auf nur lächerliche fünfzehn Stipendien im Jahr beschränkte. Für Witte gilt das Budapester Kulturforum von 1985, das erste große Helsinki-Folgetreffen zu diesem Thema, als Durchbruch. Doch selbst in Ungarn gelang es der Bundesrepublik erst 1988, ein offizielles Kulturinstitut zu eröffnen. Und nicht einmal das konnte Goethe-Institut genannt werden, denn die Ungarn waren noch immer um die Empfindlichkeiten der DDR besorgt. (Ein Goethe-Institut war jedoch 1979 in Rumänien eröffnet worden, obwohl es unter den zunehmenden Schwierigkeiten der späten Ceauşescu-Jahre zu operieren hatte.)

Noch Mitte 1989 zeigte die Landkarte der offiziellen kulturellen Einrichtungen der Bundesrepublik zu ihrem Osten einen beredten weißen Fleck. Auch die Statistiken über deutschen Sprachunterricht blieben bescheiden – mit Ausnahme der Sowjetunion, wo mehr als neun Millionen Schüler Deutsch lernen konnten. Ein weiteres Beispiel für Rußlands souveräneren Umgang mit allem, was deutsch war.

Für Osteuropa kam der wirkliche Durchbruch, in dieser wie anderen Hinsichten, erst 1989. Zügig wurden Kulturinstitute der Bundesrepublik in allen Ländern eröffnet, und das Interesse für die deutsche Sprache explodierte förmlich. Zwar waren die Ziele dieser Kulturdiplomatie weiterhin von liberal-kosmopolitischen Werten geprägt, doch wie bei der britischen, französischen oder amerikanischen Kulturdiplomatie gab es auch hier Ziele, die dem nationalen Wettbewerb entsprangen. Deutsch, schrieb Barthold Witte 1991, hatte nun eine Chance, die Lingua franca in Mittel- und Osteuropa zu bleiben – womit er sicher meinte: wieder zu werden –, obgleich nun »neben Englisch«. An anderer Stelle sagte er unverblümt: »Wer Deutsch spricht und versteht, der kauft auch eher deutsch als der unserer Sprache Unkundige.«

Die besonderen Schwierigkeiten der offiziellen Kulturdiplomatie bis 1989 wurden jedoch bis zu einem gewissen Grad von den höchst aktiven Programmen der akademischen Austauschdienste aufgefangen (die größtenteils oder vollständig durch öffentliche Mittel finanziert wurden), darunter die Alexander-von-Humboldt-Stiftung, die parteinahen Stiftungen (ebenso von öffentlicher Hand finanziert) und die großen privaten Stiftungen, wie die Stiftung Volkswagenwerk, die Thyssen-Stiftung oder die Robert-Bosch-Stiftung mit ihren bahnbrechenden deutsch-polnischen Projekten.

Insgesamt gelang es diesen offiziellen, halb-offiziellen und privaten Institutionen der Bundesrepublik, darunter auch viele einzelne Universitäten, Akademien, Kulturfestspiele und andere Initiativen, unzählige Kontakte zu knüpfen und einer großen Zahl von osteuropäischen Wissenschaftlern, Künstlern, Intellektuellen und Studenten dazu zu verhelfen, in der Bundesrepublik zu arbeiten, zu studieren oder aufzutreten – aber auch einer kleineren (doch wachsenden) Zahl von Deutschen in anderer Richtung. Verglichen mit dem Austausch zwischen westeuropäischen Nationen blieb das Ausmaß zwar sehr gering, doch sein Wachstum seit den sechziger Jahren war beeindruckend. Nicht wenige Mitglieder der neuen mittel- und osteuropäischen Regierungen nach 1989 hatten durch das eine oder andere dieser Programme einige Zeit in Deutschland zugebracht.

Was für die Intelligenz zutraf, traf in beiden Richtungen noch mehr für die Normalbürger zu. Aus keinem anderen westlichen Land floß ein größerer Touristenstrom in den Osten. Aber die Bundesrepublik ließ, entsprechend ihrer eigenen Vorstellung von Helsinki – dem Helsinki der menschlichen Kontakte – auch weit mehr osteuropäische Normalbürger einreisen als jedes andere westliche Land.

»Es ist wichtig«, hatte Kennedy 1963 in seiner Rede an der Freien Universität Berlin gesagt, »daß die Menschen in den stillen Straßen des Ostens mit der westlichen Gesellschaft in Kontakt bleiben können.« In den achtziger Jahren waren nur wenige westliche Gesellschaften offener für »die Menschen in den stillen Straßen« als die westdeutsche. Das brachte der Bundesrepublik Vorteile: Denn keiner, der sie besucht hatte, konnte der kommunistischen Propaganda über eine imperialistische, revanchistische deutsche Gefahr mehr Glauben schenken. Doch es brachte ihr auch Kosten ein. Viele dieser Besucher suchten illegal Arbeit, um kostbare harte Währung zu verdienen. Andere ersuchten um politisches Asyl oder blieben einfach illegal im Land. Aufgrund des außergewöhnlich liberalen Artikels 16 im Grundgesetz der Bundesrepublik und dessen großzügiger Auslegung wurden nur sehr wenige von ihnen tatsächlich zurückgeschickt. Die Auslegung des Artikels 116 im Grundgesetz bedeutete, daß viele Osteuropäer, deren Deutschstämmigkeit zweifelhaft war, dennoch als Deutsche anerkannt wurden, während die großzügige Auslegung des Asylantengesetzes bewirkte, daß vielen Osteuropäern der Aufenthalt gestattet wurde, die nicht einmal vorgaben, Deutsche zu sein, sondern nur in einem freien, wohlhabenden Land (das zufällig Deutschland hieß) leben wollten. Auf die eine oder andere Weise profitierten Hunderttausende von Osteuropäern unmittelbar von dieser Politik der bewußten Offenheit – und Millionen profitierten indirekt, durch harte Währung, Konsumgüter und nicht zuletzt durch Erfahrungen, die ihre Verwandten und Freunde nach Hause schickten oder mitbrachten.

Doch Zahlen erzählen niemals die ganze Geschichte. Denn neben der Frage der Quantität gibt es immer die Frage der Qualität. Die Qualität dieses Netzes war nicht immer gleich. Seine Schwachstellen gegenüber unabhängigen oder oppositionellen Gruppen wurden bereits erwähnt. Aber auch die Interdependenz des technologischen, wirtschaftlichen, kulturellen und menschlichen Austausches war unausgewogen. Genschers Angebot eines »technologischen Anschlusses« blieb für Osteuropäer eine zweischneidige Sache, denn er bedeutete auch die Wiederherstellung einer historischen Abhängigkeit. Die meisten Osteuropäer kamen in die Bundesrepublik, um zu lernen oder Geld zu verdienen. Die meisten Westdeutschen gingen nach Osteuropa, um zu lehren oder Geld auszugeben. Die meisten Westdeutschen im Osten waren Ferienreisende, Investoren oder Arbeitgeber. Die meisten Osteuropäer in der Bundesrepublik waren Einkäufer, armselig bezahlte Gastarbeiter oder bestenfalls arme Verwandte. Die kleine Gruppe privilegierter Intellektueller, Künstler oder Wissenschaftler war die Ausnahme, die die Regel bestätigte.

Das war natürlich nicht die Schuld der Westdeutschen. Sie waren für die relative wirtschaftliche Rückständigkeit Osteuropas nicht – oder nur im sehr indirekten, historischen Sinn (»Hitler«) – verantwortlich. Sie konnten sozusagen nichts dafür, daß sie reich waren. Und von Otto Normalverbraucher konnte kaum erwartet werden, daß er aus einem vagen Verständnis für höhere moralische oder historische Verantwortung heraus auf billige Arbeitskräfte und billiges Vergnügen verzichtete. Außerdem war es aus Sicht des einzelnen Osteuropäers noch immer besser, ein wenig harte Währung zu verdienen – wenn auch unter Bedingungen, die für Westeuropäer an Ausbeutung grenzten – als gar keine. Für die Kinder zu Hause bedeutete Vaters Arbeit als Fensterputzer in Dortmund und nicht seine Studien über Husserl an der Warschauer Universität den Unterschied zwischen gerade noch erträglicher Armut und blanker Not.

Es war ein kleineres Übel. Aber es war auch noch weit entfernt von jenen hehren Visionen des gegenseitig geistig befruchtenden, europäischen Austauschs, wie es die Politiker formuliert hatten. Im Grunde hatte die neue »Interdependenz« sehr viel Ähnlichkeit mit einer alten Dependenz. Wo Osteuropäer weniger vom Osten abhängig geworden waren, da wurden sie abhängiger vom Westen. Und wo die Bedeutung des Ostens dieselbe geblieben war wie einst (Rußland), da erhielt auch der Westen zunehmend dieselbe wie einst (Deutschland). Der Ausdruck, den junge Polen für »zum Arbeiten in den Westen gehen« gebrauchten, hieß: *na saksy*, ein Begriff aus dem 19. Jahrhundert für Saisonarbeit, die damals wie auch nun wieder vor allem in Deutschland geleistet wurde.

Es soll nochmals betont werden, daß diese Situation weder direkte Folge noch Ziel der Politik der Bundesrepublik war. Doch sie war eine Realität, mit der sich sowohl die Deutschen als auch ihre östlichen Nachbarn in den neunziger Jahren wieder auseinandersetzen müßten.

Stabilität vor Freiheit

Im Oktober 1989 wurde der hochangesehene Friedenspreis des Deutschen Buchhandels dem tschechischen Schriftsteller und Oppositionellen Václav Havel verliehen. Die Behörden der Tschechoslowakei machten es Havel unmöglich, nach Frankfurt zu reisen, um den Preis entgegenzunehmen. Seine Dankesrede wurde bei der Festveranstaltung in der Paulskirche verlesen – dort, wo 1848 die Frankfurter Nationalversammlung deutscher Liberaler und Patrioten stattgefunden hatte. Bundespräsident von Weizsäcker und Bundeskanzler Kohl saßen in der ersten Reihe. Zwischen ihnen symbolisch ein leerer Stuhl. Havels Rede »Ein Wort über das Wort« war eine Meditation über die außergewöhnliche Bedeutung des Wortes in einem totalitären System und über die Fallstricke, Zweideutigkeiten und vielfachen Wendungen der wichtigsten Worte: »Sozialismus«, »Freiheit«, »Frieden«.

»Ihr Land«, schrieb Havel für diese Rede, »hat einen großen Beitrag zur modernen europäischen Geschichte geleistet: die erste Welle der Entspannung durch seine bekannte Ostpolitik. Doch auch dieses Wort konnte so manches Mal ganz schön doppeldeutig sein. Es bedeutete selbstverständlich den ersten Hoffnungsschimmer für ein Europa ohne Kalten Krieg und Eisernen Vorhang; zugleich aber – leider – bedeutete es nicht nur einmal auch den Verzicht auf Freiheit und damit auf eine grundlegende Voraussetzung jedes wirklichen Friedens: Ich erinnere mich immer noch, wie zu Beginn der 70er Jahre einige meiner westdeutschen Freunde und Kollegen mir auswichen aus Furcht, daß sie durch einen wie auch immer gearteten Kontakt zu mir, den die hiesige Regierung nicht gerade liebte, eben diese Regierung überflüssigerweise provozieren und damit die zerbrechlichen Fundamente der aufkeimenden Entspannung bedrohen könnten.«

Wie war es möglich, daß einer der bemerkenswertesten unabhängigen Sprecher der Tschechoslowakei dem Wort »Ostpolitik« – wenn auch vorsichtig, sehr persönlich und in der Vergangenheitsform – das Wort »Freiheit« gegenüberstellen konnte? Saßen denn nicht als Verkörperung eines Gleichklangs dieser beiden Worte die höchsten Repräsentanten der Bundesrepublik in der ersten Reihe der Frankfurter Paulskirche? Um Havels Äußerung zu verstehen, bedarf es einer Rückkehr ins Jahr 1969 und der Analyse eines anderen großen, zwiespältigen Wortes: »Normalisierung«.

»Normalisierung« war in den frühen siebziger Jahren ein Schlüsselbegriff der sozialliberalen Architekten der Ostpolitik. Was sie darunter verstanden, war die Wiederherstellung von »normaleren« Beziehungen zwischen der Bundesrepublik, der Sowjetunion und den osteuropäischen Staaten, angefangen bei der grundlegenden »Normalität« von diplomatischer Anerkennung. Aber »Normalisierung« war in dieser Zeit auch ein Schlüsselbegriff in der Tschechoslowakei. Und dort bedeutete sie den Versuch, eine europäische Gesellschaft mit Gewalt wieder sowjetischen Normen anzupassen. »Normalisierung« war alles, was auf den Einmarsch sowjetischer Truppen im August 1968 folgte: die Niederschlagung des Prager Frühlings, das langsame Abwürgen hart erkämpfter Freiheiten, Ausweisungen, Verhaftungen, Zensur, Unterdrückung.

Diese beiden Formen der »Normalisierung« existierten nicht

nur einfach nebeneinander. Sie hingen auch kausal zusammen. Der sowjetische Einmarsch in die Tschechoslowakei bedeutete nicht das Ende der Entspannung. Er war nicht einmal, wie es der französische Außenminister Michel Debré genannt hatte, »ein Verkehrsunfall auf der Straße zur Détente«. Der Einmarsch gab, wie eine Maut-Station, den Weg auf der Straße zur Entspannung frei. »Daß die Sowjets gerade jetzt zu einer flexibleren Diplomatie zurückfanden [d. h. im Frühjahr 1969]«, schrieb Richard Löwenthal, »war sicher teilweise die Folge der Tatsache, daß sie sich nach der gewaltsamen Niederschlagung des tschechischen Reformkommunismus im eigenen Machtbereich sicherer fühlten: ›Wandel durch Annäherung‹ war nicht mehr zu fürchten.« »Normalisierung« à la Husák war also gewissermaßen die Voraussetzung für die »Normalisierung« à la Brandt.

Diese schicksalhafte Verknüpfung machte die Frage der Auswirkung in anderer Richtung noch drängender: Welchen Einfluß könnte die Ost-West-»Normalisierung« auf die »Normalisierung« innerhalb des Ostens haben? Würde sie die »Normalisierung« im Sinne Breschnews und Husáks, die Rückkehr zu sowjetischen Normen durch Repression, Einschüchterung und Gleichschaltung, erleichtern? Oder würde sie, wenn auch erst nach einiger Zeit, die Rückkehr zu europäischen, zu westlichen Normen fördern?

Es muß gesagt werden, daß diese Frage – die für die Menschen in der Tschechoslowakei so lebenswichtig war – auf der Agenda der westdeutschen Ostpolitik der siebziger Jahre keinen prominenten Platz einnahm. Westdeutsche Politiker waren derart mit ihrem eigenen »konstitutiven Doppelkonflikt« mit dem Osten beschäftigt – dem allgemein westlichen und dem spezifisch nationalen –, daß sie kaum Zeit hatten, sich um den konstitutiven Doppelkonflikt der Osteuropäer zu kümmern – von Staaten mit einem imperialen Zentrum, aber auch von der jeweiligen Gesellschaft mit dem (Partei-)Staat. Tatsächlich wurde dieser Konflikt von der sozialliberalen Ostpolitik kaum wahrgenommen.

In den Reden und Schriften von Helmut Schmidt tauchte der Begriff »Osteuropäer« fast ausschließlich im Zusammenhang mit osteuropäischen Staaten auf. Und bei diesen Staaten ging man – fragwürdigerweise – davon aus, daß sie tatsächlich durch ihre kommunistischen Machthaber repräsentiert wurden. Hinsichtlich Osteuropas (ausgenommen die DDR) kann man nur die Meinung des polnischen Schriftstellers Jacek Maziarski teilen, der schrieb: »Unter allen westlichen Staaten hat wahrscheinlich die Bundesrepublik am wenigsten jene Fallstricke wahrgenommen, die durch die Diskrepanz zwischen gesellschaftlichen Hoffnungen und Regierungspolitik gespannt waren ...«

Insofern die westdeutsche Politik Spannungen zwischen Parteistaat und Gesellschaft erkannte, behauptete sie, daß Verbesserungen nur mit den Machthabern erreicht werden könnten und nicht gegen sie. Sogar die Einhaltung der »Menschenrechte« könnten nur mit und nicht gegen die jeweiligen Mächte durchgesetzt werden. Diese Einsicht folgerte aus einem Triumph der sowjetgestützten Macht (dem Bau der Berliner Mauer) und sah sich durch einen weiteren (dem Einmarsch in die Tschechoslowakei) nur noch bestärkt. Wo die westdeutsche Ostpolitik überhaupt die Absicht hatte, den inneren gesellschaftlichen Wandel in Ostmitteleuropa zu fördern (das heißt, den innenpolitischen Aspekt der Teilung Europas in Angriff zu nehmen), da konzentrierte sie sich auf eine Veränderung innerhalb des Parteistaates.

Soweit dafür überhaupt ein Konzept vorhanden war, basierte es auf jener verhaltenspsychologischen Geheimrezeptur, die zuerst Egon Bahr mit dem nebulösen Slogan »Wandel durch Annäherung« umschrieb, die von Josef Joffe später präziser »Entspannung durch Besänftigung« genannt und schließlich in diesem Buch als »Liberalisierung durch Stabilisierung« analysiert wurde. Im Rückblick wissen wir, daß es so nicht funktioniert hat, weder in der DDR noch sonst irgendwo. Aber es ist nicht nur eine Frage des Rückblicks. Denn in Polen und in der Tschechoslowakei hatte es bereits in den siebziger Jahren unabhängige Intellektuelle gegeben, die vorhersagten, daß es nicht funktionieren würde. Und sie boten auch Alternativen an. Eine davon hieß Václav Havel.

Diese unabhängigen ostmitteleuropäischen Intellektuellen zogen aus der Niederschlagung des Prager Frühlings einen Schluß, der dem der westdeutschen Ostpolitiker genau entgegengesetzt war. Zuvor hatten zwar einige von ihnen (und manche leidenschaftlich) an den sogenannten »Revisionismus« geglaubt, an einen Wandel von oben im Zuge einer progressiven Aufklärung der kommunistischen Führer also, und an die Möglichkeit, daß sich der Kommunismus aus freien Stücken selbst zu einem demokratischen Sozialismus reformieren könnte. Tatsächlich hatte es, wie der ungarische Philosoph und Sozialkritiker János Kis schrieb, seit Mitte der fünfziger bis in die späten sechziger Jahre »in Osteuropa die Vorstellung von einer Evolution gegeben, in der Reformen von oben initiiert und von unten unterstützt« würden. Doch diese Hoffnung wurde 1968 von den sowjetischen Panzern in Prag und den Schlagstöcken der Warschauer Polizei zunichte gemacht. Diese Ereignisse haben die westdeutschen Ostpolitiker nur noch in ihrem Glauben bestärkt, daß Wandel – oder zumindest »menschliche Erleichterungen« – nur durch Verhandlungen mit den kommunistischen Machthabern erreicht werden könnten. Sie hofften, auf diese Weise einen wohltuenden Kreislauf aus Entspannung und Besänftigung, Liberalisierung durch Stabilisierung, in Gang setzen zu können.

Doch die unabhängigen ostmitteleuropäischen Intellektuellen folgerten etwas anderes: Wir haben uns zu sehr auf die Machthaber konzentriert. Die Ereignisse haben gezeigt, daß sie allein keinen dauerhaften, wirklichen Wandel zuwege bringen können, selbst dann nicht, wenn sie diesen Wandel, der unausweichlich zum Verlust ihrer Macht und Privilegien führen würde, tatsächlich selbst wollten (was auch zweifelhaft ist). Laßt uns also von unten nach oben arbeiten. Lenken wir unsere Aufmerksamkeit auf »die Macht der Machtlosen«, wie Havel es 1978 formulierte. Laßt uns unsere Konzentration darauf lenken, uns ganz bewußt außerhalb der Strukturen des Parteistaates zu organisieren, in den verschiedensten unabhängigen gesellschaftlichen Gruppierungen zusammenzuarbeiten und »in Wahrheit zu leben«. Unser operatives Ziel ist nicht die Reform des Parteistaates, sondern der Wiederaufbau der Zivilgesellschaft. Natürlich wird, wenn diese Strategie zum Erfolg führen soll, der Parteistaat dazu aufgefordert sein, bei diesen *faits accomplis* mitzuspielen, und sei es auch nur durch das unfreiwillige Zugeständnis einer *de facto*-Verringerung seiner totalen Kontrolle. Doch was heute *de facto* ist, kann vielleicht morgen schon *de jure* sein. Das *pays réel* wird am Ende doch das *pays légal* erschaffen.

Diese Strategie der »gesellschaftlichen Selbstorganisation« hatte bereits Leszek Kołakowski mit seinen »Thesen über die Hoffnung und die Hoffnungslosigkeit« entwickelt – und nur sechs Monate nach der Unterzeichnung des Warschauer Vertrages veröffentlicht. Jacek Kuroń entwickelte sie weiter, und Adam Michnik folgte mit seinem Essay *Der neue Evolutionismus*, der nicht nur zum Leitfaden für KOR wurde, dem polnischen Komitee für die Verteidigung der Arbeiter (1976 gegründet und 1977 bezeichnenderweise umbenannt in »gesellschaftliches Selbstverteidigungskomitee KOR«), sondern auch für andere Oppositionsgruppen. Ähnliche Ideen wurden aber auch in der Tschechoslowakei entwickelt, beispielsweise von Václav Benda 1978 in seinem Essay *Die parallele Polis*, und untermauerten die Arbeit der Charta 77. Doch die Solidarność-Bewegung in Polen wurde in einem nie gekannten Ausmaß zum Vorbild für gesellschaftliche Selbstorganisation.

Diese gesellschaftliche Selbstorganisation wurde nicht nur als Mittel zum Zweck betrachtet, sondern auch als Zweck an sich. Die autonomen gesellschaftlichen Gruppen und Bewegungen sollten, so hoffte man, durch »Druck von unten« den notwendigen Schub geben, um die herrschende Nomenklatura zu Reformen zu zwingen. Doch selbst wenn diese Reformen auf sich warten lassen sollten, wäre schon allein die Existenz dieser autonomen Gruppen wichtig genug. Denn der totalitäre Staat nach sowjetischem Modell sei exakt darauf ausgerichtet, solche autonomen Gruppen zu zerstören, um über eine atomisierte Gesellschaft herrschen zu können. Die Grundlage eines freiheitlichen, demokratischen, westlichen, europäischen Staates sei gerade eine starke Zivilgesellschaft, verbunden durch vielfältige freiwillige und offene Zusammenschlüsse. Jedes wiedergewonnene Element der Zivilgesellschaft wäre deshalb bereits ein Schlag gegen die »Normalisierung« im sowjetischen Sinn und ein Sieg für die »Normalisierung« im Sinne der Rückkehr zu westlichen, europäischen Normen.

Gerechterweise muß gesagt werden, daß das Netz aus Kooperation, Kommunikation und Austausch – mit einem Wort: die Verflechtung –, das die westdeutsche Ostpolitik zu spinnen begonnen hatte, tatsächlich zur Stärkung dieser Elemente beitrug.

Ganz sicher sogar. Doch betrachtet man, was westdeutsche Ostpolitiker in den siebziger Jahren gesagt und getan haben, dann wird deutlich, daß dies nicht ihre eigentliche Absicht war. Eine Zivilgesellschaft gegen den Parteistaat aufzubauen, hatten sie nicht im Sinn gehabt. Nicht einmal im Fall der DDR.

Zwar unterschieden sie hier – anders als bei ihren Haltungen gegenüber dem Rest von Ostmitteleuropa – zwischen Hilfe »für die Menschen« und Verhandlungen mit dem Parteistaat. Aber es ist ein zwar feiner, doch kein kleiner Unterschied, ob wir den Begriff »die Menschen« gebrauchen oder den Begriff »Zivilgesellschaft«. Denn mit »Menschen« sind einzelne Menschen gemeint, wohingegen Zivilgesellschaft Menschen in freien, selbstbewußten Gruppen impliziert. Erstere existieren in allen Gesellschaften, letztere sind die Ligaturen freier Gesellschaften. Für einen Parteistaat sowjetischen Typs war es viel einfacher, »menschliche Erleichterungen« für Individuen zu akzeptieren, selbst wenn es Hunderttausende von Individuen waren, solange sie nur Individuen blieben. Und genau das war auch das sowjetische Verständnis vom Helsinki-»Korb 3«. »Den Menschen« können menschliche Erleichterungen zugestanden werden. Doch nur Zivilgesellschaften sichern die Menschenrechte. Sie sind das ehrgeizigere, das tiefgründigere Ziel.

Dabei herrschte eine kuriose Asymmetrie. Auf der einen Seite gab es einige wenige, scheinbar machtlose Intellektuelle, die sagten: Was auch immer der Parteistaat will, wir werden die Zivilgesellschaft wiederherstellen! Wir werden die Menschenrechte zurückgewinnen! Auf der anderen Seite sagte einer der mächtigsten und erfolgreichsten demokratischen Staaten in Europa: Wenn wir sehr freundlich mit dem Parteistaat reden und ihm ganze Säcke voll »Kooperationen« anbieten, dann können wir vielleicht einige menschliche Erleichterungen erreichen. Die scheinbar Machtlosen hatten ein anscheinend unbegründetes Gefühl von Macht. Die scheinbar Mächtigen hatten ein beinahe ebenso kurioses Gefühl von Machtlosigkeit.

Diese hing natürlich mit den spezifischen Problemen der Bundesrepublik zusammen. Denn in mancherlei Hinsicht hatte sie in den siebziger Jahren gegenüber Polen und der Tschechoslowakei – ganz zu schweigen von der Sowjetunion – die Rolle eines Bittstellers eingenommen. Ein anderer Teil der Antwort auf die Frage, weshalb sie sich auf ein so wenig ehrgeiziges Ziel beschränkte, bietet die reale Erfahrung mit ihrer eigenen Machtlosigkeit nach dem 13. August 1961. In gewisser Hinsicht war die Haltung der Bundesrepublik zu Osteuropa in den siebziger Jahren eine vergrößerte Spiegelung der Haltung des West-Berliner Senats zur DDR in den sechziger Jahren: Sei dankbar für jeden kleinen Gnadenakt, denn die andere Seite hält alle Karten in Händen. »Kleine Schritte sind besser als keine.« Besänftigung ist die einzige Chance für Entspannung; Liberalisierung entsteht nur durch Stabilisierung.

Alles in allem kann man nicht behaupten, die westdeutsche Ostpolitik der siebziger Jahre hätte kein Konzept zur Förderung des gesellschaftspolitischen Wandels in Osteuropa gehabt. Sie hatte durchaus eines. Doch es war eher eine Langzeitstrategie von bewußter Indirektheit, die auf der Hoffnung basierte, das Verhalten der kommunistischen Machthaber durch vertrauensbildende Maßnahmen, Kooperation und Anreize zu beeinflussen. Das dialektische Prinzip, das Brandt und Bahr in den sechziger Jahren entwickelt hatten, lautete, daß man den Status quo anerkennen mußte, um ihn zu überwinden. Eine großzügige Interpretation von »Anerkennung« und eine politische Definition des »Status quo« führten schließlich zu der dialektischen Ausformung: Man muß den Parteistaat stärken, um ihn zu schwächen. Daß jedoch die wortgewaltigen Intellektuellen und demokratischen Oppositionellen die kommunistischen Machthaber ins Wanken bringen konnten, daß sie sogar in der Lage schienen, ihre Staaten zu »destabilisieren« – so mächtig sind ein paar freie Worte! –, führte logischerweise zu einem dritten dialektischen Prinzip: Man muß die Demokraten ignorieren, um die Demokratie zu fördern!

Der Westen würde der Sache der Freiheit am besten dienen, indem er sie nicht einforderte. Auch wenn Václav Havel dies vielleicht nicht gefallen sollte, würden besagte Besucher aus der Bundesrepublik langfristig gesehen in seinem Interesse handeln. Es würde am Ende besser für ihn sein, wenn sie sich nicht mit ihm trafen. Sie wußten am besten, was gut für ihn war.

Dies war, gelinde gesagt, herablassend. Bis Ende der siebziger Jahre sollte diese Haltung sich zwar nur auf eine kleine Minderheit in Ostmitteleuropa auswirken – doch auf was für eine! Es war natürlich einfach, die »Repräsentativität« dieser Minderheit in Frage zu stellen, wenn man der Überzeugung war, daß die Mehrheit in den betroffenen Ländern durch Bonns exklusive Verhandlungen mit den Machthabern mehr profitierte. Doch im August 1980, bei der Geburtsstunde von Solidarność in Polen, kam zu den widersprüchlichen – ja was? – Analysen? Auffassungen? Interessen? eine völlig neue Dimension hinzu. Denn nun wurde es zum zentralen Thema der Ost-West-Beziehungen.

Die polnische Revolution von 1980–81 stellte die Theorie der Ostpolitik in Frage und bedrohte konkret deren praktische Umsetzung. Die sowjetische Invasion Afghanistans, die zunehmenden Auseinandersetzungen um atomare Mittelstreckenraketen in Ost und West und die ganz allgemein konfrontative Einstellung zwischen Breschnews Sowjetunion und den Vereinigten Staaten bedrohten bereits all jene »Rahmenbedingungen«, die als unabdingbar galten für die erfolgreiche Umsetzung der westdeutschen Entspannungspolitik im allgemeinen und der deutsch-deutschen Beziehungen im besonderen. Die polnische Krise konnte nun das Faß zum Überlaufen bringen.

Die Bonner Regierung hatte getan, was sie konnte, um zu verhindern, daß die Konsequenzen des sowjetischen Einmarschs in Afghanistan – und die Reaktion der Amerikaner – ihre Ostpolitik beeinträchtigten. Da die Entspannung innerhalb Europas unteilbar sein sollte, mußten die Bedrohungen der Entspannung außerhalb Europas so weit wie möglich auf ein Minimum begrenzt oder ganz außer acht gelassen werden. (Eine »Stabilisierung« oder »Normalisierung« in Afghanistan war daher beinahe schon erwünscht.) Aber die Entspannung konnte kein zweites Afghanistan überleben. Und eine sowjetische Invasion Polens wäre noch weit schlimmer als die Invasion Afghanistans gewesen.

Allein die schiere Existenz von Solidarność war schon eine direkte Bedrohung des Konzepts für politischen Wandel in Osteuropa, das, soweit es ein solches gegeben hat, die sozialliberale Ostpolitik noch immer untermauerte. Denn Solidarność war ein unwiderlegbarer Beweis für die Kluft zwischen Gesellschaft und Staat und eine außergewöhnlich kraftvolle Umsetzung der Vision von einer selbstorganisierten Gesellschaft. Anstelle von freiwillig konzedierten Reformen von oben unter den Bedingungen von »Stabilität« wurden Konzessionen durch eine (friedliche und sich selbst beschränkende) Revolution von unten abgerungen. Solidarność stellte Freiheit vor Stabilität: analytisch, politisch und moralisch. Anstelle von Liberalisierung durch Stabilisierung schlug sie Stabilisierung durch Liberalisierung vor, trotz einer unvermeidbar destabilisierenden Periode während der Transition und trotz der zu erwartenden wirtschaftlichen Wirren. Außerdem war Solidarność alles andere als dialektisch. Sie sagte: Wenn du den Status quo ändern willst, mußt du den Status quo ändern; wenn du die Parteidiktatur schwächen willst, mußt du die Parteidiktatur schwächen; wenn du Demokratie willst, mußt du Demokratie fordern.

Während der sechzehn Monate der offiziellen Existenz von Solidarność (September 1980 – Dezember 1981) reagierten westdeutsche Politiker höchst ambivalent. Einerseits behaupteten sie stolz, daß ohne Entspannung auch Solidarność nicht möglich gewesen wäre. Marion Gräfin Dönhoff bezeichnete Solidarność sogar als »Ergebnis« der Entspannungspolitik. Wie jede Behauptung über Kausalzusammenhänge zwischen westlicher und östlicher Politik bedarf auch diese einer genaueren Untersuchung.

Beispielsweise leuchtet das Argument ein, daß die westlichen Kredite, die dem Gierek-Regime im Rahmen der Entspannungspolitik gewährt wurden, zur Geburt von Solidarność beigetragen haben. Doch dieser Beitrag war nicht vorgesehen von denen, die ihn geleistet (oder, genauer gesagt: garantiert) haben. Die Kredite und die damit wachsenden Handelsbeziehungen und Technologietransfers waren dazu gedacht, einen Prozeß der Modernisierung mittels Wirtschaftsreformen zu erleichtern. Faktisch wurden sie jedoch als Ersatz für Reformen genutzt. Zuerst wurden westliche Waren importiert und kurzfristig Konsumentenwünsche befriedigt, dann bildete sich eine abwärtsdrehende Spirale aus wirtschaftlicher Stagnation durch akkumulierte Lasten aus der noch größtenteils unreformierten Planwirtschaft, dem Erbe aus Mißmanagement und steigenden Devisenschulden aus der Entspannungsperiode. All dies, zusammen mit den enttäuschten, künstlich geweckten Konsumbedürfnissen, war mit ein Grund für die Krise, die Solidarność hervorbrachte.

Man kann auch annehmen, daß die wachsende Zahl polnischer Bürger, die in den Westen und vor allem in die Bundesrepublik reisten, zur allgemeinen Unzufriedenheit beigetragen hat, was schließlich auch Solidarność nährte. Die jährlichen Westreisen der Polen überschritten 1977 die Halbmillionenmarke. In den gesamten siebziger Jahren summierten sie sich auf etwa vier Millionen Besuche. Nachdem die Polen nun den Westen aus erster Hand erlebt hatten, wurden sie sich nur noch deutlicher des Mangels bewußt, der in ihrem eigenen System herrschte – und das nicht nur, wie viele aus dem Westen herablassend meinten, im Konsumgüterbereich. Nun schenkten sie auch all den Horrorgeschichten keinen Glauben mehr, die ihnen von der kommunistischen Propaganda über das Leben im Westen aufgetischt wurden. Vor allem aber konnten sie nicht mehr aus Furcht vor der schwarzen Wolke des westdeutschen Revanchismus oder überhaupt vor dem deutschen Schreckgespenst (das dem kommunistischen Regime jahrelang so gute Dienste geleistet hatte) zur Unterstützung des kommunistischen Regimes gedrängt werden. Sich vom Ruf der deutschen Bedrohlichkeit zu befreien und es soweit wie möglich durch das attraktive Bild des westdeutschen Modells zu ersetzen, war denn auch ein bewußter Zweck der Ostpolitik, der bis 1980 bereits einige Früchte getragen hatte. Meinungsumfragen zu diesem Thema sind möglicherweise noch unzuverlässiger als sonst. Doch es ist interessant, daß eine unabhängige Umfrage 1987 in Polen nur 10,7 Prozent Befragte ausweist, die die polnische Unabhängigkeit durch die Bundesrepublik bedroht sahen (verglichen mit 49,6 Prozent, die eine solche Bedrohung durch die Sowjetunion sahen).

Man kann auch weiterargumentieren, daß die Schlußakte von Helsinki eine internationale Charta geboten habe, auf die sich die demokratische Opposition in Polen berufen konnte, während der Helsinki-Folgeprozeß ein institutionalisierter Ansporn für das Gierek-Regime gewesen sei. Polnische Oppositionelle hatten schnell den Nutzen erkannt, den sie in diesem Zusammenhang aus Helsinki ziehen konnten. Aber die verwegene Behauptung, daß »Solidarność ohne Helsinki nicht passiert« wäre, muß zumindest in dreierlei Hinsicht qualifiziert werden. Zum ersten waren die Gründe für die Entstehung von Solidarność vor allem innenpolitischer Natur. In den Memoiren ihrer Hauptakteure finden sich nur flüchtige Hinweise auf internationale Einflüsse überhaupt, und insbesondere auf den Einfluß von Helsinki.

Zum zweiten war Helsinki nur einer von vielen internationalen Verträgen, Chartas oder Dokumenten, auf die die Opposition in Polen und anderenorts ihre Forderungen stützen konnte. Zumeist waren es die Menschenrechtskonventionen der Vereinten Nationen, auf die sich die Dokumente der Opposition als erstes bezogen. In den einundzwanzig Forderungen des Danziger Streiks, mit denen die Geburt von Solidarność eingeleitet wurde, galt der besondere Hinweis der »Konvention 87 der Internationalen Arbeitsorganisation... ratifiziert von der Volksrepublik Polen«. Auch der Einfluß einer anderen internationalen Organisation, der Römisch-Katholischen Kirche, kann nicht genug betont werden. Was den unmittelbar spürbaren Einfluß auf das polnische Volk angeht, so war das Zweite Vatikanum, wie es vom polnischen Papst auf Polen angewandt wurde, wichtiger als die Schlußakte von Helsinki.

Drittens, soweit es überhaupt jene Instrumentarien waren, die Helsinki für die Entspannung bot und die einen direkten und positiven Einfluß auf die Evolution der demokratischen Opposition in Polen hatten, spielte das Verständnis, das die Vereinigten Staaten seit 1977 von Helsinki entwickelten, eine entscheidende Rolle. Es waren die Vereinigten Staaten unter Carter, die die Wahrung der Menschenrechte unmittelbar mit der Vergabe von neuen Krediten verknüpften. Ganz eindeutig beeinflußten sie damit Giereks Toleranz gegenüber der gerade flügge werdenden demokratischen Opposition. Es waren Regierung, Kongreß, Gewerkschaften und Menschenrechtsorganisationen der Vereinigten Staaten, die den Vorgängern von Solidarność und schließlich Solidarność selbst die größte politische, moralische und vor allem finanzielle Unterstützung gewährten. Natürlich ist auch diese Geschichte wieder höchst kompliziert. Aber im allgemeinen ist richtig, daß – wie Havel in seiner Frankfurter Rede andeutete – die Bundesrepublik hier das andere Extrem verkörperte.

Charakteristisch für den politischen Ansatz der meisten führenden Ostpolitiker der Bundesrepublik waren nicht nur deutliche Berührungsängste, sondern eben auch jene bewußte Vermeidung aller potentiell destabilisierenden Kontakte. Klaus Reiff, sozialdemokratischer Journalist, der in den frühen achtziger Jahren Presseattaché in der Deutschen Botschaft in Warschau war, erinnert sich, daß im Warschauer Besuchsprogramm Hans-Dietrich Genschers im März 1981 keine Gespräche mit Vertretern von Solidarność vorgesehen waren. Als Reiff auch nur versuchte, ihm während einer Pressekonferenz einen Journalisten aus den Reihen von Solidarność vorzustellen, erntete er eine höchst irritierte Reaktion des Außenministers – und dies zu einer Zeit, als Solidarność eine völlig legale Organisation und selbst von den kommunistischen Behörden anerkannt war! Unvermeidlich bleibt das Beweismaterial zu diesem Punkt anekdotisch. Aber an der Richtung, in die diese Anekdoten weisen, besteht kein Zweifel.

Ein anderer Aspekt von Helsinki und der Verflechtungspolitik waren die Bemühungen um den Ausbau des freien Informationsflusses zwischen Ost und West und innerhalb des Ostens. Die starke Präsenz westlicher Medien (durch Helsinki besonders gefördert) und, wenn auch in geringerem Maße, die verbesserte Informationstechnologie, haben Solidarność tatsächlich mit mehr Informationen versorgt und wahrscheinlich zur Entstehung und Ausbreitung der Bewegung beigetragen. Doch der wichtigste und unmittelbarste Beitrag wurde von jenen Informationsbeschaffern geleistet, die organisatorisch und technologisch der Entspannung vorangegangen waren: Telefon, Telex und Fernsehen innerhalb Polens, sowie westliche Sender. Der polnischsprachige Dienst von Radio France Internationale, von BBC, Voice of America und vor allem von Radio Free Europe (von den meisten Polen einfach »Freies Europa«, *Wolna Europa*, genannt) waren all die Jahre außerordentlich wichtig für die Verbreitung von Informationen innerhalb Polens.

Doch Radio Free Europe war ein Produkt des Kalten Krieges, nicht der Entspannungspolitik. Willy Brandts Notizen über seine Warschauer Gespräche im Dezember 1970 halten einen interessanten Gedankenaustausch mit dem damaligen Parteivorsitzenden Władysław Gomułka fest. Brandt notierte Gomułkas erste Frage während eines Tischgespräches: »Was würde ein deutsches Gericht sagen, wenn wir gegen Sender Fr. Europa klagen?«

Brandt faßte seine eigene Antwort wie folgt zusammen: »Hinweis auf Entwicklung [?], Beziehungen zu USA, mögliche Veränderungen durch Zeitablauf«. Das klingt nicht gerade nach einer Lobpreisung für RFE. Darauf Gomułka: »Aber Ihr gebt die Lizenz«.

Die Zusammenhänge zwischen Entspannung und Solidarność sind also weder klar noch linear. Unter den vermutlichen Ursachen hatten einige ganz und gar nichts mit »Entspannung« zu tun. Man muß auch genau fragen, welche Version von Entspannung, welches Helsinki zur Entstehung von Solidarność beigetragen haben soll. Darüber hinaus waren die Auswirkungen der Entspannungspolitik auf den Osten häufig ganz andere als geplant. Eine rapide wachsende, instabile, revolutionäre Bewegung von unten hatten die Akteure der Ostpolitik nicht erwartet. Was sie wollten, war eine Reduzierung, nicht eine Verhärtung der Spannungen zwischen Herrschern und Beherrschten in Osteuropa. Doch durch eine von den Entspannungsdialektikern nicht beabsichtigte dialektische Verdrehung hatte die Entspannungspolitik selbst Spannungen hervorgerufen. Die Reduzierung von Spannungen und die Ausweitung der Beziehungen zwischen Ost und West mögen zu einer zurückhaltenderen Reaktion der polnischen und sowjetischen Regime auf das revoltierende Volk geführt haben. Doch die wachsenden Spannungen innerhalb des Ostens sollten nun auch zu wachsenden Spannungen zwischen Ost und West führen. Oder, wie es ein westlicher Beobachter prägnant formulierte: die Entspannung war schlecht für die Entspannung.

Eben weil sie das so sahen, behaupteten nun dieselben westdeutschen Politiker, die sagten, »ohne Entspannung keine Solidarność«, daß dies doch der falsche Weg sei. Solidarność habe versucht, zu schnell und zu weit zu gehen. Nur ein gradueller, von oben kontrollierter Wandel, wie in Ungarn, sei haltbar. Dieses romantische polnische Abenteuer würde in Tränen enden. Und diese Tränen würden dann auch Deutsche weinen, denn eine sowjetische Invasion in Polen würde das Haus der Entspannung in Europa zusammenfallen lassen und die kleinen menschlichen Erleichterungen, die so unverdrossen für die Deutschen im Osten ausgehandelt worden waren (für »die Menschen«) wären gefährdet. Die Beurteilung der innenpolitischen Chancen in Polen vermischte sich mit den Ängsten vor den möglichen außenpolitischen Rückwirkungen auf die Bundesrepublik.

Es muß aber betont werden, daß die offizielle Position der Bonner Regierung während dieser sechzehn Monate kaum von den Positionen ihrer wichtigsten westlichen Partner abwich. Positionen, die umsichtig durch Nato, EPZ und bilaterale Konsultationen koordiniert worden waren. Wie Washington, Paris und London, betonte auch Bonn den Imperativ der Nichteinmischung in die inneren Angelegenheiten Polens. Somit wurde eine der Lieblingsformulierungen Moskaus gegen die Sowjetunion selbst gewandt. Direkt und indirekt machte die Bundesregierung klar, welch katastrophale Folgen eine sowjetische Intervention haben würde. Sie hielt nicht nur den Dialog mit Behörden und Kirche aufrecht, sondern trug auch mehr als andere Westmächte zur Linderung der Finanzkrise der polnischen Regierung bei. Nach Schmidts eigener Schätzung belief sich die Finanzhilfe in den zwölf Monaten bis Oktober 1981 auf etwa eine halbe Milliarde Mark. Aber akzentuelle Unterschiede wurden deutlich. Wo amerikanische Politiker dazu neigten, den politischen Gewinn in Polen zu rühmen, tendierten Politiker der Bundesrepublik dazu, die ökonomischen Kosten zu berechnen. Wo erstere die Betonung auf die Chancen legten, betonten letztere die Risiken.

Diese Unterschiede traten mit Verhängung des Kriegsrechts am 13. Dezember 1981 besonders deutlich zutage. Für Bundeskanzler Schmidt hätte das zu keinem schlechteren Zeitpunkt passieren können. Es war der letzte Tag seines Gipfeltreffens mit Erich Honecker in der DDR, ein Treffen, das bereits wegen der polnischen Krise verschoben worden war. Von einem Journalisten nach seiner ersten Reaktion auf die Verhängung des Kriegsrechts in Polen befragt, antwortete Schmidt: »Herr Honecker ist genauso bestürzt gewesen wie ich, *daß dies nun notwendig war.* Ich hoffe sehr, daß es der polnischen Nation gelingt, ihre Probleme zu lösen. Sie dauern ja schon sehr lange. Und die wirtschaftlichen und finanziellen Hilfsmöglichkeiten anderer Staaten zugunsten Polens sind ganz gewiß nicht unbegrenzt«. (Hervorhebung des Autors.) Klaus Bölling, der ihn begleitete, glaubt, Schmidt habe sehr bald begriffen, »daß es ein Fehler gewesen war, die Polen indirekt als Störfaktor für die deutsch-deutschen

Beziehungen hinzustellen«. Fünf Tage später erklärte der Kanzler im Bundestag: »Ich stehe mit ganzem Herzen auf der Seite der [polnischen] Arbeiter!«

Obwohl die »interne« militärische Lösung eine ganze Weile denkbar war – und so mancher aus der Reagan-Administration davon auch durch einen hochrangigen polnischen Überläufer wußte –, konnten sich die westlichen Mächte nicht auf eine gemeinsame Reaktion einigen. Resultat war, daß die Krise des sowjetischen Blocks zur Krise der westlichen Allianz wurde. Die Reagan-Administration machte die Sowjetunion unmittelbar für das Kriegsrecht in Polen verantwortlich und verhängte deshalb über Moskau wie Warschau Sanktionen. Die Regierung Schmidt beharrte darauf, daß dies noch immer eine innere Angelegenheit Polens sei, und weigerte sich, Sanktionen gegen Moskau zu verhängen. Gleichzeitig erklärte sie sich einverstanden, den stellvertretenden polnischen Ministerpräsidenten Mieczysław F. Rakowski in Bonn zu empfangen. Nun muß man hier zwischen zwei Streitfragen unterscheiden: einer enger gefaßten über Sanktionen und einer weiter gefaßten über politischen Wandel. Die Frage der Sanktionen wurde bereits behandelt. Hier interessiert vor allem das breitere Argument über politischen Wandel.

Die Überlegungen über eine angemessene Reaktion auf das Kriegsrecht provozierten einen politischen und publizistischen Sturm in der Bundesrepublik, und um sie herum. Die Pro- und Contra-Argumente waren derart unterschiedlich, fragmentarisch und emotionsgeladen, daß es schier unmöglich ist, sie hier zusammenzufassen. Aber als Hauptrichtungen können in etwa folgende Argumente zusammengefaßt werden. Führende Sozialdemokraten und, wenn auch in geringerem Maße, Freidemokraten sahen sich der Kritik ausgesetzt, weil sie angeblich insgeheim Jaruzelskis Putsch guthießen. Es wurde ihnen kühle Gleichgültigkeit gegenüber der Sache der Freiheit in Mittel- und Osteuropa vorgeworfen, vor allem gegenüber der traurigen Lage der polnischen Sozialdemokraten, die um diese Freiheit kämpften. Diese kühle Haltung hätte im Kontrast zu ihrem Enthusiasmus und ihrer Hilfsbereitschaft für die Freiheitskämpfer in Mittel- und Lateinamerika gestanden. Herbert Wehner, um ein extremes Beispiel zu nennen, reiste im Februar 1982 nach Warschau, um dort

General Jaruzelski buchstäblich zu umarmen, und ließ zur gleichen Zeit einen Appell vom bolivianischen »Konsulat im Widerstand« in der Bundesrepublik an seine Parlamentskollegen verteilen.

Die Sozialdemokraten wurden auch beschuldigt, aus Sorge um das nationale Interesse an einer Fortführung der Ostpolitik und Deutschlandpolitik insgeheim mit der Unterdrückung in Polen einverstanden zu sein. Man bezichtigte sie also der Heuchelei, des Egoismus und der Indifferenz gegenüber der Sache der Freiheit. Und diese Kritik kam nicht nur aus den Vereinigten Staaten und aus den Reihen der christdemokratischen Opposition in Bonn, sondern auch von den französischen und italienischen Sozialisten und später, als sie sich wieder zu Wort melden konnten, von den Polen, die nach dem 13. Dezember 1981 eingesperrt waren.

Aber auch die Unterstützer der sozialdemokratischen Linie argumentierten unterschiedlich und mindestens so emotionsgeladen wie ihre Kritiker. So wurde beispielsweise gesagt, der Kriegszustand in Polen sei das geringere Übel. Helmut Schmidt erinnert sich, daß er »eine große Erleichterung« empfand, weil es zu keiner direkten sowjetischen Intervention gekommen war. (Schmidts spontane Reaktion auf die Ausrufung des Kriegsrechts und Adenauers erste Reaktion auf den Bau der Berliner Mauer hatten etwas gemeinsam: In beiden Fällen hatte der Regierungschef der Bundesrepublik eine noch schlimmere Aktion der Sowjets befürchtet. Also waren ihre ersten Reaktionen gewissermaßen von Erleichterung geprägt.) Manche meinten, aufgrund der deutschen Geschichte mit Polen dürfte die Bundesrepublik nun nicht lautstark beklagen, was Polen nun Polen antun würden. Schmidt selbst nannte den Imperativ der »Aussöhnung« das entscheidende Motiv für seine Zurückhaltung. Auch das Argument, Kritik von außen, vor allem aus der Bundesrepublik, würde nur den Unterdrückern in die Hände spielen, gab es. Und schließlich sagte man, daß die Lebensmittelpakete, die die Deutschen millionenfach schickten, den Polen mehr helfen würden als Sanktionen. Darüber hinaus wurden dreierlei Gründe angeführt, weshalb man »dem perfekten Militärputsch des General Jaruzelski« »Gelingen wünschen« sollte, wie Theo Sommer in der *Zeit* schrieb.

Erstens wäre die »Destabilisierung« in Polen eine Gefahr, durch die das ganze prekäre Gleichgewicht zwischen Ost und West ins Wanken gebracht werden könnte und schließlich sogar auf die Nachbarländer übergreifen konnte. Die Deutschen hatten im Namen des Friedens ihren Anspruch auf nationale Einheit zurückgestellt, also müßten nun die Polen ihren Anspruch auf Freiheit – im Namen der »obersten Priorität ... die Erhaltung des Friedens«, wie Egon Bahr es nannte – zurückstellen. Den Weltfrieden zu wahren, schrieb Bahr, sei »noch wichtiger als Polen«. Demnach war der Kriegszustand in Polen nötig, um den Friedenszustand in der Welt zu wahren.

Zweitens gab es das altvertraute Argument, daß »Stabilität« eine Voraussetzung für innere Reformen wäre. Nur wenn sich Polens Machthaber wieder sicher fühlen würden, könnten sie sich wieder entspannen. Das Ziel der polnischen Führung, so vermutete Bahr, war »Stabilität unter gemäßigter Fortsetzung des Reformkurses«. Und Hans-Jürgen Wischnewski, stellvertretender Vorsitzender der Sozialdemokraten, wünschte den Polen »mehr das ungarische Modell«.

Das dritte Argument hieß: Wir müssen auch an unsere eigenen deutschen Interessen denken, vor allem an die Interessen der Menschen in der DDR und an West-Berlin. »In der DDR«, schrieb Klaus Bölling, damals Ständiger Vertreter der Bundesrepublik in Ost-Berlin, »verstanden die Menschen die Zurückhaltung Schmidts nicht nur, sie waren dankbar dafür, daß er sich zu jener Minderheit im Westen stellte, die weiter dachte. Die Bürger in der DDR konnten sich unschwer vorstellen, daß nach einem Blutbad in Polen eine lange Periode der Friedhofsruhe in Osteuropa und in der DDR einkehren würde, daß wir, die Deutschen in beiden Staaten, womöglich ein volles Jahrzehnt zu warten hätten, ehe wir erneut miteinander reden könnten.« Einer der besten westdeutschen Beobachter der DDR beschrieb die Zwangsläufigkeit deutlich: »Bonn ist von der Sowjetunion abhängig, wenn es um diese insgesamt 19 Millionen Landsleute geht«. (19 Millionen heißt hier: 17 Millionen in der DDR plus 2 Millionen in West-Berlin.)

Diese drei Hauptargumente wurden mit einem Schlüsselbegriff zusammengefaßt: Stabilität. Wie bereits im Zusammenhang mit der Deutschlandpolitik diskutiert, wurde dieses Wort in ganz unterschiedlicher Lesart gebraucht. Es gab Stabilität im Sinne des Weltfriedens, Stabilität als Voraussetzung für Reform und Stabilität als permissive Funktion für die Deutschlandpolitik. Nun konnte niemand, der in den frühen achtziger Jahren die politische Diskussion in der Bundesrepublik verfolgte, daran zweifeln, daß viele in der Bundesrepublik glaubten, der Weltfrieden sei gefährdet. Der Höhepunkt von Solidarność in Polen war auch der Höhepunkt der Friedensbewegung in der Bundesrepublik. Und niemand, der zu dieser Zeit mit westdeutschen Politikern sprach, konnte überhören, daß sie davon überzeugt waren, der »ungarische Weg« (oder der Weg der DDR) sei ein besserer Weg zur Liberalisierung in Osteuropa. Die Lauterkeit dieser Meinungen ist nicht zu bezweifeln. Aber sie waren eben auch nur dies: Meinungen. Und über Meinungen läßt sich streiten.

Da der Westen absolut klar gemacht hat (spätestens 1961), daß er nicht militärisch in Osteuropa intervenieren würde, selbst wenn dies die Sowjetunion tun würde, war der »Weltfrieden« nicht mehr unmittelbar durch Entwicklungen in Polen gefährdet. Natürlich wurden die Spannungen zwischen den atomaren Supermächten verschärft. Aber diese Spannungen wurden mehr durch die Unterdrückung von Solidarność als durch die »Instabilität« aufgrund der Tolerierung von Solidarność hervorgerufen. Und was die Beurteilung des besten Mittels für innenpolitische Liberalisierung anbelangt, da waren viele Menschen anderer Ansicht. Vor allem viele Polen. Wußten denn die Polen nicht, was gut für sie war? Bei näherer Betrachtung sind diese beiden Behauptungen also analytisch wie moralisch höchst fragwürdig.

Es bleibt der dritte Aspekt: das nationale Interesse. Das konnte jeder sehen: die Gefangenen in Polen genauso wie Politiker in Paris, London und Washington. Manche glaubten damals, daß das erste und zweite Argument nur die dekorative Verpackung für das dritte – das nationale Interesse – gewesen sei. Aber das war zu simpel. Das Problem lag tiefer. Die Vermischung von europäischen und sogar globalen Interessen mit nationalen war bereits derart zur Gewohnheit und zum Bestandteil der Sprache der Ostpolitik geworden, daß viele ihrer Verfechter kaum mehr in der Lage waren, das eine vom anderen zu trennen.

Nehmen wir zum Beispiel das Argument, daß die Polen ihren Freiheitsanspruch ebenso im höheren Interesse des Friedens zurückzustellen hatten, wie die Deutschen es mit ihrem Anspruch auf Einheit getan hatten. Betrachtet man die Geschichte der Ostpolitik in den sechziger und siebziger Jahren, so wird völlig klar, daß die (West-)Deutschen ihren Anspruch auf Einheit niemals aufgegeben hatten. Nicht auf formalrechtlicher Ebene: Die Präambel des Grundgesetzes blieb sakrosankt und wurde durch den Brief zur deutschen Einheit noch zusätzlich bestärkt. Nicht auf politisch-operativer Ebene: Die ganze Deutschlandpolitik war ein Versuch, die Nation und die Menschen zusammenzuhalten – bis auf weiteres und bessere außenpolitische Umstände. Ein Großteil der Ostpolitik galt gerade dem Versuch, diese besseren außenpolitischen Umstände herbeizuführen. Und genau diese besseren Umstände sah man durch Solidarność bedroht. Die wahre Logik des dritten Arguments (Stabilität als permissive Funktion) war daher das Gegenteil der scheinbaren Logik (oder Moral) des ersten Arguments. Die wahre Logik hieß in Wirklichkeit: Die Polen mußten ihren Freiheitsanspruch im Zaume halten, damit die Deutschen ihren Anspruch auf Einheit weiterhin aufrechterhalten konnten.

Polnische und deutsche Interessen lagen also im Konflikt. Das war kaum etwas Neues. Seit es in Europa Nationen gab, gab es auch Interessenkonflikte, vor allem zwischen Nachbarn und nirgendwo so sehr wie in Mitteleuropa. Das hörte nach 1945 nicht plötzlich auf, auch wenn diese Konflikte innerhalb Westeuropas nun ohne Gewaltmittel ausgetragen wurden.

Das wirkliche Merkmal dieser Krise war nicht die Kollision der nationalen polnischen und deutschen Interessen. Es war eher die Unwilligkeit – oder vielleicht auch die Unfähigkeit – zuzugeben, daß es sich hier um die Kollision von nationalen Interessen handelte. Diese Unwilligkeit – oder Unfähigkeit – hatte zwei Formen angenommen. Einerseits vermengte man das deutsche Interesse (Stabilität als permissive Funktion) mit dem allgemeinen Interesse der Menschheit (Stabilität in Gestalt des Weltfriedens), mit dem europäischen Interesse (Stabilität als Voraussetzung für Entspannung) und selbst mit dem, was man für das polnische Interesse hielt (Stabilität als Bedingung für Reform). Politische, analytische und moralische Argumente wurden in einem semantischen Paket verschnürt. Andererseits stellte man den Anspruch von Solidarność in Frage, das nationale polnische Interesse zu vertreten. Immerhin hatte doch Jaruzelski gesagt, daß er das Kriegsrecht im nationalen Interesse verhängen mußte.

Hier gab es in der Tat eine Schwierigkeit. Wenn alle drei großen Parteien im demokratisch gewählten Bundestag sich darin einig waren, daß die Fortführung der Deutschlandpolitik im nationalen Interesse lag, dann lag sie im nationalen Interesse. Nationen definieren ihre Interessen selbst. Doch in Polen waren sich 1981 die wichtigsten politischen Kräften überhaupt nicht über dieses nationale Interesse einig. Wer hatte recht? Wer war repräsentativ? Selbst die Sozialdemokraten mit den größten Sympathien fühlten, daß man zu diesem Zeitpunkt nicht einfach davon ausgehen konnte, daß General Jaruzelski und der stellvertretende Ministerpräsident Rakowski die polnische Nation repräsentierten. Also riefen sie die katholische Kirche zu Hilfe. »Ich würde mich dabei sehr stark nach dem Urteil der katholischen Kirche und des Vatikans richten«, sagte der stellvertretende Vorsitzende der Sozialdemokraten, Hans-Jürgen Wischnewski.

Der Streit darüber, wer »im Namen Polens« sprach und was nun wirklich im polnischen »nationalen Interesse« lag, konnte nicht endgültig auf die eine oder andere Weise entschieden werden. Doch die Tatsachen, daß Solidarność bis 1981 zehn Millionen Mitglieder hatte und 1989 die überwältigende Mehrheit in freien Parlamentswahlen gewann, dürfen vielleicht als Indikatoren gelten. Im Moment aber geht es darum, die Schwierigkeiten und den Konflikt zu illustrieren.

Man kann natürlich einwenden, dies sei ein extremer Fall gewesen. Das stimmt. Aber die Wahrheit findet man auch beim Studium der Extreme. Man muß diese Extreme nur in der richtigen Perspektive sehen. Gemessen am Standard einer konfliktfreien, harmonischen Kooperation, wie ihn die Ostpolitik der Bundesrepublik selbst gesetzt hat, war der Konflikt schwerwiegend. Gemessen am Standard der Konflikte zwischen europäischen Nationalstaaten vor 1945, vor allem am Standard des Konflikts zwischen Deutschen und Polen vor 1945, war er außerordentlich zahm. Im Grunde ging es dabei nur um Worte. Bei den Taten ging der einzig wirkliche Streit um Wirtschaftssanktionen. Und das westeuropäische Land, das am ausdrücklichsten Solidarność unterstützte – Frankreich –, schlug sich bei diesem Streit auf die Seite der Bundesrepublik.

Worte spielten eine Rolle. Vor allem, wie Havel dem Auditorium in der Frankfurter Paulskirche ins Gedächtnis rief, in totalitären Staaten und dort vor allem dann, wenn diese Staaten »Normalisierung« anstrebten. Worte waren daher ein wichtiges Instrumentarium der westlichen Politik, das man nicht auf die leichte Schulter nehmen durfte. Doch selbst die gewundenen Versicherungen, die hier zitiert wurden, blieben auch in der Bundesrepublik nicht unwidersprochen. Im Gegenteil, ständig waren sie Thema gequälter Kontroversen.

In seiner Antwort auf Kanzler Schmidt sagte der damalige Oppositionsführer Helmut Kohl am 18. Dezember 1981 im Bundestag: »Wenn eine frei gegründete Gewerkschaft, eine Gewerkschaftsbewegung, der die breite Sympathie des Landes gehört, mit brutalen Terrormethoden unterdrückt wird, wenn Zehntausende, viele Zehntausende praktisch in Konzentrationslager eingeliefert werden – lassen Sie uns diesen Begriff nennen, der leider Gottes auch durch deutsche Schuld zu einem Begriff für diese Dinge geworden ist –, wenn Menschen wegen ihrer Gesinnung ermordet und erschossen werden – dann, Herr Bundeskanzler, muß man schon begründen, warum man sich so oder so verhält ... Sie glauben doch nicht im Ernst, daß irgendein polnischer Bürger meint, wir würden uns in die inneren Angelegenheiten der stolzen Polen einmischen, wenn wir heute gegen Unrecht protestieren, das dort geschieht. Die Leute warten auf das Wort der Sympathie von uns.«

Es wäre sicherlich falsch, dies nur als parteipolitische Differenz abzutun. Die große politische Linie wurde in dieser Zeit vom Sozialdemokraten Helmut Schmidt festgelegt. Und er behielt sie während der wenigen verbleibenden Monate seiner Kanzlerschaft bei. Ein Zweig seiner großen Linie sollte dann von den Sozialdemokraten in der Opposition fortentwickelt, ja bis ins Extrem weitergeführt werden. Aber der Außenminister der neuen Regierung Kohl war derselbe freidemokratische Außenminister Hans-Dietrich Genscher aus der Regierung Schmidt. Über den Regierungswechsel hinaus gab es eine politische Kontinuität, die auf tiefgehenden nationalen Interessen und Auffassungen beruhte. Als Franz Josef Strauß im Sommer 1983 Polen besuchte, war sein Urteil über das Jaruzelski-Regime von beinahe schon sozialliberaler Höflichkeit.

»Normalisierung« à la Husák in der Tschechoslowakei war gewissermaßen eine Voraussetzung für die »Normalisierung« à la Brandt in den Beziehungen der Bundesrepublik mit der Sowjetunion, Osteuropa und vor allem der DDR. Nun wurde »Normalisierung« à la Jaruzelski in Polen gewissermaßen als Bedingung für die weitere »Normalisierung« der Beziehungen der Bundesrepublik zur Sowjetunion, zu Osteuropa und vor allem zur DDR gesehen. Ganz sicher hoffte man, Jaruzelskis »Normalisierung«, oder »Stabilisierung«, würde so zivilisiert wie möglich ablaufen und zu einer »Reform« führen. Doch dies war nicht die Hauptsache. Im Spektrum der westlichen Politik und im Rahmen westlicher Politikkoordination war die Bundesrepublik jene größere Macht, die das meiste Verständnis und die meisten Sympathien für Jaruzelskis Position und Politik aufbrachte. Wie ein zu dieser Zeit aktiver deutscher Diplomat meinte, war die Bundesrepublik sowohl Wegbereiter für die Restauration der Handelsbeziehungen als auch für eine frühe Mitgliedschaft Polens im Internationalen Währungsfonds (ohne Verknüpfung mit politischen Konditionen) und bei der Durchsetzung der, wie er es bezeichnenderweise nannte, »Renormalisierung der politischen Kontakte«.

Wenn diese Politik Mitte der achtziger Jahre nun kaum Früchte für die Beziehungen zwischen der Bundesrepublik und der Volksrepublik Polen trug, so hatte dies nicht an mangelnden Versuchen der Bonner Regierung gelegen. Im Herbst 1984 wurde ein geplanter Besuch Hans-Dietrich Genschers nur zwölf Stunden vor Antritt abgesagt. Die Gründe dafür sind lehrreich. Einerseits hatte Genscher vorgeschlagen, einen Kranz am Grab des Priesters Jerzy Popiełuszko niederzulegen, der nur Wochen zuvor von Geheimpolizisten ermordet worden war. Damit folgte er dem Beispiel eines Ministers aus dem britischen Foreign Office und zeigte eine deutliche Geste der Anerkennung von Solidarność, auf die man sich innerhalb der westlichen, vor allem westeuropäischen Politik geeinigt hatte. Andererseits wollte er einen Kranz am Grab eines deutschen Soldaten niederlegen, der in einem der Weltkriege gefallen war. Die polnischen Behörden lehnten beide Vorschläge mit beinahe der gleichen Vehemenz ab.

Der offizielle Besuch des Außenministers fand dann erst im Januar 1988 statt. Zur Folge hatte dies eine ganze Reihe höchst schwieriger Verhandlungen, die von den alt-neuen Konflikten der Grenzfrage, der Reparationen, Kredite, und der Lage der deutschen Minderheit belastet waren. Diese Situation zog die Verhandlungen derart in die Länge, daß Kohls erster offizieller Besuch im November 1989 stattfand, obwohl seitens der Bonner Regierung bereits zu einem früheren Datum aufrichtiges Interesse daran bestanden hatte. Dadurch war es wohl auch mehr Glück als gelungenes Arrangement, daß sein Partner bei diesem Treffen der nicht-kommunistische, katholische, ehemalige Solidarność-Berater Tadeusz Mazowiecki war und nicht der kommunistische, standhafte Solidarność-Gegner und Koarchitekt des Kriegsrechts, Mieczysław F. Rakowski.

Polen war das bei weitem deutlichste, aber nicht das einzige Beispiel für diese Prioritäten der Bundesrepublik. Sie bemühte sich gleichermaßen ernsthaft, ungeachtet der Innenpolitik des Regimes, die Beziehungen mit Husáks Tschechoslowakei zu verbessern (zu »normalisieren«?). Bei Ungarn lagen die Dinge einfacher. Hier konnte argumentiert werden, daß die Unterstützung der Regierung gleichzeitig auch die Unterstützung der »Reformen« und »Liberalisierung« bedeutete. Doch auch hier schätzten westdeutsche Politiker – aber natürlich nicht nur sie – die Politik und Intentionen der Machthaber etwas anders ein als die kleine demokratische Opposition im Land selbst, die unabhängigen Intellektuellen und schließlich die Mehrheit der Bevölkerung, als sie sich bei freien Wahlen entscheiden konnte.

Ein bemerkenswertes Beispiel dafür war die Kreditgarantie über eine Milliarde Mark, die die Bonner Regierung dem damaligen Ministerpräsidenten, dem Kommunisten Károly Grósz, anläßlich seines Besuches in Bonn im Oktober 1987 gab. Diese trug zur Erleichterung der akuten Zahlungskrise Ungarns bei. Die Bonner Regierung bezeichnete sie als Unterstützung weiterer

»Reformen«. Aber nicht nur ungarische Dissidenten, nicht nur angesehene Reformökonomen, selbst Miklós Németh, Grósz' Nachfolger als Ministerpräsident, sollten da anderer Meinung sein. »Wir gaben zwei Drittel davon für Zinszahlungen aus«, bemerkte Németh anschließend, »und was übrig blieb, gaben wir für den Import von Konsumgütern aus, um den Anschein einer Wirtschaftskrise zu vermeiden.« Dies war also eine einfältige politische Option, mit der die notwendigen wirtschaftlichen (und politischen) Reformen nicht gefördert, sondern nur verzögert wurden.

Die Kreditgarantie konnte aber sehr wohl mit der Begründung gerechtfertigt werden, sie diene den deutschen nationalen Zielen. Im Gegenzug wurde der Bundesrepublik ermöglicht, trotz heftiger Kritik der DDR, ein Kulturinstitut zu eröffnen (ein Goethe-Institut unter anderem Namen). Und die ungarische Regierung versprach, die kleine deutsche Minderheit in ihrem Land noch besser als bisher zu behandeln. Wie schon erwähnt, war dies auch als Signal für andere Staaten im sowjetischen Block gedacht. Aber vor allem trug es auch zu jenem Wandel in der Einstellung der ungarischen Führung bei, der schließlich im September 1989 in der Öffnung der ungarisch-österreichischen Grenze für die Bürger der DDR gipfelte. Die unmittelbaren Auswirkungen auf den erwünschten wirtschaftlichen und politischen Wandel in Ungarn waren jedoch bestenfalls minimal, schlechtestenfalls sogar negativ.

Verläßt man die Regierungsebene und sucht nach denjenigen im Westen, die den demokratischen Oppositionsgruppen in Ungarn und der Tschechoslowakei, sowie der breiten Solidarność- und post-Solidarność-Bewegung in Polen, durch die achtziger Jahre hinweg geholfen haben durchzustehen, ergibt sich erneut ein sehr undurchsichtiges Bild. Nicht zuletzt weil diese Art der Unterstützung notwendigerweise sehr diskret, ja sogar konspirativ bleiben mußte und aus höchst unterschiedlichen Quellen kam. Ein ungewöhnlich hoher Anteil dieser Hilfe stammte von relativ kleinen Gruppen und exzentrischen Einzelpersonen, und keinesfalls immer aus den größten Ländern des Westens. Doch bei dieser Unterstützung gebührt unter den größeren westlichen Staaten Amerika der erste Rang. Die Bundesrepublik nahm dabei den letzten ein.

Auch bei jenen Treffen zwischen westlichen Besuchern und Oppositionsführern, die so wichtig für die symbolische Politik Ostmitteleuropas waren. Hier führten die Amerikaner und, in etwas geringerem Maße, die Briten. Andere folgten. Als der damalige außenpolitische Sprecher der Christdemokraten, Volker Rühe, sich 1988 mit Oppositionsführern in Ungarn treffen wollte, mußte die Botschaft der Bundesrepublik in der amerikanischen Botschaft die richtigen Adressen erfragen. Es traf auch auf die Unterstützung zu, die westliche Politiker der demokratischen Opposition, ihrer guten Sache und ihren Werten durch öffentliche Worte zuteil werden ließen. In beiden Fällen waren die Sozialdemokraten in der Opposition kein bißchen mutiger als die Christdemokraten und Freidemokraten an der Regierung. Im Gegenteil, oft waren sie noch zaghafter, und das war Programm.

Dies traf auch auf die Unterstützung zu, die westliche Helsinki-Komitees den Gruppen zukommen ließen, die die Wahrung der Menschenrechte in Osteuropa überwachten. Das Komitee der Bundesrepublik wurde erst 1984 gegründet und blieb im großen und ganzen kaum mehr als Dekoration. Und schließlich traf es auch auf die Finanzierung zu. Aus offensichtlichen Gründen war die Finanzierung von Oppositionsaktivitäten in Osteuropa von Geheimhaltung, Desinformation und bewußter Konfusion verhüllt. Aber die Währung dieser Finanzierung war der Dollar. Kein westeuropäisches Land hatte auch nur annähernd Vergleichbares zum amerikanischen National Endowment for Democracy zu bieten. Wo bundesdeutsche Firmen und Banken das Feld bei Handel, Krediten, Joint Ventures und Technologie anführten, wo Stiftungen der Bundesrepublik unerreicht blieben bei der Finanzierung offizieller akademischer und kultureller Austauschprogramme, da waren sie nirgends zu sehen, als es um die Unterstützung wirklich unabhängiger Aktivitäten ging, ganz zu schweigen von der Unterstützung ausdrücklicher Opposition. Es ist schwer zu sagen, wie viele von ihnen überlebt hätten ohne diesen Dollarfluß aus amerikanischen Stiftungen, der zum Teil auch über Westeuropa strömte. Ein einziger Amerikaner, George Soros, mit seinem außergewöhnlichen Netzwerk an Stiftungen, die der Popperschen Idee einer offenen Gesellschaft gewidmet waren, gab wahrscheinlich mehr Geld zur Unterstützung der demokratischen Opposition in Osteuropa aus als alle deutschen Quellen zusammen. Und wie Eduard Schewardnadse es später ausdrücken sollte: »Man kann keine Demokratie ohne Opposition haben – eine Opposition, die auf demokratischem Wege die Macht übernehmen kann.«

Das alles ist keine Anklage. Wir haben gesehen, daß Westeuropa und vor allem die Bundesrepublik auf andere Weise einen größeren Beitrag geleistet haben. Die Bundesrepublik hatte besondere Interessen und besondere Abhängigkeiten. Doch einzelne Westdeutsche und andere Westeuropäer können sich sehr wohl fragen, weshalb sie nicht mehr getan haben; weshalb vier Jahrzehnte nach Ende des Krieges in Europa so vieles, was für die Überwindung der Teilung Europas entscheidend war, noch immer von Amerika und Amerikanern getan wurde, sei es offiziell, halboffiziell oder inoffiziell. Zumindest ist es eine Frage der historischen Gerechtigkeit, Verdienst dort gebührend anzurechnen, wo es sich gehört. Unter den großen westlichen Ländern war es vor allem das Verdienst der Vereinigten Staaten von Amerika, unmittelbar jene unterstützt zu haben, die die Revolutionen von 1989 anführten.

Gegen Ende des Jahrzehnts begannen Spitzenpolitiker der Bundesrepublik selbst das »Stabilitätsgebot« in Frage zu stellen oder zumindest neu zu definieren. 1988 schrieb Kanzleramtsminister Wolfgang Schäuble über die Notwendigkeit »einer neuen Stabilität« in der DDR. Und Volker Rühe sagte im November 1988 in einer Rede über allgemeinere sowjetische und osteuropäische Reformen, daß Stabilität nur durch Wandel zu erreichen sei und nicht umgekehrt.

Schließlich erklärte sogar Hans-Dietrich Genscher bei der Eröffnung einer Niederlassung der freidemokratischen Friedrich-Naumann-Stiftung am 9. Juni 1989 in Budapest: »Der Reformprozeß verlangt in West und Ost die Einsicht, daß immer wieder auch Instabilitäten in Kauf genommen werden müssen, um einen Wandel hin zu einer höherwertigen Stabilität zu ermöglichen. Eine neue Stabilität, die auf Demokratie, Freiheit und Recht, auf Offenheit und Pluralität in Politik, Wirtschaft, Kultur und Gesellschaft beruht.« Er fuhr mit einem Satz fort, den er bereits oft gewählt hatte: »Wir wollen keine Destabilisierung unserer östlichen Nachbarn.« Doch diesmal fügte er hinzu: »Wir wollen, daß sie durch Rechtsstaatlichkeit, Pluralität und Mitbestimmung ihrer Bürger anstelle erzwungener Stabilität, auf der Grundlage von Vertrauen Stabilität ... gewinnen.« Aber von welcher Art Stabilität hatte er dann in den vorangegangenen fünfzehn Jahren gesprochen?

Zum selben Zeitpunkt, im Sommer 1989, schrieb der Historiker Hans-Peter Schwarz, ein Christdemokrat: »Nicht nur die Sozialdemokraten haben sich von der Nomenklatura in Prag, Warschau, Moskau und Ost-Berlin überzeugen lassen, daß der Friede in Europa nur sicher ist, wenn die innere Ordnung in diesen Ländern im Grundsatz unverändert bleibt. Zwar erklärt man Reformen und Liberalisierung für wünschenswert, ist aber weder mutig noch grundsatztreu genug, zu erkennen und – sei es auch nur stillschweigend – darauf hinzuarbeiten, daß ein fundamentaler Systemwechsel das Fernziel sein muß – und zwar weil die Bevölkerung dieser Länder dies zunehmend wünscht.«

Man könnte vielleicht fragen, wer wen davon überzeugt hatte, daß der europäische Frieden von der Wahrung des kommunistischen Systems in Ostmitteleuropa abhängig war, außenpolitische »Stabilisierung« von innenpolitischer »Stabilisierung«, »Normalisierung« von »Normalisierung«. Deutsche Politiker haben sich wohl selbst mehr davon überzeugt, als sie überzeugt wurden. Und manchmal haben sie den sowjetischen und osteuropäischen Machthabern dieses Argument eher in die Hände gespielt, als es von ihnen zu bekommen. Man könnte auch das Wort »zunehmend« in Frage stellen: Denn es lag ja wohl nicht am mangelnden Wunsch nach einen fundamentalen Systemwandel, daß ihn die Menschen in Polen, der Tschechoslowakei, Ungarn oder der DDR seit vierzig Jahren nicht bekamen. Doch der Grundgedanke ist sehr gut herausgearbeitet.

Es gibt Dinge zwischen Himmel und Erde ... Die Philosophie der Ostpolitik hatte sich die abgebrochene polnische Revolution von 1980–81 und die Revolutionen der zweiten Hälfte des Jahres 1989 – auch die in der DDR – nicht träumen lassen. Aber die Revolutionen wurden erträumt: in der Philosophie jenes verbannten und verfolgten Schriftstellers, der im Oktober 1989 von den Behörden der Tschechoslowakei daran gehindert wurde, nach Frankfurt zu reisen, um den Friedenspreis des Deutschen Buchhandels in Empfang zu nehmen, und der im Dezember 1989 ins höchste tschechoslowakische Staatsamt gewählt wurde.

Aussöhnung

Historische Ereignisse sind in unserem Gedächtnis oft durch ein symbolisches Bild verankert. Im späten 20. Jahrhundert ist dieses Bild meist eine Fotografie. Der deutsche Einmarsch in Polen: Das sind jene Soldaten, die fröhlich den Schlagbaum an der Grenze heben. Das Warschauer Ghetto: Das ist jener schreckerfüllte kleine Junge mit hocherhobenen Händen vor den Mündungen der Maschinengewehre. Die ungarische Revolution von 1956: Das sind die Stiefel der gestürzten Stalinstatue. Prag 1968: Das ist ein Panzer am Wenzelsplatz. Und die deutsche Ostpolitik? Für viele Menschen in aller Welt ist die Ostpolitik das Bild des vor dem Mahnmal für die Helden des Warschauer Ghettos knienden Willy Brandt.

Niemand, der die Aufzeichnungen der deutschen Ostpolitik gelesen und ihre Akteure gehört und beobachtet hat, kann auch nur einen Augenblick daran zweifeln, daß eines ihrer lautersten Motive die Aussöhnung war. Vergangene Schäden wiedergutmachen. Wunden heilen. Bei Willy Brandt war dies eindeutig, archetypisch. Aber genauso eindeutig, in mancher Hinsicht vielleicht sogar noch deutlicher war dies bei jenen, die, wie Helmut Schmidt und Richard von Weizsäcker, an der Ostfront gekämpft hatten. Es war im wahrsten Sinne die Mission einer ganzen Generation. Auch Helmut Kohl – obwohl er »die Gnade der späten Geburt« genoß – formulierte oft seinen Wunsch, mit Polen eine vergleichbare historische Aussöhnung zu erreichen, wie Adenauer mit Frankreich.

Dieser Aussöhnungsarbeit mit dem Osten ist von anderen der Weg bereitet worden. In der sogenannten Tübinger Denkschrift von 1961 hatte sich eine Gruppe von prominenten Protestanten moralisch wie politisch für die Anerkennung der Oder-Neiße-Linie ausgesprochen. Richard von Weizsäcker erinnert sich daran als den Moment, in dem er sich erstmals in der Diskussion über

Ostpolitik zu engagieren begann. Die damals noch immer gesamtdeutsche »Evangelische Kirche in Deutschland« setzte 1965 einen weiteren Markstein mit ihrer Denkschrift »Die Lage der Vertriebenen und das Verhältnis des deutschen Volkes zu seinen östlichen Nachbarn«. Das taten auch die katholischen Bischöfe mit ihrer Antwort auf einen mutigen Brief der polnischen Bischöfe aus demselben Jahr.

»Und trotz alledem«, so hatten die polnischen Bischöfe geschrieben, »trotz dieser fast hoffnungslos mit Vergangenheit belasteten Lage, gerade aus dieser Lage heraus, ... rufen wir Ihnen zu: Versuchen wir zu vergessen! Keine Polemik, kein weiterer Kalter Krieg.« Und mit einem berühmt gewordenen Satz, der das kommunistische Regime zu einer Flut von Anwürfen verleitete, endeten die polnischen Bischöfe: »[Wir] ... gewähren Vergebung und bitten um Vergebung.« »So bitten auch wir, zu vergessen, ja, wir bitten zu verzeihen«, antworteten die deutschen Bischöfe. Viele Schriftsteller, Historiker, junge Christen in der sogenannten »Aktion Sühnezeichen«, junge Sozialdemokraten mit ihren beispielgebenden Reisen nach Osteuropa – sie alle hatten den Weg bereitet. Doch mit Willy Brandt gingen diese intellektuellen und moralischen Impulse in der Politik der Bundesregierung auf. Unterstützt wurde er dabei von vielen der bekanntesten Intellektuellen des Landes, am symbolträchtigsten darunter Günter Grass, der große Memorialist des deutsch-polnischen Danzig. Auf seinen eigenen Wunsch hin begleitete Grass den Kanzler im Dezember 1970 nach Warschau. In einem Brief, den er unmittelbar danach schrieb, dankte er Brandt für das Privileg und – mit einer zugleich eindrucksvollen und kuriosen Formulierung – »für den unmittelbaren Gewinn der Reise: betroffen sein zu dürfen«.

»Wir müssen«, sagte Brandt in seiner Fernsehansprache aus Warschau, » ... die Moral als politische Kraft erkennen.« Eine Formel, die einen nicht unberührt läßt, doch wie alle moralischen Aufrufe nicht einfach in die politische Praxis eines Staates übertragbar ist. Genau dieses Problem kam in den unpräzisen, wechselnden Begriffen zum Ausdruck, mit denen die Akteure der Ostpolitik dieses Ziel definierten. Die beiden Begriffe »Versöhnung« und »Aussöhnung« haben stark gefühlsbetonte und religiöse Untertöne. Ihre Wurzel ist das Wort »Sühne«. Sie beschwören das Bild zweier Menschen, die sich weinend in die Arme fallen, wenn nicht sogar das Bild von »Gott und Sünder ausgesöhnt«. In den unterschiedlichsten Kombinationen und fast austauschbar verwandten deutsche Politiker aber auch Begriffe wie »Verständigung«, »gute Nachbarschaft«, »friedliche Kooperation«, »friedliche Zusammenarbeit«, »Ausgleich«, »Entspannung« und »Frieden« oder »Friede« – noch ein Begriff mit stark emotional-religiösem Unterton.

»Wir wollen ein Volk der guten Nachbarn sein«, betonte Willy Brandt in seiner Regierungserklärung 1969. »Die sozialliberale Koalition«, sagte Helmut Schmidt in seinem letzten Bericht zur Lage der Nation, »hat mit ihrer Vertrags- und Aussöhnungspolitik gegenüber den östlichen Nachbarn die zweite Säule, die notwendige Ergänzung zu friedlicher Nachbarschaft nach allen Himmelsrichtungen geschaffen.«

Die Gesinnung ist edel. Die Botschaft ist klar. Doch ihre Umsetzung war mit Schwierigkeiten überfrachtet. Zuerst einmal war da der Zeitenlauf: ein Vierteljahrhundert zwischen Hader und Aussöhnung. Natürlich könnte man sagen, diese Zeitspanne sei notwendig gewesen, um Aussöhnung überhaupt zu ermöglichen. Wie sollten, sagen wir 1950, als beinahe jeder fünfte Bürger der neuen Bundesrepublik gerade erst aus dem Osten geflohen oder vertrieben worden war, eine deutsch-polnische Aussöhnung und die Anerkennung der Oder-Neiße-Linie überhaupt möglich gewesen sein? Zeit heilt alle Wunden. Doch solche Klischees sind auch irreführend. Denn Zeit ist auch in alten Schußwunden verkapselt, die unter der Haut schwären. Sie nährt auch alten Groll und verdrängt alte Schuld.

Waren die psychologischen Bedingungen für eine Aussöhnung mit Polen, der Tschechoslowakei und der Sowjetunion in den fünfziger Jahren tatsächlich so viel schlechter als in den Siebzigern? Natürlich hatte es damals die bittere Empörung der Millionen Vertriebenen gegeben, andererseits waren die Erinnerungen frisch und die Scham noch unmittelbar. Freya von Moltke, die Witwe von Helmuth James von Moltke, erinnert sich: »Wir lebten bis 1945 in Kreisau, Kreis Schweidnitz, Schlesien. Dann mußten wir weg. Das war keine leichte Sache. Aber wir wußten schon damals, daß das Land in Zukunft den Polen gehören würde und daß das so bleiben mußte, um des Friedens willen, und weil wir den Polen viele Jahre lang Schreckliches angetan hatten... Was ich hier berichten möchte, ist dies: mein Mann, Helmuth James von Moltke, ein aktiver Gegner der Nationalsozialisten von eh und je, der in diesem Kampf im Januar 1945 sein Leben verlor – er wurde zum Tode verurteilt und hingerichtet –, sah schon mitten im Krieg den Verlust Schlesiens für die Deutschen deutlich voraus. ›Es bleibt nur die Frage, ob Schlesien an Polen oder an die CSR kommen wird. Das verdanken wir Hitler!‹ sagte er. Es ist für den Frieden in Europa von großer Bedeutung, daß die Deutschen sich nichts vormachen. Daß Schlesien jetzt den Polen gehört, ist eine direkte Folge von Hitlers Krieg und Hitlers Schreckensregiment. Man kann es nicht in die Schuhe der Alliierten schieben. Es gehört in die von Hitler.«

Wenn man dies als das Urteil einer höchst untypischen Deutschen vom Tisch wischen will, sollte man sich den Bericht einer anonymen Deutschen aus Landeshut (jetzt Kamienna Gora) in Oberschlesien vornehmen. Sie beschrieb im Jahre 1951, wie sie 1946 eines Tages von der neuen polnischen Polizei abgeholt wurde, um die halb verwesten Leichen von Opfern aus einem Konzentrationslager auszugraben. Sie schildert diese entsetzliche Arbeit mit quälender Genauigkeit, wie sie voller Grauen weinte und die Tränen nicht abwischen konnte, und wie sie sich dann plötzlich sagte: »Also aufhören zu weinen, tapfer sein und so mithelfen an der Sühneleistung für die Verbrechen, die in unserem Volk begangen worden waren.«

Wir können nicht feststellen, ob die noble Geisteshaltung der Kreisauer Moltkes und der bewegende Entschluß jener anonymen Frau – mißhandelt, aus ihrer Heimat vertrieben und 1951 doch zur Sühneleistung bereit – der Bundesrepublik in den fünfziger Jahren subjektiv eine Aussöhnung mit Polen oder der Tschechoslowakei ermöglicht hätten. Denn die Sowjetisierung Osteuropas und der Kalte Krieg hatten es objektiv unmöglich gemacht.

Die Arbeit der sozusagen regierungsamtlichen Aussöhnung, nachdem sie schließlich zwanzig Jahre später begonnen hatte, stand dann doch in engem Zusammenhang mit anderen außenpolitischen Zielen und mit innenpolitischen Parteikontroversen.

Durch die Bewilligung hoher Wiedergutmachungszahlungen an Israel in den frühen fünfziger Jahren wollte Konrad Adenauer die deutsche »Ehre« wiederherstellen, um mit seinen eigenen Worten zu sprechen, und eine »Seelenbereinigung« suchen. Wie er ganz richtig annahm, sollte dies auch dem Ansehen der Bundesrepublik in der Welt zugute kommen. Doch undenkbar war, daß dies mit irgendeinem direkten *Quid pro quo* verknüpft gewesen wäre. Die moralische und emotionale Komponente bei der Aussöhnung mit Frankreich in den späten fünfziger und frühen sechziger Jahren war deutlich, deutlich waren aber auch die nationalen Interessen beider Seiten. In der Beziehung zu Polen, wie sie sich in den späten sechziger und frühen siebziger Jahren entwickelte, war das Motiv der Aussöhnung von Anbeginn an mit der Verfolgung anderer, direkter Interessen der Bundesrepublik und mit innenpolitischen Kontroversen verbunden.

So beispielsweise Willy Brandt 1971 in seinem Bericht zur Lage der Nation: »Auch im Verhältnis zu Polen haben wir das deutsche Interesse im weitesten Sinne im Auge, wenn wir das Unsere tun, damit der deutsche Name nicht mehr als Symbol von Unrecht und Grauen benutzt werden kann, sondern als Zeichen der Hoffnung und Aussöhnung und friedlicher Zusammenarbeit gilt. Daß diese Hoffnung nicht vergeblich ist, dürfte sich auch an der Zahl der Deutschen zeigen, die in den kommenden Monaten in die Bundesrepublik kommen werden.« Zuhause konnte also selbst Willy Brandt »Aussöhnung« in direkten Zusammenhang mit deutschen Ausreisemöglichkeiten bringen. Dieselbe verhängnisvolle Verflechtung haben wir bereits bei dem Verhandlungspaket 1975 mit Polen gesehen. Hieß dies: Cash gegen Deutsche oder Anzahlung auf Vergebung? Während der ganzen achtziger Jahre wurden diese drei Elemente – Geld, Aussöhnung, unmittelbare deutsche Interessen – in allen offiziellen deutsch-polnischen Beziehungen vermischt. Und durch den innenpolitischen Kontext entstanden immer neue Konfusionen.

In einem »Offenen Brief an alle Deutschen, die für die deutsch-polnische Aussöhnung arbeiten wollen«, schrieb der polnische Literaturkritiker Jan Józef Lipski 1982: »Für eine künftige Versöhnung und Freundschaft wäre es, meine ich, günstig, wenn jeder mit seiner eigenen Schuld ehrlich abrechnen würde, und zwar eher mit der eigenen als mit der des anderen.« Das klingt vertraut, möchte man meinen. »Warum siehst du nur den Splitter in deines Bruders Auge, nicht aber den Balken in deinem eigenen Auge?« Es söhnen sich Menschen miteinander aus, wenn sie sagen: Was ich getan habe, tut mir leid. Nicht wenn sie sagen: Was du getan hast, tut mir leid. Was jedoch für einzelne Menschen in ihren Beziehungen zueinander möglich ist, wenn auch immer noch schwierig genug, war weit schwieriger für die Politiker der Bundesrepublik. Sie hatten nicht nur mit den Unversöhnlichen und Reuelosen unter ihrer Wählerschaft zu rechnen, sondern auch an die weit größere Zahl derjenigen zu denken, die sich in irgendeiner Art als Opfer der Verbrechen von Hitler (oder Stalin) betrachteten.

Entsprechend verwiesen die höchsten Repräsentanten der Bundesrepublik während der gesamten siebziger und achtziger Jahre zwar immer wieder auf das polnische, sowjetische oder tschechische durch deutsche Hand verübte Leid, aber nicht ohne darauf einen Hinweis folgen zu lassen, daß die Deutschen natürlich auch selbst gelitten hatten. So auch Bundeskanzler Kohl in einer Erklärung im Juli 1989: »Im deutschen Namen und von deutscher Hand ist gerade auch dem polnischen Volk Furchtbares angetan worden. Wir wollen und dürfen dies nicht vergessen – und ebensowenig dürfen wir vergessen, daß später von Polen Schlimmes an Deutschen geschehen ist.«

Bundespräsident von Weizsäcker wurde allgemein für sensibler und geschickter auf diesem Gebiet gehalten. Seine Rede zum vierzigsten Jahrestag des Kriegsendes in Europa war denn auch ein Meisterstück. Ganz im Sinne Lipskis – und des Evangeliums – sah er der deutschen Vergangenheit ins Auge. Doch selbst Richard von Weizsäcker gelang es nicht immer, der Gefahr der gegenseitigen Aufrechnung zu entgehen. In einer Mitteilung an den polnischen Präsidenten General Jaruzelski zum fünfzigsten Jahrestag des deutschen Angriffs auf Polen verwies er auf das schreckliche Leid der Polen durch deutsche Hand: »Beispiellos sind die Folgen von Krieg und Kriegsverbrechen, die die ganze polnische Nation zu tragen hat.« »Aber auch wir Deutschen«, so fuhr er fort, »wurden durch den Krieg schwer gezeichnet. Wir mußten erfahren, daß Unrecht und Leid auf das eigene Volk zurückschlugen, in dessen Namen sie geschehen waren. Den schweren Verlusten unter den Menschen, der Zerstörung von Dresden und vieler anderer Städte folgte die gewaltsame Vertreibung von Millionen Deutscher aus der angestammten Heimat und, mit der Teilung Europas, die Teilung der eigenen Nation und Hauptstadt. Fürchterliche Wunden sind gegenseitig geschlagen worden.«

Die Worte des Bundespräsidenten und des Bundeskanzlers waren mit ganz besonderer Sorgfalt gewählt. Deutsche taten »Furchtbares« den Polen an; Polen fügten den Deutschen nur »Schlimmes« zu. Unrecht und Leid »schlugen zurück«. Doch man fragt sich: Was hatten die Polen mit der Zerstörung Dresdens zu tun? Wer litt unter der Teilung Europas mehr – Deutsche oder Polen? Rechtfertigt die deutsch-polnische Geschichte wirklich die Aussage »fürchterliche Wunden sind gegenseitig geschlagen worden«? Hier geht es nicht darum, die besondere Wortwahl zu kritisieren. Hier geht es nur um die Feststellung, daß ein Politiker verloren ist, sobald er den Versuch einer historischen Aufrechnung unternimmt – euer Leid, unser Leid, unsere Schuld, eure Schuld. Wie auch der Historikerstreit über diese Themen gezeigt hat, haben selbst unabhängige Wissenschaftler ihre Schwierigkeiten, vergleichende Geschichtsurteile von moralischer Relativierung und somit auch zumindest impliziter Apologetik freizuhalten.

Doch ein Bundespräsident oder Bundeskanzler war in einer viel schlechteren Position als ein unabhängiger Wissenschaftler. Er war genötigt zu vereinfachen. Und er mußte immer daran denken, den innenpolitischen Konsens zu wahren, sozusagen die innere Aussöhnung. Außerdem unterlag selbst er – denn auch Bundespräsidenten sind Menschen – dem persönlichen Bedürfnis der Aussöhnung mit der Geschichte seines Landes und seiner eigenen Vergangenheit. Deshalb konnte man sich sogar bei einem so sensiblen, nachdenklichen und liberalen Redner wie Richard von Weizsäcker nicht immer sicher sein, ob er nun gerade die Aussöhnung zwischen Deutschen und Polen, zwischen Deutschen und Deutschen oder mit sich selbst suchte. Oder alles drei gleichzeitig? Doch jede Aussöhnung erforderte etwas anderes. Hier wie auch auf anderen Gebieten der deutschen Ostpolitik entstanden aus dem Versuch, verschiedene, ganz unterschiedliche Ziele gleichzeitig zu erreichen – ja, buchstäblich »im gleichen Atemzug« –, eher Dissonanzen als die ersehnte Harmonie.

Es gab noch ein anderes Problem bei diesem Regierungsunternehmen Aussöhnung. Regierungen haben es immer mit Regierungen zu tun, was im Fall der Sowjetunion und Osteuropa unausweichlich bedeutete: mit den kommunistischen Machthabern. Aber diese Machthaber waren keine gewählten Vertreter ihres Volkes, sondern lagen mehr oder weniger ständig im Konflikt mit ihren Völkern. Suchte man also die Aussöhnung mit den Machthabern, so half dies nicht notwendigerweise auch der Aussöhnung mit ihren Untertanen.

Der sensibelste Fall war auch in dieser Hinsicht wieder einmal Polen. Das Problem, eine Aussöhnung mit Herrschern zu suchen, deren eigene Völker nicht mit ihnen versöhnt sein wollten, wurde bereits 1970 deutlich. Brandt machte mit Gomułka den Warschauer Vertrag – und innerhalb weniger Wochen entthronte das polnische Volk denselben Gomułka. Schmidt trachtete nach Aussöhnung mit Gierek. Seine Zuneigung zu und seine Fehleinschätzung von Edward Gierek sind vielfach dokumentiert. Er würde ihn, so sagte er, »glatt ins Kabinett aufnehmen«. Das Telegramm, das er ihm schickte, um ihm zur Wahl eines polnischen Papstes zu gratulieren, zeugte bereits von einer gewissen Konfusion. Doch als er dann am Abend vor Ausrufung des Kriegsrechts in Polen Erich Honecker darum bat, seine guten Kontakte mit den polnischen Behörden zu nutzen, um, nein, nicht Solidarność, sondern Edward Gierek zu helfen, da wäre wohl den meisten Polen diese Konfusion als mehr als nur ein Witz erschienen.

Als er die Verweigerung seiner Regierung rechtfertigte, bei den von den Amerikanern initiierten Sanktionen gegen Polen und die Sowjetunion nach Ausrufung des Kriegsrechts mitzumachen, sprach Schmidt dieses Thema direkt an. In seinen Memoiren schreibt er, daß ein »spezifisch deutsches Motiv« für die Verweigerung bei diesen Sanktionen der tiefsitzende Wunsch nach Aussöhnung gewesen sei. »Die Aussöhnung war ein entscheidender Beweggrund für Willy Brandts – und später meine – Ostpolitik.« Das hieß, mit den Regierungen zu verhandeln. »Wer als Deutscher mit Polen zu einer Verständigung kommen wollte, mußte mit der tatsächlichen Regierung in Warschau Verträge schließen –

ob mit Gomułka, Gierek, Kania oder Jaruzelski. Jeder westdeutsche Versuch, zwischen das polnische Volk und seine Regierung Keile zu treiben, dem ersteren freundliche Worte zu sagen, der letzteren aber Hilfe zu verweigern, mußte nicht nur scheitern; er mußte den kommunistischen Propagandisten in Warschau auch Argumente gegen den angeblichen ›deutschen Revanchismus‹ liefern.« Außerdem würden Sanktionen dem Mann auf der Straße und nicht den Machthabern schaden. Deshalb forderte er die Westdeutschen auch auf, Lebensmittelpakete zu schicken.

An der Aufrichtigkeit seiner Argumentation ist nicht zu zweifeln. Die Millionen Lebensmittelpakete, die die Westdeutschen denn auch schnell und großzügig schickten, wurden in Polen allgemein als Geste der humanitären Hilfe willkommen geheißen. Und, wie schon einmal erwähnt, erklärte Schmidt im Bundestag, daß er »mit ganzem Herzen« auf der Seite der polnischen Arbeiter stünde. Aber das war nicht die Botschaft, die bis zu den polnischen Arbeitern und Solidarność-Aktivisten in die Internierungslager drang. Ganz im Gegenteil. Die Berichte über die Stellungnahmen der westdeutschen – vor allem der führenden sozialdemokratischen – Politiker und Zusammenfassungen von westdeutschen Kommentaren vermittelten ihnen eher den Eindruck eines Seufzers der Erleichterung. Wenigstens waren die Russen nicht einmarschiert. General Jaruzelski war wahrscheinlich ein Patriot. Die deutsch-deutsche Entspannung konnte weitergehen. *L'ordre règne à Varsovie.*

Der katholische Intellektuelle Kazimierz Wóycicki, der sich dem deutsch-polnischen Dialog tief verpflichtet fühlte, erinnert sich an seine eigene Erfahrung in einem Internierungslager zu jener Zeit. Hoch oben in der Ecke seiner Zelle befand sich ein Lautsprecher, der nicht abgestellt werden konnte. Er spuckte offizielle Berichte über die westlichen Reaktionen auf die Ausrufung des Kriegsrechts aus. Vor allem wurden die Reaktionen der Bundesrepublik und ihr Verständnis für die polnischen Realitäten und den Patrioten Jaruzelski gepriesen. »Wir glaubten nicht daran, denn wir verfügten über andere Mittel, uns zu informieren. In einer der Zellen wurde wie ein großer Schatz ein Transistorradio gehütet, mit dem man nicht nur die offiziellen Propagandasender empfangen konnte. Und da kam die Bestätigung. Die Warschauer Zeitungen logen, aber doch nicht ganz. In Deutschland bedauerte man die Polen (später drückte sich dieses Bedauern in einer großen Paketaktion aus), aber in politischen Kreisen war man der Meinung, die Vernunft befinde sich auf seiten Jaruzelskis: es werde keine sowjetische Intervention geben, *die deutsche Ostpolitik sei also gerettet.*«

»Wir saßen in der Zelle«, fährt Wóycicki fort, »wir waren keine Radikalen oder Berufsrevolutionäre, sondern einfache Arbeiter aus Piaseczno und Ursus, Bauern aus der Umgebung von Warschau, unter uns auch ein paar Universitätsprofessoren und Journalisten, und wir sprachen darüber, *auf wessen Rücken diese deutsche Ostpolitik gerettet werden solle.* Wenn man im Knast sitzt, hat man viel Zeit und redet viel. Einer von uns, ein einfacher junger Mann von der Traktorenfabrik ›Ursus‹ sagte: ›Wenn sie nicht begreifen, was unsere Freiheit ist, dann begreifen sie auch nicht, was ihre Freiheit ist, und wenn sie das nicht verstehen, dann haben sie sich auch nicht geändert, die *Hitlerowcy*‹. Wir erklärten ihm, daß man der westdeutschen Politik alles möglich vorwerfen könne, aber was er zuletzt gesagt habe, sei dumm. Er ließ sich, soweit ich mich erinnern kann, durch das Argument überzeugen, daß er, wenn er die immerhin demokratische Bonner Regierung so nenne, der kommunistischen Propaganda das Wort rede.« (Hervorhebung des Autors.)

Dies ist ein Kreis von tragischer Ironie. Helmut Schmidt glaubte, die Deutschen sollten sich aus einem Gefühl der historischen Verantwortung für die Hitlerverbrechen und um die kommunistische Propaganda nicht mit neuer Nahrung zu versorgen, mit ihren Reaktionen auf das Kriegsrecht zurückhalten. Das Resultat: Ein einfacher Arbeiter in einer Gefängniszelle glaubte, die Deutschen hätten sich nicht geändert, und konnte nur durch das Argument, er würde so der kommunistischen Propaganda das Wort reden, daran gehindert werden, dies laut zu sagen.

Das Mißverständnis reichte also sehr tief. Unter den Faktoren, die auf deutscher Seite dazu beigetragen haben, waren die schon erwähnte fehlende (oder nur unklare) Unterscheidung zwischen Staat und Gesellschaft in Osteuropa; die Überzeugung, daß dauerhafter Wandel nur »von oben« erreicht werden könnte (ausgehend von Bahrs Hypothese über die DDR); und der Fehlglaube, man könne jedermanns Freund sein – in diesem Fall: des Kerkermeisters und des Gefangenen. Aber es gab noch einen weiteren Faktor, den man nicht wirklich als Mißverständnis bezeichnen kann. Denn wie wir bereits festgestellt haben und wie es auch die polnischen Gefangenen ganz richtig sahen, gab es noch ein anderes »besonderes deutsches Motiv« für die Begrüßung einer »internen polnischen« Lösung: die Überzeugung, daß »alles kaputt« wäre, wenn die Sowjets intervenieren würden – wobei »alles« hier meinte: die Fortführung der Ostpolitik und vor allem der DDR-Politik, die während so vieler Jahre so emsig entwickelt worden waren.

Die Enttäuschung der Polen, die auf seiten von Solidarność waren, bezog auch das große Symbol der deutsch-polnischen Aussöhnung mit ein: Willy Brandt. »Ich muß zugeben«, schrieb Adam Michnik 1984, »es machte mich wütend, daß Willy Brandt so schnell vergessen hatte, wie bitter die Gefängniskost schmeckt, mit der in seiner Jugend die deutschen Sozialdemokraten gefüttert wurden ... « Und er endete seinen Artikel mit einem Appell an Willy Brandt, nach Polen zu kommen, um nicht nur die Hände »unserer Generäle und Parteisekretäre« zu schütteln, sondern sich die Bedingungen der politischen Gefangenen anzusehen und Blumen zum Mahnmal der Bergarbeiter zu bringen, die im Dezember 1981 getötet worden waren. Willy Brandt kam nach Polen. Im Dezember 1985, aus Anlaß des fünfzehnten Jahrestages des Warschauer Vertrages. Er schüttelte die Hände der Generäle und Parteisekretäre. Er sprach von Aussöhnung, Frieden, Normalisierung, Stabilität. Aber er besuchte keine Gefängnisse. (In einem davon hätte er Adam Michnik vorgefunden.) Er legte keine Blumen auf die Gräber der ermordeten Arbeiter. Auch nicht auf das Grab des Märtyrers Pater Popiełuszko. Und er schlug die Einladung aus, seinen Nobelpreiskollegen Lech Wałęsa in Danzig, der Hochburg von Solidarność, zu treffen.

Die größte Ironie dieser Konzentration auf die kommunistischen Machthaber aber war, daß diese am wenigsten an einer Aussöhnung interessiert waren. Sie klammerten sich an das »deutsche Schreckgespenst« als letzte Chance, die Unterstützung der Bevölkerung zu gewinnen. Eine genaue Entsprechung der inneren Spaltung – Staat/Gesellschaft – in den Haltungen gegenüber der Bundesrepublik zu suchen, wäre zu einfach. Es gab Machthaber, die eine Aussöhnung wollten, und es gab Oppositionelle, die keine wollten. Wie Primas Glemp durch seine eigene Person zum Ausdruck brachte, waren auch in der Kirche Elemente beider Seiten vertreten. Doch generell kann man sagen, daß unabhängige, katholische und oppositionelle Kreise den offiziellen Kreisen weit voraus waren bei der Suche nach dauerhafter Aussöhnung. Die katholischen Bischöfe mit ihrer mutigen Botschaft von 1965 waren es gewesen – »wir gewähren Vergebung und bitten um Vergebung« –, die den Weg bereitet hatten und dafür vom kommunistischen Staat wütend attackiert wurden. Es war ein Solidarność-Intellektueller gewesen, Jan Józef Lipski, der 1981 einen der großmütigsten Texte zu diesem Thema geschrieben hat und dafür wieder einmal eine Flut der Beschimpfungen des Regimes über sich ergehen lassen mußte. Westdeutsche Historiker übten sich in heroischer Geduld, um sich mit äußerst unbeugsamen kommunistisch-nationalistischen Historikern der Parteilinie zu einigen. Dabei gab es inzwischen unabhängige Wissenschaftler, die wesentlich mehr Gemeinsamkeiten boten.

In einer gefühlsbetonten Botschaft zum »Tag der Solidarität mit Polen«, im Januar 1982 im amerikanischen Fernsehen, erklärte Schmidt: »Deutsche und Polen haben nach einer langen leidvollen Geschichte wieder zueinander gefunden. Nach dem Zweiten Weltkrieg gehört das ebenso – wie die Aussöhnung zwischen Deutschland und Frankreich – zu den großen moralischen Veränderungen in Europa.« Diese eindrucksvolle Erklärung enthielt jedoch leider eine ganze Menge Wunschdenken über Gegenwart und Vergangenheit. Denn was bedeutete die Aussage, Polen und Deutsche hätten wieder zueinander gefunden? Wann waren sie denn je zusammen gewesen? Damit waren die deutsch-polnischen Beziehungen durch eine rosarote Brille gesehen, wie sonst nur in den nostalgisch-utopischen literarischen Beschwörungen »Mitteleuropas«. Die »normalen, gutnachbarlichen« Beziehungen, die die Bundesrepublik seit Ende des Krieges mit Frankreich entwickelt hatte, waren in der europäischen Geschichte ganz unnormal – sie waren beispiellos. Wenn Deutschland dasselbe mit Polen gelingen sollte, dann wäre auch dies das erste Mal.

Auch die Volksmeinungen – der Polen über die Deutschen und

der Deutschen über die Polen – waren nicht gerade eine Bestätigung dieser romantischen Auffassung, vor allem wenn man zu den »Deutschen« auch die Bevölkerung der DDR zählte. Fürwahr, Tausende Menschen auf beiden Seiten hatten die Dispute ihrer politischen Führung längst hinter sich gelassen. »Die Menschen sind der Politik oft voraus und ebnen den Weg«, schrieb Richard von Weizsäcker am 1. September 1989 in einem Brief an General Jaruzelski. Und als Tadeusz Mazowiecki als Polens erster nicht-kommunistischer Ministerpräsident seit mehr als vierzig Jahren im selben Monat dem polnischen Parlament seine neue Regierung präsentierte, sagte er beinahe das Gleiche: »Wir brauchen den Durchbruch in unseren Beziehungen mit der Bundesrepublik Deutschland. Die Gesellschaften beider Länder sind bereits viel weiter gegangen als ihre Regierungen«.

Trotz all der Kompliziertheit und aller Windungen der Bonner »Aussöhnungspolitik« ist ihr ganz sicher gutzuschreiben, daß sie diese Annäherung der Völker nicht nur ermöglicht, sondern ganz entscheidend unterstützt hat: durch kulturelle, wissenschaftliche und Jugendaustauschprogramme, durch Tourismus und die große Anzahl Osteuropäer, der sie Besuche und häufig auch Arbeit in der Bundesrepublik gestattete, durch all das, was wir »Verflechtung« genannt haben. 1969 war es für die kommunistischen Regime noch möglich gewesen, durch Agitation gegen den »deutschen Revanchismus« Unterstützung zu gewinnen. 1989 war eine solche Propaganda mehr oder weniger nutzlos geworden. Doch obwohl sich beide Völker nun nicht mehr als Feinde betrachteten, waren sie doch immer noch weit davon entfernt, sich als Freunde zu sehen. Und das traf nicht nur auf die ältere Generation zu.

Eine Umfrage unter polnischen Schulkindern ergab 1981, daß 56 Prozent der Befragten die Deutschen nicht mochten. Mit 65 Prozent waren nur die Russen noch unbeliebter. In einer großen Umfrage 1991 sagte eine Mehrheit der befragten Polen und Deutschen, daß eine »Aussöhnung möglich« sei. Aber diese und andere Umfragen zeigten auch, daß beide Völker noch immer eine ziemlich düstere Meinung voneinander hatten, im Gegensatz zur jeweiligen Meinung über Franzosen oder Amerikaner. Viele Begebenheiten und Gespräche, vor allem in Berlin und der ehemaligen DDR, ließen einen noch immer hohen Grad an Spannungen zwischen Polen und Deutschen erkennen.

Es wäre also noch immer ein langer Weg, bis man beginnen könnte, von einer (historisch unnormalen) Normalität zu sprechen, wie sie beispielsweise zwischen Frankreich und Deutschland herrschte. Sowohl auf polnischer wie auf deutscher Seite können mehrere Gründe dafür angeführt werden. Der undemokratische Charakter des polnischen Regimes hatte auch die Haltung der jüngeren Generation beeinflußt, quer durch die Klassenzimmer. Wie ein unabhängiger polnischer Schriftsteller meinte, wurden junge Polen zu dem Glauben erzogen, daß Patriotismus gleichbedeutend sei mit Haß gegen Deutsche. Außerdem gab es selbst unter den ausdrücklichen Regime-Gegnern der Opposition in Polen ein Phänomen, das wir an anderer Stelle als den Nationalismus des Opfers beschrieben haben. Charakteristisch für diesen Nationalismus ist das Widerstreben, das Leiden anderer Völker in angemessenem Maße anzuerkennen, und die Unfähigkeit zuzugeben, daß Opfer auch Peiniger sein können. Und dieses Phänomen blieb natürlich auch so lange bestehen, wie die Nation in gewisser Hinsicht auch Opfer blieb: ein Opfer, das Polen nach »Jalta« mit einiger Berechtigung zu sein empfand.

Es ist auch kein Zufall, daß anti-polnische Gefühle im unfreien Teil Deutschlands verbreiteter waren als im freien Teil. Tatsächlich waren diese nationalen und ethnischen Ressentiments im ganzen unfreien Europa akuter als im freien Teil Europas. Auch in dieser Hinsicht war der innere Aspekt der Teilung Europas mindestens so wichtig wie der äußere. Dadurch, daß die Bundesrepublik das »deutsche Schreckgespenst« unglaubwürdig machen konnte, trug sie auch dazu bei, den innenpolitischen Wandel in Polen nach 1970 zu fördern. Doch dieser innenpolitische Wandel war denn auch das *Sine qua non* für eine weitere, tiefer gehende Versöhnung. Erst die Wahl eines Ministerpräsidenten aus den Reihen von Solidarność, selbst lange der polnischen Versöhnung mit anderen Nationen verpflichtet, machte ihn 1989 zumindest möglich.

Kurz nach Mazowieckis Wahl kam Bundeskanzler Kohl zu seinem lange verschobenen, offiziellen Besuch nach Polen. Dieser Besuch war als feierliche Besiegelung der Aussöhnung geplant, und dies auf eine Weise, die nur wenige Monate zuvor noch unmöglich gewesen wäre. Adenauer und de Gaulle hatten sich zum Hochamt in der Kathedrale von Reims getroffen, nun sollten sich der polnische und der deutsche Regierungschef, beides Katholiken, zu einer Messe im Freien, am symbolischen Ort Kreisau treffen, einst eine Insel des Widerstandes gegen Hitler, nun polnisch, wie es Helmuth James von Moltke vorhergesehen hatte, und nunmehr als ein polnisch-deutsches Zentrum vorgesehen. Nach einer Predigt des Bischofs von Opole (Oppeln), teils in polnischer, teils deutscher Sprache, umarmten sich die beiden Regierungschefs zur Bekundung des Friedens.

Helmut Kohls genau vorbereiteter, symbolischer Akt hatte nicht die historische Ausstrahlung von Brandts einzigartiger, einsamer Geste. Außerdem wurde der Besuch des Kanzlers von seinem Flug nach Berlin, nach Öffnung der Mauer, unterbrochen und durch die schlechte Aufnahme seines geplanten Besuchs vom Annenberg in Oberschlesien getrübt, dem Schauplatz erbitterter Kämpfe zwischen Deutschen und Polen nach dem Ersten Weltkrieg. Trotzdem war es ein Schritt nach vorn. Ein Staatsbesuch von Richard von Weizsäcker im Frühsommer 1990 – das erste Mal seit 990 Jahren, daß ein deutsches Staatsoberhaupt Polen auf Einladung der Polen besuchte! – förderte den noch immer schleppenden Fortschritt. Die Grenzverhandlungen und die Verhandlungen über die Nachbarschaftsverträge zogen sich in die Länge. Doch als beide Verträge 1991 schließlich unterzeichnet und ratifizierungsbereit waren, sagte Hans-Dietrich Genscher, daß hiermit der Teufelskreis von Unrecht und neuem Unrecht »ein für allemal« durchbrochen worden sei.

Diese Behauptung spiegelte zwar verständliche Gefühle, war aber auch zweischneidig. Einerseits drückte sie Zufriedenheit darüber aus, daß man behaupten durfte, ein lange verfolgtes, hohes moralisches Ziel der Bundesrepublik sei endlich erreicht worden. Nach der Aussöhnung mit Israel und Frankreich gab es nun die Aussöhnung mit Polen. Andererseits signalisierte sie die Hoffnung, daß Deutsche und Polen von nun an weniger über diese dunkle Vergangenheit sprechen mußten und mehr über eine strahlende Zukunft in Frieden, Harmonie und einem Vereinten Europa sprechen konnten. Gemeinsam konnten sie nun die offizielle Europa-Hymne anstimmen:

> Unser Schuldbuch sei vernichtet!
> Ausgesöhnt die ganze Welt!

Man sagte immer: Aussöhnung bedeute nicht, die Vergangenheit zu vergessen. Im Gegenteil. Aber wenn wir uns nach einem Streit versöhnen, sagen wir im allgemeinen: Vergeben und vergessen. Vergebung und Vergessen sind im wirklichen Leben enger miteinander verbunden, als es den Intellektuellen, vor allem den Historikern unter ihnen, lieb ist. Die polnischen Bischöfe hatten in ihrem Brief 1965 ganz ausdrücklich ihr Angebot zur Vergebung mit einem Angebot zum Vergessen verknüpft – ein Punkt, der beinahe schon mit Übereifer in der Antwort der deutschen Bischöfe aufgegriffen wurde.

Die Behauptung »Aussöhnung besiegelt« – Auftrag ausgeführt! – birgt auch ein Element dessen, was Franz Josef Strauß einmal erinnerungswürdig »aus dem Schatten des Dritten Reiches ... heraustreten« genannt hat. Liberale Historiker halten dies für ein riskantes Unternehmen, denn es enthält den Versuch, den Schatten künstlich zu verkürzen. Man beschneidet sozusagen den Geschichtsbaum, der den Schatten wirft. Vielleicht wäre es jedoch Mitte der neunziger Jahre – ein halbes Jahrhundert nach 1945 – den Regierenden moralisch erlaubt und politisch denkbar, etwas weniger von der bitteren Vergangenheit und etwas mehr über eine bessere Zukunft zu sprechen? Vielleicht wären ja doch wenigstens die Grundbedingungen geschaffen worden, unter denen die Vergangenheit beginnen könnte zu vergehen?

Gegen diese Hoffnung müssen ein paar warnende Anmerkungen gesetzt werden. Die Geschichte der zwei Jahrzehnte nach Brandts großer, symbolischer Geste zeigt auch deutlich die Grenzen dessen, was Politik in den Beziehungen zwischen Völkern erreichen kann. Politik und wirkliche Aussöhnung zwischen Menschen haben ganz unterschiedliche Zeitmaße. Ein britischer Premierminister sagte einmal, eine Woche sei eine lange Zeit in der Politik. Doch für die Arbeit der Aussöhnung sind zwanzig Jahre eine kurze Zeit. Das wahre Zeitmaß ist die Generation. Außerdem ist zweifelhaft, ob Aussöhnung als solche ein glaubwürdiges Ziel der Außenpolitik von Staaten ist – außer unter sehr außergewöhnlichen Umständen, wie sie für die Bundesrepublik und Osteuropa im Jalta-Europa ja wohl auch galten. Politiker können beispielgebend sein. Wie Bundespräsident von Weizsäcker und später noch eindrucksvoller der tschechoslowakische Präsident Havel und der ungarische Präsident Göncz demonstrierten, kann es so etwas wie eine moralische Führung geben. Aber nach getaner Arbeit können Völker nur ausgesöhnt werden, wenn die einzelnen Menschen, die diese Völker bilden, es so wollen. Die Reifung dieses Wunsches ist ein sehr langer Prozeß. Er dauert Generationen.

Außerdem ist es ein Prozeß, der in Freiheit wurzelt. Die Bedingungen der Unfreiheit, sei es in der DDR, in Polen oder anderswo in Osteuropa, haben sowohl direkt wie indirekt diesen Prozeß behindert und verzögert. Die Bemerkung eines Kommentators anläßlich von Kanzler Kohls Besuch in Polen, im November 1989, die »Versöhnung fängt erst an«, mag niederschmetternd klingen für all jene, die im freien Teil Deutschlands Jahrzehnte der Arbeit dem Erreichen dieses Ziels gewidmet haben. Aber in dieser Bemerkung steckt mehr als nur ein Körnchen Wahrheit. Von Edmund Burke stammt der Ausspruch, daß kein freies Volk über ein anderes herrschen kann. Man könnte auch sagen, nur freie Völker können wirklich ausgesöhnt werden.

Dazu kommt, daß Freiheit eine notwendige, aber keine hinreichende Grundbedingung ist. Bei den Aussöhnungen, die man erfolgreich nennen kann, hat es auch eine relative Gleichheit gegeben, oder zumindest ein in etwa gleichgewichtiges Interesse beider Partner. Archetypisch trifft das im Falle Frankreichs und Deutschlands zu. Nicht nur, daß beide Staaten Demokratien waren. Auch ihre Ökonomien waren in etwa auf dem gleichen Stand. Keines der beiden Völker hatte wirklich materiellen Grund, auf das andere mit Verachtung oder Neid zu blicken. Kooperationen waren zum gemeinsamen Vorteil. Und in den fünfziger wie sechziger Jahren hatte jeder der beiden Staaten großes politisches Interesse am Rapprochement. Die deutsche Wirtschaftsmacht und ihre politische Unterstützung sollte Frankreichs Streben nach Grandeur und einer führenden Rolle in Europa bestärken. Die Vergebung, der Segen und die politische Unterstützung Frankreichs sollten einen großen Beitrag leisten zur Wiederherstellung der deutschen Selbstachtung und eines respektierten Platzes in der Welt. Gemeinsam konnten sie die Europäische Gemeinschaft gestalten. Man könnte sich darüber streiten, ob Aussöhnung das moralische und emotionale Fundament war, auf das dieser politische und wirtschaftliche Überbau gestellt wurde, oder umgekehrt. In jedem Fall aber waren sie komplementär.

In den Beziehungen der Bundesrepublik zu Polen und zur Tschechoslowakei war dies niemals der Fall. Bei der Sowjetunion könnte man behaupten, daß es eine grobe Gleichheit oder Interessensbalance während der Jalta-Periode gegeben hatte. Deutschland und Rußland hatten sich ja tatsächlich gegenseitig fürchterliche Wunden geschlagen, um Weizsäckers Formulierung hier zu wiederholen. Jeder wollte nun auch große Dinge vom anderen. Sie hätten nun »Quitt« sagen und beginnen können, miteinander Geschäfte zu machen. Doch nach den Ereignissen von 1989–1991 und dem Ende der Sowjetunion galt dies auch für Rußland nicht mehr.

Alle östlichen Nachbarn der Bundesrepublik waren nun arm und schwach. Wirtschaftlich gesehen drohte die Oder-Neiße-Linie zu einer Nord-Süd-Spaltung in der Ost-West-Achse zu werden, mit all dem dazugehörigen Potential von Neid, Spannungen, Ressentiments und Verachtung. Für die Bundesrepublik waren die Langzeitversprechungen des östlichen Marktes durch die unmittelbaren Kosten für Hilfen und durch die Öffnung des westlichen Marktes für östliche Güter abgeschwächt. Was Polen, Ungarn oder die Staaten der ehemaligen Sowjetunion dem neuen Deutschland politisch offerieren konnten, war das Versprechen von Stabilität und die Androhung von Instabilität. Aber das versprochene politisch Gute war bei weitem nicht so substantiell wie jenes, das Frankreich in den fünfziger und sechziger Jahren bieten konnte, während das angedrohte politisch Schlechte zwar substantieller war, doch noch immer weniger als die so kohärent und konsistent präsentierte Bedrohung durch die alte Sowjetunion.

Eine Bedingung für Aussöhnung – Freiheit – war also zu Beginn der neunziger Jahre in einem Maße vorhanden wie niemals während der gesamten Jalta-Periode. Zwei andere – ungefähres wirtschaftliches Gleichgewicht und politische Gegenseitigkeit – waren es nicht. Zu sagen, »die Versöhnung fängt erst an«, war ganz klar eine Übertreibung. Aber kaum eine größere als die Behauptung, Aussöhnung sei nun endgültig besiegelt worden. Die Wahrheit liegt wie so oft in der Mitte. Einige Bedingungen für Aussöhnung waren geschaffen worden, zum Teil als direktes Resultat der deutschen Ostpolitik in bewußter Bemühung darum, zum Teil als Konsequenz von Entwicklungen, zu denen die Ostpolitik nur beigetragen hat. Andere, gleichermaßen wichtige Bedingungen müßten erst noch geschaffen werden. Die Chance, diese Bedingungen zu schaffen, lag zum Teil, aber nur zum Teil, in den Händen der Politiker und Bürger der Bundesrepublik.

6
Eine zweite Ostpolitik

Sozialdemokraten in den achtziger Jahren

Bislang haben wir die Ostpolitik der Bundesrepublik Deutschland dargestellt. Wir haben uns darauf konzentriert, was Spitzenpolitiker und Regierungsparteien im Namen der Regierung und des Staates getan und gesagt haben. Unser Thema ist die Politik eines Staates gewesen, nicht die Sichtweisen von Gruppen oder Individuen. Deutlich wurde aber auch, daß es in diesem Bereich der Politik, vor allem bei der Analyse der deutsch-deutschen Beziehungen, extrem schwierig ist, eine klare Grenze zwischen Regierungspolitik und den im Halbschatten liegenden Bereichen von öffentlicher und veröffentlichter Meinung, von Oppositionsparteien, Medien, Wissenschaftlern und Intellektuellen zu ziehen. Alle waren in gewissem Maße Akteure der Ostpolitik.

Ihre jeweiligen Rollen systematisch zu analysieren, erfordert jedoch andere Methoden. Schwungvolle Verallgemeinerungen über »die Linke«, »die Rechte«, »die Intellektuellen« und, natürlich, »die Deutschen«, womöglich untermauert durch eine selektive Auswahl von Zitaten einiger weniger und angeblich typischer Autoren, haben ihren Platz auf den Kommentar- oder Feuilletonseiten unserer großen nationalen und internationalen Zeitungen. Dort können sie zur Lebhaftigkeit politischer Debatten, zur Schärfung des Geistes und zur Erheiterung der Nationen beitragen. Eine ernsthafte Untersuchung der veröffentlichten Meinung bedarf jedoch der detaillierten literarischen Kritik, denn jeder einzelne Autor ist ein Fall für sich. Auch ist nichts leichter und verführerischer, als ein paar eindrucksvolle Ergebnisse von Meinungsumfragen heranzuziehen und mit ihnen ein ganzes Argument zu untermauern. Das genaue Studium der öffentlichen Meinung jedoch ist ein Handwerk für Spezialisten.

Das Thema dieses Kapitels – die Ostpolitik der Sozialdemokraten in der Opposition, vom Herbst 1982 bis zum Herbst 1989 – liegt irgendwo zwischen der harten Realität von Regierungspolitik und den schwerer faßbaren Realitäten von öffentlicher und veröffentlichter Meinung. Die Politik einer Oppositionspartei kann niemals derart eindeutig festgehalten werden wie die einer Regierungspartei, denn sie muß nicht eindeutig sein und profitiert womöglich gerade von ihrer Unbestimmtheit. Regierungspolitiker müssen reale Entscheidungen treffen und Versprechen einhalten oder nicht einhalten. Selbst ihre Worte sind Taten. Oppositionspolitiker dürfen mehr versprechen, als sie halten können, und allen Menschen alles mögliche offerieren – und sie tun dies normalerweise auch. Darüber hinaus ist das Ausmaß an internen Gegensätzen und Dissonanzen hoch, es sei denn, ein Wahlkampf erfordert unmittelbare Disziplinierung. Besonders trifft dies auf eine Partei in einem föderativen Staat zu, und ganz besonders auf dem Feld, das Spitzenpolitiker dieser Partei als ihr ureigenstes betrachten. Es gibt Zeiten und Themen, in und zu denen eine Oppositionspartei nichts vorweisen kann, was auch nur annähernd den Namen »Politik« verdient. Und selbst wenn sie es kann, so ist diese Politik noch immer nicht mit einer Regierungspolitik vergleichbar.

All diese Vorbehalte treffen auch auf die Ostpolitik der Sozialdemokraten in der Opposition zu. Doch aus mehreren Gründen können sie in einer Untersuchung zur Ostpolitik nicht ignoriert werden. Zum ersten wurde Ostpolitik nicht nur in der bundesdeutschen Politik, sondern auch in beiden deutschen Staaten und im Ausland sehr eindeutig mit den Sozialdemokraten identifiziert. »Ostpolitik?«, so hätten Menschen von Moskau bis Milwaukee gefragt, »Sie meinen Willy Brandt...« Zweitens haben Brandt, Bahr und ihre jüngeren Kollegen in den Oppositionsjahren eine »zweite Phase der Ostpolitik«, wie sie es nannten, eine »zweite Phase der Entspannungspolitik«, oder salopper, eine »zweite Ostpolitik« entwickelt und auch sehr aktiv betrieben.

Diese zweite Ostpolitik bestand nicht nur aus Reden und Programmen, sondern auch aus intensiven Gesprächen mit Machthabern und Parteiführern der Sowjetunion und Osteuropas, und resultierte in gemeinsamen Kommuniqués, gemeinsamen Papieren, ja selbst Vertragsentwürfen. Konzeptionell baute diese

»zweite Ostpolitik« auf der ersten Ostpolitik auf, erweiterte manche ihrer Richtlinien und wirft daher auch ein Licht auf die frühere Periode. Operativ gesehen hatten Brandts Treffen mit Gorbatschow oder der Dialog der Sozialdemokraten mit der Sozialistischen Einheitspartei der DDR auch reale Auswirkungen auf die Beziehungen der Bundesrepublik zum Osten.

Die Anfänge dieser zweiten Ostpolitik lassen sich bis in die letzten Jahre der sozialliberalen Koalition zurückverfolgen, als der »zweite Kalte Krieg«, wie einige es nannten, und die großen »Friedens«-Debatten nach dem Nato-Doppelbeschluß im Dezember 1979 vorherrschten. Der Sozialdemokrat Karsten Voigt hatte bereits im Januar 1980 eine »zweite Phase der Ostpolitik« gefordert. Ihr charakteristischstes Merkmal war die Konzentration auf Sicherheitspolitik. Wie bereits erwähnt, hatten Willy Brandt und seine Kollegen in der ersten Phase der sozialdemokratischen Ostpolitik aus einer Mischung von taktischen und strategischen Gründen heraus bewußt Abstand davon genommen, jener sicherheitspolitischen Initiative zu folgen, die Egon Bahr für theoretisch wünschenswert, ja, sogar für notwendig hielt, um die langfristigen Ziele der Ostpolitik zu realisieren.

Nach dem Wahlsieg von 1972 hatten Brandt und Bahr zwar gehofft, zu allererst den Abbau der konventionellen Truppen in Mitteleuropa vorantreiben zu können. Doch die als MBFR bekanntgewordenen Gespräche führten ins Nichts, während Kanzler Schmidt seine eigene, unterschiedliche Sicherheitspolitik betrieb, die fest auf nuklearer Abschreckung durch das Nato-Bündnis und auf den klassischen Rezepten vom Gleichgewicht der Kräfte basierte. Als nun die Meinungsverschiedenheiten mit der Sowjetunion bei genau diesen Themen rapide zum Ende der Entspannung zu führen schienen, war die Zeit gekommen, um nachzubessern, was Horst Ehmke das »entscheidende Defizit« aus der ersten Phase der Ostpolitik nannte. Mit einem Anklang von Clausewitz sollte Bahr über diese zweite Phase später sagen, sie sei »die Fortsetzung der Ostpolitik auf militärischem Gebiet« gewesen. Sicherheit, schrieb er, »ist der Schlüssel für alles«.

Die Entwicklung dieser neuen Ideen wurde auch von einer jüngeren Generation innerhalb der Partei angetrieben, zu der unter anderen Karsten Voigt, Oskar Lafontaine, Andreas von Bülow und Hermann Scheer gehörten. Auch war sie stark beeinflußt durch die wachsende außerparlamentarische Friedens- und Umweltbewegung in der Bundesrepublik. Hier machten die Stimmen Hunderttausender junger Menschen Schlagzeilen, Stimmen, die vielleicht für die Sozialdemokraten gewonnen werden konnten – oder auch verloren. Doch die schärfste Formulierung der neuen Sicherheitspolitik – oder Sicherheitsostpolitik – stammte von einem der älteren und bekanntesten Akteure der Ostpolitik.

Egon Bahr definierte – oder redefinierte – seine alt-neuen Ideen 1980–81 während seiner Arbeit für die Palme-Kommission. Nach seiner eigenen Darstellung war es Mai 1981, als er es erstmals »wagte«, seine Ansicht zu formulieren, »daß es Sicherheit nur noch gemeinsam gibt. Nicht mehr gegeneinander, sondern nur miteinander werden wir sicher sein«. Dieser kühne Begriff von »gemeinsamer Sicherheit« in Ost und West, die durch solche Mittel wie atomwaffenfreie Zonen erreicht werden sollte, wurde dann zum Leitmotiv im Bericht der Palme-Kommission, der im Mai 1982 schließlich veröffentlicht wurde.

Etwa zur gleichen Zeit wandten sich die Sozialdemokraten – oder zumindest ein großer Teil von ihnen – beim Münchner Parteitag 1982 über das Thema der Stationierung von Nato-Raketen von ihrem eigenen Bundeskanzler ab. (In Anlehnung an die berühmte Karikatur von Bismarck als Lotse, der von Bord geht, kursierte der Witz, daß nunmehr das Schiff seinen Lotsen verließ.) Beim Versuch, seine Politik zu verteidigen, sprach Schmidt in München von der Notwendigkeit einer »Sicherheitspartnerschaft« mit der Sowjetunion, ein Begriff, den er selbst 1978 geprägt zu haben scheint. Egon Bahr, mittlerweile Vorsitzender der Arbeitsgruppe »Neue Strategien«, versuchte die Fassade der Einheit zu wahren und bezog sich respektvoll auf diesen Kanzler-Begriff. Doch ein Bahr nahestehender Experte betonte die fundamentalen Unterschiede einer »Sicherheitspartnerschaft« à la Schmidt und einer »gemeinsamen Sicherheit« à la Bahr: Erstere sei eine Formel für Rüstungskontrolle und Abrüstung auf Basis von Abschreckung. Letztere hingegen ein tatsächlicher Ersatz für Abschreckung, wie es auch Bahr selbst in einer Festschrift für den protestantischen Friedensphilosophen Carl Friedrich von Weizsäcker darstellen sollte.

Wie schon Bahrs Konzept C in seinem Planungsstabspapier von 1968 sollte auch der neue Begriff der »gemeinsamen Sicherheit« eindeutig über Nato und Warschauer Pakt hinaus zu einem europäischen Sicherheitssystem führen, das natürlich »europäische Friedensordnung« genannt werden sollte. Die neuen Vorstellungen von europäischer Sicherheit, die während der »Friedensdebatte« in den frühen achtziger Jahren von führenden Sozialdemokraten entwickelt wurden, enthielten in der Tat auch wichtige Elemente der sozialdemokratischen Pläne für europäische Sicherheit, die in den fünfziger Jahren entwickelt worden waren – vor dem Godesberger Programm und der vollen Akzeptanz von Adenauers Westbindung – und mehr als nur einen Hauch jener Ideen von kollektiver Sicherheit, die in den zwanziger und dreißiger Jahren unter der Linken verbreitet waren. Die gewaltigen Atomarsenale der Supermächte und sekundenschnelle Computerentscheidungen lieferten jedoch einen ganz neuen apokalyptischen Hintergrund, und protestantische Theologen verkündeten das göttliche Gebot der Verantwortung für das Schicksal der Menschheit.

Als die Sozialdemokraten im Oktober 1982 schließlich auf der Oppositionsbank Platz nehmen mußten, war ihr neues Denken über dieses Thema bereits weit fortgeschritten. Wie nicht selten in der Geschichte von politischen Parteien (nicht nur, aber vielleicht besonders der linken Parteien, und das nicht nur in der Bundesrepublik) produzierte die Rückkehr in die Opposition – zugleich als Niederlage und als Befreiung erlebt – eine Explosion von kritischen Debatten und die Suche nach neuen Ideen, wobei einzelne Politiker um »Profil« wetteiferten. Während eines solchen Gärungsprozesses werden die Lösungen – oder zumindest die Losungen – von Politintellektuellen eher aufgegriffen. Und so geschah es auch hier.

Diese bunte Getreidemischung wurde durch die Mühlen der Partei gemahlen und zu Stellungnahmen der Parteiführung, Parteitagsbeschlüssen und zwei Dokumenten für die Wahlen 1983 und 1987, mit dem Titel »Regierungsprogramm«, verarbeitet. Diese Dokumente waren natürlich nicht nur Kompromisse zwischen den unterschiedlichen Tendenzen innerhalb der Partei, sondern auch zwischen dem, was die Parteiführung selber wollte, und dem, wofür sie ihrer Meinung nach die Stimmen der Wähler bekommen würde. Diese programmatischen Papiere wurden als »die Politik der SPD« dargestellt, enthielten jedoch Verpflichtungen, die in der realen Regierungsverantwortung kaum miteinander vereinbar gewesen wären. Schließlich gab es die Gespräche und Verhandlungen, die führende Mitglieder der Partei, mehr oder weniger offiziell von ihren Spitzengremien sanktioniert, mit politischen Akteuren in Osteuropa und in der Sowjetunion betrieben, und die Dokumente, die aus solchen Begegnungen hervorgingen.

Dieser letzte Aspekt war ungewöhnlich und interessierte uns hier am meisten. Doch bevor wir uns auf diese wirklich »zweite Ostpolitik« konzentrieren, sollten ein paar Worte über die vorangegangene oder begleitende politische Debatte gesagt werden. Die meisten der in Umlauf gebrachten Papiere waren sicherheitspolitischen Themen gewidmet. Die Grundidee einer »gemeinsamen Sicherheit« wurde in der Arbeitsgruppe »Neue Strategien« herausgearbeitet. Andreas von Bülow, Vorsitzender der SPD-Arbeitsgemeinschaft Sicherheitspolitik, gab einem Arbeitspapier seinen Namen (das sogenannte »Bülow-Papier«), das einen Rückzug der Supermächte aus Mitteleuropa für das Jahr 2000 vorsah, wobei nur eine territoriale Bürgerwehr zurückbleiben sollte, um die Bundesrepublik von Bunkern und Waldverstecken aus zu verteidigen. Viel Sorgfalt wurde der Idee gewidmet, die konventionellen Kräfte derart umzugestalten, daß sie eine »strukturelle Nichtangriffsfähigkeit« besäßen und somit nur zu »defensiver Verteidigung« in der Lage wären, im Gegensatz zu einer auf Angriffsplänen beruhenden Verteidigung. Zwei andere Mitglieder dieser Gruppe profilierten sich mit eigenen Büchern – Hermann Scheer mit dem Band *Befreiung von der Bombe* und Oskar Lafontaine mit einem kleinen Büchlein unter dem vielsagenden Titel *Angst vor den Freunden*. Die Freunde waren hier vor allem die Amerikaner.

Die kritische Distanzierung, um es milde auszudrücken, von der Politik der Vereinigten Staaten und von ihrer militärischen Präsenz in der Bundesrepublik fand ihren positiven Gegenpart im neogaullistischen Konzept einer »Selbstbehauptung Europas« – oder der »Europäisierung Europas«. Der zweite Begriff scheint von Peter Bender geprägt worden zu sein, der, wie Egon Bahr, bei der Formulierung der zweiten Ostpolitik eine ebenso einflußreiche Rolle spielte wie bei der ersten. In diesen Schriften herrschte mehr oder weniger deutlich die Annahme, daß die vergangenen und gegenwärtigen Wurzeln der derzeitigen Probleme Europas (und vor allem Deutschlands) bei den hegemonialen Positionen und Bestrebungen der beiden Supermächte lägen. Wenn Europa sich nicht selbst behaupten würde, schrieb Hermann Scheer, würden die europäischen Staaten in den »Status relativer Vasallen der Supermächte« zurückgeworfen werden.

In diesem allgemeinen Kontext wurde der Begriff »Mitteleuropa« in die sozialdemokratische Diskussion eingeführt. Ursprünglich von tschechischen, ungarischen und polnischen Intellektuellen während einer Debatte wiederbelebt, bei der es eher um die Freiheit in Osteuropa und weniger um den Frieden in Westeuropa ging, wurde dieser Begriff in der Bundesrepublik mit verständlicher Vorsicht gehandhabt. Wenn Brandt einst gemeint hatte, daß schon der Begriff »Ostpolitik« durch den Gebrauch von vor 1945 vergiftet war, um wie vieles mehr erst war es das Wort »Mitteleuropa«, das Friedrich Naumann in seinem Buch von 1915 popularisiert hatte. Der westdeutsche Pionier der Wiederentdeckung Mitteleuropas als kulturhistorischen Konzepts, Karl Schlögel, vermied ausdrücklich eine politische Instrumentalisierung, »die Proklamation Mitteleuropas als Ziel«.

Peter Bender hatte da weniger Bedenken. »Die Renaissance Mitteleuropas«, schrieb er, »ist zunächst ein Protest gegen die Teilung des Kontinents, gegen die Vorherrschaft der Amerikaner und Russen, gegen den Totalitarismus der Ideologien.« Und weiter: »Im Wunsch nach Entspannung haben wir mehr mit Belgrad und Stockholm, auch mit Warschau und Ost-Berlin gemeinsam als mit Paris oder London.« »Europa«, so schlußfolgerte er, »wurde von den Rändern her geteilt; wenn es wieder zusammenwächst, dann von der Mitte aus«. (Man könnte jedoch entgegnen, Europa sei eigentlich von der Mitte aus geteilt worden: also angefangen bei Hitler, in Berlin.) Noch deutlicher und ungehemmter äußerte sich der damalige Bundesgeschäftsführer der SPD Peter Glotz, selbst vor dem Krieg im Sudetenland geboren. »Wir müssen Mitteleuropa zurückgewinnen«, schrieb er, »zuerst als Begriff, dann als Realität.« »Lassen Sie uns den Mitteleuropabegriff«, schrieb er anderswo, »als Instrument einer zweiten Phase der Entspannungspolitik benutzen.«

Im einzelnen schlug Glotz eine chemiewaffenfreie Zone Bundesrepublik, DDR und Tschechoslowakei vor; einen atomwaffenfreien Korridor, bestehend aus den beiden deutschen Staaten; energiepolitische Abmachungen zwischen Österreich, der Tschechoslowakei und anderen Staaten; neuartige Touristikabkommen; einen intensiveren Wandel durch Handel, der, wie er hinzufügte, von »Dick Perles CoCom-Ideologie« so wenig wie möglich behindert sein sollte; und sogar eine bescheidene mitteleuropäische UNESCO für den systematischen Erhalt von Kirchen, Marktplätzen und Häusern, und für die Wiederherstellung der Kommunikationswege innerhalb dieser »Familie kleiner Nationen«. (War Deutschland »klein«?) Der zweite Teil dieser Agenda erinnert an das vertraute ostpolitische Leitmotiv der Verflechtung.

Einiges davon wäre sicher akzeptabel und sogar attraktiv für so manchen gewesen, der auf der anderen Seite des Eisernen Vorhangs, in Prag, Warschau und Budapest, versuchte, das Konzept Mitteleuropa wiederzubeleben. Doch ein fundamentales Unbehagen blieb. Denn die unmittelbare politische Stoßrichtung der Wiederbelebung dieses Begriffs in Osteuropa war eindeutig, sich vom Osten – womit natürlich vor allem die Sowjetunion gemeint war – zu entfernen. Die politische Stoßrichtung des Wiederbelebungsversuchs dieses Begriffs unter den westdeutschen Sozialdemokraten bedeutete jedoch eine gewisse Distanzierung vom Westen, zumindest vom westlichen Bündnis und den Vereinigten Staaten.

Sozialdemokraten behaupteten natürlich sofort, die Distanzierung von einer ihrer Meinung nach fehlgeleiteten Sicherheitspolitik der Vereinigten Staaten würde nicht bedeuten, sich *tout court* vom Westen abzuwenden. Doch so wie die harte sicherheitspolitische Diskussion in einer größeren, geopolitischen aufging, so ging die geopolitische in einer noch grundsätzlicheren auf: in einer Diskussion über Werte. Genau zu dieser Zeit beschäftigte sich der Vorsitzende der Grundwertekommission der SPD, Erhard Eppler, intensiv damit, das Grundsatzprogramm der Partei neu zu schreiben. Denn nach einem Vierteljahrhundert meinte man, das Godesberger Programm bedürfe einer fundamentalen Revision. Ein Großteil davon betraf Themen, die nicht im direkten Zusammenhang mit den Ost-West-Beziehungen standen: die Stellung von Frauen beispielsweise oder die wachsende Bedrohung des Ökosystems, das aus Sicht von Eppler und vielen anderen Sozialdemokraten eines grundlegenden Umdenkens hinsichtlich des Wirtschaftswachstums bedurfte. Doch über allem schwebte ein Gebot, das unmittelbar mit der Ostpolitik verbunden war.

Dieses Gebot lautete: Es gibt nichts Wichtigeres als den Frieden. Alle anderen Werte und Bestrebungen sollten ihm untergeordnet werden. Als Karl Kaiser die scheinbare Blindheit vieler seiner sozialdemokratischen Parteifreunde gegenüber der Verletzung von Menschenrechten in Osteuropa kritisierte (im Gegensatz zu ihrer extremen Wachsamkeit bei Menschenrechtsverletzungen beispielsweise in Mittelamerika), beschuldigte ihn Egon Bahr, »die Ideologie in denselben Rang wie die Erhaltung des Friedens zu setzen«. Das neue Denken der Sozialdemokraten forderte eine »Entideologisierung« der Ost-West-Beziehungen – ein Begriff, der begierig vom neuen Denken in der Sowjetunion aufgegriffen wurde. Dieses Gebot war natürlich selbst höchst ideologisch. Die Ideologie der Entideologisierung behauptete nämlich, daß alle traditionellen Unterschiede von Prinzipien und Werten zwischen Ost und West – beispielsweise bei den Menschenrechten, der Rechtsstaatlichkeit, Freiheit – den Erfordernissen des Friedens untergeordnet werden müßten. Die autorisierte Version dieses neuen Mantras, das im sozialdemokratischen »Regierungsprogramm 1987–1990« enthalten war, hieß: »Frieden ist nicht alles, aber ohne Frieden ist alles nichts.« Der Begriff »Freiheit« erhielt hingegen keinen prominenten Platz in den sozialdemokratischen Dokumenten dieser Zeit.

Diese umfassende Relativierung traditioneller westlicher Werte im Namen der vorrangigen Erfordernisse des Friedens war, wie wir bereits im vierten Kapitel sehen konnten, besonders offensichtlich in den Beziehungen zur DDR. Der Begriff einer deutsch-deutschen »Verantwortungsgemeinschaft« scheint von der sozialdemokratischen Seite zu stammen. Sozialdemokratische Politiker und Publizisten waren es, die den Begriff eines »Augsburger Friedens« oder »westfälischen Friedens« zwischen den beiden deutschen Staaten popularisiert haben und damit andeuteten, daß die Unterschiede zwischen Kommunismus und Demokratie nur wenig größer waren als die zwischen Katholizismus und Protestantismus – zwei Versionen eines Glaubens. Und es waren, wie wir noch sehen werden, Sozialdemokraten, die den Versuch, diesen einzigartigen Frieden zu erreichen, am weitesten trieben.

Unnötig zu betonen, daß nichts davon innerhalb der Partei unumstritten blieb. Doch wenn man sich die offiziellen außenpolitischen Beschlüsse der Parteitage betrachtet, und die beiden selbsternannten »Regierungsprogramme« von 1983 und 1987, dann wird deutlich, daß der Trend in Richtung einer immer größeren Akzeptanz dieses losen Bündels von Zielen, Mottos, Werten und spezifischen Vorschlägen ging. Im »Regierungsprogramm« von 1983 folgte auf das Kapitel über »sozialen Frieden« und »Frieden mit der Natur« ein Kapitel zur Außenpolitik, mit dem Titel: »Wir wollen den Frieden«. »Die Menschheit«, begann es in aller Bescheidenheit, »will Frieden. Oberstes Ziel unserer gesamten Politik ist die Erhaltung des Friedens.« Und weiter: »Die SPD hat Deutschland nie in einen Krieg geführt.« (Hatten das die Christdemokraten oder die Freidemokraten?) Dann wurde die zentrale Bedeutung des Atlantischen Bündnisses bestätigt, wenn auch nicht ohne Betonung der Notwendigkeit, daß die Bundesrepublik ihre eigenen spezifischen Interessen innerhalb dieses Bündnisses repräsentiert. »Im deutschen Interesse«, hieß einer der Parteislogans für die Wahlen 1983. Und weiter forderte das Kapitel Verhandlungen »mit dem Ziel der Sicherheitspartnerschaft«.

Dies trug noch deutlich den Stempel von Helmut Schmidt, doch der Kölner Parteitag im November 1983 erlebte eine überwältigende Ablehnung der Stationierung von Cruise Missiles und Pershing II – die die rechtsliberale Mehrheit im Bundestag gerade verabschiedete – und eine klare Unterstützung der »neuen Strategien«, die von der Arbeitsgruppe unter Vorsitz von Egon Bahr vorgeschlagen wurden. Beim Nürnberger Parteitag 1986 war dieses neue Denken bereits fester Bestandteil der Parteipolitik geworden. »Die Völker im Ost-West-Konflikt werden entweder gemeinsam überleben oder gemeinsam untergehen«, hieß es in der Hauptresolution zur Sicherheitspolitik. (Daß die Afghanen getrennt untergingen, während die Deutschen gemeinsam überlebten, war offensichtlich nicht wichtig genug, um ein derart großartiges Prinzip zu stören.) Folglich hieß es denn auch: »Die Europäer in Ost und West können nur in einer Sicherheitspartnerschaft überleben.« (Wie sie vierzig Jahre lang ohne sie überlebt hatten, blieb rätselhaft.)

Das Gebot der Stunde lautete, »in einer zweiten Phase der Entspannungspolitik eine Politik der Sicherheitspartnerschaft zu gestalten«, und dafür trugen die beiden deutschen Staaten eine besondere Verantwortung. »Wo die beiden deutschen Staaten ein Beispiel für den Weg zur Sicherheitspartnerschaft geben«, fügte der Beschluß hinzu, »beschreiten sie keinen deutschen Sonderweg.« Das langfristige Ziel sei es, wie schon 1984 auf dem Essener Parteitag bestätigt, »auf der Grundlage einer Sicherheitspartnerschaft der bestehenden Bündnisse eine europäische Friedensordnung zu schaffen, die diese Blöcke überwindet«.

Im »Regierungsprogramm 1987–1990«, das für die Bundestagswahlen 1987 mit dem Kanzlerkandidaten Johannes Rau vorbereitet wurde, war das Kapitel zur Außenpolitik betitelt: »Frieden sichern«. Es sei nun an der Zeit, »den Wahnsinn des neuerlich beschleunigten Rüstungswettlaufs zu durchbrechen«. Vier Elemente sollten dazu beitragen: atomare und chemische Abrüstung in Europa, die Stabilisierung der konventionellen Kräfteverhältnisse auf einem gleichen, niedrigen Niveau, Verstärkung der Wirtschaftsbeziehungen zwischen West- und Osteuropa und die Förderung des Kulturaustausches, um die kulturelle Identität Europas zu festigen. Ziel sei eine europäische Friedensordnung, »welche die Machtblöcke übergreift und schließlich überwindet«. Der »Verantwortungsgemeinschaft« zwischen den beiden deutschen Staaten komme eine besondere Rolle bei dieser Entwicklung zu.

Weiter ging es in diesem Programm mit einem eindeutigen Votum für die Weiterentwicklung der Europäischen Gemeinschaft, die, unter anderem, »zum starken zweiten Pfeiler der atlantischen Brücke werden« müsse. Innerhalb des Atlantischen Bündnisses, wiederholte dieses Kapitel, sollte die Bundesrepublik in der Lage sein, ihre eigenen Sicherheitsinteressen zu realisieren, »auch unser Interesse an gemeinsamer Sicherheit«. Unter der Rubrik »gemeinsame Sicherheit« wurde die Aufhebung des Bundestagsbeschlusses von 1983 über die Stationierung von Cruise Missiles und Pershing II angekündigt, eine chemiewaffenfreie Zone in Europa und eine Kündigung des SDI-Regierungsabkommens mit den Vereinigten Staaten. Auch eine Verpflichtung zum weltweiten Kampf gegen Menschenrechtsverletzungen wurde ausgesprochen, allerdings erst im letzten Abschnitt, der der Dritten Welt gewidmet war.

Schattenpolitik

Die operative »zweite Ostpolitik« der Sozialdemokraten bestand in hochrangigen Gesprächen, in der Gründung gemeinsamer Arbeitsgruppen und im Entwerfen von gemeinsamen Dokumenten, alle mit den herrschenden kommunistischen Parteien des Ostens. Dieses Netzwerk hatte eine grundlegende Geometrie, die jener der offiziösen Ostpolitik ähnelte. Die wichtigsten, aber nicht die intensivsten Kontakte bestanden zur Kommunistischen Partei der Sowjetunion. Die Moskauer Verbindung legitimierte und erleichterte die besonderen und intensivsten Beziehungen – die zur Sozialistischen Einheitspartei Deutschlands in der DDR. Beziehungen zur Polnischen Vereinigten Arbeiterpartei, der Ungarischen Sozialistischen Arbeiterpartei und der Kommunistischen Partei der Tschechoslowakei spielten eine zweitrangige, unterstützende Rolle – genauso wie Bonns Beziehungen zu Warschau, Budapest und Prag bei der Ostpolitik der Regierung.

Die Arbeitsgruppen mit der tschechoslowakischen Partei über ökologische Fragen und später auch Abrüstungsfragen, mit der ungarischen Partei über wirtschaftliche Aspekte der Ost-West-Beziehungen und mit der polnischen Partei über »Vertrauensbildung« brachten feierliche gemeinsame Erklärungen hervor, die jedoch keine nennenswerten Auswirkungen in den jeweiligen Ländern oder der Bundesrepublik hatten. Die Arbeitsgruppe mit der sowjetischen Partei führte zu dem vagen gemeinsamen Vorschlag, die wirtschaftlichen Gewinne der Abrüstung zum Nutzen der Dritten Welt einzusetzen. Wichtiger als dieser formelle Teil waren jedoch die Gipfeltreffen, vor allem zwischen Brandt und Gorbatschow, aber auch auf etwas niedrigerem Niveau.

In einem Bericht an die SED-Führung über eine solche Gesprächsrunde notierte die sowjetische Parteiführung im Oktober 1984, »daß viele Argumente, die vordem unsererseits den Vertretern der SPD dargelegt worden waren, nunmehr von ihnen übernommen sind. Besonders deutlich zeigte sich dies in den Ausführungen von E. Bahr und K. Voigt«. Doch dieser selbstgefällige sowjetische Kommentar kann nicht einfach wörtlich genommen werden. Ein geschickter Judoka pflegt gerade dann nachzugeben, wenn er sich in Wirklichkeit darauf vorbereitet, seinen Gegner auf die Matte zu legen. Bahr, Voigt und andere würden behaupten, daß es nach 1985 vielmehr die sowjetischen Repräsentanten waren, die ihre sicherheitspolitischen Ideen übernommen hätten.

Bahrs Buch von 1988, *Zum europäischen Frieden*, war untertitelt: *Eine Antwort auf Gorbatschow*, doch dort schrieb er, daß Gorbatschow selbst viele der (von Bahr mitgeprägten) Empfehlungen der Palme-Kommission übernommen hätte. Also hatte Bahr eigentlich sich selbst geantwortet! Wenn diese Behauptung auch deutlich übertrieben war, so war sie doch nicht ganz grundlos. Das neue Denken der Sozialdemokraten kam vor dem neuen sowjetischen Denken und hat dieses ebenso beeinflußt, wie es auch von ihm beeinflußt wurde.

Am intensivsten und umstrittensten waren die Kontakte mit der SED. Der älteren Generation auf beiden Seiten muß dies vorgekommen sein, als teile ein gläubiger Christ das Abendmahl nicht nur mit dem Teufel, sondern, schlimmer noch, mit dem Ketzer. Seit dem großen Schisma der deutschen Linken hatten sich Kommunisten und Sozialdemokraten als erbitterte Feinde gegenübergestanden. In den frühen dreißiger Jahren hatten Kommunisten die Sozialdemokraten als »Sozialfaschisten« bezeichnet. Die Feindschaft reichte derart tief, daß selbst in Hitlers Gefängnissen ein Kommunist mit einem Sozialdemokraten in der Nachbarzelle mittels Klopfzeichen an der Wand polemisierte. Viele Linke aus der Generation von Willy Brandt und Erich Honecker machten diese schicksalhafte Spaltung für Hitlers Triumph mitverantwortlich.

Doch diese alte Spaltung zwischen Kommunisten und Sozialdemokraten wurde durch den stalinistischen Versuch, sie zu überwinden, nur noch vertieft. Denn die Sozialistische Einheitspartei Deutschlands (SED) war 1946 das Produkt der Zwangsvereinigung von Sozialdemokraten und Kommunisten in der sowjetischen Besatzungszone zu einer Partei leninistisch-stalinistischen Zuschnitts. Ein Großteil der westlich-demokratischen Identität der westdeutschen Sozialdemokraten, von Kurt Schumacher und Ernst Reuter bis hin zum jüngeren Willy Brandt, wurde im Hochofen der Opposition nicht nur gegen den Kommunismus generell, sondern gegen diese Partei im besonderen geschmiedet.

Als Brandt während seiner Kanzlerschaft eine neue Phase der Beziehungen mit der DDR einleitete, befanden es die Sozialdemokraten für nötig, einen sogenannten »Abgrenzungsbeschluß« zu verabschieden, in dem ihre fundamentalen, unüberbrückbaren Unterschiede gegenüber dem Kommunismus definiert wurden. Entworfen hatte diesen Beschluß Richard Löwenthal, der selbst als junger Mann versucht hatte, die Unterschiede zwischen Kommunismus und Sozialdemokratie zu überbrücken, um den Faschismus zu bekämpfen. Ergänzt und überarbeitet wurde er von führenden Parteimitgliedern.

Die SED ihrerseits fürchtete in den sechziger und frühen siebziger Jahren den Einfluß der westdeutschen Sozialdemokratie auf die DDR noch mehr, als sie die schwärzesten Reaktionäre fürchtete. Der Versuch, 1966, als Bestandteil der sozialdemokratischen Vorreiterrolle in der Ostpolitik, auch nur einen »Redneraustausch« zwischen beiden Parteien zu organisieren, schlug mit der Absage der ostdeutschen Seite fehl. Große Gebiete der DDR waren traditionell Hochburgen der Sozialdemokraten. Die Vision eines demokratischen Sozialismus empfanden viele unter der ostdeutschen Intelligenz als außerordentlich attraktiv. In den siebziger Jahren galt Willy Brandt in der DDR als der bei weitem populärste Politiker – und die damaligen Berichte der Zentralen Auswertungs- und Informationsgruppe des Staatssicherheitsdienstes liefern so manchen Anhaltspunkt für diese Ansicht.

Herbert Wehner, der in den dreißiger Jahren selbst ein hochrangiger kommunistischer Funktionär gewesen war, begann im Dezember 1973 eine persönliche Botschaft an Erich Honecker mit der emphatischen Äußerung: »Nach meiner Auffassung schließen SED (Sozialistische Einheitspartei Deutschlands) und SPD (Sozialdemokratische Partei Deutschlands) einander aus.« (Wehner schrieb demonstrativ die vollen Namen beider Parteien aus.) Honecker stimmte zu. Doch wie wir zum spezifischen Fall Honecker und Wehner bereits angemerkt haben, bestand eine komplexe und tiefgehende Faszination zwischen beiden Seiten, wie zwischen zerstrittenen Brüdern, oder, ja, zwischen Gläubigen und Abtrünnigen. Ein nahestehender und sympathisierender Beobachter aus einer viel jüngeren Generation spricht in diesem Zusammenhang von »Haß-Liebe«.

Interessanterweise erwähnt das Protokoll eines Gespräches aus dem Jahr 1979 zwischen Honecker und Ponomarjew, dem Sekretär des sowjetischen Zentralkomitees, verantwortlich für Beziehungen mit sozialistischen Ländern, daß der DDR-Parteichef die Frage der Kontakte zu sozialdemokratischen Parteien gestellt habe. Nach dem Hinweis, daß Brandt bereits früher schon vorgeschlagen habe, Parteibeziehungen herzustellen, und daß »jetzt Ehmke und Bahr die gleiche Frage« stellten, versicherte Honecker: »Aber Beziehungen mit der SPD wollen wir nicht herstellen. Die SPD ist feindlich gegenüber der DDR eingestellt.« Er deutete an, daß die Zeit noch nicht reif sei. Ponomarjew antwortete, daß dies Sache der SED sei, fügte jedoch hinzu, daß er nichts dagegen hätte, wenn die SED es nicht – oder noch nicht – täte! Zusammenfassend meinte Honecker: »Wir haben Beziehungen zur SPD-Regierung, und Schmidt ruft mich öfter an als notwendig. Die Frage der Parteibeziehungen ist jedoch etwas völlig anderes.«

In der Tat war es bis 1982 nicht dringend notwendig gewesen, direkte Kontakte zwischen den beiden Parteien herzustellen. Denn in Bonn regierten die Sozialdemokraten und in Ost-Berlin kommandierten die Kommunisten. Honecker nutzte, wie wir gesehen haben, direkte und inoffizielle Kommunikationskanäle. Er und Schmidt telefonierten und korrespondierten miteinander. Der Anwalt Wolfgang Vogel trug persönliche Botschaften zu Herbert Wehner, den Honecker auch privat in der DDR traf.

Doch als die Sozialdemokraten die Macht verloren, ergab sich eine neue Situation. Bereits am 2. November 1982 verzeichnet das

Protokoll des Politbüros einen offiziellen Beschluß: »Dem Ersuchen des Vorsitzenden des Parteivorstandes der SPD, Willy Brandt, Parteibeziehungen zwischen der SPD und der SED herzustellen, wird entsprochen.« Für die Verbindungsaufnahme zur SPD wurde Otto Reinhold bestätigt, der Direktor der Akademie für Gesellschaftswissenschaften beim ZK der SED. Als Hans-Jochen Vogel 1983 Fraktionsvorsitzender der Sozialdemokraten wurde, übernahm er von Herbert Wehner die mehr oder weniger regelmäßigen Kontakte zu Erich Honecker. In Vogels Fall geschah dies in Form eines jährlichen Treffens mit Honecker in Ost-Berlin oder dem Jagdschloß Hubertusstock. Beim zweiten dieser Treffen im März 1984 vereinbarten die beiden Vorsitzenden eine gemeinsame Arbeitsgruppe über das Thema einer chemiewaffenfreien Zone.

Die SPD-Delegation, geleitet von Karsten Voigt und mit Egon Bahr und Hermann Scheer als Mitgliedern, und die SED-Delegation, geleitet vom ZK-Sekretär für internationale Verbindungen, Hermann Axen, trafen sechs Mal zusammen und verabschiedeten im Juni 1985 ein bemerkenswertes Dokument. Offiziell gebilligt vom Präsidium der SPD und dem Politbüro der SED, erhielt es den Titel »Rahmen für ein Abkommen zur Bildung einer von chemischen Waffen freien Zone in Europa«. Voll ausgestattet mit Präambel, diplomatischer Terminologie und Anmerkungen, war dies nichts Geringeres als ein Vertragsentwurf für eine chemiewaffenfreie Zone in, wie es hieß, Mitteleuropa. Als Minimum sollten dieser Zone die Bundesrepublik, die DDR und die Tschechoslowakische Sozialistische Republik angehören. (Doch erst im April 1988 gesellte sich die Kommunistische Partei der Tschechoslowakei offiziell zu den beiden deutschen Parteien.) Die Arbeitsgruppe, so hieß es weiter, habe sich bei ihren Beratungen von den Verpflichtungen leiten lassen, wie sie in Artikel 5 des Grundlagenvertrages formuliert sind (Verhandlungsführer: E. Bahr), und von der Verantwortung der Beteiligten, daß (wieder einmal) »von deutschem Boden kein Krieg ausgehen soll, daß von deutschem Boden Frieden ausgehen muß«. Die Vereinbarung stelle »einen Rahmen für Regierungsverhandlungen dar; sie will Verhandlungen der Regierungen, die sie nicht ersetzen kann, anregen und fördern«.

Nach einem freundschaftlichen Gipfeltreffen zwischen Brandt und Honecker im September 1985 wurde die Arbeitsgruppe autorisiert, das Thema einer atomwaffenfreien Zone in Europa zu erforschen, »entsprechend dem Vorschlag der Palme-Kommission«. Diese Gespräche trugen Früchte in Gestalt einer Reihe von »Grundsätzen« – gemeinsam im Oktober 1986 vorgestellt – für einen atomwaffenfreien Korridor, der sich über jeweils 150 Kilometer auf jeder Seite des eisernen Vorhangs vom Baltikum bis nach Österreich erstrecken sollte. Obwohl kein Vertragsentwurf, deutete dieser »Beitrag aus der Mitte Europas«, laut gemeinsamem Kommuniqué, an, »was als Ergebnis von Regierungsverhandlungen erreicht werden kann«. In seinem Kommentar zu den Ergebnissen bemerkte Egon Bahr, daß beide Seiten über Waffen diskutiert hätten, die sich, wie auch chemische Waffen, »nicht im deutschen Besitz befinden«. Die Ansicht der SED sei, »aufgrund ihrer führenden Rolle in der DDR noch wichtiger ... als der Standpunkt der oppositionellen SPD«. Außerdem könne man davon ausgehen, daß die ostdeutsche Seite dies mit Moskau konsultiert habe.

DDR-Quellen bestätigen, daß dies so der Fall war. Manfred Uschner, eine Schlüsselfigur der ostdeutschen Delegation, erinnert sich: »Meist wurden Fragen der SPD-Unterhändler direkt nach Moskau weitergegeben, und man wartete dann oft lange und ungeduldig auf Antwort«. Er selbst sei im allgemeinen erst nach Moskau geflogen, bevor er (via Prag) nach Bonn reiste. Auch die Unterlagen des Politbüros und Zentralkomitees bezeugen diese engen Konsultationen. Ein derartiger Fortschritt in den SPD-SED-Gesprächen war nur möglich, weil mit dem neuen Denken in der sowjetischen Außenpolitik unter Gorbatschow Übereinstimmung herrschte.

So hatten denn auch die »Grundsätze« für einen atomwaffenfreien Korridor eindeutig Moskaus Billigung. Ob sie auch Washingtons Zustimmung hatten, war weit weniger klar. In seinem Kommentar scheute Bahr dennoch keine Mühe zu betonen, daß der Vorschlag absolut kompatibel mit und in der Tat komplementär zu den multilateralen Vereinbarungen auf der Stockholmer Konferenz über Abrüstung sei, aber auch mit der Position, die Ronald Reagan erst kürzlich bei seinem Reykjaviker Gipfeltreffen mit Michail Gorbatschow eingenommen hatte. Wie bei Kennedy 1963, so kam auch diesmal die unerwartete Intervention eines amerikanischen Präsidenten als Geschenk des Himmels. Wieder einmal konnte die westliche, vor allem die amerikanische Entspannungslizenz für deutsche Entspannungsentwürfe angeführt werden.

Die Reihe von Gesprächen über Sicherheitsfragen führte im Juli 1988 zu einem gemeinsamen Vorschlag für eine »Zone des Vertrauens und der Sicherheit« in, wie es jetzt hieß, »Zentraleuropa«. Wieder hatte Ost-Berlin jedes Detail mit Moskau abgesprochen. So findet sich zum Beispiel in den Unterlagen von Hermann Axens ZK-Abteilung für Internationale Verbindungen ein Dokument, das die sowjetischen Antworten auf Egon Bahrs Fragen während eines Treffens der gemeinsamen Arbeitsgruppe im Januar 1988 enthält. Zum deutsch-deutschen Entwurf für eine Darstellung dieser Zone lautet die sowjetische Antwort: »Im Punkt 2 wird von ›entscheidenden Machtzentren‹ gesprochen. Die Erwähnung von Zentren sollte entfallen.« Diese Anordnung illustriert sehr schön, daß Moskau in der Tat das entscheidende Machtzentrum war.

Vor den Vorschlägen für eine Vertrauenszone wurden der Öffentlichkeit jedoch die Ergebnisse einer anderen gemeinsamen Arbeitsgruppe vorgestellt. Nach fast zwei Jahren vorbereitender Diskussionen über einen möglichen Austausch zwischen den »Gesellschaftswissenschaftlern« von SPD und SED wurde im Sommer 1984 eine gemeinsame Arbeitsgruppe aus Delegationen der Grundwertekommisson der SPD, angeleitet von Erhard Eppler, und der Akademie der Gesellschaftswissenschaften des Zentralkomitees der SED, unter dem Vorsitz von Otto Reinhold, gegründet. Das diplomatische Protokoll war also vorsichtig unterhalb der Ebene Parteivorstand-Politbüro festgesetzt worden. In einem Gästehaus am Scharmützelsee, vor den Toren Ost-Berlins, begannen die »Gesellschaftswissenschaftler« mit ihren mühseligen Beratungen.

Als der vierzigste Jahrestag der Zwangsvereinigung von 1946 näherkam, verlieh Willy Brandt diesem Dialog seine Autorität mit dem Statement: »Sechs Thesen zum Verhältnis von Kommunisten und Sozialdemokraten«. Nach der neuerlichen Bekräftigung, daß die Sicherung des Friedens wichtiger war als der Streit um Theorien, zitierte er Kurt Schumacher dahingehend, »daß man den demokratischen Sozialismus verschieden begründen kann und daß gewiß auch eine marxistische Begründung ihren Platz in der Sozialdemokratie hat«. Die SED hingegen legte ihren Parteitag zeitlich so, daß er mit dem Jubiläum der Zwangsvereinigung zusammentraf, die sie auch als Überwindung der schicksalhaften historischen Spaltung der deutschen Linken feierte. Zum erstenmal nahm ein Repräsentant der SPD als offizieller Beobachter an dem Parteitag teil. Der »Gesellschaftswissenschaftler« der SED, Otto Reinhold, ließ anläßlich des Parteitags in der ideologisch maßgeblichen Monatsschrift *Horizont* eine kleine, aber wichtige Revision erfolgen. Die Sozialdemokraten, so schlug er vor, seien künftig nicht mehr als »Antikommunisten« zu bezeichnen. Sie seien nur noch »Nichtkommunisten«.

Im August 1987, am Vorabend von Honeckers Besuch in Bonn, präsentierten Eppler und Reinhold schließlich ihr gemeinsames Papier unter dem Titel: »Der Streit der Ideologien und die gemeinsame Sicherheit«. Es wurde nicht nur in der westdeutschen Presse, sondern auch im ostdeutschen *Neuen Deutschland* veröffentlicht. Es war ein gewundener Text. Der erste Teil mit dem Titel »Friedenssicherung durch gemeinsame Sicherheit« begann mit der mittlerweile vertrauten Versicherung: »Unsere weltgeschichtlich neue Situation besteht darin, daß die Menschheit nur noch gemeinsam überleben oder gemeinsam untergehen kann«. Dann folgte die Aufzählung von Prinzipien, die, wie es hieß, den Konzepten der friedlichen Koexistenz (dem sowjetischen Konzept also) und der gemeinsamen Sicherheit zugrunde liegen.

Der zweite Teil hieß: »Friedlicher Wettbewerb der Gesellschaftssysteme« und stellte fest, daß dieser Wettbewerb darum geführt werden sollte, welches der beiden Systeme den wirksamsten Beitrag zur Lösung der »übergreifenden Menschheitsfragen« leisten würde und welches »die günstigsten gesellschaftlichen Bedingungen für die Entfaltung von Humanität« bieten könnte. Vor allem aber gehe es um den Beitrag des jeweiligen Gesellschaftssystems zur Sicherung des Friedens, zur Überwindung der Umweltgefahren und zur Entwicklung der Dritten Welt. Zu den erforderlichen Bedingungen hierfür gehörten: »Soziale Beherrschung des wissenschaftlich-technischen Fortschritts« und: »Die Entwicklung lebendiger Demokratie, die Verwirklichung und Weiterentwicklung der Menschenrechte in ihrer wechselseitigen Bedingtheit von sozialen, politischen und persönlichen (individuellen) Rechten«.

Der nächste Teil über »Notwendigkeit einer Kultur des politischen Streits und des Dialogs« begann mit der feierlichen Erklärung: »Wir deutsche Kommunisten und Sozialdemokraten stimmen darin überein, daß Friede in unserer Zeit nicht mehr gegeneinander errüstet, sondern nur noch miteinander vereinbart und organisiert werden kann.« Nach der Feststellung, daß sich Sozialdemokraten wie Kommunisten dem humanistischen Erbe Europas verpflichtet fühlten, wurde in jeweils eigenen Absätzen dargelegt, was Sozialdemokraten und »Marxisten-Leninisten« als ihre Grundwerte betrachteten. Erstere begannen mit der klaren Aussage: »Die Sozialdemokraten verstehen sich als Teil der westlichen Demokratie«, und betonten die Bedeutung von Gewaltenteilung, Menschenrechten und Pluralismus.

Dann legte das Papier »Ansätze« und »Grundregeln« für eine »Kultur des politischen Streits« dar. »Keine Seite darf der anderen die Existenzberechtigung absprechen«, hieß es da. Die Hoffnung beider Seiten richte sich darauf, daß beide Systeme »reformfähig« seien. Beide Systeme müßten sich »gegenseitig für friedensfähig« halten. Und nochmals, beide Systeme müßten »einander Entwicklungsfähigkeit und Reformfähigkeit zugestehen«. Bevor man Kritik übe, solle jede Seite zunächst versuchen, sich »in die Logik der anderen Seite hineinzudenken«. Die ideologische Auseinandersetzung dürfe nicht zur Einmischung in die inneren Angelegenheiten anderer Staaten führen, doch selbst scharfe Kritik dürfe nicht als »Einmischung in die inneren Angelegenheiten« zurückgewiesen werden.

»Die offene Diskussion über den Wettbewerb der Systeme, ihre Erfolge und Mißerfolge, Vorzüge und Nachteile, muß innerhalb jedes Systems möglich sein«, hieß es weiter. »Wirklicher Wettbewerb setzt sogar voraus, daß diese Diskussion gefördert wird und praktische Ergebnisse hat.« Auch komme der »umfassenden Informiertheit« der Bürger wachsende Bedeutung zu. Dies wiederum erfordere »die Verbreitung von periodisch und nicht periodisch erscheinenden Zeitungen« (*sic*) entsprechend der KSZE-Schlußakte. Von wachsender Bedeutung seien auch gegenseitige Besuche und Kulturaustausch »über die Systemgrenzen hinweg«. Im Sinne der Politik einer Friedenssicherung, so schloß das Papier, müsse sich der Wettbewerb der Systeme an einen Rahmen gemeinsam erarbeiteter Regeln halten und »eine Kultur des politischen Streits« einschließen.

Nicht weiter überraschend, daß dieses Papier lebhafte politische Auseinandersetzungen auf beiden Seiten der innerdeutschen Grenze auslöste. Die Kritiker im Westen warfen Eppler und seinen Kollegen vor, sie wären zu weit gegangen, indem sie die Legitimität des Kommunismus im allgemeinen und der SED im besonderen konzediert und gleichzeitig jene westlichen Werte relativiert hätten, die mit dem sechzehn Jahre alten »Abgrenzungsbeschluß« der SPD noch immer hochgehalten wurden. Gesine Schwan, eine der qualifiziertesten sozialdemokratischen Kritikerinnen der zweiten Ostpolitik ihrer Partei, argumentierte, daß das Hauptkonzept »Friedensfähigkeit« in sich bereits radikal unvollkommen sei, da es die lebenswichtige Dimension des inneren Friedens vernachlässige. Genausogut könne man, schrieb sie, das Bismarcksche Reich zu jener Zeit, als es Sozialdemokraten verfolgte, als »friedensfähig« darstellen, denn immerhin habe es ja keinen Krieg geführt. Sei es wirklich die sozialdemokratische Meinung, fragte sie, daß eine Diktatur ebenso »friedensfähig« sei wie eine Demokratie? Müsse die SPD der kommunistischen Einparteiendiktatur wirklich die »Existenzberechtigung« zusprechen, weil die Sowjetunion über Atombomben verfüge?

Die sozialdemokratischen Autoren und Verfechter des Papiers verteidigten es auf zwei Linien. Zum einen behaupteten sie, wie bereits im früheren neuen Denken der Partei, daß die atomaren und umweltbedingten Herausforderungen in der Tat die traditionellen Prioritäten und Werte des Godesberger Programms verändert und relativiert hätten. Reform sei auf beiden Seiten notwendig. »Sollte es wirklich so kommen, daß ein System im Wettbewerb Sieger bliebe«, schrieb Eppler 1988, »… so wird es nicht mehr das System von heute sein.« Was die Demokratie anbelangt, so könnte es viele Gestalten annehmen: »Es gibt, etwa in der Dritten Welt, Einparteienherrschaft, die dadurch erträglich wird, daß Demokratie innerhalb dieser einen Partei stattfindet, also freie Diskussion zwischen innerparteilichen Gruppierungen und Strömungen.« (Da könnte man fragen: erträglich für wen?)

Die zweite Verteidigungslinie lag anders und nicht ohne Spannungsverhältnis zur ersten. Hier wurde argumentiert, daß die Sozialdemokraten in diesem Dialog effektiv als Sprecher der westlichen Demokratie und Werte aufgetreten waren und daß das Papier – mehr noch als die Schlußakte von Helsinki – potentiellen demokratischen Sozialisten oder Sozialdemokraten innerhalb der SED eine Grundlage für ihre Kritik und ihre Forderungen bieten würde. Immerhin habe die Parteiführung sich hier der Notwendigkeit einer »offene[n] Diskussion ... *innerhalb* jedes Systems« gebeugt (Hervorhebung des Autors). Selbst eine Kritikerin wie Gesine Schwan verwies auf die positiven Möglichkeiten solcher Passagen. Dies scheint auch einer der Gründe gewesen zu sein, weshalb sich selbst Richard Löwenthal, Hauptautor des »Abgrenzungsbeschlusses« von 1971, in der Lage sah, dieses gemeinsame Papier zu unterstützen.

Dieses Argument entbehrt nicht der Grundlage. Das gemeinsame Papier führte zu einer der ganz seltenen Streitigkeiten innerhalb des Politbüros, als eines seiner Mitglieder, Alfred Neumann, scharfe Kritik daran übte. Der altgediente SED-Ideologe Kurt Hager schränkte denn auch bald öffentlich die Aussage des Papiers ein, der Imperialismus sei »friedensfähig«. »Es gab, wenn Sie so wollen, Sozialdemokraten innerhalb der Partei«, erzählte Kurt Hager dem Autor bei einem Gespräch 1992 und erwähnte hier vor allem Rolf Reissig, den Hauptautor des Papiers. Reissig selbst behauptete rückblickend Ähnliches. Unter einigen Parteiintellektuellen hatte es fast sicher dazu beigetragen, die demokratisch-sozialistische oder sozialdemokratische Hefe zu aktivieren (oder zu reaktivieren). Inwieweit sich dies damals jedoch tatsächlich in offenen Diskussionen innerhalb der Partei spiegelte, darüber gibt es ganz unterschiedliche Zeugnisse.

Ein Bericht der Zentralen Auswertungs- und Informationsgruppe der Stasi über die Reaktionen der Bevölkerung auf dieses Papier hielt sich 1987 lang und breit bei der Frage auf, in welchem Ausmaß Zweifel und Skepsis unter Parteimitgliedern und »progressiven Bürgern« über das Gesagte herrschten. Der Stasi-Bericht betonte eher die kritischen als die unterstützenden Stimmen. Die Kritiker, so wurde berichtet, sagten, daß es nun schwieriger geworden sei, der jungen Generation eine Orientierung »zur Ausprägung ihrer Verteidigungsbereitschaft« zu geben. Und: »Außerdem werde die angestrebte Diskussion über den Wettbewerb der Systeme, den Vergleich ihrer Erfolge und Mißerfolge, die DDR angesichts der angespannten wirtschaftlichen Lage, insbesondere der Schwierigkeiten bei der Versorgung, vor harte Prüfungen stellen.« Weiter hieß es, daß leitende Kader im Zentralvorstand der Liberalen Demokratischen Partei Deutschlands (weder liberal, noch demokratisch, noch Deutschlands, aber eine der Blockparteien) dies als Chance für Veränderungen in der Informationspolitik der DDR sahen. Und schließlich sahen »feindlich-negative Personen« durch dieses Papier günstigere Bedingungen geschaffen, um ihre Ziele weiter zu verfolgen.

Natürlich muß diese Quelle mit Vorsicht behandelt werden. Es war Aufgabe der Stasi, jene Entwicklungen zu identifizieren und hervorzuheben, die vom Gesichtspunkt der Staatssicherheit eher besorgniserregend als besänftigend waren. Außerdem war Mielke selbst kaum ein enthusiastischer Verfechter des SPD-SED-Dialogs. Nichtsdestoweniger stützt dieses Dokument eindeutig die Behauptung, das Papier habe stimulierende Auswirkungen innerhalb der DDR gehabt. Auch von führenden Figuren der Evangelischen Kirchen wurde es begrüßt. Generell kann man sagen, daß die Zeit nach Veröffentlichung des gemeinsamen Papiers in der DDR wachsende Kritik von unten hervorbrachte.

Doch einmal mehr müssen wir uns vor unserem alten Freund *post hoc ergo propter hoc* in acht nehmen. Wir wissen, daß es andere, weit größere und unmittelbarere Gründe für diese wachsende Kritik gab. In den späteren Stasi-Berichten, die der Autor bislang einsehen konnte, erscheint das gemeinsame Papier weder als Hauptursache noch als Vorwand für derartige Kritik. Darüber hinaus gab es in der Periode nach Veröffentlichung des gemeinsamen Papiers verstärkte Versuche, Kritik von außerhalb der Partei zu unterdrücken, was mit der Durchsuchung der »Umweltbibliothek« in der Zionskirche begann und sich mit den Verhaftungen von unabhängigen Demonstranten beim Luxemburg-Liebknecht-Marsch fortsetzte. Doch die Menschen, die der Parteistaat mundtot zu machen versuchte, übten ihre friedliche Kritik ganz genau im Sinne jener »Kultur des politischen Streits«, die das gemeinsame Papier forderte, in einigen Fällen sogar mit ausdrücklichem Verweis darauf.

Dieser auffällige Widerspruch, in Verbindung mit der Kritik in der Bundesrepublik, forderte unter den sozialdemokratischen Spitzenpolitikern eine neue Diskussion heraus. Eine kleine Gruppe war bereits damit beauftragt worden, vorsichtige und inoffizielle Kontakte nicht nur mit den Evangelischen Kirchen in der DDR herzustellen (was für die SED relativ unproblematisch war), sondern auch mit von der Kirche geschützten Friedensaktivisten. Doch diese Kontakte blieben fragmentarisch. Ihr führender Vertreter, Gert Weisskirchen, sagt selbst, daß sich die sozialdemokratische Führung auch weiterhin fast ausschließlich auf Kontakte mit den Führern des DDR-Parteistaates konzentriert habe.

Gespräche über Sicherheitspolitik und ideologische Fragen wurden weitergeführt, obwohl letztere schwieriger und angespannter waren als zuvor. Vor allem Erhard Eppler scheint persönlich beleidigt gewesen zu sein, daß die SED ihre eigene, feierliche Verpflichtung auf inneren Dialog nicht ernst genommen hatte. Eine Bilanz, die die Grundwertekommission der SPD im März 1989 über den Dialog mit der SED zog, enthielt, nach selbstkritischen Betrachtungen hinsichtlich der Arbeitslosigkeit und dem Abbau von sozialen Rechten in der Bundesrepublik, eine scharfe Attacke gegen die repressive Politik der DDR. »Wer den Dialog im Innern verweigert«, schlußfolgerte sie, »gefährdet auch den nach außen.« Epplers Gegenspieler Otto Reinhold fand diese Kritik »ungewöhnlich«.

Als Eppler dann am 17. Juni die traditionelle Rede im Bundestag hielt, überraschte er seine Zuhörer mit düsteren Prognosen über die Zukunft der DDR. Es gebe so etwas, sagte er, wie ein »DDR-Bewußtsein, ein manchmal fast trotziges Gefühl der Zugehörigkeit zu diesem kleineren, ärmeren deutschen Staat«. Doch wenn er sich nicht ganz täuschte, wäre dieses Gefühl vor zwei Jahren (als das gemeinsame Papier im Sommer 1987 veröffentlicht wurde) stärker gewesen als heute (im Sommer 1989). Aber noch dürfte es in der DDR eine Mehrheit geben, deren

Hoffnungen »sich nicht auf das Ende, sondern auf die Reform ihres Staates richten«. Doch: »Wenn sich die Führung der DDR allerdings weiterhin in jener realitätsblinden Selbstgefälligkeit übt, die wir aus den letzten Monaten kennen, dann könnte in weiteren zwei Jahren aus dieser Mehrheit eine Minderheit geworden sein.« Und was die Existenzberechtigung anging, die durch das gemeinsame Papier zum Ausdruck gebracht wurde, so wollte er an diesem Tag hinzufügen: »Keine Seite kann die andere daran hindern, sich selbst zugrunde zu richten.« Ob Eppler damit den Gefühlsumschwung der DDR-Bürger wirklich getroffen hat, kann bezweifelt werden. Aber ganz gewiß drückte er einen Wandel seiner eigenen Gefühle aus. Solcher Klartext über die innere Lage der DDR war seit vielen langen Jahren keinem führenden Sozialdemokraten über die Lippen gekommen.

Doch nicht alle teilten seinen öffentlichen Pessimismus über die Führung der DDR. Beim Empfang einer von Egon Krenz angeführten Delegation hatte Oskar Lafontaine, nächster Kanzlerkandidat der Sozialdemokraten, nur zehn Tage zuvor in Saarbrücken gesagt: »Wir betreiben die Aufnahme offizieller Beziehungen zwischen dem Deutschen Bundestag und der Volkskammer der DDR. In diesem Rahmen wird über Jugendpolitik und über Landwirtschaft gesprochen. Erich Honecker und Hans-Jochen Vogel haben eine Arbeitsgruppe zum Thema Umweltschutz vereinbart.« »Nutzen wir die Entspannung«, forderte er, »um weiter aufeinander zuzugehen.« Und philosophisch fügte er hinzu: »Dies ist ein dialektischer Prozeß: Je näher wir uns kommen, desto entspannter wird die Lage.«

Doch gerade entspannen konnten sich die DDR-Führer nicht, während die Entwicklungen, die in Polen und Ungarn begonnen hatten, nun auch auf die DDR übergriffen und in Form von Ausreisewellen via Ungarn und wachsender Opposition im Land selbst zum Ausdruck kamen. Die Sozialdemokraten reagierten extrem verwirrt, wobei die einen dabei blieben, daß Vorsicht und »Stabilität« nun wichtiger denn je seien, die anderen einen Wandel in der Politik der SPD forderten.

Besonders bemerkenswert war die Reaktion von führenden Sozialdemokraten auf eine unabhängige Initiative zur Gründung einer Sozialdemokratischen Partei in der DDR. So beispielsweise

Walter Momper, damals sozialdemokratischer Regierender Bürgermeister von Berlin: »Mit Parteigründungen durch kleine Gruppen in der DDR kann jetzt gar nichts bewegt werden«, sagte er. »Wichtig ist, daß sich der Reformdruck in der Bevölkerung der DDR und in Teilen der SED schließlich in der Spitze der Staatspartei durchsetzt. Denn die SED hat tatsächlich die Macht in der DDR, und sie wird sie in absehbarer Zeit behalten.«

Anfang September bekam die Parteiführung der Sozialdemokraten dann eine volle Breitseite von Volker Rühe, damals Generalsekretär der CDU. In Anlehnung an Bahrs berühmte Formel vom »Wandel durch Annäherung« beschuldigte er die Sozialdemokraten des versuchten »Wandels durch Anbiederung«. Aufschlußreich ist, daß es eher diese parteipolitische Attacke in der Bundesrepublik gewesen zu sein scheint als die tatsächlichen Geschehnisse in der DDR – ganz zu schweigen von Osteuropa –, die die Sozialdemokraten dann dazu bewegte, ihre Linie zu ändern.

Bald schon vertrat der Sozialdemokrat Norbert Gansel einen »Wandel durch Abstand«. Ein geplanter Besuch von sozialdemokratischen Abgeordneten in Ost-Berlin wurde von der SED abgesagt, nachdem Horst Ehmke angekündigt hatte, daß er Reformen fordern und sich privat mit Bärbel Bohley treffen würde, eine der bekanntesten führenden Persönlichkeiten des neu gegründeten oppositionellen Neuen Forums. Dann kündigte die SPD eine Revision ihrer Politik an. Von nun an sollten Kontakte mit kirchlichen und oppositionellen Gruppen Vorrang vor den Kontakten mit der SED erhalten.

Mit der wachsenden Zahl von Demonstranten in der DDR wuchs auch die Verwirrung der Sozialdemokraten. Von besonderem historischen Interesse ist der Kontrast zwischen den beiden großen Veteranen der Ostpolitik. Wie immer folgte Egon Bahr der intellektuellen Logik einer einmal gewählten Politik bis zum Schluß und forderte nun eine Stabilisierung der DDR, mit Reformen, die zu einem dritten Weg führen sollten. Was gebraucht würde, sei »eine andere DDR«. Die Menschen der DDR, sagte er, würden es nicht zulassen, daß man ihnen ihren Staat wegnehme. Und noch am 8. Oktober versuchte er vorsichtig, Honecker zu verteidigen, indem er auf alles verwies, was unter seiner Führung in den deutsch-deutschen Beziehungen erreicht worden sei. Honecker habe, so Bahr, »homöopathische Veränderungen in seinem Staat« zugelassen. (Damit erinnerte er natürlich an ein Bild aus seiner Tutzinger Rede ein Vierteljahrhundert zuvor.) »Es hat ja, wenn Sie so wollen, Reformen gegeben.« Und nur zehn Tage vor dem Sturz Honeckers sagte Bahr: »Es ist ein Lehrsatz, der für jedes System gilt: Mitten im Strom wechselt man nicht die Pferde.«

Auch Willy Brandt rief zu Vorsicht und Zurückhaltung auf. Doch mit seinem eher intuitiven Sinn für Politik scheint er die Richtung, in die sich die Geschichte bewegte, früher erfaßt zu haben als sein intellektuelles Alter ego: in Richtung jener Wiedervereinigung, von der Bahr mehr noch als Brandt vor Jahren geträumt hatte. Bereits im Frühjahr 1989 witterte Brandt die Möglichkeit, nicht einer Wiedervereinigung, aber einer Neuvereinigung, wenn er auch glaubte, sie nicht mehr erleben zu können. Nach Gorbatschows Besuch im Juni in Bonn erklärte er im Bundestag, daß die Zeit näherrücke, »in der abzubauen sein wird, was die Menschen, zumal die Menschen eines Volkes, willkürlich voneinander trennt«.

Mitte September schrieb Brandt in der *Bild*-Zeitung, daß zwar »offen bleibt, wann und wie weit und in welcher Form die Menschen in den beiden jetzigen Staaten zusammenfinden werden«. Doch mit Sicherheit »wird nicht ewig zu trennen sein, was denn doch zusammengehört«. Und es war denn auch Brandt, der nach einem Besuch bei Gorbatschow diskret wissen ließ, daß Honeckers Tage gezählt seien. Es war Brandt, der die richtigen Worte fand, um auf die Öffnung der Mauer zu reagieren: »Jetzt wächst zusammen, was zusammengehört«. Und um den großen alten Mann und seinen berühmten Satz scharten sich dann die desorientierten Sozialdemokraten bei ihrem Parteitag im Dezember 1989 in Berlin.

Im nachhinein

Im Wahlkampf schlossen sich die Reihen. Doch die Geschichte der zweiten Ostpolitik konnte nicht einfach vergessen werden. Als vergangene Kompromisse und Kollaboration ein großes

Thema nicht nur in Ostdeutschland, sondern in der gesamtdeutschen Politik wurden, erfuhr auch dieses Thema eine ständige Wiederbelebung – häufig durch Christdemokraten, die selbst durch die Vergangenheit der Ost-CDU, die sie nun übernommen hatten, in Verlegenheit geraten waren, doch auch durch ehemalige Oppositionsaktivisten, und schließlich auch durch Sozialdemokraten aus dem Osten. Die Kritik bezog sich ebenso auf das, was die Sozialdemokraten zu sagen vermieden hatten, wie auf das, was sie tatsächlich gesagt hatten; ebenso darauf, mit wem sie nicht gesprochen hatten, wie darauf, mit wem sie gesprochen hatten.

Eine erste Verteidigungsstrategie war die Behauptung, daß führende Sozialdemokraten immerhin diskrete Kontakte mit den Kirchen und Oppositionsmitgliedern aus der DDR und dem gesamten Osteuropa geknüpft hätten. Hatte sich denn Willy Brandt 1985 nicht mit Tadeusz Mazowiecki getroffen? Hans-Jochen Vogel nicht 1987 mit Beratern von Solidarność? Und was war mit den Kontakten von Gert Weisskirchen zu Kirchen-, Friedens- und Oppositionsgruppen in der DDR?

Diese Verteidigungsstrategie konnte nicht aufrechterhalten werden. Denn führende Solidarność- Mitglieder und Berater sollten bezeugen, daß, soweit es Anerkennung und Dialog betraf, westdeutsche Politiker ganz allgemein am Ende des westlichen Rudels mitliefen, und die Sozialdemokraten am äußersten Ende des hintersten Rudels. Gerade wegen der Moral und des symbolischen Kapitals, die die Sozialdemokraten mit Willy Brandt aufgebaut hatten, wurde sein Besuch 1985 als Schlag ins Gesicht empfunden.

Was nun die DDR betraf, so hatte Erich Mielke dem Politbüro im September 1989 berichtet, daß vom 1. August 1988 bis zum 1. August 1989 Funktionäre der SPD 37 Kontakte mit kirchlichen Persönlichkeiten hatten. Doch mehr noch als in Polen, bedeuteten Kontakte mit der Kirche nicht, daß dies auch Kontakte mit der Opposition gewesen seien – wie der Fall Stolpe zeigen sollte. Gewiß, die Opposition in der DDR war viel kleiner und weniger leicht identifizierbar als Solidarność in Polen. Doch Gerd Poppe von der damals schon lange bestehenden Initiative für Frieden und Menschenrechte kann sich an keinen Kontakt mit irgend jemandem erinnern, der als offizieller Vertreter der Sozialdemokraten bezeichnet werden konnte, außer vielleicht am Rande eines Kirchentreffens. Gewiß, auch weder die Freidemokraten noch die Christdemokraten hatten derartige Kontakte mit größerer Regelmäßigkeit hergestellt. Doch sie waren in der Regierungsverantwortung. Selbst Egon Bahr meinte: Die Sozialdemokraten in der Opposition hätten eigentlich mehr riskieren können.

Die zweite Ostpolitik der Sozialdemokraten bestand also aus einem intensiven Dialog mit den herrschenden kommunistischen Parteien. Warum? Egon Bahr gab eine erste, einfache Antwort darauf: Das waren die Kontakte, die sie bereits hatten. Und mit ihnen auf höchster Ebene fortzufahren, sozialdemokratische Spitzenpolitiker von Gorbatschow und Honecker empfangen zu lassen, bedeutete in den achtziger Jahren auch, an Glaubwürdigkeit im eigenen Land zu gewinnen. Die Sozialdemokraten konnten den Wählern sagen: Seht her, mit uns wird der Osten verhandeln. Ostpolitik ist unsere Spezialität. Außerdem verwiesen viele in der Partei auf die »gouvernmentale« oder »etatistische« Tradition der deutschen Sozialdemokratie, die, wie sie behaupteten, in diesen sieben Jahren die Oberhand gewonnen hatte. Bahr vor allem wurde als Metternich der Linken charakterisiert.

Doch es gab auch jene bereits erwähnte verhaltenspsychologische Hypothese, die dem Konzept »Wandel durch Annäherung« und folglich den Beziehungen zur DDR zugrunde lag. Die Macht lag in Händen der Machthaber, also konnte auch Wandel nur durch sie erfolgen. Kalter Krieg und Konfrontation hatten ihre Haltung nur noch verhärtet. Entspannung sollte sie entspannen. Nur durch Kontakte, Dialog und Besänftigung würden sie zu Reformen zu bewegen sein. Und so war es denn auch kein Zufall, daß ein Ziel der zweiten Ostpolitik auch exakt mit diesem Wort dargestellt wurde: Reform. »So wie die äußere Dimension der Entspannungspolitik Frieden heißt«, sagte Horst Ehmke, »so heißt ihre innere Dimension Reform.« Karsten Voigt baute seine Hoffnungen auf Reformer der jüngeren Generation – seiner eigenen! – innerhalb der SED. All diese Kontakte waren daher dazu gedacht, Reformen von oben zu befördern.

Zu guter Letzt wurde behauptet, daß dieser Dialog mit der herrschenden Partei deren Toleranz gegenüber Kritik, sowie den

Bewegungsspielraum von Kirchen und Oppositionsgruppen erweitert hätte. Stille Diplomatie hätte mehr erreichen können als Lautsprecherdiplomatie oder billige Gesten. Direkte Treffen mit diesen Gruppen hätten die Parteigespräche gefährden können. Doch wie Egon Bahr in einem Streitgespräch mit Bärbel Bohley meinte: »Indem wir nicht öffentlich die Bewegungsfreiheit für die Opposition gefordert haben, wurde sie erreichbar.«

Besonders hinsichtlich dieses letzten Arguments scheint es wichtig, nicht nur zu erforschen, warum die Spitzen der Sozialdemokraten die Spitzen der SED als Partner wählten, sondern auch, wie sie mit ihnen umgegangen sind. Ein Teil, aber wirklich nur ein Teil der Antwort findet sich in der oben dargestellten, veröffentlichten Geschichte. Aber was war mit den Verhandlungen außerhalb des Scheinwerferlichts, den privaten Gesprächen, der »stillen Diplomatie«, um der Opposition zu helfen? Hier gibt es ein offensichtliches Quellenproblem. Was zur Zeit der Niederschrift dieses Buches zur Verfügung stand, beschränkt sich auf die Erinnerungen von Teilnehmern dieser Gespräche, einige bemerkenswerte Originaldokumente aus dem SED-Archiv und nur wenige seitens der SPD. Je mehr Dokumente von diesen und anderen Quellen zur Verfügung stehen werden, um so abgerundeter wird unser Bild sein.

Die Originaldokumente aus dem Zentralen Parteiarchiv der SED müssen natürlich kritisch behandelt werden. Durch die meisten internen Parteiberichte zieht sich eine gewisse Tendenz, den Vorgesetzten zu sagen, was sie hören wollen – manchmal bis zum Kriechertum. Wie bei den Beziehungen zwischen DDR-Kirchenmännern und -frauen und Behörden des Parteistaats, so auch bei den Beziehungen westdeutscher Politiker mit diesen Behörden – alle Generalisierungen sind suspekt und alle Kollektivurteile ungerecht. Die Politik der SPD kann, wie die Politik des Evangelischen Kirchenbunds, mittels offizieller Dokumente und Stellungnahmen ihrer gewählten Führungspersönlichkeiten sehr wohl beschrieben, analysiert und beurteilt werden. Doch in der direkten Konfrontation mit einer Diktatur steht jeder Mensch allein. Daher hat auch jeder das Grundrecht auf eine eigene Beurteilung, die sich ausschließlich an seiner und nur seiner Geschichte orientiert.

Dennoch muß gesagt werden, daß einiges, was man in den Akten findet, noch seltsamer ist, als man von den veröffentlichten Quellen vermuten würde. Beispielsweise gibt es den Bericht über ein Gespräch zwischen Egon Bahr und Erich Honecker am 5. September 1986, zu einer Zeit also, als die deutsch-deutschen Beziehungen mit dem Problem von Tausenden tamilischer Asylsuchender belastet waren, welchen die DDR den Flug nach Ost-Berlin gestattete und dann die Ausreise mit der S-Bahn nach West-Berlin, wo sie zum Problem der Bundesrepublik wurden. Laut DDR-Protokoll habe Bahr gesagt: »Es sei klar, die DDR gewinnt mit diesem Problem an Einfluß auf die BRD wie noch nie zuvor, vor allem zum ersten Mal in diesem Umfang in der Innenpolitik der BRD. Das wäre sehr wichtig, wenn es der Sache der Verständigung dienen würde.«

Natürlich, so Bahr weiter, habe er verstanden, daß die DDR mit der gegenwärtigen Koalitionsregierung in Bonn verhandeln müsse, aber – und hier fährt das Protokoll in direkter Rede fort – »es erhebt sich nur die Frage: gibt es eine Möglichkeit, eine Regelung zu erreichen ... die auch im Hinblick auf das Wahlergebnis vom 25. 1. 1987 günstig wäre. Im Auftrag von W. Brandt möchte ich mitteilen: Wir wollen in aller Form erklären, daß bei der Regierungsübernahme durch die SPD die Regierung der BRD voll die Staatsbürgerschaft respektieren wird, und damit dieses Thema beerdigt wird.« Selbst wenn man die Möglichkeit eines tendenziösen Berichts in Betracht zieht, so scheint es doch ziemlich klar, daß Bahr nicht nur (in Konsultation mit Wolfgang Schäuble) nach einer Lösung des Asylproblems suchte, sondern der SPD auch einen Schub für die Wahlen geben wollte.

Zu diesem Zweck winkte er forsch – wie es seine Art war – mit der wohlklingenden (doch faktisch noch immer sehr vagen) Aussicht, im Gegenzug eine von Honeckers »Geraer Forderungen« zu konzedieren. Bei seiner Antwort behauptete Honecker, daß er 1985–86 die Einladung in die Bundesrepublik nicht angenommen habe, »weil ich nicht als Wahlhelfer der CDU in Erscheinung treten wollte. Wir wollten nicht, daß die SPD, wie man uns sagte, 6 % weniger Stimmen erhält«. Um so weniger verstehe er, so Honecker weiter, daß Hans-Jochen Vogel auf dem Nürnberger Parteitag derart kritische Bemerkungen über das Verhalten der DDR in der Asylfrage gemacht habe.

Nach ausführlicher Korrespondenz zwischen Bahr und Axen, worin Bahr ein gemeinsames Kommuniqué vorschlug, das von Honecker und dem Kanzlerkandidaten der SPD, Johannes Rau, unterzeichnet werden sollte, wurde schließlich folgendes vereinbart: Rau solle eine Erklärung in Bonn abgeben, in der er ankündigt, daß die DDR dieses Problem nach Gesprächen mit der SPD lösen würde. Die offizielle Mitteilung an den Ständigen Vertreter der Bundesrepublik würde noch zurückgehalten werden, um Rau Zeit zu geben, seine Ankündigung als erster abzugeben. Eine charakteristisch ordentliche Anmerkung in Honeckers Handschrift – »Einverstanden EH, 17. 9. 86« – besiegelte die Entscheidung.

Gegen Schluß der Akte befindet sich die Abschrift eines Interviews mit Bahr in den Tagesthemen am Abend des nächsten Tages. »Frage: Sie sind ja ein alter Fuchs ... war es nicht doch in dieser Zeit ein Bonbon für die SPD? Bahr: Also erst mal freuen wir uns natürlich. Das ist doch gar keine Frage. Ich will Ihnen (Anrede) auch ganz offen und ehrlich sagen, ich habe gestern Abend gedacht, Mensch, was könnte man eigentlich auf Grund der Erfahrungen und auf Grund des Kredits, den man sich erworben hat, erst tun, wenn man in der Regierung wäre, wenn das schon möglich ist aus der Opposition heraus.« Die Passage ist mit rosa Filzstift unterstrichen und mit einem großen Ausrufezeichen versehen.

Dieses Motiv parteipolitischer Spielereien über die deutschdeutsche Grenze hinweg, verbunden mit der Bereitschaft der Sozialdemokraten zu weiten Zugeständnissen in den deutschdeutschen Beziehungen und verziert mit reichlicher Schmeichelei, zieht sich durch die Akten. Während eines Gesprächs mit Hermann Axen im April 1987 wird folgender Satz des Schleswig-Holsteinischen SPD-Vorsitzenden Björn Engholm protokolliert: »Die Politik der DDR verdiene den Begriff historisch. Es erfülle ihn, B. Engholm, mit Stolz, daß die SPD ein Stück an dieser Politik mit formuliert habe.« Und weiter: »Es gelte für die SPD, mit allem Nachdruck für die Respektierung der Staatsbürgerschaft der DDR, für die Regelung der Elbegrenze Strom-Mitte, die Abschaffung der sogenannten Erfassungsstelle Salzgitter einzutreten« (also für drei der vier Geraer Forderungen).

Etwas später im gleichen Monat wird protokolliert, Bahr habe in einem Gespräch mit Axen im Gebäude des Zentralkomitees gesagt, daß Wolfgang Schäuble ihn über seine Gespräche mit der DDR informiert habe und daß er (Bahr) natürlich die positive Entwicklung der Beziehungen zwischen den Staaten begrüße. »Allerdings sei es die Meinung der SPD, und besonders auch H.-J. Vogels, daß man es der CDU/CSU nicht zu leicht machen sollte. Es sei an der Zeit, ›sie endlich in den zentralen Fragen der Sicherheit über den Tisch zu holen‹.« Doch Bahr machte sich nicht nur wegen der Christdemokraten Sorgen. »E. Bahr bat, alle Besuchsreisen von SPD-Politikern in die DDR wieder unter stärkere Kontrolle zu nehmen. Eine Inflation würde beiden Seiten viel Arbeit machen. Man müsse klar auseinanderhalten, was offiziell bestätigte Reisen seien und was Privatreisen oder Polittourismus sei.«

Als Reaktion auf diese Vertraulichkeit machte Hermann Axen »E. Bahr intern [sic] darauf aufmerksam, daß man mit Befremden aufgenommen habe, daß von allen prominenten Gesprächspartnern aus den Bundesparteien der BRD nur H.-J. Vogel Fragen nach der Grenzregime und einer Teilnahme E. Honeckers in Westberlin [an der 750-Jahrfeier] aufgeworfen habe«. (Eine Kritik, die der sozialdemokratische Spitzenpolitiker im nachhinein durchaus als hohes Lob auffassen konnte!) »Taktlos sei auch«, fuhr Axen fort, »daß Vogel sich mit Gesprächspartnern aus der DDR ausgerechnet vor einem Bild über die ›Mauer‹ postiere«. Im Lichte seiner Äußerungen auf dem Nürnberger Parteitag stelle sich die Frage, »ob Vogel damit nicht die Propaganda der Stahlhelm-Fraktion unterstütze. Er [Axen] bat, das im Hinblick auf den bevorstehenden Besuch H.-J. Vogels in der DDR diesem nahezubringen«. Und schließlich: »E. Bahr, der sehr verlegen und betroffen war, gab H. Axen recht und sagte ein entsprechendes Gespräch mit Vogel zu«.

Wurde Vogel nun »taktvoller«? Zu diesem Punkt haben wir eine wertvolle Gegenprobe zu den DDR-Protokollen, denn Hans-Jochen Vogel hat dem Autor die eigenen Protokolle der Sozialdemokraten über seine jährlichen Gespräche mit Honecker zur Verfügung gestellt (verfaßt von seinem Protokollanten Dieter Schröder). Diese Unterlagen dokumentieren eine Reihe von nüchternen, geschäftsmäßigen Treffen, die einem klaren Muster folgten. Nach langen Diskussionen über die internationale Lage, die sich hauptsächlich auf die großen Themen Krieg und Frieden konzentrierten, und über die gemeinsamen Abrüstungsinitiativen beider Parteien, wandte sich Vogel bilateralen Themen zu. Nach großem, ermutigenden Aufhebens über die Entwicklung der Wirtschaftsbeziehungen und der Erwähnung von Umweltproblemen, sprach er konkrete Themen über Kontakte zwischen den beiden deutschen Staaten an – beispielsweise die Forderung nach einem neuen Grenzübergang –, dann »humanitäre Fragen«, wie »Familienzusammenführung«, Ausreiseanträge und den Wunsch jener, die vor Jahren die DDR verlassen hatten, zu einem Besuch zurückkommen zu dürfen. Einzelheiten zu spezifischen schwierigen Fällen wurden überreicht: siebzehn Seiten davon bei ihrem letzten Treffen im Mai 1989.

Es ist natürlich klar, daß sich die sicherheitspolitische Linie Vogels von der der Bonner Regierung unterschied – obwohl wir im Protokoll von 1983 entdecken, daß er, *mirabile dictu*, den vorsichtigen Versuch unternahm, Ronald Reagan zu verteidigen. Und ganz klar gab es Momente, in denen Vogel auch parteipolitische Vorbehalte gegen Kohl äußerte. Doch alles in allem verfolgte er solide und vorsichtig die Grundstrategie der Bonner DDR-Politik, wie sie von der Mitte-Links-Regierung entwickelt worden war und von der Mitte-Rechts-Regierung weitergeführt wurde. All die grundlegenden systemischen Unterschiede stellte er hintan, vermied grundsätzliche Polemiken über Menschenrechtsfragen, um aber zu versuchen, konkrete »menschliche Erleichterungen« zu erreichen. Man kann diese Strategie kritisieren, aber seine persönliche Art, sie umzusetzen, war – nach Aussage dieser Dokumente – nicht zu beanstanden. Er biederte sich um nichts mehr an – um Rühes Vorwurf der »Anbiederung« hier aufzugreifen – als die meisten Christ- oder Freidemokraten bei ihren Kontakten mit Honecker.

Der Vermerk über ihr Gespräch von 1987 zeigt, daß Vogel und Honecker ziemlich offen, wenn auch in konziliantem Ton, den Streit über die 750-Jahrfeier fortsetzten, auf die sich Axen in seinem Gespräch mit Bahr bezogen hatte. »Dr. Vogel entgegnete«, heißt es an einer Stelle, »Honecker wisse wohl, wie er [Vogel] über die Mauer denke.« Am Ende des Gesprächs protestierte Vogel gegen eine Warnung des DDR-Außenministeriums an westdeutsche Journalisten. Niemand hätte gegen die Berichterstattung der DDR-Medien über die Ereignisse in Kreuzberg protestiert (also die Demonstrationen), sagte er.

Nun: Im ostdeutschen Protokoll ebendieses Gesprächs fehlt diese kleine Spitze. Andererseits enthält es Genaueres darüber, was Honecker zur Antwort gegeben hat. Es läßt auch einen leichten Anflug von größerer Vertraulichkeit zwischen den beiden Männern vermuten, als man aus dem westdeutschen Protokoll schließen könnte. Im großen und ganzen stimmen die beiden Protokolle aber überein. Auch ein Vergleich der ost- und westdeutschen Protokolle von ihren Treffen 1988 offenbart keine dramatischen Unterschiede oder Verzerrungen. Anscheinend hat aber auch hier der DDR-Protokollant die kritischen Äußerungen Vogels in der Tat etwas heruntergespielt. So steht im westdeutschen Protokoll beispielsweise eine lange Passage darüber, wie Vogel selbst bei seinem Umgang mit Studenten während der Revolten von 1968 in München-Schwabing gelernt habe, »wie die Verwaltung unvorbereitet in solche Situationen geraten sei«. Seiner Erfahrung nach würden junge Menschen am ehesten im Dialog gewonnen. »Er habe daher die Ereignisse vom Januar 1988 in der DDR aufmerksam beobachtet.« Damit sprach er natürlich die Unterdrückung der alternativen Luxemburg-Liebknecht-Demonstration an, und die darauf folgenden Repressalien.

Die westdeutsche Version von Vogels unmittelbar folgendem Kommentar lautet: »Die Sozialdemokraten wollten keine Destabilisierung der DDR. Aber, gestützt auf das gemeinsame Papier müsse man Fragen stellen.« Die ostdeutsche Version lautet: »Was die Ereignisse vom 17. Januar in Berlin angehe, so wolle er [Vogel] sagen, nichts liege ferner, als eine Destabilisierung herbeizureden, aber anhand des gemeinsamen Papiers sei gefragt worden, wie die SPD dazu stehe.« Hier gibt es einen kleinen, aber bei weitem nicht unbedeutenden Unterschied, denn der Punkt bei Vogels eher indirekten Ausführungen war natürlich die Frage, wie die SED dazu steht. Indigniert erwiderte Honecker, laut Westprotokoll, daß die vielen Teilnehmer der (offiziellen) Demonstration wichtiger gewesen seien als die wenigen Störer, die er lieber als »Schänder« bezeichnen wollte, denn bis 1933 sei diese Erinnerungsveranstaltung niemals gestört worden. Vogel könnte wegen der jungen Menschen in der DDR jedoch beruhigt sein: »Die Jugend der DDR bereite sich zur Zeit vor allem auf den 40. Jahrestag der Staatsgründung vor«.

Auch diese Dokumente zeigen, daß jeder einzelne Politiker an seinem eigenen Verhalten gemessen werden muß. Die Unterschiede im Stil, um das Wenigste zu sagen, waren groß. Es zeigt sich auch, mit welcher Vorsicht DDR-Dokumente behandelt werden müssen und wie wichtig es ist, auch die westdeutschen zur Verfügung zu haben. Dennoch läßt dieser Vergleich den Schluß zu, daß die ostdeutschen Unterlagen nicht völlig unbrauchbar sind. Sie verhalten sich zur Wahrheit zumindest wie der Rauch zum Feuer.

Unter den Dokumenten im DDR-Parteiarchiv befindet sich auch das Protokoll eines Treffens, das Oskar Lafontaine, Klaus von Dohnányi und Klaus Wedemaier anläßlich der 750-Jahrfeier (Ost) von Berlin mit Erich Honecker hatten. Laut diesem Protokoll betonte Dohnanyi, daß sich Hamburg glücklich schätzen würde, Honecker das Gleiche wie Franz Josef Strauß in München anzubieten – d.h. also, ihm bei einem Besuch die vollen, einem Staatsoberhaupt zustehenden Ehren zukommen zu lassen –, und sprach dann darüber, wie wünschenswert es sei, wenn die SPD durch die Bundestagswahlen 1990 wieder an die Macht käme. Honecker seinerseits sagte, daß das Gerede über Wiedervereinigung selbst unter den Verbündeten der Bundesrepublik Ängste heraufbeschwören würde. »Für Anfang 1988 habe er eine Einladung nach Frankreich ... Auch das belege, daß die Franzosen lieber für zwei deutsche Staaten seien.«

Honeckers saarländischer Landsmann Oskar Lafontaine meinte: »In der BRD sei es inzwischen allgemeiner Konsens, daß die Zweistaatlichkeit eine Realität ist, an der niemand vorbei kann. Ebenso gewünscht würden aber grundlegende Verbesserungen vor allem für die Menschen. Deshalb wollte er die Bitte aussprechen, im Jahre 1988 gemeinsam zu beraten, was aus der Sicht der DDR-Führung gehe und was nicht.« Honecker war einverstanden und sagte, dies sollte mit Axen erörtert werden. Später schlug Lafontaine vor, »daß man eine Stabilisierung auf der einen

Seite koppeln müßte mit einem Maximum an Liberalisierung in den Beziehungen zwischen den beiden deutschen Staaten«.

Zwei Monate später wurde Lafontaine in Saarbrücken von einem Abteilungsleiter des Zentralkomitees besucht, Günter Rettner, der eine kritische (taktlose?) Presseerklärung Lafontaines über die polizeiliche Durchsuchung der Zionskirche ansprach. »Persönlich, so fuhr Genosse G. Rettner fort, sei O. Lafontaine dabei, in der DDR einen Glaubwürdigkeitsverlust zu erfahren. Sichtlich betroffen«, so heißt es im Protokoll weiter, »erwiderte O. Lafontaine, daß es niemals seine Absicht gewesen ist, die Politik E. Honeckers zu diskreditieren. Zu E. Honecker habe er ein tiefes Vertrauen«. Was seine Erklärung zur Zionskirche betreffe, »so habe er sie in erster Linie aus innenpolitischer Sicht abgegeben. Die Wirkung in der DDR habe er dabei nicht im Auge gehabt«. Gerade weil bekannt sei, daß er so gute Beziehungen zu Honecker und zur SED habe, würden die Menschen einen Kommentar von ihm erwarten, wenn Menschen in der DDR aufgrund ihrer Anschauungen Schwierigkeiten bekommen. Als Rettner gegen diese Interpretation protestierte, erwiderte Lafontaine laut DDR-Protokoll: »Eine ›völlige Enthaltsamkeit bei kritikwürdigen Erscheinungen in der DDR könne er aus innenpolitischen Gründen nicht‹ üben. Allerdings müsse man in Zukunft sorgsamer abwägen, wann und wozu man das tut. Ein rechtzeitiger Hinweis aus Berlin könne dabei sehr hilfreich sein. O. Lafontaine sagte dann, er sei jederzeit bereit, nach Berlin zu kommen, um mit Erich Honecker darüber zu sprechen.«

Fünf Monate später empfing Lafontaine Rettner erneut und brachte – laut Rettners Bericht – seine Besorgnis zum Ausdruck, »daß seiner Meinung nach die SPD in eine Schieflage komme, wenn sie den Konservativen das Eintreten für systemkritische Kräfte in den sozialistischen Staaten überlasse ... Im Präsidium der Partei herrsche Übereinstimmung, daß das Eintreten für Kräfte in den sozialistischen Staaten, die Kritik äußerten, für die SPD zunächst eine innenpolitische Frage [sei]. Zugleich herrsche Einigkeit darüber, daß Sozialdemokraten bei ihrem Auftreten in der DDR alles vermeiden müßten, was eine Stärkung dieser Kräfte bedeute.« Diese letzte, sehr deutliche Aussage ist schwarz unterstrichen, wahrscheinlich von Axen.

In derselben Akte befindet sich ein kurzer Vermerk, der in engem Zusammenhang mit diesem Thema steht. Datiert 8. Juli 1988 und betitelt »Vermerk über eine vertrauliche Information von K. D. Voigt«, bezieht es sich auf ein Gespräch, das Voigt am Vortag während eines Mittagessens mit zwei Mitgliedern einer SED-Delegation hatte, die zur gemeinsamen Pressekonferenz nach Bonn gekommen war, um das gemeinsame Papier über die Zone des Vertrauens und der Sicherheit in Zentraleuropa vorzustellen. Laut diesem Vermerk teilte Voigt seinen Gästen mit, man habe ihm die Information zugespielt, daß die beiden führenden DDR-Oppositionellen Wolfgang Templin und Bärbel Bohley, die man mit zeitlich begrenzten Visa herausgelassen hatte, »beabsichtigen, am 6. 8. 1988 an der Staatsgrenze zur DDR im Zusammenspiel mit den Medien und den Geheimdiensten der BRD das Versprechen der DDR zu testen, nach Ablauf der Ausreiseerlaubnis den Genannten die Wiedereinreise zu ermöglichen«.

»Nach seiner [Voigts] persönlichen Meinung«, hieß es weiter, »wäre es die glücklichste Lösung, sie zunächst einreisen zu lassen und bei oder wegen entsprechender Aktivitäten zu ergreifen und auszuweisen. Sie selbst und die hinter ihnen stehenden Dienste rechnen damit und hoffen darauf, daß die Sicherheitsorgane der DDR schon ihre Einreise verhindern werden. Das beabsichtigt man gegen die sicherheitspolitische Zusammenarbeit von SED und SPD auszuspielen. Allein deshalb informiere K. D. Voigt Genossen Uschner und Genossen Wagner darüber«. Es ist nicht überraschend, daß die Interpretation dieses unsignierten Vermerks bei den Beteiligten heiß umstritten ist.

Im August 1988 fand das ersehnte persönliche Gipfeltreffen von Lafontaine mit Honecker statt. »Die Frage sei«, sagte Lafontaine laut DDR-Protokoll, »was machen wir deutschlandpolitisch, wenn wir in die Regierung kommen? Ein Konzept für den Fall des Falles sei wünschenswert, etwas, das über bisherige Konzepte hinausgeht. O. Lafontaine regte dazu eine Verständigung mit der SED an und nannte als konkretes Beispiel das Problem der Tiefflüge, das insbesondere in der BRD viele Menschen beschäftige.«

Ein Jahr später, im August 1989, gab es einen angespannten Briefwechsel mit Egon Bahr über die Vorkehrungen für die Veröffentlichung eines weiteren gemeinsamen Papiers, diesmal zur »strukturellen Nichtangriffsfähigkeit«. Irgendwie schien die Zeit nicht ganz richtig für eine prahlerische Darstellung der Ergebnisse, und das Politbüro war nur einverstanden, das Dokument ohne Pressekonferenz zu veröffentlichen. Am 24. August traf aus der Ständigen Vertretung der DDR in Bonn eine Eilbotschaft im Büro Axen ein. Bahr wolle sich mit Honecker oder Axen treffen: »Er habe Befürchtung, Beziehungen zwischen beiden Staaten könnten außer Kontrolle geraten«. In der Tat, sie konnten.

Es ist vielleicht passend, daß das allerletzte Dokument in dieser Akte die Kopie eines Papiers ist – durch die Stasi übermittelt –, mit der die Unterzeichner Martin Gutzeit und Markus Meckel die »Bildung einer Initiativgruppe mit dem Ziel, eine sozialdemokratische Partei in der DDR ins Leben zu rufen«, vorschlagen.

Es sollte nochmals betont werden, daß all diese Dokumente mit Vorsicht zu behandeln sind. Ein Grund für die ausführlichen Zitate daraus ist gerade, dem Leser eine Kostprobe der darin herrschenden Sprache zu geben, und dadurch die Möglichkeit einer eigenen Beurteilung. Jedes dieser Dokumente muß im spezifischen Kontext gesehen werden. Mehr davon werden hoffentlich bald zur Verfügung stehen. (Wie die Vogel-Honecker-Protokolle zeigen, wird erst die Freigabe der SPD-eigenen Unterlagen eine volle und faire Beurteilung zulassen.) Die Akteure werden ihre eigenen Kommentare hinzufügen müssen. Und man sollte der Versuchung widerstehen, sie mit der Sensationsgier der Boulevardpresse oder auch mit rückblickender Heuchelei zu behandeln. Es sei daran erinnert, daß auch Wissenschaftler und Journalisten immer wieder Schmeichelei und Heuchelei einsetzten, oft auch im Wettstreit gegeneinander, um an Informationen von kommunistischen Machthabern zu gelangen.

Dennoch werfen diese Dokumente ernsthafte Fragen über das Verhalten zumindest einiger Vertreter einer der großen demokratischen Parteien Europas auf. Im Gespräch mit dem Autor 1992 hat Erich Honecker die Gespräche mit der SPD als »kameradschaftlich« bezeichnet. Was aus den Dokumenten hervorgeht, ist jedoch weniger eine vertrauliche Kameradschaft der Linken als ein prinzipienloser parteipolitischer Opportunismus. Oder war es Machiavellismus? Denn wenn es das Ziel war, den Gegner mit dialektischer List zu umarmen, um ihn zu ersticken oder um ihn zu »Reformen« zu bewegen oder um jenen Frieden zu wahren, ohne den »alles nichts« war: hat dann der Zweck vielleicht doch die Mittel geheiligt? Könnten nicht Bahr oder Voigt oder Lafontaine in Abwandlung von Brecht sagen: »Wir, die auf Aufrichtigkeit hofften, konnten selbst nicht aufrecht sein?« Und schließlich: Was ist denn gegen Anbiederung und Besänftigung zu sagen, wenn es funktioniert?

Darauf gibt es zwei Antworten. Erstens brachte Brecht nicht jene Moral zum Ausdruck, die der westlichen Demokratie zugrunde liegen sollte, sei sie sozial, christlich oder frei. Jene Moral, daß es einige Mittel gibt, die kein Zweck je heiligt, ein paar Minimalnormen der Würde, ein paar moralische Schranken, die niemals überschritten werden sollten. Dementsprechend lautet dann die Frage: Hat dieser oder jener einzelne Politiker diese Schranken übertreten?

Zweitens hat, selbst wenn man die Moral beiseite läßt, diese Politik nicht funktioniert. Der einzige konkrete Erfolg, auf den man mit Sicherheit verweisen kann, ist die Entlassung vieler Männer und Frauen aus der DDR, deren Namen auf jenen Listen standen, die von den Sozialdemokraten übergeben wurden. In einer Notiz für Hans-Jochen Vogel aus dem Jahr 1990 heißt es, daß von den 4320 Fällen, die seit 1983 vom sozialdemokratischen Büro für »humanitäre Hilfe/DDR« angesprochen wurden, 2128 vor der Öffnung der Mauer gelöst werden konnten. (Ob nicht mancher von ihnen sowieso durch die üblichen unüblichen Kanäle entlassen worden wäre, ist eine andere Frage.)

Man kann nicht ernstlich behaupten, daß der Weltfrieden durch den Dialog zwischen SPD und SED bewahrt worden sei. Was Reform anbelangt: Wie wir oben (im vierten Kapitel) ausführlich dargestellt haben, gab es keine. Gewiß, der Dialog verhalf zu Diskussionen und sogar Dissens innerhalb der SED. Aber war das von irgendeiner entscheidenden Bedeutung?

Rückblickend, am fünften Jahrestag des gemeinsamen Ideologiepapiers, behauptete die Grundwertekommission der (nunmehr selbst vereinigten) Sozialdemokraten: »Es spricht viel für die Darstellung von Rolf Reissig und Manfred Uschner, daß die Verunsicherung, die das Papier in der SED verursachte, dazu beigetragen hat, das dogmatische Selbstvertrauen der Staatspartei zu brechen.« Und: »Ein Blutbad wäre wohl nicht abzuwenden gewesen, wenn es im Jahre 1989 nur eine Bewegung gegen die SED, nicht auch innerhalb der Staatspartei gegeben hätte.«

Wie alle hypothetischen Behauptungen kann auch diese weder endgültig bewiesen, noch widerlegt werden. Aber überzeugend ist sie nicht. Es gibt keinen Hinweis darauf, daß in den kritischen Momenten irgendein »Reformer« in irgendeiner entscheidenden Position gewesen wäre, wohingegen die alte Garde es mit Sicherheit war. Außerdem gaben 1989 all die sehr unterschiedlichen kommunistischen Parteien in Osteuropa ohne Gewaltanwendung auf, mit der einzigen und einzigartigen Ausnahme von Rumänien. So hat beispielsweise die Kommunistische Partei der Tschechoslowakei, die nach 1968 von allen Reformern gereinigt worden war, und unbeeinflußt von jeglichem Dialog mit westlichen Sozialdemokraten, die Macht an eine vollständig außerparteiliche Bewegung übergeben, und das auch noch schneller, friedlicher und vollständiger als die SED. Wäre die Geschichte anders verlaufen, wären Reformdebatten innerhalb der SED vielleicht von Bedeutung gewesen. Unter normalen Witterungsverhältnissen höhlen Holzwürmer den Zaun langsam aus. Doch wenn eine Lawine den Zaun mit sich reißt, spielt die Arbeit des Holzwurms kaum mehr eine Rolle.

Es gab, wie sich herausstellte, zwei grundlegende Irrtümer bei der zweiten Ostpolitik. Der erste war, wie Bahr es selbst formulierte, der Glaube, daß »Sicherheit der Schlüssel zu allem« sei. Gewiß war das neue sicherheitspolitische Denken ein wichtiger Teil der ersten Phase des neuen außenpolitischen Denkens in der Sowjetunion, und hier können die Sozialdemokraten mit Recht behaupten, einigen Einfluß gehabt zu haben. Gewiß waren die Abrüstungsverträge zwischen den Supermächten und die Gespräche über konventionelle Abrüstung zwischen allen Beteiligten eine entscheidende Voraussetzung für das Ende des Kalten Krieges. Allerdings sollte man auch betonen, daß Europa von seinen Rändern her abgerüstet wurde, und nicht von seiner Mitte aus, um hier nochmals Benders Bild aufzugreifen. Und doch war es der politische Wandel, der, wie Havel und andere meinten, den Weg zur Auflösung der Blöcke bereitet hatte, und nicht umgekehrt. Ein politischer Wandel, der sowohl in Osteuropa als auch in der Sowjetunion, sowohl von unten als auch von oben erzeugt war.

Als Bahr Anfang 1990 gefragt wurde: »Sie haben alles von den Regierungen und wenig vom Volk erwartet«, antwortete er: »Das stimmt, ja. Ich hatte gedacht: wenn wir erst für die Sicherheit sorgen, werden dort drüben gesellschaftliche und politische Veränderungen eintreten. Genau umgekehrt ist es passiert.« Und zwei Jahre später: »Der wirkliche Irrtum bei mir war, das sehe ich jetzt, in den letzten 35 Jahren immer geglaubt zu haben: Da der Kern des Ganzen die Sicherheit, die Machtfrage, ist, muß man dafür sorgen, daß es Kriege nicht mehr geben kann. Dann wird die Politik und alles andere hinterherkommen. Einschließlich der deutschen Einheit, einschließlich der Überwindung der Spaltung Ost und West in Europa. Das war falsch. Die Politik hat die Sicherheitsfrage überholt.«

Der zweite Irrtum betraf die Politik. Es war der Glaube, daß politischer Wandel in Osteuropa nur von jenen ausgehen konnte, die bereits an der Macht waren – durch Reformen von oben. Dieser Glaube wurde dementsprechend begleitet von einer Geringschätzung der Individuen, der Gruppen und Bewegungen, die sich von unten aus für den Wandel einsetzten. Wir haben argumentiert, daß dieser Glaube in seiner Extremform, wie er in den frühen sechziger Jahren von den Sozialdemokraten angenommen wurde (»Liberalisierung durch Stabilisierung«), schon immer fehlerhaft war. Nichtsdestoweniger war er in den sechziger Jahren eine Arbeitshypothese, die von vielen in Osteuropa geteilt wurde, als Oppositionsgruppen außerhalb der Partei noch kaum existierten. Nachdem jedoch die siebziger Jahre die Grenzen der Reform von oben demonstriert und die sechzehn Monate von Solidarność in Polen die Möglichkeiten einer gesellschaftlichen Selbstorganisation von unten aufgezeigt hatten, hätte dieser Glaube revidiert werden müssen.

Doch es war ein Konzept – oder zumindest ein Begriff –, an das sich die Hauptbeteiligten an der Formulierung der zweiten Ostpolitik bis in den Herbst 1989 hinein klammerten. Bahrs letzter Versuch, Honeckers DDR zu verteidigen, – »Es hat ja, wenn Sie so wollen, Reformen gegeben« – am Sonntag, dem 8. Oktober

1989, nur einen Tag vor dem Durchbruch bei der Leipziger Montagsdemonstration am 9. Oktober, war die schon verzweifelte Reductio ad absurdum dieses Begriffs. Denn wenn das, was in den achtziger Jahren in der DDR geschah, bereits Reformen waren, wie sollen wir dann das nennen, was zur gleichen Zeit in Ungarn passierte? Das Wort wurde bis zum Zerreißen gespannt und platzte dann wie ein Ballon.

Die vergebliche Hoffnung der Reformer in Osteuropa, die Vorstellung, »89« könnte »68 *bis*« werden, teilten die Sozialdemokraten mit Gorbatschow. Die Illusionen des Prager Frühlings, in Ostmitteleuropa schon lange begraben, wurden in Moskau – und in Bonn – am Leben erhalten. Wie bereits erwähnt, waren diese russischen Illusionen im Laufe der Ereignisse sehr hilfreich für die Völker Osteuropas. Insofern die Sozialdemokraten der achtziger Jahre durch ihre eigenen Illusionen Gorbatschow in den seinen bestärkten und gleichzeitig dazu beitrugen, Honecker in seinem Glauben zu bestärken, daß er nicht wirklich reformieren müßte, könnte man behaupten, ihre zweite Ostpolitik habe auch zur Überwindung der Teilung Europas beigetragen. Aber eben nur auf diesem unbeabsichtigten Weg.

Diese beiden Irrtümer gehören nun der Geschichte an. Theoretisch hätte geschehen können, was die zweite Ostpolitik der Sozialdemokraten erwartete und beabsichtigte. In der Praxis geschah es nicht. Das ganze Thema, wie und mit wem die Sozialdemokraten sprachen (und mit wem nicht), wurde nun auch zur historischen Frage – wenn auch noch immer eine heikle. Doch das weitere Feld der Redefinition von Werten, Konzepten und Prioritäten ist noch nicht gleichermaßen Geschichte geworden.

Auf ihrem Berliner Parteitag im Dezember 1989 nahm die Partei ordnungsgemäß das neue Grundsatzprogramm an, um das sich Erhard Eppler und seine Kollegen so lange gemüht hatten. Wenn auch in einigen Punkten hastig überarbeitet, enthielt das Berliner Programm – zur Zeit, da dies geschrieben wird, noch immer gültig – viel vom neuen Denken der achtziger Jahre. »Wir arbeiten für eine Welt, in der alle Völker in gemeinsamer Sicherheit leben«, heißt es da. »Die Menschheit kann nur noch gemeinsam leben oder gemeinsam untergehn.« »Von deutschem Boden muß Frieden ausgehen.« Eine mittlerweile vertraute Litanei. Natürlich verkündete dieser Nachfolger des Godesberger Programms von 1959 auf seinen mehr als fünfzig Seiten auch zahlreiche andere Verpflichtungen: auch zu Freiheit und Menschenrechten. Doch der Kontrast zu den wenigen, einfachen, altmodischen Prinzipien, die die Völker Osteuropas zur gleichen Zeit auf ihre Banner schrieben, war auffallend.

Die Sozialdemokraten hatten Mitte der achtziger Jahre betont, daß das, was sie verfolgten, keine neue Version dessen sei, was man den deutschen Sonderweg nannte. Und in der Tat war es kein Sonderweg – auch deshalb, weil dieser Weg ins Nichts führte. Deutsche Historiker haben jedoch eine etwas bescheidenere Form der historischen Besonderheit identifiziert: nicht einen Sonderweg, sondern ein Sonderbewußtsein. Alles in allem genommen und verglichen mit dem Vokabular und der Politik anderer westeuropäischer Parteien der Linken, hat es bei den deutschen Sozialdemokraten zumindest Spuren eines solchen Sonderbewußtseins gegeben. Einige davon kamen im Berliner Programm von 1989 noch immer deutlich zum Vorschein.

Ein Element dieses Sonderbewußtseins war die Relativierung dessen, was Sozialdemokraten der älteren Generation aus bitterer Erfahrung heraus als Grundwerte des Westens betrachteten. Diese Relativierung resultierte nicht allein aus jener spezifischen Entspannungsversion, die als Ostpolitik bekannt wurde, doch die Ostpolitik war mit Sicherheit eine wichtige Ursache davon. Richard Löwenthal schrieb 1984: »Unter vielen in der jungen Generation hat das Verständnis dafür nachgelassen, daß der Konflikt mit der Sowjetunion nicht nur ein Konflikt zwischen zwei Großmächten und ihren Verbündeten ist, sondern auch ein Konflikt zwischen Freiheit und Tyrannei.«

Die Zeitgenossen dieser Westdeutschen auf der anderen Seite der Jalta-Teilung mögen in der Tat weniger wachsam gegenüber den neuen globalen Herausforderungen, den Problemen der Dritten Welt, den Umweltproblemen oder der Gleichberechtigung von Frauen gewesen sein. Doch dies hatten sie nicht vergessen. Einer der Gründungsväter der neuen Sozialdemokratischen Partei in der DDR, Martin Gutzeit, erinnert sich an ein Treffen mit einem Repräsentanten der westdeutschen Sozialdemokraten im Sommer 1989. Gutzeit sagte zu ihm: Alles, was wir wollen, ist, daß ihr für uns die gleichen Rechte und Freiheiten verlangt, die ihr selber genießt. Und in Anspielung auf das Verhalten der SPD in den achtziger Jahren sagte er schlicht: »Wie konntet ihr nur so prinzipienlos sein?« »Prinzipienlos?« könnte da ein westdeutscher Sozialdemokrat fragen. »Sieh dir doch nur die Dokumente unserer Grundwertekommission an. Sieh dir unser Berliner Programm an. Da findest du Dutzende, nein, Hunderte von Prinzipien. Eigentlich haben wir ja mehr Prinzipien als alle anderen!« Doch: Wer zuviel hat, hat zuwenig.

7
Deutsche Vereinigung

Gehört die Geschichte der deutschen Vereinigung zur Geschichte der Ostpolitik? Ja und nein. Nein, weil das der Öffnung der Berliner Mauer am 9. November 1989 nachfolgende Geschehen etwas fundamental anderes war als alles, was die Bundesrepublik im Rahmen ihrer Ostpolitik getan, erwogen oder geplant hatte. Diese Vereinigung war keine schrittweise Annäherung der Menschen in den beiden Staaten, nicht einmal das »Zusammenwachsen«, von dem Brandt sprach, sondern ein Aufeinanderzurennen und Aufeinanderprallen, sanktioniert durch Verhandlungen der Großmächte. In vielerlei Hinsicht entsprach das, was in den 329 Tagen zwischen der Maueröffnung und dem »Tag der deutschen Einheit« passierte, eher Adenauers Hoffnungen aus den frühen fünfziger Jahren als denen von Brandt in den frühen Siebzigern. In dieser Hinsicht endete jene Ostpolitik, die nach dem Bau der Berliner Mauer begonnen hatte, mit der Öffnung der Berliner Mauer. Andererseits, ja: Die Geschichte der Vereinigung gehört zur Geschichte der Ostpolitik. Denn die Vereinigung folgte auf die Ostpolitik; viele Elemente oder Hinterlassenschaften der Ostpolitik spielten eine wichtige Rolle im Einigungsprozeß; und Ostpolitik wird nun für immer durch das Prisma der Vereinigung hindurch betrachtet werden.

Unmöglich ist es jedoch, dieser Geschichte hier gerecht zu werden. In zehn Monaten geschah mehr als üblicherweise in zehn Jahren. Die gesamte Landkarte Europas wurde neu gezeichnet – oder man begann, sie neu zu zeichnen. Und selbst die elementarsten Begriffe blieben umstritten. War, was in der DDR geschah, eine Revolution oder einfach nur die Wende? War, was die beiden deutschen Staaten zu einem machte, eine Vereinigung oder eine Wiedervereinigung? Analysen überschwemmen den Markt. Viele

Schlüsselfiguren und Zeugen haben ihre Version der Vorgänge noch nicht abgeliefert. Die meisten Dokumente sind unzugänglich. Jahre der Forschung wären nötig, um Beweise zu sammeln, und mehrere hundert Seiten müßten geschrieben werden, um diese Beweise angemessen zu präsentieren. Und es ist durchaus möglich, daß der Herbst 1989, wie Peter Pulzer vermutet, einer jener intensiven, historischen Dreh- und Angelpunkte ist, dessen Interpretation für immer umstritten bleiben wird – darin (und es bleibt zu hoffen: wirklich nur darin) vergleichbar mit dem Sommer 1914.

Das Folgende kann daher nur eine höchst selektive Skizze der wesentlichsten Entwicklungen sein, basierend auf veröffentlichten Quellen, ergänzt durch persönliche Beobachtungen und konzentriert auf die äußeren, vor allem östlichen Anteile dieser Geschichte. Das nächste Kapitel wird dann mehr analytische Reflexionen über den Beitrag der westdeutschen Ostpolitik zur deutschen Vereinigung, im Vergleich zu anderen vermutlichen Ursachen, enthalten.

Refolution und Revolution

Das Wort Wiedervereinigung, schreibt Michael Wolffsohn, sollte U-n-g-a-r-n buchstabiert werden; zumindest aber würde es so beginnen. Damit meint er, daß Ungarns Entscheidungen – im Mai 1989 entlang seiner Grenze zu Österreich den buchstäblich eisernen Vorhang zu demontieren und dann, ab dem 11. September, Flüchtlinge aus der DDR in den Westen ausreisen zu lassen – die unmittelbaren äußeren Gründe für den Zusammenbruch des Honecker-Regimes gewesen seien. Eine solche Behauptung ist natürlich höchst anfechtbar. So mancher würde dagegen argumentieren, daß es erstens eine Vereinigung und keine Wiedervereinigung war und daß diese außerdem G-o-r-b-a-t-s-c-h-o-w buchstabiert werden müßte. Er würde auf den gesamten Hintergrund von Perestroika, Glasnost und der duldsameren sowjetischen Politik gegenüber Osteuropa verweisen und schließlich auf die Bedrängnis, in der sich das Honecker-Regime befand – durch Gorbatschows berühmten Kommentar: »Wer zu spät kommt, den bestraft das Leben«, vielleicht aber auch bedrängt von direkteren und konspirativeren Mitteln.

Eine andere, unter deutschen Politikern beliebte Buchstabierung war nach der Vereinigung: H-e-l-s-i-n-k-i, wohingegen in Amerika und Großbritannien häufig das alternative N-a-t-o vorgezogen wurde. Andere wiederum schrieben eher E-u-r-o-p-a und meinten damit in erster Linie die (West-)Europäische Gemeinschaft – die sich selbst einfach als Europa buchstabierte –, oder meinten sogar K-a-p-i-t-a-l-i-s-m-u-s. Einige Ostdeutsche würden noch immer L-e-i-p-z-i-g schreiben und damit die großen Demonstrationen im Herbst 1989 meinen. Einige wenige, vor allem in Polen, würden sogar S-o-l-i-d-a-r-n-o-ś-ć vorschlagen und behaupten, daß diese polnische Bewegung nicht nur durch die versuchte, friedliche, selbstbeschränkte Revolution von 1980–81 den Weg bereitet hatte, sondern auch im Übergang vom Kommunismus, der zu Beginn des Jahres 1989 am Runden Tisch verhandelt wurde. Eindeutig falsch aber ist die Behauptung, die Kanzler Kohls ehemaliger Regierungssprecher Hans (»Johnny«) Klein offenbar mit dem Titel seines frohgemuten Buches über dieses Thema aufstellt, nämlich: »Es begann im Kaukasus«. Wenn »es« die Vereinigung meint, dann war die entscheidende Vereinbarung zwischen Kohl und Gorbatschow, die Mitte Juli 1990 in einem versteckten kaukasischen Dörfchen unter Dach und Fach gebracht wurde, nicht der Anfang, sondern beinahe schon das Ende des historischen Prozesses.

Ohne eine ähnlich apodiktische Behauptung über den »wahren Beginn« aufstellen zu wollen, kann man doch sagen, daß Ungarn und Polen im Sommer 1989 das Tempo bestimmten. Beide befanden sich inmitten einer »Refolution«, also einer Mischung aus Reform und Revolution, wobei in Polen mehr revolutionärer Druck von unten vorhanden war und in Ungarn mehr Reformbestrebungen von oben. Im August 1989 wurde in Polen als erstem osteuropäischen Land ein nicht-kommunistischer Ministerpräsident gewählt, Tadeusz Mazowiecki. Die Tatsache, daß Moskau diesen Schritt akzeptierte, war noch bedeutsamer als alle allgemeinen Erklärungen über Nichteinmischung und freie Wahl. Wolffsohn hat jedoch recht, wenn er behauptet, daß die Entscheidungen der nominell noch immer sozialistischen ungarischen

Regierung größere unmittelbare Auswirkungen auf die DDR hatten. Der Abbau des Eisernen Vorhangs ermutigte zunehmend zur Flucht aus der DDR und zum Versuch, in den westdeutschen Botschaften von Budapest, Prag und Warschau Schutz zu suchen, um dann von dort ausreisen zu können. Mitte September, nach der offiziell angeordneten Öffnung der ungarischen Grenzen für Bürger der DDR, verwandelte sich der Flüchtlingsstrom in eine Flut.

Wie bereits erwähnt standen noch im Sommer 1989 Emigration und Opposition in der DDR eher im Widerspruch als komplementär zueinander. Um hier Begriffe von Albert O. Hirschman zu verwenden: »Austritt« (*exit*) und »Stimme« (*voice*) waren beides Alternativen für »Loyalität«, doch es waren alternative Alternativen. Der alte Spruch: »Emigration ist die deutsche Form der Revolution« besagte eben, daß die Deutschen zur Revolution nicht imstande wären. Im Herbst 1989 zeigte sich jedoch, daß die Quantität der Emigration der Opposition im Land eine neue Qualität verlieh. Immer mehr Menschen begannen zu skandieren: »Wir bleiben hier«. Selbst wenn Gorbatschow bei seinem Satz: »Wer zu spät kommt ...« eigentlich mehr an seine eigenen Erfahrungen in der Sowjetunion gedacht hatte, so zählte nur noch, wie er verstanden wurde.

Der 9. Oktober, als die Sicherheitskräfte in Leipzig einer großen Menschenmenge gegenüberstanden und dennoch kein Tiananmen-Massaker stattfand, war der erste Durchbruch für eine deutsche Revolution, wie es damals viele in Ost- und Westdeutschland nannten. Der zweite Durchbruch erfolgte genau einen Monat später, am 9. November, als eine Mischung aus gesundem Menschenverstand und Schlamperei der neuen Parteiführung die geplante Öffnung der deutsch-deutschen Grenze und der Berliner Mauer in eine der außergewöhnlichsten und faszinierendsten Szenen des Nachkriegseuropas verwandelte. Darauf folgte sehr schnell, was deutsche Historiker »die Wende in der Wende« genannt haben.

Während der »Oktober-Revolution« der DDR, im wesentlichen von Oppositionsgruppen aus der Intelligenz angeführt, hieß der Slogan: »Wir sind das Volk«, und das Ziel war eine wahrhaft demokratische Deutsche Demokratische Republik.

Während und nach der »November-Revolution« veränderte der wachsende Massenprotest diesen Slogan in: »Wir sind ein Volk«, und das Ziel wurde: »Deutschland, einig Vaterland«, wie es in der lange ungesungenen eigenen »Nationalhymne« der DDR hieß. Diese Wende geschah spontan und nicht auf Betreiben von Helmut Kohl oder irgendeinem anderen westdeutschen Politiker. Dennoch war sie natürlich durch die Reaktionen – und Versprechungen – von Kohl und anderen in der Folge ermutigt worden.

Als Kohl am 26. Oktober 1989 mit Erich Honeckers Nachfolger Egon Krenz telefonierte, rechnete er eindeutig noch mit der Weiterexistenz eines anderen deutschen Staates, der zwar vom Kreml zu weitreichenden Reformen ermuntert werden, letzten Endes aber doch unfrei bleiben würde. In einer Abschrift des Telefonats heißt es, Kohl habe Krenz bei der schwierigen Aufgabe, die vor ihm liege, »Erfolg« gewünscht und betont, daß die Bonner Regierung an einer »ruhigen, vernünftigen Entwicklung« interessiert sei. Mit anderen Worten, die Bonner Perspektive lag noch immer innerhalb des Horizontes der Ostpolitik. Als Kohl nur dreieinhalb Monate später den Ministerpräsidenten der DDR, Hans Modrow – einer von Moskaus (und Bonns) langgesuchten und umworbenen »Reformern« –, kühl in Bonn empfing, brauchte er sich nicht einmal mehr dessen Versagen zu wünschen. Modrow hatte bereits versagt. Inzwischen hatten Kohl und Genscher gerade grünes Licht von Gorbatschow erhalten, mit der inneren Vereinigung Deutschlands ohne direkte sowjetische Beteiligung fortzufahren. (Die äußeren Aspekte hinsichtlich der Bündnisse, Sicherheitsgarantien und dergleichen mehr waren eine andere Sache.) Das Bonner Kabinett bildete einen Ausschuß, genannt »deutsche Einheit«, und entschied, die Deutsche Mark in die DDR zu schaffen.

Der Prozeß, bis es zu diesen Entscheidungen kam, war ganz gewiß konfuser, als es im nachhinein erscheint. Ein wichtiger Schritt war natürlich Kanzler Kohls »10-Punkte-Programm« vom 28. November, das einen Weg von der »Vertragsgemeinschaft«, die bereits von Ministerpräsident Modrow vorgeschlagen worden war (und zwar ganz im Sinne der früheren Politik der Bundesrepublik gegenüber der DDR), durch »konföderative Strukturen« (von denen auch die DDR-Spitze in der Vergangenheit bereits gesprochen hatte) bis hin zum endgültigen, am weitesten entfernten Punkt wies – der vollständigen staatlichen Einheit. Dieses Programm war teils eine Reaktion auf die Entwicklungen innerhalb der DDR, teils durch Fragen eines sowjetischen Emissärs angeregt und teils dazu gedacht, das Ansehen der Christdemokraten in den Meinungsumfragen zu verbessern und wieder die Initiative in der westdeutschen Politik zu übernehmen – alles in allem eine ziemlich charakteristische Bonner Mischung. Den wirklichen und sehr emotionalen Durchbruch erlebte der Kanzler während seines Dresden-Besuchs kurz vor Weihnachten, wo er von einer riesigen patriotischen Menschenmenge begrüßt wurde, die sich bis zu den Hausdächern hinauf ausdehnte und nach Einheit rief.

Dieser Ruf der Menschen in der DDR, die nicht enden wollende Ausreiseflut und all das, was nur als Zusammenbruch des ostdeutschen Staates beschrieben werden kann, bildeten die drei Hauptfaktoren, die die Bonner Regierung dazu drängten, sich von einer maßvollen, »ruhigen, vernünftigen Entwicklung« Hals über Kopf in die Einheit zu stürzen. Der Runde Tisch der DDR, nach polnischem und ungarischem Muster etabliert, regierte für eine Weile neben der Modrow-Regierung, in einer Art »Doppelherrschaft«, um Trotzkis Begriff zu gebrauchen. Doch bis Ende Januar war es dann eher zur Doppelohnmacht gekommen. Modrow mußte den Zusammenbruch gegenüber Gorbatschow in Moskau eingestehen und verkündete nach seiner Rückkehr seine Verpflichtung auf »Deutschland, einig Vaterland«. (Erst drei Wochen zuvor hatte Modrow erklärt, daß Vereinigung nicht auf der Tagesordnung stünde – nur eine von vielen, vielen Wenden in der Wende.)

1989 waren beinahe 350000 DDR-Bürger in den Westen gekommen, mittlerweile kamen täglich zweitausend und mehr. Dieses Ausmaß an Ausblutung, das 1961 zum Bau der Berliner Mauer geführt hatte, sollte nun die Vereinigung nur noch beschleunigen. Auf diese Herausforderung schien es nur zwei Antworten zu geben: Die endgültige Trennung oder die endgültige Vereinigung. *Tertium non datur*!

Obwohl den meisten Westdeutschen ihre Landsleute im Osten im Prinzip aufrichtig am Herzen lagen, wünschten sie sich nun genauso aufrichtig, daß sie genau dort bleiben sollten – selbstverständlich zu ihrem eigenen Besten. Noch am Abend der Öffnung der Berliner Mauer beendete der Freidemokrat Wolfgang Mischnick seine Begrüßungsrede im Bundestag mit dem flehentlichen Aufruf an die Ostdeutschen: »Bleibt daheim!« Und das von einem Mann, der vierzig Jahre zuvor selbst aus der DDR geflohen war und im Westen erfolgreich Karriere machen konnte. In welchem Ausmaß auch immer sich einzelne Westdeutsche der Sache der Einheit persönlich verpflichtet oder nicht verpflichtet gefühlt haben mögen – das wichtigste Argument, um westdeutsche Wähler von der Notwendigkeit einer Wirtschafts- und Währungsunion zu überzeugen, hieß: Wenn wir die DM nicht zu den Menschen bringen, werden die Menschen zur DM kommen.

Die weiteren Schritte zur inneren Vereinigung, so kompliziert und faszinierend sie auch sind, können hier nicht unser Thema sein. Von nachhaltiger Bedeutung war der klare Sieg der Christdemokraten und der mit ihnen verbündeten Parteien bei den Volkskammerwahlen am 18. März in der (noch) DDR: eine Wahl, durch die der Weg zum direkten Beitritt zur Bundesrepublik nach Artikel 23 des Grundgesetzes geöffnet wurde. Mit Einführung der DM in der Wirtschafts- und Währungsunion am 1. Juli 1990 hörte die DDR als handlungsfähiger Staat effektiv auf zu existieren. Die Einzelheiten des enzyklopädischen Einigungsvertrages, die von Wolfgang Schäuble ausgehandelt wurden, tragen mehr zum Verständnis dessen bei, was in der Folge geschah, als von dem, was vorausging.

Frieden, Einvernehmen und Realpolitik

Die Geschichte der äußeren Vereinigung liegt unserem Thema näher. Bis 1989 herrschte die übereinstimmende (wenn auch nicht völlig unumstrittene) Maxime in der westdeutschen Politik, daß die Einheit nur durch friedliche Mittel und mit Verständnis, Einverständnis und/oder Unterstützung der Nachbarn Deutschlands erreicht werden könnte. Nach 1990 wurde die Lobpreisung der Tatsache, daß die deutsche Einheit (im Gegensatz zu 1871) friedlich und mit Verständnis, Einverständnis und/oder Unterstützung der Nachbarn erreicht wurde, zum Gemeinplatz der deutschen Politik. Doch es war schon ein Unterschied, von welchem Nachbarn man sprach, welches Wort man wählte und welche Bedeutung man ihm beimaß.

Verständnis bekundeten alle beim Helsinki-Gipfel im November 1990 in Paris, das hieß: im nachhinein. Selbstverständlich mußten auch alle EG-Partner den entsprechenden Regelungen zustimmen, damit die ehemalige DDR in die Europäische Gemeinschaft aufgenommen werden konnte. Einverständnis im engeren und gewichtigeren Sinn brauchten nur vier nicht-deutsche Staaten zu geben: die Sowjetunion, die Vereinigten Staaten, Frankreich und Großbritannien, wobei erstere ganz offensichtlich am wichtigsten war, zweitere sehr wichtig, die beiden letzten etwas weniger. Natürlich wurden auch Verknüpfungen mit den Interessen anderer Staaten hergestellt, vor allem mit denen Polens. Natürlich wurden alle anderen rundherum umworben, beruhigt, manchmal informiert und hin und wieder sogar konsultiert. Doch letztlich hätten wahrscheinlich nur die Sowjetunion und die Vereinigten Staaten die Macht gehabt, die Entwicklungen wirklich aufzuhalten. Was nun die Unterstützung betrifft, so wurden im Herbst 1989 die ersten vorsichtigen Schritte der Bonner Regierung in Richtung Vereinigung nur von einem einzigen Staat unterstützt: den Vereinigten Staaten. Frankreich und Großbritannien schlossen sich erst etwas später, in der ersten Hälfte des Jahres 1990, an. Die Polen, wie Bronisław Geremek später feststellen sollte, konnten die Vereinigung Deutschlands nicht aufhalten und mußten deshalb lernen, sie gut zu finden.

Die Formel, auf die man sich Mitte Februar für Verhandlungen über den äußeren Aspekt der Vereinigung einigte, hieß »2+4«. Doch von den zwei deutschen Staaten blieb der östliche Zahlenwert immer nur ein Bruchteil des westlichen Zahlenwerts, um dann auch noch rapide weiter abzunehmen. Frankreich und Großbritannien waren eine etwas konstantere Größe. Doch die wichtigsten Verhandlungen fanden zwischen Bonn, Moskau und Washington statt – die Großen Drei am Ende des Kalten Krieges. Genscher sollte die wirkliche Mathematik von »2+4« später dem Autor gegenüber als »vielleicht zweieinhalb« bezeichnen, womit er ausdrücken wollte, daß das eigentliche Geschäft zwischen

Bonn und Moskau gemacht wurde, wobei Washington allerdings eine sehr bedeutende unterstützende Rolle spielte. Die Koordination zwischen Bonn und Washington war außergewöhnlich eng und erfolgreich in dieser Zeit, genauso wie die politische Koordination innerhalb der amerikanischen Regierung. Vieles vom amerikanischen Anteil an dieser Geschichte muß noch erzählt werden, doch einige wesentliche Umstände sind inzwischen klar.

Der amerikanische Botschafter in Bonn, Vernon Walters, und der amerikanische Politintellektuelle im Planungsstab des State Department, Francis Fukuyama, ahnten früher als jeder führende deutsche Politiker, daß die Vereinigung kommen würde. Die Bush-Administration stellte sich Ende 1989 unzweideutig hinter Kohl, nachdem sie zu Beginn des Jahres 1989 entschieden hatte, daß die Bundesrepublik ihr westeuropäischer »*partner in leadership*« werden sollte. Noch wichtiger aber war, daß sie dies auch bei ihren direkten Gesprächen mit der Sowjetunion klar zum Ausdruck brachte. Es gab verschiedene Möglichkeiten, den Weg »von Jalta nach Malta« zu zeichnen, und es war keineswegs vorbestimmt, daß Washington die gleiche Linie wie Bonn wählen würde.

Es war vor allem die amerikanische Diplomatie unter James Baker, der es gelang, das französische und vor allem das sowjetische Einverständnis mit der »2+4«-Formel zu gewinnen, anstelle einer »4+0«-Friedenskonferenz der Siegermächte (Adenauers Alptraum Potsdam!), oder sogar einer »4+2«. In enger Kooperation mit Großbritannien schmiedete sie die gemeinsame westliche Position hinsichtlich der Nato-Mitgliedschaft des vereinten Deutschlands, die auch ihr eigenes – und Großbritanniens – zentrales *Sine qua non* war. Gleichzeitig versuchte sie, Gipfeltreffen, Rüstungskontroll- und Abrüstungsgespräche mit der Sowjetunion voranzutreiben und lieferte Moskau damit einen Anreiz, den nur die andere atomare Supermacht bieten konnte. Im Frühjahr und Frühsommer handelte sie mit Moskau die besonderen militärischen und sicherheitspolitischen Garantien für das vereinte Deutschland aus und ermöglichte damit Gorbatschow, dessen Nato-Mitgliedschaft zu akzeptieren.

Diese von amerikanischen Politikern beinahe schon biblisch so genannten Neun Zusicherungen wurden zwischen Baker und

Schewardnadse Mitte Mai in Moskau und später zwischen Bush und Gorbatschow während des Washingtoner Gipfels verhandelt. Die Vereinigten Staaten spielten selbstverständlich auch eine führende Rolle, als während des Londoner Gipfeltreffens die Rolle der Nato radikal neu definiert wurde und als es um die Formulierung einer ermutigenden (wenn auch immer noch vagen) Botschaft ging, die der Sowjetunion während des Houstoner Gipfeltreffens der Gruppe der sieben führenden Industrienationen, der G7, übergeben werden sollte. Diese drei Gipfeltreffen bildeten die psychologische Startrampe für das Kohl-Gorbatschow-Treffen Mitte Juni. Zusammen bewerkstelligten sie, Gorbatschow und Schewardnadse glauben zu machen, daß das Ziel, auf das ihre gesamte Außenpolitik ausgerichtet war – eine neue kooperative Beziehung mit dem Westen, die eine Modernisierung der Sowjetunion ermöglichen würde –, nun in Moskaus greifbarer Nähe lag. Nur noch eine weitere Konzession und sie wären am Ziel!

Im Verlauf der Ereignisse stellte sich dies als eine weitere Illusion Gorbatschows heraus. Doch im Sommer 1990 war diese Illusion von großer Bedeutung, vielleicht sogar entscheidend, um das sowjetische Einverständnis mit einem vereinten Deutschland innerhalb der westlichen Allianz zu erreichen. Schließlich halfen die Vereinigten Staaten der Bundesrepublik Mitte September in Moskau auch noch über die letzten Hürden: bei jenem »2+4«-Treffen, das mit der Unterzeichnung des Vertrages über die abschließende Regelung in bezug auf Deutschland endete – dem »2+4-Vertrag«.

Bei dem Versuch, die Entwicklung der sowjetischen Position zu analysieren, sehen wir uns den üblichen Problemen gegenüber: unvollständig zur Verfügung stehendes Quellenmaterial und rückblickende Rationalisierung. Die Geschichte der offiziellen Positionen der sowjetischen Führung zeigt einen dramatischen Rückzug. Die sowjetische Führung würde »dafür sorgen, daß der DDR kein Schaden zugefügt wird«, so teilte Gorbatschow im Dezember 1989 seinem Zentralkomitee mit. Es sei »absolut ausgeschlossen«, daß ein vereintes Deutschland in der Nato sein könne, betonte er im März 1990 im westdeutschen Fernsehen. Und so weiter. Natürlich können solche öffentlichen

Äußerungen nicht einfach für bare Münze genommen werden, denn sie waren diplomatische Verhandlungspositionen und vor allem auch für den innenpolitischen Gebrauch gedacht. Privates Denken war den öffentlichen Reden voraus, wenn auch vielleicht nicht ganz so weit, wie so mancher im nachhinein behaupten sollte.

Drei Gruppen von Faktoren scheinen die rapide Entwicklung der sowjetischen Position bestimmt zu haben. Zum einen gab es den inneren Kollaps der DDR und das schnelle Entstehen nichtkommunistischer Staaten in Osteuropa. Damit wurde allen klar, daß die Aufrechterhaltung des äußeren Imperiums fast unmöglich sein würde.

Zum zweiten waren da die Entwicklungen innerhalb des inneren Imperiums der Sowjetunion. Nachdem er die Machtbefugnisse eines exekutiven Präsidenten im März erworben hatte und nach der hart erkämpften, doch erfolgreichen Verteidigung seiner Politik – auch seiner Politik gegenüber Osteuropa und Deutschland – auf dem 28. Parteitag im Juli, hatte Gorbatschow für kurze Zeit eine Führungsgewalt ohnegleichen über die nur zum Teil reformierten Strukturen des sowjetischen Parteistaates. Zur gleichen Zeit aber wurden die Grundlagen ebenjener Strukturen von der Wirtschaftskrise und den Nationalitätenkonflikten erschüttert, und sein Erzrivale Boris Jelzin riß in Rußland die Macht an sich. Gorbatschow hatte gewissermaßen sein Kommando über den Öltanker UdSSR gesichert, während das Schiff bereits im sich zusammenbrauenden Sturm hin und her geschleudert wurde.

Dies wiederum verlieh dem dritten Faktor, der aktiven Politik des Westens, um so größere Bedeutung. Die Rückkehr zur »zivilisierten Welt« war das langfristige Ziel der westlich orientierten sowjetischen Außenpolitiker. Doch mittlerweile waren der Westen und vor allem die Bundesrepublik für unmittelbare Hilfe in der Krise zur letzten Hoffnung der sowjetischen Führung geworden. Wie schon erwähnt, waren dies bereits vor dem Beginn des Einigungsprozesses Bonns beste Karten gewesen. Während der Vereinigung wurden sie als Trümpfe ausgespielt.

Auch von deutscher Seite gibt es noch viel zu berichten, und wir warten auf die Memoiren von Kohl, Genscher und anderen.

Doch das veröffentlichte Tagebuch von Horst Teltschik vermittelt bereits einen lebendigen Eindruck vom deutsch-sowjetischen Walzer innerhalb der amerikanisch-deutsch-sowjetischen Dreiergruppe (die selbst an der Spule »2+4« hing, welche wiederum im multiplen bilateralen und multilateralen Gewirr von EG, Nato, Warschauer Pakt, G7, G24 und Helsinki verwickelt war). So berichtet Teltschik beispielsweise, daß, während die DDR im frühen Januar 1990 implodierte, eine Botschaft von Schewardnadse im deutschen Kanzleramt ankam. Er erinnerte an das Angebot, das Kohl Gorbatschow während ihrer Gespräche im Juni 1989 in Bonn gemacht hatte – als Reaktion auf Gorbatschows Bericht über die wirtschaftlichen Schwierigkeiten seines Landes und nach Kohls gewichtigem Plädoyer für die deutsche Einheit. Schewardnadse fragte, ob das Angebot noch gelte.

Innerhalb weniger Stunden besprach Kohl mit seinem Landwirtschaftsminister Vorbereitungen für eine riesige Lieferung von Fleisch. Der sowjetische Botschafter sagte, eine solche Lieferung sei notwendig, um einige zeitweilige Engpässe zu überwinden – oh welch vertrauter Refrain! Selbstverständlich wünsche die Sowjetunion, dafür zu bezahlen, aber ein »Freundschaftspreis« wäre gerne gesehen. Weniger als drei Wochen später war das Paket geschnürt: 52 000 Tonnen Rindfleischkonserven, 50 000 Tonnen Schweinefleisch, 20 000 Tonnen Butter, 15 000 Tonnen Milchpulver, 5 000 Tonnen Käse, zu einem »Freundschaftspreis«, der von der Bundesrepublik mit 220 Millionen DM subventioniert war. Eine reine Bagatelle, verglichen mit dem, was folgen sollte.

Es wäre natürlich absurd zu behaupten, daß die deutsche Einheit mit 52 000 Tonnen Rindfleisch erkauft worden sei. Aber es war ein wichtiges und sehr eindeutiges Signal, daß die Perspektive einer Bundesrepublik als zuverlässigstem Helfer Gorbatschows – bei seinem umkämpften Versuch, die Sowjetunion zu modernisieren – durch die Möglichkeit einer deutschen Vereinigung nicht schwand, sondern nur noch realistischer wurde. Eine solche Perspektive hatte die Bundesrepublik natürlich bereits in den Jahren 1987 bis 1989 gekonnt gezeichnet, im weiteren Sinne schon seit 1969. Während des deutsch-sowjetischen Gipfeltreffens Mitte Februar in Moskau, dem ersten von zwei äußeren Durchbrüchen im

Einigungsprozeß, entwickelte Kohl *fortissimo* ein Thema, das er bereits acht Monate zuvor während seiner Bonner Gespräche mit Gorbatschow *basso profondo* gespielt hatte. Laut Teltschik habe Kohl nun zu Gorbatschow gesagt, daß Deutschland und die Sowjetunion das letzte Jahrzehnt des 20. Jahrhunderts gemeinsam gestalten sollten.

Im April wurde damit begonnen, das Leitmotiv theoretisch wie praktisch umzusetzen. Nach einer Anregung von Boris Meissner schlug die Kohl-Regierung Moskau vor, daß man bereits beginnen sollte, einen bilateralen Kooperations- und »Freundschafts«-Vertrag für die Zeit nach der Vereinigung zu verhandeln. Teltschik schreibt, daß der sowjetische Botschafter in Bonn, Juli Kwizinski, beinahe euphorisch reagierte. Seit er nach Deutschland gekommen sei, wäre es sein Traum gewesen, »etwas im Bismarckschen Sinne« zwischen Deutschland und der Sowjetunion aufzubauen, habe er gesagt. Zwei Wochen später bestätigte Schewardnadse Kohl die Freude der Sowjetunion über diesen Vorschlag. Gleichzeitig bat er um einen Finanzkredit.

Nur zehn Tage später befand sich Teltschik mit zwei führenden Bankiers in geheimer Mission auf dem Flug nach Moskau. Die sowjetische Seite sprach offen über ihre Devisenschulden und erklärte, daß die Bundesrepublik ihr bei weitem größter Gläubiger war (mit Japan an zweiter Stelle und, eher überraschend, Italien an dritter). Nach Gesprächen über einen möglichen Kreditrahmen und den bilateralen Vertrag erinnerte Teltschik an den Vorschlag Gorbatschows, sich mit Kohl in seiner kaukasischen Heimat zu treffen. Während James Baker mit Schewardnadse mögliche Sicherheitsgarantien und militärische Beschränkungen für ein vereinigtes Deutschland in der Nato diskutierte, organisierte Kohl unverzüglich einen ungebundenen, regierungsgarantierten Finanzkredit über 5 Milliarden DM. Als er Gorbatschow die gute Nachricht schrieb, betonte er, daß dies als Teil einer Gesamtlösung der noch immer offenen Fragen hinsichtlich der deutschen Vereinigung gesehen werden müßte. Ein mächtiges *quid*, aber für ein noch viel weitreichenderes *quo*.

Auch die Behauptung, das sowjetische Einverständnis mit der Natomitgliedschaft eines vereinten Deutschland sei mit 5 Milliarden DM erkauft worden, wäre absurd. Dies war nur eines von vielen westlichen Signalen, und die westliche Politik war selbst nur ein Faktor unter vielen. Doch es war, wie die Fleischlieferungen, eine wichtige und zeitlich wohlgesetzte Aktion. Mitte Juli sagte Gorbatschow selbst während des ersten Gesprächs mit Kohl in Moskau, daß der 5-Milliarden-Kredit ein »Schachzug« im richtigen Moment gewesen sei. Er schätzte ihn hoch. Trotz der Leiden während des Krieges, so sagte Gorbatschow nach den russischen Aufzeichnungen, die er selbst 1993 bearbeiten und veröffentlichen ließ, »müssen [wir] uns Europa zuwenden, den Weg der Zusammenarbeit mit der großen deutschen Nation beschreiten«. Doch: »Einige unterstellen uns, wir verkauften für Deutsche Mark den Sieg, der doch um einen so hohen Preis, mit solch hohen Opfern errungen wurde.« Nach dem Austausch von inoffiziellen Entwürfen für einen deutsch-sowjetischen Freundschaftsvertrag, die Anatoli Tschernajew und Horst Teltschik vorbereitet hatten – und an denen, so betonte Kohl laut russischem Protokoll, weder das Auswärtige Amt noch das Finanzministerium Anteil gehabt hatten –, kamen die beiden Staatsmänner zur Sache. Und schon da, in Moskau, machte Gorbatschow das entscheidende Zugeständnis, daß ein vereintes Deutschland Mitglied der Nato sein könnte, wenn auch unter speziellen Bedingungen und mit Vorbehalten, besonders solange noch sowjetische Truppen auf dem »ehemalige[n] Territorium der DDR« stationiert sein würden, wie Gorbatschow es selbst formulierte. Jedoch fügte er hinzu: »Die Souveränität des vereinigten Deutschlands wird dabei auf keine Weise in Zweifel gezogen.«

Die Sicherheitsbedingungen, die dann in Strickjacken und mit Wodka im Kaukasus vereinbart wurden, waren außerordentlich günstig für die Bundesrepublik und den Westen insgesamt. Sowjetische Truppen sollten sich innerhalb von vier Jahren aus Ostdeutschland zurückziehen. Während auf dieses Territorium keine »Nato-Strukturen« ausgedehnt werden sollten, würden Artikel 5 und 6 des Natovertrages sofort angewandt, und Bundeswehreinheiten, die nicht in die Nato integriert waren, nach der Vereinigung dort stationiert werden. Im Gegenzug würde Deutschland seine Streitkräfte auf eine Personalstärke von 370 000 reduzieren und den Verzicht auf ABC-Waffen (atomare, biologische und chemische) bekräftigen.

Nun, wann immer Deutschland und die Sowjetunion einander näherzurücken schienen, wurde unvermeidlich irgendwo im Westen das Gespenst von Rapallo heraufbeschworen. Es überraschte daher nicht, daß der *Economist* mit einem charakteristischen Wortspiel den Namen der nächstgelegenen größeren Stadt Stawropol zu Hilfe nahm, um das Treffen »Stawrapallo« zu taufen. Der Vergleich mit Rapallo trug dazu bei, die fundamentalen Unterschiede aufzuzeigen: Dies war kein Arrangement gegen die Westmächte, und das meiste geschah auch nicht hinter deren Rücken. Aber es war auch weit entfernt von jenem neuen postnationalen, multilateralen Stil der internationalen Beziehungen, den die Bundesrepublik öffentlich predigte und der mit dem Namen »Helsinki« einherging. Seinem Stil und seinem Inhalt nach war es ein Großmachtgeschäft. Gorbatschow selbst sagte bei der abschließenden Pressekonferenz: »Wir handelten im Geiste des bekannten deutschen Ausdrucks ›Realpolitik‹.«

Überhaupt: Wie die Großen Drei die deutsche Vereinigung aushandelten, erinnerte in so manchem Aspekt sogar an ein Treffen, das vierzig Jahre früher in einem anderen sowjetischen Szenarium stattgefunden hatte, auf der Krim. Hier war sozusagen ein Jalta, um Jalta zu beenden. Natürlich war dies Friedens- und keine Kriegsdiplomatie. Es war auch eine Diplomatie, die von den neuen Kommunikationstechnologien geprägt war. Doch auch diesmal war es elitäre Großmachtdiplomatie. Wenige entschieden über viele. Während Tausende Diplomaten, Beamte und Experten am Gesamtprozeß beteiligt waren, wurden die wesentlichen Entscheidungen und Abmachungen – wie Stephen Szabo in einer genauen Studie der Vereinigungsdiplomatie beschrieb – von elf Männern in drei Hauptstädten getroffen. Selbst die engsten und wichtigsten westeuropäischen Verbündeten der Bundesrepublik, Frankreich und Großbritannien, waren bei den entscheidenden Verhandlungen nicht anwesend. In dieser Hinsicht erlebte Großbritannien nun, was Frankreich bei Jalta immer am meisten entrüstet hatte: nicht dabei gewesen zu sein.

Was nun den Nachbarn betrifft, der in beiden Fällen am stärksten betroffen war: Damals wie jetzt konnten polnische Politiker den klassischen Ruf wiederholen, *nic o nas bez nas* (»nichts über uns ohne uns«), doch damals wie jetzt sollten die Starken über die

Schwachen bestimmen. Kanzler Kohl hatte schon lange akzeptiert, daß Deutschland die polnischen Grenzen, die nach Jalta und Potsdam gezogen worden waren, als Preis für die deutsche Vereinigung anerkennen mußte – auch wenn er die Sache bewußt so lange hinzog, bis diese Tatsache schließlich allen Vertriebenen, außer vielleicht den Verbohrtesten, klar geworden war. Hier war ein Punkt, über den sich alle Nachbarn und Partner Deutschlands einig waren.

Dennoch drängte die Bundesrepublik darauf, daß Polen kein voller Teilnehmer an den »2+4«-Verhandlungen sein würde. Laut der russischen Version (die natürlich mit Vorsicht gelesen werden muß) sagte Kohl Gorbatschow Mitte Juli in Moskau, daß er nicht ganz verstünde, warum die Polen zögerten. »Aber«, so fuhr er nach dieser Version fort, »wenn dann Deutschland seinen Vertrag mit der Sowjetunion abschließt, werden sie sofort die Nase rümpfen, ein großes Geschrei anheben und an die Geschichte erinnern. Es gilt zu überlegen, wie das zu vermeiden ist, wie man die Polen zur Vernunft bringt.« Auf Drängen der anderen wurde der polnische Außenminister jedoch zu jenem »2+4«-Treffen eingeladen, das sich am Tage nach dem Kaukasus-Gipfel in Paris mit der Grenzfrage befassen sollte. Teltschik zeichnet dazu eine außergewöhnliche Vignette: Genscher spricht im Hubschrauber während des Fluges zur abschließenden Pressekonferenz über den Kaukasus-Besuch in der Stadt Mineralnie Wodi (also: Mineralwasser) mit Schewardnadse über das »2+4«-Treffen am nächsten Tage. »Genscher geht es vor allem darum«, schreibt Teltschik, »die Unterstützung Schewardnadses gegen Polen zu erreichen.«

Das Wort »gegen« in diesem Satz spricht die diplomatische Taktik und nicht fundamentale Inhalte an. Wie bereits erwähnt, Genscher war in der Sache klar für die endgültige Anerkennung der polnischen Westgrenze. Man könnte also sagen, dieses Gespräch habe sich zu früheren deutsch-sowjetischen Gesprächen (Rapallo, Ribbentrop-Molotow) wie Mineralwasser zu Wodka verhalten. Doch in der Vereinigungspolitik stellte Bonn genauso wie in der vorausgegangenen Ostpolitik Moskau an die Spitze und Warschau erst an die zweite Stelle. Der Grenzvertrag mit Polen wurde erst nach der Vereinigung unterzeichnet. Erst ein Jahr später wurde er vom Bundestag ratifiziert – in einem Paket mit dem bilateralen Nachbarschaftsvertrag, in dem Bonn auch seine Interessen bezüglich der deutschen Minderheit in Polen festschrieb.

Was für Polen galt, galt um so mehr für ein kleines Land wie Litauen, das zu dieser Zeit um sein Selbstbestimmungsrecht kämpfte. Als Präsident Bush Kanzler Kohl mitteilte, er würde es wegen Moskaus Haltung gegenüber Litauen schwierig finden, seinem Kongreß ein großes Paket von Wirtschaftshilfen an die Sowjetunion zu verkaufen, antwortete Kohl, daß die Litauer zwar seine »Sympathie« hätten, doch könne man ihnen nicht gestatten, die Politik des Westens zu bestimmen. Bis zur sowjetischen Ratifizierung des »2+4«-Vertrages, und sogar darüber hinaus, gehörte die Bundesrepublik zu jenen westlichen Staaten, die Litauens Kampf um die Rückgewinnung seiner Unabhängigkeit, die es 1939/40 infolge des deutsch-sowjetischen Paktes verloren hatte, kaum unterstützten. Während Bonn nach vorne preschte, um das Recht der Deutschen auf Selbstbestimmung zu verwirklichen, erteilte man den Litauern den weisen Rat, ganz langsam und behutsam vorzugehen.

Vom Standpunkt deutscher Interessen, ja selbst des gesamtwestlichen Interesses aus gesehen, gab es gute Gründe für diese Haltung. Doch es wäre eindeutig falsch zu behaupten, daß die nationalen Interessen von allen anderen europäischen Staaten und Völkern – nach deren eigener Interessendefinition, und wer sonst sollte sie definieren? – im Prozeß der Vereinigung alle gleichermaßen respektiert wurden. Dies war eine hochzivilisierte Version von Realpolitik, mit Telefon und Scheckbuch anstelle von Blut und Eisen. Aber nichtsdestoweniger war es Realpolitik.

Das letzte Vertragswerk

Valentin Falin, der altgediente sowjetische Deutschlandexperte und Leiter der internationalen Abteilung des Zentralkomitees, beschrieb später die Konzessionen, die Gorbatschow im Kaukasus gemacht hatte, als die emotional geprägten Entscheidungen eines erschöpften Mannes. Schewardnadses Anteil daran nannte er vernichtend »georgische Spielereien«. Gemeint war natürlich, daß ein wahrer russischer Professioneller – wie etwa Valentin Falin – eine härtere Gangart eingelegt hätte.

Vielleicht gerade wegen solcher Kritik feilschte Gorbatschow Anfang September in einem Telefonat mit Kohl hart um runde 12 Milliarden Mark und einen zusätzlichen 3 Milliarden-Kredit, womit die Kosten für die sowjetischen Truppen im Territorium der ehemaligen DDR (in dem nun harte Währung galt) und ihre Wiedereingliederung in der Sowjetunion gedeckt werden sollten. Damit war die letzte große Hürde für den Abschluß von nicht weniger als vier deutsch-sowjetischen Verträgen beseitigt, die im außergewöhnlichen diplomatischen Schnellspurt verhandelt worden waren. Der »2+4«-Vertrag konnte nun in Moskau unterzeichnet werden. Ein britischer Einwand in letzter Minute wurde in eine Protokollnote abgeschoben.

»Eingedenk der jüngsten historischen Veränderungen in Europa, die es ermöglichen, die Spaltung des Kontinents zu überwinden«, gab der Vertrag dem vereinten Deutschland »volle Souveränität über seine inneren und äußeren Angelegenheiten«. Fünfunddreißig Jahre nachdem Adenauer den Tag der Souveränität der Bundesrepublik gefeiert hatte, war dieser Tag nun gekommen.

Gleich am nächsten Tag paraphierten Genscher und Schewardnadse in Moskau ihren bilateralen »Vertrag über gute Nachbarschaft, Partnerschaft und Zusammenarbeit«, eine Patchworkdecke aus Flicken deutsch-sowjetischer Verträge und Erklärungen aus den zwanzig Jahren seit dem Moskauer Vertrag, eilig von Genschers Chefunterhändler Dieter Kastrup mit Goldfaden zusammengenäht. Er enthielt einige bemerkenswerte Aussagen. »Die Bundesrepublik Deutschland und die Union der Sowjetischen Sozialistischen Republiken«, so hieß es in seiner Präambel, »in dem Wunsch, mit der Vergangenheit endgültig abzuschließen ...« Francis Fukuyama hatte gerade erst das Ende der Geschichte proklamiert. Doch vielleicht konnten sich nur Deutsche und Russen in einem Vertrag dazu verpflichten, mit der Vergangenheit endgültig abzuschließen. Mit Übernahme einer Formel aus der Bonner Erklärung von 1989 hieß es in der Präambel trotzdem weiter, daß die Bundesrepublik Deutschland und die Sowjetunion entschlossen wären, »an die guten Traditionen ihrer jahrhundertelangen Geschichte anzuknüpfen«.

Es folgte ein vertrauter Katalog von Bereichen der Zusammenarbeit und guten Absichten. Darunter beispielsweise, daß die beiden Seiten »niemals und unter keinen Umständen als erste Streitkräfte gegeneinander oder gegen dritte Staaten einsetzen. Sie fordern alle anderen Staaten auf, sich dieser Verpflichtung zum Nichtangriff anzuschließen«. Wortgetreu hieße das, daß Deutschland gemeinsam mit der Sowjetunion beispielsweise die Vereinigten Staaten aufforderte, keine Waffengewalt gegen beispielsweise den Irak einzusetzen. Aber natürlich war eine solche Worttreue nicht gemeint. Gemeint war dies als Sicherung des sowjetischen Einverständnisses für die deutsche Vereinigung. Machiavelli als Luther verkleidet.

Am 3. Oktober feierte Deutschland den »Tag der Einheit«, der nunmehr den 17. Juni ersetzte, mit Feuerwerk, Fahnen und Sekt. Doch noch waren zwei detaillierte Verträge zu unterzeichnen: über »Einige überleitende Maßnahmen«, also über die vereinbarten Zahlungen für den sowjetischen Truppenabzug, und über die Bedingungen des befristeten Aufenthaltes der sowjetischen Truppen sowie die Modalitäten für deren planmäßigen Abzug bis Ende 1994. Am 9. November, dem ersten Jahrestag der Öffnung der Berliner Mauer, unterzeichneten Kohl und Gorbatschow in Bonn den Freundschaftsvertrag, den Genscher und Schewardnadse in Moskau paraphiert hatten, und einen weiteren Vertrag über »die Entwicklung einer umfassenden Zusammenarbeit auf dem Gebiet der Wirtschaft, Industrie, Wissenschaft und Technik«. Gorbatschow schloß seine Rede mit den bescheidenen Worten: »Möge sich der auf 20 Jahre abgeschlossene sowjetisch-deutsche Vertrag in das Traktat ›Vom ewigen Frieden‹ verwandeln.«

Damit war das neueste und, wie sich herausstellen sollte, auch letzte deutsch-sowjetische Vertragswerk vollendet. Es war in seiner Form das komplexeste, das einfachste jedoch im Inhalt. Vorsichtige Diplomaten behaupteten jedoch, daß es noch immer nicht völlig abgesichert war. Die Ratifizierung des »2+4«-Vertrages durch die westlichen Unterzeichner war ausgemachte Sache. Die komplexen Arrangements mit der EG waren bereits vereinbart. Der Grenzvertrag mit Polen sollte eine Woche später von Genscher in Warschau unterzeichnet werden. Der Segen des Helsinki-Gipfels in Paris war leicht zu bekommen. Aber in Moskau konnte noch immer etwas schiefgehen. Deshalb meint Genscher, daß die deutsche Vereinigung erst dann definitiv gewesen sei, als der sowjetische Botschafter ihm die sowjetische Ratifizierungsurkunde für den »2+4«-Vertrag am 15. März 1991 im Bonner Auswärtigen Amt überreicht hatte. Erst in diesem Augenblick sei Deutschland endgültig vereint gewesen – wieder. Oder war es eher: neu?

Im Juli 1987 hatte Gorbatschow zu Weizsäcker gesagt, daß die deutsche Vereinigung vielleicht »in hundert Jahren« kommen würde. Nach Weizsäckers Intervention rundete er die Zeit generös auf fünfzig Jahre ab. Im Januar 1989 hatte Honecker erklärt, daß die Mauer auch in fünfzig oder hundert Jahren noch bestehen würde, wenn »die Bedingungen nicht geändert werden, die zu ihrer Errichtung geführt haben«. Hundert Jahre vergingen in einem.

Doch war Deutschland wirklich vereint? Am »Tag der Einheit« nach seinen Hoffnungen befragt, antwortete der Schriftsteller Reiner Kunze, einer von jenen vielen Freigeistern, die aus Honeckers DDR vertrieben worden waren, er erwarte von Deutschland, daß es sich nach dem 3. Oktober auf diesen Tag vorbereite. Die tiefe Wahrheit dieser schlichten Bemerkung sollte in den kommenden zwei Jahren jedermann deutlich werden. Wirtschaftlich, gesellschaftlich, kulturell und psychologisch waren die Deutschen noch immer weit davon entfernt, vereint zu sein. Dennoch war Deutschland, der Staat, in einer Weise vereint, in der Europa es nicht war. Und das vereinte Deutschland war, ob es das wollte oder nicht, wieder einmal eine führende Macht in der Mitte eines noch immer unvereinten Europas.

8

Ergebnisse

Deutsch und europäisch

Eine alte Wahrheit: Je mehr man weiß, desto weniger weiß man. Politiker und Kommentatoren, die so glücklich sind, nur ein wenig Wissen zu besitzen, können höchst zuversichtlich verkünden, wie sich eine bestimmte Politik in Zukunft auf ein anderes Land auswirken wird. Nach erschöpfendem Studium des tatsächlichen Geschehens zögert man jedoch, sich auf irgendeine positive Äußerung festzulegen. Nicht nur wegen der verwickelten Fäden von Ursache und Wirkung. Auch und sogar, was Absichten anbelangt.

Kehren wir zum Thema der Beziehung zwischen der deutschen und der europäischen Frage zurück, die im ersten Kapitel besprochen wurde. Unser erstes generelles Ergebnis ist, daß die deutsche Ostpolitik vor allem eine deutsche Antwort auf die deutsche Frage war. Aber seit den sechziger Jahren kamen westdeutsche Politiker – nicht alle Politiker, doch Politiker aller Parteien – zu dem Schluß, daß es hier um die Suche nach deutschen Antworten auf die europäische Frage gehen mußte, und auch darum, diese deutschen Antworten in eine umfassendere europäische Antwort auf die europäische Frage einzubetten. Der Weg nach vorne führte nicht über Wiedervereinigung zur Entspannung, sondern über Entspannung zur Wiedervereinigung. Bonn wollte auf eine europäische Friedensordnung hinarbeiten, in der die Deutschen in freier Selbstbestimmung ihre Einheit wiedererlangen könnten. Die westeuropäische Integration oder »Europäische Union« sollte aber ein Beitrag zur umfassenderen europäischen Vereinigung werden. Das könnte man nun wiederum als europäische Antwort auf die deutsche Frage bezeichnen.

Während dieses ganzen Zeitraums hatte fast jeder Aspekt der Bonner Politik gegenüber (West-)Europa und Europa als Ganzem mindestens zwei Seiten. Der multilaterale Aspekt ermöglichte auch den unilateralen. Der Verzicht auf Souveränität hatte auch mit der Rückgewinnung von Souveränität zu tun. Der Transfer von Macht diente auch dem (Wieder-)Erwerb von Macht.

Von Adenauer bis Kohl hatten Bundeskanzler den Westen und vor allem Westeuropa darum gebeten, Deutschland goldene Handschellen anzulegen. Sowohl das Atlantische Bündnis als auch die Europäische Gemeinschaft waren dazu da, Europa vor sich selbst zu retten – das heißt vor dem Rückfall in die alten, schlechten Gewohnheiten kriegsbereiter Nationalstaaten –, das ganze Westeuropa vor der Sowjetunion zu schützen und den Rest Westeuropas vor den Deutschen. Aber sie sollten auch Deutschland vor sich selbst schützen. Doch genau diese Bereitschaft der Westdeutschen, Macht zu transferieren oder zu teilen und Souveränität abzugeben, trug dazu bei, die Nachbarn der Bundesrepublik davon zu überzeugen, daß man ihr erneut Souveränität anvertrauen konnte. Mit einem Kunstgriff, der einem Houdini zur Ehre gereicht hätte, befreite sich die Bundesrepublik, indem sie sich goldene Handschellen anlegte.

Ähnlich mit dem Osten. Während sich die Bonner Regierung für eine gesamteuropäische Lösung aussprach und einsetzte, dachte und arbeitete sie auch für eine gesamtdeutsche. Durch allenthalben demonstrativ friedliches, kooperatives und »europäisches« Verhalten baute die Bundesrepublik in West und Ost Vertrauenskapital auf, wie Genscher es nannte. Diese Vertrauensreserven wurden wie die DM-Reserven – und das Vertrauenskapital bestand ja auch aus dem Vertrauen in deutsches Kapital – mächtig und erfolgreich dazu eingesetzt, um die deutsche Vereinigung zu erlangen. Wenn Genscher sagte: »Unsere Außenpolitik ist um so nationaler, je europäischer sie ist«, dann beschrieb er damit ein scheinbares Paradox – und eine wahre Zweideutigkeit.

Hier ist das deutliche Echo von Stresemann zu hören. Forscht man in der früheren Geschichte der deutschen Außenpolitik nach Parallelen, entdeckt man, daß sich die Beimischung von Adenauerschen und Bismarckschen Traditionen, wie Waldemar Besson sie 1970 identifizierte, in den achtziger Jahren mehr den Traditionen Stresemanns angenähert hatte – ein Modell, das Kohl wie

Genscher freudig bestätigen sollten. Wie bei Stresemann gab es auch jetzt den Versuch, nationale und revisionistische Ziele durch die geduldige, aber aktive Rehabilitation Deutschlands innerhalb der internationalen Gemeinschaft zu erreichen, durch friedliche Verhandlungen, harmonisierendes Europaengagement und allseitige Aussöhnung – obwohl immer noch große qualitative Unterschiede zwischen den westlichen und östlichen Locarnos bestanden. Wie bei Stresemann gab es auch jetzt eine schwer zu analysierende Mischung aus echtem Europaengagement und genuinem Nationalismus, aus mehr oder weniger vorgespieltem Europaengagement für das Ausland, aber auch aus mehr oder weniger vorgespieltem Nationalismus für bestimmte Gruppen im eigenen Land, etwa die Deutschen aus den verlorenen Gebieten im Osten.

Der Nutzen solcher Vergleiche ergibt sich auch im Lichte der Unterschiede, auf die sie verweisen. Das beginnt mit der Tatsache, daß die Bonner Regierung erfolgreich war, wo Stresemann es nicht war. Das Jahr 1990 erlebte den Triumph eines friedlichen, moderaten deutschen Revisionismus, von dem Stresemann nur träumen konnte. Die Bundesrepublik, die ihre (relative) Handlungsfreiheit als Staat in Europa, West dann Ost, in zwei großen Schritten – mit den westlichen und östlichen Vertragswerken – wiedergewinnen konnte, hatte ihre Verbindungen und ihre Attraktivität, ihren guten Leumund und ihre Macht bis zu einem Punkt ausgeweitet, an dem sie eine außergewöhnliche (und unerwartete) historische Chance ergreifen konnte, die größtmögliche Revision der Nachkriegslandkarte Europas (»Jalta«) zum deutschen Vorteil zu nutzen. Doch diesen Triumph bedingte – und ermöglichte – ein fundamental andersgearteter innenpolitischer Kontext.

Die Grundstrukturen, auf welchen bundesdeutsche Außenpolitik basierte – Demokratie; der moderne, zentristische Charakter von stabilen Parteien rechts wie links; das Rechtssystem; das Wirtschaftssystem; die neuen sozialen Strukturen (einschließlich der Überreste der alten ostelbischen Eliten, die nun in Leitartikeln der *Zeit* und aus Vorstandsetagen hochmoderner Banken Neo-Stresemannsche Politik unterstützten); der untergeordnete und demokratische Charakter des Militärs (Modell »Bürger in

Uniform«); die Haltung von Schriftstellern, Wissenschaftlern, Intellektuellen, der öffentlichen Meinung –, alle diese Grundstrukturen unterschieden sich ganz wesentlich von den Strukturen zur Zeit von Stresemann.

Die Frage des Verhältnisses zwischen dem Deutschen und dem Europäischen kann auch nach etwas anderen, allgemeineren Kriterien gestellt werden, die sich an einer fortdauernden Debatte über den Charakter von zeitgenössischen internationalen Beziehungen orientieren. Auf der einen Seite gibt es diejenigen – gelegentlich Realisten genannt –, für die es noch immer im wesentlichen um die immanent am Wettstreit orientierten Beziehungen von Staaten geht, im jeweiligen Bestreben, die eigene Macht zu bewahren und zu stärken, und dies in einem großen Spiel, dessen Grundregeln Metternich, Machiavelli und den Athenern aus dem Melier-Dialog von Thukydides vertraut gewesen wären. Zu diesem großen Spiel gehört bei weitem nicht nur Krieg, sondern auch öffentliche und Geheimdiplomatie, Staatskunst mit ökonomischen Mitteln, Gipfeltreffen, private Verständigungen und feierliche Allianzen, darunter auch die angeblich dauerhaften – ob Ententen, Imperien, Achsen, Pakte, Commonwealths, Blöcke oder Gemeinschaften.

Auf der anderen Seite stehen jene, die die grundlegend neuen Elemente der internationalen Beziehungen nach 1945 betonen – nicht nur, aber vielleicht vor allem in Europa: das Ausmaß von »komplexer funktioneller Interdependenz«, die spezifischen strategischen Auswirkungen des Atomzeitalters, die Entwicklung des »globalen Dorfes« durch neue Kommunikationsstrukturen, die Ökonomie und Ökologie der einen Welt. Gemeinsam, so argumentieren sie, bestimmt all dies die heutigen internationalen Beziehungen, Allianzen und Gemeinschaften auf eine qualitativ völlig andere Weise, als Historiker von Thukydides bis Lewis Namier es im Sinn hatten.

Nun hat sich in den siebziger und achtziger Jahren nicht nur ein Großteil der westdeutschen Wissenschaft, sondern auch ein Großteil der offiziellen westdeutschen Außenpolitik bewußt als Anhänger der zweiten Schule ausgegeben. Das Bonner Modell war das einer höchst modernen Außenpolitik: postnational, multilateral, akronymisch, ökonomistisch, höchst friedlich in allen

Aspekten, Interdependenz in alle Richtungen predigend, überall Freunde suchend, nirgendwo Feinde wähnend – nur »Feindbilder«, die es »abzubauen« galt. In dieser rhetorischen Welt gab es keine Konflikte, höchstens »Irritationen«; Macht war ein schmutziges Wort, das durch »Verantwortung« ersetzt wurde; und nationale Interessen blieben, wie biedermeierliche Konsolen, immer diskret unter schwerem Tuch verborgen, in das die Namen »Europa«, »Frieden«, »Zusammenarbeit«, »Stabilität«, »Normalität« und sogar »Humanität« eingewebt waren.

Natürlich soll man sich vor Karikaturen hüten. Wir wissen, daß es deutliche Ausnahmen in der deutschen Wissenschaft und Berichterstattung gegeben hat und daß deutsche Politiker durchaus in der Lage waren, in den Begriffen von Macht und nationalem Interesse zu denken und gar zu sprechen, zumal gegenüber einem innenpolitischen Publikum, und vor allem bei internen Diskussionen und privaten Gesprächen. Aber wir haben auch herausgefunden, daß die Realität der deutschen Außenpolitik allgemein, und der deutschen Ostpolitik im besonderen, wesentlich nationaler, machtorientierter und sozusagen hartnäckiger und altmodischer war, als sie sich öffentlich darstellte.

Die deutsche Ostpolitik gab dem analytischen Begriff eine ganz eigene Wendung, indem sie »Interdependenz« als außenpolitisches Ziel proklamierte. Doch diese Predigten über Interdependenz verhalfen nicht nur den deutschen Predigern zu voller Independenz – sie führten auch viele, denen Interdependenz gepredigt wurde, in eine neue (oder alt-neue) Dependenz.

Nun wird eine solche Einschätzung natürlich den Einwand herausfordern, daß sie nichts anderes als die Ansichten des Autors reflektiere. Der Autor, wird man sagen, fand heraus, was zu beweisen er angetreten war – seine Schlußfolgerung ist in Wahrheit sein Ausgangspunkt. Das muß in dreierlei Hinsicht bestritten werden. Erstens geht es hier wirklich um Ergebnisse und nicht nur um Ansichten. In diesem Buch werden umsichtig eine Menge detaillierter Befunde präsentiert – die auf Quellen von oft ungewöhnlich hoher Qualität beruhen –, um darzustellen, was deutsche Politiker auf höchster Ebene untereinander und gegenüber ihren östlichen Schlüsselpartnern geäußert haben. Zweitens ist es nicht das, was der Autor herausfinden wollte. Dieses Buch begann mit der Suche nach Antworten auf die europäische Frage, wie sie im Prolog gestellt wurde. Genaueres Hinsehen legte nahe, daß die deutschen Antworten am wichtigsten sein könnten. Und erst noch genauere Recherchen zeigten das ganze Ausmaß, in dem diese deutschen Antworten in der Tat von Anfang bis Ende Antworten auf die deutsche Frage waren.

Drittens, und das ist am wichtigsten, wird hier keineswegs behauptet, daß die Bundesrepublik »Europa« rein instrumentell genutzt hätte. Das plötzliche und unerwartete Erlangen der deutschen Einheit kann nicht nur enthüllen, sondern könnte in der Tat auch verschleiern, was deutsche Politiker selbst zu tun glaubten. Die deutsche Ostpolitik war entwickelt worden, um sich von einigen schweren Lasten der Vergangenheit zu befreien, die Handlungsfreiheit der Bundesrepublik zu erweitern und europäische Bedingungen zu schaffen, unter denen die Deutschen in beiden Staaten einander wieder näherrücken und sich am Ende möglicherweise sogar wiedervereinigen könnten. Sofern man überhaupt von der grundlegenden »Logik« einer Politik sprechen kann – ungeachtet des Verständnisses jener Personen, die diese Politik zu einer bestimmten Zeit praktizierten –, war dies immer die »Logik« der Ostpolitik gewesen. Aber seit ihren Anfängen gab es auch ein weites Feld unterschiedlichster Motivationen unter den Politikern. Und daher entstanden mit den verschiedenen Personen, die ans Ruder kamen, und mit der Entwicklung der Dinge in Deutschland und Europa während der siebziger und achtziger Jahre, auch unterschiedliche Prioritäten, Intentionen und Visionen bei und über eine europäische Friedensordnung. Diese überlagerten dann jene ursprüngliche und immer zugrunde liegende Logik.

So kann beispielsweise kein Zweifel bestehen, daß sich Helmut Kohl der Vision einer Europäischen Union innerhalb der Grenzen der damaligen Europäischen Gemeinschaft verschrieben hatte. Anfang bis Mitte der achtziger Jahre war seine Außenpolitik konkreter auf dieses Ziel ausgerichtet als auf das der deutschen Vereinigung. Wenn er es nun im Laufe der Ereignisse zur deutschen, aber nicht zur (west)europäischen Einheit gebracht hat, so bedeutet dies nicht, daß seine Verpflichtung gegenüber letzterer weniger ernsthaft gewesen wäre. Es bedeutet ganz einfach nur, daß sie nicht erfolgte.

Willy Brandt mag in den achtziger Jahren tatsächlich über die beiden Teile Europas, Ost und West, und über beide Teile der Welt, Nord und Süd, genauso oft nachgedacht haben und genauso tief besorgt gewesen sein, wie über die beiden Teile Deutschlands und Berlins. Wenn Helmut Schmidt sagt, daß ihm während all der Jahre die Idee einer europäischen Friedensordnung als das Wichtigste erschien, dann haben wir keinen Anlaß, an der Wahrhaftigkeit dieser Aussage zu zweifeln. (Man sollte nur fragen, was er damit gemeint hat.) Für Hans-Dietrich Genscher mag die Wahrung von bestmöglichen Beziehungen mit einer größtmöglichen Zahl von Staaten unter Beibehaltung des höchstmöglichen innenpolitischen Profils in der Tat manchmal beinahe schon zum Zweck an sich geworden sein, jedenfalls eher, als es Mittel zu einem so weit entfernt scheinenden Zweck war. Und so weiter, die Sprossen hinunter, zu den vielen Personen auf allen Ebenen, die sich aufrichtig der einen oder anderen Vision eines größeren europäischen Projekts verschrieben hatten.

Außerdem: Wenn deutsche und europäische Interessen derart gewohnheitsmäßig miteinander verstrickt wurden, wäre es verfehlt anzunehmen, daß im Privaten eindeutig zwischen ihnen unterschieden worden sei. Zwischen dem national-instrumentellen Gebrauch am einen Ende und dem selbstlos-visionären am anderen herrschte viel echte und charakteristische höhere Konfusion. Der Punkt beim deutschen Reden und Denken über Europa war nämlich genau der, daß nichts eindeutig war. Als beispielsweise in den frühen achtziger Jahren deutsche Interessen mit polnischen Interessen aufeinanderprallten, hatten viele deutsche Politiker und Kommentatoren wirkliche Schwierigkeiten zu begreifen (ganz zu schweigen davon: einzugestehen), daß hier in Wahrheit nationale Interessen in Konflikt miteinander geraten waren. Neben der realen Schwierigkeit, das nationale Interesse eines unfreien Landes zu definieren, wie Polen es damals war, herrschte Konfusion zwischen deutschen, europäischen und gesamtmenschheitlichen Interessen, eine Konfusion, zu der jener elastische und vielschichtige Begriff »Stabilität« nicht wenig beitrug.

Dennoch, in den Jahrzehnten der Ostpolitik waren drei wesentliche Gründe dafür verantwortlich, daß die profunden Unklarheiten und latenten Spannungen innerhalb und zwischen den verschiedenen Formen des deutschen Europaengagements keine wirklich bedeutende Kontroverse auslösten. Erstens herrschte bei den meisten Angehörigen der Kriegs- und unmittelbaren Nachkriegsgeneration unter den westdeutschen Politikern eine zweifellos tiefe Abneigung gegen die vorangegangene Pervertierung des deutschen Nationalismus und daher eine entsprechend starke Verpflichtung, supranationale Kooperation und Integration in Westeuropa auszuweiten – wenn dies auch Hand in Hand, oder Rücken an Rücken, mit dem gleichermaßen starken Wunsch einherging, die Handlungsfreiheit der Bundesrepublik als eines (zumindest) halben Nationalstaates wiederherzustellen.

Zweitens erreichte die westeuropäische Integration in diesen Jahrzehnten noch nicht jenes Stadium, in dem sie den Wesenskern von Staatsgewalt und nationaler Souveränität erschüttern konnte – beispielsweise die Deutsche Mark. Drittens, und am wichtigsten, konnten selbst jene sehen, die sich einem supranationalen europäischen Projekt – wie auch immer definiert – nur wenig verpflichtet fühlten, daß Deutschland unter den Bedingungen von Jalta-Europa seine nationalen Ziele nur dann erreichen konnte, wenn es sich demonstrativ und emphatisch europäisch zeigte. Wie Genscher sagte: je europäischer, um so nationaler.

Diese Bedingungen sind nicht nur aus historischen Gründen interessant, sondern auch, weil alle drei in der zweiten Hälfte der neunziger Jahre möglicherweise nicht mehr zutreffen werden.

Ostpolitik und Ende

Was hat was verursacht? Eine einfache Frage, die, wie wir mittlerweile wissen, außerordentlich schwierig zu beantworten ist, vor allem wenn man die Ost-West-Beziehungen in der Ära des Heißen Friedens betrachtet. Noch schwieriger zu beantworten ist sie, wenn man das Ende betrachtet (es »Ergebnis« zu nennen hieße, das Thema vorwegzunehmen). Denn die deutsche Vereinigung erfolgte nicht, wie deutsche Politiker gehofft hatten, im Zuge einer graduellen Transformation der europäischen Bühne, sondern während einer revolutionären Transformation der Weltbühne. Die Geschehnisse von 1989 bis 1991, vom ersten Schnitt am Stacheldraht entlang der österreichisch-ungarischen Grenze, bis zum Kollaps der Sowjetunion, waren eine Zäsur nicht nur der europäischen, sondern auch der Weltgeschichte.

Aus diesem Grund ist die besondere Kausalwirkung, die der westdeutschen Politik zugeschrieben werden könnte, nur schwer von den inneren Ursachen im Osten und von der Wirkung der Politik anderer wichtiger westlicher Staaten zu differenzieren. Alles verschmilzt im Mysterium von wahrhaft großen Ereignissen. Für den Zusammenbruch des Kommunismus an sich können zwingende Gründe gefunden werden, doch die Gründe, weshalb er genau zu dieser Zeit zusammenbrach, nicht ein Jahrzehnt früher oder später, sind sehr viel schwieriger zu eruieren. Zweifellos hilft der Verweis auf die allseits bekannte Aussage Tocquevilles, daß der gefährlichste Moment für eine Autokratie jener ist, wenn sie beginnt, sich selbst zu reformieren. Doch hier haben wir es, wie bei der Französischen Revolution, mit einem derartigen Reichtum an historischen Ereignissen zu tun, daß genügend Material für beinahe jede Art von historischen Erklärungen vorhanden ist, selbst für marxistische.

So würde manch einer auf die Veränderungen des angeblich objektiven Gleichgewichts der militärischen, ökonomischen und politischen Kräfte, auf die »Korrelation der Kräfte« verweisen, wie sowjetische Analytiker es zu nennen pflegten. Und würde behaupten, daß die objektive infrastrukturelle Verschiebung im Gleichgewicht der (vor allem) ökonomischen Kräfte zwischen West und Ost allgemein, und zwischen der Bundesrepublik und der Sowjetunion im besonderen, jetzt auf die formalen Realitäten des politischen Überbaus eingewirkt habe. Einer solchen Interpretation wäre ein allseits bekannter marxistischer Analytiker der internationalen Beziehungen, Dr. h.c. Leonid Breschnew, wohl entgegengetreten. Breschnew schrieb in einem seiner vertraulichen Briefe an Helmut Schmidt: »Bei aller Wichtigkeit der Ökonomik ... bleibt Primat in den internationalen Angelegenheiten, wie gut bekannt ist, trotzdem bei der Politik.«

Andere würden, eingedenk der Einsicht von Breschnew, auf die Bedeutung von individuellen Persönlichkeiten verweisen – und die Bedeutung des besonders guten Verständnisses zwischen Kohl, Gorbatschow und Bush, Schewardnadse, Baker und Genscher darf in der Tat nicht außer acht gelassen werden. Wiederum andere würden den Weltgeist beschwören, Gott, die Zeit oder, wie es der altgediente sowjetische Prokonsul in Deutschland, Wladimir Semjonow, gegenüber dem Autor formulierte: »Ihre Majestät die Geschichte«. Wiederum andere, mit geringerer Neigung zu philosophischen Betrachtungen, würden auf die Rolle verweisen, die bei allem die Glücksgöttin spielte – diesem so häufig vernachlässigten Agens der Geschichte muß auch ganz gewiß ein Anteil am Geschehen gutgeschrieben werden. So war es zum Beispiel schlichtweg ein Glück für Deutschland, daß Gorbatschow im Sommer 1990 genau die richtige Kombination von Stärke (innerhalb des sowjetischen Parteistaats) und Schwäche (überall um diesen herum) erreicht hatte. Er war schwach genug, um zu wissen, daß er die deutsche Vereinigung innerhalb des westlichen Bündnisses zulassen mußte, und noch immer stark genug, um dies zuhause auch durchzuboxen. Wäre er ein wenig stärker gewesen, wäre er womöglich nicht auf das Geschäft des Jahrhunderts eingegangen. Wäre er ein wenig schwächer gewesen, wäre er womöglich gar nicht mehr dagewesen, um überhaupt noch Geschäfte machen zu können.

Bei der Unterzeichnung des deutsch-sowjetischen Freundschaftsvertrags zollte Gorbatschow dem persönlichen Beitrag Helmut Kohls großzügig Tribut, doch er gedachte auch des Beitrags der »Ostpolitik« (Deutsch im Original), die er mit den Namen Willy Brandt und Hans-Dietrich Genscher verknüpfte. Aber solchen Tribut zollte er auch andernorts. So »meinem Freund Ronald Reagan« oder Papst Johannes Paul II., und hieß somit beinahe alle Hauptströmungen der westlichen Politik gut.

Natürlich setzten deutsche Politiker die Betonungen unterschiedlich: Christdemokraten zogen eine direkte Linie von Konrad Adenauer über Helmut Kohl bis hin zur Vereinigung. Sozialdemokraten zeichneten einen großen Bogen vom Willy Brandt des Jahres 1970 zum Willy Brandt des Jahres 1990. Freidemokraten feierten den Triumph des Genscherismus. Und alle ignorierten die unzähligen Windungen und Wendungen des zurückgelegten Weges. Bei nach außen gerichteten Diskursen stimmten sie allerdings in die Lobpreisungen ein, die in erster Linie Gorbatschow galten, dann Ungarn, den Amerikanern und dem westlichen Bündnis, der EG, den Franzosen, den Briten, den Polen, und wie sie auch alle heißen mochten.

Die häufigste und übereinstimmendste Erklärung hieß jedoch: »Helsinki«. Richard von Weizsäcker verwies immer wieder auf den Erfolg der von ihm schlicht so genannten »Helsinkipolitik«. Der KSZE-Prozeß, versicherte er, habe sich in Osteuropa »zum menschenrechtlichen Motor« entwickelt. KSZE, sagte Genscher, »das mußte zur deutschen Einheit führen«. Charakteristischerweise wählten beide die allgemeinste, am stärksten multilaterale und harmonisierendste Erklärung. Ihre Formulierungen sind auch weniger ein Beitrag zur historischen Erklärung der Ostpolitik als die Fortsetzung der Ostpolitik in Gestalt einer historischen Herleitung.

»Helsinki« umfaßte in der Tat eine Vielzahl von politischen Ansätzen. Es bot eine sehr nützliche, originelle und flexible diplomatische Form, die mit den unterschiedlichsten Inhalten gefüllt werden konnte. Weizsäckers Version ist in zumindest zweierlei Hinsicht irreführend. Erstens ist seine Darstellung Helsinkis als eines »menschenrechtlichen Motors« eine historisch unhaltbare Übertreibung, selbst wenn osteuropäische Menschenrechtsaktivisten von einer »günstigen Atmosphäre« sprachen, »die durch Helsinki geschaffen wird« (um eine Botschaft der Charta 77 an die Wiener KSZE-Konferenz zu zitieren). In Osteuropa hatten Männer und Frauen schon lange vor Helsinki für die Menschenrechte gekämpft. Und sie hätten weitergekämpft, auch wenn es niemals ein Helsinki gegeben hätte. Zu behaupten, Helsinki sei der »Motor« gewesen, der Jan Patočka antrieb, wäre vergleichbar etwa mit der Behauptung, die Atlantikcharta sei der »Motor« gewesen, der Dietrich Bonhoeffer angetrieben hatte. Zweitens, insofern die westliche Politik überhaupt den Helsinki-Prozeß mit der Lage jener verknüpfte, die in Osteuropa für die Menschenrechte kämpften, so wurde diese Verknüpfung sehr viel eher von Amerika als von der Bundesrepublik hergestellt. Und was Genschers Behauptung anbelangt, so erleben wir hier den Trugschluß der historischen Unvermeidlichkeit – retrospektiver Determinismus in seiner krassesten Form. So schwierig es auch sein mag, klare Linien zwischen Ursachen und Folgen zu ziehen: Man kann es etwas genauer versuchen.

Die westdeutsche Ostpolitik war eine systematische Kombination von Politik gegenüber der Sowjetunion, der DDR und dem übrigen Osteuropa. Obwohl während der Ereignisse von 1989 bis 1991 die Entwicklungen in allen drei politischen Bereichen wichtig waren, erlangten sie im Hinblick auf Osteuropa ihre größte Bedeutung im Frühjahr, Sommer und Frühherbst 1989 und waren im Hinblick auf die DDR am kritischsten von Oktober 1989 bis Anfang 1990. Ab dann ging es wieder vor allem um die Beziehungen mit der Sowjetunion.

Allgemein gesprochen leistete die Ostpolitik ihren unmittelbarsten und substantiellsten Beitrag zum Erfolg im Bereich der Beziehungen zur Sowjetunion und innerhalb des Gesamtsystems von Ost-West-Beziehungen. Ihr Beitrag im Bereich der Beziehungen zur DDR war noch unmittelbarer, aber auch sehr viel ambivalenter und in der Tat zutiefst paradox. Den indirektesten und am wenigsten substantiellen Beitrag leistete sie in jenem Bereich, dem schon immer die geringste Priorität der Ostpolitik galt: im übrigen Osteuropa.

Erfolgreich war die Bundesrepublik bei »unserer wichtigsten Aufgabe«, um an Weizsäckers Formulierung zu erinnern: gute Beziehungen zur »östlichen Führungsmacht« herzustellen und gleichzeitig den Schutz und die Unterstützung der westlichen Führungsmacht zu bewahren. Das Ergebnis all dieses Werbens, Besänftigens, des Handels und »redlichen Interpretierens«, all der Verträge, ernsten Reden, nächtlichen gemeinsamen Kriegserinnerungen, gemeinsamen Wirtschaftsprojekte und Kredite, spiegelt sich klar und deutlich in einem internen Memorandum, das im Januar 1990 offenbar vom Bogomolow-Institut für einen außenpolitischen Schlüsselberater Gorbatschows, Georgi Schachnasarow, geschrieben wurde: »Im Prinzip steht die Wiedervereinigung Deutschlands den Interessen der Sowjetunion nicht entgegen. Eine militärische Bedrohung aus dieser Richtung ist nicht sehr wahrscheinlich, bedenkt man den radikalen Bruch im Bewußtsein der deutschen Nation, der mit der nationalen Katastrophe des vergangenen Krieges einherging. Im wirtschaftlichen Bereich kann die Sowjetunion gewaltige Gewinne aus der Kooperation und Interaktion mit Deutschland ziehen.«

Hier haben wir die beiden entscheidenden Punkte. Fünfundvierzig Jahre nach Kriegsende hatte (West-)Deutschland die sowjetischen Schlüsselpolitiker davon überzeugt, daß es keine Bedrohung mehr darstellt und zum vielversprechendsten und wichtigsten westlichen Wirtschaftspartner der Sowjetunion geworden war. Natürlich spielten hier auch noch andere Ursachen hinein. Wenn wir die Perzeption von Bedrohung betrachten, müssen wir auch Gorbatschows »die Zeit selbst« bedenken. Gorbatschow und Kohl waren die ersten sowjetischen und deutschen Staatslenker seit 1945, die den Krieg nicht als Erwachsene erlebt hatten. Wirtschaftlich gesehen lag die Ursache selbstverständlich in den divergierenden Leistungen beider Systeme, West und Ost, Marktwirtschaft und Planwirtschaft. Doch auf diesem Gebiet leistete die bewußte westdeutsche Politik einen wichtigen Beitrag.

Die Bedeutung der wirtschaftlichen Komponenten von Macht ist neuerdings häufig diskutiert worden. Zumindest seit Ranke, zuletzt von Paul Kennedy, wird eine Großmacht normalerweise durch ihre militärische Stärke definiert. Die Wirtschaftsmacht eines Deutschland oder Japan, so wird manchmal behauptet, sei von den vielfachen Abhängigkeiten eines Handelsstaates modifiziert und eingegrenzt. Und Leonid Breschnews Beitrag zu dieser Wissenschaftsdebatte sollte uns in der Tat vor jeglichem simplistischen ökonomischen Determinismus warnen. Dennoch, die Wirtschaftsmacht der Bundesrepublik – das heißt vor allem ihre finanzielle Macht – trug nachweislich zur Verwirklichung ihres Ziels in den deutsch-sowjetischen Beziehungen bei.

Von 1969/70 bis 1989/90 fuhren Bankiers und Industrielle den Diplomaten und Politikern nach Moskau voraus oder begleiteten sie und untermauerten auf diese Weise deren Verhandlungen. Die Bundesrepublik war als Triebkraft der westeuropäischen Wirtschaftsintegration und als ein Hauptakteur unter den entwickelten Ländern der Welt in der Lage, nicht nur mit dem Schlüssel für zukünftige eigene Wirtschaftskooperationen zu winken, sondern auch für Kooperationen mit der EG und bis zu einem gewissen Grad auch mit den G7 – als »redlichen Interpreten« von Gorbatschows guten Absichten im Geiste von Genschers Davoser Rede. Lebensmittelversorgung und Devisen spielten denn auch eine unmittelbare Rolle in der Diplomatie der deutschen Vereinigung.

Unter den besonderen Bedingungen, die während der achtziger Jahre in Europa herrschten, als die Teilungslinie von »Jalta« auch harte von weicher Währung trennte und viele Staaten mit weichen Währungen sich gegenüber Staaten mit harter Währung verschuldet hatten, konnte ein wenig harte Währung große Wirkung zeigen. Auf unterschiedliche Weise traf dies vor allem auch auf die Beziehungen mit Polen, Ungarn und der DDR zu. Die Transmission von Wirtschaftsmacht auf politische Macht war ziemlich direkt, und der Antrieb stark. Es gibt Umstände, unter welchen die Reichtümer eines Landes nicht so einfach für dessen politische Zwecke genutzt werden können. Hier jedoch konnten sie es. Die DM war in der Tat die Währung deutscher Macht.

Was war mit der anderen, noch härteren Währung der Macht: mit den Waffen? War die Bundesrepublik trotz oder wegen ihrer dauerhaften Bindung an die Verteidigungs- und nicht nur die Entspannungslinie der Nato-Harmel-Strategie erfolgreich? Hier gibt es zwei Sachverhalte. Im ersten, generellen, geht es darum, was Verteidigung und Entspannung – Politik der Stärke und gleichzeitige Vorschläge für eine gemeinsame Sicherheit, in ihren Extremen SDI oder SI – relativ zur Revision der sowjetischen Politik in der zweiten Hälfte der achtziger Jahre beigetragen haben. Wie wir festgestellt haben, können für jede Seite Beweise angeführt werden, und wir sind zu dem ärgerlichen Schluß gekommen, daß die wahrscheinlichste Antwort darauf lautet: »Sowohl als auch und weder noch«.

Zum zweiten aber geht es darum, daß die Bundesrepublik das Vertrauen des Westens nicht zerstören durfte. Entscheidend dafür war ihre bleibende Bindung an die Nato als militärisches Bündnis, wozu auch die Stationierungen der achtziger Jahren gehörten. Wie schon Willy Brandt sagte: Der Begriff Ostpolitik war auch deswegen irreführend, weil eine fundamentale Prämisse und das *Sine qua non* dieser Politik die Fortführung der Westpolitik war. Die westdeutsche Außenpolitik war ein unvermeidlicher Balanceakt zwischen einerseits Wahrung der erwünschten Aspekte des Status quo und andererseits Veränderung der nicht erwünschten; zwischen Vertrauenswerbung im Osten und Vertrauenswahrung im Westen. Ihr mußte daher die Quadratur mehrerer Kreise gelingen, sie mußte das Unvereinbare miteinander vereinbaren und von einer Vielseitigkeit sein, die sich am Rande des Chamäleonhaften bewegte, des Sowohl-als-auch.

Einige unter jenen, die unmittelbar an der Konzeption und Entwicklung der Ostpolitik beteiligt waren, wie Egon Bahr, trieben zur schnelleren und großzügigeren Abrüstung des Westens an, als Washington (oder London) es mit gutem Gefühl ertragen konnten. Sie hofften, ihre eigenen Wünsche um so eher realisieren zu können, je mehr Zugeständnisse sie gegenüber den sowjetischen Wünschen machen würden – wieder das Judo! Dieses ostwärts gerichtete Wagnis wurde zweimal verhütet. Zuerst, als Helmut Schmidt Bundeskanzler wurde (und dadurch Bahr daran hinderte, den zweiten Teil seines »Konzepts« auszuprobieren), dann, weil Schmidt aufhörte, Bundeskanzler zu sein (und dadurch die Sozialdemokraten, die sich von einer Welle emotionaler, theologischer und nationaler Kundgebungen für den Frieden unterstützt sahen, daran hinderte, ein zweites derartiges Risiko einzugehen). Ob solche Experimente die Revision der sowjetischen Außenpolitik gefördert oder verzögert hätten, bleibt eine hypothetische Frage. Nach Einschätzung des Autors hätte Andrej Gromyko sie aber wahrscheinlich als großen Erfolg seiner eigenen Linie gedeutet – und deshalb als guten Grund, diese weiterzuverfolgen. Aber ganz sicher hätten sie das Vertrauenskapital der Bundesrepublik im Westen sehr schnell geschmälert. Obwohl man nie mit letzter Gewißheit sagen kann, was geschehen wäre, »wenn«, so scheint die Verhinderung dieses Wagnisses doch vernünftig gewesen zu sein. Schließlich hat die Geschichte von 1989/90 erneut gezeigt, daß Bonn das Vertrauen Washingtons genauso brauchte wie das Vertrauen Moskaus, um an sein Ziel zu gelangen.

Bei all dem hatte Bonn auf dem geradesten und überzeugendsten Weg Erfolg. Nicht nur, daß alles (und mehr) erreicht wurde, wofür man angetreten war. Es wurde auch mehr oder weniger auf die Art und Weise erreicht, die man angestrebt hatte. Aber was war mit den anderen beiden Seiten des Dreiecks Bonn-Moskau-Berlin? Die ursprüngliche Idee von Brandt und Bahr war immerhin, über Moskau nach Berlin zurückzukommen, damit die Deutschen einander wieder näherrücken könnten. Es ist wohl kaum übertrieben zu sagen, daß die deutsch-deutschen Beziehungen (auch die in und um Berlin) das Epizentrum, das A und O der deutschen Ostpolitik waren und blieben.

Auch hier könnte man das Ende der Geschichte einen außerordentlichen Erfolg nennen, weit über das hinausgehend, was ursprünglich erwartet wurde. Doch der deutsch-deutsche Weg zu diesem Ende war ein ganz anderer als der, der eingeschlagen oder vorausgesehen worden war. Es war ein Weg, gesäumt von Ironie und gepflastert mit unbewußten wie bewußten Paradoxen. Die Zwischenergebnisse zu diesem Hauptkapitel der Ostpolitik und dieses Buches wurden bereits präsentiert. Hier sollen nur einige der wesentlichen Punkte kurz rekapituliert werden. Die Bonner Regierung ging über Moskau und kam in Berlin an. In dieser Hinsicht erwies sich das ursprüngliche Paradox – nur dann in der Lage zu sein, den Status quo zu ändern, wenn zuerst der Status quo anerkannt würde – als richtig. Doch das zweite Paradox der Strategie »Wandel durch Annäherung« – Liberalisierung durch Stabilisierung – erwies sich als falsch, und der Zusatz, daß man den demokratischen Kräften in der DDR am besten helfen könnte, indem man ihnen nicht half, war eindeutig ein Paradox zuviel.

Die Idee einer Liberalisierung durch Stabilisierung, mit ihrem verhaltenspsychologischen Kern: Entspannung durch Besänftigung, war immer fehlgeleitet. Der Westen konnte nie so viel Besänftigung anbieten, daß die kommunistischen Machthaber sich entspannten, denn die inneren Spannungen dieser Staaten waren durch das Wesen ihrer Systeme und nicht nur durch die äußeren Spannungen des Kalten Krieges bedingt. Irgendwo in dieser Theorie herrschte auch immer noch die Idee, daß ein sozialistischer Dritter Weg aus einem reformierten Kommunismus heraus ebenso attraktiv sein könnte wie der bereits reformierte Kapitalismus Westeuropas. Die theoretische Möglichkeit kann nicht abschließend widerlegt werden. Aber sie wurde ganz gewiß niemals realisiert. Und während der reformierte Kapitalismus der Bundesrepublik immer attraktiver wurde, verlor der unreformierte Kommunismus der DDR immer mehr an Attraktivität. Auf diese Weise verstrickte sich die westdeutsche DDR-Politik in ihrer ursprünglich sozialdemokratischen Form immer tiefer in einen unauflöslichen Widerspruch.

Selbst wenn die Bundesrepublik DDR-Bürgern beispielsweise die westdeutsche Staatsbürgerschaft verweigert und die volle Souveränität des ostdeutschen Staates auf jede nur denkbare Weise anerkannt hätte, wäre dieser Staat für seine eigenen Bürger noch immer nicht auf Dauer akzeptabel geworden. Die einzige Möglichkeit, deren Akzeptanz zu erreichen, wäre gewesen, die Bundesrepublik ärmer, grauer und insgesamt weniger attraktiv zu machen, als die DDR es war. Einen Schimmer dieser absurden Vorstellung lieferte der Ost-Berliner Bischof Forck, als er 1988 im Zusammenhang mit dem Anwachsen der Ausreisewünsche sagte, er fände es schon günstig, »wenn man diese Versuchung ein bißchen abbauen [könnte]«.

Die Lehre aus den Erfahrungen anderer sozialistischer Staaten, ja anderer Diktaturen überhaupt in der Geschichte, war jedoch, daß ein gewisses Maß an Spannungen, Opposition, Konflikt und sozialem Druck von unten die notwendige (wenn auch natürlich nicht hinreichende) Bedingung für einen Wandel war. Diese Lehre hatten die besten politischen Denker Ostmitteleuropas, wie Kołakowski und Michnik, Havel und Kis, bereits aus der Niederschlagung des Prager Frühlings gezogen. »Revisionismus«, Wandel durch Reform von oben, initiiert von einer aufgeklärten Partei, würde niemals ausreichen. In dieser Hinsicht hinkten die Sozialdemokraten der Zeit um ein Jahrzehnt hinterher. Sie belebten die Hoffnung auf Revisionismus als Mittelpunkt ihrer Strategie zu einer Zeit, in der die Revisionisten in Osteuropa sie gerade aufgaben.

Anstatt Liberalisierung durch Stabilisierung fand in der DDR Stabilisierung ohne Liberalisierung statt. Die Bundesrepublik trug dazu mit DM und Anerkennung bei. Natürlich dürfen die Vorteile, die West-Berlin, Westdeutsche und Millionen von DDR-Bürgern – kurzum, die berühmten »Menschen« – erfuhren, keinesfalls unterschätzt werden. Die »menschlichen Erleichterungen« waren groß. Vielleicht trug dies auch zum »Zusammenhalt der Nation« bei, obwohl das zu hinterfragen wäre. Doch diesen spezifischen Erleichterungen für einzelne Menschen muß man die Nachteile gegenüberstellen, die aus der Stabilisierung eines unreformierten kommunistischen Staates für alle entstanden, die in ihm lebten.

Ein Großteil der Gelder aus der Bundesrepublik waren effektiv Lösegelder. Der beste Einwand gegen die Zahlungen von Lösegeld stammt von Rudyard Kipling:
> *That if once you have paid him the Danegeld*
> *You never get rid of the Dane.*

In diesem Fall wurde man den Geldeintreiber am Ende doch los. Bonn trug zu seinem Verschwinden in einer Hinsicht teilweise beabsichtigt und in zweierlei Hinsicht unbeabsichtigt bei. Beabsichtigt war, die Kontaktmöglichkeiten zwischen den Menschen in beiden Staaten zu erweitern, damit die Ostdeutschen sehen konnten, wo es besser war, und damit sie entscheiden konnten, ob sie näherrücken wollten. So geschehen, in gewisser Weise, durch die zunehmenden Reisemöglichkeiten von Ost nach West in den späten achtziger Jahren. Man könnte aber auch erwidern, das hätten die Ostdeutschen sowieso immer gewollt, wenn man ihnen nur die Chance gegeben hätte.

Kurioserweise brachte ausgerechnet das Lösegeld einen jener unbeabsichtigten Effekte zustande. Anstatt zu Reformen der ostdeutschen Wirtschaft beizutragen, ermöglichte es der DDR, ohne signifikante wirtschaftliche oder politische Reformen weiterzumachen. Und genau dieser Mangel an Reformen trug dann schließlich dazu bei, daß der Zusammenbruch so abgrundtief und total erfolgte. Die wachsende, unmittelbare finanzielle Abhängigkeit von der Bundesrepublik mag vielleicht nicht Honeckers Hauptsorge gewesen sein, aber gewiß die einiger Entscheidungsträger um ihn herum. Und sie trug unmittelbar zum schnellen Rücktritt derjenigen bei, die nach ihm kamen.

Auch die zweite Währung der deutsch-deutschen Beziehungen, die Anerkennung, hatte einen unbeabsichtigten Effekt. Geschmeichelt und besänftigt dachte Honecker gar nicht daran, den Griff um seine Untertanen zu lockern. Im Gegenteil, er packte noch fester zu. Doch er verlor den Zugriff auf die Realität. Die Illusionen, die sich die Bundesrepublik über die DDR machte, bestätigten seine eigenen, und wirkten schließlich an der Hybris mit, auf die die Nemesis folgte. Entsprechend lautet unser allerletztes Paradox der westdeutschen DDR-Politik: Sie erreichten das Ziel, weil sie sich irrten!

Doch der erfolgreiche Sprung von einer Stabilisierung ohne

Liberalisierung zur Liberalisierung durch Destabilisierung war nur aufgrund äußerer Umstände möglich. Die Bundesrepublik hatte unmittelbar, bewußt und erfolgreich durch die Entwicklung der deutsch-sowjetischen Beziehungen innerhalb des Gesamtsystems der Ost-West-Beziehungen dazu beigetragen. Vielleicht hatten jene Sozialdemokraten und andere, die sich über die Stabilität und Reformfähigkeit der DDR Illusionen machten, auch ein wenig zu Gorbatschows Illusionen über die Reformfähigkeit des Sozialismus in Osteuropa beigetragen: zu den Illusionen von »68«, die so ungewollt hilfreich für »89« waren. Doch der entscheidende, unerwartete Faktor war der radikale, aber friedliche Druck, der im Rest Osteuropas, zuerst in Polen und Ungarn, hin auf Veränderungen ausgeübt wurde.

Welche Rolle spielte die Ostpolitik hierbei? Zwei wichtige beabsichtigte Effekte waren, daß das deutsche Schreckgespenst beseitigt und durch das attraktive Image vom »Modell Deutschland« ersetzt wurde. Indem die Bonner Republik Ängste vor einem revanchistischen Deutschland beseitigte oder zumindest besänftigte, beseitigte sie auch eines der wenigen wirksamen Argumente, die den osteuropäischen kommunistischen Machthabern zur Verfügung gestanden hatten, um sich der Unterstützung ihrer eigenen Bevölkerung zu versichern. Dies war zweifelsohne eine Errungenschaft der Versöhnungspolitik, wie gewunden sie auch gewesen sein mag. Willy Brandt 1970 in Warschau wird für immer ihr großes Symbol bleiben.

Was nun die Attraktivität betrifft: Bereits in den fünfziger Jahren hatten zuerst Schumacher und dann Adenauer entwickelt, was später als Magnet-Theorie bekannt werden sollte. Eine freie, wohlhabende Bundesrepublik – und Adenauer hatte hinzugefügt: in einem freien, wohlhabenden, vereinten Westeuropa – würde eine unwiderstehliche magnetische Anziehungskraft auf die Menschen in Osteuropa ausüben. Doch während Adenauer glaubte, dies würde innerhalb von einigen Jahren erfolgen, dauerte es Jahrzehnte. Und in diesen Jahrzehnten geschah noch eine Menge anderes.

Nicht nur wurde die Sowjetunion an einen Punkt gebracht, an dem sie davon zu überzeugen war, Osteuropa gehen lassen zu müssen – eine notwendige Bedingung, deren sich natürlich auch

Adenauer bewußt war. Auch verstärkte sich ständig der relative Magnetismus Westeuropas gegenüber Osteuropa. Der Eiserne Vorhang wurde durchlässiger und ermöglichte es dem Magneten, seine Anziehungskraft weitreichender wirken zu lassen. Dies war der besondere Beitrag der Entspannung allgemein und der Ostpolitik im besonderen. Mit ihrer »Verflechtungs«-Strategie, ihrem Helsinki der menschlichen Kontakte, ihrer Politik der offenen Tür für Besucher aus dem Osten, hat die Bundesrepublik mehr als jeder andere westliche Staat getan, um »den Menschen in den stillen Straßen«, wie Kennedy es gewollt hatte, das volle Ausmaß aller Attraktionen des Westens nahezubringen.

Für viele Osteuropäer war die Bundesrepublik 1989 das Modell eines »normalen« Westeuropas, in das sie »zurückzukehren« hofften. Ein solches Bild der Bundesrepublik wäre 1950 undenkbar, 1970 noch ziemlich schwer vorstellbar gewesen. Diese gewaltige Veränderung war das gemeinsame Erbe von Adenauer und Brandt, von westdeutscher Innen- und Außenpolitik, von West- und Ostpolitik. Hannah Arendt hatte in Eichmann die »Banalität des Bösen« entdeckt. Zu sagen, daß die Osteuropäer im neuen Westdeutschland die Banalität des Guten erblickten, wäre gewiß eine Übertreibung. Doch das westdeutsche Beispiel einer etwas langweiligen, wohlhabenden, zivilisierten, bürgerlichen – ja, sogar kleinbürgerlichen – Demokratie hatte mit Sicherheit Züge ebenso des Guten wie des Banalen.

In diesem Sinne leistete die Bundesrepublik einen großen, indirekten Beitrag zu den gesellschaftlichen und psychologischen Vorbedingungen für die Revolution von 1989. Der direkte Beitrag der Ostpolitik war jedoch sehr viel geringer und auch zwiespältiger. Wie wir gesehen haben, spielten Beziehungen mit Osteuropa eine im wesentlichen unterstützende Rolle im Gesamtsystem der Ostpolitik. Nach dem Imperativ der Synchronisierung waren sie dazu ausersehen, Bonns Schlüsselbeziehungen zu Moskau und Ost-Berlin zu unterstützen, zumindest aber, sie nicht zu zersetzen. Ein wenig Reformen, wie in Budapest, war ein gutes Beispiel, um die anderen zu ermutigen. Aber zu heftige Forderungen nach Freiheit, wie im Prager Frühling oder im polnischen August, würde das gesamte System der Ostpolitik über den Haufen werfen. Die »Normalisierung« sowjetischen Stils in der

Tschechoslowakei war in der Tat die Mautstation auf dem Weg zur Ost-West-»Normalisierung« à la Bahr und Brandt – wie sehr sie ihnen auch persönlich mißfallen haben mag.

In seinen Memoiren, verfaßt 1989 vor den großen Ereignissen dieses Jahres, schrieb Brandt: »Ob Warschau oder Prag oder welch anderes Zentrum in Mittel- und Osteuropa auch immer: die bundesdeutsche Politik hat den an Ort und Stelle Verantwortlichen kaum etwas von ihrer Last abnehmen können, sie hat ihnen aber auch nichts Zusätzliches aufgebürdet.« In einer Hinsicht ist dies falsch. Denn schon allein durch die Anziehungskraft ihrer Attraktionen hat die Bundesrepublik viel zu den Problemen der osteuropäischen Machthaber beigetragen. Was aber die Intentionen Bonns anbelangt, ist diese Aussage richtig. Es stellt sich nur die Frage, ob man darauf stolz sein sollte. Es ist ein interessantes Experiment, Brandts Satz so zu verändern, daß anstelle von Warschau (unter Jaruzelski) Santiago (unter Pinochet) steht, anstelle von Prag San Salvador, anstelle von Mittel- und Osteuropa Mittel- und Südamerika. Und dann lasse man auf sich wirken, wie es sich liest.

Wie wir gesehen haben, war Bonns Politik beinahe ausschließlich auf die Machthaber gerichtet und sehr bemüht, deren Staaten nicht zu »destabilisieren«. Dabei stehen allerdings die Fälle von Polen und Ungarn in gewissem Kontrast zueinander. Bonns gute Beziehungen zu den Reformkommunisten in Budapest, begleitet von der wirtschaftlichen Hebelkraft des Handels und der Devisenschulden, trugen unmittelbar zum historischen Durchbruch 1989 bei. Der damalige ungarische Außenminister Gyula Horn beschreibt, wie er im August 1989, nach einer schlaflosen Nacht voller Sorgen über die steigende Zahl von DDR-Flüchtlingen in Ungarn, mit seinem Ministerpräsidenten Miklós Németh sprach, der eine ebenso schlaflose Nacht voller Sorgen über die Wirtschaftsprobleme des Landes und vor allem dessen Devisenschulden hinter sich hatte. Sie entschieden sich, heimlich nach Bonn zu fliegen, um beide Probleme zu erörtern: das Geld und die Deutschen.

Laut Némeths Erinnerung an das dramatische Treffen auf Schloß Gymnich, ließ der Außenminister gegenüber Kohl und Genscher durchblicken, daß Ungarn plane, die Grenzen für

DDR-Bürger zu öffnen. Kohls unmittelbare Reaktion: Was können wir euch dafür geben? Nach Némeths Darstellung waren es die Ungarn, die vorgeschlagen hatten, bis zur Verkündung der staatlich garantierten Kredite über 1 Milliarde Mark – die dann auch im Oktober erfolgte – eine dezente Pause einzulegen. »Weißt Du, Gyula«, beschreibt Horn den Kommentar des ungarischen Innenministers zur Entscheidung für die Grenzöffnung, »daß wir damit unter den beiden deutschen Staaten den westdeutschen wählen?« Nein, so will Horn erwidert haben, »wir setzen uns für das Recht der Deutschen ein und wählen *Europa*!«

Der polnische Fall liegt anders. Im wesentlichen hatte die Bonner Regierung die polnische Revolution von 1980–81 als Bedrohung und nicht als Chance betrachtet. Deutsche Politiker wußten, sie würde das gesamte System der westdeutschen Ostpolitik gefährden. Darüber hinaus glaubten sie, daß dies sowieso der falsche Weg sei, um Jalta zu überwinden. Die Reaktion auf die Verhängung des Kriegsrechts war entsprechend ambivalent. Wie schon bei der sowjetischen Invasion der Tschechoslowakei schien auch diesmal die »Normalisierung« eines osteuropäischen Landes für die Weiterverfolgung einer »Normalisierung« der westdeutschen Beziehungen mit Moskau und Ost-Berlin unabdingbar. Um an Havels Äußerung zu erinnern, die 1989 in Frankfurt verlesen wurde: Für einen langen, schmerzlichen Augenblick schien das Wort »Ostpolitik« wieder einmal den »Verzicht auf Freiheit« zu bedeuten – die Freiheit der anderen. In einer merkwürdigen Mischung aus höherer Konfusion, Heuchelei und Selbsttäuschung proklamierten westdeutsche Politiker die Notwendigkeit der »Stabilität« im Namen »Europas« und des »Weltfriedens«.

Doch im Verlauf der Ereignisse stellte sich heraus, daß dies nicht nur moralisch fragwürdig, sondern auch politisch kurzsichtig war. Denn Solidarność trug wesentlich zum Ende des Kommunismus in Osteuropa bei – und daher auch zur deutschen Vereinigung. Von Napoleon stammt der Satz, daß alle Imperien an Verdauungsstörung sterben. Nun verursachten die Polen dem sowjetischen Imperium die größten Bauchschmerzen. (Im Vergleich dazu war die DDR verdauungsfördernd.) 1989 führten die Gespräche am polnischen Runden Tisch und die folgenden Wahlen Osteuropa auf den Weg von der Refolution zur Revolution. Die Politik der Bundesrepublik war auf die Möglichkeiten eines Wandels konzentriert, der aus der Mitte des Imperiums und von oben kommen sollte. Polen zeigte die Möglichkeiten des Wandels von der Peripherie und von unten aus. Keine von beiden Möglichkeiten reichte für sich alleine aus. Beide gemeinsam waren nötig, um das erwünschte Ergebnis zu erzielen.

»Die Deutschen«, so schreiben Jacques Rupnik und Dominique Moïsi, »haben nicht kapiert, daß Solidarność das erste Loch in der Berliner Mauer war.« Eigentlich sollte man sagen, daß Solidarność das zweite Loch war. Das erste hieß Ostpolitik.

Deutsches Modell

In den achtziger Jahren wurde die Ostpolitik gelegentlich als Modell für die Ost-West-Beziehungen als Ganzes präsentiert. Führende Politiker betonten nicht ohne Stolz den »exemplarischen« oder »Modellcharakter« dieses oder jenes Aspekts der deutsch-sowjetischen oder der deutsch-ungarischen Beziehungen. 1984 zitierte Marion Gräfin Dönhoff in einem kurzen Leitartikel in der *Zeit*, betitelt »Deutsches Modell«, zwei Äußerungen über die Notwendigkeit friedlicher Verhandlungen. Die eine stammte von Genscher, die andere von Honecker. »Wenn doch«, so schloß sie, »die Supermächte ebensoviel Einsicht beweisen würden!« Ein anderer Analytiker meinte, die Bundesrepublik neige manchmal dazu, im Ton eines moralisierenden Lehrers zu einer widerspenstigen Welt zu sprechen. Nun gab es also neben dem innenpolitischen Modell Deutschland ein außenpolitisches »deutsches Modell«.

Wir haben festgestellt, daß es in der Tat ein deutsches Modell gab. Doch seine Anwendbarkeit im größeren Rahmen ist fraglich. Ein alter Spruch im Sowjetblock definierte Sozialismus als die profunde wissenschaftliche Antwort auf Probleme, die im Kapitalismus nicht einmal existieren. Ein Gutteil der westdeutschen Ostpolitik war die Antwort auf Probleme, die für andere westlichen Staaten nicht existierten. Wenn sie sich auch selbst als das wahre Modell einer modernen Außenpolitik präsentierte, so bestand sie in Wirklichkeit doch aus einer Mixtur von alten und neuen Elementen: aus einigen sehr neuen, wie beispielsweise die Betonung auf Informationstechnologien in »systemöffnender Zusammenarbeit« und die Wünschbarkeit der Interdependenz, und aus einigen sehr alten, wie beispielsweise die harte Realpolitik der deutsch-sowjetischen Verhandlungen und die Unterstützung von Minderheiten, deren deutsche Nationalität nach letztlich ethnischen Kriterien definiert wurde. Eine solche Mischung aus alten und neuen Elementen kennzeichnete das gesamte internationale Umfeld, in dem die Bundesrepublik tätig war, doch Deutschland nahm, wie so oft, beide Extreme in sich auf.

Viele Aspekte dieser Politik trugen direkt oder indirekt dazu bei, daß die Bundesrepublik ihre wichtigsten außenpolitischen Ziele schließlich erreichte. Aber auch andere haben viel dazu beigetragen. So Gorbatschow, indem er etwas ganz anderes tat, als er zu tun angetreten war. Er war der größte der »Helden des Rückzugs«, wie Hans Magnus Enzensberger es so schön nannte. So Ungarn, indem es als kleines Land genau im richtigen Moment geschickt die Seiten wechselte. Aber weder der eine noch das andere konnte als »Modell« bezeichnet werden. Interessanter sind da zwei Modelle, die so häufig der Kritik westdeutscher Politiker ausgesetzt waren, effektiv jedoch zum Erfolg Deutschlands beigetragen haben: das polnische Modell für den Umgang mit dem Kommunismus von innen und das amerikanische Modell für den Umgang mit dem Kommunismus von außen.

Deutsche Politiker bezweifelten, daß der Versuch einer Revolution jemals glücken könnte: Man schaue auf 1953, 1956, 1968... In jedem Fall würde man damit Blutvergießen und Krieg riskieren, und nichts wäre schlimmer als das. Polnische Antipolitiker sagten: Selbst Niederlagen können sich am Ende in einen Sieg verwandeln, denn »der Freiheit Kampf, einmal begonnen...« Aus dem Zweiten Weltkrieg wurden unterschiedliche Lehren gezogen. Günter Gaus äußerte blankes Entsetzen beim Gedanken von: »Sterben für Danzig«. Bronisław Geremek schrieb: »*On peut mourir pour Danzig*«.

Der »deutsche Realismus«, von dem Brandt 1973 gesprochen hatte, war in der Tat in vielerlei Hinsicht realistisch. Doch er unterschätzte den Wert der Opferbereitschaft, den tieferen Realismus der Idealisten, selbst den von Träumern wie Dienstbier und Havel. Der realistische Blick auf die Macht der Mächtigen übersah die Macht der Machtlosen. Das Jahr 1989 konnte sich diese Philosophie nicht vorstellen.

Die Geschichte der Ostpolitik wirft auch fundamentale Fragen zu Normen und Prioritäten auf. 1954 hatte der Christdemokrat Eugen Gerstenmaier die Prioritäten der Bundesrepublik in eine berühmte Reihenfolge gestellt: erstens Freiheit, zweitens Frieden, drittens Einheit. Der Freiheit und ihrer Erweiterung im Innern blieb die Bundesrepublik verhaftet. Die Sache des Friedens vertrat kein Staat emphatischer als sie. Und dieses Festhalten an Freiheit im Innern und diese Bekundung des Friedens nach außen verhalfen Deutschland dazu, seine Einheit zu erreichen.

Brandt konnte mit berechtigtem Stolz sagen, es sei seine größte Genugtuung, daß die Worte »Deutschland« und »Frieden« in einem Atemzug genannt werden könnten. Wenn deutsche Politiker in den dreißiger Jahren Kriegstreiber gewesen waren, so waren sie in den siebziger und achtziger Jahren zu wahren Friedenstreibern geworden. Und das auf derart heftige Weise, daß so mancher gelegentlich die alte deutsche Neigung zu entdecken glaubte, von einem Extrem ins andere zu fallen. Die Marquise von O. Doch dieser von ihnen so heftig verlangte »Frieden« war vielschichtig und mehrdeutig. Im eng mit ihm verbundenen Begriff »Stabilität«, und in der Formel »Europäische Friedensordnung« an sich, war auch der Begriff »Ordnung« enthalten. Nun ist natürlich Ordnung ein wichtiger Wert in den internationalen Beziehungen. Doch es gab Augenblicke, wo Nachbarn noch immer versucht sein konnten, der Bundesrepublik – wie Clawdia Chauchat dem armen Hans Castorp – zuzurufen: »Vous aimez l'ordre mieux que la liberté, tout l'Europe le sait«.

Anders als im innenpolitischen Kontext wurde »Deutschland« außenpolitisch sehr viel weniger mit dem Wort »Freiheit« in Verbindung gebracht als mit dem Begriff »Frieden«. Wichtig ist hier jedoch zu betonen, daß es dabei nicht nur um Werte und Sehnsüchte geht. Die Bundesrepublik war durch ihre geopolitische Lage in der geteilten Mitte, vor allem durch die Lage Berlins als geteilter Mitte der geteilten Mitte, dazu genötigt, nur mit Vorsicht als ausdrücklicher Anwalt der Freiheit und der Menschenrechte in Osteuropa aufzutreten. Kurz nach der Vereinigung erklärte Horst Teltschik, Deutschland sei »nicht mehr erpreßbar«, und drückte damit prägnant eine Binsenweisheit der westdeutschen Ostpolitik aus.

Sie war die Politik eines Staates, den Moskau oder Ost-Berlin jederzeit erpressen konnten. Um mit den jeweiligen Mächten in Moskau und Ost-Berlin zu Rande zu kommen, waren Vorsicht, Zurückhaltung, wohlüberlegte Worte und Vertraulichkeit gefordert. Wir haben jedoch bereits behauptet, daß eine etwas freimütigere Politik trotz all dieser Zwänge möglich gewesen wäre. Besonders die deutsch-deutschen Beziehungen, vor allem bei den Sozialdemokraten, unterlagen zu starker Selbstzensur, gefördert von einem weitreichenden Relativismus und viel verquerem Wunschdenken. Ein Modell für andere westliche Staaten waren reguläre Lösegelder für den Freikauf von Geiseln oder grenzüberschreitende Parteipolitik gewiß nicht. Trotzdem, die Zwänge waren real, und eine realistische Politik mußte mit ihnen rechnen.

Um so mehr Grund also, jenen im Osten Dankbarkeit zu zeigen, die aufstanden, für die Menschenrechte kämpften und dabei ihr eigenes Leben riskierten. Und jenen im Westen, die es sich leisten konnten, die Aufrechten im Osten zu unterstützen, weil sie nicht erpreßbar waren. Das führt uns zum amerikanischen Modell. Generalisierungen sind hier kaum vermeidbar, denn die Unterschiede zwischen den (und innerhalb der) amerikanischen Administrationen waren sehr viel größer als die Unterschiede zwischen (und innerhalb von) westdeutschen Regierungen. Doch ein paar Charakteristika blieben relativ konstant.

Wir haben gezeigt, daß Deutschland den Vereinigten Staaten nicht nur im Verteidigungsbereich der Harmel-Doppelstrategie Dank schuldete. Es ging nicht allein um Schutz, um die erfolgreiche Eindämmung sowjetischer Macht, vielleicht sogar um eine Politik der militärischen Stärke. Deutschlands Dankesschuld umfaßte auch den Entspannungsbereich, die Politik des friedlichen Engagements, die im Dialog zwischen Nordamerika und Westeuropa entwickelt wurde. Unterschiede zwischen Washington und Bonn gab es bei der »Differenzierungspolitik« in Osteuropa; bei der Bereitschaft, nicht nur wirtschaftliche Anreize zu bieten, sondern auch Sanktionen zu verhängen; bei der (seit Carter) offensiven öffentlichen Verteidigung der Menschenrechte und der offiziellen wie inoffiziellen Unterstützung jener, die im Osten dafür kämpften. Es gab Spannungen und Konflikte.

Nun wollen wir hier keinesfalls den Schluß ziehen, daß Washington immer im Recht und Bonn im Unrecht gewesen sei. Die Wahrheit ist sehr viel komplizierter. Was für Washington richtig war, muß nicht notwendigerweise auch für Bonn richtig gewesen sein, und umgekehrt. Auf sich allein gestellt, hätte Washington möglicherweise die Peitsche zu heftig geschlagen, und Bonn hätte sich vielleicht zu ausschließlich auf das Zuckerbrot verlassen. Gerade die Kombination beider Ansätze war es, die, teils beabsichtigt und koordiniert, teils aber auch unbeabsichtigt und konfliktträchtig, jene notwendige Mischung aus Abschreckung und Anreiz, Bestrafung und Belohnung hervorbrachte.

Neben Zuckerbrot und Peitsche gab es Worte. Die Ostpolitik hatte großen Einfluß auf die Sprache der westdeutschen Politik. In jenem kleinen, geschlossenen Kreis aus Parteipolitik und Medienwelt der Bonner Republik wurden Worte immer wieder für Taten genommen. Politik wurde so manches Mal auf das Dreschen von Phrasen reduziert, oder, schließlich war es Deutschland, auf das Prägen von Begriffen. Nicht wenige aufstrebende junge Politiker waren aufmerksame Schüler von Mephistopheles:

»Im ganzen: haltet Euch an Worte!
Dann geht Ihr durch die sichre Pforte
Zum Tempel der Gewißheit ein ...«

Betrachtet man die Anwendung solcher Begriffe wie »Sicherheitspartnerschaft«, »systemöffnende Zusammenarbeit« oder die vielen Variationen von Bahrs »Wandel durch Annäherung«, so stellt man fest, daß die Politiker in der Tat oft nicht wußten, wovon sie wirklich sprachen. Sie gaben einfach Phrasen von sich, um Profil zu gewinnen.

Doch Worte, öffentlich oder im Privaten gesprochen, waren auch Taten, besonders in einer Zeit und in einem Raum, wo die Kanonen schweigen. Havel schrieb sehr richtig, daß dies vor allem auf Beziehungen mit Regimen zutraf, die zumindest noch einen Rest von Logokratie gewahrt hatten. Solschenizyns »Ein Wort der Wahrheit«, oder das des Papstes, war in der Schlacht gegen Newspeak viele Divisionen wert.

Die klare Sprache war nicht Bonns Stärke. Geschwafel war seine Stärke. Brandts inspirative Verschwommenheit barg, rückblickend betrachtet, mehr als nur ein bißchen Weisheit. Denn niemand wußte besser, wieviel wir nicht wissen, wie voller Überraschungen die Geschichte steckt – guter und schlechter. Der archetypische Bonner Schwafler aber war Genscher. Es könnte eine wunderbare Studie geschrieben werden über die Sprache in Genschers Reden, diese endlos aneinandergereihten Hülsen in allen Grauschattierungen, diese süßen Tortencremeschichten, diese Monumente des Sowohl-als-auch. Doch auch dieser vage, euphemistische, harmonisierende Sprachgebrauch kam den deutschen Zwecken dieser Zeit zugute. Denn die Bundesrepublik hatte eben die Quadratur mehrerer Kreise zu bewältigen, viele Klüfte zu überbrücken, vor allem die zwischen ihren West- und ihren Ostbindungen, und das Genscher-Gemisch trug dazu bei.

Ostpolitik hatte die Schwächen ihrer Stärken. Konrad Adenauer ermahnte seine Partei 1966 zum Abschied, daß Geduld die stärkste Waffe des Besiegten bleibe. Die westdeutsche Politik war sehr geduldig – beharrlich, berechenbar, Schritt für Schritt gehend und immer auf die große Chance wartend. Manchmal verhärtete sich diese Berechenbarkeit jedoch zu Rigidität, verwandelte sich Geduld in den Verlust von Phantasie. Waldemar Besson schrieb einmal, die Entstehungsgeschichte einer Außenpolitik sei die von Erfahrungen, die zu Maximen werden. Die Geschichte der Ostpolitik zeigt aber auch, wie Hypothesen zu Hypotheken werden können. Das beste Beispiel dafür ist die Hypothese: Entspannung durch Besänftigung. In den sechziger Jahren war es innovativ, diese Hypothese zu vertreten. In den siebziger Jahren war es gerechtfertigt, sie auszuprobieren, obwohl bereits damals manch einer in Ostmitteleuropa auf ihre fundamentalen Schwächen hinwies. In den achtziger Jahren war es jedoch töricht, an ihr festzuhalten und zu ignorieren, daß die Geschichte eine andere Richtung eingeschlagen hatte. Bahr sollte später bestätigen, daß die zweite Ostpolitik der SPD einen Fehler machte, indem sie die Abrüstung der Demokratisierung voranstellte.

Die sogenannten Politintellektuellen und die Politikwissenschaftler trugen hier eine besondere Verantwortung. Denn viele von ihnen – nachdem sie die Politik ihres Staates engagiert zu unterstützen begonnen hatten – trimmten eher die Realität, auf daß sie mit der Theorie übereinstimmte, als daß sie ihre Theorie an die neue Realität anpaßten und entsprechend neue Hypothesen entwickelten. Mehr kritische Unabhängigkeit wäre der politischen Praxis dienlicher gewesen. Politiker müssen mit Halbwahrheiten und schrecklichen Simplifizierungen arbeiten. Die Pflicht der Intellektuellen ist es, dies nicht zu tun. Auch ein großer Halbschattenbereich von veröffentlichten Meinungen trug zu Fehlurteilen in der Bundesrepublik bei, vor allem was das andere Deutschland betraf. Verständlicherweise haben die Umstände der Teilung ihre eigenen besonderen Neurosen und Hysterien produziert.

Alles in allem war die Bilanz der Ostpolitik gemischt. Wie hätte es auch anders sein können? Einige Aspekte waren in der Tat exemplarisch und nachahmenswert – die Politik der offenen Tür, beispielsweise, die Verflechtungspolitik und das Helsinki der menschlichen Kontakte. Andere waren es nicht. Einige Fäden führten direkt und auf die beabsichtigte Weise zum erwünschten Resultat; andere führten zum beabsichtigten Ziel, doch auf recht unbeabsichtigten und seltsamen Wegen; und wieder andere führten ins Nichts. Einige führten auch in dunkle Gassen, die wohl besser niemals betreten worden wären.

Brandt, mit seiner Vorliebe für nordisches Understatement, könnte gesagt haben, daß dies »nicht das schlechteste« Kapitel in der Geschichte der deutschen Außenpolitik war. Gemessen am eher niedrigen Standard, der im längsten Zeitraum dieser Geschichte gesetzt worden war, scheint dies zu gering. Man kann darüber hinausgehen: Dies war eines der besseren Kapitel in der Geschichte der deutschen Außenpolitik. Es war keinesfalls nur eine Politik, die von Europäern für Europa betrieben wurde. Doch es war auch nicht allein eine Politik von Deutschen für Deutschland. In ihrer besten Prägung war sie die Arbeit von – auch hier fand Brandt wieder einmal die richtigen Worte – »deutschen Patrioten in europäischer Verantwortung«. Diese Beschreibung trifft auf die meisten ihrer führenden Akteure zu, auf Schröder, Kiesinger, Scheel, Bahr, Schmidt, Genscher, Weizsäcker, Kohl, auf jeden in seiner Weise. Unter der Lupe sieht man auch das Kleinliche, auch die Schwächen. Auch die Schwächen Brandts. Doch neben Konrad Adenauer hat Deutschland in Willy Brandt eine historische Figur, die zumindest ein Hauch von Größe umgibt. Es ist wichtig für ein Land, solche Gestalten zu haben.

War es gut für Deutschland, gut für Europa? Hier geraten wir an die Grenzen der Zeitgeschichtsschreibung. Denn leider ist es für eine Antwort wirklich zu früh. So, wie sich die Beurteilung der Leistungen Bismarcks im Lichte dessen veränderte, was in Deutschland und Europa nach 1890 geschah, wird sich die Leistung der Bundesrepublik im Lichte dessen wandeln – zum Guten oder Schlechten –, was in Deutschland und Europa nach 1990 geschieht.

Ob das, was geschehen ist, im deutschen Interesse war, müssen die Deutschen selber entscheiden. Aber was ist mit dem europäischen Interesse? Die Deutschen hatten entschieden dazu beigetragen, daß die Rote Armee aus der Mitte Europas abzog. Hunderte Millionen Europäer waren nun zum erstenmal seit einem halben Jahrhundert frei. Das war ein unschätzbarer Gewinn. Um an die Formel von George Bush zu erinnern: Fast das gesamte Europa war nun mehr oder weniger frei, doch noch immer war es weit davon entfernt, »ganz« zu sein. Es war schon immer irreführend, von einer »Wiedervereinigung Europas« zu sprechen, denn Europa war niemals wirklich zuvor eins gewesen. Deutschland war einmal vereint gewesen und war es nun wieder. Europa war es nie und müßte es erstmals werden. Die eine, die zentrale Jalta-Teilung war zu Ende gegangen. Doch viele kleinere Teilungen blieben, und andere tauchten gewaltsam auf. Betrachtete man sich das ehemalige Jugoslawien oder die ehemalige Sowjetunion, so schien der Begriff von der »europäischen Friedensordnung« nicht besonders zutreffend zu sein für jenes Europa, das es am Ende der Ostpolitik gab.

Darüber hinaus mußte natürlich »das europäische Interesse« entzerrt werden. Rußland hatte ein Reich verloren – aber war dies ein Verlust oder ein Gewinn? Würde sich das Glücksspiel der westlich orientierten Russen auszahlen und Rußland nun die lohnende Ernte der Zusammenarbeit mit dem Westen, zu dem Deutschland die Tür öffnen sollte, einfahren können? Würden die Vereinigten Staaten im vereinten Deutschland nun ihren »*partner in leadership*« finden, der nicht nur in Europa und nicht nur mit dem Scheckbuch bereit wäre, die Lasten mitzutragen?

Natürlich hatten alle westeuropäischen Länder vom Ende des Kalten Krieges profitiert, und alle hatten es willkommen geheißen. Doch zumindest Großbritannien und Frankreich hatten in gewisser Weise auch verloren. Als Douglas Hurd 1989 sagte, das Jalta-System sei eines gewesen, »unter dem wir vierzig Jahre lang recht glücklich gelebt haben«, sprach er mehr Wahrheit aus, als ihm vielleicht bewußt war. Der Kalte Krieg hatte Großbritannien eine Großmachtstellung gesichert, die seine tatsächliche wirtschaftliche Bedeutung nicht mehr rechtfertigte. Frankreich war durch seine besonderen Beziehungen mit Deutschland in einer etwas besseren Lage. Doch auch Frankreich hatte an Macht verloren. Denn seine atomare *force de frappe* war kein Gegengewicht mehr zur monetären deutschen, und die Mitte der Europäischen Gemeinschaft begann sich ostwärts zu verlagern.

Was die Länder des ehemaligen Osteuropa betrifft, so gewannen sie die größten Chancen – gingen aber auch die größten Risiken ein. Sie waren frei, aber schwach; befreit, aber gefährdet; wieder unabhängig, aber auch wieder abhängig.

Für alle Beteiligten würde die Beurteilung der Vergangenheit auch von den Entwicklungen in der Zukunft abhängen. Diese wiederum wird von vielem abhängen, doch nicht zuletzt vom Verhalten Deutschlands.

EPILOG
Europäische Antworten

Konsequenzen

1965 wählte Adenauer als Einführung zu seinen Erinnerungen die Wiedergabe einer Unterhaltung, die er kurz zuvor mit einem Historiker geführt hatte. Dieser ungenannte »Professor der neueren Geschichte an einer deutschen Universität« war von Adenauer befragt worden, wie er sich als Historiker die Entwicklung denke. Er antwortete, Entwicklung vorauszusehen sei nicht seine Aufgabe. Der Historiker sei kein Prophet. Adenauer erwiderte ihm, er habe von der Aufgabe eines Historikers eine andere Meinung. Historiker müßten wenigstens den Versuch machen zu erkennen, wohin der Lauf der Entwicklung wahrscheinlich gehen werde. Sie sollten auf zu erwartende Entwicklungen hinweisen »und eventuell warnen«.

Während des Vierteljahrhunderts, seit Adenauer diese Zeilen schrieb, haben einige Historiker und weit mehr Politologen, Politintellektuelle und Experten für internationale Beziehungen, Sowjetologie und sicherheitspolitische Studien diese Herausforderung angenommen. Mit wenigen bemerkenswerten Ausnahmen wurden ihre Vorhersagen, Prophezeiungen oder Modelle von dem tatsächlichen Geschehen im Europa der Jahre 1989 bis 1991 widerlegt, überholt oder zumindest nicht bestätigt. Bis 1993 hatte das deutsche Geistesleben einen Historikerstreit (über die Behandlung der Nazi-Vergangenheit) und einen Literaturstreit (über Schriftsteller und die DDR) erfahren, aber sein Politologenstreit stand ihm möglicherweise noch bevor. Denn das Ende des Kommunismus und des Kalten Krieges richteten die vielleicht dringlichsten Fragen an jene Disziplinen und einzelnen Fächer, die den Anspruch erhoben, wissenschaftliche Prognosen oder Voraussagen zu machen.

Die meisten Historiker erheben keine derartigen methodologischen Ansprüche. Manch einer würde in Übereinstimmung mit E. H. Carr sagen, daß ihnen, neben der Frage: »Warum?«, zumindest die Frage: »Wohin?« in Fleisch und Blut übergegangen sein sollte. Andere würden selbst das bestreiten. Auf seine trockenironische Weise hat Adenauer jedoch ein echtes Problem angesprochen. Es ist sicher vernünftig und richtig, wenn die Politiker Historiker zu Mutmaßungen auffordern, die auf ihren Geschichtskenntnissen beruhen – solange jedem ganz klar bleibt, daß sie nichts weiter sind als das: auf Kenntnis beruhende Mutmaßungen. Diese Mutmaßungen stehen in Beziehung zu der Geschichte, die Historiker schreiben, doch sie sind von ihr abtrennbar. Die Geschichtsschreibung kann hervorragend sein und die Mutmaßungen schlecht (oder auch umgekehrt). Was sie aber zumindest versuchen können, ist, jene relevanten Fragen zu identifizieren, auf die Politiker dann Antworten finden müssen. Das Folgende ist jedoch absichtlich in der Vergangenheitsform geschrieben, weil dies die Vermutungen und Fragen des Frühjahrs 1993 sind. Sie können von den Ereignissen in einer Art und Weise überholt werden, wie dies der vorangegangenen historischen Analyse nicht passieren kann. Denn eines können Historiker mit Zuversicht vorhersagen: Überraschungen.

Doch hier stellt sich zunächst die Frage nach der relevanten Vergangenheit. Denn die jüngste Vergangenheit ist keineswegs auch immer die relevanteste. In der Tat könnte die Geschichte Europas vor 1939, vor 1914 und sogar vor 1890 mehr Analogien oder Anhaltspunkte für den Zustand Europas nach 1990 bieten als die der unmittelbar vorangegangenen Periode. (Wenn Europa je eine geschichtliche Atempause erlebte, so war dies in der Periode zwischen 1945 und 1989.) Nach 1989 begann nicht nur das Jalta-Europa, sondern auch das Europa von Versailles zusammenzubrechen. Um beispielsweise die Umstände in Bosnien-Herzegowina von 1993 zu verstehen, ist Bismarcks Berliner Kongreß von 1878 ebenso relevant wie Genschers Berliner (KSZE-)Kongreß von 1991. Alte Bücher mußten aus den Kellern hervorgeholt und die neueren in ihnen verstaut werden.

Nicht nur die Ostpolitik, sondern die gesamte Geschichte der Ost-West-Beziehungen während des Kalten Krieges gehören dieser abrupt beendeten Periode an. Die einzigen unmittelbaren

Lehren daraus betrafen vielleicht die Beziehungen mit den letzten überlebenden kommunistischen Staaten, vor allem mit China. Hier begegnete man, trotz all der kulturellen und geschichtlichen Unterschiede, wieder vielen vertrauten Fragen: Welches Ausmaß an Anerkennung ist nötig? Wie stellt man das richtige Gleichgewicht zwischen der Betonung von menschlichen Kontakten und Menschenrechten her, zwischen ökonomischem und militärischem Zuckerbrot und Peitsche? Hier traf man jene selbsternannten Realisten wieder, die behaupteten, wirklicher Wandel könnte nur von oben kommen, aus der Mitte, durch die gegenwärtigen Machthaber; und die glaubten, daß das Geschehen auf dem Platz des Himmlischen Friedens im Juni 1989 – im gleichen Moment, als in Ostmitteleuropa eine Revolution stattfand – bewiesen hätte, wie hoffnungslos Auflehnung ist. Doch hier könnten wir aufs neue erwidern, daß Wandel ebenso von unten und von der Peripherie herkommen kann, daß Menschen etwas mit ihrem eigenen Schicksal zu tun haben und daß sich diese Menschen, wie es der Dichter James Fenton in denkwürdig schlichten Worten ausgedrückt hat, irgendwann wieder auf dem Platz des Himmlischen Friedens versammeln werden: *They'll come again / To Tiananmen.*

Kurioserweise könnten diese direkten Lehren aus der Ostpolitik in den neunziger Jahren nicht für Deutschland, sondern für Großbritannien am unmittelbarsten relevant werden. Denn Großbritannien trug die direkte Verantwortung für die Geisel-Stadt Hongkong. Vielen jener Spannungen und Dilemmas, denen die Bundesrepublik mit der Geisel-Stadt West-Berlin ausgesetzt war, sah sich nun Großbritannien gegenüber. In einer Hinsicht war die Lage Großbritanniens entschieden schlechter, als es die der Bundesrepublik gewesen war: Während das Völkerrecht (und britische, französische und amerikanische Truppen) die Position der Bundesrepublik in West-Berlin verteidigt hatten, war es die Rechtslage (und der Wunsch, sich mit Anstand dieses Problems zu entledigen), die veranlaßte, daß sich Großbritannien 1997 aus Hongkong zurückziehen würde. In anderer Hinsicht hingegen war die Lage Großbritanniens besser, denn das Rad der kommunistischen Geschichte war mittlerweile nicht nur in ganz Europa zurückgedreht worden, sondern wirtschaftlich auch in China.

Deutschland hatte keine vergleichbaren Abhängigkeiten im Fernen Osten. Doch bei seinem ersten China-Besuch im Herbst 1992 sprach der neue Außenminister Klaus Kinkel das Thema der Menschenrechte nur diskret und in Privatgesprächen an; proklamierte als Ziel »die längst überfällige Normalisierung« der Beziehungen; bezeichnete den chinesischen Ministerpräsidenten Li Peng, der die Mitverantwortung für das Massaker auf dem Platz des Himmlischen Friedens trug, als »völlig normal und aufgeschlossen«; und erklärte in Peking: »Die Beziehungen sind jetzt normal.« Als sei es ein Stück aus Moskau oder Warschau zwanzig Jahre früher. Ostpolitik gegenüber dem Fernen Osten. Wie die Bourbonen schien das Auswärtige Amt nichts vergessen und nichts hinzugelernt zu haben.

Was war nun indessen mit dem neuen Deutschland im neuen Europa? Trotz all der gewaltigen Veränderungen war die Geschichte der Ostpolitik hier in zumindest zweierlei Hinsicht relevant geblieben. Erstens hatte die Kombination aus West- und Ostpolitik bereits eine außenpolitische Tradition, wenn auch nur eine kurze, konstituiert. Auch die unmittelbare Nachfolgegeneration in der deutschen Politik, zu Beginn des Jahres 1993 repräsentiert durch Klaus Kinkel als Außenminister und Volker Rühe als Verteidigungsminister, betonte Kontinuität. Zweitens war wiederum deren Nachfolgegeneration in den Jahren der Ostpolitik aufgewachsen, und die wurde für viele prägend. In der Politik ist die Zeitverzögerung oft lange – Adenauers politische Weltanschauung wurde vor 1914 geprägt, spätestens aber in den zwanziger Jahren, diejenige Kohls in den vierziger und fünfziger Jahren. Die prägenden Erfahrungen der deutschen Spitzenpolitiker in den ersten zwanzig Jahren des dritten Jahrtausends könnten also in den siebziger und achtziger Jahren des zwanzigsten Jahrhunderts stattgefunden haben. Selbst wenn deren verzögerte Reaktion dann auf einer Ablehnung dessen basieren würde, was damals gesagt und getan worden war, so würde es doch immer noch wichtig sein zu wissen, was sie ablehnen.

Doch Deutschlands Lage hatte sich drastisch verändert, und wieder einmal wurde die europäische Frage neu gestellt. Nach dem Ende von Jalta hatte sich jeder Staat in Europa erneut zu fragen: Welche Art von Macht sind wir? Was wollen wir sein? Was sind unsere nationalen Interessen? Was sind unsere Prioritäten? Aber für keinen waren diese Fragen schwieriger als für Deutschland.

Welche Art Macht war das vereinigte Deutschland? Während Nachbarn und Partner mit unklaren Begriffen wie »Vorherrschaft«, »Hegemonie«, »Dominanz« oder einfach »Führung« hantierten, war das Sortiment deutscher Selbstdefinitionen immens. Zum einen Extrem sagte der damalige Kanzleramtsminister Rudolf Seiters im November 1990, das neue Deutschland sei »nicht mit mehr Macht, sondern mit mehr Verantwortung« ausgestattet. Eine völlig unsinnige Behauptung, wo doch jedes Kind in Europa sehen konnte, daß Deutschland mehr Macht hatte. Ein Elefant gewinnt kein Vertrauen, indem er sich als Taube ausgibt. Damit fordert er höchstens Zweifel an seiner Zurechnungsfähigkeit heraus – oder an seiner Aufrichtigkeit. Zum anderen Extrem stellte ein Bundestagsabgeordneter der Grünen Deutschland als neue Supermacht dar. Dazwischen gab es Hunderte von Varianten. Noch vor der Vereinigung hatte ein Historiker die Bundesrepublik bereits als »Weltmacht wider Willen« beschrieben. Nach der Vereinigung beschrieb sie ein anderer Historiker als »neue Großmacht«. Doch meinte zur selben Zeit ein Politologe, daß sich die Bundesrepublik nicht als Mittelmacht und schon gar nicht als Zentralmacht Europas sehen sollte, sondern als mittlere Macht. Feinsinnige Unterscheidungen.

Wenn sie nun schon nicht genau wußten, welche Art Macht Deutschland war, wußten sie dann wenigstens, wo es sich befand? Nun, nicht genau. Plötzlich sprach Hans-Dietrich Genscher von »wir in West- und *Mittel*europa« (Hervorhebung des Autors). Ein Fernsehkommentator sprach von der »neuen mitteleuropäischen Ordnungsmacht Deutschland«. Ein führender Zeithistoriker sagte, Deutschland sei nun ein mitteleuropäisches Land. Ein anderer Analytiker erinnerte an Weizsäckers Formel, Deutschland sei »der Osten des Westens und der Westen des Ostens«. In einem Interview mit dem österreichischen Fernsehen machte sich Bundeskanzler Kohl das alte Selbstbild Deutschlands als Brücke zwischen Ost und West zu eigen, fügte jedoch hinzu: »Brücke als Teil der westlichen Welt«. Also eine Brücke vom einen Ufer zum selben? Dazwischen konnte man verfolgen, wie einer der Mitherausgeber der *Frankfurter Allgemeinen Zeitung* – der alleine mehr als alle Politiker zusammen dazu beigetragen hatte, Bonns Politik gegenüber dem ehemaligen Jugoslawien zu verändern – auf der ersten Seite seiner Zeitung die angeblich pro-serbische Politik der von ihm so genannten »westlichen Mächte« anprangerte. Damit meinte er Frankreich, Großbritannien und die Vereinigten Staaten. War Deutschland also keine westliche Macht?

Die Antworten waren verworren. Aber das war die Realität auch. Beinahe zweihundert Jahre nach Napoleons Kommentar, Deutschlands Naturzustand sei das Werden, nicht das Sein, befand sich Deutschland noch immer im Zustand des Werdens. Seine Grenzen und daher seine geographische Gestalt und Größe waren nun klar. Doch es besaß nicht einmal eine Hauptstadt. In einem großen symbolischen Akt stimmte der Bundestag im Juni 1991 für Berlin als Hauptstadt und Regierungssitz Deutschlands. Doch der Umzug von Bonn nach Berlin würde voraussichtlich viele Jahre dauern. Vor allem aber blieben die Ergebnisse der inneren Vereinigung abzuwarten. Wie würde sich der Zuwachs um mehr als sechzehn Millionen Bürger, die der Erfahrung von sechzig Jahren aus zwei Diktaturen ausgesetzt gewesen waren und nun dem traumatischen Einfluß eines so plötzlichen, einzigartigen, allumfassenden Übergangs unterlagen, auf die liberalen Institutionen und offene Gesellschaft der alten Bundesrepublik auswirken? Welche Auswirkungen würde es auf die Wirtschaft haben?

Hier unterschieden sich die Vorhersagen der Ökonomen weitgehend – noch eine Expertengruppe, die versucht hatte, die Fragen der Politiker zu beantworten (und die daher ein weiterer Kandidat für einen kleinen Fachstreit wäre). Doch aus zweierlei Gründen bildeten die wirtschaftlichen Aussichten eine entscheidende Variable. Zum ersten konnte plausibel behauptet werden, daß das Schicksal einer freiheitlichen Demokratie überall eng mit einem gewissen Ausmaß (und der Umverteilung) von Wohlstand verbunden ist, jedoch in besonderem Ausmaß in Deutschland. Die Demokratie in der Bundesrepublik wurde während und nach dem Wirtschaftswunder konsolidiert und hatte den Test realer wirtschaftlicher Härten erst noch zu bestehen.

Zum zweiten war die Macht des vereinten Deutschland noch immer vor allem eine Wirtschaftsmacht und in ihrem Angelpunkt eine Finanzmacht. Die Bundesrepublik hatte diese Wirtschaftsmacht in ihren Beziehungen zum Osten sehr effektiv zur Realisierung ihrer politischen Ziele eingesetzt, obwohl sie die angestrebten Resultate letztlich auch manchmal auf unbeabsichtigte Weise erreichte. Und nach dem Ende des Sowjetreiches war ihr Potential für diese Handlungsweise gegenüber dem Osten noch gewachsen. Aber, ob sie wollte oder nicht, auch im Westen hatte sie außerordentliches Gewicht.

Dies war nicht nur eine Sache der schieren Wirtschaftsgröße, bei einem Bruttosozialprodukt, das 1992 etwa eineinhalb Mal so groß wie das von Großbritannien war, auch ein gutes Drittel höher als das von Frankreich und Italien (jedoch nur die Hälfte des japanischen und kaum ein Drittel desjenigen der USA). Es war auch eine Sache von Qualität, Sparrücklagen, Handelsüberschuß und der Reputation einer Währung, die im Verlauf von vierzig Jahren aufgebaut worden waren. Obwohl Seiters behauptet hatte, Deutschland sei nicht mit mehr Macht ausgestattet, konnte ein Wort der Bundesbank zu den Zinssätzen oder Wechselkursen – nein, sogar ihr Schweigen – die Innenpolitik anderer Länder direkt beeinflussen. Hier ging es gar nicht darum, daß Deutschland irgendwelche außenpolitischen Ziele verfolgte, sondern schlicht um seine eigene innenpolitische Agenda, vor allem um die rechtliche Obligation der Bundesbank, über die Stabilität der deutschen Währung zu wachen. Deshalb enthielt die Interdependenz sogar westlicher Nachbarn und Partner Deutschlands eine gehörige Portion Dependenz.

Helmut Schmidts Betrachtungen über die Zusammenhänge von Wirtschafts- und Außenpolitik waren nun relevanter denn je (wie er auch nicht versäumte, seine Landsleute zu erinnern). Die zukünftige Stärke und Qualität deutscher Wirtschaftsmacht hing eindeutig von den Entwicklungen der Weltwirtschaft ab, die Deutschland nur zum Teil beeinflussen konnte (beispielsweise durch ihren Beitrag zur EG-Position bei den GATT-Verhandlungen), und von den Entwicklungen in Europa, auf die es mehr Einfluß als irgendein anderer einzelner Staat ausüben konnte. Doch in den neunziger Jahren sollte diese Wirtschaftsmacht nicht nur davon abhängen, wie Deutschland all die gewaltigen Kosten und den gesamten Einigungsprozeß bewältigte, sondern auch davon, wie es mit den ererbten Lasten der beinahe schon überentwickelten sozialen Marktwirtschaft der alten Bundesrepublik umging (Subventionen, hohe Löhne für kurze Arbeitszeiten, Sozialkosten und vielleicht auch eine gewisse Selbstzufriedenheit). Das veranschlagte Haushaltsdefizit sollte bis 1995 bei jährlich etwa 100 Milliarden DM liegen, und die Schulden des öffentlichen Gesamthaushalts lagen 1993 bei rund 1 500 000 000 000 DM. Ein reiches Land.

Doch neben den wirtschaftlichen sollten die anderen Dimensionen deutscher Macht nicht ignoriert werden. Deutschland besaß eine der größten Armeen Europas, selbst nach ihrer zahlenmäßigen Beschränkung durch den »2+4«-Vertrag und selbst nach Etatkürzungen, die zu weiteren Reduzierungen führen konnten. 1992 hatten nur die Streitkräfte Rußlands und der Türkei mehr Soldaten (und, je nachdem was man dazurechnete, auch die der Ukraine). Die Bundeswehr besaß eindeutig bessere Technologie und war zweifellos besser ausgebildet als die ukrainischen, türkischen oder russischen Streitkräfte. Ob sie auch besser kämpfen würde, konnte niemand sagen, bevor sie es unter Beweis gestellt hatte.

Nun war die Frage, ob sie tatsächlich kämpfen sollte, und wenn ja, unter welchen Auspizien, zu Beginn des Jahres 1993 noch immer Thema heftiger Debatten in der politischen Landschaft Deutschlands. Sowohl der Golfkrieg, zu dem die Bundesrepublik mehr als 6 500 Millionen Dollar in bar und Naturalien beigetragen hatte (aber keine Truppen), als auch die Krise im ehemaligen Jugoslawien hatten diese emotionale Debatte verschärft. Doch auch wenn die selbstauferlegte Zurückhaltung überwunden würde und deutsche Soldaten ihr Leben (und nicht nur deutsche Politiker ihre Worte) in anderen Teilen der Welt riskieren müßten – wie es amerikanische, britische und französische Soldaten seit 1945 immer wieder getan hatten –, selbst dann würde Deutschland nicht der gleichen Liga wie Rußland, Amerika, Frankreich und Großbritannien angehören. Denn 1990 hatte Deutschland mit einem feierlichen Vertrag erneut seinen Verzicht auf atomare, biologische und chemische Waffen bekräftigt.

Würde sich Deutschland nun verhalten, wie es die meisten Staaten über die Jahrhunderte getan hatten, so würde man früher oder später erwarten, daß es der wirtschaftlichen Macht die militärische hinzufügen würde – wenn auch erst einmal im größeren multilateralen Kontext (mit an Sicherheit grenzender Wahrscheinlichkeit unter Hinzufügung des Adjektivs »europäisch«) und sehr wahrscheinlich nicht im Zuge einer gezielten Politik, sondern eher als Reaktion auf eine akute und unerwartete Herausforderung. Doch würde es sich so verhalten? Oder hatten sich Deutschland, Europa, die internationalen Beziehungen allgemein in einer interdependenten Welt von all dem verabschiedet? Vielleicht wäre im Jahr 2000 gar kein vollständig souveräner, unabhängiger deutscher Nationalstaat mehr mit einer solchen Entscheidung konfrontiert, sondern eher eine Bundesrepublik (oder ein Staatenbund) Europa? Die Bundesrepublik (vereintes) Deutschland, 1990–2000, Glück auf und Lebewohl?

Bevor wir auf diese zentrale deutsch-europäische Frage zu sprechen kommen, sollten wir noch eine weitere Dimension deutscher Macht erwähnen. Diese dritte Dimension ist noch schwieriger zu definieren, als die wirtschaftliche und militärische, aber kaum weniger wichtig. Sie betrifft die allumfassende Attraktivität, den Magnetismus – um Schumachers und Adenauers Vergleich hier nochmals aufzugreifen – einer bestimmten Gesellschaft, Kultur und Lebensart. Dies ist eine Dimension von Macht, die Großbritannien im 19. und frühen 20. Jahrhundert hatte, Amerika im 20. Jahrhundert im Überfluß, und die das Modell Deutschland, wie bereits erwähnt, besonders in den siebziger und achtziger Jahren entwickelte. Natürlich steht diese Attraktion in engem Zusammenhang mit dem relativen Wohlstand eines Landes, doch sie ist keineswegs nur dessen einfache Auswirkung. Andere Aspekte, wie individuelle Lebenschancen, Toleranz, Sicherheit, Kultur, Raum, Freiheit, Tradition, Schönheit, tragen zu diesem Magnetismus ganz genauso bei.

Wie die Bundesrepublik zu Beginn der neunziger Jahre erfahren mußte, kann ein derartiger Magnetismus große Probleme mit sich bringen – allem voran durch Einwanderung. Und doch bleibt er ein wichtiger Aktivposten. Wie am Beispiel der Vereinigten Staaten zu sehen, wird Attraktion nicht zwangsläufig durch Einwanderungsrestriktionen verringert. Sie kann dadurch sogar noch gesteigert werden. Aber die Art, wie man die Menschen behandelt, wenn sie erst einmal im Land sind, beeinflußt das Maß der Anziehungskraft natürlich sehr. Unter den Anspannungen der Vereinigung zu Beginn der neunziger Jahre tat eine Minderheit von Deutschen ihr Bestes, um diese Attraktion zu verringern – mit nationalistischen Sprüchen, Rassendiskriminierung und Brandbomben. Ob sie damit Erfolg haben würden, würde von der Reaktion der Mehrheit abhängen.

Wie auch immer sich diese drei Dimensionen deutscher Macht in den neunziger Jahren entwickeln würden, das vereinte Land würde eine unhandliche Größe in einer ungünstigen Lage behalten. Nun hatte Deutschland eben jene »kritische Größenordnung« erlangt, auf die Bundeskanzler Kiesinger 1967 verwiesen hatte: »Zu groß, um in der Balance der Kräfte keine Rolle zu spielen... zu klein, um die Kräfte um sich herum selbst in Gleichgewicht zu halten«. Oder, mit den lapidaren Worten Henry Kissingers: zu groß für Europa, zu klein für die Welt. Was die Lage anbelangt: Zu behaupten, Deutschland sei in die berühmte alte Mittellage zurückgekehrt, wäre zu sehr vereinfacht. Damit würde man die neuen Elemente der geopolitischen Situation Deutschlands ignorieren, die sich in Akronymen wie EG, NATO und vielleicht auch OECD widerspiegelten. Gewiß aber unterlag die neue Bundesrepublik den Herausforderungen der Mittellage des 19. Jahrhunderts sehr viel mehr als die alte Bundesrepublik.

Die Außenpolitik der alten Bundesrepublik hatte deren Spielraum und effektive Souveränität Schritt für Schritt erweitert, doch immer aus der restriktiven Situation als geteilte Mitte eines geteilten Kontinents heraus. Nun hatte das vereinte Deutschland gewaltigen Spielraum in der Mitte (wenngleich nicht unbedingt als die Mitte) eines noch immer nicht vereinten Kontinents. Die Antworten auf die europäische und die deutsche Frage, die neue und die alte, hingen nun viel mehr davon ab, was Deutschland selbst tun wollte, als dies zumindest ein halbes Jahrhundert lang der Fall gewesen war.

Europäisches Deutschland, deutsches Europa

Was wollte Deutschland tun, ja, was wollte es sein? Die Antworten eines Großteils seiner politischen und intellektuellen Elite zu Beginn der neunziger Jahre konnte man in zwei Worten zusammenfassen: normal und europäisch. Beide warfen ebensoviele Fragen auf, wie sie beantworteten.

»Deutschland ist wieder ein normaler Staat geworden«, sagte Horst Teltschik wenige Tage nach der Vereinigung und zitierte damit einverständlich eine Äußerung des britischen Journalisten David Marsh. Doch zwei Jahre später sollte Klaus Kinkel von der Notwendigkeit der »Normalisierung« der deutschen Außenpolitik sprechen, vor allem hinsichtlich eines Truppeneinsatzes im Ausland, und von der »Normalisierung unserer Lage als Nation«. In der Debatte um Berlin wurde behauptet, daß eine große, historische, weltstädtische Hauptstadt wesentlicher Bestandteil eines normalen Landes sei. Die Vergleiche wurden hier mit Paris, London, Rom oder Madrid gezogen – das heißt also mit der »Normalität« anderer großer, historischer europäischer Nationalstaaten.

Die Worte »normal«, »Normalität« und »Normalisierung« hatten eine vielfältige und bewegte Geschichte in der westdeutschen Politik seit 1945. »Normalisierung« war ein Schlüsselwort der sozialliberalen Ostpolitik gewesen, mit der Bedeutung, volle zwischenstaatliche (und zwischenmenschliche) Beziehungen mit kommunistischen Staaten herzustellen, von denen zumindest einer gleichzeitig der »Normalisierung« sowjetischen Typs unterworfen war. In den achtziger Jahren hatten einige westdeutsche Politiker und Intellektuelle sogar behauptet, daß die Beziehungen zwischen den beiden deutschen Staaten auf dem Wege seien, »normal« zu werden. Nach der Vereinigung war »Normalisierung« eher ein Schlüsselwort im rechtsliberalen Lager geworden und wurde als solches von linksliberalen Intellektuellen kritisiert, die es ihrerseits im vorangegangenen Wortsinn enthusiastisch benutzt hatten.

Die Behauptung, daß Deutschland seit der Vereinigung normal geworden war, basierte erst einmal schlichtweg auf gesundem Menschenverstand. Denn wer immer geglaubt haben mag, es sei normal gewesen, mit einer Mauer quer durch Berlin zu leben, kann nicht ganz normal gewesen sein. Einen Bus vom Alexanderplatz zum Bahnhof Zoo nehmen zu können war gewiß normaler. Insgesamt war es viel normaler für eine Nation, die einst in einem Staat vereint gewesen war, nun wiederum in einem zu leben. Hans-Peter Schwarz argumentiert, daß die Teilung die wichtigste Ursache für die kollektiven Neurosen der alten Bundesrepublik gewesen sei, einschließlich der endlosen Debatten über die deutsche Identität. Es wäre sicherlich verfrüht anzunehmen, daß diese Debatten mit der Wiedervereinigung völlig verschwinden werden. »Es kennzeichnet die Deutschen«, meinte Friedrich Nietzsche, »daß bei ihnen die Frage ›was ist deutsch?‹ niemals ausstirbt.« Das gilt es erst noch zu widerlegen. Man kann aber vielleicht hoffen und erwarten, daß diese Debatten weniger qualvoll, ja, normaler werden.

Doch darüber hinaus hatten die Kritiker des neuen Sprachgebrauchs durchaus recht. Wer ernsthaft über Normalität und Normalisierung sprechen möchte, muß erst einmal seine Normen spezifizieren. Und hier konnte der Vergleich mit Frankreich oder Großbritannien nicht die ganze Antwort sein. Sollte man beispielsweise die britische Schundpresse als Teil einer wünschenswerten Normalität betrachten? Sollte man es normal finden, daß eine Partei der nationalistischen, populistischen Rechten einen Stimmenanteil von 15 Prozent in der Bevölkerung haben konnte, wie Le Pens Nationale Front in Frankreich? Konnte und sollte Deutschland wirklich nach der außenpolitischen »Normalität« der beiden ältesten und am stärksten zentralistischen Nationalstaaten in Europa streben, mit den Traditionen und Reaktionen ehemaliger Großmächte?

Hier kommen wir zur zweiten deutschen Antwort: Europa. »Deutschland ist unser Vaterland, Europa ist unsere Zukunft«, sagte Bundeskanzler Kohl in seinem Regierungsprogramm für die Jahre 1991–1994. Das Ziel sei »die politische Einigung Europas«. »Die Staatsräson eines vereinten Deutschland«, meinte einer seiner Berater, »ist seine Integration in Europa.« In einem symbolischen Akt von tiefgreifender Bedeutung wurde derselbe Artikel 23 des Grundgesetzes, mit dessen Anwendung die deutsche Einigung erreicht worden war, im Dezember 1992 geändert. Anstatt für den Beitritt »anderer Teile Deutschlands« offen zu sein, verpflichtete dieser Artikel die Bundesrepublik nun »zur Verwirklichung eines Vereinten Europas« durch die Entwicklung der »Europäischen Union«. Also eine Europäische Union der derzeitigen Europäischen Gemeinschaft aus zwölf Mitgliedsstaaten, wie im Vertrag von Maastricht vom Dezember 1991 vorgesehen.

Maastricht, sagte Bundespräsident von Weizsäcker, eröffne Deutschland »die Möglichkeit, aus der Mittellage erlöst zu werden«. Das 21. Jahrhundert biete die Chance, ein wahrhaft »europäisches Jahrhundert« zu werden. Der Generalinspekteur der Bundeswehr, Klaus Naumann, erklärte, er sehe mit Freuden dem Tag entgegen, an dem deutsche Soldaten ihren Eid auf die europäische Fahne schwören könnten.

Willy Brandt sagte während der ersten Sitzung des gesamtdeutschen Bundestags: »Deutsch und europäisch gehören jetzt und hoffentlich für alle Zukunft zusammen.« Die Erfüllung seines politischen Lebens wäre es, »den Tag [zu] sehen, an dem Europa eins geworden sein wird«. Die Träume des ältesten Bundestagsabgeordneten wurden offenbar von den jüngsten geteilt – nein, noch übertroffen. Im Dezember 1990 wurden einige der jüngsten neuen Bundestagsabgeordneten von einer Wochenzeitung gefragt: »Nation 2000: was fällt Ihnen dazu ein?« Sie antworteten: »Hoffnung auf eine freiheitliche, multikulturelle und tolerante Gesellschaft in einem vereinten Europa« (Freidemokrat, 25 Jahre); »Ein friedliches Europa, in dem der Ost-West-Konflikt endgültig überwunden ist und ein europäisches Deutschland« (Christdemokrat, 31 Jahre); »Die Zukunft gehört Europa und den Regionen!« (Sozialdemokrat, 35 Jahre); »Geeintes Europa der freien Vaterländer« (CSU, 33 Jahre); »Deutschland mit sich selbst und seinen Nachbarn ausgesöhnt – Teil des Staatenbundes Europa« (CDU, 26 Jahre); »Europa ... Es geht um Binnenmarkt, Europäische Union und unsere Verantwortung gegenüber der Dritten Welt« (CDU, 35 Jahre); oder, mit einem Wort, »Europa« (Sozialdemokrat, 24 Jahre!).

Doch nicht nur diese »Bonner Frischlinge« gaben solche Antworten. Sie kamen auch von den ältesten Veteranen der Ostpolitik. Im Sommer 1991 bekannte Egon Bahr – ja, Egon Bahr! –: »Ich sehe kein einziges außenpolitisches, nationales, deutsches

Ziel... Die außenpolitischen Interessen dieses vergrößerten Deutschland sind europäisch...« Und die Kinder beim traditionellen Sommerfest des Kanzlers wurden von Hans-Dietrich Genscher mit einem Namensartikel in der »Kanzler-Kinderfest-Zeitung« darüber aufgeklärt, »daß wir auch im größeren Deutschland nicht mehr Macht wollen, sondern mehr Verantwortung haben. Wir streben nicht nach einem deutschen Europa, sondern wollen in einem europäischen Deutschland leben«. Diese letzte, von Thomas Mann geborgte Formel, wurde immer wieder, wie ein Segen oder ein Gebet, zur Geburt des vereinten Deutschland intoniert.

Nun sollte man nicht meinen, daß die deutschen Spitzenpolitiker dies nur den Kindern erzählt hätten – und den Nachbarn. Im großen und ganzen war es dasselbe, was sie sich gegenseitig erzählten. Und das war es auch, was zugleich sehr beruhigend und etwas beunruhigend war. Wenn sie, wie die Bundesrepublik in den siebziger und achtziger Jahren, auch eine klare außenpolitische Agenda gehabt hätten, basierend auf relativ klar definierten nationalen Interessen, wäre das gut gewesen. Kissinger meinte, das Angenehme bei den Verhandlungen mit Egon Bahr in den siebziger Jahren sei es eben gewesen, daß er eine verborgene Agenda hatte. Aufgeklärtes nationales Interesse hinter europäischer oder internationalistischer Rhetorik zu verstecken, das ist – darf man es zu sagen wagen? – ziemlich normal. Man denke nur an Frankreich. Mehr als dreißig Jahre lang war die Europäische Gemeinschaft auf Kompromissen zwischen derartigen Interessen aufgebaut, wenn sie natürlich auch – seien wir keine oberflächlichen »Realisten« – von dem tiefen Wunsch angetrieben wurden, aus den Tragödien der europäischen Geschichte zu lernen, und von den grenzüberschreitenden regionalen Erfahrungen, neuen transnationalen Herausforderungen und so weiter.

Die Formel von Thomas Mann, wie sie von Genscher zu neuem Leben erweckt wurde, ist ein guter Ausgangspunkt, um einige der Probleme herauszufiltern, die diese deutsche Europa-Vision in sich barg. Was bedeutet es, von einem »europäischen Deutschland« zu sprechen? Stellen wir nochmals den Unterschied zwischen dem präskriptiven und dem deskriptiven Gebrauch des Substantivs »Europa« und des Adjektivs »europäisch« fest. Als

Mann diesen Satz 1953 während einer Rede vor Hamburger Studenten aussprach, gebrauchte er den Begriff »europäisch« präskriptiv. Das neue Deutschland sollte europäisch sein, im Gegensatz zu Hitlers Deutschland, das es nicht war und statt dessen auf ein deutsches Europa gezielt hatte. Aber was, wenn wir den Begriff deskriptiv anwenden?

Bei Betrachtungen über den Rückfall Mitteleuropas vor 1945 in die Barbarei, schrieb der in Prag geborene britische Germanist J. P. Stern, daß das Herz Europas das Herz der Finsternis geworden sei. Und dann zitierte er aus dem gleichnamigen Roman von Joseph Conrad: »Nein, sie waren nicht unmenschlich. Ach wissen Sie, das war ja das Schlimmste daran – dieser Verdacht, daß sie gar nicht unmenschlich waren«. Über die akademischen Massenmörder des Dritten Reiches muß man sagen: »Nein, sie waren nicht uneuropäisch. Ach wissen Sie, das war ja das Schlimmste daran ...«

Thomas Mann selbst hatte 1945 die simplistische Unterscheidung zwischen einem »guten« und einem »bösen« Deutschland von sich gewiesen. »Das böse Deutschland«, schrieb er, »das ist das fehlgegangene gute, das gute im Unglück, in Schuld und Untergang.« Und die Geschichte Deutschlands birgt in konzentriertester Form die höchsten Höhen und tiefsten Tiefen der europäischen Geschichte. Wenn wir also den Begriff »europäisch« deskriptiv anwenden, dann müssen wir leider sagen, daß auch Nazideutschland ein europäisches Deutschland war. Auch die Worte »Europa« und »europäisch« sind während der gesamten europäischen Geschichte rücksichtslos mißbraucht worden. *Nation Europa* lautete der Titel einer nationalsozialistischen Zeitschrift.

Nichts davon disqualifiziert den Versuch, den Begriff »Europa« heute präskriptiv anzuwenden. Aber es qualifiziert ihn. »Es gibt eine Reihe von Dingen«, schrieb William Hazlitt, »bei denen die Idee allein ein geistiger Gewinn ist. Sollen die Menschen doch zum Beispiel Freundschaft, Genie, Freiheit verspotten, solange sie wollen – allein die Namen dieser gering geschätzten Werte sind besser als alles, was an ihre Stelle gesetzt werden könnte, und sie bleiben selbst vor dem gehässigsten Spott gegen sie gefeit. Es ist von nicht geringer Bedeutung, daß der Geist sogar zur Vortäuschung dieser Dinge imstande ist.« Ist Europa eine solche Idee? Einerseits gibt es viele, zumindest oder vielleicht vor allem in Mitteleuropa, die, wie Milan Kundera, meinen, Europa sei in der Tat ein Wert an sich. Andererseits gibt es jene (die man heutzutage öfter in London als in Berlin antrifft), die wie Bismarck sagen würden: »*Qui parle Europe a tort. Notion géographique.*«

Es gibt eine vertretbare Position, die dazwischen liegt. Sie besagt, daß Europa weniger ist als ein Wert an sich – es darf und sollte nicht auf das gleiche Niveau erhoben werden wie Freiheit, Wahrheit oder Gerechtigkeit –, aber mehr als nur eine geographischer Begriff. Wie bei »Frankreich«, bei »England«, ja, bei »Deutschland«, können wir uns entscheiden, daß es für gewisse Dinge steht, die in seiner Vergangenheit und Gegenwart gefunden werden können, selbst wenn es dort noch vieles andere zu finden gibt. Doch wenn wir uns dafür entscheiden, dann müssen wir auch buchstabieren, wie diese Dinge heißen – die, die wir heraussuchen wollen, und die, die wir nicht wollen. Thomas Mann hatte 1949 einem Auditorium in Oxford erzählt, daß er sein »europäisches Deutschland« zuerst in Schopenhauer, Nietzsche und Wagner gefunden hatte. Ist es das, was auch 1992 gemeint war? Einfach nur von einem »europäischen Deutschland« zu sprechen bedeutet, alles zu sagen – und daher nichts.

Und »kein deutsches Europa«? Wenn wir uns daran erinnern, in welchem Kontext Thomas Mann seine Äußerung tat, dann sollte es nun klar heißen, daß das neue Deutschland Europa nicht zu erobern versuchen wollte, wie Hitler es getan hatte. Zugegeben, abenteuerliche irische und spanische Hinweise auf ein zukünftiges »Viertes Reich« infolge der deutschen Vereinigung könnten zum Glauben bewogen haben, daß solche beruhigenden Äußerungen notwendig waren. Aber hatte man 1992 solche Versicherungen wirklich nötig? Wenn wir uns aber von der 1945er Interpretation eines »deutschen Europas« abwenden und der von 1992 zuwenden, dann sehen wir, daß es in mancher Hinsicht tatsächlich erklärte Politik der Bundesrepublik war, ein deutsches Europa anzustreben.

Die Grundgesetzänderung des Artikel 23 verpflichtete die Bundesrepublik dazu, an der Entwicklung einer »Europäischen

Union« mitzuwirken, »die demokratischen, rechtstaatlichen, sozialen und föderativen Grundsätzen und dem Grundsatz der Subsidiarität verpflichtet ist und einen diesem Grundgesetz im wesentlichen vergleichbaren Grundrechtsschutz gewährleistet«. »Gegen Ende dieses Jahrzehnts, dieses Jahrhunderts«, sagte Bundeskanzler Kohl, »werden die Länder der Europäischen Gemeinschaft eine gemeinsame Währung haben – eine Währung, die genauso stark und stabil sein muß wie die Deutsche Mark.« Der Föderalismus, den die Bundesrepublik für Europa verfocht, entsprach eher einem nach deutscher Art dezentralisierten Bundesstaat als dem britischen Alptraum vom stark zentralisierten Euro-Superstaat.

Nun mögen diese Dinge ja in sich bereits gut sein. Es könnte in der Tat eine sehr gute Sache sein, Grundrechte zu haben, die von einem Grundgesetz geschützt werden. Es könnte eine sehr gute Sache sein, eine Währung zu haben, die so stark und stabil ist wie die Deutsche Mark. Föderalismus nach deutscher Art bietet viel, was ihn empfehlenswert macht. Europa, West und Ost, könnte sehr wohl wünschen, große Teile des bundesdeutschen Modells zu adoptieren (und zu adaptieren). Aber all dies sind deutsche Dinge, und es wäre eine Verschleierung, etwas anderes zu behaupten. (Natürlich wollten auch die Franzosen in vielerlei Hinsicht ein französisches Europa, die Spanier ein spanisches Europa, und so fort.)

Während Bismarck gesagt hatte: »Setzen wir Deutschland in den Sattel«, erklärte nun Theo Sommer in der *Zeit*: »Jetzt müssen wir Europa in den Sattel setzen«. Aber was meinte Sommer mit »wir«? Den Pluralis majestatis? Die Deutschen? Die Eliten der wichtigsten europäischen Mächte? Und was, wenn das alte Mädchen nun gar nicht reiten wollte? Hätte Sommer dann für uns – wer immer »wir« auch sein mögen – die altbewährte Methode des Zeus vorgeschlagen, sich in einen Stier zu verwandeln und sie auf Kreta (oder in Brüssel) zu Bette zu tragen? Und überhaupt, wer ist sie eigentlich? Von welcher(m) Europa sprechen wir eigentlich? Und warum nur von Europa?

Warum Europa? Welches Europa?

Die zentralen Entscheidungen, die der deutschen Außenpolitik in den neunziger Jahren bevorstanden, drehten sich alle um diese zwei Fragen. Zuerst einmal: Warum Europa? Wenn wir Europa als eine Wertegemeinschaft betrachten oder als eine Gemeinschaft von freiheitlichen Demokratien, die sich zur gegenseitigen Unterstützung und Verteidigung verpflichtet haben, erhebt sich sofort die Frage: Warum nicht »der Westen«? Sind denn die Werte des Westens nicht in der Tat einfacher zu definieren als die Europas? Wieweit war es tatsächlich Europa – also die Europäische Gemeinschaft –, das Westeuropa vierzig Jahre Frieden, Zusammenarbeit, Sicherheit und Wohlstand verschafft hat, und wieweit war es eher der Westen – konkret gesagt also das westliche Bündnis, die OECD, die Bretton-Woods-Institutionen, und so weiter? Wieweit konnte es Europa nun wirklich alleine schaffen?

Davon abgesehen gab es natürlich die noch weitreichendere Frage: Warum nicht die Welt? Dies war nicht nur eine existentielle Frage um das Überleben der Menschheit auf dem Planeten schlechthin oder eine moralische um das Elend in der Dritten Welt, sondern auch eine harte politische, bei der es darum ging, welche Rache die Elenden der Erde an den Enklaven des relativen Friedens und Wohlstands nehmen könnten. Da diese Frage jedoch alle entwickelten Länder anging, und nicht nur Deutschland, werden wir sie hier nicht weiter vertiefen.

Eine andere Antwort auf die Frage: »Warum Europa?« lautete: wirtschaftliches Eigeninteresse. Gewiß, die Bundesrepublik hatte außerordentlich viel aus den Möglichkeiten der EG geschöpft. Die Handelsüberschüsse der Bundesrepublik innerhalb der EG übertrafen bei weitem ihre unmittelbaren, hohen Haushaltsbeiträge. Bundeskanzler Kohl meinte, daß die EG die alten europäischen Verhaltensweisen des nationalen *sacro egoismo* überwunden hätte. Doch wer immer versuchte, mit der EG in Handelsfragen einig zu werden, mußte sehr schnell feststellen, daß der wirtschaftliche *sacro egoismo* noch höchst lebendig war. In der Tat hatte die EG die heiligen Egoismen von Nationen, Regionen, ja selbst der einzelnen Industrien und Sektoren, eher angehäuft als überwunden.

Doch das langfristige wirtschaftliche Eigeninteresse des Handelsstaates Deutschland erforderte auch die Offenhaltung anderer Weltmärkte – zumindest in der OECD-Welt – und das Eröffnen neuer, vor allem im Fernen Osten. Dazu kam, daß eine Abgabe der Kontrolle über die eigene Währung keinesfalls selbstverständlich auch in Deutschlands eigenem Wirtschaftsinteresse liegen würde, denn es schien doch sehr unwahrscheinlich, daß eine Euro-Mark so stark und stabil sein könnte, wie es die Deutsche Mark gewesen war.

Am charakteristischsten, aber auch am ungewöhnlichsten war die politische Antwort der Bundeskanzler von Adenauer bis Kohl: Die Europäische Gemeinschaft würde gebraucht, um Deutschland vor sich selbst zu retten. Auch nach der Vereinigung war dieses Argument noch zu hören. 1991 sagte einer der hervorragendsten ehemaligen Diplomaten der Bundesrepublik, daß das Ziel deutscher Außenpolitik die Verhinderung von deutscher Hegemonie sein müßte. In der unmittelbaren Nachkriegszeit hatte Europa eine westliche »Doppel-Eindämmung« erlebt: von der Sowjetunion und von Deutschland. Viel zitiert wurde damals Lord Ismays Äußerung, daß die Nato dazu ausersehen war, die Amerikaner drinnen, die Russen draußen und die Deutschen drunten zu halten. Sollte Europa nun deutsche Selbst-Eindämmung erleben?

Dieses Adenauersche Argument war ernsthaft und aller Bewunderung wert, aber konnte es fünfzig Jahre nach Hitler wirklich als entscheidendes rationales Grundprinzip des deutschen Engagements für (EG-)Europa aufrechterhalten werden? Konnten deutsche Spitzenpolitiker Menschen, die in den siebziger Jahren geboren worden waren, wirklich noch immer sagen: Wißt ihr, wir müssen das machen, weil wir uns nicht wirklich trauen können? Verständlicherweise würde die Antwort dieser jungen Menschen lauten: Und warum sollten wir uns nicht trauen? Dazu kommt, daß dieses Grundprinzip bis 1990 immer zwei Seiten hatte. Durch das Anlegen von goldenen Handschellen hatte sich Deutschland auch befreit. Hatte es, nachdem es Souveränität abgegeben hatte, um sie zurückzugewinnen, nunmehr Souveränität zurückgewonnen, um sie wieder abzutreten?

Nun gab es jedoch ein weiteres Argument, das besonders auf

Deutschland nach dem Ende von Jalta zutraf. Hier ging es darum, daß Deutschland schlichtweg nicht alleine den neuen Herausforderungen aus dem Osten gewachsen war. So groß Deutschland auch war, diese Herausforderungen waren größer. Und sie standen buchstäblich vor der deutschen Tür: nur sechzig Kilometer von Berlin entfernt. Helmut Kohl betrachtete das Projekt Europäische Union als ein europäisches Dach über Deutschland. Aber ein Dach, das nur bis zur Ostwand reicht, ohne sie zu überragen, könnte nicht einmal Nieselregen abhalten, geschweige denn Schauer und Hagel.

Das führt uns zur zweiten Frage: Welches Europa? Nachdem François Mitterrand Ende 1989 versucht hatte, die deutsche Vereinigung zu verhindern oder zumindest zu verlangsamen, ließ er sich schließlich von Helmut Kohls emphatischer Verpflichtung beruhigen, die weitere politische und wirtschaftliche Integration der bestehenden EG voranzutreiben. Diese französisch-deutsche Verständigung war der wichtigste Motor hinter den Regierungskonferenzen über die politische wie die Wirtschafts- und Währungsunion und in der Folge des Maastrichter Vertrages. Im April 1990 breitete Mitterrand bei einem Treffen mit Kohl seine Vision von den »drei Kreisen« aus – ein geometrisches Bild, das den Historiker an einen früheren Gebrauch, mit recht unterschiedlichem Hintergrund, erinnert: hatte Churchill es doch 1953 für Adenauer auf die Rückseite einer Menükarte gekritzelt.

Während Churchills drei Kreise – die Vereinigten Staaten, Großbritannien und das Commonwealth, das Vereinte Europa – polyzentrisch, aber ineinandergreifend verliefen, waren Mitterrands Kreise konzentrisch. Den innersten Kreis bildeten Frankreich und Deutschland. Den nächsten der Rest der derzeitigen EG. Im dritten Kreis lag der ganze Kontinent Europa. Man könnte dies die kleineuropäische Idee nennen. Sie entsprang der (oder zumindest einer) Traditionslinie der ursprünglichen Europäischen Gemeinschaften aus den frühen fünfziger Jahren, noch mehr aber der Zeit nach dem Elysée-Vertrag zwischen Frankreich und der Bundesrepublik. Es war eine Vision von Europa, die Helmut Kohl sehr entsprach. In der Tat hatte er selbst einmal gesagt, Mainz läge in der Mitte Europas.

Bis 1989 deckte sich dieses Projekt Kleineuropa so ziemlich mit der Bonner Auslegung des Begriffs »Europapolitik«. Es gab eine Europapolitik auf den Westen und eine Ostpolitik auf den Osten bezogen. Der Gebrauch des Begriffes »Europa« pars pro toto war immer fragwürdig und war auch hinterfragt worden, doch die Realitäten, die kurzerhand »Jalta« genannt worden waren, schienen diese politische Option zu rechtfertigen. Dieses Kleineuropa, so konnte behauptet werden, sollte der Magnetkern eines größeren Europas sein.

Aber konnte diese Position nach 1990 aufrechterhalten werden? Wenn man Mitterrands zweiten Kreis betrachtet, so hatte die derzeitige EG aus zwölf westlichen und südlichen Mitgliedstaaten nun eine sehr seltsame Form, deren Gestalt nur durch den Hinweis auf den Eisernen Vorhang erklärlich gewesen war. Aus historischer und kultureller Sicht, auf Grund von wirtschaftlichen Entwicklungen, politischen Institutionen, Rechtsstaatlichkeit und Zivilgesellschaft – aus faktisch allen nur erdenklichen innenpolitischen Voraussetzungen für eine Mitgliedschaft –, gab es keinen Grund, weshalb Österreich nicht, Portugal aber schon dazugehören sollte. Und daß Griechenland drinnen war, Schweden aber draußen, war nach diesen Kriterien schlechterdings Unsinn.

Wenn man jedoch anhand von Geschichte, Kultur und Tradition aus der Zeit vor Jalta argumentierte und sich überdies an der Sehnsucht nach westeuropäischen, liberalen und demokratischen Normen orientierte, dann mußte man noch darüber hinausgehen. Alle Argumente, die in den siebziger Jahren für einen EG-Beitritt der noch unerfahrenen Demokratien von Spanien, Portugal und Griechenland herangezogen worden waren, konnten in den neunziger Jahren ebenso zumindest für Polen, Ungarn und die Tschechische Republik gelten. Wenn die Willkürlichkeit und »Abnormalität« der Jalta-Teilung am eindrücklichsten im geteilten Berlin zu sehen gewesen war, so war die Willkürlichkeit dieser neuen Trennungslinie in den geteilten Städten entlang der Oder zu sehen. Lag Görlitz in Europa, Zgorzelec (bis 1945 Teil ebendieser Stadt) jedoch nicht? War die Oder plötzlich zum Bosporus geworden?

Doch auch hier können wir noch nicht enden. Denn betrachten wir uns die östlichen und südöstlichen Grenzen dieser ostmitteleuropäischen Staaten, könnten wir auf Grund von Geschichte, Kultur, Traditionen und Sehnsüchten sehr ähnlich argumentieren. Wenn Böhmen und Mähren, weshalb dann nicht die Slowakei? Wenn Ungarn, warum nicht Rumänien? Wenn Polen, warum nicht Litauen? Und was ist mit der Ukraine? Und schließlich, die schwerwiegendste aller Fragen: Rußland. Mit Sicherheit gab es dort tiefe historische Bruchlinien, nicht zuletzt zwischen den Ländern des westlichen und östlichen Christentums. Tatsache ist jedoch, daß Europa keine eindeutige Abgrenzung nach Osten kennt. (Glücklich die Kontinente, die durch Meere begrenzt.) Gewiß waren die praktischen Schritte, die eingeleitet werden müßten, bevor beispielsweise Rumänien oder die Ukraine ernsthaft für eine Mitgliedschaft in der EG in Betracht gezogen werden konnten, derart zahlreich, daß diese Fragen – politisch gesehen – zu Fragen des nächsten Jahrhunderts wurden. Nichtsdestoweniger war die Definition von Europa auch für diese Länder von tiefer symbolischer und psychologischer Bedeutung.

Mitterrands Definition des dritten Kreises, das »kontinentale Europa«, barg ein weiteres und noch größeres Problem. Selbst wenn man davon ausging, daß Großbritannien mittels des Kanaltunnels dem Kontinent nach kurzer Abwesenheit von 5000 Jahren wieder zugefügt worden sei, so blieb noch immer das Thema Amerika. In den Helsinki-Prozeß war Nordamerika – also die Vereinigten Staaten und Kanada – ausdrücklich einbezogen. Als Mitterrand seinen fehlgeleiteten Entwurf einer »Europäischen Konföderation« lancierte – ein Trostpreis für die Länder in seinem dritten Kreis –, saßen die Teilnehmer der Konferenz, die als Gründungstreffen geplant war, unter einer riesigen Landkarte, die Europa in Ausdehnungen bis beinahe zu den Kurilen im Osten zeigte, aber westlich von Spanien abrupt endet. De Gaulle hätte dem zufrieden zugeschaut.

Doch für die Bundesrepublik waren die Beziehungen zu den Vereinigten Staaten, trotz der Vorbehalte vieler deutscher Intellektueller und politischer Meinungsmacher, immer lebenswichtig gewesen. Adenauer hatte dies unabhängig von seiner großen Versöhnung mit de Gaulle immer glasklar gesehen. Und das galt nicht nur für die Bundesrepublik im Westen. Nicht nur die Verteidigung und Unterstützung durch Amerika im Westen, sondern auch die aktive amerikanische Politik im Osten haben zur Realisierung der ostpolitischen Ziele der Bundesrepublik entscheidend beigetragen. War dies nun alles anders geworden? Der Amerikaner hat seine Schuldigkeit getan, der Amerikaner kann gehen?

Nun waren all diese Fragen natürlich auch deutschen Diplomaten und Politikern bewußt. Verständlicherweise tendierten sie jedoch dazu, zunächst einmal mit der alten Genscherischen Sowohl-als-auch-Rhetorik zu reagieren, die der Bundesrepublik im vorangegangenen Vierteljahrhundert ja auch wirklich gute Dienste geleistet hatte. Frankreich war der wichtigste Partner, aber Amerika auch. Die Vertiefung der EG hatte höchste Priorität, aber ihre Erweiterung auch. Rußland war Punkt eins im Osten, aber Polen auch. Und immer so fort. Nun müssen große, mächtige Länder, mit einer Menge Nachbarn, Partnern und Bittstellern, dies bis zu einem gewissen Punkt immer tun. Aber wenn sie etwas erreichen wollen, dann müssen sie auch Prioritäten setzen. Und um Prioritäten setzen zu können, muß man erst einmal entscheiden, was einem am wichtigsten ist, mit anderen Worten, was das nationale Interesse ist. Deutschland war nun zu unabhängig, zu souverän, zu mächtig, um den Luxus genießen zu können, keine Wahl zu treffen.

Kohl meinte, die beiden größten Aufgaben auf dem Weg zum »Europa der Zukunft« seien die Vertiefung der (derzeitigen) EG hin zur Europäischen Union und »die endgültige Überwindung der Spaltung des Kontinents zwischen Ost und West«. Überhaupt nicht klar war, ob diese beiden Dinge kompatibel waren. Selbst wenn sie es waren, hätten sie noch immer einer Prioritätenwahl bedurft. Der Blick sowohl nach West wie nach Ost bedurfte zusätzlicher Prioritätenwahlen. Politiker wie Politintellektuelle diskutierten darüber oft anhand der Beziehungen zwischen all den vielen multilateralen Institutionen, türmten die Akronyme aufeinander, wie Kinder Bauklötze, und nannten das Resultat eine neue europäische »Architektur«. Ein anderer Ansatz wäre, die tatsächlichen Mittel aufzuzeigen, die für diese und jene Zwecke bestimmt waren. Aber noch einfacher wäre es, dies als Wahl zwischen Ländern zu beschreiben.

Deutschland könnte Frankreich an die erste Stelle setzen.

Wenn Frankreich und Deutschland dann etwas tun würden, was man im weitesten Sinne als Einigung betrachten könnte, wäre das etwas Neues. Wenn Belgien, die Niederlande und Luxemburg dazukämen, könnte man das Resultat mit etwas dichterischer Freiheit vielleicht einen Staatenbund oder eine Bundesrepublik Nordwesteuropa nennen. Aber es wäre noch lange nicht Europa. Und eine solche kleineuropäische Strategie könnte sehr wohl auf Kosten der Beziehungen Deutschlands zu Großbritannien gehen, zu anderen Ländern in der derzeitigen EG und zu jenen, die noch immer draußenstanden.

Amerika schien die Bestrebungen für einen größeren (west-) europäischen Partner zu unterstützen. Doch eine solche Unterstützung war keineswegs auch für den Fall gewährleistet, daß das gaullistische Erbe und eine Verbindung der protektionistischen Reflexe aus Frankreich, Deutschland und den Beneluxländern in die internationale Sicherheitspolitik und in die internationale Wirtschaftspolitik einer solchen selbsternannten Europäischen Union einfließen würden. Es könnte daher sehr wohl zu einer noch härteren Prioritätenwahl für Deutschland kommen – zwischen Frankreich und Amerika.

Was den Osten anbelangt, so war die Liste der Auswahlmöglichkeiten beinahe endlos. Wenn jedoch der wichtigste potentielle Prioritätenkonflikt im Westen zwischen Frankreich und Amerika angesiedelt war, so war der wichtigste im Osten zwischen Polen und Rußland. Traditionell hatte Deutschland Rußland immer Priorität eingeräumt. Diese alte Priorität war mit der Ostpolitik neu belebt worden, aber aus zwingenden Gründen des nationalen Interesses. Nun gab es eine wirkliche Wahl. Rußland war keine Supermacht mehr, die ins Herz Europas reichte, wenn es auch noch immer im Besitz der entsprechenden Waffen war. Es war nicht einmal mehr des Nachbarn Nachbar. Namiers Gesetz der geraden und ungeraden Zahlen könnte nun in der Tat »Freundschaft« mit der Ukraine anstelle von Rußland diktieren. Doch wenn Deutschland wollte, konnte es ebenso mit der Tradition brechen und seinen Nachbarn Polen an die erste Stelle setzen.

Es gab Argumente für und gegen jede dieser Prioritäten. Doch das einzige, was Deutschland nicht tun konnte, war, alles zu tun. Denn würde Deutschland alles zu tun versuchen, würde ihm nichts gelingen.

Jenseits der Ostpolitik

Nun hat Deutschland natürlich nicht nichts getan. Das Land war auf die Belastungen seiner eigenen inneren Vereinigung fixiert – eine einzigartige Version des »großen Transitionstests«, mit dem alle ehemaligen kommunistischen Länder konfrontiert waren. Doch noch immer betrieb Deutschland eine aktive Politik gegenüber seinen sogenannten Nachbarn (von denen es im engeren Sinne nur zwei gab) im nunmehr vorsichtig so genannten »Mittel-, Ost- und Südosteuropa«. War dies eine »Ostpolitik Marke 2«, wie der *Economist* leichthin meinte? Sollte Deutschland eine neue »neue Ostpolitik« haben? Eine zweite, oder, im Falle der Sozialdemokraten, sogar eine dritte Ostpolitik? Oder vielleicht eine neue »europäische Ostpolitik«, eine gemeinsame Ostpolitik der Europäischen Gemeinschaft also?

Unsere Antwort mag einigen Lesern vielleicht erst einmal überraschend scheinen. Sie lautet: Nein! Das heißt, keine *Ost*politik. Das »Ost« in Ostpolitik bezeichnete einen von der Sowjetunion dominierten kommunistischen Staatenblock. Dieser Block existierte nicht mehr. Wo einst westliche Staaten, allen voran die Bundesrepublik, ob sie es wollten oder nicht, den Block als Block behandeln mußten – obwohl selbst zu dieser Zeit eine gewisse »Differenzierung« möglich gewesen war –, da konnten sie nun, selbst wenn sie wollten, den Osten nicht mehr als Block behandeln. Dazu kam, daß mittlerweile viele dieser ehemaligen osteuropäischen Staaten und Menschen ihr Bestmögliches gaben, um Europa anzugehören oder um – wie sie es mit unterschiedlicher historischer Berechtigung selbst ausdrückten – nach Europa zurückzukehren. Aber nicht nur nach Europa, sondern zum Westen, oder – wie man es vor allem in Rußland schlicht nannte – zur Welt. In fast jeder Hinsicht hatten sie einen sehr langen Weg zu gehen. Aber nicht in jeder. Einige Dinge – Werte und Ideale beispielsweise – können durch ein bloßes System oder eine Teilung nicht ausradiert werden. Ein nüchterner Vergleich der Werte und Ideale eines 68er Frankfurter Lehrers und eines 68er Krakauer Lehrers hätte sehr wohl zum Schluß führen können, daß der Mensch im Osten dem Westen näherstand.

Bereits das Wort Ostpolitik impliziert die Weiterexistenz eines Ostens. Genauso, wie das alte deutsche Selbstbild als Brücke, denn es ergibt ja keinen Sinn, eine Brücke zwischen West und West zu haben. Doch die tiefe Sehnsucht der meisten politischen und intellektuellen Eliten von Deutschlands unmittelbaren östlichen Nachbarn richtete sich exakt darauf, ein Teil des Westens zu sein – wieder zu werden, wie sie es ausdrückten –, ein Teil des wahrhaft westlichen Europas. Lag hier nicht auch der Schlüssel zu jener Sicherheit, jener europäischen Normalität, nach der deutsche Politiker so offensichtlich suchten? Wenn Deutschland ein normales, europäisches, westliches Land sein wollte, dann brauchte es, wie Frankreich oder Großbritannien, normale, europäische, westliche Nachbarn im Osten. Dies auszusprechen, impliziert natürlich bereits eine gewisse Priorität.

Nun waren die Aussichten für jene unmittelbaren östlichen Nachbarn, diese westliche, europäische »Normalität« zu erlangen, untrennbar vom Verhalten und den äußeren wie inneren Entwicklungen der (gegenwärtig westlichen und südlichen) Europäischen Gemeinschaft abhängig. Der vielleicht größte Fehler des Maastrichter Vertrages war, daß er nichts über das übrige Europa, das an die Tür klopfte, zu sagen wußte. Ostpolitik und Europapolitik, um an die Bonner Begriffe zu erinnern, konnten nicht mehr getrennt gedacht werden. Europa war zwar noch immer weit davon entfernt, eins zu sein, doch nun konnte es zumindest eine Europapolitik geben.

Ausführlich darauf einzugehen, wie Deutschland in den ersten beiden Jahren nach seinem eigenen »Tag der Einheit« gen Osten gehandelt hat, würde die Gewichte dieses Buches verlagern. Anders als die Geschichte der Ostpolitik ist dies eine Geschichte ohne Ende. Es gibt Themen und Zeiten, die man eigentlich nur in den stündlichen Nachrichtensendungen kommentieren sollte. Dennoch lassen sich einige Punkte herausgreifen.

Bis zu jenem Moment, als der sowjetische Botschafter in Bonn im März 1991 die sowjetische Ratifizierungsurkunde zum »2+4«-

Vertrag übergeben hatte, war es die vordringlichste Sorge der Bonner Regierung gewesen, die Sowjetunion zusammenzuhalten und ihre Kooperationsbereitschaft zu wahren. Auch nach der Ratifizierung mußten erst einmal die sowjetischen Truppen das Territorium der DDR räumen. Den baltischen Republiken legte man weiterhin ein langsames Tempo nahe. Mit dem fehlgeschlagenen sowjetischen Putsch im August 1991 änderte sich das. Unmittelbar darauf erkannte Deutschland die nun so genannten baltischen *Staaten* an – oder stellte, genaugenommen, die diplomatischen Beziehungen mit ihnen wieder her. Kohl nannte dies einen »bewegenden Augenblick«. Doch zumindest öffentlich sah er auch weiterhin einer »erneuerten Sowjetunion« freudig entgegen, die ihren Platz neben jenen Staaten des ehemaligen Osteuropas finden sollte, die im Bonner Sprachgebrauch »Reformstaaten« genannt wurden. Statt dessen aber löste sich die Sowjetunion auf.

Die Bundesrepublik behauptete zu Recht, sie hätte den größten Anteil westlicher finanzieller Transfers in die ehemalige Sowjetunion geleitet. Sah man sich jedoch die dramatischen Zahlen, die die deutsche Regierung errechnet hatte, genauer an, dann stellte man fest, daß sie auch alle großen Zahlungen für die deutsche Vereinigung, Exporte aus der ehemaligen DDR, die in Transferrubeln bezahlt wurden, Hermes-Bürgschaften und sogar private Spenden umfaßten. Bei den direkten Zuwendungen und Hilfsleistungen war der amerikanische Beitrag zumindest vergleichbar. Im Dezember 1992 vereinbarte Kohl mit Jelzin, daß die (post)sowjetischen Truppen bis Ende August 1994 abziehen sollten, vier Monate früher, als im 1990er Vertrag festgelegt worden war. Der ehemalige Außenminister Hans-Dietrich Genscher forderte eine »neue umfassende« Rußlandpolitik des Westens und vor allem der EG. Wie sie aussehen sollte, war jedoch noch völlig unklar, nicht zuletzt, weil niemand wußte, wie Rußland aussehen würde. Noch weniger klar war, ob Deutschland, die EG oder irgend jemand im Westen eine andere, möglicherweise fast ebenso wichtige Politik hatte: eine Ukrainepolitik.

Was war nun mit dem anderen großen kommunistischen Vielvölkerstaat – mit Jugoslawien? Unmittelbar nach der deutschen Vereinigung hatten sich die Hoffnungen des Westens, daß die sogenannte Bundesrepublik Jugoslawien zusammenhalten könnte, noch mit dem allgemeinen Bonner Wunsch nach Stabilität (Ordnung/Frieden) gedeckt, und mit der besonderen Besorgnis Bonns, nicht noch irgend jemand zu einem schlechten Beispiel von Selbstbestimmung zu ermuntern, mit dem die Sowjetunion »destabilisiert« werden könnte. Aber auch dies änderte sich im Sommer 1991. Nachdem Slowenien und Kroatien angesichts der serbischen Aggression ihre Unabhängigkeit erklärt hatten, geriet Hans-Dietrich Genscher, damals noch Außenminister, wegen der eher abwartenden Zurückhaltung in ein Sperrfeuer moralischer Entrüstung und Kritik. Hastig übertraf er dann jedoch selbst noch seine Kritiker und erklärte, Slowenien und Kroatien müßten anerkannt werden. Es mußte getan werden, er beharrte darauf, denn wie konnte man nur je von ihm glauben, daß er – dem die Menschenrechte und Selbstbestimmung heilig waren – je an etwas anderes gedacht haben könnte?

Dann spielte die deutsche Diplomatie ihre beträchtlichen Fähigkeiten und neue Muskelkraft aus, um eine »europäische« (das heißt EG-)Initiative für diese Anerkennung zu starten. Eine schwierige Aufgabe. Hier nur ein kleines Beispiel: Wie eine vertrauenswürdige Quelle bestätigte, hatte Genscher an einem gewissen Punkt heftigen Druck auf Bulgarien ausgeübt, damit es Mazedonien (noch) nicht anerkennen würde. Und dies, obwohl die Anerkennung eine kühne und konstruktive Entscheidung Bulgariens wäre – mutatis mutandis fast vergleichbar mit Deutschlands Anerkennung der Oder-Neiße-Linie. Warum hat Genscher das getan? Konnte es möglicherweise etwas mit Griechenland zu tun haben, das so oft der Joker im EG-Spiel gewesen war und das jetzt, auf eine Art und Weise, die man normalerweise eigentlich mehr mit »Osteuropa« in Verbindung brachte, heftigst gegen die Anerkennung von Mazedonien opponierte? Konnte es sich hier möglicherweise um ein Geschäft handeln: Deutschland würde die Anerkennung Mazedoniens (noch) nicht unterstützen, wenn Griechenland nicht gegen die Anerkennung von Slowenien und Kroatien opponierte? Oh, schöne neue Welt!

Trotz aller diplomatischer Finesse konnte Deutschland seine wichtigsten europäischen Partner noch immer nicht von der Weisheit dieses Schritts überzeugen. Deshalb stellte es sie vor vollendete Tatsachen und erklärte, daß es die Anerkennung in jedem Fall und noch vor Weihnachten leisten würde. Nach Absicherung einer gemeinsamen Resolution der noch widerstrebenden EG-Staaten, derzufolge die Anerkennung am 15. Januar 1992 ausgesprochen würde, sofern gewisse Voraussetzungen erfüllt seien, verfuhr Deutschland wie geplant und sprach die Anerkennung aus – vor Weihnachten.

Hier geht es um wenigstens vier verschiedene Punkte. Erstens: Wie wurde dies abgewickelt? Im deskriptiven, historischen Sinn war es außerordentlich europäisch, nicht übermäßig europäisch jedoch im präskriptiven, futuristischen Sinn. Zweitens: Warum wurde es getan? Mit Sicherheit darf man davon ausgehen, daß die meisten Deutschen, die diesen Schritt unterstützten, in allerbester Absicht gehandelt haben, die in nichts mit der Kriegsallianz zwischen Hitler und dem faschistischen Kroatien zu tun hatte. Im Gegenteil. Miloševićs Serbien war ihnen als ein neues Hitler-Deutschland präsentiert worden, und diesmal wollten sie auf der richtigen Seite stehen. (Ein Resultat davon war, daß die Bundesrepublik nun wiederum von Milošević den Serben als das neue Hitler-Deutschland präsentiert wurde.) Was man jedoch nicht sagen konnte, war, daß dieser plötzliche Sinneswandel in der deutschen Politik das Resultat einer nüchternen Bestandsaufnahme der nationalen Interessen gewesen wäre. Es war eine hastige Überreaktion, und mehr eine Reaktion auf die öffentliche und vor allem veröffentlichte Meinung als ein Beispiel von geistiger Führung. Natürlich gab es diese Tendenz nicht nur in Deutschland. Dies war eines jener strukturellen Probleme, denen Außenpolitik in einer Fernsehdemokratie unterworfen ist.

Der dritte Punkt sind die Konsequenzen dieser Entscheidung für das ehemalige Jugoslawien. Wurde die Situation durch sie verbessert, weil sie eine deutliche Warnung an die militärisch-politische Führung in Belgrad schickte, oder wurde sie verschlimmert, wie es viele amerikanische, britische und französische Politiker befürchtet hatten? Das eigentliche Problem bei dieser Anerkennung waren nicht Kroatien oder Slowenien an sich, sondern die verbliebene Republik Bosnien-Herzegowina. Hier baute sich ein Alptraum auf, den auch das Prinzip der Selbstbestimmung nicht so leicht lindern konnte – das selbst sogar ein Auslöser dieses

Alptraums gewesen sein könnte. Beim vierten Punkt geht es schließlich darum: Wer hatte die Konsequenzen zu tragen? Vor allem natürlich die Opfer, die Verstümmelten, die Vergewaltigten, die Beraubten, Männer, Frauen, Kinder des ehemaligen Jugoslawiens. Doch auch Deutschland trug indirekte Konsequenzen, indem es 1992 etwa 250 000 Kriegsflüchtlinge aus dem ehemaligen Jugoslawien aufnahm, im Gegensatz zu nur 4000, denen Großbritannien, und 1 000 denen Frankreich Einlaß gewährte. Die unbürokratische und großzügige Aufnahme dieser Menschen war etwas, worauf Deutschland stolz sein konnte.

Aber wie verfuhr man mit den Ursachen, und nicht nur mit den Folgen? In den Jahren 1990–91 hatte die deutsche Diplomatie gehofft, daß neue Konflikte in Europa durch eine gestärkte KSZE reguliert werden könnten. Der Helsinki-Prozeß wurde als goldene Brücke zwischen der Europäischen Gemeinschaft und der so lange angestrebten europäischen Friedensordnung betrachtet. Unglücklicherweise erwies sich der »Krisenmechanismus« der KSZE – wie er bei Genschers KSZE-Kongreß in Berlin vorgestellt wurde – bei der Verhütung des Blutvergießens in Bosnien als noch ohnmächtiger als jene Lösung, die auf Bismarcks Berliner Kongreß gefunden worden war. Multilaterale Gespräche, Scheckbuch und Telefon allein waren ganz und gar unzureichend.

Unter den gemeinsamen Auspizien von Vereinten Nationen und EG versuchten daher Soldaten aus Frankreich, Großbritannien und vielen kleinen europäischen Nationen Frieden zu stiften. Wohl oder übel sah sich Amerika wieder einmal in einer wichtigen Rolle. 1992 glänzten deutsche Soldaten durch Abwesenheit, obwohl Verfassungsbedenken gegen ihren Blauhelm-Einsatz unter UN-Auspizien bald ausgeräumt werden sollten. Bis dahin schickten Großbritannien und Frankreich die Soldaten, Deutschland nahm die Flüchtlinge auf. Dies eine »europäische Lastenverteilung« zu nennen wäre zweifellos eine zu harmonische Interpretation.

Diese Themen auf solch lapidare Weise anzusprechen bedeutet keinesfalls, daß bereits eine umfassende oder endgültige Beurteilung vorliegt. Es soll nur dazu dienen, die Gedanken auf Fragen zu konzentrieren. Das ehemalige Osteuropa bot ein ermutigenderes Bild als das ehemalige Jugoslawien und die ehemalige Sowjetunion. Ganz gewiß gab es auch hier keine klaren Grenzen zwischen Schwarz und Weiß. Rumänien im Jahr 1992 eine Demokratie zu nennen wäre eine romaneske – um nicht zu sagen, barocke – Windung des Wortes. In der Tschechoslowakei, die man als das westlichste unter den ehemaligen osteuropäischen Ländern anzusehen pflegte, war ein recht bitterer Nationalitätenkonflikt ausgebrochen, der schließlich zur friedlichen Trennung in zwei Staaten, die Tschechische Republik und die Slowakei, führte. In der innenpolitischen Landschaft Polens und Ungarns gab es an hohen und höchsten Stellen nicht nur die Europäer (präskriptiv), sondern auch die Europäer (deskriptiv), wobei erstere letztere Nationalisten, Populisten, Chauvinisten und so weiter nannten.

Dennoch gab es Fortschritte, und dabei spielte Deutschland eine sehr konstruktive Rolle. Gemeinsam mit den Vereinigten Staaten hatte es durchgesetzt, daß die ostmitteleuropäischen Staaten in den neuen Nato-Kooperationsrat aufgenommen wurden. Die Tatsache, daß auch alle anderen postsowjetischen Staaten dort Aufnahme fanden, schmälerte allerdings etwas den Reiz. Stille bilaterale Kooperation im Sicherheitsbereich schritt weiter voran und war vielversprechender. So wie einst die Bundesrepublik nur wenige Jahre nach ihrer Befreiung aus einer Diktatur im Europarat willkommen geheißen worden war, war Deutschland nun in der Lage, gemeinsam mit anderen etablierten westlichen Demokratien, die neuen Demokratien in dieser so oft vernachlässigten Institution des demokratischen Europas willkommen zu heißen.

Mittlerweile spielte Deutschland auch eine führende Rolle bei den Verhandlungen für die sogenannten »Europa-Abkommen«, die zwischen der Europäischen Gemeinschaft und den »Visegrád-Drei« – Ungarn, Polen und (noch) Tschechoslowakei – unterzeichnet wurden. In den wichtigsten Bereichen der Wirtschaft, wo diese Länder hofften, sofort mehr Waren in die EG exportieren zu können (Landwirtschaft, Kohle, Stahl, Textilwaren), waren diese Verträge noch immer protektionistisch, und illustrierten aufs beste, wie die EG als Aggregat des nationalen, regionalen und sektoralen *sacro egoismo* funktionieren konnte. Aber die Verantwortlichkeit lag hier sehr viel mehr bei

Frankreich und den südlichen EG-Mitgliedstaaten als bei Deutschland.

Doch diese Abkommen setzten sich auch zum Ziel, binnen zehn Jahren eine politische und wirtschaftliche Heranführung an die EG zu erreichen, was von Deutschland auch als möglicher Zeitrahmen betrachtet wurde, um mit Verhandlungen für volle Mitgliedschaften in der EG zu beginnen. Außerdem versprach Deutschland in seinen bilateralen Verträgen mit Polen, Ungarn und der Tschechoslowakei, positiv zur Perspektive eines EG-Beitritts zu stehen, sobald die Voraussetzungen dafür gegeben wären. Ähnliche Verträge mit Bulgarien und Rumänien erwähnten zwar die Heranführung an die EG, jedoch nicht die volle Mitgliedschaft. All diese bilateralen Verträge signalisierten den Wunsch der Bundesrepublik, ihre Beziehungen zu ihren östlichen Nachbarn auf eine neue Grundlage zu stellen, die natürlich auf den Errungenschaften der Ostpolitik aufbauen würde.

Nicht nur auf dem Papier, auch in der Praxis, nicht nur im Handel, sondern auch bei Aufbauhilfe für neue demokratische, rechtsstaatliche und Bildungsinstitutionen, stand Deutschland in vorderster Linie – sei es nun durch direkte Aktionen der Bundesregierung oder der Bundesländer, einzelner Städte, Parteistiftungen, privater Stiftungen oder schlicht durch Privatinitiativen. Außerdem würde, soweit überhaupt irgendein westliches Modell auf das postkommunistische Europa angewandt werden konnte, das Modell Deutschland gesucht: nicht nur, weil es die nächstgelegene, sondern auch, weil es eine soziale Marktwirtschaft war, weil es ein Rechtssystem und eine freiheitliche Demokratie aufwies, die auf den Trümmern eines totalitären Systems aufgebaut worden und spezifisch dazu ausersehen war, vor einem Wiedererwachen des Totalitarismus zu schützen. Wer hätte vor vierzig oder noch vor zwanzig Jahren gedacht, daß es ausgerechnet Deutschland sein würde, dem sich Ungarn, Tschechen und Polen als erstes zuwandten, als es darum ging, die Verfassungen der Freiheit zu entwerfen? Dies war eine außergewöhnliche und herzquikkende Neuheit.

Eines der ostpolitischen Leitmotive hätte man sich nun als riesiges Spruchband über Mittel- und Osteuropa schwebend vorstellen können: »Verflechtungszone«. Deutscher Sprachunterricht war nunmehr eine Wachstumsindustrie. Und entsprechend dem Grundsatz der Verflechtung war die Bundesrepublik auch bei der Abschaffung der Visapflicht für Polen, Ungarn, Tschechen und Slowaken führend. Die Millionen Besucher und Transitreisende forderten, besonders in den neuen Bundesländern, auch zu Feindseligkeiten heraus. In der Bilanz war dieser kühne Schritt jedoch bemerkenswert erfolgreich. Zu Beginn des Jahres 1992 konnte eine polnische Zeitung schreiben, daß die polnisch-deutschen Beziehungen noch niemals im 20. Jahrhundert so gut gewesen seien.

Aber Probleme gab es immer noch (oder wieder). Während das Thema der polnischen Grenze mit dem Vertrag zu den Akten gelegt worden war, rumorte das Thema der Reparationen für Polen, die zur Zwangsarbeit im Dritten Reich gezwungen worden waren, immer weiter. Die Verhandlungen zum bilateralen Vertrag mit der Tschechoslowakei brachten unerwartete Spannungen, wegen der unterschiedlichen Ansichten über das Datum, ab dem das Münchner Abkommen von 1938 für ungültig erklärt werden sollte (ex tunc oder ex nunc?), und wegen der Forderungen der sudetendeutschen Landsmannschaften.

Während sich Präsident Havel edelmütig für die Vertreibungen in der Nachkriegszeit entschuldigt hatte und ihn sein erster Staatsbesuch demonstrativ nach Deutschland führte (noch bevor er die Slowakei besuchte), beharrten die sudetendeutschen Funktionäre hartnäckig auf dem Niederlassungsrecht der Vertriebenen (und ihrer Kinder) im Sudetenland und auf Kompensationen für nach dem Krieg enteigneten Besitz. Schließlich verlangten sie sogar einen sofortigen Stop des staatlichen Privatisierungsprogramms in der Tschechoslowakei, bis diese Frage geklärt worden sei. Durch ihren Einfluß in der CSU verkomplizierten sie die Vertragsverhandlungen bis hin zu seiner endgültigen Ratifizierung im Bundesrat, wo der Freistaat Bayern noch immer gegen ihn stimmte. Nach der Teilung der Tschechoslowakei in die Tschechische Republik und die Slowakei versuchten sie dann, das ganze Thema erneut aufzurollen.

Anderswo bestand noch immer das Problem mit den verbliebenen deutschen Minderheiten. In Rumänien waren die Jahrhunderte alten deutschen Gemeinden durch Einwanderung nach

Deutschland beinahe ausgeblutet. In Polen hingegen gab es – im Sinne des Grundgesetzes – möglicherweise noch immer beinahe eine Million »Deutsche« und über zwei Millionen in der ehemaligen Sowjetunion. Die deutsche Regierung, die dieses Problem hauptsächlich durch die für Aussiedler verantwortliche Abteilung des Innenministeriums bearbeitete, konzentrierte sich nun darauf, daß sie, wie Kanzler Kohl es formulierte, »in der angestammten Heimat eine Zukunft sehen«.

Die Anzahl der Aussiedler aus Polen fiel in der Tat dramatisch ab, von mehr als 133 000 im Jahr 1990 auf weniger als 18 000 1992. Das lag zum Teil daran, daß die Bestimmungen, wer nun Deutscher sei und wer nicht, im Sommer 1990 enger gesteckt worden waren und das Abwicklungsverfahren nun im Lande der Antragstellung abgewickelt werden mußte. Teils lag es auch daran, daß sich die Perspektiven für jeden, der in Polen bleiben wollten, verbessert hatten. (Auch die polnische Auswanderung aus Polen war in den achtziger Jahren hoch gewesen.) Aber es lag auch daran, daß die demokratische polnische Regierung die kulturellen Rechte der deutschen Minderheit anerkannt hatte und die deutsche Regierung mehr Gelder in deren Städte und Dörfer pumpte. Mit einem deutschen Paß in Schlesien zu bleiben konnte nun durchaus eine attraktive Option sein.

Hingegen stieg die Anzahl der Aussiedler aus der ehemaligen Sowjetunion, trotz der deutsch-russischen, deutsch-ukrainischen und sogar deutsch-kasachischen Vereinbarungen für verbesserte Lebensbedingungen der Deutschen in alten und neuen Siedlungsgebieten. 1992 belief sich die Gesamtzahl der Aussiedler daher immer noch auf rund 230 000. Vom Standpunkt eines durchschnittlichen deutschen Wählers betrachtet, war dies nur Teil eines weit größeren Problems. Einwanderung hatte die Rote Armee als neue Bedrohung aus dem Osten ersetzt und wurde zum (buchstäblich) brandheißen Thema der deutschen Innenpolitik. Die Reaktionen der abgeschirmten Konsumgesellschaft der alten Bundesrepublik auf diese Einwanderung, aber mehr noch die Reaktionen der traumatisierten Gesellschaft der ehemaligen DDR, rangierten von nervös bis hysterisch. Schlagzeilen beschworen: »Das Boot ist voll«, wenn auch einige darauf aufmerksam machten, daß es ja eigentlich die

Flüchtlinge waren, die auf hoher See im sinkenden Rettungsboot saßen.

Dennoch, die Zahlen waren sehr hoch. Zu den ca. 230000 Aussiedlern waren ca. 250000 Flüchtlinge gekommen, etwa 50000 – 100000 illegale Einwanderer (zum Teil über die Oder und Neiße, Europas neuem Rio Grande) und die überwältigende Zahl von 435000 Menschen, die das großzügige Asylrecht nutzten und auch mißbrauchten, um als Asylsuchende im Land bleiben zu können. Man kann diese Zahlen nicht einfach addieren. Doch auch mit dieser Einschränkung belief sich die Gesamtzahl 1992 auf mehr als ein Prozent der gesamten deutschen Bevölkerung. Wie gewöhnlich suchte Deutschland nach einer »europäischen Lösung« seines Problems. Doch als diese nicht in Sicht kam, unternahm es einen eigenen Vorstoß und präsentierte ihn als Vorgriff auf eine europäische Lastenverteilung.

Nach quälenden Verhandlungen zwischen den großen Parteien einigte man sich darauf, das Recht auf Asyl so zu beschränken, daß es nicht mehr auf Menschen aus denjenigen Ländern anwendbar war, in denen es keine politische Verfolgung mehr gab. Unberechtigt Asylsuchende, die aus »sicheren Drittstaaten« nach Deutschland einreisten, sollten in diese zurückgeschickt werden. Polen und die Tschechische Republik wurden nun als »sichere Drittstaaten« eingestuft. Die Last wurde somit auf die unmittelbaren östlichen Nachbarn Deutschlands abgewälzt, obwohl Bonn bereit war, für diese Dienstleistung zu zahlen – und ihnen dabei behilflich zu sein, ihre Mauern und Zäune an den jeweils eigenen östlichen Grenzen zu verstärken. Auch hier war es eine allzu harmonisierende Interpretation, dies eine »europäische Lastenverteilung« zu nennen.

Dieser ganze Themenkomplex – Minderheiten, Aussiedler, Asylsuchende, Einwanderung und die Behandlung von Ausländern – warf immer neue Fragen auf. Eine von ihnen konnte kaum fundamentaler sein. Sie lautete: Wer ist Deutscher? Die Antwort, die die alte Bundesrepublik darauf gegeben hatte, war keinesfalls nur ethnisch. Aber die Auslegung des Artikels 116 des Grundgesetzes enthielt dennoch, was Johannes Gross den »völkischen Wurm« nannte. Die daraus entstandenen Probleme trafen mit einem ungewöhnlich liberalen Asylrecht und einem ebenso ungewöhnlich illiberalen Einbürgerungsrecht für in Deutschland lebende Ausländer zusammen. Das Ergebnis war ein gewaltiges Durcheinander.

Ausländer konnten sich mit der Auskunft, politisch verfolgt zu sein, auch wenn sie es eindeutig nicht waren, langfristiges Aufenthaltsrecht in Deutschland sichern. Ein junger Türke, der in Deutschland geboren war und sein ganzes Leben dort verbracht hatte, deutsche Schulen besucht hatte und fließendes Deutsch sprach, konnte kein deutscher Staatsbürger werden, wenn er nicht bereit war, seine türkische Staatsbürgerschaft aufzugeben. Gleichzeitig erkannte Deutschland Tausenden polnischer Bürger die deutsche Staatsangehörigkeit zu, wenn sie die deutsche Abstammung, den »Willen..., dem deutschen Volkstum anzugehören« oder Vorfahren in der Wehrmacht nachweisen konnten.

Man sollte dies alles nicht vereinfachen. Viele Menschen in Polen und, mehr noch, in der Sowjetunion hatten in der Tat gelitten, nur weil sie Deutsche waren. Frankreich hatte sich für seine *pieds noirs* verantwortlich gefühlt, Großbritannien für seine Falkländer. Die Deutschen im Osten einfach aufzugeben, hätte wirklich keine noble Haltung bewiesen. Doch die Frage: »Wer ist Deutscher?« war viel zu wichtig, als daß sie für immer eine Geisel der Geschichte bleiben konnte. Würden die Deutschen nun die primäre Betonung auf Volk, Stamm, Ethnos in eine modernere, liberalere Version von Staatsbürgerschaft verwandeln, wie sie es in den meisten anderen Bereichen des Lebens schon getan hatten? »Daß nur die Deutschstämmigen echte Deutsche sein können«, schrieb Johannes Gross, »ist ein barbarischer Aberglaube.« Und auch der Ostberliner Theologe Richard Schröder trug zur Debatte bei, indem er als wünschenswerte Normalität jene beschrieb, in der schwarze Deutsche voll akzeptiert wären.

Vor dieser Frage standen natürlich alle europäischen Länder. Doch sie stellte sich vor allem Deutschland, und Deutschland würde erst einmal für sich selbst eine Antwort finden müssen. Europa würde Deutschland nicht die Arbeit abnehmen, selbst dann nicht, wenn die EG wirklich einmal eine europäische Staatsbürgerschaft hervorbringen sollte. Und hier ging es auch nicht nur um Selbstdefinition. Es ging auch um das Beispiel, das Deutschland den Ländern im Osten geben würde. Von den Vorkehrungen, die für deutsche Minderheiten durch die deutsche Regierung getroffen und in den bilateralen Verträgen festgeschrieben wurden, hieß es, sie würden mit den multilateralen Verträgen und den KSZE- und europäischen Normen übereinstimmen. Das war zweifellos der Fall. Doch richtig war auch, daß ein mächtiger Nationalstaat hier bilateral versuchte, eigene Staatsangehörige und (nach seiner eigenen Definition) Volkszugehörige kulturell, wirtschaftlich und rechtlich innerhalb eines anderen Staates zu unterstützen. Das Ausmaß an Unterstützung und Protektion, das ihnen zuteil wurde, hing vom Willen und der Macht des Schutzstaates ab. Es geschah im wesentlichen durch eine Abteilung des Innenministeriums.

Hans-Dietrich Genscher sagte, die Außenpolitik des vereinten Deutschlands sollte eine »Politik des guten Beispiels« sein. Aber war das wirklich ein gutes Beispiel? Wenn sich Deutschland so verhalten konnte, warum dann nicht auch Ungarn gegenüber seinen großen Minderheiten in der Slowakei, in Siebenbürgen und im ehemaligen Jugoslawien? Und warum nicht Polen gegenüber seinen Minderheiten in Litauen? Und Rußland für seine riesigen neuen Minderheiten? Und was war mit Kroatien? Und, ja sogar das, mit Serbien? Deutschlands Minderheiten hatten in der Vergangenheit leiden müssen. Aber das mußten auch die meisten anderen Minderheiten. Natürlich wandte Deutschland nicht wie Serbien (und in geringerem Ausmaß auch Kroatien und Rußland) Gewalt an, drohte nicht mit Gewalt, lieferte nicht einmal den kleinsten Hinweis auf die Androhung von Gewalt. Aber war dieses Schutzstaat-Modell die Heilung, oder eben auch ein Teil der Krankheit?

In Polen bemühten sich Vertreter der deutschen Regierung und aufgeklärtere Funktionäre der Landsmannschaften – durch die auch öffentliche Gelder verteilt worden waren –, Sensibilitäten zu respektieren und dafür zu sorgen, daß die Unterstützung sowohl den Polen als auch den Deutschen zugute kam. Doch einige der dort ansässigen Deutschen waren nicht so zurückhaltend. Auch hier hatte Unterdrückung altmodischen Nationalismus eher geschürt als gedämpft. Und der wurde von unverbesserlichen Vertriebenen und nationalistischen Randgruppen aus Deutschland nur noch gefördert. Echter Irredentismus war noch immer unwahrscheinlich, nicht zuletzt weil die deutsche Minderheit (anders als beispielsweise die ungarische in der Slowakei) nicht in unmittelbarer Nachbarschaft zum Vaterland lebte, sondern konzentriert in der Gegend um Oppeln. Spannungen vor Ort waren wahrscheinlicher.

Hartmut Koschyk, ein christdemokratischer Bundestagsabgeordneter, der sich für ein konstruktives, friedliches Engagement der Vertriebenen in diesem Gebiet einsetzte, schrieb: »Europäische Normalität muß als Endziel gesehen werden.« Ein vertrauter Appell! Doch er fuhr fort: »Eine Normalität, die in Mitteleuropa – das mehr ist als nur eine Idee – seit Jahrhunderten als Selbstverständlichkeit praktiziert wurde.« Wenn man nüchtern und ohne Nostalgie oder Wunschdenken betrachtet, was, zumindest in den vorangegangenen eineinhalb Jahrhunderten, wirklich die Normalität in Mitteleuropa gewesen war, dann war diese Perspektive nicht besonders ermutigend.

Alles verband sich natürlich mit der Frage der deutschen Wirtschaftspräsenz in der Region. Trotz des vielen Geredes über »Hegemonie«, »Vorherrschaft« oder »Dominanz« war diese Präsenz Ende 1992 quantitativ noch schwer zu bestimmen. Erstens waren die neuen Handelsstrukturen nach dem Ende der DDR, des Comecon und der Sowjetunion noch nicht voll hergestellt, zweitens waren die Investitionsstrukturen noch nicht aufgebaut. Mitte 1992 beliefen sich die deutschen Investitionen in der Tschechischen Republik angeblich auf achtzig Prozent der gesamten Auslandsinvestitionen. Überraschenderweise wies Ungarn mehr amerikanische als deutsche Investitionen auf, wohingegen in Polen der deutsche Anteil auf etwa ein Drittel geschätzt wurde. Die gesamten Investitionszahlen waren jedoch noch immer so gering, daß sich die Proportionen jederzeit verschieben konnten.

In der Tschechischen Republik beispielsweise wurde die Proportion durch ein einziges großes Investment verändert – Volkswagen bei Skoda. Die Tatsache, daß der Automobilhersteller Skoda an Volkswagen und nicht an Renault ging, wurde fast überall als Vorzeichen gedeutet, wie die Dinge sich entwickeln würden. Trotz der Konzentration von öffentlichem und privatem Kapital auf die neuen Bundesländer war die Präsenz Deutschlands noch immer die bei weitem größte und aktivste, mehr als die jedes anderen westeuropäischen Landes. Die Vermutung, daß sich deutsche Investitionen früher oder später verstärken würden, sobald die neuen Bundesländer weniger Kapital auf sich ziehen würden, schien durchaus gerechtfertigt.

Daraus resultierten natürlich Furcht und Hoffnung gleichermaßen. Der polnische Schriftsteller Andrzej Szczypiorski meinte, die Polen hätten sich einst davor gefürchtet, daß die Deutschen mit Gewehren kommen; nun fürchteten sie sich davor, daß sie mit Scheckbüchern kämen. Doch schlimmer für Polen wäre es, wenn die Deutschen mit den Scheckbüchern nicht kämen. Die postkommunistischen Länder wollten alle eine Variante der Marktwirtschaft. Mit anderen Worten, eine Version des Kapitalismus. Kapitalismus erfordert Kapital. Kapital hatten sie kaum. Deshalb mußte das Kapital, wie so oft in der Geschichte dieser Region, von außen kommen. Deutschland war nebenan und hatte eine Menge Kapital.

Unter den Anspannungen der Vereinigung war Deutschland 1992 ein Nettokapitalimporteur geworden. Doch innerhalb weniger Jahre würde sich das mit an Sicherheit grenzender Wahrscheinlichkeit bessern. Nur, weshalb sollte dieses Kapital dann in das ehemalige Osteuropa fließen, und nicht in andere europäische Gebiete mit Niedriglöhnen, aber mit besseren Kommunikationsstrukturen und garantiertem Zugang zum europäischen Binnenmarkt, wie beispielsweise Spanien oder Portugal? Und wenn es denn nach Osten fließen sollte, weshalb dann nicht gleich nach Fernost? Abgesehen von der räumlichen Nähe wäre der größte Vorteil, den das ehemalige Osteuropa im Vergleich anzubieten hätte, sehr billige qualifizierte und unqualifizierte Arbeitskraft. Ein unfreundliches Wort für die Nutzung dieses Vorteils wäre »Ausbeutung«. Doch daß sich Kapital philanthropisch verhalten würde, schien in einer höchst kompetitiven Welt, in der selbst Westeuropa reichlich zu tun haben würde, um mit dem Fernen Osten mithalten zu können, höchst unwahrscheinlich. Wenn es also keinen Weg gab, um dieses Dilemma zu vermeiden, dann sollte es ausgesprochen werden.

»Nichts könnte den deutsch-slawischen Beziehungen größeren Schaden zufügen«, schrieb Elizabeth Wiskemann 1956, »als wenn Polen und Tschechen den Eindruck hätten, daß sie, kaum vom kommunistischen Joch befreit, gezwungen wären, sich in das

Geschirr der deutschen Wirtschaft einspannen zu lassen.« Eine Prophezeiung, die sich erfüllt? Wiskemann fuhr fort: »Es wäre äußerster Takt vonnöten, um diesen Eindruck zu vermeiden: Derselbe Deutsche, der ausgezeichnet mit den Repräsentanten Frankreichs, Italiens oder der Beneluxländer im Westen arbeiten konnte, könnte traditionelle Schwierigkeiten haben, gleichermaßen gute Manieren im Osten an den Tag zu legen...« Wiskemann, die dies nur ein Jahrzehnt nach Hitler schrieb, meinte es ironisch, ja, sogar sarkastisch. Doch könnten wir diesen Satz heute nicht ruhig und ernsthaft bedenken? Wäre nicht gerade äußerster Takt seitens der Deutschen in dieser Region in den neunziger Jahren vonnöten?

Hier müssen wir einen Augenblick bei Wiskemanns Wort »traditionell« verweilen. In den neuen bilateralen Verträgen hieß es in der jeweiligen Präambel, daß man »an die guten Traditionen... in der Jahrhunderte alten Geschichte von Deutschland und Polen« anknüpfen wollte, an die »fruchtbaren Traditionen« mit Bulgarien, an die »Traditionen fruchtbarer Beziehungen« mit Rumänien, an »Jahrhunderte alte fruchtbare Traditionen« mit der Tschechoslowakei und sogar »an die traditionelle Freundschaft, die sich über Jahrhunderte entwickelt hat« mit Ungarn. Doch wie viele Deutsche hatten auch nur die leiseste Ahnung von deutscher Geschichte und deutschen Traditionen im Osten? Im Dritten Reich hatte der Nazismus jegliche Forschung über die Länder östlich von Deutschland vergiftet. Dieser Giftkelch wurde von so manchem damaligen Wissenschaftler und Lehrer nach 1945 weitergereicht. Dann gab es plötzlich einen Bruch, und »der Osten« – nunmehr in der unhistorischen »Jalta«-Definition – wurde zum Feld der politischen Wissenschaften, Sicherheitsstudien, Politintellektuellen, Journalisten und professionellen Politiker. Das Nachdenken über Geschichte und Traditionen der deutschen Präsenz östlich der Oder, westlich der Neiße und südöstlich des Erzgebirges wurde mit wenigen rühmlichen Ausnahmen den Vertriebenen überlassen. Immer wieder wurde festgestellt, daß Mallorca für die meisten jungen Westdeutschen näher lag als Leipzig und Kalifornien vertrauter war als Schlesien. Sie lebten mit dem Rücken zur Mauer – und von ihr mehr geschützt, als vielen angenehm war zuzugeben.

Nun hatte sich das alles verändert. Die Vereinigung öffnete das Fenster zum Osten. Aber was würden die Menschen dort sehen? Wie würde man ihnen den Osten präsentieren? Was waren diese »guten Traditionen«, an die es anzuknüpfen galt? Gab es denn welche? Der einflußreiche Verleger Wolf Jobst Siedler kündigte eine schön gestaltete, zehnbändige Reihe mit dem Titel *Deutsche Geschichte im Osten Europas* an. Er sagte, darin sollte die Welt des »deutsch besiedelten oder deutsch durchdrungenen Ostmittel- und Osteuropas« dargestellt werden – eine deutsche Welt im Osten, die »in den Katarakten der Geschichte versunken und zuletzt schuldhaft verspielt worden« sei. Ein zeitlich wohlgesetztes Unternehmen.

Von ebendiesem Verleger war aber in einem Buch zu lesen, das er 1991 unter dem Titel *Deutschland, was nun?* veröffentlichte, Deutschland sei »wieder die Hegemonialmacht ganz Mittelosteuropas«. Deutschland, sagte er, würde für die Tschechoslowakei, Ungarn und teilweise auch für Polen »die Führungsmacht« sein. Deutschland würde, behauptete er, »möglicherweise seine traditionelle Rolle in Osteuropa wiedergewinnen«. »Böhmen und Mähren«, bemerkte er, »sind ein Teil Europas, der deutschen Welt, hätte ich fast gesagt«. Deutschland könnte eine »Suprematie« nicht vermeiden. Deutschland würde eine »Schlüsselfunktion« für Ungarn, die Tschechoslowakei und vor allem Polen zukommen. »Natürlich wollen wir die Polen nicht vertreiben, aber ich glaube in der Tat, eines Tages werden sich Pommern und Schlesien und Böhmen-Mähren wieder nach Deutschland orientieren.«

Der Historiker Arnulf Baring, unter dessen Namen dieses Buch erschien, war da skeptischer. Er glaubte, daß die Deutschen diese Herausforderung eher vermeiden und neue Mauern zum Schutz ihrer bescheidenen, bürgerlichen Idylle aufbauen würden. Wenn sie sich ihr jedoch stellen würden, so bezweifelte er ihre Fähigkeit, dies »behutsam und doch energisch, taktvoll und gleichzeitig zielstrebig« zu tun. Doch sogar er versuchte seinen Landsleuten diese Aufgabe zu präsentieren, indem er von »einer Kolonisierungsaufgabe, einer neuen Ostkolonisation« sprach. Und über die ehemaligen deutschen Gebiete unmittelbar östlich von Deutschland sagte er, sie seien, »wenn man so will, gemeinsame Territorien«.

An dieser Stelle muß etwas leicht Schockierendes angebracht werden. 1991 hatten viele Menschen in Deutschland und anderswo gehofft und geglaubt, daß die Deutschen zumindest die Territorialfragen ein für alle Mal geklärt hätten. Doch nicht einmal da durfte man sich sicher sein. Überall im ehemaligen Osteuropa, in der ehemaligen Sowjetunion und im ehemaligen Jugoslawien waren Gebietsfragen wieder zu offenen Fragen geworden. Es wurde auch angemerkt, daß die Hälfte aller europäischen Grenzen weniger lange bestanden als die Grenzen in Afrika, und einige von ihnen hatten sich bereits als weniger dauerhaft erwiesen. Für Deutschland stand schon eine territoriale Frage zur Diskussion: die Gegend um Kaliningrad, jene hochmilitarisierte russische Exklave zwischen Litauen und Polen – aber eben auch einst das Königsberg von Kant und Teil des nördlichen Ostpreußens.

Bereits 1988 war der Bankier Friedrich Wilhelm Christians mit dem Vorschlag hervorgetreten, dieses Gebiet in eine besondere Wirtschaftszone zu verwandeln: in eine »Ostseeregion K.«. Als sich die Perestroika zum Kollaps der Sowjetunion entwickelte, wurde dieser Vorschlag ernsthaft in der russischen Presse diskutiert. Es war also ganz und gar nicht unmöglich, daß Rußland an einem bestimmten Punkt bereit sein würde, dieses Gebiet gegen harte Währung und das Versprechen auf mehr westliche »Kooperation« zu verkaufen.

Wie würden die Deutschen auf ein solches Angebot reagieren? Auf einer Konferenz Mitte 1992 stellte diese Frage ein israelischer Journalist und beantwortete sie gleich selbst. Sie würden sagen: »Ja, aber in einem europäischen Rahmen.« Etwa drei Monate später schrieb der Historiker Michael Stürmer, der auch Teilnehmer dieser Konferenz gewesen war, einen Leitartikel in der *Frankfurter Allgemeinen Zeitung*, mit der Überschrift: »Eine Aufgabe namens Königsberg«. Nach einer Darstellung des miserablen und bedrohlichen Zustandes der russischen Militärregion sprach er sich für die Idee einer Freihandelszone aus, nicht aber für den Vorschlag (den Christians unterstützte), daß Volksdeutsche aus der ehemaligen Sowjetunion dort angesiedelt werden sollten.

»Das deutsche Interesse«, so schrieb er, »kommt nicht allein aus Vergangenheit und Geschichte. Es muß sich vor allem darauf richten, die Ostseeküsten zur Stabilitäts- und Wohlstandszone zu machen.« Allerdings könnten solche Vorschläge nicht allein von den Deutschen kommen. »Der Europäischen Gemeinschaft gebührt der Vortritt, im Denken und im Handeln.« »Ein Gesamtkonzept der Europäischen Gemeinschaft für den baltischen Raum müßte in absehbarer Zeit Königsberg in den EG-Binnenmarkt einbeziehen. Rußland erhielte dadurch Teilmitgliedschaft und damit auch einen vorteilhaften Sonderstatus gegenüber der Europäischen Gemeinschaft.« »Was immer zu tun bleibt, es wird sich nur mit Rußland machen lassen.« Obwohl er auf das Interesse aller Ostseeanrainer hinwies, fielen die Worte »Litauen« und »Polen« nicht ein einziges Mal.

Nun darf diese ergötzliche Mischung aus Euro-Planung und neobismarckscher Rußlandpolitik natürlich nicht als Ausdruck deutscher Regierungspolitik betrachtet werden, auch wenn Stürmer der Direktor einer führenden, dem Regierungshaushalt zuzuordnenden außenpolitischen Denkfabrik des Landes war. Doch die Frage von Königsberg sollte nicht vergehen. Je besser die Dinge sich in Rußland entwickeln würden, um so wahrscheinlicher würde sie gestellt werden. Würden sich die Dinge zum Schlechteren wenden, würden russische Militärs an ihrem Stützpunkt einfach festhalten. Eine mehr westlich orientierte, zivile Regierung würde Gespräche darüber eher wahrscheinlich machen.

Wichtig ist hier zu betonen, daß die Demilitarisierung des Gebietes um Königsberg auch im Interesse Polens und Litauens wäre. Eine Freihandelszone, als Teil einer aufstrebenden Hanse, wäre für sie jedoch kein so großer Segen. Denn sie würde ziemlich sicher Investitionen begünstigen – allem voran deutsche Investitionen –, die anderenfalls nach Danzig oder Memel geflossen wären. Der genaue Rechtsstatus dieses Gebiets wäre auch zweifellos Thema delikater Verhandlungen. In der *Zeit* schlug Marion Gräfin Dönhoff ein Viermächte-Kondominium aus Rußland, Polen, Litauen und – da einige noch immer Einwände gegen Deutschland haben könnten – Schweden vor. Nach der Viermächtestadt Berlin nun die Viermächtestadt Königsberg? Doch selbst wenn die formelle Souveränität bei Rußland bliebe, wäre Deutschland mit massivem wirtschaftlichen Einsatz an einem außergewöhnlich sensiblen Punkt involviert.

Was war nun mit den Gebieten unmittelbar östlich von Deutschland? Churchill schrieb in seinen Memoiren über die Zueignung der großen Teile Schlesiens zwischen der östlichen und der westlichen Neiße zu Polen, auf der Stalin bestanden hatte: »Eines Tages würden die Deutschen ihre Gebiete zurückhaben wollen, und die Polen würden nicht in der Lage sein, sie daran zu hindern.« Eine brutal klare Äußerung, die aber ziemlich genau widerspiegelte, was über die Jahrhunderte in Mittel- und Osteuropa geschehen war. Starke Staaten neben schwachen Staaten mit Gebieten, nach denen die starken Staaten trachteten und auf die sie ein paar historische Ansprüche geltend machen konnten, haben sie sich früher oder später einverleibt. Auf diese Weise hatte doch Preußen einst Schlesien überhaupt bekommen. Nun war dies mittlerweile ein ganz anderes Deutschland in einem ganz anderen Europa. Doch die Zusammenarbeit zwischen starken und schwachen Staaten mit umstrittenen Gebieten und dort verbliebenen nationalen Minderheiten war noch immer eine äußerst delikate Angelegenheit. Und 1992 war Polen nicht nur wirtschaftlich sondern auch politisch ein schwacher Staat.

Man mußte nicht die Alptraumversion von Günter Grass teilen – in der sich Deutschland »ein gut Stück Schlesien, ein Stückchen Pommern« wirtschaftlich untertan machte –, um hier Spannungen voraussehen zu können. Die deutsche Grenzstadt Görlitz warb in der *Financial Times* als das »Centre of Lower Silesia« für sich. Äußerster Takt? Deutsche Politiker waren ganz besonders auf Kooperationen in den »Euroregionen« erpicht, die die Grenzregionen zwischen Deutschland, der Tschechischen Republik und Polen umfaßte, beziehungsweise zwischen Bayern, Sachsen und Böhmen, Sachsen, Brandenburg und Niederschlesien, Mecklenburg-Vorpommern und Pommern. Auch hier, zu Deutschlands Osten, sollten, wie zuvor zu Deutschlands Westen, Grenzen geöffnet und ihrer Bedeutung enthoben werden. Sie sollten Menschen zusammenbringen, anstatt sie zu trennen. Doch Regionalismus in Ostmitteleuropa könnte, wie auch Siedlers Äußerungen suggerieren, eine etwas andere Bedeutung haben als bei alt-etablierten Staaten in Westeuropa.

Wie in diesem Buch ersichtlich wurde, strotzte die Geschichte der Ostpolitik nur so von bewußten wie unbeabsichtigten Paradoxa. Während der Vorbereitung einer neuen Europapolitik würden sich deutsche Politiker vielleicht eines weiteren Paradoxons bewußt werden müssen. Im ehemaligen Osteuropa könnte der Weg zur Überwindung der Staatsnation erst einmal über die Konsolidierung der Staatsnation führen. Man mag sich zwar die Dinge anders wünschen, nur wurde bislang noch kein besserer Garant der Menschen- und Bürgerrechte in Europa gefunden als die etablierte, rechtsstaatliche, freiheitliche, demokratische Staatsnation. Daß die EG oder die KSZE oder die UN in dieser Hinsicht ein Ersatz für den Staat sein könnten, war eine Hoffnung, aber noch keine Realität.

Es muß nochmals ausdrücklich betont werden, daß hier die guten Absichten deutscher Politiker keinesfalls angezweifelt werden sollen. In der Tat war es bei der Ausformulierung deutscher Außenpolitik nach der Vereinigung höchstens ein Problem gewesen, daß es zu viele gute Absichten gab. Was wir hier versucht haben – ganz im Sinne der Ermahnung Adenauers –, ist nur, einige der Fragen zu bestimmen, die sich recht bald stellen könnten, und »eventuell [zu] warnen«. Man kann die Schwierigkeit und Empfindlichkeit der Herausforderungen, mit denen Deutschland auch jetzt aus dem Osten konfrontiert war, kaum überschätzen. Die wirkliche Versöhnungsarbeit würde noch mindestens eine weitere Generation beanspruchen. Sie würde der aufrichtigen und unsentimentalen Geschichtsdeutung bedürfen, des Respekts für die unterschiedlichen Errungenschaften selbst armer Nachbarn und größter Sensibilität.

Auf einer Bank vor dem Kloster Strahov in Prag fragte ein deutscher Herausgeber einen alten Prager, ob die Deutschen zurückkommen sollten. »Ja schon«, kam die spontane Antwort, »aber sie müßten die Juden mitbringen!« Mitteleuropa würde nie wieder sein, was es einmal war. Aber in mancher Hinsicht könnte es besser werden: kaum kulturell, aber politisch, wirtschaftlich, sozial. Das würde eines außerordentlichen deutschen Engagements bedürfen, aber auch einer außerordentlichen Selbstbeschränkung. Nach fünfundvierzig Jahren des unablässigen Versuches, die Grenzen deutscher Macht zu erweitern, müßten sich die Deutschen nun einen neuen Habitus aneignen: die Macht, die sie hatten, nicht voll auszuspielen. Aber sie standen auch vor der ganz besonderen und noch schwierigeren Aufgabe, zur Konsolidierung von benachbarten demokratischen Staatsnationen beizutragen, wobei diese auch Gebiete umfaßten, die bis vor recht kurzer Zeit deutsch besiedelt waren.

Möglichkeiten

Kurz vor seinem Tod im Herbst 1992 hat Willy Brandt eine Abschiedsbotschaft in beinahe alttestamentlichem Stil verfaßt. »Unsere Zeit«, schrieb er, »steckt, wie kaum eine andere zuvor, voller Möglichkeiten – zum Guten und zum Bösen. Nichts kommt von selbst. Und nur wenig ist von Dauer. Darum – besinnt Euch auf Eure Kraft und darauf, daß jede Zeit eigene Antworten will ...« Als der große alte Mann der deutschen Ostpolitik diese delphischen Abschiedsworte niederschrieb, war das Spektrum der Möglichkeiten in Europa in der Tat sehr breit.

Es schien möglich, daß zumindest Teile des ehemaligen Osteuropas im frühen 21. Jahrhundert ein Gebiet aus sicheren, liberalen, demokratischen Staaten bilden könnten, kooperierend mit Nachbarn und Partnern in einer vergrößerten Europäischen Gemeinschaft und in einem westlichen Bündnis. Es schien möglich, daß polnische, ungarische und tschechische Bürger Rechte, Freiheiten und Lebenschancen haben würden, vergleichbar mit jenen, die spanische, portugiesische und griechische Bürger zu Beginn der achtziger Jahre gehabt hatten. Es schien möglich, daß sich Toleranz, Pluralismus, Demokratie und die Vorzüge immer engerer Kooperationen von West nach Ost ausbreiten würden und daß sich Deutschland demzufolge zwischen West und West finden könnte, tatsächlich – um an Weizsäckers Satz zu erinnern – »aus der Mittellage erlöst«. Zwar wäre dies noch nicht jene endgültige »Vereinigung« oder »Heilung« Europas, von der Menschen in Prag, in Berlin und sogar in Oxford in den frühen achtziger Jahren geträumt hatten. Aber es wäre ein großer Schritt darauf zu.

Es schien aber auch möglich, daß sich Intoleranz, Tribalismus und die Kräfte der Desintegration von Ost nach West ausbreiten würden und sogar die Substanz dessen bedrohen könnten, was in der Europäischen Gemeinschaft bereits erreicht worden war. Mit den Worten Brechts: »Der Schoß ist fruchtbar noch ...«, doch dieser Schoß war natürlich nicht der Kapitalismus, wie Brecht zu glauben behauptete, sondern Europa – und die menschliche Natur. Die Beispiele aus dem ehemaligen Jugoslawien und aus Teilen der ehemaligen Sowjetunion zeigten, was geschehen könnte. Und sie lagen nicht besonders weit ab. »Osterurlauber im Bürgerkrieg« lautete die entsetzte Schlagzeile einer österreichischen Volkszeitung. Deutschland war bereits erschüttert.

Generell am schärfsten wurde diese neue europäische Frage in Mitteleuropa gestellt. Die Völker Ostmitteleuropas hatten die beste Chance, aus der ersten, optimistischen Variante Gewinn zu ziehen. Die Völker Westmitteleuropas, Deutsche und Österreicher, unterlagen der größten unmittelbaren Gefahr, unter letzterer zu leiden. Vielleicht sollte man das auch jetzt nicht die europäische Frage, sondern die mitteleuropäische Frage nennen. Doch wieder einmal war die mitteleuropäische Frage auf bestem Wege, die zentrale europäische zu werden.

Deutschland selbst hatte seine »zweite Chance«, wie der Historiker Fritz Stern es nannte. Ende des 19. Jahrhunderts war Deutschland die bedeutendste aufstrebende Macht in der Mitte Europas gewesen, ein Kraftwerk wirtschaftlicher, technischer und wissenschaftlicher Modernität. Es hatte die Chance, diese Kraft friedlich und konstruktiv einzusetzen. Es hatte auf spektakuläre Weise versagt. Nun, am Ende des 20. Jahrhunderts, war es wieder eine bedeutende Macht in der Mitte Europas – ein anderes Deutschland in einem anderen Europa, gewiß, aber nichtsdestoweniger eine bedeutende Macht. Trotz der neuen Qualität all der institutionalisierten Kooperationen und permanenten Kommunikationsstrukturen zwischen Verbündeten und Partnern der Europäischen Gemeinschaft und der westlichen Welt insgesamt war es Deutschland, das diese zweite Chance hatte, und Deutschland, das vor diesen besonderen Herausforderungen stand. Die Verteilung von Lasten würde nur bis zu einem gewissen Grad möglich sein, denn andere westliche Staaten hatten andere vitale Interessen, andere Probleme, andere Prioritäten. Großbritannien und Amerika mußten sich mehr um ihre eigene ausgelaugte Wirtschaft und angeschlagene Gesellschaft kümmern. Frankreich,

Italien und Spanien mußten ihren Blick auch nach Süden richten, über das Mittelmeer hinweg nach Nordafrika. Zu sagen, daß Deutschlands Probleme auch die Probleme Europas waren, bedeutete nicht, daß Europa sie lösen würde.

Konnte Deutschland sie lösen? War es in der Lage, all jene Errungenschaften, die es zum Magnet und Modell gemacht hatten, nicht nur zu bewahren, sondern auch zu verbreiten? Würde ein neuer Willy Brandt nach weiteren zwanzig Jahren die Genugtuung erleben können, daß der Name Deutschland nicht nur zum Synonym für Frieden, sondern auch für Freiheit geworden wäre? Manche meinten, Deutschland fehle die »internationalistische Elite« für diese Aufgabe. Doch es mangelte ihm nicht an hochgebildeten, weitgereisten, idealistischen Männern und Frauen. Schon wahr, ihre bisherigen Erfahrungen waren wenig dazu angetan, sie auf das vorzubereiten, was sie nun zu bewältigen hatten. Ihre Lage ähnelte eher der eines Lotsen auf dem Rhein, der sich plötzlich als Kapitän eines Öltankers auf hoher See wiederfand. Doch das traf bis zu einem gewissen Grad auch auf die amerikanische Elite von 1945 zu. Und das amerikanische halbe Jahrhundert war nicht Europas schlechtestes gewesen, zumindest nicht für jene, die im Westen lebten.

Vielleicht gab es einige ganz wenige Lehren, die Deutsche aus diesem vergangenen halben Jahrhundert, besonders dem Vierteljahrhundert der Ostpolitik, nun hinüberretten konnten. Zum ersten würden sie erneut ihre eigenen nationalen Interessen zu definieren haben. Es wäre von Nutzen, wenn sie nicht versuchen würden, die Interessen anderer Völker zu definieren. Das europäische Interesse unilateral und national zu definieren war eine Angewohnheit, so alt wie die Nationalstaaten in Europa selbst. Aber es war eine schlechte Angewohnheit. Solange es kein direkt gewähltes, gesamteuropäisches Parlament und die entsprechende Regierung gab, so lange konnte eine faire Definition des europäischen Interesses nur durch eine Reihe von Kompromissen zwischen den verschiedenen nationalen Interessen erreicht werden. Dazu kommt: Wenn die Deutschen ihr eigenes nationales Interesse nicht bewußt und eindeutig definierten, würde es als Produkt ihres Weges entstehen, in Reaktion auf äußere Herausforderungen und auf Druck der öffentlichen und veröffentlichten Meinungen in der Fernsehdemokratie.

Auch müßten sie sich vor den abstrakten Substantiven hüten (»Stabilisierung«, »Normalisierung«) und sich dem Rat des Mephistopheles verweigern. Hypothesen könnten jedoch von Nutzen sein. Doch die Geschichte der Ostpolitik zeigt auch, wie Hypothesen zu Hypotheken werden können. Deshalb müßten sie sich immer wieder der Gegenprüfung durch die Realität unterziehen lassen. Bei dem Versuch, ein neues Europa aufzubauen, müßten sich die Deutschen immer des Westens bewußt bleiben – in Wirtschaftsfragen, bei der Verteidigung, aber vor allem hinsichtlich der westlichen Werte. Diese Werte könnten vielleicht nicht immer an die große Glocke gehängt werden. Manchmal könnte es notwendig werden, ein »listiger Idealist« zu sein, um ein von Golo Mann auf Adenauer gemünztes Wort zu borgen. Doch wenn sie diese Werte wieder einmal herunterspielen, verstecken oder relativieren würden, dann müßten sie sich schon sehr sicher sein, zu welchem Zweck und mit welchem Effekt. Die Geschichte der Ostpolitik zeigt, wie wenig man sich der Auswirkungen sicher sein kann. Sollten sie Zweifel haben, so könnten sie sich an den guten Rat von Mark Twain halten: Wenn du nicht weißt, was du tun sollst, tue das Richtige.

Sie müßten sich auch vor dem Hang zu emotionalen Überreaktionen hüten. Falls Kleist und Thomas Mann sie in dieser Hinsicht nicht ausreichend überzeugen konnten, dann könnten sie vielleicht auf Boris Becker zurückgreifen. »Ich hab' den Eindruck«, sagte der junge Tennisstar, »daß viele Deutsche im Erfolg – und dieses Volk hat großen Erfolg – einen gewissen Hang zum Überschnappen haben.« Sie täten gut daran, nicht zu überschätzen, was Deutschland erreichen könnte, auch wenn die Absichten noch so gut wären. Einer der begabtesten jungen deutschen Politologen erklärte 1991 in seiner Antrittsvorlesung, daß die Deutschen »in unserem zweiten Nationalstaat« vor allem in »europäische Aufgaben« hineingewoben seien, und darunter falle vor allem, »das jeweils nationale und europäische Bewußtsein aller Länder des Kontinents im Gleichklang zu halten«. Großbritannien auf der Höhe seiner Macht konnte kaum die Mächte auf dem europäischen Kontinent im Gleichgewicht halten. Und jetzt sollte Deutschland, dieses in Unruhe versetzte, belastete Mittelschwergewicht Deutschland, den Gleichklang des Bewußtseins halten?

Schließlich dürften sie für nichts, was sie täten, Dankbarkeit erwarten. Wenn sie glaubten, die Nachbarn und Partner seien undankbar (was sie sein würden), könnten sie sich daran erinnern, was viele Deutsche im vorangegangenen halben Jahrhundert über Amerika gesagt hatten.

Dies ist nicht sehr viel, um darauf aufzubauen. Aber wer hat behauptet, die Geschichte würde einfache Lehren erteilen? Diese jungen Deutschen könnten noch immer auf die Hilfe ihrer Freunde zählen. Doch ob es nun gefällt oder nicht: Sie würden es sein, die vor den größten Herausforderungen stünden – und vor den größten Chancen.

»Und«, so könnte Adenauers Geist beharrlich weiterfragen, »was vermuten Sie nun?« Die frühere Geschichte der deutschen Außenpolitik gab keinen Anlaß zu übertriebenem Optimismus. Selbst die größtenteils konstruktive Periode der Geschichte, die in diesem Buch beschrieben und analysiert wurde, hatte ihre beunruhigenden Seiten. Alles in allem genommen schien die wünschenswerteste Variante, die wir uns für Deutschland und Europa zu Beginn des 21. Jahrhunderts vorgestellt haben, nicht sehr wahrscheinlich. Aber sie war noch immer möglich. Es gibt schlechtere Kombinationen als die von Skepsis und Hoffnung.

Anhang

Anmerkungen

Prolog: Europäische Frage

S. 9 *in Westmitteleuropa* Die Unterscheidung zwischen Ostmittel- und Westmitteleuropa machte auch Oskar Halecki in Kapitel VII seines Buches: The Limits and Divisions of European History, London 1950, Sheed & Ward. Ostmitteleuropa war, so argumentiert er, »im Gegensatz zum homogenen deutschen Westmitteleuropa von einer großen Vielfalt ethnischer und linguistischer Gruppen bewohnt« (ibid, S. 127). Aber siehe auch die kritischen Bemerkungen von Philip Longworth in: The Slavonic and East European Review, Bd. 65, Nr. 3, Juli 1987, S. 422–425, und die ausgezeichnete Diskussion in: Zernack, Osteuropa, Werner Conze, Ostmitteleuropa. Von der Spätantike bis zum 18. Jahrhundert, München 1992, Beck, und Winfried Eberhard u. a., Hrsg., Westmitteleuropa – Ostmitteleuropa. Festschrift für Ferdinand Seibt, München 1992, Oldenbourg. Wir haben diesen Begriff in bezug auf das »Jalta«-Europa etwas anders verwendet. Unter Westmitteleuropa verstehen wir in erster Linie die Bundesrepublik und Österreich, unter Ostmitteleuropa vor allem Polen, Ungarn und die Tschechoslowakei. Die DDR war offensichtlich ein Sonderfall.

S. 9f. *Stabilität gebracht habe* Eine Haltung, die den britischen Historiker Hugh Seton-Watson in einem seiner letzten Artikel zur folgenden Bemerkung herausgefordert hat. Nach der Erklärung, daß sich die Völker »der östlichen Hälfte Europas« nicht mit der Teilung Europas abfinden würden, fuhr er fort: »Mein letzter Satz reicht wahrscheinlich aus, um von vielen als ›kalter Krieger‹ verdammt zu werden. Doch ich habe nichts weiter getan, als in einfachen Worten die grundlegenden Fakten aufzuführen, von denen ich nach 40 Jahren Studium überzeugt bin. Aber der Einfluß von Propaganda, Gegenpropaganda und Desinformation war so groß, daß sich die gegenwärtige Teilung Europas als etwas völlig Unverletzliches in den Köpfen von Hunderttausenden aufgeklärter westlicher Männer und Frauen, die sich fest der Freiheit in ihren eigenen Ländern verschrieben haben, festgesetzt hat und von ihnen fanatisch gerechtfertigt wird; außerdem läuft für sie die Behauptung, daß diese Teilung für mehr als hundert Millionen Europäer immer inakzeptabel sein und nicht bestehen bleiben wird, auf das gleiche hinaus, als wolle man den Atomkrieg predigen.« Eleventh Martin Wight Lecture, The Royal Institute of International Affairs, »What is Europe, Where is Europe?«, in: Encounter, Juli/August 1985, und in: George Schöpflin & Nancy Wood, eds., In Search of Central Europe, Oxford 1989, Polity Press, S. 30–46, Zitat S. 41.

S. 10 *von Jalta ab* Günter Gaus, Deutschland; S. 283. Während eines Seminars an der Freien Universität Berlin am 4. Februar 1987 sagte Gaus schlicht: »Das System von Jalta ist die Friedensgarantie in Europa.«

S. 10 *Andere Versionen* Sehr klar und gut argumentierend vertrat diese Position A. W. DePorte: Europe between the Superpowers. The Enduring Balance, New Haven 1986, Yale University Press.

S. 10 *gelebt haben* The Independent, 22. Dezember 1989 (Interview mit dem Autor).

S. 10 *entstanden sind* The Times, 4. Mai 1985, S. 5.

S. 10 *Charta 77* Charta 77, document 5/1985

S. 10 *Europa zu vereinen* KOS (Warschau), Nr. 14 (144), 18. September 1988.

S. 11 *europäischen Haus* Gorbatschow scheint diesen Begriff zum erstenmal im Dezember 1984, drei Monate bevor er Parteichef wurde, während seines Besuches in Großbritannien gegenüber einer Gruppe von Parlamentariern gebraucht zu haben. Siehe Prawda, 19. Dezember 1984. Ich verdanke diesen Hinweis einem Manuskript von Ernst Kux über Gorbatschow und das gemeinsame europäische Haus.

S. 11 *benutzt hatte* »Was auch immer uns trennt, Europa bleibt unser gemeinsames Haus«, Bulletin, 26. November 1981, S. 966. Fred Oldenburg schreibt die Prägung dieses Ausdrucks Andrej Alexandrow-Agentow, einem führenden außenpolitischen Berater Breschnews, zu, in: Osteuropa 8, 1991. »Diese Metapher«, schreibt Gorbatschow in seinem Buch ›Perestroika‹, »fiel mir während einer Unterredung ein. Obgleich ich sie scheinbar ganz beiläufig aussprach, hatte ich schon lange nach solch einer Formulierung gesucht. Sie kam mir nicht urplötzlich in den Sinn, sondern war die Frucht langen Nachdenkens und vor allem mancher Treffen mit vielen europäischen Regierungschefs.« Perestroika. Die zweite russische Revolution, München 1987, Droemer-Knaur, S. 252. Es scheint offensichtlich, daß sich die Gedanken großer Geister ähneln.

S. 11 *Die Bundesrepublik Deutschland* Bulletin, 15. Juni 1989, S. 542.

S. 00 *»Teilung«* Prawda, 14. Juni 1989.

S. 11 *sowjetische Kommentatoren* Siehe beispielsweise den interessanten Artikel von V. Zhurkin in Prawda, 17. Mai 1989, in dem die folgende Definition des gemeinsamen europäischen Hauses angeboten wurde: »Es gibt ein neues System der Sicherheit und Zusammenarbeit, das aus dem gesamteuropäischen Prozeß herauswächst und ihn ausweitet, ein System, das auf der graduellen Eliminierung der militärpolitischen und wirtschaftlichen Teilung Europas basiert und sie durch effektive und allen zugute kommende Formen der Koexistenz zwischen Staaten mit unterschiedlichen Gesellschaftssystemen ersetzt...« Zitiert aus Current Digest of the Soviet Press, Bd. XLI, Nr. 22, 1989, S. 15. Zhurkin war Leiter des neugegründeten Europa-Instituts, das in sich selbst diese neue Richtung symbolisierte. V. Zhurkin, Moskau, 7. Februar 1992.

S. 11 *Kalten Krieges* Kommentiert im Juni 1988 von Wjatscheslaw Daschitschew, einem Querdenker, doch, wie sich herausstellen sollte, Vorreiter unter den sowjetischen Deutschland-Spezialisten. Siehe auch Bericht in: Frankfurter Allgemeine Zeitung, 8. Juni 1988; und die Zusammenfassung der nachfolgenden Kontroverse in: Monatsbericht der Bundesanstalt für Gesamtdeutsche Fragen, Juni 1988.

S. 11 *Ich weiß* Russischer Text in: Prawda, 7. Juli 1989, S. 1/2; zitiert aus Current Digest of the Soviet Press, Bd. XLI, Nr. 27, 1989, S. 6.

S. 12 *Europa soll* Dieses und die folgenden Zitate stammen aus dem Nachdruck der Rede in: Freedman, Europe Transformed, S. 289–94.

S. 12 *gegangen waren* Siehe den Bericht des ehemaligen Deputy Assistant Secretary of State für Beziehungen mit der Sowjetunion und Osteuropa: Thomas W. Simons, The End of the Cold War?, New York 1990, St. Martin's Press, S. 155 f. Simons behauptet, es habe zwischen den beiden Präsidenten grundlegendes Einverständnis über die Notwendigkeit geherrscht, die Teilung Europas zu beenden. Siehe auch Oberdorfer, Turn.

S. 12 *genannt werden können* Siehe Garton Ash, Jahrhundert, und Ralf Dahrendorf, Reflection on the Revolution in Europe, London 1990, Chatto & Windus, bes. S. 5 ff. François Furet, Historiker der Französischen Revolution, hat behauptet, die Ereignisse von 1989 könnten nicht im gleichen Sinne als »Revolution« verstanden werden wie die Ereignisse der Französischen Revolution von 1789 oder der russischen von 1917, da bei diesen Ereignissen der außenpolitische Faktor – Gorbatschow und die sowjetische Politik – eine entscheidende Rolle gespielt habe und auch keine neuen Ideen entwickelt worden seien. In diesem intellektuellen Sinne könnten sie sogar als »Konterrevolution« beschrieben werden. Sie wollten alle Spuren der Errungenschaften der Oktoberrevolution tilgen und die herrschende liberal-kapitalistische Ordnung wiederherstellen oder imitieren. Siehe seinen Artikel in: Politische Studien, Nr. 318/1991. Trotzdem: Sechs Länder haben das Ancien régime »getilgt« und die Landkarte Europas vollkommen verändert und, wie wir heute wissen, damit auch dem Ende des Kommunismus in der Sowjetunion selbst den Weg bereitet.

S. 13 *gehofft hatten* Es ist äußerst schwierig zu sagen, was Gorbatschow und seine engsten Verbündeten gehofft oder erwartet hatten. Vor allem, da sie zu dieser Zeit wahrscheinlich selbst keine klaren Vorstellungen hatten und nun, im nachhinein, die Dinge sicher anders sehen.

S. 13 *Sirenengesängen* Schewardnadse, Zukunft, S. 215–17.

S. 13 *Jetzt haben wir* Zitiert aus: The Guardian, 26. Oktober 1989.

S. 13 *Die Nachkriegsteilung* BBC, Summary of World Broadcasts, SU/0652, B/I, 3. Januar 1990.

S. 14 *gab es nicht mehr* Churchills klassische Beschreibung des »Eisernen Vorhangs« in seiner Fulton-Rede 1946 lautete: »Von Stettin im Baltikum bis Triest im Adriatikum ...« Zitiert in: Martin Gilbert, Never Despair, London 1988, Heinemann, S. 200. Praktisch verlief die Linie – nach der Gründung der DDR, dem sowjetischen Bruch mit Jugoslawien und dem österreichischen Staatsvertrag – von Pötenitz im Baltikum bis Rezovo am Schwarzen Meer.

S. 14 *schlechthin sei* A. J. P. Taylor beschloß die Einleitung zu seinem Buch: The Struggle for Mastery in Europe 1848–1914, Oxford 1954, Clarendon Press, mit der Anmerkung (S. XXXVI), daß die traditionelle Machtbalance nach dem Ersten Weltkrieg nicht wiederhergestellt worden sei. »Das, was einst das Zentrum der Welt gewesen war, wurde seither nur zur ›europäischen Frage‹«. In seinem Buch ›Pan-Europa‹ schrieb Richard Coudenhove-Kalergi: »Die europäische Frage lautet: Kann Europa in seiner politischen und wirtschaftlichen Zersplitterung seinen Frieden und seine Selbständigkeit den wachsenden außereuropäischen Weltmächten gegenüber wahren – oder ist es gezwungen, sich zur Rettung seiner Existenz zu einem Staatenbunde zu organisieren?« Richard N. Coudenhove-Kalergi, Pan-Europa, Wien 1923, Pan-Europa-Verlag, S. IX.

S. 15 *sofern wir niemals* Siehe Le Monde, 2. Januar 1982; siehe auch Mitterrands elegant unverbindliche Kommentare in seinem Buch: Réflexions sur la Politique Extérieure de la France, Paris 1986, Fayard, S. 68–70.

S. 15 *»Die Zukunft von Jalta«* Zbigniew Brzezinski, »The Future of Yalta«, in Foreign Affairs, Bd. 63, Nr. 2, Winter 1984/85, S. 279–302.

S. 00 *»Anti-Jalta«* Siehe beispielsweise György Konrád, Antipolitik – Meditationen über Mitteleuropa, Frankfurt/M. 1985, Suhrkamp Verlag, dort das erste Kapitel »Frieden: Anti-Jalta«; Ferenc Fehér, »Eastern Europe's Long Revolution Against Yalta« in: East European Politics and Societies (EEPS), Bd. 2, Nr. 1, Winter 1988, S. 1–34; Barbara Toruńczyk, »Kings and Spirits in the East European Tales«, in: Cross Currents, Nr. 7, S. 185/187/205; und die osteuropäischen Beiträge in: »Initiative Ost-West-Dialog«, Ausgabe Frieden im geteilten Europa 40 Jahre nach Jalta (Dokumentation eines Diskussions-Forums in Berlin, Februar 1985). Viele weitere Beispiele können in polnischen, ungarischen und tschechoslowakischen unabhängigen Publikationen gefunden werden.

S. 15 *Hajo Holborn* Hajo Holborn, The Political Collapse of Europe, New York 1951, Knopf.

S. 15 *Kritiker der Entspannung* Siehe die Diskussion in: Theodore Draper, »Neoconservative History«, New York Review of Books, 16. Januar 1986, und die folgende Kontroverse.

S. 16 *Einem Deutschland* Rolf Steininger, Eine vertane Chance: Die Stalin-Note vom 10. März und die Wiedervereinigung, Bonn 1985, Dietz. Diese Taschenbuchausgabe enthält nur die Einführung zu seiner größeren Dokumentation. Zitat: Ibid, S. 128.

S. 16 *Debatten über* John Lewis Gaddis, Strategies of Containment: A Critical Appraisal of Postwar American National Security Policy, Oxford 1982, Oxford University Press, S. 354.

S. 16 *zu setzen* Friedmanns Vorschlag war ursprünglich als Diskussionsgrundlage für die CDU/CSU-Bundestagsfraktion zum Thema Deutschland- und Sicherheitspolitik vorgesehen. Siehe sein Thesenpapier: Die Wiedervereinigung der Deutschen als Sicherheitskonzept (Manuskript, datiert 16. Mai 1987), und den dort beigefügten Brief vom gleichen Tag an Alfred Dregger, in dem Friedmann anmerkt, daß dieses Papier auf Dreggers Wunsch hin geschrieben wurde. Friedmann entwickelte seine Ideen weiter zu dem Buch: Einheit statt Raketen, Herford 1987, Busse & Seewald, in dem das Originalmemorandum auf S. 145–52 abgedruckt ist. In seiner Einleitung legt er dar, daß sich die Entwicklung seines Vorschlags auf den Reagan-Gorbatschow-Gipfel vom Oktober 1986 in Rejkjavik, mit seinem dramatischen Aufruf zur totalen atomaren Abrüstung, begründe. Was er weniger klarstellt, ist die Bedeutung seines Vorschlags für die CDU/CSU-interne Debatte, in der er selbst tendenziell der konservativen nationalen Minderheit angehörte, die von Alfred Dregger angeführt und von ihren Opponenten respektlos die »Stahlhelm-Fraktion« genannt wurde.

S. 16 *Wie soll man* Leserbrief unter der Überschrift »Alte Hüte in wolkiger Drapierung«, Frankfurter Allgemeine Zeitung, 5. Juni 1987.

S. 17 *anerkannt worden ist* Eine nützliche Einführung ist Wilfried Loth, Die Teilung der Welt. Geschichte des Kalten Krieges 1941–1955, München 1989, dtv.

S. 17 *Die Vereinigten Staaten* John M. Goshko, International Herald Tribune, 9. September 1985. In einer Rede über die amerikanische Politik in Mittel- und Osteuropa vor dem Österreichischen Verein für Außenpolitik und Internationale Beziehungen, am 21. September 1983 in Wien, sprach der damalige Vize-Präsident George Bush sogar von »dieser fiktiven Teilung«.

S. 18 *Gestalt verloren hatte* Es sei daran erinnert, daß der Vertrag von Trianon im Jahr 1920 Teil der Friedensverhandlungen nach dem Ersten Weltkrieg war. Er entzog Ungarn mehr als zwei Drittel seiner Territorien von vor 1914, inklusive der Slowakei, die daraufhin Teil der Tschechoslowakei wurde, Siebenbürgen, das an Rumänien ging, und Kroatien, das Teil des neuen Jugoslawien wurde.

S. 19 *unternommen worden* Siehe Zernack, Osteuropa.

S. 19 *im Jahre 814 überein* Siehe Landkarte in: William Wallace, The Transformation of Western Europe, London 1990, The Royal Institute of International Affairs, S. 16.

S. 19 *Verschiedene Historiker* Siehe beispielsweise den Aufsatz von Jenö Szücs, »Three Historical Regions of Europe«, Nachdruck in: John Keane, ed., Civil Society and the State. New European Perspectives, London 1988, Verso, S. 291–332. Siehe auch Péter Hanák, »Central Europe: A Historical Region in Modern Times«, in George Schöpflin & Nancy Wood, eds., In Search of Central Europe, Oxford 1989, Polity Press, S. 57–70; und die ausführliche Diskussion in Daniel Chirot, ed., The Origins of Backwardness in Eastern Europe. Economics and Politics from the Middle Ages until the early Twentieth Century, Berkeley 1989, University of California Press.

S. 19 *der Jalta-Linie hinziehen* Siehe Landkarte in: William Wallace, The Transformation of Western Europe, London, The Royal Institute of International Affairs, S. 18.

S. 19 *letztgültiger Verlauf* Siehe Tony Sharp, The Wartime Alliance and the Zonal Division of Germany, Oxford 1975, Clarendon Press, S. 203. Eine Darstellung der Grenzlinien, die Berlin und Deutschland trennten, findet sich in Garton Ash, DDR, Kap. 1; Anthony Bailey, Along the Edge of the Forest: an Iron Curtain Journey, New York 1983, Random House; Die innerdeutsche Grenze, Bundesministerium für Innerdeutsche Beziehungen, Bonn 1987.

S. 20 *Nach westlichen Schätzungen* Adam Bromke, Eastern Europe in the Aftermath of Solidarity, New York 1985, Columbia University Press, S. 22.

S. 22 *in Frage zu stellen* Siehe Garton Ash, Jahrhundert, dort das Kapitel »Mitteleuropa: Aber wo liegt es?«; George Schöpflin & Nancy Wood (eds.), In Search of Central Europe, Oxford 1989, Polity Press.

S. 23 *Soljanka* Für zukünftige Generationen sollte vielleicht festgehalten werden, daß der Trabant ein winziger Wagen DDR-eigener Produktion war, ausgerüstet mit einem stinkenden Zwei-Takt-Motor und einer Karosserie aus einem Baumwoll-Klebstoffgemisch, und Soljanka die DDR-Version einer ukrainischen Bauernsuppe.

S. 25 *den anderen wären* Die Entwicklung dieses Disputs begründete schließlich auch den Dialog zwischen Teilen der westeuropäischen Friedensbewegung und Teilen der demokratischen Opposition in Osteuropa, nachzulesen in den Zeitschriften, Aufsätzen und Pamphleten des European Nuclear Disarmament (END), des holländischen Interkirchlichen Friedensverbandes (IKV) und des in West-Berlin ansässigen Netzwerks Ost-West-Dialog. Die osteuropäische Seite der Debatte findet sich gut dokumentiert in Zeitschriften wie L'Alternative (Paris, 1979–85) – neugegründet als La Nouvelle Alternative – und East European Reporter (London, seit 1985).

S. 25 *in Westeuropa gab* Auf charakteristische Weise unwillig gestand einer der eloquentesten Vertreter der »Symmetrie«-These, E. P. Thompson, in seinem Essay »The Two Sides of Yalta«, 1984, diese Asymmetrie ein: »Die sowjetische und amerikanische Präsenz in Europa waren natürlich von unterschiedlicher Art.« »Abgesehen vom Fall Griechenlands (1945–50), haben die Vereinigten Staaten nie durch militärische Gewalt ein Regime ihrer Wahl erzwungen. Wenn sie auch auf andere Art und unter anderen Zwängen operierten, so war ihre Präsenz dennoch immens mächtig und bestimmend.« E. P. Thompson, The Heavy Dancers, London 1985, Merlin Press, S. 175. Man braucht nicht zu betonen, daß er in seinen eigenen Arbeiten und Statements für die European Nuclear Disarmament (END)-Bewegung eindeutig auf seiten der Symmetrie stand. Die Protestnote der END im Bulletin der Bewegung auf die Ausrufung des Kriegsrechts im Dezember 1981 in Polen lautete: »So wie Italien (1948), Ungarn (1956), Griechenland (1967), Tschechoslowakei (1968), Türkei (1980) zeigt er [der Coup in Polen] die Grenzen der unabhängigen politischen Entwicklungen in europäischen Ländern innerhalb des Rahmens ihrer militärischen Blöcke.« (END Bulletin, Nr. 8, Frühjahr 1982, S. 8.) Thompson selbst beschreibt den Effekt des Kalten Krieges so: »Jene, die für den Frieden im Osten arbeiteten, wurden als Agenten des westlichen Imperialismus verdächtigt oder denunziert. Jene, die für den Frieden im Westen arbeiteten, wurden als pro-sowjetische ›Reisegenossen‹ oder Mitläufer des Kremls verdächtigt oder denunziert. Auf diese Weise entwaffneten die rivalisierenden Ideologien des Kalten Krieges auf beiden Seiten die, die in der Lage gewesen wären, Europa wieder zusammenzubringen.« Zitiert aus seinem Vortrag »Beyond the Cold War«, veröffentlicht in: Zero Option, London 1982, Merlin Press, S. 160. Der ursprüngliche Appell des END vom April 1980 lautete: »Die Macht der militärischen und inneren Sicherheitskräfte wurde ausgedehnt, der freie Austausch von Ideen und Personen wurde limitiert, und die Bürgerrechte unabhängig denkender Individuen sind in West wie Ost bedroht. Wir wollen den politischen und militärischen Führern in West und Ost keine Schuld zuweisen. Die Schuld liegt gleichermaßen bei beiden Parteien.« E. P. Thompson & Dan Smith (eds.), Protest and Survive, London 1980, Penguin, S. 224.

S. 25 *gegenüber den Vereinigten Staaten* E. P. Thompson. a. a. O.; sowie die Essay-Sammlung von Thompson u. a., Exterminism and Cold War, London 1982, Verso. Man könnte hier auch Harold Pinters Bemerkung aus dem Jahr 1988 anfügen: »Es scheint mir, daß wir [die Engländer] im gleichen Maße Satelliten der USA sind, wie die Tschechoslowakei ein Satellit von Rußland war [sic].« Zitiert aus The Independent, 18. Oktober 1988.

S. 25 *von den Vereinigten Staaten würden* Ein eindringliches Beispiel dieser Ansicht bietet Peter Benders stimulierendes Buch: Das Ende des ideologischen Zeitalters: Die Europäisierung Europas, Berlin 1981, Severin & Siedler. Bender schreibt auf S. 260: »Osteuropa kann sich von der Sowjetunion nicht emanzipieren, ohne daß sich Westeuropa von den

USA emanzipiert – wie die Kräfte müssen auch die Verluste im Gleichgewicht bleiben.«

S. 26 *für die Westeuropäer* »Europa muß sich selbst behaupten«, in: Die Zeit, 28. November 1986.

S. 26 *verlassen könnten* Am nachdenklichsten und ausdrücklichsten formulierte Václav Havel diese Position 1985 in seinem Essay: Die Anatomie des Widerstands, der von der Charta 77 Foundation, Stockholm, als erste Broschüre in der Reihe »Stimmen aus der Tschechoslowakei« veröffentlicht wurde. Unter den vielen anderen Beiträgen zu dieser Debatte seien hier erwähnt: die Antwort des ungarischen Philosophen und Oppositionsaktivisten János Kis auf den »Prager Appell« der Charta 77, Nachdruck in: East European Reporter, Bd. 1, Nr. 4, Winter 1986, S. 52–56; die polnischen Beiträge zur Initiative Ost-West-Dialog in der Dokumentation eines Diskussionforums in Berlin, Frieden im geteilten Europa 40 Jahre nach Jalta, Februar 1985; die tschechoslowakischen Essays in: Jan Kavan und Zdena Tomin (eds.), Voices from Prague: Czechoslovakia, Human Rights and the Peace Movement, London 1983, END & Palach Press; die Initiative für Ost-West-Dialog u. a. (Hrsg.), Der Frieden ist unteilbar: Für ein Europa jenseits der Blöcke, Berlin 1985, Oberbaum; und der Artikel des jugoslawischen Philosophen Mihailo Marković, »On peace and human rights« in: END Journal, Nr. 12, Okt./Nov. 1984.

S. 26 *im großen und ganzen genossen* Klassisch hierfür ist der »Prager Appell« der Charta 77, im März 1985 veröffentlicht (Charta 77, Dokument Nr. 5/85). Wörtlich auch dort die Formulierung: »Zustand des nicht-Krieges«.

S. 26 *Václav Havel 1985* Jan Vladislav, ed., Václav Havel or Living in Truth, London 1987, Faber, S. 187.

S. 27 *unterschiedliche Interessen* Einen ernsthaften Versuch, Gemeinsamkeiten unter dem generellen Motto »Entspannung von unten« aufzuzeigen, stellt das Memorandum des Europäischen Netzwerkes für Ost-West-Dialog dar: Das Helsinki-Abkommen mit wirklichem Leben erfüllen, Berlin 1987, Europäisches Netzwerk für Ost-West-Dialog.

1. Deutsche Antworten

S. 28 *die berühmte Mittellage* Einige davon werden von Harold James in seinem Buch: A German Identity 1779–1990, London 1989, Weidenfeld & Nicolson, S. 211, erwähnt. Siehe auch Renata Fritsch-Bournazel, Das Land der Mitte. Die Deutschen im europäischen Kräftefeld, München 1986, iudicium Verlag. Der konservative Historiker Michael Stürmer vertritt diese These, beispielsweise in: Dissonanzen des Fortschritts. Essays über Geschichte und Politik in Deutschland, München

1986, Piper. Auch Andreas Hillgruber in: Zweierlei Untergang. Die Zerschlagung des Deutschen Reiches und das Ende des Europäischen Judentums, Berlin 1986, Siedler. Hillgrubers Buch, das auch im sogenannten Historikerstreit der späten achtziger Jahre eine Rolle spielte, bezieht sich an einer Stelle (S. 25) »... auf das Geschehen, das das deutsche Reich *und damit die europäische Mitte* an ihr Ende bringen sollte ...« (Hervorhebung des Autors). Eine parteiliche, aber dennoch stimulierende Diskussion der »Mitte« als historischer Kategorie liefert Immanuel Geiss in seinem Artikel »Geographie und Mitte als historische Kategorien« in: Zeitschrift für Geschichtswissenschaft, 10/1991, S. 979–994.

S. 28 *polnische Historiker festgestellt* Siehe Norman Davies, God's Playground. A History of Poland, Bd. 1, Oxford 1981, Clarendon Press, S. 23 ff.

S. 28 *»Herz Europas«* Renata Fritsch-Bournazel führt den Gebrauch dieser Metapher für Deutschland auf Madame de Staels berühmtes Buch von 1810 zurück. Siehe Renata Fritsch-Bournazel, Europa und die Deutsche Einheit, Bonn 1990, Bonn Aktuell, S. 171. Wie vermerkt sein wird, bezog sich auch Egon Bahr auf Berlin als das Herz Europas. Norman Davies führt die Anwendung dieser Metapher für Warschau auf den Dichter Juliusz Słowacki zurück, nutzte sie jedoch auch selbst für Polen. Siehe sein Buch: Heart of Europe. A Short History of Poland, Oxford 1984, Clarendon Press. Zu Prag, siehe Garton Ash, Jahrhundert, S. 169 ff.

S. 28 *eines geteilten Europas* Weizsäcker, Geschichte, S. 12.

S. 29 *im Westen nur Standpunkte* Jiří Dienstbier, Träumen von Europa, Berlin 1991, Rowohlt, S. 13.

S. 30 *diplomatischer Beziehungen vorschlug* Meissner, Moskau-Bonn, S. 71–73.

S. 30 *dieses Wort auf* Ibid, S. 85–88, Zitat auf S. 87.

S. 30 *Beschluß des Bundestages* Bundestag Drucksachen 3/2740, auch zitiert in Meissner, Deutsche Ostpolitik, S. 17.

S. 30 *nichts anderes als der Versuch* Bundestag Plenarprotokolle, 6/53, S. 2685, 27. Mai 1970, auch in Texte I/5, S. 171 ff. Eine kritische Betrachtung durch von und zu Guttenberg findet sich ebenfalls in Texte I/5, hier bes. S. 197.

S. 30 *sogenannten »Ostverträge«* Artikel I des Vertrages mit der Sowjetunion vom August 1970 bekundet das gemeinsame Bestreben der Parteien, »die Normalisierung der Lage in Europa ... zu fördern« (Verträge, S. 13). Der Vertrag mit der Volksrepublik Polen vom September 1970 heißt formell »Vertrag ... über die Grundlagen der Normalisierung ihrer gegenseitigen Beziehungen«, und in Artikel III.1 steht: »... werden weitere Schritte zur vollen Normalisierung und umfassenden Entwicklung ihrer gegenseitigen Beziehungen unternehmen, deren feste Grundlage dieser Vertrag bildet« (Verträge, S. 21–22). Der Grundlagenvertrag mit der DDR von Dezember 1972 spricht in Artikel 1 von der Entwicklung »normaler gutnachbarlicher Beziehungen« und in Artikel 7 von »der Normalisierung der ... Beziehungen« (Zehn Jahre, S. 206). Im Vertrag mit der Tschechoslowakei vom Dezember 1973 ist nur von »gutnachbarlichen Beziehungen« die Rede (Verträge, S. 50).

S. 30 *Grenzen in Europa verändern* Was auch heißt, daß die offizielle osteuropäische Propaganda ebenso unermüdlich behauptet hat, die Bundesrepublik – oder gewisse »revanchistische« Kreise in der Bundesrepublik – wollte tatsächlich eine Wiederherstellung der Grenzen des Deutschen Reichs von 1937.

S. 31 *aus dem Jahr 1978* Der »Bericht zur Lage der Nation« wurde in einem All-Parteien-Beschluß 1967 vorgeschlagen (siehe Texte I/4, S. 149) und von Bundeskanzler Kiesinger 1968 unter dem Titel »Bericht zur Lage der Nation im geteilten Deutschland« formell eingeführt (Bundestag Plenarprotokolle, 5/158, S. 8168, 11. März 1968). Erst in den letzten Jahren der Kanzlerschaft Schmidts wurde dieser jährliche Bericht zum »Bericht zur Lage der Nation« (siehe auch Bundestag Plenarprotokolle, 8/208, S. 16615, 20. März 1980; 9/31, S. 1541, 9. April 1981; 9/111, S. 6745, 9. September 1982). Als Bundeskanzler Kohl die Regierungsführung übernahm, machte er seinen Unwillen über die Weglassung dieses ausdrücklichen Hinweises auf das »geteilte Deutschland« deutlich. Er beklagte, daß die Rede durch Schmidts Umbenennung nur noch zu einer Diskussion über die innenpolitische Lage der Bundesrepublik führe. »Wir Deutschen finden uns mit der Teilung unseres Vaterlandes nicht ab«, erklärte er kategorisch (Bundestag Plenarprotokolle, 10/16, S. 987, 23. Juni 1983). Wenn man jedoch Kanzler Schmidts Berichte zur Lage der Nation liest, so kann man die Behauptung kaum teilen, er habe das Thema der deutschen und europäischen Teilung vernachlässigt.

S. 31 *allmählich ein Zustand* Bundestag Plenarprotokolle, 8/78, S. 6115, 9. März 1978. Hervorhebung entstammt dem Original. Wolfgang Schäuble, Schlüsselpolitiker der Deutschlandpolitik unter Kanzler Kohl, wies 1986 in einem Vortrag auf die Schwierigkeiten hin, die bei der Frage, was »Normalität« zwischen den beiden deutschen Staaten bedeuten könnte, entstehen. Siehe: »Deutsche Einheit und menschliche Erleichterungen«, Bulletin, 29. April 1986, S. 379–87, auch in: Innerdeutsche Beziehungen, S. 246–53.

S. 32 *aufgetaucht zu sein* Laut Meissner, Moskau-Bonn, S. 27, Fußnote 50, und Text der Deklaration auf S. 283–85.

S. 32 *immer häufiger gebraucht* Siehe beispielsweise die Rede des Christdemokraten Kopf im Juni 1961, in der er den Jaksch-Bericht und den Beschluß begrüßte: »Als Ziel aber erscheint uns die Schaffung einer europäischen Friedensordnung, die alle Länder Europas umfaßt und in die sich auch das freie vereinte Deutschland freudig und verantwortungsvoll einordnet.« Bundestag Plenarprotokolle 3/162, S. 9367, 14. Juni

1961. Im Juni 1962 erklärte Außenminister Schröder: »Unser Ziel ist eine gerechte, auf friedlichen Vereinbarungen beruhende, neue europäische Ordnung«, zitiert nach Jacobsen, Nachbarn, S. 348. Die sogenannte Friedensnote der Bundesregierung vom März 1966 formulierte fast identisch: »... eine gerechte, auf friedlichen Vereinbarungen beruhende europäische Ordnung«, ibid, S. 385.

S. 32 *wirkliches Gewicht erhielt* Siehe Bundestag Plenarprotokolle 5/8, S. 3663, 13. Dezember 1966.

S. 32 *Außenminister Brandt wiederholt* Siehe Eintragungen unter »Europäische Friedensordnung« im Registerband zu Texte I. Eine Vision von Brandt zur Europäischen Friedensordnung, »das heißt eine solche Ordnung, die den Kalten Krieg und die politischen Spannungen wirklich überwindet«, findet sich zum Beispiel in einem Interview vom Juli 1967, abgedruckt in: Haftendorn, Außenpolitik, S. 326–28. Doch die Formulierungen blieben sehr vage.

S. 32 *Harmel-Bericht 1967* Der Harmel-Bericht spricht verschiedentlich von einer »Friedensordnung in Europa«, einer »endgültigen und stabilen Regelung in Europa« (beides in Absatz 8, der die Teilung Deutschlands und Europas behandelt) und in Absatz 12: »Die Bündnispartner werden laufend politische Maßnahmen prüfen, die darauf gerichtet sind, eine gerechte und dauerhafte Ordnung in Europa zu erreichen, die Teilung Deutschlands zu überwinden und die europäische Sicherheit zu fördern.« Siehe EA, 23/1968, S. D75–77.

S. 32 *Memoiren* Schmidt, Menschen und Mächte, S. 11.

S. 32 *Konzepte widerspiegelten* Siebenmorgen, Gezeitenwechsel, S. 327. Siebenmorgen meint, Willy Brandts begriffliche Ungenauigkeit sei taktisch geplant gewesen, um ihn davor zu bewahren, sich gegenüber kritischen Gegnern eindeutig festlegen zu müssen, wie es offenbar der frühere Begriff des »Europäischen Sicherheitssystems« erfordert hatte. Bender hingegen schreibt in Neue Ostpolitik, S. 163, daß Brandts begriffliche Ungenauigkeit zwar geplant, doch an sich philosophisch begründet gewesen sei, da sich hinter ihr die wahre Demut vor der Geschichte verborgen habe. Könnte nicht beides stimmen?

S. 32 *Nur so kann es* Beide Zitate aus Bundestag Plenarprotokolle, 6/59, S. 3269–70, 17. Juni 1970. Retrospektiv wiederholte er dieses Ziel in: Liberal, 30. Jg., Heft 1, Februar 1988, S. 39.

S. 33 *Die Entwicklung geht* Rede des Bundesministers des Auswärtigen Hans-Dietrich Genscher aus Anlaß der Verleihung der »Thomas-Dehler-Medaille« am Sonnabend, dem 3. Januar 1987, Der Bundesminister des Auswärtigen, Mitteilung für die Presse Nr. 1005/87, S. 63. Eine fast identische Formulierung findet sich in seiner Rede vom 11. Juni 1988 vor einer Konferenz des Institute for East-West Security Studies in Potsdam (Mitteilung für die Presse Nr. 1140/88, S. 15). Diese Rede ist auch zu finden in: Genscher, Unterwegs, S. 151–69.

S. 33 *Vorige Woche* Marion Gräfin Dönhoff, »Ein Dach für ganz Europa«, in: Die Zeit, 1. April 1988.

S. 33 *Einige sprechen* Bahr, Zum europäischen Frieden, S. 90.

S. 33 *Ein solcher Zustand* Ibid, S. 92.

S. 33 *erlangt werden könnte* Ibid, S. 84.

S. 33 *die westlichen Prinzipien* Ibid, S. 92. Welcher Art diese Verbindlichkeiten sein würden, wie und warum, wird allerdings nicht erläutert.

S. 33 *geschichtlich auszutragen sein* Ibid, S. 31.

S. 33 *sehr spannend werden* Ibid, S. 34.

S. 33 *die Ära der militärischen Konfrontation* Ibid, S. 83.

S. 33 *Eine Kultur des Streits* Ibid, S. 99.

S. 33 *wachsender Zusammenarbeit* Ibid, S. 42. Der nationalgesonnene CDU-Parlamentarier Bernhard Friedmann beschrieb seine Version, die gar nicht so weit von der Bahrs entfernt war, als die zweier deutscher Staaten, die zunehmend »über Fragen der Unmweltpolitik, der Energieversorgung, der Technologie und dergleichen ...« kooperieren würden, während sie gleichzeitig an »völlig verschiedenen Gesellschaftssystemem« festhielten. Friedmann war weniger vorsichtig als Bahr und sprach von einem »Staatenbund«, in dem die Bundesrepublik und die DDR unter anderem »eine mehr oder weniger gemeinsame Außenpolitik« betreiben würden. Siehe: Bernhard Friedmann, Einheit statt Raketen, Herford 1987, Busse & Seewald, S. 137.

S. 34 *Alles, was man sagt* Interview, Bayerischer Rundfunk, 19. Mai 1973.

S. 34 *Ostpolitik festgehalten* Ein klassisches Forum für derartige Statements war das amerikanische Periodikum ›Foreign Affairs‹. Siehe beispielsweise: Willy Brandt, »German Policy toward the East«, Foreign Affairs, Frühjahr 1968, S. 476–486; und Helmut Schmidt, »A policy of reliable partnership«, Foreign Affairs, Frühjahr 1981, S. 743–55.

S. 34 *Und darin liegt ja* Bundestag Plenarprotokolle, 10/59, S. 4164, 15. März 1984.

S. 34 *in der die Grundfreiheiten* Bundestag Plenarprotokolle, 11/33, S. 2160, 15. Oktober 1987.

S. 35 *Im übrigen dient* Wolfgang Schäuble, »Die deutsche Frage im europäischen und weltpolitischen Rahmen«, EA, 12/1986, S. 342. (Basierend auf einem Vortrag vor dem Schwedischen Institut für Internationale Beziehungen am 15. Mai 1986.) Schäuble war von 1984 bis 1989 Kanzleramtsminister, verantwortlich auch für die Beziehungen zur DDR.

S. 35 *Sie stellt ihre Politik* Ibid, S. 342.

S. 35 *Friede beginnt* Kohl, in seiner vom Fernsehen aufgezeichneten Rede während des Honecker-Besuchs in Bonn im September 1987. Siehe: Bulletin, 10. September 1987, S. 706. In seinem Bericht zur Lage der Nation im gleichen Jahr gebrauchte er eine fast identische Formulierung. Siehe Bundestag Plenarprotokolle, 11/33, S. 2163, 15. Oktober 1987.

S. 35 *die Teilung Deutschlands* Zu Kohl: siehe sein Bericht zur Lage der Nation 1983, Bundestag Plenarprotokolle, 10/16, S. 988, 23. Juni 1983. Zu Schmidt: siehe sein Bericht zur Lage der Nation 1980, Bundestag Plenarprotokolle, 8/208, S. 16623, 20. März 1980.

S. 35 *Die Teilung Deutschlands* Rede des Bundesministers des Auswärtigen Hans-Dietrich Genscher aus Anlaß der Verleihung der »Thomas-Dehler-Medaille« am Sonnabend, dem 3. Januar 1987, Der Bundesminister des Auswärtigen, Mitteilung für die Presse Nr. 1005/87, S. 10.

S. 36 *ist vor allem Sache* Richard von Weizsäcker, Von Deutschland aus: Reden des Bundespräsidenten, München 1987, dtv, S. 56.

S. 36 *Die Überwindung* Wolfgang Schäuble, »Die deutsche Frage im europäischen und weltpolitischen Rahmen«, EA, 12/1986, S. 344.

S. 36 *»europäische Friedenspolitik«* Diese Formulierung scheint von Hans-Dietrich Genscher zu stammen und wurde häufig von ihm benutzt. Bereits im Januar 1971, noch als Innenminister, sagte er in einer Rede in New York: »Die Ostpolitik der Bundesregierung ist danach in ihrer Substanz und in ihrer Zielsetzung Deutschlandpolitik und Friedenspolitik zugleich« (Bulletin, 15. Januar 1971, S. 27). Siehe auch seine Rede vor einer Konferenz des Institute for East-West Security Studies am 11. Juni 1988 in Potsdam. Der Bundesminister des Auswärtigen, Mitteilung für die Presse Nr. 1140/88, S. 3. Auch in: Genscher, Unterwegs, S. 151–169.

S. 36 *diene der anderen* Dieses Argument brachte mit viel Nachdruck Walter Scheel in die Debatten über die Ostverträge, und nachdrücklich auch wurde es von Helmut Kohl in den späten achtziger Jahren wiederholt. »Wir sollen«, sagte er vor dem außenpolitischen Ausschuß seiner Partei, »uns auch vor einer Scheindebatte über die Fragen hüten, ob und wie weit sich unsere deutschlandpolitischen Ziele mit der Politik der europäischen Integration in Einklang bringen lassen« (siehe Abschrift der Rede, Typoskript, April 1988, S. 7ff). In seinem Bericht zur Lage der Nation 1984 erklärte er: »Für uns sind Europapolitik und Deutschlandpolitik wie zwei Seiten einer Medaille« (Bundestag Plenarprotokolle, 10/59, S. 4163, 15. März 1984).

S. 36 *ist Ausdruck* Bundestag Plenarprotokolle, 6/23, S. 915, 15. Januar 1970.

S. 36 *Ich habe* Diktat am 9. Nov. 1876, siehe Johannes Lepsius u. a., Hrsg., Die Große Politik der Europäischen Kabinette 1871–1914, Bd. 2, Berlin 1922, Deutsche Verlagsgesellschaft für Politik und Geschichte, Nr. 256, S. 88.

S. 36 *von Europa gesprochen hat* Natürlich voller Verlogenheit und nur in den Vorkriegsjahren. Daher finden sich auch im Sachregister zu:

Max Domarus, Hitler: Reden und Proklamationen, Wiesbaden 1973, R. Löwit, Bd. 4, zwar 22 Hinweise auf »Europa« für die Jahre 1932–38, doch nur einer für die Jahre 1939–45. Europa hatte seine Schuldigkeit getan. Europa konnte gehen. Zu Frieden, Anerkennung und Gleichberechtigung siehe: Domarus, a. a. O., S. 193, 273. Der Höhepunkt von Hitlers »Europa«-Humbug war seine Reichstagsrede am 7. März 1936 mit ihren Bemerkungen über die deutsch-französische Aussöhnung, die »europäische Zusammenarbeit« und die Notwendigkeit einer friedlichen Lösung der Probleme Europas – die in Wirklichkeit alle nur die Remilitarisierung des Rheinlandes rechtfertigen sollten. Siehe Domarus, a. a. O., S. 583–597. Zu seiner Privatmeinung über »Europa« während des Krieges, die natürlich ganz anderer Art war, wenn auch noch immer einige der Leitmotive darin enthalten waren, siehe Henry Picker, Hitlers Tischgespräche im Führerhauptquartier, Stuttgart 1976, Seewald.

S. 36 *Niemand sprach* Allan Bullock, Hitler: A Study in Tyranny, London 1962, S. 335.

S. 37 *der zwanziger Jahre* Zu Brandt: siehe seine Rede anläßlich der Stresemann-Gedenkfeier am 10. Mai 1968 in Mainz, abgedruckt als Einführung zu: Arnold Hartung (Hrsg.), Gustav Stresemann, Schriften, Berlin 1976, Berlin-Verlag, hier besonders S. XI, XIII-XV, wo er explizit seine eigenen neuen Politikvorschläge mit jenen Stresemanns vergleicht. Diesen Vergleich zog er auch in seiner Nobelpreisrede im Dezember 1971, siehe Texte I/9, S. 309–310. Zu Kohl: siehe beispielsweise seine Adenauer Memorial Lecture am 2. Mai 1984 in Oxford, in der er Locarno als ersten großangelegten Versuch – und verpaßte Gelegenheit – für jene westliche Integration beschreibt, die Adenauer schließlich gelang. Deutscher Text in: Bulletin, 9. Mai 1984, S. 433 ff. Zu Genscher siehe beispielsweise: Helmut R. Schulze/Richard Kiessler, Hans-Dietrich Genscher. Ein deutscher Außenminister, München 1990, Bertelsmann, S. 29.

S. 37 *zu instrumentalisieren* Unterschiedliche Beurteilungen der umstrittenen und vielleicht falsch gestellten Frage, ob oder in welchem Sinn Stresemann »ein guter Europäer« war, sind zu finden in: Gordon A. Craig, Germany 1866–1945, Oxford 1978, Clarendon Press, S. 511–24; William Griffith, Ostpolitik, S. 6–15 (mit weiteren Hinweisen auf S. 239–41); A. J. Nicholls, Weimar and the Rise of Hitler, London 1968, Macmillan, S. 120–22; Golo Mann, Deutsche Geschichte des 19. und 20. Jahrhunderts, Frankfurt/M. 1958, S. Fischer, S. 709 ff.; Sebastian Haffner, Von Bismarck zu Hitler, München 1987, Kindler, S. 193–95. Zwei konträre, aber sehr lebendige Einschätzungen zeitgenössischer Beobachter sind: F. W. Foerster, Europe and the German Question, London 1941, Allen & Unwin, S. 305–06; und Claude Cockburn, Cockburn Sums Up, London 1981, Quartet Books, S. 36. Siehe auch Kurt Koszyk, Der kaisertreue Demokrat, Köln 1989, Kiepenheuer & Witsch. Dr. Jonathan

Wright, Oxford, bereitet eine Biographie Stresemanns vor, die sich auch mit dieser Frage beschäftigen wird.

S. 37 *Konrad Adenauer* Für dieses und das Folgende siehe: Schwarz, Adenauer I und Adenauer II.

S. 37 *Die einzige Möglichkeit, die Deutschland* Michael Stürmer, The Evolution of the Contemporary German Question, in: Moreton, Germany, S. 23 f.

S. 38 *zwei Seiten* Siehe Schwarz, Adenauer I, S. 850 ff., und Adenauer II, S. 146–48, 285–86, 376, 384, 893. Schwarz betonte, daß Adenauer sehr flexibel darüber gedacht hat, wie »Europa« gebaut werden könnte, und daß er, im Gegensatz zu Walter Hallstein, eher dem interstaatlichen als dem supranationalen Modell einer EG-Entwicklung zuneigte. Der zweite Aspekt, die Wiedererlangung von Souveränität, Macht und Bewegungsfreiheit für die Bundesrepublik als Kern des Nationalstaates Deutschland, wird vor allem durch das Portrait deutlich, das Schwarz von Adenauer zeichnet. Adenauer meinte einmal, daß es Übereuropäer, Europäer und Antieuropäer gäbe. Er selbst zählte sich zu den Europäern. Siehe: Schwarz, Adenauer II, S. 753.

S. 38 *manchmal zweifelte* Siehe Baring, Anfang, S. 101–03, und Schwarz, Adenauer II, S. 152. In einer Notiz des damaligen Permanent Under-Secretary im Foreign Office, Sir Ivone Kirkpatrick, über ein Gespräch mit dem deutschen Botschafter in London am 16. Dezember 1955, stehen Bemerkungen über Adenauers Furcht, die westlichen Alliierten könnten einen Deal mit der Sowjetunion über ein wiedervereintes, doch entmilitarisiertes Deutschland aushandeln. Über die Berichterstattung des deutschen Botschafters zur Meinung Adenauers schreibt er: »Der eigentliche Grund ist, daß Dr. Adenauer kein Vertrauen in das deutsche Volk hat.« Abgedruckt in: Josef Foschepoth, Adenauer und die deutsche Frage, Göttingen 1988, Vandenhoeck und Ruprecht, S. 289.

S. 38 *ein erster Schritt* Adenauer feierte dies als »Grundstein zum Gebäude eines europäischen Bundes«. Siehe Schwarz, Adenauer I, S. 850. Eindeutig aber legte er mindestens ebensoviel Gewicht auf den Sicherheitsaspekt und die Pläne für eine Europäische Verteidigungsgemeinschaft.

S. 38 *europäischen Verteidigungsgemeinschaft* Siehe Baring, Anfang, passim; Schwarz, Adenauer II, S. 121–40; Edward Fursdon, The European Defence Community: A History, London 1980, Macmillan.

S. 39 *Beziehungen zu Frankreich* Siehe Schwarz, Adenauer II, S. 728 und passim. Eine polemische Formulierung dieser Ansicht findet sich in Baring, Größenwahn.

S. 39 *zu Subjekten zu wandeln* Zwei interessante Zitate zur Subjekt-Objekt-Terminologie: »... der Kalte Krieg bot den Deutschen, genauer gesagt jenen im Westen, die Möglichkeit, ihre Rolle vom Objekt zum Subjekt zu wandeln.« Michael Stürmer in: Moreton, Germany,

S. 23. Und in der bereits erwähnten Rede meinte Wolfgang Schäuble: »Ohne Deutschland gibt es kein Europa, und ohne Europa würden die Deutschen nur Objekt der Weltpolitik sein«. Bulletin, 29. April 1986, S. 383.

S. 40 *eine selbständigere deutsche Politik* In seiner Regierungserklärung vom 28. Oktober 1969 sprach Brandt von den gemeinsamen Interessen der Bundesrepublik und der Vereinigten Staaten als »... tragfähig für eine selbständigere deutsche Politik in einer aktiveren Partnerschaft«. Bundestag Plenarprotokolle, 6/5, 28. Oktober 1969, S. 31. In einer Debatte in den frühen siebziger Jahren sprach Scheel von dem »... Wunsch nach einer größeren Selbständigkeit deutscher Politik ...« Bundestag Plenarprotokolle, 6/53, 27. Mai 1970, S. 2685.

S. 40 *als jedes andere Land* Ein Punkt, der von Helga Haftendorn sehr gut herausgearbeitet wurde in ihrem Beitrag zu: Ekkehardt Krippendorff & Volker Rittberger (eds.), The Foreign Policy of West Germany: Formation and Contents, London 1980, Sage.

S. 40 *»Verständnis«* Es gab auch eine politisch-theologische Debatte über die richtige Wortwahl.

S. 41 *wird ohne die Zustimmung* Bundestag Plenarprotokolle, 8/154, 17. Mai 1979, S. 12257.

S. 41 *der Spaltung Europas* Helmut Schmidt, Menschen und Mächte, S. 41. Während eines Seminars, das der Autor am 3. Mai 1988 im St. Antony's College in Oxford organisierte, stellte es der altgediente britische Diplomat Sir Frank Roberts auf recht unverblümte Weise dar. Mitte der sechziger Jahre, so erzählte er, hätten Deutschlands westliche Alliierte die Verpflichtung zur Wiedervereinigung bereits als »a bit of a nuisance« empfunden.

S. 41 *im Herzen Europas haben mochten* Siehe beispielsweise Bundestag Plenarprotokolle, 8/154, 17. Mai 1979, S. 12264.

S. 42 *zu schaffen* Zu einer Diskussion darüber am 1. April 1952 siehe Foreign Relations of the United States. 1952–1954, Vol. VII, Washington: US Government Printing Office, 1986, S. 194–99. Zur amerikanischen Politik siehe: Hermann-Josef Rupieper, Der besetzte Verbündete. Die amerikanische Deutschlandpolitik 1949–1955, Opladen 1991, Westdeutscher Verlag.

S. 42 *die deutsche Teilung zu überwinden* Siehe die vorzügliche kurze Analyse von Pierre Hassner in: Gordon, Eroding Empire, S. 188–231.

S. 42 *Der Graben* In: AdsD: Dep WB, BA 17. Brandt selbst berichtet von diesem Gespräch in: Erinnerungen, S. 251–53.

S. 42 *Unsere Chance* Wolfgang Schäuble, »Die deutsche Frage im europäischen und weltpolitischen Rahmen«, in: EA 12/1986, S. 345.

S. 43 *Die Formel »europäische Einigung«* Siehe beispielsweise die Bemerkungen von Helmut Kohl in: Bundestag Plenarprotokolle, 11/125, S. 9130.

S. 43 *Großraum Europa* Bundestag Plenarprotokolle, 6/53, 27. Mai 1970, S. 2713.

S. 43 *Die Einheit der Deutschen* Bundestag Plenarprotokolle, 6/22, 14. Januar 1970, S. 843.

S. 44 *sechziger Jahre zu benutzen* Renata Fritsch-Bournazel führt diese Formel auf einen Vortrag von Klaus Blömer 1968 zurück, dem damaligen außenpolitischen Berater von Franz Josef Strauß. Siehe Renata Fritsch-Bournazel, Das Land der Mitte. Die Deutschen im Europäischen Kräftefeld, München 1986, iudicium Verlag. Das gesamte Thema des Verhältnisses zwischen der deutschen und der europäischen Frage wurde mit gewohnter Brillanz von Pierre Hassner analysiert, in seinem Beitrag in: Werner Weidenfeld (Hrsg.), Die Identität der Deutschen, München 1983, Carl Hanser Verlag, S. 294–323; Zitat auf S. 299.

S. 44 *Their tastes* George Bernard Shaw, Maxims for Revolutionists.

2. Ostpolitik

S. 49 *bei Hans-Dietrich Genscher* Eine ernsthafte politische Biographie Genschers steht noch aus. Es gibt jedoch zwei journalistische Portraits: Werner Filmer/Heribert Schwan, Hans-Dietrich Genscher, Düsseldorf 1988, Econ, und Helmut R. Schulze/Richard Kiessler, Hans-Dietrich Genscher. Ein deutscher Außenminister, München 1990, Bertelsmann. Außerdem gibt es zwei Sammlungen seiner Reden: Deutsche Außenpolitik: Ausgewählte Reden und Aufsätze 1974–1985, Bonn 1985, Bonn Aktuell, und: Unterwegs zur Einheit. Reden und Dokumente aus bewegter Zeit, Berlin 1991, Siedler. Diese kleinen Sammlungen geben jedoch noch nicht einmal eine Ahnung von der ungeheuren Menge und Vielfalt der öffentlich gesprochenen Worte Genschers.

S. 50 *nicht Hans-Dietrich Genscher galt* Siehe Peter Siebenmorgen, »Des Kanzlers Jubelplan«, in: Die Zeit, 19. April 1991. Siebenmorgens Bericht basiert auf den Notizen und Erinnerungen des DDR-Emissärs Alexander Schalck-Golodkowski, die Siebenmorgen zusätzlich durch westdeutsche Quellen bestätigte.

S. 50 *der Bevölkerung bildeten* Benz, Vertreibung, S. 8, gibt eine Zahl von 16,5 % der Gesamtbevölkerung (der Bundesrepublik) aus der Volkszählung von 1950. Aussiedler 2, S. 3, zitiert eine Berechnung des Statistischen Bundesamtes, wonach sich von 11,9 Millionen Flüchtlingen und Vertriebenen im September 1950 7,6 Millionen in der Bundesrepublik (einschl. West-Berlin) und 3,7 Millionen in der DDR aufhielten. Natürlich flohen einige, die zunächst in die SBZ/DDR gegangen waren, später weiter nach West-Berlin und Westdeutschland.

S. 50 *Mitglieder zu haben* Aus vorbereitenden Notizen von Willy

Brandt für ein Treffen mit Vertretern des Bundes der Vertriebenen am 17. Februar 1961. In: AdsD: Dep WB, Rbm 63.

S. 50 *zwei Millionen Mitglieder* Die Zahl von 2,2 Millionen Mitgliedern nannte der Bund der Vertriebenen in seinem Jahresbericht 1991, der auch von einer Zunahme der Mitgliederzahlen aufgrund der Aussiedler aus Osteuropa berichtet. Siehe Bericht in: FAZ, 1. Juli 1991.

S. 50 *»vierter Stamm« Bayerns* Strauß, Erinnerungen, S. 66.

S. 51 *Aufmerksamkeit zu schenken* Siehe beispielsweise die Berichte über Brandts Treffen mit Vertretern der Vertriebenen in: AdsD: Dep WB, Rbm 63.

S. 51 *zu den Christdemokraten* Siehe Baring, Machtwechsel, S. 398–400.

S. 51 *nicht zugestimmt hatten* Der Beschluß war ein Kompromiß, ausgearbeitet vom Bundestagsausschuß für innerdeutsche Beziehungen, zwischen einem Antrag der Christ- und Freien Demokraten und einem der Sozialdemokraten. Beide Anträge waren am 22. Juni 1983 vorgelegt worden. Siehe Bundestag Drucksachen 10/187 und 10/192; der gemeinsame Beschluß wurde am 24. Januar 1984 vorgestellt, siehe Bundestag Drucksachen 10/914. Zur Debatte um den gemeinsamen Beschluß siehe Bundestag Plenarprotokolle 10/53, S. 3842–51, 9. Februar 1984.

S. 52 *»Sicherheitsteilhaberschaft«* Rede vor dem Aspen Institute Berlin anläßlich der Konferenz »Perspectives for the 21st Century«, 25. Oktober 1987. Veröffentlicht in: Theo Sommer, Hrsg., Perspektiven. Europa im 21. Jahrhundert, Berlin 1989, Argon, S. 107–118, dieses Zitat S. 115.

S. 52 *eine eigene Bedeutung* Siehe z. B. die Unterscheidung, die Werner Link zwischen den *Westbindungen* der Bundesrepublik und ihren *Ostverbindungen* trifft. Werner Link, »Die außenpolitische Staatsraison der Bundesrepublik Deutschland«, in: Manfred Funke u. a., Hrsg., Demokratie und Diktatur, Bonn 1987, Bundeszentrale für politische Bildung, S. 400–16.

S. 53 *scharf attackiert hatten* Eine Ausnahme, bemerkenswert auch im Hinblick auf seine spätere Rolle, war Richard von Weizsäcker. Siehe Baring, Machtwechsel, S. 437, 441.

S. 53 *Moskauer Gastgeber* »Ich muß sagen ... daß ich mit den angenehmsten Gefühlen weggegangen bin«, »man kann Gorbatschow nur alles Gute wünschen«, »[die Möglichkeit] daß Ost und West an der Schwelle eines neuen Zeitalters [stehen]«, »Mars hat abzutreten und Merkur auf die Bühne zu treten«. Siehe: Der Spiegel, 1/1988.

S. 53 *Das geteilte Deutschland* Siehe Herbert Wehner, Wandel und Bewährung: Ausgewählte Reden und Schriften 1930–1980, Frankfurt/M. 1986, S. 232–48; dieses Zitat auf S. 248. Die Umkehr wurde später durch einen wichtigen außenpolitischen Beschluß auf dem Hannoveraner Parteitag 1960 bestätigt. So hieß es dort: »In der Auseinandersetzung zwischen Ost und West ist die Stellung der Bundesrepublik unverrückbar auf der Seite des Westens, die Bundesrepublik ist ein zuverlässiger Verbündeter.« Zitat in Siebenmorgen, Gezeitenwechsel, S. 325.

S. 53 *konfuser Prozeß bis dahin* Siehe Clemens, Reluctant Realists; Hacke, Wege und Irrwege; und den Vortrag von Alois Mertes, »Kontinuität und Wandel in der deutschen Außenpolitik«, Bulletin, 14. Mai 1983, S. 437-44.

S. 54 *Warschauer Verträge verabschiedeten* Siehe: Baring, Machtwechsel, S. 427-47. Der Text des Beschlusses auf S. 438-40; auch in: Verträge, S. 66-67.

S. 54 *Christlich-demokratische Perspektiven* Selbst nach fünf Jahren relativ erfolgreicher Regierungspraxis und trotz Sicherung des rechten Flügels durch Franz Josef Strauß' »Konvertierung« herrschte wegen dieser theoretischen Kodifizierung ziemlicher Tumult in der Christdemokratischen Union.
Das ursprüngliche Thesenpapier, das ein Parteiausschuß im Februar 1988 entworfen hatte, stellte eine ausführliche Darstellung der Verpflichtungen und Hoffnungen der Bundesrepublik gegenüber der westlichen Allianz und der westeuropäischen Gemeinschaft einer Diskussion über die Deutschlandpolitik voran. Im deutschlandpolitischen Teil wurde erklärt, daß das »Kernstück« der Deutschlandpolitik die »Vollendung der nationalen Einheit« sei, ohne jedoch explizit das Ziel der Wiedervereinigung zu einer Staatsnation zu erwähnen. »Das Ziel der Einheit ist von den Deutschen nur mit Einverständnis ihrer Nachbarn in Ost und West zu erreichen«, heißt es dort. Einige Parteimitglieder wehrten sich vehement gegen die Unterlassung eines expliziten Hinweises auf das Ziel der Wiedervereinigung und gegen die Implikation, Deutschlands Nachbarn könnten ein Vetorecht über die Zukunft Deutschlands haben.
Die endgültige Resolution, wie sie auf dem Wiesbadener Parteitag im Juni 1988 verabschiedet wurde, stellte schließlich die Behandlung der Deutschlandpolitik einer Diskussion über die westliche Allianz und Westeuropa voran und erklärte, daß es das Kernstück der Deutschlandpolitik der CDU bleibe, »die nationale und staatliche Einheit zu wahren und in freier Selbstbestimmung die Einheit und Freiheit Deutschlands zu vollenden«, wie es in der Präambel des Grundgesetzes steht. Weiter hieß es dort: »Wir brauchen für die Verwirklichung des Rechts unseres Volkes auf Selbstbestimmung das Verständnis und die Unterstützung unserer Nachbarn.« Der überwältigend größte Teil des Textes erläuterte und bestätigte theoretisch, was die Kohl-Regierung praktisch bereits seit fünf Jahren betrieben hatte.

S. 54 *»illusionsfreie« Entspannung* Siehe beispielsweise das Papier über die CDU/CSU-Politik gegenüber der Sowjetunion, das 1978 von einer Kommission unter dem Vorsitz von Alois Mertes entworfen und am 24. Februar 1978 in der FAZ veröffentlicht wurde.

S. 54 *Pacta sunt servanda* Strauß gebrauchte diesen Terminus am 26. Mai 1972 in einem Artikel im Bayernkurier, nur neun Tage nach der gemeinsamen Entschließung. »Die Verträge mit Moskau und Warschau haben ohne Zweifel internationale Rechtsgültigkeit«, erklärte er am 24. Januar 1973 im Bundestag. »Es gibt keine Alternative zu ihnen: pacta sunt servanda.« Bundestag Plenarprotokolle 7/8, S. 170.

S. 54 *dennoch deutlich* Ein wichtiger Kommentar hierzu wird in der geplanten Neuausgabe von: Bergsdorf, Sprache, sein. Nachdem er die politische Terminologie der Bundesregierungen von Konrad Adenauer bis Helmut Schmidt seziert hatte, setzte sich Bergsdorf im Bundespresseamt und als Berater von Bundeskanzler Kohl aktiv für die politische Terminologie der Regierung ein.

S. 55 *Und es gibt keinen Bruch* Die Zeit, 28. Oktober 1988.

S. 55 *Ungeachtet aller* Siehe: Bulletin, 2. Februar 1988, S. 130; das Zitat stammt aus einer Rede vor der Evangelischen Akademie Tutzing am 20. Januar 1988: »Im Dienste der Menschen: Unsere Politik gegenüber unseren östlichen und südöstlichen Nachbarn.« Es war natürlich auch in Tutzing gewesen, wo Egon Bahr 1963 seinen Vortrag gehalten hatte.

S. 55 *In der großen Linie* Die Zeit, 7. Oktober 1988. Strauß starb, kurz nachdem er diesen Text geschrieben hatte, vor dessen Veröffentlichung, wodurch er fast schon den Charakter eines politischen Testaments erhielt.

S. 55 *der Aussöhnung* Siehe Bulletin, 24. Januar 1989, S. 38.

S. 55 *Einigkeit herrschte* Die Grünen werden hier natürlich nicht zu den »etablierten« Parteien gezählt.

S. 55 *Ostpolitik zu bezeichnen* Eine Studie von Lawrence L. Whetten heißt sogar schlicht: Germany's Ostpolitik, der Untertitel jedoch: Relations between the Federal Republic and the Warsaw Pact Countries. Oxford 1971, Oxford University Press.

S. 55 *entsetzt gewesen sein* Während der westdeutsche Staat eine Ostpolitik, aber eine Westbindung hatte, hatte der ostdeutsche Staat eine Westpolitik, aber eine Ostbindung. Die DDR war »für immer und unwiderruflich mit der Union der Sozialistischen Sowjetrepubliken verbunden«, hieß es in Artikel 6.2 der Verfassung von 1974. Als sich jedoch in den achtziger Jahren die Bündnisse des sowjetischen Blocks zu lockern begannen, begann auch die DDR zwischen ihren osteuropäischen Partnern zu unterscheiden. So begrüßte sie beispielsweise Ungarn 1984/85 als Verbündeten ihrer Entspannungspolitik, mißbilligte 1989 jedoch seine Reformen (siehe Anmerkungen von Joachim Herrmann während eines ZK-Treffens: Neues Deutschland, 23. Juni 1989). Sie begrüßte die relative außenpolitische Unabhängigkeit von Ceaușescus Rumänien *und* dessen innenpolitischen Stalinismus. Die Osteuropapolitik der DDR unter Honecker war daher fast schon eine ironische Pervertierung der US-»Differenzierungs«-Politik. Während die USA osteuropäische Staaten für relative außenpolitische Autonomie und/oder relativen innenpolitischen Liberalismus »belohnte«, »belohnte« die DDR ihre brüderlichen Verbündeten für relative außenpolitische Autonomie und/oder innenpolitischen Illiberalismus! Obwohl die Beziehungen zwischen den osteuropäischen Staaten zunehmend wie »normale« Beziehungen unter europäischen Staaten schienen – man denke an den Kalten Krieg zwischen Ungarn und Rumänien oder den Grenzstreit zwischen Polen und der DDR (um territoriale Wasserrechte) –, so konnte man doch niemals wirklich behaupten, daß die DDR eine eigene Ostpolitik hatte.

S. 55 *»deutsche Außenpolitik«* So der Titel von Hans-Dietrich Genschers gesammelten Reden: Deutsche Außenpolitik. Ausgewählte Reden und Aufsätze 1974–1985, Bonn 1985, Bonn Aktuell.

S. 55 *»die deutsche Ostpolitik«* So der Haupttitel von Boris Meissners Dokumentation aus dem Jahr 1970: Deutsche Ostpolitik.

S. 55 *vom Duden abgesegnet* Duden. Das große Wörterbuch der deutschen Sprache, Bd. 5, 1980

S. 55 *»nationalen Interesses«* Dazu auch das kurze, aber erhellende Buch von Joseph Frankel, National Interest, London 1970, Macmillan.

S. 56 *oder Hessen* Als er Erich Honecker 1987 in München willkommen hieß, sagte Franz Josef Strauß: »Zwischen der Bundesrepublik Deutschland und dem Freistaat Bayern einerseits und der Deutschen Demokratischen Republik andererseits hat sich seit 1983 eine sachbezogene Zusammenarbeit entwickelt...«. Zitiert aus EA, 19/1987, S. D 549. Ähnliche Töne waren im Dezember 1987 während Strauß' Besuch in Moskau zu hören gewesen, aber auch bei Lothar Späths Empfang für Gorbatschow im Juni 1989 in Baden-Württemberg. Mehrere Länder hatten ihre eigenen Vertretungen in Brüssel und in Moskau.

S. 56 *fast alle empfanden* Es muß betont werden, daß »alle« sich hier auf die politischen und intellektuellen Eliten der Bundesrepublik bezieht, nicht auf eine breitere Öffentlichkeit. Eine Meinungsumfrage im Januar 1984 lautete:»Wenn die Menschen von Deutschland sprechen, was bedeutet das für Sie?« 57 Prozent der Befragten sagten: »Die Bundesrepublik«, während nur 27 Prozent »Bundesrepublik und DDR« sagten. Bei einer neuen Umfrage im Juli 1986 antworteten 37 Prozent der Befragten, daß »die deutsche Nation« für sie die Bundesrepublik bedeute, während 35 Prozent darunter die Bundesrepublik und DDR zusammen verstanden. Interessant aber ist, daß sich der prozentuale Anteil derer, die unter »Deutscher Nation« sowohl die Bundesrepublik als auch die DDR verstanden, seit November 1981 um drei Prozent erhöht hatte, während der Anteil derjenigen, die darunter nur die Bundesrepublik verstanden, im gleichen Zeitraum um sechs Prozent gefallen war. Zu einer Diskussion dieser Zahlen siehe: Gebhard Schweigler, Normalität in Deutschland, EA 6/1989, S. 173–182; Zitat: Fußnote S. 182.

S. 56 *Bürger des Vereinigten Königreichs* Anm. d. Ü.: Die deutsche Sprache kennt normalerweise nur die Unterscheidung zwischen a) Großbritannien und b) England, wobei beiden Bezeichnungen keine klar unterschiedene Definition zugrunde liegt. Die englische Sprache unterscheidet hingegen eindeutig zwischen a) »Britain« = The United Kingdom of Great Britain and Northern Ireland, und b) seinen Bestandteilen England, Schottland, Wales und Nordirland, von denen die ersten drei sich auch (beispielsweise beim Fußball oder Kricketspiel) als Nationen verstehen, die Bewohner von letzterem auch als Angehörige des Irischen Volkes. Da es an dieser Stelle eindeutig um den *Staat* bzw. um dessen Unterscheidung von Volk und Nation geht, wird zur Verdeutlichung der Begriff »Vereinigtes Königreich« verwendet.

S. 57 *Interessen der Nation, des Staates* In einer Analyse der westdeutschen Politik unterscheidet Josef Joffe zwischen »raison d'état« und »raison de nation«; siehe: Josef Joffe, The Limited Partnership, Europa, the United States, and the Burdens of Alliance, Cambridge, MA, 1987, Ballinger.

S. 57 *the West German Policy* »Die westdeutsche Politik zur Herstellung normaler Handels- und diplomatischer Beziehungen mit den osteuropäischen kommunistischen Ländern; jegliche vergleichbare Politik.«

S. 57 *German policy* »Deutsche Politik gegenüber Osteuropa, hauptsächlich in Verbindung mit der Bundesrepublik Deutschland und der Kultivierung ihrer guten Beziehungen mit dem kommunistischen Block in den sechziger Jahren, im weiteren Sinne jedoch auch angewendet auf die Politik anderer westlicher Länder hinsichtlich des Ostens insgesamt.«

S. 58 *They will* Das Zitat stammt aus: Terence Prittie, Germany Divided, London 1961, Hutchinson, S. 155: »Sie werden Hitlers Aussage kaum ignorieren ... ›Das Ziel der Ostpolitik ist, hundert Millionen Deutschen ein Siedlungsgebiet zu eröffnen‹.«

S. 58 *Die heutige deutsche Ostpolitik* Zitat aus Henry Picker, Hitlers Tischgespräche im Führerhauptquartier, Stuttgart 1976, Seewald, S. 165. Im Sprachgebrauch der Jahre vor 1945 war der Terminus »Ostpolitik« natürlich nur eine unter vielen Ost-Zusammensetzungen: Ostpreußen, Ostmark, Ostmarkenpolitik, Ostsiedlung, Ostkolonisation, Osthilfe, Ostfront, Ostwall, Ostraum usw.

S. 58 *Nobelpreisrede* Siehe: Texte I/9, S. 312–13.

S. 58 *Gestern vor 25 Jahren* Deutschland-Union-Dienst (Pressedienst der CDU und CSU), Nr. 170, 10. September 1980, S. 1.

S. 58 *parteipolitisches Statement* Doch ein unabhängiger Wissenschaftler stimmt dem zu. »Der Beginn einer Ostpolitik der Bundesrepublik«, so schreibt Lothar Wilker, »läßt sich zeitlich genau bestimmen: mit der Aufnahme von diplomatischen Beziehungen mit der Sowjetunion, die im September 1955 während des Besuches von Bundeskanzler Adenauer in Moskau vereinbart worden waren.« In: Haftendorn, Außenpolitik, S. 316 (dieser Teil von Lothar Wilker).

S. 58 *gerne glauben machen wollten* Als besonders gutes Beispiel für die Ätiologie eines Parteigängers siehe: Ehmke, Zwanzig Jahre, S. 11.

S. 58 *13. August 1961* So beispielsweise: Bender, Neue Ostpolitik.

S. 58 *der großen Koalition* So beispielsweise Ehmke, Zwanzig Jahre.

S. 59 *im März 1970 riefen* Während Brandts erstem Besuch als Bundeskanzler in der DDR am 19. März 1970. Siehe Brandt, Begegnungen, S. 490 f.

S. 59 *des Warschauer Ghetto-Aufstands* Am 7. Dezember 1970. Siehe Brandt, Begegnungen, S. 524 f., und Bender, Neue Ostpolitik, S. 178–79.

S. 59 *als Entspannungspolitik bezeichnet werden* Dies impliziert auch der Titel von Richard Löwenthals meisterhafter Studie ›Vom Kalten Krieg zur Ostpolitik‹: »Ostpolitik« also im Gegensatz zum »Kalten Krieg«. Siehe auch Siebenmorgen, Gezeitenwechsel, S. 6.

S. 59 f. *den Jahren 1969 bis 1972* Im Register des Bulletin finden sich Hinweise auf »Ostpolitik« nur für den Zeitraum dieser Jahre. Nach 1972 verweist es auf individuelle Länder oder, von 1976–1980, auf »Entspannungspolitik«.

S. 60 *von Konrad Adenauer benutzt* Siebenmorgen, Gezeitenwechsel, S. 13 ff., Schwarz, Adenauer II, S. 19.

S. 60 *ein englisches Wort machten* Von Leon Wieseltier stammt die witzige Bemerkung, Détente sei »the French word for German goodwill towards Russia«. The New Republic, 10. Februar 1982, Zitat in: Gebhard Schweigler, Grundlagen der außenpolitischen Orientierung der Bundesrepublik Deutschland, Baden-Baden 1985, Nomos, S. 141. Aus Bonner Sicht sah dies Mitte der sechziger Jahre jedoch eher so aus, als sei Détente das französische Wort für den amerikanischen (und französischen und britischen) Goodwill gegenüber Rußland.

S. 60 *»realistisch« hinzuzufügen* Siehe seine Bundestagsrede am 25. Juli 1975 über die Helsinki-Konferenz, veröffentlicht in: Hans-Dietrich Genscher, Deutsche Außenpolitik. Ausgewählte Reden und Aufsätze 1974–1985, Bonn 1985, Bonn Aktuell, S. 77 ff.

S. 60 *»Scheitern der Entspannungspolitik«* Siehe beispielsweise: Haftendorn, Sicherheit, S. 133 ff. Das »Ende der Entspannung« wurde bereits 1976 formuliert, als US-Präsident Ford sagte, er wolle das Wort »Détente« vermeiden. Als Reaktion flüchtete sich Helmut Schmidt in das herrlich spitzfindige Argument: »[der Präsident, sein Außenminister] haben klargestellt, daß der Verzicht auf dieses Fremdwort ›Détente‹, das wir im Deutschen nie benutzt haben, nicht eine Veränderung bedeutet, die die amerikanische Führung in ihrer Politik der Entspannung gegenüber der Sowjetunion und anderen verfolgt.« Siehe Bulletin, 20. April 1976, S. 429–36, dieser Kommentar auf S. 430.

S. 60 *Bonn-Besuch 1978* Bulletin, 9. Mai 1978, S. 429–30.

S. 60 *»Programm der Erneuerung«* Als die SPD diesen Ausschuß kritisierte, erklärten Regierungsvertreter, die Auslassung des Wortes Entspannung sei ein reiner Zufall gewesen. Siehe Schweigler, Grundlagen, S. 151. Zu Brandts Kritik siehe: Bundestag Plenarprotokolle 10/6, S. 274, 6. Mai 1983.

S. 60 *offiziellen Dokumentation* Verträge, S. 7.

S. 61 *Bonner Sprachgebrauch* Siehe beispielsweise: Bonner Almanach 1987/88, Presse- und Informationsamt der Bundesregierung, Bonn 1987, in dem sich 13 Seiten über Deutschlandpolitik, jedoch nur 1 Seite über Ostpolitik finden.

S. 61 *Deutschlandpolitik* In den vierziger und fünfziger Jahren bedeutete »Deutschlandpolitik« die Politik anderer Länder (vor allem der Siegermächte) gegenüber Deutschland. Noch 1976 hielt der Duden dies für die einzige Bedeutung des Wortes (»die Deutschland betreffende Politik ausländischer Staaten«). Das große Wörterbuch der deutschen Sprache, Bd. 2, 1976, Brockhaus-Wahrig, war auch hier wieder einmal präziser: »Politik, welche die durch die Teilung Deutschlands entstandenen Probleme betrifft«, heißt es dort, ohne Spezifizierung, um wessen Probleme es sich hier handelt; Deutsches Wörterbuch, Bd. 2, 1981. »Deutschlandpolitik« als Terminus für die Politik der Bundesregierung hinsichtlich dieser Probleme – und in erster Linie gegenüber der DDR – scheint sich erst mit Kanzler Kiesingers programmatischen Aussagen durchgesetzt zu haben, die er zu Beginn der Großen Koalition im Dezember 1966 und Januar 1967 machte. Der Terminus »Deutschlandpolitik« erscheint seit Ende 1966 kontinuierlich im Register des Bulletin, anders als die Termini »Ostpolitik« und »Entspannungspolitik«. Die großangelegte Reihe ›Dokumente zur Deutschlandpolitik‹ dokumentiert »Deutschlandpolitik« in beiderlei Hinsicht: als Politik der Kriegsalliierten und späteren Siegermächte und als Politik der Bundesrepublik.

S. 61 *DDR-Politik* Siehe: Bruns, DDR-Politik, dort insbesondere S. 11 und 123–4, wo die Redewendung Günter Gaus zugeschrieben wird.

S. 61 *Sowjetunion* In den Grenzen des Deutschen Reiches vom Dezember 1937 umfaßten die Territorien östlich der Oder-Neiße-Grenze etwa 25 Prozent des gesamten Landgebietes, doch nur etwa 15 Prozent der Bevölkerung. Siehe: Zahlenspiegel, S. 3.

S. 62 *politischen Prozeß* Siehe Haftendorn, Außenpolitik, S. 9–12; Joffe in: Gordon, Eroding Empire, S. 169–78; und ausführlicher noch bei Haftendorn: Verwaltete Außenpolitik.

S. 62 *dem Kanzleramt unterstellt* Brandt hatte die Umbenennung des Ministeriums für Gesamtdeutsche Fragen bei seiner ersten Regierungserklärung 1969 im Rahmen der versöhnlichen Öffnung gegenüber der DDR bekanntgegeben.

S. 62 *dem Kanzleramt zu berichten* Siehe die Instruktionen des Kanzleramtschefs Manfred Schüler vom 10. Juni 1974 hierzu, in: AdsD: HS 449, und die Bemerkungen in: Gaus, Deutschland, S. 256ff

S. 62 *inoffiziellen Emissäre* Die bekanntesten DDR-Emissäre waren der Rechtsanwalt Wolfgang Vogel und der Finanzjongleur Alexander Schalck-Golodkowski.

S. 62 *dem Auswärtigen Amt* Obwohl das Wirtschaftsministerium auch für den Ost-West-Handel (inklusive innerdeutschen Handel) verantwortlich war und das Finanzministerium natürlich eng mit allen Fragen befaßt war, die die Vergabe von öffentlichen Geldern, wie Kredite und Garantien, betrafen.

S. 62 *eine wichtige Rolle* Die Obergewalt des Kanzleramtes in der entscheidenden ersten Phase der Ostpolitik wird betont in: Schmid, Entscheidung, S. 181 ff. Allerdings war dies eine Zeit, zu der das Auswärtige Amt ungewöhnlich schwach gewesen war. Siehe Baring, Machtwechsel, S. 269 ff.

S. 62 *Emissäre und Kanäle* Hans-Peter Schwarz schreibt über einige außergewöhnliche Treffen in Ost-Berlin zwischen Adenauers Finanzminister Fritz Schäffer und seinem ehemaligen Schulkameraden Vinzenz Müller, dem damaligen Stabschef der Volkspolizei, sowie über eine Botschaft von der polnischen Führung durch den Industriellen Berthold Beitz. Bis zu einem gewissen Grade könnte auch Adenauers unkonventioneller und bemühter Botschafter in Moskau, Hans Kroll, zu diesen »Kanälen« Chruschtschow gegenüber gezählt werden. Siehe Schwarz, Adenauer II, S. 190–93, 686, 699 ff. Egon Bahr hatte viele Jahre lang diese Rolle für Willy Brandt übernommen und seine eigenen direkten Drähte nach Moskau und Washington hergestellt. Nach Moskau liefen sie beispielsweise unter anderem über den bekannten sowjetischen Journalisten Valeri Lednjew. Später machte er seine Kanäle – beispielsweise zum ZK der Kommunistischen Partei der Sowjetunion – auch Kanzler Kohls außenpolitischem Berater Horst Teltschik zugänglich (Horst Teltschik, Bonn, 12. Juli 1991). Eugen Selbmann, außenpolitischer Berater der sozialdemokratischen Bundestagsfraktion, spielte eine sehr viel größere Rolle, als es diese Position vermuten ließ. Er hielt sowohl für Willy Brandt als auch für Helmut Schmidt hochrangige und informelle Kontakte zu Parteiführern in Warschau, Budapest, Prag und Moskau. Seine wirkliche Bedeutung läßt sich anhand einer Festschrift erkennen, zu der fast alle führenden Figuren der sozialdemokratischen Ostpolitik einen Beitrag beigesteuert haben. Siehe: Ehmke, Zwanzig Jahre, vor allem die Beiträge auf S. 385–90. Zur

Zeit schreibt Selbmann seine Erinnerungen (Eugen Selbmann, Bonn, 8. Juli 1991). Auch hochrangige Manager aus der Geschäftswelt überbrachten hie und da dem Kanzler Nachrichten oder Hintergrundinformationen.

S. 62 *seine eigene Abteilung* Formell »Abteilung für außenpolitische Fragen, die Berlin und Deutschland als Ganzes betreffen«. Gunther van Well, von 1967 bis 1971 Leiter dieser Abteilung, später Staatssekretär im Auswärtigen Amt und als Botschafter bei der UNO und in Washington, erinnerte sich, daß dieser Abteilung solche politischen Überflieger wie Gerold von Braunmühl, Otto von der Gablentz und Hans-Otto Bräutigam angehörten, der spätere Ständige Vertreter der Bundesrepublik in der DDR: Gunther van Well, Bonn, 8. Juli 1991.

S. 63 *So, wir setzen Sie jetzt* Zitiert in: Schröder, Bahr, S. 148. Gerade aus dem Munde von Duckwitz war dies doppelte Ironie, denn er stand dem Kanzler selbst sehr nahe (sie waren Nachbarn auf dem Venusberg in Bonn), nahm an der täglichen »Lage« im Kanzleramt teil und verursachte eine kleinere Krise zwischen Kanzler und Außenminister, als er 1970, während der deutsch-polnischen Verhandlungen, Gomułka einen persönlichen Brief Brandts überbrachte, über den Scheel nicht zuvor informiert worden war. Nach dieser Affäre forderte Scheel, daß Duckwitz von der täglichen »Lage« im Kanzleramt ausgeschlossen werden sollte. Duckwitz nahm im Juni 1970 seinen Abschied. Siehe: Baring, Machtwechsel, S. 285 u. 305 f., und Schmid, Entscheidung, S. 112–14 u. 187. Daß Duckwitz über sein Ausscheiden mitten in der deutsch-polnischen Verhandlungsperiode nicht besonders glücklich war, geht aus seinen Briefen an Willy Brandt hervor, denen jeweils Kopien von tief gekränkten Schreiben an seinen Nachfolger als Staatssekretär im Auswärtigen Amt beigelegt waren. In: AdSD: Dep WB, BK4.

S. 63 *in der Ostpolitik gesichert* Das bezog sich nicht nur auf Beamte und Politiker, sondern auch auf Journalisten. Zum relativ inkonsistenten politischen Prozeß in den USA und Frankreich siehe die entsprechenden Kapitel in: Gordon, Eroding Empire. Der politische Prozeß in Großbritannien bot ein relativ hohes Maß an Konsistenz, doch soweit dies Osteuropa betraf, war dies bis in die frühen achtziger Jahre eher eine beständige Wahrung des Desinteresses.

S. 63 *von multilateralen Institutionen* Siehe Haftendorn, Verwaltete Außenpolitik.

S. 64 *oder jenem osteuropäischen Land* Siehe Reinhardt Rummel/ Wolfgang Wessels, Hrsg., Die Europäische Politische Zusammenarbeit. Leistungsvermögen und Struktur der EPZ, Bonn 1978, Europa Union Verlag.

S. 64 *unterschiedliche Instrumentarien verfolgen* Doch wo in diese Matrix könnte man den Wettbewerb westlicher Länder um den Osthandel einpassen? Und wo den Versuch nicht nur der westdeutschen, sondern auch britischer und französischer Politiker, als »Vermittler« zwischen Moskau und Washington zu fungieren? Verfolgten Mrs. Thatcher, als sie 1985 zwischen Reagan und Gorbatschow vermittelte, oder Giscard d'Estaing 1980 zwischen Carter und Breschnew, gemeinsame oder spezifische Interessen? Mit Sicherheit beides.

S. 65 *»Handelsstaaten«* Siehe Richard N. Rosecrance, The Rise of the Trading State, New York 1986, Basic Books.

S. 65 *Eintracht auf allen Seiten* Schwarz, Gezähmten Deutschen, S. 28–35, hier auf S. 35.

S. 65 *Ralf Dahrendorf* Siehe Ralf Dahrendorf, Society and Democracy in Germany, New York 1979, Norton, vor allem S. 142 ff. u. 202–03.

S. 65 *jedermanns Freund zu werden* Hans-Peter Schwarz, während einer Konferenz der Woodrow Wilson Center European Alumni Association 1988 in Dubrownik; und Schwarz: Gezähmten Deutschen, passim.

S. 65 *»unmännlicher Traum«* Siehe unter Eintragung »Friede« in: Wilhelm Janssen u. a., Hrsg., Geschichtliche Grundbegriffe, Bd. 2, Stuttgart 1975, Klett, S. 579–80.

S. 66 *Ost und West gewesen* Zum Beispiel durch Johannes Gross, Phönix in Asche, Stuttgart 1989, Deutsche Verlags-Anstalt, S. 21 ff.

S. 66 *Jakob Kaiser 1947* Zitiert in: Besson, Außenpolitik, S. 35.

S. 66 *westlicher Interessen rückte* »... die zentralen politischen Fragen in Europa, zuerst und zunächst die Deutschland-Frage ...« (Absatz 5); »... eine endgültige und stabile Regelung in Europa ist jedoch nicht möglich ohne eine Lösung der Deutschland-Frage, die den Kern der gegenwärtigen Spannungen in Europa bildet« (Absatz 8), Harmel-Bericht. Deutscher Text in: EA 23/1968, S. D 75–77.

S. 67 *jeweiligen Gesellschaft* Britische und amerikanische Politiker sprachen in diesem Zusammenhang häufig von den Beziehungen zwischen »Volk« und »Regierung« in Osteuropa. Doch die demokratische Opposition in Osteuropa gebrauchte eher den Begriff »Gesellschaft« (ohne ethnischen Unterton), während die Regierungen im wesentlichen nur der lange Arm des Parteistaats waren, zumindest bis Ende des Jahrzehnts.

S. 67 *Die wesentliche Eigenschaft* Pierre Hassner, Europe in the Age of Negotiation, The Washington Papers, Bd. 1, Nr. 8, Beverly Hills 1973, Sage, S. 69–70. Im gleichen Jahr beschrieb Josef Joffe in einem Artikel im ›Europa-Archiv‹, diese »Dialektik der gesellschaftlichen Interaktion« als eines von zwei Schlüsselproblemen der zukünftigen Ostpolitik. Siehe EA, 4/1973, S. 111–24, Nachdruck in: Haftendorn, Außenpolitik, S. 378–93.

S. 69 *Zeuge der Ereignisse war* »Sprachwandel und Ereignisgeschichte«, in: Merkur, August 1989, S. 657–72.

S. 69 *während Gipfeltreffen* Helmut Schmidt betonte, daß es während seiner Gipfeltreffen mit Giscard d'Estaing meist keine ausführlichen Niederschriften der englisch geführten Gespräche gegeben habe. Helmut Schmidt, London, 3. Juni 1991.

S. 69 *am Telefon* Jochen Thies erzählt von seiner Zeit im Kanzleramt, daß nach dem Machtwechsel ein Beamter gesagt habe: »Gott sei Dank, jetzt brauchen wir keine Vermerke mehr zu schreiben, jetzt wird nur noch telefoniert.« Jochen Thies, Helmut Schmidts Rückzug von der Macht: das Ende der Ära Schmidt aus nächster Nähe, Bonn 1988, Bonn Aktuell, S. 38.

S. 69 *im Fernsehen* Die überaus große Bedeutung dieses Mediums in der Gegenwartsgeschichte wird erfordern, daß zukünftige Historiker ebensoviel Zeit vor Video-Bildschirmen werden verbringen müssen wie in Pressearchiven. Das Archiv der Konrad-Adenauer-Stiftung (ACDP) hat für die Zeit ab 1982 eine Sammlung von Fernsehnachrichten und aktuellen Berichterstattungen angelegt.

S. 70 *wie Bergson es ausdrückte* Zitiert in: Dominique Moisi & Jacques Rupnik, Le Nouveau Continent: Plaidoyer pour une Europe renaissante, Paris 1991, Calman-Lévy, S. 78.

S. 74 *»entscheidende Dreieck«* Pierre Hassner in: Gordon, Eroding Empire, S. 194.

3. Bonn – Moskau – Berlin

S. 76 *nicht nur* Weizsäcker, Deutsche Geschichte, S. 12.

S. 77 *ist eindeutig* Siehe Hermann Graml, Die Alliierten und die Teilung Deutschlands. Konflikte und Entscheidungen 1941–1948, Frankfurt/M. 1985, Fischer; Hans-Peter Schwarz, Vom Reich zur Bundesrepublik. Deutschland im Widerstreit der außenpolitischen Konzeptionen in den Jahren der Besatzungsherrschaft 1945–1949, 2. Ausg., Stuttgart 1980, Klett-Cotta; Theodor Eschenburg, Jahre der Besetzung 1945–1949, Stuttgart 1983, Deutsche Verlags-Anstalt = Geschichte der Bundesrepublik Deutschland Bd. 1; Hans-Peter Schwarz, Die Ära Adenauer 1957–1963. Epochenwechsel, Stuttgart 1983, Deutsche Verlags-Anstalt = Geschichte der Bundesrepublik Deutschland Bd. 3; Josef Foschepoth, Hrsg., Kalter Krieg und deutsche Frage. Deutschland im Widerstreit der Mächte 1945–52, Göttingen 1985, Vandenhoeck & Ruprecht; Hermann-Josef Rupieper, Der besetzte Verbündete. Die amerikanische Deutschlandpolitik von 1949 bis 1955, Opladen 1991, Westdeutscher Verlag.

S. 77 *jene Alternative* Die beste und ausgewogenste Darstellung findet sich in: Schwarz, Adenauer I, S. 906–24. Eine Beschreibung der Reaktionen Adenauers aus Sicht eines engen Mitarbeiters ist: Wilhelm

R. Grewe, Rückblenden 1976–1951, Frankfurt/M. 1979, Propyläen, und der kurze Artikel desselben Autors, »Ein zählebiger Mythos: Stalins Note vom März 1952« in FAZ, 10. März 1982. Zu den sowjetischen Vorschlägen von 1952 bis 1953 siehe auch das gut dokumentierte, doch tendenziöse Buch von Rolf Steininger: Eine vertane Chance. Die Stalin-Note vom 10. März 1952 und die Wiedervereinigung, Bonn 1985, Dietz; Hans-Peter Schwarz, Hrsg., Die Legende von der verpaßten Gelegenheit. Die Stalin-Note vom März 1952, Stuttgart 1982, Belser = Bd. 5 der Rhöndorfer Gespräche; Hermann Graml, »Die Legende von der verpaßten Gelegenheit. Zur sowjetischen Notenkampagne des Jahres 1952«, VfZ, 3/1981, S. 307–341; Hermann-Josef Rupieper, »Zu den sowjetischen Deutschlandnoten 1952. Das Gespräch Stalin-Nenni«, VfZ, 3/1985, S. 547–557; Gerhard Wettig, »Die sowjetische Deutschlandnote vom 10. März 1952«, in: DA 2/1982, S. 130–148, sowie sein kürzlich erschienener Artikel in: DA 2/1992, S. 157. Siehe auch die noch immer überzeugende Abhandlung: Löwenthal, Vom kalten Krieg, S. 14–22.

S. 77 *Er heißt Potsdam* Schwarz, Adenauer I, S. 833.

S. 77 *mit dem Gedanken gespielt* Anthony Glees, »Churchill's Last Gambit«, in: Encounter, April 1985, S. 27–35; Martin Gilbert, Winston S. Churchill, Vol. VIII: »Never Despair« 1945–1965, London 1988, Heinemann, S. 818 ff.; Schwarz, Adenauer II, S. 73 f.

S. 78 *alliierte Rechte* Eine interessante Behandlungen dieser Beschränkungen liefert Ludolf Herbst: »Wie souverän ist die Bundesrepublik?«, in: Wolfgang Benz, Hrsg., Sieben Fragen an die Bundesrepublik, München 1989, dtv, S. 72–90.

S. 78 *Wir sind ein freier* Siehe Konrad Adenauer, Erinnerungen 1953–1955, Stuttgart 1966, Deutsche Verlags-Anstalt, S. 430–34. Text der Deklaration auch in: Vierzig Jahre, S. 83.

S. 78 *der Bundesrepublik gedacht* Siehe beispielsweise Bundeskanzler Kohl in: Bundestag Plenarprotokolle 11/33, S. 2160 (15. Oktober 1987).

S. 78 *Die Interessen* Nachdruck in: Meissner, Moskau-Bonn, S. 71–3. Hans-Peter Schwarz schreibt, Adenauer habe ein vertrauliches Signal erhalten, daß die Russen direkte Gespräche wollten, auf das er jedoch antwortete, man sollte erst einmal abwarten, bis die Pariser Verträge in Kraft treten. Siehe Schwarz, Adenauer II, S. 192.

S. 78 *harter Verhandlungen* Siehe Schwarz, Adenauer II, S. 207–22; Meissner, Moskau-Bonn, S. 15 ff.; Rainer Salzmann, »Adenauers Moskaureise in sowjetischer Sicht«, in: Dieter Blumenwitz u. a., Hrsg., Konrad Adenauer und seine Zeit, Stuttgart 1976, Deutsche Verlags-Anstalt, Bd. 2, S. 131–59, und natürlich Adenauers eigene Memoiren.

S. 79 *zu Rußland empfanden* Zu Adenauers Haltung und Politik gegenüber dem Osten siehe vor allem die beiden Bände von Schwarz:

Adenauer I/II. Noch immer wichtig ist die Pionierarbeit von Klaus Gotto, »Adenauers Deutschland- und Ostpolitik 1954–1963« (in der Folge: Gotto, Adenauer), in: Morsey und Repgen, Adenauer Studien III. Siehe auch Dieter Blumenwitz u. a., Hrsg., Konrad Adenauer und seine Zeit, 2 Bände, Stuttgart 1976, Deutsche Verlags-Anstalt. Siehe auch die revisionistischen Abhandlungen in: Josef Foschenpoth, Hrsg., Adenauer und die deutsche Frage, Göttingen 1988, Vandenhoeck & Ruprecht.

S. 79 *Asien steht* Schwarz, Adenauer I, S. 466.

S. 79 *Das russische Perpetuum Mobile* Wilhelm G. Grewe, Rückblenden 1976–1951, Frankfurt/M. 1979, Propyläen. Das erwähnte Buch stammt von Dieter Friede. Grewe weist darauf hin, daß Adenauer übertrieben reagieren konnte, wenn er noch unter dem Einfluß des letztgelesenen Buches stand. Doch da Adenauer Friedes Buch bald darauf auch de Gaulle schenkte (siehe Schwarz, Adenauer II, S. 923), mußte es nachhaltigeren Eindruck auf ihn gemacht haben.

S. 79 *mit den Repräsentanten* Wilhelm G. Grewe, Bonn, 6. Juli 1991. Wie Hans-Peter Schwarz bemerkt, schloß Adenauer den Bericht in seinen Memoiren mit dem Kommentar, daß er trotz aller Skeptik das Gefühl gehabt habe, eines Tages könnte es ihnen möglich sein, das deutsche Problem mit den Männern im Kreml zu lösen. Siehe Schwarz, Adenauer II, S. 961.

S. 79 *»furchtbaren Macht«* In einem Gespräch mit Alois Mertes 1964. Mertes erinnerte sich daran in: Dieter Blumenwitz u. a., Hrsg., Konrad Adenauer und seine Zeit, Stuttgart 1976, Deutsche Verlags-Anstalt, S. 673–79. Auch Mertes wurde, wie zuvor schon Kennedy und de Gaulle, von Adenauer Dieter Friedes Buch ›Das Russische Perpetuum Mobile‹ empfohlen.

S. 79 *Romeo und Julia* Es ist interessant, daß Adenauer, um seine Geste im Bolschoi zu beschreiben, denselben literarischen Kunstgriff anwandte wie Brandt bei der Beschreibung seines Kniefalls vor dem Mahnmal des Ghettoaufstandes in Warschau: mit den Worten eines außenstehenden Beobachters. Siehe Konrad Adenauer, Erinnerungen 1953–1955, Stuttgart 1966, Deutsche Verlags-Anstalt, S. 529–30.

S. 80 *Wir waren doch* Zitiert in: Siebenmorgen, Gezeitenwechsel, S. 141.

S. 80 *Tendenzen gekennzeichnet war* Meissner, Moskau-Bonn, S. 47–8.

S. 80 *Moskau an die Spitze* Dieser Punkt wird besonders hervorgehoben in: Schwarz, Adenauer II, S. 420 und 456–7.

S. 80 *»Politik der Stärke«* Gut zusammengefaßt von Klaus Gotto, »Der Realist als Visionär«, in: Die politische Meinung, 249/1990, S. 6–13. Man sollte jedoch anmerken, daß die sogenannte »Magnet-Theorie« zuvor von seinem Erzkritiker Kurt Schumacher angewandt wurde, allerdings zunächst nur auf Westdeutschland bezogen. Siehe Willy Albrecht, Kurt Schumacher, Bonn 1985, Verlag Neue Gesellschaft, S. 54, 126.

S. 81 *Die Stunde der großen* Heinrich Krone, »Aufzeichnungen zur Deutschland- und Ostpolitik 1954–1969« (in der Folge: Krone, Aufzeichnungen), in: Morsey und Repgen, Adenauer Studien III, S. 134–201, dies auf S. 162. Laut Schwarz, Adenauer II, S. 363, war Krone zwischen 1957 und 1961 der zweitmächtigste Mann in der Bundesrepublik.

S. 81 *erwartet hatten* Selbst der Christdemokrat Eugen Gerstenmaier war enttäuscht, daß Adenauer nicht sofort nach Berlin flog. Siehe Eugen Gerstenmaier, Streit und Friede hat seine Zeit. Ein Lebensbericht, Frankfurt/M. 1981, Propyläen, S. 451–52. Nach eigener Aussage dachte Adenauer, daß die sowjetische Aktion noch viel schlimmer hätte ausfallen können, beispielsweise als direkte Bedrohung der Verbindungswege des Westens zu Berlin. Er glaubte auch, daß noch schlimmere Konfrontationen folgen konnten und es daher das wichtigste sei, »Nervenkraft« zu behalten, ruhig zu bleiben und vor allem die Unterstützung der Amerikaner zu behalten. Einer Runde vertrauter Journalisten sagte er am 17. August 1961 während eines seiner regelmäßigen »Teegespräche«: »Ohne die Vereinigten Staaten bleiben wir doch gar nicht am Leben, das ist doch so klar wie der Tag.« Bei allen rationalen Erklärungen muß die Distanziertheit, mit der er – und sein Außenminister – auf den Bau der Berliner Mauer reagierten, auch als Zeugnis für die Distanz zwischen Bonn und Berlin gelten. Siehe Konrad Adenauer, Teegespräche 1959–61, bearbeitet von Hanns-Jürgen Küsters, Berlin 1984, Siedler, S. 538–54, Zitat zu den Amerikanern auf S. 550; Schwarz, Adenauer II, S. 659–66; Arnulf Baring, Sehr verehrter Herr Bundeskanzler! Heinrich von Brentano im Briefwechsel mit Konrad Adenauer 1949–64, Hamburg 1974, Hoffmann und Campe, S. 330–37; Peter Siebenmorgen, »Konrad Adenauer und die Berliner Mauer«, in: Boris Meissner, Hrsg., Die Deutschlandfrage von der Berliner Mauer bis zum Rücktritt Adenauers, in Vorbereitung. Siehe auch den Artikel von Hanns-Jürgen Küsters: »Konrad Adenauer und Willy Brandt in den Berlin-Krisen 1958–1963«, in: VfZ 40/2 (1992), S. 483–542, bes. S. 527ff.

S. 81 *seine Idee von* Andrej Gromyko, Memories, London 1989, Hutchinson, S. 196–97.

S. 81 *nähergekommen schien* Wilhelm R. Grewe (Bonn, 6. Juli 1991) behauptete schlicht aber erhellend, daß es schwierig sei – will man seine Selbstachtung wahren –, über zwei Jahrzehnte hinweg öffentlich eine Position einzunehmen, an die man privat nicht glaubt. Und da Adenauer – was auch immer tatsächlich seine persönliche Ansicht gewesen sein mag – davon überzeugt war, daß er aus innenpolitischen Gründen die Verpflichtung auf Wiedervereinigung des »dreigeteilten« Deutschlands demonstrativ wahren mußte, ist es nicht unwahrscheinlich, daß sich seine persönliche Ansicht dieser öffentlichen Haltung immer mehr anpaßte.

S. 81 *abschließend beurteilt werden* Zur »revisionistischen« Betrachtungsweise siehe Josef Foschepoth, Hrsg., Adenauer und die deutsche Frage, Göttingen 1988, Vandenhoek & Ruprecht. Schwarz' Biographie zeigt, daß es keine einfache Antwort gibt.

S. 81 *Wort an die Sowjetunion* Bundestag Plenarprotokolle 4/39, S. 1639 (9. Oktober 1962). Er wiederholte diese Passage in seiner Regierungserklärung vom Februar 1963 und fügte hinzu: »Die Sowjetregierung hat auf diese Worte nicht reagiert«. Siehe Bundestag Plenarprotokolle 4/57, S. 2576 (6. Februar 1963). Zu seinen informellen Bemerkungen hierzu siehe Siebenmorgen, Gezeitenwechsel, S. 342–43.

S. 82 *Modus vivendi* Siehe die Beiträge von Klaus Gotto und die sogenannten »Globke-Pläne« in: Morsey und Repgen, Adenauer Studien III, S. 3–91, 202 ff., und Hans Globke, »Überlegungen und Planungen in der Ostpolitik Adenauers«, in: Dieter Blumenwitz u. a., Hrsg., Konrad Adenauer und seine Zeit, Stuttgart 1976, Deutsche Verlags-Anstalt, Bd. 1, S. 665–72.

S. 82 *»österreichische Lösung«* Siehe Siebenmorgen, Gezeitenwechsel, S. 146–51; Gotto, Adenauer, S. 34–40; Schwarz, Adenauer II, S. 425 ff. Schwarz schreibt auch, daß es bereits 1955–56 geheime Gespräche zwischen Adenauers Finanzminister Fritz Schäffer und dem DDR-General Vinzenz Müller gegeben hatte, in denen auch die Idee einer Konföderation beider deutscher Staaten diskutiert wurde. Ibid, S. 190–93 und 416–17.

S. 82 *der sowjetischen Seite* Siehe Siebenmorgen, Gezeitenwechsel, S. 331–46; Gotto, Adenauer, S. 67 ff.

S. 82 *Für den Rest seines Lebens* Krone, Aufzeichnungen, in: Morsey und Repgen, Adenauer Studien III, S. 164 (Eintrag zum 7. Dezember 1961). Klaus Gotto weist jedoch darauf hin, daß Adenauer zu derartig apodiktischen Bemerkungen neigte und manchmal ein paar Tage später das Gegenteil sagte, und daß er in dieser Zeit zumindest einmal von einer anderen Prioritätenordnung gesprochen habe. Siehe seine Kommentare in: Morsey und Repgen, Adenauer Studien III, S. 84 [FN 387] und S. 70 [FN 402].

S. 83 *vom Juni 1961* Nachdruck in: Meissner, Deutsche Ostpolitik, S. 17–18; Jacobsen, Nachbarn, S. 345–46.

S. 83 *Wenzel Jaksch* Bundestag Drucksachen 3/2740. Interessant ist, daß dieser Beschluß Hand in Hand mit einem anderen über die Lage der deutschen Minderheiten in Osteuropa ging, der ebenso auf einem Bericht von Jaksch basierte. Siehe 5. Kapitel.

S. 83 *»Strategie des Friedens«* Kennedy verkündete seine »strategy of peace« am 10. Juni 1963 in einer Promotionsrede (von Ted Sorensen entworfen) an der American University in Washingon. Siehe Public Papers of the Presidents: John F. Kennedy, Washington 1964, US Government Printing Office, S. 459–64, 526–29. Siehe auch den Artikel von Zbigniew Brzezinski und William E. Griffith, »Peaceful Engagement in Eastern Europe«, Foreign Affairs, Sommer 1961.

S. 83 *»Brückenbau«* Johnsons Schlüsselbegriff »bridge-building« fiel in einer Rede am 23. Mai 1964 bei der Eröffnung der George C. Marshall Library in Lexington, Virginia. Siehe Public Papers of the Presidents: Lyndon B. Johnson, Washington 1965, US Government Printing Office, S. 708–10.

S. 83 *»détente«* Siehe Jean Lacouture, De Gaulle. The Ruler: 1945–1970, London 1991, Harvill, Kap. 29.

S. 83 *»Hallstein-Doktrin«* Eine gute Darstellung der Entstehung der sogenannten »Hallstein-Doktrin« stammt von jenem Mann, der vielleicht die größte Verantwortung dafür trug: Wilhelm G. Grewe, Rückblenden 1951–76; Frankfurt/M. 1979, Propyläen, S. 251–62.

S. 83 *Bulgarien einzurichten* Um die Rolle Grewes bei der Ausarbeitung der »Hallstein-Doktrin« ins rechte Licht zu setzen, sollte auch gesagt werden, daß er eine solche »Zwischenlösung« bereits im Januar 1957 in einem Memorandum an den Außenminister vorgeschlagen hatte. Siehe: ibid, S. 263–65. Die Eröffnung von Handelsmissionen mit Polen, Ungarn und Rumänien wurde 1963 vereinbart, mit Bulgarien 1964 und mit der Tschechoslowakei erst 1967.

S. 83 *Ächtung der DDR* Eine solche Politik schlug Zbigniew Brzezinski, einer der ersten Advokaten des »peaceful engagement«, 1965 in seinem Buch ›Alternative to Partition‹ vor. »Die Konzepte der deutschen Außenpolitik«, schreibt Hans-Peter Schwarz, »wurden in diesen Jahren weniger am Rhein entwickelt als am Hudson und Charles River!«: Hans-Peter Schwarz und Boris Meissner, Hrsg., Entspannungspolitik in Ost und West, Köln 1979, Carl Heymanns Verlag, S. 177. 1981 kommentierte Brzezinski die Kritik von George Urban zu diesem Punkt: »Meine Vorschläge Mitte der sechziger Jahre für die Isolation der DDR waren taktischer Art. Ich wollte, daß die Bundesrepublik die Oder-Neiße-Linie und die neuen Realitäten in Osteuropa anerkennt, damit wir erfolgreicher eine Politik des ›friedlichen Engagements‹ mit Osteuropa verfolgen könnten. Ich wußte, daß ich die Westdeutschen nicht dazu bringen konnte, dies zu tun *und* gleichzeitig die DDR anzuerkennen. Also war der beste Weg, Westdeutschland für diesen politischen Ansatz zu interessieren, zu sagen, das kommunistische Ostdeutschland sei ein Ärgernis für den Kreml und daher notwendigerweise zu isolieren.« Siehe: »A long conversation with Dr. Zbigniew Brzezinski«, Encounter, Mai 1981, S. 25.

S. 83 *»Friedensnote«* Nachdruck in: Meissner, Deutsche Ostpolitik, S. 120–24; Jacobsen, Nachbarn, S. 383–89; Vierzig Jahre, S. 171–75.

S. 84 *Sowjetrußland ist* Zitiert in: Morsey und Repgen, Adenauer Studien III, S. 189 [FN 27]; siehe auch die Analyse von Klaus Gotto in diesem Band. Wilhelm W. Grewe behauptet, Adenauer könnte gegen sein eigenes Urteil von de Gaulle überzeugt worden sein. Siehe Wilhelm G. Grewe, Rückblenden 1976–1951, Frankfurt/M. 1979, Propyläen, S. 633–37. Eine ähnliche Ansicht ist vertreten in: Schwarz, Adenauer II, S. 923 ff.

S. 84 *ersten Regierungserklärung* Am 13. Dezember 1966. Siehe Bundestag Plenarprotokolle 5/80, S. 3656–65. Laut Schmid, Politik, S. 17, habe Kanzler Kiesinger diese Regierungserklärung selbst entworfen.

S. 84f. *Mission nach Moskau* Siehe den Artikel von Günter Buchstab, »Geheimdiplomatie zwischen zwei bequemen Lösungen. Zur Ost- und Deutschlandpolitik Kiesingers«, in: K. D. Bracher u. a., Hrsg., Staat und Parteien. Festschrift für Rudolf Morsey, Berlin 1992, Duncker & Humblot.

S. 85 *Wir alle wissen* Bundestag Plenarprotokolle, 5/115, S. 5667 (14. Juni 1967).

S. 85 *Deutschland, ein wiedervereinigtes* Siehe Bulletin, 20. Juni 1967, S. 541–43, dies auf S. 542. Nachdruck der Rede in: Meissner, Deutsche Ostpolitik, S. 205–08.

S. 85 *»Entspannung durch Wiedervereinigung«* Siehe: Hildebrand, Von Erhard zur Großen Koalition, S. 83–98. Doch man beachte seine warnenden Hinweise darauf, wie sehr Adenauer bereits in seinen letzten Jahren als Bundeskanzler von dem Konzept »Entspannung durch Wiedervereinigung« abgerückt sei. Noch deutlicher ist dieser Punkt herausgearbeitet in: Siebenmorgen, Gezeitenwechsel, S. 378.

S. 85 *zur praktischen Zusammenarbeit* Siehe Bulletin, 14. April 1967, S. 313.

S. 86 *daß sich da drüben* Bundestag Plenarprotokolle, 5/126, S. 6360, auch in: Texte I/2, S. 22–32, dies auf S. 28.

S. 86 *Herbert Wehner* Im ersten Band seiner Memoiren schreibt Helmut Schmidt: »Wehners ostpolitische Vorstellungen waren schon klar gewesen, bevor Willy Brandt die seinigen entwickelte... Ich habe in der ganzen Zeit meiner Kanzlerschaft meine Politik jede Woche mit Herbert Wehner abgestimmt, besonders intensiv meine Ostpolitik – und ich habe mich immer auf ihn verlassen können.« Schmidt, Menschen und Mächte, S. 30.
Diese Bemerkung ist weder vollständig noch wirklich historisch gerecht, doch sie dient als nützliches Korrektiv. Unter den Brandt-Papieren, die im AdsD gelagert sind, befinden sich unzählige Briefe von Wehner, die sich vor allem mit der DDR befassen, doch auch mit Polen und der Tschechoslowakei. Aus ihnen geht das starke Interesse hervor, eine Ostpolitik zu verfolgen, die auf Verhandlungen mit den jeweiligen kommunistischen Machthabern in Osteuropa basiert. Sie lassen jedoch kein ostpolitisches Gesamtkonzept erkennen, vor allem nicht hinsichtlich der Beziehungen zu Moskau. Eine faire Beurteilung dieses Punktes bedarf jedoch der Öffnung der Wehner-Papiere, die bereits teilweise im AdsD gelagert sind.

S. 86 *Helmut Schmidt* Zu einer Darstellung von Schmidts Rolle in den frühen Jahren der Ostpolitik, die allerdings seinen Anteil an der Ostpolitik in dieser Zeit überbewertet, siehe: Hans Georg Lehmann, Öffnung.

S. 86 *Das ist meine Ostpolitik* Ulrich Sahm, Bodenwerder, 27. September 1992.

S. 86 *in Vergessenheit geraten ist* Und das nicht nur in der Geschichte der Ostpolitik. Ein interessantes neueres Buch zweier seiner ehemaligen Mitarbeiter, Reinhard Schmöckel und Bruno Kaiser, heißt bezeichnenderweise: Die vergessene Regierung. Die Große Koalition 1966 bis 1969 und ihre langfristigen Wirkungen, Bonn 1991, Bouvier.

S. 86 *Kanzler schrieb* Brief vom 9. Oktober 1969 in: AdsD: Dep WB, BA 13.

S. 86 *Im Januar 1967* Hierzu und zu den folgenden beiden Absätzen siehe Löwenthal, Vom kalten Krieg, S. 72–74; Meissner, Moskau-Bonn, S. 766–74; Bender, Neue Ostpolitik, S. 139–41.

S. 88 *der Fall gewesen war* Siehe Griffith, Ostpolitik, S. 158–69; Löwenthal, Vom kalten Krieg, S. 71–79; Meissner, Moskau-Bonn, S. 766–74; Bender, Neue Ostpolitik, S. 137 ff.

S. 88 *In einer Rede* Vortrag vor der Deutschen Gesellschaft für Osteuropakunde am 13. Oktober 1971, gedruckt in: Bulletin, 14. Oktober 1971, S. 1573–1579.

S. 88 *Dieses Mal* Zitiert in: Siebenmorgen, Gezeitenwechsel, S. 381, aus einer Randbemerkung Egon Bahrs auf einem Artikel Richard Löwenthals.

S. 89 *für den Prager Frühling* Siehe H. Gordon Skilling, Czechoslovakia's Interrupted Revolution, Princeton 1976, Princeton University Press, bes. S. 728 und 732–33.

S. 89 *Invasion in der Tschechoslowakei* Siehe beispielsweise den Leitartikel in: Prawda, 22. August 1968, auch in: Meissner, Moskau-Bonn, S. 1142.

S. 89 *auf die die Bundesregierung* Siehe Stellungnahmen nach dem 21. August 1968 in: Dokumente, V/2; Texte, I/3; Meissner, Deutsche Ostpolitik und Moskau-Bonn. Zu Brandts und Bahrs Reaktionen siehe auch Baring, Machtwechsel, S. 231 ff.; Brandt, Erinnerungen, S. 221–22.

S. 89 *im März 1969* Siehe Current Digest of the Soviet Press, Bd. XXI, Nr. 11, S. 11–12. Obwohl dies eine Bestätigung der Vorschläge des Warschauer Pakts aus der Bukarester Deklaration von 1966 war, war es nicht nur viel konzilianter im Ton, sondern machte die Erfüllung der Forderungen Moskaus nicht mehr zur Vorbedingung für Gespräche. Text der Bukarester Deklaration in: Current Digest of the Soviet Press, Bd. XVIII, Nr. 27, S. 3–7.

S. 89 *Wirtschaftsreformprogramm von 1965* Diesen Hinweis verdanke ich Mark Smith. Siehe auch Mikhail Heller und Aleksandr Nekrich, Utopia in Power. The History of the Soviet Union from 1917 to the Present, New York 1986, Summit Books, S. 629–41.

S. 89 *Selbstbewußtsein Chinas* Dies wird betont in: Griffith, Ostpolitik, S. 162–67, und: Arndt, Verträge, S. 20–21. Die chinesische »Bedrohung« wurde durch den Grenzvorfall am Ussuri im März 1969 dramatisiert. Der sowjetische Botschafter in Bonn war instruiert, Bundeskanzler Kiesinger direkt von den sowjetischen Sorgen zu berichten. Siehe Meissner, Moskau-Bonn, S. 1166.

S. 90 *Vorbedingungen für Verhandlungen* Später wurde dies Willy Brandt vom sowjetischen Botschafter bestätigt. Siehe Löwenthal, Vom kalten Krieg, S. 77.

S. 90 *Franz Josef Strauß* Siehe dazu die scharfen Bemerkungen in: Bender, Neue Ostpolitik, S. 122–23.

S. 90 *flüchteten zu ihnen zurück* Gut dargestellt in: Schmid, Politik, S. 22–24. Den Unterschied in Ton und Inhalt stellt man schnell fest, vergleicht man Kiesingers Bericht zur Lage der Nation vom 17. Juni 1969 (Bundestag Plenarprotokolle 5/239, S. 13246–13254) mit Willy Brandts Regierungserklärung nur vier Monate später, am 28. Oktober 1969 (siehe Bundestag Plenarprotokolle 6/5, S. 19–34). Ulrich Sahm (Bodenwerder, 27. September 1992) behauptet, alle Entwürfe wichtiger Mitteilungen und Äußerungen seitens des Auswärtigen Amtes seien im Kanzleramt von Karl Theodor von und zu Guttenberg oder Karl Carstens redigiert worden und mit Streichung aller gewagten, innovativen Passagen zurückgekommen.

S. 90 *»Anerkennungspartei«* Siehe Texte, I/3, S. 24–25.

S. 91 *Deutschlandpolitik in den sechziger Jahren* Zur Diskussion, die die sogenannten Schollwer-Papiere ausgelöst hatten, siehe: Baring, Machtwechsel, S. 211–29, und: Hildebrand, Von Erhard zur Großen Koalition, S. 342–47.

S. 91 *in der Zeit zurückgehen* Abgesehen von Brandts ›Erinnerungen‹ und ›Begegnungen‹, siehe auch sein früheres Buch: Mein Weg nach Berlin, München 1969, Kindler, und die Sammlung seiner Arbeiten im Exil: Draußen, München 1966, Kindler. Die einfachen und bewegenden Memoiren seiner langjährigen Frau Rut Brandt, Freundesland, Hamburg 1992, Hoffmann und Campe, bieten außergewöhnliche Einblicke in Willy Brandts Charakter und enthalten interessante Details zu seinen Ostkontakten. Unter den unzähligen Biographien ist Stern: Brandt, am genauesten und erhellend wie sympathisierend; Koch: Brandt, ist umfangreich und aufschlußreich, obwohl er Brandt auch als egoistischen und ehrgeizigen Parteipolitiker darstellt; Günter Hoffmann: Willy Brandt, Portrait eines Aufklärers aus Deutschland, Reinbek b. Hamburg 1988, Rowohlt, bewegt sich dagegen am Rande der Hagiographie. Auch in: Baring, Machtwechsel, gibt es scharfsinnige biographische Betrachtungen.

S. 92 *Wir sind der Meinung* In AdsD: Dep WB, Rbm 30. Formell war dies eine Nachricht des Berliner Senats.

S. 92 *The barred walls* In AdsD: Dep WB, Rbm 30.

S. 92 *In meinem Weddinger Wahlkreis* Brandt, Erinnerungen, S. 11.

S. 92 *Meine Herren* Zitiert aus: Koch, Brandt, S. 279. Koch gibt allerdings keine Quelle an.

S. 92 *stören lassen* Brandt, Erinnerungen, S. 10. In Wirklichkeit hatte Kennedy seinen Yachtausflug unterbrochen, jedoch nicht weiter als bis zu seinem Seehaus. Siehe: Curtis Cate, The Ides of August. The Berlin Wall Crisis of 1961, London 1978, Weidenfeld & Nicolson, S. 331–33.

S. 92 *Brandts Schreiben* Beide Briefe sind abgedruckt und vorzüglich kommentiert in: Diethelm Prowe, »Der Brief Kennedys an Brandt vom 18. August 1961«, in: VfZ, 33/2 (1985), S. 373–83. Siehe auch Prowes neueren Artikel, der sich auf die amerikanischen Dokumente bezieht, in: Hans J. Reichhardt, Hrsg., Berlin in Geschichte und Gegenwart. Jahrbuch des Landesarchivs Berlin 1989, Berlin 1989, Siedler, S. 143–167.

S. 93 *War es dieser Brief* Brandt, Erinnerungen, S. 11. In einem Gespräch mit dem Autor am 2. Oktober 1991 in Bonn erzählte Willy Brandt, sein eigener Brief an Kennedy sei vor allem eine Geste gewesen, um den enttäuschten Berlinern zu zeigen, daß er etwas Entscheidendes unternahm. Er und seine engen Mitarbeiter hätten in den Monaten vor dem Mauerbau in einer seltsamen Art von Schizophrenie gelebt: Sie wußten, wie die amerikanische Haltung aussehen würde, aber sie wollten es nicht wissen. Von daher sei die Bestätigung dessen, was man eigentlich bereits wußte, eine Stunde der Wahrheit gewesen.

S. 93 *Ich habe später bemerkt* Brandt, Begegnungen, S. 17.

S. 93 *Damals hatte ich* Ibid, S. 28. In seinen Memoiren von 1989 mokiert sich Brandt über Ronald Reagan, der behauptet hatte, wenn er 1961 Präsident gewesen wäre, hätte er dafür gesorgt, daß die Mauer abgerissen worden wäre. »Gewiß«, schreibt Brandt, »Reagan hat Gorbatschow öffentlich aufgefordert, die Mauer verschwinden zu lassen. Aber in den Verhandlungen mit seinem russischen Partner hat er andere Schwerpunkte gesetzt und erst recht nicht die Teilung Deutschlands – 1945 in Jalta festgelegt – in Frage gestellt.« Erinnerungen, S. 55.

S. 94 *historische Königsweg* Noch immer wichtig ist die Studie von Diethelm Prowe, »Die Anfänge der Brandtschen Ostpolitik in Berlin 1961–1963« (in der Folge: Prowe, »Anfänge«), in: Benz und Graml, Aspekte, S. 249–86.

S. 94 *spöttisch hieß* Außer Bahr gehörten dazu Heinrich Albertz, später selbst Regierender Bürgermeister von Berlin, Klaus Schütz, der nach Albertz Regierender Bürgermeister wurde, und Dietrich Spangenberg, ab 1963 Chef der Senatskanzlei. Siehe Bender, Neue Ostpolitik, S. 125–26; Siebenmorgen, Gezeitenwechsel, S. 351–71; Prowe, »Anfänge«, in: Benz und Graml, Aspekte, S. 251, 255, 265.

S. 94 *DDR-Führung hergestellt* Bender, Neue Ostpolitik, S. 126–27. Das Treffen im Dezember 1961 fand zwischen Dietrich Spangenberg und dem DDR-Wissenschaftler Hermann von Berg statt, der zu dieser Zeit eine wichtige Mittlerrolle in den deutsch-deutschen Beziehungen spielte. Fünfundzwanzig Jahre später, 1986, emigrierte von Berg in die Bundesrepublik und veröffentlichte dort eine bittere Abrechnung mit der DDR: Vorbeugende Unterwerfung. Politik im realen Sozialismus, München 1988, Universitas. Erstaunlicherweise übernimmt er darin (S. 156–58) Peter Benders Darstellung seiner ersten Kontakte, ohne in eigenen Worten darüber zu berichten. In einem Gespräch mit dem Autor (Berlin, 27. Juni 1991) sagte von Berg, daß er für diese Aufgabe ausgewählt worden sei, weil er als Führer der offiziellen Studentenorganisation im Leipzig der fünfziger Jahre einige Kontakte zu sozialdemokratischen Studentenführern aus der Bundesrepublik gehabt habe. Er erinnerte sich, daß er Spangenberg normalerweise am Rückeingang des Rathauses Schöneberg getroffen habe, »nahe bei den Mülltonnen«, damit man sie nicht bemerken würde. Dann habe er Willi Stoph berichtet.

Im November 1961 hatte es Treffen zu technischen Fragen gegeben, wie den Verkehrs- und Kommunikationswegen zwischen den beiden Hälften der geteilten Stadt. Siehe Prowe, »Anfänge«, in: Benz und Graml, Aspekte, S. 259. Einer von Brandts skandinavischen Verbindungsleuten, Carl Gustav Svingel, war ebenfalls ein wichtiger Mittelsmann in diesen direkten humanitären Verhandlungen mit der DDR. Willy Brandt, Bonn, 2. Oktober 1991. Siehe dazu auch: Der Spiegel, 13, 1992, und Craig Whitneys Biographie über Wolfgang Vogel, Spytrader, New York 1993, Times Books.

S. 94 *Ost-Berliner Behörden* Siehe Dokumente, IV/7, S. 1166–68.

S. 95 *Der Wunsch* Siehe Dokumente, IV/7, S. 1006. Der Anstieg der Selbstmordrate ist eindrücklich dokumentiert in: Müller-Hegemann, Die Berliner Mauerkrankheit, Herford 1973, Nicolaische Verlagsbuchhandlung.

S. 95 *Peter Fechter* Zu den offiziellen Verlautbarungen siehe Dokumente, IV/8, S. 948–50; Brandt, Begegnungen S. 36; Bender, Neue Ostpolitik, S. 124–25.

S. 95 *konspirative Kanäle* Vor allem durch Dr. Kurt Leopold von der Interzonenhandel-Treuhandstelle, durch die Evangelischen Kirchen und durch persönliche Kontakte, wie zwischen Spangenberg und von Berg. All diese Kontakte schienen mehr oder weniger die gleiche Geschäftsbasis zu haben: Die westliche Seite wollte, daß die DDR wenigstens einigen Bürgern mehr Freiheitsrechte (vor allem Reisefreiheit) gewährte; die DDR wollte im Gegenzug dafür Valuta und/oder diplomatische Anerkennung. 1962 war seitens der DDR der Versuch unternommen worden, das erste Passierscheinabkommen als direktes *Quid pro quo* für einen Kredit in harter Währung zu verhandeln. Siehe: Prowe, »Anfänge«, S. 262–63, und Dokumente, IV/9, S. XI.

S. 95 *sogenannte Passierscheinabkommen* Zum Text siehe Dokumente, IV/9, S. 1023–38.

S. 96 *drei Mal hintereinander* Siehe Brandt, Erinnerungen, S. 81.

S. 96 *Bahr wieder und wieder* Siehe beispielsweise die Hinweise darauf in Brandts Nobelpreisrede, in: Texte, I/9, S. 307, in seinem kleinen Buch: Menschenrechte mißhandelt und mißbraucht, Reinbek b. Hamburg 1987, Rowohlt, S. 89–90, und in seiner Rede an die Berliner am Tag nach Öffnung der Berliner Mauer, in: Umbruch, S. 79–81, dies auf S. 80.

S. 96 *Augenblick zurückkehren* Siehe z.B. das Gespräch zwischen Dettmar Cramer und Egon Bahr aus dem Jahr 1975. Bahr erzählte, wie er von West- nach Ost-Berlin ging und dort die vielen West-Berliner sah:

»Cramer: Ich erinnere mich noch, Sechserreihen von Autos Unter den Linden
Bahr: Phantastisch!
C: ... von der Ecke Friedrichstraße
B: Wundervoll!
C: ... bis zum Zeughaus.
B: Wundervoll! Das war richtig schön. Und man sah Menschen über Menschen, und die Gesichter der Menschen waren fröhlich.«
Zitiert aus: Cramer, Bahr, S. 41–42.

S. 96 *erklärte Bahr 1987* »Ein Fortschritt für die Menschen. Passierschein-Regelung war Grundstein für die Ost-Politik«, in: Sozialdemokratischer Pressedienst, 42. Jg., Nr. 33, 17. Februar 1987, S. 5.

S. 96 *eine eigene Ostpolitik* Krone, »Aufzeichnungen«, S. 183 (Eintrag zum 31. Dezember 1963).

S. 96 *Was Du nun tun mußt* In: AdsD: Dep WB Rbm 39/40.

S. 97 *Deutschlands – gebildet* Siehe Baring, Machtwechsel, S. 199.

S. 97 *Glaube nicht* Zitiert aus: Der Spiegel, 13. März 1963, in: Prowe, »Anfänge«, in: Benz und Graml, Aspekte, S. 271 und 285; siehe auch: Baring, Machtwechsel, S. 202–03.

S. 97 *Was die meisten* In: AdsD: Dep WB, BK 3. Laut einem Bericht in: Der Spiegel, 18/1991, hatte Borm möglicherweise für den – oder zumindest mit dem – Staatssicherheitsdienst der DDR gearbeitet.

S. 97 *fanden nie statt* Siehe: Stern, Brandt, S. 57–8; Brandt, Begegnungen, S. 119. Einige Details zur den Vorbereitungen der Treffen von 1963 in: AdsD: Dep WB, Rbm 73.

S. 98 *Die deutsche Seite* In: AdsD: Dep WB, Rbm 72.

S. 98 *Chruschtschow gehe es* In: AdsD: Dep WB, Rbm 72.

S. 98 *in Ost-Berlin, haben* Brandts Notizen und ein langes Memorandum (in schwedisch) des damaligen schwedischen Generalkonsuls Sven Backlund sind zu finden in: AdsD: Dep WB, Rbm 74. Siehe auch den ausführlichen Bericht in: Brandt, Begegnungen, S. 114 ff.

S. 98 *All this is* In: AdsD: Dep WB, Rbm 72.

S. 98 f. *Deutschlands vorhergesagt* Siehe Peter Bender, »War der

Weg zur deutschen Einheit vorhersehbar? Charles de Gaulle – Realist und Prophet«, in: DA, 3/1991, S. 258–63.

S. 99 *Reihe von Treffen* Siehe 5. Kapitel (»Gespräche mit de Gaulle«), in: Brandt, Begegnungen S. 130–162.

S. 99 *Erleichterung und Ermutigung* Notiz zum Treffen am 24. April 1963 in: AdsD: Dep WB, Rbm 74.

S. 99 *De Gaulle äußerte* Notiz zum Treffen am 2. Juni 1965 in: AdsD: Dep WB, Rbm 74.

S. 99 *von entscheidender Bedeutung* Siehe Prowe, »Anfänge«, in: Benz und Graml, Aspekte, S. 272–73; Diethelm Prowe, »Der Brief Kennedys an Brandt vom 18. August 1961«, in: VfZ, 33/2 (1985), S. 379–80, und den jüngeren Artikel desselben Autors in: Hans J. Reichhardt, Hrsg., Berlin in Geschichte und Gegenwart. Jahrbuch des Landesarchivs Berlin 1989, Berlin 1989, Siedler, S. 143–167; Brandt, Erinnerungen, S. 65–83; Siebenmorgen, Gezeitenwechsel, S. 364.

S. 99 *Klaus Schütz* Siehe: Stern, Brandt, S. 64; Egon Bahr, Bonn, 4. Juli 1991.

S. 99 *jung und tatkräftig* Siehe: Prowe, »Anfänge«, S. 272–73; und – eher sarkastisch – Koch, Brandt, S. 310–11. Nach Kennedys Ermordung veröffentlichte Brandt ein kurzes Buch: Begegnungen mit Kennedy, München 1964, Kindler.

S. 99 *Kleine Schritte* Dies wurde zum Schlagwort der SPD während Brandts zweitem Anlauf als Kanzlerkandidat für die Bundestagswahlen von 1965. Diethelm Prowe nennt die Regierungserklärung der neuen sozialliberalen Koalition in Berlin vom 18. März 1963 die erste große proklamatische Deklaration dieses neuen politischen Ansatzes. Siehe: Prowe, »Anfänge«, S. 271.

S. 99 *Koexistenz – Zwang zum Wagnis* Koexistenz – Zwang zum Wagnis, Stuttgart 1963, Deutsche Verlags-Anstalt. Auszüge in: Dokumente, IV/8, S. 1151–55.

S. 99 *Brandt spricht* Krone, Aufzeichnungen, S. 155–56. Siehe auch Bergsdorf, Sprache, S. 210 ff.

S. 99 *Reden und Artikel* Die im Depositum Brandt einen großen Bestand bilden.

S. 100 *überzeugt werden mußten* Dieser Punkt wurde von Heinrich Albertz in einem Brief an Willy Brandt, datiert 1. August 1963, besonders hervorgehoben. In: AdsD: Dep WB, Rbm 38.

S. 100 *»Strategie des Friedens«* Kennedys Promotionsrede vom 10. Juni 1963 (von Ted Sorensen entworfen) findet sich in: Public Papers of the Presidents: John F. Kennedy, Washington 1964, US Government Printing Office, S. 459–64.

S. 100 *eine neue Einstellung* Siehe: Arthur M. Schlesinger, A Thousand Days. John F. Kennedy in the White House, New York 1965, Fawcett Premier, S. 821–24. Der Begriff »strategy of peace« und einige Ideen dazu finden sich jedoch bereits in Kennedys Reden von vor 1960, veröffentlicht in: The Strategy of Peace, London 1960, Hamish Hamilton.

S. 100 *ein Geschenk des Himmels* Egon Bahr, Bonn, 4. Juli 1991.

S. 100 *Freien Universität Berlin* Am 26. Juni 1963. Siehe: Public Papers of the Presidents: John F. Kennedy, Washington 1964, US Government Printing Office, S. 526–29.

S. 100 *Ich bin ein Berliner* Wie Eugen Selbmann behauptete (Bonn, 8. Juli 1991), wurde Kennedy dieser berühmte Satz vom Sozialdemokraten Max Brauer vorgeschlagen. Willy Brandt sagte (Bonn, 2. Oktober 1991), daß ihm diese Version nicht bekannt sei, er sich jedoch daran erinnere, diesen Satz von Ted Sorensen am Abend vor der Rede gehört zu haben und auch, wie er ihn am folgenden Morgen mit Kennedy einübte. Siehe auch die handschriftlichen Notizen in: AdsD: Dep WB, Rbm 74, und: Willy Brandt, Begegnungen mit Kennedy, München 1964, Kindler, S. 191–215. Eine Abbildung der lautschriftlichen Notiz findet sich in dem Artikel von Diethelm Prowe in: Hans J. Reichhardt, Hrsg., Berlin in Geschichte und Gegenwart. Jahrbuch des Landesarchivs Berlin 1989, Berlin 1989, Siedler, S. 147.

S. 100 *Text seiner Rede* Nachdruck in: Dokumente, IV/9, S. 565–71. Zum Hintergrund dieses und Bahrs eigenen Gesprächs siehe: Schröder, Bahr, S. 111 ff. Entwürfe in: AdsD: Dep WB, Pub 159.

S. 101 *eine Übertragung der Strategie* Siehe Dokumente, IV/9, S. 572–72, für diese und die folgenden Zitate. Diese berühmte Rede findet sich auch in: Meissner, Deutsche Ostpolitik, S. 45–48; Jacobsen, Nachbarn, S. 351–56; Haftendorn, Außenpolitik, S. 255–60; Bahr, Sicherheit, S. 11–17.

S. 101 *»Politik der Transformation«* Siehe Dokumente, IV/9, S. 567–68.

S. 101 *Es gibt eine Lösung* Ibid, S. 570.

S. 102 *Wandel durch Annäherung* In einem Gespräch mit Hans Magnus Enzensberger sagte Bahr 1984, dieser Begriff sei nur durch den »Zufall« so populär geworden, daß sein Stellvertreter ihn als Überschrift für die verteilten Kopien seines Manuskripts gewählt habe. Siehe Kursbuch, Nr. 77, 1984, S. 97–100, dies auf S. 98. Dieselbe Version findet sich auch in: Schröder, Bahr, S. 111–12, der sich auch auf ein Gespräch mit Bahr bezieht. Doch in der zitierten Passage der Rede stellt Bahr selbst diesen Begriff als Summe seiner eigenen Argumentation dar.

S. 102 *unsere gemeinsamen Überlegungen* Brandt, Erinnerungen, S. 73. Brandt schreibt, er habe etwas Bedenken gegen die Formel »Wandel durch Annäherung« gehabt, denn »sie konnte dem Mißverständnis Nahrung geben, als schwebe uns eine Annäherung an das kommunistische System vor«. Doch sofort fügt er hinzu, Bahr sei »... der konzeptionell fähigste meiner Mitarbeiter in Berlin und im Übergang von Berlin nach Bonn« gewesen. Dazu Bahr: »[Brandt] war auch völlig mit mir einer Meinung, was die Sache betraf«. Zitiert in: Schröder, Bahr, S. 115.

S. 102 *Wiedervereinigung gedacht war* Siehe Bahrs eigenen Kommentar am zehnten Jubiläum seiner Tutzinger Rede: »Der Gewaltverzicht und die Allianzen«, in: Außenpolitik 3/1973, S. 243 ff.; auch in: Haftendorn, Außenpolitik, S. 354–67, dies auf S. 355. Ähnliche Kommentare in einer Diskussion am zehnten Jahrestag seiner Rede in: Die Zeit, 15. Juli 1973; auch in: Cramer, Bahr, S. 43–44; Egon Bahr, Was wird aus den Deutschen?, Reinbek b. Hamburg 1982, Rowohlt, S. 219–20.

S. 103 *amerikanischer Politik* Brandt selbst weist auf diesen Punkt hin, in: Erinnerungen, S. 75. Und Peter Bender schreibt, obwohl Bahr behauptet habe, Kennedys »strategy of peace« anzuwenden, seien »seine [Bahrs] Überlegungen ... älter« gewesen. Bender, Neue Ostpolitik, S. 126.

S. 103 *Bismarck dachte* Siehe: Baring, Anfang, S. 86 ff.

S. 103 *Europa von Köln aus* Ibid.

S. 103 *von Berlin aus* Diethelm Prowe meint, daß sich im engsten Kreis um Brandt kaum gebürtige Berliner befanden. Sie hätten sich ursprünglich vor allem deshalb zu Berlin hingezogen gefühlt, weil sie glaubten, dies sei der beste Ort, um gegen die Teilung Deutschlands aktiv zu werden. Von ihm stammt auch die interessante Anmerkung, daß die Regierenden Bürgermeister von Berlin zwar außergewöhnliche außenpolitische Erfahrungen sammelten, jedoch zum Nachteil ihrer Kenntnisse der Sozial- und Wirtschaftspolitik. Dies waren natürlich genau die Stärken und Schwächen von Brandts Kanzlerschaft. Siehe: Prowe, »Anfänge«, S. 251 und 286. Brandt selbst schrieb im Mai 1991 einen Artikel, in dem er für Berlin als Hauptstadt des vereinigten Deutschlands eintrat: »Ich stehe unter Verdacht, meine Bürgermeisterzeit – und die voraufgegangenen Jahre an der Seite Ernst Reuters und die nachfolgenden Jahre mit der von Berlin nicht loszulösenden Ostpolitik – nicht vergessen zu haben. Diesen Verdacht bestätige ich gern.« FAZ, 8. Mai 1991.

S. 104 *für Brandt die Konzepte* Siehe Cramer, Bahr, bes. S. 50–51, 58, (»Denn das ganze Konzept war ja vorhanden«); Schröder, Bahr, S. 137 ff.; Bahr, Sicherheit, S. 42; Schmid, Entscheidung, bes. S. 19–20, 225–226.

S. 104 *Ost-West-Beziehungen gespalten waren* Ulrich Sahm, Bodenwerder, 27. September 1992. Hier sollte jedoch angemerkt sein, daß die Deutschlandabteilung des Auswärtigen Amtes ihre eigenen Richtlinien und Perspektiven für Verhandlungen, vor allem Berlin betreffend, entwickelte. Laut Aussage des damaligen Abteilungsleiters Günther van Well hatten sie das »Konzept« von Bahrs Planungsstab nicht gekannt. (Günther van Well, Bonn, 8. Juli 1991.) Als Beispiel für die umsichtige Arbeit dieser Abteilung siehe das Memorandum (von Hans-Otto Bräutigam), zitiert in: Baring, Machtwechsel, S. 241–42.

S. 104 *zur Verfügung stehenden Kanal* So berichten die handschriftlichen Notizen in: AdsD: Dep WB, BA 17–18, von persönlichen Begegnungen mit Pjotr Abrassimow, »meinem Prager Bekannten W. T.«, N. Poljanow von Iswestija, dem polnischen Journalisten Ryszard Wojna und einem Vertreter der tschechoslowakischen Handelsmission. Siehe auch: Brandt, Begegnungen, S. 281, sowie eine zusammenfassende Darstellung dieser mehr oder weniger informellen Kontakte in: Schmid, Entscheidung, S. 20f.

S. 104 *durch italienische Kommunisten* Diese Vermittlung ging insbesondere um SPD und SED. Siehe den Bericht von Heinz Timmermann, »Im Vorfeld der neuen Ostpolitik«, in: Osteuropa, 6/71, S. 388–99; Brandt, Begegnungen, S. 53; Brandt, Erinnerungen, S. 182. Eine Schlüsselfigur bei diesen Kontakten war Brandts enger Mitarbeiter Leo Bauer. Siehe auch Peter Bender u. a., Karrieren eines Außenseiters. Leo Bauer zwischen Kommunismus und Sozialdemokratie 1912 bis 1972, Bonn 1983, Dietz.

S. 104 *Journalisten in Wien* Ein interessanter Bericht über dieses Zusammentreffen von Egon Bahr mit einem polnischen Diplomaten im Januar 1968 und dessen Konsequenzen stammt von Hansjakob Stehle (in dessen Wohnung das Treffen stattfand) in: Die Zeit, 7. Dezember 1990, S. 41–2.

S. 104 *zu Kanzler Kiesinger* Dies wird durch Brandts Korrespondenz mit Kiesinger, die in den Brandt-Papieren enthalten ist, sehr deutlich. Am 30. Juni 1967 schrieb Kiesinger beispielsweise an Brandt eine Beschwerde über ein offizielles Memorandum, das Bahrs Gespräche am 12. und 13. Juni in Prag betraf. Dort stand, Bahr »erläuterte noch einmal die Bereitschaft der neuen Bundesregierung, mit der DDR in friedlicher Koexistenz zu leben«. Im Januar 1969 entstand eine heftige Kontroverse um Bahrs geheime Ostkontakte, vor allem um die Gerüchte, er habe das Zentralkomitee der Sozialistischen Einheitspartei der DDR besucht. Am 16. Januar 1969 schrieb Brandt an Kiesinger schlicht, daß Bahr »in meinem Auftrag bzw. mit meiner Billigung« gehandelt habe. Am 18. April 1969 schrieb Kiesinger höchst irritiert, daß er aus der Presse erfahren habe, Bahr würde nach Washington reisen, und er würde gerne wissen, was er dort machen würde! All dies in: AdsD: Dep WB, BA 13. In einem Gespräch mit dem konservativen Journalisten Giselher Wirsing nannte Kiesinger Bahr einen »wirklich gefährlichen Mann«. Zitiert in: Hildebrand, Von Erhard zur Großen Koalition, S. 327.

S. 104 *Wenn man die Sicherheit* In einem Interview im Dezember 1968, abgedruckt in: Dokumente, V/2, S. 1610–11.

S. 104 *Außenpolitik einer künftigen Bundesregierung* Eine Kopie dieses Dokuments, datiert New York, 21. September 1969, wurde dem Antol freundlicherweise von Egon Bahr aus seinen Unterlagen, die sich jetzt im AdsD befinden, zur Verfügung gestellt. Brandt war in New York zur jährlichen UN-Generalversammlung. Bahr bestätigte auch, daß dies das zweite der beiden großen Arbeitspapiere des Planungsstabs gewesen sei, auf das er sich später mehrmals bezogen habe. Beispielsweise in: Bahr, Sicherheit, S. 42. Er weist auch darauf hin, daß dieses Papier in der Annahme geschrieben worden sei, die Große Koalition würde weiterbestehen.

S. 105 *Diese Hoffnung* Das war auch die optimistische Annahme seitens der DDR. Karl Seidel, Berlin, 30. September 1992.

S. 106 *Memorandum zur Außenpolitik* Eine Kopie hiervon wurde dem Autor freundlicherweise von Werner Link zur Verfügung gestellt. Ein Vergleich mit dem ausführlichen Text zeigt, daß dies im Grunde nur eine Bearbeitung der »Überlegungen« ist, die für die Diskussion mit den Freidemokraten erstellt wurde. Siehe auch Link, Ära Brandt, S. 163–64.

S. 106 *Scheel stellte* Berichtsentwurf von Hans-Jürgen Wischnewski in AdsD: Dep WB, BK 61. Das Wort »weitgehend« wurde von Brandt eingefügt.

S. 106 *Vertrag mit der DDR vorgeschlagen* Siehe Baring, Machtwechsel, S. 226–29. Bahr erinnert sich: »Da das Denken in der FDP – unabhängig von uns – in ähnliche Richtung ging, haben wir zur Formulierung des außenpolitischen Teils der Regierungserklärung 1969, man kann fast sagen, nur Minuten gebraucht.« Egon Bahr, Was wird aus den Deutschen? Reinbek b. Hamburg 1982, Rowohlt, S. 222.

S. 106 *August 1969 sehr ähnlich waren* Siehe den ausführlichen Bericht in: Lehmann, Öffnung, S. 72–112.

S. 106 *der neuen Koalitionspartner* »Die Regelung unseres Verhältnisses zur Sowjetunion und zu den osteuropäischen Staaten einschließlich der DDR war die eigentliche, wenn nicht sogar die einzige wirkliche Basis des sozialliberalen Bündnisses an seinem Beginn.« Baring, Machtwechsel, S. 199.

S. 106 *nur noch bestätigt hatte* Eine Kopie des Papiers, betitelt »Ostpolitik nach der Okkupation der ČSSR«, datiert vom 1. Oktober 1968, wurde dem Autor freundlicherweise von Egon Bahr zur Verfügung gestellt (AdsD: Dep EB). Baring, Machtwechsel, S. 213, beschreibt, daß Bahr seinen Mitarbeitern spontan mitgeteilt habe, das Ende der Dubček-Ära habe die Grundbedingungen für die Bonner Politik nicht verändert. Siehe auch Löwenthal, Vom kalten Krieg, S. 78 f. Es waren jedoch nicht nur Bahr und Brandt der Meinung, die Invasion habe die Argumente für die Ostpolitik noch verstärkt. In einem Fernsehinterview am 21. August 1968 antwortete Bundeskanzler Kiesinger, daß er zu den Auswirkungen »dieses Ereignisses« auf die Ostpolitik der Bundesregierung nur sagen könne: »Wir werden diese Ostpolitik konsequent fortsetzen.« Siehe Texte, I/3, S. 63 ff., dies auf S. 64. Es muß erneut darauf hingewiesen werden, daß deutsche Politiker besondere Gründe hatten, mit ihren Antworten zurückhaltend zu sein, da sie meinten, von der sowjetischen Propaganda unmittelbar für den Prager Frühling verantwortlich gemacht zu werden. Dieselbe oder noch stärkere Zurückhaltung übten amerikanische und französische Politiker. De Gaulles Premierminister Michel Debré meinte, dies sei »ein Verkehrsunfall auf der Straße zur détente«. Und de Gaulle selbst sagte zu seinem Botschafter in Moskau: »La Tchechoslovaquie, je m'en bats l'oeil.« Beide Zitate bei Pierre Hassner in: Gordon, Eroding Empire, S. 196–97.

S. 106 *Ralf Dahrendorf* Siehe Wolfgang Schollwer, »Ost-West-Politik eines Europäers«, in: Liberal, 1/88, S. 45; Schmid, Entscheidung, S. 293. Schollwer vermerkt Dahrendorfs Beharren auf diesem Punkt in seinem Tagebucheintrag zum 1. Juni 1970. AdDL: Schollwer, Tagebuch.

S. 107 *Geheimhaltung der Verhandlungen* Während Gromyko seine Gespräche mit Bahr als Verhandlungen bezeichnete – was sie natürlich auch waren –, bestand Bahr darauf, daß sie nur ein »Meinungsaustausch« gewesen seien. Wie Bahr und einer seiner Mitarbeiter, Antonius Eitel, sich erinnern, sagte Gromyko, nachdem er wieder einmal auf diesen kleinen Unterschied angesproche wurde: »Ich sage Ihnen, was ein ›Meinungsaustausch‹ ist. Ein ›Meinungsaustausch‹ ist, wenn Falin mit seiner Meinung zu mir kommt und mit meiner Meinung weggeht.« Antonius Eitel, Bonn, 1. Juli 1991. Egon Bahr, Bonn, 4. Juli 1991.

S. 107 *inzwischen erschienener Werke* Die besten allgemeinen Darstellungen deutscher Autoren hierzu sind: Link, Ära Brandt, S. 163 ff., und speziell zu den Moskauer Verträgen S. 179–90; Meissner, Moskau-Bonn, S. 775–808, sowie die in diesem Buch enthaltenen Dokumente; Löwenthal, Vom kalten Krieg, S. 79–90; Baring, Machtwechsel; Bender, Neue Ostpolitik. Schmid, Entscheidung, ist eine umfassende Studie der Entscheidungsprozesse von Brandts Regierungserklärung im Oktober 1969 bis zur Unterzeichnung der Moskauer Verträge. Detaillierte Darstellungen der Verträge durch informierte Insider sind: Zündorf, Ostverträge, und Arndt, Verträge. Unter den Memoiren und Biographien sollte man, außer den beiden Bänden Brandts und Barings ›Machtwechsel‹, das selbst eine Art Sammelbiographie ist, die beiden Werke des damaligen Botschafters in Moskau erwähnen. Er stand Bahrs Verhandlungsführung nicht nur persönlich ablehnend, sondern auch in der Sache kritisch gegenüber: Helmut Allardt, Moskauer Tagebuch. Beobachtungen, Notizen, Erlebnisse, Düsseldorf 1973, Econ Verlag; und: Politik vor und hinter den Kulissen. Erfahrungen eines Diplomaten zwischen Ost und West, Düsseldorf 1979, Econ Verlag. Zu Bahrs Argumentation siehe: Schröder, Bahr, in dem auch Hinweise auf eine ganze Anzahl wichtiger Interviews mit Bahr gegeben werden; die Sammlung seiner Reden und Artikel, in: Bahr, Sicherheit; und die zwei Bände mit Interviews: Cramer, Bahr, und Egon Bahr, Was wird aus den Deutschen? Fragen und Antworten, Reinbek b. Hamburg 1982, Rowohlt. Zusammenfassende englischsprachige Analysen sind: Griffith, Ostpolitik,

Kap. 5; Hanrieder, Germany, America, Europe, Kap. 7; Bark & Gress, Democracy and Its Discontents, Part VIII.

S. 107 *Zutaten versüßt* Siehe Meissner, Moskau-Bonn, S. 775 ff.

S. 108 *atomaren Nichtverbreitungsvertrag* Am 28. November 1969.

S. 108 *europäische Sicherheitskonferenz* Mastny, Helsinki, S. 3, beschreibt, daß eine solche Konferenz erstmals von Molotow kurz nach Stalins Tod vorgeschlagen wurde. Doch natürlich wurde sie auch in der Bukarester Deklaration von 1966 und im Budapester Appell des Warschauer Pakts von 1969 gefordert.

S. 108 *Christians in Moskau* Siehe dazu seinen eigenen Bericht in seinem Buch: Wege nach Rußland. Bankier im Spannungsfeld zwischen Ost und West, Hamburg 1989, Hoffmann und Campe, S. 17–44.

S. 108 *wurden in Essen* Siehe Meissner, Moskau-Bonn, S. 1209–10, und die ausgezeichnete Abhandlung in: Wörmann, Osthandel, S. 115–25. 494 Millionen Mark des 1,2 Milliarden-Kredits wurden von der Hermes AG garantiert, d. h. also effektiv durch die Bundesregierung. Der Zinssatz blieb ein streng gehütetes Geheimnis. Schätzungen bezifferten ihn jedoch auf 6,25 Prozent.

S. 108 *bestehenden wirklichen Lage* Im Vertrag heißt es, die beiden Parteien »gehen dabei von der in diesem Raum bestehenden wirklichen Lage aus«. Siehe: Verträge, S. 13. Zur rechtlichen Signifikanz – oder Nicht-Signifikanz – des Begriffs siehe: Arndt, Verträge, S. 45–50. Zündorf, Ostverträge, S. 34, behauptet, die Anwendung des Wortes »wirklich« anstelle von »real«, wie es in früheren Erklärungen des Warschauer Paktes hieß, »bedeutet unter Umständen eine größere Nähe zur Einbeziehung von legitimen Ansprüchen. Auch sie können ›wirklich‹ sein«. Für ein ungeübtes Auge ist der Unterschied kaum wahrnehmbar.

S. 108 *einschließlich der Oder-Neiße-Linie* Ibid, S. 14.

S. 108 *zuerst Bahr* Die Fragen, inwieweit Bahr diese Verhandlungen fähig oder unfähig führte und ob die Verbesserungen durch die Verhandlungsführung Scheels von Bedeutung oder unbedeutend waren, werden in den o. a. Arbeiten ausführlich diskutiert.

S. 108 *»unverletzbar«* Zum deutschen und russischen Wortlaut siehe: Griffith, Ostpolitik, S. 191.

S. 108 *Präambel des Vertrages* Siehe: Zündorf, Ostverträge, S. 54–55.

S. 109 *Adenauer und Bulganin* Siehe: Meissner, Moskau-Bonn, S. 124. Die sowjetische Seite hat nur den Empfang dieses Briefes bestätigt. Schwarz, Adenauer II, S. 219, unterstreicht dennoch die Bedeutung dieses Schreibens für Adenauers Politik und nennt ihn den »Brief zur deutschen Einheit« – eine Formel, die normalerweise nur für den Brief aus dem Jahr 1970 benutzt wird.

S. 109 *zur Lösung des nationalen* Zu den Texten der Briefe siehe

Meissner, Moskau-Bonn, S. 122–23. Laut der dort dargestellten Versionen hieß es bei Bulganin: »... des nationalen Hauptproblems des gesamten deutschen Volkes«, während bei Adenauer steht: »... des gesamten nationalen Hauptproblems des deutschen Volkes«. Diese Formulierung stand ursprünglich in der sowjetischen Note, die Gespräche über die Aufnahme diplomatischer Beziehungen vorschlug.

S. 109 »*Brief zur deutschen Einheit*« Nachdruck in: Verträge, S. 15; Meissner, Moskau-Bonn, S. 1271–72, Vierzig Jahre, S. 226. Zu einer interessanten Kontroverse, von wem der »Brief zur deutschen Einheit« stammt und was dessen langfristige Bedeutung war, siehe den Brief von Ludwig Mertes, in: FAZ, 7. August 1990, und die Antworten darauf von Dr. Claus Arndt und Professor Konrad Repgen (beide 3. September) sowie Rainer Barzel und Egon Bahr (beide 20. September). In einem Telegramm vom 21. Mai 1970 berichtete Bahr: »Ich habe Falin formlos Entwurf eines Briefes zum Selbstbestimmungsrecht übergeben.« Es folgte eine etwas längere und komplizierte Version dessen, was der Brief zur deutschen Einheit werden sollte (Kopie im Besitz des Autors). Falin behauptet, zur Formulierung des (endgültigen) Briefes beigetragen zu haben (Valentin Falin, Hamburg, 14. Mai 1992). Dies widerspricht nicht notwendigerweise der Version der Christdemokraten, die beanspruchen, zu einem früheren Zeitpunkt einen Beitrag zu dieser deutschen Initiative geleistet zu haben.

S. 109 *drei westlichen Besatzungsmächte* Nachdruck in: Verträge, S. 16–17; Vierzig Jahre, S. 227.

S. 109 *christdemokratische Opposition* Zur christdemokratischen Seite siehe, abgesehen von den o. a. Werken: Clemens, Reluctant Realists, und Hacke, Wege und Irrwege. Ein rückblickender Bericht des damaligen Parteivorsitzenden Rainer Barzel ist: Im Streit und umstritten. Anmerkungen zu Konrad Adenauer, Ludwig Erhard und den Ostverträgen, Frankfurt/M. 1986, Ullstein. Eine genauere und detailliertere Erinnerung ist: Birrenbach, Sondermissionen. Eine rückblickende Zusammenfassung der oppositionellen Positionen liefert Alois Mertes in: Politik und Kultur, 2/81, S. 20–38, und in APZ, 18. Dezember 1982, S. 3–9. Von einem bemerkenswerten Kritiker der Ostpolitik, Karl-Theodor Freiherr von und zu Guttenberg, stammt: Die neue Ostpolitik. Wege und Irrwege, Osnabrück 1971, Verlag A. Fromm. Die postum veröffentlichten ›Fußnoten‹ desselben Autors (Stuttgart 1973, Seewald) bieten einige faszinierende Einsichten. Eine ganze Fülle an Material zu diesem Thema findet man in den Marx- und den Mertes-Papieren, in: ACDP.

S. 109 *Entschließung des Bundestages* Nachdruck in: Verträge, S. 66–67; Vierzig Jahre, S. 260–62.

S. 109 *Dezember 1937 fortbestand* Das Bundesverfassungsgericht erließ am 31. Juli 1973 und am 7. Juli 1975 zwei wichtige Urteile im Zusammenhang mit den Ostverträgen. Ersteres bezog sich formell auf den

Grundlagenvertrag mit der DDR, das zweite explizit auf die Moskauer und Warschauer Verträge. Mit seiner Bestätigung der rechtlichen Fortdauer des Deutschen Reiches war das erste Urteil juristisch wie politisch von höchster Bedeutung. Der volle Wortlaut findet sich in: Zehn Jahre, S. 232–43; analytische Kommentare zu allen Urteilssprüchen (inklusive eines weiteren vom 2. Februar 1980) finden sich in: Arndt, Verträge, S. 224–29.

S. 110 *Auch wenn zwei Staaten* Siehe Link, Ära Brandt, S. 166–67.

S. 110 *die politisch konstitutive Aussage* Ibid. Zitat aus Weizsäckers Beitrag zu: Dietrich Rollmann, Die CDU in der Opposition. Eine Selbstdarstellung, Hamburg 1970, Christian Wegner, S. 41 f.

S. 110 *Als am 12. August 1970* Siehe Bender, Neue Ostpolitik, S. 174.

S. 110 *Führungsriege Polens übelgenommen* Siehe Bender, Neue Ostpolitik, S. 176–77; Schmid, Entscheidung, S. 115 ff. und 290 ff.; und Mieczysław F. Rakowski, in: Lutz, Bahr, S. 98. Brandt liefert in seinen Erinnerungen, S. 211–12, eine verständnisvolle Darstellung der polnischen Sensibilitäten.

Wie in vielen anderen Kommentaren hebt er hervor, daß die Bundesregierung versucht habe, ihnen zu entsprechen, indem sie die Anerkennung der Grenzen noch vor der Gewaltverzichtsklausel in Artikel 1 des Warschauer Vertrages aufnahm. Im Moskauer Vertrag sei die Anerkennung der Grenzen jedoch umsichtig nach der Gewaltverzichtsklausel und dessen Folge genannt. Er berichtet auch, daß er Gomułka vorgeschlagen habe, den Warschauer Vertrag noch vor dem Moskauer Vertrag zu ratifizieren, um ihm dadurch symbolisch Priorität einzuräumen. Gomułka habe ihm jedoch dringend geraten, die beiden Verträge nicht zu trennen, da jeglicher Versuch, einen Keil zwischen Moskau und Warschau zu treiben, zum Scheitern verurteilt sei.

S. 110 f. *Februar 1970 mit Gromyko* Veröffentlicht in: FAZ und Die Welt, in beiden am 18. April 1972. Nachdruck in: Meissner, Moskau-Bonn, S. 1473–80, worin auch die extrem scharfe Reaktion der Regierung enthalten ist, die einen deutlichen Eindruck der Atmosphäre jener Zeit vermittelt. Die Regierung hat die Authentizität dieser Auszüge nicht grundsätzlich abgestritten. Später veröffentlichte sie sogar selbst eines dieser Fragmente. Doch Kanzleramtsminister Horst Ehmke schrieb an den Oppositionsführer Rainer Barzel: »Die Zitate sind sinnentstellend aus dem Zusammenhang gerissen. Zum Teil finden sich Auslassungen innerhalb des einzelnen Satzes, zum Teil Zusätze, die den Niederschriften nicht entnommen sind und offenbar erläuternd wirken sollen. In einzelnen Fällen ist der Text verfälscht.« Das Mißtrauen der Opposition wurde noch durch die Tatsache verstärkt, daß die Regierung noch nicht einmal respektablen, hochrangigen Christdemokraten Einblick in die Protokolle der Moskauer und Warschauer Verhandlungen gewährte. Diese ver-

trauensbildende Maßnahme zwischen Parteien, so sagten sie, habe selbst Adenauer führenden Sozialdemokraten während der Verhandlungen zu den Westverträgen gewährt. Statt dessen las Egon Bahr am 6. und 7. Mai 1972 dem führenden Christdemokraten Kurt Birrenbach aus den Protokollen der Moskauer Verhandlungen vor, Staatssekretär Paul Frank aus den Protokollen der Warschauer Verhandlungen. Laut Birrenbach las Bahr ihm etwa 20 bis 24 Stunden aus ca. 60 Stunden Protokollmaterial vor, inklusive der Unterbrechungen, als Birrenbach ihn um Klarstellung oder Wiederholung bat. In bezug auf die Authentizität des veröffentlichten Auszugs hatte Birrenbach folgenden Eindruck: »Die in der Presse veröffentlichten Bruchstücke waren von einer Person verfaßt, die unmittelbar Einsicht in die Protokolle gehabt hatte. Sie waren, soweit ich sie in den Protokollen wiederfand, wörtlich wiedergegeben. Es gab nur eine Ausnahme: Ein Zitat war in einem wichtigen Punkt unvollständig. Die ausgelassenen Zusätze waren wichtig, aber in der Gesamtbeurteilung nicht entscheidend. Sie minderten aber insoweit den Wert der Veröffentlichung.« Birrenbach, Sondermissionen, S. 402–04.
Im Gespräch mit dem Autor meinte Egon Bahr, daß er sich nicht die Mühe gemacht hatte, die Protokolle genau zu lesen, bis die Opposition begonnen habe, nachzufragen. Dann aber sei er bestürzt gewesen über das, was er entdeckt habe. Seiner Meinung nach stand ihm Immo Stabreit, jener Diplomat an der Botschaft der Bundesrepublik, der die Protokolle verfaßt hatte, kritisch, wenn nicht sogar feindselig gegenüber. Und diese Feindseligkeit habe sich in Wortwahl und Ton der Protokolle widergespiegelt. Die Zitate, sagte Bahr, seien jedoch korrekt wiedergegeben worden. (Egon Bahr, Bonn, 4. Juli 1991.)
Auch wenn die damals veröffentlichten Fragmente tatsächlich mit Vorsicht zu behandeln sind, so bezeugen nicht nur Birrenbachs Aussagen, sondern auch das halbherzige Leugnen der Regierung und all das, was wir über Bahrs gesamten politischen Ansatz wissen, daß sie wichtige Einsicht in die Bedingungen und die Atmosphäre der Bahr-Gromyko-Gespräche boten. Eine Kollektion der Protokolle befindet sich offensichtlich in: AdsD: Dep EB, doch Egon Bahr gestattete dem Autor keine Einsicht. Zusätzlich zu den Protokollen gibt es noch die »Delegationsberichte«, die von der Moskauer Botschaft nach Bonn übermittelt wurden.

S. 111 *Wir müßten* Dies und folgende Zitate: Meissner, Moskau – Bonn, S. 14–76.

S. 111 *Am Ende ihrer Vorgespräche* Siehe Schmid, Entscheidung, S. 67.

S. 111 *»Bahr-Papier«* Gemeinsam mit dem Text der Moskauer Verträge abgedruckt in: Bender, Neue Ostpolitik, S. 233–39. Ebenso in: Bahr, Sicherheit, S. 36–39, wo Bahr selbst dazu schreibt: »Die zehn Punkte des ›Bahr-Papiers‹ waren, auf die kürzeste Formel gebracht, das einheitliche Ganze der Ost-Politik bis zum grünen Licht für die europäische Konferenz in Helsinki 1975«.

S. 111 *Seine ersten vier Punkte* Im offiziellen Deckblatt der »Bahr-Papiere« heißt es eindeutig: »1. Von den anliegenden 10 Punkten sind die Punkte 1–4 als Gegenstand der eigentlichen Vertragsverhandlungen gedacht...« Und weiter: »Ein auf der Grundlage der Ziffern 1–4 abzuschließender Gewaltverzichtsvertrag wird ergänzt durch einen Brief des Inhalts, daß der Abschluß des Vertrages nicht bedeutet, daß die Bundesregierung ihr politisches Ziel, die Selbstbestimmung für alle Deutschen mit friedlichen Mitteln anzustreben, aufgibt. Während des Meinungsaustausches hat die sowjetische Delegation erklärt, daß sie unter gegebenen Umständen einen solchen Brief unwidersprochen entgegennehmen werde«. Siehe Baring, Machtwechsel, S. 318.

S. 112 »*Absichtserklärungen*« Siehe Meissner, Moskau-Bonn, S. 1280–81. Dort auch ein Interview mit Scheel, in dem er sagt, obwohl diese Erklärungen völkerrechtlich nicht bindend seien, »bilden [sie] auch für die Zukunft die Grundlage unseres Handelns, sie haben politischen Wert«.

S. 112 *Fünfundzwanzig Jahre nach* Siehe Meissner, Moskau-Bonn, S. 1272–73. In einem früheren Entwurf steht die etwas schwächere Formulierung: »Mit diesem Vertrag wird nichts weggegeben, was nicht schon 1945 verloren ging.« AdsD: Dep WB, Pub 0285.

S. 112 *Meine Regierung* Zitat in: Bender, Neue Ostpolitik, S. 165.

S. 112 *Verspielt von* Text seiner Fernsehansprache vom 7. Dezember 1970 in: Texte, I/6, S. 263–65. Viele Entwürfe dieser Rede finden sich in: AdsD: Dep WB, Pub. In einer Antwort auf einen Brief von Marion Gräfin Dönhoff vom 7. Dezember 1970, in dem sie sagt, sie habe den ganzen Tag geweint, schreibt Willy Brandt am 13. Dezember 1970: »Was das ›Heulen‹ angeht, mich überkam es an meinem Schreibtisch, als ich die Texte für Warschau zurechtmachte.« AdsD: Dep WB, BK4.

S. 113 *Wenn zwei Staaten* Siehe Meissner, Moskau-Bonn, S. 1416. Diese Passage tauchte Wort für Wort in den veröffentlichten Fragmenten der Protokolle der Moskauer Verhandlungen auf und stützt dadurch die Behauptung, die Fragmente seien echt.

S. 113 *aus dem Raum gelacht worden* In einem Interview mit ›US News and World Report‹, 29. Dezember 1969, sagte Brandt: »Ich muß zugeben, daß ich aufgehört habe, über Wiedervereinigung zu sprechen.« Aber aufhören zu sprechen und aufhören zu denken sind zwei verschiedene Dinge.

S. 114 *sowjetischen Forderungen* Dieser Eindruck wurde durch die Veröffentlichung des sogenannten »Gromyko-Papiers« noch verstärkt. Zwei Gegner der Verträge, die Christdemokraten Werner Marx und Karl Theodor Freiherr von und zu Guttenberg, behaupteten, dies sei von Gromyko während seiner Gespräche mit Bahr am 6. März thematisiert worden. Es ähnelte dem »Bahr-Papier« auf bemerkenswerte Weise, wenn auch mit einigen interessanten kleinen Unterschieden. Das »Gromyko-Papier« sprach beispielsweise von der »Unveränderlichkeit« der Grenzen (siehe Meissner, Moskau-Bonn, S. 1222–23). In einem Brief an Brandt (»Lieber W. B.«) aus Moskau, datiert 1. August 1970 – das heißt also, während der Schlußverhandlungen Scheels –, schrieb Egon Bahr: »Ein kleines Zitat aus den Verhandlungen: Gromyko: ›Die Opposition hat von einem Gromyko-Papier gesprochen. Sie hier um diesen Tisch herum werden doch nicht bezweifeln, daß ich Gromyko bin, und ich kenne das Papier nicht.‹« AdsD: Dep WB, BK 2. Im »Delegationsbericht« aus Moskau vom 6. März 1970 (Kopie im Besitz des Autors) wird jedoch auf »Zehn Thesen« Bezug genommen, die Gromyko als Antwort auf Bahrs Papier vom Vortag überreicht hatte. Wenn das »Gromyko-Papier« echt sein sollte, so muß man es doch als Zwischenbilanz der mehr als dreiwöchigen Gespräche betrachten, die er bereits mit Bahr geführt hatte.

S. 114 *Schreibtisch-Metternichs* Bahr hatte zwar unmittelbare Erfahrung mit der DDR, wenige jedoch mit der Sowjetunion und Osteuropa. Er hatte nur eine Vereinbarung mit der Tschechoslowakei verhandelt und kurz Rumänien besucht. Siehe Lehmann, Öffnung, S. 171, der ihn in diesem Zusammenhang unvorteilhaft mit Schmidt vergleicht und die sarkastische Stichelei der Berufsdiplomaten zitiert, der zufolge Bahr »für Deutschland spekuliert«.

S. 114 *einen bemerkenswerten Erfolg* Meissner, Moskau-Bonn, S. 789.

S. 114 *schmerzliche Konzessionen* Meissner, Moskau-Bonn, S. 1416.

S. 114 *Durchgehend für einen Vertrag* Andrej Gromyko, Memories, London 1989, Hutchinson, S. 198.

S. 114 *Judo-Umschwung* Siehe Bahrs lapidare Zusammenfassung in: Bahr, Sicherheit, S. 36.

S. 114 *Brandts handschriftliche Notizen* In AdsD: Dep WB, BK 91. Brandts Erinnerungen an diese Treffen sind zu finden in: Begegnungen, S. 428–483, und Erinnerungen, S. 195–210.

S. 114 *Später sollte er anmerken* Brandt, Erinnerungen, S. 205. Im Gespräch mit dem Autor (Bonn, 2. Oktober 1991) meinte Brandt, daß seine Bemühungen, die Reparationsfrage ein für allemal zu klären, seine Sorgen um die öffentliche Meinung in der Bundesrepublik widerspiegelte. Denn die Unterstützung der Ostpolitik sei nicht wirklich so breit und grundlegend gewesen, wie es bei den Wahlen von 1972 den Anschein hatte.

S. 115 *»das Herz Europas«* Antonius Eitel, Bonn, 1. Juli 1991.

S. 115 *unmißverständliche Verknüpfung* Zur Entstehung dieser Verknüpfung siehe Schmid, Entscheidung, S. 62 ff. und S. 92. Auf dem Deckblatt zum »Bahr-Papier« steht schlicht: »3. Es muß in Ergänzung des abzuschließenden Vertrages der Sowjetunion erklärt werden, daß die Bundesregierung in einer befriedigenden Regelung der Situation in und um Berlin einen unverzichtbaren Teil ihrer Entspannungspolitik sieht und einen Vertrag nicht in Kraft setzen wird, bevor nicht eine solche befriedigende Regelung erreicht ist.« Kopie aus den Baring-Papieren.

S. 115 *Antwort an Breschnew* In AdsD: Dep WB, BK 91. Die Entschlüsselung von »Ml-Eur« als »Mitteleuropa« erfolgte durch Brandt selbst, im Gespräch mit dem Autor, Bonn, 2. Oktober 1991.

S. 115 *Berlin-Junktim* Eine Kritik seitens der christdemokratischen Opposition lautete, daß die Brandt-Regierung den Moskauer Vertrag vor dem Zustandekommen zufriedenstellender Vereinbarungen über Berlin unterzeichnet habe. Siehe z. B. die Bemerkungen vom ehemaligen Außenminister Gerhard Schröder in: Texte I/6, S. 308–9 und 378–81. Selbst zu diesem einen Punkt findet man ausgiebig Literatur. Zwei ausgewogene und differenzierte Berichte, der eine moderat-kritisch gegenüber der Politik der Bundesregierung, der andere moderat-unterstützend, sind: Meissner, Moskau-Bonn, S. 787 ff., und Löwenthal, Vom kalten Krieg, S. 82 ff. Brandt und Bahr waren sicher die allerletzten, die die speziellen Interessen Berlins vernachlässigt hätten.

S. 115 *delikate Verhandlungen folgten* Ein brillanter Bericht darüber in: Kissinger, White House Years, S. 801 f., 805 f. und 823–33. Siehe auch: Brandt, Erinnerungen, S. 229–31; Brandt, Begegnungen, S. 378–88; Bark & Gress, Democracy and its Discontents, S. 190–99; Griffith, Ostpolitik, S. 196 ff.; Bender, Neue Ostpolitik, S. 186–90.

S. 115 *Metternichs der Détente* Bahr und Kissinger empfanden gesunde Skepsis und zögernden Respekt füreinander. So nennt Kissinger in seinen Memoiren Bahr »einen deutschen Nationalisten, der Deutschlands Mittellage ausnutzen wollte, um mit beiden Seiten zu verhandeln«. Doch er fügt hinzu: »Was seine angebliche Verschlagenheit anbelangt, so neigte ich Metternichs Ansicht zu, daß in einer Verhandlung mit der absolut offensten Person auch am schwierigsten zu verfahren war. Mir fehlte jedenfalls nicht das Selbstbewußtsein, Bahrs Taktiken entgegenzutreten.« Kissinger, White House Years, S. 410–11. Bahr seinerseits nahm zu Kissingers Verschlagenheit in einem Interview Stellung, das Hans Magnus Enzensberger mit ihm führte: Kursbuch 77, September 1984, S. 99. Im Gespräch mit dem Autor, Potsdam und Berlin, 29. Juni 1991, versicherte Bahr, daß ihm Kissingers ursprüngliches Mißtrauen im großen ganzen bis zur Zeit des Moskauer Vertrages überwunden schien. Seither hätten sie eng und effektiv zusammengearbeitet, vor allem bei den Verhandlungen zum Viermächteabkommen über Berlin. Ein Gespräch mit Henry Kissinger am gleichen Tag (Berlin, 29. Juni 1991) ließ vermuten, daß zumindest ein Teil dieses alten Mißtrauens noch bestand. Obwohl er Bahr als Links-Nationalisten darstellte und behauptete, er sei vielleicht etwas zu sehr auf das Bonn-Moskau-Berlin-Dreieck fixiert, erkannte

Kissinger dennoch Bahrs analytische Brillanz und strategische Klarheit an.

S. 115 *Viermächteabkommen von September 1971* Deutscher Text mit allen wichtigen Zusätzen in: Verträge, S. 70–87.

S. 116 *Ich kann es noch immer* Zitiert in: Kissinger, White House Years, S. 830.

S. 116 *»drei Z«* Siehe Bender, Neue Ostpolitik, S. 187f. Zur Beurteilung der Gesamtvereinbarungen vergleiche: Bark & Gress, Democracy and its Discontents, S. 196–97; Meissner, Moskau-Bonn, S. 794–95; Griffith, Ostpolitik, S. 196–200; Kissinger, White House Years, S. 830–31.

S. 116 *»Verbindungen«* In einem jener absurden diplomatischen Tangos, die für die Nachkriegsgeschichte Berlins so bezeichnend waren, hatten es die Franzosen abgelehnt, den deutschen Text dieser Vereinbarung über Deutschland als »offiziell« anzuerkennen. Ergebnis war, daß es nun zwei deutsche Texte gab, einen westlichen und einen östlichen. Die Bundesrepublik übersetzte »ties« beispielsweise mit »Bindungen«, während die DDR die schwächere Formulierung »Verbindungen« benutzte und somit Stoff für weitere, endlose rechtlich-symbolisch-theologische Streitereien lieferte. Siehe Brandt, Erinnerungen, S. 230–31; Kissinger, White House Years, S. 832.

S. 116 *Morgen* Meissner, Moskau-Bonn, S. 1273.

S. 117 *auf seine Agenda* Siehe die handschriftlichen Notizen in: AdsD: Dep WB, BK 92, wo der Punkt »DDR« als zweiter nach dem Komplex »Ratifizierung/Berlin« kommt.

S. 117 *die Herstellung eines modus vivendi* AdsD: Dep WB, BK 58. Im Deutschen steht weder ein bestimmter noch unbestimmter Artikel vor »zentrale Aufgabe«. Somit bleibt offen, ob es eine oder die zentrale Aufgabe seiner Politik war! Auslassungen von Artikeln waren ein charakteristisches Merkmal von Brandts Stil, einer der Schlüssel zu seiner gehobenen sprachlichen Verschwommenheit.

S. 117 *nach Moskau mitgab* In AdsD: Dep WB, BK 74.

S. 117 *Gespräch mit Breschnew* Siehe Schröder, Bahr, S. 204–5.

S. 117 *Position der DDR hatten* In seinen Memoiren von 1976 schreibt Brandt zu Breschnews Besuch in Ost-Berlin im November 1971: »Nachdem ich sein Gast auf der Krim gewesen war ... Es ist wahrscheinlich, daß er die DDR-Führung dazu veranlaßte, einige Initiativen in Sachen innerdeutsche Vereinbarungen zu unternehmen – jedenfalls war dies mein Vorschlag an ihn gewesen.« Begegnungen, S. 346.

S. 117 *Einige dieser Dokumente* Vor allem im Zentralen Parteiarchiv (ZPA) in Ost-Berlin. Zum Zeitpunkt der Niederschrift erfolgte die Veröffentlichung solcher Dokumente meistens in Form einer mehr oder weniger sensationellen »Enthüllung«. Dies betrifft vor allem Dokumente, die von hochstehenden Personen oder Personen mit Zugang zu den oberen Rängen des ehemaligen Apparats der Herrschenden in der DDR verkauft oder veröffentlicht wurden. Dies trifft zum Beispiel auf den Bestsellerautor Peter Przybylski zu: Tatort Politbüro. Die Akte Honecker, Berlin 1991, Rowohlt (in der Folge: Przybylski, Tatort 1), eine Auswahl von Dokumenten aus der Akte der gerichtlichen Untersuchung der Staatsanwaltschaft der DDR gegen Erich Honecker nach seinem Sturz. Die Dokumente wurden kopiert, ausgewählt und tendenziös kommentiert vom ehemaligen Pressesprecher der Staatsanwaltschaft der DDR. Die dubiose Form der Veröffentlichung stellt die Authentizität der Dokumente jedoch nicht ernsthaft in Frage. Doch sie erhöht das Risiko, diese außerhalb ihres wirklichen Kontexts zu sehen. Es bleibt zu hoffen, daß unbefangenere, systematische und wissenschaftliche Publikationen folgen werden.

S. 117 *Notizen Honeckers* Maschinengeschriebene Notizen, datiert 2.12.1969 und 15.5.1970. Sie stammen aus einer bemerkenswerten Quelle, einem in Kunstleder gebundenen Band fotokopierter Dokumente mit Aufdruck in geprägtem Goldschnitt: »Dokumente«. Fast alle diese Dokumente betreffen die Beziehungen zwischen den Parteispitzen der DDR und der Sowjetunion in kritischen Augenblicken, vor allem 1953 und dann 1969–71. Diese Sammlung wurde auf Geheiß von Erich Honecker zusammengestellt und im Februar 1989 allen Mitgliedern des Politbüros zur Lektüre gegeben. Die einzelnen Exemplare wurden dann wieder eingesammelt. Kurt Hager erinnerte sich an diesen kuriosen Einfall im Gespräch mit dem Autor (Berlin, 8. Mai 1992). Er interpretierte dies als eine von Honeckers Methoden, jegliche Versuche abzuwehren, ihn zu ersetzen. Diese Dokumente sollten beweisen, daß er immer die engsten Verbindungen mit Moskau hatte. Ähnliche Aussagen kamen auch von Egon Krenz (Berlin, 29. September 1992). Kopie 29 der »Dokumente« befindet sich in: ZPA: JIV 2/2A/3196.

Es sollte jedoch angemerkt werden, daß diese Dokumente in dieser Form und für diesen spezifischen Zweck unter Honeckers Aufsicht vorbereitet wurden. Eine Sammlung der Originalmanuskripte, auf denen die »Dokumente« basieren, befindet sich im Zentralen Parteiarchiv, wurde dem Autor jedoch nicht zur Überprüfung zugänglich gemacht. Es ist durchaus möglich, daß Zusätze oder einfach Fehler bei der Abschrift gemacht wurden.

Viele Dokumente in: Przybylski, Tatort 1, stammen – wie er selbst auf S. 101–114 anmerkt – aus dieser Quelle.

S. 118 *Breschnew und Honecker* Auch dies aus den »Dokumenten« (siehe Anmerkung oben). Der einfacheren Zugänglichkeit halber beziehen sich alle Hinweise auf die Version in: Przybylski, Tatort 1, S. 280–288. Alle Zitate wurden überprüft und verglichen mit der Kopie in: ZPA: JIV 2/2A/3196. Man beachte nochmals, daß 1989, bei der Vorbereitung zur

Verteilung der Dokumente im Politbüro, möglicherweise Änderungen vorgenommen wurden.

S. 118 *Ich sage dir ganz offen* Przybylski, Tatort 1, S. 281.

S. 118 *Damit sind noch nicht* Ibid, S. 283.

S. 118 *Brandt steht unter* Ibid, S. 287.

S. 118 *Es... darf zu* Ibid, S. 283.

S. 118 *alles konzentrieren* Ibid, S. 284.

S. 119 *Objektiv gesehen* Dieses und das folgende Zitat stammen aus der Niederschrift des Gespräches zwischen Honecker und Breschnew am 18. Juni 1974 im Kreml. In: ZPA: IV 2/2. 035/55.

S. 120 *ihn zu überwinden* Bahr war dieser dialektischen Formel bereits in seiner Tutzinger Rede sehr nahe gekommen. In einer Fernsehdiskussion im September 1967 behauptete er, die Bonner Regierung habe den Status quo akzeptiert: »Wenn die Bundesregierung sagt Gewaltverzicht. Na was ist denn das anderes? ... [Die Bundesregierung] will vom Status quo ausgehen, um ihn zu überwinden.« Siehe Dokumente V/1, S. 1575–87, dies auf S. 1579–80. In seiner Nobelpreisrede erwähnte Brandt nochmals die Errungenschaft des ersten Passierscheinabkommens in Berlin und sagte: »... war dies in der Nußschale die Anwendung der Erkenntnis, daß es eine neue, nur scheinbare Paradoxie geben kann, die sich segensreich auswirkt: durch das Erkennen der Lage, wie sie ist, die Lage verbessern.« Siehe: Texte, I/6, S. 307.

S. 120 *Bündnisse, wir* In: AdsD: Dep WB, BK 91.

S. 120 *Grundsatz: In Loyalität* In: AdsD: Dep WB, BK 91.

S. 120 *In seiner Nobelpreisrede* Nachdruck in: Texte, I/9, S. 302–19, dies auf S. 313. Er wiederholt den gleichen Punkt in seinen ›Erinnerungen‹, S. 187.

S. 120 *Partner der Bundesrepublik* Eine Fülle an Details hierzu findet sich in Kurt Birrenbachs Beschreibung seiner Reisen in westliche Hauptstädte, um Reaktionen auf die neue Ostpolitik zu erforschen. In: Birrenbach, Sondermissionen.

S. 120 *zwei Arbeitspapiere vorbereitet* Dies wurde mehrmals von Bahr attestiert. Siehe z. B. Bahr, Sicherheit, S. 42, und Egon Bahr, Was wird aus den Deutschen?, Reinbek b. Hamburg 1982, Rowohlt. In seinem Interview mit Hans Magnus Enzensberger, in: Kursbuch 77, September 1984, S. 99, sagte Bahr: »Scheel hat diese Papiere seinerzeit gelesen.«

S. 121 *die deutsche Interessenlage* Dieses Papier wurde der Illustrierten Quick zugespielt und dort erstmals am 27. September 1973 unter dem provokanten Titel »Wie Egon Bahr Deutschland neutralisieren will« veröffentlicht. Bahr selbst zitiert es in: Bahr, Sicherheit, S. 42–52, mit dem Kommentar: »Die Überwindung der beiden Blöcke durch ein europäisches Sicherheitssystem, um zur Einheit zu kommen, ist Aufgabe geblieben, nachdem die Einheit erreicht ist.« Egon Bahr hat dem

Autor freundlicherweise eine Kopie des Originals zur Verfügung gestellt, datiert Bonn, 27. Juni 1968.

S. 121 *zu Konzeption C zu gelangen* Konzeption B war ein Zwischenstadium, in dem Nato und Warschauer Pakt durch gemeinsame Organe verbunden wären, »... sich aber schließlich institutionell zu einem Dach (permanente europäische Sicherheitskonferenz) über den Pakten entwickeln könnten«.

S. 121 *Walter Hahn* Siehe Walter Hahn, »West Germany's Ostpolitik: The Grand Design of Egon Bahr«, in: Orbis, Winter 1973, S. 859–80. Dies ist nicht nur ein lebendiger Bericht, sondern auch eine glänzende Analyse. In einer Notiz an Willy Brandt, datiert 19. August 1968, berichtete Bahr von einer abendlichen Diskussion über das Sicherheitspapier »bei Ducki« (also Duckwitz). Es habe Konsens bestanden, so schrieb er, daß C der wirklich interessante Teil sei, für den mehr Vorarbeiten geleistet werden müßten. Aus: AdsD: Dep EB.

S. 122 *Bundesrepublik fürchteten* Eine Darstellung dieser Ängste findet sich in: Kissinger, White House Years. Kissingers Mißtrauen gegenüber der neuen Ostpolitik der Bundesregierung wird deutlicher und kritischer dargestellt in: Seymour M. Hersh, Kissinger: The Price of Power, London 1983, Faber, S. 415–22.

S. 122 *Außenpolitisch kann* In AdsD: Dep WB, BK 68.

S. 122 *nicht sehr erfolgreichen* Man beachte, daß Artikel 5 des Grundlagenvertrags mit der DDR eine ausdrückliche Verpflichtung beider Staaten enthält, den konventionellen wie atomaren Rüstungsabbau in Europa zu fördern. Für den Wortlaut siehe: Zehn Jahre, S. 206.

S. 122 *Wir bogen* Kissinger, White House Years, S. 534.

S. 123 *schlicht erschöpft* Egon Bahr, Bonn, 4. Juli 1991.

S. 123 *waren sehr unterschiedlich* Diesen Punkt u. a. macht Schmid in: Politik, S. 92 f., und Entscheidung; passim: Meissner, Moskau-Bonn, S. 777 ff.; Wolfgang Schollwer, in: Liberal, 1/88, S. 46.

S. 123 *von Helmut Schmidt vertreten* Siehe sein Buch: Strategie des Gleichgewichts: Deutsche Friedenspolitik und die Weltmächte, Stuttgart 1969, Seewald.

S. 124 *Das existentielle Argument* Dieses Argument findet sich eindrucksvoll in: Baring, Größenwahn.

S. 124 *Leitmotiv der neuen Politik* Brandt, Erinnerungen, S. 185–95. Link, Ära Brandt, S. 225, schreibt: »Die westlichen Alliierten wurden lediglich informiert, nicht konsultiert«, als Brandt Vorbereitungen für seinen Besuch bei Breschnew in Oreanda auf der Krim traf.

S. 124 *Ich halte es nicht* In: AdsD: Dep WB, BK 42.

S. 124 *oder existentieller Art* So endet auch Bahrs Arbeitspapier vom 21. September 1969 mit der Überlegung zu zwei möglichen Taktiken der Bundesrepublik innerhalb der EWG, favorisiert jedoch die versöhnlichere von beiden, teils deshalb, weil die Bundesrepublik den »good will« (Englisch im Original) ihrer engsten europäischen Verbündeten für ihre Bündnispolitik und Ostpolitik brauchen würde. Kopie aus: AdsD: Dep EP (keine Signatur) im Besitz des Autors.

S. 124 *multilateralen Entwicklung* Siehe z.B. das Interview, das Brandt der Londoner ›Times‹ gegeben hat. Nachdruck in: Bulletin, 1. März 1971, S. 225–30, bes. S. 229.

S. 124f. *Nachdem sich die Öffentlichkeit* Brief vom 20. Mai 1973, in: AdsD: Dep WB, BK 58.

S. 125 *daß sich ein einzigartiger* Notiz vom 1. Juni 1973 von Carl-Werner Sanne, in: AdsD: Dep WB, BK 58.

S. 125 *Der sowjetischen Seite* Brief vom 30. Dezember 1973, in: AdsD: Dep WB, BK 58.

S. 126 *miteinander verknüpfte* In einem Brief an Breschnew, datiert vom 4. Mai 1973, berichtete er von seiner völligen Übereinstimmung mit Nixon über die »inneren Zusammenhänge« zwischen »den in Helsinki und Wien behandelten Themen«. In: AdsD: Dep WB, BK 58. Eine klare öffentliche Aussage in: Bulletin, 14. Juli 1972, S. 1361.

S. 126 *Zeitrahmen von fünf Jahren* Siehe seine Notizen für sein Treffen mit Breschnew in Bonn, datiert 18. Mai 1973 und 20. Mai 1973, in: AdsD: Dep WB, BK 94.

S. 126 *Waldemar Besson* Waldemar Besson, »Der Streit der Traditionen: Über die historischen Grundlagen der westdeutschen Außenpolitik«, in: Karl Kaiser und Roger Morgan, Hrsg., Strukturwandlungen der Außenpolitik in Großbritannien und der Bundesrepublik, Bonn 1970, Oldenbourg Verlag, S. 94f.

S. 127 *Henry Kissinger* Kissinger, Years of Upheaval, S. 147; siehe auch: Kissinger, White House Years, S. 410–12.

S. 127 *Ich bin, eigentlich* Cramer, Bahr, S. 65.

S. 127 *Im Grunde* Ibid, S. 66.

S. 127 *der großen Staatsmänner* Nachdruck in: Texte I/6, S. 351–2. Ein anderer Hinweis auf Brandts ambivalenten Respekt vor Bismarck findet sich in dem Beitrag von Prowe: »Anfänge«, in: Benz und Graml, Aspekte, S. 251. Brandts eigene Hinweise in: Begegnungen und Einsichten.

S. 127 *brauchte das System* Die nächsten drei Absätze sind von der stimulierenden Lektüre des entsprechenden Kapitels von Josef Joffe in: Gordon, Eroding Empire, beeinflußt. Ihm verdanke ich den Begriff der »Synchronisierung«; die Unterscheidung zwischen »horizontaler« und »vertikaler« Synchronisierung stammt, soweit ich weiß, von mir.

S. 128 *»Differenzierung«* Bereits das »Bahr-Papier« sprach davon, daß die Verträge mit der Sowjetunion, der DDR, Polen und der Tschechoslowakei ein »einheitliches Ganzes« bilden. In: Cramer, Bahr, S. 70, spricht Bahr ganz klar vom Imperativ der horizontalen Synchronisierung. Eine eindeutige öffentliche Aussage von Helmut Schmidt dazu findet sich in: Bundestag Plenarprotokolle, 7/218, S. 15085, 29. Januar 1976. Die Gegenüberstellung mit der amerikanischen »Differenzierung« stammt von Joffe, in: Gordon, Eroding Empire, S. 162–64.

S. 129 *A fortiori* Dies wurde von Helmut Schmidt in seinem Bericht zur Lage der Nation 1975 sehr deutlich gemacht, und von Herbert Wehner mit einem »sehr wahr!« kommentiert. Siehe Bundestag Plenarprotokolle, 7/146, S. 10038, 30. Januar 1975.

S. 129 *außenpolitische Aufgabe* Zwei ausgezeichnete Abhandlungen über die deutsche Außenpolitik in der Ära Schmidt sind: Haftendorn, Sicherheit, und: Link, Ära Schmidt.

S. 129 *Noch niemals* Dieses und die folgenden Zitate stammen aus der maschinengeschriebenen Version vom 10. April 1977. Das Original wurde während des Urlaubs geschrieben. Jetzt in: AdsD: HS 002.

S. 130 *Hans Georg Lehmann* siehe Lehmann, Öffnung, S. 201 und passim.

S. 130 *dieser Frontgeneration* Diese Tatsache läßt sich sehr deutlich aus Schmidts eigenen Memoiren und Statements herauslesen. Franz Josef Strauß schrieb in seiner Besprechung des ersten Bandes dieser Memoiren, daß dies eine prägende Erfahrung gewesen sei, die auch er mit Schmidt teilte, und die entscheidenden Einfluß auf die spätere Haltung beider gegenüber der Sowjetunion gehabt habe. Siehe: Die Zeit, 7, Oktober 1988. Eine kurze Darstellung der Kriegsjahre Schmidts findet sich in: Harald Steffahn, Helmut Schmidt, Reinbek b. Hamburg 1990, Rowohlt.

S. 130 *Methodik und Umgangsformen* Dies wird durch den Kontrast im Umgang mit offiziellen Papieren im Kanzleramt unter Brandt oder Schmidt sehr deutlich. Auch Holger Börner betonte diesen Punkt im Gespräch mit dem Autor am 11. Juli 1991 in Bonn. Interessant ist vielleicht auch der Hinweis, daß Schmidt sich der Bundeswehr in seinem alten Rang als Oberleutnant der Reserve zur Verfügung stellte und 1958 zum Hauptmann befördert wurde. Siehe hierzu die Darstellung (mit Photographie) in: Harald Steffahn, Helmut Schmidt, Reinbek b. Hamburg 1990, Rowohlt, S. 69–70. Gromyko schrieb zu diesem Thema säuerlich, daß sich Schmidt, »obwohl fähig und starken Willens, nicht vollständig von den Anschauungsweisen eines Offiziers der Deutschen Wehrmacht befreit« hatte. Andrej Gromyko, Memories, London 1989, Hutchinson, S. 202.

S. 130 f. *Deutschlands gegenwärtigen* Helmut Schmidt, The Balance of Power. German Peace Policy and the Superpowers, London 1971, Kimber. Deutsche Ausgabe: Strategie des Gleichgewichts. Deutsche Friedenspolitik und die Weltmächte, Stuttgart 1969, Seewald.

S. 131 *Jimmy Carter* Dieser Aspekt seiner Kanzlerschaft wird ausgiebig behandelt in: Heep, Schmidt und Amerika.

S. 131 *in den Augen der Welt* Dieses und die folgenden Zitate aus der Fassung vom 10. April 1977, in: AdsD: HS 002.

S. 132 *Gipfeltreffen* Siehe hierzu Schmidts eigene Kommentare in seinem Aufsatz: »Glanz und Elend der Gipfeldiplomatie – und ihre Notwendigkeit«, in: Helmut Schmidt und Walter Hesselbach, Hrsg., Kämpfer ohne Pathos. Festschrift für Hans Matthöfer zum 60. Geburtstag am 25. September 1985, Bonn 1985, S. 235–39. Siehe auch Dieter Rebentisch, »Gipfeldemokratie und Weltökonomie«, in: Archiv für Sozialgeschichte, Bd. XXVIII, 1988, S. 307–32.

S. 132 *»Staatslenker«* Siehe beispielsweise Schmidt, Menschen und Mächte, S. 141, 459.

S. 133 *Es bestehe kein Zweifel* Dieses und die folgenden Zitate stammen aus dem Protokoll von E. Hartmann, Dolmetscher des Auswärtigen Amtes, zu den Gesprächen zwischen Schmidt und Breschnew am 4. Mai 1978, mit handschriftlichen Korrekturen durch Schmidt. Jetzt in: AdsD: HS 174.

S. 133 *fast schon sentimental* In einem Gespräch mit Margaret Thatcher sagte Schmidt am 18. November 1981: »Er [Breschnew] entspricht seinem [des Kanzlers] Bild eines russischen Charakters, das wir uns aus den großen russischen Romanen gebildet haben... Nach sechs Treffen hat er [Schmidt] eine persönliche Sympathie für ihn entwickelt. Sein Friedenswunsch ist aufrichtig. Er hat tiefe Angst vor einem neuen Krieg. Er kommt immer wieder auf seine eigenen Kriegserfahrungen zurück.« Zitiert aus dem Protokoll des Gespräches, aufgezeichnet vom damaligen Leiter der außenpolitischen Abteilung im Kanzleramt, Otto von der Gablentz, in: AdsD: HS 199. In seinen Memoiren charakterisiert Schmidt Breschnew als einen Mann, wie ihn Maxim Gorki und andere russische Schriftsteller erfunden haben könnten. Siehe Schmidt, Menschen und Mächte, S. 71.

S. 133 *reagierte Schmidt* Schmidts Darstellung in: Menschen und Mächte, S. 19–20. Brandts Darstellung in: Begegnungen, S. 481, wo er schreibt, Breschnew sei tief bewegt von den Erinnerungen des damaligen Finanz- und früheren Verteidigungsministers gewesen. Auch in: Brandt, Erinnerungen, S. 201–2.

S. 134 *Falsch und echt* Brandt, Erinnerungen, S. 201. Der Kommentar bezieht sich direkt auf seine Darstellung von Schmidts Antwort auf Breschnew.

S. 134 *bedauert zu haben* Schmidt, Menschen und Mächte, S. 131.

S. 134 *von Jimmy Carter* Ibid, S. 228. Schmidt wiederholte dies im Gespräch mit dem Autor am 3. Juni 1991 in London. Dieser Punkt wird auch von Brandt aufgegriffen, Siehe: Erinnerungen, S. 359.

S. 134 *mit Valentin Falin* Protokoll des Gespräches vom 25. September 1974, verfaßt vom damaligen Leiter der außenpolitischen Abteilung im Kanzleramt, Carl-Werner Sanne. Jetzt in: AdsD: HS 130.

S. 134 *verkündete die DDR* Siehe Link, Ära Schmidt, S. 293.

S. 134 *Viermächteabkommens über Berlin* Siehe hierzu die nützliche Zusammenfassung in: Avril Pittman, From Ostpolitik to Reunification. West German-Soviet Political Relations since 1974, Cambridge 1992, Cambridge University Press, Kap. 3.

S. 134 *betonte Gromyko* Die folgenden Zitate entstammen dem Protokoll eines Gesprächs zwischen Schmidt und Gromyko am 16. September 1974 zur Vorbereitung des Kanzlerbesuches in Moskau. Die Notiz scheint vom damaligen Leiter der außenpolitischen Abteilung im Kanzleramt, Carl-Werner Sanne, geschrieben zu sein. In: AdsD: HS 129.

S. 134 *strikte Einhaltung und volle Anwendung* Brandt, Begegnungen, S. 482.

S. 134 *April 1975 an Breschnew* Datiert Hamburg (nicht Bonn!), 5. April 1975. Eine Kopie dieses Briefes aus: AdsD: Dep EB, 409, wurde mir freundlicherweise mit der Genehmigung von Helmut Schmidt und Egon Bahr zur Verfügung gestellt. Die Originale dieser gesamten Korrespondenz mit Breschnew befinden sich vermutlich in Schmidts privatem Archiv in Hamburg.

S. 135 *des Auswärtigen Amtes* Die mehr juristisch und statusorientierte Linie des Auswärtigen Amtes wurde kenntnisreich von Günther van Well vertreten. Siehe: »Die Teilnahme Berlins am internationalen Geschehen: ein dringender Punkt auf der Ost-West-Tagesordnung«, in: EA, 20/1976, S. 647–656.

S. 135 *Institutionen der Bundesrepublik* Die Niederlassung des Bundesamtes für Umweltschutz 1974 in Berlin hatte den scharfen Protest der Sowjets herausgefordert.

S. 135 *In offener Ablehnung* Selbst in seinen Memoiren beschreibt er Carters Menschenrechtskampagne noch als »Fehler« und eine »Bedrohung des Entspannungsprozesses«. Schmidt, Menschen und Mächte, S. 222–23.

S. 135 *1991 während einer Vorlesung* Vortrag vor den Mitgliedern der Deutschen Gesellschaft für Auswärtige Politik (DGAP) in Bonn, im September 1991. Abgedruckt in: EA 21/1991, S. 611–24, dies auf S. 624.

S. 135 *Strategie des Gleichgewichts* Strategie des Gleichgewichts. Deutsche Friedenspolitik und die Weltmächte, Stuttgart 1969, Seewald.

S. 135 *Die Außenpolitik eines Staates* Georges Pompidou zugeschrieben von Michael Stürmer in: Peter R. Weilemann (ed.), Aspects of the German Question, Sankt Augustin 1985, Konrad-Adenauer-Stiftung, S. 9.

S. 136 *Breschnews Westpolitik* Dies geht deutlich aus der exzellenten Darstellung von Stent: Embargo to Ostpolitik, hervor. Siehe hierzu auch die weitere Erörterung unten.

S. 136 *Mercedes-Sportwagen* Ibid, S. 192.

S. 136 *mit flammenden Worten* Ibid, S. 193; Brandt, Begegnungen S. 476 ff.

S. 136 *Das politische Motiv* Protokoll eines Gespräches zwischen Schmidt und Gromyko am 16. September 1974, in: AdsD: HS 129.

S. 136 *ökonomische Motive* Siehe dazu die ausgewogene Darstellung in: Stent, Embargo to Ostpolitik, Kap. 9. Siehe auch Kap. 6. Im Gespräch mit dem Bundeskanzler am 25. Februar 1974 sagte der sowjetische Botschafter Valentin Falin beiläufig, daß die Sowjetunion 10 000 Lastwagen von der Firma Klöckner-Humboldt-Deutz kaufen würde. Das, so merkte er an, sei ein Drittel der gesamten Jahresproduktion dieser Firma! Siehe Protokoll in: AdsD: HS 130.

S. 136 *ergänzten einander vortrefflich* Dies wurde wiederholt von beiden Seiten formuliert. So auch in dem bereits erwähnten Gespräch mit Gromyko im September 1974. Schmidt sagte: »Wir gingen davon aus, daß die Bedingungen und das Angebot der beiden Wirtschaften sich ergänzten. Die Bundesrepublik Deutschland könne im großen Maßstab Investitionsgüter und Technologie an die Sowjetunion liefern... Die Sowjetunion könne uns Rohstoffe und aufbereitete Rohstoffe liefern.« In: AdsD: HS 129. In einem persönlichen Brief Breschnews an Schmidt, datiert 23. September 1974, drückt dieser seine Zufriedenheit aus, »daß wir darin übereinstimmen, der wirtschaftlichen Thematik eine besondere Aufmerksamkeit während Ihres Besuches in Moskau zu schenken«. Deutsche Version (»inoffizielle Übersetzung«) in: AdsD: HS 130.

S. 136 *300 000 Arbeitsplätze* Stent, Embargo to Ostpolitik, S. 217.

S. 137 *nationalen deutschen Interessen* Schmidt, Menschen und Mächte, S. 138–40. In: Schmidt, Nachbarn, S. 448, schreibt er sogar, daß die östlichen Handels- und Ostkredite der Bonner Regierung von »rein politischem Interesse« waren.

S. 137 *langfristigen Absicherung* Das Memorandum, datiert 17. Oktober 1977, wurde vom damaligen Leiter der Abteilung für Wirtschafts- und Finanzpolitik im Kanzleramt, Hiss, unterzeichnet. In: AdsD: HS 168.

S. 137 *»Kompensations«-Geschäften* Dies war ein Hauptthema des bereits erwähnten Gesprächs am 18. Oktober 1977. Siehe Protokoll in: AdsD: HS 168.

S. 137 *Stahlwerk in Kursk* Siehe: Stent, Embargo to Ostpolitik, S. 223–32.

S. 137 *»bis ins dritte Jahrtausend«* Dies findet sich, als direkte Rede mit Anführungszeichen markiert, im Protokoll des Treffens vom 18. Oktober 1977. In: AdsD: HS 168.

S. 137 *breit angelegten Vertrag* Text in: Bulletin, 9. Mai 1978, S. 431–2.

S. 137 *Akt ohnegleichen* Zitiert in: Stent, Embargo to Ostpolitik, S. 206.

S. 137 *kein historischer Vertrag* Ibid, S. 207.

S. 138 *Das Gesamtvolumen* Diese und weitere Zahlen in diesem Absatz stammen aus: ibid, S. 209–15.

S. 138 *1990 zu 30 Prozent* Stent, Embargo to Ostpolitik, S. 212–13, nennt eine prognostizierte Zahl von 28 Prozent für 1990. Dies wären dann etwa 5 Prozent des gesamten Energieimports gewesen. Schmidt nennt 30 Prozent als Obergrenze. Siehe: Schmidt, Menschen und Mächte, S. 79. Tatsächlich waren die Zahlen für 1989 30 Prozent des Erdgasverbrauchs und 4,99 Prozent des Gesamtwerts des deutschen Energieimports (Angaben des Auswärtigen Amtes).

S. 138 *Schmidt zum Ausdruck kommt* Während der Niederschrift dieses Buches hatte der Autor nur Einsicht in einige wenige Briefe aus dieser ungewöhnlichen Korrespondenz, in Kopien aus: AdsD: Dep, EB. Doch bereits aus diesen wenigen geht hervor, daß der Ton herzlicher geworden war.

S. 138 *schwerkranke sowjetische Führer* Schmidt schreibt, er sei von der offensichtlichen Verschlechterung von Breschnews Gesundheitszustand erschrocken gewesen. In: Menschen und Mächte, S. 98. Valentin Falin meinte, Breschnew sei bereits seit 1975 »todkrank« gewesen. Valentin Falin, Hamburg, 14. Mai 1992.

S. 138 *mit einer gemeinsamen Erklärung* Bulletin, 9. Mai 1978, S. 429–31. Wie bereits erwähnt, taucht das Wort »Entspannung« hier siebenmal auf zwei Seiten auf.

S. 138 *Im Westen polarisierten sich* Diese Debatte produzierte eine riesige Menge an mehr oder weniger kurzlebiger Literatur. Wer einen Geschmack davon bekommen möchte, dem seien zwei höchst gegensätzliche Darstellungen empfohlen: Robert Conquest, Present Danger. Towards a Foreign Policy, Oxford 1979, Blackwell, und: Fred Halliday, The Making of the Second Cold War, London 1983, Verso.

S. 139 *niederschmetternde Kritik übrig* Siehe beispielsweise: Eduard Schewardnadse. Die Zukunft gehört der Freiheit, Reinbek b. Hamburg 1991, Rowohlt, S. 109f., sowie den verheerenden Abschnitt auf S. 116. Eine frühere öffentliche Abhandlung findet sich im Artikel des sowjetischen Politik-Forschers und Beraters des Außenministeriums, Wjatscheslaw Daschitschew, in: Literaturnaja Gazeta, 18. Mai 1988, Nachdruck in: Wolfgang Seiffert, Die Deutschen und Gorbatschow. Chancen für einen Interessensausgleich, Erlangen 1989, Straube, S. 211–25.

S. 139 *Dritten Welt aktiv aus* Dies ist natürlich ein höchst komplexes und kontroverses Thema. Eine sehr ausgewogene Darstellung sowie eine Darstellung des Einflusses auf die sowjetisch-amerikanischen Beziehungen finden sich in: Garthoff, Détente, vor allem Kap. 19. Eine kritischere Sichtweise, die starken Einfluß auf die Reagan-Administration hatte, ist das Statement des »Committee on the Present Danger« vom

11. November 1976. Nachdruck in: Charles Tyroler, (ed.), Alerting America. The Papers of the Committee on the Present Danger, Washington 1984, Pergamon Brassey's, S. 3–5. Mehr mit den sowjetischen Sorgen sympathisierende Darstellungen sind: Fred Halliday, The Making of the Second Cold War, London 1983, Verso, hier vor allem Kap. 4, und Jonathan Steele, World Power. Soviet Foreign Policy under Brezhnev and Andropov, London 1983, Michael Joseph.

S. 139 *In meinen Augen* Brief vom 13. Februar 1976, Kopie in: AdsD: Dep EB, 409.

S. 139 *Insgesamt muß* Bei einer Rede anläßlich eines Mittagessens am 5. Mai 1978. Siehe: Bulletin, 9. Mai 1978, S. 428.

S. 140 *einer der Erfinder* Protokoll ihres Gesprächs vom 16. September 1974. In: AdsD: HS 129.

S. 140 *Verteidigung oder Vergeltung* Verteidigung oder Vergeltung. Ein deutscher Beitrag zum strategischen Problem der NATO, Stuttgart 1961, Seewald.

S. 140 *vor dem Bundestag gehalten hatte* Siehe: Bundestag Plenarprotokolle, 3/87, S. 4758–4767, 5. November 1959.

S. 140 *»Warum?«* Lehmann, Öffnung, S. 172.

S. 140 *war Schmidt so beunruhigt* Nach Darstellung einiger waren Schmidts Befürchtungen – über ein fehlendes Glied in der Kette der Abschreckungsmaßnahmen – stark von einer Gruppe amerikanischer und europäischer Strategie-Intellektuellen, angeführt von Albert Wohlstetter, beeinflußt. Siehe Garthoff, Détente, S. 855, und den Artikel von Fred Kaplan, auf den er sich bezieht, in: New York Times Magazine, 9. Dezember 1979. Interessant ist, daß diese Behauptung von einem der führenden sowjetischen USA-Spezialisten aufgegriffen wurde. Siehe Georgi A. Arbatow, Cold War or Détente? The Soviet Viewpoint, London 1983, Zed Books, S. 126. Schmidt erwähnt Wohlstetter in: Menschen und Mächte, S-274. Doch in einem Brief an den Autor (13. November 1992) bestreitet Schmidt, daß er hinsichtlich des SS-20-Themas diesen besonderen Einflüssen unterlegen sei.

S. 140 *Eigenen Aussagen zufolge* Schmidt, Menschen und Mächte, S. 64.

S. 140 *berühmt gewordenen Rede* Die beste Darstellung dieser gesamten Episode findet sich in: Haftendorn, Sicherheit, S. 1–31. Die wichtigsten Teile dieser Rede werden dort auf S. 195–212 wiedergegeben. Es ist bemerkenswert, an wie wenigen Stellen diese Rede sich diesem Thema tatsächlich zuwendet. Schmidts eigene kurze Darstellung in: Menschen und Mächte, S. 230–31. In einem Brief an den Autor (13. November 1992) betonte Schmidt, daß diese Rede eher diplomatisch gewesen sei und ›der wirkliche Ausbruch‹ während des Dinners erfolgt sei.

S. 141 *Michael Howard* Im Gespräch mit dem Autor.

S. 141 *Komödie der Irrungen* Das ist natürlich eine etwas leichtfertige Verkürzung einer höchst komplizierten Geschichte aus verwickelten militärischen und politischen Argumenten auf beiden Seiten des Atlantiks. Gute Zusammenfassungen liefern: Garthoff, Détente, Kap. 25; Haftendorn, Sicherheit, Kap. 3; Link, Ära Schmidt, S. 315-21, und: Heep, Schmidt und Amerika, S. 113-51. 1982 schrieb Zbigniew Brzezinski: »Persönlich war ich nie davon überzeugt, daß wir [die neuen Waffen] aus militärischen Gründen brauchten. Ich war nur widerstrebend davon zu überzeugen, daß wir [sie] brauchten, um die europäische Unterstützung für SALT zu bekommen. Größtenteils kam dies daher, weil Bundeskanzler Schmidt aus dem sogenannten eurostrategischen Ungleichgewicht, das angeblich aus der Stationierung von sowjetischen SS-20 folgerte, so ein großes Tamtam gemacht hat. Um ihn bei der Stange zu halten, glaubten wir, daß eine europäische Reaktion auf der mittleren Ebene notwendig wäre.« Zitiert in: Strobe Talbott, Deadly Gambits. The Reagan Administration and the stalemate in nuclear arms control, London 1985, Picador, S. 33.

S. 141 *auf der Insel Guadeloupe* Siehe dazu Schmidts Bericht in: Menschen und Mächte, S. 231-32. Doch sowohl Link, Ära Schmidt, S. 318, wie auch Heep, Schmidt und Amerika, S. 130-32, weisen darauf hin, daß Schmidt, laut zeitgenössischen Berichten und den Memoiren sowohl von Carter als auch Brzezinski, mehr oder weniger offen von den amerikanischen, französischen und britischen Regierungschefs für seine übertriebene Angst, die Sowjetunion durch neue Stationierungen zu verärgern, kritisiert wurde.

S. 141 *für 1983 festgelegt* Hans Apel, der damalige Verteidigungsminister, schreibt in seinem »politischen Tagebuch«, ein Grund für dieses fixe Datum sei gewesen, daß die Pershing II und die Cruise Missiles schlichtweg nicht vor 1983 fertiggestellt sein würden! Siehe Apel, Abstieg, S. 72.

S. 141 *die Entspannung einem neuen* Text in: Haftendorn, Sicherheit, S. 232-3. Eine gute Zusammenfassung der amerikanischen und deutschen Reaktionen findet sich in: Garthoff, Détente, Kap. 26 und 27; und Heep, Schmidt und Amerika, S. 153-92.

S. 142 *Moskau besuchte* Siehe Schmidt, Menschen und Mächte, S. 108-25; Link, Ära Schmidt, S. 335 ff.; Heep, Schmidt und Amerika, S. 186-89.

S. 142 *war höchst riskant* Link, Ära Schmidt, S. 335 und Anmerkung, weist jedoch darauf hin, daß Schmidt am 19. Juni 1980 von einer Person, die Link nur als »amerikanische Persönlichkeit außerhalb der Regierung« identifiziert, mitgeteilt worden sei, sie habe mit Botschafter Dobrynin in Washington gesprochen und er könne sich einigen »Erfolg« von dieser Reise versprechen.

S. 142 *Mittelstreckenwaffen mit* Und somit die »Vorbedingungen« – Ratifizierung von SALT II und einen Rückzug vom Nato-Doppelbeschluß – fallenließ. Siehe Bericht und Zitate aus den durchgesickerten

Protokollen des Treffens in: Die Welt, 7. Juli 1980. Der Bericht der sowjetischen Parteiführung an die Parteiführung der DDR über dieses Treffen findet sich in: ZPA: IV 2/2. 035/65.

S. 142 *Der Dialog über* Klaus Bölling, Die letzten 30 Tage des Kanzlers Helmut Schmidt. Ein Tagebuch. Reinbek b. Hamburg 1982, Rowohlt, S. 116. Mit diesem Zitat scheint Bölling in der indirekten Rede die Hauptpunkte von Schmidts eigenen Worten zusammenzufassen.

S. 142 *Die polnische Revolution* Siehe: Garton Ash, Solidarity; Jerzy Holzer, Solidarität. Die Geschichte einer freien Gewerkschaft in Polen, hrsg. von Hans Henning Hahn, München 1985, C. H. Beck.

S. 143 *Wenn die Russen* Zitiert von Josef Joffe in: Gordon, Eroding Empire, S. 161, nach Der Spiegel, 1/1982.

S. 143 *nicht ganz im klaren darüber* Dies ausführlicher in Kap. 6.

S. 144 *in beiden Richtungen* Zitiert aus den durchgesickerten Protokollen des Treffens, in: Die Welt, 7. Juli 1980.

S. 144 *der eine eskimo* Helmut Schmidt, London, 3. Juni 1991.

S. 144 *»ehrlichen Maklers«* Dieser berühmte Kommentar stammt aus einer Rede am 19. Februar 1878 im Reichstag. Interessant ist, daß Bismarck in diesem Zusammenhang sagte, Deutschland könnte *nicht* die Rolle eines Vermittlers, ganz zu schweigen die eines »Schiedsrichters«, spielen. Eben nur den bescheidenen Part eines ehrlichen Maklers. Siehe Bismarck, Reden, S. 140–67, dies auf S. 152.

S. 144 *der westlichen Politik* In einer Rede vor dem Bundesverband der deutschen Verleger am 10. November 1981, Nachdruck in: Bulletin, 19. November 1981, S. 921–8, dies auf S. 925. Bei einer Fernsehdiskussion anläßlich Breschnews Bonn-Besuch nach diesem Bild befragt, antwortete Schmidt: »Wir sind wahrscheinlich gegenwärtig auf der Welt die besten Dolmetscher in beiderlei Richtung.« Siehe Abschrift in: BPA – DFS/26. 11. 81/20. 15/MS-Ge/Sch, S. 4. Eine weitere Erörterung dieses Dolmetscher-Bildes in: Haftendorn, Sicherheit, S. 150; Joffe, in: Gordon, Eroding Empire, S. 184 f.; und: Avril Pittman, From Ostpolitik to Reunification: West German-Soviet Political Relations since 1974, Cambridge 1992, Cambridge University Press, S. 101–8.

S. 144 *zum Leben erweckt worden war* In seiner ersten Regierungserklärung sagte Kiesinger: »Deutschland war jahrhundertelang die Brücke zwischen West- und Osteuropa. Wir möchten diese Aufgaben auch in unserer Zeit gerne erfüllen.« In: Bundestag Plenarprotokolle, 5/80, S. 3662, 13. Dezember 1966.

S. 144 *von Schmidt selbst aufgegriffen wurde* »Unsere Aufgabe ist Brückenfunktion«, erklärte er in einer Rede vor dem außerordentlichen Parteitag der SPD am 10. Dezember 1978 in Köln. Zitiert in: Link, Ära Schmidt, S. 309.

S. 145 *in Schmidts eigene Partei hinein* Ein lebendiger Bericht von einer Person, die dieser Entwicklung mit großer Abneigung gegenüber stand, ist: Apel, Abstieg.

S. 145 *offen wie insgeheim* Siehe Schmidts beiläufige Bemerkungen über die verdeckten Aktionen, Desinformationen etc. in: Menschen und Mächte, S. 108. Nach dem Ende der DDR tauchten auch mehr Beweise auf, wie aktiv der Staatssicherheitsdienst der DDR in diesem Zusammenhang gewesen war. Es ist zwar wichtig, die Fakten für diese Art der Unterstützung zusammenzutragen – die größer und wichtiger war, als viele in der Friedensbewegung es wahrhaben mochten –, doch reicht dies nicht als »Erklärung« aus. Genausowenig, wie die offenen und verdeckten amerikanischen Aktionen zur Unterstützung von Solidarność eine »Erklärung« für die Bewegung als solche gewesen wären.

S. 145 *mit Gottes* Zitiert aus dem Bericht von Herbert Häber, Leiter der Westabteilung des ZK der SED, über seine Reise vom 16.–22. Februar 1981 in die Bundesrepublik, in: ZPA: JIV 2/10. 02/12.

S. 145 *außenpolitischen Entscheidungsträger* Valentin Falin behauptet rückblickend, bereits sein Breschnews ernsthafter Erkrankung 1975 sei die sowjetische Außenpolitik von einer »Viererbande« betrieben worden – von Gromyko, Ustinow, Andropow und Suslow. Valentin Falin, Hamburg, 14. Mai 1992.

S. 145 *im April 1982* Siehe Parteitag der Sozialdemokratischen Partei Deutschlands, 19. bis 23. April 1982, München, Bd. 1: Protokoll der Verhandlungen, Bonn 1982, Vorstand der SPD, hier vor allem die Diskussion über den Bericht Egon Bahrs zur »Friedens- und Sicherheitspolitik« auf S. 305–83. Siehe hierzu auch Kap. 6.

S. 145 *1983 verschoben* Laut Apel, Abstieg, S. 198, war die Entscheidung für eine Verschiebung, aufgrund der Atmosphäre in den regionalen Parteiverbänden, bereits zu Beginn des Jahres getroffen worden.

S. 145 *Planungsstab im Kanzleramt* Veröffentlicht in: Der Spiegel, 20/1982, S. 22–3. Daraus auch die folgenden Zitate. Laut ›Spiegel‹ hatte Regierungssprecher Klaus Bölling die Authentizität des Papiers bestätigt. Der damalige Leiter des Planungsstabes und Hauptautor des Papiers, Albrecht Müller, erinnert sich, daß er 1980 und 1981 ähnliche Planungsstabpapiere für Schmidt vorbereitet hatte. Die besondere Sorge habe den belasteten Beziehungen mit den Freien Demokraten gegolten. Die Meinungsumfragen, auf die hier Bezug genommen wird, beinhalten auch einige, die von der Regierung selbst in Auftrag gegeben wurden. Albrecht Müller, Bonn, 20. März 1992.

S. 147 *auch Cruise Missiles* Schmidt widmete den philosophischen und ethischen Grundlagen seiner politischen Arbeit – der »Leidenschaft zur praktischen Vernunft«, wie er es 1986 in seiner Abschiedsrede im Bundestag nannte – viel Aufmerksamkeit. Siehe: Bundestag Plenarprotokolle 10/228, S. 17685, 10. September 1986. Diese von ihm favorisierte Formel wurde denn auch zum Titel einer Festschrift zu seinen Ehren:

Manfred Lahnstein, Hrsg., Leidenschaft zur praktischen Vernunft, Berlin 1989, Siedler. Kant wie Popper tauchen verschiedentlich in seinen Memoiren auf. Es gibt einige Hinweise, daß er unter seinem Image als »Macher«, als Businessman-Manager der Politik, litt. Deshalb schrieb er wohl auch in einer rührenden Notiz am 7. Januar 1975 an den Chef des Kanzleramts, daß er eine Rede anläßlich eines denkwürdigen kulturellen oder historischen Datums halten sollte, beispielsweise des 100. Geburtstags von Albert Schweitzer oder Thomas Mann. »Ich könnte mir vorstellen,« schreibt er, »daß auf diese Weise dem stark ökonomisch akzentuierten Macher-Image ein Teil der im öffentlichen Bewußtsein fehlenden, tatsächlich aber vorhandenen Komponenten an die Seite gestellt würde.« In: AdsD: HS 1. Doch seine philosophischen und ethischen Gedanken drehten sich um sehr viel mehr als nur um das Problem seines Image. Sie wurden beispielsweise sehr deutlich und von ihm sehr lebendig und persönlich vorgetragen in seiner Antwort auf Äußerungen des Autors. Siehe: Bergedorfer Gesprächskreis 88 (6.–7. September 1989), S. 66–67.

S. 147 *Wenn ein Abkommen* Rede anläßlich eines Abendessens am 23. November 1981. Nachdruck in: Bulletin, 26. November 1981, S. 963–6, dies auf S. 965.

S. 148 *Gründe für seinen Machtverlust* Ein parteilicher, doch lebendiger Bericht über den Zusammenbruch der sozialliberalen Koalition ist: Klaus Bölling, Die letzten 30 Tage des Kanzlers Helmut Schmidt. Ein Tagebuch, Reinbek b. Hamburg 1982, Rowohlt. Einen wissenschaftlicheren und kritischen Bericht liefert Wolfgang Jäger in: Wolfgang Jäger und Werner Link, Republik im Wandel. 1974–1982. Die Ära Schmidt [= Geschichte der Bundesrepublik Deutschland, Bd. 5 / II], Stuttgart 1987, Deutsche Verlags-Anstalt, S. 188–263.

S. 150 *amerikanisch-sowjetischen Beziehungen* Zwei ausgezeichnete Chroniken sind: Oberdorfer, Turn, und Beschloss & Talbott, Highest Levels. Siehe auch: Seweryn Bialer und Michael Mandelbaum, eds., Gorbachev's Russia and American Foreign Policy, Boulder 1988, Westview Press.

S. 151 *Regierungserklärung 1982* Siehe Bundestag Plenarprotokolle 9/121, S. 7213–29, 13. Oktober 1982, dies auf S. 7220. (Siehe auch Genschers Rede auf S. 7254–64.) Die Zwischenrufe der Sozialdemokraten, von der Regierung ungewöhnlicherweise abgedruckt, befinden sich auch in: Bulletin, 14. Oktober 1982, S. 860.

S. 151 *die deutsche Frage nicht nur* Aus Punkt (19) der Koalitionsvereinbarung von CDU-CSU über Außen-, Sicherheits-, EG- und Ostpolitik sowie deutschlandpolitische Fragen, die der Generalsekretär der CSU am 13. Mai 1983 an die CSU-Parlamentarier verteilen ließ. Eine Kopie befindet sich unter den Papieren von Werner Marx: ACDP: I-356, 005/3.

S. 151 *Helmut Kohl* Zu der allgemein wenig beeindruckenden Literatur über Helmut Kohl gehört auch die eher parteiliche Biographie von Werner Maser: Helmut Kohl. Der deutsche Kanzler, Berlin 1990, Ullstein. Eine interessante Sammlung kritischer Artikel ist: Reinhard Appel, Hrsg., Helmut Kohl im Spiegel seiner Macht, Bonn 1990, Bouvier; ein guter Aufsatz von Peter Scholl-Latour findet sich in einem Photoband: Konrad R. Müller, Helmut Kohl, Bergisch Gladbach 1990, Gustav Lübbe Verlag. Die eigenen Ansichten von Helmut Kohl spiegeln sich in seiner »1984 Konrad Adenauer Memorial Lecture« am St. Antony's College, Oxford, Nachdruck in: Bulletin, 9. Mai 1984.

S. 152 *Alexej Kossygin* Eine Kopie des 21seitigen Protokolls der Gespräche vom 30. September 1975 findet sich unter den Werner-Marx-Papieren: ACDP: I-356, 022/4. Alle folgenden Zitate sind dieser Kopie entnommen. Leider beinhaltet dieses Protokoll nicht die 45minütige Unterredung unter vier Augen.

S. 152 *Wir denken gar* Zitiert aus der Kopie von Weizsäckers fünfseitiger »Notiz für den Moskau-Besuch«, datiert 18. September 1975. Ebenso in: ACDP: I-356, 022/4.

S. 152 *Spuren und Stadien* Ein erster Versuch hierfür ist: Clemens, Reluctant Realists, sowie die ›Alois Mertes Memorial Lecture‹ desselben Autors über: CDU Deutschlandpolitik and Reunification, 1985–1989, Washington 1992, German Historical Institute.

S. 153 *daß es im Ost-West-Verhältnis* Zitiert aus dem Protokoll der Freidemokraten über die Koalitionsverhandlungen am Abend des 22. März 1983. AdDL: Bundesvorsitzender Genscher, 13544.

S. 154 *deutsch-sowjetischen Wirtschaftsbeziehungen* Man beachte beispielsweise, daß kein Geringerer als der damalige Wirtschaftsminister Otto Graf Lambsdorff die Sitzung der deutsch-sowjetischen Wirtschaftskommission leitete, die im November 1983 in Moskau stattfand, nur eine Woche bevor der Bundestag über die Stationierung abstimmte.

S. 154 *an die DDR-Parteiführung* Datiert vom 14. Juli 1983. Die folgenden Zitate stammen aus dem Exemplar in den Papieren des Büros Axen, ZPA: IV 2/2. 035/65.

S. 155 *Nach der Bundestagsabstimmung* Die eigentliche Abstimmung fand am 22. November 1983 statt. Zur Debatte siehe: Bundestag Plenarprotokolle, 10/35,36, 21. und 22. November 1983.

S. 155 *»Schaden zu begrenzen«* Siehe Text in ND, 26./27. November 1983, Nachdruck in: Texte III/1, S. 267–271.

S. 155 *»Koalition der Vernunft«* Siehe Ronald D. Asmus, »The Dialectics of Detente and Discord: The Moscow-East Berlin-Bonn Triangle«, in: Orbis, Winter 1985, S. 743–74; und A. James McAdams, »The New Logic in Soviet-GDR Relations«, in: Problems of Communism, September-October 1988, S. 47–60.

S. 156 *Genfer Abrüstungsverhandlungen verließen* Eine gute zeitgenössische Dokumentation ist: Ronald D. Asmus, East-Berlin and Moscow: The Documentation of a Dispute (Munich: Radio Free Europe, 1985 = RFE Occasional Papers No. 1). Neue Darstellungen können sich nun auf die Unterlagen in den Archiven der DDR berufen, vielleicht sogar bereits auf die der Sowjetunion.

S. 156 *von Ungarn begleitet* Ibid, vor allem S. 9–10, 21 ff., 27 ff.

S. 156 *erwähnte Honecker* Erich Honecker, Berlin-Moabit, 27. November 1992.

S. 156 *17. August 1984 im Kreml* Das Protokoll befindet sich in: ZPA: JIV 2/2A/2678.

S. 156 *Kohl eine Lektion* Bundestag Plenarprotokolle 10/81, S. 5896–5902, 12. September 1984.

S. 156 *Moskau allem voran* Siehe auch seinen Artikel in: APZ, 16. Februar 1985, S. 3–13, bes. S. 11.

S. 157 *Gromykos und Ustinows* Im Gespräch mit dem Autor behauptete Valentin Falin, daß eine »Viererbande«, bestehend aus Gromyko, Ustinow, Andropow und Suslow, effektiv die gesamte sowjetische Außenpolitik betrieben – und geblockt – habe, seit Breschnew Mitte der siebziger Jahre ernsthaft erkrankt war. Valentin Falin, Hamburg, 14. Mai 1992. Bei einem Treffen am 17. August 1984 mit Honecker und der DDR-Führungsspitze verhielt sich Ustinow besonders kritisch.

S. 157 *Grenzen von 1937* Die schlichte Behauptung: »Das deutsche Reich besteht in den Grenzen von 1937 fort«, taucht tatsächlich unter Punkt 20 der Koalitionsvereinbarung zwischen CDU und CSU vom Frühjahr 1983 auf. Zitiert aus der Kopie in den Marx-Papieren, ACDP: I-356, 005/3.

S. 158 *Führungsriege entsprochen haben mag* Das war der Eindruck, den Brandt bei seinem ersten Treffen mit Gorbatschow gewonnen hatte. Siehe Brandts eigenen Bericht in: Erinnerungen, S. 405 ff., bes. S. 407.

S. 158 *F. Wilhelm Christians* Siehe seinen eigenen Bericht: Christians, Wege, S. 136–147.

S. 158 *im Amt bestätigt worden war* 1989 schrieb Horst Teltschik, daß »sie [die sowjetische Politik gegenüber der Bundesrepublik] sich nach Kohls Wiederwahl im Januar 1987 veränderte«. Siehe seinen Artikel in: Außenpolitik (englischsprachige Ausgabe), 3/1989, S. 201–214, dies auf S. 208.

S. 158 *datiert 30. Januar 1986* Eine Kopie dieses Briefes wurde von den Sowjets an die DDR-Parteiführung weitergereicht. Nun in: ZPA: IV 2/2. 035/65, S. 197–207.

S. 159 *quantitative Reduzierung* Dieser Hinweis bezog sich auf den starken Rückgang von Aussiedlern aus der Sowjetunion – von 9000 im Jahr 1977 auf nur 460 im Jahr 1985.

S. 160 *Er erinnert sich* Hans-Dietrich Genscher, Bonn, 23. Juni 1992.

S. 160 *eine neue Seite*   Genschers Moskauer Rede findet sich in: Bulletin, 24. Juli 1986, S. 745–748. Eine nützliche Darstellung der deutsch-sowjetischen Beziehungen von 1986 bis Mitte 1989 ist: Fred Oldenburg, Sowjetische Deutschlandpolitik nach den Treffen von Moskau und Bonn 1988/89, Köln 1989, Bundesinstitut für ostwissenschaftliche und internationale Studien = Bericht des BIOst 63/1989 (in der Folge: Oldenburg, Sowjetische Deutschlandpolitik).

S. 160 *Er [Gorbatschow] ist*   Newsweek, 27. Oktober 1986.

S. 160 *einige Zeit einzufrieren*   Das geht eindeutig aus dem Protokoll eines Gesprächs am 27. Juli 1987 in Moskau zwischen Hermann Axen und den Sekretären des sowjetischen Zentralkomitees Anatoli Dobrynin und Vadim Medwedew hervor. ZPA: IV 2/2. 035/59, S. 108–25. »Nach den Ausfällen Kohls«, wird dort Dobrynin zitiert, »sei durch das Politbüro der KPdSU der Beschluß gefaßt worden, alle politischen Kontakte zur BRD einstweilen einzufrieren.«

S. 161 *weltweite Beachtung finden sollte*   Der Entwurf dieser Rede stammte von Konrad Seitz, damals Planungsstabsleiter im Auswärtigen Amt. Nachdruck in: Genscher, Unterwegs, S. 137–50.

S. 161 *worst case-Analysen*   Ibid, S. 146.

S. 161 *Nehmen wir Gorbatschow*   Ibid, S. 150.

S. 161 *»Schrittmachers«*   Siehe beispielsweise ein Interview mit Genscher am 12. September 1988 im Deutschlandfunk.

S. 161 *Weizsäckers Worte*   Notiz von Herbert Häber vom 28. Mai 1984 über ein Treffen von Richard von Weizsäcker mit Horst Sindermann und Herbert Häber im Jagdschloß Hubertusstock in der Nähe von Ost-Berlin. ZPA: J IV 2/10. 04/14.

S. 161 *Kontrolle zu verschaffen*   Oberdorfer, Turn, S. 230, berichtet, daß aus diesem Grund ein hochrangiger sowjetischer Funktionär gesagt habe, Rust hätte damit den Lenin-Orden verdient. In gewissem Sinne hätte dieser ganz augenscheinlich verstörte junge Mann auch das Bundesverdienstkreuz verdient, denn das politische Resultat seines verrückten Abenteuers war eindeutig zum langfristigen Vorteil der Bundesrepublik.

S. 162 *Einstweilen bleibe sie*   Dies die offizielle sowjetische Version der Gespräche, wie veröffentlicht in: Prawda, 8. Juli 1987, und nachgedruckt in: Gorbatschow, Haus Europa, S. 103–06.

S. 162 *Beide haben sie*   Ibid, S. 106. Man beachte, daß dies die offizielle Version ist. Tatsächlich könnte Gorbatschows Äußerung ein bißchen anders gelautet haben. Doch weder die sowjetischen noch die deutschen Protokolle dieses Gesprächs waren dem Autor zugänglich. Gorbatschow wiederholte diese Formel in seinem Buch: Perestroika, S. 260 f. Zum Vergleich des russischen und deutschen Textes siehe: Oldenburg, Sowjetische Deutschland-Politik, S. 45.

S. 162 *Weizsäcker erinnert sich*   Richard von Weizsäcker, Bonn, 30. September 1991.

S. 163 *Schon 1986* Schewardnadse, Zukunft, S. 233.

S. 163 *Vom Autor danach befragt* Eduard Schewardnadse, Moskau, 7. Februar 1992. Ich bin Gabriel Gorodetsky dankbar für die Gelegenheit zu diesem Gespräch im kleinen Kreis.

S. 163 *Anatoli Tschernajew* Siehe Gabriel Gorodetsky, ed., Soviet Foreign Policy 1917–1992. A Retrospective, London, i. Vorb.

S. 163 *Alexander Jakowlew* Alexander Jakowlew, Oxford, 29. Januar 1992. Ich bin meinem Kollegen Archie Brown dankbar für die Möglichkeit, an diesem Gespräch im kleinen Kreis am St. Antony's College teilzunehmen.

S. 164 *Wjatscheslaw Daschitschew* Wjatscheslaw Daschitschew, Berlin, 26. Juni 1991. Siehe auch sein Interview in: Der Spiegel, 4/1991, in dem er von einem weiteren Vortrag vor der Internationalen Abteilung des Zentralkomitees spricht. Dieses Interview provozierte eine wütende Reaktion von Valentin Falin (Leserbrief, Der Spiegel, 20/1991), der darin behauptete – und dies am 14. Mai 1992 in Hamburg gegenüber dem Autor nochmals bestätigte –, daß er sich an einen solchen Vortrag nicht erinnere und daß Daschitschew kein Berater Gorbatschows gewesen sei. Daschitschew, Leiter der außenpolitischen Abteilung im damaligen Institut für die Ökonomie des Sozialistischen Weltsystems (»Bogomolow-Institut«) behauptet jedoch, er sei Berater gewesen, weil einige seiner Papiere mit Randbemerkungen von Gorbatschow an ihn zurückkamen (Leserbrief, Der Spiegel, 34/1991, und im Gespräch mit dem Autor). Sicher ist jedoch, daß sich Daschitschew 1988 mit ausgesprochen heftiger Kritik an der sowjetischen Außenpolitik der Breschnew-Ära an die Öffentlichkeit der Sowjetunion wie der Bundesrepublik wandte. Siehe beispielsweise seinen bekannten Artikel in: Literaturnaja Gazetta, 18. Mai 1988; Berichte über seine Aussagen in: FAZ, 8. Juni 1988; Interview in: Der Spiegel, 27/1988. In: International Affairs (Moscow, 10/1991, S. 132 ff.) beschreibt Oleg Bogomolow dies rückblickend als die generelle Linie seines Instituts seit etwa 1986. Siehe auch die Aussagen von Bogomolow dazu im Juni 1988, zitiert in: Garton Ash, Jahrhundert, S. 264.

S. 164 *Auch Erich Honecker* Reinhold Andert und Wolfgang Herberg, Der Sturz. Erich Honecker im Kreuzverhör, Berlin 1990, Aufbau Verlag, S. 21.

S. 164 *behauptete Honecker aber* ARD, 10. Oktober 1991.

S. 164 *Daschitschew selbst sagt* Wjatscheslaw Daschitschew, Berlin, 26. Juni 1991, und in: Der Spiegel 4/1991, 34/1991.

S. 164 *kämpfen zu müssen* Dieter Kastrup, Bonn, 18. März 1992. Zu Details über Berlin und die sogenannte »Postfach-Lösung« von 1986 – Berliner Teilnehmer an den deutsch-sowjetischen Vereinbarungen wurden nur mit einer Postfach-Adresse aufgeführt – siehe: Oldenburg, Sowjetische Deutschland-Politik, S. 29–35.

S. 165 *verzeichnet das DDR-Protokoll* Dieses außerordentlich aufschlußreiche Dokument befindet sich in: ZPA: IV 2/2. 035/59, S. 108–25. Ihm wurden auch die folgenden Zitate entnommen. Die Konsultation fand in Vorbereitung des Honecker-Besuchs in Bonn statt. Sie basierte auf einer »Analyse zur Lage in der BRD – Schlußfolgerungen für eine gemeinsame Politik« (ZPA: IV 2/2. 035/14), die nach Instruktionen des DDR-Politbüros vorbereitet und mit einem Begleitschreiben von Honecker an Gorbatschow, datiert 23. Juni 1987, an die sowjetische Führung geschickt worden war. Axen äußerte in einem Memorandum vom 29. Juli 1987 an Honecker (ZPA: IV 2/2. 035/59, S. 153–55) – dem auch der offizielle Bericht über den Besuch und der Entwurf einer Resolution des Politbüros beigefügt war (S. 146–52) –: Die Tatsache, daß die sowjetische Seite die Ost-Berliner Analyse und Schlußfolgerungen für eine gemeinsame Politik der »sozialistischen Gemeinschaft« gegenüber der Bundesrepublik gutgeheißen habe, sei »zweifelsohne ein Erfolg für die Politik der SED«. Er betonte den Unterschied in den Darstellungen von Dobrynin und Medwedew, wobei letzterer passagenweise »die alten, falschen Vorbehalte und Fehleinschätzungen des Kräfteverhältnisses zwischen DDR und BRD und der Lage in der DDR und in der BRD« wiederholt habe.

S. 165 *den angenehmsten Gefühlen* Bericht und Zitate in: Der Spiegel 1/1988.

S. 166 *zum erstenmal Bonn* Siehe Bulletin, 21. Januar 1988, S. 53–57; Oldenburg, Sowjetische Deutschland-Politik, S. 9–10.

S. 166 *72 Pershing 1A-Raketen* Diese Geschichte wird gut dargestellt in Michael Inackers Bericht über die Sicherheitspolitik der Kohl-Regierung, in: Reinhard Appel, Hrsg., Helmut Kohl im Spiegel seiner Macht, Bonn 1990, Bouvier, S. 73–112, bes. S. 89–98.

S. 166 *an die Parteiführung in Ost-Berlin* Einer der deutschen Texte dieser Information, datiert 19. Februar 1988, in: ZPA: IV 2/2. 035/65, S. 209–16. Die folgenden Zitate entstammen alle diesem Text.

S. 167 *Der CDU fehlt* In einem langen Interview in: Blätter für die deutsche und internationale Politik 11/1987, S. 1392–1404, dies auf S. 1396.

S. 168 *endlich nach Moskau* Für Details über diesen Besuch siehe: Bulletin, 1. November 1988, S. 1265–76; Oldenburg, Sowjetische Deutschland-Politik; sowie die ausgiebigen Presseberichte in der zweiten Oktoberhälfte.

S. 168 *sagte Gorbatschow* Bulletin, 1. November 1988, S. 1265.

S. 169 *neues Kapitel* Bulletin, 1. November 1988, S. 1271.

S. 169 *in der Bundesrepublik bereiteten* Die folgende Passage basiert auf Beobachtungen des Autors in Bonn zur entsprechenden Zeit. Die wesentlichen Dokumente und Reden dieses Besuchs finden sich in: Bulletin, 15. Juni 1989, S. 537–48; EA, 13/1989, S. D371 ff.; und mehrere der Gorbatschow-Reden in: Gorbatschow in Bonn. Die Zukunft der deutsch-sowjetischen Beziehungen. Reden und Dokumente vom Staatsbesuch, Köln 1989, Pahl-Rugenstein.

S. 169 *»Gorbasmus«* Der Begriff wird Günter Diehl zugeschrieben. Siehe: Der Spiegel 24/1989.

S. 169 *Ein Kuß für Annette* Bild, 13. Juni 1989.

S. 169 *Das Objekt der Begierde* Tageszeitung (taz), 13. Juni 1989.

S. 169 *Nach guter Saat* Aus Kohls Rede vom 12. Juni 1989: Bulletin, 15. Juni 1989, S. 537.

S. 169 *elf Verträge* Einzelheiten aus einem Informationsblatt des Presse- und Informationsamtes der Bundesregierung, 12. Juni 1989.

S. 169 *ähnliche Verbindungen* Bericht in: FAZ, 11. Februar 1989 (aus dem hervorging, daß der »heiße Draht« bereits im Vorlauf dieses Besuchs installiert worden war).

S. 170 *Wir ziehen den Strich* Aus Gorbatschows Rede am 12. Juni: Bulletin, 15. Juni 1989, S. 541.

S. 170 *Das ist wohl* Ibid.

S. 170 *Dieses bemerkenswerte Dokument* Alle folgenden Zitate stammen aus: Bulletin, 15. Juni 1989, S. 542–4. Auch in: Vierzig Jahre, S. 591–4.

S. 170 *an die geschichtlich gewachsenen Traditionen* Die Sowjetunion war natürlich erst 1922 gegründet worden, die Bundesrepublik 1949.

S. 171 *Katalysator für neue Beziehungen* In einer Rede am 13. Juni 1989: Bulletin, 15. Juni 1989, S. 547.

S. 172 *partners in leadership* Englischer Text in: Freedman, Europe Transformed, S. 289–94, dies auf S. 289.

S. 172 *Connaisseurs* Siehe Hannes Adomeit, »Gorbachev and German Unification«, in: Problems of Communism, July-August 1990, S. 1–23, dies auf S. 5. (Dieser bedeutende Artikel wird in der Folge zitiert: Adomeit, Gorbachev and German Unification.) Oldenburg, Sowjetische Deutschland-Politik, S. 44, verzeichnet, daß der geänderte Sprachgebrauch in der Folge auch von der sowjetischen Presse übernommen wurde.

S. 172 *bilateralen Dokument* Der Sprecher des sowjetischen Außenministeriums Gennadi Gerassimow verglich sie mit der Delhi-Erklärung zwischen der Sowjetunion und Indien (Notiz des Autors). Doch Indiens Position konnte kaum mit der des wichtigsten westeuropäischen Staates an der Grenzlinie des Ost-West-Konflikts verglichen werden.

S. 173 *Ich gestehe* Zitiert in: Süddeutsche Zeitung, 14. Juni 1989.

S. 173 *Unterschiede bei Ideologie* Der gesamte Text in: Grenville, Treaties, S. 456–8. Interessant ist, daß auch Egon Bahr die Bonner Erklärung damit verglich. Siehe seine Rede in: Bundestag Plenarprotokolle, 11/150, S. 11202–4, 16. Juni 1989.

S. 174 *die Völker zweier osteuropäischer Staaten* Siehe hierzu Garton Ash, Jahrhundert.

S. 174 *um freie Wahlen* Text dieser Mainzer Rede in: Freedman, Europe Transformed, S. 289–94, dies auf S. 291; Auszüge seiner Rede vor dem polnischen Parlament auf S. 333–5.

S. 174 *eine offene Wunde* Dieses und folgende Zitate aus seiner Rede am 12. Juni: Bulletin, 15. Juni 1989, S. 537–9.

S. 175 *mit Washington verwickelt* Einen detaillierten Bericht liefert Michael J. Inacker in: Reinhard Appel, Hrsg., Helmut Kohl im Spiegel seiner Macht, Bonn 1990, Bouvier, S. 92 ff.

S. 175 *Je kürzer die Reichweiten* Zitiert in: Ibid, S. 93.

S. 175 *der Kontinentaleuropäer* Ibid, S. 103; siehe auch den Kommentar von Thomas Kielinger in: Rheinischer Merkur, 28. April 1989.

S. 176 *die Öffnung* Nachdruck des Textes in: Freedman, Europe Transformed, S. 295–303, dies auf S. 300.

S. 176 *erinnert er sich* Helmut Kohl, Bonn, 1. Oktober 1991. Siehe auch seine Darstellung in: Welt am Sonntag, 27. September 1992. Während seines entscheidenden Treffens mit Gorbatschow in Moskau am 15. Juli 1990 bezog sich Kohl auf eben jene Unterhaltung. Siehe Teltschik, 329 Tage, S. 320. Außerdem erwähnte Kohl dieses Gespräch in einem vom Fernsehen übertragenen Telefongespräch mit Michail Gorbatschow, anläßlich des ersten Jahrestages der deutschen Vereinigung, am 3. Oktober 1991 in der ARD.

S. 177 *der entscheidende Moment* Helmut Kohl, 1. Oktober 1991, Bonn.

S. 177 *»Du«* Siehe Bulletin, 5. November 1991, S. 969.

S. 177 *das tat er schon immer* Siehe auch den handgeschriebenen Brief von Alois Mertes nach Kohls Moskau-Reise im Juli 1983 in: ACDP: I-403, A-000.

S. 178 *mit freundlichem Spott* Brandt, Erinnerungen, S. 354, 405.

S. 178 *Sicherheitspolitik hervor* Ibid, S. 404, 407, 426–36. Siehe auch: Michail Gorbatschow, Perestroika, München 1987, Droemer-Knaur, S. 193 f.

S. 179 *Arbatow zu Gorbatschow* Im Gespräch mit dem Autor: Egon Bahr, 29. Juni 1991, Potsdam; Willy Brandt, 2. Oktober 1991, Bonn.

S. 179 *Ohne Ostpolitik* Willy Brandt, 2. Oktober 1991, Bonn; Egon Bahr in: SZ Magazin, 27. September 1991, S. 18.

S. 179 *Interview mit der Zeit* Die Zeit, 13. März 1992.

S. 179 *Gesprächen mit dem Autor* Im Gespräch mit dem Autor: Helmut Schmidt, London, 3. Juni 1991; Helmut Kohl, Bonn, 1. Oktober 1991; Hans-Dietrich Genscher, Bonn, 23. Juni 1992.

S. 179 *Brandt, Gorbatschow!* Willy Brandt, Bonn, 2. Oktober 1991.

S. 180 *Weg heraus zeigen* Vitali Zhurkin, Direktor des 1988 in

Moskau gegründeten Europa-Instituts und aktiver Teilnehmer an der Revision des sowjetischen außenpolitischen Denkens, stimmt dem vor allem für die Jahre von etwa 1985 bis 1987 zu, als sich die Diskussion auf sicherheitspolitische Themen konzentrierte. Vitali Zhurkin, Moskau, 2. Februar 1992.

S. 181 *auch anstachelte* Zu Gorbatschows Besorgnis über die Wirtschaftsentwicklung in der EG und die sicherheitspolitische Dimension der französisch-deutschen Beziehungen siehe: Neil Malcolm, Soviet Policy Perspectives of Western Europe, London 1989, Routledge.

S. 181 *Unsere feste Verankerung* Bulletin, 1. November 1988, S. 1269.

S. 182 *Keinerlei Destabilisierung* Notizen des Autors zu Bemerkungen von Hans Klein. Siehe auch Berichte in SZ und FAZ am 14. Juni 1989.

S. 182 *Ein entsprechender Wandel* Meissner, Moskau-Bonn, S. 824.

S. 183 *zehn Jahre später geschah* Also seit Breschnews zunehmender Unfähigkeit, die sich in einem Jahrzehnt wachsender Inflexibilität und »Stagnation« in der sowjetischen Außen- und Innenpolitik niederschlug.

S. 183 *zwanzig verlorene Jahre* Also seit dem Sturz Chruschtschows.

S. 183 *nicht unterschätzt werden darf* Dennoch wagt sich Hannes Adomeit sicher zu weit in die andere Richtung, wenn er schreibt, daß »die konzeptionelle Basis des Zusammenbruchs der DDR von einer praktischen Vorbedingung ergänzt wurde: dem Fall der Berliner Mauer«. Was für eine Ergänzung! Siehe Adomeit, Gorbachev and German Unification, S. 5.

S. 183 *Verlauf aufgezeichnet werden* Unter den vielen guten Abhandlungen über dieses Thema seien hier erwähnt: Archie Brown, ed., New Thinking in Soviet Policies, London 1992, Macmillan; Neil Malcolm, Soviet Policy Perspectives; Gerhard Wettig, Changes in Soviet Policy Towards the West, London 1992, Pinter; Adomeit, Germany and Unification; und der erhellende Artikel von Boris Meissner, in: Außenpolitik (englischsprachige Ausgabe), 2/1989, S. 101–18.

S. 184 *Nationalitätenkonflikts in Usbekistan* Diesen Punkt erwähnt Oldenburg in: Sowjetische Deutschland-Politik, S. 11.

S. 184 *Politik gegenüber Osteuropa* Eine ausgezeichnete Einführung in dieses Thema liefert Pravda, End, hier vor allem das einführende Kapitel des Autors.

S. 184 *Memorandum an das Politbüro* Dies wurde von Alexander Kaptow in seiner Rede vor dem 19. Parteitag im Juni 1988 erwähnt. Nachdruck in: International Affairs (Moscow), November 1988, S. 28–32, dies auf S. 29. Die Bedeutung bestätigten dem Autor Oleg Bogomolow am 7. Februar 1992 und Nikolai Kolikow am 10. Februar 1992 in Moskau. Kolikow, Berater der Abteilung für Beziehungen mit sozialistischen Ländern im Zentralkomitee, behauptet, ein früherer Entwurf dieses Memorandums habe die Formel »mehr Sozialismus, mehr Demokratie« enthalten. Später sei daraus das etwas vorsichtigere »mehr Sozialismus – mehr Demokratie« geworden, was besagen sollte, daß mehr Sozialismus zu mehr Demokratie führen würde. Von DDR-Seite bestätigten im Gespräch mit dem Autor Erich Honecker (Berlin-Moabit, 27. November 1992) und Egon Krenz (Berlin, 20. Februar 1990), daß der Herbst 1986 der Augenblick gewesen sei, in dem die DDR-Führung begriffen hatte, daß sie – wie Krenz es formulierte – »grünes Licht« für Veränderungen oder eben keine Veränderungen, bekommen hatten. Honecker erinnerte sich an das »Treffen der Generalsekretäre« in Moskau, bei dem Gorbatschow erklärt habe, daß die Sowjetunion kein Monopol auf Wahrheit besitze – »das haben wir schon längst gewußt«, kommentierte er dies trocken – und eine neue Beziehung der »Partnerschaft« vorgeschlagen habe. Schiwkow habe daraufhin gefragt, was dies genau zu bedeuten habe, und nur eine vage Antwort erhalten. Es wäre sicher höchst interessant, Einsicht in das Protokoll dieses Treffens zu erhalten.

S. 184 *hinter der Theorie zurück* Diesen Punkt betonte Oleg Bogomolow ausdrücklich gegenüber dem Autor (Moskau, 7. Februar 1992). Auch unzählige osteuropäische Quellen bestätigten dies. Erich Honecker meinte mit großem Nachdruck (Berlin-Moabit, 27. November 1992), daß die Sowjetunion sich niemals mit Einmischungen in der DDR zurückgehalten habe. Die Konsularangehörigen der sowjetischen Botschaft in den einzelnen Bezirken der DDR nannte er »Provinzgouverneure«.

S. 184 *Gorbatschow selbst vermied* Beispielsweise gab er keine Antwort auf eine Frage zu diesem Thema, die ihm vom polnischen Intellektuellen Marcin Król während seines Besuchs im Juli 1988 in Warschau gestellt wurde. Siehe Garton Ash, Jahrhundert, S. 265.

S. 184 *Experimenten seine Zustimmung* Siehe Pravda, End, S. 24–26. Miklós Németh, Oxford, 22. Januar 1991.

S. 185 *über die Eindämmungspolitik hinauszugehen* Siehe Oberdorfer, Turn, S. 345 ff.; Beschloss & Talbott, Highest Levels, S. 69 ff.; und Thomas W. Simons, The End of the Cold War?, New York 1990, St. Martin's Press, S. 154 ff.

S. 185 *dies nicht bedeuten soll* Zitiert in: Oberdorfer, Turn, S. 342.

S. 185 *warnte er* Ibid, S. 360.

S. 185 *Ja, im Prinzip* Zitat aus Prawda, 5. Juli 1990, in: Adomeit, Gorbachev and German Unification, S. 22. Siehe auch die Übersetzung in: Current Digest of the Soviet Press XLII, Nr. 29, 1990, S. 12–13.

S. 185 *Bericht geschickt hatte* Schewardnadse, Zukunft, S. 258.

S. 185 *von anderen Experten gekommen* Am bekanntesten darunter ein Memorandum von Daschitschew vom April 1989, Nachdruck in: Der Spiegel 6/1989. Doch dies war nur eines von vielen Memoranden aus dem Bogomolow-Institut, dem Außenministerium und dem Zentralkomitee über Moskaus Beziehungen zu Osteuropa (Kopien im Besitz des Autors). ›Die Welt‹, 15. September 1989, berichtete über einen BND-Bericht vom frühen August 1989, der wiederum auf einem internen Memorandum von Valentin Falin über gefährliche Instabilität in der DDR basierte.

S. 185 *Sergej Tarasenko* Im Gespräch mit dem Autor am 10. Februar 1992 in Moskau.

S. 186 *das Ende der Perestrojka* Zitiert in: Oberdorfer, Turn, S. 360ff.

S. 186 *vom Prager Frühling beeinflußt* Siehe Pravda, End, S. 3.

S. 186 *das menschliche Gesicht des Sozialismus* In einer Rede im Februar 1989 in Kiew, Zitat aus Prawda, 24. Februar 1989, in: Adomeit, Gorbachev and German Unification, S. 3. Siehe auch seine aufschlußreichen Notizen vom 2. Februar 1989 »Über Stalin«, in: Gipfelgespräche, S. 258–63.

S. 187 *besondere Bedeutung* Horst Teltschik, »Gorbachev's Reform Policy and the Outlook for East-West Relations«, in: Außenpolitik (englischsprachige Ausgabe) 3/1989, S. 201–214, dies auf S. 212.

S. 188 *Der Zeitraum* Horst Teltschik, Bonn, 12. Juli 1991.

4. Deutschland und Deutschland

S. 189 *Deutschlandpolitik* »Die neue Ostpolitik«, schreibt der westdeutsche Politikwissenschaftler Werner Link, »war zugleich und in ihrer innersten Zielsetzung Deutschlandpolitik«. In: Link, Ära Brandt, S. 214.

S. 189 *innerdeutsche Beziehungen* Angekündigt in der ersten Regierungserklärung. Siehe Bundestag Plenarprotokolle, 6/5, S. 21, 28. Oktober 1969.

S. 189 *deutsch-deutsche Beziehungen* Ein Leitartikel in: FAZ, 13. August 1973, brandmarkte diesen Sprachgebrauch als neuerliche Konzession an die DDR.

S. 190 *zumindest schlechte haben würden* Zitiert von Bahr selbst, in: Schmid, Politik, S. 257, und in: Bender, Neue Ostpolitik, S. 195.

S. 190 *September 1951* Siehe Materialien, S. 627, sowie den Artikel »Innerdeutscher Handel« in: DDR-Handbuch.

S. 190 *Kiesingers Erläuterung* Text in: Bundestag Plenarprotokolle, 5/101, S. 468ff, 12. April 1967. Dort auch Barzels Reaktion.

S. 191 *Bonn-Moskau-Berlin* Siehe Baring, Machtwechsel, S. 475ff, 490–91.

S. 192 *emotionsgeladener gewesen wäre* Brandt, Erinnerungen, S. 226.

S. 192 *nur Nummern auszutauschen* Ulrich Sahm, Bodenwerder, 27. September 1992.

S. 192 *Anweisungsbuch* Als Anhang zum Protokoll der Politbürositzung am 19. Mai 1970, in: ZPA: JIV 2/2/1283.

S. 192 *den Hut zu ziehen* Karl Seidel, Berlin, 20. September 1992.

S. 192 *ebendieser Beamte* Nochmals Karl Seidel. Er erzählt beide Geschichten in: Lutz, Bahr, S. 101.

S. 192 *Dokumente* Zumindest einige der DDR-Protokolle zu den Kohl-Bahr-Verhandlungen befinden sich in: ZPA: B2/20/433 und 434. Egon Bahr besitzt eine Sammlung der Protokolle der Bundesrepublik in seinen Unterlagen im Archiv der sozialen Demokratie in Bonn. Zwei lobende Berichte über Bahrs Verhandlungsführung sind die Beiträge von Hans-Otto Bräutigam und Karl Seidel in: Lutz, Bahr, S. 81–88, 102.

S. 193 *20 Punkte* Text in: Zehn Jahre, S. 138–39.

S. 193 *in Erfurt verständigt hatten* Brandt, Erinnerungen, S. 227. Ulrich Sahm, der unmittelbar dafür verantwortlich war, daß dieser Satz als einer der 20 Punkte aufgegriffen wurde, meint, dessen Ursprünge würden noch viel weiter zurückreichen, beispielsweise bis zum Potsdamer Abkommen oder der Atlantikcharta (Bodenwerder, 27. September 1992).

S. 193 *Der Vertrag selbst* Ein umfassender und kenntnisreicher Kommentar hierzu von Bahrs Rechtsberater Antonius Eitel, in: Zündorf, Ostverträge, S. 211–310. Siehe auch Baring, Machtwechsel, S. 491–98; Bender, Neue Ostpolitik, S. 192–95; Link, Ära Brandt, S. 222–24; Brandt, Begegnungen, S. 359.

S. 193 *zur nationalen Frage* Text in: Zehn Jahre, S. 205–16, zusammen mit den Begleitschreiben, Protokollen, Erklärungen und dem Memorandum der Bundesregierung zur Erläuterung des Vertrages. Die folgenden Zitate stammen aus diesen Seiten.

S. 194 *zu organisieren* Siehe Texte, I/11, S. 320–21. Dieselbe Formulierung gebrauchte Bahr in einem Statement bei der Paraphierung des Vertrages. Ibid, S. 311–13.

S. 195 *beigefügten Brief* Siehe Zehn Jahre, S. 208.

S. 195 *anerkannte* Siehe Zehn Jahre, S. 208–10.

S. 195 *begonnen hat* Nachdruck der Rede in: Bahr, Sicherheit, S. 44–59, dies auf S. 45.

S. 195 *Sitz der jeweiligen Regierung* Diese Formel in Artikel 8 des Grundlagenvertrages, siehe Zehn Jahre, S. 206.

S. 195 *unterstand dem Bundeskanzleramt* Die präzisen Richtlinien für die Ressortzuständigkeiten und Berichterstattung wurden von Kanzleramtschef Manfred Schüler am 10. Juli 1974 in Memoranden festgelegt. AdsD: HS, 449.

S. 196 *zumindest drei Ministerien* Siehe Gaus, Deutschland, S. 255 ff. Im Gespräch mit dem Autor erinnerte sich Gaus an eine, wie er sie nannte, »Viererbande« unter dem Vorsitz des Kanzleramtsministers und unter Beteiligung der Staatssekretäre des Kanzleramtes (Gaus selbst, in Personalunion!), des Auswärtigen Amtes und des innerdeutschen Ministeriums. Günter Gaus, Hamburg, 14. Mai 1992. Zu einem späteren Zeitpunkt habe es, wie sich ein späterer Leiter des Arbeitsstabes Deutschlandpolitik im Kanzleramt erinnert, eine Fünfergruppe gegeben, mit Kanzleramtsminister, den Staatssekretären aus Auswärtigem Amt, innerdeutschem Ministerium, Wirtschaftsministerium und dem Bevollmächtigten der Bundesregierung in Berlin. Hermann von Richthofen, London, 3. März 1992.

Nach Brandts Wiederwahl 1972 hatte es ernsthafte Diskussionen im Kanzleramt gegeben, ob man das innerdeutsche Ministerium nicht insgesamt auflösen und den operativen Teil seiner Arbeit einer neuen »Deutschland- und Berlinpolitischen Abteilung« im Kanzleramt zuordnen sollte. Siehe das vertrauliche Memorandum von Horst Ehmke, damals Kanzleramtschef, vom 13. November 1972, und das Memorandum von Egon Bahr, 14. November 1972, sowie ein weiteres Memorandum von Ehmke, 27. November 1972. Alle in: AdsD: Dep WB, BK 68. Gaus bestärkt nochmals das Argument, daß dies eine bessere organisatorische Lösung gewesen wäre. Siehe Gaus, Deutschland, S. 256. Nach Gaus' Erinnerung wurde diese Reorganisation dann hauptsächlich aus partei- und koalitionspolitischen Gründen nicht vollzogen: Der Minister für innerdeutsche Beziehungen, Egon Franke, war ein Pfeiler des rechten SPD-Flügels, Herbert Wehner wollte sein altes Portefeuille nicht aufgelöst sehen, und man sorgte sich um die Reaktion der FDP auf ein solches Revirement von Kabinettsverantwortlichkeiten. Günter Gaus, Hamburg, 14. Mai 1992.

S. 196 *Entscheidungen traf* Honecker bestätigte seine unmittelbare Verantwortlichkeit für die Außenpolitik, insbesondere für die Beziehungen zur Bundesrepublik, im Gespräch mit Helmut Schmidt während ihres Gipfeltreffens im Dezember 1981. Siehe Schmidt, Nachbarn, S. 71. Im Gespräch mit dem Autor sagte das ehemalige Politbüromitglied Günter Schabowski, daß Honecker sich vier Schlüsselbereiche vorbehalten habe: Außenpolitik, vor allem die Beziehungen zur Bundesrepublik, innere Sicherheit, Medien, sowie »Kaderfragen«. Günter Schabowski, Berlin, 29. Juni 1991.

S. 196 *Arbeitsgruppe BRD* Diese Gruppe sollte sich vornehmlich mit den ökonomischen Aspekten der Beziehungen zur Bundesrepublik beschäftigen, doch es gab nur wenig deutsch-deutsche Verhandlungen, die keinen ökonomischen Aspekt hatten. (Information von Günter Mittag, Gerhard Schürer, Alexander Schalck-Golodkowski, Karl Seidel.) Sekretär der Gruppe war Alexander Schalck-Golodkowski. Die Entscheidung, eine solche Gruppe zu gründen, fiel offiziell während der Politbürositzung am 2. November 1972, siehe die Unterlagen in: ZPA, J IV 2/2/1642. Siehe auch Mittag, Preis, S. 91 ff. Bedauerlicherweise waren die Papiere dieser Arbeitsgruppe, die jetzt im Zentralen Parteiarchiv gelagert sind, während dieses Buch geschrieben wurde, noch nicht katalogisiert.

S. 196 *BRD-Abteilung* So konnte der Chef dieser Abteilung behaupten, »sein eigener Boss« gewesen zu sein. Die meisten Abteilungen des Außenministeriums waren, wie die meisten in anderen Ministerien, direkt einer ZK-Abteilung unterstellt. Karl Seidel, Berlin, 30. September 1992.

S. 196 *Seit 1976* Gaus' erster Kontakt mit Schalck fand 1976 statt. Günter Gaus, Hamburg, 14. Mai 1992. Die Bedeutung dieses Datums ist inzwischen klar, denn Schalcks Bereich Kommerzielle Koordinierung wurde nach dem 9. Parteitag und einer Politbüroentscheidung im November 1976 größere Verantwortung zugestanden. Siehe ZPA: J IV, 2/2/1642. Bei seiner Aussage vor dem Bundestagsausschuß erwähnte Schalck jedoch noch frühere Kontakte mit Carl-Werner Sanne und Karl-Otto Pöhl, beide hochrangige Beamte der Bonner Regierung in den frühen siebziger Jahren. Siehe Protokollauszüge in: Die Zeit, 4. Oktober 1991. Die zentrale Bedeutung Schalcks als Verhandlungspartner für die Bonner Regierung wurde dem Autor u. a. am 17. März 1992 in Bonn von Wolfgang Schäuble bestätigt, und von Hermann von Richthofen am 3. März 1992 in London. Sein Ruf auf der ostdeutschen Seite als Schlüsselfigur für Verhandlungen wurde dem Autor u. a. am 28. Juni 1992 in Berlin von Günter Mittag bestätigt, sowie am 8. Oktober 1991 in Berlin vom Chef des persönlichen Büros Honeckers im Staatsrat, Frank-Joachim Hermann. In seiner Aussage vor der Untersuchungsausschuß des Bundestages bezeichnete Schäuble Schalck nicht nur als Kurier, sondern als *Bevollmächtigten*. Siehe Deutscher Bundestag. 12. Wahlperiode. I. Untersuchungsausschuß »Kommerzielle Koordinierung« (in der Folge zitiert »Schalck-Ausschuß«), Protokoll Nr,24, S. 28.

S. 196 *Unter- und Einordnungen* Siehe dazu die zwei Teilberichte des Schalck-Ausschusses, Bundestag Drucksachen 12/3462 und 12/3920. Günter Mittag besteht darauf, daß Schalck ihm nicht unterstellt war. Siehe Mittag, Preis, S. 92. Aber sowohl der Beschluß des Politbüros vom 2. November 1976 als auch Schalck selber widersprechen seiner Darstellung.

S. 197 *Pjotr Abrassimow* Einen Geschmack der harschen Kritik Abrassimows an dem 1978er Paket deutsch-deutscher Vereinbarungen, die von Gaus und Schalck im Auftrag Schmidts und Honeckers ausgehandelt worden waren, erhält man bei Durchsicht der Dokumente in: ZPA: IV 2/2. 035/65.

S. 197 *Wolfgang Mischnick* Im Gespräch mit dem Autor am 17. März 1992 in Bonn.

S. 197 *Wolfgang Schäuble* Siehe seine Aussage im Schalck-Ausschuß, Protokoll Nr. 24, S. 4ff.

S. 198 *Sie hätten sich* Erich Honecker, Berlin-Moabit, 27. November 1992.

S. 198 *DDR-Politik* Laut Bruns, DDR-Politik, S. 123, gebrauchte Gaus diese Formulierung zum erstenmal öffentlich in einem Interview: Der Spiegel, 6/1977.

S. 198 *kritisiert wurde* Einen Geschmack der ersten Reaktionen darauf vermittelt: Der Spiegel. 7/1977. Kopien davon und des Originalinterviews sowie der Titelgeschichte befinden sich unter den Schmidt-Papieren. Ein kleiner Hinweise darauf, wieviel Bedeutung dem damals beigemessen wurde.

S. 198 *»innere«* Gaus, Deutschland, S. 274.

S. 198 *lösen* Bruns, DDR-Politik, setzt sich für diesen Terminus ein, wenn auch in der gleichen parteiischen Weise wie Gaus.

S. 199 *inquisitorisch* Siehe Jens Hacker, Deutsche Irrtümer. Schönfärber und Helfershelfer der SED-Diktatur im Westen, Berlin 1992, Ullstein, passim.

S. 199 *»Lebenslüge«* Brandt scheint diesen Begriff das erste Mal und eher beiläufig bei einem Vortrag 1984 in München verwandt zu haben. Siehe: Nachdenken über Deutschland, München 1988, Bertelsmann, S. 177-190, dies auf S. 183. Bewußter und betonter gebrauchte er ihn bei einem Vortrag am 11. September 1988 in Berlin. Nachdruck in: Wolf Jobst Siedler, Hrsg., Berliner Lektionen, Berlin 1989, Siedler, S. 72-88. Kurz darauf verwandte er ihn nochmals bei einer Rede anläßlich des vierzigsten Jahrestages des Grundgesetzes in der Friedrich-Ebert-Stiftung am 14. September 1988 in Bonn.

S. 199 *Antwort* In einem Brief Brandts an den CSU-Vorsitzenden Theo Waigel. Veröffentlicht in: Frankfurter Rundschau, 2. November 1990. Brandt selbst führt den Sinn, in dem er das Wort »Lebenslüge« gebrauchte, auf Ibsen zurück.

S. 199 *nicht mehr erleben würde* Zitiert von Angela Stent in: Foreign Policy, No. 81, Winter 1990/91, S. 53-70, dies auf S. 60.

S. 200 *die wenigen, die dennoch* Siehe beispielsweise Wolfgang Venohr, Hrsg., Die Deutsche Einheit kommt bestimmt. Doch in einem 1989 veröffentlichten Buch schrieb Wolfgang Venohr: »Alles spricht dafür, daß die DDR auch noch ihren fünfzigsten Jahrestag begehen wird, im Oktober 1999.« Doch er hofft, daß dies »als Mitgliedstaat einer Demokratischen Konföderation Deutschland« geschehen würde: Wolfgang Venohr, Die roten Preußen. Vom wundersamen Aufstieg der DDR in Deutschland, Erlangen 1989, Straube, S. 323.

S. 200 *in den fünfziger und sechziger Jahren* Siehe Schweigler, Grundlagen, S. 118, Fußnote 72.

S. 200 *zu suchen* Nachdruck in: Zehn Jahre, S. 122–123. Das Original befindet sich in: AdsD: Dep WB, BK 41.

S. 200 *zu sprechen* Interview in: US News and World Report, 29. Dezember 1969.

S. 201 *aufhörte, sie einzufordern* Das, in genau dieser paradoxen Formulierung, sagte (rückblickend) einer der Schlüsselakteure der DDR-Politik, Hans-Otto Bräutigam, dem Autor, Potsdam, 25. Juni 1991.

S. 203 *hart umfochtenes Thema* Einigung darüber wurde gleichzeitig mit Paraphierung des Grundlagenvertrags am 8. November 1972 erzielt. Siehe: Zehn Jahre, S. 203–05. Doch Rolle und Arbeitsmöglichkeiten westlicher Journalisten in der DDR sollten noch lange ein Stein des Anstoßes bleiben. Vorfälle wie die Ausweisung des ARD-Korrespondenten Lothar Löwe und die Schließung des Spiegel-Büros riefen kleinere »Krisen« in den deutsch-deutschen Beziehungen hervor.

S. 203 *gegenüber der DDR* Dies war zumindest der klare Eindruck, den das DDR-Regime hatte. So auch im Gespräch mit dem Autor, Erich Honecker, Berlin-Moabit, 27. November 1992, Kurt Hager, Berlin, 8. Mai 1992, und Karl Seidel, Berlin, 30. September 1992.

S. 204 *Unterstützung der Bonner Politik* Jonathan Greenwald von der US-Botschaft, Ost-Berlin, 6. Juli 1989.

S. 204 *Einheit der Nation wahren* Bundestag Drucksachen 10/914.

S. 204 *»den Menschen«* Doch diese Betonung ist, wie so vieles andere in der Deutschlandpolitik, auch Herbert Wehner zu verdanken. Siehe beispielsweise Baring, Machtwechsel, S. 611–612.

S. 204f. *Weitsicht galten* Bundestag Plenarprotokolle, 6/22, S. 847, 14. Januar 1970.

S. 205 *zu ermöglichen* Bundestag Plenarprotokolle, 11/33, S. 2161, 15. Oktober 1987.

S. 205 *Verhandlungen mit der DDR* Die umfassendsten und detailliertesten Zusammenfassungen finden sich in: Zehn Jahre (für 1969–79), und Innerdeutsche Beziehungen (für 1980–86). Die letzten drei Jahre sind in den »Jahresberichten« und anderen Publikationen des Ministeriums für innerdeutsche Beziehungen dokumentiert.

S. 206 *Verklammerung* Der Begriff »Verklammerung« tauchte bereits im »Schollwer-Papier« der FDP von Mitte der sechziger Jahre auf. Siehe Hildebrand, Von Erhard zur Großen Koalition, S. 342.

S. 206 *fünfzehn der siebzehn Abkommen* Bender, Neue Ostpolitik, S. 211.

S. 207 *Abkommen über kulturelle Zusammenarbeit* Siehe Innerdeutsche Beziehungen, S. 15 und 259–62. Das Haupthindernis für die Unterzeichnung eines solchen Vertrages war der Streit um die Bestände des ehemaligen Staatlichen Preußischen Museums und der Bibliotheken, die nach der Kriegsevakuierung häufig im Ostteil der Stadt gelandet waren, wo sie zum Westteil gehört hatten, und umgekehrt. Wie so viele andere in den deutsch-deutschen Beziehungen wurde auch dieser Disput nicht beigelegt, sondern beiseite gelegt, in diesem Fall mit einer »gemeinsamen Protokollerklärung«: »Die unterschiedlichen Auffassungen in der Frage kriegsbedingt verlagerter Kulturgüter bleiben unberührt. Die Abkommenspartner erklären ihre Bereitschaft, im Rahmen ihrer Möglichkeiten Lösungen in den Bereichen kriegsbedingt verlagerter Kulturgüter zu suchen.« So auch bei verschiedenen Gelegenheiten geschehen.

S. 207 *Partnerschaftsvereinbarungen* Eine ausführliche Studie zu diesen Städtepartnerschaften ist: Beatrice von Weizsäcker, Verschwisterung im Bruderland, Bonn 1990, Bouvier, diese Statistiken auf S. 365–66. Zur Haltung auf höchster SED-Ebene zu diesen Städtepartnerschaften, siehe die höchst interessante Anlage Nr. 2 zum Protokoll der Politbürositzung am 6. September 1988, in: ZPA: JIV 2/2/2292.

S. 208 *halbe Million Telefonate* Zahlenspiegel, S. 130.

S. 208 *mehr als vierzig Millionen* Siehe Texte, iii/6, S. 543.

S. 208 *eine Million Besuche* Diese und die folgenden Statistiken in: Zahlenspiegel, S. 124, ergänzt durch: DDR-Reisebarometer.

S. 209 *etwa 60000* Zahlenspiegel, S. 124.

S. 209 *Anzahl der Reisenden* Zahlenspiegel, S. 126.

S. 209 *eineinhalb Millionen Besuche* DDR-Reisebarometer, S. 17.

S. 210 *keine gewöhnlichen Telefonate* Zahlenspiegel, S. 130.

S. 210 *Hans-Dietrich Genscher* Zu Genschers Flucht siehe: Werner Filmer, Heribert Schwan, Hans-Dietrich Genscher, Düsseldorf 1988, Econ, S. 102–7.

S. 211 *in Halle geblieben* Im Juni 1988 sagte Genscher in einer Rede in Potsdam: »Die DDR ist der Teil Deutschlands, in dem in Halle an der Saale mein Geburtshaus steht, in dem ich aufgewachsen bin, in dem ich zur Schule ging, in dem ich die Universitäten in Halle und Leipzig besucht habe – hier ist mein Vater, hier sind meine Großeltern begraben – hier habe ich meine Heimat.« Genscher, Unterwegs, S. 153. In einer Lobrede auf Alois Mertes 1985 stellte sich Genscher selbst als »ein Protestant aus dem Herzen unseres Vaterlandes« dar. Der Bundesminister des Auswärtigen, Mitteilung für die Presse, Nr. 1074/85. In seiner Dankesrede anläßlich der ihm verliehenden Ehrenbürgerwürde von Halle nach der Vereinigung sagte er, daß seine Mitarbeiter manchmal den Eindruck gewonnen hätten, Halle sei größer als Shanghai. FAZ, 10. Juni 1991.

S. 211 *Polen, Tschechen und Ungarn* Laut Angaben im Statistischen Jahrbuch der UNO stieg die Anzahl von Ungarn, die Österreich besuchten, von nur 9000 1960 auf 45000 1970 und auf 126000 1980. Dies ist fast sicher zu niedrig geschätzt, da sich diese Zahlen auf registrierte Übernachtungen berufen. Über diesen Zeitraum gibt es auch ein Sub-Genre der mitteleuropäischen Literatur: Die Berichte über erste Westbesuche.

Siehe beispielsweise Zbigniew Herberts wunderbares »Ein Barbar in einem Garten«.

S. 211 *oberste Priorität* »Unser wichtigstes Ziel, meine Damen und Herren, bleibt jedoch, mehr Freizügigkeit in Deutschland zu erreichen«. Bundeskanzler Kohl in seinem Bericht zur Lage der Nation 1987, Bundestag Plenarprotokolle 11/33, S. 2163, 15. Oktober 1987.

S. 212 *mit den Kirchen* Hierzu und zum Folgenden siehe: Geissel, Unterhändler, S. 328–334 passim. Siehe auch den wichtigen Artikel von Armin Volze, Kirchliche Transferleistungen in die DDR, in: DA, 1/1991, S. 59–63; Rehlinger, Freikauf, S. 14–15; das Dossier von Thomas Kleine-Brockhoff und Oliver Schröm in: Die Zeit, 28. August 1992, das auf Materialien des Schalck-Untersuchungsausschusses beruht. Siehe dazu auch den Artikel von Armin Volze, in: DA 1/1993, S. 58–66. Diese Quellen ersetzen zusammen mit den Zahlen aus Tabelle [X] die frühere und notwendigerweise noch spekulative Arbeit des französischen Journalisten Michel Meyer: Freikauf. Menschenhandel in Deutschland, Wien 1978, Paul Zsolnay.

S. 212 *Intervention des Verlegers Axel Springer* Rainer Barzel, Bonn, 2. Oktober 1991. Rehlinger, Freikauf, S. 17–18. Springer reagierte auf einen Vorschlag des West-Berliner Anwalts Jürgen Stange, der diesen Hinweis wiederum von Wolfgang Vogel erhalten hatte.

S. 213 *Rehlinger, beschreibt* Rehlinger, Freikauf, S. 23ff.

S. 213 *per S-Bahn nach Ost-Berlin* Ibid, S. 32–35. Jürgen Stange, Berlin, 9. Oktober 1991.

S. 213 *August 1964* Wolfgang Vogel, Berlin, 9. Oktober 1991.

S. 213 *Wolfgang Vogel* Ein erster Versuch, die Biographie dieser kontroversen Figur zu schreiben, war: Jens Schmidthammer, Rechtsanwalt Wolfgang Vogel. Mittler zwischen Ost und West, Hamburg 1987, Hoffmann & Campe. Eine Biographie aus der Feder des amerikanischen Journalisten Craig Whitney, Spy Trader, New York 1993, Times Books, wurde dem Autor erst in letzter Minute als Typoskript zugänglich gemacht.

S. 213 *Heinz Volpert* Siehe dazu Przybylski, Tatort 2, und das Buch von Craig Whitney.

S. 213 *Standardpreis* In einem Interview in: Der Spiegel 15/1990 behauptete Vogel, das Kriterium sei die Länge der Haftstrafe gewesen. Siehe jedoch auch Rehlinger, Freikauf, S. 28.

S. 213 *»B-Geschäfte«* Siehe Volze, Kirchliche Transferleistungen, S. 62–64. Seitens der DDR wurden auch »C-Geschäfte« erwähnt, die Zahlungen der Römisch-Katholischen Kirche betrafen. Alexander Schalck, Berlin, 1. Juli 1992.

S. 214 *KoKo* Ein grundsätzliches Buch über die KoKo, basierend auf der riesigen Dokumentenfülle des Untersuchungsausschusses des Bundestages, anderen Dokumenten aus Partei-, Staats- und Stasiarchiv, sowie den Aussagen von Schalck und anderen Beteiligten, muß erst noch geschrieben werden. Mittlerweile liegen jedoch zwei Teilberichte des Untersuchungsausschusses vor: Bundestag Drucksachen, 12/3462 und 12/3920. Siehe auch Przybylski, Tatort 2. Zu drei schnell auf den Markt geworfenen Schalck-Büchern siehe den Bericht von Armin Volze in: DA 6/1992, S. 646–656. Zur spezifischen Beziehung mit den Evangelischen Kirchen siehe: Geissel, Unterhändler, S. 346ff und passim.

S. 214 *Die westdeutsche Seite* Die beiden folgenden Absätze beruhen auf dem Sonderbericht in: Die Zeit, 28. August 1992, dem Artikel von Armin Volze, in: DA 1/1993, S. 58–66, und den Berichten von Wolfgang Stock in: FAZ, sowie den offiziellen Berichten des Untersuchungsausschusses des Bundestags.

S. 214 *Industriediamanten geliefert* Siehe Tabelle in: Volze, Kirchliche Transferleistungen, S. 63.

S. 214 *Stange schätzt* Jürgen Stange, Berlin, 9. Oktober 1991.

S. 215 *vertraulichen Schreiben* Dieser Brief, datiert vom 1. August 1972, befindet sich in: AdsD: HS, 347. Dieser Ordner enthält die Briefwechsel mit dem Ministerium für innerdeutsche Beziehungen.

S. 215 *ernst zu nehmen* Günter Gaus, Hamburg, 14. Mai 1992.

S. 215 *über humanitäre Hilfe ab* Rehlinger, Freikauf, S. 77.

S. 215 *laut Wolfgang Vogel* Wolfgang Vogel, Berlin, 9. Oktober 1991.

S. 215 *fuhr Herbert Wehner* Zu diesem seinerzeit berühmten Vorgang siehe Baring, Machtwechsel, S. 608–14; Rehlinger, Freikauf, S. 77; und die Aussagen Wehners und Mischnicks, in: Texte I/12, S. 676–681. Wehners faszinierende Korrespondenz mit Brandt nach dieser Episode befindet sich in: AdsD: Dep WB, BK 75, Wehners eigene Sammlung von Interviews und Reden über dieses Thema aus der zweiten Hälfte 1973 füllen einen dicken Ordner in: BK 76. Mischnick stieß erst etwas später zu Wehner und Honecker. Wolfgang Mischnick, Bonn, 17. März 1992. Eine Bestätigung der Details liefert Honeckers eigene Darstellung in: Reinhold Andert und Wolfgang Herzberg, Der Sturz, Berlin 1991, Aufbau-Verlag, S. 348–349.

S. 215 *45 kommen* Brief vom 24. Juni 1973 in: AdsD: Dep WB, BK 75.

S. 215 *Memorandum* Das Memorandum, datiert vom 2. Dezember 1973, befindet sich in: AdsD: Dep WB, BK 75. Es enthält sowohl Wehners Zusammenfassung des »mündlichen Berichts« als auch seinen eigenen Kommentar. Aus den beigefügten Notizen wird deutlich, daß Wehner es tatsächlich an Honecker wie an Brandt geschickt hat, der Horst Ehmke gebeten hatte, es mit Egon Bahr und Günter Gaus zu diskutieren. Noch bemerkenswerter aber ist, daß Honecker am 2. Februar 1974 eine lange Antwort schickte.

S. 216 *Gespräch mit Leonid Breschnew* Niederschrift ihres Gespräches in Moskau am 18. Juni 1974, nun in: ZPA: IV 2/2. 035/55.

S. 216 *weder Vogel noch Schalck* Im Gespräch mit dem Autor: Wolfgang Vogel, Berlin, 9. Oktober 1991; Alexander Schalck, Rottach-Egern, 10. Oktober 1991.

S. 217 *40 000 DM* Wolfgang Vogel in: Der Spiegel 15/1990. Daraus entnommen auch die folgenden Details und Zitate.

S. 217 *4 500 DM pro Kopf* Diese Zahl stammt von Wolfgang Vogel, Berlin, 9. Oktober 1991.

S. 217 *Insgesamt wurden* Rehlinger, Freikauf, S. 247. Sie stimmen mit jenen überein, die Vogel in: Der Spiegel, 15/1990 nannte. Die genauesten Angaben über die Zahlungen macht: Volze, Kirchliche Transferleistungen, S. 64. Die Zahlen der Kirchen beziffert er mit DM 3 436 900 (siehe auch Geissel, Unterhändler, S. 470), die der Bundesrepublik mit 3 464 900. Rehlinger nennt die etwas höhere Zahl von »über 3,5 Milliarden«.
Die unkontrollierte Art und Weise dieser Transfers führte im Ministerium für innerdeutsche Beziehungen zu einem Skandal, nachdem ein hoher Beamter, der für diesen Vorgang unter den Sozialdemokraten verantwortlich war, verurteilt wurde, hohe Summen davon veruntreut zu haben. Siehe dazu den Bericht in: Die Zeit, 28. August 1992. Die Anwälte nahmen auch eine Anzahl von Fällen an, in denen Bundesbürger privat für den »Freikauf« von Menschen aus der DDR bezahlt haben.

S. 218 *ermöglichen* Zehn Jahre, S. 188. Siehe auch den Bericht über diese Verhandlungen in: Baring, Machtwechsel, S. 457–62.

S. 218 *»dringende Familienangelegenheiten«* Zum erstenmal scheint diese Formel im zweiten Passierscheinabkommen vom September 1964 gebraucht worden zu sein. Siehe Dokumente, IV/10, S. 987–90, und Egon Bahrs Kommentar auf S. 996–97.

S. 219 *eine Anordnung* Zehn Jahre, S. 199. Das Wort »Westberlin« verwies auf die Position der DDR gegenüber West-Berlin als separater Einheit, die weder die Hälfte einer geteilten Stadt noch ein integraler Teil der Bundesrepublik war, sondern ein eigenständiges Land.

S. 219 *weitere Schritte* Zehn Jahre, S. 208.

S. 219 *detaillierter Erläuterungen* Ibid, S. 208–10.

S. 219 *einer weiteren Anordnung* Ibid, S. 231–2.

S. 220 *neues Reisegesetz* Über Reisen in »nicht-sozialistische Staaten und Berlin (West)« vom 15. Februar 1982, mit dem die Verfügungen vom Oktober 1972 und Juni 1973 ersetzt wurden. Text in: Innerdeutsche Beziehungen, S. 100.

S. 220 *westdeutsche Statistik* Diese Zahl nannte die Ministerin für innerdeutsche Beziehungen, Dorothee Wilms, in: Bulletin, 26. Januar 1989, S. 63. Siehe auch die Zahlen der DDR, in: Texte, III/7, S. 15.

S. 220 *Reiseregelungen* Siehe Berichte in: FAZ, 15. Dezember 1988 und – für die Kritik – 20. Februar 1989 sowie 23. März 1989. Text in: Texte, iii/6, S. 554–562.

S. 220 *84 Prozent* DDR-Reisebarometer, S. 94.

S. 221 *Erfolg unserer Deutschlandpolitik* Bundestag Plenarprotokolle, 11/33, S. 2159, 15. Oktober 1987.

S. 222 *»Besprechung über DDR-Fragen«* Protokoll, signiert von Carl-Werner Sanne, in: AdsD: HS 127. Ein Brief von Schmidt an Honecker, datiert 6. September 1974, sowie Honeckers Antwort vom 10. September 1974, liefern einen Hinweis, daß sie die Verhandlungen vorwärtsbringen wollten. ZPA: JIV 2/2A/1815.

S. 222 *Vogel* Siehe beispielsweise: Gaus, Deutschlandpolitik, S. 257–62; Bölling, Die fernen Nachbarn, Kap. 4. Eine Notiz vom 16. Juli 1980 über ein Gespräch zwischen Schmidt und Vogel, in Vorbereitung des Gipfeltreffens 1980 mit Honecker, in: AdsD: HS 322. Einige der Berichte von Gaus über seine Gespräche mit Schalck, in: AdsD: HS 449. Viele Berichte der DDR über diese Gespräche tauchten fragmentarisch im Schalck-Untersuchungsausschuß des Bundestags auf, der die Unterlagen des Zentralen Parteiarchivs in Berlin gesichtet hatte.

S. 222 *Karl Seidel* Die Unterlagen von Seidels Abteilung wären unbedingt nötiges Quellenmaterial für jegliche Behandlung dieses Themas. Doch zur Zeit der Niederschrift dieses Buches befanden sie sich im Archiv des Außenministeriums, das vom Auswärtigen Amt der Bundesrepublik vollständig übernommen wurde, unter strengstem Verschluß.

S. 222 *unter den Schmidt-Papieren* Vor allem die Korrespondenz mit der Ständigen Vertretung, in: AdsD: HS 449. Siehe hierzu auch die erhellende Diskussion in: Link, Ära Schmidt, S. 353ff.

S. 223 *in der Ständigen Vertretung in Ost-Berlin* Einen bewegenden Bericht über einen derartigen Fall liefert Klaus Bölling in einem vertraulichen Brief vom 26. Februar 1981 an den Bundeskanzler, in: AdsD: HS 449. Siehe auch Rehlinger, Freikauf, S. 121–93.

S. 223 *Beharrlichkeit, Berechenbarkeit* Diese Notizen, Entwürfe für die Redenschreiber, in: AdsD: HS 2439. Schmidt verwandte diese Begriffe dann am Ende seiner Rede und fügte hinzu: »Mäßigung, Beharrlichkeit und Berechenbarkeit sind nicht gerade traditionelle Tugenden der Deutschen. Vielmehr müssen wir sie zu deutschen Tugenden entwickeln, wenn wir in unserer sehr besonderen geschichtlichen und sehr besonderen geographischen Situation bestehen wollen.« Bundestag Plenarprotokolle 9/31, S. 1548–49, 9. April 1981.

S. 223 *Manfred Stolpe* Über Stolpe wie Schalck gibt es bereits eine Menge Literatur. Der Fall Stolpe wird gut dargestellt von Ralf Georg Reuth, in: IM »Sekretär«, 2. ergänzte Ausgabe, Frankfurt/M. 1992, dort auch der Abdruck von vielen der wichtigsten Dokumente. Stolpes eigene Versionen findet man in: Manfred Stolpe, Den Menschen Hoffnung geben, Berlin 1991, Wichern Verlag; und Manfred Stolpe, Schwieriger

Aufbruch, Berlin 1992, Siedler. Unter den unzähligen Artikeln über diesen Fall könnte man besonders hervorheben: Richard Schröder, Die Zeit, 9. Oktober 1992.

S. 224 *Entspannungspolitiker* In einem offenen Brief an Bärbel Bohley, in: FAZ, 13. Februar 1992.

S. 224 *er selbst fühle sich* Bericht über ein Interview von Peter Jochen Winters, in: FAZ, 3. Februar 1992.

S. 224 *Als Günter Gaus* Günter Gaus, Hamburg, 14. Mai 1992.

S. 224 *Bräutigam erzählt* Hans-Otto Bräutigam, Berlin, 28. Juni 1992.

S. 224 *Franz Josef Strauß* Kopien der Originaldokumente wurden dem Autor freundlicherweise von Dr. Wolfgang Stock zur Verfügung gestellt.

S. 225 *Schäuble versuchte* Siehe hierzu seine eigene Darstellung, in: Schalck-Ausschuß, Protokoll Nr. 24, S. 13ff.

S. 226 *provisorisch sein* Kurze Darstellungen finden sich in: Materialien, 626–35, in einem von Experten des Deutschen Instituts für Wirtschaftsforschung geschrieben Beitrag; Karl C. Thalheim, Die wirtschaftliche Entwicklung der beiden Staaten in Deutschland, Opladen 1988, Leske & Budrich, Kapitel X; Michael Kaser, in: Moreton, Germany; John Garland, FRG-GDR Economic Relations, in: East European Economies: Slow Growth in the 1980s, Washington 1986, US Government Printing Office = Selected Papers submitted to the Joint Economic Committee, Congress of the United States, Vol. 3, S. 169–206 (in der Folge genannt: Garland, FRG-GDR); und Hans-Dieter Jacobsen, Security Implications of Inner-German Economic Relations, Washington, DC, 1986, Wilson Center International Security Studies Program Working Paper No. 77.

S. 226 *»innerdeutsche Handel«* Siehe hierzu den Artikel von Siegfried Kupper, in: DDR-Handbuch; Bruns, DDR-Politik, S. 98–107; Siegfried Kuppers früheres Buch: Der innerdeutsche Handel, Köln 1972, Markus; Doris Cornelsen u. a., Die Bedeutung des innerdeutschen Handels, Berlin 1984, Duncker & Humboldt; Reinhold Biskup, Deutschlands offene Handelsgrenze. Die DDR als Nutznießer des EWG-Protokolls über den innerdeutschen Handel, Berlin 1976, Ullstein.

S. 226 *Teil des deutschen Binnenhandels* Siehe Treaties establishing the European Communities, Luxemburg 1987, Office for Official Publications of the European Communities, Bd. 1, S. 513–14. In einer Diskussion anläßlich des zwanzigsten Jahrestages von Bahrs Tutzinger Rede sagte Alois Mertes, daß Walter Hallstein ihm vom »harten Kampf« erzählt habe, den er ausfechten mußte, bis dieses Protokoll zum innerdeutschen Handel von den neuen EWG-Partnern der Bundesrepublik anerkannt wurde (siehe: Die Zeit, 15. Juli 1983). Die Behörde, die mit dem innerdeutschen Handel befaßt war, hieß bis Ende 1981 »Treuhandstelle für den Interzonenhandel« und wurde erst dann in »Treuhandstelle für Industrie und Handel« umbenannt.

S. 226 *Unzufriedenheit ihrer EG-Partner* Siehe hierzu den ausgewogenen Bericht in: Garland, FRG-GDR, S. 204–5

S. 226 *mehr als die Hälfte* Laut offiziellen DDR-Statistiken betrafen 1984 nur 30 Prozent des gesamten Westhandels der DDR die Bundesrepublik. Die Statistiken ihres Handelspartners weisen jedoch eine Zahl von etwa 50 Prozent aus (Materialien, S. 630). Bei seinen Berechnungen für 1985 kommt Lincoln Gordon zu dem Schluß, daß der Handel mit der Bundesrepublik 59,4 Prozent des DDR-Handels mit »Industrieländern« einschloß (Gordon, Eroding Empire, Tabelle A-12). Eine vorzügliche Analyse der erstaunlich unterschiedlichen Statistiken liefert Raimund Dietz, Der Westhandel der DDR, in: DA, 3/1985.

S. 227 *als Karte* Siehe Link, Ära Schmidt, S. 358–59.

S. 227 *Schmidt-Regierung nochmals* Siehe Schmidt, Nachbarn, S. 70–71; Mittag, Preis, S. 94–95.

S. 227 *Die Regierung Kohl* Siehe hierzu Schäubles Aussage im Schalck-Ausschuß, Protokoll Nr. 24, S. 12.

S. 227 *offizieller und privater Devisentransfers* Die beste zusammenfassende Darstellung geben drei vorbildlich genau recherchierte Artikel von Armin Volze, Geld und Politik in den innerdeutschen Beziehungen 1970–1989, in: DA, 3/1990 (in der Folge genannt: Volze, Geld und Politik); der bereits zitierte Artikel: Kirchliche Transferleistungen, in: DA, 1/1991, S. 59–66; und: Die Devisengeschäfte der DDR. Genex und Intershop, in: DA, 11/1991, S. 1145–1159 (in der Folge genannt: Volze, Devisengeschäfte). Eine kritische Darstellung liefert auch Jerzy Lisiecki, Financial and Material Transfers between East and West Germany, in: Soviet Studies, Bd. 42, Nr. 3, Juli 1990, S. 513–34. Einige weitere Details finden sich in: Materialien, sowie in einem früheren Artikel von Armin Volze, Zu den Besonderheiten der innerdeutschen Wirtschaftsbeziehungen im Ost-West-Verhältnis, in: Deutsche Studien, Nr. 83, September 1983, S. 184–99.

S. 227 *über zwei Milliarden* Volze, Geld und Politik, S. 386. Das Begrüßungsgeld belief sich auf DM 100 in den achtziger Jahren.

S. 228 *Gesamtbetrag* Ibid.

S. 228 *2,2 Milliarden* Tabelle in: Volze, Kirchliche Transferleistungen, S. 64.

S. 228 *1–1,5 Milliarden Dollar* Siehe Jacek Rostowskis Beitrag zu: Stanislaw Gomułka, Antony Polonsky, Eds., Polish Paradoxes, London 1990, Routledge, S. 219. Zusätzliche Einzelheiten aus dem Originalmanuskript des Autors.

S. 228 *5 Milliarden DM* Volze, Geld und Politik, S. 386.

S. 229 *3,5 Milliarden* Kalkuliert anhand der Tabelle in: Volze, Kirchliche Transferleistungen, S. 64.

S. 229 *Pjotr Abrassimow* »In diesem Zusammenhang [Verkehrsverbindungen mit West-Berlin] reagierte Abrassimow ausgesprochen positiv auf eine von mir hingeworfene Bemerkung, es wäre vernünftig, eine Globalerstattung für die Benutzung der Autobahn usw. auszuhandeln.« Brandts handschriftliche Notizen über ein Gespräch mit Abrassimow, 18. Juni 1968, in: AdsD: Dep WB BA 18.

S. 229 *»Straßenbenutzungs«-Gebühren* Siehe Materialien, Tabelle 7–6, S. 796. Genau genommen setzten sich die 575 Millionen DM aus 525 Millionen Transitgebühren und 50 Millionen »Straßenbenutzungsgebühren« zusammen. Darin enthalten war nicht die Summe der Gebühren, die andere Reisende im Transit zu zahlen hatten, oder »Straßenbenutzungsgebühren« für Lastwagen usw. Der Gesamtbetrag 8,3 Milliarden DM stammt aus Volze, Geld und Politik, S. 384.

S. 229 *Abkommen* Siehe Texte, III/6, S. 343–357. Auch dies waren jährlich 860 Millionen DM für Transit- plus 55 Millionen »Straßenbenutzungsgebühren«. Die DDR versprach dafür die Eröffnung eines neuen Grenzübergangs und die Verwendung eines Teilbetrags hiervon für die Verbesserung der Transitstrecken. In den formellen Absprachen wurde auch Vorkehrung getroffen für eine weitere Verhandlung 1999, um die Ratenzahlung für das erste Jahrzehnt im 21. Jahrhundert zu vereinbaren.

S. 229 *die Vorlage für das Politbüro* Zur Sitzung am 30. August 1988. Im Entwurf für eine informelle mündliche Erklärung sagte die DDR, sie würde die Maßnahmen und die Erleichterungen, die zu einem verstärkten Reise- und Besucherverkehr von Bürgern der DDR in das nicht-sozialistische Ausland geführt hatten. In: ZPA: JIV 2/2/2291. Neue Regelungen für den Besuch im Westen wurden, wie gesagt, gegen Ende 1988 eingeführt.

S. 229 *mehr als 2,4 Milliarden* Volze, Geld und Politik, S. 385, spricht von »beinahe« 2,4 Milliarden. Wenn man jedoch die Zahlungen der Berliner und der Bayerischen Landesregierungen für Abfallbeseitigung usw. addiert, ergibt sich ein etwas höherer Betrag.

S. 230 *daß Bonn einen realen Gegenwert* Dies wurde von Klaus Bölling, ehemaliger Ständiger Vertreter, nachdrücklich im Gespräch mit dem Autor (Berlin, 26. Juni 1991) bestätigt.

S. 230 *westdeutsche Finanzprüfer* Siehe hierzu den Bericht in: Handelsblatt, 24. Oktober 1990, S. 6. Ich danke Jurek Lisiecki für den Hinweis.

S. 230 *ausgehandelt* Siehe hierzu Strauß' eigene Darstellung, in der er auch den Brief des Finanzministers der DDR an den Finanzminister der Bundesrepublik erwähnt, den Strauß selbst entworfen hatte. In: Strauß, Erinnerungen, S. 470–474.

S. 230 *günstigen Bedingungen* Wie es sich für eine Strauß-Initiative gehörte, wurde das Bankenkonsortium von der Bayerischen Landesbank angeführt. Ungewöhnlich war, daß die Bundesgarantie 100 Prozent des

Kredits deckte und die Banken nichts für diese Garantie zu zahlen hatten. Die rechtsliberale Regierung ging also bei ihrer Hilfe für die DDR weiter, als die linksliberale Regierung jemals gegangen war. Siehe Bruns, DDR-Politik, S. 164–67. Beim zweiten Kredit mußten die Banken dann die übliche »Provison« für die Garantie zahlen. Siehe Materialien 1987, S. 634. Die »Sicherheit«, die von der DDR angeboten wurde, war eine Verpflichtung, auf den entsprechenden Gegenwert bei Pauschalzahlungen für Transitgebühren zu verzichten, falls sie den Kredit nicht zurückzahlen könnte.

S. 230 *Gaus hatte energisch behauptet* Ein gutes Beispiel hierfür ist ein Brief, den Gaus an Kanzler Schmidt am 24. Oktober 1978 schrieb. Darin erwähnt er, daß die Vorschläge Bonns von jenen der DDR hinsichtlich einer Reihe von Projekten um 137,5 Millionen Mark differierten. »Meine Empfehlung geht dahin, daß bei der endgültigen Beschlußfassung die DDR-Forderungen in diesem Bereich erfüllt werden, weil dadurch unsere Aussichten auf Nachgiebigkeit in anderen Fragen entscheidend erhöht werden könnten.« AdsD: HS 449.

S. 230 *nicht viel* Bölling, Die fernen Nachbarn, S. 93.

S. 230 *»Kasse gegen Hoffnung«* Rainer Barzel in: Bundestag Plenarprotokolle 9/118, S. 7169, 1. Oktober 1982.

S. 231 *nicht widerstehen* Siehe hierzu die Antwort von Hans Apel auf Kohls Bericht zur Lage der Nation 1985, in: Bundestag Plenarprotokolle, 10/122, S. 9012, 27. Februar 1985.

S. 231 *Bald darauf konnten sie* Diese Argumente nutzte Wolfgang Schäuble zur Verteidigung dieser Politik. Siehe den Bericht von Karl Feldmeyer, in: FAZ, 17. August 1991.

S. 231 *politisches Signal* Dies wurde von Kanzler Kohl in seinem Bericht zur Lage der Nation 1984 betont. Siehe hierzu die Diskussion in: Innerdeutsche Beziehungen, S. 11.

S. 231 *in seinen internen Notizen* Kopie eines Berichts, datiert Berlin, 12. 03. 1984, aus den Papieren des Schalck-Ausschusses. Zu Honeckers Hinnahme einer solchen Verknüpfung im Zusammenhang mit dem ersten Milliardenkredit siehe: Strauß, Erinnerungen, S. 473.

S. 231 *Defizite* Einer der ersten, der darauf hinweisen sollte, war Schalck selbst. Siehe den Bericht in: FAZ, 2. Januar 1990, unter Bezugnahme auf ein Interview mit Schalck in der ARD. Später wurde immer wieder darauf hingewiesen, nicht nur von Schalck selbst, sondern vor allem auch von Gerhard Schürer, dem Vorsitzenden der Staatlichen Plankommission, der zugleich auch Leiter der operativen »Arbeitsgruppe Zahlungsbilanz« war. Siehe auch Mittag, Preis, S. 82ff, 287ff; sowie die verbitterten Memoiren eines seiner Mitarbeiter: Carl-Heinz Janson, Totengräber der DDR, Düsseldorf 1991, Econ, S. 33ff.

S. 232 *Schalck und andere bestätigen* Alexander Schalck-Golodkowski, Berlin, 1. Juli 1992. Gerhard Schürer, Berlin, 7. Oktober 1991.

S. 232 *Mittag behauptet* Günter Mittag, Berlin, 28. Juni 1992. Siehe auch Mittag, Preis, S. 82ff.

S. 232 *Gerhard Schürer* Gerhard Schürer, Berlin, 7. Oktober 1991 und 30. Juni 1992.

S. 232 *operativen* Operative »Arbeitsgruppe Zahlungsbilanz« deshalb, weil es in der Tat zwei gegeben hat. Die eine war die »Arbeitsgruppe Zahlungsbilanz« des Politbüros unter Vorsitz von Mittag, die durch einen Politbürobeschluß vom 2. November 1976 ins Leben gerufen worden war (siehe ZPA: JIV 2/2/1642). Die andere, unter dem Vorsitz von Schürer, war eine kleinere staatliche Arbeitsgruppe, die jedoch die wirkliche Arbeit auf wöchentlicher und täglicher Basis leistete.

S. 232 *internen Statistiken* Die wichtigste Statistik wäre wahrscheinlich die, die von der »Valuta-Abteilung« des Finanzministeriums unter der stellvertretenden Ministerin Herta König, die auch Mitglied der Arbeitsgruppe Zahlungsbilanz war, zusammengestellt wurde.

S. 233 *mehr Konsum- als Produktionsgüter* Schürer nennt für die frühen siebziger Jahre die Zahl von 60 Prozent Konsumgüter gegenüber 40 Prozent Produktionsgüter. Gerhard Schürer, Berlin, 7. Oktober 1991. Diese grundsätzliche Kritik an Honeckers Strategie findet sich in vielen Memoiren. Mittag, Preis, macht Honecker für alles verantwortlich. Carl-Heinz Janson, Totengräber der DDR, Düsseldorf 1991, Econ, macht Mittag für alles verantwortlich. Die meisten anderen machen beide, Honecker und Mittag, verantwortlich. Siehe beispielsweise die Notizen von Werner Krolikowski, Nachdruck in: Przybylski, Tatort 1, S. 321ff. Schürer berichtet in seinen Memoiren: Gewagt und verloren. Die Planwirtschaft der DDR und ihr Untergang, Typokript im Besitz des Autors, Stand: Oktober 1991.

S. 234 *gewarnt* Dies wurde dem Autor von fast allen Mitgliedern des ehemaligen Politbüros der DDR berichtet – außer von Erich Honecker, der es bestritt!

S. 234 *Grenze nähert* Protokoll von Breschnews Treffen mit dem tschechoslowakischen Politbüro im April 1981, in: ZPA: IV 2/2035/54.

S. 234 *manche Kollegen* Günter Schabowski, Der Absturz, Berlin 1991, Rowohlt, S. 121f, schreibt Schürer das Verdienst zu, bereits 1972 erstmals protestiert zu haben, eine Version, die Schürer selbst bestätigt. Auch Werner Krolikowski behauptet, bereits zu einem frühen Zeitpunkt vor den Konsequenzen gewarnt zu haben (siehe die Dokumente in: Przybylski, Tatort 1). Diese Behauptung wird im großen und ganzen von Schürer bestätigt. Siehe auch: Przybylski, Tatort 2, S. 49f.

S. 234 *Ludwig Geissel* Geissel, Unterhändler, S. 264–265.

S. 234 *Enklave aus realwertigen und marktorientierten wirtschaflichen Aktivitäten* Eine Interpretation von Schalck selbst, die aber nichtsdestoweniger plausibel erscheint. (Berlin, 1. Juli 1992)

S. 234 *1972 und nochmals 1976* Das heißt, nach dem 8. und 9. Parteitag. Ein lebendiger Bericht vom unaufhaltsamen Aufstieg von Alexander Schalck findet sich in: Przybylski, Tatort 2.

S. 234 *de facto* Siehe beispielsweise Mittags Brief vom 23./24. April 1981 an Honecker. Nachdruck in: Bundestag Drucksache 12/3462, S. 898–900. Siehe auch die oben zitierten Beweismaterialen zu seiner entscheidenden Rolle als deutsch-deutscher Mittelsmann.

S. 234 *meinte Karl Seidel* Karl Seidel, Berlin, 30. September 1992.

S. 235 *Schürer weist zu Recht darauf hin* Berlin, 30. Juni 1992.

S. 235 *»gesichert«* So Schalck immer wieder, beispielsweise bei der Aussage im Schalck-Untersuchungsausschuß, Bonn, 24. Juni 1992.

S. 235 *27 Milliarden* Alexander Schalck-Golodkowski, Berlin, 1. Juli 1992.

S. 235 *bemerkte Schalck* Ibid.

S. 235 *mit jener Zahl übereinstimmt* Die exakte Gesamtsumme aus den zehn Jahren Pauschalzahlungen für Transit- und Straßengebühren wäre 9,15 Milliarden DM gewesen. Zieht man diese von den 23 Milliarden ab, so erhält man 13,85 Milliarden. Die Gesamtsumme für die Transfers von Staat zu Staat, die Armin Volze auf Grundlage der Zahlen der Bundesrepublik errechnet hat, beläuft sich auf 13,9 Milliarden.

S. 236 *2 Milliarden DM* Gerhard Schürer, Berlin, 30. Juni 1992 und 25. November 1992.

S. 236 *Nettoverschuldung* Die internen Zahlen stehen bei: Carl-Heinz Janson, Totengräber der DDR, S. 65, und wurden dem Autor von Gerhard Schürer bestätigt. Die Vorlage vom 3. Oktober 1989 ist abgedruckt in: DA, 10/1992, S. 1112–1120, dies auf S. 1116. Die Zahlen der Bundesbank stammen aus ihrem Monatsbericht 7/1990. Weitere Einzelheiten in diesem Absatz stammen von Gerhard Schürer (Berlin, 25. November 1992) und aus einem Brief, den der Autor vom führenden Experten der Bundesrepublik, Armin Volze, erhielt (datiert 11. Januar 1993).

S. 236 *eigene Reserven* Diese mußten vom Politbüro abgesegnet werden und wurden im allgemeinen als »zeitweilige« Maßnahmen präsentiert. Siehe als Beispiel die Vorlage vom 27. Juli 1983, in: ZPA: JIV 2/2A/2582.

S. 237 *1988 diskutierten* Gerhard Schürer, Berlin, 7. Oktober 1991. Die erste ernsthafte journalistische Behandlung dieses Themas war ein Artikel von Peter Siebenmorgen in: Die Zeit, 3. Mai 1991. Weitere Einzelheiten sind zu finden, in: Hans-Hermann Hertle, Vor dem Bankrott der DDR, Berlin 1991, Zentralinstitut für sozialwissenschaftliche Forschung. Dort enthalten sind auch ein langes Interview mit Schürer und Kopien der Dokumente, die erst Honecker und dann dem Politbüro vorgelegt wurden.

S. 237 *Mittag rückblickend* Günter Mittag, Berlin, 28. Juni 1992; und Mittag, Preis, S. 97ff. Mittag behauptet dort, auch Gerhard Beil habe über eine mögliche Konföderation nachgedacht. Gerhard Beil war leider nicht bereit, mit dem Autor zu sprechen.

S. 237 *etwas unterschätzt* Günter Schabowski, Berlin, 29. Juni 1991; Egon Krenz, Berlin, am 29. September 1992. Unter anderem wurden Guthaben in voller Höhe kreditiert, selbst wenn es effektiv keine Chance gab, daß sie zurückgezahlt werden konnten.

S. 237 *fast pleite!* Zitiert von Gerhard Schürer in seinen Memoiren, Gewagt und verloren. Die Planwirtschaft der DDR und ihr Untergang, Typoskript im Besitz des Autors, Stand: Oktober 1991.

S. 237 *Krenz kannte* Egon Krenz, Berlin, 29. September 1992.

S. 237 *Werner Krolikowski* Das Memorandum ist nachgedruckt in: Przybylski, Tatort 1, S. 321–339, dies auf S. 327.

S. 238 *Vorlage von Schürer* Nachdruck in: DA, 10/1992, S. 1112–1120, dies auf S. 1116.

S. 238 *Wo sind die Devisen hin?* Garton Ash, Jahrhundert, S. 394.

S. 238 *wenig von Ökonomie verstanden* Gerhard Schürer, Berlin, 7. Oktober 1991; Mittag, Preis.

S. 239 *sicherzugehen* Strauß, Erinnerungen, S. 476. So auch Wolfgang Schäuble, Bonn, 17. März 1992.

S. 239 *erinnert sich Schäuble* Wolfgang Schäuble, 17. März 1992, Bonn.

S. 239 *Schalck erinnert sich* Alexander Schalck-Golodkowski, Rottach-Egern, 10. Oktober 1991.

S. 239 *einige westdeutsche Wirtschaftsexperten* Zu den politisch-akademischen Spannungen über die Materialien 1987 siehe die kurze und parteiische Darstellung in: Jens Hacker, Deutsche Irrtümer, Schönfärber und Helfershelfer der SED-Diktatur im Westen, Berlin 1992, Ullstein, S. 442–249.

S. 239 *herausgepumpt werden konnten* Materialien, S. 442.

S. 240 *zu bestreiten* Ibid., S. 634. Wie allmählich deutlich wurde, war dies eine Unterschätzung der Zinsschuldenlast. Die Schätzungen in den Materialien basierten auf der Arbeit von Armin Volze. Im Lichte der Kritik Hackers sollte vielleicht angemerkt werden, daß diese Passage aus jenem Teil in den Materialien stammt, der vom Deutschen Institut für Wirtschaftsforschung verfaßt wurde.

S. 240 *choreographieren* Günter Schabowski, Berlin, 29. Juni 1991.

S. 240 *die Weltbank* Genüßlich zitiert von Jonathan Steele, Socialism with a German Face, London 1977, Jonathan Cape, S. 7. Von der DDR wurde behauptet, sie hätte 1974 Großbritannien »überholt«.

S. 240 *James McAdams* Inter-German Détente: A New Balance, in: Foreign Affairs, Herbst 1986, S. 136–53. Dieser Artikel führte die Argumentation seines früheren Buches fort: East Germany and Détente. Building Authority after the Wall, Cambridge 1985, Cambridge University Press. Siehe auch seinen wunderbar betitelten Artikel: The GDR at Forty: The Perils of Success, in: German Politics and Society, Harvard, Sommer 1989, Nr. 17. McAdams erwähnenswertes Buch über die deutsch-deutschen Beziehungen, Germany Divided. From the Wall to Unification, Princeton 1993, Princeton University Press, erschien zu spät, um bei der Vorbereitung dieses Kapitels noch berücksichtigt werden zu können.

S. 241 *Thema heftiger Auseinandersetzungen* Siehe dazu die erhellende Diskussion in: Bergsdorf, Sprache, S. 212f.

S. 241 *die Unterscheidung* Diese Unterscheidung traf mit der für ihn typischen Klarheit Ralf Dahrendorf. Siehe Bundestag Plenarprotokolle, 6/23, S. 925, 15. Januar 1970.

S. 241 *Christdemokratische Gegner* Für weitere Details siehe Clemens, Reluctant Realists; Hacke, Wege und Irrwege. In seinem letzten Bericht zur Lage der Nation, im Juni 1969, bekräftigte Bundeskanzler Kiesinger diesen Punkt nachdrücklich. Die Menschen in der DDR unterstützten weder das Regime noch die auferlegte Verfassung, nicht einmal die schiere Existenz des zweiten deutschen Staates. »Eine Anerkennung durch uns oder andere konnte diesen Mangel an Unterstützung nicht ersetzen«. Siehe Bundestag Plenarprotokolle, 5/239, S. 13246, 17. Juni 1969; auch in: Texte I/3, S. 256ff.

S. 241 *Bundestagsrede 1970* Nachdruck in: Texte I/5, S. 189–201, dies auf S. 193.

S. 242 *Sozialdemokraten und Freie Demokraten* Siehe hierzu die Reden von Brandt und anderen, aufgeführt unter »Anerkennung« im Inhaltsverzeichnis von: Texte I. Siehe auch die kurze Erörterung in: Brandt, Erinnerungen, S. 234ff; Bender, Neue Ostpolitik, S. 160ff. Eine informative publizistische Abhandlung ist: Peter Bender, Zehn Gründe für die Anerkennung der DDR, Frankfurt/M. 1968, S. Fischer.

S. 242 *Brandt zitierte* Siehe Bundestag Plenarprotokolle 6/94, S. 5183, 29. Januar 1971; und: Brandt, Erinnerungen, S. 235.

S. 242 *erklärte Erich Honecker stolz* Beobachtung des Autors. Interessanterweise erwähnte Honecker die Anerkennung »von mehr als einhundert Staaten« erneut während seines Gerichtsverfahrens im Dezember 1992. Siehe Text in: DA, 1/1993, S. 97–105, dies auf S. 97.

S. 242 *In einer Rede* Zu den Forderungen siehe: Bruns, DDR-Politik, S. 139–43; A. James McAdams, East Germany and Détente. Building Authority after the Wall, Cambridge 1985, Cambridge University Press, S. 170–72.

S. 244 *Häbers Aufzeichnungen* In: ZPA unter den Signaturen (1992) JIV 2/10. 02/10–14 und JIV 2/10. 04/14–17.

S. 244 *polnischer Nationalist* Zitiert aus Häbers Bericht vom 27. Juni 1978 über eine Reise in die Bundesrepublik, 19.–24. Juni. ZPA: JIV 2/10.02/10.

S. 244 *und Carter äußerte* Aus Häbers Bericht über seine Reise vom 2.–8. März 1980, in: ZPA: JIV 2/10.02/10.

S. 244 *Pest und Cholera* Aus Häbers Bericht vom 15. September 1980 über seine Reise vom 5.–14. September in: ZPA: 2/10.02/10.

S. 244 *Pest und Cholera* Aus Häbers Bericht vom 15. September 1980 über seine Reise vom 5.–14. September in: ZPA: 2/10.02/10.

S. 245 *Wehner war davon überzeugt* Siehe den Briefwechsel in: AdsD: Dep WB, BK 75. Ein weiteres Beispiel im Brief von Egon Franke an Kanzler Schmidt vom 19. Mai 1982, in: AdsD: HS 347. Siehe auch Schmidt, Nachbarn, S. 40.

S. 245 *Im Januar 1980* Axens Notizen über seine Gespräche mit Suslow, Ponomarjew und Zagladin am 23. und 24. Januar 1980 befinden sich in: ZPA: IV 2/2.035/57. Daraus alle Zitate in diesem Absatz.

S. 245 *DDR-Unterlagen* Niederschrift des Treffens in Belgrad am 8. Mai 1980, ZPA: IV 2/2035/86.

S. 246 *Bahrs Hoffnungen* Siehe beispielsweise seine Äußerung zur Unterzeichnung des Vertrages, in: Texte I/11, S. 311–13.

S. 247 *»von deutschem Boden«* In seinem Bericht zur Lage der Nation im März 1980 sagte Schmidt: »Im Dezember letzten Jahres haben der Staatsratsvorsitzende Erich Honecker und ich in Berlin unabhängig voneinander, aber übereinstimmend gesagt: von deutschem Boden darf nie wieder Krieg ausgehen.« Siehe Bundestag Plenarprotokolle, 8/208, S. 16617, 20. März 1980.

S. 247 *die Großmächte drücken* Zitiert in: Bölling, Die fernen Nachbarn, S. 135.

S. 247 *zu werfen* Ibid, S. 140. Ganz offensichtlich war dies auch eine taktische Schmeichelei.

S. 247 *dunkle Schatten* Siehe Schmidt, Nachbarn, S. 73ff; Bölling, Die fernen Nachbarn, S. 152ff.

S. 247 *Häber notierte* In einem Bericht vom 8. Februar 1982 über eine Reise in die Bundesrepublik vom 1.–6. Februar 1982, in: ZPA: JIV 2/10.02/13.

S. 247f. *machte man sich Sorgen* So warnte der Minister für Staatssicherheit Erich Mielke in einer Rede vor der »Zentralen Dienstkonferenz« der Stasi am 11. Oktober 1982 in Potsdam über die Gefahren von zunehmender Subversion, Embargos und Sanktionen. MfS: GVS 0008–12/82. Auf ein Memorandum von Herbert Häber über ein Mittagessen mit Hans-Otto Bräutigam am 5. Oktober 1982 vermerkte Honecker: »Unsere Einstellung ist klar – Kohls ›Akzente‹ werden entscheidend dafür sein, wie Beziehungen sich entwickeln. Wahlen 6. März, d. h. Kohl ist Übergangsregierung?« in: ZPA: JIV 2/10.02/11. Aber Kohl wurde im Amt bestätigt, und Honecker mochte dessen »Akzente« ganz eindeutig nicht. Siehe seine Mitteilung an Kohl via Häber und Bräutigam vom April 1983, in: ZPA: JIV 2/10.02/11.

S. 248 *bei Erich Honecker war* In einem Bericht vom 17. Oktober 1983 über eine Reise in die Bundesrepublik vom 9.–16. Oktober 1983, in: ZPA: JIV 2/10.02/13.

S. 248 *als einmal zu schießen* ND, 26/27. November 1983.

S. 248 *Die Kohl-Regierung signalisierte* Siehe beispielsweise den Brief, den Kohl am 24. Oktober 1983 an Honecker schickte, in: ZPA: 2/2.035/87. Bereits hier gebrauchte Kohl die Formulierung »Koalition der Vernunft«: Antwort auf einen Brief von Honecker, veröffentlicht in ND, am 10. Oktober 1983. Beide Briefe finden sich in: Texte III/1, S. 242–244 und 255–259.

S. 248 *Brief an Erich Honecker* In ZPA: IV 2/2.035/87. Kohl antwortete auf einen Brief von Honecker, datiert 25. November 1983.

S. 249 *antwortete Honecker* Brief vom 17. Februar 1984, in: ZPA: IV 2/2.035/87.

S. 250 *Die DDR machte* Siehe Ronald D. Asmus, East Berlin and Moscow: The Documentation of a Dispute, München 1985, Radio Free Europe, S. 14, 76–7.

S. 250 *Ehre seines Besuchs erweist* Die Welt, 21. August 1984.

S. 250 *Noch Mitte August* Siehe das Protokoll der Politbürositzung vom 14. August 1984, auf der ein ausführliches Hintergrundpapier für die Partei verabschiedet wurde (Informationen 1984/6, Nr. 209), das in dieser Richtung argumentierte. In: ZPA: JIV 2/2/2070. Der Artikel (Prawda, 2. August 1984), in dem die Position der Bundesrepublik attackiert wurde, findet sich in: Texte III/2, S. 297–298. Honecker schien aus einem Gespräch vom 14. Juni 1984 Tschernenkos Zustimmung entnommen zu haben. Siehe Unterlagen in: ZPA: JIV 2/2A/2660. Auf einer Politbürositzung am 17. August 1984 (ZPA: JIV 2/2/2071) stimmten jene, die Honecker nicht begleiteten, dem Wortlaut seines Gesuchs, sowie dem Text (noch in Entwurfsform) seines Interviews mit ND für den 18. August 1984 zu. Der Autor hofft, einen Artikel auf Basis dieser Dokumente zu verfassen.

S. 250 *Treffen am 17. August* Siehe Unterlagen in: ZPA: JIV 2/2A/2678.

S. 250 *Rückblickend erzählte Honecker* Erich Honecker, Berlin-Moabit, 27. November 1992.

S. 250 *Krenz erinnert sich lebhaft* Im Gespräch mit dem Autor am 29. September 1992 in Berlin. Die Protokolle der Sitzung vom 20. August 1984, in: ZPA: JIV 2/2/2072.

S. 250 *Protokoll der Politbürositzung* ZPA: JIV 2/2/2073.

S. 251 *das Wort »Frieden«* Siehe die Erörterung in: Bergsdorf, Sprache, S. 246ff.

S. 251 *gemeinsame Erklärung* Die Erklärung vom 12. März 1985 findet sich in: Innerdeutsche Beziehungen, S. 212.

S. 253 *das SED-Politbüro gefragt* Egon Krenz, Berlin, 29. September 1992.

S. 253 *zu einer »Konsultation«* Axens Unterlagen zu seiner »Konsultation« am 27. Juli 1987 in: ZPA: IV 2/12. 035/59.

S. 253 *Analyse zur Lage* Der Originaltext befindet sich in: ZPA: IV

2/2. 035/14. Das Dokument wurde der sowjetischen Führung am 23. Juni übergeben. Eine Kopie aus den Unterlagen des Gewerkschaftsführers Harry Tisch ist reproduziert in: Hans-Hermann Hertle u.a., Hrsg., Der Staatsbesuch. Honecker in Bonn: Dokumente zur deutsch-deutschen Konstellation des Jahres 1987, Berlin 1991, Freie Universität Berlin.

S. 253 *den alten Manuskripten* Memorandum von Axen an Honecker, 29. Juli 1987, in: ZPA: IV 2/2.035/59.

S. 253 *Schlag erfolgen* Zitiert aus der Niederschrift, in: ZPA: IV 2/2.035/59. Die DDR wurde erst 1973 Mitglied der Vereinten Nationen.

S. 253 *sondern informierte* Im Gespräch mit dem Autor: Kurt Hager, Berlin, 8. Mai 1992; Egon Krenz, Berlin, 29. September 1992.

S. 253 *alles andere als begeistert* Wolfgang Schäuble, Bonn, 17. März 1992. Schäuble erinnert sich an Kohls Worte: »Das ist ein schlechter Tag«.

S. 254 *mit fast allen Ehren* Beispielsweise bekam Honecker nicht die vollständige Motorrad-Eskorte, die laut Protokoll einem Staatsoberhaupt zusteht. In Bonn bekam er nur sieben. Bezeichnenderweise gewährte ihm jedoch Franz Josef Strauß bei seinem Besuchstag in München die vollständige, einem Staatsoberhaupt zustehende (fünfzehn). Siehe: Der Spiegel, 1/1988, S. 22.

S. 254 *Seite an Seite* Siehe beispielsweise die Fotografien auf der ersten Seite von: Bild, 8. September 1987. Die Schlagzeile hieß hier allerdings: »Zwei Fahnen, Zwei Hymnen, Ein Vaterland«.

S. 254 *Tischrede* Die meisten Reden und Äußerungen während des Honecker-Besuchs sind in einer Veröffentlichung des Ministeriums für innerdeutsche Beziehungen gesammelt: Der Besuch von Generalsekretär Honecker in der Bundesrepublik Deutschland, Bonn 1988 (in der Folge genannt: Besuch), dies auf S. 26ff. Die Schlüsselreden finden sich auch in: Bulletin, 10. September 1987. Alle folgenden Zitate aus den Reden sind dort enthalten.

S. 254 *bestärkt sehen* In: MfS: Z4229.

S. 254 *sogar veröffentlicht* Bericht über ein Gespräch am 4. Februar 1988 in: ZPA: 2/2.035/83.

S. 256 *in ihrer gemeinsamen Erklärung* Besuch, S. 36ff. Das gemeinsame Kommuniqué betonte allerdings auch die unterschiedlichen Positionen bei der Rüstungskontrolle. »Bundeskanzler Kohl legte das im Atlantischen Bündnis abgestimmte Konzept dar«, während »Generalsekretär Honecker ... die Aufmerksamkeit auf die Vorschläge der Teilnehmerstaaten des Warschauer Pakts [lenkte]«.

S. 258 *Offerten* Natürlich gab es für diese auch noch andere Motive, wie zum Beispiel wachsende Besorgnis über ein rückläufiges Engagement der USA, Verteidigungskosten und Neuüberlegungen zur militärischen Strategie Frankreichs. Siehe beispielsweise: Pierre Lellouche, L'Avenir de la Guerre, Paris 1985, Mazarine. Dennoch war die Sorge über einen (möglichen) deutschen Drift nach Osten, oder einen national-neutralistischen Drift, das vorherrschende Motiv. Ein extremes, doch höchst erfolgreiches Beispiel lieferte: Alain Minc, La Grande Illusion, Paris 1989, Grasset.

S. 258 *Punkt 9* Siehe die in einem Instruktionspaket für den Washingtoner Gipfel zusammengestellte Agenda. Reagans Rede vor dem Brandenburger Tor am 12. Juni 1987 findet sich in: Texte III/5, S. 96–100.

S. 259 *publizistischen Reaktionen* Siehe Karl Wilhelm Fricke, Der Besuch Honeckers in der Bundesrepublik Deutschland, EA 23/1987, S. 683–90.

S. 259 *von Pierre Hassner* Siehe sein Essay: Zwei deutsche Staaten in Europa: Gibt es gemeinsame Interessen in der internationalen Politik?, in: Werner Weidenfeld, Hrsg., Die Identität der Deutschen, München 1983, Hanser, S. 294–323, dies auf S. 301.

S. 260 *ihr eigenes »Bündnis«* In einer Erklärung anläßlich der Eröffnung der ersten Gesprächsrunde nahm Bundeskanzler Kohl Stellung zur Erwünschtheit von Rüstungskontrollmaßnahmen bei atomaren Kurzstreckenraketen, konventionellen und chemischen Waffen, und fuhr dann fort: »Wir erwarten, daß die DDR ihren Einfluß im Rahmen ihres Bündnisses geltend macht, damit es hier bald ebenfalls zu konkreten Schritten kommt.« Bulletin, 10. September 1987, S. 709.

S. 260 *Bundesrepublik in der Nato* Siehe hierzu Josef Joffe, The Limited Partnership, Cambridge 1987, Ballinger; und David P. Calleo, Beyond American Hegemony, New York 1987, Basic Books.

S. 260 *Gleichbenennung zur Gleichbewertung* Frankfurter Rundschau, 26. Juni 1982.

S. 261 *neu zu tapezieren* ND, 10. April 1987.

S. 261 *Grundlehre des Kalten Krieges* Siehe Peter Bender, Offensive Entspannung. Möglichkeit für Deutschland, Köln 1964, Kiepenheuer und Witsch; Bender, Neue Ostpolitik, S. 163.

S. 262 *änderungsbedürftig ist* Peter Bender, Offensive Entspannung. Möglichkeit für Deutschland, Köln 1964, Kiepenheuer und Witsch, S. 110–11.

S. 263 *Joffe argumentierte* Siehe sein Kapitel in: Gordon, Eroding Empire, S. 129–87, vor allem S. 15–51, 161–2, 178–80.

S. 263 *»virtuous circle«* Ibid, S. 151.

S. 264 *In bewußter Vereinfachung* Auf die komplizierte Entstehungsgeschichte der westdeutschen Entspannungspolitik wurde bereits hingewiesen. Zur entsprechenden Vorgeschichte der amerikanischen Détente siehe beispielsweise: Kovrig, Walls and Bridges; und John Lewis Gaddis, Strategies of Containment, Oxford 1982, Oxford University Press.

S. 264 *»Differenzierungs«-Politik* Zur Differenzierungspolitik siehe unter einer Vielfalt von Literatur: Kovrig, Walls and Bridges, passim; Gordon, Eroding Empire, bes. S. 73–74; und Charles Gati, Hungary and the Soviet Bloc, Durham 1986, Duke University Press, Kapitel 10.

S. 264 *kindische Vereinfachungen* Hans-Peter Schwarz legt nahe, die korrekte Unterscheidung sei die zwischen *liberalen* (amerikanischen oder deutschen) und *konservativen* (amerikanischen oder deutschen) Ansätzen. Es stellt sich aber die Frage: Hatte der Konservative Kissinger, als es um die aktuelle politische Umsetzung ging, mehr mit dem Konservativen Strauß oder mit den Liberalen Carter und Brzezinski gemein? Und umgekehrt, hatte der Konservative Strauß mehr mit dem Konservativen Kissinger als mit den »Sozialliberalen« Schmidt und Genscher gemein? Siehe Hans-Peter Schwarz, Supermacht und Juniorpartner, in: Hans-Peter Schwarz und Boris Meissner, Hrsg., Entspannungspolitik in Ost und West, Köln 1979, Heymann, S. 159ff.

S. 265 *Änderung des Status quo* Peter Glotz, Manifest für eine Europäische Linke, Berlin 1985, Siedler, S. 65. So auch Günter Gaus: »[wir müssen festhalten an dem] Faktum, daß der Friede in Europa – angereichert durch eine relative Entspannung – auf unabsehbare Zeit gebunden bleibt an die vorbehaltlose Anerkennung des Status quo, der politischen Besitzverhältnisse, wie sie sind«. Zitat aus einer Rede von 1981, Nachdruck in: Günter Gaus, Deutschland und die Nato. Drei Reden, Reinbek b. Hamburg 1984, Rowohlt, S. 103.

S. 265 *relativ einfach zu ziehen* Was jedoch nicht bedeutet, daß dies den westdeutschen Politikern immer gelungen wäre.

S. 265 *Keine natürlich* Otto Reinhold in Radio DDR II, 19. August 1989, hier zitiert aus der Abschrift in: BPA/DDR-Spiegel, 22. August 1989.

S. 265 *beiden deutschen Staaten* Wilhelm Bruns, zitiert in einem Artikel von Joachim Nawrocki, in: Die Zeit, 15. Juni 1979.

S. 266 *der innerdeutschen Grenze* Michael Kreile, Ostpolitik Reconsidered, in: Ekkehart Krippendorf & Volker Rittberger, Eds., The Foreign Policy of West Germany, London 1980, S. 140.

S. 266 *Brandt mahnte* »Interessen, Machtverhältnisse und gesellschaftliche Unterschiede sind weder dialektisch aufzulösen, noch dürfen sie vernebelt werden«, Regierungserklärung vom 28. Oktober 1969, Bundestag Plenarprotokolle, 6/5, S. 32. Brandt zitierte diese Passage auch in seinem Bericht zur Lage der Nation 1974, siehe Bundestag Plenarprotokolle, 7/76, S. 4771, 24. Januar 1974.

S. 266 *Richard von Weizsäcker* Weizsäcker, Deutsche Geschichte, S. 13–14.

S. 266 *Bender, schrieb 1988* Vorwärts, 16. Juli 1988.

S. 267 *der DDR gerichtet* EA, 12/1986, S. 346. Im gleichen Artikel schrieb Schäuble: »Die Bundesregierung weiß, daß Fortschritte im innerdeutschen Verhältnis nur in homöopathischen Dosen möglich sind« (Ibid, S. 343). War ihm bewußt, daß er exakt die Metapher wählte, die aus Bahrs 1963er Tutzinger Rede stammte?

S. 267 *oder sie zu destabilisieren* Siehe seinen Artikel: »The Two States in Germany«, Außenpolitik (Englische Ausgabe), 3/1984, S. 241.

S. 267 *»Stabilitätsgebot«* Siehe Ehmke, Zwanzig Jahre, S. 219. Schulz verwendet hier den Begriff »Stabilitätsgebot« im spezifischen Kontext von Sicherheits-, Bündnis- und Grenzfragen. Doch der Anwendungsbereich dieses Begriffs reicht sehr viel weiter. Siehe auch den Beitrag von Peter Hardi, damals Karl-Marx-Universität Budapest, in EA, 13/1986, S. 387–90: »Die wichtigste Sicherheitsfrage für die osteuropäischen Regierungen ist die Aufrechterhaltung der gesellschaftlichen und politischen Stabilität. Das bedeutet eine stabile sozialistische Gesellschaft unter der Führung einer kommunistischen Partei.«

S. 268 *schon gekostet hat* Bundestag Plenarprotokolle, 8/78, S. 6112, 9. März 1978.

S. 268 *nicht vorstellen konnten* Dies wurde aus Gesprächen deutlich, die der Autor zur entsprechenden Zeit mit westdeutschen Politikern führte. Genauer wird dies natürlich erst dokumentiert werden können, wenn die Bundesregierung ihre Unterlagen freigibt – im Jahre 2011.

S. 268 *»Realitätsferne«* Siehe beispielsweise Bölling, Die fernen Nachbarn, S. 120. Bölling schreibt diese Sichtweise zwar besonnenen Deutschen in der DDR zu, doch in Bonn waren sie fast ebenso häufig vertreten wie in Ost-Berlin.

S. 268 *nur noch zu erhärten* Siehe Schmidts eigene Darstellung seiner Bemerkung gegenüber Mitterrand im Januar 1982: »Leider habe Solidarność den Wandlungsprozeß allzu schnell voranbringen wollen, was zu dem jüngsten Rückschlag geführt habe ... « Schmidt, Nachbarn, S. 259ff, dies auf S. 264. Eine Analyse dieser Beurteilung, in: Garton Ash, Solidarity, S. 297ff.

S. 269 *zu bemächtigen* Brief datiert vom 20./22. August 1963, in: AdsD: Dep WB, Rmb 38.

S. 269 *Alois Mertes später* In einer Diskussion, abgedruckt in: Politik und Kultur 2/1981, S. 34.

S. 269 *Fotografie Willy Brandts* Die Fotografie ist beispielsweise abgebildet in: Koch, Brandt; auch in: Die Zeit, 9. März 1990.

S. 270 *notwendige Reserve auf* Brandt, Begegnungen, S. 491–02.

S. 270 *stets gewonnen* Diese Zeilen aus Byrons »Giaour«, in Polen durch die Übersetzung von Adam Mickiewicz sehr bekannt, waren auf ein Blatt Papier gekritzelt und während des Streiks – der Geburtsstunde von Solidarność – an einem Holzkreuz außerhalb der Lenin-Werft befestigt worden. Der unbekannte Streikende, dem diese Widmung zu verdanken war, hatte jedoch das Wort »blutend« ausgelassen. Siehe Garton Ash, Jahrhundert, S. 236.

S. 270 *Im Polen des 19. Jahrhunderts* Siehe die Diskussion in: Norman Davies, God's Playground. A History of Poland, Oxford 1981, Clarendon Press, bes. Bd. 2, Kap. 1.

S. 271 *Konflikt zwischen »Realismus« und »Idealismus«* So der Titel eines Buches von Adam Bromke, Poland's Politics: Idealism vs. Realism, Cambridge, Mass., 1967, Harvard University Press.

S. 271 *»deutschen Realismus«* Bundestagsrede am 11. Mai 1973, Nachdruck in: Texte 1/12, S. 523–31, dies auf S. 526.

S. 272 *Krieges in Europa* Gaus, Deutschland, S. 270–71.

S. 272 *Minister für innerdeutsche Beziehungen* Siehe den Bericht in: FAZ, 2. Januar 1989.

S. 272 *Hans-Otto Bräutigam* Vortrag im St. Antony's College, Oxford, 6. Juni 1988. Intern hatte er bereits in einem Memorandum vom 9. Januar 1979, »Deutschland und Berlin-Politik Anfang 1979«, über die »Stabilisierung« der deutsch-deutschen Beziehungen gesprochen. In: AdsD: HS 01442.

S. 272 *entgegenkommender Partner* In einem Interview, unmittelbar nach seinem Ausscheiden als Ständiger Vertreter, betonte Gaus ausdrücklich, »daß wir die DDR als einen starken Partner brauchen. Wir profitieren nicht davon, wenn die DDR schwach ist«. Siehe Interview in: NG 8/1982, S. 712–21, dies auf S. 714. Bräutigam vertrat eine ähnliche Ansicht, wenn auch etwas vorsichtiger.

S. 272 *unter Druck setzen* »Wenn wir die DDR heute kräftig ermahnen, sich zu ändern, weil sonst dieses oder jenes vielleicht nicht mehr funktionieren könnte, verstärkt das nur die Abgrenzung und kann das bißchen an innerer Bewegung völlig zum Erliegen bringen.« Hans-Otto Bräutigam, in: Die Zeit, 3/1989.

S. 273 *Motiv gewesen* Schmidt, Nachbarn, S. 67.

S. 273 *Akten der DDR* 1991/92 standen zu diesem Thema als wichtigste Quellen zur Verfügung: Die Protokolle und Arbeitspapiere des Politbüros, einige Unterlagen aus dem internen Archiv des Politbüros, sowie die Akten aus dem Büro von Hermann Axen. Der Forschung zugänglich waren auch die Unterlagen aus den Büros von Kurt Hager und Joachim Herrmann. Die Papiere aus Honeckers persönlichem Büro standen für systematische Nachforschungen nicht zur Verfügung, während die Unterlagen aus dem Büro von Egon Krenz zwar katalogisiert, doch von der Staatsanwaltschaft wieder unter Verschluß genommen worden waren.

Die vielleicht wichtigsten Papiere, die *nicht* zur Verfügung standen, waren die Unterlagen der »BRD-Abteilung« des DDR-Außenministeriums. Nach der Vereinigung wurden sie vom Auswärtigen Amt übernommen und seither dort unter Verschluß gehalten. Der Leiter dieser

Abteilung, Karl Seidel, hatte fast immer Protokolle von den Treffen prominenter westdeutscher Besucher mit der DDR-Führung angefertigt. Einige dieser Protokolle können in den Parteiarchiven gefunden werden. Alle zusammen, in vollständiger Serie von 1970 bis 1990, wurden nach Seidels eigener Darstellung ordentlich in seinem Büroschrank hinterlassen, als er – bis zum letzten Augenblick korrekter Funktionär – die Schlüssel übergab. Karl Seidel, Berlin, 30. September 1992.
Die relative Glaubwürdigkeit dieser Dokumente ergibt sich aus zwei Erkenntnissen: erstens anhand einer wahren Detailfülle, dem insgesamt darin enthaltenen authentisch wirkenden Vokabular und der großen Verschiedenheit der Akten, die zur Verfügung standen. Zweitens auf der Glaubwürdigkeit von Karl Seidel als Protokollant. Seidel stenographierte die Gespräche. In seinem Büro diktierte er seiner Sekretärin dann baldmöglichst das umfassende Protokoll. Er behauptet – obwohl er Anerkennungen vielleicht ein klein wenig überbetont und Kritik abschwächt –, daß keines von beidem in diesen Gesprächsprotokollen umgangen worden sei. (Karl Seidel, Berlin, 30. September 1992.) Die Unterschiede, die sich beispielsweise in den Protokollen der Gespräche Honeckers mit Volker Rühe einerseits und Oskar Lafontaine andererseits finden lassen, stützen diese Behauptung. Seidel ist darüber hinaus auch persönlich glaubwürdig, als zwar zweifellos engstirniger, doch ruhiger und gewissenhafter Funktionär. Seine westdeutschen Partner würden dies sicher bestätigen. Während alle offiziellen Papiere, vor allem die aus Diktaturen, mit Vorsicht behandelt werden müssen, kann man diese Protokolle nicht einfach mit Argumenten wie: »auch Akten lügen« vom Tisch fegen.
S. 273 *wenige dieser prominenten westdeutschen Besucher* Das bemerkenswerteste Beispiel, das uns bis jetzt untergekommen ist: das Gespräch zwischen Volker Rühe und Erich Honecker am 28. April 1988, dessen Protokoll sich nun in: ZPA: IV 2/2. 035/84 befindet. Karl Seidel erinnert sich jedoch auch, daß Rühe ganz besonders erpicht gewesen sei, von Honecker empfangen zu werden, und während des Gespräches im Ton höflich und respektvoll blieb. Karl Seidel, Berlin, 30. September 1992. Erich Honecker konnte sich an das Treffen mit Rühe nicht erinnern. Erich Honecker, Berlin-Moabit, 27. November 1992.
S. 273 *Hermann Axen* In einem internen Memorandum für Honecker, datiert 28. April 1988, in: ZPA: IV 2/2.035/84.
S. 273 *dem vielleicht freimütigsten* Die Unterlagen über Kontakte mit CDU-Politikern in den Parteiarchiven sind relativ mager. Um Historikern eine faire und ausgewogene Beurteilung zu ermöglichen, müßte die Bonner Regierung die Akten, die nun ihr Auswärtiges Amt kontrolliert, öffnen.
S. 273 *Leonhard schrieb* In: NG 10/1982 (in Reaktion auf das oben erwähnte Gaus-Interview). Nachdruck in: Wolfgang Leonhard, Das kurze Leben der DDR, Stuttgart 1990, Deutsche Verlags-Anstalt, S. 174 –

78. Dieser Band enthält auch seine frühere Analyse des möglichen Zusammenhangs zwischen westlicher Wirtschaftshilfe und dem Mangel an Reformen, beispielsweise auf S. 164. Siehe auch den kurzen Beitrag von Ilse Spittmann, in: DA, 8/1981, S. 785–789.

S. 274 *Bernd und Peter Eisenfeld* In: DA, 7/1988, S. 738–46.

S. 274 *Berg, Franz Loeser und Wolfgang Seiffert* Siehe ihr gemeinsames Buch: Die DDR auf dem Weg in das Jahr 2000, Köln 1987, Bund-Verlag, S. 179–88. Siehe auch Hermann von Berg, Vorbeugende Unterwerfung. Politik im realen Sozialismus, München 1988, Universitas; Wolfgang Seiffert, Das ganze Deutschland. Perspektiven der Wiedervereinigung, München 1986, Piper; sowie die kurzen, kritischen Artikel von Hermann Rudolph, SZ, 16. Januar 1989, und Ernst-Otto Maetzke, FAZ, 4. Februar 1988 und 28. November 1988.

S. 274 *bis 1988* Während eines Vortrags im Frühjahr 1988 sprach Wolfgang Schäuble von der Notwendigkeit einer »neuen Stabilität« in der DDR, siehe: EA, 14/1988, S. 417. Unter der Überschrift »Richtiger Reformdruck« schrieb Ernst-Otto Maetzke in: FAZ, 9. August 1988, daß die Kohl-Regierung den Eindruck erweckte, als wollte sie den Reformdruck auf die DDR verstärken. Dieser leichte Umschwung spiegelte sich auch in der ausdrücklichen Kritik an den politischen Zuständen innerhalb der DDR, mit der Kanzler Kohl seinen Bericht zur Lage der Nation 1988 eröffnete. Siehe Bundestag Plenarprotokolle, 11/113, S. 8094f, 1. Dezember 1988.

S. 275 *Auswirkungen der Politik* Da die DDR-Forschung ein umfassendes Wissenschaftgebiet in der Bundesrepublik war, mit Hunderten von Wissenschaftlern und Publikationen, muß jede kleine Auswahl an dieser Stelle ungerecht und ungenügend erscheinen. Die vielleicht nützlichste Einführung zum Thema, in der die meisten der angesprochenen Probleme und Themen behandelt werden, ist: Weber, DDR (1991). Auch die frühere Ausgabe: Weber, DDR (1988), ist noch immer von Nutzen und enthält eine sehr klare und ausführliche Bibliographie. Die dritte Ausgabe des DDR-Handbuchs, herausgegeben von Hartmut Zimmermann, enthält vorzügliche Artikel zu den einzelnen Bereichen sowie eine umfangreiche Bibliographie. Kein anderer osteuropäischer Staat könnte sich einer westlichen Chronik rühmen, die dem Deutschland Archiv (DA) vergleichbar wäre. In den Anmerkungen zu diesem Unterkapitel werden nur spärliche Quellenangaben zur Gesamtbeurteilung gemacht werden, und zwar nur dort, wo bestimmte Behauptungen und Zitate es erfordern.

S. 276 *hypertrophierte Funktion* Markus Wolf während einer Pressekonferenz. München, 10. Oktober 1991.

S. 276 *mit den Politbüro-Mitgliedern* Siehe Günter Schabowski, Der Absturz, Berlin 1991, Rowohlt, S. 115–117.

S. 276 *Strategien* Bei der Analyse dieser Strategien und ihrer Auswirkungen war eine Habilitationsschrift besonders stimulierend und von Nutzen: Sigrid Meuschel, Legitimation und Parteiherrschaft. Zum Wandel der Legitimationsansprüche der SED 1945–1989, Freie Universität Berlin, November 1990. Jetzt erhältlich als: Legitimation und Parteiherrschaft. Zum Paradox von Stabilität und Revolution in der DDR 1945–1989, Frankfurt/M. 1992, Suhrkamp (in der Folge zitiert: Meuschel, Legitimation).

S. 277 *seinem Wesen nach* Dieses wunderbare Beispiel ideologischer Spitzfindigkeit verdanke ich dem ehemaligen Mitarbeiter Honekkers, Frank-Joachim Hermann, Berlin, 8. Oktober 1991.

S. 277 *»Geborgenheit«* Siehe Weber, DDR (1988), S. 97–98.

S. 277 *ein Verständnis von Sozialismus* Nach: Volze, Devisengeschäfte, S. 1144, wurde dieser Punkt u. a. von Hans Modrow hervorgehoben, zitiert aus: FAZ, 18. März 1990. Im Gespräch mit dem Autor am 27. November 1992 im Moabiter Gefängnis ließ sich Honecker über diesen Aspekt seiner Errungenschaften in voller Länge und Breite aus.

S. 278 *Konsolidierung* Und einer weiteren Nationalisierung kleiner privater Unternehmen. Siehe Anders Aslund, Private Enterprise in Eastern Europa, London 1985, Macmillan.

S. 278 *Ersatz für Reformen waren – Importe* Dies war der Hauptvorwurf, den das ehemalige Politbüromitglied Werner Krolikowski gegen Honecker in einem Memorandum vom 16. Januar 1990 vorbrachte. Nachdruck in: Przybylski, Tatort 1, S. 321–39. Krolikowski behauptet, er habe Honecker bereits 1973 auf die Gefahr hingewiesen, daß die Konzentration auf Konsumgüter mit hohen Kosten verbunden sein würde, und habe ihn auch vor den hohen Schulden gegenüber dem Westen gewarnt. In ebendiesem Buch auf S. 340–56 finden sich im Nachdruck auch Notizen, die Krolikowski behauptet zwischen 1980–83 geschrieben zu haben und die zeigen, daß nicht nur er, sondern auch Erich Mielke und Willi Stoph die Gefahr fürchteten, Honecker würde sich der Bundesrepublik zu weit annähern und sich ihr gegenüber zu hoch verschulden. Doch wie Krolikowski selbst schreibt, haben sie ihn von diesem Kurs nicht abgehalten. Daß Konsumimporte der springende Punkt sein würden, erwähnte zur gleichen Zeit auch Gerhard Schürer gegenüber Honecker. Rückblickend bestätigten dies auch Mittag, Schabowski und viele andere aus der Parteiführung.

S. 279 *»friedlichen Koexistenz«* Siehe beispielsweise die Einträge zu: Entspannungspolitik, und Friedliche Koexistenz, in: Kleines Politisches Wörterbuch, 3. Ausgabe, Berlin 1978, Dietz.

S. 279 *internen Besprechungen* Das sogenannte »Kollegium« oder auch die »Zentrale Dienstkonferenz« des Ministeriums.

S. 280 *vor allem Kampf* In den »Thesen« für die Kollegiumssitzung am 29. September 1971, jetzt in: MfS: 4751. Eine handschriftliche Anmerkung weist darauf hin, daß das Treffen dann nicht stattgefunden hat. Der Text bietet dennoch gute Einsicht in Mielkes Überlegungen.

S. 280 *1970 in Erfurt* Siehe seine »Thesen« für die Kollegiumssitzung am 29. Mai 1970 (MfS: 4739), die klar seinen Ärger über die Ereignisse acht Tage zuvor in Erfurt zum Ausdruck bringen.

S. 280 *harter und komplizierter* Dieses und die folgenden Zitate aus einem 111 Seiten umfassenden Vortrag für die Zentrale Dienstkonferenz am 16. November 1972, jetzt: MfS: 4770.

S. 280 *Verfassung von 1968* Siehe Bruns, DDR-Politik, S. 32.

S. 280 *»Nationalhymne«* Siehe den Eintrag zu: Nationalhymne, in: DDR-Handbuch, S. 939. Der Text wurde von Johannes R. Becher 1949 verfaßt.

S. 280 *sozialistische Nation* Siehe den Eintrag zu: Nation und nationale Frage, in: DDR-Handbuch; sowie die ausführliche Erörterung in: Meuschel, Legitimation; und Gerhard Naumann und Eckhard Trümper, Der Flop mit der DDR-Nation 1971, Berlin 1991, Dietz.

S. 280 *sozialistische deutsche Nation* ND, 10. April 1987.

S. 281 *behauptete Erich Honecker* Erich Honecker, Berlin-Moabit, 27. November 1992.

S. 281 *immer noch »deutsch«* Zitiert in: DDR-Handbuch, aus: ND, 13. Dezember 1974. Siehe auch den Eintrag zu: Nation, und Nationalität, in: Kleines Politisches Wörterbuch, 3. Ausgabe, Berlin 1978, Dietz.

S. 281 *Deutschsein anzuerkennen* Dies ist eines der Hauptthemen in: Garton Ash, DDR. Die Wiederentdeckung und Neubewertung der deutschen Geschichte in der DDR wurde von Helmut Schmidt in seinem Bericht zur Lage der Nation 1981 angesprochen. Bundestag Plenarprotokolle, 9/31, S. 1541, 9. April 1981.

S. 282 *»Wehrerziehung«* Siehe den Eintrag zu: Wehrerziehung, in: DDR-Handbuch; und die Erörterung in: Klaus Ehring/Martin Dallwitz [Pseudonym von Hubertus Knabe], Schwerter zu Pflugscharen. Friedensbewegung in der DDR, Reinbek b. Hamburg 1982, Rowohlt; und Wolfgang Büscher u. a., Friedensbewegung in der DDR, Texte 1978–1982, Hattingen 1982, Scandica Verlag = edition transit, Bd. 2.

S. 282 *also mein Feind* Zitiert in: Garton Ash, DDR, S. 144f.

S. 283 *Evangelischen Kirchen* Kirchen deshalb im Plural, da es nicht weniger als acht Landeskirchen in der DDR gab, die eifersüchtig über ihre jeweiligen Traditionen wachten, doch seit 1969 im Bund der Evangelischen Kirchen in der DDR vereinigt waren. Die Entwicklungen innerhalb der Kirchen läßt sich sehr gut in der Zweimonatsschrift der Berliner Arbeitsgemeinschaft für Kirchliche Publizistik verfolgen: Kirche im Sozialismus. Die beste Kurzeinführung: Reinhard Henkys, Gottes Volk im Sozialismus: Wie Christen in der DDR leben, Berlin 1983, Wichern-Verlag; eine etwas ausführlichere Untersuchung: Reinhard Henkys, Hrsg., Die Evangelischen Kirchen in der DDR, München 1982, Kaiser. Eine neue englischsprachige Studie: Robert F. Goeckel, The

Lutheran Church and the East German State, Ithaca 1990, Cornell University Press. Eine kontroverse Analyse und ausgiebige Dokumentation der Kirchenbeziehungen mit der Stasi: Gerhard Besier und Stephan Wolf, Hrsg., Pfarrer, Christen und Katholiken, 2. Ausgabe, Neukirchen-Vluyn 1992, Neukirchener. Ein Großteil der folgenden Analyse basiert jedoch auf den eigenen Untersuchungen, Beobachtungen und Gesprächen des Autors. Sein besonderer Dank gilt hier Werner Krätschell.

S. 285 *Manfred Stolpe* Zu Hinweisen über den »Fall Stolpe« siehe S. 691 f. (Anm.).

S. 286 *»Schwerter zu Pflugscharen* Zu den Friedensgruppen und -initiativen, die mehr oder weniger unter der Ägide der Kirchen arbeiteten, siehe: Wolfgang Büscher u. a., Hrsg., Friedensbewegung in der DDR. Texte 1978–82, Hattingen 1982, Scandica-Verlag = edition transit, Bd. 2; Klaus Ehring/Martin Dallwitz [Pseudonym von Hubertus Knabe], Schwerter zu Pflugscharen. Friedensbewegung in der DDR, Reinbek b. Hamburg 1982, Rowohlt; sowie Kapitel 14 in: Fricke, Opposition.

S. 286 *gingen die Behörden entschieden* Die bei weitem beste Untersuchung hierzu ist: Fricke, Opposition.

S. 287 *ein junger Christ* Joachim Krätschell, Berlin, 6. Juli 1989.

S. 287 *Emigration* Als letzte Lösung griffen die Behörden im Fall des Jenaer Friedensaktivisten Roland Jahn zur direkten Ausweisung. Siehe hierzu den detaillierten und lebendigen Bericht von Helmut Löhöffel, in: SZ, 9. Juni 1983. 1988 erklärten sich Bärbel Bohley und andere damit einverstanden, befristet auszureisen, unter der Bedingung, daß ihnen die Einreise wieder genehmigt würde.

S. 287 *»Zone«* Dokumente, IV/9, S. 573.

S. 288 *»Nischengesellschaft«* Siehe Gaus, Deutschland, S. 156 ff.

S. 288 *den Namen »Reform«* Zur Definiton von Reform siehe: Garton Ash, Jahrhundert, S. 260 ff.

S. 288 *Westdeutsche Historiker* Siehe hierzu: Weber, DDR. Man vergleiche hiermit solch offizielle Geschichtsdarstellungen wie die des Zentralinstituts für Geschichte der Akademie der Wissenschaften der DDR, Hrsg., Grundriß der deutschen Geschichte. Von den Anfängen der Geschichte des deutschen Volkes bis zur Gestaltung der entwickelten sozialistischen Gesellschaft in der Deutschen Demokratischen Republik [!], Berlin 1979, VEB Deutscher Verlag der Wissenschaften; sowie, etwas kurzatmiger: Heinz Heitzer, DDR. Geschichtlicher Überblick, Berlin 1979, Dietz.

S. 288 *Wichtig, wichtig* Ulrich Bürger, Das sagen wir natürlich so nicht! Donnerstag-Argus bei Herrn Gegel, Berlin 1990, Dietz, S. 189 f. Dieses Buch gewährt einen lebendigen Einblick in die Argumente und Selbsttäuschungen der Parteiführung in den achtziger Jahren.

S. 290 *Drei ehemalige DDR-Intellektuelle* Hermann von Berg,

Franz Loeser und Wolfgang Seiffert in ihrem gemeinsamen Buch: Die DDR auf dem Weg in das Jahr 2000, Köln 1987, Bund-Verlag, S. 186.

S. 290 *Rehlinger meinte* Rehlinger, Freikauf, S. 110, und im Gespräch mit dem Autor am 6. Dezember 1990 in Bonn.

S. 290 *dissidentische Aktivisten* Diese Gruppe wurde vom führenden Aktivisten der Initiative für Frieden und Menschenrechte, Gerd Poppe, in Ost-Berlin zusammengebracht.

S. 290 *scheibchenweise* In: FAZ, 25. Januar 1992.

S. 291 *Opposition in Ungarn* Die demokratische Opposition in den späten achtziger Jahren in Ungarn beschränkte sich bis in die späten Achtziger wahrscheinlich auf etwa ein- bis maximal zweitausend Personen. Natürlich kann man die »Mitgliedschaft« nicht präzise beziffern. Es gab viel mehr Sympathisanten als Aktivisten. Die Charta 77 etwa hatte 242 Unterzeichner zu Beginn, 617 im März 1977, 1065 im Juni 1980 und mehr als 1300 gegen Ende 1986, mit dem Vorbehalt, daß viele Erstunterzeichnende emigrierten oder die aktive Arbeit beendeten. Siehe A Decade of Dedication. Charter 77 1977–1987, New York 1987, Helsinki Watch, S. 7.

S. 291 *mehr Spielraum* Erich Honecker erinnerte sich deutlich an das »Treffen der Generalsekretäre« im Herbst 1986, während dem Gorbatschow diese Äußerung machte. Erich Honecker, Berlin-Moabit, 27. November 1992. Egon Krenz bestätigte (Berlin, 20. Februar 1990), daß Gorbatschows Botschaft von Honecker so interpretiert wurde.

S. 292 *Honeckers letztes Wagnis* Der folgende Abschnitt basiert auf Quellen im Parteiarchiv, Gesprächen mit vielen ehemals hochrangigen Funktionären und Politbüromitgliedern, sowie auf veröffentlichten Quellen. Bislang gibt es noch keine seriöse Biographie des ehemaligen ostdeutschen Parteichefs. Vor seinem Sturz gab Honecker seine eigene Version an Robert Maxwell: Erich Honecker, From My Life, Oxford 1981, Pergamom Press. Nach seinem Sturz führte er lange, selbstrechtfertigende, illusionsgetriebene, doch nichtsdestoweniger aufschlußreiche Gespräche mit Reinhold Andert und Wolfgang Herzberg, die diese in der Folge publizierten: Der Sturz. Erich Honecker im Kreuzverhör, Berlin 1990, Aufbau-Verlag. Sein Nachfolger Egon Krenz schrieb eine kritische und aufschlußreiche Rezension in: Der Spiegel 6/1991, sowie seine eigene, hastig geschriebene Darstellung: Egon Krenz, Wenn Mauern fallen, Wien 1990, Neff. Ein anderer Augenzeuge, der ebenso schnell veröffentlichte, war Krenz' »Mitverschwörer« beim Sturz Honeckers, Günter Schabowski: Der Absturz, Berlin 1991, Rowohlt; und: Das Politbüro. Ende eines Mythos, Reinbek b. Hamburg 1990, Rowohlt. Siehe auch die Erörterungen und Dokumente in: Przybylski, Tatort 1, und Tatort 2; sowie: Mittag, Preis. Alle Augenzeugen bestätigen, daß Honecker in allem, was die Beziehungen zum Westen betraf, die absolute Entscheidungsgewalt hatte.

S. 292 *Einer kirchlichen Wochenschrift* Siehe den Kommentar von Gisela Helwig in: DA, 8/1988, S. 602. Die hier angesprochene Wochenschrift, »Die Kirche«, spielte eine bescheidene, aber wichtige Rolle bei der Entwicklung des kirchlichen Eintretens für Redefreiheit, vergleichbar etwa der Rolle, die «Tygodnik Powszechny« in Polen spielte.

S. 292 *Sputnik* Laut Postministerium der DDR enthielt der »Sputnik« keine Artikel, »die der Stärkung der deutsch-sowjetischen Freundschaft dienten, sondern vielmehr entstellende geschichtliche Beiträge«, siehe FAZ, 21. November 1988. Zum Protest der Parteimitglieder siehe: Der Spiegel, 48/1988.

S. 292 *in den Farben der DDR* Dieser Satz fiel während des 7. Plenums des Zentralkomitees im Dezember 1988, siehe: ND, 2. Dezember 1988. Natürlich hatte die DDR keine anderen Farben als die Bundesrepublik.

S. 292 *»Dialogpolitik«* Siehe beispielsweise das Protokoll der Sitzung vom 3. Mai 1988, jetzt in: ZPA: JIV 2/2/2271.

S. 293 *Egon Krenz* Berlin, 29. September 1992.

S. 293 *Hang zum Risiko* So beispielsweise Günter Schabowski, Berlin, 29. Juni 1991, und einer der persönlichen Mitarbeiter Honeckers, Frank-Joachim Herrmann, Berlin, 8. Oktober 1991.

S. 293 *Honecker selbst betonte* Berlin-Moabit, 27. November 1992.

S. 293 *Polen vereint* EA, 19/1987, S. D549, unter Nutzung eines Zitates aus: ND, 11. September 1987.

S. 294 *Gerhard Schürer* Berlin, 25. November 1992.

S. 294 *Im Gespräch mit dem Autor* Erich Honecker, Berlin-Moabit, 27. November 1992.

S. 294 *»nur« etwa 30 Milliarden DM* Honecker fügte noch hinzu, daß selbst dies noch zu hoch geschätzt sei, denn die Guthaben, die die DDR bei solchen Ländern wie Iran, Irak, Syrien u. a. gehabt habe und die in den Zahlen für das Politbüro immer enthalten gewesen seien, würden nicht ausgewiesen.

S. 294 *den letzten Gesamtdeutschen* Er fuhr fort: »Jene, die folgen, sind DDR-Deutsche«, zitiert in: Der Spiegel, 48/1985.

S. 294 *Schmidt behauptete* Siehe seinen Artikel in: Die Zeit, 31/1987.

S. 294 *Alte Menschen* Schmidt, Nachbarn, S. 26. Dieser Eindruck wurde auch von anderen bestätigt, die in dieser Zeit mit ihm gesprochen haben.

S. 294 *mit tiefem Respekt* Dies wird von unzähligen Quellen bestätigt. Interessant ist auch, daß vom Leiter der Agitationsabteilung des Zentralkomitees bei einer Besprechung mit leitenden Redakteuren in der Zeit von Honeckers Besuch in der Bundesrepublik auf die Rolle Herbert Wehners besonders hingewiesen wurde. Siehe Ulrich Bürger, Das sagen wir natürlich so nicht! Donnerstag-Argus bei Herrn Gegel, Berlin 1990, Dietz, S. 189.

S. 294 f. *bemerkenswerter Text* In: AdsD: Dep WB, BK 75.

S. 295 *eine ganze Anzahl von Treffen* Erich Honecker, Berlin-Moabit, 27. November 1992.

S. 295 *sozialistischen deutschen Republik* In: Reinhold Andert und Wolfgang Herzberg, Der Sturz. Erich Honecker im Kreuzverhör, Berlin 1990, Aufbau-Verlag, S. 348. In einer Erklärung Anfang 1990 wies Honecker auch auf den Einfluß hin, den seine regulären Kontakte mit Herbert Wehner (auch durch Wolfgang Vogel) auf humanitären Fragen hatten. Nachdruck in: Przybylski, Tatort 1, S. 363–66. Er und Wehner, schrieb Honecker, »arbeiteten auf kameradschaftliche Weise zusammen«.

S. 295 *1992 bestätigte er* Berlin-Moabit, 27. November 1992.

S. 295 *den deutschen Weg* Zitiert von Brigitte Seebacher-Brandt, in: Jesse und Mitter, S. 36.

S. 295 *Eitelkeit* Honeckers Eitelkeit wird von vielen bestätigt, die mit ihm gearbeitet haben. Auch Hans-Otto Bräutigam betonte dies (Potsdam, 25. Juni 1991).

S. 296 *Hybris* Eine Interpretation, der auch Helmut Schmidt im Gespräch mit dem Autor am 4. Juni 1991 in London zustimmte. Auch Frank-Joachim Herrmann bestätigte am 8. Oktober 1991 in Berlin dem Autor, dies als sein Mitarbeiter aus der Nähe beobachtet zu haben.

S. 296 *Realitätsverlust* Zeugnisse aus erster Hand für diese wachsende Realitätsferne geben Krenz und Schabowski in ihren Büchern.

S. 296 *bei den Mai-Paraden* Wolfgang Vogel, Berlin, 9. Oktober 1991.

S. 296 *sei er unerschütterlich* Notiz vom 6. Februar 1989 über ein Gespräch am 3. Februar 1989 in Berlin. In: ZPA: IV 2/2.035/54. Im Gespräch mit dem Autor betonte Honecker auch, daß die DDR »das einzige sozialistische Land« gewesen sei, in dem jeder bis zum Ende in einen Laden gehen konnte und Wurst, Butter usw. kaufen konnte. Erich Honecker, Berlin-Moabit, 27. November 1992.

S. 296 *blicken können* In: Der Spiegel, 11/1987. Gabriele Eckart hatte eine Sammlung mit Gesprächen herausgegeben, die sehr gute Einsichten in das Alltagsleben der DDR gaben: So sehe ick die Sache. Protokolle aus der DDR, Köln 1984, Kiepenheuer und Witsch.

S. 296 *Ihre Reaktionen* »Sodom und Gomorrha!« war der gar nicht untypische Kommentar eines Ost-Berliner Freundes beim Anblick der obszönen Masse von Lebensmitteln und Getränken, die in der berühmten Delikatessabteilung im obersten Stockwerk des West-Berliner Kaufhauses KaDeWe (Kaufhaus des Westens) zur Schau gestellt wurde.

S. 297 *eines der freiesten Länder* Zitiert in: Weber, DDR (1988), S. 103.

S. 297 *Gorbatschow! Gorbatschow!* Ihr anderer Slogan hieß: »Die Mauer muß weg!« Dies war die ernstzunehmendste »öffentliche Ruhestörung« in der DDR seit einem Jahrzehnt gewesen. Siehe Berichte in: FAZ, 10. Juni 1987; Der Spiegel, 25/1987; Washington Post, 10. Juni 1987.

S. 297 *Während 1985* Diese Ergebnisse werden zitiert von: Michael Brie/Dieter Klein, Hrsg., Zwischen den Zeiten. Ein Jahrhundert verabschiedet sich, Hamburg 1992, VSA-Verlag, S. 147.

S. 298 *Zahlen, die Egon Krenz* Punkt 3 im Protokoll des Politbürotreffens vom 19. April 1988, jetzt in: ZPA: JIV 2/2/2269. Interessanterweise kamen nicht weniger als 30000 dieser Anträge aus Dresden, aus dem sogenannten »Tal der Ahnungslosen«, in dem die Menschen kein Westfernsehen empfangen konnten.

S. 298 *Westliche Schätzungen* Der Spiegel, 36/1988, erklärte mit charakteristischer Allwissenheit, daß eine Viertelmillion DDR-Bürger einen Ausreiseantrag eingereicht hätten. »Fünf bis sechs Millionen gelten als DDR-müde«. Die Frankfurter Rundschau, 29. Juli 1988, sprach von einer Schätzung aus »gut informierten West-Berliner Kreisen« über 300–400000 Anträge, wies jedoch darauf hin, daß »Der Tagesspiegel« kurz zuvor »eine Information aus Bonn« zitiert habe, derzufolge sich die Zahl auf 500000 Anträge unter 1,5 Millionen Menschen belaufe. Eine andere Organisation setzte die Zahl bei 1,2 Millionen fest; siehe FAZ, 28. November 1988.
Als der Autor den Ständigen Vertreter der Bundesrepublik in der DDR, Franz Bertele, nach seiner Schätzung fragte, sprach dieser von einer etwa gleichen Zahl (Berlin, 6. Juli 1989). Rehlinger, Freikauf, S. 115, schreibt, daß Schätzungen von über einer Million aus »den verschiedenen Diensten« kamen.

S. 298 *Kritiker und deren Kühnheit* Eine gute Kurzdarstellung findet sich in der Einleitung zu: Hubertus Knabe, Hrsg., Aufbruch in eine andere DDR, Reinbek b. Hamburg 1990, Rowohlt, S. 12f.

S. 298 *Freiheit des Andersdenkenden* Siehe Bericht und Fotografie in: Der Spiegel, 5/1988.

S. 298 *mehr oder weniger gezwungen* Auch hier wurde die traditionelle »Himmel-oder-Hölle«-Methode angewandt. Der Liedermacher Stephan Krawczyk und seine Frau Freya Klier sagten beispielsweise, daß sie die DDR nicht »freiwillig« verlassen hatten. Doch angesichts schwerer Drohungen hatten sie tatsächlich Ausreiseanträge gestellt. Siehe Der Spiegel, 6/1988.
Es scheint, als habe die Bundesrepublik in dieser Krisenlage direkt für die Entlassung einiger Oppositioneller in den Westen gezahlt. (Wolfgang Vogel, Berlin, 9. Oktober 1991.) Leslie Collitt und David Marsh berichteten in der »Financial Times« am 4. Februar 1988: » ... Ostdeutsche Sympathisanten der vier ausgewiesenen Dissidenten beschweren sich, daß Bonn den Ost-Berliner Behörden helfen würde, die Bürgerrechtsbewe-

gung zu unterminieren.« Anderen Aktivisten, wie Bärbel Bohley, wurde hingegen die Ausreise für sechs Monate gestattet. Nach ihrer Rückkehr spielten sie eine wichtige Rolle bei der Revolution vom Herbst 1989. Bei einer Rede in einer Ost-Berliner Kirche im April 1989 bestätigte der ehemalige Parteifunktionär Rolf Henrich, daß auch ihm nahegelegt worden sei, einen Ausreiseantrag zu stellen, nachdem er ein systemkritisches Buch geschrieben hatte. Siehe Bericht in: FAZ, 13. April 1989.

S. 298 *Thesen zur Reformation der DDR* Diese wurden nicht, wie Luthers 95 Thesen, an die Kirchentür genagelt, sondern einer Synode in Halle vom Wittenberger Theologen Friedrich Schorlemmer präsentiert. Siehe Bericht in: DA, 8/1988, S. 801–02.

S. 298 *zum erstenmal* So auch die Beurteilung von Hubertus Knabe, der die Entwicklung dieser kirchengestützten Opposition während der gesamten achtziger Jahre genau verfolgte. Siehe Hubertus Knabe, Hrsg., Aufbruch in eine andere DDR, Reinbek b. Hamburg 1990, Rowohlt, S. 14.

S. 298 *Kommunalwahlen* Laut offiziellen Zahlen hatte es 142,683 (0,15 Prozent) Gegenstimmen gegeben, verglichen mit 14,683 (0,1 Prozent) im Jahr 1984, während der gesamte Wahlausgang 98,77 Prozent ergeben habe, verglichen mit 99,37 Prozent 1984. Die Opposition berechnete jedoch, daß es beispielsweise im Ost-Berliner Wahlbezirk Friedrichshain 6,93 Prozent Gegenstimmen gab. Die offiziellen Zahlen für diesen Bezirk beliefen sich auf 1,89 Prozent. Der Protest der Opposition fand in Form von Briefen und Petitionen an den Staatsrat statt, in denen sogar von Wahlfälschung die Rede war – laut Artikel 211 des DDR-Strafgesetzbuches ein kriminelles Delikt! Monatsbericht des Gesamtdeutschen Instituts, Mai 1989, S. 1. Bericht in: Der Spiegel, 20/1989.

S. 299 *einen Bericht* Der Bericht, datiert 1. Juni 1989, findet sich in: Mitter und Wolle, Lageberichte, S. 46–71. Er war an alle hochrangigen Funktionäre gegangen, die mit der inneren Sicherheit befaßt waren.

S. 299 *der 17. Juni ausbricht* Ibid, S. 125.

S. 299 *ist stabil* Ibid, S. 127.

S. 300 *»Refolutionen«* Zu »Refolution« siehe Garton Ash, Jahrhundert, S. 339ff.

S. 300 *Anblick von Willy Brandt* Siehe Bericht und Photographie in: Die Zeit, 9. März 1990.

S. 300 *ist der Erfolg* Zitiert von Klaus Gotto, in: Die Politische Meinung 249/1990, S. 12.

S. 301 *Robert Leicht* Die Zeit, 6. Oktober 1989, zitiert von Sigrid Meuschel, in: Rainer Deppe u. a., Hrsg., Demokratischer Umbruch in Osteuropa, Frankfurt/M., Suhrkamp 1991.

S. 302 *erzählte Egon Bahr* Egon Bahr, Potsdam – Berlin, 29. Juni 1991. Doch am Ende dieses Gesprächs, während einer Taxifahrt von Potsdam nach Berlin-Mitte, drehte sich der ostdeutsche Taxifahrer, der offenbar genau meinen kritischen Fragen zugehört hatte, zu Egon Bahr um und dankte ihm demonstrativ, »für alles, was Sie für uns all die Jahre getan haben«. Bei solchen Huldigungen – wer sollte sich da noch um die kleinliche Kritik der Historiker kümmern?

S. 302 *nicht nehmen will* Bergedorfer Gesprächskreis 88 (6–7. September 1989), dies auf S. 62. Man sollte vielleicht noch anmerken, daß es die Gepflogenheit der Organisatoren ist, das Manuskript der stenographischen Protokolle jedem einzelnen Teilnehmer zur Autorisierung zuzuschicken, bevor sie veröffentlicht werden.

S. 304 *zwischen den zwei Bedeutungen* Eine Unterscheidung traf allerdings Horst Teltschik, spontan auf die oben zitierte Bemerkung Egon Bahrs reagierend. Indem man die Anerkennung der DDR in Frage stelle, sagte Teltschik, würde Bonn Reformen nur blockieren: »Aber die Bevölkerung der DDR kann natürlich diesen Staat selbst in Frage stellen. Wenn sie eines Tages das Selbstbestimmungsrecht tatsächlich ausüben kann, ist es durchaus möglich, daß sich die Mehrheit der Menschen in der DDR für einen Anschluß an die Bundesrepublik entschließt. Dann können wir nicht dagegen sein. So wie wir auch nicht dagegen sein könnten, wenn sich die Bevölkerung der DDR mehrheitlich dafür entscheiden würde, ein zweiter deutscher Staat bleiben zu wollen. Ich füge hinzu, ich bin tief davon überzeugt: Wenn die Bevölkerung der DDR heute das Selbstbestimmungsrecht frei ausüben könnte, würde sie sich für den Anschluß entscheiden.« Ibid, S. 63. Eine sehr stichhaltige Aussage.

S. 305 *die DDR gerettet haben* Dies meint Sigrid Meuschel in der Originalfassung ihrer Habilitationsschrift (Freie Universität, Berlin, 1990, S. 495, Fußnote 8). Siehe auch die Beiträge zu: Hubertus Knabe, Hrsg., Aufbruch in eine andere DDR, Reinbek b. Hamburg 1989, Rowohlt. In einem Interview im Oktober 1989 sagte Egon Bahr: »Ich unterstelle einmal einen Prozeß, an dessen Ende wir eine andere, vom überwiegenden Willen der eigenen Bevölkerung getragene DDR haben werden«, Der Spiegel, 42/1989.

S. 306 *zu Grabe getragen war* Siehe Garton Ash, Jahrhundert, S. 470–472.

S. 308 *Oberbürgermeister Daniels* Siehe Berichte in: FAZ, 28. Januar 1988; Express, 29. Juni 1988; Neue Zürcher Zeitung, 30. Juni 1988. Laut einer »Information«, datiert 28. Januar 1988, die sich mittlerweile bei den Unterlagen des Büro Axen befindet, habe der damalige stellvertretende Ständige Vertreter der Bundesrepublik gesagt, daß Oberbürgermeister Daniels eindeutig zu weit gegangen sei und Potsdam mit dem Bonner Marktplatz verwechselt habe. ZPA: IV 2/2.035/88. Es geht jedoch nicht klar daraus hervor, ob dies die Zitierung eines privaten Kommentars war (erfahren durch die üblichen geheimpolizeilichen Methoden) oder der Bericht über eine tatsächlich stattgefundene Unterredung mit einem Diplomaten. Selbst wenn es letzteres gewesen sein sollte, kann es hier noch immer entstellt wiedergegeben sein. Laut Bericht an das Politbüro über Wolfgang Schäubles DDR-Besuch vom 9.–10. November 1988 hatte der damalige Kanzleramtsminister eine »Erklärung« mitgebracht, die eine Fortführung der Beziehungen zwischen Bonn und Potsdam ermöglichte. »Dabei«, heißt es, »wird die Erwartung geäußert [seitens der DDR], daß künftig keine derartigen Belastungen der Beziehungen zwischen beiden Städten zugelassen werden.« In: ZPA: JIV 2/2/2303.

S. 309 *Diese Generalisierung* Der Autor bat im Zentralen Dokumentationssystem der Bundesregierung, in der computerisierten Datenbank nach der Kombination «Diktatur-DDR« für die Jahre 1987 und 1991 zu fragen. Der Stapel an Ausdrucken für das Jahr 1991 war fünf Mal höher als der für das Jahr 1987! Ich bin Frau Anna Maria Kuppe für dieses Experiment und unzählige andere Nachforschungen zu großem Dank verpflichtet.

S. 310 *Grass in einem Brief* Der Brief, datiert 25. Februar 1970, befindet sich in: AdsD: Dep WB, BK 6.

S. 311 f. *Versuch der »Normalisierung«* Martin Kriele, Staatsrechtsprofessor, der für die Brandt-Regierung den Grundlagenvertrag vor dem Bundesverfassungsgericht verteidigt hatte und später durch den um sich greifenden Relativismus und die selbstauferlegte Zensur hinsichtlich der Menschenrechte, die auf die sozialliberale »Friedenspolitik« folgten, zutiefst enttäuscht war, bietet eine etwas umfassendere Erklärung an. In Anlehnung an das wohlbekannte Rechtskonzept der »normativen Kraft des Faktischen« meinte er, daß es auch etwas gegeben habe, was man »die normative Kraft der Roten Armee« nennen konnte. Da die sowjetische Macht derart überwältigend und in den sechziger und siebziger Jahren im Vergleich mit der Macht der Vereinigten Staaten eher zu- als abzunehmen schien, hätten so manche in der Bundesrepublik eine antizipatorische Angleichung ihrer eigenen Werte und Normen von einer den Vereinigten Staaten nahestehenden Position hin zu einer von der Sowjetunion repräsentierten Position vollzogen. Der Stärkere hat recht. Seine eindeutigste und provokativste Argumentation findet sich in: Kontinent 3/1983, S. 6–17. Zu seiner früheren und etwas ambivalenteren Erörterung der Gefahren von Relativierung und Selbstzensur hinsichtlich der Menschenrechte, siehe sein Buch: Die Menschenrechte zwischen Ost und West, Köln 1977, Verlag Wissenschaft und Politik. Eine spätere und weiter entwickelte Argumentation in: Die demokratische Weltrevolution, München 1987, Piper. Auch wenn seine provokative Übertreibung aus persönlicher Enttäuschung entstanden sein mag, so verdient seine Argumentation dennoch Aufmerksamkeit.

S. 312 *»Geschäftsbedingungen«* Bölling, Die fernen Nachbarn, S. 294.

S. 312 *»Augsburger Religionsfrieden«* Gaus, Deutschland, S. 275. Siehe auch den Hinweis auf »die Gefühle der Gläubigen beider Konfessionen«, auf S. 282.

S. 312 *der DDR finden* Bölling, Die fernen Nachbarn, S. 187f.

S. 312 *Geschichte der Linken* Einen ersten Versuch, diese spezifische Geschichte anzusprechen, unternimmt Brigitte Seebacher-Brandt, Die Linke und die Einheit, Berlin 1991, Siedler. Siehe auch Dieter Groh und Peter Brandt, »Vaterlandslose Gesellen«. Sozialdemokratie und Nation 1860–1990, München 1992, C. H. Beck.

S. 313 *Geschichte des Journalismus* Eine gute Fallstudie für »die Überstunden auf der anderen Seite« ist das Buch von Journalisten der »Zeit«: Theo Sommer, Hrsg., Reise ins andere Deutschland, Reinbek b. Hamburg 1986, Rowohlt. Die Papiere des ZK-Sekretärs Joachim Herrmann enthalten bemerkenswert detaillierte Informationen über die Vorbereitung, Durchführung und Nachbearbeitung dieses Besuchs (ZPA: IV 2/2.037/58). Hier findet sich beispielsweise ein Brief, den der damalige Chefredakteur der »Zeit«, Theo Sommer, an den Leiter der Presseabteilung des DDR-Außenministeriums, Wolfgang Meyer, schrieb: »Wenn ich mir die Bemerkung erlauben darf«, schrieb Sommer mit Datum 31. Januar 1986, »Ihr Staatsratsvorsitzender braucht, was die gekonnte Verhandlung mit westlichen Journalisten angeht, nicht hinter Herrn Gorbatschow zurückzustehen.« Sommers retrospektive Rechtfertigung der Linie der »Zeit« im allgemeinen und dieses Buchs im besonderen, in: Die Zeit. Siehe aber auch die nachdenklichen Geständnisse des ehemaligen Fernsehkorrespondenten in der DDR, Michael Schmitz, in: Die Zeit, 14. Februar 1992.

S. 313 *Geschichte der Wissenschaft* Einen ersten Versuch einer kritischen Analyse, besonnen im Ton, aber auch hart ins Gericht gehend, unternahm Hartmut Jäckel, in: DA 10/1990, S. 1557–65. Eine informative Übersicht und eine qualifizierte Verteidigung der DDR-Forschung in den siebziger und achtziger Jahre liefert Rüdiger Thomas, in: Zeitschrift für Parlamentsfragen, 1/1990, S. 126–36. Eine kritische Betrachtung des Versagens westdeutscher Historiker, das Thema der DDR-Diktatur zu behandeln, stammt von Wolfgang Schuller, in: FAZ, 18. März 1991.

S. 313 *Eine jüngere Wissenschaftsgeneration* Gut und sympathisierend wird dieser Ansatz von Gert-Joachim Glaessner, Hrsg., beschrieben, in: Die DDR in der Ära Honecker, Opladen 1988, Westdeutscher Verlag, S. 111–19. Die Beiträge dieser Festschrift für Hartmut Zimmermann, einem führenden Vertreter der neuen sozialwissenschaftlichen Orientierung, geben einen guten Eindruck von den Stärken und Schwächen dieser Schule.

S. 313 *diese Schulbücher* Alle Zitate aus: Der Spiegel, 21/1990.

S. 314 *Ein Mitarbeiter Adenauers* Wilhelm G. Grewe, Bonn, 6. Juli 1991.

S. 315 *jenes ältere Deutschland* Siehe hierzu Garton Ash, DDR.

S. 315 *seltsamen Novelle* Günter Gaus, Wendewut, Hamburg 1990, Hoffmann und Campe. Es muß erwähnt werden, daß die Identität der Heldin, wie vieles andere in diesem Buch, ausgesprochen unklar bleibt.

S. 315 *ein langgedienter Praktiker* Hansjürgen Schierbaum, Bonn, 16. März 1989.

S. 315 *seltsame Bindungen* Siehe beispielsweise den Bericht über den »Leipziger Kreis«, in: Geissel, Unterhändler, S. 350 passim.

S. 315 *In einem bemerkenswerten Artikel* Die Zeit, 31. Juli 1987. In einer Glosse in: Die Zeit, 28. Februar 1992, schrieb Schmidt: »Dem greisen Erich Honecker wird allzuviel öffentliche Aufmerksamkeit zuteil. Die Tatsache, daß er einmal Chef einer Diktatur auf deutschem Boden war, sollte dafür nicht länger ausreichen.« Titel der Glosse war: »Ganz normal«.

S. 315 *richtig war* Schmidt, Nachbarn, S. 53.

S. 316 *gefährlich durchbricht* Bundestag Plenarprotokolle, 10/228, S. 17684, 10. September 1986.

S. 317 *Vergangenheitsbewältigung* Dieser Vergleich wurde natürlich oft herangezogen. Siehe beispielsweise den Beitrag von Ludwig Elm, in: DA, 7/1991, S. 737–743.

S. 317 *eine gewisse Selbstprüfung* Es fällt daher schwer, mit Richard von Weizsäcker einverstanden zu sein, wenn er in einer eloquenten Rede über die Auseinandersetzung mit der Geschichte der DDR die Fortführung einer Debatte über die Ostpolitik »müßig« nennt. Siehe seine Rede anläßlich der Verleihung des Heine-Preises, nachgedruckt in: Bulletin, 17. Dezember 1991, S. 1165–1170, dies auf S. 1169.
In den Jahren 1990 bis 1992 begann diese Debatte in den Medien mit unzähligen Enthüllungen, persönlichen Erklärungen und Polemiken. Eine gute Einführung in diese Debatte ist: Cora Stephan, Hrsg., Wir Kollaborateure. Der Westen und die deutschen Vergangenheiten, Reinbek b. Hamburg 1992, Rowohlt, mit einer scharfen, polemischen Einführung der Autorin.
Diese Debatte war auch eng mit jener über die Rolle der Evangelischen Kirchen verknüpft, und dies nicht nur im Zusammenhang mit dem Fall Stolpe. In einem Zeitungsinterview kurz vor der Vereinigung sagte der allgemein respektierte Ost-Berliner Bischof Forck, bezugnehmend auf die Politik seiner Kirche: »Viel zu lange haben wir in der Hoffnung gehandelt, einen besseren Sozialismus zu erreichen, die Vertreter des Staates verändern zu können. Wir haben uns geirrt.« FAZ, 24. September 1990. Ähnliche Aussagen machte auch der ehemalige Bischof von Magdeburg, Bischof Krusche, bei einer retrospektiven Betrachtung der 21 Jahre des Bundes der Evangelischen Kirchen in der DDR. Siehe Bericht in: FAZ, 25. Februar 1991.
»Wir haben uns geirrt«, sagte der ostdeutsche Kirchenmann, der die quä-

lenden Dilemmas des Lebens unter der Diktatur aus erster Hand kannte. Die westdeutschen Politiker aber, die diese Dilemmas nur aus zweiter Hand und aus der bequemen und sicheren Freiheit heraus kannten, stritten sich mittlerweile darum, wer recht hatte und wer sich irrte.
Man kann natürlich von Politikern nicht erwarten, daß sie sich wie Geistliche benehmen. Doch zwischen der bewegenden Selbstkritik von Geistlichen und dem kleinkarierten *tu quoque* der Politiker können uns vielleicht die Historiker sagen, wie es eigentlich gewesen ist – vorausgesetzt, die Politiker erlauben ihnen Zugang zu den Quellen. Wichtig in diesem Zusammenhang ist natürlich die Enquete-Kommission des Bundestages, die die Geschichte und das Vermächtnis der »SED-Diktatur« zu untersuchen hat. Punkt 7 ihres Auftrags fordert die Untersuchung der deutsch-deutschen Beziehungen. Siehe Bundestag Drucksache, 12/2597; auch abgedruckt in: DA, 7/1992, S. 782–84.

5. Jenseits der Oder

S. 319 *In einer bahnbrechenden Analyse* Löwenthal, Vom kalten Krieg, S. 2,90.

S. 319 *einfacher gestaltet werden* Haberl und Hecker, Unfertige Nachbarschaften, S. v, 3ff. Sie stufen die Beziehungen der Bundesrepublik zu Ungarn, Rumänien, Bulgarien und – wie sie etwas fragwürdig hinzufügen – auch Jugoslawien als »unbelastet« ein. Doch in einem Kapitel über das nicht angrenzende Jugoslawien heißt es, daß die Konflikte der Kriegszeit eine Belastung für die Nachkriegsbeziehungen gewesen seien (S. 133–51).

S. 319f. *Manch einer behauptete* Ibid, S. 3ff.

S. 320 *und ungeraden Zahlen* Lewis Namier, Vanished Supremacies. Essays on European History 1812–1918, London 1958, Hamish Hamilton, S. 170.

S. 320 *ohne formelle Verträge* Die kurzen amtlichen Mitteilungen zur Eröffnung diplomatischer Beziehungen zu Rumänien (31. Januar 1967), Bulgarien und Ungarn (beide 21. Dezember 1973) sind nachgedruckt in: Verträge, S. 63–4.

S. 321 *Historiographie* Ein vorzügliches neueres Buch zu diesem Thema, das sich hauptsächlich auf die Periode des Dritten Reichs konzentriert, ist: Burleigh, Ostforschung. Zernack, Osteuropa, bietet eine gute und kritische Einführung in die Probleme des Studiums von »Osteuropa«. Es enthält eine Bibliographie, die bis Mitte der siebziger Jahre reicht. Wichtige Kommentare finden sich in: Haberl und Hecker, Unfertige Nachbarschaften, mit einer nützlichen kurzen Bibliographie bis 1989. Stokl, Osteuropa, ist eine wichtige Einführung in tausend Jahre deutsche Beziehungen mit Osteuropa. Die dritte Ausgabe (1982) enthält auch einen kurzen Aufsatz über Werke, die bis 1981 veröffentlicht wurden. Nützlich in diesem Zusammenhang ist auch: Lothar Dralle, Die Deutschen in Ostmittel- und Osteuropa, Darmstadt 1991, Wissenschaftliche Buchgesellschaft.

S. 321 *Auf beiden Seiten der Oder-Neiße-Linie* Ein Musterbeispiel auf polnischer Seite ist der Essay von Jan Józef Lipski, Zwei Vaterländer, zwei Patriotismen, in: Kontinent, Nr. 22, 1982, S. 3–48. Lipski, um nur ein Beispiel zu nennen, verdeutlicht, wieviele polnischen Worte direkt dem Deutschen entlehnt sind – Dach (dach), Ziegel (cegła), Maurer (murarz), Drucker (drukarz), Maler (malarz), Schnitzer (snycerz).

S. 321 *die deutsch-polnischen Beziehungen* Es gibt kein einziges Buch über Deutsche und Polen, das mit der Arbeit von Wiskemann und Brügel über »Tschechen und Deutsche« vergleichbar wäre. Neben den bereits erwähnten Arbeiten liefert Broszat, Polenpolitik, einen außerordentlich guten Überblick über die deutsche Politik. Ein Essay-Band von deutschen und polnischen Historikern, ganz im Geiste der Entspannung der siebziger Jahre, ist: Jacobsen, Bundesrepublik – Volksrepublik. Jacobsen, Bonn-Warschau, ist ein unentbehrliches Nachschlagewerk, doch die Auswahl der Dokumente spiegelt eindeutig die Zugehörigkeit des Autors zur Schule »Entspannung von oben« wider. Sowohl in den von Jacobsen herausgegebenen Arbeiten als auch bei Haberl und Hecker in »Unfertige Nachbarschaften« gibt es eine ausführliche Darstellung der schwierigen, aber interessanten Versuche einer deutsch-polnischen Kommission, Empfehlungen für deutsche und polnische Schulbücher auszuarbeiten. Beiträge von unabhängiger polnischer Seite findet man in: Kuwaczka, Entspannung von unten, sowie in der deutschen Extraausgabe der polnischen Vierteljahresschrift: Kultura (Paris), Herbst 1984, die den deutsch-polnischen Beziehungen gewidmet ist.

S. 322 *Deutsche über Polen geherrscht* Burleigh, Ostforschung, S. 3, stellt zu Recht bereits eingangs fest, daß diese Tatsache auf die deutsche Einstellung gegenüber dem gesamten Europa östlich von Deutschland abgefärbt hat.

S. 322 *hervorgehen wird* Zitiert in: Josef Homeyer, Deutsche und polnische Katholiken, in: Die Politische Meinung, Januar 1991, S. 15–22, dies auf S. 15.

S. 322 *haben es erfahren* Ibid, S. 15.

S. 323 *Geschichte der Tschechen und Deutschen* Es gibt verschiedene gute Arbeiten mit beinahe identischen Titeln zu diesem Thema: Elisabeth Wiskemann, Czechs and Germans, Zweite Ausgabe, London 1967, Macmillan; J. W. Brügel, Tschechen und Deutsche, Bd. 1, München 1967, Nymphenburger Verlag, in dem die Zeit von 1918–1938 behandelt wird, Bd. 2, München 1974, behandelt die Zeit von 1939–1945; Ferdinand Seibt, Deutschland und die Tschechen, München 1974, List. Rudolf Hilf, Deutsche und Tschechen, 2. Aufl., Opladen 1986, Leske & Budrich;

Jan Kren u. a., Integration oder Abgrenzung. Deutsche und Tschechen 1890–1945, Bremen 1986, Donat und Temmen.

S. 323 *Sebastian Haffner* Siehe Sebastian Haffner, Der Teufelspakt, Zürich 1988, Manesse, S. 5 und passim; und den Überblick von Gordon A. Craig, Dangerous Liaisons, in: New York Review of Books, 30. März 1989. Zu den Beziehungen vor 1945 siehe auch: Walter Laqueur, Russia and Germany. A Century of Conflict, London 1965, Weidenfeld & Nicolson.

S. 323 *Russen waren eher* Mit Ausnahme der pro-sowjetischen Linken. Siehe beispielsweise: Ulrike Horster-Philipps, Hrsg., Rapallo – Modell für Europa? Friedliche Koexistenz und internationale Sicherheit heute, Köln 1987, Pahl-Rugenstein. Doch siehe auch das Interview mit Rudolf Bahro, Rapallo – why not? in: Telos 51, Frühjahr 1982.

S. 324 *als normal betrachteten* Norman Davies, God's Playground. A History of Poland, Bd. 2, Oxford 1981, Clarendon Press, S. 565.

S. 324 *Reaktionen betrachten* Golo Mann, Deutsche Geschichte des 19. und 20. Jahrhunderts, Frankfurt/M. 1958, S. Fischer.

S. 325 *Deutsche Historiker dokumentieren* Siehe die großangelegte Dokumentation der Vertreibung der Deutschen aus Ost-Mitteleuropa, herausgegeben von Theodor Schieder u. a., ursprünglich unter der Ägide des Bundesministerium für Vertriebene 1954 veröffentlicht. Neudruck: München 1984, Deutscher Taschenbuch Verlag. Dies ist eine umsichtige wissenschaftliche Arbeit.

S. 325 *Erst später* Martin Broszats »Nationalsozialistische Polenpolitik« wurde 1961 veröffentlicht. Interessant ist, daß sowohl Broszat als auch Hans-Ulrich Wehler, ein anderer hervorragender liberaler Historiker der deutsch-polnischen Beziehungen, ihre akademische Karriere unter Theodor Schieder mit der Arbeit an der Dokumentation der Vertreibung begonnen haben.

S. 325 *viel später versuchten* Siehe die Diskussion in: Kuwaczka, Entspannung von unten, S. 69–71; sowie einen Artikel unter dem Pseudonym Stefan Krupiński, in: Kontakt 1/1986, Neudruck in: Entspannung von unten, S. 229–46. Bezeichnend ist, daß ein polnischer Historiker noch 1986 glaubte, diesen Artikel unter einem Pseudonym veröffentlichen zu müssen. Siehe auch die vorzügliche Behandlung dieser gesamten Periode in: Włodzimierz Borodziej, Od Poczdamu do Szklarskiej Poręby. Polska w stosunkach międzynarodowych 1945–47, London 1990, Aneks.

S. 325 *tschechische Wissenschaftler* Obwohl es in den sechziger Jahren den Beginn einer Diskussion gegeben hatte, wurde das eigentliche Gespräch darüber erst 1978 durch den Essay von »Danubius« eröffnet (Pseudonym des slowakischen Historikers Jan Mlynárik), »Tézy o vysídlení Československých Nemcov« in: Svědectví, 5–7, 1978, S. 105–34. Die ganze Debatte ist mittlerweile ausführlich dokumentiert in: Bohumil

Černý u. a., Hrsg., Češi, Němci, Odsun. Diskuse Nezávislých Historiku, Prag 1990, Academia. Siehe auch das Kapitel von Eva Schmidt-Hartmann in: Benz, Vertreibung, S. 143–57.

S. 326 *Davies behauptet* In: The Independent, 29. Dezember 1987.

S. 326 *bestrafen wollten* Eine gute Einführung hierzu bietet: Hermann Graml, Die Alliierten und die Teilung Deutschlands. Konflikte und Entscheidungen 1941–1948, Frankfurt/M. 1985, Fischer. Siehe auch noch immer John Wheeler-Bennett/Anthony Nicholls, The Semblance of Peace, London 1972, Macmillan.

S. 327 *daß einige polnische Politiker* Siehe Sara Meiklejohn Terry, Poland's Place in Europe: General Sikorski and the Origin of the Oder-Neiße-Linie 1939–43, Princeton 1983, Princeton University Press. Siehe auch die ausgewogene Darstellung von Piotr Wandycz, Polish Diplomacy 1914–45. Aims and Achievements, London 1988, Orbis Books, mit einer sehr nützlichen Bibliographie.

S. 327 *Churchill* »Es tut mir leid wegen der westlichen Neiße ...«, schrieb Churchill am 3. August 1945 an seinen Nachfolger Clement Attlee, »das war sicher nicht die Schuld der britischen Delegation.« Siehe: Documents on British Policy Overseas, Series 1, Vol. 1, London 1984, HMSO, S. 1278. In einer Rede vor dem Unterhaus, seiner ersten als Oppositionsführer, sagte Churchill am 16. August 1945: »Ich muß meine eigene Meinung zu Protokoll geben, daß die vorläufige westliche Grenze, auf die man sich für Polen geeinigt hat ... kein gutes Vorzeichen für die zukünftige Landkarte Europas ist.« In derselben Rede bezog er sich auf die Deutschen östlich der Oder-Neiße-Linie: »Es ist nicht unmöglich, daß sich eine Tragödie ungeheuren Ausmaßes hinter dem Eisernen Vorhang abzeichnet, der im Moment Europa zweiteilt.« Hansard, 5. Serie, Bd. 413, S. 83. In seinen Memoiren beschreibt er, was er in Potsdam im Sinn hatte: »Am Ende der Konferenz einen Entscheidungskampf und, wenn nötig, eher einen offenen Bruch herbeizuführen, als zuzugestehen, daß irgendwas jenseits von Oder und östlicher Neiße an die Polen abgetreten wird.« Winston S. Churchill, The Second World War, Bd. VI: Triumph and Tragedy, London 1954, Cassell, S. 582. David Cecil kommentiert hier zu Recht, daß dies »großartig, aber nicht Geschichte ist«, siehe »Potsdam and its Legends«, in: International Affairs, London, Juli 1970, S. 455–465, dies auf S. 456. Im selben Band erklärt Churchill den Hintergrund seiner Haltung: »Für die Zukunft Europas war dies ein Übel, neben dem Elsaß-Lothringen und der Danziger Korridor Lappalien waren. Eines Tages würden die Deutschen ihr Territorium zurückhaben wollen, und die Polen würden nicht in der Lage sein, sie daran zu hindern.« Ibid, S. 561.

S. 327 *Stalins stures Beharren* Siehe Vojtech Mastnys vorzügliche Studie: Russia's Road to the Cold War, New York 1979, Columbia University Press, und R. C. Raack, Stalin Fixes the Oder-Neisse-Line, Journal of Contemporary History, Bd. 25, 1990, S. 467–88, der zeigt, auf welche Weise Stalin seine polnischen Marionetten benützt hat. Reichhaltiges Material zu diesem Thema darf erwartet werden, sobald die sowjetischen und osteuropäischen Archive ihre versteckten Schatztruhen öffnen.

S. 327 *fast den gesamten* Durch das Zugeständnis der schmalen Landstreifen zwischen der Molotow-Ribbentrop-Linie und der Curzon-Linie gelang es Stalin, seiner Forderung Legitimität zu verleihen. Denn die Curzon-Linie entsprang weder dem Vorschlag eines Sowjets noch eines Nazis. Sie wurde von einem britischen Außenminister vorgeschlagen.

S. 327 *Mit einem Schlag* Dies ist auch die Interpretation von Broszat, Polenpolitik, S. 314ff.

S. 327 *ihre ganze diplomatische Aufmerksamkeit* Obwohl es selbst auf sowjetisch-polnischer Seite einiges Zögern gegeben hatte. Der sowjetisch-polnische Vertrag vom 16. August 1945 ließ die Frage eines endgültigen Entwurfes des Grenzverlaufs durch Ostpreußen bis zur »endgültigen Regelung territorialer Fragen durch den Friedensvertrag« offen. Siehe Lehmann, Oder-Neiße, S. 52 u. passim.

S. 327 *zurückgestellt werden* Englischer Text in: Grenville, Treaties, S. 36.

S. 328 *Grenzveränderungen im Westen* Zitiert in: Bingen, Bonn-Warschau, S. 10. Hierzu siehe auch Lehmann, Oder-Neiße, S. 120–22, sowie die interessante Diskussion in: Włodzimierz Borodziej, Od Poczdamu do Szklarskiej Poręby. Polska w stosunkach międzynarodowych 1945–1947, London 1990, Aneks, S. 290–314.

S. 328 *Staatsgrenze* Deutscher Wortlaut in: Jacobsen, Bonn-Warschau, S. 72–73, und Fritsch-Bournazel, Europa, S. 144–46.

S. 329 *Das polnische Lwów kam* Siehe dazu die Diskussion in: Norman Davies, God's Playground. A History of Poland, Bd. 2, Oxford 1981, Clarendon Press, S. 512–14.

S. 329 *als die »nach Jalta«* Siehe Maresca, Helsinki, S. 110–11, 212; Gromyko, Memories, S. 187. In seiner Rede anläßlich der Unterzeichnung der Schlußakte beschrieb Breschnew die Konferenz als »ein notwendiges Resumee der politischen Folgen des Zweiten Weltkrieges«, zitiert in: Mastny, Helsinki I, S. 87–8.

S. 329 *für immer* Siehe Zdeněk Mlynář, Night Frost in Prague, London 1980, C. Hurst & Co, S. 239–40.

S. 329 *die Grenzen aller Staaten* Text der Schlußakte in: Maresca, Helsinki, S. 248–305, dies auf S. 252.

S. 329 *verändert werden können* Ibid, S. 251. Die bemerkenswerte Geschichte, wie es zu dieser Formulierung gekommen war, in: Maresca, Helsinki, S. 110–16.

S. 330 *der Deutschen Demokratischen Republik* Verträge, S. 14.

S. 330 *auch nicht erheben* Ibid, S. 14, 22, 52.

S. 330 *seine Einheit wiedererlangt* Verträge, S. 15.

S. 330 *als Ganzes und Berlin* Ibid, S. 16.

S. 330 *Die gemeinsame Entschließung* Ibid, S. 66–7

S. 330 *keine Ausschließlichkeit beansprucht* Gesamttext des Urteils von 1973 in: Zehn Jahre, S. 232–43, dies auf S. 237. Mit dieser Haltung bestätigte das Bundesverfassungsgericht auch eindeutig die Intentionen und Meinungen jener, die 1949 das Grundgesetz verfaßt hatten. Siehe Lehmann, Oder-Neiße, S. 145–7. Willi Geiger, einer jener Richter, die das Urteil von 1973 gefällt haben, betont die Kontinuität der Haltung des Bundesverfassungsgerichts und weist darauf hin, daß es in neuer Zusammensetzung 1987 den Urteilsspruch ohne Vorbehalt bestätigte. Siehe Willi Geiger, Der Grundlagenvertrag und die Einheit Deutschlands, in: Dieter Blumenwitz und Gottfried Zieger, Hrsg., 40 Jahre Bundesrepublik Deutschland. Verantwortung für Deutschland, Köln 1989, Verlag Wissenschaft und Politik, S. 53–64.

S. 332 *deutschen Fachmanns* Der Fachmann war Karl Kaiser. Siehe den Bericht in: FAZ, 13. Juli 1989, und die Reaktion von Wilhelm G. Grewe in: Rheinischer Merkur, 28. Juli 1989. Karl Kaisers Stellungnahme zu seiner Argumentation in: Die Zeit, 22. September 1989, und eine weitere Antwort von Wilhelm G. Grewe in: FAZ, 19. Oktober 1989.

S. 332 *Schwarz, meint* Siehe Schwarz, Adenauer I, S. 945–6.

S. 332 *gibt es nicht mehr* Zitiert von Hans-Jakob Stehle in: Josef Foschepoth, Hrsg., Adenauer und die deutsche Frage, Göttingen 1988, Vandenhoek & Ruprecht, S. 85. Als Quelle nennt er in einer Anmerkung den Journalisten Fritz Sänger im Gespräch mit Adenauer am 30. August 1955. Die Bemerkung zitierte Karl Kaiser in seinem Artikel in: Die Zeit, 22. September 1989. Ich danke seinem Assistenten Klaus Becher für den Hinweis.

S. 332 *in den späten fünfziger Jahren* Ein Entwurf zur deutschen Vereinigung, der von Adenauers engem Mitarbeiter Felix von Eckardt ausgearbeitet worden war, strebte bereits im September 1956 ein Plebiszit an, in dem die Deutschen in Ost und West gefragt werden sollten, ob sie zu »bestimmten Opfern in der östlichen Grenzziehung« bereit wären, im Gegenzug für die Vereinigung der beiden deutschen Staaten. Siehe Schwarz, Adenauer II, S. 321–3. Diplomatische Verhandlungen über die Anerkennung der Grenzen im Gegenzug für Wiedervereinigung wurde im November 1959 in New York auch von Wilhelm Grewe vorgeschlagen. Siehe Grewe, Rückblenden, S. 419–20.

S. 332 *Denkt man an die Stuttgarter Rede* Siehe Lehmann, Oder-Neiße, S. 70, 78ff.

S. 332 *ihre gemeinsame Position* Siehe Schwarz, Adenauer II, S. 551–2. De Gaulle hatte auf einer berühmten Pressekonferenz am 25. März 1959 seine Position formuliert. Schwarz kommentiert, daß Adenauer in dieser Hinsicht von den deutschen Vertriebenen unter Druck gesetzt wurde, amerikanische Präsidenten, allem voran Demokraten, hingegen unter dem Druck der polnischen Emigranten in den Vereinigten Staaten standen.

S. 332 *eine diplomatische Karte* Schwarz, Adenauer II, S. 687. Wilhelm Grewe, Bonn, 6. Juli 1991.

S. 333 *zu lächeln* Wiskemann, Eastern Neighbours, S. 112.

S. 333 *Bahrs engster Rechtsberater* Antonius Eitel, Bonn, 1. Juli 1991. Eitel schrieb unter dem Pseudonym Zundorf: Ostverträge.

S. 333 *daß durch Beibehaltung* Siehe beispielsweise seine Kommentare in: Politik und Kultur, Berlin 2/1981, S. 20–38, vor allem S. 32–3, und seinen Brief an die FAZ, 12. Oktober 1982. Eine Sammlung seiner wichtigsten außenpolitischen Texte ist in Vorbereitung.

S. 334 *als notwendigen Ausgangspunkt* Die eindeutigste Stellungnahme dazu ist sein Memorandum vom 20. August 1980 an den Fraktionsführer der CDU/CSU. Daß das Grundgesetz dies nicht ausdrücklich als Ziel formulierte, wurde von einem Richter bestätigt, der das umstrittene Urteil des Bundesverfassungsgerichts 1973 mitgetragen hatte. Willi Geiger, in: Neue Juristische Wochenschrift, Heft 41, 1983, S. 2302–04.

S. 334 *Grewe betonte* Eine besonders klare und eindeutige Stellungnahme findet sich in seinem Brief an die FAZ, 2. Dezember 1983.

S. 334 *Briefwechsel zwischen Mertes und Egon Bahr* In: ACDP: I-403, 038/2. Der Austausch wurde von Mertes initiiert, damals Staatsminister im Auswärtigen Amt, der sich dazu durch die sowjetische Propagandakampagne gegen den deutschen »Revanchismus« veranlaßt sah.

S. 334 *zuviel Aufwand* Brief vom 13. Juli 1984. Ibid.

S. 334 *antwortete Mertes* Brief vom 18. Juli 1984. Ibid.

S. 334 *noch immer als Ziel* Selbst die Hupkas und Czajas hätten das in den siebziger und achtziger Jahren nicht ausdrücklich zu sagen gewagt. Dennoch insistierten sie darauf, daß die Grenzen von 1937 mehr als nur Ausgangspunkt waren (siehe beispielsweise den Brief von Herbert Hupka an die FAZ, 30. Juli 1983). Manche ihrer Gefolgsleute waren da weit weniger vorsichtig. So heißt es beispielsweise in einem Antrag, den die Landesgruppe Mainz-Bingen des Bundes der Vertriebenen am 7. März 1982 auf dem Landesdelegiertentag einbrachte: »Die Volksrepublik Polen hat sich in den letzten Jahrzehnten in jeder Hinsicht als unfähig erwiesen, die ihr unterstellten ostdeutschen Gebiete sinnvoll zu verwalten. Der Bund der Vertriebenen (BdV) fordert daher von den Siegermächten, daß sie Polen noch vor friedensvertraglichen Regelungen die Verwaltung über die in den Potsdamer Beschlüssen definierten deutschen Ostgebiete entziehen.« Es folgte ein Vorschlag, der auf merkwürdige Weise den Einfluß von Brandts neuer Ostpolitik und die Verbesserungen in den deutsch-deutschen Beziehungen bestätigte: »Der Bund der Vertriebenen (BdV) fordert weiter, daß in einem ersten Schritt zur Vereinigung der nach 1945 getrennten deutschen Gebiete die derzeit unter polnischer Verwaltung stehenden Provinzen der Deutschen Demokratischen Republik (DDR) unterstellt und angegliedert werden«. Mit Ausnahme dieses letzten Satzes wurde der Beschluß vom Landesdelegiertentag verabschiedet – in Helmut Kohls heimatlichem Bundesland, nur kurz bevor er Bundeskanzler wurde. Das zeigt, wenn auch auf etwas extreme Weise, womit er es zu tun hatte. Dieses bemerkenswerte Dokument in: ACDP: I 403, 130/1.

S. 335 *»Stuttgarter Charta«* Siehe Jacobsen, Nachbarn, S. 232–33.

S. 335 *1970 erklärte Willy Brandt* In seinem Beitrag zu: Dieter Blumenwitz u. a., Hrsg., Konrad Adenauer und seine Zeit, Stuttgart 1976, Deutsche Verlags-Anstalt, Bd. 1, S. 107.

S. 335 *Integration in doppelter Hinsicht* Darüber ist viel Literatur zu finden. Eine kurze Darstellung geben: Dennis L. Bark und David R. Gress, From Shadow to Substance 1945–1963, Oxford 1989, Blackwell, S. 305–10. Siehe auch die Kapitel von Bauer, Wiesemann und Schillinger in: Benz, Vertreibung. Den Stand der Forschung überblickt Arnold Sywotek, in: APZ, 15. Dezember 1989, S. 38–46.

S. 336 *Ein Autor* Peter Scholl-Latour in: Helmut Kohl: Fotografiert von Konrad R. Müller, mit einem Essay von Peter Scholl-Latour, Bergisch-Gladbach 1990, Gustav Lübbe, S. 32.

S. 336 *zu heftigem Tumult heraus* In einer Rede vor dem bayerischen Landesverband des Bundes der Vertriebenen am 29. Januar 1983, mit der die Politik der neuen Regierung dargestellt werden sollte. Zimmermann blieb trotz formellen Protests der polnischen Regierung – die er »verstockte Kommunisten« nannte – bei seiner Position. Siehe: Die Welt, 11. Februar 1983.

S. 337 *Schlesien bleibt unser* Kohl hatte bereits im September 1984 vor einer Vertriebenenversammlung gesprochen, ganz im Sinne seiner Politik des aktiven Dialogs. Siehe Nachdruck seiner Rede in: Bulletin, 5. September 1984, S. 873–79. Das ursprüngliche Motto, Ende 1984 bekanntgeworden, provozierte einen riesen Wirbel in den Medien. Der Vorsitzende der schlesischen Landsmannschaft, Herbert Hupka, meinte: »Ich kann die Erregung ... nicht ganz verstehen – vielleicht klingt die Sprache etwas zu altdeutsch, zu lutherisch –, es ist ja nichts anderes gemeint, als daß Schlesien unsere Heimat bleibt, also daß Schlesien unser Auftrag ist, daß wir historisch, geistig, kulturell, moralisch und politisch den Anspruch auf Schlesien nicht aufgeben dürfen und sollten.« (Interview im Bayerischen Rundfunk, 29. Dezember 1984, zitiert aus: BPA/KU I/2.1.85.) Sehr beruhigend. Aber all das wurde durch einen unglaublichen Artikel in: Der Schlesier, 25. Januar 1985, noch weit übertroffen. Dort malte sich ein gewisser Thomas Finke aus, wie Truppen der Bundesrepublik (als Resultat einer »Neuen Ostpolitik«, deren Ziel die Destabilisierung des sowjetischen Blocks sei) zur sowjetischen Grenze vorpreschen. »Lediglich in Polen und der Tschechoslowakei«, schrieb Funke mit ausufernder Phantasie, »leisteten Teile der Streitkräfte Widerstand, der jedoch bald gebrochen war. Der überwiegende Teil der Bevölkerung begrüßte die Deutschen als Befreier.« Sogar Herbert Hupka fühlte sich da genötigt, wenn auch unter Berufung auf die Pressefreiheit, sich von diesem Artikel zu distanzieren. Nach einem eisigen öffentlichen Briefwechsel zwischen Hupka und Kohl (der Brief des Bundeskanzler wurde am 25. Januar 1985 im Bulletin, S. 69–70, veröffentlicht – ein ziemlich ungewöhnliches Verfahren) und einer klarstellenden Aussage im Bundestag (auf ebenso ungewöhnliche Weise am 8. Februar 1985 im Bulletin, S. 121–23, nachgedruckt) wurden die Schlesier dazu bewegt, das Motto zu ändern, und die Aufregung legte sich wieder.

S. 337 *Der Kanzler referierte* Nachdruck in: Bulletin, 20. Juni 1985, S. 577–83. Dort auch die folgenden Zitate.

S. 337 *Beschluß des Schlesierverbandes* Der Beschluß datierte vom 2. März 1985. Er kann nicht losgelöst von der vorangegangenen Kontroverse gesehen werden.

S. 337 *nicht in Frage stellen* Die Notizen des Autors über dieses Treffen verzeichnen »Buh-Rufe und Pfiffe« an dieser Stelle. Kohl hatte zuvor eine fast identische Formulierung gebraucht, indem er sich auf »die Gebiete jenseits der westlichen Grenzen Polens« bezog. Siehe Bulletin, 28. Februar 1985, S. 200.

S. 337 *sofort herunterrissen* Beobachtung des Autors. Siehe dazu auch dessen Bericht in: Spectator, 22. Juni 1985.

S. 337 *politisch bindend* Bundestag Plenarprotokolle, 10/119, S. 8812 (6. Februar 1985). Diese Aussage, die zu jener Zeit noch als Akt politischen Wagemutes galt, erfolgte nach einem Besuch Volker Rühes in Polen, und zum Höhepunkt der Kontroversen um das Schlesier-Treffen. Karl Kaiser nennt als geistigen Vater dieses Begriffs den Sozialdemokraten Claus Arndt, in: Die Zeit, 22. September 1989.

S. 338 *unabhängige Meinungsbefragung* Dies war eine Studie aus einer Reihe faszinierender Untersuchungen von polnischen Soziologen. Siehe Garton Ash, Jahrhundert, S. 286, Fußnote 29.

S. 338 *Minister der Christlich Sozialen Union* Diesmal war es der Finanzminister und CSU-Vorsitzende Theo Waigel, wieder einmal auf einem Schlesier-Treffen. Siehe Berichte in SZ und FAZ, beide am 3. Juli 1989. Der FAZ-Reporter vermerkt, daß von den hunderttausend, die an dem Treffen teilnahmen, höchstens fünftausend gekommen waren, um Waigels Rede zu hören. Dennoch wurde dies in der Kontroverse um Karl Kaisers Kommentar (siehe oben) aufgerollt und vom »Spiegel«, 29/1989, behandelt.

S. 338 *in Frage gestellt wird* Siehe Umbruch, S. 75–6. So der Wortlaut des Beschlusses, der von CDU/CSU und FDP vorgeschlagen worden war. Siehe Bundestag Drucksache, 11/5589. Seine Besonderheit bestand in der Verpflichtung, welche durch die Formulierung »uns Deutschen« zum Ausdruck gebracht wurde und somit implizierte, daß dies auch für Deutsche in einem vereinigten Staat gelten würde. Aber die einleitende Formulierung: »Für die Bundesrepublik Deutschland gilt...« zeigte auch, welch schmerzliche Kompromisse Christdemokraten in ihren eigenen Reihen eingehen mußten. Zum Streit innerhalb der Koalition siehe den Bericht in: FAZ, 9. November 1989. Die Grünen schlugen einen Beschluß vor, in dem es hieß, daß die Oder-Neiße-Linie als Polens westliche Grenze »für jede deutsche Staatsgewalt unantastbar« sei. Siehe Bundestag Drucksache, 11/5591. Der Regierungsbeschluß wurde von den Sozialdemokraten unterstützt. 400 Stimmen wurden abgegeben, darunter 4 Gegenstimmen, und 33 Stimmenthaltungen wurden gezählt.

S. 339 *der deutschen Politik* Rok 1989. Bronisław Geremek Opowiada, Jacek Zakowski Pyta, Warschau 1990, Plejada, S. 327–8.

S. 339 *erwähnte Kohl die Grenzfrage nicht* Siehe Kaiser, Vereinigung, S. 91.

S. 339 *Im März 1990* Siehe Berichte in: FAZ, 3. März 1990, Le Monde, 4–5. März 1990, Observer, 4. März 1990. Resultat dieser neuerlichen Aufregung war ein weiterer Beschluß des Bundestages am 6. März, der den Weg bereitete für den endgültigen Vertrag über die Oder-Neiße-Linie, im Rahmen der »2+4«-Verhandlungen, und für den endgültigen Grenzvertrag zwischen dem vereinigten Deutschland und dem befreiten Polen.

S. 339 *die fünf anderen bei den* Jerzy Sulek, Berlin, 11. Mai 1992.

S. 340 *genau so, wie sie nun* Ein ehemaliger Abteilungsleiter der Rechtsabteilung des Bonner Auswärtigen Amts meinte im Gespräch mit dem Autor, daß Bonn selbst die Oder-Neiße-Linie möglicherweise anders auszulegen versucht hätte, d. h. näher am Originalwortlaut des Potsdamer Abkommens.

Da dieser einen Verlauf »östlich einer Linie, die von der Ostsee unmittelbar westlich von Swinemünde und dort die Oder entlang...« vorgeschlagen hatte (neu übersetzter deutscher Text in: Jacobsen, Bonn-Warschau, S. 66), konnte angenommen werden, daß das Westufer der Oder, einschließlich des größten Teils von Stettin – nun Szczecin – an Deutschland hätte gehen sollen. Der Görlitzer Vertrag, der dieser vagen Anordnung einen Grenzverlauf westlich von Szczecin entgegensetzte, wie es die Sowjets auch tatsächlich beschlossen hatten, bezog sich auf »...die festgelegte und bestehende Grenze, die von der Ostsee entlang der Linie westlich von Swinoujscie und von dort entlang dem Fluß Oder...« (Jacobsen, Bonn-Warschau, S. 72–73). In den achtziger Jahren herrschte, nachdem beide Seiten unilateral ihre territorialen Wasserrechte auf zwölf Meilen ausgedehnt hatten, ein heftiger Grenzstreit zwischen der DDR und Polen über den genauen Grenzverlauf durch das Hafenbecken von Sczcecin an der Odermündung. Dieser Streit wurde erst am 24. Mai 1989 mit dem Vertrag zwischen der DDR und der Volksrepublik Polen durch eine präzise Grenzziehung beigelegt. Siehe FAZ, 24. Mai 1989. Auf genau diese Grenzziehung bezog sich dann auch der Vertrag zwischen dem vereinigten Deutschland und dem befreiten Polen. So war es also eine der ganz wenigen außenpolitischen Handlungen der DDR von Bestand, daß sie die exakte Grenzlinie zwischen der Bundesrepublik und der Republik Polen bestimmte!

S. 340 *polnisch-deutscher Vertrag* Zur Abstimmung am 17. Oktober 1991 siehe Bundestag Plenarprotokolle, 12/50, S. 4098–4099. Bei einem Treffen mit Polens erstem nichtkommunistischen Ministerpräsidenten Tadeusz Mazowiecki, im November 1990 in Frankfurt a. d. Oder, versicherte Kohl, daß der Grenzvertrag bereits in einem Monat unterzeichnet werden konnte – ein schönes Wahlkampfgeschenk an den Präsidentschaftskandidaten Mazowiecki –, und stellte in Aussicht, daß er gemeinsam mit dem Nachbarschaftsvertrag im Februar 1991 ratifiziert werden würde. Siehe Bericht in: FAZ, 9. November 1990, und Bulletin, 16. November 1990, S. 1389–96, mit dem Vertragstext, wie er am 14. November von den Außenministern Genscher und Skubiszewski unterzeichnet wurde. Die Verhandlungen über den zweiten Vertrag dauerten viel länger, bedingt vor allem durch Bonns Insistieren auf einer genauen Darlegung der Rechte der deutschen Minderheit in Polen. Siehe hierzu z. B. den Bericht in: Spiegel 11/91. Die Texte zur Unterzeichnung des Nachbarschaftsvertrages im Juni 1991 in: Bulletin, 18. Juni 1991, S. 541–556.

S. 340 *ließ der Kanzler* Helmut Kohl, Bonn, 1. Oktober 1991.

S. 340 *daß dies der Preis war* Siehe die Rede von Ottfried Hennig vor der ostpreußischen Landsmannschaft in Bad Honnef am 8. September 1990 (Typoskript). Hennig, damals Parlamentarischer Staatssekretär im Ministerium für innerdeutsche Beziehungen, erläuterte dort, weshalb er sich verpflichtet fühlte, den Kanzler in diesem Punkt zu unterstützen (weil anders die Wiedervereinigung von Ost- und Westdeutschland unmöglich wäre), doch auch, weshalb er sich verpflichtet fühlte, seinen Posten als Sprecher der ostpreußischen Organisation aufzugeben.

S. 341 *groben Umrisse des Problems* Es gibt keine zufriedenstellende Darstellung des gesamten Themenkomplexes. Neben den informativen Beiträgen in: Benz, Vertreibung, erhält man detaillierte Informationen in den Forschungsberichten, die für die deutsche Sektion der »Association for the Study of the World Refugee Problem« erarbeitet wurden (im folgenden »Aussiedler 1« und »Aussiedler 2«), und in den offiziellen Publikationen des Bundesministerium des Inneren. Das meiste Material über deutsche Minderheiten im Osten ist entweder in offiziellen Publikationen oder in Zeitungs- und Illustriertenartikeln zu finden.

Schulz-Vobach, Die Deutschen im Osten, ist eine gute journalistische *tour d'horizon*, die die Sachlage von Mitte bis Ende der achtziger Jahre darstellt. Dralle, Deutsche, gibt den geschichtlichen Grundriß.

S. 341 *Verdrängung durch Siedler* Siehe auch die kurze, aber einprägsame Darstellung in: Broszat, Polenpolitik, S. 286ff. Mehr Einzelheiten in: Martin Broszat, Nationalsozialistische Polenpolitik, Stuttgart 1961, Deutsche Verlags-Anstalt.

S. 342 *etwa vier Millionen Deutsche* Siehe die Einleitung von Hans Harmsen zu: Aussiedler 2, S. 1–12, dies auf S. 3.

S. 342 *Germanissimi Germanorum* Siehe dazu August Ludwig Schlözer, Kritische Sammlungen zur Geschichte der Deutschen in Siebenbürgen, Wien 1979, Böhlau (Unveränderter Nachdruck der Ausgabe Göttingen 1795–97). Zu dieser Gemeinschaft siehe auch: William C. Dowling, Germanissimi Germanorum: Romania's Vanishing German Culture, in: East European Politics and Societies, Bd. 5, Nr. 2, S. 341–55.

S. 342 *des neuen Polens* Als Einführung in dieses verwickelte und delikate Thema siehe das Kapitel von Gerhard Reichling in: Aussiedler 1, S. 9–56, und die Artikel von Gotthold Rhode in: APZ, B11–12/88, S. 3–20, sowie Hans-Werner Rautenberg in: APZ, B50/88, S. 14–27. Ein tendenziöses Büchlein, das dennoch einige wichtige Informationen enthält, ist Christian Th. Stoll, Die Deutschen im polnischen Herrschaftsbereich nach 1945, Wien 1989, Österreichische Landsmannschaft = Eckart-Schriften Heft 98.

S. 343 *Oberschlesien* Zur außergewöhnlich komplexen Geschichte dieses Gebietes siehe die Einführung zu: Hugo Weczerka, Hrsg., Schlesien, Stuttgart 1977, Kröner, und Wiskemann, Eastern Neighbours, S. 22–33.

S. 343 *einmal hierhin, einmal dorthin* Interessanterweise berichtet Helmut Schmidt, daß Edward Gierek genau das in Helsinki 1975 gesagt habe: »Wir Oberschlesier waren Polen, wenn es dem polnischen Volk gut ging. Wir waren Deutsche, wenn es euch gut ging«. Siehe Schmidt, Nachbarn, S. 481.

S. 344 *gegenüber den sogenannten Auslandsdeutschen* Siehe hierzu John Hiden, The Weimar Republic and the problem of the Auslandsdeutsche, in: Journal of Contemporary History, 12/1977, S. 273–89, sowie das Buch desselben Autors, The Baltic States and Weimar Ostpolitik, Cambridge 1987, Cambridge University Press, das auch eine Bibliographie enthält.

S. 344 *Maßnahmen des deutschen Außenministeriums* Siehe hierzu Norbert Krekeler, Revisionsanspruch und geheime Ostpolitik der Weimarer Republik, Stuttgart 1973, Deutsche Verlags-Anstalt. In seinem Beitrag zu: Benz, Vertreibung, faßt er seine Hauptpunkte zusammen.

S. 345 *Adenauer hatte gesagt* Zitiert von Rainer Salzmann in: Dieter Blumenwitz u. a., Hrsg., Konrad Adenauer und seine Zeit, Bd. 2,

Stuttgart 1976, Deutsche Verlags-Anstalt, S. 151. Siehe jedoch auch das Zeit-Dossier von Karl-Heinz Jansen, Die Zeit, 1. Januar 1993, in dem der Autor eine Arbeit des Historikers Heinrich Meyer bespricht, der anhand von bislang unveröffentlichten Dokumenten zu dem Schluß kommt, daß es Adenauer möglich gewesen wäre, sie früher nach Hause zu holen. Wieder einmal ein historisches »Was wäre, wenn ...?«

S. 345 *für die Volksdeutschen* Siehe den Artikel von Barbara Dietz und Peter Hilkes, in: APZ, B50/1988, S. 3–13, bes. S. 5.

S. 345 *Verhandlungsrunde* Den besten Kurzbericht darüber liefert Boris Meissner, der direkt daran beteiligt gewesen war. Siehe Meissner, Moskau-Bonn, S. 27–30, und die Dokumente, auf die in den Fußnoten dieser Seiten hingewiesen wird. Der eigentliche Vertrag ist auf S. 370–372 abgedruckt. Die notwendige Ausgangsbasis für eine Repatriierung war, daß man am 21. Juni 1941 die deutsche Staatsangehörigkeit besessen haben mußte.

S. 345 *ausdrücklich mit der Lage und den Sorgen der Deutschen verknüpft* Wie nicht anders von einer Initiative zu erwarten, die vom Sudetendeutschen Wenzel Jaksch initiiert worden war. Siehe den Jaksch-Bericht zur Lage der Deutschen im Osten, Bundestag Drucksachen, 3/2807, der ausdrücklich im Zusammenhang steht mit dem häufiger zitierten, allgemeinen »Jaksch-Bericht«, der sich in Bundestag Drucksachen, 3/2740 befindet.

S. 345 *ihres »Erfolges«* Siehe beispielsweise die Kommentare des Innenministers in: Bulletin, 16. Januar 1979, S. 35, und von Bundeskanzler Schmidt in: Bundestag Plenarprotokolle 9/111, S. 6748, 9. September 1982.

S. 346 *zwei entscheidende Kategorien* Der folgende Absatz beruht vor allem auf dem Grundgesetzkommentar von Maunz-Dürig-Herzog, München 1991, Beck.

S. 346 *Friedländer Richtlinien* Richtlinien aus dem Jahr 1976 für die Beamten im Grenzdurchgangslager Friedland. Diese sind im »Arbeitshandbuch« eines höheren Rechtsbeamten abgedruckt: Liesner, Aussiedler, S. 66–77. Siehe dort auch seine Einführung.

S. 346 *bestätigt wird* Ibid, S. 61.

S. 347 *keinem anderen anzugehören* Ibid, S. 79.

S. 347 *erkennen läßt* Ibid, S. 81.

S. 347 *Elternteil vermutet* Ibid, S. 84.

S. 347 *Vertreibungsmaßnahmen* Ibid, S. 82.

S. 347 *nicht mehr zuzumuten* Ibid, S. 85.

S. 347 *Volkstumsgedanken* Ibid, S. 85.

S. 347 *im Aufnahmelager Friedland* Einen lebendigen Bericht liefert Amity Shlaes in Kapitel 1 ihres Buches, Germany. The Empire Within, New York 1991, Farrar, Straus. Allerdings vereinfacht sie zu sehr, wenn sie schreibt (S. 20): »In Deutschland zählt nur das Blut, und die Aussiedler sind Deutsche, weil sie deutsches Blut haben.«

S. 347 *der Volksliste aufgenommen* Siehe beispielsweise Broszat, Polenpolitik, S. 288–89. Die sog. Volksliste hatte vier Gruppen, unter denen die größte – und für die Bundesrepublik problematischste – Gruppe 3 war. Sie betraf Personen, die als Deutsche »mit Bindung zum Polentum« beschrieben wurden. Etwa 1,7 Millionen wurden allein zwischen 1941 und 1944 in diese Gruppe aufgenommen. Gruppe 4, die nur etwa 80 000 Menschen betraf, bezog sich auf Personen, die »im Polentum aufgegangen« waren, d. h., wie ein Vertreter des Innenministeriums in Bonn bildhaft erklärte: »Polen mit blauen Augen und blondem Haar«. Manfred Meissner, Bonn, 8. September 1989.

S. 348 *vom Nachweis der deutschen Volkszugehörigkeit abhängig* Manfred Meissner, Bonn, 25. März 1992. Zu den genauen Einzelheiten und Ausnahmen siehe: Liesner, Aussiedler.

S. 348 *Fragebogen für Antragsteller* Nachdruck in: Liesner, Aussiedler, S. 55. Diejenigen, die um Anerkennung kämpften, suchten die nötigen Nachweise in den Unterlagen des Berlin Document Center, im Bundesarchiv oder in der sogenannten »Deutschen Dienststelle für die Benachrichtigung der nächsten Angehörigen von Gefallenen der ehemaligen deutschen Wehrmacht«.

S. 348 *etwa die Hälfte* Manfred Meissner, Bonn, 8. September 1989.

S. 348 *sogar deutscher* Im Sinne der Wahrung nationaler Traditionen, Gewohnheiten und selbst der Sprache, die in der kommerzialisierten, amerikanisierten Bundesrepublik verlorengegangen waren. Dieser Punkt wurde vor allem in jenen Publikationen hervorgehoben, die dazu gedacht waren, die Zustimmung der Öffentlichkeit in der Aussiedlerfrage zu gewinnen. Siehe zum Beispiel das offizielle Papier der Bundeszentrale für Politische Bildung, PZ, 56/1989, betitelt: Aussiedler ... Deutscher als wir ...«

S. 348 *im polnischen Widerstand* Aus erster Hand erfuhr der Autor von einem Antragsteller, der, nachdem er den Nachweis seiner Mitgliedschaft in der Wehrmacht erbracht hatte, zunächst anerkannt worden war, dann aber, als sich herausstellte, daß er später in der polnischen Armee gegen die Deutschen gekämpft hatte, endgültig abgelehnt wurde.

S. 348 *auf dem polnischen Schwarzmarkt* Siehe Berichte in: Die Welt, Berliner Morgenpost, beide 30. März 1988, und Stuttgarter Zeitung, 2. April 1988.

S. 349 *Freiheiten zu gestatten* Dies betraf auch die Gründung einer »Deutschen Sozial-Kulturellen Gesellschaft« im April 1957. Siehe dazu den Artikel des führenden deutschen Polen-Historikers Gotthold Rhode, Die deutsch-polnischen Beziehungen von 1945 bis in die achtziger Jahre, in: APZ, B 11–12/88, dies auf S. 14.

S. 349 *nicht jedoch jenen in Oberschlesien* Erstaunlicherweise wurde in den Wojwodschaften Opole und Katowice – d. h. also in Oberschlesien – das Verbot, die deutsche Sprache zu lehren, erst im September 1988 aufgehoben. Siehe den Bericht von Stefan Dietrich in: FAZ, 23. Januar 1989.

S. 349 *behaupteten die polnischen Behörden* Hierzu und zum folgenden siehe Baring, Machtwechsel, S. 482–87.

S. 349 *»Information«* Text in: Verträge, S. 27–29.

S. 349 *vertrauliche Erläuterungen* Siehe Baring, Machtwechsel, S. 484.

S. 350 *langen, emotionsgeladenen Gespräch* Siehe Link, Ära Schmidt, S. 307–08; Bingen, Bonn-Warschau, S. 26–29; Schmidt, Nachbarn, S. 479ff.

S. 350 *Rentenvereinbarung* Siehe Verträge, S. 29–38. Bonn ging es vor allem darum, den Deutschen in Polen, die vor 1945 ihre Rentenabgaben an den Rentenfonds des Deutschen Reiches bezahlt hatten, nun eine angemessene Rente zu sichern. Die polnische Seite wollte jedoch keinesfalls direkte Rentenzahlungen der Bundesrepublik an Personen zulassen, deren Identität als Deutsche sie immer in Frage gestellt hatte. Der Kompromiß, der dann gefunden wurde, war, daß die Bundesrepublik jedem Polen, der in die Bundesrepublik auswandern sollte, eine reguläre Rente auf Grundlage jener Jahre bezahlen würde, für die er nachweislich in Polen Rentenabgaben geleistet hatte; Polen seinerseits würde die Jahre, für die nun in Polen lebende Personen in den deutschen Rentenfonds eingezahlt hatten, zu seinen regulären Rentensätzen anerkennen. Ergebnis war: Erstens erhielten einige tausend Personen in den ehemaligen deutschen Gebieten eine Zloty-Rente, die sie normalerweise nicht bekommen hätten. Zweitens konnte die Gierek-Riege 1,3 Milliarden DM einsacken. Und drittens hatte jeder Pole, der in die Bundesrepublik auswanderte, einen Rentenanspruch für die Jahre, die er nachweislich in Polen eingezahlt hatte. So konnte also, wie die Bild-Zeitung konstatierte, ein polnischer General (Leon Dubicki), der kurz vor Verhängung des Kriegsrecht in Polen in die Bundesrepublik geflüchtet war, automatisch eine höhere Rente beanspruchen als die meisten Bürger der Bundesrepublik. Eine detaillierte Darstellung dieser Vereinbarungen, vor allem hinsichtlich ihrer völkerrechtlichen Gültigkeit, findet sich in: Dieter Blumenwitz und Gottfried Zieger, Hrsg., Menschenrechte und wirtschaftliche Gegenleistungen, Köln 1987, Verlag Wissenschaft und Politik, S. 9–28.

S. 350 *Finanzkredit über 1 Milliarde DM* Siehe Verträge, S. 38–40.

S. 350 *erhalten werden* Ibid, S. 41.

S. 350 *Attacke gegen den Milliardenkredit* Siehe Bingen, Bonn-Warschau, S. 28; Link, Ära Schmidt, S. 307–08; und Strauß' eigenen, farbigen Bericht in: Strauß, Erinnerungen, S. 458–66.

S. 350 *demütigende Zusicherungen* Siehe Verträge, S. 46–49. Der damalige Pressesprecher des Auswärtigen Amtes bezeichnete diese Zusicherungen als »an der Grenze des mit dem Souveränitätsbegriff« zu vereinbaren. Zitiert in: Bingen, Bonn-Warschau, S. 28.

S. 350 *Jackson-Vanik-Amendment* Siehe die detaillierte Erörterung in: Kissinger, Years of Upheaval, S. 250–55, 986–95, 1252–53. Dort findet sich auch der Text des Amendments.

S. 351 *Rumänien wurde dieser Status* Siehe Kovrig, Walls and Bridges, bes. S. 182–86.

S. 351 *Im Falle Rumäniens* Die beste Kurzdarstellung ist die von Anneli Ute Gabany in: APZ, B50/88, S. 28–39.

S. 351 *Bargeld zur Grenze brachte* Günther van Well, Bonn, 8. Juli 1991.

S. 351 *für weitere fünf Jahre* 1988 begann Genscher mit Verhandlungen über eine Erhöhung der Zahlungen und eine Beschleunigung der Auswanderungsprogramme, da die Lage der deutschen Minderheit mittlerweile als unerträglich angesehen wurde. Siehe den Bericht von Olaf Ihlau in: SZ, 4. August 1988.

S. 351 *Cash gegen Deutsche* Dazu Werner Link: »Westdeutsches Kapital gegen polnische Ausreiseerleichterungen für deutsche und deutschstämmige Bürger!« Link, Ära Schmidt, S. 307. Siehe auch die Beiträge von Schweitzer und Sułek in: Jacobsen, Bundesrepublik-Volksrepublik.

S. 351 *Freundschaftsbezeugung* Schmidts Vorliebe für Edward Gierek ist ausgiebig dokumentiert. Klaus Bölling schreibt, Schmidt habe gesagt, er würde ihn »glatt im Kabinett aufnehmen«, und am Abend vor der Verhängung des Kriegrechts Erich Honecker gefragt, ob er sich bei den polnischen Behörden nicht für Edward Gierek einsetzen könnte. Siehe Bölling, Die fernen Nachbarn, S. 157.

S. 352 *fördern* Verträge, S. 38.

S. 352 *290,5 Millionen DM* Link, Ära Schmidt, S. 308.

S. 352 *Alois Mertes* Dies schrieb er in einem später veröffentlichten, achtseitigen Brief, datiert 13. Dezember 1983, an seinen Parlamentskollegen Carl Otto Lenz. Alle folgenden Zitate sind einer Kopie dieses Briefes entnommen, die sich bei den Mertes-Unterlagen im ACDP-Pressearchiv befindet.

S. 352 *rechtsliberale Auslegung* Artur Hajnicz, unabhängiger polnischer Deutschlandspezialist, weist darauf hin, daß der schlesische Vertriebene Herbert Hupka »sofort gegen den Brief, den er sorgfältig gelesen hatte, protestierte und dessen Intention verstanden hatte«. Siehe Außenpolitik (Englische Ausgabe), I / 89, S. 35.

S. 353 *Glemp in einer Predigt* Text der Rede in: FAZ, 18. August 1984. In einem Interview mit der Zeit, 13. Juni 1985, versuchte Glemp, den Schaden wiedergutzumachen.

S. 353 *Welche Deutschen, welches Unrecht?* Die unabhängige Untergrundpresse kritisierte ihn jedoch für diese Haltung. Siehe beispielsweise den Artikel in: CDN. Głos Wolnego Robotnika, Nr. 85, Dezember 1984.

S. 353 *zwei Ursachen* Manfred Meissner, Bonn, 8. September 1989.

S. 354 *mit Nachdruck* So Johann Georg Reissmüller am 16. Mai 1983 in der FAZ. Nachdruck in: Reissmüller, Vergessene Hälfte, S. 118–21.

S. 354 *wirtschaftlicher Zugewinn* Siehe den Artikel von Klaus Leciejewski in: Das Parlament, 25. August 1989, sowie den Bericht über eine Studie des Instituts der deutschen Wirtschaft in: FAZ, 23. September 1989.

S. 355 *niemand nach Osteuropa* Detail und Zahlen von Jürgen Haberland, Bundesministerium des Inneren, Bonn, 15. März 1989.

S. 355 *etwa 200000 Polen* Diese Zahl stammte aus dem Zentralregister für Ausländer in der Bundesrepublik. Nicht einbezogen waren Besucher auf zeitlich begrenzte Dauer, solche mit doppelter Staatsangehörigkeit und natürlich all jene, die illegal blieben.

S. 355 *Kontinuum an Ressentiments* Die Ergebnisse einer Untersuchung in: Der Spiegel, 16/1989, bringen dies deutlich zum Ausdruck.

S. 356 *Volkswagendeutsche* Womit jedoch nicht bestritten werden soll, daß für eine Minderheit auch der Zwang zur Verleugnung ihrer kulturellen Identität ein wesentlicher Grund für ihren Wunsch gewesen sein mag, das Land zu verlassen. Siehe z. B. die Artikel von Bronisław Tumilowicz in: Polityka, 24. Juni 1989, und von Hans Krump in: Die Welt, 24. Oktober 1987. Doch schon der Untertitel von Krumps Artikel – »Über eine Million Deutsche in Polen kämpfen um ihre Identität« – ist Ausdruck jener schicksalshaften Konfusion. Es mag eine Million Deutsche im Sinne des Grundgesetzes in Polen gegeben haben. Mit Sicherheit aber hatte es keine Million gegeben, die »um ihre Identität« kämpften. Siehe hierzu auch Klaus Reiff, Polen. Als deutscher Diplomat an der Weichsel, Bonn 1990, Dietz, S. 76ff.

S. 357 *Beim ersten Besuch eines Präsidenten* Siehe Schulz-Vobach, Die Deutschen im Osten, S. 128ff.

S. 357 *Behandlung der deutschen Minderheit* Presseerklärung der CDU/CSU-Fraktion, 1. September 1988.

S. 357 *daß dieser Kredit ein Signal* Volker Rühe, Bonn, 14. Oktober 1988.

S. 357 *die dort leben* Zitiert aus: BPA/KU I/08. 08/88: Kohl, 0805–8/I.

S. 358 *deutscher Bankier* F. Wilhelm Christians von der Deutschen Bank. Siehe dazu Christians' Bericht in: SZ, 27. September 1989, sowie den Artikel von Michel Tatu in: Le Monde, 27. Juli 1990.

S. 358 *zur Rentensicherung beitragen* Laut Statistiken des Bundesministerium des Inneren lag das Alter von 43 Prozent der Aussiedler, die

1988 in die Bundesrepublik gekommen waren, unter 25, nur bei 4 Prozent über 65.

S. 359 *Gesellschaftsordnung schlechthin* Ludwig Erhard, »Die geistigen Grundlagen gesunden Außenhandels«, 1953. Zitiert in: Haftendorn, Außenpolitik, S. 403.

S. 359 *mindestens ein Drittel* Der Bonner Almanach 1987/88 (Bonn 1987, Presse- und Informationsamt der Bundesregierung), S. 88, nennt eine Zahl von 32 Prozent für 1985. In seinem Beitrag zu: Susan Stern, Ed., Meet United Germany, Frankfurt/M. 1991, FAZ, S. 187, schreibt Norbert Walter von der Deutschen Bank, »über ein Drittel«. In: Liberal 1/1989, S. 5, schreibt Jürgen Bellers, daß, wenn man die Halbfertigprodukte, die in den Export gehen, dazurechnet, eine Zahl von nahezu 50 Prozent erreicht werde.

S. 359 *Etwa jeder fünfte* Schätzung für 1974/75. Siehe Kreile, Osthandel, S. 165.

S. 359 *ein »Handelsstaat«* Siehe dazu Richard Rosecrance, The Rise of the Trading State, New York 1986, Basic Books.

S. 359 *sagte Rathenau* Zitiert von Otto Wolff von Amerongen in: Hans-Dietrich Genscher, Hrsg., Nach vorn gedacht... Perspektiven deutscher Außenpolitik, Bonn 1987, Bonn Aktuell, S. 113.

S. 360 *gehört zu haben* Zitiert in: van Oudenaren, Détente, S. 259.

S. 360 *wir sind autark* Helmut Allardt, Politik vor und hinter den Kulissen, Düsseldorf 1979, Econ, S. 251.

S. 360 *mehr als 7,5 Prozent* Diese Zahlen aus: Haberl und Hecker, Unfertige Nachbarschaften, Tabelle 3, S. 272.

S. 360 *mit 9 Prozent* Ibid.

S. 361 *erklärte Walter Scheel* Rede vom 18. Mai 1972 zitiert in: Meissner, Moskau-Bonn, S. 1507–1513, dies auf S. 1510.

S. 361 *RGW-Länder zusammen* Die berühmte Davoser Rede hielt Genscher am 1. Februar 1987. Zitiert aus: Der Bundesminister des Auswärtigen, Mitteilung für die Presse Nr. 1022/87, dieses Zitat auf S. 42. Nachdruck in: Genscher, Unterwegs, S. 139–150. Wie der Tabelle in: Haberl und Hecker, Unfertige Nachbarschaften, S. 272, zu entnehmen ist, wurde diese bemerkenswert niedrige Zahl nur durch den Ausschluß des Handels der Bundesrepublik mit Jugoslawien und der DDR erreicht. Bezieht man diese beiden Staaten mit ein, so belief sich die tatsächliche Zahl für 1986 auf 6,7 Prozent.

S. 362 *unnormalen deutschen Wirtschaftsexpansion* Siehe M. C. Kaser und E. A. Radice, Eds., The Economic History of Eastern Europe 1919–1975, Oxford 1985, Clarendon Press, S. 436.

S. 362 *dreimal mehr als die Vereinigten Staaten* Siehe Tabelle A-3 in: Gordon, Eroding Empire, S. 332–33.

S. 362 *als jeder andere westliche Staat* Siehe Tabelle A-3 in: Gordon, Eroding Empire, S. 332–33.

S. 362 *zwanzig Prozent des Exports* Kreile, Osthandel, S. 173.

S. 362 *gewichtige Stimme in Bonn* Siehe Kapitel 3 in: Kreile, Osthandel, und den Beitrag von Arno Burzig in: Haberl und Hecker, Unfertige Nachbarschaften. Aufgrund der »Pilotfunktion« der Wirtschaftsbeziehungen für die Ostpolitik insgesamt hatten Einzelpersonen wie der Vorsitzende des Ostausschusses der deutschen Wirtschaft, Otto Wolff von Amerongen, und der Vorstandssprecher der Deutschen Bank, F. Wilhelm Christians, eine Bedeutung, die noch über das lobbyistische »Gewicht« der Interessen, die sie vertraten, hinausging. Siehe auch: Christians, Wege.

S. 362 *Schätzungen der Arbeitsplätze* Siehe Stent, Embargo to Ostpolitik, S. 217.

S. 363 *auch Rückwirkungen* Diese Schlußfolgerungen auch bei: Wörmann, Osthandel, S. 269–70.

S. 363 *F. Wilhelm Christians* Siehe Christians, Wege, bes. S. 247–50.

S. 363 *Funktion erfüllen* Siehe Meissner, Moskau-Bonn, S. 1510.

S. 364 *ein Hauptmotiv* Dieser Punkt wird auch hervorgehoben von Hanns-Dieter Jacobsen, Heinrich Machowski u. Klaus Schröder, The Political and Economic Framework Conditions of East-West Relations, in: Außenpolitik (englischsprachige Ausgabe), II/88, S. 139. Siehe dazu auch die Zitate in: Wörmann, Problem, S. 215, Fußnote 120.

S. 364 *einem Drittel bis einem Viertel* Siehe Tabelle A-12 in: Gordon, Eroding Empire. Die Zahl, die für die Tschechoslowakei genannt wird, ist tatsächlich höher als ein Drittel, nämlich 35,9 Prozent.

S. 364 *vierzig Prozent* Diese Schätzung stammt aus dem Beitrag von Andras Inotai, in: Liberal 4/1990, S. 41–54, dies auf S. 41.

S. 364 *ein Viertel seines Gesamtexports* Ibid, S. 45.

S. 364 *mehr als ein Viertel* Siehe Tabelle 4. 2 bei Angela Stent, Technology Transfer to Eastern Europe: Paradoxes, Policies, Prospects, in: William E. Griffith, Ed., Central and Eastern Europe: The Opening Curtain?, Boulder 1989, Westview Press.

S. 365 *einem Dilemma* Siehe Kapitel »Reform oder Revolution?« in: Garton Ash, Jahrhundert. Auch von William E. Griffith wird dieser Punkt betont. Siehe seine Einführung zu: William E. Griffith, Ed., Central and Eastern Europe: The Opening Curtain?, Boulder 1989, Westview Press.

S. 365 *zur Europäischen Gemeinschaft* Hierzu das wertvolle Buch von Peter van Ham, The EC, Eastern Europe and European Unity, London 1993, Pinter.

S. 365 *wie diese Wirtschaftsmacht einzusetzen* Eine erhellende Einführung hierzu in: Hanson, Western Economic Statecraft.

S. 365 *zwischen Bonn und Washington* Hierzu gibt es eine Fülle an Literatur, vor allem aus der Mitte der achtziger Jahre. Wörmann, Problem, ist eine gründliche und nachdenkliche Behandlung des Themas, ebenso wie die etwas früher erschienene Studie von Hanns-Dieter Jacobsen, Die Ost-West-Wirtschaftsbeziehungen als Deutsch-Amerikanisches Problem, Ebenhausen 1983, Stiftung Wissenschaft und Politik. Siehe auch Stent, Embargo to Ostpolitik, und den Beitrag derselben Autorin in: William E. Griffith, Ed., Central and Eastern Europa: The Opening Curtain?, Boulder 1989, Westview Press, S. 74–101. Eine Fülle an Details über die amerikanische Seite (zu noch viel weitreichenderen Themen als nur Energiehandel) findet sich in: Jentleson, Pipeline Politics. Siehe auch die einschlägigen Kapitel in: Kovrig, Walls and Bridges; Gordon, Eroding Empire; van Oudenaren, Détente, sowie die Beiträge von Gary K. Bertsch und Steve Elliott-Gower, und von Heinrich Vogel, in: Gary K. Bertsch u. a., Eds., After the Revolutions. East-West Trade and Technology Transfer in the 1990s, Boulder 1991, Westview Press.

S. 365 *die Mauer weg* Zitiert in: Kreile, Osthandel, S. 66.

S. 366 *Coexistence and Commerce* Samuel Pisar, Coexistence and Commerce, Guidelines für Transactions between East and West, New York 1970, McGraw-Hill. Giscard d'Estaing schrieb ein begeistertes Vorwort zur französischen Ausgabe. Dazu ist vielleicht anzumerken, daß Pisar das Buch größtenteils in einem Schloß schrieb, das er von Giscard gemietet hatte. Pisar selbst hat dies und Giscards Lobpreisung in seiner Autobiographie vermerkt: Of Blood and Hope, New York 1982, Macmillan, S. 186–88.

S. 366 *Romantikern des Osthandels* Otto Wolff von Amerongen, Aspekte des deutschen Osthandels, in: Außenpolitik (deutsche Ausgabe) 3/1970, S. 143–48.

S. 366 *Franz Josef Strauß* Im Gespräch mit dem Autor, München, Februar 1985.

S. 366 *»Lichtschalter-Diplomatie«* Siehe Wörmann, Problem, S. 47–8.

S. 367 *Samuel P. Huntington* Hintergründe dieses Denkansatzes finden sich gut herausgearbeitet in dem wichtigen Artikel von Huntington, Trade, Technology and Leverage: Economic Diplomacy, in: Foreign Policy, Fall 1978, S. 63–80.

S. 367 *Richard Perle* Siehe Jentleson, Pipeline Politics, bes. S. 19 ff., und Hanson, Western Economic Statecraft.

S. 367 *unbedeutenderer Sanktionen* Siehe Hanson, Western Economic Statecraft, S. 1, 41.

S. 368 *Pipeline* Siehe hierzu die ausführliche Diskussion in: Jentleson, Pipeline Politics; Wörmann, Problem; sowie in den o. a. generellen Abhandlungen.

S. 369 *kollidieren ließen* Josef Joffe, The Limited Partnership, Europe, the United States and the Burdens of Alliance, Cambridge 1987, Ballinger, S. 12.

S. 370 *spannungsmindernde Rolle* In: Hans-Dietrich Genscher, Hrsg., Nach vorn gedacht... Perspektiven deutscher Außenpolitik, Bonn 1987, Bonn Aktuell, S. 121.

S. 370 *gering ist* Helmut Schmidt, A Grand Strategy for the West, New Haven 1985, Yale University Press, S. 128–29.

S. 370 *zu treten* Zitiert in: Der Spiegel, 1/1988.

S. 370 *Harold James* Siehe hierzu sein erhellendes Buch: A German Identity 1770–1990, London 1989, Weidenfeld & Nicolson.

S. 371 *gestärkt werden* Jürgen Ruhfus, Die politische Dimension der Wirtschaftsbeziehungen zwischen Ost und West, EA, 1/1987, S. 1–10. Rufuhs wurde anschließend Botschafter in Washington.

S. 372 *zum Erfolg zu verhelfen* In seiner Davoser Rede im Februar 1987. Neudruck in: Genscher, Unterwegs, S. 139–50.

S. 372 *CoCom-Liste* Zum in Paris ansässigen Koordinationskomitee für Exportkontrolle, das aus Repräsentanten Japans sowie aller Nato-Mitgliedstaaten mit Ausnahme von Island bestand, siehe die einschlägigen Kapitel in: Gary K. Bertsch u. a., Eds., After the Revolutions. East-West Trade and Technology Transfer in the 1990s, Boulder 1991, Westview Press. Man beachte jedoch, daß Gegenstände zum Mehrzweckgebrauch (*dual-use*) keinem grundsätzlichem Verbot unterlagen, sondern nur von Fall zu Fall überprüft wurden.

S. 373 *»wirtschaftliche Staatskunst« des Westens* Siehe David Baldwin, Economic Statecraft, Princeton 1985, Princeton University Press. Hanson, Western Economic Statecraft, übernimmt diesen Begriff von Baldwin.

S. 374 *keinen strafenden Effekt mehr* George F. Kennan, Memoiren 1950–1963, New York 1983, Pantheon Books (Nachdruck der ersten Ausgabe von 1972), S. 297.

S. 375 *behauptete Kissinger* Siehe Kissinger, Years of Upheaval, S. 25–51, 985–98.

S. 375 *Philip Hanson* Siehe Hanson, Western Economic Statecraft, S. 12ff, 71ff.

S. 376 *uns geholfen haben* Der vollständige Text des Interviews in: Encounter, Januar 1985. Zuvor hatte er im selben Gespräch gemeint, daß »die westlichen Sanktionen gegen das Jaruzelski-Regime allgemein als Akt der Solidarität mit dem polnischen Volk und ihren Hoffnungen« betrachtet worden seien. Hier könnte man hinzufügen, daß ähnliche Ansichten auch unter den Menschenrechts- und Oppositionsaktivisten in Südafrika herrschten, im Zusammenhang mit westlichen Sanktionen gegen ihr Land.

S. 376 *funktioniert bis heute* Observer (London), 6. August 1989.

S. 377 *Untersuchungen Zbigniew Pelczynskis* Mitteilung an den Autor.

S. 378 *sollten einsteigen* Dieser Mechanismus wird eindringlich und lebendig in einem Memorandum beschrieben, das von Gerhard Schürer und den anderen Zahlungsbilanzexperten der DDR (inklusive Schalck) am 28. September 1989 verfaßt wurde; Nachdruck in: Przybylski, Tatort 2, S. 358–363, dies auf S. 362.

S. 380 *systemöffnenden Zusammenarbeit* Siehe Nachdruck seiner Rede in: Bulletin, 17. Juni 1987, S. 525–29.

S. 380 *der prototypische Bericht* Siehe beispielsweise Kanzler Kohls Bericht über seinen Besuch in Prag, in: Bundestag Plenarprotokolle, 11/58, S. 3987, 4. Februar 1988.

S. 380 *in beiden Ländern repräsentieren* John F. Kennedy, The Strategy of Peace, London 1960, Hamish Hamilton, dieses Zitat auf S. 93 stammt aus seiner Rede am 21. August 1957 im Senat.

S. 381 *erreichbar sind* Eine revidierte und erweiterte deutsche Fassung seiner Harvard-Rede wurde veröffentlicht als: Willy Brandt, Koexistenz – Zwang zum Wagnis, Stuttgart 1963, Deutsche Verlags-Anstalt. In seiner Tutzinger Rede am 15. Juli 1963 wurde diese Passage von Brandt selbst zitiert. Siehe Dokumente, IV/9, S. 567.

S. 381 *Politiker der Bundesrepublik behaupteten* Siehe beispielsweise die Bemerkungen von Horst Ehmke in: Bundestag Plenarprotokolle, 10/228, S. 17718 (10. September 1986); sowie die Darstellung von Richard von Weizsäcker, in: Systemöffnende Kooperation? Perspektiven zwischen Ost und West. Bergedorfer Gesprächskreis 84, 25. März 1988, S. 68.

S. 382 *»Helsinki«* Unter den allgemeinen Arbeiten zu Helsinki, siehe: Mastny, Helsinki I, und Helsinki II; Davy, Détente; Kapitel 9 in: van Oudenaren, Détente; und die einschlägigen Passagen in: Kovrig, Walls and Bridges.

S. 382 *Beispielsweise entsprach* Zu den folgenden beiden Absätzen siehe: Maresca, Helsinki, bes. S. 11, 45, 77ff., 120ff., 158f., 215; Mastny, Helsinki I, S. 4; und Kissingers eigene Darstellung in: White House Years, und: Years of Upheaval.

S. 382 *Eröffnung der MBFR* Zitiert in: Kovrig, Walls and Bridges, S. 123.

S. 383 *nach dem Trauma von Vietnam* Diesen Punkt betonten vor allem Maresca und, sehr nachdrücklich, Robert W. Tucker, zitiert in: Mastny and Zielonka, Human Rights and Security, S. 112.

S. 383 *Bemühungen des Kongresses* Die »Congressional Commission on Security and Cooperation« wurde 1976 größtenteils auf Initiative der Kongreßabgeordneten Millicent Fenwick gegründet. Siehe Maresca, Helsinki, S. 207. Diese Kommission spielte eine wichtige Rolle als Antreiber der nachfolgenden Administrationen. Vielleicht noch wichtiger aber war das in New York stationierte »Helsinki Watch Committee«, das 1978 als Antwort auf die unabhängigen Helsinkigruppen in der Sowjetunion und Osteuropa gegründet wurde. Es war auch vor allem diesem New

Yorker Helsinki Watch Committee zu verdanken, daß 1982 in Wien eine »International Helsinki Federation for Human Rights« gegründet werden konnte, die dann verschiedenste europäische Gruppen versammelte und vertrat. Siehe dazu auch den Artikel des Autors in: The Independent, 18. April 1988.

S. 383 *Die amerikanische Presse* Siehe Richard Davys Beitrag zu: Nils Andren und Karl E. Birnbaum, Eds., Belgrade and Beyond: The CSCE Process in Perpective, Alphen aan den Rijn 1980, Sijthoff & Noordhoff, S. 3–15, dies auf S. 5.

S. 383 *Legvold kommentierte* Zitiert in: Mastny, Helsinki, S. 47.

S. 384 *der sowjetische Lieblingskorb* So auch die Kapitelüberschrift in: Mastny, Helsinki I, S. 121.

S. 385 *offiziellen westdeutschen Äußerungen* Naheliegender Ausgangspunkt für weitere Details ist die Publikation des Auswärtigen Amtes, hier und in der Folge »KSZE Dokumentation« genannt. Ein weiterer Band, hier »KSZE Dokumentation 1990/91«, behandelt die Entwicklungen bis Anfang 1991. Eine Kombination aus Dokumentation und Analyse aus dem »Europa-Archiv« sind die drei Bände: Hermann Volle und Wolfgang Wagner, Hrsg., KSZE. Konferenz über Sicherheit und Zusamenarbeit in Europa, Bonn 1976, Verlag für Internationale Politik, hier zitiert als Volle und Wagner, KSZE; Das Belgrader KSZE-Folgetreffen, Bonn 1978, Verlag für Internationale Politik; und: Das Madrider KSZE-Folgetreffen, Bonn 1984, Verlag für Internationale Politik. Weitere offizielle Stellungnahmen finden sich in Standardquellen wie: Bulletin, Bundestag Plenarprotokolle, Bundestag Drucksachen, Texte, EA.

S. 385 *schlichtweg unmöglich* Zumindest bis zur Öffnung der Archive der jeweils beteiligten Länder. Bis dahin könnten jedoch systematisch Gespräche mit den beteiligten Politikern und Beamten geführt werden.

S. 385 *in einen gemeinsamen politischen Ansatz* Dies wird hervorgehoben von Karl E. Birnbaum und Ingo Peters in ihrem interessanten Artikel, »The CSCE: a reassessment of its role in the 1980s«, in: Review of International Studies 16/1990, S. 305–19.

S. 385 *erst richtig zum Leben erweckt* Dies wurde von Günther van Well am 8. Juli 1991 im Gespräch mit dem Autor in Bonn ganz besonders hervorgehoben. Zur Kooperation zwischen den Neun, siehe den Artikel von Frans Alting von Geusau in: Nils Andren und Karl E. Birnbaum, Belgrade and Beyond: The CSCE Process in Perspective, Alphen aan den Rijn 1980, Aijthoff & Noordhoff, S. 17–26; Ferraris, Report; sowie die Berichte über EG Neun, und in der Folge Zwölf, im Nachdruck: KSZE Dokumentation.

S. 385 *multilateral abzudecken* Zitiert nach der Manuskriptversion des Marbella-Papiers vom 10. April 1977, in: AdsD: HS 002.

S. 386 *kein ursprüngliches Interesse* Zitiert nach einem Manuskript mit handschriftlichen Randbemerkungen von Schmidt, in: AdsD: HS 295. Im Zusammenhang des Ordners scheint es, als sei es in Vorbereitung zu seiner Reise nach Helsinki für die Unterzeichnung der Schlußakte entstanden.

S. 386 *charakteristisch für die Diplomatie* Dies geht deutlich aus dem Artikel hervor, den der damalige Staatssekretär des Auswärtigen Amtes, Paul Frank, 1972 verfaßt hatte. Nachdruck in: Volle und Wagner, KSZE, S. 41–7.

S. 386 *ganz Europa* Siehe Maresca, Helsinki, S. 84. Er erwähnt, daß diese Klausel unter den Delegierten auch »Andorra-Klausel« genannt wurde.

S. 386 *für die Bundesrepublik ausgehandelt* Diese bemerkenswerte Geschichte wird gut geschildert in: Maresca, Helsinki, S. 110–16. Das endgültige Ergebnis war von der Plazierung eines einzigen Kommas abhängig gewesen.

S. 386 *in der Liste der Grundprinzipien* Siehe Volle und Wagner, KSZE, S. 94. Auch Hermann von Richthofen, London, 3. März 1992.

S. 386 *Genscher im Sommer 1975* Seine Rede vom 25. Juli 1975 findet sich als Nachdruck in: KSZE Dokumentation, S. 303–15, siehe bes. S. 309–10.

S. 386 *internen Diskussionen* Günther van Well erwähnt hier vor allem eine Arbeitsgruppe, die von Ulrich Sahm geleitet wurde. Günther van Well, Bonn, 8. Juli 1991.

S. 386 *und Wettbewerb* Dieses und folgende Zitate aus Brunners Beitrag zu: EA 13/1973, Neudruck in: Volle und Wagner, KSZE, S. 49–54.

S. 387 *allen westlichen Teilnehmern* Beispielsweise Harold Wilson während der Helsinki-Konferenz: »Détente bedeutet wenig, wenn sie sich nicht im täglichen Leben unserer Völker widerspiegelt. Es gibt keinen Grund, weshalb im Jahr 1975 Europäern nicht gestattet sein sollte, zu heiraten, wen sie wollen, zu hören und zu lesen, was sie wollen, ins Ausland zu reisen, wann und wohin sie wollen, zu treffen, wen sie wollen.« Zitiert in: Maresca, Helsinki, S. 154.

S. 387 *Netz der Kooperation* Zu dieser und den folgenden Zitaten siehe: KSZE Dokumentation, S. 303–15. Siehe auch die Rede von Helmut Schmidt, dort abgedruckt auf S. 316–20.

S. 387 *Amerikaner warfen* Diese Richtungswahl wurde vom Leiter der amerikanischen Delegation bei der Belgrader Folgekonferenz, Arthur Goldberg, vertreten. Siehe den Beitrag von Richard Davy zu: Nils Andren und Karl E. Birnbaum, Belgrade and Beyond: The CSCE Process in Perspective, Alphen aan den Rijn 1980, Sijthoff & Noordhoff, S. 3–15. Zur inneramerikanischen Debatte über diesen politischen Ansatz siehe Mastny, Helsinki I, S. 155–65.

S. 387 *Mit »stiller Diplomatie«* Diese Sicht vertrat Willy Brandt eloquent in seinem Buch: Menschenrechte mißhandelt und mißbraucht, Reinbek b. Hamburg 1987, Rowohlt, bes. S. 89–101, wo er verdeutlicht, daß dies die Fortführung der »kleinen Schritte« war, jener Linie, die in den frühen sechziger Jahren in Berlin entwickelt worden war. Eine generelle Erörterung dieses Problems in: Carola Stern, Strategien für die Menschenrechte, Frankfurt/M. 1983, Fischer Taschenbuch, erweiterte Ausgabe.

S. 388 *die größten Dissonanzen* Siehe Kovrig, Walls and Bridges, S. 186ff.

S. 388 *Korb 2* Eine höchst kritische Darstellung der ökonomischen Seite der Schlußakte von Helsinki im Beitrag von Philip Hanson zu: International Affairs (London), 4/1985, S. 619–29. Er schreibt, daß die Aussagen über Wirtschaftsbeziehungen in der Schlußakte von Helsinki »in etwa so sachdienlich sind wie die Mitteilung einer Weihnachtsgrußkarte«.

S. 388 *zu machen* Weizsäcker, Deutsche Geschichte, S. 15.

S. 389 *um Wirtschaftskooperation* Zur Bonner Konferenz über wirtschaftliche Zusammenarbeit, siehe Bulletin, 20. März 1990, S. 285–88; und Bulletin, 19. April 1990, S. 357–68. Das Abschlußdokument findet sich auch in: KSZE Dokumentation 1990/91, S. 21–33. Siehe auch Mastny, Helsinki II, S. 217–228. Dort auch eine Darstellung der ursprünglich kritischen Haltung der Vereinigten Staaten gegenüber dem Vorschlag der Bundesrepublik.

S. 389 *stillschweigend etwas mehr Autonomie* Siehe beispielsweise Schmidts Kommentar in: Bergedorfer Gesprächskreis 76 (17–18. Dezember 1984), S. 20; sowie seinen Artikel »Europa muß sich selbst behaupten«, in: Die Zeit, 28. November 1986. Dies wurde auch als Ziel der amerikanischen Helsinki-Politik betrachtet. Warren Zimmermann, Washington, 15. April 1987.

S. 389 *präsentierte sich Helmut Schmidt* Siehe Link, Ära Schmidt, S. 309.

S. 389 *stille Zusammenarbeit* Der Begriff »stille Zusammenarbeit« (*tacit cooperation*) stammt von Karl E. Birnbaum und Ingo Peters, in: Review of International Studies, 16/1990, S. 316, die zusammenfassende Darstellung einer größeren Studie.

S. 389 *Schlußdokument* Als kurze Zusammenfassung siehe den Artikel des Autors in: The Independent, 20. Januar 1989. Der vollständige Text findet sich in: Bulletin, 31. Januar 1989, S. 77–105; Nachdruck auch in: KSZE Dokumentation, S. 189ff.

S. 389 *der größte Schritt vorwärts* Siehe Mastny, Helsinki II, bes. S. 11–18, 85–144; sowie den Beitrag von William Korey in: Mastny und Zielonka, Human Rights and Security, S. 77–105.

S. 390 *Die Verknüpfung wurde damals* Ibid, S. 89–90.

S. 390 *Der Außenminister der Bundesrepublik versuchte* Laut

Information von Mitgliedern verschiedener Delegationen, in: Financial Times, 5. Januar 1989.

S. 391 *gemeinsame Erklärung* Text in: Bulletin, 15. Juni 1989, S. 542–44.

S. 392 *erleichtern könnte* Rede vom 25. Juli 1975, Neudruck in: KSZE Dokumentation, S. 303–15, dies auf S. 303. Der Außenminister zitierte seine eigenen Worte in: Bundestag Plenarprotokolle, 9/11, S. 6782, 9. September 1982.

S. 393 *im guten Sinne des Wortes* In einem Interview in: Der Spiegel, 24/1989.

S. 394 *der Zusammenarbeit werden* Bundestag Plenarprotokolle, 11/49, S. 3435, 10. Dezember 1987.

S. 394 *überwinden können* Rede anläßlich der Verleihung der Thomas-Dehler-Medaille in München, 3. Januar 1987, veröffentlicht in: Der Bundesminister des Auswärtigen, Mitteilung für die Presse Nr. 1005/87.

S. 394 *offenhalten* Rede vor der Evangelischen Akademie Loccum, 20. September 1985, Nachdruck in: Bulletin, 24. September 1985, S. 889–93, dieses Zitat auf S. 892.

S. 394 *trennungsmindernde Maßnahme* Bundestag Plenarprotokolle, 11/59, S. 4111, 5. Februar 1988.

S. 394 *die amerikanischen Handschellen* Vladimir Bukovsky, To Build a Castle. My Life as a Dissenter, London 1978, André Deutsch, S. 344.

S. 395 *zu lösen versuchen* In einer Rede vor dem Rotary Club in New York, 14. Januar 1971. Bulletin, 15. Januar 1971, S. 25–28, Zitat auf S. 27.

S. 395 *bewältigt werden* Bulletin, 15. Juni 1989, S. 542.

S. 396 *Umweltverschmutzung* Siehe beispielsweise die Karte zur Schwefeldioxydausschüttung in: Keith Sword, Ed., The Times Guide to Eastern Europe, London 1991, revidierte Ausgabe, Times Books, S. 280.

S. 397 *alle sterblich* John F. Kennedy, Rede vor der Amerikanischen Universität in Washington, 10. Juni 1963, in: Public Papers of the Presidents. John F. Kennedy, 1963, Washington, DC, US Government Printing Office, S. 459–64, dieses Zitat auf S. 462. Vergleiche hierzu den Kommentar von Bundeskanzler Kiesinger in seiner Rede am 17. Juni 1967 vor dem Bundestag: »Wir dagegen halten es für eine bewährte Methode, zunächst Gelände zu suchen, das man gemeinsam betreten kann, um die großen Streitfragen vorerst auszuklammern. Dieses Verfahren, das ein wichtiges Instrument in einer Politik der Entspannung darstellt, hat seine Probe im Verkehr zwischen Staaten bestanden.« Zitiert in: Meissner, Deutsche Ostpolitik, S. 206.

S. 397 *nicht viele Politiker* Eine Ausnahme bildeten vielleicht, angesichts ihrer Beziehungen zur Bundesrepublik, einige französische Politiker. Sie glaubten, die Bundesrepublik noch fester gegen die Versuchung eines Drifts gen Osten verankern zu müssen: Interdependez als Eindämmung.

S. 398 *»Gulliverisierung«* Davy, Détente, S. 6.

S. 400 *»systemöffnende Koexistenz«* Siehe seinen Beitrag zu: EA, 15–16/1970, S. 541–58, dies auf S. 558.

S. 400 *zum vierzigsten Jahrestag* Rede vom 12. Juni 1987, abgedruckt in: Bulletin, 17. Juni 1987, S. 525–29.

S. 400 *nur militärische Macht* Ibid, S. 528.

S. 401 *von Perestroika* Nachdruck dieser Rede vom 27. Oktober 1987 in: Theo Sommer, Hrsg., Perspektiven. Europa im 21. Jahrhundert, Berlin 1989, Argon, S. 93–105.

S. 401 *nicht des unsrigen* Ibid, S. 103.

S. 401 *haben zu lernen* Ibid, S. 104.

S. 401 *unserer Strukturen abzielt* Bergedorfer Gesprächskreis 84 (25. März 1988), S. 37.

S. 401 *und Denkweisen* Ibid, S. 38. Der Gesprächsteilnehmer war Dr. Klaus Cantzler, einer der Direktoren von BASF, verantwortlich für Osteuropa.

S. 401 *als früher* Ibid, S. 80. Dr. Friedbert Pflüger.

S. 402 *bis in den Ural ausdehnen* Im Vorwort zur englischen Ausgabe von: Eighteen Lectures on Industrial Society, London 1967, Weidenfeld & Nicolson, S. 13.

S. 402 *unser Risiko?* Bulletin, 17. Juni 1987, S. 528.

S. 403 *der Sowjetunion von heute* Bundestag Plenarprotokolle, 11/6, S. 293, 20. März 1987.

S. 403 *unausweichlich gemacht* Rede am 17. Februar 1989 in Hamburg. In: Bulletin, 22. Februar 1989, S. 165–67, dieses Zitat auf S. 165.

S. 404 *politischen Ausdruck suchen* Bundestag Plenarprotokolle, 9/76, S. 4427, 14. Januar 1982.

S. 405 *»auswärtige Kulturpolitik«* Die beste Einführung zu diesem Aspekt der westdeutschen Außenpolitik ist die Sammlung von Aufsätzen und Reden eines langgedienten Verantwortlichen im Auswärtigen Amt: Witte, Kulturpolitik.

S. 405 *neue Richtlinien* Neudruck in: Vierzig Jahre, S. 230–233.

S. 405 *Etwa die Hälfte* Witte, Kulturpolitik, S. 233.

S. 405 *für die Sprachpolitik* Ibid, S. 233f. Siehe auch Hans-Dietrich Genschers Vorwort zu: Die Stellung der deutschen Sprache in der Welt. Bericht der Bundesregierung, Bonn 1988, Auswärtiges Amt. Dieser offizielle Bericht war dem Bundestag bereits 1985 vorgelegt worden.

S. 406 *der Stagnation* Dies in einem Artikel über die kulturellen Beziehungen der Bundesrepublik zu ihren östlichen Nachbarn, in: EA 7/1991, S. 201–10, dies auf S. 201.

S. 406 *erst 1988* Siehe den Bericht von Hans Schwab-Felisch in: FAZ, 26. März 1988; und von Carl Gustaf Ströhm, in: Christ und Welt/

Rheinischer Merkur, 11. März 1988. Ströhm lamentiert: »Gewiß steht auch Ungarn – und hier besonders die junge Generation – im Banne der englisch-amerikanischen Zivilisations-, Sprach-, Musik- und Kulturoffensive.«

S. 407 *Landkarte der offiziellen kulturellen Einrichtungen* In: Vierzig Jahre, Karte 14.

S. 407 *mehr als neun Millionen* Die Stellung der deutschen Sprache in der Welt. Bericht der Bundesregierung, Bonn 1988, Auswärtiges Amt, S. 29.

S. 407 *Interesse für die deutsche Sprache* Zum Stand der deutschen Sprache in Mittel- und Osteuropa, siehe die Artikelreihe in FAZ, 7. März, 11. März, 25. April, 15. Mai und 13. Juni 1991. Siehe auch: Joachim Born und Sylvia Dickgiesser, Deutschsprachige Minderheiten, Mannheim 1989, Institut für deutsche Sprache im Auftrag des Auswärtigen Amtes. Am 30. Oktober 1990 verabschiedete der Bundestag einen Beschluß zur Förderung der deutschen Sprache vor allem in Mittel- und Osteuropa. Siehe EA 7/1991, S. 204.

S. 407 *Lingua franca* EA 7/1991, S. 204.

S. 407 *unserer Sprache Unkundige* Witte, Kulturpolitik, S. 234.

S. 407 *Robert-Bosch-Stiftung* Die Bosch-Stiftung begann Mitte der siebziger Jahre mit einem ausgedehnten Programm zur Förderung der deutsch-polnischen Beziehungen.

S. 407 *einer großen Zahl* Eine Auflistung der Stipendien durch die Humboldt-Stiftung weist für die Jahre 1953 bis 1990 für Polen mehr als doppelt soviele aus wie für andere europäische Länder. Jugoslawien nahm den zweiten, die Tschechoslowakei den dritten Platz ein. Siehe: Alexander von Humboldt-Stiftung, Programm und Profil, Bonn 1991, S. 11. Die Zahl der polnischen Stipendiaten kommentierte der Historiker Gotthold Rhode so: » ... wobei daran zu erinnern ist, daß es zur Zeit der Weimarer Republik etwas auch nur entfernt Vergleichbares nicht gegeben hat«. Siehe seinen Artikel in: APZ, B 11–12/1988, S. 15.

S. 408 *Touristenstrom in den Osten* 1986 besuchten etwa 862 000 Westdeutsche Ungarn und 1,3 Millionen die Tschechoslowakei. Beinahe 40 Prozent aller westlichen Besucher der Tschechoslowakei in diesem Jahr kamen aus der Bundesrepublik. Zahlen vom Presse- und Informationsamt der Bundesregierung: »Deutsch-ungarische Beziehungen« (Typoskript, Oktober 1987) und »Die Beziehungen zwischen der tschechoslwakischen Sozialistischen Republik und der Bundesrepublik Deutschland« (Typoskript, Januar 1988).

S. 408 *als jedes andere westliche Land* Österreich und Schweden, die keine Visapflicht für verschiedene osteuropäische Länder eingeführt hatten, ließen proportional natürlich mehr einreisen. Laut polnischem Innenministerium reisten 1987 von den 1,129 Millionen Polen, die in den Westen fuhren, 405 000 in die Bundesrepublik – das heißt also, jeder Dritte.

S. 408 *bleiben können* In seiner Rede vor der Freien Universität Berlin am 26. Juni 1963. Veröffentlicht in: Public Papers of the Presidents. John F. Kennedy, 1963, Washington, DC, US Government Printing Office, S. 526–29, dieses Zitat auf S. 527.

S. 408 *wenige westliche Gesellschaften* Erneut mit Ausnahme von Österreich und Schweden.

S. 408 *Andere ersuchten um politisches Asyl* Laut Zahlen, die dem Autor freundlicherweise vom Bundesministerium des Inneren zur Verfügung gestellt wurden, befanden sich unter den offiziell registrierten Ausländern in der Bundesrepublik am 31. Dezember 1988 625 000 jugoslawische, 200 000 polnische, 32 500 tschechoslowakische, 31 000 ungarische und 20 000 rumänische Bürger. Diese Zahlen des Ausländerzentralregisters beziehen Asylantragsteller, nicht jedoch Personen mit doppelter Staatsangehörigkeit ein.

S. 408 *zurückgeschickt* Eine Innenministerkonferenz der Länder beschloß 1966, daß Flüchtlinge aus Warschauer-Pakt-Staaten nicht gegen ihren Willen zurückgeschickt werden können. Modifiziert wurde dies 1985 und 1987, indem die Möglichkeit der Zwangsrückführung beispielsweise nach Polen oder Ungarn geschaffen wurde. Jürgen Haberland, Bonn, 15. März 1989.

S. 409 *durch harte Währung* Laut offiziellen polnischen Schätzungen deckte sich die harte Währung, die von jenen Polen remittiert wurde, die 1986 und 1987 außer Landes lebten, fast vollständig mit dem Devisen-Handelsüberschuß aus dem gesamten Bereich der staatlichen Produktion. Schätzung des Ministeriums für Binnenhandel und Dienstleistungen, zitiert von Jacek Rostowski, »The Decay of Socialism and the Growth of Private Enterprise in Poland«, in: Stanislaw Gomułka & Antony Polonsky, Eds., Polish Paradoxes, London 1990, Routledge, S. 198–223, dies auf S. 200. Man kann mit ziemlicher Sicherheit davon ausgehen, daß ein Großteil davon von polnischen Bürgern stammte, die – legal oder illegal – in der Bundesrepublik arbeiteten.

S. 410 *na saksy* Siehe unter *Saksy* in: W. Doroszewski, Hrsg., Słownik Języka Polskiego, Warschau 1966, Bd. VIII, S. 16. Dort auch ein passendes Zitat von Władysław Reymont, Romancier aus dem 19. Jahrhundert: »Laßt diese Deutschen kommen und sehen, was sie hier tun können ... ich bin so viele Jahre *na saksy* gegangen, daß ich sie durchschaut habe«. Wurzeln dieses umgangssprachlichen Begriffes stammen ganz offensichtlich auch aus dem Wort »Sachsen«.

S. 410 *in der Paulskirche verlesen* Siehe FAZ, 16. Oktober 1989. Text dieser Rede auf S. 13–14. Druck des tschechischen und deutschen Textes in: Börsenverein des Deutschen Buchhandels 1989: Václav Havel, Ansprache aus Anlaß der Verleihung, Frankfurt/M. 1989, Verlag der Buchhändler-Vereinigung. Daraus auch die hier verwandten Zitate.

S. 412 *auf der Straße zur Détente* Zitiert von Pierre Hassner, in: Gordon, Eroding Empire, S. 197.

S. 412 *nicht mehr zu fürchten* Löwenthal, Vom kalten Krieg, S. 78.

S. 412 *Frage der Auswirkung in anderer Richtung* Siehe hierzu die Diskussion in: Pierre Hassner, Europe in the Age of Negotiation, Beverly Hills 1973, Sage = Center for Strategic and International Studies, The Washington Papers, Bd. 1, Nr. 8, S. 65–68.

S. 413 *gespannt waren* Jacek Maziarski, My i Niemcy, in: Poglądy (Warschau), 12/87, S. 32–42, dieses Zitat auf S. 41.

S. 413 *nur mit den Machthabern* Eine deutliche Aussage in dieser Hinsicht machte Hans-Dietrich Genscher in: Bundestag Plenarprotokolle, 10/149, S. 11 150, 27. Juni 1985. Siehe auch Peter Bender in: Böll, Verantwortlich, S. 32.

S. 413 *unabhängige Intellektuelle gegeben, die* Eine allgemeine Darstellung findet sich in: Garton Ash, Jahrhundert; und Garton Ash, Solidarity.

S. 414 *von unten unterstützt* Zitiert in: Garton Ash, Jahrhundert, S. 204. Siehe auch János Kis, Politics in Hungary: For a Democratic Alternative, Highland Lakes, NJ, 1989, Atlantic Research and Publications / Columbia University Press.

S. 414 *die Macht der Machtlosen* Siehe Václav Havel et al., The Power of the Powerless. Citizens against the state in central-eastern Europe, London 1985, Hutchinson.

S. 415 *Thesen über die Hoffnung* Erstveröffentlichung in: Kultura (Paris), Juni 1971; im Englischen in: Survey (London), Sommer 1971.

S. 415 *Der neue Evolutionismus* Siehe Adam Michnik, Letters from Prison and other Essays, Berkeley 1985, University of California Press, S. 135–48.

S. 415 *KOR* Siehe Jan Józef Lipski, KOR: A History of the Workers' Defense Committee in Poland, 1976–1981, Berkeley 1985, University of California Press.

S. 415 *zu Reformen zu zwingen* Man hoffte jedoch, daß einige der intelligenteren Funktionäre aus schierem Selbstinteresse wenigstens einen Teil dieser Reformen unterstützen würden. Bis zu einem gewissen Grad ist dies 1988–89 in Ungarn und – in geringerem Ausmaß – in Polen auch geschehen.

S. 415 *eine starke Zivilgesellschaft* Inzwischen gibt es umfassende Literatur zu Konzeption und Bedeutung einer Zivilgesellschaft im osteuropäischen Kontext. Siehe dazu Ralf Dahrendorf, Betrachtungen über die Revolution in Europa, 2. Aufl. Stuttgart 1991, Deutsche Verlags-Anstalt. Eine interessante Sammlung ist auch: John Keane, Ed., Civil Society and the State, London 1988, Verso.

S. 416 *das tiefgründigere Ziel* Die Massen auf den Straßen der DDR riefen 1989 nicht: »Wir sind die Menschen«. Sie riefen: »Wir sind das

Volk!«. Und Volk in diesem Sinne kommt nahe an den tschechischen oder polnischen Begriff für »Gesellschaft« heran. Das Volk findet sich ungeachtet der oder gegen die Volksrepublik zusammen.

S. 417 *besser für ihn* Der sowjetische Satiriker Wladimir Woinowitsch sagte einmal: »Ihr im Westen habt auch den Homo sovieticus«. Und dann erzählte er von einem bekannten westlichen Besucher in Moskau, der ein Treffen mit Sacharow ausschlug, weil es Sacharow schaden könnte. »Was er wirklich meinte, war, daß es ihm, dem westlichen Besucher, schaden könnte.«

S. 418 *kein zweites Afghanistan überleben* Doch am 29. Oktober 1980 notierte Zbigniew Brzezinski in sein Tagebuch: »Die Deutschen haben uns beim Quad-Meeting gesagt, daß die Entspannung nicht das Opfer einer solchen [sowjetischen] Intervention [in Polen] werden sollte: Mit anderen Worten, die Deutschen sagen, daß die Deutschen im Falle einer sowjetischen Intervention bereit wären, ihre Ost-West-Beziehungen fortzusetzen. Das war bislang der beste Beweis für eine zunehmende Finnlandisierung der Deutschen.« Siehe Orbis (Philadelphia) Winter 1988, S. 32–48, dies auf S. 34. Eine etwas andere Tagebuchauswahl wird in der polnischen Ausgabe seiner Memoiren getroffen: Cztery Lata W Białym Domu, London 1986, Polonia, dies auf S. 538–60. In einem Eintrag zum 15. Dezember 1980 notiert er eine Meinungsverschiedenheit zwischen der Bundesrepublik einerseits und den Vereinigten Staaten, Großbritannien und Frankreich andererseits, über die Verhängung von Sanktionen gegen die Sowjetunion im Falle einer sowjetischen Intervention. Dies, schreibt er, bestätige seine Ansicht über die Finnlandisierung Deutschlands.

S. 418 *die schiere Existenz von Solidarność* Siehe Garton Ash, Solidarity, passim.

S. 419 *Marion Gräfin Dönhoff* Siehe ihren Artikel in: Die Zeit, 29. August 1980. Ähnlich argumentierte auch Kurt Becker im Leitartikel derselben Ausgabe.

S. 419 *die Solidarność hervorbrachte* Siehe Garton Ash, Solidarity, S. 16–19, 34–36.

S. 420 *Die jährlichen Westreisen* Diese Zahlen schließen Privat- und Geschäftsbesuche ein. Wie auch bei den Statistiken zum deutsch-deutschen Reiseverkehr geht es hier um Besuche, nicht um Besucher. Siehe Holzer, Solidarität, S. 75.

S. 420 *bereits einige Früchte getragen* Willy Brandt formulierte diesen Anspruch ziemlich vorsichtig. Die »Normalisierung« der Außenbeziehungen habe, so sagte er, das Schreckgespenst des deutschen Revanchismus beseitigt und es vielleicht einfacher gemacht, über Reformen zu sprechen und zu diskutieren. In dieser Hinsicht bestehe ein gewisser, eher indirekter als direkter Zusammenhang. Interview in: Die Welt, 16. September 1980.

S. 420 *nur 10,7 Prozent* Eine der außergewöhnlichen soziologischen Studien Polen 80, 81, 84 und 88. Dieses Ergebnis wurde in einem Bericht in: Krytyka (Warschau), 27/1988, S. 62–63 veröffentlicht.

S. 420 *Polnische Oppositionelle* Siehe beispielsweise Jan Józef Lipski, KOR. A History of the Worker's Defense Committee in Poland, 1976–1981, Berkeley 1985, University of California Press, S. 24–25; Hinweise finden sich auch in: Peter Raina, Political Opposition in Poland, 1954–1977, London 1978, Poets and Painters Press.

S. 420 *nicht passiert* Egon Bahr im Gespräch mit Rainer Barzel in: SZ-Magazin, 27. September 1991.

S. 421 *Konvention 87* Siehe Garton Ash, Solidarity, S. 46–7.

S. 421 *eine entscheidende Rolle* Siehe Garton Ash, Solidarity, S. 22. Dies ist auch die Beurteilung von Holzer, Solidarität, S. 77f.

S. 421 *verknüpften* Siehe beispielsweise die Ankündigung neuer Kredite durch Präsident Carter während seiner Reise nach Warschau 1977, beschrieben in: R. F. Leslie u. a., The History of Poland since 1863, Cambridge 1980, Cambridge University Press, S. 438.

S. 422 *Klaus Reiff* Siehe Klaus Reiff, Polen. Als deutscher Diplomat an der Weichsel, Bonn 1990, Dietz, S. 53–56.

S. 422 *gegen Sender Fr. Europa klagen* AdsD: Dep WB, BK 92, Notiz datiert vom 7. Dezember 1970. Kovrig, Walls and Bridges, S. 171–173, schreibt, daß Senator Fulbright in den frühen siebziger Jahren eine Kampagne angeführt habe, in der es darum ging, Radio Freies Europa und Radio Liberty zu schließen, weil sie »überflüssige Relikte des Kalten Krieges« geworden seien.

S. 423 *ganz andere als geplant* Siehe dazu die klare Stellungnahme von Peter Bender in: Böll, Verantwortlich, S. 41–42.

S. 423 *ein westlicher Beobachter* Alec Nove, zitiert in; Davy, Détente, S. 258.

S. 423 *zu schnell und zu weit* Helmut Schmidt erinnert sich, zu François Mitterrand in einem privaten Gespräch am 13. Januar 1982 gesagt zu haben: »Leider habe Solidarność den Wandlungsprozeß allzu schnell voranbringen wollen, was zu dem jüngsten Rückschlag geführt habe«. Siehe Schmidt, Nachbarn, S. 264. Für eine kritische Betrachtung dieser Beurteilung siehe Garton Ash, Solidarity, S. 297ff.

S. 424 *etwa eine halbe Milliarde Mark* Schmidt, Nachbarn, S. 259.

S. 424 *betonten letztere die Risiken* Brandt in: Bundestag Plenarprotokolle, 9/49, 10. September 1981, S. 2753.

S. 424 *nicht unbegrenzt* Aufgezeichnet in der Niederschrift des Bundespresseamts, BPA-Nachrichtenabt., Ref. II R3, Rundf.-Ausw. Deutschland, DFS/13.12.81/12.55/he.

S. 425 *hinzustellen* Bölling, Die fernen Nachbarn, S. 157. In seinen Memoiren beschreibt Schmidt dies selbst als »eine nicht ganz glückliche Wortwahl«, Siehe Schmidt, Nachbarn, S. 74.

S. 425 *der [polnischen] Arbeiter* Bundestag Plenarprotokolle, 9/74, 18. Dezember 1981, S. 4289.

S. 425 *polnischen Überläufer* Oberst Ryszard Kukliński. Siehe das Interview mit ihm, wie auch die Beiträge von Richard Pipes und Zbigniew Brzezinski in: Orbis (Philadelphia), Winter 1988.

S. 425 *politischen und publizistischen Sturm* Die wichtigste Sammlung von Aufsätzen dazu ist sicherlich: Böll, Verantwortlich, wenn darunter auch fast ausschließlich Beiträge von linken und linksliberalen Autoren sind. Informativ ist auch die Dokumentation der unabhängigen, linksorientierten »Tageszeitung« – »taz« –, die immer gute und kritische Reportagen über Ostmitteleuropa und die entsprechende Politik der Bundesrepublik (vor allem der SPD) veröffentlichte. Siehe: Polen. »Euch den Winter, uns den Frühling«, Berlin 1982, taz-Verlag. Eine vergleichbare Zusammenstellung von rechten und rechtsliberalen Kommentaren gibt es nicht.

S. 425 *Herbert Wehner* Wehners Besuch, der damals ziemlich viel Aufruhr verursachte, und seine Umarmung Jaruzelskis, wird kurz beschrieben in: Klaus Reiff, Polen. Als deutscher Diplomat an der Weichsel, Bonn 1990, Dietz, S. 302–06. Über die Bestürzung der Solidarność-Aktivisten und einen Warschau-Besuch Karsten Voigts schrieb Gert Baumgarten in: Der Tagesspiegel, 17. Februar 1982. Eine Kopie von Wehners Brief an seine Parlamentskollegen und der beigefügte Appell des Bolivianischen »Konsulats im Widerstand« (mit der handschriftlichen Anmerkung: »Sehr geehrter Herr Wehner, wir danken Ihnen von Herzen für die Unterstützung, die Sie uns gewähren«) befinden sich in der Wehner-Mappe im Pressearchiv der SPD.

S. 426 *der französischen und italienischen Sozialisten* Siehe dazu die harsche Kritik an der Linie, die Willy Brandt als Vorsitzender der Sozialistischen Internationale verfolgte, in: Der Spiegel, 1/1982, S. 21.

S. 426 *emotionsgeladen* Die Gefühle richteten sich vor allem gegen die amerikanischen Verfechter der Sanktion. So argumentierte beispielsweise der Sozialdemokrat Erhard Eppler (nach der Bemerkung: »Vor allem aber müssen wir Jaruzelski beim Wort nehmen«): »Wer jetzt Sanktionen verhängt, macht es Jaruzelski nicht leichter, sondern schwerer, Wort zu halten. Wer solche Sanktionen von den USA aus dekretiert, muß sich von Europäern einiges sagen lassen: Erstens, mit Verlaub, liegt Polen in Europa und ist daher zuerst einmal Sache der Europäer«. Zitiert aus: Böll, Verantwortlich, S. 84–85.

S. 426 *Gelingen wünschen* Die Zeit, 18. Dezember 1981.

S. 427 *Erhaltung des Friedens* Egon Bahr in: Vorwärts, 21. Januar 1982. Siehe hierzu auch andere Beiträge in: Böll, Verantwortlich.

S. 427 *noch wichtiger als Polen* Vorwärts, 24. Dezember 1981.

S. 427 *Fortsetzung des Reformkurses* Ibid.

S. 427 *das ungarische Modell*   Interview in: Der Spiegel 1/1982, dies auf S. 24.

S. 427 *deutschen Interessen denken*   »Ist es heute vermessen, auch klarzumachen, daß es in dieser Ethik der Entspannungspolitik deutsche Interessen gegeben hat und gibt?« Freimut Duve in: Böll, Verantwortlich, S. 75.

S. 427 *miteinander reden könnten*   Bölling, Die fernen Nachbarn, S. 121.

S. 427 *Landsleute geht*   Hendrik Bussiek, in: Böll, Verantwortlich, S. 60.

S. 430 *nicht einfach davon ausgehen konnte*   Obwohl Marion Gräfin Dönhoff nahe daran war: Nach Rakowskis Besuch in Bonn schrieb sie über die Genugtuung der Menschen, die sich zehn Jahre zuvor nicht hätten vorstellen können, »daß Bonn die einzige Hauptstadt ist, in der *die Polen* Hilfe suchen«. (Hervorhebung des Autors). Siehe: Verantwortlich, S. 68, Nachdruck eines Artikel aus: Die Zeit, 22. Januar 1982.

S. 430 *des Vatikans richten*   Interview in: Der Spiegel 1/1982, dies auf S. 23.

S. 431 *der Sympathie von uns*   Bundestag Plenarprotokolle, 9/74, 18. Dezember 1981, S. 4296.

S. 432 *Als Franz Josef Strauß*   Teil einer Tour durch Ostmitteleuropa, während der Strauß, obwohl er ostentativ als Privattourist reiste, verschiedene Politiker traf, darunter auch Jaruzelski und Honecker. In einem Interview mit Radio Polonia sagte er: »In Polen müßte wieder sich das Leben durchsetzen, d. h. ein Chaos müßte verhindert werden. Die Lage ist nach dem flüchtigen Eindruck eines politischen Touristen wieder konsolidiert, aber es liegt nach meinem Empfinden, nach dem Fingerspitzengefühl, noch die Sorge über die Zukunft auf dem Lande und seiner Bevölkerung. Die Bevölkerung selbst will Brot, Frieden, Freiheit.« Siehe Abschrift in: Die Welt, 29. Juli 1983. Strauß war dort, als das Kriegsrecht gerade aufgehoben wurde, und behauptete denn auch, daß seine Bemerkungen darauf ausgerichtet gewesen seien, Jaruzelski zu weiteren positiven Schritten zu ermutigen. Siehe dazu den langen Bericht in: Bayern-Kurier, 6. August 1983.

S. 432 *jene größere Macht, die*   Unter den weniger einflußreichen Staaten zeigte Papandreous Griechenland das meiste Verständnis und verkomplizierte damit die Koordination der öffentlichen Stellungnahmen von Nato und EG.

S. 432 *der politischen Kontakte*   Berthold Johannes, »Mitteleuropa? Gesellschaftliche Grundlage der Entwicklung der Beziehungen zwischen der Bundesrepublik Deutschland und Polen«, in: Frankreich – Europa – Weltpolitik: Festschrift für Gilbert Ziebura, Opladen 1989, Westdeutscher Verlag, S. 227–36, dies auf S. 232.

S. 432 *zwölf Stunden vor Antritt abgesagt*   Siehe Radio Free Europe

Research, Hintergrundbericht 4, 15. Januar 1988. Ein dritter Grund für die Absage war die Entscheidung der polnischen Behörden, Carl Gustaf Ströhm, dem als rechtskonservativ bekannten Journalisten und Kommentator der »Welt«, das Visum zu verweigern.

S. 433 *erst im Januar 1988* Obwohl er im März 1985 dort kurz auf dem Weg von Helsinki nach Sofia seine Reise unterbrach.

S. 433 *höchst schwieriger Verhandlungen* Siehe den kenntnisreichen, aber höchst diplomatischen Bericht von Horst Teltschik, damals Chefunterhändler und außenpolitischer Berater von Kanzler Kohl, in: Außenpolitik (englischsprachige Ausgabe), 1/90, S. 3–14. Hintergrundinformation und weitere Details in: Bingen, Bonn-Warschau; und Artur Hajnicz, »Poland Within its Geopolitical Triangle« in: Außenpolitik (englischsprachige Ausgabe), 1/89.

S. 433 *mehr Glück* Ibid, S. 8. Die Bonner Regierung verzögerte den Besuch nach dem Wahlerfolg von Solidarność im Sommer 1989 jedoch ganz bewußt.

S. 433 *natürlich nicht nur sie* Dies wurde wiederholt von dem britischen Politikwissenschaftler George Schöpflin betont. Siehe beispielsweise seinen scharf formulierten Artikel »Hungary: No Model for Reform«, in: Soviet Analyst, Bd. 12, Nr. 23, 23. November 1983, S. 3–7. Die britische Regierung begrüßte Károly Grósz, als er 1988 Parteiführer wurde, nicht weniger herzlich als die Bonner.

S. 433 *Kreditgarantie* Siehe Berichte in: FAZ, 8. Oktober 1987, und SZ, 9. Oktober 1987.

S. 433 *dem Kommunisten Károly Grósz* In seinem Fall ist das Etikett »Kommunist« durchaus gerechtfertigt, denn nach dem Entstehen einer Mehrparteienlandschaft in Ungarn blieb er Führer der alten Ungarischen Sozialistischen Arbeiterpartei, anstatt sich der neuen Ungarischen Sozialistischen Partei anzuschließen.

S. 433 f. *als Unterstützung weiterer »Reformen«* Siehe Bulletin, 14. Oktober 1987, S. 881–83.

S. 434 *zu vermeiden* Ohne Nennung von Némeths Namen von Joseph Fitchett in der »International Herald Tribune« am 24. März 1989, S. 2, zitiert. Miklós Németh bestätigte später im Gespräch mit dem Autor, daß das Zitat von ihm stammte und seiner Ansicht nach dieser Kredit in hohem Maße mißbraucht worden sei. Das habe er im Dezember 1989 sowohl im ungarischen Parlament als auch in Gesprächen mit westdeutschen Politikern zum Ausdruck gebracht. Miklós Németh, Oxford, 22. Januar 1991.

S. 434 *ein sehr undurchsichtiges Bild* In den folgenden Absätzen bezieht sich der Autor auf eigene Erfahrung in diesem Bereich. An dieser Stelle möchte er allen danken, mit denen er hier zusammenarbeiten konnte: im Central and East European Publishing Project, dem Jagiellonian Trust, der Fondation pour une Entraide Intellectuelle Européenne, der International Helsinki Foundation for Human Rights und dem Stefan Batory Trust.

S. 435 *die richtigen Adressen erfragen* Information des damaligen amerikanischen Botschafters in Budapest, Mark Palmer.

S. 435 *kaum mehr als Dekoration* Diese Beurteilung kann natürlich in Frage gestellt werden, nicht zuletzt durch die Vorsitzende des Komitees, Annemarie Renger. Ein Brief von Annemarie Renger an das christdemokratische Komiteemitglied (und Gegner der Ostpolitik) Werner Marx, datiert 26. Januar 1984 (ACDP: I-356, 250) macht deutlich, daß die Gründung des deutschen Komitees nur der Initiative der International Helsinki Human Rights Federation zu verdanken war, in der die US Helsinki Watch Group eine entscheidende Rolle spielte. Jeri Laber, Direktor der US Helsinki Watch Group, sprach dem Autor gegenüber mit Bedauern von der größtenteils dekorativen Rolle des deutschen Komitees. Ein noch kritischeres Urteil fällte ein enttäuschtes ehemaliges Mitglied des deutschen Komitees, Martin Kriele, im Gespräch mit dem Autor am 6. Juli 1991 in Leverkusen. Unter den Marx-Papieren befindet sich auch ein Brief von Werner Marx an Martin Kriele vom 27. Februar 1985, in dem Marx schreibt, daß er zumindest acht Monate lang höchst unglücklich über seine Rolle als stellvertretender Vorsitzender »eines nicht funktionierenden Vereins« gewesen sei. ACDP: I-356, 250.

S. 435 *George Soros* »Open Society hatte ein Stiftungsbudget von 3 Millionen Dollar jährlich seit 1979. Ein Großteil dieses Betrages, jedoch nicht alles, wurde in Osteuropa ausgegeben. In späteren Jahren machte ich noch zusätzliche Spenden.« Brief von George Soros an den Autor, 30. April 1992.

S. 436 *übernehmen kann* Zitiert aus seinem Artikel in: The Independent, 12. August 1991.

S. 436 *»Stabilitätsgebot«* Eberhard Schulz in: Ehmke, Zwanzig Jahre, S. 219.

S. 436 *Rühe sagte* Siehe Bundestag Plenarprotokolle 11/106, 10. November 1988, S. 7289.

S. 436 *und Gesellschaft beruht* Neudruck in: Bulletin, 12. Juni 1989, S. 530–35, dies auf S. 532. Es ist bemerkenswert – und wurde von Mitgliedern der demokratischen Opposition in Ungarn auch bemerkt –, daß der Ehrengast auf dem Gründungstreffen der Stiftung einer liberalen Partei ausgerechnet ein außenpolitischer Funktionär der noch immer herrschenden Ungarischen Sozialistischen Arbeiterpartei war.

S. 437 *dies zunehmend wünscht* Hans-Peter Schwarz, Auf dem Weg zum post-kommunistischen Europa, in: EA 11/1989, S. 319–30, dies auf S. 326.

S. 438 *der späten Geburt* Siehe seine Rede in der israelischen Knesset, in: Bulletin, 2. Februar 1984, S. 112–112. Geprägt wurde diese Formel ursprünglich von Günter Gaus: Die Welt der Westdeutschen, Köln 1986, Kiepenheuer & Witsch, S. 111–12.

S. 438 *wie Adenauer mit Frankreich* Zu diesem Vergleich siehe beispielsweise seine Erklärung in: Bulletin, 13. Juli 1989, S. 653, sowie Bulletin, 9. September 1991, S. 96.

S. 438 *Weizsäcker erinnert sich* Im Gespräch mit dem Autor am 30. September 1991 in Bonn.

S. 439 *Die Lage der Vertriebenen* Nachdruck in: Dokumente IV/2, S. 869–97. Eine interessante Diskussion dieses Dokuments in: Erwin Wilkens, Vertreibung und Versöhnung, Hannover 1986, Lutherhaus Verlag.

S. 439 *bitten um Vergebung* Der Wortlaut dieses bemerkenswerten Briefes, der im Grunde ein Essay über die Beziehungen zwischen dem polnischen Katholizismus und polnischen Nationalismus, im Vorfeld der Jahrtausendfeier 1966, war, findet sich im Nachdruck in: Dokumente IV/2, S. 940–47, dies auf S. 947. Siehe auch den Artikel von Piotr Madajczyk, in: VfZ, 40. Jg., 2. Heft, 1992, S. 223–240.

S. 439 *bitten zu verzeihen* Siehe Text des deutschen Bischofbriefes in: Dokumente IV/2, S. 973–76, dies auf S. 975.

S. 439 *Viele Schriftsteller* Beispielsweise Hansjakob Stehle, Deutschlands Osten – Polens Westen? Frankfurt/M. 1965, Fischer.

S. 439 *Historiker* Der deutsche Historiker und Polenspezialist Gotthold Rohde schreibt, daß das erste Nachkriegstreffen von deutschen und polnischen Historikern bereits im Oktober 1956 stattfand. Bezeichnenderweise kamen alle polnischen Historiker aus der Emigration. Siehe seinen Artikel in: APZ, B 11–12/88, S. 12.

S. 439 *junge Sozialdemokraten* Siehe den lebendigen, kurzen Bericht von Peter Bender, Neue Ostpolitik, S. 20.

S. 439 *sein zu dürfen* In einem Brief vom 9. Dezember 1970, nun in: AdsD: Dep WB, BK6. Grass' Brief vom 25. November 1970, in dem er vorschlägt, daß er, Siegfried Lenz und Marion Gräfin Dönhoff den Kanzler nach Warschau begleiten sollten, befindet sich im selben Ordner. Marion Gräfin Dönhoff begründete am 7. Dezember, weshalb sie nicht mitkommen konnte (BK4). Am selben Tag schrieb Rudolf Augstein eine Beschwerde, weshalb Henri Nannen vom »Stern«, nicht jedoch er in diese Gruppe einbeschlossen wurde (BK1). Ganz offensichtlich war das Privileg, betroffen sein zu dürfen, heiß begehrt.

S. 439 *als politische Kraft erkennen* Zitiert in: Bender, Neue Ostpolitik, S. 179.

S. 440 *der guten Nachbarn sein* Bundestag Plenarprotokolle, 6/5, S. 34, 28. Oktober 1969.

S. 440 *nach allen Himmelsrichtungen geschaffen* Bundestag Plenarprotokolle, 9/111, S. 6760, 9. September 1982.

S. 441 *in die von Hitler* Zitiert in: Kuwaczka, Entspannung von unten, S. 256–57.

S. 441 *Bericht einer anonymen Deutschen* In: Theodor Schieder u. a., Hrsg., Dokumentation der Vertreibung der Deutschen aus Ost-Mitteleuropa, München 1984, Deutscher Taschenbuch Verlag = Nachdruck der Originalausgabe von 1954, S. 439–41.

S. 442 *»Ehre« wiederherstellen* Siehe Schwarz, Adenauer I, S. 897–906.

S. 442 *kommen werden* Bundestag Plenarprotokolle, 6/93, S. 5044, 28. Januar 1971.

S. 442 *Während der ganzen achtziger Jahre* Siehe Bingen, Bonn-Warschau, S. 29–50; sowie für die Zeit Ende der achtziger Jahre die exzellenten Berichte von Stefan Dietrich in der FAZ.

S. 442 *Offenen Brief* Siehe die deutschsprachige Sonderausgabe von: Kultura (Paris), Herbst 1984, S. 80–83. Nachdruck auch in: Kuwaczka, Entspannung von unten, S. 140–43.

S. 443 *den Unversöhnlichen und Reuelosen* Worunter einige auch die Sprache der »Versöhnung« nutzten. Siehe beispielsweise: E. von der Brahe, Polen und Deutsche. Wie ist eine Versöhnung möglich?, Lausanne 1986, Kritik-Verlag. Dort wird behauptet, eine solche »Versöhnung« sei nur möglich, wenn die Polen *West*preußen an die Deutschen zurückgeben würden – d. h. also einen Teil, der seit 1918 polnisch war! Man kann natürlich entgegnen, daß dies nur marginale Stimmen gewesen seien. Und doch wurde dieses Büchlein auf prominentem Platz in einem führenden Bonner Buchladen ausgestellt, zusammen mit einer Landkarte Deutschlands in den Grenzen von 1937. Siehe dazu auch die Leserbriefe in der FAZ, passim.

S. 443 *an Deutschen geschehen ist* Bulletin, 13. Juli 1989, S. 653.

S. 444 *geschlagen worden* Bulletin, 30. August 1989, S. 713. Ein noch ausgewogener, genauerer und sensibler Kommentar wurde aus diesem Anlaß von einer Gruppe prominenter polnischer und deutscher Katholiken veröffentlicht: Für Freiheit, Gerechtigkeit und Frieden in Europa. Erklärung polnischer und deutscher Katholiken zum 1. September 1989, Bonn 1989, Zentralkomitee der deutschen Katholiken.

S. 445 *Suchte man also* Interessanterweise betonte gerade Franz Josef Strauß diesen Punkt in seiner Kritik des Warschauer Vertrages: »Aber die Frage der Versöhnung mit Polen, mit unseren polnischen Nachbarn, an der uns sehr liegt, reicht tiefer als die Frage der auf der Oberfläche liegenden Unterstützung ihrer gegenwärtigen Machthaber, die die Anerkennung und wirtschaftliche Unterstützung als Mittel zur Stärkung ihres Systems haben wollen.« Bundestag Plenarprotokolle, 6/172, S. 9911, 24. Februar 1972. Die Tatsache, daß diese Argumentation von Strauß benutzt wurde, macht sie keinesfalls ipso facto falsch.

S. 445 *ins Kabinett aufnehmen* Bölling, Die fernen Nachbarn, S. 157. Siehe auch die Darstellungen von Schmidts ehemaligem Redenschreiber Jochen Thies: Helmut Schmidts Rückzug von der Macht. Das Ende der Ära Schmidt aus nächster Nähe, Bonn 1988, Bonn Aktuell, S. 122–24. Schmidts eigene Einschätzung seiner Beziehung zu Gierek in: Nachbarn, bes. S. 479ff und 508.

S. 445 *zur Wahl eines polnischen Papstes* Bulletin, 19. Oktober 1978, S. 1097.

S. 445 *Erich Honecker darum bat* Bölling, Die fernen Nachbarn, S. 157.

S. 445 *spezifisch deutsches Motiv* Dieses und folgende Zitate aus: Schmidt, Menschen und Mächte, S. 306–07.

S. 446 *mit ganzem Herzen* Bundestag Plenarprotokolle, 9/74, S. 4289, 18. Dezember 1981.

S. 446 *Kazimierz Wóycicki* Siehe seinen Artikel »Haß auf die Deutschen?« in: Kursbuch Nr. 81, September 1985, S. 131–35, dieses Zitat auf S. 134–35.

S. 447 *Hitlerowcy* Dieser polnische Begriff aus der Nachkriegszeit wurde im Grunde für alle Deutschen verwandt, die Hitlers Befehlen gehorcht hatten, d. h. also nicht nur für »Nazis«, aber eben auch nicht für alle Deutsche.

S. 448 *alles kaputt* Zitiert in: Der Spiegel, 1/1982.

S. 448 *gefüttert wurden* In der deutschsprachigen Sonderausgabe von: Kultura (Paris), Herbst 1984, S. 42.

S. 448 *Appell an Willy Brandt* Ibid., S. 48–49.

S. 448 *Brandt kam nach Polen* Ein exzellenter Bericht über diesen Besuch und die Reaktionen darauf schrieb Harry Schleicher: Hoffnung auf das »moralische Kapital«, Frankfurter Rundschau, 20. Dezember 1985. Ein mit Brandt sympathisierender Bericht: Gerhard Hirschfeld, Der Besuch Brandts in Warschau galt dem Volk, in: Vorwärts, 14. Dezember 1985. Zur Kritik der polnischen Opposition siehe: Le Monde, 10. Dezember 1985, wo der Solidarność-Berater Bronisław Geremek folgendermaßen zitiert wird: »Die Urteile vieler deutscher Politiker sind auf ihre eigenen Interessen beschränkt, nicht auf diejenigen Europas.« Siehe auch den Brief des polnischen Sozialisten Edward Lipiński, zitiert in: FAZ, 30. November 1985; den offenen Brief der Warschauer Bezirksleitung in: Tygodnik Mazowsze Nr. 148 (Nachdruck in: Kuwaczka, Entspannung von unten, S. 148–52); sowie die Kommentare in: Tygodnik Mazowsze, Nr. 149 und 150.

S. 448 *Pater Popiełuszko* Seit dem Besuch von Malcolm Rifkind aus dem britischen Foreign Office im November 1984 war es zur Praxis offizieller westlicher Besucher geworden, dem ermordeten Priester an seinem Grab Respekt zu erweisen. Es gab daher keinen objektiv plausiblen Grund, weshalb Brandt nicht das gleiche tun konnte. Sein Versäumnis wurde schließlich von Brandts Nachfolger Hans-Jochen Vogel bei seinem Besuch im Herbst 1987 wiedergutgemacht, während dem er sich auch mit führenden Solidarność-Beratern traf. Siehe dazu die Berichte in: Der Spiegel, 41/1987, und Vorwärts, 3. Oktober 1987.

S. 448 *er schlug die Einladung aus* Bronisław Geremek hatte für Wałęsa ein Einladungsschreiben an Brandt entworfen, das schließlich von einem Vermittler überbracht wurde. Er kehrte nur mit einer mündlichen Antwort zurück. Wie sich Geremek erinnert, lautete Brandts Botschaft – oder die Botschaft in seinem Namen –, daß es ihm nicht möglich wäre, die Einladung anzunehmen, und der schiere Fakt, daß sie ihm ausgesprochen worden sei, würde ihn, Brandt, unter Druck setzen. Als Geremek dies in einem späteren Treffen mit Brandt zur Sprache brachte, rechtfertigte sich Brandt mit dem Argument, daß er, anstelle der öffentlichen Geste eines Danzig-Besuchs, in der Lage gewesen sei, einen privaten Appell an Jaruzelski zu richten, Geremek das Visa für eine Westreise ausstellen zu lassen. (Bronisław Geremek, Oxford, 1. Mai 1992). Das entsprach zwar völlig der Linie, die Brandt seit Mitte der sechziger Jahre verfolgt hatte – eher stille Diplomatie für menschliche Erleichterungen als laute Einforderung der Menschenrechte –, stand jedoch im Gegensatz zu dem, was Solidarność benötigte. Für sie war offene, symbolische Politik unendlich viel wichtiger als jede kleine, individuelle, humanitäre Konzession, zu der das Jaruzelski-Regime nur allzu bereit war. Die nachsichtigste Interpretation wäre also: Brandt setzte irrtümlicherweise einen politischen Ansatz in die Praxis um, der zu einer früheren Zeit und unter unterschiedlichen Bedingungen entwickelt worden war.

In »Tygodnik Mazowsze, Nr. 157, wurde berichtet, Brandt habe später an Wałęsa geschrieben, um seine Handlungsweise zu erklären.

Eine kuriose Darstellung dieser Episode liefert: Hans Gerlach, Europa braucht Polen. Begegnungen, Gespräche, Reflexionen, Frankfurt/M. 1987, Fischer Taschenbuch Verlag, S. 135 – 39. Gerlach betont, daß er, »als Deutscher der Kriegsgeneration« vielleicht dazu tendiere, Polen »in zu rosigem Licht« zu sehen (S. 175). An diese Episode erinnert er sich folgendermaßen: »Freimütig berichtete er [Brandt] von den Pressionen, denen er schon vor seiner Reise ausgesetzt worden sei. Da gab es eine ›Einladung‹ von Lech Walesa, die gar keine war, wie Brandt sagte. Angeblich hatten Walesa und ein früherer Pressesprecher (sic) von Solidarność, Masowiecki (sic), ihren Unwillen darüber bekundet, daß der SPD-Vorsitzende nicht nach Danzig und daß er überhaupt zu diesem Zeitpunkt nach Polen gekommen war... Keiner dieser Kritiker verschwendete offenbar auch nur einen Gedanken auf den Zusammenhang zwischen Reform-Fähigkeit, konkret also zunächst einmal Großzügigkeit gegenüber Gegnern des Regimes, und Normalisierung der Lage im Inneren wie nach außen. Solange die polnische Regierung offene oder versteckte

Gegner einigermaßen begründet fürchten mußte, konnte sie diejenigen politischen Gefangenen nicht freilassen, die in ihren Augen gefährlich waren. Sollte man sie erneut verhaften, mit allem Aufsehen drinnen und draußen, falls sie die Freiheit wieder für Agitation nutzten? Diese Frage wurde immer wieder gestellt, nicht nur von Leuten wie dem Pressesprecher Urban, sondern auch von Rakowski.« Gerlachs Verständnis für die Sorgen der Kerkermeister ist beinahe schon rührend. Der Geist der Aussöhnung weht auf manchmal wundersame Weise.

S. 449 *einen der großzügigsten Texte* »Zwei Vaterländer, zwei Patriotismen«. Polnischer Text in: Kultura (Paris), 10/1981. Deutsche Übersetzung in der deutschsprachigen Ausgabe von: Kontinent, Nr. 22, Juli 1982, mit einer Einführung von Gotthold Rhode.

S. 449 *übten sich in heroischer Geduld* Siehe hierzu beispielsweise die herrliche Fußnoten-Polemik in: Jacobsen, Bundesrepublik-Volksrepublik.

S. 449 *Veränderungen in Europa* Bulletin, 2. Februar 1982, S. 69.

S. 450 *ebnen den Weg* Bulletin, 30. August 1989, S. 714.

S. 450 *als ihre Regierungen* Trybuna Ludu, 13. September 1989, S. 3.

S. 450 *Jugendaustauschprogramme* Dazu gehörten auch: die deutsch-polnischen Foren, die seit 1977 regelmäßig veranstaltet wurden; die Stipendien des Deutschen Akademischen Austauschdienst (DAAD) und der Alexander von Humboldt-Stiftung, die über die Jahre Hunderte polnische Wissenschaftler und Intellektuelle in die Bundesrepublik gebracht hatten; das Deutsche Polen-Institut in Darmstadt; und das breitangelegte deutsch-polnische Programm der Robert-Bosch-Stiftung.

S. 450 *Umfrage unter polnischen Schulkindern* Bericht in: German Politics and Society, Harvard, Nr. 9, Oktober 1986, S. 25.

S. 450 *Umfrage 1991* Der Spiegel, 36/1991.

S. 450 *ziemlich düstere Meinung* Der Spiegel, 47/1990. Der Bericht weist einen negativen Sympathiewert gegenüber Polen sowohl für Ost- als auch Westdeutsche aus. Eine Infratest-Studie, die im Herbst 1991 für die RAND Corporation durchgeführt wurde, zeigt ähnlich negative Werte. Siehe Bericht von Ronald D. Asmus in: Rand Paper P-7767 (1992), dies auf S. 3. In der FAZ vom 9. November 1989, zur Zeit des Kohl-Besuchs, berichtet Stefan Dietrich von einer polnischen Umfrage, in der die Bundesrepublik auf vorletztem Platz in einer Sympathie-Tabelle mit achtzehn Ländern rangiert. 44 Prozent der Befragten einer Untersuchung der »Gazeta Wyborcza« betrachteten »Deutsche« (West oder Ost) mit Feindseligkeit oder Widerwillen. Man kann gegen diese Daten eine Menge Einwände vorbringen, doch ihr allgemeiner Eindruck steht nicht im Gegensatz zu alltäglichen Erfahrungen.

S. 451 *polnischer Schriftsteller* Jacek Maziarski in: Poglądy (Warschau), S. 39.

S. 451 *den Nationalismus des Opfers* Siehe Garton Ash, Jahrhundert, S. 135.

S. 451 *offiziellen Besuch nach Polen* Zu den Texten siehe Bulletin, 16. November 1989.

S. 452 *Staatsbesuch von Richard von Weizsäcker* In einem Interview mit dem »Spiegel« 18/1990 sagte Weizsäcker: »Ich empfinde meine Reise nach Polen als meine wichtigste Aufgabe in meinem Amt gegenüber dem Ausland.« Tatsächlich aber war dieser Reise, wenn auch erfolgreich, relativ wenig Aufmerksamkeit beschert.

S. 452 *das erste Mal seit 990 Jahren* Stefan Dietrich in: FAZ, 27. April 1990. Im Jahr 1000 hatte Kaiser Otto III. Gnesen / Gniezno besucht, um an den Begräbnisfeierlichkeiten für den Märtyrer Wojtek / Adalbert teilzunehmen.

S. 452 *ein für allemal* Bundestag Plenarprotokolle 12/39, 6. September 1991, S. 3256.

S. 453 *aus dem Schatten* Auszüge seiner Hofer Rede finden sich in: Frankfurter Rundschau, 14. Januar 1987. Siehe auch seine Erklärungen in einem Interview, in: Die Welt, 17. Januar 1987; und seinen Artikel im Bayernkurier, 17. Januar 1987.

S. 454 *fängt erst an* Eduard Neumeier in: Rheinischer Merkur, 10. November 1989.

6. Eine zweite Ostpolitik

S. 457 *Studium der öffentlichen Meinung* Eine Studie, die sich der Entwicklung der öffentlichen Meinung zur deutschen Außenpolitik widmet, ist: Schweigler, Grundlagen.

S. 458 *»zweite Phase der Ostpolitik«* Siehe Moseleit, Zweite Phase, S. 1., Anm. 2. und passim. Moseleits Buch enthält eine umsichtige, aber auch parteiische Darstellung des neuen Denkens in der SPD, geschrieben von jemandem, der aktiv an dessen Formulierung beteiligt war. Moseleit favorisiert die Bezeichnung »Zweite Phase der Entspannungspolitik«. Als Beispiel für den griffigeren Wortgebrauch von »zweite Ostpolitik« siehe beispielsweise Peter Glotz im Gespräch mit Eric Hobsbawm, in: Marxism Today, August 1987, S. 14; sowie die Kommentare von Glotz während einer Pressekonferenz nach einem Treffen mit Jan Fojtík in Prag, abgedruckt im Pressedienst der SPD, 14. April 1988 (318/88).

S. 459 *Karsten Voigt hatte bereits* Siehe Moseleit, Zweite Phase, S. 1, unter Zitierung von NG, 1/1980. Rückblickend betonte Karsten Voigt gegenüber dem Autor (Bonn, 20. März 1992), daß man bis ins Jahr 1980 zurückgehen müsse, um die zweite Ostpolitik der Partei zu verstehen.

S. 459 *Horst Ehmke* Siehe seinen Artikel in: NG, 12/1987, S. 1073–1080, dies auf S. 1073.

S. 459 *die Fortsetzung der Ostpolitik* Interview in: Zukunft, 10. Oktober 1986, S. 8–9.

S. 459 *Schlüssel für alles* Bahr, Zum europäischen Frieden, S. 35.

S. 459 *auch von einer jüngeren Generation* Siehe Moseleit, Zweite Phase, S. 40 und passim.

S. 460 *Auch war sie stark beeinflußt* Hierzu siehe auch die scharfen Beobachtungen in: Baring, Größenwahn, S. 78ff und passim.

S. 460 *werden wir sicher sein* Bahr, Zum europäischen Frieden, S. 23.

S. 460 *Notwendigkeit einer »Sicherheitspartnerschaft«* Siehe den vollen Text von Schmidts Rede in: SPD Parteitag, 19.–23. April 1982, München, Protokoll, Bonn 1982, SPD Vorstand, S. 126–165, dies auf S. 149.

S. 460 *bezog sich respektvoll* Ibid, S. 310.

S. 460 *ein Bahr nahestehender Experte* Dieter S. Lutz, Security Partnership and / or Common Security? Hamburg 1986, Institut für Friedensforschung und Sicherheitspolitik.

S. 460 *wie es auch Bahr selbst* Zitiert in: Ibid, S. 5.

S. 461 *wichtige Elemente der sozialdemokratischen Pläne* Diesen Punkt betont anschaulich Stephen F. Szabo in seinem Beitrag zu: SAIS Review, Summer-Fall 1987, S. 51–62.

S. 461 *protestantische Theologen* Siehe beispielsweise die Arbeiten von Dorothee Sölle. Einige Auszüge vom Hamburger Kirchentag im Juni 1981 finden sich in: Baring, Größenwahn, S. 290–292.

S. 462 *sicherheitspolitischen Themen* Moseleit, Zweite Phase, führt viele dieser Publikationen in seiner ausführlichen Bibliographie auf.

S. 462 *Andreas von Bülow* Spezifisch hierzu siehe den aufschlußreichen Artikel von Heinz Brill in: Neue politische Literatur 1/1986, S. 82–91. Die Kommission hat verschiedene Papiere produziert. Dasjenige, das als »Bülow-Papier« bekannt geworden ist und einiges Aufsehen erregte, war ein Manuskript vom September 1985, veröffentlicht in: Frankfurter Rundschau, 13/14, September 1985.

S. 462 *»strukturelle Nichtangriffsfähigkeit«* Eine sehr nützliche Einführung in dieses Konzept bietet ein Papier der Friedrich-Ebert-Stiftung, verfaßt von Christian Krause: Strukturelle Nichtangriffsfähigkeit im Rahmen europäischer Entspannungspolitik, Bonn, Januar 1987.

S. 462 *Befreiung von der Bombe* Hermann Scheer, Die Befreiung von der Bombe, Köln 1986, Bund-Verlag.

S. 462 *Angst vor den Freunden* Oskar Lafontaine, Angst vor den Freunden, Reinbek b. Hamburg 1984, Rowohlt.

S. 462 *Die kritische Distanzierung* Vor allem zu diesem Aspekt siehe den exzellenten Artikel von Ronald D. Asmus, »The SPD's Second Ostpolitik with Perspective from the USA«, in: Außenpolitik (englischsprachige Ausgabe) 1/1986, S. 40–55.

S. 462 »*Selbstbehauptung Europas*« Eine Arbeitsgruppe der Partei unter Vorsitz von Horst Ehmke veröffentlichte im Januar 1984 ein Dokument mit dem Titel: Programm für die Selbstbehauptung Europas. Siehe Moseleit, Zweite Phase, S. 46. Ehmkes Artikel, der auf diesem Papier beruhte, findet sich in: EA, 7/1984, S. 195–204.

S. 463 *von Peter Bender* Siehe sein Buch: Das Ende des ideologischen Zeitalters. Die Europäisierung Europas, Berlin 1981, Severin & Siedler.

S. 463 *Vasallen der Supermächte* Zitiert in: Moseleit, Zweite Phase, S. 22.

S. 463 »*Mitteleuropa*« Siehe hierzu den Artikel des Autors in: Daedalus, Winter 1990, S. 1–21, und weitere Hinweise. Wie dort angemerkt, war das Wort »Mitteleuropa« bereits in den Abrüstungsplänen der SPD in den fünfziger Jahren aufgetaucht, vor allem im »Deutschlandplan« von 1959. Hier bereits erwähnt wurde auch, daß Brandt das Kürzel »Ml« – was nach seiner eigenen Deutung »Mitteleuropa« bedeutete – ganz oben auf seine Liste von »Hoffnungen« gesetzt hatte, die er für seine Gespräche mit Breschnew im August 1970 notierte.

S. 463 *Karl Schlögel* Siehe sein Buch: Die Mitte liegt ostwärts, Berlin 1986, Siedler; sowie seinen Beitrag zu: Spangenberg, Mitteleuropa, S. 11–31.

S. 463 *Mitteleuropa als Ziel* Dies in: Spangenberg, Mitteleuropa, S. 31. Schlögel befürwortete hier eine »antipolitische« Wiederbelebung des Begriffs, in Anspielung auf den Begriff «Antipolitik«, der von György Konrád popularisiert worden war.

S. 463 *Totalitarismus der Ideologien* In: Spangenberg, Mitteleuropa, S. 87.

S. 463 *Paris oder London* Ibid, S. 102.

S. 463 *von der Mitte aus* Ibid, S. 103.

S. 463 *Wir müssen Mitteleuropa zurückgewinnen* NG 7/1986, S. 585. Als Chefredakteur der »Neuen Gesellschaft/Frankfurter Hefte« machte Glotz diese zum Diskussionsforum über dieses Thema.

S. 464 *der Entspannungspolitik benutzen* In: Niemandsland 2/1987, S. 127. Daraus auch die folgenden Zitate.

S. 464 *Erhard Eppler* Siehe Erhard Eppler, Hrsg., Grundwerte für ein neues Godesberger Programm. Die Texte der Grundwerte-Kommission der SPD, Reinbek b. Hamburg 1984, Rowohlt.

S. 465 *nichts Wichtigeres als den Frieden* Diese Formel scheint in der Friedensbewegung als Reaktion auf einen Kommentar vom damaligen amerikanischen Außenminister, Alexander Haig, entstanden zu sein, der geäußert hatte, daß es wichtigeres gäbe als den Frieden. Siehe das Interview mit Heinrich Albertz in: Böll, Verantwortlich, S. 18–24, bes. S. 20.

S. 465 *des Friedens zu setzen* Zitiert von Heinrich August Winkler in seinem Beitrag zu: Jürgen Maruhn u. Manfred Wilke, Hrsg., Wohin treibt die SPD?, München 1984, Günter Olzog Verlag, S. 31. Als Quelle nennt er: Vorwärts, 20. Oktober 1983.

S. 465 *»Entideologisierung«* Diese Vorstellung war implizit in Peter Benders Titel enthalten: Das Ende des ideologischen Zeitalters. Kritikern wurde vorgeworfen, »Re-Ideologisierung« zu betreiben. Siehe den Artikel einer Kritikerin, Gesine Schwan, in: Rheinischer Merkur, 20. Juli 1985. Das »Ende der Ideologie« war natürlich bereits zwanzig Jahre zuvor von Daniel Bell und anderen verkündet worden.

S. 465 *ist alles nichts* Das »Regierungsprogramm 1987–1990« ist abgedruckt in: Protokoll vom Wahlparteitag der SPD in Offenburg 15. Oktober 1986, Bonn 1986, SPD Vorstand, S. 107–154, dies auf S. 145.

S. 465 *von der sozialdemokratischen Seite* Moseleit, Zweite Phase, S. 25, behauptet, daß er erstmals 1981 von Rudolf von Thadden erwähnt worden sei.

S. 466 *»Augsburger Friedens«* Gaus, Deutschland, S. 275.

S. 466 *»westfälischen Friedens«* So Karsten Voigt, in: Bundestag Plenarprotokolle, 10/4, S. 135, 4. Mai 1983; 10/23, S. 1613, 16. September 1983; 10/35, S. 2449, 21. November 1983.

S. 466 *»Regierungsprogramm« von 1983* Abgedruckt in: SPD Wahlparteitag, Dortmund 21. Januar 1983. Protokoll, Bonn 1983, SPD Vorstand, S. 161–192.

S. 466 *Erhaltung des Friedens* Ibid, S. 88. Daraus auch die folgenden Zitate.

S. 466 *nie in einen Krieg geführt* Ein Historiker könnte jedoch auf die allseits bekannte Tatsache hinweisen, daß die SPD 1914 für die Kriegsanleihen gestimmt hatte.

S. 467 *gemeinsam untergehen* Der Text dieser Resolution findet sich in: Politik. Informationsdienst der SPD, Nr. 8, September 1986. Daraus auch die folgenden Zitate.

S. 467 *»Frieden sichern«* Protokoll vom Wahlparteitag der SPD in Offenburg 25. Oktober 1986, Bonn 1986, SPD Vorstand, S. 145–153. Daraus auch die folgenden Zitate.

S. 468 *legitimierte und erleichterte* Der Bericht von der sowjetischen an die DDR-Parteiführung über Willy Brandts Treffen mit Gorbatschow im Mai 1985 endete mit der Bestätigung, daß nicht nur zunehmende Kontakte mit den Sozialdemokraten von Nutzen wären, sondern auch »die Möglichkeit einer aktiveren Einbeziehung der Sozialdemokraten in die breite Front des Kampfes für die Erhaltung des Friedens und die Bannung der Gefahr eines neuen Weltkrieges«. Zitiert aus dem Bericht (»Information«) vom 6. Juni 1985, in: ZPA: IV 2/2.035/65.

S. 468 *unterstützende Rolle* Siehe auch die treffende Beobachtung von Moseleit, Zweite Phase, S. 52–53.

S. 468 *feierliche gemeinsame Erklärungen* Die feierlichste von ihnen – eine gemeinsame Erklärung mit der Polnischen Vereinigten Arbeiterpartei über »Maßnahmen zur gegenseitigen Vertrauensbildung« – wurde mit einem gemeinsamen Vorwort von Brandt und Jaruzelski am 15. Oktober 1985 veröffentlicht. Die gemeinsame Arbeitsgruppe mit der Ungarischen Sozialistischen Arbeiterpartei veröffentlichte eine Anzahl von gemeinsamen Erklärungen. Siehe dazu beispielsweise den täglichen Informationsdienst der SPD-Bundestagsfraktion, 1845/1986 und 533/1987.

S. 468 *vagen gemeinsamen Vorschlag* Siehe die Äußerung der gemeinsamen Arbeitsgruppe unter Vorsitz von Anatolij Dobrynin und Egon Bahr im Pressedienst der SPD, 13. Oktober 1987 (842/87).

S. 469 *und K. Voigt* Das sowjetische Memorandum vom 15. Oktober 1984 befindet sich in: ZPA: IV 2/2. 035/65.

S. 469 *großen Schisma* Siehe Carl E. Schorske, German Social Democracy 1905–1917, New York 1972, Harper Torchbook; Leszek Kołakowski, Main Currents of Marxism, Oxford 1978, Clarendon Press, Bd. II; George Lichtheim, »Social Democracy and Communism: 1918–1968, in: Studies in Comparative Communism, Bd. 3, Nr. 1, Januar 1970, S. 5–30. Eine sehr nützliche Dokumentensammlung ist: Weber, Links.

S. 469 *mittels Klopfzeichen an der Wand polemisierte* Davon berichtete Axel Eggebrecht in seinen Memoiren: Der halbe Weg, Reinbek b. Hamburg 1975, Rowohlt, S. 273.

S. 470 *»Abgrenzungsbeschluß«* Abgedruckt in: Weber, Links, S. 268–76.

S. 470 *Richard Löwenthal* In den dreißiger Jahren war Löwenthal in der Gruppe »Neu Beginnen« aktiv gewesen, die versuchte, die Bemühungen der Kommunisten und Sozialdemokraten im Kampf gegen den Faschismus miteinander zu verbinden.

S. 470 *Ergänzt und überarbeitet* Siehe die Papiere in: AdsD: Dep WB, PV – Theorie und Programmdiskussion/Beschlußpapier »Sozialdemokratie und Kommunismus«. Doch selbst hier gab es noch taktische Überlegungen, vor allem was das Datum der Veröffentlichung betraf. So schrieb Brandt Anfang September 1970 im ersten Entwurf eines Briefes an Löwenthal: »Wenn der Vorstand der Partei zu diesem Zeitpunkt gleichzeitig mit der Würdigung des [Moskauer] Vertrages eine so deutliche Stellungnahme gegen das System abgeben würde, das in den Ländern unserer Verhandlungspartner herrscht, so könnte uns das als Versuch ausgelegt werden, aus Angst vor der eigenen Courage auf die Bremse zu treten. Dies müßte unsere Verhandlungschancen beeinträchtigen.« Am 5. September wurde eine abgeschwächte und ungenauere Version dieses Briefes abgeschickt. Also zensierte Brandt seinen eigenen Vorschlag zur Selbstzensur nochmals selbst. Baring, Machtwechsel, S. 357–358, schreibt, daß die Parteiführung dennoch am 14. November 1970 den Beschluß verabschiedet habe. Andere Quellen nennen für den endgültigen Beschluß jedoch erst das Datum 26. Februar 1971. Dies wird durch den Wortlaut bestätigt, der sich auf die Moskauer und Warschauer Verträge bezieht.

S. 470 »*Redneraustausch*« Siehe Bender, Neue Ostpolitik, S. 132.

S. 470 *die damaligen Berichte* Siehe beispielsweise die Berichte der Zentralen Auswertungs- und Informationsgruppe ZAIG über die Reaktionen in der Bevölkerung auf das Ergebnis der Bundestagswahlen im November 1972 und den Rücktritt Brandts. MfS: Z4083 und Z4088.

S. 471 *einander aus* Aus einer Kopie von Wehners Memorandum (ohne Titel), datiert Bad Godesberg, 2. Dezember 1973. In: AdsD: Dep WB, BK 75.

S. 471 *»Haß-Liebe«* Moseleit, Zweite Phase, S. 51.

S. 471 *die gleiche Frage stellten* Protokoll vom 29. Januar 1979 über das Gespräch zwischen Erich Honecker und B. N. Ponomarjow am 26. Januar 1979 in: ZPA: IV 2/2.035/56. Daraus auch die folgenden Zitate.

S. 472 *wird entsprochen* ZPA: JIV 2/2/1972.

S. 472 *übernahm er von Herbert Wehner* Hans-Jochen Vogel, Bonn, 18. März 1992.

S. 472 *Treffen im März 1984* Am Treffen vom 14. März 1984 nahmen auch Wischnewski, Bahr, Voigt und, als Protokollant, Dieter Schröder teil. Die Gründung einer Chemiewaffen-Gruppe scheint jedoch nicht unmittelbar nach dem Vogel-Honecker-Treffen bekanntgegeben worden zu sein. Bei seiner Sitzung am 29. Mai 1984 diskutierte das Politbüro einen Bericht von Herbert Häber über den Parteitag der Sozialdemokraten in Essen und verabschiedete eine Liste von Maßnahmen, die in den Beziehungen mit der SPD unternommen werden sollten, worunter diese als erste genannt war. Siehe Punkt 5 und Anlage Nr. 4 im Protokoll 22/84 in: ZPA: JIV 2/2/2957. Manfred Uschner, damals stellvertretender Leiter der Abteilung für internationale Verbindungen im Zentralkomitee, der eine Schlüsselrolle in der sicherheitspolitischen Arbeitsgruppe spielen sollte, erinnert sich, daß Arbeitsbeginn im Sommer 1984 war. Manfred Uschner, Berlin, 1. Oktober 1992.

S. 472 *ein bemerkenswertes Dokument* Die Sozialdemokraten veröffentlichten dieses Dokument, zusammen mit der gemeinsamen Erklärung und einem Vorwort von Karsten Voigt, das auf seinen Äußerungen während der Pressekonferenz am 19. Juni 1985 in Bonn basierte, in: Politik 6/1985. Die DDR-Ausgabe, die die Äußerung von Axen enthält, wurde veröffentlicht unter dem Titel: Für Chemiewaffenfreie Zone in Europa. Gemeinsame politische Initiative der Sozialistischen Einheitspartei Deutschlands und der Sozialdemokratischen Partei Deutschlands, Dresden [undatiert], Verlag Zeit im Bild.

S. 472 *im April 1988* Siehe die gemeinsame Erklärung, abgedruckt im Pressedienst der SPD, 5. April 1988 (195/1988), und den Kommentar von Karsten Voigt in: Ibid, 296/1988.

S. 473 *freundschaftlichen Gipfeltreffen* Dem Protokoll der Politbürositzung vom 24. September 1985 ist nur ein kurzer Bericht dieses Treffens beigefügt, in: ZPA: JIV 2/2/2131. Sowohl dieser vollständige Bericht als auch die Brandt-Papiere sollten bald für die Forschung zur Verfügung stehen. (Bis zum Abschluß dieses Buches hatte der Autor zu den Brandt-Papieren nur bis zum Jahr 1981 Zugang.)

S. 473 *dem Vorschlag der Palme-Kommission* So der Wortlaut der gemeinsamen Erklärung vom 21. Oktober 1986, gemeinsam mit dem Text und einem Vorwort von Egon Bahr veröffentlicht in: Politik, 19/1986. Daraus auch die folgenden Zitate. Die DDR-Version wurde, gemeinsam mit den Äußerungen, die Axen auf der Pressekonferenz gemacht hatte, veröffentlicht als: Für Atomwaffenfreien Korridor in Mitteleuropa. Gemeinsame politische Initiative der Sozialistischen Einheitspartei Deutschlands und der Sozialdemokratischen Partei Deutschlands, Dresden [undatiert], Verlag Zeit im Bild.

S. 473 *auf Antwort* Uschner, Ostpolitik, S. 137.

S. 473 *Er selbst sei* Manfred Uschner, Berlin, 1. Oktober 1992.

S. 473 *In seinem Kommentar scheute Bahr* Politik, 19/1986.

S. 474 *Zone des Vertrauens und der Sicherheit* SPD-Version in: Politik, Nr. 6, Juli 1988; auch veröffentlicht in: ND, 8. Juli 1988.

S. 474 *die sowjetischen Antworten* Die sowjetischen Kommentare zu Bahrs Fragen während des Treffens der Arbeitsgruppe am 27. Januar 1988 in Bonn befinden sich in: ZPA: IV 2/2.035/60.

S. 474 *»Gesellschaftswissenschaftlern«* In seinem Buch: Wie Feuer und Wasser. Sind Ost und West friedensfähig?, Reinbeck b. Hamburg 1988, Rowohlt, S. 13, spricht Eppler von »beinahe zwei Jahren« des vorsichtigen Sondierens. Siehe auch Häbers Bericht vom 17. Oktober 1983 über eine Reise vom 9.–16. Oktober 1983 in: ZPA: JIV 2/10.02/13. Dem »Gesellschaftswissenschaftler« Otto Reinhold wurde bereits durch den Beschluß des Politbüros vom 2. November 1982 die Hauptverantwortung für Beziehungen mit der SPD zugewiesen.

S. 474 *eine gemeinsame Arbeitsgruppe* Dies war einer der Schritte, die vom Politbüro während seiner Sitzung am 22. Mai 1984 befürwortet worden waren. Siehe Protokoll und Anlage Nr. 4 in: ZPA: JIV 2/2/2057.

S. 474 *vorsichtig unterhalb* Moseleit, Zweite Phase, S. 63ff.

S. 474 *am Scharmützelsee* Erhard Eppler, Wie Feuer und Wasser, Reinbek b. Hamburg 1988, Rowohlt, S. 98f. Siehe auch die Erinnerungen von Carl-Christian Kaiser in: Die Zeit, 21. August 1992.

S. 474 *Sechs Thesen* Veröffentlicht im täglichen Pressedienst der SPD, 17. März 1986.

S. 475 *legte ihren Parteitag zeitlich so* Siehe hierzu die sehr hilfreiche Zusammenfassung von B.V. Flow in: Radio Free Europe Research Background Report, 87/1986.

S. 475 *Zum erstenmal nahm* Siehe Bericht in: FAZ, 18. April 1986.

S. 475 *nur noch »Nichtkommunisten«* Otto Reinhold in: Horizont, 4/1986.

S. 475 *ihr gemeinsames Papier* Veröffentlicht in: Politik 3/1987 und ND, 28. August 1987.

S. 477 *Gesine Schwan* Siehe ihren Artikel in: FAZ, 23. September 1987. Egon Bahr antwortete in: FAZ, 2. Oktober 1987. Siehe auch die scharf kontrastierenden Kommentare von Gerd Bucerius und Marion Gräfin Dönhoff in: Die Zeit, 11. September 1987.

S. 478 *und Strömungen* Eppler, Wie Feuer und Wasser, Reinbek b. Hamburg, 1988, Rowohlt, S. 77, 83.

S. 478 *Sprecher der westlichen Demokratie* So Eppler selbst in: Ibid, S. 100f.

S. 478 *selbst Richard Löwenthal* Siehe seinen Artikel in: Die Welt, 2. September 1987.

S. 478 *einer der ganz seltenen Streitigkeiten* Egon Krenz, Berlin, 29. September 1992. Karl Seidel, Berlin, 30. September 1992. Kurt Hager, Berlin, 8. Mai 1992. Seidel, der anwesend war, um mögliche Fragen über den Ablauf von Honeckers Reise in die Bundesrepublik zu klären, erinnert sich, daß Krenz – der während Honeckers Abwesenheit den Vorsitz hatte – die Diskussion mit der Bemerkung beendete: »Erich will es«. Hier sieht man deutlich die Begrenztheit der Politbüroprotokolle als Quellenmaterial, denn in den Protokollen vom 18. August und vom 26. August gibt es keinerlei Hinweis auf eine derartige Meinungsverschiedenheit. ZPA: JIV 2/2/2235 und 2236.

S. 478 *sei »friedensfähig«* Siehe den Nachdruck seiner Rede in: ND, 28. Oktober 1987. Zur Auffassung und den Auseinandersetzungen innerhalb der SED siehe den Artikel von Rüdiger Thomas in: DDR-Report, 1/1988, S. 14ff. Der Spiegel, 51/1987, berichtete über eine parteiinterne »Information«, verteilt an die Bezirksleitungen der Partei, die eine höchst restriktive Interpretation des Papiers anbot.

S. 478 *erzählte Kurt Hager* Kurt Hager, Berlin, 8. Mai 1992. Wenn Reissig ein Sozialdemokrat war, dann höchstens privat oder in der Beurteilung Hagers. Egon Krenz betont mit allem Nachdruck, daß zu jener Zeit, wenn überhaupt, kaum Spuren des »Sozialdemokraten« zu erkennen gewesen seien. Egon Krenz, Berlin, 29. September 1992.

S. 478 *unterschiedliche Zeugnisse* So erinnert sich Manfred Uschner (Berlin, 1. Oktober 1992), daß die Zuhörer seiner Vorträge, darunter sogar eine Parteiversammlung der Grenzsoldaten, davon fasziniert waren. Karl Seidel (Berlin, 30. September 1992) erinnert sich hingegen, daß es innerhalb seiner Parteigruppe im Außenministerium kaum Diskussionen gegeben habe, und wenn, so seien sie eher kritisch gewesen. Kurt Hager (Berlin, 8. Mai 1992) behauptet, es habe kaum Auswirkungen innerhalb der Partei gehabt. Egon Krenz (Berlin, 29. September 1992) behauptet hingegen, es habe große Auswirkungen gehabt. Eindeutig ist nur, daß dieses Thema weiterer, detaillierter Nachforschungen bedarf.

S. 478 *Ein Bericht der* Der achtseitige Bericht, datiert 24. September 1987, befindet sich in: MfS: Z4230.

S. 480 *der Evangelischen Kirchen* Kritischer äußerte sich Hans-Jürgen Fischbeck im Gespräch mit Thomas Meyer und Rolf Reissig, in: Berliner Zeitung, 27. August 1992.

S. 480 *Weisskirchen, sagt selbst* Gert Weisskirchen, Bonn, 24. Juni 1992. Siehe auch das Interview mit ihm, in: taz, 21. Februar 1992, sowie seinen Artikel in: DA, 5/1992, S. 526–530.

S. 480 *Erhard Eppler scheint* Das war auch der Eindruck, den Carl-Christian Kaiser hatte. Siehe seinen Artikel in: Die Zeit, 21. August 1992.

S. 480 *auch den nach außen* Diese Äußerung ist, gemeinsam mit der Antwort von Reinhold, abgedruckt in: DA, 6/1989, S. 713–716, dies auf S. 715.

S. 480 *traditionelle Rede* Siehe Bundestag Plenarprotokolle, 11. Wahlperiode [Sondersitzung], S. 11296–303, 17. Juni 1989.

S. 480 *ärmeren deutschen Staat* Ibid, S. 11299.

S. 481 *zugrunde zu richten* Ibid, S. 11300. Die Rede findet sich auch in: Erhard Eppler, Reden auf die Republik. Deutschlandpolitische Texte 1952–1990, München 1990, Chr. Kaiser, S. 31–46.

S. 481 *wird die Lage* Typoskript der Eröffnungsrede Lafontaines beim »Saarbrücker Gespräch«, 7. Juni 1989. Es sollte jedoch darauf hingewiesen werden, daß Lafontaine davor warnte, diese Gespräche könnten zu einer Art von »Friedenskumpanei« führen und die unterschiedlichen Ansichten über Demokratie und Verletzung der Menschenrechte damit überlagern. Darüber hinaus erinnert sich sein Gast Egon Krenz (Berlin, 29. September 1992), daß Lafontaine während privater Gespräche ziemlich hart und deutlich Forderungen gestellt habe.

S. 481 *extrem verwirrt* Ein Teil dieser Debatte kann in der ausführlichen Zusammenstellung von Presseausschnitten nachgelesen werden, in: Deutschland 1989, Bd. 24.

S. 482 *in absehbarer Zeit behalten* Zitiert in: Die Welt, 30. August 1989. Siehe auch den Bericht in: FAZ, 30. August 1989. Zuvor im gleichen Jahr hatte sich Horst Ehmke kritisch zur Gründung einer sozialdemokratischen Partei in Slowenien geäußert. Siehe Bericht in: FAZ, 30. März 1989.

S. 482 *»Wandels durch Anbiederung«* Bundestag Plenarprotokolle, 11/156, S. 11723–733, 5. September 1989.

S. 482 *Norbert Gansel* Siehe seinen Artikel in: Frankfurter Rundschau, 13. September 1989.

S. 482 *nachdem Horst Ehmke angekündigt hatte* Dies geht eindeutig aus einer Eilbotschaft der Ständigen Vertretung der DDR in Bonn hervor, datiert 12. September (»Blitz 1691/89«). Darin heißt es, Ehmkes Reisepläne beinhalteten auch ein offizielles Treffen mit Manfred Stolpe, und »für den Abend verweist er auf persönliches Gespräch mit Bohley«. ZPA: IV 2/2. 035/81. Ausschnitte aus der Rede, die Ehmke halten wollte, in: FAZ, 18. September 1989.

S. 482 *Von nun an sollten* Siehe Bericht in: FAZ, 20. September 1989.

S. 482 *eine Stabilisierung der DDR* taz, 30. September 1989.

S. 482 *Reformen, die zu einem dritten Weg* So ausdrücklich im »Kennzeichen D« des ZDF, am 30. September 1989. Abschrift in: BPA/KU I/31.08.89.

S. 482 *»eine andere DDR«* Siehe sein Interview in: Der Spiegel, 42/1989.

S. 482 *Die Menschen der DDR* Bergedorfer Gesprächskreis 88 (6.–7. September 1989), S. 62.

S. 483 *homöopathische Veränderungen* So in einem Rundfunkinterview am 8. Oktober 1989. Abschrift in: BPA/KU I/09. 10. 89.

S. 483 *nicht die Pferde* Ibid.

S. 483 *einer Neuvereinigung* Siehe den Bericht über sein Gespräch mit einer Gruppe von Schulkindern, in: FAZ, 6. Mai 1989.

S. 483 *voneinander trennt* Bundestag Plenarprotokolle 11/150, S. 11193, 16. Juni 1989.

S. 483 *denn doch zusammengehört* Bild, 21. September 1989.

S. 483 *diskret wissen ließ, daß* Siehe dpa-Agenturmeldung, 18. Oktober 1989.

S. 483 *was zusammengehört* Dieser berühmte Satz findet sich im gedruckten Text seiner Rede vor dem Schöneberger Rathaus am 10. November 1989, in: Willy Brandt, »... was zusammengehört«. Reden zu Deutschland, Bonn 1990, Dietz, S. 37–41. Interessant ist, daß Brandt im vorausgehenden Satz Bezug auf die »Teilung Europas, Deutschlands und Berlin« genommen hat und meinte, daß nun die »Teile *Europas*« zusammenwachsen.

S. 483 *bei ihrem Parteitag* Siehe Protokoll vom Programm-Parteitag. Berlin, 18.–20. 12. 1989, Bonn 1990, SPD Vorstand, passim.

S. 484 *Willy Brandt 1985* Siehe auch den Artikel eines anonymen Solidarność-Repräsentanten in: NG 6/1986, eine Antwort auf Horst Ehmkes Artikel in: NG 11/1985.

S. 484 *Hans-Jochen Vogel nicht 1987* Siehe die Berichte in: Der Spiegel, 41/1987, und: Vorwärts, 3. Oktober 1987. Verschiedene Augenzeugen berichten, daß dies ein schwieriges Treffen gewesen sei.

S. 484 *Erich Mielke* Kopie in: ZPA: IV 2/2. 035/81.

S. 484 *Gerd Poppe* Bonn, 18. März 1992.

S. 485 *Egon Bahr meinte* Siehe sein Interview in: Die Zeit, 13. März 1992.

S. ooo *eine erste, einfache Antwort* Ibid. So auch Hans-Jochen Vogel, Bonn, 18. März 1992.

S. 485 *verwiesen viele in der Partei* So beispielsweise Gert Weisskirchen in: taz, 21. Februar 1992, und im Gespräch mit dem Autor, Bonn, 24. Juni 1992. Auch Karsten Voigt (Bonn, 29. Februar 1988 und 20. März 1992) identifizierte diese »etatistische« Linie, meinte aber, daß er selbst einer anderen, reform- und freiheitsorientierten Linie angehörte.

S. 485 *Metternich der Linken* Auf diese Behauptung antwortete Bahr selbst einmal: »Oh nein. Doch selbst wenn es wahr wäre: Metternich erreichte fünfzig Jahre Frieden in Europa. Das war auch nicht schlecht.« Abendzeitung, 24. November 1989.

S. 485 *innere Dimension Reform* Horst Ehmke vor einem Seminar der Friedrich-Ebert-Stiftung in Bonn, 12./13. März 1988 (Typoskript), S. 6. Er bezog sich dabei auf seinen eigenen Beitrag zum 1000. Band der edition suhrkamp, hrsg. von Jürgen Habermas im Jahr 1979. Dieses Seminar wagte den Dialog mit Repräsentanten der westlichen Linken und Friedensbewegung und der Opposition aus Osteuropa, die eine »Entspannung von unten« vertraten, wie Ehmke selbst in: Vorwärts, 20. August 1988, bemerkte. Mit diesem Artikel reagierte er auf die heftigen Anwürfe wegen mangelnder Unterstützung der osteuropäischen Opposition durch die SPD, verfaßt von Sibylle Plogstedt in: Vorwärts, 13. August 1988.

S. 485 *Voigt baute seine Hoffnungen* Karsten Voigt, Bonn, 20. März 1992.

S. 486 *wurde sie erreichbar* In der ARD-Sendung »Als Erich auf dem roten Teppich stand ...«, 30. April 1992. Dasselbe Argument wiederholte er mit wohlüberlegten rückblickenden Äußerungen während eines Vortrags am 16. Februar 1992 in Dresden, verbreitet vom SPD-Pressedienst (85/92).

S. 486 *wenige seitens der SPD* Bei Beendigung dieses Buches hatte die SPD-Führung über den Antrag des Autors auf Zugang zu den relevanten Dokumenten noch nicht positiv entschieden. Wie bereits erwähnt unternahm Hans-Jochen Vogel jedoch die vorbildliche Initiative, dem Autor die Protokolle seiner eigenen jährlichen Treffen mit Erich Honecker zur Verfügung zu stellen.

S. 486 *Originaldokumente aus dem Zentralen Parteiarchiv der SED* 1991–1992 waren die wichtigsten der Forschung zugänglichen Quellen zu diesem Thema die Papiere vom »Büro Axen«, die Protokolle und Arbeitspapiere des Politbüros und einige andere Unterlagen im sogenannten internen Archiv des Politbüros. Zur Einsicht standen auch die Papiere der Büros von Kurt Hager und Joachim Herrmann. Die Unterlagen aus dem Büro Honecker waren der Forschung nicht zugänglich, während die Papiere aus dem Büro von Egon Krenz zwar katalogisiert, dann jedoch von der Staatsanwaltschaft wieder verschlossen worden waren. Nicht zugänglich waren auch die meisten Unterlagen aus der West-Abteilung (später Abteilung für Internationale Politik und Wirtschaft) und aus der Abteilung Verkehr, die mit dem gesamten Dunkelbereich der Finanzbeziehungen von Parteien und brüderlichen Gruppen im Ausland zu tun hatte.

Auszüge aus einigen Dokumenten aus dem Büro Axen erschienen in einem Artikel von Christian von Ditfurth, in: Der Spiegel, 35/1992. Eine von Ditfurth angekündigte Abhandlung dieses Themas in Buchform stand bei der Arbeit an diesem Kapitel noch nicht zur Verfügung.

S. 487 *Egon Bahr und Erich Honecker* Dieses und die Dokumentation der folgenden Entwicklungen finden sich in: ZPA: IV 2/2.035/89 (sowie einiges dazugehöriges Material in: IV 2/2.035/78). Daraus auch die folgenden Zitate.

S. 487 *Möglichkeit eines tendenziösen Berichts* Der Bericht wurde am 8. September 1986 von Hermann Axen unterzeichnet.

S. 487 *faktisch noch immer sehr vagen* Denn was hätte »volle Anerkennung« der DDR-Staatsbürgerschaft faktisch bedeutet? Immerhin war ja das Recht des DDR-Bürgers, ein DDR-Bürger zu bleiben, als DDR-Bürger zu reisen (wenn er konnte) und (wenn er wollte) als DDR-Bürger in die DDR zurückzukehren, von der Bonner Regierung längst anerkannt.

S. 488 *aus der Opposition heraus* Tagesthemen, 18. September 1986. Die offizielle westdeutsche Abschrift (BPA/KU I/19-9-86) enthält einen fast identischen Wortlaut. Eine gute Darstellung von der Wirkung dieser Ankündigung lieferte: Neue Zürcher Zeitung, 20. September 1986.

S. 488 *mit formuliert habe* Protokoll eines Gespräches mit Axen, in Berlin, 6. April 1987, in: ZPA: IV 2/2. 035/79. Protokollant war wahrscheinlich Günter Rettner.

S. 489 *über den Tisch zu holen* Protokoll des Gespräches am 15. April 1987, in: ZPA: IV 2/2.035/79.

S. 489 *wieder unter stärkere Kontrolle zu nehmen* Er hätte sich jedoch gar keine Sorgen zu machen brauchen. Nur neun Tage zuvor, am 6. April 1987, hatte Erich Mielke eine zusätzliche »Durchführungsbestimmung« zur Dienstanweisung von 1975 erlassen, mit der die Kontrolle westlicher Besucher abgedeckt wurde. Bei dieser zusätzlichen Bestimmung ging es vor allem um die Kontrolle des »Polit-Tourismus«, der als im Interesse von Bonns »Kontaktpolitik« liegend interpretiert wurde. »2. Durchführungsbestimmung zur Dienstanweisung Nr. 3/75«, MfS Nr. 20187.

S. 489 *Protokolle der Sozialdemokraten* Fotokopien im Besitz des Autors.

S. 490 *siebzehn Seiten* Protokoll des Gesprächs am 25. Mai 1989, Typoskript, S. 12.

S. 490 *im Protokoll von 1983* Protokoll des Gespräches am 28. Mai 1983, Typoskript S. 13.

S. 491 *über die Mauer denke* Protokoll des Gespräches am 15. Mai 1987, Typoskript, S. 17.

S. 491 *Am Ende des Gespräches* Ibid, S. 19.

S. 491 *der DDR-Protokollant* In: ZPA: J IV 2/2/2220.

S. 491 *geraten sei* Protokoll des Gespräches am 29. April 1988, Typoskript, S. 10.

S. 491 *Fragen stellen* Ibid.

S. 491 *die SPD dazu stehe* Siehe Niederschrift des Gespräches im Hubertusstock am 29. April 1988, in: ZPA: IV 2/2.035/80, dies auf S. 12. Sie könnte von Günter Rettner oder auch von Honeckers Staatssekretär im Staatsrat, Frank-Joachim Herrmann, geschrieben sein. Der für gewöhnlich verläßliche Protokollant Karl Seidel hat an diesem Treffen nicht teilgenommen.

S. 492 *Protokoll eines Treffens, das* Siehe die Notiz zum Gespräch am 23. Oktober 1987, in: ZPA: IV 2/2.035/19, auch für die folgenden Zitate. Die Notiz wurde wahrscheinlich von Günter Rettner verfaßt.

S. 493 *heißt es im Protokoll* Bericht von Günter Rettner, datiert 12. Dezember 1987, über seine Gespräche in der Bundesrepublik vom 9.–11. Dezember 1987, in: ZPA: IV 2/2.035/79. Rettner hatte die Leitung der nun euphemistisch sogenannten Abteilung für Internationale Politik und Wirtschaft (IPW) im Zentralkomitee von Herbert Häber übernommen (der »aus gesundheitlichen Gründen« zurückgetreten war). Wie das Institut gleichen Namens war diese Abteilung – die umbenannte West-Abteilung – im wesentlichen mit der Bundesrepublik beschäftigt. Bedauerlicherweise lehnte Rettner ein Gespräch mit dem Autor ab.

S. 493 *habe er ein tiefes Vertrauen* Als Beweis verwies Lafontaine auch auf seinen Artikel anläßlich Honeckers 75. Geburtstages in: Der Spiegel, 35/1987.

S. 493 *dieser Kräfte bedeute* Bericht von Günter Rettner, datiert 16. Mai 1988, über ein Gespräch mit O. Lafontaine in Saarbrücken am 13. Mai 1988, in: ZPA: IV 2/2.035/80.

S. 494 *Vermerk über eine vertrauliche Information* ZPA: IV 2/2.035/80.

S. 494 *heiß umstritten* Zu einigen Reaktionen siehe den Artikel von Christian von Ditfurth in: Der Spiegel, 35/1992. Im Gespräch mit dem Autor (Berlin, 1. Oktober 1992) behauptete Manfred Uschner, daß die – unsignierte – Mitteilung wahrscheinlich auf Axens Instruktion hin durch einen Diplomaten der Ständigen Vertretung der DDR in Bonn erfolgte, der an diesem Mittagessen teilnahm. So tendenziös diese Mitteilung auch gewesen sein mag, Uschner erinnert sich, daß Voigt in der Tat von einer möglichen Ausweisung gesprochen habe.

S. 494 *viele Menschen beschäftige* Niederschrift eines Gesprächs zwischen Honecker und Lafontaine im Hubertusstock am 18. August 1988, in: ZPA: IV 2/2.035/80. Über die Atmosphäre, die zwischen den beiden Saarländern herrschte, sagte rückblickend Karl Seidel, »es fehlte nur noch der Bruderkuß«. Karl Seidel, Berlin, 30. September 1992.

S. 494 *Briefwechsel mit Egon Bahr* In: ZPA: IV 2/2.035/81.

S. 495 *das Politbüro war nur einverstanden* Die Anordnung befindet sich in: Ibid; der Beschluß des Politbüros in den Protokollen der Sitzung vom 8. August, in: ZPA: JIV 2/2/2340.

S. 495 *Eilbotschaft* In: ZPA: IV 2/12. 035/81. Auch Lafontaine schickte seine Vorschläge zur Beruhigung der Lage durch einen Emissär, Hans-Peter Weber, der am 18. August 1989 mit Günter Rettner in Berlin sprach. Laut Rettners Bericht vom 21. August 1989 (in derselben Akte) habe Lafontaine sogar mitteilen lassen, daß die Saarländische Regierung in Erwägung zog, DDR-Bürgern auf Besuch im Saarland keine westdeutschen Pässe auszuhändigen, wenn sie diese für eine Reise nach Frankreich oder Luxemburg beantragten!
Ebenso laut Rettners Bericht machte Lafontaines Emissär den hilfreichen Vorschlag, daß DDR-Bürgern, die in der Ständigen Vertretung der Bundesrepublik Zuflucht gesucht hatten, von den DDR-Behörden mit der Zusicherung, keine Strafmaßnahmen zu unternehmen, gestattet werden sollte, das Gebäude zu verlassen. Die DDR sollte dann inoffiziell dafür sorgen, daß sie »nach einem längeren Zeitraum« die DDR verlassen könnten. Es muß jedoch betont werden, daß dies ein Bericht über den Bericht eines Emissärs über Lafontaines Ansichten war und sowohl Lafontaine als auch sein Emissär dessen Wahrheitsgehalt bestritten haben. Siehe auch den Artikel von Christian von Ditfurth, in: Der Spiegel, 35/1992.

S. 495 *das allerletzte Dokument* In: ZPA: IV 2/2. 035. 81. Dies ist einem von Mielkes »Informations«-Blättern über SPD-Kontakte mit der Kirche und Oppositionsgruppen in der DDR beigefügt.

S. 495 *»kameradschaftlich«* Erich Honecker, Berlin-Moabit, 27. November 1992.

S. 496 *Notiz für Hans-Jochen Vogel* Notiz vom 15. Juni 1990: Schlußbilanz im Bereich »Humanitäre Hilfe/DDR«. Eine Kopie wurde dem Autor freundlicherweise von Hans-Jochen Vogel zur Verfügung gestellt.

S. 497 *der Staatspartei gegeben hätte* »Trotz allem – hilfreich. Das Streitkultur-Papier von SPD und SED. Fünf Jahre danach. Eine Stellungnahme der Grundwertekommission« (Typoskript, August 1992), auch in: DA 10/1992, S. 1100–1108.

S. 497 *Schlüssel zu allem* Bahr, Zum europäischen Frieden, S. 35.

S. 498 *ist es passiert* Die Zeit, 9. Februar 1990.

S. 498 *die Sicherheitsfrage überholt* In: Die Zeit, 13. März 1992.

S. 498 *»Es hat ja, wenn Sie so wollen...«* Aus einem Radiointerview am 8. Oktober 1989. Abschrift in: BPA/KU I/09.10.89. In einem Artikel in: Die Zeit, 24. November 1989, – der ersten von noch vielen folgenden Verteidigungen seines SPD-SED-Papiers – zitierte Erhard Eppler Willy Brandt, der gesagt hatte, daß »Reform« kein angemessenes Wort mehr sei, um zu beschreiben, was heute zwischen Bug und Elbe geschieht. »Reformen«, schrieb Eppler, »sind Veränderungen und Anpassungen innerhalb eines Machtsystems.«

S. 499 *Illusionen des Prager Frühlings* Interessant ist, daß eine Mitarbeiterin der sozialdemokratischen Bundestagsfraktion, Jutta Tiedke, noch im Sommer 1988 den Prager Frühling als Modell für einen Wandel in Osteuropa zitiert hat. Siehe ihren Artikel in: NG, 8/1988, S. 712–717. Horst Ehmke erzählte dem Autor (Bonn, 19. April 1988), daß er allnächtlich die Ostpolitik der Sozialdemokraten seiner tschechischen Ehefrau gegenüber verteidigen mußte. Völlig zu Recht konnte Ehmke seinen eigenen politischen Ansatz als konsistent bezeichnen. Es stellt sich nur die Frage, ob der konsistente Ansatz richtig war.

S. 499 *Berliner Programm* Grundsatzprogramm der Sozialdemokratischen Partei Deutschlands, Bonn 1990, SPD Vorstand. Daraus auch die folgenden Zitate.

S. 500 *Sonderbewußtsein* Siehe dazu: Karl-Dietrich Bracher, Die totalitäre Erfahrung, München 1987, S. 91–94; und den Beitrag von Kurt Sontheimer in einer Festschrift für Karl-Dietrich Bracher: Funke, Demokratie und Diktatur, S. 35–45.

S. 500 *und Tyrannei* In: Partisan Review, 2/1984, S. 183–198, dies auf S. 190. Leider zeigte Löwenthals oben zitierter Artikel (Die Welt, 2. September 1987) selbst Alterssymptome jener jugendlichen Verwirrung, die er 1984 zu entdecken glaubte.

S. 500 *Gutzeit, erinnert sich* Berlin, 29. Juni 1992.

7. Deutsche Vereinigung

S. 502 *was in den 329 Tagen* So Teltschik, 329 Tage.

S. 503 *Pulzer vermutet* In einem mündlichen Beitrag während eines Seminars von Catherine McArdle Kelleher, All Souls College, Oxford.

S. 503 *veröffentlichten Quellen* Die beste Zusammenstellung der wichtigsten Dokumente befindet sich in den letzten drei Bänden von: Texte: III/7, 8a und 8b. Nützliches zusätzliches Material zur Vereinigungsdiplomatie enthalten: Umbruch, und: Deutsche Außenpolitik 1990/91. Auf dem Weg zu einer europäischen Friedensordnung. Eine Dokumentation (Bonn 1991, Auswärtiges Amt). Die Arbeit von Volker Gransow und Konrad H. Jarausch, Die deutsche Vereinigung. Dokumente zur Bürgerbewegung, Annäherung und Beitritt, Köln 1991, Wissenschaft und Politik, enthält eine interessante Auswahl von weniger offiziellen Dokumenten. Unter den bereits jetzt unzähligen Berichten zur deutschen Vereinigung bieten die folgenden nützliche einführende Studien: Kaiser, Vereinigung; Jesse und Mitter, Einheit; Szabo, Diplomacy; Grosser, Unification. Die Arbeit von Elizabeth Pond, Beyond the Wall. Germany's Road to Unification, Washington DC 1993, erschien zu spät, um noch berücksichtigt werden zu können.

S. 503 *schreibt Michael Wolffsohn* In seinem Beitrag zu: Jesse und Mitter, Einheit, S. 142–162, dies auf S. 142.

S. 503 *den buchstäblich eisernen Vorhang* Siehe Horn, Erinnerungen, S. 293.

S. 504 *direkteren und konspirativeren Mitteln* Es gab natürlich endlose Spekulationen – vor allem unter den ehemaligen Politbüromitgliedern – über die Rolle des KGB, von Markus Wolf, Hans Modrow usw. Eine relativ nüchterne Abhandlung darüber erschien in den USA: Jeffrey Gedmin, The Hidden Hand. Gorbachev and the Collapse of East Germany, Washington 1992, AEI Press.

S. 504 *Es begann im Kaukasus* Hans Klein, Es begann im Kaukasus. Der entscheidende Schritt in die Einheit Deutschlands, Berlin 1991, Ullstein.

S. 504 *»Refolution«* Siehe vom Autor: »Refolution: The Springtime of Two Nations«, in: The New York Review of Books, 15. Juni 1989; »Refolution in Hungary and Poland«, The New York Review of Books, 17. August 1989; sowie Kapitel 13, in: Garton Ash, Jahrhundert.

S. 505 *von Albert O. Hirschman* Albert O. Hirschman, Exit, Voice and Loyalty, Cambridge 1970, Harvard University Press. Nach Beendigung dieses Kapitels erhielt der Autor eine Kopie des Artikels von Hirschman, in: World Politics, Bd. 45, Nr. 2, 18. Januar 1993, S. 173–202, in dem dieser über die Anwendbarkeit seiner Theorie auf die DDR schreibt.

S. 505 *»Wer zu spät kommt ...* Es ist nicht ganz klar, ob er jemals genau diese Worte gesagt hat. Ein Leserbrief in der FAZ, 5. Dezember 1991, meint, daß seine Worte in der Öffentlichkeit, als spontane Reaktion auf einen Journalisten, vielmehr so gelautet hätten: »Es ist gefährlich für den, der nicht auf das Leben reagiert«. Seine offizielle Rede war äußerst vorsichtig. Siehe: Texte III/7, S. 275–277.

Privat sagte er der DDR-Führung: »Wenn wir zurückbleiben, bestraft uns das Leben sofort«, doch dies im unmittelbaren Zusammenhang mit

seinen Ausführungen über die Situation in der Sowjetunion selbst. Siehe hierzu das Protokoll seines Treffens mit dem Politbüro am 7. Oktober 1989, abgedruckt in: Mittag, Preis, S. 359–384. Verschiedene Politbüromitglieder bestätigten dem Autor, daß sie diese Äußerung so verstanden hätten, als betreffe sie im wesentlichen die Sowjetunion.
In der Niederschrift seines Vieraugen-Gespräches mit Honecker unmittelbar davor wird Gorbatschow allerdings folgendermaßen zitiert: »Die Initiative sollten die Partei und E. Honecker ergreifen, sonst könnten Demagogen andere Ideen suggerieren. Aus eigener Erfahrung wisse er, daß man nicht zu spät kommen dürfe. E. Honeckers Rede [während des Banketts am Vorabend] habe ihm deswegen sehr gut gefallen, weil darin ehrlich und richtig gesagt worden sei, was zu tun ist.« Siehe Niederschrift in: ZPA: IV 2/2.035/60. Hier hat er diesen Gedanken also eindeutig auf die DDR bezogen. Interessanterweise hat Honecker die Sätze unmittelbar davor und danach unterstrichen, nicht jedoch den Schlüsselsatz (»Aus eigener Erfahrung ... «).

S. 505 *Wende in der Wende* Siehe beispielsweise Meuschel, Legitimation, S. 318ff, und Eckhard Jesse in: Jesse und Mitter, Einheit, S. 118 und Fußnote.

S. 506 *Abschrift des Telefonats* Veröffentlicht in: Der Spiegel, 48/1990. Das Nachrichtenmagazin brachte dieses etwas entlarvende Dokument nicht ohne Häme unmittelbar vor den gesamtdeutschen Wahlen am 2. Dezember 1991.

S. 506 *»10-Punkte-Programm«* Siehe Texte III/7, S. 426–433.

S. 507 *Dieses Programm war teils* Teltschik, 329 Tage, S. 42f, 48f, 55f. Horst Teltschik, Bonn, 12. Juli 1991. Helmut Kohl, Bonn, 1. Oktober 1991.

S. 507 *Den wirklichen und sehr emotionalen Durchbruch* Wolfgang Bergsdorf während eines Seminars, St. Antony's College, Oxford; überarbeitete Version in: Grosser, Unification, S. 88–106, dies auf S. 91. Helmut Kohl, Bonn, 1. Oktober 1991. Teltschik, 329 Tage, S. 87ff.

S. 507 *Der Runde Tisch* Siehe einen der Augenzeugenberichte: Uwe Thayssen, Der Runde Tisch. Oder: Wo blieb das Volk. Der Weg der DDR in die Demokratie, Opladen 1990, Westdeutscher Verlag. In: Grosser, Unification, S. 72–87, faßt er seine Argumente nochmals zusammen.

S. 507 *»Doppelherrschaft«* Diesen Begriff verwendet Gert-Joachim Glaessner, Der schwierige Weg zur Demokratie. Vom Ende der DDR zur deutschen Einheit, Opladen 1991, Westdeutscher Verlag, S. 89ff.

S. 507 *verkündete nach seiner Rückkehr* Siehe Texte III/8a, S. 49f.

S. 507 *hatte Modrow erklärt* Ibid. S. 13f.

S. 507 *beinahe 350000* Teltschik, 329 Tage, S. 103, erwähnt, daß Wolfgang Schäuble am 10. Januar dem Kabinett von 343,854 registrierten Übersiedlern aus der DDR für das Jahr 1989 berichtet hat. In seinem Eintrag zum 12. Februar (S. 144) schreibt er von 3,000 Personen täglich.

S. 508 *Bleibt daheim!* Siehe hierzu die interessante Zusammenstellung: Helmut Herles und Ewald Rose, Hrsg., Parlaments-Szenen einer deutschen Revolution. Bundestag und Volkskammer im November 1989, Bonn 1990, Bouvier, dies auf S. 26.

S. 508 *geflohen war* Siehe seine eigene Darstellung, Von Dresden nach Bonn, Stuttgart 1991, Deutsche Verlags-Anstalt, S. 294f.

S. 508 *zur DM kommen* So Teltschik, 329 Tage, S. 129, und zahlreiche andere Berichte.

S. 508 *von Wolfgang Schäuble ausgehandelt* Siehe Wolfgang Schäuble, Der Vertrag, Stuttgart 1991, Deutsche Verlags-Anstalt.

S. 508 *und/oder Unterstützung* Das Wort, das nach der Vereinigung wohl am häufigsten benutzt wurde, war »Einvernehmen«. In einem Artikel, in dem er ausdrücklich den Vergleich mit 1871 zog, schreibt Wolfgang Bergsdorf von »Einvernehmen und Unterstützung aller Europäer«: German Comments, No. 26, April 1992, S. 35–41, dies auf S. 41.

S. 509 *Bronisław Geremek* Rok 1989. Bronisław Geremek Opowiada. Jacek Zakowski Pyta, Warschau 1990, Plejada, S. 328.

S. 509 *vielleicht zweieinhalb* Hans-Dietrich Genscher, Bonn, 23. Juni 1992.

S. 510 *Vieles vom amerikanischen Anteil* Neben der wichtigen Arbeit von Szabo, Diplomacy, vermitteln nützliche Einsichten: Elizabeth Pond, After the Wall. American Policy toward Germany, New York 1990, Priority Press Publications; und Alexander Moens, »American diplomacy and German unification«, in: Survival, Bd. XXXIII, Nr. 6, November/Dezember 1991, S. 531–545. Siehe auch Oberdorfer, Turn, und Beschloss & Talbott, Highest Levels. Aufschlußreiche Details zur amerikanischen Rolle enthält auch: Teltschik, 329 Tage.

S. 510 *Vernon Walters* Wolfgang Schäuble (Bonn, 17. März 1992) erzählt, daß Walters ihm bei seiner Ankunft in Bonn im Frühjahr 1989 gesagt habe, er würde noch in seiner Amtszeit als Botschafter die deutsche Vereinigung erleben. Walters Memoiren werden sicher eine wichtige Quelle sein.

S. 510 *Francis Fukuyama* Szabo, Diplomacy, S. 12.

S. 510 *Es war vor allem* Ibid, S. 24, 58ff. Siehe auch den Artikel von Elizabeth Pond, in: EA 21/1992, S. 619–630.

S. 510 *Neun Zusicherungen* Ibid, S. 61–62, 86.

S. 511 *zugefügt wird* In seiner Rede vor dem Plenum des Zentralkomitees am 9. Dezember. Siehe Freedman, Europe Transformed, S. 384–391, dies auf S. 385. Teltschik, 329 Tage, S. 85, schreibt, Gorbatschow habe diese Position später Kohl gegenüber schriftlich »in der Sprache härter als die ZK-Rede« betont.

S. 511 *absolut ausgeschlossen* Aus einem Interview in der ARD, 6. März 1990, zitiert in: Teltschik, 329 Tage, S. 168.

S. 512 *für den innenpolitischen Gebrauch* Ibid, S. 109. Gorbatschow sagte im Dezember 1989 zu François Mitterrand, daß es, wenn Deutschland wiedervereint werden würde, am nächsten Tag eine zweizeilige Meldung geben würde, in der es dann hieße, ein Marschall habe seinen Platz eingenommen. Er übertrieb – aber er übertrieb eine real existierende Gefahr, wie der Putsch vom August 1991 zeigen sollte.

S. 512 *Führungsgewalt ohnegleichen* Bei einem Gespräch mit Kohl am 15. Juli in Moskau bezeichnete Gorbatschow diesen Parteitag, in Anspielung auf John Reed, diese als die »elf Tage, die die Welt erschütterten«. Teltschik, 329 Tage, S. 325. Ohne diese erfolgreiche Verteidigung seiner Macht innerhalb des Systems wäre es höchst zweifelhaft gewesen, ob er derartige Konzessionen, wie zur deutschen Vereinigung, hätte riskieren können.

S. 513 *das veröffentlichte Tagebuch* Vom Autor befragt, betonte Teltschik, daß die veröffentlichte Fassung sich eng an seine Aufzeichnungen und Originaldokumente hält, aber nur etwa die Hälfte seines ursprünglichen Roh-Tagebuches enthält.

S. 513 *eine Botschaft von Schewardnadse* Teltschik, 329 Tage, S. 100ff.

S. 513 *52 000 Tonnen Rindfleischkonserven* Ibid, S. 114.

S. 513 *ein wichtiges und sehr eindeutiges Signal* So auch Helmut Kohl, Bonn, 1. Oktober 1991.

S. 514 *gemeinsam gestalten sollten* Teltschik, 329 Tage, S. 139.

S. 514 *Nach einer Anregung von Boris Meissner* Ibid, S. 192.

S. 514 *im Bismarckschen Sinne* Ibid, S. 206.

S. 514 *bestätigte Schewardnadse* Ibid, S. 218ff.

S. 514 *in geheimer Mission* Ibid, S. 230ff.

S. 514 *Während James Baker* Ibid, S. 241f.

S. 514 *Als er Gorbatschow* Ibid, S. 244.

S. 515 *»Schachzug«* Ibid, S. 325.

S. 515 *nach den russischen Aufzeichnungen* Die folgenden Zitate in: Gipfelgespräche, S. 161–177. Man sollte beachten, daß es sich um eine Rückübersetzung der russischen Aufzeichnungen handelt, die vermutlich auf Tschernajews Notizen und vielleicht auch auf denen des russischen Dolmetschers basiert. Die Darstellung in Teltschik, 329 Tage, beruht auf dessen eigenen Notizen, die er anhand der Notizen des deutschen Dolmetschers überprüft hat.

S. 515 *Sicherheitsbedingungen* Von Kohl am 16. Juli in acht Punkten zusammengefaßt, in zehn Punkten am 17. Juli. Siehe Äußerungen gegenüber der Presse, Nachdruck in: EA 18/1990, S. D480–490.

S. 516 *»Stawrapallo«* The Economist, 21. Juli 1990. Im selben Artikel wurde dieses Wortspiel jedoch einem DDR-Funktionär zugeschrieben und auch klargestellt, daß diese Vereinbarungen *nicht* mit Rapallo vergleichbar wären.

S. 516 *Ausdrucks ›Realpolitik‹* Gorbatschow bei der gemeinsamen Pressekonferenz am 16. Juli. EA, 18/1990, S. D481.

S. 516 *elf Männern in drei Hauptstädten* Szabo, Diplomacy, S. 17 und 117f.

S. 517 *zur Vernunft bringt* Gipfelgespräche, S. 173.

S. 517 *gegen Polen zu erreichen* Teltschik, 329 Tage, S. 339. Dieser Eintrag ist vielleicht nicht ganz ohne eine gewisse Häme vom Bundeskanzleramt gegenüber Auswärtigem Amt.

S. 517 *diplomatische Taktik* Der Bericht eines Beobachters, wie der polnische Außenminister bei dem Pariser Treffen tatsächlich behandelt wurde, ist: Ulrich Albrecht, Die Abwicklung der DDR. Die »2+4 Verhandlungen«. Ein Insider-Bericht, Opladen 1992, Westdeutscher Verlag, S. 101–116. Sowohl hier, als auch bei Szabo, Diplomacy, S. 72ff, wird deutlich, daß die Bush-Administration der spezifischen diplomatischen Position Warschaus eher ungeduldig gegenüberstand. Szabo schreibt, ein beteiligter amerikanischer Rechtsberater habe die polnische Grenzfrage »*small potatoes*«, also »kleine Fische« genannt.

S. 518 *zwar seine »Sympathie«* Teltschik, 329 Tage, S. 237.

S. 518 *georgische Spielereien* Valentin Falin, Hamburg, 14. Mai 1992. Diese Interpretation wurde von Falins damaligem Stellvertreter (und späterem Pressesprecher Gorbatschows) Andrej Grachew bestätigt (Oxford, 24. Januar 1992). Horst Teltschik (Bonn, 12. Juli 1991) merkte dazu an, daß Falin beim Moskauer Treffen mit Kohl im Februar anwesend gewesen sei, nicht mehr jedoch im Kaukasus. *Dieses* Spiel hatte also eindeutig der Georgier gewonnen.

S. 519 *feilschte Gorbatschow* Teltschik, 329 Tage, S. 359–362.

S. 519 *nicht weniger als vier* Siehe Kohls Erklärung vom 12. September, in: Texte III/8b, S. 688–691. Die Verhandlungen zu allen vier Verträgen begannen erst Mitte Juli, nach den Treffen im Kaukasus und in Paris.

S. 519 *Ein britischer Einwand* Er betraf die Möglichkeit von Nato-Truppen, Manöver in Ostdeutschland abzuhalten. Siehe FAZ, 14. September 1990, sowie die Protokollnotiz in: Texte III/8b, S. 678.

S. 519 *und äußeren Angelegenheiten* Text in: Texte III/8b, S. 672–678.

S. 519 *Vertrag über gute Nachbarschaft* Text in: Texte III/8b, S. 851–859.

S. 520 *»Einige überleitende Maßnahmen«* Texte III/8b, S. 795–801.

S. 520 *Bedingungen des befristeten Aufenthaltes* Text in: Ibid, S. 802–844.

S. 520 *Entwicklung einer umfassenden Zusammenarbeit* Siehe Bundesgesetzblatt 19/1991, S. 798–809.

S. 520 *›Vom ewigen Frieden‹ verwandeln* Text in: Texte III/8b, S. 848–851, dies auf S. 851.

S. 521 *Deshalb meint Genscher* Hans-Dietrich Genscher, Bonn, 23. Juni 1992.

S. 521 *hatte Honecker erklärt* Diese Äußerung, teils als Antwort auf die Mauer-Kritik, die während der Wiener Helsinki-Folgekonferenz fiel, findet sich im Nachdruck in: Texte III/8b, S. 24–25, aus: ND, 20. Januar 1989.

S. 521 *Reiner Kunze* In: Die Zeit, 5. Oktober 1990.

8. Ergebnisse

S. 523 *»Vertrauenskapitel«* Siehe beispielsweise sein Vorwort zu: Deutsche Außenpolitik 1990/91. Auf dem Weg zu einer europäischen Friedensordnung. Eine Dokumentation, Bonn 1991, Auswärtiges Amt, S. 7.

S. 523 *je europäischer sie ist* Zitiert aus einem Vortrag in Wien am 14. September 1989, Der Bundesminister des Auswärtigen, Mitteilung für die Presse Nr. 1134/89.

S. 524 *Wie bei Stresemann* Ich beziehe mich hier auf die Arbeit meines Kollegen Jonathan Wright, der eine neue Biographie Stresemanns vorbereitet.

S. 525 *einer fortdauernden Debatte* Eine sehr nützliche Einführung in diese Debatte ist Martin Hollis & Steven Smith, Explaining and Understanding International Relations, Oxford 1990, Clarendon Press.

S. 525 *komplexer funktioneller Interdependenz* So Robert O. Keohane and Joseph S. Nye, Power and Interdependence. World Politics in Transition, Boston 1977, Little, Brown.

S. 526 *»Feindbilder«* So hat das Auswärtige Amt im Juni 1989 ein Kolloquium zu Analyse und Abbau von Feindbildern organisiert: Abbau von Feindbildern, 2. Aufl., Bonn 1991, Auswärtiges Amt.

S. 526 *In dieser rhetorischen Welt* Siehe hierzu auch Schwarz, Die gezähmten Deutschen, passim.

S. 527 *konkreter auf dieses Ziel ausgerichtet* Abgesehen vom umfangreichen öffentlichen Material gibt es eine bemerkenswerte Notiz von Alois Mertes, in der er am 23. April 1983 ein Gespräch mit Kohl zusammenfaßte. »Es sei eine politische Aufgabe geschichtlichen Ranges«, zitierte er Kohl, »daß die BR Deutschland einen neuen Anlauf in Richtung Europäische Einigung unternimmt«. Nach dem Hinweis, daß Kohl den Begriff »Einigung« dem technokratischen Wort »Integration« vorziehe, fuhr Mertes fort: »Neben die Revitalisierung der nationalen Wiedervereinigung müsse die Revitalisierung der europäischen Einigung treten – beides im Sinne der westlichen Vorstellungen von persönlichen

Menschenrechten und nationaler Selbstbestimmung.« Notiz vom 23. August 1983, in: ACDP: I-403, A-000.

S. 528 *genauso tief besorgt* In seiner Rede zur Eröffnung der ersten Sitzung des ersten frei gewählten Bundestages des vereinten Deutschland sagte Brandt, die Erfüllung seines politischen Lebens wäre der Tag, an dem nicht nur Deutschland, sondern auch Europa eins wäre. Siehe Bulletin, 21. Dezember 1990, S. 1545–1549, dies auf S. 1549.

S. 528 *Schmidt sagt* Schmidt, Menschen und Mächte, S. 11.

S. 530 *trotzdem bei der Politik* Brief vom 31. Mai 1976, zitiert aus der Kopie in: AdsD: Dep EB, 409.

S. 531 *Wladimir Semjonow* Köln, 21. März 1992.

S. 531 *großzügig Tribut* Texte III/8b, S. 849.

S. 531 *meinem Freund Ronald Reagan* Zitiert in: Daily Telegraph, 5. Mai 1992.

S. 531 *Papst Johannes Paul II.* Zitiert in: Der Spiegel, 11/1992.

S. 531 *Bei nach außen gerichteten Diskursen* Klassische Beispiele hierfür finden sich in den Reden zum Tag der deutschen Vereinigung am 3. Oktober 1990. Nachdruck in: Texte III/8b, S. 698 ff.

S. 532 *»Helsinkipolitik«* Siehe beispielsweise das Interview in: Die Welt, 7. Februar 1992.

S. 532 *menschenrechtlichen Motor* Dieser Begriff fiel in seiner Rede anläßlich der Verleihung des Heinrich-Heine-Preises am 13. Dezember 1991. Nachdruck in: Bulletin, 17. Dezember 1991, S. 1165–1170, dies auf S. 1169.

S. 532 *günstigen Atmosphäre* Charta 77 Dokument Nr. 31, 1986. Botschaft an die Teilnehmer der Konferenz über Sicherheit und Zusammenarbeit in Wien.

S. 533 *internen Memorandum* Eine Kopie dieses Memorandums mit dem Titel: »*Towards a new conception of Soviet-Central/East European Relations*« (Typoskript, 26 Seiten), wurde dem Autor freundlicherweise von Dr. Marina Pawlowa-Silwanskaja zur Verfügung gestellt.

S. 534 *der wirtschaftlichen Komponenten von Macht* Siehe die interessanten Gedanken in: Susan Strange, States and Markets, London 1988, Pinter, und Joseph S. Nye, Bound to Lead. The Changing Nature of American Power, New York 1990, Basic Books.

S. 534 *Zumindest seit Ranke* Siehe Hedley Bull, The Anarchical Society. A Study of Order in World Politics, London 1977, Macmillan, S. 201 ff.

S. 534 *Paul Kennedy* The Rise and Fall of Great Powers. Economic Change and Military Conflict from 1500 to 2000, New York, Random House, 1988. Interessant ist, daß Kennedy in seinem letzten, spekulativen Kapitel der Bundesrepublik nur geringe Aufmerksamkeit widmet.

S. 538 *Bischof Forck* Zitiert in: FAZ, 23. April 1988.

S. 542 *nichts Zusätzliches aufgebürdet* Brandt, Erinnerungen, S. 224.

S. 542 *Gyula Horn beschreibt* Horn, Erinnerungen, S. 308ff.

S. 542 *Laut Némeths Erinnerung* Miklós Németh, Oxford, 22. Januar 1991. Siehe auch Grosser, Unification, S. 9.

S. 543 *1 Milliarde Mark* Bestehend aus einer Garantie der Bundesregierung über 500 Millionen DM, und 250 Millionen DM jeweils durch Baden-Württemberg und Bayern garantiert. Siehe Bericht in: FAZ, 9. Oktober 1989.

S. 543 *beschreibt Horn* Horn, Erinnerungen, S. 322.

S. 544 *der Berliner Mauer war* Dominique Moïsi, Jacques Rupnik, Le Nouveau Continent. Plaidoyer pour une Europe renaissante, Paris 1991, Calmann-Lévy, S. 134.

S. 544 »*exemplarischen*« oder »*Modellcharakter*« Etwa Hans-Dietrich Genscher in: Bundestag Plenarprotokolle 9/49, S. 2767–2769.

S. 544 *Marion Gräfin Dönhoff* Die Zeit, 10. August 1984. Volker Rühe sprach während der INF-Debatte von den Beziehungen zwischen den beiden deutschen Staaten als »Modell für eine wirkliche Entspannung über die trennenden Systemgrenzen hinweg«, siehe: Bundestag Plenarprotokolle, 10/36, S. 2515, 22. November 1983. In seinem Bericht zur Lage der Nation 1987 gab Kohl der Hoffnung Ausdruck, »eine beispielhafte Kooperation« zwischen der beiden Staaten zu entwickeln, siehe: Bundestag Plenarprotokolle, 11/33, S. 2162, 15. Oktober 1987.

S. 544 *Ein anderer Analytiker* Michael Wolffsohn, in: EA, 7/1991, S. 211ff; sowie in einem Vortrag im St. Antony's College, Oxford, 1. März 1991.

S. 545 »*Sterben für Danzig*« Günter Gaus während eines Seminars an der Freien Universität Berlin, 4. Februar 1987.

S. 545 *mourir pour Danzig* Bronisław Geremek während seiner ›Marc Bloch memorial lecture‹, zitiert in: Carole Fink, Marc Bloch, Cambridge 1989, Cambridge University Press, S. 344.

S. 546 *Eugen Gerstenmaier* Siehe sein Buch: Streit und Friede hat seine Zeit. Ein Lebensbericht, Frankfurt 1981, S. 422.

S. 546 *seine größte Genugtuung* So bereits in einem Brief an Bruno Kreisky, datiert 1. November 1971. In: AdsD: Dep WB, BK 11.

S. 546 *Ordnung ein wichtiger Wert* Siehe Hedley Bull, The Anarchical Society. A Study of Order in World Politics, London 1977, Macmillan, S. 96f und passim.

S. 546 *tout l'Europe le sait* Thomas Mann, Der Zauberberg.

S. 546 *außenpolitisch sehr viel weniger* Am Ende seiner Erinnerungen von 1989, S. 500, schreibt Brandt, daß es die eigentliche Genugtuung seines Lebens gewesen sei, »mitgetan zu haben, daß der deutsche Name, der Begriff des Friedens und *die Aussicht auf europäische Freiheit* zusammengedacht werden« (Hervorhebung des Autors). In Wirklichkeit traf dies eher auf Frieden als auf Freiheit zu.

S. 547 *nicht mehr erpreßbar* Bergedorfer Gesprächskreis 91, 7.–8. Oktober 1990, S. 16.

S. 549 *Sowohl-als-auch* Der Autor hat einmal den »Genscherismus« spaßeshalber definiert als den Versuch, freundschaftliche Beziehungen zum Himmel zu unterhalten, eine tiefe Partnerschaft zur Erde, aber auch eine fruchtbare Zusammenarbeit mit der Hölle.

S. 549 *Geduld die stärkste Waffe* Zitiert von Klaus Gotto in seinem Artikel: »Der Realist als Visionär«, in: Die Politische Meinung, Nr. 249, 1990, S. 6.

S. 550 *in europäischer Verantwortung* Brandt, Erinnerungen, S. 331.

S. 551 *»Wiedervereinigung Europas«* In: Lutz, Bahr, S. 249–251, erinnert Carl-Friedrich von Weizsäcker an einen Artikel, den er 1956 geschrieben hatte. Darin hatte er argumentiert, daß die Wiedervereinigung Deutschlands nur als Folge der Wiedervereinigung Europas geschehen könnte und daß, wenn die Wiedervereinigung Europas nicht in den kommenden drei Jahrzehnten stattfinden würde, es zum Krieg käme. »Hatte ich recht?« fragt er.

Epilog

S. 553 *zu seinen Erinnerungen* Konrad Adenauer, Erinnerungen 1945–1953, Stuttgart 1986, Deutsche Verlags-Anstalt, S. 13.

S. 553 *und einen Literaturstreit* Er begann 1990 mit der Veröffentlichung von Christa Wolfs: Was bleibt? und wütete seither auf den Feuilletonseiten der FAZ, der Zeit und anderer Zeitungen und Zeitschriften.

S. 554 *mit E. H. Carr* What is History?, London 1964, Penguin, S. 108.

S. 554 *geschichtliche Atempause* Baring, Deutschland, S. 125, verwendet diese Formulierung vor allem für die Deutschen seit 1945.

S. 554 *Alte Bücher* Siehe beispielsweise J. A. R. Marriott, The Eastern Question, Oxford 1917, Clarendon Press; R. W. Seton-Watson, Disraeli, Gladstone and the Eastern Question, London 1935, Macmillan.

S. 555 *To Tiananmen* Aus »Tiananmen« im Liederzyklus »Out of the East«.

S. 556 *Klaus Kinkel* Zitiert in: Der Spiegel, 46/1992; Die Zeit, 6. November 1992; FAZ, 3. November 1992. Siehe auch das Interview Kinkel in: Rheinischer Merkur, 6. November 1992. Ganz offensichtlich durch die Kritik verstört, ließ das Außenministerium Anfang 1993 wissen, daß Kinkels stille Diplomatie die Entlassung von vier Menschenrechtsaktivisten erreicht hätte: FAZ, 2. Februar 1993. Wieder einmal ist das Echo der Ostpolitik laut und deutlich. Es wurde auch erwähnt, daß ein offizielles oder zumindest halb-offizielles deutsch-chinesisches Symposium über Menschenrechtsfragen stattfinden sollte.

S. 557 *mit mehr Verantwortung* Rede vom 30. November 1990, Nachdruck in: Bulletin, 5. Dezember 1990, S. 1485–1489, dies auf S. 1485.

S. 557 *neue Supermacht* Antje Vollmer, zitiert von Horst Teltschik, in: German Comments, 21/1991.

S. 557 *»Weltmacht wider Willen«* Christian Hacke, Weltmacht wider Willen, Stuttgart 1988, Klett-Cotta.

S. 557 *»neue Großmacht«* So auch Gregor Schöllgen, Die Macht in der Mitte Europas, München 1992, S. 169, 177, 182, C. H. Beck.

S. 557 *sagte ein Politologe* Ludger Kühnhardt in seiner Antrittsvorlesung vor der Albert-Ludwigs-Universität Freiburg, 27. November 1991, Typoskript, S. 16.

S. 557 *und Mitteleuropa* Zitiert in: Der Spiegel, 37/1991.

S. 557 *Ein Fernsehkommentar* Im Verlauf der ARD-Tagesthemen, 2. Juli 1991.

S. 557 *Ein führender Zeithistoriker* Baring, Deutschland, S. 9.

S. 557 *Ein anderer Analytiker* Reinhard Stuth in: Außenpolitik (englischsprachige Ausgabe), 1/92, S. 22–32, dies auf S. 22.

S. 557 *In einem Interview* ORF, 27. März 1991.

S. 558 *»westlichen Mächte«* Johann Georg Reissmüller in: FAZ, 11. Januar 1993. Er bezog sich darin nicht nur auf die »westlichen Mächte«, sondern einmal auch auf die »Westmächte«.

S. 558 *In einem großen symbolischen Akt* Siehe Helmut Herles, Hrsg., Die Hauptstadt-Debatte. Der Stenographische Bericht des Bundestages, Bonn Berlin [!] 1991, Bouvier.

S. 558 *Vorhersagen der Ökonomen* Siehe beispielsweise Leslie Lipschitz & Donogh McDonald, Hrsg., German Unification. Economic Issues, Washington 1990, IMF Occasional Papers No. 75.

S. 558 *von Wohlstand* Eine informative allgemeine Darstellung der Zusammenhänge von Wohlstand und Demokratie ist: Samuel P. Huntington, The Third Wave, Norman 1991, University of Oklahoma Press.

S. 558 *erst noch zu bestehen* Dieser Punkt wurde natürlich oftmals hervorgehoben. In diesem spezifischen Zusammenhang siehe beispielsweise das Interview mit Ralf Dahrendorf, in: Der Spiegel, 3/1993.

S. 559 *Bundesbank* Eine bemerkenswerte, kritische Analyse der Bundesbank-Politik des Jahres 1992 bot Ulrich Cartellieri in: Die Zeit, 26. Februar 1993.

S. 560 *Das veranschlagte Haushaltsdefizit* Financial Times, 21. Januar 1993, berichtete über Prognosen des Deutschen Instituts für Wirtschaftsforschung (DIW), demzufolge 1993 ein Gesamthaushaltsdefizit von 110 Milliarden DM, 1994 von 97 Milliarden und 1995 von 105 Milliarden zu erwarten ist, bevor es 1996 wieder auf 82 Milliarden DM absinken würde. Laut dem »föderalen Konsolidierungsprogramm« sollten es 1993 132,5 Milliarden DM, 1994 108 Milliarden, 1995 100 Milliarden und 1996 nur noch 75 Milliarden sein.

S. 560 *Schulden des öffentlichen Gesamthaushalts* Die offizielle Prognose im Februar 1993 belief sich auf 1 504,5 Billionen. Darin waren enthalten die Schulden des Bundes, der Länder und die der früheren DDR: Information aus dem Bundeskanzleramt. Helmut Schmidt hielt es für instruktiv, diesen Betrag auszuschreiben: DM 1 500 000 000 000, in: Die Zeit, 13. November 1992.

S. 560 *eine der größten Armeen Europas* Da fast überall in der Welt intensive Diskussionen über das Ausmaß des eventuellen Abbaus von jeweiligen Truppenstärken geführt wurden, gab es Anfang 1993 kaum verläßliche Zahlen. Laut »The Military Balance 1992–1993« (London 1992, Brassey's for the IISS) belief sich die Gesamtstärke deutscher Truppen Mitte 1992 auf 447 000, verglichen mit 431 700 in Frankreich und 293 500 in Großbritannien (wobei natürlich berücksichtigt werden muß, daß Großbritannien ein Berufsheer hat). Als grober Vergleich: die Vereinigten Staaten hatten 1 913 740 Soldaten im aktiven Dienst und etwa 2 Millionen Reservisten; Rußland etwa 2 720 000 im aktiven Dienst und mehr als 3 Millionen Reservisten; die Türkei hatte eine Wehrpflichtarmee in der Stärke von 560 300 Soldaten und mehr als 1 Million Reservisten. Die »Abschließende Akte der Verhandlungen über Personalstärken der Konventionellen Streitkräfte in Europa« vom Juli 1992 (begonnen in Wien, im Januar 1989) setzte für »landgestütztes militärisches Personal« (also Heer und Luftwaffe) in Europa das Ziel von 1 450 000 für Rußland, 530 000 für die Türkei, 450 000 für die Ukraine, 345 000 für Deutschland, 325 000 für Frankreich, 315 000 für Italien, 260 000 für Großbritannien, und 250 000 für die Vereinigten Staaten. Siehe Bulletin, 17. Juli 1992, S. 753–759. Zu Beginn des Jahres 1993 schien es jedoch so, als würden führende Nato-Mitgliedstaaten ihre Truppenstärke noch darüber hinaus reduzieren, um gleichzeitig eine bessere Ausbildung anzustreben. Siehe beispielsweise den Bericht in: Süddeutsche Zeitung, 6/7. Februar 1993.

S. 560 *mehr als 6 500 Millionen* Diese Zahl nennt Ronald D. Asmus in seinem interessanten Artikel, »Germany and America: Partners in leadership?«, in: Survival, Vol. XXXIII, No. 6, November/Dezember 1991, S. 546–566, dies auf S. 554–555. Laut offizieller US-Regierungszahlen waren dies 12,2 Prozent der Finanzbeiträge, verglichen mit 18,7 Prozent aus Japan.

S. 561 *allumfassende Attraktivität* Joseph S. Nye hat diese »sanfte Macht« angeschnitten, in: Bound to Lead, New York 1990, Basic Books, S. 31–32.

S. 562 *Henry Kissingers* Im Gespräch mit dem Autor, Berlin, 29. Juni 1991.

S. 563 *normaler Staat geworden* Zitiert aus: Bergedorfer Gesprächskreis 91, 7.–8. Oktober 1990, S. 16.

S. 563 *»Normalisierung« der deutschen Außenpolitik* In einer Rede am 5. Oktober 1992 über »Richtlinien der Außenpolitik des vereinten Deutschland«, in: Bulletin, 7. Oktober 1992, S. 1011–1015.

S. 563 *In der Debatte um Berlin wurde behauptet* Vor allem in der FAZ. Als »die veröffentlichte Meinung« in den sechziger Jahren den Weg für eine neue Ostpolitik bereitete, geschah dies vor allem durch die linksliberalen Zeitschriften »Zeit« und »Spiegel«. Nun schien es, als würde der Weg für einige der neuen außenpolitischen Richtungen erneut durch die »veröffentlichte Meinung« bereitet, diesmal jedoch mehr aus der rechtsliberalen Richtung und vor allem durch die FAZ. Zu den Argumenten für und wider Berlin, siehe Alois Rummel, Hrsg., Bonn. Sinnbild deutscher Demokratie, Bonn 1990, Bouvier; und Helmut Herles, Hrsg., Die Hauptstadt-Debatte. Der Stenographische Bericht des Bundestages, Bonn Berlin 1991, Bouvier.

S. 563 *von linksliberalen Intellektuellen* Jürgen Habermas ging sogar soweit, die Vorstellung, daß Deutschland wieder »normal« geworden sei, die »zweite Lebenslüge« der Bundesrepublik zu nennen. Seiner Meinung nach war die erste Lebenslüge nicht (wie Willy Brandt behauptet hatte), daß man von einer *Wieder*vereinigung sprach, sondern vielmehr jene Behauptung aus der Adenauer-Zeit: »Wir sind alle Demokraten«. Siehe: Die Zeit, 11. Dezember 1992. Siehe auch den Artikel von Peter Glotz, in: NG, 9/1991, S. 823–826.

S. 564 *Hans-Peter Schwarz* In: Rheinischer Merkur, 7. September 1990.

S. 564 *so Nietzsche* Jenseits von Gut und Böse, § 244.

S. 564 *ist unsere Zukunft* So in seiner Regierungserklärung vom 30. Januar 1991, veröffentlicht unter dem Titel: Deutschlands Einheit vollenden. Die Einheit Europas gestalten. Dem Frieden der Welt dienen. Regierungspolitik 1991–1994, Bonn 1991, Presse- und Informationsamt der Bundesregierung, S. 78.

S. 564 *Einigung Europas* Ibid, S. 86.

S. 564 *Integration in Europa* Wolfgang Bergsdorf, in: Grosser, Unification, S. 106.

S. 564 *im Dezember 1992 geändert* Bericht und Text in: FAZ, 3. Dezember 1992.

S. 565 *erlöst zu werden* Artikel in: FAZ, 13. April 1992; Nachdruck in: Bulletin, 15. April 1992, S. 385–386.

S. 565 *europäisches Jahrhundert* Rede zu Ehren des Präsidenten von Bulgarien, 2. September 1991; in: Bulletin, 10. September 1991, S. 769–770.

S. 565 *Naumann, erklärte* Interview im ZDF, 6. Oktober 1991.

S. 565 *für alle Zukunft zusammen* Rede am 20. Dezember 1990, in: Bulletin, 21. Dezember 1990, S. 1545–1549.

S. 565 *von einer Wochenzeitung* Rheinischer Merkur, 28. Dezember 1990.

S. 566 *sind europäisch* Zitiert aus dem Transkript des Berliner Colloquiums, einberufen von Lord Weidenfeld, Berlin und Potsdam, 28.–30. Juni 1991, dies auf S. 83.

S. 566 *in einem europäischen Deutschland leben* Kanzler-Kinderfest-Zeitung, 26. Juni 1991.

S. 566 *Kissinger meinte* White House Years, S. 410–11.

S. 567 *Rede vor Hamburger Studenten* Thomas Mann, Schriften zur Politik, Frankfurt/M. 1973, S. 204–206.

S. 567 *J. P. Stern* The Heart of Europe, Oxford 1992, Blackwell.

S. 567 *und Untergang* In seiner Rede »Deutschland und die Deutschen«, abgedruckt in: Schriften zur Politik, Frankfurt/M. 1973, S. 162–183.

S. 568 *imstande ist* William Hazlitt, »On Cant and Hypocrisy«, in: Sketches and Essays, Oxford 1902, Oxford University Press, dies auf S. 26.

S. 568 *ein Wert an sich* Siehe sein gefeierter Essay »A Kidnapped West or Culture Bows Out«, in: Granta 11, S. 95–118.

S. 568 *»Qui parle Europa a tort«* Randbemerkung auf dem Brief des russischen Kanzlers Gortschakow vom November 1876, siehe: Johannes Lepsius u. a., Hrsg., Die Große Politik der Europäischen Kabinette 1871–1914, Bd. 2, Berlin 1922, S. 87.

S. 568 *Thomas Mann hatte 1949* In einer Rede anläßlich eines Goethe-Jubiläums, »Goethe und Demokratie«, in: Goethes Laufbahn als Schriftsteller. Zwölf Essays und Reden, Frankfurt 1982, Fischer Taschenbuch, S. 283–308, dies auf S. 285.

S. 568 *irische und spanische Hinweise* Zum irischen Verweis siehe den Artikel von Conor Cruise O'Brien in: The Times, 31. Oktober 1989; zum spanischen das Buch von Heleno Saña, Das vierte Reich, Hamburg 1990, Rasch u. Röhring.

S. 569 *gewährleistet* Zitiert aus: FAZ, 3. Dezember 1992.

S. 569 *wie die Deutsche Mark* In seiner Neujahrsansprache 1992, in: Bulletin, 3. Januar 1992, S. 1–2.

S. 569 *in den Sattel setzen* Die Zeit, 21. September 1990.

S. 570 *einfacher zu definieren* Was nicht heißen soll, daß sie *einfach* zu definieren wären. Interessanterweise führten auf dem Malta-Treffen im Dezember 1989 Gorbatschow, Jakowlew, Bush und Baker eine Diskussion darüber, ob »westliche Werte« tatsächlich westiche Werte seien oder lediglich »demokratische«, »humanistische« oder »allgemein menschliche«. Siehe Gipfelgespräche, S. 128f.

S. 570 *aus den Möglichkeiten der EG geschöpft* Eine interessante Erörterung dieses Themas ist der Artikel von Andrei S. Markovits und Simon Reich, in: German Politics and Society, Ausgabe 23, Sommer 1991, S. 1–20.

S. 570 *Kohl meinte* Siehe seine Rede vor dem St. Antony's College, Oxford, am 11. November 1992, in: Bulletin, 25. November 1992, S. 1141–1145, dies auf S. 1141.

S. 570 *In der Tat hatte die EG* Interessanterweise wies auch Kohl in seiner Rede auf diesen Punkt hin, ibid., S. 1144.

S. 571 *das Ziel deutscher Außenpolitik* Während des zweiten Berliner Kolloquiums, einberufen von Lord Weidenfeld, 26.–28. Juni 1992.

S. 572 *als ein europäisches Dach* Helmut Kohl, Bonn, 1. Oktober 1991.

S. 572 *Im April 1990 breitete Mitterrand* Teltschik, 329 Tage, S. 208.

S. 572 *hatte Churchill es doch 1953* Siehe Konrad Adenauer, Erinnerungen 1945–1953, Stuttgart 1987, Deutsche Verlags-Anstalt, S. 512.

S. 572 *Europäischen Gemeinschaften* Zu dieser Zeit noch im Plural »Gemeinschaften«.

S. 572 *Mainz läge in der Mitte Europas* In seiner Begrüßungsrede für George Bush, Rheingoldhalle in Mainz, 31. Mai 1989. Siehe: Vierzig Jahre, S. 586.

S. 574 *seinen fehlgeleiteten Entwurf* In Prag, 12.–14. Juni 1991. Der Autor war einer der Eingeladenen zu diesem seltsamen Treffen.

S. 574 *einer riesigen Landkarte* Diese Landkarte war ein geistreicher Entwurf, bei dem Europa als gelbes Blattwerk eines blaustämmigen Baumes dargestellt wurde. Die gelbe Schattierung der weiter östlich gelegenen Teile war jedoch etwas heller – vielleicht der tschechische Einfluß auf das Design?

S. 575 *Kohl nannte* Rede vor dem Internationalen Bertelsmann Forum, 3. April 1992, in: Bulletin, S. 353–356, dies auf S. 353.

S. 577 *Ostpolitik Marke 2* The Economist, 29. Februar 1992.

S. 579 *»bewegenden Augenblick«* Dieses und die folgenden Zitate aus seiner Erklärung im Bundestag, 4. September 1991, in: Bulletin, 5. September 1991, S. 749–752.

S. 579 *die dramatischen Zahlen* Im September 1992 erklärte der Regierungssprecher, daß seit 1989 etwa 80 Milliarden DM zur Verfügung gestellt worden waren. Davon waren aber 19 Milliarden in unmittelbarem Zusammenhang mit der Vereinigung gestanden (siehe auch oben, Kapitel über Vereinigung), mehr als 17 Milliarden bezogen sich auf Exporte der ehemaligen DDR, die in Transferrubeln bezahlt wurden, mehr als 28 Milliarden wurden für Exportkreditgarantien ausgegeben, und 2,9 Milliarden für die Finanzierungskosten von Öl- und Erdgas-Investitionsprojekten. Die Zahlen sind hier zitiert nach: Report from the Federal Republic of Germany, 118/92.

S. 579 *Bei den direkten Zuwendungen und Hilfsleistungen* Darauf weist Ronald D. Asmus hin, in: Survival, Bd. XXXIII, Nr. 6, November/Dezember 1991, S. 546–566, dies auf S. 560.

S. 579 *vereinbarte Kohl mit Jelzin* Bericht in FAZ, 17. Dezember 1992.

S. 579 *Genscher forderte* In: Welt am Sonntag, 10. Januar 1992.

S. 579 *eine Ukrainepolitik* Zum ersten Besuch von Außenminister Kinkel in der Ukraine, siehe Bericht in: FAZ, 17. Februar 1993.

S. 579 *Jugoslawien* Dies verdiente eine längere Abhandlung. Eine gute, kurze Erläuterung stammt von Harald Müller, in Stares: New Germany, S. 150–154.

S. 580 *Wie eine vertrauenswürdige Quelle* Vertrauliche Information an den Autor.

S. 581 *verfuhr Deutschland wie geplant* Siehe hierzu die Äußerungen des Regierungssprechers am 19. Dezember 1991, in: Bulletin, 21. Dezember 1991, S. 1183.

S. 581 *öffentliche und vor allem veröffentlichte Meinung* Nun hatte auch Deutschland ein Äquivalent der »*ethnic lobbies*« der Vereinigten Staaten: in diesem Fall etwa eine halbe Million Kroaten. Auch hierzu siehe den Beitrag von Harald Müller in: Stares, New Germany, S. 153. Interessant ist, daß auch Genscher den Einfluß dieser Lobby (unter etwas allgemeinerem Bezug) in einer Rede erwähnte, in der er sich für die »Selbstbestimmung« der jugoslawischen Republiken einsetzte. In: Das Parlament, 15/22 November 1991.

S. 582 *250000 Kriegsflüchtlinge* Laut Flüchtlingskommissar der UN und Bundesinnenministerium.

S. 582 *als goldene Brücke* Siehe die Dokumentation: Deutsche Außenpolitik 1990/91. Auf dem Weg zu einer europäischen Friedensordnung, Bonn 1991, Auswärtiges Amt. Dieter Kastrup, Bonn, 18. März 1992.

S. 584 *bilateralen Verträgen mit Polen* Eine Sammlung der Texte in: EA, 10/1992, S. D369–402; zum Vertrag mit Polen: EA, 13/1991, S. D310ff.

S. 585 *eine polnische Zeitung* Leitartikel in: Obserwator codzienny, 14. Februar 1992.

S. 585 *Verhandlungen zum bilateralen Vertrag* Harald Müller liefert in: Stares, New Germany, S. 148–150, eine nützliche und übersichtliche Darstellung. Weitere Hinweise stammen von Jiří Gruša, Bonn, 20. März 1991.

S. 586 *eine Zukunft sehen* So in seiner Rede am 4. September 1991, in: Bulletin, 5. September 1991, S. 750.

S. 587 *Rettungsboot saßen* So beispielsweise H. M. Enzensberger, Die Große Wanderung. 33 Markierungen, Frankfurt/M. 1992, Suhrkamp, S. 25–27.

S. 587 *die Zahlen* Zahlen und Erläuterungen aus dem Bundesministerium des Innern.

S. 587 *Nach quälenden Verhandlungen* Dieser Absatz basiert auf dem Text des vorläufigen sogenannten »Asyl-Kompromisses« vom 6. Dezember 1992.

S. 587 *»europäische Lastenverteilung«* Die Formel »europäische Lastenverteilung« taucht im Text des »Asyl-Kompromisses« auf.

S. 587 *»völkischen Wurm«* In: FAZ-Magazin, 29. Januar 1993.

S. 588 *barbarischer Aberglaube* Ibid.

S. 588 *Richard Schröder* Siehe seinen Artikel in: Die Zeit, 22. Januar 1993.

S. 589 *nicht so zurückhaltend* Siehe beispielsweise die Berichte in: Der Spiegel 24/1991 und 45/1992. Der erste Bericht folgte dem sensationsheischenden Titel: »Wir wollen Anschluß«. Im Text hieß es dann jedoch: »Wir wollen Anschluß an Europa. Anschluß an den Fortschritt«.

S. 590 *Hartmut Koschyk* Siehe seinen Artikel in: German Comments Nr. 26, April 1992, S. 19–25, dies auf S. 25.

S. 590 *die deutschen Investitionen* Diese Zahlen wurden von Experten auf einer Konferenz der Konrad-Adenauer-Stiftung in Oxford im Juli 1992, bekanntgegeben.

S. 591 *Andrzej Szczypiorski* Zitiert in: Baring, Deutschland, S. 103–104.

S. 592 *einspannen zu lassen* Wiskemann, Eastern Neighbours, S. 295.

S. 592 *von Deutschland und Polen* Siehe Vertragstexte in: EA, 13/1991, S. D310 ff. und EA, 10/1992, S. D369–402.

S. 592 *vergiftet* Siehe Burleigh, Ostforschung, passim.

S. 592 *zum Feld der politischen Wissenschaften* Interessante Diskussionen über den Stand der Sowjetunion- und Osteuropaforschung in der Bundesrepublik waren in der Fachzeitschrift »Osteuropa« zu verfolgen.

S. 593 *Ostmittel- und Osteuropas* Zitiert aus der Broschüre des Verlegers zu seiner: Deutsche Geschichte im Osten Europas. Eine Bilanz in 10 Bänden, Siedler Verlag.

S. 593 *ganz Mitteleuropas* Baring, Deutschland, S. 83.

S. 593 *in Osteuropa wiedergewinnen* Ibid, S. 84.

S. 593 *fast gesagt* Ibid, S. 92.

S. 593 *Suprematie* Ibid, S. 105–106.

S. 593 *gleichzeitig zielstrebig* Ibid, S. 106.

S. 593 *neuen Ostkolonisation* Ibid, S. 70.

S. 593 *gemeinsame Territorien* Ibid, S. 40.

S. 594 *Bereits 1988* Siehe den Bericht in: FR, 13. September 1989, sowie das Interview mit Christians in: SZ, 27. September 1989. Nach Christians' eigener Darstellung brachte er dieses Thema erstmals während eines Gespräches mit dem sowjetischen Ministerpräsidenten Nikolai Ryschkow und Eduard Schewardnadse im März 1988 zur Sprache. Im genannten Interview machte er sich auch für die Idee stark, einige Volksdeutsche aus anderen Gebieten der (damals noch) Sowjetunion in die Gegend von Königsberg umzusiedeln. Im Vorwort zu Christians' »Wege«, nannte August Graf von Kageneck die Grundidee für den Vorschlage seines Freundes Christians, eine »Ostseeregion K.«, einen Versuch, »russische Arbeitskraft und deutsches Organisationstalent« zusammenzubringen. Zitat S. 14.

S. 594 *Eine Aufgabe namens Königsberg* In: FAZ, 26. September 1992. Daraus auch die folgenden Zitate.

S. 595 *Marion Gräfin Dönhoff* In: Die Zeit, 15. November 1991.

S. 596 *daran zu hindern* Winston S. Churchill, The Second World War. Bd. VI: Triumph and Tragedy, London 1954, Cassell, S. 561.

S. 596 *ein Stückchen Pommern* In: Die Zeit, 9. Februar 1990.

S. 596 *»Centre of Lower Silesia«* In: Financial Times, 26. Oktober 1992.

S. 597 *die Juden mitbringen* Die Geschichte erzählte Johannes Hampel im »Editorial« zu: Politische Studien, Nr. 284, November/ Dezember 1985.

S. 598 *eigene Antworten* Diese Botschaft richtete sich an die Sozialistische Internationale, aus Anlaß von Brandts Rücktritt als deren Vorsitzender. Text in: FAZ, 16. September 1992.

S. 599 *»zweite Chance«* Diese mittlerweile wohlbekannte Äußerung fiel bei dem Klärungsversuch verschiedener Historiker (der Autor dieses Buches eingeschlossen), was während eines Treffens von Deutschlandexperten tatsächlich geschehen war, die von Mrs. Thatcher im März 1990 im Landhaus des Premierministers in Chequers zusammengerufen worden waren. Diese Überlegungen sind, gemeinsam mit interessanten Betrachtungen einiger anderer Historiker, veröffentlicht in: Udo Wengst, Hrsg., Historiker betrachten Deutschland. Beiträge zum Vereinigungsprozeß und zur Hauptstadtdiskussion (Februar 1990 – Juni 1991), Bonn-Berlin 1992, Bouvier, der Beitrag von Fritz Stern auf S. 139–143.

S. 600 *auch nach Süden richten* Damit soll jedoch auf gar keinen Fall behauptet werden, daß irgendeiner der westeuropäischen Partner Deutschlands (oder seiner östlichen Nachbarn) mit einer »europäischen Lastenverteilung« glücklich wäre, wie Christians es am Ende seines Buches »Wege«, S. 250, vorschlägt. Demzufolge wären »Briten für die Pflege der Beziehungen zum amerikanischen Vetter verantwortlich, Franzosen und Italiener für die afrikanischen Nachbarn, Spanier und Portugiesen für ihre Nachfahren in Lateinamerika, und die Deutschen für Mittel- und Osteuropa«!

S. 600 *fehle die »internationalistische Elite«* Robert Gerald Livingston, in: Foreign Policy, Nr. 87, Sommer 1992, S. 157–174, dies auf S. 172.

S. 601 *zum Überschnappen haben* Interview in: Zeit-Magazin, 17. Juli 1992.

S. 601 *im Gleichklang zu halten* Ludger Kühnhardt, Antrittsvorlesung an der Albert-Ludwigs-Universität Freiburg, 27. November 1991, in: DA, 4/1992, S. 358–70.

Zeittafel

1945

4.–11.2.	Konferenz von Jalta.
17.7.–2.8.	Konferenz von Potsdam.
13.8.	Die Sowjetunion stimmt dem Schlußprotokoll der »European Advisory Commission« zur Teilung Deutschlands in Besatzungszonen und Berlins in Sektoren zu.

1946

22.4.	Zwangsvereinigung von SPD und KPD in der Sowjetischen Besatzungszone zur SED.

1948

24.6.	Beginn der sowjetischen Blockade der Westsektoren Berlins.

1949

25.1.	Gründung des Rates für gegenseitige Wirtschaftshilfe (RGW/Comecon).
4.4.	Gründung der Nato.
12.5.	Beendigung der Berliner Blockade.
23.5.	Verkündung des Grundgesetzes: Konstituierung der Bundesrepublik Deutschland.
14.8.	Wahlen zum 1. Deutschen Bundestag.
15.9.	Wahl Konrad Adenauers zum ersten Bundeskanzler.
21.9.	Das Besatzungsstatut für die Bundesrepublik tritt in Kraft.
7.10.	Verkündung der Verfassung durch die Provisorische Volkskammer: Gründung der DDR.

1950

6.7.	Die DDR erkennt die Oder-Neiße-Grenze an (Görlitzer Vertrag mit Polen).
8.7.	Die Bundesrepublik wird assoziiertes Mitglied des Europarates.
5.8.	»Stuttgarter Charta« der aus Ost- und Ost-Mitteleuropa vertriebenen Deutschen.

1951

15.3.	Wiedererrichtung des Auswärtigen Amtes.
18.4.	Gründung der Europäischen Gemeinschaft für Kohle und Stahl.
20.9.	Interzonen-Handelsabkommen zwischen der westdeutschen und der ostdeutschen Regierung.

1952

10.3.	Die Sowjetunion unterbreitet den Westalliierten einen Entwurf zu einem Friedensvertrag mit Deutschland (»Stalin-Note«).
26.5.	Unterzeichnung des Deutschlandvertrages zwischen der Bundesrepublik und den drei Westalliierten. Inkrafttreten ist gebunden an die Ratifizierung des Vertrages über die Europäische Verteidigungsgemeinschaft.
14.8.	Die Bundesrepublik wird Mitglied des Internationalen Währungsfonds (IWF) und der Weltbank.

1953

5.3.	Tod Stalins.
17.6.	Volksaufstand in der DDR.

1954

25.1.–18.2.	Außenminister-Konferenz der Vier Mächte in Berlin.
30.8.	Die französische Nationalversammlung lehnt die Europäische Verteidigungsgemeinschaft ab.
23.10.	Unterzeichnung der »Pariser Verträge«, die eine Revi-

sion des Deutschlandvertrages 1952 einschließen und an den Beitritt der Bundesrepublik zur Nato und zur Westeuropäischen Union gebunden sind.

1955

25.1.	Die Sowjetunion erklärt den Kriegszustand mit Deutschland für beendet.
5.5.	Die Pariser Verträge treten in Kraft: »Tag der Souveränität« der Bundesrepublik.
9.5.	Die Bundesrepublik tritt der Nato bei.
14.5.	Gründung des Warschauer Paktes.
15.5.	In einem Staatsvertrag erlangt Österreich unter der Neutralitätsbedingung die Unabhängigkeit.
17.7.–23.7.	Deutschland-Konferenz der Vier Mächte in Genf.
9.9.–14.9.	Adenauer in Moskau. Aufnahme diplomatischer Beziehungen zwischen der Bundesrepublik und der Sowjetunion.
17.9.–20.9.	DDR-Ministerpräsident Grotewohl in Moskau: DDR erhält durch Vertrag die »Souveränität«.
8.12.–9.12.	Die Einführung der sogenannten »Hallstein-Doktrin« in die westdeutsche Außenpolitik.

1956

18.1.	Schaffung der Nationalen Volksarmee in der DDR.
14.2.–25.2.	20. Kongreß der KPdSU in Moskau: »Entstalinisierung«.
21.7.	Einführung der allgemeinen Wehrpflicht in der Bundesrepublik.
Oktober–November	»Polnischer Oktober« und Ungarische Revolution. Sowjetische Invasion in Ungarn.

1957

25.3.	Unterzeichnung der »Römischen Verträge« (Europäische Wirtschaftsgemeinschaft und Europäische Atomgemeinschaft).
2.10.	Der polnische Außenminister Adam Rapacki verkündet vor den Vereinten Nationen seinen Plan einer atomwaffenfreien Zone in Mitteleuropa: der »Rapacki-Plan«.

19.10.	Die Bundesrepublik bricht auf der Basis der »Hallstein-Doktrin« die diplomatischen Beziehungen zu Jugoslawien ab.

1958

19.3.	In Gesprächen mit dem sowjetischen Botschafter in Bonn schlägt Adenauer eine »Österreich-Lösung« für die DDR vor.
25.4.	Handels-Abkommen zwischen der Bundesrepublik und der Sowjetunion und Abkommen über die Repatriierung deutscher Bürger aus der Sowjetunion, unterzeichnet vom sowjetischen Ministerpräsidenten Mikojan in Bonn.
10.11.–27.11.	Berlin-Ultimatum von Chruschtschow: die Sowjetunion fordert für West-Berlin den Status einer entmilitarisierten »Freien Stadt«.

1959

10.1.	Sowjetischer Vorschlag eines Friedensvertrages mit den beiden deutschen Staaten.
18.3.	»Deutschlandplan« der SPD.
20.3.	»Deutschlandplan« der FDP.
Mai–August	Außenminister-Konferenz der Vier Mächte in Genf, unter Teilnahme von Beobachterdelegationen der Bundesrepublik und der DDR. Die Westalliierten schlagen den »Herter Plan« für die deutsche Wiedervereinigung vor.
13.11.–15.11.	Die SPD verabschiedet das »Godesberger Programm«.

1960

30.6.	In einer Bundestagsrede verkündet Herbert Wehner für die SPD die Zustimmung zur Integration der Bundesrepublik in die Nato und die EWG als Basis einer künftigen Politik.
31.12.	Unterzeichnung des deutsch-sowjetischen Handels-Abkommens in Bonn.

1961

14.6. Ein Allparteien-Beschluß des Bundestages (basierend auf dem sogenannten »Jaksch-Bericht«) fordert dazu auf, die Ostpolitik zu intensivieren.
13.8. Bau der Berliner Mauer.
7.11. Konrad Adenauer zum vierten Mal zum Bundeskanzler gewählt, Gerhard Schröder (CDU) wird neuer Außenminister.

1962

28.2. Im »Tübinger Memorandum« schlagen acht prominente westdeutsche Protestanten die Aufhebung der Hallstein-Doktrin und die Anerkennung der Oder-Neiße-Linie vor.
22.3. Wolfgang Schollwers erstes Arbeitspapier zur Deutschlandpolitik der Freidemokraten.
6.6. Adenauer schlägt der Sowjetunion einen zehnjährigen »Burgfrieden« vor.
17.8. Peter Fechner wird an der Berliner Mauer angeschossen und verblutet.
Oktober Kuba-Krise (Raketenstationierung).
18.12. Die Bundesrepublik schließt sich dem Nato-Ausfuhrverbot für Pipeline-Röhren in die Sowjetunion an und bricht damit Verträge mit der Sowjetunion.

1963

22.1. Adenauer und de Gaulle unterzeichnen den Vertrag über deutsch-französische Zusammenarbeit (Elyseé-Vertrag).
7.3. Die Bundesrepublik vereinbart eine Handelsvertretung in Polen.
11.3. Willy Brandt bildet eine sozialliberale Regierung in West-Berlin.
10.6. J. F. Kennedy proklamiert eine »Strategie des Friedens« an der American University in Washington.
23.6.–26.6. Kennedy proklamiert an der Freien Universität Berlin die Anwendung der »Strategie des Friedens« auf Deutschland und hält seine Rede »Ich bin ein Berliner«.
15.7. Willy Brandt und Egon Bahr sprechen an der Evangeli-

	schen Akademie in Tutzing. Bahr proklamiert den »Wandel durch Annäherung«.
15./16.10.	Adenauer tritt als Bundeskanzler zurück. Sein Nachfolger wird Ludwig Erhard.
17.10.	Die Bundesrepublik vereinbart Handelsvertretungen mit Rumänien.
10.11.	Die Bundesrepublik vereinbart Handelsvertretungen mit Ungarn.
17.12.	1. Passierscheinabkommen zwischen den Regierungen von West-Berlin und der DDR: Westberliner können zu Weihnachten und Neujahr Verwandte in Ost-Berlin besuchen.

1964

6.3.	Die Bundesrepublik vereinbart Handelsvertretungen mit Bulgarien.
12.6.	Vertrag über Freundschaft, gegenseitigen Beistand und Zusammenarbeit zwischen der DDR und der Sowjetunion.
14.10.	Sturz von Chruschtschow. Leonid Breschnew wird neuer Parteichef, Alexej Kossygin Ministerpräsident.
25.11.	Einführung des Mindestumtauschsatzes in harter Währung für westdeutsche Besucher der DDR.

1965

8.4.	Vertrag über die Fusion von EWG, Euroatom und Europäischer Gemeinschaft für Kohle und Stahl zur Europäischen Gemeinschaft (tritt 1.7.67 in Kraft).
16.10.	Der Rat der EKD veröffentlicht die Denkschrift »Die Lage der Vertriebenen und das Verhältnis des deutschen Volkes zu seinen östlichen Nachbarn«.
18.11.	Botschaft der katholischen Bischöfe Polens an die katholischen Bischöfe Deutschlands: »Wir vergeben und bitten um Vergebung«.

1966

25.3.	Die Bundesrepublik übermittelt den westlichen und osteuropäischen Staaten (mit Ausnahme der DDR) eine »Friedensnote«.

21.6.–1.7.	De Gaulle besucht die Sowjetunion.
29.6.	Die SED sagt den »Redneraustausch« mit der SPD ab.
4.7.–6.7.	Bukarester Erklärung des Warschauer Paktes.
6.10.	Einschränkung der Arbeit der Passierscheinstelle in Berlin auf dringende Familienangelegenheiten.
1.12.	Bildung der Großen Koalitionsregierung mit Kurt Georg Kiesinger (CDU) als Bundeskanzler und Willy Brandt (SPD) als Außenminister und Vizekanzler.
13.12.	Regierungserklärung von Bundeskanzler Kiesinger.

1967

31.1.	Die Bundesrepublik nimmt diplomatische Beziehungen zu Rumänien auf.
8.2.–10.2.	Die Außenminister der Warschauer-Pakt-Länder vereinbaren, mit der Bundesrepublik keine diplomatischen Beziehungen aufzunehmen, solange diese nicht die DDR anerkennt (»Ulbricht-Doktrin«).
3.3.	Wolfgang Schollwer (FDP) legt ein weiteres Arbeitspapier vor, in dem er einen prinzipiellen Wandel der Deutschlandpolitik vorschlägt.
15.3.	Polen unterzeichnet Freundschaftsvertrag mit der DDR.
17.3.	Die Tschechoslowakei unterzeichnet Freundschaftsvertrag mit der DDR.
12.4.	Regierungserklärung Kanzler Kiesingers zur Deutschlandpolitik.
24.4.–26.4.	Konferenz der europäischen Kommunistischen Parteien in Karlovy Vary (Karlsbad).
18.5.	Ungarn unterzeichnet Freundschaftsvertrag mit der DDR.
Mai–September	Bundeskanzler Kiesinger und DDR-Ministerpräsident Willi Stoph tauschen Briefe aus.
17.6.	Rede Kiesingers am »Tag der deutschen Einheit«.
3.8.	Bundesrepublik vereinbart Handelsvertretungen in der Tschechoslowakei.
7.9.	Bulgarien unterzeichnet Freundschaftsvertrag mit der DDR.
12.10.	Beginn des diplomatischen Austausches zwischen Bonn und Moskau über ein mögliches Gewaltverzichtsabkommen.
November	Egon Bahr wird Leiter des Planungsstabes im Außenministerium.

6.12.–12.12.	De Gaulle in Polen.
14.12.	»Harmel-Bericht« des Nordatlantik-Rates.

1968

29.1.–31.1.	Walter Scheel wird von der FDP zum Parteivorsitzenden bestimmt.
31.1.	Wiederaufnahme diplomatischer Beziehungen zwischen der Bundesrepublik und Jugoslawien; »Hallstein-Doktrin« durchlöchert.
11.3.	Bundeskanzler Kiesinger gibt den ersten jährlichen »Bericht zur Lage der Nation im geteilten Deutschland«.
17.3.–21.3.	SPD-Parteitag in Nürnberg.
März–April	Unterdrückung von Studentenprotesten in Polen. Antisemitische Kampagnen und »Säuberungen«.
11.6.	Die DDR führt Paß- und Visapflicht für den Reise- und Transitverkehr zwischen der Bundesrepublik und West-Berlin ein.
25.6.	Die Nato schlägt gegenseitige ausgewogene Truppenreduzierungen vor: das »Reykjavik«-Signal.
11.7.	Die Sowjetunion bricht die Gespräche über Gewaltverzichtsabkommen mit der Bundesrepublik ab.
21.8.	Invasion der Warschauer-Pakt-Truppen in der Tschechoslowakei. Das Ende des »Prager Frühlings«.

1969

20.1.	Amtsantritt von Richard Nixon als US-Präsident. Henry Kissinger wird Nationaler Sicherheitsberater.
2.3.	Zusammenstöße zwischen sowjetischen und chinesischen Grenztruppen am Ussuri.
17.3.	Budapester Appell des Warschauer Paktes.
28.3.	Der sowjetische Außenhandelsminister besucht die Hannover-Messe und trifft sich mit dem Wirtschaftsminister der Bundesrepublik. Abkommen über das erste deutsch-sowjetische Erdgas-Geschäft seit dem Embargo von 1962.
10.6.	Gründung des Bundes der Evangelischen Kirchen in der DDR.
3.7.	Die Sowjetunion und die Bundesrepublik nehmen die diplomatischen Gespräche über ein Gewaltverzichtsabkommen wieder auf.

24.7.–25.7.	Der FDP-Vorsitzende Walter Scheel und Hans-Dietrich Genscher in Moskau.
20.8.–23.8.	Der SPD-Fraktionsvorsitzende Helmut Schmidt mit einer Delegation in Moskau.
12.9.	In Noten an die Westalliierten schlägt die Sowjetunion Verhandlungen über Berlin vor; der Bonner Regierung schlägt sie Verhandlungen über ein Gewaltverzichtsabkommen vor.
28.9.	Wahlen zum 6. Deutschen Bundestag: SPD und FDP erreichen eine Mehrheit.
21.10.	Willy Brandt bildet eine sozialliberale Koalitionsregierung mit Walter Scheel als Außenminister.
28.10.	Regierungserklärung von Bundeskanzler Brandt.
17.11.	Die USA und die Sowjetunion beginnen Vorgespräche zur Strategischen Rüstungsbegrenzung (SALT).
28.11.	Die Bundesrepublik unterzeichnet Atomwaffensperrvertrag.
1.12.–2.12.	Gipfelkonferenz der EG-Staaten in Den Haag. Beschlüsse zur Wirtschafts- und Währungsunion und zur außenpolitischen Kooperation.
18.12.	In einem Brief an Bundespräsident Heinemann schlägt Walter Ulbricht Verhandlungen über die Aufnahme von Beziehungen zwischen der DDR und der Bundesrepublik vor.

1970

30.1.	Egon Bahr nimmt Gespräche mit dem sowjetischen Außenminister Andrej Gromyko in Moskau auf.
1.2.	Unterzeichnung des deutsch-sowjetischen Erdgas-Lieferungsabkommen.
5.2.	Ferdinand Duckwitz nimmt Gespräche mit dem polnischen Stellvertretenden Außenminister in Warschau auf.
19.3.	Willy Brandt trifft sich in Erfurt mit dem DDR-Ministerpräsidenten Willi Stoph.
26.3.	Beginn von Viermächte-Verhandlungen über Berlin.
16.4.	Beginn der sowjetisch-amerikanischen SALT-Gespräche.
21.5.	Willy Brandt trifft sich in Kassel mit Willi Stoph. Brandt offeriert sein »20-Punkte-Programm«.
26.5.–27.5.	Nato-Konferenz in Rom erörtert den Stand der bi- und multilateralen Ost-West-Verhandlungen.

1.7.	Das vertrauliche »Bahr-Papier«, das die Ergebnisse der deutsch-sowjetischen Gespräche zusammenfaßt, wird in einer Zeitung veröffentlicht.
26.7.–7.8.	Walter Scheel verhandelt über endgültige Details des Moskauer Vertrages.
12.8.	Unterzeichnung des Moskauer Vertrages. Scheel händigt Gromyko den »Brief zur deutschen Einheit« aus.
3.11.–13.11.	Walter Scheel verhandelt über die endgültige Fassung des Warschauer Vertrages und eine »Information« zur deutschen Minderheit in Polen.
19.11.	Erstes Treffen der EG-Außenminister im Rahmen der Europäischen Politischen Zusammenarbeit (EPZ) in München.
27.11.	Beginn der deutsch-deutschen Verhandlungen zwischen Egon Bahr und DDR-Staatssekretär Michael Kohl.
7.12.	Unterzeichnung des Warschauer Vertrages. Kniefall Willy Brandts vor dem Mahnmal für die Helden des Warschauer Ghettos.
20.12.	Streiks und Protestdemonstrationen in den polnischen Ostseehäfen führen zum Rücktritt von Parteichef Gomułka. Nachfolger wird Edward Gierek.

1971

26.2.	Die SPD verabschiedet einen »Abgrenzungsbeschluß«, der die Differenzen zum Kommunismus definiert.
3.5.	Erich Honecker löst Walter Ulbricht als Parteichef ab.
15.6.–19.6.	8. Parteitag der SED.
3.9.	Unterzeichnung des Viermächte-Abkommens über Berlin.
16.9.–18.9.	Brandt trifft Breschnew in Oreanda auf der Krim.
30.9.	Deutsch-deutsches Abkommen über Post- und Telefonverbindungen als Ergänzung zum Viermächte-Abkommen über Berlin.
20.10.	Willy Brandt wird der Friedensnobelpreis verliehen.
17.12.	Deutsch-deutsches Transitabkommen als Ergänzung zum Viermächte-Abkommen über Berlin.

1972

23.2.	Beginn der Bundestagsdebatten über den Moskauer und den Warschauer Vertrag.
29.3.	Zum ersten Mal seit fast 6 Jahren können West-Berliner Ost-Berlin besuchen.
23.4.	Die sozialliberale Koalition verliert die absolute Mehrheit im Bundestag.
27.4.	Ein »konstruktives Mißtrauensvotum« der CDU/CSU gegen Bundeskanzler Brandt scheitert.
17.5.	Der Bundestag beschließt die Ratifizierung des Moskauer und des Warschauer Vertrages. »Gemeinsame Entschließung« aller Fraktionen zu den Ostverträgen.
22.5.–30.5.	Präsident Nixon besucht die Sowjetunion. Unterzeichnung des SALT I-Abkommens.
26.6.	Unterzeichnung des deutsch-deutschen Verkehrsvertrages.
5.7.	Deutsch-sowjetisches Handels- und Wirtschaftsabkommen.
16.8.	Beginn der Verhandlungen zwischen Egon Bahr und DDR-Staatssekretär Michael Kohl zu einem Vertrag über die Grundlagen der Beziehungen zwischen der Bundesrepublik und der DDR.
19.11.	Wahlen zum 7. Deutschen Bundestag. SPD: 225 Sitze, FDP: 41 Sitze, CDU/CSU: 230 Sitze.
21.11.	Die Vereinigten Staaten und die Sowjetunion beginnen Vorgespräche zum SALT II-Abkommen.
22.11.	Vertreter aller europäischen Staaten (mit Ausnahme von Albanien), der Vereinigten Staaten, Kanadas und der Sowjetunion beginnen in Helsinki Vorgespräche für eine »Konferenz über Sicherheit und Zusammenarbeit in Europa« (KSZE).
12.12.	Willy Brandt wird erneut zum Bundeskanzler gewählt, Fortsetzung der sozialliberalen Koalitionsregierung.
21.12.	Unterzeichnung des Vertrages über die Grundlagen der Beziehungen zwischen der Bundesrepublik und der DDR.

1973

1.1.	Beitritt Großbritanniens, Irlands und Dänemarks zur Europäischen Gemeinschaft.
31.1.	Beginn der Vorgespräche über Reduzierung der kon-

	ventionellen Streitkräfte in Europa (MBFR). Einrichtung einer deutsch-deutschen Grenzkommission.
23.4.	Henry Kissinger proklamiert sein »Jahr von Europa«.
11.5.	Der Bundestag beschließt die Ratifizierung des Grundlagenvertrages mit der DDR.
18.5.–22.5.	Breschnew auf Staatsbesuch in der Bundesrepublik. Deutsch-sowjetisches Abkommen über die Entwicklung der wirtschaftlichen, industriellen und technischen Zusammenarbeit. Kulturabkommen.
28.5.	Die Bayerische Staatsregierung ruft das Bundesverfassungsgericht an, um die Verfassungsmäßigkeit des Grundlagenvertrages prüfen zu lassen.
31.5.	Erich Honecker empfängt die Bundestagsfraktionsvorsitzenden Wehner (SPD) und Mischnick (FDP).
18.6.–25.6.	Breschnew in den Vereinigten Staaten.
21.6.	Der Grundlagenvertrag tritt in Kraft.
3.7.–8.7.	Eröffnung der Konferenz über Sicherheit und Zusammenarbeit in Europa in Helsinki.
31.7.	Das Bundesverfassungsgericht erklärt den Grundlagenvertrag für verfassungsmäßig.
18.9.	Die Bundesrepublik und die DDR werden Mitglieder der UNO.
25.9.	Die Vereinigten Staaten und die Sowjetunion beginnen die SALT II-Gespräche in Genf.
18.10.–20.10.	Außenminister Scheel in Polen.
30.10.	Beginn der MBFR-Verhandlungen in Wien.
15.11.	Die DDR verdoppelt den Mindestumtauschsatz für westliche Besucher.
11.12.	Unterzeichnung des Prager Vertrages. Aufnahme diplomatischer Beziehungen zwischen der Bundesrepublik und der Tschechoslowakei.
21.12.	Die Bundesrepublik nimmt diplomatische Beziehungen zu Ungarn und Bulgarien auf.

1974

18.1.	Deutsch-sowjetische Wirtschaftskommission vereinbart weitere langfristige Kooperation.
2.5.	Die Bundesrepublik und die DDR richten »Ständige Vertretungen« in Bonn und Ost-Berlin ein.
6.5.	Rücktritt Willy Brandts als Bundeskanzler aufgrund der Spionage-Affäre Guillaume.
15.5.	Walter Scheel wird zum Bundespräsidenten gewählt. Hans-Dietrich Genscher wird Außenminister.

20.6.	Der Bundestag beschließt Ratifizierung des Prager Vertrages.
27.6.–3.7.	Präsident Nixon trifft mit Breschnew in Moskau und auf Jalta zusammen.
7.10.	Änderung der Verfassung der DDR: der Begriff »deutsche Nation« wird getilgt.
26.10.	Die DDR kündigt die Senkung des Mindestumtauschsatzes für westliche Besucher an.
28.10.–31.10.	Bundeskanzler Schmidt und Außenminister Genscher in Moskau. Unterzeichnung des dritten Abkommens über Erdgaslieferungen.
1.11.	Deutsch-polnisches Abkommen über wirtschaftliche, industrielle und technologische Zusammenarbeit.
11.11.	Deutsch-ungarisches Abkommen über wirtschaftliche, industrielle und technologische Zusammenarbeit.
23.11.–24.11.	Präsident Ford trifft mit Breschnew in Wladiwostok zusammen.
9.12.–10.12.	Die Regierungschefs der EG vereinbaren in Paris regelmäßige Zusammenkünfte, gemeinsam mit den Außenministern: der »Europäische Rat«.
11.12.–12.12.	Unterzeichnung von Abkommen zwischen West-Berlin und der DDR über die Verbringung von Müll und Abwasser in die DDR.

1975

22.1.	Deutsch-tschechoslowakisches Abkommen über wirtschaftliche, industrielle und technologische Zusammenarbeit.
10.3.–11.3.	Erstes Treffen des »Europäischen Rates« in Dublin.
14.5.	Deutsch-bulgarisches Abkommen über wirtschaftliche, industrielle und technologische Zusammenarbeit.
30.7.–1.8.	Feierliche Unterzeichnung der »Helsinki-Schlußakte« als abschließenden Dokuments der Konferenz für Sicherheit und Zusammenarbeit in Europa. Bilaterale Gespräche zwischen Bundeskanzler Schmidt, Leonid Breschnew, Edward Gierek und Erich Honecker.
22.9.–30.9.	Der CDU-Vorsitzende Helmut Kohl in der Sowjetunion.
7.10.	Neuer »Vertrag über Freundschaft, Zusammenarbeit und gegenseitigen Beistand« zwischen der DDR und der Sowjetunion.
9.10.–10.10.	Genscher in Polen: Unterzeichnung von Abkommen über Kreditsicherung, Renten und Unfallversicherun-

	gen, Protokoll über Möglichkeiten der Aussiedlung deutscher Bürger.
10.11.–16.11.	Bundespräsident Scheel auf Staatsbesuch in der Sowjetunion.
24.11.–28.11.	Der bulgarische Staatschef Todor Schiwkow auf Staatsbesuch in der Bundesrepublik.
19.12.	Deutsch-deutsches Abkommen über Transitstrecken nach West-Berlin: die Bundesrepublik zahlt jährliche Pauschalsummen für Transitgebühren und weitere Summen für den Streckenausbau.

1976

7.1.	Veröffentlichung des Tindeman-Berichtes über die Weiterentwicklung der EG zu einer »Europäischen Union«.
Januar	Erstes Zusammentreffen von Abgeordneten des Bundestages und des Obersten Sowjets.
19.2.	Der Bundestag beschließt Ratifizierung neuer Abkommen mit Polen.
30.3.	Deutsch-deutsches Post- und Fernmeldeabkommen.
18.5.–22.5.	9. Parteitag der SED.
8.6.–12.6.	Der polnische Parteichef Edward Gierek besucht die Bundesrepublik.
Juni	Arbeiterproteste in Polen, ausgelöst durch Lebensmittelpreiserhöhungen. Gewalttätige Niederschlagung in Radom und Ursus.
September	Bildung eines Arbeiter-Verteidigungs-Komitees (KOR) in Polen.
3.10.	Wahlen zum 8. Deutschen Bundestag. SPD: 214 Sitze, FDP: 39 Sitze, CDU/CSU: 243 Sitze.
16.11.	Dem Liedermacher Wolf Biermann wird während einer Konzertreise in der Bundesrepublik die DDR-Staatsbürgerschaft aberkannt.
15.12.	Wiederwahl Helmut Schmidts zum Bundeskanzler.

1977

1.1.	Deklaration der »Charta 77« in der Tschechoslowakei.
27.5.–28.5.	Bundeskanzler Schmidt in Jugoslawien.
13.6.–15.6.	Außenminister Genscher in der Sowjetunion.
4.7.–7.7.	Der ungarische Parteichef János Kádár besucht die Bundesrepublik.

4.10.	Eröffnung der KSZE-Folgekonferenz in Belgrad.
28.10.	Bundeskanzler Schmidt spricht am International Institute for Strategic Studies in London über westliche Sicherheitsbedürfnisse.
21.11.–25.11.	Bundeskanzler Schmidt in Polen.

1978

1.1.	Nach einer fünfjährigen Übergangsphase werden Großbritannien, Irland und Dänemark Vollmitglieder der EG.
6.1.–7.1.	Bundeskanzler Schmidt in Rumänien.
9.3.	Abschluß der Belgrader KSZE-Folgekonferenz mit einem Schlußdokument.
10.4.–13.4.	Der tschechoslowakische Staats- und Parteichef Gustáv Húsák besucht die Bundesrepublik.
4.5.–7.5.	Breschnew in der Bundesrepublik. Gemeinsame Erklärung. Abkommen über die Weiterentwicklung der wirtschaftlichen und industriellen Zusammenarbeit.
16.7.–17.7.	Gipfeltreffen der führenden Industrienationen (G7) in Bonn.
16.10.	Kardinal Karol Wojtyła, Erzbischof von Kraków, wird zum Papst gewählt.
4.12.–5.12.	Der Europäische Rat vereinbart in Brüssel die Schaffung eines europäischen Währungssystems.

1979

5.1.–6.1.	Gipfeltreffen von Präsident Carter, Präsident Giscard d'Estaing, Premierminister Callaghan und Bundeskanzler Schmidt auf Guadeloupe.
2.5.–4.5.	Bundeskanzler Schmidt in Bulgarien.
23.5.	Karl Carstens wird zum Bundespräsidenten gewählt.
2.6.–10.6.	Papst Johannes Paul II. besucht Polen.
10.6.	Erste direkte Wahlen zum Europäischen Parlament.
18.6.	Präsident Carter und Breschnew unterzeichnen das SALT II-Abkommen in Wien.
21.11.–24.11.	Außenminister Gromyko in Bonn.
12.12.	Im Nato-Doppelbeschluß werden der Sowjetunion Verhandlungen über nukleare Mittelstreckensysteme angeboten, zugleich aber die Stationierung neuer nuklearer Mittelstreckenraketen in Westeuropa für 1983 für den Fall beschlossen, daß die Verhandlungen scheitern.
27.12.	Sowjetische Invasion in Afghanistan.

1980

4.1.	Präsident Carter kündigt Sanktionen gegen die Sowjetunion an, setzt die Ratifizierung des SALT II-Abkommens aus und droht mit Boykott der Olympischen Spiele in Moskau.
15.5.	Die Bundesrepublik beteiligt sich am Boykott der Olympischen Spiele.
19.5.	Giscard d'Estaing trifft in Wilanów in der Nähe von Warschau mit Breschnew zusammen.
12.6.–13.6.	Tagung des »Europäischen Rates« in Venedig.
22.6.–23.6.	Gipfeltreffen der G7 in Venedig.
30.6.–1.7.	Schmidt und Genscher in Moskau.
10.8.–12.8.	Delegation des Bundestages besucht Moskau anläßlich des zehnjährigen Bestehens des Moskauer Vertrages.
22.8.	Wegen der Streikwelle in Polen wird ein geplantes Treffen zwischen Helmut Schmidt und Erich Honecker abgesagt.
31.8.	Die Unterzeichnung des Abkommens von Gdańsk ermöglicht die Gründung der unabhängigen Gewerkschaft »Solidarność«.
5.10.	Wahlen zum 9. Deutschen Bundestag. SPD: 218 Sitze, FDP: 53 Sitze, CDU/CSU: 226 Sitze.
9.10.	Anhebung des Mindestumtauschsatzes für westliche Besucher der DDR.
17.10.	Beginn der Genfer Verhandlungen zwischen den Vereinigten Staaten und der Sowjetunion über nukleare Mittelstreckensysteme (INF).
5.11.	Wiederwahl Helmut Schmidts zum Bundeskanzler.
12.11.	Beginn der KSZE-Folgekonferenz in Madrid.

1981

1.1.	Griechenland wird zehntes Mitglied der EG.
20.1.	Ronald Reagan wird als US-Präsident vereidigt.
11.6.	Richard v. Weizsäcker wird zum Regierenden Bürgermeister von Berlin gewählt.
29.6.	Willy Brandt trifft mit Breschnew in Moskau zusammen.
10.10.	Massendemonstration gegen den Nato-Doppelbeschluß in Bonn.
20.11.	Ein von deutschen Industriellen angeführtes Konsortium und die sowjetische Außenhandelsorganisation

	unterzeichnen in Essen ein Abkommen über weitere Erdgasleitungen nach und Erdgaslieferungen aus Sibirien.
22.11.–25.11.	Breschnew in Bonn.
30.11.	Die Vereinigten Staaten und die Sowjetunion nehmen die Verhandlungen über nukleare Mittelstreckensysteme (INF) in Genf wieder auf.
11.12.–13.12.	Helmut Schmidt besucht die DDR. Gipfeltreffen mit Honecker am Werbellinsee.
13.12.	General Jaruzelski erklärt den »Kriegszustand« in Polen.
29.12.	Präsident Reagan kündigt als Antwort auf die Ausrufung des Kriegsrechts in Polen Sanktionen gegen die Sowjetunion an.

1982

5.1.	Helmut Schmidt zu Gesprächen mit Ronald Reagan in Amerika.
19.4.–23.4.	SPD-Parteitag in München. Gründung einer Arbeitsgruppe »Neue Strategien« unter dem Vorsitz von Egon Bahr.
Mai	Veröffentlichung des Berichts der Palme-Kommission.
16.7.	Amerikanische und sowjetische Unterhändler einigen sich informell auf eine Kompromißformel zu den nuklearen Mittelstreckensystemen, die aber von ihren Regierungen nicht akzeptiert wird.
17.9.	Die sozialliberale Koalitionsregierung zerbricht nach dem Rücktritt von vier FDP-Ministern.
20.9.	Deutsch-deutsches Abkommen zum Jugendaustausch.
1.10.	Helmut Schmidt wird aufgrund eines konstruktiven Mißtrauensvotums abgesetzt. Ihm folgt Helmut Kohl als Bundeskanzler einer konservativliberalen Koalitionsregierung.
12.10.–13.10.	Deutsch-sowjetische Wirtschaftskommission kommt in Bonn zusammen.
November	Tod Leonid Breschnews. Juri Andropow wird Parteichef.
31.12.	»Kriegszustand« in Polen wird »ausgesetzt«.

1983

16.1.–19.1.	Außenminister Gromyko besucht die Bundesrepublik.
6.3.	Wahlen zum 10. Deutschen Bundestag. CDU/CSU: 244 Sitze, FDP: 34 Sitze, SPD: 193 Sitze, Die Grünen: 27 Sitze.
23.3.	Präsident Reagan verkündet das Forschungsprogramm zur »Strategischen Weltraum-Verteidigung« (SDI).
29.4.	Honecker verschiebt einen geplanten Besuch in der Bundesrepublik.
28.5.	Der Bundestagsfraktionsvorsitzende der SPD, Hans-Jochen Vogel, reist zum ersten einer Reihe von jährlichen Treffen mit Honecker in die DDR.
16.6.–23.6.	Der Papst besucht Polen zum zweitenmal.
29.6.	Die Bundesregierung garantiert der DDR einen Kredit über 1 Milliarde DM (durch Franz Josef Strauß in die Wege geleitet).
4.7.–7.7.	Helmut Kohl und Hans-Dietrich Genscher in Moskau.
15.7.	Abschluß der KSZE-Folgekonferenz in Madrid.
22.7.	»Aufhebung« des »Kriegszustandes« in Polen.
Juli	Franz Josef Strauß besucht die Tschechoslowakei, Polen und die DDR.
1.9.	In einem gemeinsamen Brief anläßlich des Jahrestages des Ausbruchs des Zweiten Weltkrieges appellieren die Evangelischen Kirchen der Bundesrepublik und der DDR an die Regierungschefs der beiden deutschen Staaten, zusammen mit ihren jeweiligen Verbündeten am Abbau der Rüstung weiterzuarbeiten – vor allem bei den Genfer Verhandlungen über nukleare Mittelstreckensysteme. Die westdeutsche Friedensbewegung blokkiert ein amerikanisches Waffendepot. Ein südkoreanischer Jumbo wird von der sowjetischen Luftwaffe abgeschossen.
15.9.	Richard v. Weizsäcker trifft als Regierender Bürgermeister von West-Berlin mit Erich Honecker in Ost-Berlin zusammen.
5.10.	Lech Wałęsa wird der Friedensnobelpreis verliehen.
10.10.	Die Medien der DDR veröffentlichen einen Brief von Erich Honecker an Helmut Kohl, in dem er an den Bundeskanzler appelliert, sich gegen die Stationierung neuer amerikanischer Atomraketen auszusprechen.
10.11.	Die DDR feiert den 500. Geburtstag von Martin Luther.
10.11.–16.11.	Unter dem Vorsitz von Wirtschaftsminister Graf

	Lambsdorff trifft eine deutsch-sowjetische Wirtschaftskommission in Moskau zusammen.
18.11.	Auf einem Sonderparteitag der SPD in Köln stimmen 583 Delegierte (14 Stimmen dafür, 3 Enthaltungen) gegen die Stationierung neuer amerikanischer Mittelstreckenraketen in der Bundesrepublik.
22.11.	Der Bundestag stimmt mit 286 zu 226 Stimmen (1 Enthaltung) für die Stationierung neuer amerikanischer Mittelstreckenraketen in der Bundesrepublik, entsprechend dem Nato-Doppelbeschluß vom Dezember 1979.
23.11.	Die sowjetische Delegation bricht die INF-Verhandlungen in Genf ab.
24.11.	Honecker spricht sich dafür aus, den durch die Bundestagsentscheidung »entstandenen Schaden zu begrenzen«.

1984

9.2.	Gemeinsamer Allparteienbeschluß des Bundestages (außer den Grünen) zur Deutschlandpolitik.
9.2.–13.2.	Tod Andropows. Erstmaliges Zusammentreffen von Helmut Kohl und Erich Honecker anläßlich des Begräbnisses.
14.3.	Bei ihrem jährlichen Treffen verabreden Erich Honecker und Hans-Jochen Vogel die Bildung einer SED-SPD-Arbeitsgruppe zur Diskussion einer chemiewaffenfreien Zone.
17.5.–21.5.	SPD-Parteitag in Essen. Entschließung über eine Sicherheitspolitik mit »neuen Strategien«.
20.5.–22.5.	Hans-Dietrich Genscher in Moskau.
27.6.	55 DDR-Bürger suchen in der Ständigen Vertretung der Bundesrepublik in Ost-Berlin Zuflucht, in der Hoffnung, in die Bundesrepublik ausreisen zu können.
1.7.	Richard v. Weizsäcker wird zum Bundespräsidenten gewählt.
25.7.	Die Bundesregierung garantiert der DDR einen Kredit über 950 Millionen DM.
17.8.	Bei einem Treffen im Kreml mißbilligt die sowjetische Führung gegenüber Erich Honecker und seiner Delegation den beabsichtigten Besuch in der Bundesrepublik.
4.9.	Die DDR kündigt die Verschiebung des Honecker-Besuches in der Bundesrepublik an.

20.9.	SPD und SED beginnen Gespräche über eine chemiewaffenfreie Zone in Zentraleuropa.
19.10.	Pater Jerzy Popiełuszko wird von der polnischen Geheimpolizei entführt und ermordet.
21.11.	Genschers Besuch in Polen wird in letzter Minute abgeblasen.

1985

20.1.	Ronald Reagan wird zum US-Präsidenten wiedergewählt.
21.1.–22.1.	Deutsch-sowjetische Wirtschaftskommission trifft in Bonn zusammen.
10.3.	Tod von Parteichef Tschernenko.
12.3.	Michael Gorbatschow wird Parteichef. Anläßlich des Begräbnisses von Tschernenko trifft sich Kohl mit Gorbatschow und Honecker.
22.3.–29.3.	Lothar Späth besucht die Sowjetunion in seiner Eigenschaft als Präsident des Bundesrates.
18.4.	Gorbatschow empfängt F. Wilhelm Christians, den Chef der Deutschen Bank.
8.5.	Richard v. Weizsäcker hält seine Rede zum 40. Jahrestag der Beendigung des Zweiten Weltkrieges.
16.5.	Hans-Jochen Vogel trifft mit Erich Honecker zusammen.
Mai	Willy Brandt trifft mit Gorbatschow in Moskau zusammen.
6.6.	Herbert Wehner besucht Erich Honecker.
14.6.–16.6.	Bundeskanzler Kohl spricht auf dem Vertriebenentreffen der Schlesier.
Mai–Juni	Prozeß gegen die Solidarność-Führer Władysław Frasyniuk, Bogdan Lis und Adam Michnik.
19.6.	Vertragsentwurf von SPD-SED über eine chemiewaffenfreie Zone in Zentraleuropa.
2.7.	Eduard Schewardnadse wird Nachfolger von Andrej Gromyko als sowjetischer Außenminister. Gromyko wird Staatspräsident.
7.9.	Andreas v. Bülow, Verteidigungsexperte der SPD, veröffentlicht ein Papier, in dem die Loslösung der Supermächte von Europa und eine Miliz-Verteidigung für die Bundesrepublik für das Jahr 2000 ins Auge gefaßt werden: »Bülow-Papier«.
8.9.–11.9.	Johannes Rau, sozialdemokratischer Ministerpräsident

	von Nordrhein-Westfalen, besucht die Sowjetunion und trifft mit Gorbatschow zusammen.
18.9.	Willy Brandt, Egon Bahr und Günter Gaus besuchen Erich Honecker. Sie vereinbaren die Bildung einer Arbeitsgruppe zur Diskussion eines atomwaffenfreien Korridors.
19.11.–21.11.	Erstmaliges Gipfeltreffen von Reagan und Gorbatschow in Genf.
November	Gemeinsame Erklärung der SPD und der Polnischen Vereinigten Arbeiterpartei zu vertrauensbildenden Maßnahmen in Europa.
29.11.–5.12.	Bundestagsdelegation besucht die Sowjetunion.
7.12.–8.12.	Willy Brandt anläßlich des 15. Jahrestages des Warschauer Vertrages in Warschau. Er trifft sich mit Jaruzelski, aber nicht mit Wałęsa.

1986

1.1.	Spanien und Portugal treten der EG bei.
25.2.–6.3.	27. Parteitag der KPdSU.
2.4.–8.4.	Deutsch-sowjetische Wirtschaftskommission trifft in Moskau zusammen.
17.4.–21.4.	11. Parteitag der SED.
22.4.	40. Jahrestag der Zwangsvereinigung von Sozialdemokraten und Kommunisten zur SED.
26.4.	Katastrophe im Kernkraftwerk Tschernobyl.
6.5.	Unterzeichnung des deutsch-deutschen Kulturabkommens.
28.5.	Gorbatschow spricht auf einer internen Konferenz der Führung des sowjetischen Außenministeriums. Hans-Jochen Vogel trifft mit Erich Honecker in der DDR zusammen.
25.6.	Johannes Rau, Ministerpräsident von Nordrhein-Westfalen und Kanzlerkandidat der SPD, wird in der Sowjetunion von Gorbatschow empfangen.
20.7.–22.7.	Hans-Dietrich Genscher in Moskau. Er vereinbart mit Gorbatschow, in den deutsch-sowjetischen Beziehungen »eine neue Seite aufzuschlagen«.
25.8.–29.8.	Parteitag der SPD in Nürnberg. Johannes Rau wird als Kanzlerkandidat bestätigt.
11.9.	Amnestie in Polen: Sie schließt virtuell alle politischen Gefangenen ein.
21.9.–22.9.	Entschließung der Stockholmer Konferenz über ver-

	trauens- und sicherheitsbildende Maßnahmen und Abrüstung in Europa.
6.10.	Saarlouis und Eisenhüttenstadt begründen die erste deutsch-deutsche Städtepartnerschaft.
11.10.–12.10.	Zweites Gipfeltreffen zwischen Reagan und Gorbatschow in Reykjavik.
21.10.	Gemeinsame Erklärung von SPD und SED zu einem atomwaffenfreien Korridor in Zentraleuropa.
4.11.	KSZE-Folgekonferenz in Wien beginnt.
10.11.–11.11.	In Moskau teilt Gorbatschow den osteuropäischen Parteichefs mit, die Sowjetunion werde ihnen gegenüber eine neue, freizügige Gangart einlegen.
19.12.	Die Sowjetunion kündigt die Befreiung Andrej Sacharows aus der Verbannung an.

1987

Januar	Beginn der 750-Jahrfeiern in West-Berlin und Ost-Berlin.
25.1.	Wahlen zum 11. Deutschen Bundestag. CDU/CSU: 223 Sitze, FDP: 34 Sitze, SPD: 186 Sitze, Die Grünen: 42 Sitze.
27.1.	Vor dem ZK der KPdSU fordert Gorbatschow die »Demokratisierung« von Partei und Gesellschaft.
25.3.	Willy Brandt tritt als SPD-Parteivorsitzender zurück.
15.5.	Hans-Jochen Vogel trifft mit Erich Honecker am Werbellinsee zusammen.
28.5.	Mathias Rust fliegt mit seiner Cessna-172 nach Moskau und landet auf dem Roten Platz.
8.6.	Zusammenstoß zwischen Jugendlichen und der Polizei in Ost-Berlin am Brandenburger Tor.
8.6.–14.6.	Dritter Papstbesuch in Polen.
12.6.	Präsident Reagan spricht in West-Berlin und fordert Gorbatschow auf, das Brandenburger Tor zu öffnen und die Mauer einzureißen.
14.6.	Auf einem Sonderparteitag der SPD wird Hans-Jochen Vogel zum Parteivorsitzenden gewählt.
1.7.	Die »Einheitliche Europäische Akte« tritt in Kraft.
6.7.–11.7.	Bundespräsident v. Weizsäcker mit Außenminister Genscher in Moskau: Bekräftigung der Absicht, in den deutsch-sowjetischen Beziehungen »eine neue Seite aufzuschlagen«.
26.8.	Die Bundesregierung erhöht das »Begrüßungsgeld« für

	Besucher aus der DDR von 30,– DM auf 100,– DM im Jahr.
27.8.	Gemeinsames SPD/SED-Papier »Der Streit der Ideologien und die gemeinsame Sicherheit«.
7.9.–11.9.	Erich Honecker stattet der Bundesrepublik den lange aufgeschobenen offiziellen Besuch ab.
Oktober	Gemeinsame Erklärung von SPD und KPdSU über Abrüstung und Entwicklung.
25.11.	Der Staatssicherheitsdienst (Stasi) durchsucht die Räume der evangelischen Zionsgemeinde in Ost-Berlin. Weitere Maßnahmen gegen Dissidentengruppen.
7.12.–8.12.	Drittes Gipfeltreffen von Reagan und Gorbatschow in Washington. Unterzeichnung des amerikanisch-sowjetischen Abkommens zum Abbau der nuklearen Mittel- und Kurzstreckenraketen (»INF-Abkommen«).
28.12.–31.12.	Franz Josef Strauß wird in Moskau von Gorbatschow empfangen.

1988

17.1.	An einer offiziellen Demonstration zum Gedenken an Rosa Luxemburg und Karl Liebknecht in Ost-Berlin nehmen nicht-offizielle Demonstranten teil, von denen viele verhaftet werden.
17.1.–19.1.	Der sowjetische Außenminister Eduard Schewardnadse in Bonn.
7.2.–11.2.	Lothar Späth, Ministerpräsident von Baden-Württemberg, in der Sowjetunion.
10.3.	In Budapest wird ein Kulturinstitut der Bundesrepublik eröffnet.
21.3.–24.3.	Rita Süssmuth besucht Moskau in ihrer Eigenschaft als Vorsitzende der CDU-Frauenunion.
5.4.	Gemeinsame Erklärung von SPD, SED und der tschechoslowakischen KP mit dem Vorschlag einer chemiewaffenfreien Zone in Zentraleuropa.
29.4.	Der SPD-Vorsitzende Hans-Jochen Vogel trifft mit Erich Honecker zu weiteren Gesprächen zusammen.
April–Mai	Streiks in Polen, auch in den Hochburgen von Solidarność (Lenin-Werft).
Mai	Rücktritt János Kádárs als ungarischer Parteichef.
11.5.	Deutsch-sowjetische Wirtschaftskommission tritt in Moskau zusammen.
29.5.–1.6.	Viertes Gipfeltreffen von Reagan und Gorbatschow in Moskau.

13.6.–15.6.	Auf dem Wiesbadener Parteitag der CDU werden umfangreiche Beschlüsse zur Außenpolitik und Deutschlandpolitik verabschiedet.
23.6.	Auf einem Kirchentag in Halle trägt der Wittenberger Pastor Friedrich Schorlemmer 20 Thesen zur gesellschaftlichen und politischen Erneuerung vor.
25.6.	EG und Comecon nehmen offizielle Beziehungen auf.
28.6.–31.6.	19. Parteikonferenz der KPdSU.
7.7.	Hermann Axen (für die SED) und Egon Bahr (für die SPD) tragen gemeinsam einen Vorschlag zu einer »Zone des Vertrauens und der Sicherheit in Zentraleuropa« vor.
31.8.	Streikwelle in Polen führt zu einem Treffen von General Czesław Kiszczak und Lech Wałęsa. Erste formelle Erörterung von Gesprächen mit Solidarność am Runden Tisch.
30.8.–2.9.	SPD-Parteitag in Münster.
1.10.	Gorbatschow wird zum Staatspräsidenten gewählt.
24.10.–27.10.	Helmut Kohl in Moskau.
7.12.	Gorbatschow spricht vor der UNO: Prinzipien der Entscheidungsfreiheit und des Gewaltverzichts. Zusammentreffen mit Ronald Reagan und dessen Nachfolger George Bush.

1989

15.1.	Die Wiener KSZE-Folgekonferenz endet mit einer Schlußakte, die detaillierte Bestimmungen enthält.
16.1.–18.1.	Das ZK der Polnischen Vereinigten Arbeiterpartei beschließt die prinzipielle Zustimmung zur Relegalisierung von Solidarność.
2.2.	Beendigung der sechzehnjährigen MBFR-Verhandlungen in Wien.
6.2.	Beginn der Gespräche des Runden Tisches in Polen.
10.2.–11.2.	Das ZK der Ungarischen Sozialistischen Arbeiterpartei diskutiert die Neubeurteilung der Revolution von 1956 und unterstützt die Idee eines Mehrparteiensystems.
21.2.	Václav Havel wird zu 9 Monaten Gefängnis verurteilt.
19.3.	Beginn weiterer Verhandlungen zur konventionellen Truppenverminderung zwischen der Nato und dem Warschauer Pakt. Verhandlungen zu Sicherheit und vertrauensbildenden Maßnahmen zwischen allen KSZE-Teilnehmerstaaten in Wien.

5.4.	Die Gespräche des Runden Tisches in Polen führen zur Vereinbarung der Relegalisierung von Solidarność und semi-freier Parlamentswahlen.
6.4.–7.4.	Deutsch-sowjetische Wirtschaftskommission tritt in Bonn zusammen.
17.4.	Gesetzliche (Wieder-)Registrierung von Solidarność.
2.5.	Ungarn beginnt mit dem Abbau des Eisernen Vorhanges an der Grenze zu Österreich.
7.5.	Kommunalwahlen in der DDR. Unabhängige Beobachter weisen auf Wahlfälschung hin.
22.5.	Die DDR und Polen unterzeichnen Vertrag über den genauen Grenzverlauf an der Odermündung.
29.5.–30.5.	40. Nato-Gipfeltreffen in Brüssel.
4.6.	Die erste Runde der polnischen Parlamentswahlen. Massaker auf dem Platz des Himmlischen Friedens in Peking.
12.6.–15.6.	Gorbatschow besucht die Bundesrepublik. Gemeinsame deutsch-sowjetische Erklärung: die »Bonner Deklaration«.
13.6.	In Ungarn beginnen die Gespräche des Runden Tisches.
16.6.	Feierliche (Wieder-)Bestattung Imre Nagys in Budapest.
18.6.	Die zweite Runde der polnischen Parlamentswahlen. Die von Solidarność angeführte Opposition gewinnt alle im Sejm verfügbaren Sitze (35 Prozent) und 99 von 100 Sitzen im Senat. Direkte Wahlen zum Europäischen Parlament in der EG.
6.7.	Gorbatschow spricht vor dem Europarat in Straßburg.
7.7.–8.7.	Die Konferenz des Warschauer Paktes in Bukarest endet mit einer Deklaration, in der die Einmischung in innere Angelegenheiten eines Staates zurückgewiesen wird.
9.7.–12.7.	Präsident Bush besucht Polen und Ungarn.
19.7.	General Jaruzelski wird zum polnischen Staatspräsidenten gewählt.
Juli–August	Anwachsende Zahl von DDR-Bürgern, die über Ungarn nach Österreich flüchten oder Zuflucht in der Ständigen Vertretung der Bundesrepublik in Ost-Berlin oder den Botschaften in Budapest und Prag suchen.
24.8.	Der ehemalige Solidarność-Berater Tadeusz Mazowiecki wird zum polnischen Ministerpräsidenten ernannt.
25.8.	Der ungarische Ministerpräsident Miklós Németh und Außenminister Gyula Horn führen in der Nähe von Bonn Gespräche mit Kohl und Genscher.

26.8.	Initiative zur Gründung einer sozial-demokratischen Partei in der DDR.
9.9.–11.9.	Die Gründung der Bürgerrechtsbewegung »Neues Forum« wird in der DDR verkündet.
10.9.–11.9.	Ungarn gibt die Öffnung seiner Grenze zu Österreich für DDR-Bürger um Mitternacht zum 11.9. bekannt. Bis Ende Oktober werden etwa 50000 Menschen über diese Route die DDR verlassen.
21.9.–22.9.	Außenminister Schewardnadse trifft in Washington mit Bush zusammen und besucht Außenminister James Baker auf dessen Ranch in Wyoming.
25.9.	Tausende nehmen an einer Protestdemonstration in Leipzig teil.
30.9.	Etwa 6000 DDR-Bürger, die in der Prager Botschaft der Bundesrepublik Zuflucht gesucht haben, wird gestattet, in Sonderzügen, die durch die DDR fahren, in den Westen auszureisen.
2.10.	Etwa 15000 Menschen nehmen an einer Protestdemonstration in Leipzig teil.
1.10.–5.10.	Etwa 1500 DDR-Bürgern, die in der Warschauer Botschaft der Bundesrepublik Zuflucht gesucht haben, wird die Ausreise in den Westen gestattet.
4.10.–5.10.	Weiteren 7600 DDR-Bürgern in der Botschaft in Prag wird die Ausreise gestattet.
5.10.	Gorbatschow kommt nach Ost-Berlin zu den Feierlichkeiten zum 40. Jahrestag der DDR-Gründung und warnt davor, »zu spät zu kommen«.
7.10.	Am 40. Jahrestag der DDR-Gründung zerschlagen Sicherheitskräfte in mehreren Städten zu Reformen aufrufende Demonstrationen. Gründung einer Sozialdemokratischen Partei in der DDR.
9.10.	Etwa 70000 Menschen demonstrieren in Leipzig. Sicherheitskräfte sammeln sich, greifen aber nicht ein.
10.10	Die Ungarische Sozialistische Arbeiterpartei wird aufgelöst. Ihr folgt die Ungarische Sozialistische Partei.
15.10.	Václav Havel wird die Reise nach Frankfurt/M. zur Entgegennahme des Friedenspreises des Deutschen Buchhandels untersagt.
16.10.	Mehr als 100000 Menschen kommen zu den fortan regelmäßigen »Montagsdemonstrationen« in Leipzig zusammen.
18.10.	Erich Honecker tritt zurück. Sein Nachfolger ist Egon Krenz.
23.10.	Proklamation der neuen Ungarischen Republik in Bu-

	dapest. Etwa 300 000 Menschen demonstrieren in Leipzig.
28.10.	Demonstrationen in Prag zur Erinnerung an den 71. Jahrestag der Gründung einer unabhängigen Tschechoslowakei werden von der Polizei zerschlagen.
30.10	Mehr als 300 000 Menschen demonstrieren in Leipzig.
4.11.	Massendemonstration in Ost-Berlin (schätzungsweise 1 Million Menschen). Tausende flüchten über die Tschechoslowakei in die Bundesrepublik.
6.11.	Massendemonstration in Leipzig (schätzungsweise 500 000 Menschen).
8.11.	Resolution des Bundestages zur polnischen Westgrenze.
9.11.	Öffnung der Berliner Mauer.
9.11.–14.11.	Besuch Helmut Kohls in Polen, unterbrochen durch die Rückkehr nach Berlin.
10.11.	Rücktritt des bulgarischen Parteichefs Todor Schiwkow.
13.11.	Hans Modrow wird zum Ministerpräsidenten der DDR ernannt.
16.11.	Ungarn beantragt die Aufnahme in den Europarat.
17.11.	Eine von der Polizei unterdrückte Demonstration in Prag zum Gedenken an einen von den Nazis ermordeten Studenten ist der Zündfunke für die »Samtene Revolution«. Die Ost-Berliner Modrow-Regierung schlägt eine »Vertragsgemeinschaft« mit der Bundesrepublik vor.
18.11.	Die Regierungschefs der EG treffen in Paris zusammen, um die Entwicklung in Osteuropa zu erörtern.
20.11.	Auf der »Montagsdemonstration« in Leipzig wird zur deutschen Einheit und zur Demokratie aufgerufen.
28.11.	Kohl legt ein »Zehn-Punkte-Programm« zur Überwindung der Teilung Deutschlands und Europas vor.
2.12.–3.12.	Bush und Gorbatschow treffen auf Malta zusammen.
3.12.	Egon Krenz tritt als Parteichef zurück. Das Politbüro und das ZK der SED treten geschlossen zurück.
6.12.	Mitterrand und Gorbatschow treffen in Kiew zusammen. Krenz tritt auch von seinen Regierungsämtern zurück.
7.12.	In der DDR beginnen die Gespräche des Runden Tischs.
9.12.	Auf einem EG-Gipfeltreffen wird das Recht Deutschlands auf Einheit durch Selbstbestimmung bekräftigt.
10.12.	Präsident Gustáv Husák vereidigt die neue Regierung

	der Tschechoslowakei, die von Nichtkommunisten angeführt wird. Danach erfolgt sein Rücktritt. In Sofia versammeln sich mehr als 50000 Menschen zu einer prodemokratischen, von der neugegründeten Vereinigung Demokratischer Kräfte organisierten Demonstration.
16.12.	Außerordentlicher Parteitag der DDR-CDU endet mit dem Bekenntnis zur deutschen Einheit. Lothar de Maizière wird zum Vorsitzenden gewählt.
16.12.–18.12.	Kohl besucht Ungarn.
19.12.	Kohl wird in Dresden von großen Menschenmassen begrüßt, die für die Einheit demonstrieren. Vereinbarung mit DDR-Ministerpräsident Modrow, Schritte in Richtung auf eine »Vertragsgemeinschaft« der beiden deutschen Staaten einzuleiten.
18.12.–20.12.	Sonderparteitag der SPD in Berlin votiert für eine Konföderation der beiden deutschen Staaten und verabschiedet ein neues Grundsatzprogramm, das das Godesberger Programm von 1959 ablöst.
20.12.–21.12.	Staatspräsident Mitterrand stattet als erstes und letztes Staatsoberhaupt der drei westlichen Alliierten der DDR einen Staatsbesuch ab.
21.12.	Eine Pro-Ceauşescu-Demonstration in Bukarest schlägt in eine Anti-Ceauşescu-Demonstration um.
22.12.	Öffnung des Brandenburger Tores.
24.12.	Visafreies Reisen von Westdeutschen und Westberlinern in die DDR.
25.12.	Alexander Dubček wird zum Parlamentspräsidenten der Tschechoslowakischen Republik gewählt. Nicolaie und Elena Ceauşescu werden standrechtlich hingerichtet.
29.12.	Václav Havel wird zum Staatspräsidenten der Tschechoslowakei gewählt.
30.12.	Das polnische Parlament ändert Staatsnamen in Republik Polen und verabschiedet ein Gesetzespaket, das die wirtschaftliche Transformation entsprechend dem »Balcerowicz-Plan« einleiten soll.

1990

11.1.	Gorbatschow besucht Wilna, die Hauptstadt von Litauen, und versucht, die Unabhängigkeitsbewegung zu stoppen.

28.1.	DDR-Ministerpräsident Modrow und der Runde Tisch vereinbaren vorgezogene Wahlen zur Volkskammer für den 18.3.
30.1.	Modrow trifft in Moskau mit Gorbatschow zusammen.
1.2.	Modrow legt einen Plan zu »Deutschland - einig Vaterland« vor.
7.2.	Die Bonner Regierung bildet einen Kabinettsausschuß »Deutsche Einheit« und stimmt prinzipiell Verhandlungen über eine deutsche Währungsunion zu.
8.2.–10.2.	US-Außenminister James Baker diskutiert in Moskau unter anderem über die »2+4«-Modalität für Verhandlungen über die deutsche Vereinigung.
10.2.–11.2	Kohl und Genscher in Moskau. Gorbatschow gibt grünes Licht für die deutsche Vereinigung.
12.2.–14.2.	In Ottawa wird die »2+4«-Formel für die Verhandlungen über die äußeren Aspekte der deutschen Vereinigung verkündet.
13.2.–14.2.	Modrow in Bonn.
24.2.–25.2.	Helmut Kohl und George Bush treffen in Camp David zusammen.
2.3.	Kohl macht Andeutungen, daß er die Unterzeichnung des Grenzvertrages mit Polen abhängig macht vom polnischen Verzicht auf Reparationsleistungen und der Behandlung der deutschen Minderheit.
8.3.	Entschließung des Bundestages zur polnischen Grenze.
11.3.	Das litauische Parlament votiert für die »Wiederherstellung« der Unabhängigkeit.
15.3.	Gorbatschow stattet sein Präsidentenamt mit wesentlich erweiterten Machtbefugnissen aus.
18.3.	Wahlen zur Volkskammer der DDR. Die »Allianz für Deutschland« mit der CDU als Führungsmitglied gewinnt 193 Sitze, die SPD 87 Sitze, die frühere SED (jetzt »Partei des Demokratischen Sozialismus«) 65 Sitze.
19.3.–11.4.	KSZE-Konferenz über wirtschaftliche Zusammenarbeit in Bonn.
9.4.	In Bratislava treffen die Regierungschefs der Tschechoslowakei, Ungarns und Polens zur Erörterung trilateraler Kooperation zusammen.
12.4.	Lothar de Maizière bildet in Ost-Berlin eine Koalitionsregierung. Er erklärt für seine Regierung, daß dem Beitritt der DDR zur Bundesrepublik gemäß Artikel 23 des Grundgesetzes der Vorzug eingeräumt wird.

18.4.	Mitterrand und Kohl senden eine gemeinsame Botschaft an den amtierenden Präsidenten des Europarates, in der sie eine Regierungskonferenz zur »politischen Einheit« der bestehenden EG und zur bereits geplanten Wirtschafts- und Währungsunion vorschlagen.
21.4.	Die EG-Außenminister vereinbaren in Dublin Richtlinien für den Beitritt der früheren DDR zur EG nach deren Beitritt zur Bundesrepublik.
28.4.	EG-Gipfeltreffen in Dublin.
2.5.–5.5.	Bundespräsident v. Weizsäcker auf Staatsbesuch in Polen.
5.5.	Erstes »2+4«-Treffen in Bonn.
14.5.	Horst Teltschik, der außenpolitische Berater von Kohl, nimmt Bankiers mit auf eine Geheimmission nach Moskau.
18.5.	Die Bundesregierung und die DDR unterzeichnen den Vertrag zur Schaffung der Währungs-, Wirtschafts- und Sozialunion.
30.5.–3.6.	Gipfeltreffen von Bush und Gorbatschow in Washington und Camp David.
5.6.–8.6.	Kohl trifft mit Bush zusammen.
17.6.	Gemeinsame Sitzung des Bundestages und der Volkskammer zum Gedenken an den Volksaufstand vom 17.6.1953.
21.6.	Bundestag und Volkskammer ratifizieren den Vertrag zur Währungs-, Wirtschafts- und Sozialunion und verabschieden eine Resolution zur polnischen Westgrenze.
22.6.	Zweites »2+4«-Treffen in Ost-Berlin.
1.7.	Die deutsche Währungs-, Wirtschafts- und Sozialunion tritt in Kraft. Die »DM kommt in die DDR«.
1.7.–13.7.	28. Parteitag der KPdSU.
5.7.–6.7.	Nato-Gipfel in London.
9.7.–11.7.	Gipfeltreffen der G7 in Houston.
14.7.–16.7.	Kohl und Genscher in Moskau und im Kaukasus: die entscheidenden Vereinbarungen zu den äußeren Aspekten der deutschen Vereinigung und zum Beitritt des vereinten Deutschlands zur Nato.
17.7.	Drittes »2+4«-Treffen in Paris. Diskussion über das Problem der polnischen Westgrenze mit dem polnischen Außenminister.
2.8.	Vertrag über gesamtdeutsche Wahlen. Der Irak fällt in Kuwait ein.
3.8.	Arpád Göncz wird zum ungarischen Staatspräsidenten gewählt.

23.8.	Die Volkskammer stimmt für den Beitritt der DDR zur Bundesrepublik am 3.10.90 gemäß Artikel 23 des Grundgesetzes.
31.8.	Unterzeichnung des Einigungsvertrages zwischen der Bundesrepublik und der DDR.
8.9.	Bush und Gorbatschow treffen in Helsinki zusammen.
11.9.–12.9.	Viertes »2+4«-Treffen in Moskau. Unterzeichnung des »2+4«-Vertrages über die abschließende Regelung in bezug auf Deutschland.
13.9.	Die Außenminister Genscher und Schewardnadse paraphieren einen bilateralen deutsch-sowjetischen Freundschaftsvertrag.
17.9.	Der EG-Ministerrat vereinbart Maßnahmen zur Aufnahme der früheren DDR in die EG zum 3.10.90.
1.10.	Formelle Deklaration der Aufhebung der Viermächte-Befugnisse in Deutschland.
3.10.	»Tag der deutschen Einheit«: die DDR tritt der Bundesrepublik bei.
9.10.	Deutsch-sowjetisches Abkommen über »überleitende Maßnahmen«.
12.10.	Deutsch-sowjetischer Vertrag über die Arrangements für die in Deutschland verbleibenden sowjetischen Truppen und deren geplanten Abzug.
9.11.	Anläßlich des 1. Jahrestages der Maueröffnung unterzeichnen Kohl und Gorbatschow den deutsch-sowjetischen Freundschaftsvertrag und einen weiteren Vertrag über wirtschaftliche Zusammenarbeit in Bonn.
14.11.	Unterzeichnung des deutsch-polnischen Grenzvertrages.
19.11.	Die 22 Mitgliedsstaaten der Nato und des Warschauer Paktes unterzeichnen eine gemeinsame Erklärung.
13.11.–21.11.	KSZE-Gipfel in Paris. Verabschiedung der »Charta für ein neues Europa«.
2.12.	Erste gesamtdeutsche Bundestagswahlen. Im 12. Deutschen Bundestag erhalten die CDU/CSU 319 Sitze, die SPD 239 Sitze, die FDP 79 Sitze, Bündnis 90/Grüne 8 Sitze und die PDS/Linke Liste 17 Sitze.
9.12.	Lech Wałęsa wird zum polnischen Staatspräsidenten gewählt.
15.12.	Beginn der Konferenzen der Regierungen der EG-Staaten über Wirtschafts- und Währungs- und die politische Union Europas.
20.12.	Erste Sitzung des gesamtdeutschen Bundestages. Sche-

	wardnadse tritt als sowjetischer Außenminister zurück und warnt vor der Gefahr einer Diktatur.
20.12.–21.12.	Die EG eröffnet Verhandlungen mit der Tschechoslowakei, Ungarn und Polen zu Assoziationsvereinbarungen.

1991

13.1.	»Blutiger Sonntag« in der litauischen Hauptstadt Wilna. Etwa 15 Litauer werden bei der Verfolgung durch sowjetische Soldaten ermordet.
15.2.	Visegrád-Deklaration Ungarns, Polens und der Tschechoslowakei.
25.2.	Der Warschauer Pakt entschließt sich zur Auflösung seiner militärischen Strukturen zum 1.4.91.
4.3.	Der Oberste Sowjet ratifiziert den »2+4«-Vertrag und die deutsch-sowjetischen Begleitverträge.
13.3.	Erich Honecker wird von sowjetischem Militär in die Sowjetunion verbracht.
15.3.	Der sowjetische Botschafter in Bonn händigt das Ratifizierungsdokument für den »2+4«-Vertrag aus.
12.6.–14.6.	Staatspräsident Mitterrand versucht in Prag, sein Konzept von einer »Europäischen Konföderation« in die Wege zu leiten.
17.6.	Unterzeichnung des deutsch-polnischen Vertrages über gutnachbarliche und freundschaftliche Zusammenarbeit.
19.6.–20.6.	KSZE-Außenministerrat tritt unter dem Vorsitz von Genscher in Berlin zusammen.
20.6.	Der Bundestag stimmt dafür, daß Berlin deutsche Hauptstadt bleibt und Regierungssitz wird.
25.6.	Kroatien und Slowenien erklären ihre Unabhängigkeit.
29.7.–1.8.	Gipfeltreffen von Bush und Gorbatschow in Moskau. Unterzeichnung des START-Vertrages.
19.8.–21.8.	Putschversuch in der Sowjetunion.
28.8.	Deutschland nimmt wieder diplomatische Beziehungen zu den baltischen Staaten auf.
9.10.	Unterzeichnung des deutsch-bulgarischen Vertrages über freundschaftliche Beziehungen und Partnerschaft.
18.10.	Der Bundestag ratifiziert die Grenz- und »Nachbarschafts«-Verträge mit Polen.
14.11.	Der Bundestag verabschiedet ein Gesetz über die »Stasi-Akten«, die für sorgsam geregelte Einsicht ab 1992 zur Verfügung gestellt werden.

11.12.–12.12.	EG-Gipfeltreffen in Maastricht und Vertrag.
16.12.	Unterzeichnung der sogenannten »Europa«-Abkommen zwischen der EG, Polen, Ungarn und der Tschechoslowakei. Unter dem Druck von Deutschland stimmen die EG-Außenminister unter bestimmten Bedingungen der Anerkennung der früheren jugoslawischen Staaten zum 15.1.92 zu.
19.12.	Die Bonner Regierung kündigt die Anerkennung von Kroatien und Slowenien noch vor Weihnachten an.
25.12.	Gorbatschows Rücktritt als Präsident markiert das effektive Ende der Sowjetunion.

1992

6.2.	Unterzeichnung des deutsch-ungarischen Vertrages über freundschaftliche Zusammenarbeit und Partnerschaft.
27.2.	Unterzeichnung des Vertrages über gutnachbarliche und freundschaftliche Zusammenarbeit zwischen Deutschland und der Tschechischen sowie der Slowakischen Republik.
21.4.	Unterzeichnung des deutsch-rumänischen Vertrages über freundschaftliche Zusammenarbeit und Partnerschaft.
18.5.	Hans-Dietrich Genscher tritt nach 18jähriger Amtszeit als Außenminister zurück. Sein Nachfolger wird Klaus Kinkel.
9.10.	Tod Willy Brandts.

Literatur

Die im folgenden Literaturverzeichnis aufgeführten Werke werden in den Anmerkungen mit ihrem Kurztitel zitiert. Dokumentationswerke, Quellensammlungen, Memoiren und Monographien werden im Literaturverzeichnis in der alphabetischen Reihenfolge ihrer Kurztitel aufgeführt, ergänzt durch die vollständigen bibliographischen Angaben. Das Literaturverzeichnis ist nicht vollständig. Hinweise auf weiterführende Literatur zu spezielleren Themen finden sich in den Anmerkungen.

Apel, *Abstieg*: Hans Apel, Der Abstieg. Politisches Tagebuch, 1978–1988 (Stuttgart, Deutsche Verlags-Anstalt, 1991)

Arndt, *Verträge*: Claus Arndt, Die Verträge von Moskau und Warschau. Politische, verfassungsrechtliche und völkerrechtliche Aspekte (Bonn, Verlag Neue Gesellschaft, 2. Aufl., 1982)

Aussiedler 1: Wilhelm Arnold, ed., Die Aussiedler in der Bundesrepublik Deutschland. Forschungen der AWR Deutsche Sektion 1. Ergebnisbericht. Herkunft, Ausreise, Aufnahme (Wien: Wilhelm Braumüller, 1980) = Association for the Study of the World Refugee Problem, Treatises on Refugee Problems, Volume XII/1

Aussiedler 2: Hans Harmsen, ed., Die Aussiedler in der Bundesrepublik Deutschland. Forschungen der AWR Deutsche Sektion. 2. Ergebnisbericht. Anpassung, Umstellung, Eingliederung (Wien, Wilhelm Braumüller, 1983) – Association for the Study of the World Refugee Problem, Treatises on Refugee Problems, Volume XII/2

Bahr, *Sicherheit*: Egon Bahr, Sicherheit für und vor Deutschland. Vom Wandel durch Annäherung zur Europäischen Sicherheitsgemeinschaft (München, Hanser, 1991)

Bahr, *Zum europäischen Frieden*: Egon Bahr, Zum europäischen Frieden: Eine Antwort auf Gorbatschow (Berlin, Siedler, 1988)

Baring, *Anfang*: Arnulf Baring, Im Anfang war Adenauer. Die Entstehung der Kanzlerdemokratie (München, Deutscher Taschenbuch Verlag, 1971)

Baring, *Deutschland*: Arnulf Baring, Deutschland, was nun? Ein Gespräch mit Dirk Rumberg und Wolf Jobst Siedler (Berlin, Siedler, 1991)

Baring, *Größenwahn*: Arnulf Baring, Unser neuer Größenwahn: Deutschland zwischen Ost und West (Stuttgart, Deutsche Verlags-Anstalt, 1988)

Baring, *Machtwechsel*: Arnulf Baring, in Zusammenarbeit mit Manfred Görtemaker, Machtwechsel: Die Ära Brandt-Scheel (Stuttgart, Deutsche Verlags-Anstalt, 1982)

Bark & Gress, *Democracy and its discontents*: Dennis L. Bark & David R. Gress, Democracy and its discontents. 1963-1988 (Oxford, Blackwell, 1989 = A History of West Germany, Vol. 2)

Bender, *Neue Ostpolitik*: Peter Bender, Neue Ostpolitik. Vom Mauerbau zum Moskauer Vertrag (München, Deutscher Taschenbuch Verlag, 1986)

Benz und Graml, *Aspekte*: Benz, Wolfgang und Graml, Hermann, Hrsg., Aspekte der deutschen Außenpolitik im 20. Jahrhundert. Aufsätze Hans Rothfels zum Gedächtnis (Stuttgart, Deutsche Verlags-Anstalt, 1976)

Benz, *Vertreibung*: Wolfgang Benz, Hrsg., Die Vertreibung der Deutschen aus dem Osten. Ursachen, Ereignisse, Folgen (Frankfurt/M., Fischer, 1985)

Bergedorfer Gesprächskreis: Die privat zirkulierenden Stenographischen Berichte der hochrangigen Konferenz, die von der Körber-Stiftung (Hamburg-Bergedorf) veranstaltet wird, sind hier mit Seriennummer und Konferenzdatum nachgewiesen.

Bergsdorf, *Sprache*: Wolfgang Bergsdorf, Herrschaft und Sprache. Studie zur politischen Terminologie der Bundesrepublik Deutschland (Pfullingen, Neske, 1983)

Beschloss & Talbott, *Highest Levels*: Michael R. Beschloss & Strobe Talbott, At The Highest Levels. The Inside Story of the End of the Cold War (New York, Little, Brown, 1993)

Besson, *Außenpolitik*: Waldemar Besson, Die Außenpolitik der Bundesrepublik Deutschland. Erfahrungen und Maßstäbe (München, Piper, 1970)

Besuch: Der Besuch von Generalsekretär Honecker in der Bundesrepublik Deutschland. Dokumentation zum Arbeitsbesuch des Generalsekretärs der SED und Staatsratsvorsitzenden der DDR, Erich Honecker, in der Bundesrepublik Deutschland im September 1987 (Bonn, Bundesministerium für innerdeutsche Beziehungen, 1988)

Bingen, *Bonn-Warschau*: Dieter Bingen, Bonn-Warschau 1949-1988: Von der kontroversen Grenzfrage zur gemeinsamen europäischen Perspektive? (Köln, Berichte des Bundesinstituts für ostwissenschaftliche und internationale Studien, 13, 1988)

Birrenbach, *Sondermissionen*: Kurt Birrenbach, Meine Sondermissionen. Rückblick auf zwei Jahrzehnte bundesdeutscher Außenpolitik (Düsseldorf, Econ, 1984)

Bismarck, *Reden*: Lothar Gall, Hrsg., Bismarck. Die großen Reden (Berlin, Severin & Siedler, 1981)

Böll, *Verantwortlich*: Heinrich Böll, Freimut Duve, Klaus Staeck, Hrsg., Verantwortlich für Polen? (Reinbek, Rowohlt, 1982)

Bölling, *Die fernen Nachbarn*: Klaus Bölling, Die fernen Nachbarn. Erfahrungen in der DDR (Hamburg, Stern-Buch, 1983)

Brandt, *Begegnungen*: Willy Brandt, Begegnungen und Einsichten. Die Jahre 1960–1975 (Hamburg, Hoffmann und Campe, 1976)

Brandt, *Erinnerungen*: Willy Brandt, Erinnerungen (Frankfurt/M., Propyläen, 1989)

Brandt, *Zusammen*: Willy Brandt, »... was zusammengehört«. Reden zu Deutschland (Bonn, Dietz, 1990)

Broszat, *Polenpolitik*: Martin Broszat, Zweihundert Jahre deutsche Polenpolitik (Frankfurt/M., Suhrkamp, 1972)

Bruns, *DDR-Politik*: Wilhelm Bruns, Von der Deutschlandpolitik zur DDR-Politik? Prämissen. Probleme. Perspektive (Opladen, Leske & Budrich, 1989)

Bulletin: Das *Bulletin* des *Presse- und Informationsamtes der Bundesregierung*, das eine große Auswahl der offiziellen Reden, Vorträge und Erklärungen wiedergibt, wird hier mit Datums- und Seitenangabe kurz als *Bulletin* zitiert.

Bundestag Drucksachen / Bundestag Plenarprotokolle: Die *Verhandlungen des Deutschen Bundestages* sind in zwei Reihen veröffentlicht: die *Plenarprotokolle*, die in der Art von Parlamentsprotokollen einen stenographischen Bericht der wichtigen parlamentarischen Abläufe aufführen, und die *Drucksachen*, die Ausschußaufzeichnungen, Entwürfe, Berichte usw. enthalten. Ein Verweis *Bundestag Plenarprotokolle* bedeutet einen Verweis auf die obengenannte Hauptreihe. Diese stenographischen Berichte sind durch die Angabe der Wahlperiode, der Sitzung und des Datums ausgewiesen. Wir haben das Nachweissystem leicht vereinfacht, so daß beispielsweise *Verhandlungen des Deutschen Bundestages. Plenarprotokolle. – 6. Wahlperiode. – 59. Sitzung. Bonn, Mittwoch, den 17. Juni 1970, S. 3269* verkürzt wird zu: *Bundestag Plenarprotokolle, 6/59, S. 3269 (17. Juni 1970)*. *Drucksachen* sind durch Angabe von Wahlperiode und Nummer ausgewiesen: 10/914 beispielsweise bedeutet 10. Wahlperiode, 914. Drucksache.

Burleigh, *Ostforschung*: Michael Burleigh, Germany Turns Eastwards. A Study of Ostforschung in the Third Reich (Cambridge, Cambridge University Press, 1988)

Christians, *Wege*: F. Wilhelm Christians, Wege nach Rußland. Bankier im Spannungsfeld zwischen Ost und West (Hamburg, Hoffmann und Campe, 1989)

Clemens, *Reluctant Realists*: Clay Clemens, Reluctant Realists. The Christian Democrats and West German Ostpolitik (Durham, North Carolina, Duke University Press, 1989)

Cramer, *Bahr*: Dettmar Cramer, gefragt: Egon Bahr (Bornheim, Dangmar Zirngibl-Verlag, 1975)

Davy, *Détente*: Richard Davy, ed., European Détente: A Reappraisal (London, Sage for the Royal Institute of International Affairs, 1992)

DDR-Reisebarometer: DDR-Reisebarometer '88 (München, Infratest Kommunikationsforschung, 1989)

DDR Handbuch: Hartmut Zimmermann, Hrsg., DDR Handbuch (3. rev. Aufl., Köln, Verlag Wissenschaft und Politik, 1985)

Deutschland 1989: Die außerordentlichen 25 Bände Fotokopien der Medienberichterstattung zu den Ereignissen in Deutschland im Jahr 1989, die 1992 von den unermüdlichen Archivaren des *Zentralen Dokumentationssystems* des *Presse- und Informationsamts der Bundesregierung* zusammengestellt wurden, sind hier durch Kurztitel und Bandnummer nachgewiesen.

Dokumente: Dokumente zur Deutschlandpolitik. Die Bände dieser Dokumentation, die unter Federführung des *Bundesministeriums für innerdeutsche Beziehungen* veröffentlicht wird, sind mit Serien- und Bandnummer nachgewiesen. *Dokumente*, IV/7 bedeutet also Serie IV, Band 7. Serie IV enthält die Wahlperiode vom 10. November 1958 bis zum 30. November 1966, Serie V ab 1. Dezember 1966.

Dralle, *Deutsche*: Lothar Dralle, Die Deutschen in Ostmittel- und Osteuropa. Ein Jahrtausend europäischer Geschichte (Darmstadt, Wissenschaftliche Buchgesellschaft, 1991)

Ehmke, *Zwanzig Jahre*: Horst Ehmke, Karlheinz Koppe, Herbert Wehner, Hrsg., Zwanzig Jahre Ostpolitik: Bilanz und Perspektiven (Bonn, Verlag Neue Gesellschaft, 1986)

Freedman, *Europe Transformed*: Lawrence Freedman, ed., Europe Transformed. Documents on the End of the Cold War (New York, St. Martin's Press, 1990)

Fricke, *Opposition*: Karl Wilhelm Fricke, Opposition und Widerstand in der DDR: Ein politischer Report (Köln, Verlag Wissenschaft und Politik, 1984)

Fritsch-Bournazel, *Europa*: Renata Fritsch-Bournazel, Europa und die deutsche Einheit (Stuttgart, Bonn Aktuell, 1990)

Funke, *Demokratie und Diktatur*: Manfred Funke u. a.,Hrsg., Demokratie und Diktatur. Geist und Gestalt politischer Herrschaft in Deutschland und Europa (Bonn, Bundeszentrale für politische Bildung, 1987)

Garthoff, *Détente*: Raymond L. Garthoff, Détente and Confrontation (Washington DC, Brookings Institution, 1985)

Garton Ash, *DDR*: Timothy Garton Ash, »Und willst Du nicht mein Bruder sein ...« Die DDR heute (Reinbek, Rowohlt, 1981)

Garton Ash, *Jahrhundert*: Timothy Garton Ash, Ein Jahrhundert wird abgewählt. Aus den Zentren Mitteleuropas 1980–1990 (München, Hanser, 1990)

Garton Ash, *Solidarity*: Timothy Garton Ash, The Polish Revolution: Solidarity (2. rev. Aufl., London, Granta Books, 1991)

Gaus, *Deutschland*: Günter Gaus, Wo Deutschland liegt: Eine Ortsbestimmung (Hamburg, Hoffmann und Campe, 1983)

Geissel, *Unterhändler*: Ludwig Geissel, Unterhändler der Menschlichkeit. Erinnerungen. Mit einem Begleitwort von Manfred Stolpe (Stuttgart, Quell, 1991)

Genscher, *Unterwegs*: Hans-Dietrich Genscher, Unterwegs zur Einheit. Reden und Dokumente aus bewegter Zeit (Berlin, Siedler, 1991)

Gipfelgespräche: Michail Gorbatschow, Gipfelgespräche. Geheime Protokolle aus meiner Amtszeit (Berlin, Rowohlt, 1993)

Gorbatschow, *Haus Europa*: Michail Gorbatschow, Das gemeinsame Haus Europa und die Zukunft der Deutschen. Mit Beiträgen sowjetischer Wissenschaftler und Politiker (Düsseldorf, Econ, rev. Ausgabe 1990)

Gordon, *Eroding Empire*: Lincoln Gordon, ed., Eroding Empire (Washington DC, Brookings, 1987)

Grenville, *Treaties*: J.A.S. Grenville and Bernard Wasserstein, The Major International Treaties Since 1945: A history and guide with texts (London, Methuen, 1987)

Grewe, *Rückblenden*: Wilhelm G. Grewe, Rückblenden. 1976–1951 (Frankfurt/M., Propyläen, 1979)

Griffith, *Ostpolitik*: William E. Griffith, *The Ostpolitik of the Federal Republic of Germany* (Cambridge, Mass., MIT Press, 1978)

Gromyko, *Memories*: Andrei Gromyko, Memories (London, Hutchinson, 1989). Translated and edited by Harold Shukman

Grosser, *Unification*: Dieter Grosser, ed., German Unification. The Unexpected Challenge (Oxford: Berg, 1992 = German Historical Perspectives, Vol. VII)

Haberl und Hecker, *Unfertige Nachbarschaften*: Othmar Nikola Haberl und Hans Hecker, Hrsg., Unfertige Nachbarschaften. Die Staaten Osteuropas und die Bundesrepublik Deutschland (Essen, Reimar Hobbing, 1989)

Hacke, *Wege und Irrwege*: Christian Hacke, Die Ost- und Deutschlandpolitik der CDU/CSU: Wege und Irrwege der Opposition seit 1969 (Köln, Verlag Wissenschaft und Politik, 1975)

Haftendorn, *Außenpolitik*: Helga Haftendorn, Lothar Wilker, Claudia Wörmann, Die Außenpolitik der Bundesrepublik Deutschland (Berlin, Wissenschaftlicher Autoren-Verlag, 1982)

Haftendorn, *Sicherheit*: Helga Haftendorn, Sicherheit und Stabilität. Außenbeziehungen der Bundesrepublik zwischen Ölkrise und NATO-Doppelbeschluß (München, Deutscher Taschenbuch Verlag, 1986)

Haftendorn, *Verwaltete Außenpolitik*: Helga Haftendorn u.a., Hrsg., Verwaltete Außenpolitik: Sicherheits- und entspannungspolitische Entscheidungsprozesse in Bonn (Köln, Verlag Wissenschaft und Politik, 1978)

Hanrieder, *Germany, America, Europe*: Wolfram F. Hanrieder, Germany, America, Europe. Forty Years of German Foreign Policy (New Haven, Yale University Press, 1989)

Hanson, *Economic Statecraft*: Philip Hanson, Western Economic Statecraft in East-West Relations (London, Routledge & Kegan Paul, 1988)

Heep, *Schmidt und Amerika*: Barbara D. Heep, Helmut Schmidt und Amerika. Eine schwierige Partnerschaft (Bonn, Bouvier, 1990)

Hildebrand, *Von Erhard zur Großen Koalition*: Klaus Hildebrand, Von Erhard zur Großen Koalition 1963–1969 (Stuttgart, Deutsche Verlags-Anstalt, 1984 = Geschichte der Bundesrepublik Deutschland, Bd. 4)

Holzer, *Solidarität*: Jerzy Holzer, »Solidarität«. Die Geschichte einer freien Gewerkschaft in Polen (München, Beck, 1985)

Horn, *Erinnerungen*: Gyula Horn, Freiheit, die ich meine. Erinnerungen des ungarischen Außenministers, der den Eisernen Vorhang öffnete (Hamburg, Hoffmann und Campe, 1991)

Innerdeutsche Beziehungen: Innerdeutsche Beziehungen. Die Entwicklung der Beziehungen zwischen der Bundesrepublik Deutschland und der Deutschen Demokratischen Republik 1980–1986. Eine Dokumentation (Bonn, Bundesministerium für innerdeutsche Beziehungen, 1986)

Jacobsen, *Bonn-Warschau*: Hans-Adolf Jacobsen und Mieczyslaw Tomala, Hrsg., Bonn-Warschau, 1945–1991. Die deutsch-polnischen Beziehungen (Köln, Verlag Wissenschaft und Politik, 1992)

Jacobsen, *Bundesrepublik-Volksrepublik*: Hans-Adolf Jacobsen, Bundesrepublik Deutschland. Volksrepublik Polen. Bilanz der Beziehungen. Probleme und Perspektiven ihrer Normalisierung (Frankfurt/M., Metzner, 1979)

Jacobsen, *Nachbarn*: Hans-Adolf Jacobsen, Hrsg., Mißtrauische Nachbarn. Deutsche Ostpolitik 1919/1970. Dokumentation und Analyse (Düsseldorf, Droste, 1970)

Jentleson, *Pipeline Politics*: Bruce W. Jentleson, Pipeline Politics. The Complex Political Economy of East-West Trade (Ithaca, NY, Cornell University Press, 1986)

Jesse und Mitter, *Einheit*: Eckhard Jesse und Armin Mitter, Die Gestaltung der deutschen Einheit. Geschichte – Politik – Gesellschaft (Bonn, Bundeszentrale für politische Bildung, 1992)

Kaiser, *Vereinigung*: Karl Kaiser, Deutschlands Vereinigung. Die internationalen Aspekte. (Bergisch-Gladbach, Lübbe, 1991)

Kissinger, *White House Years*: Henry Kissinger, The White House Years (London, Weidenfeld & Nicolson, 1979)

Kissinger, *Years of Upheaval* (London, Weidenfeld & Nicolson, 1982)

Koch, *Brandt*: Peter Koch, Willy Brandt. Eine politische Biographie (Bergisch Gladbach, Lübbe, 1989)

Kovrig, *Walls and Bridges*: Bennett Kovrig, Of Walls and Bridges: The United States and Eastern Europe (New York, New York University Press, 1991)

Kreile, *Osthandel*: Michael Kreile, Osthandel und Ostpolitik (Baden-Baden, Nomos, 1978)

KSZE Dokumentation: Sicherheit und Zusammenarbeit in Europa. Dokumente zum KSZE-Prozeß, einschließlich der KVAE (Bonn, Auswärtiges Amt, 7. rev. Ausg., 1990)

KSZE Dokumentation 1990/91: Sicherheit und Zusammenarbeit in Europa. Dokumentation zum KSZE-Prozeß 1990/91 (Bonn, Auswärtiges Amt, 1991)

Kuwaczka, *Entspannung von unten*: Waldemar Kuwaczka, Entspannung von unten. Möglichkeiten und Grenzen des deutsch-polnischen Dialogs (Stuttgart, Burg Verlag, 1988)

Lehmann, *Oder-Neiße*: Hans Georg Lehmann, Der Oder-Neiße-Konflikt (München, Beck, 1979)

Lehmann, *Öffnung*: Hans Georg Lehmann, Öffnung nach Osten. Die Ostreisen Helmut Schmidts und die Entstehung der Ost- und Entspannungspolitik (Bonn, Neue Gesellschaft, 1984)

Liesner, *Aussiedler*: Ernst Liesner, Aussiedler. Die Voraussetzungen für die Anerkennung als Vertriebener. Arbeitshandbuch für Behörden. Gerichte und Verbände (Herford, Maximilian-Verlag, 1988)

Link, *Ära Brandt*: Karl Dietrich Bracher, Wolfgang Jäger, Werner Link, Republik im Wandel 1969–1974. Die Ära Brandt. (Stuttgart, Deutsche Verlags-Anstalt, 1986 = Geschichte der Bundesrepublik Deutschland, Bd. 5/I)

Link, *Ära Schmidt*: Wolfgang Jäger, Werner Link, Republik im Wandel 1974–1982. Die Ära Schmidt. (Stuttgart, Deutsche Verlags-Anstalt, 1987 = Geschichte der Bundesrepublik Deutschland, Bd. 5/II)

Löwenthal, *Vom kalten Krieg*: Richard Löwenthal, Vom kalten Krieg zur Ostpolitik (Stuttgart, Seewald, 1974). Zuerst veröffentlicht als ein Kapitel in: Richard Löwenthal und Hans-Peter Schwarz, Hrsg., Die zweite Republik (Stuttgart, Seewald, 1974)

Lutz, *Bahr*: Dieter S. Lutz, Hrsg., Das Undenkbare denken. Festschrift für Egon Bahr zum siebzigsten Geburtstag (Baden-Baden, Nomos, 1992)

Maresca, *Helsinki*: John J. Maresca, To Helsinki. The Conference on Security and Cooperation in Europe, 1973–1975 (Durham, Duke University Press, 1987)

Mastny, *Helsinki I*: Vojtech Mastny, Helsinki, Human Rights and European Security. Analysis and Documentation (Durham, Duke University Press, 1986)

Mastny, *Helsinki II*: Vojtech Mastny, The Helsinki Process and the Reintegration of Europe, 1986–1991. Analysis and Documentation (London, Pinter, 1992)

Mastny & Zielonka: Vojtech Mastny & Jan Zielonka, eds., Human Rights and Security. Europe on the Eve of a New Era (Boulder, Westview Press, 1991)

Materialien: Materialien zum Bericht zur Lage der Nation im geteilten

Deutschland 1987 (Bonn, Bundesministerium für innerdeutsche Beziehungen, 1987)

Meissner, *Deutsche Ostpolitik*: Boris Meissner, Hrsg., Die deutsche Ostpolitik 1961–1970. Kontinuität und Wandel. Eine Dokumentation (Köln, Verlag Wissenschaft und Politik, 1970)

Meissner, *Moskau-Bonn*: Boris Meissner, Hrsg., Moskau-Bonn. Die Beziehungen zwischen der Sowjetunion und der Bundesrepublik Deutschland 1955–1973. Dokumentation. (Köln, Verlag Wissenschaft und Politik, 1975)

Meuschel, *Legitimation*: Sigrid Meuschel, Legitimation und Parteiherrschaft. Zum Paradox von Stabilität und Revolution in der DDR, 1945–1989 (Frankfurt/M., Suhrkamp, 1992)

Mittag, *Preis*: Günter Mittag, Um jeden Preis. Im Spannungsfeld zweier Systeme (Berlin, Aufbau, 1991)

Mitter und Wolle, *Lageberichte*: Armin Mitter und Stefan Wolle, Hrsg., »Ich liebe euch doch alle!« Befehle und Lageberichte des MfS. Januar–November 1989 (Berlin, BasisDruck Verlagsgesellschaft, 1990)

Moreton, *Germany*: Edwina Moreton, ed., Germany between East and West (Cambridge, Cambridge University Press, 1987)

Morsey und Repgen, *Adenauer Studien III*: Rudolf Morsey und Konrad Repgen, Hrsg., Adenauer Studien. Bd. III. Untersuchungen und Dokumente zur Ostpolitik und Biographie (Mainz, Grünewald, 1974)

Moseleit, Zweite Phase: Klaus Moseleit, Die »Zweite« Phase der Entspannungspolitik der SPD, 1983–1989. Eine Analyse ihrer Entstehungsgeschichte, Entwicklung und der konzeptionellen Ansätze. Mit einem Vorwort von Willy Brandt (Frankfurt/M., Peter Lang, 1991 = European University Studies, Series XXXI, Vol. 180)

Oberdorfer, *Turn*: Don Oberdorfer, The Turn. How the Cold War came to an end. The United States and the Soviet Union, 1983–1990 (London, Jonathan Cape, 1992)

Pravda, *End*: Alex Pravda, ed., The End of the Outer Empire. Soviet-East European Relations in Transition, 1985–90 (London, Sage for the Royal Institute of International Affairs, 1992)

Przybylski, *Tatort 1*: Peter Przybylski, Tatort Politbüro: Die Akte Honecker (Berlin, Rowohlt, 1991)

Przybylski, *Tatort 2*: Peter Przybylski, Tatort Politbüro. Band 2: Honecker, Mittag und Schalck-Golodkowski (Berlin, Rowohlt, 1992)

Rehlinger, *Freikauf*: Ludwig A. Rehlinger, Freikauf: Die Geschäfte der DDR mit politisch Verfolgten 1963–1989 (Berlin, Ullstein, 1991)

Reissmüller, *Vergessene Hälfte*: Johann-Georg Reissmüller, Die vergessene Hälfte. Osteuropa und wir (München, Langen Müller, 1986)

Schewardnadse, *Zukunft*: Eduard Schewardnadse, Die Zukunft gehört der Freiheit (Berlin, Rowohlt, 1991)

Schmid, *Entscheidung*: Günther Schmid, Entscheidung in Bonn: Die

Entstehung der Ost- und Deutschlandpolitik 1969/70 (Köln, Verlag Wissenschaft und Politik, 1979)

Schmid, *Politik*: Günther Schmid, Politik des Ausverkaufs? Die Deutschlandpolitik der Regierung Brandt/Scheel (München, tuduv, 1975)

Schmidt, *Menschen und Mächte*: Helmut Schmidt, Menschen und Mächte (Berlin, Siedler, 1987)

Schmidt, *Nachbarn*: Helmut Schmidt, Die Deutschen und ihre Nachbarn. Menschen und Mächte II (Berlin, Siedler, 1990)

Schröder, *Bahr*: Karsten Schröder, Egon Bahr (Rastatt, Moewig, 1988)

Schulz-Vobach, *Die Deutschen im Osten*: Klaus-Dieter Schulz-Vobach, Die Deutschen im Osten. Vom Balkan bis Sibirien (Hamburg, Hoffmann und Campe, 1989)

Schwarz, *Adenauer I*: Hans-Peter Schwarz, Adenauer. Der Aufstieg: 1876–1952 (Stuttgart, Deutsche Verlags-Anstalt, 1986)

Schwarz, *Adenauer II*: Hans-Peter Schwarz, Adenauer. Der Staatsmann: 1952–1967 (Stuttgart, Deutsche Verlags-Anstalt, 1991)

Schwarz, *Gezähmten Deutschen*: Hans-Peter Schwarz, Die gezähmten Deutschen: Von der Machtbesessenheit zur Machtvergessenheit (Stuttgart, Deutsche Verlags-Anstalt, 1985)

Schweigler, *Grundlagen*: Gebhard Schweigler, Grundlagen der außenpolitischen Orientierung der Bundesrepublik Deutschland: Rahmenbedingungen, Motive, Einstellungen (Baden-Baden, Nomos, 1985)

Siebenmorgen, *Gezeitenwechsel*: Peter Siebenmorgen, Gezeitenwechsel. Aufbruch zur Entspannungspolitik (Bonn, Bouvier, 1990)

Stares, *New Germany*: Paul B. Stares, ed., The New Germany and the New Europe (Washington DC, Brookings, 1992)

Stent, *Embargo to Ostpolitik*: Angela Stent, From Embargo to Ostpolitik. The Political Economy of West German-Soviet Relations 1955–1980 (Cambridge, Cambridge University Press, 1981)

Stern, *Brandt*: Carola Stern, Willy Brandt (Reinbek, Rowohlt, 1988)

Stökl, *Osteuropa*: Günther Stökl, Osteuropa und die Deutschen (Stuttgart, Hirzel, 3. rev. Ausg. 1982)

Strauß, *Erinnerungen*: Franz Josef Strauß, Die Erinnerungen (Berlin, Siedler, 1989)

Szabo, *Diplomacy*: Stephen F. Szabo, The Diplomacy of German Unification (New York, St. Martin's Press, 1992)

Teltschik, *329 Tage*: Horst Teltschik, 329 Tage. Innenansichten der Einigung (Berlin, Siedler, 1991)

Texte: Texte zur Deutschlandpolitik. Wie die Dokumente zur Deutschlandpolitik veröffentlicht unter Federführung des Bundesministeriums für innerdeutsche Beziehungen. Die *Texte* werden zitiert mit Serien- und Band-Nummer. Serie I: 13. Dezember 1966 – 20. Juni 1973; Serie II: 22. Juni 1973 – 1. Oktober 1982; Serie III: 13. Oktober 1982 – 31. Dezember 1990.

Umbruch: Umbruch in Europa. Die Ereignisse im 2. Halbjahr 1989. Eine Dokumentation (Bonn, Auswärtiges Amt, 1990)

Uschner, *Ostpolitik*: Manfred Uschner, Die Ostpolitik der SPD. Sieg und Niederlage einer Strategie (Berlin, Dietz, 1991)

Van Oudenaren, *Détente*: John van Oudenaren, Détente in Europe. The Soviet Union and the West since 1953 (Durham, Duke University Press, 1991)

Verträge: Dokumentation zur Ostpolitik der Bundesregierung: Verträge und Vereinbarungen (Bonn, Presse- und Informationsamt der Bundesregierung, 1986)

Vierzig Jahre: Auswärtiges Amt, 40 Jahre Außenpolitik der Bundesrepublik Deutschland. Eine Dokumentation (Stuttgart, Bonn Aktuell, 1989)

Volle und Wagner, *KSZE*: Hermann Volle und Wolfgang Wagner, Hrsg., KSZE. Konferenz über Sicherheit und Zusammenarbeit in Europa in Beiträgen und Dokumenten aus dem Europa-Archiv (Bonn, Verlag für Internationale Politik, 1976)

Weber, *DDR* (1988): Hermann Weber, Die DDR 1945–1986 (München, Oldenbourg, 1988)

Weber, *DDR* (1991): Hermann Weber, DDR. Grundriß der Geschichte. 1945–1990 (Neuausgabe, Hannover, Fackelträger, 1976)

Weber, *Links*: Hermann Weber, Das Prinzip Links. Beiträge zur Diskussion des demokratischen Sozialismus in Deutschland, 1848–1990. Eine Dokumentation (Berlin, Ch. Links, 1991)

Weizsäcker, *Deutsche Geschichte*: Richard von Weizsäcker, Die deutsche Geschichte geht weiter (Berlin, Siedler, 1983)

Wiskemann, *Eastern Neighbours*: Elizabeth Wiskemann, Germany's Eastern Neighbours. Problems relating to the Oder-Neisse line and the Czech frontier regions (London, Oxford University Press for the Royal Institute of International Affairs, 1956)

Witte, *Kulturpolitik*: Barthold C. Witte, Dialog über Grenzen. Beiträge zur auswärtigen Kulturpolitik (Pfullingen, Neske, 1988)

Wörmann, *Osthandel*: Claudia Wörmann, Der Osthandel der Bundesrepublik Deutschland. Politische Rahmenbedingungen und ökonomische Bedeutung (Frankfurt/M., Campus, 1982)

Wörmann, *Problem*: Claudia Wörmann, Osthandel als Problem der Atlantischen Allianz. Erfahrungen aus dem Erdgas-Röhren-Geschäft mit der UdSSR (Bonn, Forschungsinstitut der Deutschen Gesellschaft für Auswärtige Politik, 1986)

Zahlenspiegel: Zahlenspiegel. Bundesrepublik Deutschland/Deutsche Demokratische Republik: Ein Vergleich (Bonn: Bundesministerium für innerdeutsche Beziehungen, 3. rev. Ausg., 1988)

Zehn Jahre: Zehn Jahre Deutschlandpolitik: Die Entwicklungen der Beziehungen zwischen der Bundesrepublik Deutschland und der Deut-

schen Demokratischen Republik 1969–1979. Bericht und Dokumentation (Bonn, Bundesministerium für innerdeutsche Beziehungen, 1980)
Zernack, *Osteuropa*: Klaus Zernack, Osteuropa. Eine Einführung in seine Geschichte (München, Beck, 1977)
Zündorf, *Ostverträge*: Benno Zündorf, Die Ostverträge. Die Verträge von Moskau, Warschau, Prag, das Berlin-Abkommen und die Verträge mit der DDR (München, Beck, 1979). Benno Zündorf ist das Pseudonym für Antonius Eitel.

Unveröffentlichte Quellen

Gespräche des Autors werden zitiert mit dem Namen des Gesprächspartners, Ort und Datum (Helmut Kohl, Bonn, 1. Oktober 1991). Im Folgenden werden nur die wichtigsten Archivquellen aufgeführt, zu denen der Autor Zugang hatte. Die in den Anmerkungen verwendeten Abkürzungen in Klammern. Nachweisziffern stammen aus dem Jahr 1992. Für die ostdeutschen Akten werden sie sich wahrscheinlich zum Teil ändern.

Archiv für Christlich-Demokratische Politik (ACDP)
  Werner Marx-Papiere (I-356)/Alois Mertes-Papiere (I-403)
Archiv des Deutschen Liberalismus (AdDL)
  Akten des Bundesvorsitzenden Walter Scheel/Akten des Bundesvorsitzenden Hans-Dietrich Genscher (Bundesvorsitzender Genscher)/ Wolfgang Schollwer, Tagebücher, 1966–1970 (Schollwer, Tagebuch).
Archiv der sozialen Demokratie (AdsD)
  Egon Bahr-Papiere (Dep EB)/Depositum Willy Brandt (Dep WB): Beruflicher Werdegang und politisches Wirken in Berlin, 1947–1966 (Rbm), Bundesminister des Auswärtigen, 1966–1969 (BA), Bundeskanzler und Bundesregierung, 1969–1974 (BK), Publizistische Tätigkeit (Publ)/Helmut Schmidt-Papiere (HS): Person und Werk, Gespräche, Reisen, Schriftwechsel, Reden als Bundeskanzler, Sacharchiv. (Diese Akten sind durchlaufend numeriert.)
Der Bundesbeauftragte für die Unterlagen des Staatssicherheitsdienstes der ehemaligen Deutschen Demokratischen Republik (Gauck-Behörde)
  Berichte der Zentralen Auswertungs- und Informationsgruppe (ZAIG)/Persönliche Dokumente. (Die Dokumente der Gauck-Behörde werden zitiert MfS- und Nachweisziffer, die manchmal neu, manchmal original ist.)
Zentrales Parteiarchiv (ZPA)
  Politbüro: internes Archiv, Protokolle, Arbeitspapiere (JIV 2/2, JIV 2/A usw.)/Akten des Zentralkomitees (IV 2/1)/Büro Axen (IV 2/ 2.035)/Büro Hager (IV B 2/2.024)/Büro Herrmann (IV 2/2.037).
Dokumentensammlung von Prof. Dr. Arnulf Baring (Baring-Papiere).

Dank

Willy Brandt, Helmut Schmidt und Egon Bahr, den Erben von Alois Mertes und von Werner Marx, Wolfgang Schollwer und Hans-Dietrich Genscher bin ich zu großem Dank verpflichtet für die Erlaubnis, ihre in den Archiven befindlichen Papiere vollständig oder teilweise einsehen zu können. Wertvolle Unterstützung wurde mir dabei gewährt von den Archivaren des Archivs der sozialen Demokratie, vor allem von Gertrud Lenz für die Brandt-Papiere, Christoph Stamm für die Schmidt-Papiere und Barbara Richter für die Bahr-Papiere. Ebenso hilfreich waren Günter Buchstab, Frau Keßler und Dietmar Haak vom Archiv für Christlich-Demokratische Politik und Monika Faßbender vom Archiv des Deutschen Liberalismus.

Ein besonderer Dank gilt den Archivaren des Zentralen Parteiarchivs in Ost-Berlin: Frau Pardon, Frau Räuber, Frau Gräfe, Herrn Müller, Herrn Lange. Sie haben mit großer Freundlichkeit alles getan, um mir die Arbeit in der schwierigen Übergangsphase des Archivs zu erleichtern. Ebenso danke ich Hubertus Knabe dafür, daß er mir den Zugang zum Archiv des ehemaligen Ministeriums für Staatssicherheit erleichtert hat, und Herrn Forster und Frau Schulz für ihre Hilfe.

Hans-Jochen Vogel gab seinen Kollegen (in allen Parteien) ein Beispiel, indem er mich die SPD-eigenen Protokolle seiner Gespräche mit Erich Honecker einsehen ließ. So konnten diese mit den Protokollen im Zentralen Parteiarchiv verglichen werden: ein wertvoller Test des Wahrheitsgehaltes der ostdeutschen Aufzeichnungen.

Das Zentrale Dokumentationssystem des Bundespresseamts unterstützte mich dabei, die Presse- und Medienberichte, die für heutige Politik so wichtig sind, ausfindig zu machen. Ich danke Wolfgang Bergsdorf dafür, daß er mir den Zugang zu dieser wunderbaren Quelle geöffnet hat, und ebenso Anna Maria Kuppe für ihre schnellen und sorgfältig recherchierten Antworten auf meine häufig schwierigen Fragen. Ebenso dankbar bin ich dem Pressearchiv der SPD für die Einsicht in seine reichhaltigen Akten und die Nutzung eines unermüdlichen Kopierers.

In einem fortgeschrittenen Stadium meiner Arbeit hat mir das Auswärtige Amt eine ganze Reihe von detaillierten Fragen beantwortet, die sonst nur schwer beantwortet werden konnten. Ich danke Dieter Kastrup, dem Staatssekretär des Auswärtigen Amtes, für seine Vermittlung hierbei und Martin Ney als Partner meiner Befragung. Die Mitarbeiter des Gesamtdeutschen Instituts (solange es noch existierte), der Bibliothek des ZI 6 an der Freien Universität Berlin und der Bundeszentrale für politische

Bildung, dort vor allem Rüdiger Thomas, waren mir beständig bei der Bücher- und Informationsbeschaffung behilflich.

Die vielen Zeitzeugen, mit denen ich sprechen konnte, stellten eine der ergiebigsten Quellen für dieses Buch dar. Sie werden in den entsprechenden Anmerkungen namentlich erwähnt, aber ich möchte ihnen allen hier dafür danken, daß sie mir ihre Zeit geopfert und ihre Erinnerungen mitgeteilt haben. Vielen Persönlichkeiten habe ich zu danken für wertvolle Hilfe durch Diskussion spezieller Aspekte und Fragen. Es sind dies vor allem: Egon Bahr, Peter Bender, Lev Bezymensky, Brigitte Seebacher-Brandt, Günter Buchstab, Lord Bullock, Richard Davy, Roland Freudenstein, Karl-Wilhelm Fricke, Gabriel Gorodetsky, Klaus Gotto, Philip Hanson, Hans-Jürgen Heimsoeth, Sir Michael Howard, Harold James, Karl Kaiser, Axel Lebahn, Werner Link, Jerzy Lisiecki, Manfred Meissner, Sigrid Meuschel, Marina Pavlova-Silvanskaya, Zbigniew Pelczynski, Peter Siebenmorgen, Wolfgang Stock, Horst Teltschik, Jochen Thies, Armin Volze, Craig P. Whitney, Heinrich-August Winkler, Stefan Wolle, Hartmut Zimmermann.

Die Arbeit an diesem Buch wurde gefördert vor allem durch eine großzügige Stiftung der Ford Foundation, zuerst für ein Forschungsprojekt und dann für ein Senior Research Fellowship am St. Antony's College, Oxford. Ausdrücklich möchte ich Enid Schoettle, Shep Forman und Paul Balaran danken. In einem späteren Stadium wurde die Forschung unterstützt von der Europäischen Kulturstiftung, einer der wenigen wahrhaft europäischen Stiftungen. Hier danke ich besonders Franz Alting von Geusau und Raymond Georis. Weitere Unterstützung wurde dem Projekt zuteil durch die Nuffield Foundation, durch den Cyril Foster Fund in Oxford und schließlich durch die Modern History Faculty der Universität Oxford. Ihnen allen schulde ich Dank.

Die frühesten Textfassungen des ersten Teils wurden während meines Forschungsaufenthaltes am Woodrow Wilson International Center in Washington DC zu Papier gebracht. Ich danke vor allem dem damaligen Direktor, James Billington, und dem Leiter des West European Program, Michael Haltzel, für ihre Hilfe und Unterstützung. Ein kurzer Aufenthalt an der Stiftung Wissenschaft und Politik in Ebenhausen aufgrund der freundlichen Einladung ihres Direktors Michael Stürmer gab mir Gelegenheit, meine Vorstellungen mit den dortigen Experten zu diskutieren und an einige zusätzliche Quellen zu gelangen. Ein Forschungsaufenthalt am Institut für die Wissenschaften vom Menschen in Wien, das selbst einen sehr bemerkenswerten Beitrag zur Überwindung der intellektuellen Spaltung Europas geleistet hat, gestattete mir, meine Ideen mit österreichischen und ostmitteleuropäischen Kollegen zu diskutieren. Ich danke Krzysztof Michalski für diese Gelegenheit.

Der größte Teil des Buches wurde jedoch in Oxford geschrieben. Ich verdanke dabei viel der Gelehrtengemeinschaft der Universität, vor allem den Experten in deutscher und osteuropäischer Geschichte, Europapolitik und Internationalen Beziehungen, und nicht zuletzt den Studenten, die kluge Fragen gestellt haben.

Die Institution, der dieses Buch am meisten verdankt, ist das St. Antony's College. Ich denke, daß kein besserer Ort gefunden werden könnte, um ein solches Projekt in Angriff zu nehmen. Eigentlich haben alle meine Kollegen durch Anregungen der einen oder anderen Art zur Arbeit beigetragen. Für Unterstützung in speziellen Punkten danke ich besonders Andrew Walter, Alex Pravda, Anne Deighton, Archie Brown und Michael Kaser.

Ein besonderer Dank gilt Tony Nicholls, dem Direktor des European Studies Centre, der nicht nur viele interessante Seminare zu verwandten Themen leitete, sondern auch das vollständige Manuskript des Buches gelesen und sachkundig kommentiert hat. Die Bibliothekare des College haben mir unermüdlich und freundlich geholfen. Caroline Henderson war in den ersten Jahren eine treue Sekretärin, so wie es Anna Lever in den letzten Jahren war.

Besonderes Glück hatte ich immer mit meinen Forschungsassistenten, beginnend mit John Connelly in Washington, dann mit Mark Smith, John Laughland, Tina Podplatnik, Frank Müller, Nikolas Gvosdev und nicht zuletzt Danuta Garton Ash. Ihrer aller Hilfe war unschätzbar und eine Freude.

Sir Julian Bullard, Pierre Hassner und Fritz Stern haben das Typoskript gelesen und es durch Kommentierungen die ganze Zeit hindurch stark bereichert. Ich bin ihnen zu tiefem Dank verpflichtet.

Yvonne Badal, meine Übersetzerin, und Eginhard Hora, mein Lektor im Hanser Verlag, haben mit außergewöhnlicher Anstrengung sichergestellt, daß die deutsche Ausgabe dieses Buches zur selben Zeit wie die englische Ausgabe erscheinen konnte. Beiden danke ich sehr.

Mein letzter besonderer Dank richtet sich an vier Freunde, die das Buch auf je unterschiedliche Weise von Anbeginn an begleitet und mitgestaltet haben.

Werner Krätschell war in der ersten Phase der Niederschrift noch hinter der Berliner Mauer in Pankow eingesperrt. In der zweiten Phase hatte er die Freiheit erlangt, seinen Patensohn jederzeit in Oxford besuchen zu können. An ihn und seine Familie habe ich sehr häufig gedacht, als ich an einer Sache arbeitete, die für die meisten Leser Geschichte ist, für sie aber das Leben selbst gewesen war.

Arnulf Baring, der in einem frühen Stadium auf entscheidende Weise die Fragestellung des Buches verschärft hat, hat großen Einfluß ausgeübt durch das Beispiel seiner eigenen zeitgeschichtlichen Schriften, durch seine Ermutigungen und dann vor allem durch das für ihn bezeichnende, rastlose und provokative Fragen.

Michael Mertes war die Quelle eines ganz wunderbaren Stromes von

Informationen, Ideen, Anregungen, Ratschlägen, per Post, Fax und Telefon, der schließlich in einem unendlich hilfreichen Kommentar zum vollständigen Manuskript mündete.

Ralf Dahrendorf hat für dieses Buch ganz einfach Pate gestanden – nicht nur institutionell, als Warden des St. Antony's College, sondern auch intellektuell und persönlich: informierend, fragend, ermutigend, bei jedem Schritt anspornend, und alles aus einer einzigartigen Perspektive, die deutsch und britisch und doch europäisch ist.

Karten

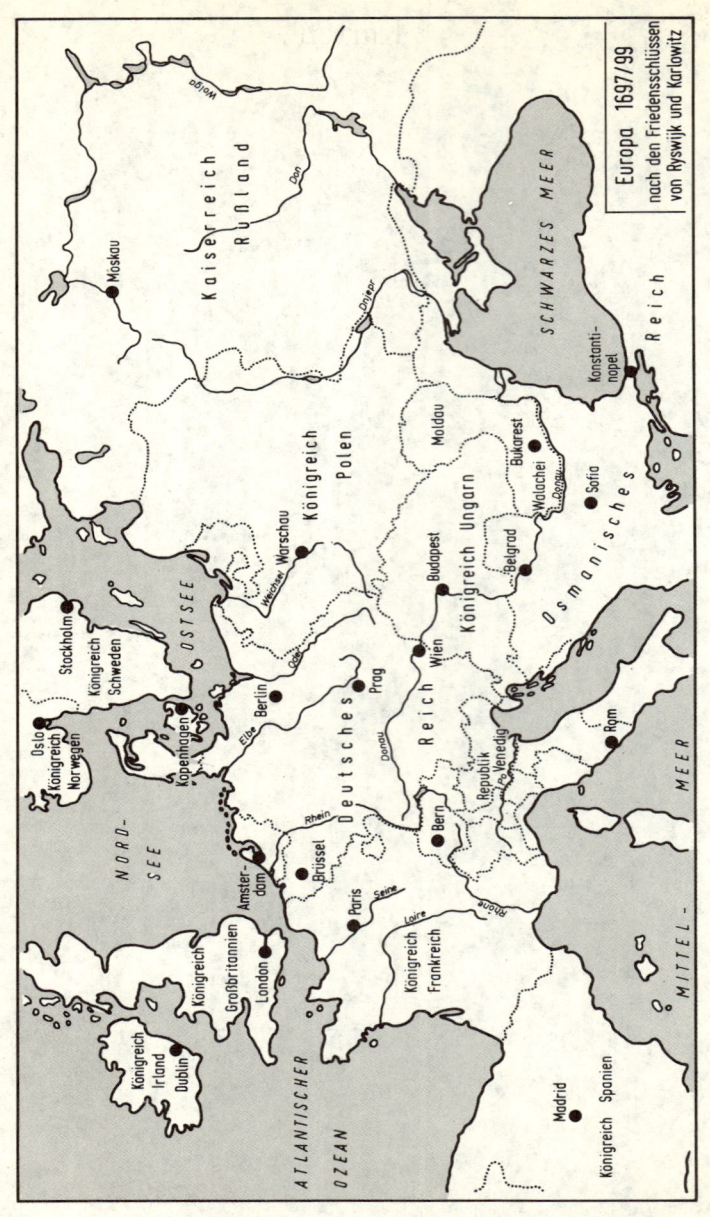

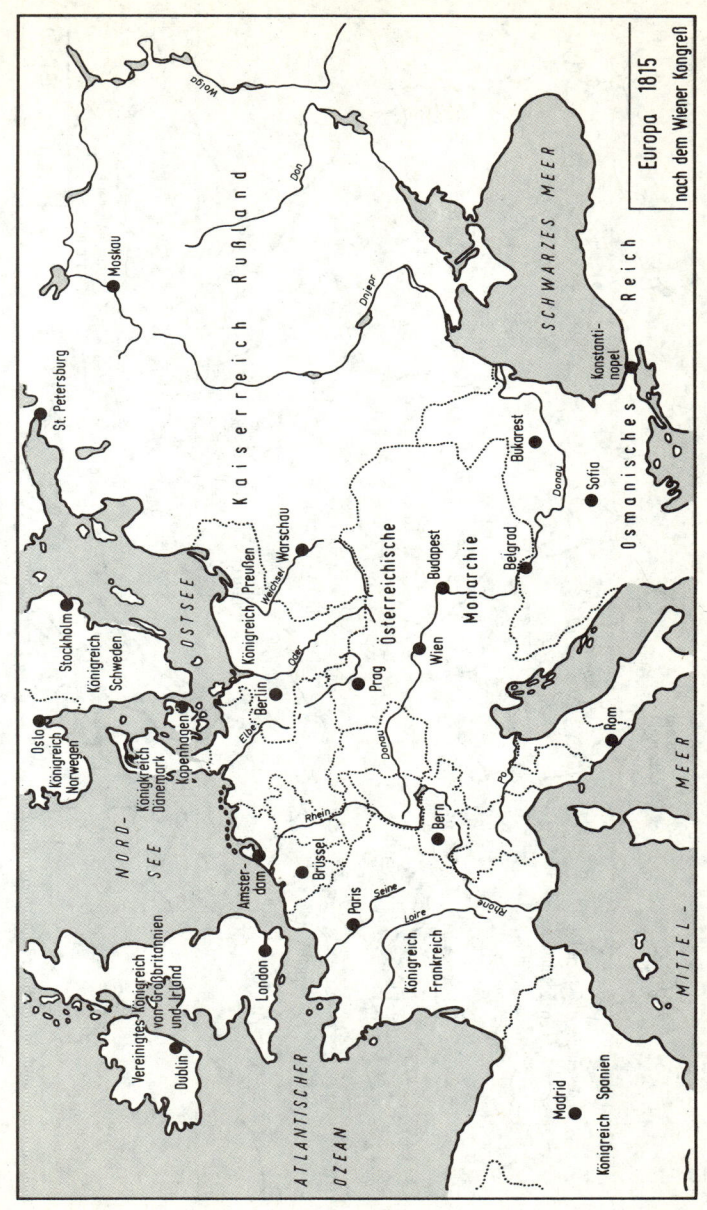

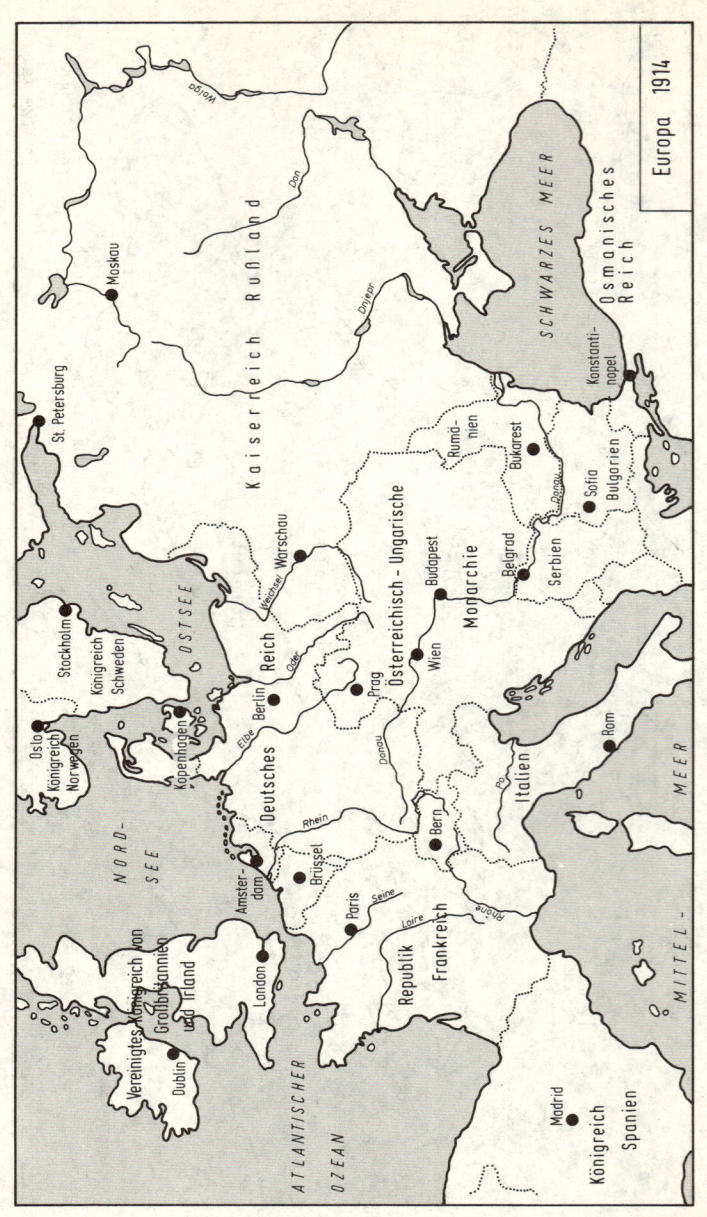

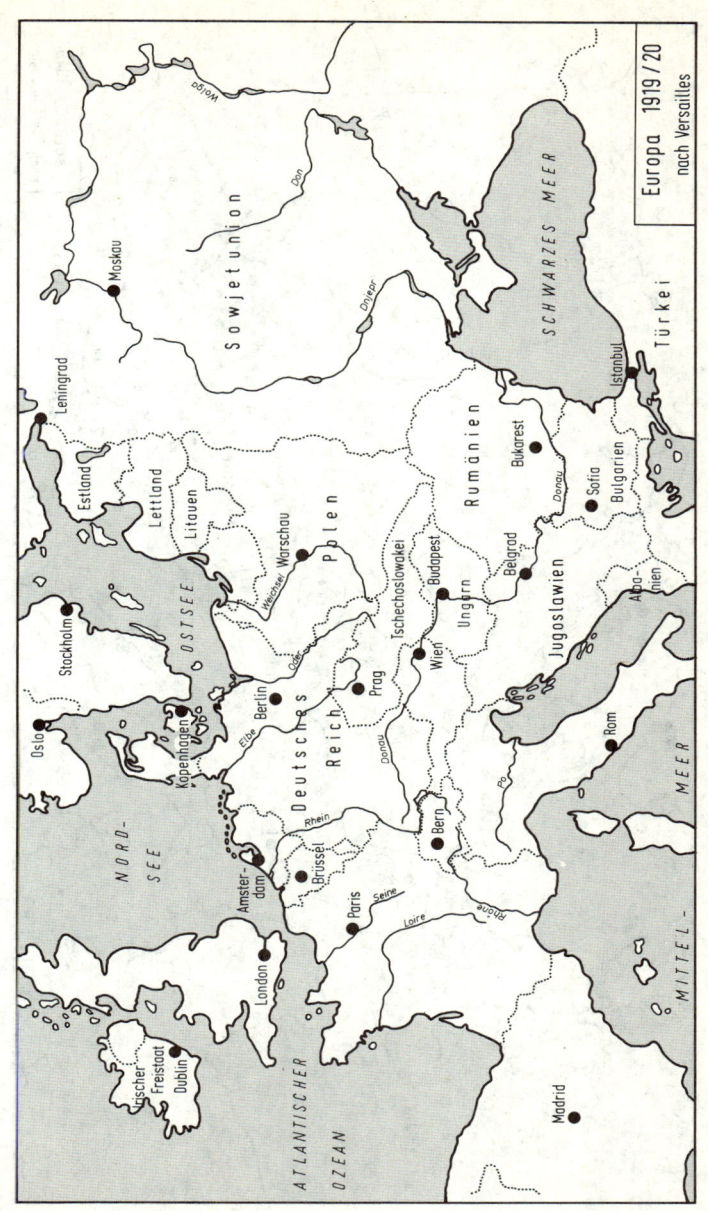

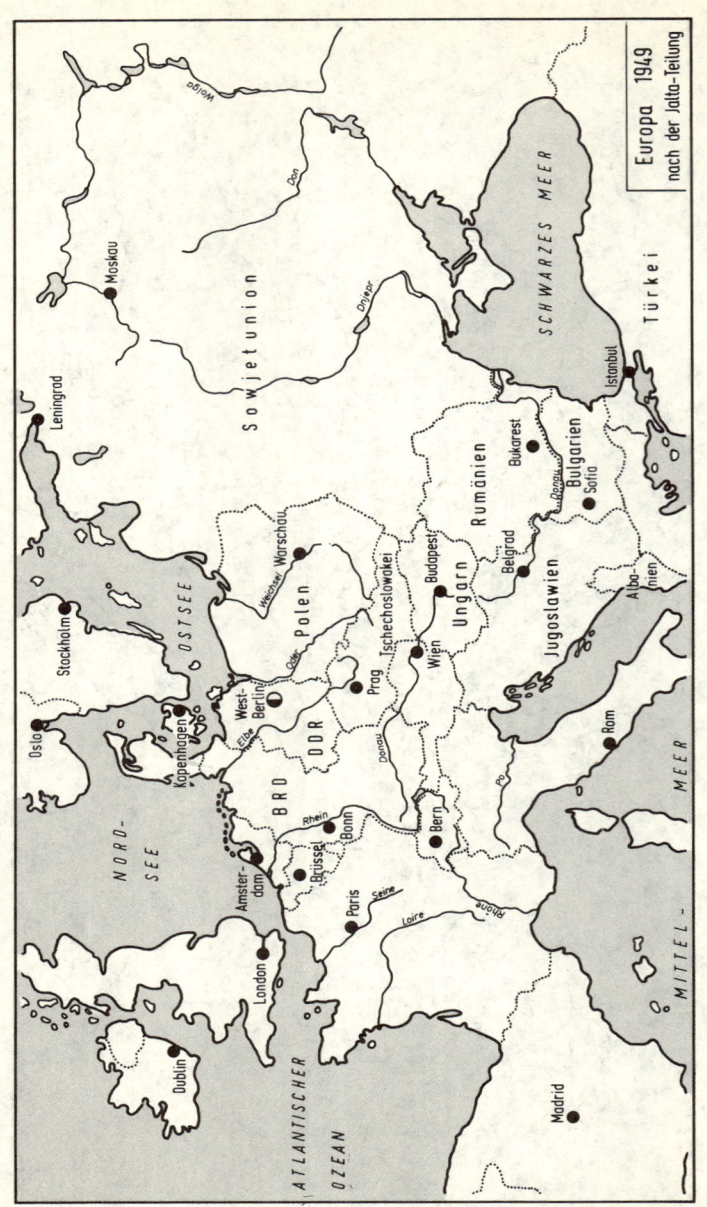

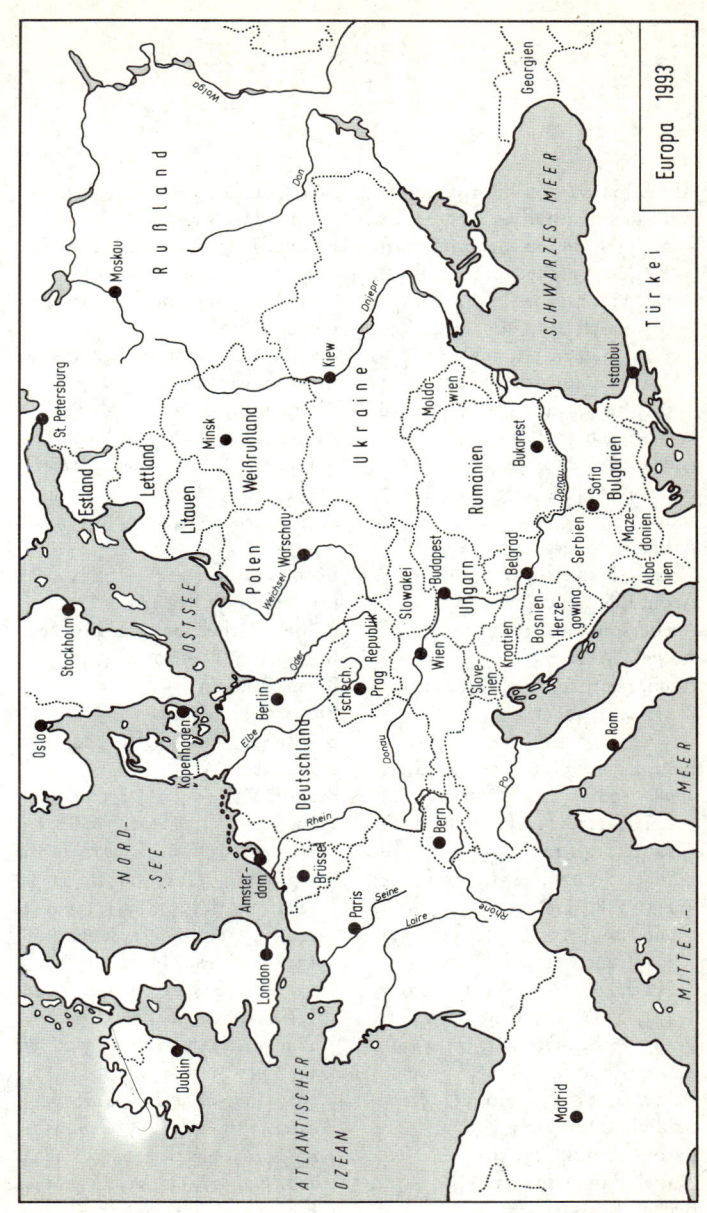

Register

Abrassimow, Pjotr 98, 197, 229
Adenauer, Konrad 30, 37f, 43, 48, 50, 53ff, 58, 60, 62, 76ff, 79ff, 82ff, 89, 91f, 96, 99, 102f, 107ff, 112, 116, 122, 126, 152, 169, 171, 193, 205, 257, 300, 314, 332, 334ff, 340, 343ff, 365, 426, 438, 442, 452, 461, 502, 510, 519, 523, 531, 540f, 549, 551, 553f, 556, 561, 571f, 574, 597, 601f
Alexander I., Zar 342
Andropow, Juri W. 145, 154ff, 167, 250
Arbatow, Georgi 179
Arendt, Hannah 541
Aron, Raymond 402
Ascherson, Neal 376f
Auden, W. H. 324
Axen, Hermann 165, 245, 253, 273, 472, 474, 488ff, 492, 495

Bahr, Egon 33f, 62, 72, 88, 94, 96, 98, 100ff, 104ff, 107f, 110f, 114ff, 117, 119ff, 122ff, 126f, 129f, 134, 140, 144, 147, 156, 168, 173, 179, 188f, 191ff, 195, 215, 218, 246, 251, 257, 262ff, 266, 269, 279, 287, 302, 331, 333f, 400, 413, 417, 427, 447, 458ff, 461, 463, 465f, 469, 471ff, 474, 482f, 485ff, 488ff, 494ff, 497f, 536, 542, 548f, 551, 565f
Bahro, Rudolf 286
Baker, James 185f, 510, 514, 530
Baldwin, David 373
Baring, Arnulf 103, 593
Barzel, Rainer 190, 213
Becker, Boris 601

Beil, Gerhard 237
Benda, Václav 415
Bender, Peter 110, 262f, 266, 463, 497
Berg, Hermann von 274
Bergson, Henri 70
Besson, Waldemar 126f, 523, 549
Bialer, Seweryn 184
Biermann, Wolf 286
Bismarck, Otto von 36, 77, 103, 123, 126f, 131, 144, 281, 460, 551, 554, 568f, 582
Bölling, Klaus 142, 230, 312, 424, 427
Börner, Holger 244
Bogomolow, Oleg 164
Bohley, Bärbel 290, 482, 486, 494
Bonhoeffer, Dietrich 284, 532
Borm, William 97
Bormann, Martin 58
Bräutigam, Hans Otto 224, 272, 274, 287
Brandt, Willy 29, 32, 37, 40ff, 43, 49, 51, 53ff, 58f, 72, 76, 82, 84, 86, 88ff, 91ff, 94ff, 97ff, 100ff, 103f, 110, 112ff, 115ff, 118ff, 122ff, 125ff, 129f, 133f, 136, 142, 144, 149, 153, 156, 158, 162, 168, 173, 178f, 189, 191ff, 194f, 199, 201f, 204, 208, 215, 229, 242, 246, 251, 255, 259, 264, 266, 269, 271, 289, 291, 294f, 300, 308, 310, 331, 335, 340, 345, 360, 380f, 387f, 392, 400, 402, 412, 417, 422f, 432, 438ff, 442, 445, 448, 452f, 458f, 463, 469ff, 472, 474, 483f, 487, 502, 528, 531, 535f, 540, 542, 545f, 549ff, 565, 598, 600

Brecht, Bertolt 496, 599
Breschnew, Leonid 11, 60, 89, 114f, 117ff, 120, 124f, 133f, 136ff, 139f, 142, 144f, 147, 154f, 166, 216, 233f, 245f, 291, 329, 339, 360, 382, 412, 418, 530, 534
Brunner, Guido 386
Brzezinski, Zbigniew 15, 244, 367
Bülow, Andreas von 459, 462
Bukowski, Wladimir 394
Bulganin, Nikolai 79, 109
Bullock, Alan 37
Burke, Edmund 454
Bush, George 12, 172, 176f, 185, 511, 518, 530, 551
Byrnes, James Francis 332

Carr, E. H. 554
Carter, Jimmy 131, 134f, 140, 244, 548
Ceaușescu, Nicolaie 133, 320, 351, 358, 384
Christians, F. Wilhelm 108, 158, 363, 594
Chruschtschow, Nikita 80, 87, 97f, 110, 277, 360
Churchill, Winston 13, 46, 77, 99, 112, 324, 327, 572, 596
Conrad, Joseph 567
Czaja, Herbert 334

Dahrendorf, Ralf 65, 106
Daschitschew, Wjatscheslaw 164
Davies, Norman 324, 326
Debré, Michel 412
Dienstbier, Jiří 29, 59, 546
Diepgen, Eberhard 52, 394
Disraeli, Benjamin 86
Dobrynin, Anatoli 165, 253
Dönhoff, Marion Gräfin 33, 419, 544, 595
Dohnányi, Klaus von 492
Domarus, Max 36
Dregger, Alfred 250

Dubček, Alexander 329
Duckwitz, Ferdinand 63

Eckart, Gabriele 296
Ehmke, Horst 145, 215, 308, 403, 459, 471, 482, 485
Eichmann, Adolf 541
Eisenfeld, Bernd 274
Eisenfeld, Peter 274
Empson, William 21
Engholm, Björn 488
Enzensberger, Hans Magnus 545
Eppler, Erhard 464f, 474f, 477, 480f, 499
Erhard, Ludwig 83, 359
Euklid 75

Falin, Valentin 125, 134, 179, 518f
Fechter, Peter 95
Fenton, James 555
Fleming, Peter 252
Fojtík, Jan 296
Frank, Paul 88
Franke, Egon 215
Friedmann, Bernhard 16
Friedrich II., der Große 281
Fukuyama, Francis 510, 519
Fulbright, James W. 400

Gansel, Norbert 482
Gaulle, Charles de 17, 42, 60, 79, 83, 91, 96, 98f, 169, 332, 365, 452, 574
Gaus, Günter 10, 198, 206, 215, 224, 230, 272, 287, 312, 315, 545
Geissel, Ludwig 213f, 228, 234
Genscher, Hans-Dietrich 32, 35, 37, 49f, 52, 60, 106, 126f, 130, 134, 142, 149ff, 153f, 157, 160f, 163, 175, 179ff, 187f, 210, 300, 338, 349, 361, 372, 380, 386f, 392ff, 395, 398f, 403, 409, 422, 431f, 436, 506, 509, 512, 517, 519ff, 523f, 528ff, 531f, 534,

542, 544, 549, 551, 554, 557, 566, 579f, 582, 589
Gerassimow, Gennadi 13, 186
Geremek, Bronisław 339, 509, 545
Gerstenmaier, Eugen 546
Gierek, Edward 132f, 233, 236, 278, 350f, 377f, 382, 384, 421, 445f
Ginzburg, Alexander 367
Giscard d'Estaing, Valéry 141f, 144, 366
Glemp, József 353, 449
Glotz, Peter 463f
Goebbels, Joseph 160, 177
Goethe, Johann Wolfgang 65, 255, 359
Gomułka, Władysław 86f, 422f, 445f
Gontscharow, Iwan 363
Gorbatschow, Michail 10ff, 13, 29, 53, 139, 157f, 160ff, 163ff, 166ff, 169ff, 172, 174ff, 177ff, 180ff, 183ff, 186ff, 250ff, 253, 258, 260f, 291, 297, 353, 358, 364, 372, 384, 391, 401, 459, 469, 473f, 483, 485, 499, 503ff, 506f, 510ff, 513ff, 516, 518ff, 521, 530f, 533f, 540, 545, 557
Grass, Günter 310f, 439, 596
Grewe, Wilhelm 16, 334
Gromyko, Andrej 81, 107f, 111, 113ff, 117, 134, 136, 139f, 145, 157, 161, 536
Gross, Johannes 587f
Grósz, Károly 433f
Grotewohl, Otto 328
Guttenberg, Karl-Theodor Freiherr von und zu 241
Gutzeit, Martin 495, 500

Häber, Herbert 243f, 247f
Haffner, Sebastian 323
Hager, Kurt 261, 280, 478
Hahn, Walter 121

Hanson, Philip 375
Hassner, Pierre 67, 259, 373
Havel, Václav 26, 46, 314, 410f, 413f, 417, 421, 431, 454, 497, 538, 543, 546, 548, 585
Havemann, Robert 286
Hazlitt, William 567
Hegel, Georg Wilhelm Friedrich 18
Heinemann, Gustav 351
Heinrich I. 58
Herrmann, Joachim 276
Hirschman, Albert O. 505
Hitler, Adolf 15, 36f, 58, 112, 131, 133, 158, 241, 294, 317, 320, 322ff, 326, 341, 344, 409, 441, 443, 452, 463, 469, 567f, 571, 581, 592
Holborn, Hajo 15
Homeyer, Josef 322
Honecker, Erich 62, 69, 117ff, 154ff, 164f, 182, 191, 196f, 203, 214ff, 217, 221f, 233f, 237ff, 241ff, 244, 246ff, 249ff, 252ff, 255f, 258, 272f, 275ff, 278f, 281ff, 286, 288f, 291ff, 294ff, 297ff, 301, 303, 312, 315, 382, 384, 424, 445, 469ff, 472, 475, 481ff, 485, 487ff, 490ff, 493ff, 498f, 506, 521, 539, 544
Honecker, Margot 291
Horn, Gyula 542f
Howard, Michael 141
Huntington, Samuel P. 367
Hupka, Herbert 51, 334, 338
Hurd, Douglas 10, 552
Hurwitz, Harold 269, 304
Husák, Gustáv 29, 46, 126, 133, 276, 278, 291f, 382, 412, 432f
Husserl, Edmund 409

Jakowlew, Alexandr 163
Jaksch, Wenzel 30, 51, 83
James, Harold 370

Jaruzelski, Wojciech 46, 143, 154, 184, 291, 334, 338, 353, 368, 425f, 430, 432, 443, 446f, 450, 542
Jelzin, Boris 512, 579
Jenninger, Philipp 225
Joffe, Josef 263, 369, 413
Johannes Paul II., Papst 39, 531
Johnson, Lyndon B. 83, 87

Kádár, János 133, 233, 278, 357, 377f, 384
Kaiser, Jakob 66
Kaiser, Karl 465
Kania, Stanisław 446
Kant, Immanuel 26, 147, 594
Karl der Große 19
Kastrup, Dieter 519
Katharina II., die Große 342
Kennan, George F. 16, 374f, 379
Kennedy, John F. 79, 83, 91ff, 96, 99f, 169, 264, 332, 380, 397, 400, 402, 408, 474, 534, 541
Kiep, Walther Leisler 244, 247
Kiesinger, Kurt Georg 32, 76, 84ff, 87, 89ff, 104, 144, 190f, 392, 551, 562
Kinkel, Klaus 556, 563
Kipling, Rudyard 539
Kis, János 414, 538
Kissinger, Henry 89, 115f, 122, 127, 135, 329, 375, 382f, 386, 390, 398, 562, 566
Klein, Hans 504
Kleist, Heinrich von 316, 601
Kohl, Helmut 11, 34f, 37, 46, 50, 54f, 62, 76, 149, 151ff, 154ff, 157ff, 160f, 165ff, 168ff, 174ff, 177, 179ff, 182f, 185, 187f, 198f, 202, 205, 221, 227, 248ff, 251, 253ff, 256, 266, 273, 300, 336ff, 339f, 343, 350, 354, 357f, 391, 410, 431, 433, 438, 443, 451f, 454, 490, 504, 506, 510, 512, 514f, 517f, 520, 523, 527, 530f, 534, 542f, 551, 556f, 564, 569ff, 572, 575, 579, 586
Kohl, Michael 119, 191f, 218
Kołakowski, Leszek 415, 538
Koschyk, Hartmut 590
Koselleck, Reinhart 69
Kossygin, Alexej N. 89, 152, 360
Krenz, Egon 237, 250, 253, 293, 298, 481, 506
Krolikowski, Werner 237
Kroll, Hans 98
Krone, Heinrich 81f, 96, 99
Kundera, Milan 568
Kunze, Reiner 521
Kuroń, Jacek 415
Kwizinski, Juli 514

Lafontaine, Oskar 459, 462, 481, 492ff, 496
Lambsdorff, Otto Graf 254
Le Carré, John 209
Le Pen, Jean-Marie 564
Legvold, Robert 383
Lehmann, Hans Georg 130
Leicht, Robert 301
Lenin, Wladimir I. 378, 399
Leonhard, Wolfgang 273
Leopold, Kurt 101
Lessing, Gotthold Ephraim 255
Li Peng 556
Liebknecht, Karl 298
Lipski, Jan Józef 442f, 449
Loeser, Franz 274
Löwenthal, Richard 153, 319, 328, 412, 470, 478, 500
Luther, Martin 74, 281, 298, 520
Luxemburg, Rosa 298

Machiavelli, Niccolò 520, 525
Macmillan, Harold 96, 98, 332
Mann, Golo 324, 601
Mann, Thomas 45, 566ff, 601

Maria Theresia, Kaiserin 322
Mark Twain 601
Marsh, David 563
Marshall, George 400
Marx, Werner 72
Mastny, Vojtech 384
Mauriac, François 41
Maxwell, Robert 244
Maziarski, Jacek 413
Mazowiecki, Tadeusz 433, 450f, 484, 504
McAdams, James 240, 274
McCloy, John 124
Meckel, Markus 495
Medwedew, Vadim 165, 253
Meissner, Boris 80, 114, 182, 514
Mertes, Alois 58, 72, 260, 269, 333f, 352
Metternich, Klemens Fürst 115, 382, 485, 525
Michnik, Adam 376, 415, 448, 538
Mielke, Erich 196, 276, 279f, 299, 479, 484
Milošević, Slobodan 581
Mischnick, Wolfgang 197, 215, 244, 508
Mittag, Günter 196, 222, 232, 234, 237f, 240, 276
Mitterrand, François 14, 46, 144, 572ff
Modrow, Hans 506f
Moïsi, Dominique 544
Moltke, Freya von 440
Moltke, Helmuth James von 34, 440f, 452
Molotow, Wjatscheslaw 517
Momper, Walter 482

Nagy, Imre 174, 184
Namier, Lewis 320, 525, 576
Napoleon 359, 543, 558
Naumann, Friedrich 103, 463
Naumann, Klaus 565
Nehru, Jawaharlal 92

Németh, Miklós 434, 542f
Neumann, Alfred 237f, 478
Nietzsche, Friedrich 564, 568
Nitze, Paul 16
Nixon, Richard 89, 191

Orlow, Juri 382

Palme, Olof 178, 180, 251
Pelczynski, Zbigniew 377
Perle, Richard 367
Peter der Große 177
Picker, Henry 58
Pineau, Christian 360
Pinochet Ugarte, Augusto 542
Pisar, Samuel 366
Ponomarjew, Boris 245, 471
Popiełuszko, Jerzy 432, 448
Poppe, Gerd 484
Popper, Karl 147
Portugalow, Nikolaj 167
Prittie, Terence 58
Pulzer, Peter 503

Rakowski, Mieczysław 425, 430, 433
Ranke, Leopold 534
Rathenau, Walter 359
Rau, Johannes 158, 467, 488
Reagan, Ronald 143, 150, 157, 178f, 180, 244, 258, 473, 490, 531
Rehlinger, Ludwig 213, 217, 231, 290
Reiff, Klaus 422
Reinhold, Otto 265, 472, 474f, 480
Reissig, Rolf 478, 496
Rettner, Günter 493
Reuter, Ernst 470
Ribbentrop, Joachim von 517
Richthofen, Hermann von 401
Ritter, Klaus 400
Roosevelt, Franklin 13, 112, 324
Rühe, Volker 273, 337, 357, 435f, 482, 490, 556

Ruhfus, Jürgen 370, 372
Rupnik, Jacques 544
Rush, Kenneth 116
Rust, Matthias 161, 165

Sahm, Ulrich 86
Seidel, Karl 222, 234
Seidel, Manfred 214
Seiffert, Wolfgang 274
Seiters, Rudolf 557, 559
Semjonow, Wladimir S. 98, 531
Shaw, George Bernard 44
Shultz, George 17, 366
Siedler, Wolf Jobst 593, 596
Solschenizyn, Alexandr 402, 549
Sommer, Theo 54, 426, 569
Sonnenfeldt, Helmut 382
Soros, George 435
Späth, Lothar 166f, 244, 248
Springer, Axel 212
Suslow, Michail 145
Szabo, Stephen 516
Szczypiorski, Andrzej 591

Schabowski, Günter 240
Schäuble, Wolfgang 35f, 42, 197, 225, 227, 239, 253, 267, 436, 487, 489, 508
Schachnasarow, Georgi 533
Schalck-Golodkowski, Alexander 196, 214, 216, 222ff, 225, 227, 230ff, 234ff, 237, 239
Scheel, Walter 30, 32, 36, 43, 54, 59, 88, 90, 104, 106, 108, 110, 113, 116, 118ff, 123f, 126, 129, 144, 173, 361, 363, 551
Scheer, Hermann 460, 462f, 472
Schewardnadse, Eduard 157, 163, 165f, 185ff, 188, 436, 511, 513f, 517ff, 520, 530
Schiller, Friedrich 255
Schiwkow, Todor 133
Schlesinger, Arthur 100
Schlögel, Karl 463

Schloezer, August Ludwig 342
Schmidt, Helmut 26, 31f, 35, 41, 55, 72, 86, 91, 106, 123, 126f, 129f, 132ff, 135ff, 138ff, 141ff, 144f, 147ff, 151, 153, 155f, 159, 166, 179, 198, 202, 222f, 225, 227, 243ff, 246f, 250, 266, 268, 272, 289, 294, 315f, 345, 349ff, 368, 370, 385f, 389, 412, 424ff, 427, 431, 438, 440, 445ff, 449, 459f, 466, 471, 528, 530, 536, 551, 559
Schönherr, Albrecht 283
Schollwer, Wolfgang 91
Schopenhauer, Arthur 568
Schröder, Dieter 489
Schröder, Gerhard 83, 85, 87, 128, 551
Schröder, Richard 588
Schtscharanski, Anatoli 367
Schürer, Gerhard 232, 235ff, 238, 294
Schütz, Klaus 99, 116
Schulz, Eberhard 267
Schumacher, Kurt 43, 470, 475, 540, 561
Schwan, Gesine 477f
Schwarz, Hans-Peter 64f, 332, 437, 564

Stalin, Jossif W. 15f, 21, 77, 112, 322, 324ff, 327, 342, 345, 443, 596
Stange, Jürgen 213f
Steininger, Rolf 16
Stendhal 74
Stern, Fritz 599
Stern, J.P. 567
Stevenson, Adlai 88
Stolpe, Manfred 223f, 285, 484
Stone, Shepard 401
Stoph, Willi 191ff, 201
Strauß, Franz Josef 43, 50, 53ff, 62, 90, 109, 149, 151ff, 154, 157,

161, 165, 197, 224, 230f, 236, 248, 266, 302, 350, 366, 370, 432, 453, 492
Stresemann, Gustav 37, 322, 523 f
Stürmer, Michael 37, 594

Tarasenko, Sergej 185
Teltschik, Horst 150, 153, 156, 168f, 175, 187f, 513ff, 517, 547, 563
Templin, Wolfgang 494
Thatcher, Margaret 46, 368
Thukydides 69, 525
Tito, Josip 245
Tocqueville, Alexis de 530
Treitschke, Heinrich von 65
Trotzki, Leo 507
Tschernenko, Konstantin 155, 157, 167, 251
Tschernajew, Anatoli 163, 169, 514

Ulbricht, Walter 86f, 92f, 101, 118f, 191, 237, 241, 249, 257, 262, 277
Uschner, Manfred 473, 494, 496
Ustinow 145, 157, 250

Vogel, Hans-Jochen 381, 472, 481, 484, 487, 489ff, 492, 496
Vogel, Wolfgang 196, 212ff, 215ff, 222, 225, 231, 471
Voigt, Karsten 459, 469, 472, 485, 494, 496
Vollmer, Antje 224
Volpert, Heinz 213

Wagner, Richard 568
Wałęsa, Lech 46, 268, 333, 448
Walters, Vernon 510
Wedemaier, Klaus 492
Wehner, Herbert 53, 62, 86, 91, 96, 190, 197, 215f, 245, 294f, 312, 425, 470ff
Weisskirchen, Gert 480, 484
Weizsäcker, Carl Friedrich von 460
Weizsäcker, Richard von 36, 55, 76, 79, 110, 151f, 157, 161f, 165, 253, 266, 336f, 357, 380f, 388, 400ff, 403, 410, 438, 443f, 450, 452, 454f, 521, 532f, 551, 557, 565, 598
Wilhelm II. 131
Wilson, Harold 242
Wilson, Woodrow 382
Windelen, Heinrich 267
Winzer, Otto 279, 302
Wischnewski, Hans-Jürgen 244, 427, 430
Wiskemann, Elizabeth 333, 591f
Witte, Barthold C. 406f
Wolf, Markus 276, 278
Wolff von Amerongen, Otto 137, 366, 370
Wolffsohn, Michael 503f
Wóycicki, Kazimierz 446f

Zagladin, Vadim 245
Zimmermann, Friedrich 336

Mentalitäts- und Sozialgeschichte

Dirk Blasius
**Ehescheidung
in Deutschland
im 19. und
20. Jahrhundert**
Band 10406

Fernand Braudel,
Georges Duby,
Maurice Aymard
**Die Welt des
Mittelmeeres**
Band 4443

Roger Chartier
**Die unvollendete
Vergangenheit**
Geschichte und
die Macht der
Weltauslegung
Band 10968

Pierre Chaunu
**Europäische Kultur im Zeitalter
des Barock**
Band 7421

Alain Corbin
Meereslust
Das Abendland
und die Entdeckung der Küste
Band 10989
**Pesthauch
und Blütenduft**
Eine Geschichte
des Geruchs
Band 4402

(Hg.) Ute Daniel/
Wolfram Siemann
Propaganda
Meinungskampf,
Verführung und
politische Sinnstiftung 1789-1989
Band 11854

N. Zemon Davis
**Der Kopf in
der Schlinge**
Gnadengesuche
und ihre Erzähler
Band 10335

N. Zemon Davis
**Frauen und
Gesellschaft am
Beginn der Neuzeit**
Studien über Familie, Religion und die
Wandlungsfähigkeit
des sozialen Körpers
Band 4403
**Humanismus,
Narrenherrschaft
und die Riten
der Gewalt**
Gesellschaft
und Kultur im
frühneuzeitlichen
Frankreich
Band 4369
**Die wahrhaftige
Geschichte von
der Wiederkehr
des Martin Guerre**
Band 4433

Fischer Taschenbuch Verlag

Mentalitäts- und Sozialgeschichte

Georges Duby
Der heilige Bernhard und die Kunst der Zisterzienser
Band 10727

Richard van Dülmen
Reformation als Revolution
Soziale Bewegung und religiöser Radikalismus in der deutschen Reformation
Band 4366
Frauen vor Gericht
Kindsmord in der frühen Neuzeit
Band 4431
Hexenwelten
Magie und Imagination vom 16.-20. Jahrhundert
Band 4375

Richard van Dülmen
Verbrechen, Strafen und soziale Kontrolle
Studien zur historischen Kulturforschung III
Band 10239
Dynamik der Tradition
Studien zur historischen Kulturforschung IV
Band 11052

Herausgegeben von R. van Dülmen, Norbert Schindler
Volkskultur
Zur Wiederentdeckung des vergessenen Alltags 16.-20. Jahrhundert
Band 3460

François Furet, Denis Richet
Die Französische Revolution
Band 7371

Hermann Glaser
Industriekultur und Alltagsleben
Vom Biedermeier zur Postmoderne
Band 11751

Albert Hourani
Die Geschichte der arabischen Völker
Band 12503

Eva Labouvie
Zauberei und Hexenwerk
Ländlicher Hexenglaube in der frühen Neuzeit
Band 10493

Fischer Taschenbuch Verlag

Mentalitäts- und Sozialgeschichte

Peter Laslett
Verlorene Lebenswelten
Geschichte der vorindustriellen Gesellschaft
Band 10561

Maurice Lombard
Blütezeit des Islam
Eine Wirtschafts- und Kulturgeschichte 8.-11. Jahrhundert. Bd. 10773

W. Reinhard (Hg.)
Imperialistische Kontinuität und nationale Ungeduld im 19. Jahrhundert
Band 10576

Norbert Schindler
Widerspenstige Leute. Studien zur Volkskultur in der frühen Neuzeit
Band 10658

W. Schivelbusch
Geschichte der Eisenbahnreise
Zur Industrialisierung von Raum und Zeit im 19. Jahrhundert
Band 4414

Das Paradies, der Geschmack und die Vernunft
Eine Geschichte der Genußmittel
Band 4413

(Hg.) Bernd Ulrich/ Benjamin Ziemann
Frontalltag im Ersten Weltkrieg
Wahn und Wirklichkeit
Band 12544

Paul Veyne
Die Originalität des Unbekannten
Für eine andere Geschichtsschreibung
Band 7408

Michel Vovelle
Die Französische Revolution
Soziale Bewegung und Umbruch der Mentalitäten
Band 4340

Heinrich August Winkler
Zwischen Marx und Monopolen
Der deutsche Mittelstand vom Kaiserreich zur Bundesrepublik Deutschland
Band 10405

Fischer Taschenbuch Verlag

Deutsche Geschichte im 20. Jahrhundert

Wolfgang Benz
Zwischen Hitler und Adenauer
Studien zur deutschen Nachkriegsgesellschaft
Band 10718

Wolfg. Benz (Hg.)
Die Geschichte der Bundesrepublik Deutschland
Aktualisierte, erweiterte und illustrierte Neuausgabe
Vier Bände in Kass.
Band 4424
Die Bände sind auch einzeln erhältlich:
Band 1: Politik
Band 4420
(vergriffen)

Wolfg. Benz (Hg.)
**Die Geschichte der Bundesrepublik Deutschland
Band 2: Wirtschaft**
Band 4421
(vergriffen)
Band 3: Gesellschaft
Band 4422
Band 4: Kultur
Band 4423

Extremismus der Mitte
Vom rechten Verständnis deutscher Nation
Herausgegeben von H.-M. Lohmann
Band 12534

Hermann Glaser
1945
Ein Lesebuch
Band 12527

Deutsche Geschichte 1918-1933
Dokumente zur Innen- und Außenpolitik
Herausgegeben von W. Michalka/ Gottfried Niedhart
Band 11250

Deutsche Geschichte 1933-1945
Dokumente zur Innen- und Außenpolitik des »Dritten Reiches«
Herausgegeben von W. Michalka
Band 11251

Fischer Taschenbuch Verlag

Historische Handbücher

Fischer Lexikon Geschichte
Herausgegeben von Richard van Dülmen
Band 4563

Hermann Glaser
Die Kulturgeschichte der Bundesrepublik Deutschland
Drei Bände in Kass.
Band 10530
Die Bände sind auch einzeln erhältlich:
Band 1: Zwischen Kapitulation und Währungsreform (1945-1948)
Band 10527
Band 2: Zwischen Grundgesetz und Großer Koalition (1949-1967)
Band 10528

Hermann Glaser
**Die Kulturgeschichte der Bundesrepublik Deutschland
Band 3: Zwischen Protest und Anpassung (1968-1989)**
Band 10529

Hajo Holborn
**Deutsche Geschichte in der Neuzeit
Band 1: Das Zeitalter der Reformation und des Absolutismus (bis 1790)**
Band 6414
Band 2: Reform und Restauration, Liberalismus und Nationalismus (1790-1871)
Band 6415

Wilfried Loth
Geschichte Frankreichs im 20. Jahrhundert
Band 10860

Wolfg. Michalka/ G. Niedhart (Hg.)
Deutsche Geschichte 1918-1933
Band 11250

Carola Stern/ Heinrich August Winkler (Hg.)
Wendepunkte deutscher Geschichte 1848-1990
Band 12234

W. v. Sternburg (Hg.)
**Die deutschen Kanzler
Von Bismarck bis Kohl**
Band 11916

Fischer Taschenbuch Verlag

HANSER
HANSER
HANSER
HANSER
H

*E*in kompakter, klarer und vollständiger Überblick über die Geschichte Deutschlands von den Anfängen bis zur jüngsten Gegenwart. Joseph Rovan, Franzose deutscher Herkunft, beschreibt Geschichte als dynamischen Prozeß. Er zeigt die politischen,

Die souveräne und fesselnde Darstellung von 2000 Jahren deutscher Geschichte

sozialen, wirtschaftlichen und kulturellen Entwicklungen auf und stellt sie in nachdenkenswert neue Zusammenhänge. »Rovan leistet einen Beitrag zum Verständnis zwischen den Nationen Europas, unter anderem durch die zum Nachdenken anregenden, eigenwillen Urteile, die Rovans Buch bietet.« *Die Zeit*

848 Seiten mit Zeittafeln und Karten.
Leinen, Fadenheftung. Lesebändchen.

Foto: Benoit Rovan